Linien der Rechtsprechung
des Bundesverfassungsgerichts – erörtert von den
wissenschaftlichen Mitarbeitern

Linien der Rechtsprechung des Bundesverfassungsgerichts – erörtert von den wissenschaftlichen Mitarbeitern

herausgegeben von

Sigrid Emmenegger   Ariane Wiedmann

Band 2

De Gruyter

ISBN 978-3-11-024015-3
e-ISBN 978-3-11-024016-0

Bibliografische Information der Deutschen Nationalbibliothek

Die Deutsche Nationalbibliothek verzeichnet diese Publikation in der Deutschen Nationalbibliografie; detaillierte bibliografische Daten sind im Internet über http://dnb.d-nb.de abrufbar.

Datenkonvertierung/Satz: WERKSATZ Schmidt & Schulz GmbH, Gräfenhainichen
Druck: Hubert & Co. GmbH & Co. KG, Göttingen

∞ Gedruckt auf säurefreiem Papier

Printed in Germany

www.degruyter.com

Geleitwort

Im Jahr 2011 blickt das Bundesverfassungsgericht auf 60 Jahre Rechtsprechungstätigkeit zurück. Dieses Jubiläum erscheint als ein besonders günstiger Augenblick, um die Entwicklungslinien der Rechtsprechung des Bundesverfassungsgerichts nachzuzeichnen und sie dabei kritisch zu beleuchten.

Für einen solchen Blick auf das Gericht und seine Rechtsprechungstätigkeit sind die wissenschaftlichen Mitarbeiterinnen und Mitarbeiter in besonderer Weise prädestiniert. Gemäß § 13 Abs. 1 Satz 1 der Geschäftsordnung des Bundesverfassungsgerichts unterstützen sie die Richterinnen und Richter des Bundesverfassungsgerichts. Sie begleiten die Verfahren, beginnend mit dem Antrag auf Erlass einer Entscheidung bis hin zur Veröffentlichung der letztlich getroffenen Entscheidung. Im Rahmen ihrer Tätigkeit gewinnen sie grundlegende Einblicke in die Arbeitsweise des Gerichts und erwerben spezielle Kenntnisse im Verfassungsrecht. Ihre Perspektiven auf die verfassungsgerichtliche Rechtsprechung sind dabei so unterschiedlich wie ihre beruflichen Erfahrungen: Unter ihnen befinden sich abgeordnete Richter der Fachgerichtsbarkeiten, Staatsanwälte, Rechtswissenschaftler, Rechtsanwälte, Notare, Beamte und Assessoren. Sie eint indes ihre Bereitschaft zu kritischem Hinterfragen.

Diese besondere Perspektive der Mitarbeiterinnen und Mitarbeiter auf das Bundesverfassungsgericht kommt in den Beiträgen des Sammelbandes gelungen zum Ausdruck. Der Reiz dieses Buchprojekts liegt daher in seiner Kombination aus Innen- und Außenansicht auf das Gericht und seine Rechtsprechungstätigkeit.

Auch dem zweiten Band der „Linien der Rechtsprechung des Bundesverfassungsgerichts" wünsche ich eine gute Aufnahme.

Karlsruhe, im August 2011

Prof. Dr. *Andreas Voßkuhle*
Präsident
des Bundesverfassungsgerichts

Vorwort

Seit nunmehr 60 Jahren prägen die Entscheidungen des Bundesverfassungsgerichts das Leben in der Bundesrepublik Deutschland. Sie beeinflussen Gesetzgebung, vollziehende Gewalt und Rechtsprechung, sie strahlen in die gesamte Rechtsordnung aus und wirken auf allen Ebenen der Gesellschaft. Mittlerweile umfasst die amtliche Entscheidungssammlung des Gerichts 126 „graue Bände", die zusammen mit dem Text des Grundgesetzes den Ausgangspunkt der täglichen Arbeit der wissenschaftlichen Mitarbeiterinnen und Mitarbeiter des Bundesverfassungsgerichts bilden.

Der vorliegende zweite Sammelband mit Beiträgen aus dem Kreis der wissenschaftlichen Mitarbeiterinnen und Mitarbeiter möchte dazu beitragen, die Rechtsprechung des Bundesverfassungsgerichts in bestimmten ausgewählten Themenbereichen des Verfassungsrechts zu analysieren, zu kontextualisieren und für die Praxis aufzubereiten. Viele der in diesem Band versammelten Beiträge gehen dabei freilich über die Darstellung von „Rechtsprechungslinien" hinaus und suchen Brüche und Widersprüche der Rechtsprechung dort aufzuspüren, wo diese möglicherweise durch selbstreferentielle Zitate des Bundesverfassungsgerichts überdeckt werden. Demgemäß wird die Rechtsprechung des Bundesverfassungsgerichts hier mitunter nüchtern dekonstruiert, bisweilen leidenschaftlich kritisiert, aber auch hartnäckig verteidigt.

Wir freuen uns, dass sich fast die Hälfte der wissenschaftlichen Mitarbeiterinnen und Mitarbeiter des Bundesverfassungsgerichts an diesem Buchprojekt mit einem Beitrag beteiligt hat. Dies erlaubt es, eine Vielzahl von Themen aufzugreifen und in den Bereichen „Verfassungsprozess und Verfassungsgerichtsbarkeit", „Allgemeine Grundrechtslehren", „Gleichheits- und Leistungsrechte", „Freiheitsrechte und Verfahrensgarantien", „Staatsorganisation" sowie „Internationale Bezüge" an den ersten Sammelband anzuknüpfen.

Herzlich danken wir dem Präsidenten des Bundesverfassungsgerichts, Herrn Prof. Dr. Andreas Voßkuhle, für sein freundliches Geleitwort.

Die Beiträge befinden sich überwiegend auf dem Stand vom 31. Dezember 2010.

Karlsruhe, im Juli 2011

Sigrid Emmenegger
Ariane Wiedmann

Inhalt

III. Gleichheits- und Leistungsrechte

IV. Freiheitsrechte und Verfahrensgarantien

V. Staatsorganisation

VI. Internationale Bezüge

Abkürzungsverzeichnis

a.A.	anderer Auffassung
a.a.O.	am angegebenen Ort
AbfallR	Zeitschrift für das Recht der Abfallwirtschaft
abgedr.	abgedruckt
Abl.	Amtsblatt
abl.	ablehnend
Abs.	Absatz
Abschn	Abschnitt
abw.	abweichend
AcP	Archiv für die civilistische Praxis
a.D.	außer Dienst
aE	am Ende
AEUV	Vertrag über die Arbeitsweise der Europäischen Union
a.F.	alte Fassung
AfK	Archiv für Kommunalwissenschaften
AfP	Archiv für Presserecht
AG	Aktiengesellschaft; Amtsgesetz; Ausführungsgesellschaft
AgrarR	Agrarrecht, Zeitschrift für das gesamte Recht der Landwirtschaft, der Agrarmärkte und des ländlichen Raums
AJIL	American Journal of International Law
AktG	Aktiengesetz
allg.	allgemein
ALR	Allgemeines Landrecht für die preußischen Staaten
Alt.	Alternative
aM	anderer Meinung
amtl Begr	amtliche Begründung
Anm.	Anmerkung
AnwBl.	Anwaltsblatt
AO	Abgabenordnung
AöR	Archiv des öffentlichen Rechts
AR	Amtsrat
ArbGG	Arbeitsgerichtsgesetz
ArbuR	Arbeit und Recht
ArchivPT/ArchPT	Archiv für Post und Telekommunikation
ArchVR	Archiv des Völkerrechts
Art.	Artikel
ARUG RefE.	Referentenentwurf eines Gesetzes zur Umsetzung der Aktionärsrechterichtlinie
AStG	Außensteuergesetz vom
AufenthG	Aufenthaltsgesetz
Aufl.	Auflage
ausf/ausführl	ausführlich
AuslG	Ausländergesetz

AVR	Archiv des Völkerrechts
Az	Aktenzeichen
BAG	Bundesarbeitsgericht
BAGE	Entscheidungen des Bundesarbeitsgerichts
BAnz	Bundesanzeiger
BauGB	Baugesetzbuch
BauR	Baurecht
Bay	Bayern
BayObLG	Bayerisches Oberstes Landesgericht
BayVBl	Bayerische Verwaltungsblätter
BayVerfGH	Bayerischer Verfassungsgerichtshof
BayVerfGHE	Entscheidungen des bayerischen Verfassungsgerichtshofs
BayVGH	Bayerischer Verwaltungsgerichtshof
BayVGHE	Entscheidungen des Bayerischen Verfassungsgerichtshofs
BB	Der Betriebsberater
BBesG	Bundesbesoldungsgesetz
Bbg	Brandenburg
Bd./Bde	Band/Bände
BDH	Bundesdisziplinarhof
BDHE	Entscheidungen des Bundesdisziplinarhofs
BDiszG	Bundesdisziplinargericht
Bearb	Bearbeiter
Begr./begr.	Begründung/begründet
Bek, Bekanntm	Bekanntmachung
BerDGV	Berichte der Deutschen Gesellschaft für Völkerrecht
BerHG	Gesetz über Rechtsberatung und Vertretung für Bürger mit geringem Einkommen (Beratungshilfegesetz)
Berl	Berlin
bes	besonders
Bespr.	Besprechung
BFH	Bundesfinanzhof
BFH BStBl	BFH-Urteile sortiert nach Bundessteuerblatt
BFH/NV	Sammlung (bis 1997: amtlich nicht veröffentlichter) Entscheidungen des Bundesfinanzhofs
BFHE	Sammlung der Entscheidungen des Bundesfinanzhofs
BGB	Bürgerliches Gesetzbuch
BGBl	Bundesgesetzblatt
BGH	Bundesgerichtshof
BGHSt	Amtliche Sammlung der Entscheidungen des Bundesgerichtshofs in Strafsachen
BGHZ	Amtliche Sammlung der Entscheidungen des Bundesgerichtshofs in Zivilsachen
BHO	Bundeshaushaltsordnung
BKR	Zeitschrift für Bank- und Kapitalmarktsrecht
Bln	Berlin
BRAK-Mitt	BRAK-Mitteilungen (Mitteilungen der Bundesrechtsanwaltskammer)
BRat	Bundesrat
BRDrucks	Drucksachen des Deutschen Bundesrates

BReg	Bundesregierung
BremStGH	Staatsgerichtshof der Freien Hansestadt Bremen
Bsp/Bspl	Beispiel(e)
bsplsw	beispielsweise
Bspr	Besprechung
BStBl.	Bundessteuerblatt
BT	Besonderer Teil
BT(ag)	Bundestag
BTDrucks	Drucksachen des Deutschen Bundestages
Buchst.	Buchstabe
BVerfG	Bundesverfassungsgericht
BVerfG (K)	Bundesverfassungsgericht, Kammerentscheidung
BVerfGE	Entscheidungen des Bundesverfassungsgerichts, Amtliche Sammlung
BVerfGK	Kammerentscheidungen des Bundesverfassungsgerichts
BVerwG	Bundesverwaltungsgericht
BVerwGE	Entscheidungen des Bundesverwaltungsgerichts, Amtliche Sammlung
BVR	Bundesverfassungsrichter
BW	Baden-Württemberg
BWVP/BWVPr	Baden-Württembergische Verwaltungspraxis
BY	Bayern
bzgl.	bezüglich
bzw.	beziehungsweise
ca.	circa
cic	culpa in contrahendo
CMLR	Common Market Law Revue
CR	Computer und Recht
d	durch
d.h.	das heißt
DAR	Deutsches Autorecht
dass	dasselbe
DB	Der Betrieb
DBA Schweiz	Doppelbesteuerungsabkommen
DDR	Deutsche Demokratische Republik
dens.	denselben
ders.	derselbe
DFGT	Deutscher Familiengerichtstag e.V.
dgg	dagegen
dies.	dieselbe(n)
diff.	differenzierend
DIN	Deutsches Institut für Normung eV
Diss.	Dissertation
DJT	Deutscher Juristentag
DKFZ	Deutsches Krebsforschungszentrum (Heidelberg)
DM	Deutsche Mark
DöD	Der öffentliche Dienst
Dok	Dokument(e)

DÖV	Die öffentliche Verwaltung
DRiZ	Deutsche Richterzeitung
DStJG	Deutsche Steuerjuristische Gesellschaft e.V.
DStR	Deutsche Steuer-Rundschau; Deutsches Steuerrecht
DStZ	Deutsche Steuer-Zeitung
dt/dtsch	deutsch
DtKomR	Deutsches Kommunalrecht
DtZ	Deutsch-Deutsche Rechtszeitschrift
DuD	Datenschutz und Datensicherheit
DV	Die Verwaltung
DVBl	Deutsches Verwaltungsblatt
DVP	Deutsche Verwaltungspraxis
DWiR/DZWiR	Deutsche Zeitschrift für Wirtschafts- und Insolvenzrecht
E	Entwurf
EAGV	Vertrag zur Gründung der Europäischen Atomgemeinschaft
ebd./ebda	ebenda
ed(s)	editor(s)
EEA	Einheitliche Europäische Akte
EFG	Entscheidungen der Finanzgerichte
EG	Europäische Gemeinschaft
EGMR	Europäischer Gerichtshof für Menschenrechte
EGV	Vertrag zur Gründung der Europäischen Gemeinschaft
EGZPO	Einführungsgesetz zur Zivilprozessordnung
ehem.	ehemalig
EIB	Europäische Investititonsbank
Einf	Einführung
EJIL	European Journal of International Law
EL	Ergänzungslieferung
EMAS	Environmental Management and Audit Scheme
EMRK	Europäische Menschenrechtskonvention
endg	endgültig
EnergG	s. EnWG
Entsch	Entscheidung
entspr	entsprechend
Entw	Entwurf
EnWG	Energiewirtschaftsgesetz
ErbersatzSt.	Erbersatzsteuer
Erg.-Lfg.	Ergänzungslieferung
ESt	Einkommenssteuer
EStG	Einkommenssteuergesetz
ESVGH	Entscheidungssammlung des Hessischen Verwaltungsgerichtshofs und des Verwaltungsgerichtshofs Baden-Württemberg
ESVP	Europäische Sicherheits- und Verteidigungspolitik
ESZB	Europäisches System der Zentralbanken
ET	Energiewirtschaftliche Tagesfragen
etc.	und so weiter/et cetera
EU	Europäische Union

EUDUR	Handbuch zum europäischen und deutschen Umweltrecht
EuG	Europäisches Gericht Erster Instanz
EuGH	Europäischer Gerichtshof
EuGHE	Entscheidungen des Europäischen Gerichtshofs
EuGRZ	Europäische Grundrechte-Zeitschrift
EuR	Europarecht
EURATOM	Europäische Atomgemeinschaft
Europ	europäisch
EUV	Vertrag über die Europäische Union
EuZW	Europäische Zeitschrift für Wirtschaftsrecht
EV, EinV	Einigungsvertrag
evtl	eventuell
EWCA Civ	Neutral Citation Number für Entscheidungen des Court of Appeal (Civil Division)
EWG	Europäische Wirtschaftsgemeinschaft
EWGV	EWG-Vertrag = Vertrag zur Gründung der Europäischen Wirtschaftsgemeinschaft
EWHC	High Court of England and Wales
EWiR	Entscheidungen für Wirtschaftsrecht
EWR	Europäischer Wirtschaftsraum
EWS	Europäisches Wirtschafts- und Steuerrecht
EZB	Europäische Zentralbank
f.	die nächste folgende Seite; für
FamRZ	Zeitschrift für das gesamte Familienrecht
ff.	die nächsten folgenden Seiten
FFH	Fauna-Flora-Habitat
FG	Festgabe/Finanzgericht
FGO	Finanzgerichtsordnung
FinArch	Finanzarchiv
FiWi	Finanzwirtschaft
FMSA	Finanzmarktstabilisierungsanstalt
Fn.	Fußnote
FR	Finanz-Rundschau
FS	Festschrift
FStrG	Bundesfernstraßengesetz
FVG	Finanzverwaltungsgesetz
G/Ges	Gesetz
GA	Goltdammer's Archiv für Strafrecht
GATT	General Agreement on Tariffs and Trade
GBl	Gesetzblatt
geänd	geändert
gem	gemäß
ges/gesetzl	gesetzlich
Gesellsch	Gesellschaft
GesEntw	Gesetzentwurf
GewArch	Gewerbearchiv
GewSt	Gewerbesteuer

gg	gegen
GG	Grundgesetz
ggf., ggfs.	gegebenenfalls
GGO	Gemeinsame Geschäftsordnung der Bundesministerien
GK	Großkommentar
GKöD	Großkommentar öffentliches Dienstrecht
GLJ	GrenkeLeasing
GmbH	Gesellschaft mit beschränkter Haftung
GMBl	Gemeinsames Ministerialblatt
GoA	Geschäftsführung ohne Auftrag
GOBVerfG	Geschäftsordnung des Bundesverfassungsgerichts
GR-Charta	Grundrechte-Charta
grds	grundsätzlich
GrESt	Grunderwerbssteuer
GRUR	Gewerblicher Rechtsschutz und Urheberrecht
GS	Gesetzessammlung/Gedächtnisschrift
GV NRW	Gesetz- und Verordnungsblatt des Landes Nordrhein-Westfalen
GVBl, GVOBl	Gesetz- und Verordnungsblatt
GYIL	German Yearbook of International Law
H	Heft
Halbbd	Halbband
HAPolDVG	Hamburger Gesetz zum Schutz der öffentlichen Ordnung und Sicherheit
Hb	Handbuch
HbStR	Handbuch Steuerrecht
Hdb	Handbuch
Hdwb	Handwörterbuch
Herv./Hervorh.	Hervorhebung
Hess	Hessen
HessStGH	Hessischer Staatsgerichtshof
HessVGH	Hessischer Verwaltungsgerichtshof
HFR	Höchstrichterliche Finanzrechtsprechung
Hinw	Hinweis
hL	herrschende Lehre
hM	herrschende Meinung
Hmb	Hamburg
HRR	Höchstrichterliche Rechtsprechung
Hrsg., hrsg.	Herausgeber, herausgegeben
HS/Hs./Halbs.	Halbsatz
HundeSt	Hundesteuer
HVerfG	Hamburgisches Verfassungsgericht
Hws	Hinweis
i.E.	im Ergebnis
ICJ	International Commission of Jurists; International Court of Justice
i. d. F.	in der Fassung
idR	in der Regel

i.d.S.	in diesem Sinne
ieS	im engeren Sinne
IGH	Internationaler Gerichtshof
IHK	Industrie- und Handelskammer
ILM	International Legal Materials
ILO	International Labour Organization
InfAuslR	Informationsbrief Ausländerrecht
inkl	inklusive
insbes/insb	insbesondere
insges	insgesamt
InsO	Insolvenzordnung
inzw	inzwischen
IPBPR	Internationaler Pakt über bürgerliche und politische Rechte
i.S.	in Sachen
i.S. v./d.	im Sinne von/des
ISAF	International Security Assistance Force (Internationale Sicherheitsunterstützungstruppe)
iSe	im Sinne eines
IT	Informationstechnik
IUR	Informationsdienst Umweltrecht
i.V.m.	in Verbindung mit
iwS	im weiteren Sinne
iZw	im Zweifel
J	Jahre
JA	Juristische Arbeitsblätter
JAmt	Das Jugendamt-Zeitschrift für Jugendhilfe und Familienrecht
Jb	Jahrbuch
JbDBP	Jahrbuch der Deutschen Bundespost
jew	jeweils
Jh(dt)	Jahrhundert
JK	Jura-Kartei
JMStV	Jugendmedienschutz-Staatsvertrag
JöR	Jahrbuch des öffentlichen Rechts der Gegenwart
JR	Juristische Rundschau
jur	juristisch
Jura	Juristische Ausbildung
Juris	Juristisches Informationssystem
JuS	Juristische Schulung
JUTR	Jahrbuch des Umwelt- und Technikrechts
JZ	Juristenzeitung
K&R	Kommunikation & Recht
Kap.	Kapitel
KfW	Kreditanstalt für Wiederaufbau
KG	Kommanditgesellschaft/Kammergericht
KJ	Kritische Justiz
KOM	Kommissionsdokument
KomE	Kommissionsentwurf
KommunalPraxisBY	KommunalPraxis Bayern

krit	kritisch
KritV	Kritische Vierteljahresschrift für Gesetzgebung und Rechtswissenschaft
KSchG	Kündigungsschutzgesetz
KSt	Köperschaftssteuer
KStZ	Kommunale Steuer-Zeitschrift
LBG	Landesbeamtengesetz; Landesbeschaffungsgesetz
lfd.	laufend
Lfg.	Lieferung
LG	Landesgesetz; Landesgericht
Lit.	Literatur
Losebl	Loseblattsammlung
LPG	Landpachtgesetz; Landwirtschaftliche Produktionsgenossenschaft
LplG	Landesplanungsgesetz
LS	Leitsatz
LSA	Sachsen-Anhalt
Lsbl	Loseblattsammlung
lt.	laut
LT	Landtag
LTDrucks	Landtags-Drucksachen
LuftVG	Luftverkehrsgesetz
LV(erf)	Landesverfassung
m	mit
m Anm	mit Anmerkung
m. krit. Anm.	mit kritischer Anmerkung
m. zust. Anm.	mit zustimmender Anmerkung
MaßStG	Maßstäbegesetz
maW	mit anderen Worten
MBS	Mortgage Backed Securities
MDR	Monatsschrift für deutsches Recht
MDStV	Mediendienst-Staatsvertrag
MEPolG	Musterentwurf eines einheitlichen Polizeigesetzes des Bundes und der Länder
Min.	Ministerium
Mio	Million(en)
MittBayNot	Mitteilungen des Bayerischen Notarvereins, der Notarkasse und der Landesnotarkammer Bayern
MittNWStGB	Mitteilungen des nordrhein-westfälischen Städte- und Gemeindebundes
Mitw	Mitwirkung
MMR	MultiMedia und Recht
m.N.	mit Nachweisen
Mrd.	Milliarde(n)
MV	Mecklenburg-Vorpommern
MVSOG	Gesetz über die öffentliche Ordnung und Sicherheit in Mecklenburg-Vorpommern
m.w.N.	mit weiteren Nachweisen

nachgew	nachgewiesen
Nachw	Nachweise
NATO	North Atlantic Treaty Organization
NBG	Niedersächsisches Beamtengesetz
NC	numerus clausus
Nds	Niedersachsen
NdsOVG	Niedersächsisches Oberverwaltungsgericht
NdsStGH	Niedersächsischer Staatsgerichtshof
NdsVBl	Niedersächsische Verwaltungsblätter
n.F./NF	neue Fassung, neue Folge
NJ	Neue Justiz
NJOZ	Neue Juristische Onlinezeitschrift
NJW	Neue Juristische Wochenschrift
NJW-CoR	Computerreport der Neuen Juristischen Wochenschrift
NJW-RR	Rechtsprechungs-Report Zivilrecht der Neuen Juristischen Wochenschrift
NordÖR	Zeitschrift für öffentliches Recht in Norddeutschland
Nr./Nrn.	Nummer(n)
NRW	Nordrhein-Westfalen
NStZ	Neue Zeitschrift für Strafrecht
NStZ-RR	Rechtsprechungs-Report der Neuen Zeitschrift für Strafrecht
NuR	Natur und Recht
NVwZ	Neue Zeitschrift für Verwaltungsrecht
NVwZ-RR	Rechtsprechungs-Report der Neuen Zeitschrift für Verwaltungsrecht
NVZ	Neue Zeitschrift für Verkehrsrecht
NWVBl	Nordrhein-westfälische Verwaltungsblätter
NWVerfGH	Nordrhein-westfälischer Verfassungsgerichtshof
NWVSG	Gesetz über den Verfassungsschutz in Nordrhein-Westfalen
NZA	Neue Zeitschrift für Arbeitsrecht
NZBau	Neue Zeitschrift für Baurecht und Vergaberecht
NZG	Neue Zeitschrift für Gesellschaftsrecht
NZV	Neue Zeitschrift für Verkehrsrecht
NZWehrR	Neue Zeitschrift für Wehrrecht
o.	oben ohne
O	Ordnung
o. Anm.	obige Anmerkung
o.g.	oben genannte
OECD	Organization for Economic Cooperation and Development
OEF	Operation Enduring Freedom
öffentl	öffentlich
OLG	Oberlandesgericht
ör	öffentlich-rechtlich
ÖR	Öffentliches Recht
ORDO	Jahrbuch für die Ordnung von Wirtschaft und Gesellschaft
OVG	Oberverwaltungsgericht
OVGE	Entscheidungen des Oberverwaltungsgerichts
OWiG	Gesetz über Ordnungswidrigkeiten

PAG	Polizeiaufgabengesetz (Bayern)
pass	passim
PBefG	Personenbeförderungsgesetz
PersR	Der Personalrat
PersV	Die Personalvertretung
Pl-Pr	Plenarprotokolle
pp.	perge, perge
priv	privat
Prof.	Professor
PrOVG	Preußisches Oberverwaltungsgericht
PrOVGE	Entscheidungen des Preußischen Oberverwaltungsgerichts
PrPVG	Preußisches Polizeiverwaltungsgesetz
PVS	Politische Vierteljahresschrift
R	Recht
RabelsZ	Zeitschrift für ausländisches und internationales Privatrecht, begründet von Rabel
RdA	Recht der Arbeit
RdE	Recht der Energiewirtschaft
RdL	Recht der Landwirtschaft
RDV	Recht der Datenverarbeitung
RdWW	Recht der Wasserwirtschaft
rechtl.	rechtlich
Reg	Regierung
RegEntw	Regierungsentwurf
RegTP	Regulierungsbehörde für Telekommunikation und Post
Rez	Rezension
RG	Reichsgericht
RGBl	Reichsgesetzblatt
RGSt.	Entscheidungen des Reichsgerichts in Strafsachen
RGZ	Entscheidungen des Reichsgerichts in Zivilsachen
Rh-Pf	Rheinland-Pfalz
RiA	Das Recht im Amt
RL	Richtlinie
Rn.	Randnummer
RP	Rheinland-Pfalz
Rs.	Rechtssache
Rspr	Rechtsprechung
Rsprübers	Rechtsprechungsübersicht
RStV	Rundfunkstaatsvertrag
RTW	Recht, Technik, Wirtschaft
RuP	Recht und Politik
RVerwBl	Reichsverwaltungsblatt
S.	Seite, Satz
s.	siehe
s.a.	siehe auch
Saarl	Saarland
SaarlOVG	Oberverwaltungsgericht des Saarlandes
SaarlVerfGH	Verfassungsgerichtshof des Saarlandes

Sachs	Sachsen
SächsOVG	Sächsisches Oberverwaltungsgericht
SächsVBl	Sächsische Verwaltungsblätter
SächsVerfGH	Sächsischer Verfassungsgerichtshof
SAE	Sammlung arbeitsrechtlicher Entscheidungen
Sart	Sartorius
SBZ	Sowjetische Besatzungszone
SchaumweinSt	Schaumweinsteuer
SchrVfS	Schriften des Vereins für Sozialpolitik
SGG	Sozialgerichtsgesetz
SH	Schleswig-Holstein
Slg.	Sammlung
s.o.	siehe oben
sog.	sogenannte(r)
stRspr	ständige Rechtsprechung
StAnz	Staatsanzeiger
StbJb	Steuerberater-Jahrbuch
std	ständig
StEntlG	Steuerentlastungsgesetz
StGB	Strafgesetzbuch
StGH	Staatsgerichtshof
StKongrRep.	SteuerKongreßReport
StPO	Strafprozessordnung
str.	strittig
StraBEG	Strafbefreiungserklärungsgesetz
StraFo	Strafverteidiger Forum
StReg	Staatsregierung
StT	Der Städtetag
StudiVZ	Studentenverzeichnis
StuGR	Städte- und Gemeinderat
StuW	Steuer und Wirtschaft
StV	Strafverteidiger
StVollzG	Strafvollzugsgesetz
stw-Ausgabe	Suhrkamp Taschenbuch Wissenschaft
s.u.	siehe unten
SV	Sondervotum
TA	Technische Anleitung
teilw.	teilweise
THPAG	Thüringer Gesetz über die Aufgaben und Befugnisse der Polizei
Thür	Thüringen/Thüringer
ThürOVG	Thüringer Oberverwaltungsgericht
ThürVbl	Thüringer Verwaltungsblätter
ThürVerfGH	Thüringer Verfassungsgerichtshof
ThürVGRspr	Rechtsprechung der Thüringer Verwaltungsgerichte
TK	Telekommunikation
TKG	Telekommunikationsdienstgesetz
TKMR	Zeitschrift für Telekommunikations- und Medienrecht
TKÜ	Telekommunikationsüberwachung

TKÜV	Verordnung über die technische und organisatorische Umsetzung von Maßnahmen zur Überwachung der Telekommunikation
Tz.	Textziffer
u	und/unten
ü	über
u.a.	unter anderen(m), und andere
uam	und anderes mehr
Überbl	Überblick
UBWV	Unterrichtsblätter für die Bundeswehrverwaltung
UGB-KomE	BMU (Hrsg), Umweltgesetzbuch, Entwurf der Unabhängigen Sachverständigenkommission zum Umweltgesetzbuch, 1998
ÜK	Übereinkommen
UKHL	United Kingdom House of Lords (Entscheidungssammlung)
umfass	umfassend
umstr.	umstritten
UmwG	Umwandlungsgesetz
UN	United Nations, Vereinte Nationen
UNO	United Nations Organization
unzul.	unzulässig
unzutr.	unzutreffend
UPR	Umwelt- und Planungsrecht
UrhG	Urheberrechtsgesetz
Urt	Urteil
USA	United States of America
USt	Umsatzsteuer
usw.	und so weiter
UTR	Jahrbuch des Umwelt- und Technikrechts
u.U.	unter Umständen
UVP	Umweltverträglichkeitsprüfung
v.	von/vom
VA	Verwaltungsakt
va	vor allem
VBlBW	Verwaltungsblätter für Baden-Württemberg
VBlNW	Nordrhein-Westfälische Verwaltungsblätter
VDE	Verband deutscher Elektrotechniker eV
VDI	Verein deutscher Ingenieure eV
VEnergR	Veröffentlichungen des Instituts für Energierecht
Verf.	Verfassung
VerfG	Verfassungsgericht
VerfGH	Verfassungsgerichtshof
Verh	Verhandlungen
VerkBl	Verkehrsblatt
VerkMitt	Verkehrsrechtliche Mitteilungen
VersG	Versammlungsgesetz
VersR	Versicherungsrecht
Verw	Verwaltung, Die Verwaltung
VerwArch	Verwaltungsarchiv

VerWiss	Verwaltungswissenschaften
VerwPrR	Verwaltungsprozessrecht
VerwR	Verwaltungsrecht
VerwRspr	Verwaltungsrechtsprechung in Deutschland
VfG	Verfassungsgericht
VG	Verwaltungsgericht
VGH	Verwaltungsgerichtshof
vgl. (a)	vergleiche (auch)
vH	von Hundert
VIZ	Zeitschrift für Vermögens- und Immobilienrecht
VkBl	Verkehrsblatt, Amtsblatt des Bundesministers für Verkehr
VO	Verordnung
VOB	Verdingungsordnung für Bauleistungen
VOL	Verdingungsordnung für Leistungen
Voraufl	Vorauflage
Vorb./Vorbem.	Vorbemerkung
vorl.	vorläufig
VR	Verwaltungsrundschau
VRS	Verkehrsrechts-Sammlung
VVDStRL	Veröffentlichungen der Vereinigung Deutscher Staatsrechtslehrer
VVE	Vertrag über eine Verfassung für Europa
VwGerichtsbkt	Verwaltungsgerichtsbarkeit
VwGO	Verwaltungsgerichtsordnung
VwR	Verwaltungsrecht
VwV	Verwaltungsvorschrift(en)
VwVfG	Verwaltungsverfahrensgesetz
VZ	Veranlagungszeitraum
WEG	Wohnungseigentumsgesetz
weit	weitere
WEU	Westeuropäische Union
WiGBl	Wirtschaftsgesetzblatt
WiR	Wirtschaftsrecht
wiss.	wissenschaftlich
WissR	Wissenschaftsrecht, Wissenschaftsverwaltung, Wissenschaftsförderung
wistra	Zeitschrift für Wirtschaft, Steuer, Strafrecht
WiV/WiVerw	Wirtschaft und Verwaltung, Vierteljahresbeilage zum Gewerbearchiv
WM	Wertpapier-Mitteilungen
w.Nw.	weitere Nachweise
WPg	Die Wirtschaftsprüfung
WRP	Wettbewerb in Recht und Praxis
WRV	Weimarer Reichsverfassung
WTO	World Trade Organization/Welthandelsorganisation
WÜK	Wiener Übereinkommen über konsularische Beziehungen
WUR	Wirtschaftsverwaltungs- und Umweltrecht, Wirtschaft und Recht
WuW	Wirtschaft und Wettbewerb

z. Zt.	zur Zeit
ZaöRV	Zeitschrift für ausländisches öffentliches Recht und Völkerrecht
ZAR	Zeitschrift für Ausländerrecht und Ausländerpolitik
ZAU	Zeitschrift für angewandte Umweltforschung
z.B.	zum Beispiel
ZBR	Zeitschrift für Beamtenrecht
ZfA	Zeitschrift für Arbeitsrecht
ZfB	Zeitschrift für Bergrecht
ZfBR	Zeitschrift für deutsches und internationales Baurecht
ZfPR	Zeitschrift für Personalvertretungsrecht
ZfU	Zeitschrift für Umweltpolitik
ZfW	Zeitschrift für Wasserrecht
ZG	Zeitschrift für Gesetzgebung
ZGR	Zeitschrift für Unternehmens- und Gesellschaftsrecht
ZHR	Zeitschrift für Handelsrecht
Ziff.	Ziffer
ZIP	Zeitschrift für Wirtschaftsrecht
zit.	zitiert
ZK	Zollkodex
ZKF	Zeitschrift für Kommunalfinanzen
ZLR	Zeitschrift für das gesamte Luftrecht
ZLW	Zeitschrift für Luftrecht und Weltraumrechtsfragen
ZMR	Zeitschrift für Miet- und Raumrecht
ZögU	Zeitschrift für öffentliche und gemeinwirtschaftliche Unternehmen
ZPO	Zivilprozessordnung in der Bekanntmachung
ZRP	Zeitschrift für Rechtspolitik
z.T.	zum Teil
ZTR	Zeitschrift für Tarifrecht
Ztschr	Zeitschrift
zugest.	zugestimmt
zul.	zuletzt
ZUR	Zeitschrift für Umweltrecht
zurückh.	zurückhaltend
zust.	zustimmend
zutr.	zutreffend
ZVI	Zeitschrift für Verbraucherinsolvenzrecht

I.

Verfassungsprozess und Verfassungsgerichtsbarkeit

Der Prüfungsmaßstab für den Erlass einer einstweiligen Anordnung nach § 32 Abs. 1 BVerfGG

ARIANE WIEDMANN*

Leitentscheidungen des Bundesverfassungsgerichts

BVerfGE 1, 1 – Länderregulierung
BVerfGE 3, 34 – Investitionshilfe
BVerfGE 3, 41 – Neuwahl von Gemeinderäten und Kreistagen
BVerfGE 7, 175 – Beförderungssteuergesetz
BVerfGE 7, 367 – Volksbefragung über Atomwaffen
BVerfGE 11, 102 – Saarländische Kommunalwahl
BVerfGE 111, 147 – NPD-Kundgebung in Bochum

Schrifttum (Auswahl)

Arndt, Adolf, Sachprüfung im summarischen Verfahren, NJW 1958, S. 337 ff.; *Berkemann, Jörg*, Das „verdeckte" summarische Verfahren der einstweiligen Anordnung des Bundesverfassungsgerichts, JZ 1993, S. 161 ff.; *derselbe*, Kommentierung zu § 32, in: Umbach/Clemens/Dollinger (Hrsg.), BVerfGG, 2. Aufl. 2005; *Erichsen, Hans-Uwe*, Die einstweilige Anordnung, in: Starck (Hrsg.), Bundesverfassungsgericht und Grundgesetz. Festgabe aus Anlass des 25jährigen Bestehens des Bundesverfassungsgerichts, Band 1, 1976, S. 170 ff.; *Grunsky, Wolfgang*, Der einstweilige Rechtsschutz im öffentlichen Recht, JuS 1977, S. 217 ff.; *Hillgruber, Christian/Goos, Christoph*, Verfassungsprozessrecht, 3. Aufl. 2011; *Huber, Norbert*, Die einstweilige Anordnung nach § 32 BVerfGG am Beispiel der Verfassungsbeschwerde, 1999; *Graßhof, Karin*, Kommentierung zu § 32, in: Maunz/Schmidt-Bleibtreu/Klein/Bethge (Hrsg.), BVerfGG, 34. Ergänzungslieferung 2011; *Pestalozza, Christian*, Verfassungsprozessrecht, 3. Aufl., 1991; *Schlaich, Klaus/Korioth, Stefan*, Das Bundesverfassungsgericht, 8. Aufl. 2010; *Schoch, Friedrich/Wahl, Rainer*, Die einstweilige Anordnung des Bundesverfassungsgerichts in außenpolitischen Angelegenheiten, in: Klein (Hrsg.), Grundrechte, soziale Ordnung und Verfassungsgerichtsbarkeit. Festschrift für Ernst Benda, 1995, S. 265 ff.; *Schoch, Friedrich*, Einstweilige Anordnung, in: Badura/Dreier (Hrsg.), Festschrift 50 Jahre Bundesverfassungsgericht, 2001, S. 695 ff.; *derselbe*, Vorläufiger Rechtsschutz durch das Bundesverfassungsgericht, in: Ehlers/Schoch (Hrsg.), Rechtsschutz im Öffentlichen Recht, 2009, S. 455 ff.; *Zuck, Rüdiger*, Das Recht der Verfassungsbeschwerde, 3. Aufl. 2006; *derselbe*, Kommentierung zu § 32, in: Lechner/Zuck (Hrsg.), Bundesverfassungsgerichtsgesetz, 6. Aufl. 2011.

* Für die kritische Lektüre des Typoskripts und wertvolle Anmerkungen danke ich den Kollegen Dr. Sebastian Baer, Dr. Hartmut Rensen und Nikolaus Graf Vitzthum sehr herzlich.

Inhalt

I. Einleitung

Der Streit um den Prüfungsmaßstab für den Erlass einer einstweiligen Anordnung nach § 32 Abs. 1 Bundesverfassungsgerichtsgesetz (BVerfGG) ist beinahe so alt wie das Bundesverfassungsgericht selbst[1]. Er schwelt, durch das Schrifttum sowie abweichende Stimmen aus den eigenen Reihen befeuert, weiter, obwohl die Senate des Bundesverfassungsgerichts frühzeitig die dogmatischen Weichenstellungen vornahmen und die einzelnen Komponenten zu einem festgefügten Prüfungsprogramm ausbauten. Bisweilen geben auch Senatsentscheidungen selbst, indem sie die ständige Rechtsprechung kritisch reflektieren oder sogar in Nuancen von den tradierten Rechtssätzen divergieren, der Diskussion um den Prüfungsmaßstab neue Nahrung.

[1] Vgl. als eine der ersten kritischen Stimmen: *Arndt*, NJW 1958, S. 337 (338).

Dies und die Bedeutung des einstweiligen Rechtsschutzes für die Rechtsprechung des Bundesverfassungsgerichts insgesamt lassen es lohnenswert erscheinen, den vom Gericht gewählten Weg sowie die alternativ vorgeschlagene Route einer erneuten Prüfung zu unterziehen. Die Bedeutung des einstweiligen Rechtsschutzes kündigte sich frühzeitig an. Bereits die Entscheidung zur *Länderneugliederung* vom 9. September 1951, die erste Entscheidung, die das Bundesverfassungsgericht erließ, war eine einstweilige Anordnung[2]. Die Bedeutung erklärt sich aus dem Stellenwert der zugrundeliegenden Verfassungsrechtsstreitigkeiten und den auf dem Spiel stehenden Rechtspositionen. Sie wird jedoch durch die bereits zum gegenwärtigen Zeitpunkt beträchtliche, stetig ansteigende Arbeitsbelastung des Gerichts und die damit einhergehende Dauer der Hauptsacheverfahren noch weiter akzentuiert[3]. Bei manchen Rechtsmaterien zeichnen sich die Verfahren derart durch Dringlichkeit und die Gefahr irreparabler Nachteile aus[4], dass teilweise der verfassungsgerichtliche Eilrechtsschutz geradezu die Rolle des Hauptsacheverfahrens übernommen hat[5]. Diese Entwicklung wird durch den Umstand begünstigt, dass einer Verfassungsbeschwerde gegen fachgerichtliche *Eil*entscheidungen der Grundsatz der materiellen Subsidiarität entgegensteht, wenn das Beschreiten des fachgerichtlichen Rechtswegs in der *Hauptsache* die Gelegenheit bietet, der verfassungsrechtlichen Beschwer abzuhelfen[6].

Die Zahl der Eilverfahren ist in der jüngeren Vergangenheit rasant angestiegen, was sich statistisch insbesondere an den isolierten Eileinträgen (ohne anhängiges Hauptsacheverfahren) ablesen lässt, die gesondert mit einem BvQ-Aktenzeichen ausgewiesen werden[7]. Während sich die Zahl der isolierten Eilanträge in dem Zeitraum von 2000 bis 2008 knapp unter oder über 100 pro Jahr bewegte, ist sie im Jahr 2009 auf 148 und im Jahr 2010 auf immerhin 132 hochgeschnellt[8]. Dieser Anstieg dürfte nicht zuletzt auch darin begründet sein, dass die Rechtsschutzsuchenden im Verfassungsbeschwerdeverfahren die Hoffnung hegen, die Einlegung eines isolierten Eilantrags im Gegensatz

[2] Vgl. BVerfGE 1, 1 – Länderregulierung.

[3] Vgl. BVerfG, Jahresstatistik 2009, S. 9, 11; Jahresstatistik 2010, S. 9, 11: im Jahr 2009 wurden 94 %, im Jahr 2010 sogar 98,5 % der (isolierten) Eilanträge noch in dem jeweiligen Kalenderjahr erledigt.

[4] Besonders eilträchtige Rechtsmaterien sind (aus der Zuständigkeit des Ersten Senats) das Versammlungsrecht, das Presserecht und das Familienrecht sowie (aus der Zuständigkeit des Zweiten Senats) das Strafprozessrecht, das Strafvollstreckungsrecht, der Maßregelvollzug und das Asyl- und Ausländerrecht.

[5] Vgl. BVerfGK 7, 229 (237).

[6] Vgl. BVerfGE 77, 381 (401) – Zwischenlager Gorleben; 79, 275 (278 f.) – Legende vom toten Soldaten.

[7] Dagegen tragen die mit einem Hauptsacheverfahren verbundenen Eilanträge das Aktenzeichen des jeweiligen Hauptsacheverfahrens.

[8] Vgl. BVerfG, Jahresstatistik 2009, S. 7; Jahresstatistik 2010, S. 7.

zu einem verbunden Eilantrag werde das Gericht zu Eile antreiben und eine begründete Entscheidung herbeiführen. Lehnt eine Kammer die Annahme einer Verfassungsbeschwerde nach § 93b Satz 1 Alt. 1, § 93d Abs. 1 Satz 3 BVerfGG ohne Begründung ab, werden gemäß § 40 Abs. 3 der Geschäftsordnung des Bundesverfassungsgerichts (GO BVerfGG) die in dieser Sache gestellten Anträge auf Erlass einer einstweiligen Anordnung – ihrerseits ohne Begründung – gegenstandslos.

Das Bedürfnis nach einstweiligem Rechtsschutz im Verfassungsprozess ergibt sich ebenso wie in den fachgerichtlichen Prozessordnungen aus dem Umstand, dass Rechtspositionen der Beteiligten bereits in der Interimszeit zwischen dem Anbringen des Rechtsschutzbegehrens bei Gericht und dem Abschluss des Hauptsacheverfahrens gefährdet oder gar irreparabel verletzt werden können beziehungsweise deren Durchsetzung nach Erlass der Hauptsacheentscheidung wesentlich erschwert oder vereitelt werden kann. Die Entscheidung über den Erlass einer einstweiligen Anordnung hat daher im Verhältnis zu dem jeweils zugrunde liegenden Verfassungsrechtsstreit die Funktion einer (dienenden) Nebenentscheidung[9]. Dabei kann die einstweilige Anordnung allerdings unabhängig davon beantragt werden, ob das Verfahren in der Hauptsache bereits anhängig ist (verbundener Eilantrag) oder nicht (isolierter Eilantrag)[10], solange nur zwischen der beantragten einstweiligen Anordnung und dem zugrunde liegenden Hauptsacheverfahren eine „innere Sachbezogenheit“ besteht[11]. Sie soll in den schönen Worten des Gerichts „der erwarteten Entscheidung in der Hauptsache Freiraum für ihre größtmögliche Wirkung sichern, insbesondere verhindern, dass vollendete Tatsachen geschaffen werden oder sonst bis zur Entscheidung in der Hauptsache Rechtsverwirrung und Rechtsunsicherheit und verbundener Verwaltungswirrwarr entsteht“[12]. Um dieser Sicherungsfunktion gerecht zu werden, muss der den Anlass für den Verfassungsrechtsstreit bildende Zustand vorläufig für die Interimszeit zu Gunsten oder zu Lasten des Antragstellers „geregelt“ werden („interimistische Regelungs- und Befriedungsfunktion“[13]). Dies wirft die Frage nach dem Prüfungsmaßstab auf. In Bezug auf die Zulässigkeit des Eilantrags nach § 32 Abs. 1 BVerfGG verhält sich die einstweilige Anordnung

[9] Vgl. BVerfGE 31, 87 (90) – Widerspruchsrecht.

[10] Vgl. BVerfGE 3, 267 (277) – Bindungswirkung von Entscheidungen nach Art 100 Abs. 3 GG.

[11] Vgl. BVerfGE 31, 87 (90) – Widerspruchsrecht.

[12] Vgl. BVerfGE 42, 103 (119) – Staatsvertrag über die Vergabe von Studienplätzen.

[13] Vgl. *Berkemann*, in: Umbach/Clemens/Dollinger, BVerfGG, 2. Aufl. 2005, § 32 Rn. 14; *Huber*, Die einstweilige Anordnung nach § 32 BVerfGG am Beispiel der Verfassungsbeschwerde, 1999, S. 76; *Schoch*, in: Badura/Dreier (Hrsg.), Festschrift 50 Jahre Bundesverfassungsgericht, 2001, S. 695 (700); *derselbe*, Vorläufiger Rechtsschutz durch das Bundesverfassungsgericht, in: Ehlers/Schoch (Hrsg.), Rechtsschutz im Öffentlichen Recht, 2009, S. 455 (475).

akzessorisch zur Hauptsache: Der Eilantrag ist nur zulässig, wenn nach der – im fachgerichtlichen Prozessrecht üblichen – summarischen Prüfung der Antrag in der Hauptsache zulässig ist oder wäre[14]. Demgegenüber hat das Bundesverfassungsgericht den Prüfungsmaßstab für die Begründetheit des Eilantrags nach § 32 Abs. 1 BVerfGG zumindest teilweise zugunsten einer Folgenabwägung von der summarischen Prüfung der Erfolgssaussichten in der Hauptsache abgekoppelt.

Der vorliegende Beitrag zeichnet – nach einer Einführung in Tatbestand und Rechtsfolgen des § 32 Abs. 1 BVerfGG (II.) – die Entwicklung der verfassungsgerichtlichen Rechtsprechung nach (III.), schildert die dagegen vorgebrachte Kritik (IV.) und analysiert Struktur und Wirkungsweise des vom Bundesverfassungsgerichts praktizierten Prüfungsmaßstabs (V.), um schließlich der Frage nachzugehen, ob das Bundesverfassungsgericht aufgrund einer Folgenabwägung losgelöst von einer summarischen Prüfung der Erfolgsaussichten in der Hauptsache soll entscheiden dürfen (VI.).

II. § 32 Abs. 1 BVerfGG als Grundlage des verfassungsgerichtlichen Eilrechtsschutzes

Sedes materiae des verfassungsgerichtlichen Eilrechtsschutzes ist § 32 Abs. 1 BVerfGG. Angesichts seiner systematischen Stellung innerhalb des mit dem Titel „Allgemeine Verfahrensvorschriften“ überschriebenen Ersten Abschnitts des II. Teils des Gesetzes und seines offen gefassten Wortlauts findet § 32 Abs. 1 BVerfGG auf sämtliche in Art. 94 GG und § 13 BVerfGG genannten Verfahrensarten Anwendung. Auch die in dem mit dem Titel „Einzelne Verfahrensarten“ überschriebenen III. Teil des Gesetzes genannten Sonderfälle[15] knüpfen inhaltlich an § 32 BVerfGG an.

§ 32 Abs. 1 BVerfGG bestimmt auf der Tatbestandsseite, dass die einstweilige Anordnung zur Abwehr schwerer Nachteile, zur Verhinderung drohender Gewalt oder aus einem anderen wichtigen Grund zum gemeinen Wohl dringend geboten sein muss. Bedeutung hat – entsprechend dem insofern wortlautähnlichen § 940 ZPO – nur die „Abwehr schwerer Nachteile“ erlangt. Der Zusatz „zum gemeinen Wohl geboten“ ist eine Besonderheit des verfassungsgerichtlichen Prozessrechts[16]. Er qualifiziert sowohl den Anord-

[14] Vgl. BVerfGE 42, 103 (119) – Staatsvertrag über die Vergabe von Studienplätzen.

[15] Vgl. § 53 BVerfGG (Anklage gegen den Bundespräsidenten), § 58 Abs. 1 BVerfGG (Anklage gegen Bundesrichter) und § 105 Abs. 5 Satz 1 BVerfGG (Versetzung in den Ruhestand beziehungsweise Entlassung von Bundesverfassungsrichtern).

[16] Vgl. ebenso: § 25 Abs. 1 StGHG B-W; § 31 Abs. 1 VerfGHG Berlin; § 30 Abs. 1 VerfGGBbg; § 18 Abs. 1 StGHG BR; § 30 Abs. 1 LVerfGG M-V; § 27 Abs. 1 VGHG NW; § 19a Abs. 1 VGHG RP; § 23 Abs. 1 VerfGHG Saarland; § 31 Abs. 1 LVerfGG S-A; § 30 Abs. 1 LVerfGG S-H; § 26 Abs. 1 ThürVerfGHG.

nungsanspruch der Abwehr schwerer Nachteile als auch den Anordnungsgrund der Dringlichkeit[17]. Dieser Zusatz schließt indes nicht aus, dass auch die Abwehr individueller Nachteile dem „gemeinen Wohl" dienen kann[18]. In der Verfassungsordnung des Grundgesetzes konkretisiert sich das „gemeine Wohl" gerade auch durch die Bewahrung der individuellen Grundrechte[19]. Auf der Rechtsfolgenseite bestimmt § 32 Abs. 1 BVerfGG, dass das Bundesverfassungsgericht vorläufig regeln „kann". Damit ist nicht gesagt, dass der Erlass einer einstweiligen Anordnung in das freie Ermessen des Bundesverfassungsgerichts gestellt ist, sondern dies bedeutet, dass das Bundesverfassungsgericht in Erfüllung seiner nach Art. 92 und 93 GG zugeschriebenen Aufgaben verpflichtet ist, eine einstweilige Anordnung zu erlassen, wenn die Tatbestandsvoraussetzungen des § 32 Abs. 1 BVerfGG erfüllt sind[20].

III. § 32 Abs. 1 BVerfGG in der Rechtsprechung des Bundesverfassungsgerichts

1. Der (besonders) strenge Maßstab der Folgenabwägung nach der Doppelhypothese

Bereits in seiner Entscheidung zur *Länderneugliederung* vom 9. September 1951 löste das Gericht den Maßstab für die Gewährung einstweiligen Rechtsschutzes von der sonst üblichen summarischen Prüfung der Erfolgsaussichten in der Hauptsache, indem es die Prüfung auf eine reine Folgenabwägung beschränkte und hinzufügte, dass die einstweilige Anordnung keinerlei Schluss auf die Auffassung des Bundesverfassungsgerichts über die Gültigkeit oder Ungültigkeit des angegriffenen Gesetzes zulasse. Das Bundesverfassungsgericht habe die Sache selbst noch nicht prüfen können[21]. Auch in der *Finanzausgleich*-Entscheidung beließ es das Gericht bei einer Abwägung „aller in Frage kommenden Belange"[22]. In der *Investitionshilfe-*

[17] Vgl. *Berkemann*, in: Umbach/Clemens/Dollinger, BVerfGG, 2. Aufl. 2005, § 32 Rn. 152.

[18] Vgl. BVerfGE 14, 11 (12 f.) – Haftstrafe aufgrund Rechtsverordnung.

[19] Vgl. BVerfGE 7, 367 (373) – Volksbefragung über Atomwaffen; 14, 11 (12 f.) – Haftstrafe aufgrund Rechtsverordnung; 94, 166 II, 223 (226 f.).

[20] Vgl. *Erichsen*, in: Starck (Hrsg.), Bundesverfassungsgericht und Grundgesetz. Festgabe aus Anlass des 25jährigen Bestehens des Bundesverfassungsgerichts, Band 1, 1976, S. 170 (173); *Graßhof*, in: Maunz/Schmidt-Bleibtreu/Bethge (Hrsg.), BVerfGG, 34. Ergänzungslieferung 2011, § 32 Rn. 56; *Pestalozza*, Verfassungsprozessrecht, 3. Aufl. 1991, § 18 Rn. 13, S. 248.

[21] Vgl. BVerfGE 1, 1 (3) – Länderregulierung.

[22] Vgl. BVerfGE 1, 85 (86) – Finanzausgleich.

Entscheidung stellte das Gericht sodann tastend den Grundsatz auf, dass bei der Abwägung beide Möglichkeiten, dass das Gesetz gültig oder nichtig sei, in Betracht gezogen werden müssten[23].

Die Abwägung ergänzte das Gericht in der Entscheidung zur *Neuwahl von Gemeinderäten und Kreistagen* um den Topos des sogenannten strengen Prüfungsmaßstabs: Danach geböten die meist weittragenden Folgen, die eine einstweilige Anordnung in einem verfassungsgerichtlichen Verfahren nach sich ziehe, bei der Prüfung, ob die Voraussetzungen des 32 Abs. 1 BVerfGG vorlägen, einen strengen Maßstab anzulegen[24]. Das Bundesverfassungsgericht habe von seiner Befugnis zum Erlass einer einstweiligen Anordnung nur mit der größten Zurückhaltung Gebrauch zu machen[25]. Dies müsse insbesondere dann gelten, wenn der Erlass einer einstweiligen Anordnung einen Eingriff des Gerichts in die Regierungsfunktionen bedeute[26] oder der Eilantrag darauf gerichtet sei, eine Rechtsnorm einstweilen außer Anwendung zu setzen[27]. Die Aussetzung des Vollzugs einer Rechtsnorm sei nur dann gerechtfertigt, wenn sie zum gemeinen Wohl dringend geboten sei[28]. Dieser strenge Maßstab bei der Folgenabwägung verschärfe sich noch weiter („besonders strenge Voraussetzungen" oder „besonders strenger Maßstab"), wenn ein Hoheitsakt mit völkerrechtlichen oder außenpolitischen Auswirkungen, wie beispielsweise ein Zustimmungsgesetz zu völkerrechtlichen Verträgen, betroffen sei[29].

In der *Beförderungssteuergesetz*-Entscheidung stellte das Gericht klar, dass bei der Prüfung die Gründe, die für oder gegen die Verfassungsmäßigkeit eines Hoheitsaktes sprechen, grundsätzlich außer Betracht bleiben, da in dem Verfahren über den Erlass einer einstweiligen Anordnung die Gültigkeit des Hoheitsaktes selbst nicht Gegenstand der Prüfung sein könne[30]. Allerdings fügte es hinzu, dass sie von Bedeutung sein könnten, wenn entweder eine einstweilige Anordnung wegen Unzulässigkeit oder offensichtlicher Unbegründetheit der Verfassungsbeschwerde nicht in Betracht komme, oder wenn bei offensichtlicher Verfassungswidrigkeit der Norm die Dringlichkeit, ihren Vollzug einstweilen auszusetzen, besonders deutlich werde[31]. Auch

[23] Vgl. BVerfGE 3, 34 (37) – Investitionshilfe.

[24] Vgl. BVerfGE 3, 41 (44) – Neuwahl von Gemeinderäten und Kreistagen; 6, 1 (3) – einstweilige Anordnung bei Rechtssatzverfassungsbeschwerde.

[25] Vgl. BVerfGE 3, 52 (55) – Weihnachtsgeld; 3, 267 (285) – Verhältnis von einstweiliger Anordnung und Hauptsacheverfahren.

[26] Vgl. BVerfGE 3, 52 (55) – Weihnachtsgeld.

[27] Vgl. BVerfGE 3, 41 (44) – Neuwahl von Gemeinderäten und Kreistagen.

[28] Vgl. BVerfGE 3, 34 (37) – Investitionshilfe.

[29] Vgl. BVerfGE 83, 162 (171 f.) – Einigungsvertrag; 88, 173 (179) – Bosnien-Herzegowina; 125, 385 (393) – Griechenland-Finanzhilfe.

[30] Vgl. BVerfGE 7, 175 (179) – Beförderungssteuergesetz.

[31] Vgl. BVerfGE 7, 175 (180) – Beförderungssteuergesetz.

nach Kritik aus dem Schrifttum[32] hielt das Gericht in der Entscheidung zur *Volksbefragung über Atomwaffen* hieran ausdrücklich fest und untermauerte seine Haltung mit folgender Argumentation: Eine einstweilige Anordnung dürfe nicht ergehen, wenn die in der Hauptsache begehrte Feststellung unzulässig oder offensichtlich unbegründet sei und wenn das Gericht die Hauptsache so rechtzeitig entscheiden könne, dass durch diese Entscheidung die vorauszusehenden schweren Nachteile gebannt werden könnten. Die einstweilige Anordnung könne gerade deshalb nötig werden, weil dem Gericht die zur gewissenhaften und umfassenden Prüfung der für die Entscheidung der Hauptsache erheblichen Rechtsfragen erforderliche Zeit fehle; gerade dann aber wäre es nicht angängig, den Erlass einer einstweiligen Anordnung von etwas Ungewissem, von einer summarischen Abschätzung der Erfolgschancen in der Hauptsache, abhängig zu machen. Grundsätzlich müsse überdies davon ausgegangen werden, dass bei Streitigkeiten vor dem Bundesverfassungsgericht der Ausgang des Hauptverfahrens so sehr „offen" sei, dass von einer „Unhaltbarkeit" der einen oder anderen Rechtsauffassung nicht die Rede sein könne[33].

In der Entscheidung zur *Saarländischen Kommunalwahl* formulierte das Gericht schließlich erstmals[34] als Maßstab für die Begründetheit des Eilantrags die Folgenabwägung nach der sogenannten Doppelhypothese[35]: Danach hat das Bundesverfassungsgericht die Folgen abzuwägen, die eintreten würden, wenn eine einstweilige Anordnung nicht ergeht, die angegriffenen Hoheitsakte in dem späteren Verfahren jedoch für nichtig erklärt werden, gegen die Nachteile, die entstehen würden, wenn die Hoheitsakte vorläufig außer Anwendung gesetzt werden würden, dem Antrag in der Hauptsache aber der Erfolg zu versagen wäre[36]. Zwar fiel das Gericht noch punktuell in weniger strukturierte Entscheidungsmuster zurück[37], kehrte dann jedoch mit einigen sprachlichen Feinziselierungen zu der Formel für die Folgenabwägung nach der Doppelhypothese zurück[38]. In der *Grundlagenvertrag-*

[32] Vgl. *Arndt*, NJW 1958, S. 337 (338).

[33] Vgl. BVerfGE 7, 367 (371) – Volksbefragung über Atomwaffen.

[34] Vgl. bereits angedeutet in: BVerfGE 3, 34 (37) – Investitionshilfe; 3, 41 (44) – Neuwahl von Gemeinderäten und Kreistagen; 6, 1 (4) – Einstweilige Anordnung bei Rechtssatzverfassungsbeschwerde.

[35] Vgl. *Berkemann*, JZ 1993, 160 (165); *Schlaich/Korioth*, Das Bundesverfassungsgericht, 8. Aufl. 2010, Rn. 465 a.E.; *Schoch*, Vorläufiger Rechtsschutz durch das Bundesverfassungsgericht, in: Ehlers/Schoch (Hrsg.), Rechtsschutz im Öffentlichen Recht, 2009, S. 455 (468); *Schoch*, in: Badura/Dreier (Hrsg.) Festschrift 50 Jahre Bundesverfassungsgericht, 2001, S. 695 (703).

[36] Vgl. BVerfGE 11, 102 (104) – Saarländische Kommunalwahl.

[37] Vgl. BVerfGE 14, 11 (12 f.) – Haftstrafe aufgrund Rechtsverordnung.

[38] Vgl. BVerfGE 12, 276 (280) – Haushaltsgesetze 1959 und 1960; 24, 68 (74) – Privatschiffer.

Entscheidung unternahmen vier Bundesverfassungsrichter den Versuch, für auf die Aussetzung eines völkerrechtlichen Vertrags gerichtete Eilanträge eine (strenge) summarische Prüfung der Erfolgsaussichten in der Hauptsache zu etablieren[39]. Dieser Vorschlag hat indes keinen Eingang in die Rechtsprechung des Gerichts gefunden. Das Gericht betont konstant, dass hier ein besonders strenger Maßstab für die grundsätzlich anzuwendende Folgenabwägung gilt[40]. Die Folgenabwägung nach der Doppelhypothese und ihre argumentative Herleitung sind Gemeingut der verfassungsgerichtlichen Rechtsprechung[41]. Dies hindert das Bundesverfassungsgericht indes nicht, selbstkritisch reflektierend zu kommentieren, dass sich die bei der Anwendung des § 32 Abs. 1 BVerfGG praktizierte Folgenabwägung „von einer Prüfung des Rechts löse und auf eine bloße Einschätzung der Entscheidungswirkungen stütze"[42].

2. *Die Fälle der summarischen Prüfung der Erfolgsaussichten in der Hauptsache*

Das Bundesverfassungsgericht hat allerdings eine Reihe von Kategorien entwickelt, bei denen es von der Folgenabwägung nach der Doppelhypothese absieht und stattdessen summarisch die Erfolgsaussichten in der Hauptsache prüft.

Zwei dieser Kategorien sind in die Definition der Folgenabwägung nach der Doppelhypothese integriert: So formuliert das Gericht, dass die Gründe, die für die Verfassungswidrigkeit des angegriffenen Akts vorgetragen werden, grundsätzlich außer Betracht bleiben, *es sei denn*, der Antrag in der Hauptsache erwiese sich „von vornherein als unzulässig" oder „offensichtlich unbegründet"[43]. Das Gericht hat das Attribut „von vornherein", das die prognostizierte Unzulässigkeit des Antrags in der Hauptsache näher bestimmen soll, nie definiert. Es wird in der Praxis auch nicht einheitlich gebraucht. In nicht wenigen Entscheidungen fehlt der Zusatz gänzlich[44] oder wird

[39] Vgl. BVerfGE 35, 193 (196) – Grundlagenvertrag.

[40] Vgl. BVerfGE 83, 162 (171 f.) – Einigungsvertrag; 88, 173 (179) – Bosnien-Herzegowina; 89, 38 (43) – Somalia; 108, 34 (41) – AWACS; 118, 111 (122) – Afghanistan.

[41] Vgl. BVerfGE 64, 67 (69) – Volkszählung, unter Berufung auf: BVerfGE 7, 367 (371) – Volksbefragung über Atomwaffen.

[42] Vgl. BVerfGE 94, 166 II (217) – Flughafenverfahren.

[43] Vgl. BVerfGE 121, 1 (15) – Vorratsdatenspeicherung; 122, 342 (355) – Bayerisches Versammlungsgesetz; 125, 385 (393) – Griechenland-Finanzhilfe.

[44] Vgl. BVerfGE 7, 175 (180) – Beförderungssteuergesetz; 104, 51 (55) – Gleichgeschlechtliche Lebenspartnerschaft; 111, 147 (153) – NPD-Kundgebung in Bochum; 91, 328 (332) – Postulationsfähigkeit von Rechtsanwälten in Anwaltsprozessen in den neuen Ländern.

durch „offensichtlich unzulässig“ ersetzt[45], in mancher Entscheidung wird er zunächst verwendet, später dann aber fallengelassen[46]. Anders liegt der Fall bei der Kategorie der offensichtlichen Unbegründetheit. Diesen umschreibt das Gericht negativ. Die Hauptsache sei als nicht offensichtlich unbegründet anzusehen, wenn abzusehen sei, dass sie die umfassende Prüfung gewichtiger beziehungsweise schwieriger verfassungsrechtlicher Fragen notwendig machen werde, die sich nicht ohne Weiteres aus der bisherigen Rechtsprechung des Gerichts beantworten ließen[47]. Dies sei der Fall, wenn für das Gericht zum Zeitpunkt der Entscheidung kein Gesichtspunkt erkennbar sei, der dem gestellten Antrag zum Erfolg verhelfen könnte. Die Unbegründetheit müsse allerdings nicht auf der Hand liegen. Sie könne auch das Ergebnis vorgängiger gründlicher Prüfung sein[48].

Daneben hat das Gericht in der Entscheidung zum *Beförderungssteuergesetz* untersucht, ob der zugrunde liegende Hoheitsakt „offensichtlich verfassungswidrig“ war, mithin der Antrag in der Hauptsache „offensichtlich begründet“ war[49]. Dieser Gedanke wurde später noch einmal von dem Gericht in der *Erdölvorratsgesetz*-Entscheidung aufgegriffen[50], avancierte allerdings nicht zur ständigen Rechtsprechung. Nach Jahrzehnten kontinuierlicher Tradierung der Obersätze stellte der Zweite Senat in der *Altenpflegegesetz*-Entscheidung erstmals wieder im Maßstabsteil vor der Folgenabwägung nach der Doppelhypothese die Frage, ob der Antrag in der Hauptsache unzulässig oder „offensichtlich begründet“ oder „unbegründet“ war[51]. In der *AWACS*-Entscheidung nahm der Zweite Senat diese Wendung zwar nicht in den Obersatz auf, prüfte in der Subsumtion indes ausdrücklich, ob der Antrag in der Hauptsache nicht „offensichtlich begründet“ war[52]. Für eine solche Handhabung der Begründetheitsprüfung plädierte schließlich auch Bundesverfassungsrichter *Broß* in seinem Sondervotum zu der Entscheidung des Zweiten Senats hinsichtlich der *Sitzverteilung im Vermittlungsausschuss*: Dränge sich nach allgemein anerkannter Rechtsauffassung –

[45] Vgl. BVerfGE 46, 337 (339) – Wehrpflichtnovelle 1977.

[46] Vgl. BVerfGE 108, 34 (41, 42) – AWACS.

[47] Vgl. BVerfGE 36, 137 (138) – Hausstrafe; 50, 37 (41) – Hochschulzulassung; 59, 280 (282 f.) – Prüfungskompetenz deutscher Gerichte bei Auslieferungsersuchen; 76, 253 (255 f.) – vorzeitige Besitzeinweisung durch Bergbehörde; die verfassungsrechtlichen Fragen ausführlich ansprechend: BVerfGE 82, 353 (364 ff.) – Erste gesamtdeutsche Wahl des Bundestages; 122, 342 (360) – Bayerisches Versammlungsgesetz.

[48] Vgl. BVerfGE 89, 344 (345) – Cannabis, unter Verweis auf: BVerfGE 82, 316 (319 f.) – Wiedervereinigung.

[49] Vgl. BVerfGE 7, 175 (180) – Beförderungssteuergesetz.

[50] Vgl. BVerfGE 20, 363 (364) – Erdölvorratsgesetz.

[51] Vgl. BVerfGE 104, 23 (28) – Altenpflegegesetz.

[52] Vgl. BVerfGE 108, 34 (43) – AWACS.

namentlich der Rechtsprechung des Bundesverfassungsgerichts selbst – eine stattgebende Entscheidung geradezu auf, sei für eine wie auch immer geartete Abwägung kein Raum. Nur der noch Unwissende dürfe wägen, der Wissende müsse entscheiden[53].

Zusätzlich zu den Kategorien „von vornherein unzulässig" und „offensichtlich unbegründet" hält das Gericht eine summarische Prüfung der Erfolgsaussichten in der Hauptsache für geboten, wenn die behauptete Rechtsverletzung bei Verweigerung einstweiligen Rechtsschutzes nicht mehr rückgängig gemacht werden könnte, die Entscheidung in der Hauptsache also zu spät käme[54] (Vorwegnahme der Hauptsache). In der Entscheidung zur *NPD-Kundgebung in Bochum* erläuterte das Gericht: Blieben in solchen Fällen die im Zeitpunkt der Eilentscheidung erkennbaren Erfolgsaussichten einer Verfassungsbeschwerde gegen die verwaltungsgerichtliche Eilentscheidung außer Ansatz, würde sich bei der Folgenabwägung das Rechtsgut durchsetzen, das gewichtiger oder dessen behauptete Gefährdung intensiver als das kollidierende ist, selbst wenn schon die im Eilrechtsschutzverfahren mögliche Prüfung ergibt, dass die rechtlichen Voraussetzungen für seinen Schutz offensichtlich nicht gegeben sind. Dies widerspräche der Aufgabe des Bundesverfassungsgerichts, die Beachtung der Grundrechte im Verfahren der Verfassungsbeschwerde zu sichern[55]. Diese Kategorie kommt insbesondere bei versammlungsrechtlichen Eilentscheidungen zum Tragen, die zur Folge haben, dass das Demonstrationsanliegen unwiederbringlich nicht verwirklicht werden kann[56].

3. Die Gewichtung der drohenden schweren Nachteile

Bei der Folgenabwägung nach der Doppelhypothese werden die zu erwartenden Nachteile identifiziert, bewertet und bilanziert. Dabei müssen die für den Antragsteller zu erwartenden Nachteile für sich betrachtet als „schwere Nachteile" im Sinne des § 32 Abs. 1 BVerfGG einzustufen sein[57]. Liegt dem Verfahren eine Rechtssatzverfassungsbeschwerde zugrunde, sind nicht nur

[53] Vgl. BVerfGE 106, 253 (268) – Sitzverteilung im Vermittlungsausschuss.

[54] Vgl. BVerfGE 34, 160 (162 f.) – Wahlwerbung NPD; 46, 160 (164) – Schleyer; 63, 254 – Wahlwerbung CSU; 67, 149 (152) – Wahlwerbung WDR.

[55] Vgl. BVerfGE 111, 147 (153) – NPD-Kundgebung in Bochum.

[56] Vgl. BVerfGK 5, 179 (182); 7, 221 (225); 7, 229 (233); 8, 195 (198); 10, 1 (2); BVerfG, Beschluss der 1. Kammer des Ersten Senats vom 4. September 2009 – 1 BvR 2147/09 –, NJW 2010, S. 141 (142).

[57] Vgl. BVerfGE 17, 145 (146) – Disziplinarverfahren; 26, 14 (16) – Verpflichtung des Rechtsanwalts zur Amtstracht; 56, 185 (186) – Privatklageverfahren; besonders deutlich: BVerfG, Beschluss der 1. Kammer des Ersten Senats vom 21. Juli 2000 – 1 BvQ 17/00 –, NJW 2000, S. 2890.

das Interesse des Antragstellers, sondern „alle in Frage kommenden Belange“ und „widerstreitenden Interessen“ zu berücksichtigen[58]. Außerdem müssen sie gegenüber den Nachteilen, die einträten, wenn eine einstweilige Anordnung erlassen würde, die noch mögliche Hauptsache aber keinen Erfolg hätte, deutlich überwiegen[59]. Kommt das Bundesverfassungsgericht zu dem Ergebnis, dass die Nachteile einander ebenbürtig sind (Pattsituation), erlässt es keine einstweilige Anordnung[60]. Stattgebende Entscheidungen, denen eine Gesetzesverfassungsbeschwerde zugrunde liegt, sind selten, kommen aber gleichwohl vor. Prominente Beispiele aus der jüngeren Vergangenheit sind die Entscheidungen zur *Vorratsdatenspeicherung*[61] und zum *Bayerischen Versammlungsgesetz*[62]. Häufiger aber erlässt das Gericht, wie zutreffend beobachtet wird[63], eine einstweilige Anordnung, wenn der Eilantrag einen konkret-individuellen Rechtsakt betrifft. Bei der Abwägung der Folgen für die widerstreitenden Rechtspositionen hält das Gericht insbesondere wirtschaftliche Nachteile Privater (ohne das Hinzutreten weiterer grundrechtlich relevanter Positionen), die sich aus dem Vollzug eines Gesetzes ergeben, grundsätzlich für nachträglich korrigierbar und damit für nicht hinreichend gravierend[64]. Allerdings prüft das Gericht durchaus, ob die auf privater Seite zu erwartenden wirtschaftlichen Nachteile existenzbedrohende Ausmaße annehmen[65]. Stehen wirtschaftliche Nachteile für die Allgemeinheit in Rede, sei es in Form von volkswirtschaftlichen Einbußen oder auch in Gestalt der Verletzung haushaltsrechtlicher Grundsätze, tendiert das Gericht dazu, diesen Interessen den Vorrang einzuräumen[66].

[58] Vgl. BVerfGE 12, 276 (280) – Haushaltsgesetze 1959 und 1960; 14, 153 – Tierarzneimittelvertreter; 93, 181 (187) – Rasterfahndung; 96, 120 (129) – Bayerisches Schwangerenhilfeergänzungsgesetz; 112, 284 (292) – Kontostammdaten; 122, 342 (362) – Bayerisches Versammlungsgesetz.

[59] Vgl. BVerfGE 104, 51 (55) – Gleichgeschlechtliche Lebenspartnerschaft; 108, 34 (45) – AWACS; 112, 284 (292) – Kontostammdaten.

[60] Vgl. BVerfGE 31, 381 (387) – Hessisches Besoldungsrecht; 36, 37 (40) – Bonus-Malus-Regelung im Staatsvertrag über Studienplatzvergabe; 65, 101 (103) – Besetzung des Hauptausschusses des Hessischen Landtags.

[61] Vgl. BVerfGE 121, 1 (17 ff.) – Vorratsdatenspeicherung.

[62] Vgl. BVerfGE 122, 342 (361 ff.) – Bayerisches Versammlungsgesetz.

[63] Vgl. *Berkemann*, in: Umbach/Clemens/Dollinger, BVerfGG, 2. Aufl. 2005, § 32 Rn. 164; *Rinken*, in: Alternativ-Kommentar, GG, 3. Aufl. 2001, Art. 94 Rn. 80.

[64] Vgl. BVerfGE 7, 175 (179) Beförderungssteuergesetz; 20, 363 (363 f.) – Erdölvorratsgesetz; 104, 23 (35) – Altenpflegegesetz; 108, 46 (50) – Arzneimittelrabatt.

[65] Vgl. BVerfGE 14, 153 – Tierarzneimittelvertreter; 117, 126 (139) – Hufbeschlagsgesetz.

[66] Vgl. BVerfGE 94, 334 (350) – Flächenerwerbsprogramm; 99, 57 (67 f.) – Liegenschaftsmodell Schleswig-Holstein; 125, 385 (394) – Griechenland-Finanzhilfe.

4. Die Dringlichkeit der einstweiligen Anordnung

Den Erlass einer einstweiligen Anordnung sieht das Bundesverfassungsgericht als nicht dringlich an, wenn eine Entscheidung in der Hauptsache noch rechtzeitig zur Abwehr schwerer Nachteile ergehen kann[67].

IV. Die Kritik an der Rechtsprechung des Bundesverfassungsgerichts

Die Kritik richtet sich zunächst gegen die Praxis des Gerichts, seinen Maßstab unter das Vorzeichen einer „strengen" Prüfung zu stellen[68]. Diese Praxis entbehre einer Grundlage[69], die Ableitung aus der Funktion des Bundesverfassungsgerichts sei kein tragfähiges Fundament[70]. Das Gericht übersehe, dass auch die Ablehnung eines Eilantrags weitreichende Folgen haben könne. Außerdem sei zweifelhaft, ob der „strenge Prüfungsmaßstab" einen eigenen methodischen Beitrag für den Abwägungsvorgang leiste, da er sich in rechtlicher Hinsicht nicht konkretisieren lasse[71]. In diese Kerbe schlugen auch die Bundesverfassungsrichter *Limbach*, *Böckenförde* und *Sommer* in ihrem Sondervotum zu der *Flughafenverfahren*-Entscheidung, in dem sie argumentierten, dass das Erfordernis der „strengen Voraussetzungen" bereits dann erfüllt sei, wenn es darum gehe, schwere und nicht wiedergutzumachende Nachteile abzuwenden[72].

Die Kritik richtet sich allerdings auch gegen die Folgenabwägung selbst[73]. Die einstweilige Anordnung halte zwar die Entscheidung in der Hauptsache

[67] Vgl. nur: BVerfGE 7, 367 (371) – Volksbefragung über Atomwaffen; 104, 23 (28) – Altenpflegegesetz.

[68] Vgl. *Berkemann*, in: Umbach/Clemens/Dollinger, BVerfGG, 2. Aufl. 2005, § 32 Rn. 159 f.; *Schoch*, in: Ehlers/Schoch (Hrsg.), Rechtsschutz im Öffentlichen Recht, 2009, S. 455 (470,); *Zuck*, Das Recht der Verfassungsbeschwerde, 3. Aufl. 2006, Rn. 1143; *derselbe,* in: Lechner/Zuck, BVerfGG, 6. Aufl. 2011 Rn. 19.

[69] Vgl. *Zuck*, Das Recht der Verfassungsbeschwerde, 3. Aufl. 2006, Rn. 1143.

[70] Vgl. *Berkemann*, in: Umbach/Clemens/Dollinger, BVerfGG, 2. Aufl. 2005, § 32 Rn. 159.

[71] Vgl. *Berkemann*, in: Umbach/Clemens/Dollinger, BVerfGG, 2. Aufl. 2005, § 32 Rn. 160.

[72] Vgl. BVerfGE 94, 166 II, 223 (227) – Flughafenverfahren.

[73] Vgl. *Berkemann*, in: Umbach/Clemens/Dollinger, 2. Aufl. 2005, § 32 Rn. 237 ff., *Grunsky*, JuS 1977, S. 217 (220); *Hillgruber/Goos,* Verfassungsprozessrecht, 3. Aufl. 2011, Rn. 875 ff.; *Huber*, Die einstweilige Anordnung nach § 32 BVerfGG am Beispiel der Verfassungsbeschwerde, 1999, S. 90 ff.; *Klein*, in: Benda/Klein, Verfassungsprozessrecht, 2. Aufl., 2001, Rn. 1223; *Schlaich/Korioth*, Das Bundesverfassungsgericht, 8. Aufl. 2010, Rn. 466; *Schoch/Wahl,* in: Klein (Hrsg.), Grundrechte, soziale Ordnung und Verfassungsgerichtsbarkeit. Festschrift für Ernst Benda, 1995, S. 265 (292 ff., 299 ff.)*; Schoch,* in: Badura/Dreier (Hrsg.) Festschrift 50 Jahre Bundesverfassungsgericht, 2001, S. 695 (708 ff.); *derselbe*, in:

offen, treffe aber wegen der Unwiederbringlichkeit des Faktors Zeit für den Zeitraum, bis zu dem sie ergehe, eine endgültige Regelung[74]. Bei dieser interimistischen Regelung müsse das Risiko einer Fehlentscheidung minimiert und angemessen verteilt werden[75]. Daher müsse die Entscheidung stets anhand einer summarischen Prüfung der Erfolgsaussichten in der Hauptsache getroffen werden. Demjenigen, der *ex ante* wahrscheinlich unterliegen werde, könne am ehesten zugemutet werden, das Fehlentscheidungsrisiko zu tragen[76]. Dagegen dürfe derjenige, der *ex ante* wahrscheinlich gewinnen werde, nicht auf eine Folgenabwägung verwiesen werden. Die Folgenabwägung sei ein unpräzises und intransparentes Instrument, das dem Gericht ungebührlich viel Spielraum gebe („Unsicherheitskoeffizienz"[77] und „Abwägungsrabulistik"[78]). Einer summarischen Prüfung der Erfolgsaussichten stünden keine „weitreichenden Folgen" einer verfassungsgerichtlichen Entscheidung entgegen. Das Gericht sei in Anbetracht der kaum strukturierbaren „Ausnahmen" („Inkonsistenzen und Methodensynkretismus"[79]) nicht mehr Herr seiner selbst formulierten Dogmatik[80].

Schlussendlich wird der Verdacht geäußert, dass die Folgenabwägung nach der Doppelhypothese nur eine verbale Fassade sei und das Gericht in Wirklichkeit „verdeckt" die Erfolgsaussichten in der Hauptsache summarisch prüfe[81]. Dies wird vor allem aus der Übereinstimmung der Ergebnisse der Verfahren im einstweiligen Rechtsschutz und der anschließenden Hauptsache-

Ehlers/Schoch (Hrsg.), Rechtsschutz im Öffentlichen Recht, 2009, S. 455 (474 ff.); *Zuck*, Das Recht der Verfassungsbeschwerde, 3. Aufl. 2006, Rn. 1150; *derselbe,* in: Lechner/Zuck, BVerfGG, 6. Aufl. 2011 Rn. 22.

[74] Vgl. *Huber*, Die einstweilige Anordnung nach § 32 BVerfGG am Beispiel der Verfassungsbeschwerde, 1999, S. 95 f.; *Schoch/Wahl,* in: Klein (Hrsg.), Grundrechte, soziale Ordnung und Verfassungsgerichtsbarkeit. Festschrift für Ernst Benda, 1995, S. 265 (294); *Schoch*, Vorläufiger Rechtsschutz durch das Bundesverfassungsgericht, in: Ehlers/Schoch (Hrsg.), Rechtsschutz im Öffentlichen Recht, 2009, S. 455 (457).

[75] Vgl. *Schoch*, in: Badura/Dreier (Hrsg.) Festschrift 50 Jahre Bundesverfassungsgericht, 2001, S. 695 (711); *derselbe,* in: Ehlers/Schoch (Hrsg.), Rechtsschutz im Öffentlichen Recht, 2009, S. 455 (458).

[76] Vgl. *Grunsky*, JuS 1977, S. 217 (220).

[77] Vgl. *Zuck*, Das Recht der Verfassungsbeschwerde, 3. Aufl. 2006, Rn. 1150; *derselbe,* in: Lechner/Zuck, BVerfGG, 6. Aufl. 2011 Rn. 22.

[78] Vgl. *Schoch/Wahl,* in: Klein (Hrsg.), Grundrechte, soziale Ordnung und Verfassungsgerichtsbarkeit. Festschrift für Ernst Benda, 1995, S. 265 (295).

[79] Vgl. *Schoch*, in: Badura/Dreier (Hrsg.) Festschrift 50 Jahre Bundesverfassungsgericht, 2001, S. 695 (708); *derselbe,* in: Ehlers/Schoch (Hrsg.), Rechtsschutz im Öffentlichen Recht, 2009, S. 455 (474).

[80] Vgl. *Berkemann*, in: Umbach/Clemens/Dollinger, 2. Aufl. 2005, § 32 Rn. 182.

[81] Vgl. *Berkemann*, JZ 1993, S. 161 (171); *Grunsky*, JuS 1977, S. 217 (220); *Hillgruber/Goos*, Verfassungsprozessrecht, 3. Aufl. 2011, Rn. 886; *Schoch*, Vorläufiger Rechtsschutz durch das Bundesverfassungsgericht, in: Ehlers/Schoch (Hrsg.), Rechtsschutz im Öffentlichen Recht, 2009, S. 455 (477).

verfahren gefolgert[82]. Nach einer Untersuchung aus dem Jahr 1993 korrespondierten in fast 80 % aller Fälle die Senatsentscheidungen in der Hauptsache mit dem Ergebnis der zuvor getroffenen Entscheidung über die einstweilige Anordnung. Lasse man die Verfahren beiseite, in denen das Gericht ohne vorherige einstweilige Anordnung sofort über die Hauptsache entschieden habe, habe es nur in 8 % der Verfahren eine von der Entscheidung über den Eilantrag abweichende Entscheidung in der Hauptsache getroffen[83].

V. Die Analyse der Rechtsprechung des Bundesverfassungsgerichts

1. *Der (besonders) strenge Prüfungsmaßstab*

Das Vorzeichen des (besonders) strengen Prüfungsmaßstabs erfüllt eine Reihe von „weichen" und „harten" Funktionen. Zum einen trägt es dem Umstand Rechnung, dass das Bundesverfassungsgericht eine Institution ist, die nur Recht sprechen kann, aber über keine eigenen Durchsetzungsmechanismen verfügt, um „ihrem Spruch Befolgung zu erzwingen"[84]. Das Bundesverfassungsgericht ist daher darauf angewiesen, dass auch die unterlegenen Beteiligten seine Entscheidungen akzeptieren. Die Betonung des (besonders) strengen Maßstabs, wie auch Kritiker zugeben, ist angetan, diese Akzeptanz zu generieren[85]. Sie hat dazu die Funktion, potentielle Antragsteller darauf hinzuweisen, dass die Ressourcen des Bundesverfassungsgerichts – im Hinblick auf dessen Besetzung mit nur sechzehn Richtern – knapp bemessen sind und der Rechtsschutz notwendigerweise auf sachhaltige Anträge konzentriert werden muss. Daneben kann das Vorzeichen aber auch rechtlich für die Prüfung der Voraussetzungen des Erlasses einer einstweiligen Anordnung fruchtbar gemacht werden. Bei der summarischen Prüfung der Erfolgsaussichten kann es sich allerdings nur schwer entfalten, hierfür ist prüfungstechnisch kein Raum. Anders verhält es sich indes bei der Folgenabwägung nach der Doppelhypothese. Das Vorzeichen des besonders strengen Maßstabs findet seinen rechtlich messbaren Niederschlag darin, dass die von dem Antragsteller reklamierten nachteiligen Folgen für seine Rechtsposition *selbst hinreichend schwer* sein müssen beziehungsweise dass sie die nachteiligen Folgen für die kollidierenden Interessen *deutlich überwiegen* müssen. Insofern kann es als Verstärkung des Tatbestandsmerkmals der „Abwehr schwerer Nachteile" angesehen werden.

82 Vgl. *Grunsky*, JuS 1977, S. 217 (220); *Berkemann*, JZ 1993, S. 161 (171).
83 Vgl. *Berkemann*, JZ 1993, S. 161 (168 f.).
84 Vgl. BVerfGE 2, 79 (89) – Europäische Verteidigungsgemeinschaft.
85 Vgl. *Berkemann*, JZ 1993, S. 161 (165).

2. *Der Maßstab des Bundesverfassungsgerichts als gestuftes Prüfungsprogramm*

Der Maßstab des Bundesverfassungsgerichts umfasst ein gestuftes Prüfungsprogramm. Es besteht aus einer vorgeschalteten summarischen Prüfung der Erfolgsaussichten in der Hauptsache und gegebenenfalls, nämlich bei offenen oder positiven Erfolgsaussichten in der Hauptsache, mit anschließender Folgenabwägung nach der Doppelhypothese[86]. Zwar ist der Obersatz zu den Fällen der summarischen Prüfung der Erfolgsaussichten in der Hauptsache und zu der Folgenabwägung nach der Doppelhypothese in einen negativen Konditionalsatz („es sei denn") eingekleidet, so dass die Syntax des Obersatzes eine nachgeschaltete Prüfung suggeriert. Jedoch handelt es sich bei den als Ausnahmen formulierten Kategorien („von vornherein unzulässig", „offensichtlich unbegründet" und „Drohen irreparabler Nachteile") denklogisch um vorrangige Prüfungspunkte. Sobald sich also Zweifel an der „Unzulässigkeit von vornherein" beziehungsweise an der „offensichtlichen Unbegründetheit" des Antrags in der Hauptsache ergeben, hält das Gericht in seiner Prüfung inne und geht zur Folgenabwägung über. Damit werden in jedem Fall die Erfolgsaussichten der Hauptsache summarisch „an"-geprüft. Drohen dem Antragsteller umgekehrt irreparable Nachteile, prüft das Gericht sofort summarisch die Erfolgsaussichten in der Hauptsache. Es mag zu erwägen sein, den Prüfungsmaßstab sprachlich (noch) eindeutiger zu fassen.

3. *Die Fälle der summarischen Prüfung der Erfolgsaussichten in der Hauptsache*

Der Begriff „von vornherein unzulässig" beziehungsweise „offensichtlich unzulässig" legt nahe, dass das Ergebnis der summarischen Prüfung eindeutig sein muss. Allerdings gehen Zweifel und Unvollständigkeiten bezüglich des Tatsachenvortrages ohnehin stets zu Lasten des Rechtsschutzsuchenden. So mag zwar unter Umständen die Frist, innerhalb derer er seine Ausführungen zur Hauptsache noch weiter substantiieren kann, noch nicht abgelaufen sein, so dass er etwaige Defizite noch nachholen kann. Angesichts der auch für das Verfahren des einstweiligen Rechtsschutzes geltenden Darlegungs- und Substantiierungsobliegenheiten des § 23 Abs. 1 Satz 2 BVerfGG[87] wird häufig schon der Eilantrag selbst mangels hinreichender Substantiierung unzulässig sein. Dagegen wirken *rechtliche* Zweifel, hervorgerufen durch ein

[86] Vgl. *Berkemann*, in: Umbach/Clemens/Dollinger, BVerfGG, 2. Aufl. 2005, § 32 Rn. 180.

[87] Vgl. implizit: BVerfGE 91, 252 (258) – Änderungsgesetz zum SGB VI; ausdrücklich kürzlich: BVerfG, Beschluss der 3. Kammer des Zweiten Senats vom 14. Oktober 2010 2 BvR – 1744/10 –, juris Rn. 1.

valides (Gegen-)Argument, bei der Prüfung der Zulässigkeit der Hauptsacheanträge ohnehin meist zu Gunsten des Betroffenen – so reicht für die Beschwerdebefugnis beispielsweise bereits die Möglichkeit einer Grundrechtsverletzung. Im Ergebnis unterstreichen die Begriffe „von vornherein unzulässig" und „offensichtlich unzulässig" den gemeingültigen Maßstab für die Prüfung von Zulässigkeitsvoraussetzungen und haben daher eher den Charakter eines ornierenden Beiwortes denn eines qualifizierenden Kriteriums. Der Begriff „offensichtlich unbegründet" bereitet im Hinblick auf die Deutung keine Probleme. Das Bundesverfassungsgericht hat hier auf die zu der Möglichkeit der *a limine*-Verwerfung gemäß § 24 BVerfGG entwickelten Maßstäbe zurückgegriffen[88]. Spannender ist hingegen die Frage, ob die Entscheidungen, in denen das Bundesverfassungsgericht auch die *offensichtliche Begründetheit* der Hauptsache zum Prüfungspunkt erhoben hat, als Zugeständnis an die Forderungen des Schrifttums nach einer einheitlichen Prüfung anhand der Erfolgsaussichten in der Hauptsache zu werten sind. Dies dürfte allerdings zu verneinen sein. Diese Entscheidungen sind episodisch geblieben. Die Entscheidungen zum *Beförderungssteuergesetz*[89] und zum *Erdölvorratsgesetz*[90] fielen in die tastende Phase noch nicht gänzlich festgefügter Obersätze. Sie werden erkennbar durch die nachfolgende ständige Rechtsprechung konterkariert. Auch die nachträglich ergangenen Entscheidungen des Zweiten Senats zum *Altenpflegegesetz*[91] und zum *AWACS*-Einsatz[92] bedeuten keine Abkehr von der ständigen Rechtsprechung. Es gibt keine Anhaltspunkte dafür, dass der Zweite Senat sich von dieser bewusst distanzieren wollte. Weder hat sich der Zweite Senat mit der Frage des Prüfungsmaßstabs inhaltlich auseinandergesetzt und diesbezüglich (neue) Argumente erwogen noch ausdrücklich eine Abweichung kommuniziert (über die im Übrigen nach § 16 Abs. 1 BVerfGG das Plenum des Bundesverfassungsgerichts zu entscheiden gehabt hätte). Die beiden Entscheidungen sind nicht anschlussfähig und daher nicht als eine Trendwende zu werten[93].

4. *Der verbleibende Anwendungsbereich für die Folgenabwägung*

In Anbetracht der Vorprüfungspunkte ist der verbleibende Anwendungsbereich der Folgenabwägung nach der Doppelhypothese begrenzt. Dazu kann das Bundesverfassungsgericht ohne vorherige Entscheidung über den Eilantrag auch sofort über den Antrag in der Hauptsache befinden, wenn die

[88] Vgl. BVerfGE 89, 344 (345) – Cannabis, unter Verweis auf: BVerfGE 82, 316 (319 f.) – Wiedervereinigung.
[89] Vgl. BVerfGE 7, 175 (180) – Beförderungssteuergesetz.
[90] Vgl. BVerfGE 20, 363 (364) – Erdölvorratsgesetz.
[91] Vgl. BVerfGE 104, 23 (28) – Altenpflegegesetz.
[92] Vgl. BVerfGE 108, 34 (43) – AWACS.
[93] Vgl. hierzu: *Zuck*, Das Recht der Verfassungsbeschwerde, 3. Aufl. 2006, Rn. 1147.

verfassungsrechtliche Frage durch die Rechtsprechung des Bundesverfassungsgerichts geklärt ist[94]. Dann erledigt sich der Antrag über den Erlass einer einstweiligen Anordnung. § 40 Abs. 3 GO BVerfG spricht dies für das Kammerverfahren in Verfassungsbeschwerdeverfahren gesondert aus. Diese Möglichkeit greift indes nicht in Fällen besonderer Dringlichkeit, wenn die Hauptsacheentscheidung noch nicht entscheidungsreif ist, sowie bei isolierten Eilanträgen. Nicht bewahrheitet hat sich die von den Bundesverfassungsrichtern *Limbach*, *Böckenförde* und *Sommer* in ihrem Sondervotum zu der *Flughafenverfahren*-Entscheidung aufgestellten Prognose, dass aufgrund der weitgehenden Klärung verfassungsrechtlicher Fragen durch das Bundesverfassungsgericht in vielen Bereichen der Erlass einstweiliger Anordnungen aufgrund einer Folgenabwägung nur selten in Betracht kommen werde[95]. Angesichts der mannigfaltigen Aktivitäten des Bundesgesetzgebers und der Gesetzgeber der Länder sowie der Vielgestaltigkeit der Lebensverhältnisse stellen sich stets aufs Neue schwierige verfassungsrechtliche Fragen, die sich nicht ohne Weiteres aus der bisherigen Rechtsprechung des Gerichts beantworten lassen. Der verbleibende Anwendungsbereich für die Folgenabwägung ist daher zwar begrenzt, aber konsiderabel. Die summarische Prüfung der Erfolgsaussichten hat die Folgenabwägung in der Praxis nicht ersetzt. Sowohl die Senate als auch die Kammern des Bundesverfassungsgerichts entscheiden regelmäßig über Eilanträge aufgrund der Folgenabwägung nach der Doppelhypothese[96].

5. *Die Dringlichkeit der einstweiligen Anordnung*

Dadurch, dass die Irreparabilität der für den Antragsteller und weitere Betroffene zu erwartenden Nachteile teilweise in die Folgenabwägung integriert ist, hat der Anordnungsgrund, die Dringlichkeit der Entscheidung, als eigener Prüfungspunkt in der Rechtsprechung des Bundesverfassungsgerichts keine ausgeprägte Bedeutung erlangt[97].

[94] Vgl. BVerfGE 7, 99 (109) – Sendezeit I.

[95] Vgl. BVerfGE 94, 166 II, 223 (228) – Flughafenverfahren.

[96] Vgl. aus der jüngeren Vergangenheit: BVerfGE 121, 1 (15) – Vorratsdatenspeicherung; 122, 342 (355) – Bayerisches Versammlungsgesetz; 125, 385 (393) – Griechenland-Finanzhilfe; BVerfG, Beschlüsse der 1. Kammer des Ersten Senats vom 6. Juni 2007 – 1 BvR 1423/07 –, NJW 2007, S. 2168 (2168); vom 29. August 2007 – 1 BvR 1223, 1224/07 –, NJW 2007, S. 3197 (3198); vom 13. August 2007 – 1 BvR 2075/07 –, NVwZ-RR 2008, S. 73.

[97] Vgl. BVerfGE 104, 23 (37) – Altenpflegegesetz; 122, 342 (374) – Bayerisches Versammlungsgesetz; Berkemann, in: Umbach/Clemens/Dollinger, BVerfGG, 2. Aufl. 2005, § 32 Rn. 124; *Pestalozza*, Verfassungsprozessrecht, 3. Aufl. 1991, § 18 Rn. 14, S. 249.

VI. Folgenabwägung oder summarische Prüfung der Erfolgsaussichten in der Hauptsache?

Soll das Bundesverfassungsgericht nun im Rahmen des § 32 Abs. 1 BVerfGG aufgrund einer Folgenabwägung entscheiden (dürfen)?

1. Wortlaut, Genese und Regelungszusammenhang des § 32 Abs. 1 BVerfGG

Ausgangspunkt aller Überlegungen muss der Wortlaut des § 32 Abs. 1 BVerfGG sein. Hierbei ist zu konstatieren, dass die Belange, die das Bundesverfassungsgericht zu bewerten und in eine – wie auch immer geartete – Prüfung einzustellen hat, in der Norm besonders qualifiziert sind. Sie müssen „zum gemeinen Wohl dringend geboten" sein. In der Norm ist daher zweierlei angelegt, zum einen dass das Gericht Allgemeinwohlinteressen, die über bloße Individual- beziehungsweise Gruppeninteressen hinausgehen, zum Gegenstand seiner Betrachtung macht, und zum anderen, dass die Entscheidungsfindung selbst sich an Allgemeinwohlinteressen zu orientieren hat. Die Norm steht damit dem (isolierten) Wortlaut nach prinzipiell sowohl einer Folgenabwägung als auch einer summarischen Prüfung der Erfolgsaussichten in der Hauptsache als Prüfungsmaßstab offen[98].

Zu einem anderen Ergebnis gelangt man indes, wenn man die Norm im Hinblick auf ihre Genese und die Systematik der mit ihr in sachlichem Zusammenhang stehenden Normen auslegt. Dem historischen Gesetzgeber stand es offen, den verfassungsgerichtlichen Eilrechtsschutz dem fachgerichtlichen einstweiligen Rechtsschutz durch eine Übernahme des identischen Wortlauts in § 940 ZPO oder eine simple Verweisungstechnik auf § 940 ZPO anzugleichen. § 940 ZPO bestimmt, dass einstweilige Verfügungen auch zum Zwecke der Regelung eines einstweiligen Zustandes in Bezug auf ein streitiges Rechtsverhältnis zulässig sind, sofern diese Regelung, insbesondere bei dauernden Rechtsverhältnissen zur Abwendung wesentlicher Nachteile oder zur Verhinderung drohender Gewalt oder aus anderen Gründen nötig erscheint. Von diesen Möglichkeiten hat er jedoch – im Gegensatz beispielsweise zu § 28 Abs. 1 BVerfGG – keinen Gebrauch gemacht. Wie die Gesetzesgenese zeigt, wurde sie gar nicht erst in Erwägung gezogen[99]. Stattdessen hat der Gesetzgeber mit § 32 Abs. 1 BVerfGG in einem auf die spezifischen Aufgaben und Bedürfnisse des Gerichts zugeschnittenen Gesetz eine originäre Rechtsgrundlage für den verfassungsgerichtlichen Eilrechtsschutz geschaffen und diese abweichend von dem fachgerichtlichen Eilrechtsschutz ausgestaltet.

[98] Vgl. a.A. unter Verweis auf die *Parallelen* zu § 940 ZPO: *Schoch/Wahl,* in: Klein (Hrsg.), Grundrechte, soziale Ordnung und Verfassungsgerichtsbarkeit. Festschrift für Ernst Benda, 1995, S. 265 (300).

[99] Vgl. BTDrucks 1/328 und 1/788.

Zwar lehnt sich § 32 Abs. 1 BVerfGG im Wortlaut an § 940 ZPO an, weicht jedoch maßgeblich von ihm ab: Während § 940 ZPO es hinreichen lässt, dass der Erlass einstweiliger Verfügungen zur Abwehr „wesentlicher Nachteile nötig erscheint", muss der Erlass einer einstweiligen Anordnung nach § 32 Abs. 1 BVerfGG zur Abwehr „schwerer" Nachteile" und „zum gemeinen Wohl dringend geboten" sein. Mit der Wendung „dringend geboten" werden die Anforderungen des verfassungsgerichtlichen Rechtsschutzes gegenüber denen des § 940 ZPO erhöht. Zudem wohnt dem Begriff der „*schweren* Nachteile" bereits ein abwägendes Element inne. Der Zusatz „zum gemeinen Wohl" deutet schließlich auf einen besonderen Gegenstand bei den zu berücksichtigenden Belangen beziehungsweise auf eine besondere Art der Entscheidungsfindung hin. Insgesamt legen es historische und systematische Auslegung nahe, dass mit § 32 Abs. 1 BVerfGG ein eigener Prüfungsmaßstab für den verfassungsgerichtlichen Eilrechtsschutz konstituiert worden ist, der anders ist als der Prüfungsmaßstab für den fachgerichtlichen Eilrechtsschutz[100].

2. *Sinn und Zweck des § 32 Abs. 1 BVerfGG*

Der verfassungsgerichtliche Eilrechtsschutz hat sich, wenn nicht aus Art. 19 Abs. 4 Satz 1 GG, so wohl doch aus Art. 20 Abs. 3 GG in Verbindung mit Art. 92 GG, an dem rechtsstaatlichen Gebot effektiven Rechtsschutzes zu orientieren. Der Prüfungsmaßstab für die Gewährung verfassungsgerichtlichen Rechtschutzes muss es dem Bundesverfassungsgericht daher erlauben, der Dringlichkeit des Eilantrags entsprechend schnell zu entscheiden, die Entscheidung in der Hauptsache offen zu halten sowie gleichzeitig das Fehlentscheidungsrisiko für die interimistische Regelung zu minimieren und angemessen zu verteilen. Es obliegt dem Bundesverfassungsgericht, sich die hierfür notwendige Funktionsfähigkeit zu bewahren. Bei teleologischer Auslegung muss § 32 Abs. 1 BVerfG folglich in einer Art und Weise interpretiert werden, die es dem Bundesverfassungsgericht vor dem Hintergrund seiner spezifischen Aufgaben, seiner besonderen Strukturen sowie der besonderen rechtlichen Wirkung seiner Entscheidungen gestattet, die genannten Ziele zu erfüllen:

a) Die Besetzung der Spruchkörper und die Struktur der Entscheidungsfindung

Hierfür sind zunächst die positivierten Rahmenbedingungen für den Erlass von Entscheidungen des Bundesverfassungsgerichts maßgeblich. Zu nennen sind hierbei die Besetzung der Spruchkörper sowie die Art und Weise der

[100] Vgl. a.A. allerdings ohne eine Auslegung der Norm und unter Verweis auf die (allgemeine) Systematik des vorläufigen Rechtsschutzes: *Schoch*, Vorläufiger Rechtsschutz durch das Bundesverfassungsgericht, in: Ehlers/Schoch (Hrsg.), Rechtsschutz im Öffentlichen Recht, 2009, S. 455 (466 f.).

Entscheidungsfindung. Beides unterscheidet sich von den Verhältnissen in den Fachgerichtsbarkeiten. Nach dem fachgerichtlichen Prozessrecht können Entscheidungen im Eilrechtsschutz auf kleine und flexible Spruchkörper bis hin zuletzt auf den Einzelrichter delegiert werden (vgl. § 937 i.V.m. § 348 Abs. 1 Satz 1 ZPO; § 944 i.V.m. § 328 Abs. 1 Satz 2 ZPO). Wo kollektive Spruchkörper tätig sind, gilt in der Fachgerichtsbarkeit zudem grundsätzlich das Prinzip der Mehrheitsentscheidung (vgl. § 196 Abs. 1 GVG). Am Bundesverfassungsgericht hingegen ist die Entscheidung prinzipiell den Senaten vorbehalten. Wäre Prüfungsmaßstab zwingend die summarische Prüfung der Erfolgsaussichten in der Hauptsache, bedeutete dies, dass sich zumindest die die Entscheidung mittragende Senatsmehrheit von fünf Bundesverfassungsrichtern stets sofort auch über den rechtlichen Weg einigen müsste, um eine Entscheidung im einstweiligen Rechtsschutz fällen zu können. Die Entscheidungsfindung des Bundesverfassungsgerichts in der Senatsbesetzung mit acht Bundesverfassungsrichtern ist jedoch zeitlich aufwendig und führt meist erst über Kompromisse zu Ergebnissen[101]. Eine Delegation auf die Kammern gemäß § 15a BVerfGG ist – zudem im Hinblick auf den jeweils möglichen Rechtsfolgenausspruch begrenzt – lediglich in den Verfahren nach §§ 80a, 13 Nr. 11 und 11a BVerfGG in Verbindung mit Art. 100 Abs. 1 GG sowie im Verfassungsbeschwerdeverfahren nach § 93b BVerfGG vorgesehen. Gemäß § 93d Abs. 2 Satz 2 1. Halbsatz BVerfGG kann allein der Senat eine einstweilige Anordnung erlassen, mit der die Anwendung eines Gesetzes ganz oder teilweise ausgesetzt wird. Steht dagegen nicht die Aussetzung eines Gesetzes in Rede, kann die Kammer entscheiden. Nach § 93d Abs. 3 Satz 1 BVerfGG müssen die Entscheidungen der Kammer jedoch durch einstimmigen Beschluss ergehen, eine Mehrheitsentscheidung ist nicht vorgesehen. Könnte sich die Kammer in der Kürze der Zeit nicht über Erfolgsaussichten der Verfassungsbeschwerde einigen, müsste jedes Mal, mit den soeben skizzierten Konsequenzen, der Senat zusammengerufen werden, so dass die ohnehin knappen Ressourcen noch mehr strapaziert würden.

Wäre Prüfungsmaßstab zwingend die summarische Prüfung der Erfolgsaussichten in der Hauptsache, würde sich außerdem noch schmerzlicher bemerkbar machen, dass dem Bundesverfassungsgericht bei Eilanträgen oftmals von allen mit dem Fall bislang befassten Institutionen am wenigsten Zeit für eine Entscheidung zur Verfügung steht, bisweilen sogar nur wenige Stunden[102]. Dieses Problem ist insbesondere bei Eilanträgen virulent, denen eine Verfassungsbeschwerde gegen fachgerichtliche Eilentscheidungen zugrunde liegt. Unter diesen Umständen ist bereits die vollständige Erfassung der

[101] Vgl. *Graßhof*, in: Maunz/Schmidt-Bleibtreu/Bethge (Hrsg.), BVerfGG, 34. Ergänzungslieferung 2011, § 32 Rn. 83, 153.

[102] Vgl. kürzlich: BVerfG, Beschluss der 1. Kammer des Ersten Senats vom 4. September 2010 – 1 BvR 2298/10 –, juris Rn. 2.

Sachlage nur schwer, eine vorläufige Einschätzung der verfassungsrechtlichen Lage kaum zu leisten. Des Weiteren ist zu berücksichtigen, dass dem Bundesverfassungsgericht in diesem Stadium meist neben den angegriffenen Entscheidungen allein der Vortrag des Beschwerdeführers, nicht aber die vollständigen Akten des Ausgangsverfahrens vorliegen, weil die Zeit nicht reicht, sie anzufordern[103]. Unterstellt man, dass ein Antragsteller alle für ihn günstigen Aspekte vorträgt und sich aus den Akten des Ausgangsverfahrens in der Regel nur (neue) Aspekte zu seinen Lasten ergeben, bietet der Befund der Begründetheit hier weitaus weniger Gewähr für die Richtigkeit der Entscheidung als der insoweit feststehende Befund der Unbegründetheit.

b) Die Bindungswirkung des § 31 Abs. 1 BVerfGG

Für eine an den Funktionsbedingungen des Gerichts orientierte Auslegung des § 32 Abs. 1 BVerfGG sind des Weiteren die besonderen Aufgaben und die besondere *rechtliche* Wirkung der Entscheidungen des Bundesverfassungsgerichts relevant. Das Bundesverfassungsgericht ist der Hüter der Verfassung[104]. Seine Entscheidungen entfalten gemäß § 31 Abs. 1 BVerfGG Bindungswirkung *erga omnes*. Nach Auffassung des Bundesverfassungsgerichts müssen neben dem Tenor auch die sich aus den tragenden Gründen der Entscheidung ergebenden Grundsätze für die Auslegung der Verfassung von den Verfassungsorganen des Bundes und der Länder sowie allen Gerichten und Behörden bei ihren Entscheidungen in künftigen Fällen beachtet werden[105]. § 31 Abs. 1 BVerfGG bricht ausnahmsweise mit dem Grundsatz, dass in der deutschen Rechtsordnung – entgegen der Tradition des *Common Law* – Entscheidungen übergeordneter Gerichte für untergeordnete Gerichte keine formelle Präjudizienbindung im Sinne der Doktrin des *stare decisis (et non quieta movere)* entfalten. Die Bindungswirkung erstreckt sich auf Sachentscheidungen. In dem geschilderten Umfang nehmen daher Sachentscheidungen der Senate sowohl in der Hauptsache als auch im einstweiligen Rechtsschutz an der Bindungswirkung teil[106]. Wäre Prüfungsmaßstab zwingend die

[103] Vgl. BVerfGE 72, 299 (301 f.) – Wiederaufbereitungsanlage Wackersdorf.

[104] Vgl. BVerfGE 1, 184 (195) – Normenkontrolle I; 1, 396 (408) – Deutschlandvertrag; 2, 124 (129) – Normenkontrolle II; 6, 300 (304) – Saargebiet; 40, 88 (93) – Bindungswirkung nach § 31 Abs. 1 BVerfGG; 119, 247 (258) – Teilzeitbeamter.

[105] Vgl. BVerfGE 19, 377 (391 f.) – Niekisch-Fall; 20, 56 (87) – Parteienfinanzierung II; 24, 289 (297) – Hessisches Schulgebet; 40, 88 (93) – Bindungswirkung nach § 31 Abs. 1 BVerfGG; vgl. kritisch zur Erweiterung auf die tragenden Gründe: *Schlaich/Korioth*, Das Bundesverfassungsgericht, 8. Aufl. 2010, Rn. 485 ff.; Voßkuhle, in: v. Mangoldt/Klein/Starck (Hrsg.), GG, Bd. 3, 6. Aufl., 2010, Art. 94 Abs. 2 Rn. 32; *Zuck*, in: Lechner/Zuck, BVerfGG, 6. Aufl. 2011, § 31 Rn. 30.

[106] Vgl. *Bethge*, in: Maunz/Schmidt-Bleibtreu/Klein/Bethge, BVerfGG, 29. Ergänzungslieferung, 2008, § 31 Rn. 84; *Hillgruber/Goos*, Verfassungsprozessrecht, 3. Aufl. 2011, Rn. 877, 901; *Pestalozza*, Verfassungsprozessrecht, 3. Aufl., 1991, § 18 Rn. 27, S. 256; zwei-

summarische Prüfung der Erfolgsaussichten in der Hauptsache, müsste sich das Bundesverfassungsgericht, obwohl der Senat die Erfolgsaussichten in der Hauptsache als offen bewertet, stets auf eine bestimmte – wie sich nachträglich herausstellt, nicht tragfähige – Auslegung einer Norm des Grundgesetzes festlegen, die dann im Nachhinein revidiert werden müsste. Bis zu einer Entscheidung in der Hauptsache wären die Verfassungsorgane des Bundes und der Länder sowie alle Gerichte und Behörden an die nach der summarischen Prüfung der Erfolgsaussichten in der Hauptsache – unter Umständen übereilt – aufgestellten verfassungsrechtlichen Maßstabe gemäß § 31 Abs. 1 BVerfGG *streng* gebunden.

Das Friktionspotential erhöht sich, wenn man berücksichtigt, dass nach § 93c Abs. 1 Satz 2 BVerfGG ein stattgebender Kammerbeschluss der Entscheidung des Senats gleichsteht, Daraus wird gefolgert, dass stattgebenden Kammerentscheidungen die Bindungswirkung des § 31 Abs. 1 BVerfGG zukommt[107]. Darauf aufbauend sind zwei Kammern des Ersten Senats zu dem Ergebnis gelangt, dass auch eine stattgebende Kammerentscheidung im einstweiligen Rechtsschutz gemäß § 93c Abs. 1 Satz 1 BVerfGG „im Ausmaß ihrer Bindungsfähigkeit an der Bindungswirkung des § 31 Abs. 1 BVerfGG teilhat"[108]. Enthielten verfassungsgerichtliche Entscheidungen im Eilrechtsschutz Ausführungen zur Auslegung und Anwendung von Verfassungsrechtsnormen – wie häufig versammlungsrechtliche Entscheidungen, die in vielem in ihrer praktischen Bedeutung einer Hauptsacheentscheidung nahe kämen – seien die Fachgerichte bei ihren Eilentscheidungen daran gebunden[109]. Folgte man dieser Auffassung, würden sich die Quellen für – wie sich nachträglich herausstellt, nicht tragfähige – Auslegungen einer Verfassungsnorm noch vermehren. Eine abschließende Stellungnahme zu dieser Auffassung kann an dieser Stelle letztendlich dahinstehen. Denn jedenfalls die

felnd: *Heusch*, in: Umbach/Clemens/Dollinger (Hrsg.), BVerfGG, 2. Aufl., 2005, § 31 Rn. 56: „erhöhte Signalwirkung"; *Klein*, in: Benda/Klein, Verfassungsprozessrecht, 2. Aufl., 2001, Rn. 1228: „Bindungswirkung im Rahmen ihrer Vorläufigkeit".

[107] Vgl. *Bethge*, in: Maunz/Schmidt-Bleibtreu/Klein/Bethge, BVerfGG, 29. Ergänzungslieferung, 2008, § 31 Rn. 84 a.E.; *Detterbeck*, Streitgegenstand und Entscheidungswirkungen im Öffentlichen Recht, 1995, S. 538; *Dollinger*, in: Umbach/Clemens/Dollinger (Hrsg.), BVerfGG, 2. Aufl., 2005, § 15a Rn. 32; *Klein*, in: Benda/Klein, Verfassungsprozessrecht, 2. Aufl., 2001, Rn. 1321; *Graßhof*, in: Maunz/Schmidt-Bleibtreu/Bethge (Hrsg.), BVerfGG, 34. Ergänzungslieferung 2011, § 93c Rn. 34; *Pestalozza*, Verfassungsprozessrecht, 3. Aufl., 1991, § 20 Rn. 64, S. 307; *Rixen*, NVwZ 2000, S. 1364 (1366 ff.); *Schemmer*, in: Umbach/Clemens/Dollinger (Hrsg.), BVerfGG, 2. Aufl., 2005, § 93c Rn. 14; *Schlaich/Korioth*, Das Bundesverfassungsgericht, 8. Aufl. 2010, Rn. 266 Fn. 309; *Zuck*, in: Lechner/Zuck, BVerfGG, 6. Aufl., 2011, § 31 Rn. 28 Fn. 38; zweifelnd: *Heusch*, in: Umbach/Clemens/Dollinger (Hrsg.), BVerfGG, 2. Aufl., 2005, § 31 Rn. 55.

[108] Vgl. BVerfGK 7, 229 (237); BVerfG, Beschluss der 2. Kammer des Ersten Senats vom 15. Dezember 2004 – 1 BvR 2495/04 –, NVwZ 2005, S. 439.

[109] Vgl. BVerfGK 7, 229 (237).

Eilentscheidungen der Senate können *rechtlich* derart „weitreichende“ Folgen entfalten, dass sie sich mit einer zwingend vorgeschriebenen summarischen Prüfung der Erfolgsaussichten in der Hauptsache nicht ohne Weiteres vereinbaren lassen.

c) Das Phänomen des *confirmation bias* für die Entscheidung in der Hauptsache

Außerdem ist für eine an den Funktionsbedingungen orientierte teleologische Auslegung von Bedeutung, ob und inwieweit der jeweilige Prüfungsmaßstab Gewähr dafür bietet, die Entscheidung in der Hauptsache offen zu halten. Dies ist objektiv gewiss sowohl bei der Folgenabwägung nach der Doppelhypothese als auch bei der summarischen Prüfung der Erfolgsaussichten der Fall. Zu dem Offenhalten gehört freilich auch subjektiv, dass sich der Spruchkörper bewusst seine richterliche Distanz zu den vertretenen Rechtsmeinungen erhält (sich also nicht bewusst einer nachträglichen besseren Einsicht verschließt, um sich nicht in Widerspruch zu einer zuvor vertretenen Rechtsmeinung zu setzen) und nicht unbewusst einer kognitiven Verzerrung in Gestalt des sogenannten *confirmation bias* erliegt. Als *confirmation bias* wird in der Kognitionspsychologie die Neigung bezeichnet, Informationen so zu selektieren und zu interpretieren, dass sie der eigenen vorgefassten Meinung entsprechen, während Informationen, die diese Meinung widerlegen, unbewusst ausgeblendet werden[110]. Das Phänomen des *confirmation bias* dürfte auch vor (bundesverfassungs)gerichtlichen Spruchkörpern nicht Halt machen. Für die Beurteilung der Wirkungen in gerichtlichen Verfahren liegt die Annahme nahe, dass der *confirmation bias* in der Regel geringer ist, wenn ein Spruchkörper sich noch nicht auf einen bestimmten rechtlichen Lösungsweg festgelegt hat[111]. Denn bei einer Folgenabwägung muss er sich allenfalls von dem vorherigen Ergebnis – Obsiegen oder Unterliegen des Antragstellers – freimachen. Bei der summarischen Prüfung der Erfolgsaussichten muss er dagegen eine bereits vorgefasste Rechtsmeinung hinterfragen und sich gegebenenfalls davon lösen. Es erscheint nicht ausgeschlossen, dass sich die vorherige Festlegung auf eine Rechtsmeinung nach summarischer Prüfung unter Umständen auf die Qualität der – für Staat und Gesellschaft ungleich wichtigeren – Entscheidung in der Hauptsache negativ auswirken kann. Hiergegen wird zwar erwidert, dass eine summarische Prüfung der Erfolgsaussichten in der Hauptsache keine Präjudizwirkung auslösen könne, weil eine Eilentscheidung

[110] Vgl. *Kunda*, Social Cognition, 2000, S. 111 ff.; *Nickerson*, Review of General Psychology, 1998, Vol. 2, Nr. 2, S. 175 ff.; *Plous*, The Psychology of Judgment and Decision Making, 1993, S. 231 ff.; *Wason/Johnson-Laird*, Psychology of Reasoning, 1972, S. 240 f.

[111] Vgl. bereits: *Leipold*, Grundlagen des einstweiligen Rechtsschutzes, 1971, S. 12.

zwangsläufig eine einstweilige sei und unter dem Vorbehalt der besseren und reiferen Erkenntnis im Hauptsacheverfahren stehe[112]. Dieser Einwand begegnet jedoch nur dem Risiko der bewussten Voreingenommenheit, nicht hingegen dem der unbewussten. Das Bundesverfassungsgericht hat sich jedenfalls, wie seine Kritiker statistisch nachgewiesen haben[113], in der Vergangenheit durchaus in der Lage gezeigt, Entscheidungen im einstweiligen Rechtsschutz durch spätere Entscheidungen in der Hauptsache zu „revidieren". Um das Argument des *confirmation bias* zu entkräften, müsste außerdem wenigstens als Vergleichsmaßstab feststehen, wie oft in fachgerichtlichen Verfahren die vorherige summarische Prüfung der Erfolgsaussichten den Ausgang in der Hauptsache determiniert. Darüber kann indes mangels Statistiken nur spekuliert werden. Neben der Gewähr für einen Fortgang der Debatte im Inneren des Gerichts bietet das gestufte Prüfungsprogramm zudem die Möglichkeit, nach außen eine juristische Diskussion zu verfassungsrechtlichen Fragen anzustoßen. So kann das Bundesverfassungsgericht im Rahmen des Prüfungspunktes „nicht offensichtlich unbegründet" die in der Hauptsache zu klärenden verfassungsrechtlichen Fragen ansprechen und die Rechtswissenschaft aktiv einladen, die Entscheidungsfindung mit Argumenten zu bereichern. Von dieser Möglichkeit macht das Bundesverfassungsgericht ernsthaft und mit Gewinn Gebrauch[114].

d) Minimierung und angemessene Verteilung des Fehlentscheidungsrisikos

Schließlich ist für die teleologische Auslegung von Bedeutung, ob und inwiefern der jeweilige Prüfungsmaßstab eine Minimierung und damit eine angemessene Verteilung des Fehlentscheidungsrisikos zu leisten imstande ist. Dieses Ziel wird bei der summarischen Prüfung der Erfolgsaussichten in der Hauptsache optimal verwirklicht: Das Kriterium orientiert sich unmittelbar an der behaupteten materiellen verfassungsrechtlichen Position. Die Methode ist präzise, transparent, vorhersehbar und nachprüfbar. All dies gilt für die Folgenabwägung (nur) mit Einschränkungen. Das Kriterium der Abwägung der zu erwartenden Nachteile genügt rechtsstaatlichen Anforderungen. Allein die Methode, mit der die Nachteile identifiziert, bewertet und bilanziert werden, weist nicht das gleiche Maß an Präzision, Transparenz und

[112] Vgl. *Huber*, Die einstweilige Anordnung nach § 32 BVerfGG am Beispiel der Verfassungsbeschwerde, 1999, S. 92.

[113] Vgl. *Berkemann*, JZ 1993, S. 161 (167 ff.).

[114] Vgl. die zu klärenden Verfassungsfragen ausführlich ansprechend: BVerfGE 82, 353 (364 ff.) – Erste gesamtdeutsche Wahl des Bundestages; 122, 342 (360) – Bayerisches Versammlungsgesetz; BVerfG, Beschluss der 1. Kammer des Ersten Senats vom 13. August 2007 – 1 BvR 2075/07 –, NVwZ-RR 2008, S. 73 (74); ebenso ausdrücklich: *Graßhof*, in: Maunz/Schmidt-Bleibtreu/Bethge (Hrsg.), BVerfGG, 34. Ergänzungslieferung 2011, § 32 Rn. 152.

Vorhersehbarkeit sowie Überprüfbarkeit auf wie eine summarische Prüfung der Erfolgsaussichten. Sie ist namentlich einer Prüfung anhand des Verhältnismäßigkeitsgrundsatzes mit seinen Stufen der Geeignetheit, Erforderlichkeit und Angemessenheit strukturell unterlegen, der regelmäßig – abgesehen von die Staatsorganisation betreffenden Verfassungsrechtsstreitigkeiten[115] – als Mittel zur Lösung von Rechtsgüterkonflikten herangezogen wird. Doch das Defizit ist relativ. So weist die letzte Stufe des Verhältnismäßigkeitsgrundsatzes, die Prüfung der Angemessenheit, große Ähnlichkeiten mit der Folgenabwägung nach der Doppelhypothese auf. Denn auch hier müssen die verschiedenen kollektiven und individuellen (und damit nur schwer vergleichbaren) Belange miteinander abgewogen werden. Es bleibt allerdings bei dem Unterschied, dass das Bundesverfassungsgericht bei der (prognostischen) Folgenabwägung nach der Doppelhypothese nur selten nach dem Grad der Wahrscheinlichkeit differenziert, mit der sich jeweiligen Risiken verwirklichen[116], während es dies auf der Stufe der Angemessenheit zu tun pflegt, wenn es Eingriffe in Grundrechte zur Abwehr von Gefahren prüft[117]. Die Ähnlichkeiten sind besonders augenfällig, wenn sich der Eilantrag auf Gesetze im formellen Sinne bezieht. Denn der demokratisch legitimierte Gesetzgeber verfügt in vielen Bereichen über einen Beurteilungsspielraum (Einschätzungsprärogative), dem im Rahmen der Verhältnismäßigkeitsprüfung, speziell auf den Stufen der Geeignetheit und der Erforderlichkeit, Rechnung zu tragen ist. Die Prüfung anhand des Verhältnismäßigkeitsgrundsatzes wird dort nur in seltenen Fällen scheitern, mithin zumeist auf eine Angemessenheitsprüfung hinauslaufen. Jedenfalls aber gewährleistet die Folgenabwägung nach der Doppelhypothese, dass die Folgen für den Antragsteller, die weiteren Betroffenen und die Allgemeinheit im Ergebnis vertretbar und zumutbar sind[118], mithin die „Opfergrenze“ nicht überschritten wird[119]. So mögen sich die Prüfungsmaßstäbe im Hinblick auf die angemessene Verteilung des Fehlentscheidungsrisikos in der Methode unterscheiden, die erzielten Ergebnisse dürften einander in der Praxis häufig nahe kommen.

[115] Vgl. BVerfGE 79, 127 (146, 154, 160): „Wesensgehalt“, „Vertretbarkeit“ und „Unverhältnismäßigkeit“– Rastede; eindeutig: BVerfGE 81, 310 (338) – Kalkar II.

[116] Vgl. jedoch BVerfGE 93, 248 (256) – Sudanesen.

[117] Vgl. BVerfGE 120, 274 (326 f.) – Online-Durchsuchung.

[118] Vgl. *Graßhof*, in: Maunz/Schmidt-Bleibtreu/Bethge (Hrsg.), BVerfGG, 34. Ergänzungslieferung 2011, § 32 Rn. 87.

[119] *Erichsen, Hans-Uwe*, in: Starck (Hrsg.), Bundesverfassungsgericht und Grundgesetz. Festgabe aus Anlass des 25jährigen Bestehens des Bundesverfassungsgerichts, Band 1, 1976, S. 170 (187).

VII. Fazit

Das Bundesverfassungsgericht hat in ständiger Rechtsprechung für den Erlass einer einstweiligen Anordnung gemäß § 32 Abs. 1 BVerfGG einen Prüfungsmaßstab entwickelt, der im Wege eines gestuften Prüfungsprogramms Elemente einer summarischen Prüfung der Erfolgsaussichten in der Hauptsache mit denen einer Folgenabwägung in sich vereint. Der in Fällen mit offenen oder positiven Erfolgsaussichten in der Hauptsache praktizierte Rückgriff auf die Folgenabwägung nach der Doppelhypothese ist vom Wortlaut des § 32 Abs. 1 BVerfGG gedeckt, wird durch die Genese und den Regelungszusammenhang der Norm gestützt und kann zuletzt auch bei teleologischer Auslegung überzeugen. Die Folgenabwägung nach der Doppelhypothese berücksichtigt die für die Effektivität verfassungsgerichtlichen Rechtschutzes erforderlichen Funktionsbedingungen und erlaubt es dem Bundesverfassungsgericht, der Dringlichkeit des Eilantrags entsprechend schnell zu entscheiden, die Entscheidung in der Hauptsache offen zu halten sowie das Fehlentscheidungsrisiko für die interimistischen Regelungen zu minimieren und angemessen zu verteilen. Im Ergebnis handelt es sich um einen differenzierten, die verschiedenen Ziele und Faktoren wohl austarierenden Prüfungsmaßstab. Es erscheint zweifelhaft, ob die Vorteile der (zwingenden) summarischen Prüfung der Erfolgsaussichten in der Hauptsache die Nachteile dieses Ansatzes ausgleichen können und die Vorteile der Folgenabwägung nach der Doppelhypothese überwiegen. Der vorliegende Beitrag wird die schwelende Diskussion um den Prüfungsmaßstab für die Gewährung verfassungsgerichtlichen Eilrechtsschutzes gewiss nicht endgültig zum Erlöschen bringen. Dies ist auch nicht intendiert. Denn wenn eine Lehre aus dem Studium einstweiligen (verfassungsgerichtlichen) Rechtsschutzes zu ziehen ist, dann die, dass jede Rechtsmeinung unter dem Vorbehalt der besseren und gründlicheren Erkenntnis steht.

Die Annahme der Verfassungsbeschwerde zur Entscheidung

Asmus Maatsch

Leitentscheidungen des Bundesverfassungsgerichts (Senat)

BVerfGE 90, 22; 96, 245 – Besonders schwerer Nachteil

Wichtige Kammerentscheidungen

BVerfG, Beschluss der 2. Kammer des Zweiten Senats vom 13. Februar 1997 – 2 BvR 2726/93 –, NJW 1997, S. 2229

BVerfG, Beschluss der 1. Kammer des Ersten Senats vom 4. April 1998 – 1 BvR 968/97 –, NJW 1998, S. 3484

Schrifttum

Albers, Marion, Freieres Annahmeverfahren für das BVerfG?, in: ZRP 1997, S. 198 ff.; *Benda, Ernst/Klein, Eckart*, Verfassungsprozessrecht, 2. Aufl. 2001; *Gehle, Burkhard* Kommentierung zu § 93a BVerfGG, in: *Umbach/Clemens/Dollinger*, Bundesverfassungsgerichtsgesetz, Mitarbeiterkommentar und Handbuch, 2. Aufl. 2005; *Graf Vitzthum, Wolfgang* Annahme nach Ermessen bei Verfassungsbeschwerden?, in: JöR n.F. 53 (2005), S. 319; *Graßhof, Karin* Kommentierung zu § 93a in: *Maunz/Schmidt-Bleibtreu/Klein/Bethge*, Bundesverfassungsgerichtsgesetz, 31. EL 2009; *Korioth, Stefan* Das Bundesverfassungsgericht, 8. Aufl. 2010; *Lechner, Hans/Zuck, Rüdiger* Bundesverfassungsgerichtsgesetz, 6. Aufl. 2011; *Lübbe-Wolff, Gertrude* Substantiierung und Subsidiarität der Verfassungsbeschwerde/Die Zulässigkeitsrechtsprechung des Bundesverfassungsgerichts, in: EuGRZ 2004, S. 669 ff.; *Mahrenholz, Ernst Gottfried* Zur Funktionsfähigkeit des BVerfG, in: ZRP 1997, S. 129 ff.; *Roth, Wolfgang* Die Überprüfung fachgerichtlicher Urteile durch das Bundesverfassungsgericht und die Entscheidung über die Annahme einer Verfassungsbeschwerde, in: AöR 121 (1996), S. 544 ff.; *Schlink, Bernhard*, Zugangshürden im Verfassungsbeschwerdeverfahren, in: NJW 1984, S. 89 ff.; *Spieß, Gerhard* Verfassungsbeschwerde am Ende? – Zu den Versuchen, der Flut von Verfassungsbeschwerden Herr zu werden, in: BayVBl. 1996, S. 294 ff.; *Stern, Klaus* Das Staatsrecht der Bundesrepublik Deutschland, Bd. III/2 Allgemeine Lehren der Grundrechte, 1994; *Uerpmann, Robert* Annahme der Verfassungsbeschwerde zur Entscheidung, in: *Badura, Peter/Dreier, Horst* (Hrsg.) Festschrift 50 Jahre Bundesverfassungsgericht, 2001; *Voßkuhle, Andreas* Kommentierung zu Art. 94 GG, in: *von Mangoldt/Klein/Starck*, Kommentar zum Grundgesetz, 5. Aufl. 2005; *Wahl, Rainer/Wieland, Joachim* Verfassungsrechtsprechung als knappes Gut, in: JZ 1996, S. 1137 ff.; *Zuck, Rüdiger* Das Recht der Verfassungsbeschwerde, 3. Aufl. 2006.

Inhalt

1. Das Annahmeverfahren

Gemäß § 93a Abs. 1 BVerfGG bedarf die Verfassungsbeschwerde der Annahme zur Entscheidung. Gemäß § 93a Abs. 2 BVerfGG ist die Verfassungsbeschwerde zur Entscheidung anzunehmen, soweit ihr grundsätzliche verfassungsrechtliche Bedeutung zukommt (Grundsatzannahme gemäß Buchstabe a) oder wenn es zur Durchsetzung der in § 90 Abs. 1 BVerfGG genannten Rechte angezeigt ist (Durchsetzungsannahme gemäß Buchstabe b).

Mit dieser durch das 5. Gesetz zur Änderung des Bundesverfassungsgerichts vom 2. August 1993[1] eingeführten Regelung ist die bislang letzte Modifikation des bereits seit 1963 bestehenden Annahmeverfahrens in Kraft getreten. Wie schon die Vorgängerregelungen zielt die Vorschrift darauf, das Bundesverfassungsgericht möglichst wirksam gegen Überlastungen zu schützen und ihm so die Erfüllung seiner verfassungs- und einfachrechtlich vorgesehenen Aufgaben zu ermöglichen[2].

Das Bedürfnis nach einem entlastenden Vorfilter war bereits kurz nach der Gründung des Bundesverfassungsgerichts offenbar geworden. Angesichts rasch steigender Eingangszahlen bei den Verfassungsbeschwerden sah das Gericht sich außerstande, weiterhin sämtliche Verfahren in voller Senatsbesetzung anhand eines unbeschränkten Prüfprogramms zu erledigen. Im Hinblick auf den fehlenden Anwaltszwang sowie die oftmals wenig ausgeprägte Fähigkeit der (unvertretenen) Beschwerdeführer, zwischen der Funktion der Verfassungsbeschwerde einerseits und fachgerichtlicher Rechtsmittel andererseits zu unterscheiden, liegt auf der Hand, dass nicht jede Eingabe

[1] Vgl. BGBl. I S. 1442.
[2] Vgl. BTDrucks. 12/4842, S. 1, 11 f.

diesen Aufwand zu rechtfertigen vermag. Da die Möglichkeiten, die Gerichtsverwaltung, namentlich die Präsidialräte zur Entlastung der Senate einzusetzen, von jeher begrenzt waren[3], lag es nahe, die Richter selbst mit Instrumentarien auszustatten, die einen ökonomischeren Umgang mit substanzlosen oder bagatellhaften Verfassungsbeschwerden ermöglichen sollten. Zu diesem Zweck wurde zunächst das Vorprüfungsverfahren eingeführt, das einem aus drei Richtern bestehenden Ausschuss die Kompetenz zur einstimmigen Verwerfung von Verfassungsbeschwerden gab, wenn weder die Entscheidung einer verfassungsrechtlichen Frage zu erwarten war noch dem Beschwerdeführer ein schwerer und unabwendbarer Nachteil entstand[4]. Im weiteren Verlauf entwickelte sich hieraus bald ein echtes Annahmeverfahren, das die Möglichkeit eröffnete, Verfassungsbeschwerden ohne Sachentscheidung, eben durch Nichtannahme zu erledigen[5].

Obwohl das mit diesen gesetzgeberischen Maßnahmen verfolgte Ziel der Entlastung des Gerichts allgemein anerkannt ist, sieht sich das Annahmeverfahren seit Anbeginn der Kritik ausgesetzt. So ist ihm immer wieder entgegengehalten worden, es restringiere den Rechtsbehelf der Verfassungsbeschwerde als subjektives Recht allzu sehr und höhle ihn letztlich aus[6]. Vor dem Hintergrund des seit der Einführung des Art. 93 Abs. 1 Nr. 4a GG im Jahr 1969 bestehenden Verfassungsrangs der Verfassungsbeschwerde wird vereinzelt sogar die Verfassungsmäßigkeit des § 93a BVerfGG in Zweifel gezogen[7].

Das Bundesverfassungsgericht teilt diese Bedenken nicht[8]. Während die einschlägigen Senatsentscheidungen das Annahmeverfahren lediglich implizit sanktionieren, stellen die Kammerentscheidungen, die seine Verfassungsmäßigkeit ausdrücklich feststellen, darauf ab, dass die Vorschrift des § 93a BVerfGG sich in den Grenzen der Ermächtigung durch Art. 94 Abs. 2 GG halte, der die Vorschaltung eines Annahmeverfahrens grundsätzlich gestattet. In seiner konkreten Ausgestaltung stelle es auch nicht grundsätzlich den

[3] Dies galt zunächst im Hinblick auf Art. 101 Abs. 1 Satz 2 GG, zu dem später Art. 93 Abs. 1 Nr. 4a GG hinzugetreten ist, vgl. hierzu Schlink, NJW 1984, S. 89 (90f.); Spieß, BayVBl. 1996, S. 294 (295).

[4] Vgl. Gesetz vom 21.7.1956 (BGBl. I, S. 662).

[5] Vgl. zur Genese des Annahmeverfahrens näher Graßhof, in: Maunz/Schmidt-Bleibtreu/Klein/Bethge, BVerfGG, 31. EL 2009, § 93a Rn. 3 ff.

[6] Vgl. zur früheren Rechtslage Schlink, NJW 1984, S. 89 (92 f.); kritisch auch. Stern, StR III/2, 1994, S. 1287; Zuck, NJW 1993, S. 2641 (2646); Voßkuhle, in: Mangoldt/Klein/Starck, GG, 5. Aufl. 2005 Art. 94, Rn. 40.

[7] Vgl. Lechner/Zuck, BVerfGG, 6. Aufl. 2011, Vor § 93a Rn. 45; Zuck, NJW 1993, S. 2641 (2646); vgl. a. Roth, AöR 121, S. 545 (555 f.); Spieß, BayVBl. 1996, S. 294 (297).

[8] Vgl. BVerfGE 90, 22 (24 ff.); 96, 245 (248); BVerfG, Beschluss der 2. Kammer des Zweiten Senats vom 13. Februar 1997 – 2 BvR 2726/93 –, NJW 1997, S. 2229; Beschluss der 1. Kammer des Ersten Senats vom 4. April 1998 – 1 BvR 968/97 –, NJW 1998, S. 3484.

Charakter der Verfassungsbeschwerde als Instrument des Individualrechtsschutzes in Frage[9]. Dies trifft sicher zu, kann aber noch zugespitzt werden: Das Annahmeverfahren schränkt die subjektive Funktion der Verfassungsbeschwerde, individuellen Rechtsschutz zu gewährleisten, nicht nur nicht in unvertretbarer Weise ein, sondern es ist sogar geeignet, auch diesen Zweck der Verfassungsbeschwerde zu befördern. Denn da die Rechtsprechung des Bundesverfassungsgerichts im Hinblick auf dessen Besetzung mit nur sechzehn Richtern notwendigerweise ein knappes Gut sein muss[10], erscheint eine Zugangsbeschränkung gerade zur Effektivierung des Rechtsschutzes zugunsten der substanzhaltigen verfassungsrechtlichen Anliegen geboten[11]. Auf die Frage, in welchem Verhältnis die subjektive und die objektive Funktion der Verfassungsbeschwerde zueinander stehen[12], kommt es daher an dieser Stelle gar nicht an.

Angesichts der noch immer hohen Anzahl von Verfassungsbeschwerdeverfahren von mehrjähriger Dauer[13] wird allerdings vielfach bezweifelt, ob das Annahmeverfahren in seiner jetzigen Form die ihm zugewiesene Aufgabe zu erfüllen vermag[14]. Als Gesetzeskritik sind derartige Bedenken aber erst dann gerechtfertigt, wenn feststeht, dass das Bundesverfassungsgericht selbst den ihm vom Gesetzgeber an die Hand gegebenen Filter in optimaler Weise einzusetzen versteht. Dies kann indes nicht behauptet werden.[15] Wie bereits kurz nach der jüngsten Gesetzesänderung beklagt, erscheint auch heute noch die Entscheidungspraxis weitgehend von der Prüfung der Erfolgsaussichten der Verfassungsbeschwerde statt der hiervon unabhängigen Annahmevoraussetzungen bestimmt zu sein[16]. Zwar ist dieses Vorgehen unter dem Entlastungsaspekt dann nicht zu beanstanden, wenn die fehlenden Erfolgsaussichten der Verfassungsbeschwerde ohne weiteres auf der Hand liegen und die Nichtannahme rechtfertigen, so dass von der Erfolgsprognose unabhängige Erwägungen zu den eigentlichen Annahmegründen, insbesondere der Durchsetzungsannahme den größeren Prüfungsaufwand verursachen würden[17].

[9] Vgl. BVerfG, Beschluss der 2. Kammer des Zweiten Senats vom 13. Februar 1997 – 2 BvR 2726/93 –, NJW 1997, S. 2229; Beschluss der 1. Kammer des Ersten Senats vom 4. April 1998 – 1 BvR 968/97 –, NJW 1998, S. 3484.

[10] So explizit Wahl/Wieland, JZ 1996, S. 1137.

[11] Vgl. Benda/Klein, Verfassungsprozessrecht, 2. Aufl. 2001, Rn. 373; Spieß, BayVBl. 1996, S. 295 (296); Wahl/Wieland, a.a.O., S. 1143 f.; Albers, ZRP 1997, S. 198.

[12] Vgl. Graf Vitzthum, JöR n.F. 53 (2005), S. 319 (326); Roth, AöR 121 (1996), S. 544 (554); eingehend Benda/Klein, Verfassungsprozessrecht, 2. Aufl. 2001, Rn. 393 ff.

[13] Vgl. die Jahresstatistik 2009 des BVerfG, S. 20: 30,6 %.

[14] Vgl. Korioth, Das Bundesverfassungsgericht, 8. Aufl. 2010, Rn. 259.

[15] Vgl. auch Benda/Klein, Verfassungsprozessrecht, 2. Aufl. 2001, Rn. 382 m.w.N.

[16] Vgl. Albers, ZRP 1997, S. 198 (201 f.); Graßhof, in: Maunz/Schmidt-Bleibtreu/Klein/Bethge, BVerfGG, 31. EL 2009, § 93a Rn. 74, 116, 130, die hierin sogar eine *zunehmende* Tendenz der Kammerrechtsprechung sieht.

[17] Vgl. Graßhof, in: Maunz/Schmidt-Bleibtreu, BVerfGG, 31. EL 2009, § 93a, Rn. 69.

Dies ist immer dann der Fall, wenn die Zulässigkeit oder die Begründetheit offenkundig zu verneinen sind, ohne dass es hierfür auf die Beantwortung einer verfassungsrechtlichen Frage im Sinne des § 93a Abs. 2 Buchst. a BVerfGG ankäme[18], denn unter dieser Voraussetzung hat die Verfassungsbeschwerde weder grundsätzliche verfassungsrechtliche Bedeutung noch ist ihre Annahme zur Durchsetzung der geltend gemachten Rechte angezeigt[19]. Legt daher ein Beschwerdeführer die angegriffene Gerichtsentscheidung nicht vor und teilt sie auch nicht in sonstiger Weise ihrem wesentlichen Inhalt nach mit, so wäre es verfehlt, etwa die Frage nach dem Gewicht des behaupteten Grundrechtsverstoßes zu problematisieren, anstatt die Nichtannahmeentscheidung umstandslos auf die nicht erfüllten Begründungsanforderungen aus § 23 Abs. 1 Satz 2, § 92 BVerfGG zu stützen. In anderen Konstellationen ist hingegen die Erhebung der Erfolgsprognose zum wesentlichen Prüfungsmaßstab gleich in mehrfacher Hinsicht beklagenswert. Abgesehen davon, dass diese Praxis an der Systematik des Gesetzes vorbeigeht und so wie gesagt dessen Entlastungspotential nicht optimal ausschöpft, trägt sie auch zu einer Verschleierung des Charakters von Nichtannahmeentscheidungen bei, indem sie den Eindruck entstehen lässt, dass es sich hierbei um – kursorische – Sachentscheidungen handele. Dies ist aber keineswegs zutreffend[20]. Nichtannahmeentscheidungen betreffen vielmehr allein die der Sachentscheidung vorgelagerte[21] Frage des Bestehens eines Annahmegrundes, was, wie soeben begründet, aber nicht ausschließt, dass sie im Einzelfall auch Ausführungen enthalten können, die gleichermaßen für die Begründetheit der Verfassungsbeschwerde bedeutend werden könnten[22].

Über die Gründe dafür, dass in der Rechtsprechung der Kammern auch bei Verfassungsbeschwerden, deren Erfolgsaussichten nicht offenkundig zu verneinen sind, die hiervon losgelösten Fragen der Annahmegründe eine eher marginale Rolle spielen, kann im Wesentlichen nur spekuliert werden. Lässt man das Beharrungsvermögen, mit dem in der Rechtsanwendung gelegentlich traditionellen Verfahrensweisen der Vorzug vor einer gesetzlichen Neuregelung eingeräumt wird[23], als mittlerweile fernliegend außer Betracht, bleibt als mögliche Erklärung zum einen das Unbehagen der im Gericht täti-

[18] Vgl. ohne diese Einschränkung Uerpmann, in FS 50 Jahre BVerfG, S. 674 (683) unter Hinweis auf BVerfG, Beschluss der 2. Kammer des Zweiten Senats vom 22. Januar 1999 – 2 BvR 716/98 – juris.

[19] Vgl. Graßhof, in Maunz/Schmidt-Bleibtreu/Klein/Bethge, BVerfGG, 31. EL 2009 § 93a Rn. 86 und 105.

[20] Vgl. BVerfGE 23, 191 (207); Korioth, Bundesverfassungsgericht, 8. Aufl. 2010, Rn. 268; Graßhof, in: Maunz/Schmidt-Bleibtreu/Klein/Bethge, BVerfGG, 31. EL 2009, § 93d Rn. 5.

[21] Vgl. Zuck, Das Recht der Verfassungsbeschwerde, 3. Aufl. 2006, Rn. 926.

[22] Vgl. kritisch allerdings Korioth, Bundesverfassungsgericht, 8. Aufl. 2010, Rn. 268.

[23] Vgl. Albers, ZRP 1997, S. 198 (201).

gen Sachbearbeiter (wissenschaftliche Mitarbeiter und Verfassungsrichter), eine Verfassungsbeschwerde abschlägig zu bescheiden, ohne die Berechtigung der Grundrechtsrüge abschließend geprüft zu haben[24], zu dem auch die gelegentlich vertretene Auffassung beitragen mag, dass das Bundesverfassungsgericht außerhalb der Annahmegründe aus § 93a Abs. 2 BVerfGG zu einer Sachentscheidung zwar nicht verpflichtet, wohl aber berechtigt sei.[25] Daneben scheint verbreitet eine gewisse Unsicherheit im Umgang mit den eigentlichen Annahmegründen zu bestehen. Die Prüfung der Erfolgsaussichten wird anscheinend als greifbarer und operabler erachtet als die Heranziehung der (sonstigen) Annahmekriterien.

Tatsächlich weisen die zur näheren Umschreibung der Annahmegründe durch den Gesetzgeber und das Bundesverfassungsgericht verwendeten Begriffe naturgemäß ein nicht geringes Maß an Unbestimmtheit auf. Hierdurch werden sie aber keineswegs unbrauchbar, sondern belassen der Rechtsanwendung im Einzelfall lediglich einen Wertungsspielraum, der recht besehen nicht größer ist als etwa die Unterschiede, die zwischen den einzelnen Spruchkörpern des Gerichts bei der Interpretation der Zulässigkeitsvoraussetzungen, namentlich der Substantiierungsanforderungen aus § 23 Abs. 1 Satz 2, § 92 BVerfGG und des Subsidiaritätsgrundsatzes bestehen[26]. Dieser Spielraum, der jedenfalls aus dem Charakter der Verfassungsbeschwerde als außerordentlicher Rechtsbehelf legitimierbar ist[27], ermöglicht, wie schon hier hervorgehoben sei, eine durchaus großzügige Handhabung der Annahmegründe als Nichtannahmegründe.

[24] Vgl. Albers, a.a.O., S. 202; vgl. zurückhaltend hierzu auch Roth, AöR 121 (1996), S. 544 (554 f.), dessen Befund, das Bundesverfassungsgericht habe noch keine offensichtlich begründete Verfassungsbeschwerde mangels besonders schweren Nachteils nicht zur Entscheidung angenommen, inzwischen überholt ist (vgl. exemplarisch BVerfG, Beschlüsse der 1. Kammer des Ersten Senats vom 25. Februar 1999 – 1 BvR 1472/91 u.a. –, NJW 1999, S. 3404, und vom 10. Dezember 1999 – 1 BvR 1603/99 –, juris Rn. 5 ff.).

[25] Die Frage nach einer Annahmebefugnis außerhalb der in § 93a Abs. 2 BVerfGG normierten Gründe kann hier nicht vertieft werden. Das Bundesverfassungsgericht scheint sie nicht bejahen zu wollen, denn es leitet seine stattgebenden Kammerentscheidungen beinahe ausnahmslos unter ausdrücklicher Wiedergabe des Wortlauts des § 93a Abs. 2 Buchst. b BVerfGG ein; vgl. ein Annahmeermessen ablehnend auch Graßhof, in: Maunz/Schmidt-Bleibtreu/Klein/Bethge, BVerfGG, 31. EL 2009, § 93a Rn. 71 f.; Lechner/Zuck, BVerfGG, 6. Aufl. 2011, § 93a Rn. 5; Graf Vitzthum, a.a.O., S. 327, je m.w.N. Die Frage dürfte allerdings auch von begrenzter praktischer Bedeutung sein, denn es ist kaum vorstellbar, dass sich das Bundesverfassungsgericht in Fällen zu einer Annahme veranlasst sehen könnte, in denen keiner der Gründe des § 93a BVerfGG erfüllt ist.

[26] Vgl. eingehend Lübbe-Wolff, EuGRZ 2004, S. 669.

[27] Vgl. Wahl/Wieland, JZ 1996, S. 1137 (1144).

2. Die Annahmegründe im Einzelnen

a) Die Grundsatzannahme

Der Annahmegrund der grundsätzlichen verfassungsrechtlichen Bedeutung spielt in der Praxis eine untergeordnete Rolle[28], und er ist auch in geringerem Maß als die Durchsetzungsannahme durch die Rechtsprechung des Bundesverfassungsgerichts konkretisiert worden. Die einzige ausdrückliche Umschreibung findet sich in den kurz nach der Einführung der jetzigen Gesetzesfassung ergangenen Leitentscheidungen beider Senate[29]. Danach sind die Voraussetzungen des § 93a Abs. 2 Buchst. a BVerfGG dann gegeben,

> „wenn die Verfassungsbeschwerde eine verfassungsrechtliche Frage aufwirft, die sich nicht ohne weiteres aus dem Grundgesetz beantworten lässt und noch nicht durch die verfassungsgerichtliche Rechtsprechung geklärt oder die durch veränderte Verhältnisse erneut klärungsbedürftig geworden ist. Über die Beantwortung der verfassungsrechtlichen Frage müssen also ernsthafte Zweifel bestehen. Anhaltspunkt für eine grundsätzliche Bedeutung in diesem Sinne kann sein, dass die Frage in der Fachliteratur kontrovers diskutiert oder in der Rechtsprechung der Fachgerichte unterschiedlich beantwortet wird. An ihrer Klärung muss zudem ein über den Einzelfall hinausgehendes Interesse bestehen. Das kann etwa dann der Fall sein, wenn sie für eine nicht unerhebliche Anzahl von Streitigkeiten bedeutsam ist oder ein Problem von einigem Gewicht betrifft, das in künftigen Fällen erneut Bedeutung erlangen kann. Bei der Prüfung der Annahme muss bereits absehbar sein, dass sich das Bundesverfassungsgericht bei seiner Entscheidung über die Verfassungsbeschwerde mit der Grundsatzfrage befassen muss. Kommt es auf sie hingegen nicht entscheidungserheblich an, ist eine Annahme nach § 93a Abs. 2 Buchstabe a BVerfGG nicht geboten".

Aus dieser Definition folgt ersichtlich, dass die Anzahl der verfassungsrechtlichen Probleme von grundsätzlicher Bedeutung mit der Zeit abnimmt und bereits heute nach bald sechs Jahrzehnten verfassungsgerichtlicher Rechtsprechung als überschaubar bezeichnet werden kann. Zwar ist nicht ausgeschlossen, dass sich das Bundesverfassungsgericht mit einer bereits entschiedenen verfassungsrechtlichen Frage nach einiger Zeit erneut befasst[30]. Dies ergibt sich zum einen bereits aus der Formulierung selbst, die sowohl eine erstmalige als auch eine erneute, aus veränderten Verhältnissen folgende

[28] Ausweislich der Jahresstatistik 2009 des BVerfG standen in den Jahren 2005–2009 571 – stattgebenden – Sachentscheidungen der Kammern über Verfassungsbeschwerden (denen eine Durchsetzungsannahme vorausgesetzt ist) lediglich 110 Sachentscheidungen des Senats (die entweder auf einer Grundsatzannahme oder einer Durchsetzungsannahme, die den Ausspruch der Verfassungswidrigkeit eines Gesetzes veranlasst, beruhen können) gegenüber.

[29] Vgl. BVerfGE 90, 22 (24 f.); 96, 245 (248) unter Bezugnahme auf: BVerfGE 90, 22 ff.

[30] Vgl. Zuck, Das Recht der Verfassungsbeschwerde, 3. Aufl. 2006, Rn. 936.

Klärungsbedürftigkeit kennt. Zum anderen ist es Folge des Umstandes, dass die Senate selbst keiner rechtlichen Bindung an ihre eigene Rechtsprechung unterliegen, sondern ohne weiteres frei sind, diese aus besserer Einsicht zu ändern[31]. Hierbei wird es sich indes um Ausnahmefälle handeln, die nichts daran ändern, dass eine Vielzahl von verfassungsrechtlichen Auslegungsfragen heute als geklärt gelten kann. Dies ist im Hinblick auf die Ressourcen, die die Bejahung dieses Annahmegrundes in Anspruch nimmt – e contrario § 93b in Verbindung mit § 93c Abs. 1 Satz 1 BVerfGG ergibt sich aus ihr zwingend die Sachentscheidungskompetenz des Senats – zu begrüßen. Der Annahmegrund sollte daher nicht zu großzügig herangezogen werden. Auch die Kammern sind nicht allein darauf beschränkt, die Vorgaben der Senatsrechtsprechung auf den Einzelfall anzuwenden. Vielmehr halten sie sich in ständiger Praxis zu Recht für kompetent, in gewissem Umfang auch die abstrakte Auslegung des Verfassungsrechts fortzuschreiben. Allerdings geschieht dies in der Regel ohne eine nähere Auseinandersetzung mit dem Kriterium der grundsätzlichen verfassungsrechtlichen Bedeutung, wie ohnehin die Praxis der Anwendung desselben durch das Gericht kaum offengelegt wird[32]. So wird die grundsätzliche verfassungsrechtliche Bedeutung in begründeten Kammerbeschlüssen zumeist nur floskelhaft unter Hinweis darauf verneint, dass die von der Verfassungsbeschwerde aufgeworfenen verfassungsrechtlichen Fragen durch die Rechtsprechung des Bundesverfassungsgerichts bereits hinreichend geklärt seien; Abgrenzungsbemühungen zwischen dem Grad der „Grundsätzlichkeit“, der dem Senat vorbehalten ist, und den übrigen verfassungsrechtlichen Aussagen von über den Einzelfall hinausgehender Bedeutung sucht man hingegen weitgehend vergeblich. In der Kommentarliteratur wird sogar mitunter vertreten, dass eine solche Grenzziehung gar nicht möglich sei[33]. Richtig hieran ist jedenfalls, dass die Beurteilung in erheblichem Maß von Wertungen im Einzelfall abhängig ist[34] und sich abstrakt wohl nicht näher umschreiben lässt als dahingehend, dass zu fragen ist, ob es sich – sofern die Beantwortung der Frage sich nicht bereits ohne weiteres aus dem Grundgesetz selbst ergibt – bei der anstehenden Entscheidung noch um eine Konkretisierung eines von den Senaten entwickelten Obersatzes handelt oder eine substantielle Fortentwicklung der Rechtsprechung – oder anders gewendet, ob die anstehende Entscheidung sich eben ohne „ernsthafte Zweifel“ aus der vorhandenen Senatsrechtsprechung herleiten lässt.

[31] Vgl. Gehle, in: Umbach/Clemens/Dollinger, BVerfGG, 2. Aufl. 2005, § 93a Rn. 22.

[32] Vgl. Graßhof, in: Maunz/Schmidt-Bleibtreu/Klein/Bethge, BVerfGG, 31, EL 2009, § 93a Rn. 95, Gehle, in: Umbach/Clemens/Dollinger, BVerfGG, 2. Aufl. 2005. § 93a Rn. 17; Uerpmann, FS 50 Jahre Bundesverfassungsgericht, S. 673 (681).

[33] Vgl. Graßhof, a.a.O., Rn. 94, die aber zugleich mehr Rechtsklarheit anmahnt und diesbezügliche Verfahrensänderungen vorschlägt, vgl. Rn. 99; vgl. auch Mahrenholz, ZRP 1997, S. 129 (130).

[34] Vgl. a. Gehle, a.a.O., Rn. 20.

Im Übrigen nötigt aber nicht einmal jede von einer Verfassungsbeschwerde aufgeworfene Frage von grundsätzlicher verfassungsrechtlicher Bedeutung zu ihrer Annahme nach § 93a Abs. 2 Buchst. a BVerfGG. Neben dem bereits in der Umschreibung des Annahmegrundes durch den Senat genannten Erfordernis der konkreten Entscheidungserheblichkeit sind insoweit auch Gesichtspunkte der Eignung des Falles zu berücksichtigen. So ist es denkbar, dass die Verfassungsbeschwerde eine an sich grundsätzlich bedeutende verfassungsrechtliche Frage in einer zu ihrer Klärung nicht hinreichend geeigneten Weise aufwirft[35]. Dies kommt insbesondere dort in Betracht, wo sich die Frage im Rahmen eines atypischen Sachverhalts präsentiert und daher tragende Ausführungen von generalisierbarem Gehalt nicht veranlasst. Unter demselben Gesichtspunkt – der mit der Frage der Bedeutsamkeit für eine Vielzahl weiterer Fälle nicht identisch, sondern ihr nachgelagert ist – kann der Annahmegrund auch bei Urteilsverfassungsbeschwerden abzulehnen sein, die sich gegen eine noch gänzlich ungefestigte fachgerichtliche Rechtsprechung wenden. In solchen Konstellationen, in denen die Fachgerichte erstmals mit einer neuen Rechtsfrage konfrontiert waren und die angegriffenen Entscheidungen noch keine über den Einzelfall hinausreichenden rechtlichen Festlegungen erkennen lassen, kann es daher angezeigt sein, zunächst die weitere Entwicklung der fachgerichtlichen Rechtsprechung abzuwarten und den Annahmegrund des § 93a Abs. 2 Buchst. a BVerfGG erst dann zu bejahen, wenn sich gefestigte Obersätze herausgebildet haben[36].

b) Die Durchsetzungsannahme

aa) Die Umschreibung durch die Senate

Der Annahmegrund des § 93a Abs. 2 Buchst. b BVerfGG hat demgegenüber durch die Anwendungspraxis des Bundesverfassungsgerichts ein höheres Maß an Konkretisierung erfahren. Nach der maßgeblichen Senatsrechtsprechung ist die Durchsetzungsannahme im Sinne der Vorschrift angezeigt, wenn

> die geltend gemachte Verletzung von Grundrechten oder grundrechtsgleichen Rechten besonderes Gewicht hat oder den Beschwerdeführer in existentieller Weise betrifft.

Diese Kriterien haben die Senate sodann – in offenkundiger Anlehnung an die amtliche Begründung des Gesetzentwurfs[37] – wie folgt näher konkretisiert:

[35] Vgl. BVerfGE 8, 257 (259 f).

[36] Vgl. a. Graßhof, in Maunz/Schmidt-Bleibtreu/Klein/Bethge, BVerfGG, 31. EL 2009, § 93a Rn. 96: „Im Übrigen dürfte die Rechtsgrundsätzlichkeit viel eher zu bejahen sein, wenn die Fachgerichte (…) über einen längeren Zeitraum eine einheitliche Rechtsprechung ausüben, die das Bundesverfassungsgericht korrigieren will."

[37] Vgl. BTDrucks. 12/3628, S. 14.

Besonders gewichtig ist eine Grundrechtsverletzung, die auf eine generelle Vernachlässigung von Grundrechten hindeutet oder wegen ihrer Wirkung geeignet ist, von der Ausübung von Grundrechten abzuhalten. Eine geltend gemachte Verletzung hat ferner dann besonderes Gewicht, wenn sie auf einer groben Verkennung des durch ein Grundrecht gewährten Schutzes oder einem geradezu leichtfertigen Umgang mit den grundrechtlich geschützten Positionen beruht oder rechtsstaatliche Grundsätze krass verletzt. Eine existentielle Betroffenheit des Beschwerdeführers kann sich vor allem aus dem Gegenstand der angegriffenen Entscheidung oder seiner aus ihr folgenden Belastung ergeben. Ein besonders schwerer Nachteil ist jedoch dann nicht anzunehmen, wenn die Verfassungsbeschwerde keine hinreichende Aussicht auf Erfolg hat oder wenn deutlich abzusehen ist, dass der Beschwerdeführer auch im Fall einer Zurückverweisung an das Ausgangsgericht im Ergebnis keinen Erfolg haben würde.[38]

Hiernach setzt auch die Durchsetzungsannahme eine besondere, nicht in jedem Fall gegebene Bedeutung der Verfassungsbeschwerde voraus. Im Unterschied zur Grundsatzannahme liegt diese hier aber nicht in dem Wert des Verfahrens für die Fortentwicklung der Verfassungsrechtsdogmatik, sondern allein in der Schwere des behaupteten Verfassungsverstoßes, die sich sowohl aus dem Gewicht des gerügten Rechtsfehlers selbst als auch aus demjenigen seiner Folgen ergeben kann. Erst wenn keiner der beiden Gesichtspunkte die Verfassungsbeschwerde als besonders gewichtig erscheinen lässt, kann ihre Annahme nach § 93a Abs. 2 Buchst. b BVerfGG abgelehnt werden. Allerdings scheint sich die soeben zitierte Formulierung des Annahmegrundes durch die Senate in einer Hinsicht nicht mit der gängigen Kammerpraxis zu decken. Wie bereits erwähnt (und beklagt), wird ein Großteil der Nichtannahmebeschlüsse allein auf die fehlenden Erfolgsaussichten der Verfassungsbeschwerde gestützt. Da eine Nichtannahmeentscheidung nur dann ergehen kann, wenn keiner der beiden Annahmegründe des § 93a Abs. 2 BVerfGG erfüllt ist, bedeutet dies, dass die Kammern bei einer unzulässigen oder unbegründeten Verfassungsbeschwerde auch die Voraussetzungen der Durchsetzungsannahme schlechthin für nicht gegeben halten[39]. Demgegenüber geht die Formulierung des Senats hierauf nur unter dem Gesichtspunkt des „besonders schweren Nachteils" ein, der in § 93a Abs. 2 Buchst. b Hs. 2 BVerfGG exemplarisch als ein Fall der Durchsetzungsannahme genannt ist. Könnte nur er bei offensichtlich fehlenden Erfolgsaussichten ohne weiteres verneint werden, so bliebe jedenfalls das objektive Gewicht des geltend gemachten(!) Verfassungsverstoßes zu prüfen, und es könnte dann auch zu einer Durchsetzungsannahme einer in der Sache offensichtlich aussichtslosen Verfassungsbeschwerde kommen. Diese Folge wäre allerdings im Hinblick

[38] Vgl. BVerfGE 90, 22 (25 f.) – Erster Senat; zustimmend BVerfGE 96, 245 (248) – Zweiter Senat.

[39] Vgl. Gehle, in: Umbach/Clemens/Dollinger, BVerfGG, 2. Aufl. 2005, § 93a Rn. 31.

auf den Zweck dieses Annahmegrundes, den individuellen und generellen Grundrechtsschutz[40], offenkundig verfehlt, weshalb die Kammern zu Recht davon ausgehen, dass die Formulierung des Ersten Senats nicht in diesem Sinn zu verstehen ist.

Noch weitergehend wird allerdings teilweise vertreten, dass auch solche Verfassungsbeschwerden, die nicht „von vornherein" unzulässig oder unbegründet sind und bei denen die geltend gemachte Verfassungsverletzung auch ein besonderes Gewicht hat oder dem Beschwerdeführer durch die Versagung einer Sachentscheidung ein besonders schwerer Nachteil entsteht, gleichwohl nicht in jedem Fall zur Entscheidung anzunehmen seien. Vielmehr komme es außerdem darauf an, ob die Annahme gerade zur Durchsetzung „angezeigt" sei[41]. Hieran ist richtig, dass dem Bundesverfassungsgericht mit dem Merkmal des „Angezeigtseins" ein gewisser Entscheidungsspielraum belassen werden sollte[42]. Dies bedeutet indes nicht, dass die Frage, ob die Annahme zur Durchsetzung der geltend gemachten Rechte angezeigt sei, bei Verfassungsbeschwerden, die die beiden „Filter"[43] der hinreichenden Schwere der behaupteten Grundrechtsverletzung oder ihrer Folgen und der hinreichenden Erfolgsaussicht durchlaufen haben, als weiterer Schritt des Prüfprogramms aufzuwerfen wäre. Vielmehr beansprucht die zitierte Umschreibung des Annahmegrundes durch das Bundesverfassungsgericht, der die Filter entstammen, ja gerade zu definieren, wann die Annahme im Sinne des § 93a Abs. 2 Buchst. b BVerfGG angezeigt ist – nämlich eben dann, wenn die genannten Schwerekriterien erfüllt sind (und die Verfassungsbeschwerde Aussicht auf Erfolg hat). Der Entscheidungsspielraum verwirklicht sich somit ausschließlich bei der Auslegung des für die Annahme erforderlichen Schweregrades: Ob etwa eine Verkennung des Grundrechtsschutzes durch ein Fachgericht als so „grob" angesehen werden muss, dass die Annahme der Verfassungsbeschwerde angezeigt ist, hängt in hohem Maß von einer nicht vollständig rationalisierbaren Wertung im Einzelfall ab. Bemerkenswert ist allerdings, dass der durch die Wahl des Begriffs „angezeigt" anstelle möglicher Alternativen wie etwa „erforderlich" oder „geboten" eröffnete Wertungsspielraum weniger der Entlastungsfunktion dienen als im Gegenteil zu einer Erweiterung der Annahmemöglichkeiten führen soll[44].

[40] Vgl. Graßhof, in: Maunz/Schmidt-Bleibtreu/Klein/Bethge, BVerfGG, 31. EL 2009, § 93a Rn. 103.

[41] Vgl. Gehle, a.a.O., Rn. 34.

[42] Vgl. die Begründung zum Gesetzentwurf der Bundesregierung, BTDrucks. 12/3628, S. 13 („Entscheidungsraum") sowie Begründung der Beschlussempfehlung des Rechtsausschusses, BTDrucks. 12/4842, S. 12; kritisch Albers, ZRP 1997, S. 198 (199).

[43] Vgl. Graßhof, a.a.O., Rn. 105.

[44] Vgl. Graßhof, a.a.O., Rn. 102; BTDrucks. 12/4842, S. 12: „bürgerfreundlich".

bb) Die Anwendungspraxis

In der vor allem durch begründete Kammerbeschlüsse geprägten Anwendungspraxis sind die Voraussetzungen der Durchsetzungsannahme näher konkretisiert worden.

(1) Besonderes Gewicht der Grundrechtsverletzung

(α) Generelle Vernachlässigung von Grundrechten

Das Kriterium der generellen Vernachlässigung ist seit seiner Formulierung durch die grundlegende Senatsentscheidung vom 8. Februar 1994[45] bereits in einer Reihe von begründeten Kammerbeschlüssen erörtert worden, und zwar sowohl mit negativem als auch mit positivem Ergebnis. Das Gewicht des Grundrechtsverstoßes folgt hier aus dem über den Einzelfall hinausweisenden objektiv-edukatorischen Bedürfnis, eine verfassungswidrige Praxis der fachgerichtlichen Rechtsprechung zu unterbinden[46]. Der Annahmegrund kommt daher immer dann zum Tragen, wenn sich aus dem mit der Verfassungsbeschwerde unterbreiteten Sachverhalt hinreichende Anhaltspunkte dafür ergeben, dass die behauptete Grundrechtsverletzung Ausdruck einer ständigen Rechtsprechungspraxis des Ausgangsgerichts beziehungsweise der Ausgangsgerichtsbarkeit ist[47]. Eine Annahme wegen genereller Vernachlässigung von Grundrechten ist unter Umständen selbst dann denkbar, wenn die beanstandete Rechtsauffassung von dem Gericht, gegen dessen Entscheidung sich die Verfassungsbeschwerde richtet, in dem Ausgangsverfahren erstmals vertreten worden ist. Abgesehen von Konstellationen, in denen das Gericht erkennen lässt, in künftig zu erwartenden weiteren Fällen ebenso vorgehen zu wollen, kommt dies vor allem dann in Betracht, wenn die Entscheidung sich einer gefestigten Rechtsprechung anderer Gerichte anschließt, zu deren Überprüfung das Bundesverfassungsgericht noch keine Gelegenheit hatte[48].

[45] Vgl. BVerfGE 90, 22 (25 f).

[46] Vgl. BVerfG, Beschluss der 1. Kammer des Ersten Senats vom 9. Dezember 1999 – 1 BvR 1287/99 –, NJW 2000, S. 944 (945); mindestens missverständlich demgegenüber BVerfG, Beschluss der 1. Kammer des Ersten Senats vom 29. November 1999 – 1 BvR 2284/98 u.a. –, NJW 2000, S. 1635, wo es – scheinbar umgekehrt – heißt: „Der mögliche Grundrechtseingriff ist aber nicht so gewichtig, dass er auf eine generelle Vernachlässigung von Grundrechten hindeutet."

[47] Vgl. etwa BVerfG, Beschluss der 1. Kammer des Zweiten Senats vom 27. Juni 2006 – 2 BvR 677/05 –, NJW 2007, S. 56: Ein an eine Zuschauerin gerichtetes Verbot, während einer strafrechtlichen Hauptverhandlung ein Kopftuch zu tragen, wurde damit begründet, dass das Gericht das Tragen von Kopfbedeckungen während seiner Verhandlungen „prinzipiell" nicht dulde; die unter anderem auf Art. 4 Abs. 1 und Abs. 2 GG gestützte Verfassungsbeschwerde hatte Erfolg.

[48] Vgl. etwa BVerfG, Beschluss der 3. Kammer des Ersten Senats vom 15. März 2007 – 1 BvR 2138/05 –, NVwZ 2007, S. 1049 (1050); anders hingegen, wenn die verfassungsrecht-

Umgekehrt entfällt das Annahmekriterium dann, wenn sich das Gericht mit der Grundrechtsposition des Beschwerdeführers – sei es auch nur der Sache nach[49] – befasst und sie lediglich aus Gründen des Einzelfalls nicht als durchgreifend erachtet hat[50].

(β) Abschreckende Wirkung

Die weiter von den Senaten genannte Möglichkeit, eine Verfassungsbeschwerde deshalb zur Entscheidung anzunehmen, weil die geltend gemachte Grundrechtsverletzung wegen ihrer Wirkung geeignet erscheint, vom Gebrauch der Grundrechte abzuhalten, hat in der Kammerpraxis keine große Bedeutung erlangt[51]. Hierzu mag beigetragen haben, dass das Kriterium gar nicht auf sämtliche Grundrechte sinnvoll anwendbar ist, weil ein auch nur partieller Verzicht auf die grundrechtlich geschützte Freiheit bei manchen Grundrechten – etwa denen aus Art. 1 Abs. 1, Art. 2 Abs. 2 oder Art. 3 GG – kaum in Frage kommt. Der bisherigen Kammerrechtsprechung lässt sich immerhin entnehmen, dass es an einer den Annahmegrund des § 93a Abs. 2 Buchst. b BVerfGG auslösenden abschreckenden Wirkung auf den Grundrechtsgebrauch fehlt, wenn dem angegriffenen Urteil eine dem Beschwerdeführer günstige Entscheidung über denselben Gegenstand in einem Parallelverfahren gegenübersteht[52]. Zu verneinen ist eine abschreckende Wirkung außerdem dann, wenn sich die Rechtsprechung des Fachgerichts, dessen Entscheidung mit der Verfassungsbeschwerde angegriffen ist, oder eines ihm übergeordneten Fachgerichts inzwischen zugunsten der grundrechtlich geschützten Position verändert hat[53]. Außerhalb dieser eher selten vorkommenden Konstellationen lässt sich der Rechtsprechung des Bundesverfassungsgerichts nur wenig zur Konkretisierung der abschreckenden Wirkung entnehmen. Zu weit gehen würde es gewiss, wollte man bei besonders abwägungsgeprägten Gerichtsentscheidungen wie etwa aus dem Bereich des

liche Frage inzwischen durch das Bundesverfassungsgericht geklärt ist – insoweit kommt nur eine grobe Verkennung des Grundrechtsschutzes in Betracht, sofern das Ausgangsgericht die Rechtsprechung des Bundesverfassungsgerichts kennen konnte, vgl. BVerfG, Beschluss der 1. Kammer des Ersten Senats vom 10. Dezember 1999 – 1 BvR 1603/99 –, juris Rn. 10.

[49] Vgl. BVerfG, Beschluss der 1. Kammer des Ersten Senats vom 18. Dezember 2002 – 1 BvR 2118/96 u.a. –, NJW 2003, S. 2229.

[50] Vgl. BVerfG, Beschluss der 1. Kammer des Ersten Senats vom 8. April 1999 – 1 BvR 1498/92 – juris Rn. 16.

[51] So auch Graßhof, in: Maunz/Schmidt-Bleibtreu/Klein/Bethge, BVerfGG, 31. EL 2009, § 93a Rn. 111.

[52] Vgl. BVerfG, Beschluss der 1. Kammer des Ersten Senats vom 8. April 1999 – 1 BvR 1498/92 – juris Rn. 17 zu Art. 5 Abs. 1 GG.

[53] Vgl. BVerfG, Beschluss der 2. Kammer des Ersten Senats vom 29. April 2004 – 1 BvR 649/04 –, NJW 2004, S. 2659 (2660).

Äußerungsrechts (mit seiner typischen Konfliktlage zwischen der Meinungs- und Pressefreiheit einerseits und dem allgemeinen Persönlichkeitsrecht andererseits) die Möglichkeit einer abschreckenden Wirkung auf den Grundrechtsgebrauch ganz verneinen. Zwar werden die angegriffenen Entscheidungen hier meist deutlich erkennen lassen, dass sie allein die besonderen Umstände des Einzelfalls würdigen und keine generellen Schlüsse auf die Zulässigkeit oder Unzulässigkeit künftigen Verhaltens des Beschwerdeführers oder Dritter erlauben. Andererseits kann aber gerade mit dem wesentlichen Stellenwert, den die Abwägung zwischen den kollidierenden grundrechtlich geschützten Interessen auf diesem Gebiet hat, eine Unsicherheit in der Einschätzung künftiger Prozessrisiken verbunden sein, auf die der Beschwerdeführer oder Dritte mit dem Verzicht auf ähnliche Verhaltensweisen wie die im konkreten Fall untersagte reagieren könnten. Im Allgemeinen wird sich somit nur sagen lassen, dass die Annahme, von einer angegriffenen Entscheidung gehe eine abschreckende Wirkung auf den Grundrechtsgebrauch aus, umso ferner liegen wird, je atypischer der ihr zugrunde liegende Sachverhalt ist und je weniger sich ihre tragenden Erwägungen auf andere grundrechtlich geschützte Tätigkeiten erstrecken lassen. Daneben kommt dem Gewicht des in der angegriffenen Entscheidung liegenden Grundrechtseingriffs wesentliche Bedeutung zu. So wird bei schweren Sanktionen wie etwa einer strafrechtlichen Verurteilung oder einer Sorgerechtsentziehung[54] eher eine abschreckende Wirkung anzunehmen sein als bei einer zivilrechtlichen Verurteilung zum Widerruf, die nach der Rechtsprechung des Bundesverfassungsgerichts weder mit einem Schuldvorwurf verbunden ist noch den Charakter einer Sanktion aufweist[55].

(γ) Besonders grobe Fehlleistung

Das Bedürfnis nach einer verfassungsgerichtlichen Sachentscheidung kann sich auch allein aus der Schwere der Grundrechtsverletzung selbst ergeben. Hier kommen also nicht die Folgen des behaupteten Verfassungsverstoßes, sondern das Gewicht des Rechtsfehlers selbst in Betracht. Insofern ließe sich hier auch die bereits oben (α) erörterte Fallgruppe der generellen Vernachlässigung einordnen, die einer Fehlanwendung des Verfassungsrechts im Einzelfall ebenfalls den Charakter eines besonders groben Verstoßes gibt.

Nach der einschlägigen Senatsrechtsprechung untergliedert sich das Annahmekriterium der besonders gewichtigen Grundrechtsverletzung hingegen in drei Varianten, nämlich die grobe Verkennung des durch ein Grundrecht gewährten Schutzes, den geradezu leichtfertigen Umgang mit grundrechtlich geschützten Positionen und die krasse Verletzung rechtsstaatlicher Grund-

[54] Vgl. BVerfGK 9, 97 (101).
[55] Vgl. BVerfGK 1, 343 (348).

sätze. Diese Fehlerkategorien, zwischen denen die Kammerpraxis nicht immer trennt, weil sie auch kumulativ erfüllt sein können[56] und eng miteinander verwandt sind[57], grenzen sich von Fehlern ab, die entweder keinen grundrechtlichen Bezug aufweisen, sondern allein das einfache Recht betreffen, oder als „einfaches Versehen" aufgrund einer bloßen Nachlässigkeit des Fachrichters zu qualifizieren sind[58]. Die Kasuistik ist weitgehend disparat. So soll eine besonders schwere Verfassungsrechtsverletzung etwa dann zu verneinen sein, wenn das Fachgericht „die grundrechtliche Spannungslage des Falls im Ansatz zutreffend gesehen und eine an den maßgeblichen Grundrechten orientierte Abwägung vorgenommen hat", mag es dabei auch einzelne Abwägungsbelange nicht hinreichend berücksichtigt haben.[59] Das gilt sogar dann, wenn das Gericht das betroffene Grundrecht nicht einmal ausdrücklich angesprochen, aber doch der Sache nach berücksichtigt hat, indem es Erwägungen angestellt hat, die auch die verfassungsrechtliche Rechtfertigung des Eingriffs in das Grundrecht begründen könnten[60]. Weiter soll es an einer groben Verkennung des durch ein Grundrecht gewährten Schutzes oder einem geradezu leichtfertigen Umgang mit grundrechtlich geschützten Positionen auch dann fehlen, wenn eine Grundrechtsverletzung darauf beruht, dass das Fachgericht sich einer langjährig gefestigten und bisher weitgehend unbestrittenen Auffassung in der Rechtsprechung angeschlossen hat.[61] Schließlich wurde eine grobe Verkennung oder krasse Verletzung des Grundrechts aus Art. 103 Abs. 1 GG in einem Fall mit dem Argument verneint, dass der Beschwerdeführer selbst durch unzureichenden Vortrag zu dem Gehörsverstoß beigetragen habe; denn eine Grundrechtsverletzung habe umso geringeres Gewicht, je eher die Prozessbeteiligten durch Erfüllung ihrer Obliegenheiten die nachteiligen Folgen für sich selbst hätten vermeiden können.[62]

[56] Vgl. etwa BVerfGK 7, 438 (442).

[57] Vgl. Gehle, in: Umbach/Clemens/Dollinger, BVerfGG, 2. Aufl. 2005, § 93a Rn. 45 ff.

[58] Vgl. BVerfGK 7, 438 (442); BVerfG, Beschluss der 3. Kammer des Zweiten Senats vom 11. September 1998 – 2 BvR 1929/97 –, NJW-RR 1999, S. 137; Beschlüsse der 2. Kammer des Zweiten Senats vom 8. März 1999 – 2 BvR 326/99 –, NJW 1999, S. 3480 und vom 25. November 1998 – 2 BvR 898/98 –, NJW 1999, S. 1176 (1177); 3. Kammer des Ersten Senats vom 22. November 2005 – 1 BvR 1217/05 – juris Rn. 8: „qualifizierter Verfassungsverstoß".

[59] Vgl. BVerfG, Beschluss der 1. Kammer des Ersten Senats vom 23. Februar 2000 – 1 BvR 1582/94 –, NJW 2000, S. 2413 (2416).

[60] Vgl. BVerfG, Beschluss der 1. Kammer des Ersten Senats vom 18. Dezember 2002 – 1 BvR 2118/96 u.a. –, NJW 2003, S. 2229.

[61] Vgl. BVerfG, Beschluss der 1. Kammer des Ersten Senats vom 10. Dezember 1999 – 1 BvR 1603/99 –, juris Rn. 10.

[62] Vgl. BVerfG, Beschluss der 1. Kammer des Ersten Senats vom 4. September 2000 – 1 BvR 142/96 –, NJW 2001, S. 1200 (1203).

(2) Existentielle Betroffenheit

(α) Allgemeines

Die eine Sachentscheidung des Bundesverfassungsgerichts erfordernde existentielle Betroffenheit des Beschwerdeführers kann sich nach der ständigen Rechtsprechung des Gerichts sowohl aus dem Gegenstand der angegriffenen Entscheidung als auch aus deren den Beschwerdeführer belastenden Folgen ergeben[63]. Wie bereits die Leitentscheidung des Zweiten Senats zu § 93a Abs. 2 BVerfGG vorgibt, ist sie regelmäßig anzunehmen, wenn sich die Verfassungsbeschwerde gegen einen strafgerichtlichen Schuldspruch richtet; begründet wird dies mit dem erheblichen, die Menschenwürde berührenden sozial-ethischen Unwerturteil, dass jeder strafrechtlichen Verurteilung innewohne.[64] Diese Begründung erscheint für den Bereich von Bagatellstraftaten wie den typischen Ehrdelikten, Beförderungserschleichungen oder Ladendiebstählen allerdings fragwürdig. Es mutet gekünstelt an, wenn etwa einer Verurteilung zu einer niedrigen Geldstrafe wegen des Diebstahls einer geringwertigen Sache eine existentielle Bedeutung zugesprochen wird, während dasselbe Geschehen, wäre es mangels Strafantrags nur zum Gegenstand eines zivilrechtlichen Schadensersatzprozesses geworden, eine Bagatelle darstellen würde, die eine Sachentscheidung des Bundesverfassungsgerichts gewiss nicht rechtfertigen könnte. Überzeugender erschiene es daher, würde auch im Bereich des Strafrechts nach dem Gewicht der ausgeurteilten Rechtsfolgen differenziert – etwa dahingehend, dass ein besonders schwerer Nachteil erst dann anzunehmen wäre, wenn die Grenze des § 32 Abs. 2 Nr. 5 BZRG überschritten ist, von der an die Verurteilung in das Führungszeugnis aufzunehmen ist und hierdurch nach außen dringen kann.

Im Übrigen hat das Annahmekriterium der existentiellen Betroffenheit in der Kammerpraxis vor allem in Bezug auf angegriffene Gerichtsentscheidungen aus den Bereichen vermögensrechtlicher Zivilrechtsstreitigkeiten Bedeutung erlangt. Entscheidungen, die eine existentielle Betroffenheit des Beschwerdeführers ausdrücklich verneinen, stellen überwiegend auf eine geringe finanzielle Belastung ab, die der Beschwerdeführer aufgrund des Ausgangsverfahrens zu tragen hat[65]. Dabei darf allerdings bezweifelt werden, ob in diesen Fällen der Maßstab der *existentiellen* Betroffenheit auch tatsächlich angewandt wird oder ob das Annahmekriterium nicht eher auf die Wirkung eines Bagatellfilters begrenzt wird[66]. Ginge es wirklich um eine Betroffenheit

[63] Vgl. bereits BVerfGE 90, 22 (25).

[64] Vgl. BVerfGE 96, 245 (249 f).

[65] Vgl. etwa BVerfG, Beschluss der 2. Kammer des Zweiten Senats vom 8. März 1999 – 2 BvR 326/99 –, NJW 1999, S. 3480.

[66] Vgl. kritisch auch Graßhof, in: Maunz/Schmidt-Bleibtreu/Klein/Bethge, BVerfGG, 31. EL 2009, § 93a Rn. 123.

in der wirtschaftlichen Existenz des Beschwerdeführers, wäre zu vermuten, dass eine weitaus größere Zahl von Verfassungsbeschwerden gegen vermögensrechtliche Zivilgerichtsentscheidungen unter Verneinung dieser Annahmevoraussetzung nicht zur Entscheidung angenommen würde, als dies anscheinend der Fall ist. Die veröffentlichten Nichtannahmebeschlüsse, die sich ausdrücklich auch auf die fehlende existentielle Betroffenheit des Beschwerdeführers durch die finanziellen Folgen eines Gerichtsverfahrens stützen, nennen eher geringe Summen, die weit unterhalb der Grenze liegen, von der an durchschnittlich vermögende Menschen ihre wirtschaftliche Existenz bedroht sehen müssten[67]. Der Grund hierfür mag – abgesehen von der schon oben erwähnten Tendenz, die eigentlichen Annahmegründe generell gegenüber der Prüfung der Erfolgsaussichten zu vernachlässigen – darin liegen, dass sich die Frage der existentiellen Betroffenheit außerhalb der eindeutigen Bagatellfälle nur anhand der konkreten Umstände des Einzelfalls, namentlich der Einkommens- und Vermögensverhältnisse des Beschwerdeführers, ermitteln lässt[68], was aber zumeist mit einem unverhältnismäßigen Aufwand verbunden wäre.

Keine Sonderstellung nehmen hier diejenigen Fälle ein, bei denen die finanzielle Belastung allein in den vom Beschwerdeführer zu tragenden Kosten des Ausgangsverfahrens liegt, etwa weil die Parteien den Rechtsstreit in der Hauptsache für erledigt erklärt haben und nur noch über den Kostenpunkt gemäß § 91a ZPO streitig entschieden worden ist. Zwar erweckt die Kammerrechtsprechung teilweise den Eindruck, als wäre die Belastung mit den Kosten eines Rechtsstreits unabhängig von deren Höhe und den wirtschaftlichen Verhältnissen des Beschwerdeführers niemals ein besonders schwerer Nachteil im Sinne des § 93a Abs. 2 Buchst. b BVerfGG[69]. Dieser Anschein ist aber unzutreffend. Recht besehen gehen die Kammern lediglich davon aus, dass die Kosten eines Rechtsstreits *im Regelfall* kein existentielles Gewicht haben, dieses aber im Hinblick auf ihre besondere Höhe oder die geringe wirtschaftliche Leistungsfähigkeit des Beschwerdeführers in concreto durch-

[67] Vgl. exemplarisch BVerfGE 90, 22: 1500 DM; BVerfGK 7, 284 (302): 1400 DM, BVerfG, Beschlüsse der 2. Kammer des Zweiten Senats vom 8. März 1999 – 2 BvR 326/99 –, NJW 1999, S. 3480: 274,22 DM nebst Zinsen und vom 30. April 2004 – 2 BvR 2334/03 – NJW 2004, S. 2660, 2661: 175 €; Beschluss der 1. Kammer des Ersten Senats vom 15. Januar 1999 – 1 BvR 1274/92 –, NJW 1999, S. 3326 (3328): 4.500 DM; Beschlüsse der 3. Kammer des Ersten Senats vom 23. August 1999 – 1 BvR 2164/98 –, NJW 1999, S. 3478 (3479): höchstens 45 DM monatliche Mehrbelastung für eine Familie und vom 9. Dezember 2009 – 1 BvR 1542/06 –, WM 2010, S. 170: 100 €; Beschlüsse der 1. Kammer des Ersten Senats vom 23. August 2000 – 1 BvR 147/97 –, NJW 2001, S. 279: 600 DM und vom 13. Februar 2001 – 1 BvR 104/01 –, juris Rn. 1, 10: 146,17 DM.

[68] Vgl. Gehle, in: Umbach/Clemens/Dollinger, BVerfGG, 2. Aufl. 2005, § 93a Rn. 53.

[69] Vgl. etwa BVerfG, Beschluss der 2. Kammer des Ersten Senats vom 16. Juli 2003 – 1 BvR 801/03 –, NJW 2003, S. 3263.

aus erlangen können[70]. Hierin folgen sie in der Sache der (älteren) Senatsrechtsprechung, die in derartigen Fällen regelmäßig das Rechtsschutzbedürfnis verneint hat[71].

In diesem Zusammenhang ist allerdings hervorzuheben, dass das Bundesverfassungsgericht keineswegs in jedem Fall, in dem die das ursprüngliche Rechtsschutzinteresse begründende Belastung entfallen ist, die Frage nach dem besonders schweren Nachteil nur noch anhand der Kostentragungspflicht beurteilt. Vielmehr kann unter Umständen auch ein vollzogener[72] oder durch den Beschwerdeführer – zur Vermeidung der Zwangsvollstreckung – befolgter[73] Hoheitsakt eine fortdauernde Beschwer bewirken, die so gewichtig sein kann, dass sie für sich genommen die Annahme der Verfassungsbeschwerde rechtfertigt[74].

Andererseits beschränkt sich die Nichtannahme wegen fehlender existentieller Betroffenheit nicht auf Fälle vermögensrechtlicher Provenienz. Auch immaterielle Belastungen können im Einzelfall so leicht wiegen, dass die Annahme der Verfassungsbeschwerde zur Entscheidung nicht angezeigt ist. Dies kann – trotz des immer wieder hervorgehobenen hohen Ranges des Grundrechts auf Meinungsfreiheit – namentlich im Äußerungsrecht der Fall sein, so in der durchaus nicht seltenen Konstellation, dass sich der zur Unterlassung einer Äußerung verurteilte Beschwerdeführer im Ausgangsverfahren erfoglos damit verteidigt hat, dass er die beanstandete Aussage ohnehin nicht wiederholen wolle und es deshalb an der – dem Unterlassungsanspruch vorausgesetzten – Wiederholungsgefahr fehle.[75]

(β) Sonderfall: Die Nutzlosigkeit einer Zurückverweisung

An einem besonders schweren Nachteil kann es nach der grundlegenden Senatsrechtsprechung insbesondere auch dann fehlen, wenn zwar die angegriffene Entscheidung verfassungsrechtlich zu beanstanden ist und den Beschwerdeführer auch schwer belasten mag, dieser aber im Fall einer Zurück-

[70] Vgl. BVerfG, Beschlüsse der 1. Kammer des Ersten Senats vom 14. März 1997 – 1 BvR 359/97 –, NJW 1997, S. 1693 (1694), vom 15. Januar 1999 – 1 BvR 1274/92 –, NJW 1999, S. 3326 und vom 8. April 1999 – 1 BvR 1498/92 – juris Rn. 17; Beschluss der 3. Kammer des Ersten Senats vom 12. Januar 2005 – 1 BvR 328/04 u.a. –, NJW-RR 2005, S. 936 (937).

[71] Vgl. BVerfGE 33, 247 (256); 37, 305 (312); 38, 206 (212); 39, 276 (292); 59, 336 (349); 70, 180 (190); 85, 109 (113 f).

[72] Vgl. BVerfGE 96, 27 (41); 104, 220 (231).

[73] Vgl. BVerfG, Beschluss der 1. Kammer des Ersten Senats vom 19. Dezember 2007 – 1 BvR 967/05 –, NJW 2008, S. 1654.

[74] Vgl. zum Ganzen Graßhof, in: Maunz/Schmidt-Bleibtreu/Klein/Bethge, BVerfGG, 31. EL 2009, § 93a Rn. 136, Gehle, in Umbach/Clemens/Dollinger, BVerfGG, 2. Aufl. 2005, § 93a Rn. 54.

[75] Vgl. etwa BVerfG, Beschluss der 1. Kammer des Ersten Senats vom 23. Februar 2000 – 1 BvR 1582/94 –, NJW 2000, S. 2413 (2416).

verweisung an das Ausgangsgericht absehbar ebenfalls keinen Erfolg haben würde. Trotz einer gewissen Nähe sind diese Fälle von denjenigen Verfassungsbeschwerden, in denen es am Beruhen der Entscheidung auf dem Verfassungsverstoß fehlt und die Verfassungsbeschwerde daher unbegründet beziehungsweise sub specie Darlegungsanforderungen unzulässig ist, abzugrenzen[76]. Dort, wo eine angegriffene Entscheidung auf mehrere alternative Begründungsstränge gestützt ist, von denen nur einer verfassungsrechtlichen Bedenken begegnet, wäre es wenig sinnvoll zu fragen, wie das Ausgangsgericht im Fall der Zurückverweisung entscheiden würde. Denn in einem solchen Fall hat sich die Grundrechtsverletzung eben schon nicht niedergeschlagen, so dass es einer Verfassungsbeschwerde offensichtlich an den Erfolgsaussichten fehlt. Anders liegt es aber, wo eine Gerichtsentscheidung allein auf eine verfassungswidrige Begründung gestützt ist, aber in ihren Gründen deutlich erkennen lässt, dass das Gericht zu keinem anderen Ergebnis kommen würde, wäre ihm dieser Begründungsweg durch das Bundesverfassungsgericht aus der Hand geschlagen. Derartige Fälle stellen gleichsam eine kupierte Form derjenigen Ausgangsentscheidungen dar, in denen es am Beruhenszusammenhang fehlt. Denn die verfassungsrechtlich unbedenklichen Alternativerwägungen des Ausgangsgerichts sind hier nicht im Sinne einer echten Hilfsbegründung zu Ende geführt, sondern in den Entscheidungsgründen oder auch andernorts[77] nur angedeutet. So kann es etwa liegen, wenn ein Gericht in einem äußerungsrechtlichen Rechtsstreit in verfassungsrechtlich bedenklicher Weise annimmt, dass die streitgegenständliche Aussage eine Verletzung der Menschenwürde oder eine Schmähkritik darstelle, und deshalb auf die erforderliche Abwägung zwischen der Meinungsfreiheit des Äußernden und dem allgemeinen Persönlichkeitsrecht des Betroffenen verzichtet. Enthalten die Entscheidungsgründe gleichwohl diejenigen Gesichtspunkte, die auch eine Abwägung tragen würden und lassen sie zugleich hinreichend deutlich erkennen, dass das Gericht diese Abwägung nach einer Zurückverweisung ebenfalls zulasten des Beschwerdeführers durchführen würde, so ist die Annahme der Verfassungsbeschwerde nicht angezeigt[78]. Allerdings muss hier der den Fachgerichten zustehende Abwägungsspielraum ausreichend berücksichtigt werden, der es verbietet, dem Beschwerde-

[76] Vgl. BVerfGE 104, 92 (114); 96, 68 (86).

[77] Vgl. hierzu BVerfG, Beschluss der 2. Kammer des Ersten Senats vom 3. August 2009 – 1 BvR 369/08 –, NJW-RR 2009, S. 1502, 1504.

[78] Vgl. BVerfG, Beschlüsse der 1. Kammer des Ersten Senats vom 20. Februar 2009 – 1 BvR 2266/04 u.a. –, NJW 2009, S. 3089 (3090 f.) und vom 25. Juni 2009 – 1 BvR 134/03 –, juris Rn. 56 ff.; Beschluss der 1. Kammer des Zweiten Senats vom 25. Februar 1999 – 2 BvR 1554/98 –, juris Rn. 4; Beschluss der 1. Kammer des Zweiten Senats vom 13. November 1997 – 2 BvR 2269/93 –, NJW 1998, S. 1053 (1054); ähnlich auch Beschluss der 1. Kammer des Ersten Senats vom 25. Juni 2009 – 1 BvR 134/03 –, NJW-RR 2010, S. 470 (473 f).

führer eine Sachentscheidung bereits deshalb zu versagen, weil das Bundesverfassungsgericht selbst die fällige Abwägung zu seinen Lasten durchführt[79]. In anderen Fällen ist das Bundesverfassungsgericht hingegen nicht gehindert, die Rechtslage anstelle des Ausgangsgerichts zu beurteilen, wobei es davon ausgehen wird, dass dieses einer gefestigten fachgerichtlichen Rechtsprechung folgen würde[80]. Dabei berücksichtigt das Bundesverfassungsgericht insbesondere auch, ob in der Zeit zwischen dem Erlass der angegriffenen Entscheidung und dem Zeitpunkt der Entscheidung über die Verfassungsbeschwerde eine im Ausgangsverfahren entscheidungserhebliche Rechtsfrage obergerichtlich oder höchstrichterlich entschieden worden ist oder ob sich seither neue Tatsachen ergeben haben, die eine erneute dem Beschwerdeführer ungünstige Entscheidung rechtfertigen[81].

3. Schlussbemerkung

Die Bestandsaufnahme der Rechtsprechung des Bundesverfassungsgerichts zu den Annahmegründen sei hiermit abgeschlossen. Für die Diskussion um Möglichkeiten zur Entlastung des Gerichts, namentlich die weitere Ausgestaltung und Anwendungspraxis des Annahmeverfahrens wird dies allerdings schwerlich gelten. Angesichts des weiterhin hohen Geschäftsanfalls bei dem Bundesverfassungsgericht und des großen Anteils der Urteilsverfassungsbeschwerden hieran ist nicht zu erwarten, dass sie bereits zu einem

[79] Sehr weitgehend daher BVerfG, Beschluss der 1. Kammer des Ersten Senats vom 20. Mai 1999 – 1 BvR 1294/96 –, juris Rn. 4.

[80] Vgl. exemplarisch BVerfG, Beschlüsse der 3. Kammer des Ersten Senats vom 6. Mai 2010 – 1 BvR 96/10 – NJW 2010, S. 2421 und vom 14. April 2010 – 1 BvR 362/10 –, juris Rn. 12 ff.; Beschlüsse der 1. Kammer des Zweiten Senats vom 13. Februar 2008 – 2 BvR 2226/07 –, juris Rn. 16 ff., und vom 24. November 2005 – 2 BvR 448/05 –, NJW 2006, S. 1652 (1653); Beschluss der 2. Kammer des Zweiten Senats vom 26. September 2005 – 2 BvR 662/05 –; BVerfGK 6, 273 (276); Beschluss der 1. Kammer des Ersten Senats vom 24. Januar 2005 – 1 BvR 1953/00 –, NJW-RR 2005, S. 661 (662), Beschluss der 1. Kammer des Zweiten Senats vom 30. Juli 2003 – 2 BvR 796/03 –, juris Rn. 6 f.; Beschlüsse der 1. Kammer des Ersten Senats vom 8. März 1999 – 1 BvR 1625/98 –, juris Rn. 6 f. und vom 5. Februar 1996 – 1 BvR 1487/89 – NVwZ 1996, S. 885 (886); Beschlüsse der 2. Kammer des Ersten Senats vom 13. Januar 1995 – 1 BvR 205/88 –, juris Rn. 10 f., und vom 7. November 1994 – 1 BvR 560/90 –, juris Rn. 5.

[81] Vgl. BVerfG, Beschluss der 1. Kammer des Zweiten Senats vom 17. Dezember 2001 – 2 BvR 563/01 – juris Rn. 4; Beschluss der 2. Kammer des Ersten Senats vom 21. September 2000 – 1 BvR 2069/98 –, juris Rn. 10; Beschluss der 1. Kammer des Zweiten Senats vom 2. April 1996 – 2 BvR 2916/95 –, NVwZ 1996, Beil. Nr. 6, S. 41 (42); vgl. a. Beschluss der 2. Kammer des Ersten Senats vom 13. Juni 1997 – 1 BvR 2102/95 –, NJW 1997, S. 2512, hinsichtlich der entfallenen Vorlagepflicht an den EuGH nach dessen zwischenzeitlich ergangener Entscheidung.

Ende gekommen ist. Der vorliegende Beitrag versteht sich vor diesem Hintergrund als ein Versuch, die schon de lege lata offenstehenden Wege eines möglichst effektiven Einsatzes der verfügbaren Ressourcen auszuleuchten und aufzuzeigen. Dabei will er in dem Interesse, Rechtsschutz dort schnell und wirkungsvoll zu gewähren, wo er wirklich vonnöten ist, zu einer großzügigen Handhabung der Annahmegründe als Nichtannahmegründe durchaus ermutigen.

Neuere Rechtsprechung des Bundesverfassungsgerichts zur Anhörungsrüge

Anne-Dorothee Gertler

Leitentscheidungen des Bundesverfassungsgerichts

BVerfGE 107, 395 (Plenum) – Fachgerichtlicher Rechtsschutz
BVerfGE 119, 292 – Anhörungsrüge nach Zurückweisung eines Richterablehnungsgesuchs
BVerfGE 122, 190 – Übergangsfrist
BVerfGE 126, 1 – Lehrfreiheit für Fachhochschullehrer

Schrifttum (Auswahl 2010)

Buhmann, Robert Die verfassungsrechtlichen und verfassungsprozessualen Auswirkungen der Plenarentscheidung des BVerfG vom 30. April 2003 zur Rüge einer Verletzung des Art. 103 Abs. 1 GG auf die Fachgerichtsbarkeit, Diss. 2010; *Heinrichsmeier, Paul* Probleme der Zulässigkeit der Verfassungsbeschwerde im Zusammenhang mit dem fachgerichtlichen Anhörungsrügeverfahren, NVwZ 2010, S. 228

Inhalt

A. Überblick

Die durch das Anhörungsrügengesetz[1] in verschiedenen Verfahrensordnungen eingeführte Anhörungsrüge dient der fachgerichtlichen Überprüfung und Abhilfe bei Verletzungen des vom Grundgesetz garantierten Anspruchs auf rechtliches Gehör.[2] Dieser noch junge Rechtsbehelf ist in zahlreichen Fallkonstellationen von entscheidender Bedeutung für den Erfolg einer Verfassungsbeschwerde. Der folgende Beitrag gibt einen systematischen Überblick über neuere Rechtsprechung zu den Bereichen der Zulässigkeit der Verfassungsbeschwerde (Abschnitt B), der Statthaftigkeit der Anhörungsrüge gegen Zwischenentscheidungen (Abschnitt C) und der Heilung von Gehörsverstößen im Anhörungsrügeverfahren (Abschnitt D). Im Mittelpunkt stehen Entscheidungen aus den Jahren 2009 und 2010. Ältere Entscheidungen sind aufgenommen worden, soweit dies sinnvoll war, um Zusammenhänge darzustellen.[3]

B. Die Anhörungsrüge als Zulässigkeitsvoraussetzung der Verfassungsbeschwerde

I. Einführung

Verfassungsprozessuale Fragen im Zusammenhang mit der Anhörungsrüge betreffen vorwiegend die Zulässigkeitskriterien der Rechtswegerschöpfung, der Subsidiarität und der Frist zur Einlegung und Begründung der Verfassungsbeschwerde.

Gemäß § 90 Abs. 2 Satz 1 BVerfGG muss der Beschwerdeführer, bevor er Verfassungsbeschwerde einlegt, den Rechtsweg erschöpfen. Ausnahmen vom Gebot der Rechtswegerschöpfung über die in § 90 Abs. 2 Satz 2 BVerfGG hinaus vorgesehene Möglichkeit, vorab über eine Verfassungsbeschwerde zu entscheiden, kommen nur in Betracht, wenn die Erschöpfung des Rechtswegs objektiv nicht geboten und dem Beschwerdeführer subjektiv nicht zuzumuten ist.[4] Ein offensichtlich unzulässiges Rechtsmittel oder einen sonstigen offensichtlich unzulässigen Rechtsbehelf muss der Beschwerdeführer vor Erhebung der Verfassungsbeschwerde daher nicht ergreifen.[5] Durch die Ein-

[1] Gesetz über die Rechtsbehelfe bei Verletzung des Anspruchs auf rechtliches Gehör (Anhörungsrügengesetz) vom 9. Dezember 2004, BGBl I, S. 3220.

[2] Vgl. BVerfGE 122, 190 (198 f.).

[3] Bis Januar 2009 veröffentlichte Rechtsprechung wird besprochen von: *Jost*, in: Rensen/Brink (Hrsg.), Linien der Rechtsprechung des Bundesverfassungsgerichts, 2009, S. 59 ff.

[4] Vgl. BVerfGE 68, 376 (380).

[5] Vgl. BVerfGE 68, 376 (381); 107, 299 (308 f.).

legung des offensichtlich unzulässigen Rechtsmittels oder sonstigen Rechtsbehelfs und die darauf ergehende Entscheidung wird die Monatsfrist zur Einlegung der Verfassungsbeschwerde nicht neu in Lauf gesetzt.[6] Offensichtlich unzulässig ist ein Rechtsbehelf nur dann, wenn über seine Unzulässigkeit nach dem Stand der Rechtsprechung und Lehre zum Zeitpunkt der Einlegung keine Ungewissheit bestehen konnte.[7] Hingegen muss der Beschwerdeführer von einem Rechtsmittel oder einem sonstigen Rechtsbehelf grundsätzlich auch dann Gebrauch machen, wenn zweifelhaft ist, ob es statthaft ist und im konkreten Fall in zulässiger Weise eingelegt werden kann.[8] Der Rechtsweg nach § 90 Abs. 2 Satz 1 BVerfGG muss zudem ordnungsgemäß erschöpft werden. Bleibt ein an sich gegebenes Rechtsmittel oder ein sonstiger Rechtsbehelf, durch dessen Gebrauch der behauptete Grundrechtsverstoß hätte ausgeräumt werden können, aus prozessualen Gründen erfolglos, dann ist die Verfassungsbeschwerde in der Regel unzulässig.[9]

Über die Erschöpfung des Instanzenzuges (das Gebot der Erschöpfung des Rechtswegs im engeren Sinne) hinaus muss der Beschwerdeführer nach dem aus § 90 Abs. 2 Satz 1 BVerfGG abzuleitenden allgemeinen Grundsatz der Subsidiarität der Verfassungsbeschwerde alle nach Lage der Sache zur Verfügung stehenden Möglichkeiten ergreifen, um die geltend gemachte Grundrechtsverletzung in dem unmittelbar mit ihr zusammenhängenden sachnächsten Verfahren zu verhindern oder zu beseitigen.[10] Wer es daher im fachgerichtlichen Verfahren unterlässt, eine angenommene Verletzung des rechtlichen Gehörs zu rügen, begibt sich der Möglichkeit, diesen Verstoß mit der Verfassungsbeschwerde als Grundrechtsverletzung geltend zu machen.[11]

Hingegen müssen offensichtlich aussichtslose fachgerichtliche Rechtsbehelfe auch unter Berücksichtigung der Subsidiarität der Verfassungsbeschwerde nicht erhoben werden.[12]

Die Monatsfrist zur Einlegung und Begründung der Verfassungsbeschwerde beginnt gemäß § 93 Abs. 1 Satz 2 und 3 BVerfGG mit der Bekanntgabe der

[6] Vgl. BVerfGE 28, 1 (6); 107, 299 (308); stRspr.

[7] Vgl. BVerfGE 107, 299 (308); 122, 190 (201 f.); stRspr.

[8] Vgl. BVerfGE 91, 93 (106); im Einzelfall kann dies jedoch unzumutbar sein: BVerfGE 107, 299 (309).

[9] Vgl. BVerfGE 1, 12 (13); 91, 93 (107); BVerfG, Beschluss der 2. Kammer des Ersten Senats vom 24. November 2009 – 1 BvR 3324/08 –, juris Rn. 2 m.w.N.; Beschluss der 3. Kammer des Ersten Senats vom 14. April 2010 – 1 BvR 299/10 –, juris Rn. 2 m.w.N.; stRspr.

[10] Vgl. BVerfGE 68, 384 (388 f.); 77, 381 (401); 81, 97 (102 f.); 84, 203 (208); 107, 395 (414); 112, 50 (60); stRspr. Seit dem Plenarbeschluss vom 30. April 2003 macht das Bundesverfassungsgericht die Zulässigkeit der Verfassungsbeschwerde nicht länger von der vorherigen erfolglosen Einlegung einer Gegenvorstellung abhängig (BVerfGE 107, 395 <417>; 122, 190 <200>).

[11] Vgl. BVerfGE 83, 216 (230); 84, 203 (208); BVerfG, Beschluss der 2. Kammer des Ersten Senats vom 18. Dezember 2008 – 1 BvR 2604/06 –, juris Rn. 16.

[12] Vgl. BVerfGE 78, 58 (68 f.); BVerfGE 126, 1 (18).

Entscheidung, die mit der Verfassungsbeschwerde angegriffen wird. Ist vor Einlegung der Verfassungsbeschwerde gemäß § 90 Abs. 2 Satz 1 BVerfGG der Rechtsweg zu erschöpfen, so kommt es für den Lauf der Monatsfrist auf die Bekanntgabe der nach der jeweiligen Verfahrensordnung letztinstanzlichen Entscheidung an.[13] Muss der Beschwerdeführer darüber hinaus nach dem Grundsatz der Subsidiarität der Verfassungsbeschwerde von einer weiteren Möglichkeit, die gerügte Grundrechtsverletzung abzuwenden, Gebrauch machen, dann ist die Entscheidung über diesen Rechtsbehelf für den Beginn der Monatsfrist maßgeblich.[14] Hingegen setzt ein offensichtlich unzulässiger Rechtsbehelf – dessen es zur Erschöpfung des Rechtswegs und aus Gründen der Subsidiarität auch nicht bedarf – und die hierauf ergangene Entscheidung die Monatsfrist des § 93 Abs. 1 Satz 1 BVerfGG nicht erneut in Lauf und ist damit für diese Frist ohne Bedeutung.[15]

Ausgehend von diesen allgemeinen Grundsätzen hat sich eine ausdifferenzierte Rechtsprechung zur Anhörungsrüge entwickelt. Die Entscheidungen lassen sich in folgende Fallgruppen einteilen:

- Der Beschwerdeführer rügt mit der Verfassungsbeschwerde entweder ausschließlich oder zusammen mit weiteren Grundrechtsverletzungen einen Verstoß gegen Art. 103 Abs. 1 GG; er hat jedoch keine Anhörungsrüge erhoben („Unterbliebene Anhörungsrüge", siehe sogleich unter II).
- Der Beschwerdeführer rügt mit der Verfassungsbeschwerde eine Verletzung des Art. 103 Abs. 1 GG, die er auf mehrere Gehörsverstöße stützt, hat es jedoch unterlassen, jeden dieser Gehörsverstöße in der zuvor erhobenen fachgerichtlichen Anhörungsrüge geltend zu machen („Unvollständige Anhörungsrüge", siehe sogleich unter III).
- Die vor Erhebung der Verfassungsbeschwerde eingelegte Anhörungsrüge ist aufgrund eines offensichtlichen Mangels ohne Erfolg geblieben („Offensichtlich unzulässige oder offensichtlich aussichtslose Anhörungsrüge", siehe sogleich unter IV).

Im Anschluss wird kurz auf die Anhörungsrügenentscheidung als Gegenstand einer Verfassungsbeschwerde eingegangen (siehe sogleich unter V).

II. Die unterbliebene Anhörungsrüge

Grundsätzlich zählt zum Rechtsweg, von dessen Erschöpfung die Zulässigkeit der Verfassungsbeschwerde im Regelfall abhängt, auch die Anhörungsrüge, wenn mit der Verfassungsbeschwerde eine Verletzung des Anspruchs auf rechtliches Gehör gemäß Art. 103 Abs. 1 GG geltend gemacht

[13] Vgl. BVerfGE 122, 190 (197).
[14] Vgl. BVerfGE 122, 190 (197).
[15] Vgl. BVerfGE 122, 190 (197).

wird.[16] Dem Beschwerdeführer ist insoweit zumutbar, vor Einlegung der Verfassungsbeschwerde zu prüfen, ob eine Anhörungsrüge, wie jeder andere einfachrechtliche Rechtsbehelf auch[17], statthaft ist, und die Anhörungsrüge vor Erhebung der Verfassungsbeschwerde einzulegen.[18] Dies gilt auch, soweit hierfür eine Notfrist von zwei Wochen vorgesehen ist.[19]

Wer es ferner im fachgerichtlichen Verfahren unterlässt, eine behauptete Verletzung des rechtlichen Gehörs mit der Anhörungsrüge zu rügen, begibt sich grundsätzlich der Möglichkeit, diesen Verstoß mit der Verfassungsbeschwerde als Grundrechtsverletzung geltend zu machen.[20]

Die Kammerrechtsprechung des Bundesverfassungsgerichts hat diese Grundsätze zu Rechtswegerschöpfung und Subsidiarität bei der Rüge einer Verletzung des Art. 103 Abs. 1 GG auf die Rüge materieller Grundrechtsverletzungen übertragen. Ausgangspunkt ist der sogenannte Queen Mary II-Beschluss der 3. Kammer des Ersten Senats aus dem Jahr 2005[21]. Danach ist eine Verfassungsbeschwerde, mit welcher der Beschwerdeführer neben der Verletzung des Art. 103 Abs. 1 GG die Verletzung weiterer Grundrechte rügt, ohne dass er eine statthafte Anhörungsrüge eingelegt hat, nicht nur hinsichtlich der gerügten Gehörsverletzung, sondern auch in Bezug auf materielle Grundrechtsverletzungen unzulässig. Dies soll jedenfalls dann gelten, wenn sich die behauptete Gehörsverletzung auf den gesamten Streitgegenstand des fachgerichtlichen Verfahrens erstreckt.[22] Damit sollte dem Beschwerdeführer ermöglicht werden, nach Durchführung des Anhörungsrügeverfahrens die Verletzung jeglicher Verfassungsrechte in einem einheitlichen Verfahren geltend zu machen und nicht in Bezug auf materielle Grundrechtsverletzungen die Verfassungsbeschwerde bereits parallel zur Anhörungsrüge einlegen zu müssen.[23]

Diese Konzeption wird in den jüngeren Entscheidungen im Grundsatz nicht in Frage gestellt.[24] Gleichwohl ist ihre Anwendung im Einzelfall frag-

[16] Vgl. BVerfGE 122, 190 (198).

[17] Vgl. BVerfGE 68, 376 (381); stRspr.

[18] Vgl. BVerfG, Beschluss der 3. Kammer des Ersten Senats vom 30. Mai 2008 – 1 BvR 27/08 –, juris Rn. 12.

[19] Vgl. BVerfG, Beschluss der 3. Kammer des Ersten Senats vom 13. Dezember 2007 – 1 BvR 2532/07 –, juris Rn. 8.

[20] Vgl. BVerfG, Beschluss der 2. Kammer des Ersten Senats vom 18. Dezember 2008 – 1 BvR 2604/06 –, juris Rn. 16.

[21] Vgl. BVerfG, Beschluss der 3. Kammer des Ersten Senats vom 25. April 2005 – 1 BvR 644/05 –, NJW 2005, S. 3059 f.; siehe auch: *Jost*, in: Rensen/Brink (Hrsg.), Linien der Rechtsprechung des Bundesverfassungsgerichts, 2009, S. 59 (63 ff.).

[22] Vgl. BVerfG, Beschluss der 3. Kammer des Ersten Senats vom 25. April 2005 – 1 BvR 644/05 –, NJW 2005, S. 3060.

[23] Vgl. BVerfG, Beschluss der 3. Kammer des Ersten Senats vom 25. April 2005 – 1 BvR 644/05 –, NJW 2005, S. 3060.

[24] Vgl. etwa BVerfG, Beschluss der 2. Kammer des Zweiten Senats vom 2. April 2006 – 2 BvR 238/06 –, juris Rn. 3; BVerfG, Beschluss der 1. Kammer des Zweiten Senats vom

lich, etwa, wenn eine in Bezug auf materielle Grundrechtsverletzungen an sich erfolgversprechende Verfassungsbeschwerde durch die eher fern liegende Rüge von Art. 103 Abs. 1 GG insgesamt unzulässig würde.[25] Die neuere Rechtsprechung beschäftigt sich daher vorwiegend mit der Abgrenzung zu Sachverhalten, in denen unbeschadet der mit der Verfassungsbeschwerde gerügten Gehörsverletzung die Durchführung eines Anhörungsrügeverfahrens nicht erforderlich war. Vornehmlich betroffen sind Fälle, in denen die Anhörungsrüge ohne jede Erfolgsaussichten gewesen wäre (1), in denen der Zweck des Anhörungsrügeverfahrens bereits erfüllt ist (2) und in denen die Rüge einer Verletzung des Art. 103 Abs. 1 GG im Verfassungsbeschwerdeverfahren zurückgenommen wird (3).

1. Die Anhörungsrüge wäre ohne Erfolgsaussichten gewesen

Anknüpfend an den Grundsatz, dass ein offensichtlich unzulässiger Rechtsbehelf nicht zum Rechtsweg gehört und auch der Grundsatz der Subsidiarität die Einlegung eines offensichtlich aussichtslosen Rechtsbehelfs nicht erfordert, wurde die Anhörungsrüge für entbehrlich erachtet, wenn sie entweder offensichtlich unzulässig[26] oder offensichtlich aussichtslos[27] gewesen wäre.

29. März 2007 – 2 BvR 120/07 –, juris Rn. 9 f.; BVerfG, Beschluss der 3. Kammer des Ersten Senats vom 13. Dezember 2007 – 1 BvR 2532/07 –, juris Rn. 7; BVerfG, Beschluss der 3. Kammer des Ersten Senats vom 30. Mai 2008 – 1 BvR 27/08 –, juris Rn. 12 ff.; BVerfG, Beschluss der 3. Kammer des Zweiten Senats vom 9. Juni 2008 – 2 BvR 947/08 –, juris Rn. 6.

[25] Im Schrifttum wird die Queen Mary II-Rechtsprechung daher kritisch diskutiert (vgl. etwa: Heinrichsmeier, NVwZ 2010, S. 228 <231>: Die Unzulässigkeit der Gehörsrüge solle nur dann zur Unzulässigkeit der Verfassungsbeschwerde insgesamt führen, wenn zwischen der Gehörsrüge und den sonstigen Rügen ein untrennbarer Zusammenhang bestehe.).

Auch Landesverfassungsgerichte sind ihr zum Teil nicht gefolgt (vgl. Bayrischer Verfassungsgerichtshof, Entscheidung vom 19. Dezember 2005 – Vf. 26-VI-05 –, juris Rn. 10; Verfassungsgerichtshof des Freistaates Sachsen, Beschluss vom 20. April 2006 – Vf. 61-IV-05 –, juris Rn. 15 f.; ders., Beschluss vom 1. Juni 2006 – Vf. 52-IV-06, Vf. 53-IV-06 –, juris Rn. 11 f.; ders., Beschluss vom 26. Mai 2008 – Vf. 96-IV-07 –, juris Rn. 14 ff.).

Angeschlossen hat sich hingegen der Verfassungsgerichtshof des Landes Berlin (Beschluss vom 2. Juli 2007 – 136/02 –, juris Rn. 12 m.w.N; Beschluss vom 23. Oktober 2007 – 128/07, 128 A/07 –, juris Rn. 6 f.).

[26] Vgl. BVerfG, Beschluss der 3. Kammer des Ersten Senats vom 30. Mai 2008 – 1 BvR 27/08 –, juris Rn. 12.

[27] Vgl. BVerfGE 126, 1 (18); BVerfGK, 7, 403 (407); BVerfG, Beschluss der 3. Kammer des Ersten Senats vom 27. Juni 2007 – 1 BvR 1470/07 –, NJW 2007, S. 3054 (3055); BVerfG, Beschluss der 3. Kammer des Zweiten Senats vom 30. Juli 2009 – 2 BvR 1575/09 –, juris Rn. 1; BVerfG, Beschluss der 2. Kammer des Ersten Senats vom 13. August 2009 – 1 BvR 227/08 –, juris Rn. 7; BVerfG, Beschluss der 1. Kammer des Ersten Senats vom 18. Februar 2010 – 1 BvR 2477/08 –, juris Rn. 20; BVerfG, Beschluss der 3. Kammer des Zweiten Senats vom 20. Mai 2010 – 2 BvR 1226/09 –, juris Rn. 4.

Als offensichtlich unzulässig wurde eine Anhörungsrüge bewertet, weil die mit der Verfassungsbeschwerde angebrachte Rüge nicht auf eine Verletzung des Anspruchs auf rechtliches Gehör nach Art. 103 Abs. 1 GG zielte, sondern auf eine Verletzung des Grundrechts aus Art. 19 Abs. 4 GG.[28]

Eine offensichtliche Aussichtslosigkeit wurde unter folgenden Gesichtspunkten bejaht:

- Die allein auf einen geltend gemachten Rechtsfehler gestützte Anhörungsrüge wäre ohne jede Aussicht auf Erfolg geblieben.[29]
- Ein Gehörsverstoß kam ersichtlich nicht in Betracht, der Beschwerdeführer rügte der Sache nach eine Verletzung des Rechts auf Gewährung effektiven Rechtsschutzes.[30]
- Der nach Ansicht des Beschwerdeführers übergangene Vortrag war bei Zugrundelegung der Rechtsauffassung, die die angefochtene Entscheidung trug, offensichtlich rechtlich nicht erheblich.[31]
- Die Rüge einer Verletzung des Art. 103 Abs. 1 GG beruhte ersichtlich auf einer Verkennung des Gewährleistungsgehalts dieses Grundrechts.[32]

Die Anhörungsrüge wurde hingegen in folgenden Fällen für erforderlich erachtet:

- Der Beschwerdeführer machte keine Angabe zu den Gründen, derentwegen ein Gehörsverstoß vorliegen sollte und es fielen keine Gründe ins Auge, derentwegen ein solcher Verstoß von vornherein ausgeschlossen erschien.[33]
- Eine Verletzung des rechtlichen Gehörs erschien nach dem Vorbringen des Beschwerdeführers als möglich[34], war nicht auszuschließen[35] oder wurde – nach näherer Prüfung – sogar festgestellt[36].

[28] BVerfG, Beschluss der 2. Kammer des Zweiten Senats vom 30. April 2008 – 2 BvR 482/07 –, juris Rn. 9.

[29] BVerfG, Beschluss der 1. Kammer des Ersten Senats vom 18. Februar 2010 – 1 BvR 2477/08 –, juris Rn. 20.

[30] BVerfGE 126, 1 (18); BVerfG, Beschluss der 1. Kammer des Zweiten Senats vom 9. November 2010 – 2 BvR 2101/09 –, juris Rn. 29 ff.

[31] BVerfG, Beschluss der 2. Kammer des Zweiten Senats vom 12. März 2008 – 2 BvR 2042/05 –, juris Rn. 9.

[32] BVerfG, Beschluss der 2. Kammer des Zweiten Senats vom 12. März 2008 – 2 BvR 2219/06 –, juris Rn. 12; BVerfG, Beschluss der 3. Kammer des Zweiten Senats vom 2. Juli 2008 – 2 BvR 877/06 –, juris Rn. 13; BVerfG, Beschluss der 3. Kammer des Ersten Senats vom 11. Februar 2009 – 1 BvR 3582/08 –, juris Rn. 14.

[33] BVerfG, Beschluss der 3. Kammer des Zweiten Senats vom 29. Dezember 2009 – 2 BvR 244/08 –, juris Rn. 11.

[34] BVerfG, Beschluss der 3. Kammer des Zweiten Senats vom 18. Juni 2008 – 2 BvR 1111/08 –, juris Rn. 3 ff.; BVerfG, Beschluss der 3. Kammer des Zweiten Senats vom 24. Juli 2008 – 2 BvR 610/08 –, juris Rn. 3 ff.

[35] BVerfG, Beschluss der 1. Kammer des Zweiten Senats vom 29. Januar 2008 – 2 BvR 2556/07 –, juris Rn. 7.

[36] BVerfG, Beschluss der 3. Kammer des Zweiten Senats vom 9. Juni 2008 – 2 BvR 947/08 –, juris Rn. 2 ff.

- Der Beschwerdeführer hatte nicht dargelegt, dass und gegebenenfalls warum ihm ein Vorgehen mit Hilfe der Anhörungsrüge nicht möglich oder zumutbar gewesen wäre.[37]
- Nach dem Vortrag des Beschwerdeführers konnte nicht festgestellt werden, dass die Anhörungsrüge wegen Aussichtslosigkeit entbehrlich wäre.[38]
- Es war naheliegend, dass eine Anhörungsrüge von den Fachgerichten für zulässig gehalten würde.[39]

2. *Der Zweck der Anhörungsrüge ist anderweitig erfüllt*

Eine Anhörungsrüge wurde ferner nicht für erforderlich gehalten, soweit der Intention des Gesetzgebers, dass bei unanfechtbaren Entscheidungen das die Entscheidung erlassende Gericht über eine etwaige Verletzung des rechtlichen Gehörs befinden soll, bereits auf anderem Weg entsprochen worden war.

In den zugrunde liegenden Fällen war gegen eine nicht anfechtbare Zwischenentscheidung eine – unstatthafte – Beschwerde erhoben worden, mit der eine Verletzung des Rechts auf Gewährung rechtlichen Gehörs gerügt wurde. Das Fachgericht fasste jedoch einen Nichtabhilfebeschluss und erklärte, dass eine Gehörsverletzung nicht vorgelegen habe. Da hiermit dem Sinn und Zweck der Anhörungsrüge Rechnung getragen worden war, bedurfte es zur Erschöpfung des Rechtswegs keiner Anhörungsrüge mehr.[40]

Ebenso wurde in einem Fall entschieden, in dem die Geschäftsstelle des Fachgerichts in richterlichem Auftrag mitgeteilt hatte, dass die Beschwerde, mit der sinngemäß eine Verletzung des rechtlichen Gehörs gerügt worden war, nicht statthaft sei und damit auch keine Abhilfeentscheidung ergehen könne. Hier war auch mit der Ablehnung des Fachgerichts, über die gerügte Gehörsverletzung zu entscheiden, der mit der Anhörungsrüge verbundenen gesetzgeberischen Intention hinreichend entsprochen worden.[41]

[37] BVerfG, Beschluss der 2. Kammer des Zweiten Senats vom 6. Dezember 2008 – 2 BvR 1082/08 –, juris Rn. 21.

[38] BVerfG, Beschluss der 3. Kammer des Zweiten Senats vom 20. Mai 2010 – 2 BvR 1226/09 –, juris Rn. 4.

[39] BVerfG, Beschluss der 2. Kammer des Zweiten Senats vom 18. Juli 2008 – 2 BvR 1423/08 –, juris Rn. 6.

[40] BVerfG, Beschluss der 2. Kammer des Ersten Senats vom 30. April 2010 – 1 BvR 2797/09 –, juris Rn. 26; BVerfG, Beschluss der 2. Kammer des Ersten Senats vom 26. Oktober 2010 – 1 BvR 2538/10 –, juris Rn. 26 ff.; BVerfG, Beschluss der 2. Kammer des Ersten Senats vom 26. Oktober 2010 – 1 BvR 2539/10 –, juris Rn. 26 f.

[41] BVerfG, Beschluss der 2. Kammer des Ersten Senats vom 17. September 2010 – 1 BvR 2157/10 –, juris Rn. 26.

3. Die Rüge der Verletzung des Art. 103 Abs. 1 GG wird zurückgenommen

Rügt der Beschwerdeführer mit der Verfassungsbeschwerde unter anderem eine Verletzung von Art. 103 Abs. 1 GG, ohne dass er die zum Rechtsweg (§ 90 Abs. 2 Satz 1 BVerfGG) zählende Anhörungsrüge eingelegt hat, so stellt sich die Frage, ob dieser Zulässigkeitsmangel geheilt wird, wenn der Beschwerdeführer die Rüge der Verletzung von Art. 103 Abs. 1 GG während des Verfassungsbeschwerdeverfahrens zurücknimmt. In der Kammerrechtsprechung wurden hierzu unterschiedliche Lösungen entwickelt.[42] Die 2. und die 3. Kammer des Ersten Senats gingen im Grundsatz davon aus, dass die Gehörsrüge bis zur Entscheidung über die Annahme der Verfassungsbeschwerde unbeschränkt zurückgenommen werden und die Unzulässigkeit damit geheilt werden kann.[43] Die 2. Kammer prüfte ergänzend, ob der Zulässigkeit der Verfassungsbeschwerde entgegenstand, dass keine Anhörungsrüge erhoben wurde und verneinte dies, weil die Anhörungsrüge offensichtlich aussichtslos gewesen wäre.[44] Hingegen sah die 1. Kammer des Zweiten Senats die Rücknahme der Gehörsrüge nach Ablauf der Monatsfrist zur Einlegung und Begründung der Verfassungsbeschwerde (§ 93 Abs. 1 Satz 1 BVerfGG) als verspätet und damit unbeachtlich an, weil der Beschwerdeführer nur innerhalb dieser Zeitspanne uneingeschränkt über den Inhalt des Streitgegenstandes bestimmen könne.[45]

Zu dieser Problematik hat nunmehr der Erste Senat des Bundesverfassungsgerichts in seinem Beschluss vom 13. April 2010 zur Lehrfreiheit eines Fachhochschulprofessors Stellung genommen.[46] Er kommt zu dem Ergebnis, dass das Unterlassen der fachgerichtlichen Anhörungsrüge der Zulässigkeit der Verfassungsbeschwerde nicht entgegen stand, da die Rüge einer Gehörsverletzung im Verfassungsbeschwerdeverfahren zurückgenommen wurde.[47] In seiner Begründung beschränkt sich der Senat nicht auf die Prüfung der Rechtswegerschöpfung, sondern bezieht im Hinblick auf die weiteren gerügten Grundrechtsverletzungen auch den allgemeinen Grundsatz der Subsidiarität ein.

In einem ersten Schritt stellt der Senat fest, dass die Rücknahme der Rüge einer Verletzung des Art. 103 Abs. 1 GG grundsätzlich möglich ist und,

[42] Siehe hierzu auch: *Jost*, in: Rensen/Brink (Hrsg.), Linien der Rechtsprechung des Bundesverfassungsgerichts, 2009, S. 59 (71 ff.).

[43] BVerfG, Beschluss der 3. Kammer des Ersten Senats vom 13. Dezember 2007 – 1 BvR 2532/07 –, juris Rn. 9; BVerfG, Beschluss der 2. Kammer des Ersten Senats vom 13. August 2009 – 1 BvR 227/08 –, juris Rn. 7.

[44] BVerfG, Beschluss der 2. Kammer des Ersten Senats vom 13. August 2009 – 1 BvR 227/08 –, juris Rn. 7.

[45] BVerfG, Beschluss der 1. Kammer des Zweiten Senats vom 4. September 2007 – 2 BvR 1311/05 –, NStZ-RR 2008, S. 28 f.

[46] BVerfGE 126, 1.

[47] BVerfGE 126, 1 (17 f.).

wenn sie wirksam erklärt wird[48], zur Folge hat, dass die Erschöpfung des Rechtswegs nicht von der Erhebung von Rechtsbehelfen abhängt, die der Beseitigung der Gehörsverletzung dienen. Begründet wird dies mit der Überlegung, dass der Beschwerdeführer frei ist, über den Gegenstand einer von ihm erhobenen Verfassungsbeschwerde zu disponieren. Diese Dispositionsfreiheit folgt aus der Funktion der Verfassungsbeschwerde, welche neben der Wahrung, Auslegung und Fortbildung des objektiven Verfassungsrechts primär dem individuellen Rechtsschutz dient und deren Gegenstand sich, ausgehend von der subjektiven Beschwer, nach der behaupteten Verletzung eines der in Art. 93 Abs. 1 Nr. 4a GG genannten Rechte bestimmt. Diese Dispositionsmöglichkeit beschränkt der Senat nicht auf die Frist des § 93 Abs. 1 Satz 1 BVerfGG, sondern nimmt Bezug auf frühere Senatsentscheidungen, nach denen der Beschwerdeführer eine von ihm erhobene Verfassungsbeschwerde grundsätzlich bis zur Entscheidung über deren Annahme zurücknehmen oder für erledigt erklären kann mit der Folge, dass sein Begehren nicht mehr zur Entscheidung steht.[49] Im Anschluss an diese Rechtsprechung stellt der Senat klar, dass der Beschwerdeführer eine von ihm erhobene Verfassungsbeschwerde ebenso auch nachträglich auf die Rüge bestimmter Grundrechtsverletzungen beschränken kann.[50]

In einem zweiten Schritt prüft der Senat allerdings, ob der Beschwerdeführer nach dem Grundsatz der Subsidiarität der Verfassungsbeschwerde eine Anhörungsrüge erheben musste, weil bei deren Erfolg auch die weiteren mit der Verfassungsbeschwerde gerügten Grundrechtsverletzungen hätten beseitigt werden können. In dem zu entscheidenden Fall verneint er dies mit der Erwägung, dass jedenfalls ein anwaltlich nicht vertretener Beschwerdeführer nicht auf die Erhebung der Anhörungsrüge verwiesen werden kann, wenn er in der Verfassungsbeschwerde zwar Art. 103 Abs. 1 GG als verletztes Grundrecht benennt, der Sache nach aber keine Gehörsverletzung, sondern unzureichenden Rechtsschutz (Art. 19 Abs. 4 GG) rügt.[51]

III. Die unvollständige Anhörungsrüge

In dieser Fallgruppe wird zwar eine Anhörungsrüge erhoben, welche jedoch nicht alle mit der Verfassungsbeschwerde gerügten Gehörsverstöße zum Gegenstand hat.

[48] Die Rücknahme darf insbesondere nicht mit einer unzulässigen Bedingung verknüpft werden: BVerfG, Beschluss der 3. Kammer des Ersten Senats vom 13. Dezember 2007 – 1 BvR 2532/07 –, juris Rn. 9 ff.

[49] Vgl. BVerfGE 85, 109 (113); 98, 218 (242 f.); 106, 210 (213).

[50] Zum Ganzen: BVerfGE 126, 1 (17 f.).

[51] Zum Ganzen: BVerfGE 126, 1 (18).

Die 3. Kammer des Ersten Senats hat bereits in einer Entscheidung aus dem Jahr 2007 im Anschluss an den Queen Mary II-Beschluss eine Verfassungsbeschwerde, die unter mehreren Gesichtspunkten auf die Rüge der Verletzung des Art. 103 Abs. 1 GG gestützt war, auch hinsichtlich der im Anhörungsrügeverfahren ordnungsgemäß vorgetragenen Gehörsverletzung als unzulässig erachtet. Den weiter denkbaren Fall, dass der Beschwerdeführer neben Art. 103 Abs. 1 GG auch materielle Grundrechtsverletzungen rügt, hatte die Kammer nicht zu entscheiden. Sie weist gleichwohl darauf hin, dass der Beschwerdeführer jedenfalls bei einem einheitlichen Streitgegenstand durch die Anhörungsrüge seine Beschwer nicht nur in Bezug auf weitere Gehörsverletzungen, sondern auch hinsichtlich materieller Grundrechtsrügen abwenden könne.[52]

Diesen Ansatz haben nachfolgende Kammerentscheidungen nicht weitergeführt. In einem von der 2. Kammer des Ersten Senats im Jahr 2008 entschiedenen Fall hatten die Beschwerdeführer neben der Verletzung von Art. 103 Abs. 1 GG einen Verstoß gegen Art. 2 Abs. 1 GG gerügt.[53] Die Rüge der Verletzung des Art. 103 Abs. 1 GG war unzulässig, weil der geltend gemachte Gehörsverstoß nicht Gegenstand der Anhörungsrüge gewesen war. Soweit eine Verletzung von Art. 2 Abs. 1 GG gerügt wurde, hat die Kammer die Verfassungsbeschwerde jedoch ohne Weiteres für zulässig – und darüber hinaus für begründet – erachtet. Im Jahr 2010 ist die 3. Kammer des Zweiten Senats vergleichbar vorgegangen und hat wegen der Unvollständigkeit der Anhörungsrüge nur diejenige von mehreren Grundrechtsrügen als unzulässig erachtet, die bereits mit der Anhörungsrüge hätte vorgebracht werden können.[54]

IV. Die offensichtlich unzulässige oder offensichtlich aussichtslose Anhörungsrüge

Nach den eingangs dargestellten allgemeinen Grundsätzen zählt die Anhörungsrüge an das Fachgericht zum Rechtsweg (§ 90 Abs. 2 Satz 1 BVerfGG) und die Frist zur Einlegung und Begründung der Verfassungsbeschwerde beginnt mit der Bekanntgabe der Entscheidung über die Anhörungsrüge, wenn der Beschwerdeführer mit der Verfassungsbeschwerde eine Verletzung des Anspruchs auf rechtliches Gehör aus Art. 103 Abs. 1 GG rügt.[55] Jedoch

[52] Zum Ganzen: BVerfG, Beschluss der 3. Kammer des Ersten Senats vom 27. Juni 2007 – 1 BvR 1470/07–, NJW 2007, S. 3054 f.

[53] Vgl. BVerfG, Beschluss der 2. Kammer des Ersten Senats vom 18. Dezember 2008 – 1 BvR 2604/06 –, juris Rn. 16 f.

[54] BVerfG, Beschluss der 3. Kammer des Zweiten Senats vom 25. November 2010 – 2 BvR 2111/09 –, juris Rn. 5 f.

[55] Vgl. BVerfGE 122, 190 (198).

ist der Rechtsweg nicht ordnungsgemäß erschöpft, wenn die Anhörungsrüge aus prozessualen Gründen erfolglos bleibt.[56] Die insoweit offensichtlich unzulässige Anhörungsrüge und die darauf ergehende Entscheidung hält die Monatsfrist des § 93 Abs. 1 Satz 1 BVerfGG in Bezug auf die vorangegangenen fachgerichtlichen Entscheidungen nicht offen.[57]

Als *offensichtlich unzulässig* in diesem Sinn wurde eine Anhörungsrüge angesehen, die offensichtlich unstatthaft war[58] oder wegen Verfristung verworfen wurde[59]. In diesem Zusammenhang wurde es als verfassungsrechtlich unbedenklich bewertet, wenn die Fachgerichte die Regelung über die Frist zur Einlegung der Anhörungsrüge in § 321a Abs. 2 S. 1 ZPO dahin auslegen, dass auch ein bewusstes Sich-Verschließen vor der erforderlichen Kenntnisnahme die Frist für die Einlegung der Anhörungsrüge in Gang setzt.[60] Anders wurde allerdings in einem Fall entschieden, in dem die Anhörungsrüge zwar verfristet war, das Fachgericht jedoch ergänzend ausführte, dass die Anhörungsrüge auch unbegründet sei. Hier wurde der Rechtsweg als erschöpft und die Verfassungsbeschwerde damit als zulässig angesehen, weil der Beschwerdeführer mit der Anhörungsrüge ungeachtet der Frage der Verfristung das Ziel der vorherigen fachgerichtlichen Überprüfung des geltend gemachten Gehörsverstoßes erreicht hatte.[61] Diskutiert wurde die offensichtliche Unzulässigkeit schließlich in Fällen, in denen der Beschwerdeführer mit der Anhörungsrüge keinen in den Schutzbereich des Art. 103 Abs. 1 GG fallenden Sachverhalt vorgetragen hatte.[62] Insoweit kann ein Beschwerdeführer zwischenzeitlich auch nicht mehr im Zweifel darüber sein, dass sich der

[56] Vgl. BVerfG, Beschluss der 3. Kammer des Ersten Senats vom 14. April 2010 – 1 BvR 299/10 –, juris Rn. 2.

[57] Vgl. BVerfGE 122, 190 (197); BVerfGK 7, 403 (407); BVerfG, Beschluss der 1. Kammer des Ersten Senats vom 5. Mai 2008 – 1 BvR 562/08 –, juris Rn. 11; BVerfG, Beschluss der 2. Kammer des Ersten Senats vom 30. Juni 2009 – 1 BvR 893/09 –, juris Rn. 16; BVerfG, Beschluss der 3. Kammer des Ersten Senats vom 15. Oktober 2009 – 1 BvR 2333/09 –, juris Rn. 9; BVerfG, Beschluss der 2. Kammer des Zweiten Senats vom 27. Januar 2010 – 2 BvR 2253/06 –, juris Rn. 23; BVerfG, Beschluss der 3. Kammer des Ersten Senats vom 14. April 2010 – 1 BvR 299/10 –, juris Rn. 8; siehe hierzu auch: *Jost*, in: Rensen/Brink (Hrsg.), Linien der Rechtsprechung des Bundesverfassungsgerichts, 2009, S. 59 (65 ff.).

[58] BVerfG, Beschluss der 2. Kammer des Zweiten Senats vom 27. Januar 2010 – 2 BvR 2253/06 –, juris Rn. 24.

[59] BVerfG, Beschluss der 3. Kammer des Ersten Senats vom 14. April 2010 – 1 BvR 299/10 –, juris Rn. 2 ff. (Die Entscheidung spricht sogar nur von einer „unzulässigen" Anhörungsrüge.).

[60] Beschluss der 3. Kammer des Ersten Senats vom 14. April 2010 – 1 BvR 299/10 –, juris Rn. 6.

[61] Beschluss der 2. Kammer des Ersten Senats vom 18. März 2008 – 1 BvR 125/06 –, juris Rn. 12.

[62] BVerfG, Beschluss der 1. Kammer des Ersten Senats vom 5. Mai 2008 – 1 BvR 562/08 –, juris Rn. 11; BVerfG, Beschluss der 2. Kammer des Ersten Senats vom 30. Juni 2009 – 1 BvR 893/09 –, juris Rn. 17.

Anwendungsbereich der Anhörungsrüge auf die Geltendmachung von Verstößen gegen Art. 103 Abs. 1 GG beschränkt.[63]

Andere Entscheidungen legen zugrunde, dass die gegen die letztinstanzliche Entscheidung erhobene Anhörungsrüge die Verfassungsbeschwerdefrist nur offen halten kann, wenn sie *nicht offensichtlich aussichtslos* war.[64] Insoweit wurde darauf abgestellt, dass

- die Anhörungsrüge erkennbar unzulässig war[65],
- für einen Gehörsverstoß nichts Substantiiertes vorgetragen und auch sonst nichts ersichtlich war[66],
- die behaupteten Gehörsverstöße jedenfalls nicht entscheidungserheblich waren[67].

Durfte hingegen der Beschwerdeführer von der Möglichkeit eines Gehörsverstoßes und damit auch von der Notwendigkeit ausgehen, vor Einlegung einer Verfassungsbeschwerde die Anhörungsrüge einzulegen, so hält diese die Verfassungsbeschwerdefrist offen.[68]

V. Die Entscheidung über die Anhörungsrüge als Beschwerdegegenstand

Der Beschluss über die Anhörungsrüge kann selbständig mit der Verfassungsbeschwerde angegriffen werden.[69] Eine Unterscheidung danach, ob sich die verfassungsgerichtliche Rüge lediglich auf die inhaltliche Überprüfung

[63] BVerfG, Beschluss der 2. Kammer des Ersten Senats vom 30. Juni 2009 – 1 BvR 893/09 –, juris Rn. 18.

Dem Beschwerdeführer konnte auch nicht dadurch geholfen werden, dass seine Anhörungsrüge als Gegenvorstellung ausgelegt wurde. Die Gegenvorstellung gehört als außerordentlicher, gesetzlich nicht geregelter Rechtsbehelf nicht zum Rechtsweg im Sinn des § 90 Abs. 2 Satz 1 BVerfGG und auch der Grundsatz der Subsidiarität gebietet nicht, sie zu erheben (vgl. BVerfGE 107, 395 <417>). Gegen die Versäumung der Frist aus § 93 Abs. 1 Satz 1 BVerfGG kann einem Beschwerdeführer mittlerweile auch keine Wiedereinsetzung in den vorigen Stand mehr gewährt werden (vgl. BVerfG, Beschluss der 2. Kammer des Ersten Senats vom 30. Juni 2009 – 1 BvR 893/09 –, juris Rn. 19).

[64] BVerfGK 7, 403 (407); BVerfG, Beschluss der 3. Kammer des Zweiten Senats vom 26. August 2008 – 2 BvR 1516/08 –, juris Rn. 3; Siehe hierzu auch: *Jost,* in: Rensen/Brink (Hrsg.), Linien der Rechtsprechung des Bundesverfassungsgerichts, 2009, S. 59 (67 ff.).

[65] BVerfG, Beschluss der 3. Kammer des Zweiten Senats vom 26. August 2008 – 2 BvR 1516/08 –, juris Rn. 3.

[66] BVerfG, Beschluss der 2. Kammer des Zweiten Senats vom 30. April 2008 – 2 BvR 706/08 –, juris Rn. 4.

[67] BVerfG, Beschluss der 3. Kammer des Zweiten Senats vom 9. August 2010 – 2 BvR 619/10 –, juris Rn. 1 f.

[68] BVerfG, Beschluss der 3. Kammer des Ersten Senats vom 8. Juni 2009 – 2 BvR 847/09 –, juris Rn. 16.

[69] Vgl. BVerfGE 119, 292 (295 ff.); siehe hierzu: *Jost,* in: Rensen/Brink (Hrsg.), Linien der Rechtsprechung des Bundesverfassungsgerichts, 2009, S. 59 (74 ff.).

des mit der Anhörungsrüge gerügten Gehörsverstoßes richtet oder ob sie den Zugang zum Anhörungsrügeverfahren betrifft, wird ganz überwiegend nicht mehr vorgenommen.[70] Im Gegenteil wurde bereits in den Jahren 2007 und 2008 von einem Beschwerdeführer ausdrücklich verlangt, für eine erfolgreiche Rüge des Art. 103 Abs. 1 GG die letzte fachgerichtliche Entscheidung, mit der die gerügte Gehörsverletzung hätte beseitigt werden können, anzugreifen.[71] Dazu zählt auch die Entscheidung über die Anhörungsrüge, die der Beschwerdeführer nach dem Sinn und Zweck des Gebotes der Rechtswegerschöpfung vorzulegen oder inhaltlich darzustellen, ausdrücklich oder zumindest sinngemäß zum Gegenstand der Verfassungsbeschwerde zu machen und sich mit ihren Gründen auseinanderzusetzen hat. Versäumt dies der Beschwerdeführer, ist seine Rüge einer Verletzung des Art. 103 Abs. 1 GG unzulässig; weitere geltend gemachte Grundrechtsrügen bleiben von dieser Folge allerdings unberührt.[72]

C. Anhörungsrüge und Verfassungsbeschwerde gegen Zwischenentscheidungen

Mit der Verfassungsbeschwerde können Entscheidungen in einem der Sachentscheidung vorangegangenen Zwischenverfahren im Grundsatz nicht angegriffen werden, weil mögliche Verfassungsverstöße mit der Anfechtung der Endentscheidung gerügt werden können.[73] Der Zulässigkeit der Verfassungsbeschwerde steht insoweit der aus § 90 Abs. 2 Satz 1 BVerfGG folgende Grundsatz der Subsidiarität entgegen.[74] Dies gilt jedoch nicht, wenn bereits die Zwischenentscheidung zu einem bleibenden rechtlichen Nachteil für den

[70] Vgl. beispielsweise BVerfG, Beschluss der 1. Kammer des Ersten Senats vom 5. Mai 2008 – 1 BvR 562/08 –, juris Rn. 12 m.w.N.; BVerfG, Beschluss der 3. Kammer des Ersten Senats vom 2. Juni 2010 – 1 BvR 448/06 –, juris Rn. 13 ff.

Soweit ersichtlich, geht nur die 2. Kammer des Zweiten Senats weiterhin davon aus, dass die Entscheidung über die Anhörungsrüge keinen tauglichen Beschwerdegegenstand darstellt, wenn sie die Gehörsverletzung lediglich fortbestehen lässt, indem eine Selbstkorrektur durch das Fachgericht unterbleibt (BVerfG, Beschluss der 2. Kammer des Zweiten Senats vom 16. Januar 2010 – 2 BvR 2299/09 –, juris Rn. 16).

[71] BVerfG, Beschluss der 2. Kammer des Ersten Senats vom 23. Oktober 2007 – 1 BvR 2208/07 –, juris Rn. 5 (Nichtzulassungsbeschwerde); BVerfG, Beschluss der 3. Kammer des Ersten Senats vom 21. November 2008 – 1 BvR 2399/06 –, juris Rn. 14 (Anhörungsrüge).

[72] BVerfG, Beschluss der 3. Kammer des Ersten Senats vom 21. November 2008 – 1 BvR 2399/06 –, juris Rn. 14 f.

[73] Vgl. BVerfGE 21, 139 (143); 119, 292 (294).

[74] Vgl. BVerfGE 119, 292 (294).

So ist eine Verfassungsbeschwerde, soweit sie sich gegen einen Beschluss über die Nichtabhilfe auf eine Beschwerde hin richtet, unzulässig, da von der Nichtabhilfeentscheidung keine eigenständige Beschwer ausgeht (vgl. BVerfG, Beschluss der 3. Kammer des Ersten Senats vom 8. Dezember 2009 – 1 BvR 2733/06 –, juris Rn. 22).

Betroffenen führt, der später nicht oder jedenfalls nicht vollständig behoben werden kann.[75] Relevant wird diese Ausnahme insbesondere, wenn sich die Verfassungsbeschwerde gegen die Zurückweisung eines Richterablehnungsgesuchs richtet. Denn Entscheidungen der Fachgerichte über Ablehnungsgesuche können zu solchen bleibenden rechtlichen Nachteilen führen und als Zwischenentscheidungen jedenfalls dann selbständig angreifbar sein, wenn sie Bindungswirkung für das weitere Verfahren entfalten, über eine wesentliche Rechtsfrage abschließend befinden und in weiteren Instanzen nicht mehr nachgeprüft und korrigiert werden können.[76]

Mit diesen Maßstäben zur Beurteilung der Zulässigkeit einer Verfassungsbeschwerde gegen selbständige Zwischenentscheidungen laufen die verfassungsrechtlichen Anforderungen an die fachgerichtliche Beurteilung der Statthaftigkeit einer Anhörungsrüge gegen die ein Zwischenverfahren beendende Entscheidung gleich.[77] Daher ist gegen eine mögliche Gehörsverletzung in einem Zwischenverfahren wie beispielsweise dem der Richterablehnung fachgerichtlicher Rechtsschutz nach dem Grundsatz wirkungsvollen Rechtsschutzes in Verbindung mit Art. 103 Abs. 1 GG dann notwendig, wenn in diesem Zwischenverfahren abschließend und mit Bindungswirkung für das weitere Verfahren über den Antrag befunden wird und die Entscheidung später nicht mehr im Rahmen einer Inzidentprüfung korrigiert werden kann.[78] Allerdings sehen § 321a Abs. 1 Satz 2 ZPO und vergleichbare Bestimmungen in anderen Prozessordnungen eine Anhörungsrüge nur gegen Endentscheidungen vor. Diese Bestimmungen sind verfassungskonform dahingehend auszulegen, dass sie die Anhörungsrüge nur für solche Zwischenentscheidungen ausschließen, die im Hinblick auf mögliche Gehörsverletzungen im weiteren fachgerichtlichen Verfahren noch überprüft und korrigiert werden können.[79]

Ist nach dieser Maßgabe eine Anhörungsrüge gegen eine Zwischenentscheidung statthaft, so zählt sie nach den dargestellten allgemeinen Grundsätzen im Regelfall zum Rechtsweg, von dessen Erschöpfung die Zulässigkeit der Verfassungsbeschwerde gegen die Zwischenentscheidung abhängt, und die Entscheidung über die Anhörungsrüge ist maßgeblich für den Lauf der Verfassungsbeschwerdefrist. Hat das Fachgericht die Anhörungsrüge gegen eine Zwischenentscheidung zu Unrecht als unstatthaft verworfen, so folgt daraus eine Verletzung des Rechts auf effektiven Rechtsschutz in Verbindung mit Art. 103 Abs. 1 GG, die selbständig mit der Verfassungsbeschwerde geltend gemacht werden kann.[80]

[75] Vgl. BVerfGE 101, 106 (120); 119, 292 (294).
[76] Vgl. BVerfGE 24, 56 (60 f.); 119, 292 (294).
[77] Vgl. BVerfGE 119, 292 (300 f.).
[78] Vgl. BVerfGE 119, 292 (299).
[79] Vgl. BVerfGE 119, 292 (301).
[80] Vgl. BVerfGE 119, 292 (295).

Gegen folgende Zwischenentscheidungen wurde bislang eine Anhörungsrüge nach verfassungskonformer Auslegung der einschlägigen Verfahrensvorschriften als statthaft angesehen:

- Zurückweisung der Ablehnung eines Richters am Bundesarbeitsgericht (verfassungskonforme Auslegung von § 78a Abs. 1 Satz 2 ArbGG)[81],
- Zurückweisung der Ablehnung eines Richters am Oberlandesgericht (verfassungskonforme Auslegung von § 321a Abs. 1 Satz 2 ZPO)[82] und
- Zurückweisung der Ablehnung eines Richters am Sozialgericht (verfassungskonforme Auslegung von § 178a Abs. 1 Satz 2 SGG)[83].

Im Fall der erfolglosen Ablehnung eines Richters am Verwaltungsgericht wurde die Zurückweisung der Anhörungsrüge als unstatthaft zumindest als verfassungsrechtlich bedenklich bewertet.[84] Offen gelassen wurde, ob es sich bei Vorführungsanordnungen[85] und der Beauftragung eines Gutachters[86] in Verfahren der freiwilligen Gerichtsbarkeit um eine bei verfassungskonformer Auslegung von § 44 Abs. 1 Satz 2 FamFG der Anhörungsrüge zugängliche Zwischenentscheidung handelt.

D. Heilung einer Gehörsverletzung im Anhörungsrügeverfahren

Die Frage, ob ein Gehörsverstoß im Anhörungsrügeverfahren geheilt wurde, betrifft nicht die Zulässigkeit, sondern die Begründetheit der auf die Rüge einer Verletzung des Art. 103 Abs. 1 GG gestützten Verfassungsbeschwerde.

Eine gerichtliche Entscheidung kann nur dann wegen Verstoßes gegen den Anspruch auf Gewährung rechtlichen Gehörs aufgehoben werden, wenn nicht ausgeschlossen werden kann, dass die Anhörung des Beteiligten zu einer anderen, ihm günstigeren Entscheidung geführt hätte; nur dann beruht die Entscheidung darauf, dass der Beteiligte nicht gehört wurde.[87] Daher wurde

[81] BVerfGE 119, 292.

[82] BVerfG, Beschluss der 3. Kammer des Ersten Senats vom 12. Januar 2009 – 1 BvR 3113/08 –, NJW 2009, S. 833.

[83] BVerfG, Beschluss der 3. Kammer des Ersten Senats vom 6. Mai 2010 – 1 BvR 96/10 –, juris Rn. 13 ff.

[84] BVerfG, Beschluss der 3. Kammer des Ersten Senats vom 8. Dezember 2009 – 1 BvR 2774/09 –, juris Rn. 1.

[85] BVerfG, Beschluss der 2. Kammer des Ersten Senats vom 30. April 2010 – 1 BvR 2797/09 –, juris Rn. 26; BVerfG, Beschluss der 2. Kammer des Ersten Senats vom 26. Oktober 2010 – 1 BvR 2538/10 –, juris Rn. 27; BVerfG, Beschluss der 2. Kammer des Ersten Senats vom 26. Oktober 2010 – 1 BvR 2539/10 –, juris Rn. 27.

[86] BVerfG, Beschluss der 2. Kammer des Ersten Senats vom 17. September 2010 – 1 BvR 2157/10 –, juris Rn. 26.

[87] Vgl. BVerfGE 7, 239 (241); 13, 132 (145); 52, 131 (152 f.); 89, 381 (392 f.).

schon vor Einführung der Anhörungsrüge die Heilung von Gehörsverstößen als grundsätzlich möglich angesehen, wenn das Fachgericht in der Lage war, das nunmehr zur Kenntnis genommene Vorbringen zu berücksichtigen.[88] Auch das Anhörungsrügeverfahren bietet diese Möglichkeit der Heilung eines Gehörsverstoßes[89] und zwar auch dann, wenn sich die Zusammensetzung des betroffenen Spruchkörpers durch eine zwischenzeitlich eingetretene Änderung des Geschäftsverteilungsplanes oder eine Veränderung der Zusammensetzung aufgrund der Mitwirkungsgrundsätze des § 21g GVG geändert hat.[90]

Das Fachgericht kann den gerügten Gehörsverstoß jedenfalls durch Ausführungen zur Rechtslage beseitigen.[91] Gemeint sind insbesondere Fallgestaltungen, in denen das Gericht rechtliches Vorbringen (erstmals) zur Kenntnis nimmt und bescheidet oder eine in der vorangegangenen Entscheidung überraschend eingenommene Rechtsposition unter Angabe von Gründen aufrechterhält und sich jeweils eine abschließende Meinung gebildet hat.[92] Das Bundesverfassungsgericht prüft dann im Rahmen von Art. 103 Abs. 1 GG nicht, ob die Rechtsmeinung des Fachgerichts rechtlich zutreffend ist, sondern geht davon aus, dass die Entscheidung nicht auf der Gehörsverletzung beruht, weil eine für den Beteiligten günstigere Lösung ausgeschlossen ist.[93] Etwas anderes gilt allerdings in Fällen, in denen das Gericht den Gehörsverstoß durch bloß ergänzende Erwägungen zum Vorbringen in der Anhörungsrüge nicht zu heilen vermag, wie etwa bei der Übergehung eines erheblichen Beweisantrags.[94]

Nicht geheilt wird ein Gehörsverstoß im Anhörungsrügeverfahren zudem, wenn

– das Fachgericht den Gehörsverstoß wiederholt, indem es etwa übergangenes entscheidungserhebliches Vorbringen und den entsprechenden Vortrag in der An-

[88] Vgl. BVerfGE 5, 22 (24); 62, 392 (397); 73, 322 (326 f.); 107, 395 (411 f.).

[89] BVerfG, Beschluss der 3. Kammer des Zweiten Senats vom 15. November 2010 – 2 BvR 1183/09 –, juris Rn. 23 f.

[90] BVerfG, Beschluss der 3. Kammer des Ersten Senats vom 24. Februar 2009 – 1 BvR 188/09 –, juris Rn. 16 (zu § 152a VwGO und § 321a ZPO).

[91] Vgl. BVerfG, Beschluss der 3. Kammer des Ersten Senats vom 24. Februar 2009 – 1 BvR 188/09 –, juris Rn. 15; BVerfG, Beschluss der 3. Kammer des Ersten Senats vom 7. Oktober 2009 – 1 BvR 178/09 –, juris Rn. 10; BVerfG, Beschluss der 1. Kammer des Zweiten Senats vom 14. Oktober 2010 – 2 BvR 409/09 –, juris Rn. 26.

[92] BVerfG, Beschluss der 3. Kammer des Ersten Senats vom 7. Oktober 2009 – 1 BvR 178/09 –, juris Rn. 10; BVerfG, Beschluss der 1. Kammer des Zweiten Senats vom 14. Oktober 2010 – 2 BvR 409/09 –, juris Rn. 26.

[93] BVerfG, Beschluss der 3. Kammer des Ersten Senats vom 7. Oktober 2009 – 1 BvR 178/09 –, juris Rn. 10.

[94] BVerfG, Beschluss der 3. Kammer des Ersten Senats vom 24. Februar 2009 – 1 BvR 188/09 –, juris Rn. 15.

hörungsrüge erneut unberücksichtigt lässt; hier verstößt der Beschluss über die Anhörungsrüge ebenfalls gegen Art. 103 Abs. 1 GG[95],

- das Fachgericht im Verfahren der Anhörungsrüge Vortrag des Beschwerdeführers zwar im Ansatz zur Kenntnis nimmt, jedoch zu erkennen ist, dass es ihn in der Sache nicht wirklich erwogen hat und auf die zentrale Frage des Rechtsstreits und den Vortrag des Beschwerdeführers hierzu wiederum nicht eingeht[96] oder
- das Fachgericht in der Anhörungsrügenentscheidung das übergangene entscheidungserhebliche Vorbringen zwar würdigt, jedoch nunmehr mit seinen Ausführungen das Willkürverbot des Art. 3 Abs. 1 GG verletzt[97].

E. Ausblick

Im Zusammenhang mit der Anhörungsrüge hatte das Bundesverfassungsgericht eine Vielzahl von Einzelfragen zu entscheiden. Es hat dabei in vielen Bereichen Leitlinien entwickelt, die eine Systematisierung über den Einzelfall hinaus erlauben.

Die Maßstäbe, anhand derer zu beurteilen ist, wann eine Anhörungsrüge nicht mehr zum Rechtsweg gehört und die Verfassungsbeschwerdefrist nicht offen hält, sind allerdings nach wie vor nicht klar umrissen.[98] Schon die Kriterien der „offensichtlichen Unzulässigkeit" und der „offensichtlichen Aussichtslosigkeit" der Anhörungsrüge entsprechen sich nur zum Teil, da die „offensichtliche Aussichtslosigkeit" sowohl die unzulässige als auch die unbegründete Anhörungsrüge umfasst. Dementsprechend bewerten einige Entscheidungen eine Anhörungsrüge als offensichtlich aussichtslos, die erkennbar unzulässig war[99], während andere Entscheidungen bereits im Rahmen der Zulässigkeit der Verfassungsbeschwerde prüfen, ob eine Verletzung des rechtlichen Gehörs im fachgerichtlichen Verfahren möglich erschien oder sogar vorlag und eine Anhörungsrüge daher in der Sache nicht aussichtslos gewesen wäre[100].

[95] BVerfG, Beschluss der 1. Kammer des Ersten Senats vom 27. Mai 2009 – 1 BvR 512/09 –, juris Rn. 14 f.

[96] BVerfG, Beschluss der 3. Kammer des Ersten Senats vom 26. November 2008 – 1 BvR 670/08 –, juris Rn. 20.

[97] BVerfG, Beschluss der 1. Kammer des Ersten Senats vom 25. März 2010 – 1 BvR 2446/09 –, juris Rn. 14.

[98] Siehe auch: *Jost,* in: Rensen/Brink (Hrsg.), Linien der Rechtsprechung des Bundesverfassungsgerichts, 2009, S. 59 (67 ff.).

[99] Vgl. BVerfG, Beschluss der 3. Kammer des Zweiten Senats vom 26. August 2008 – 2 BvR 1516/08 –, juris Rn. 3; BVerfG, Beschluss der 2. Kammer des Zweiten Senats vom 30. April 2008 – 2 BvR 706/08 –, juris Rn. 4.

[100] Vgl. BVerfG, Beschluss der 1. Kammer des Zweiten Senats vom 29. Januar 2008 – 2 BvR 2556/07 –, juris Rn. 7; BVerfG, Beschluss der 3. Kammer des Zweiten Senats vom 9. Juni 2008 – 2 BvR 947/08 –, juris Rn. 2 ff.; BVerfG, Beschluss der 3. Kammer des Zweiten Senats vom 18. Juni 2008 – 2 BvR 1111/08 –, juris Rn. 3 ff.; BVerfG, Beschluss der 3. Kammer des Zweiten Senats vom 24. Juli 2008 – 2 BvR 610/08 –, juris Rn. 3 ff.

Auch der Beschluss des Ersten Senats vom 13. April 2010 trägt über die Frage, ob die Rüge bestimmter Grundrechtsverletzungen nachträglich zurückgenommen werden kann, hinaus kaum zur Klärung bei. Der Beschluss wirft vielmehr neue Fragen auf, insbesondere soweit die Möglichkeit des Beschwerdeführers, den Gegenstand der Verfassungsbeschwerde zu bestimmen, im Ergebnis unter den Vorbehalt der Subsidiarität der Verfassungsbeschwerde gestellt wird. Die künftige Rechtsprechung wird sich damit auseinandersetzen müssen, ob auch in den Fällen der Rücknahme oder des Verzichts[101] auf die Rüge einer Verletzung von Art. 103 Abs. 1 GG eine „nicht offensichtlich aussichtslose" Anhörungsrüge zum Fachgericht zu erheben ist, um dem Grundsatz der Subsidiarität der Verfassungsbeschwerde zu genügen. Dem ist entgegenzutreten. Es ist nicht nur offen, nach welcher Maßgabe die Möglichkeit und die Erfolgsaussichten einer gedachten Anhörungsrüge zu beurteilen wären, wenn der Beschwerdeführer zu einer möglichen Gehörsverletzung nichts vorträgt. Sondern auch der Grundsatz der Subsidiarität der Verfassungsbeschwerde würde deutlich erweitert und die ohnehin schon bestehende Gefahr gesteigert, dass unter den Gesichtspunkten der Rechtswegerschöpfung, Subsidiarität und Fristwahrung unüberschaubare Anforderungen an die Zulässigkeit der Verfassungsbeschwerde gestellt werden. Nicht zuletzt geht auch der Queen Mary II-Beschluss von der Prämisse aus, dass der Beschwerdeführer eine Verletzung von Art. 103 Abs. 1 GG überhaupt rügen will. Man könnte einem Beschwerdeführer, der auf die Rüge des Art. 103 Abs. 1 GG in der Verfassungsbeschwerde verzichten möchte, auch nicht empfehlen, vorsichtshalber dennoch die Anhörungsrüge zu erheben. Denn er liefe Gefahr, dass diese rückblickend als offensichtlich unzulässig oder offensichtlich aussichtslos bewertet würde und seine auf die Verletzung anderer Grundrechte gestützte Verfassungsbeschwerde wegen Verfristung unzulässig wäre.[102]

Im Grundsatz sollte der Beschwerdeführer daher vor Erhebung der Verfassungsbeschwerde unter dem Gesichtspunkt der Subsidiarität eine Anhörungsrüge nur einzulegen haben, wenn er mit seiner Verfassungsbeschwerde eine Verletzung des rechtlichen Gehörs ausdrücklich oder sinngemäß rügt.[103] Ferner muss der Beschwerdeführer abschätzen können, wann er eine Anhörungsrüge erheben muss, um den Rechtsweg zu erschöpfen, und wann er sie nicht erheben darf, um die Verfassungsbeschwerdefrist zu wahren. Er

[101] Siehe hierzu: BVerfG, Beschluss der 2. Kammer des Zweiten Senats vom 18. Juli 2008 – 2 BvR 1423/08 –, juris Rn. 6; BVerfG, Beschluss der 2. Kammer des Zweiten Senats vom 6. Dezember 2008 – 2 BvR 1082/08 –, juris Rn. 21.

[102] Vgl. BVerfG, Beschluss der 2. Kammer des Ersten Senats vom 30. Juni 2009 – 1 BvR 893/09 –, juris Rn. 15 ff.

[103] Vgl. auch BVerfG, Beschluss der 3. Kammer des Ersten Senats vom 29. September 2010 – 1 BvR 2649/06 –, juris Rn. 18.

sollte nicht gezwungen sein, stets die Anhörungsrüge und parallel die Verfassungsbeschwerde zu erheben, wenn er einen Rechtsverlust sicher vermeiden möchte. Denn ein solches Vorgehen belastet Bürger und Gerichte unnötig.[104] Sachgerechte Lösungen lassen sich hier erzielen, wenn *nur* die für den Beschwerdeführer erkennbar (offensichtlich) *unzulässige* Anhörungsrüge nicht erhoben werden muss und wenn *nur* die offensichtlich *unzulässige* Anhörungsrüge die Verfassungsbeschwerdefrist nicht offen hält. Dazu hat der Beschwerdeführer, wie zu anderen Zulässigkeitsvoraussetzungen auch[105], substantiiert vorzutragen.

[104] Zu außerordentlichen Rechtsbehelfen: BVerfGE 107, 395 (417); 122, 190 (201).
[105] Vgl. Magen, in: Umbach/Clemens/Dollinger, BVerfGG, 2. Aufl. 2005, § 92 Rn. 19.

Rechtsfolgenanordnungen in der jüngeren Rechtsprechung des Bundesverfassungsgerichts zum Steuerrecht

Roberto Bartone

Leitentscheidungen des Bundesverfassungsgerichts

BVerfGE 107, 27 – Doppelte Haushaltsführung
BVerfGE 108, 1 – Rückmeldegebühr Baden-Württemberg
BVerfGE 108, 52 – Kinderexistenzminimum IV
BVerfGE 110, 33 – Außenwirtschaftsgesetz, Zollkriminalamt
BVerfGE 113, 348 – Telekommunikationsüberwachung
BVerfGE 117, 1 – Erbschaftsteuer
BVerfGE 122, 210 – Pendlerpauschale
BVerfGE 125, 1 – Körperschaftsteuerrechtliches Anrechnungsverfahren
BVerfGE 126, 268 – Häusliches Arbeitszimmer
BVerfGE 126, 400 – Lebenspartnerschaft/Erbschaft- und Schenkungsteuergesetz

Schrifttum

Arndt, Adolf, Die Nichtigkeit verfassungswidriger Gesetze, DÖV 1959, S. 81 ff.; *Bang, Sung-Ju,* Übergangsregelungen in Normenkontrollentscheidungen des Bundesverfassungsgerichts, 1996; *Bartone, Roberto/von Wedelstädt, Alexander,* Korrektur von Steuerverwaltungsakten, 2006; *Benda, Ernst/Klein, Eckart,* Lehrbuch des Verfassungsprozessrechts, 2. Aufl. 2001; *Blüggel, Jens,* Unvereinbarkeitserklärung statt Normkassation durch das Bundesverfassungsgericht, 1998; *Böckenförde, Christian,* Die sogenannte Nichtigkeit verfassungswidriger Gesetze – Eine Untersuchung über Inhalt und Folgen der Rechtssatzkontrollentscheidungen des Bundesverfassungsgerichts, 1966; *Burghart, Axel,* Das verfassungswidrige, aber nicht nichtige Gesetz – ungültig, aber wirksam?, NVwZ 1998, S. 1262 ff.; *Frenz, Walter,* Die Rechtsfolgenregelung durch das Bundesverfassungsgericht bei verfassungswidrigen Gesetzen, DÖV 1993, S. 847 ff.; *Gerontas, Apostolos,* Die Appellentscheidung, Sondervotenappelle und die bloße Unvereinbarkeitserklärung als Ausdruck der funktionellen Grenzen der Verfassungsgerichtsbarkeit, DVBl 1982, S. 486 ff.; *Habscheidt, Gerhard,* Der Anspruch des Bürgers auf Erstattung verfassungswidriger Steuern, 2003; *Hartmann, Christian,* Verfassungswidrige und doch rechtswirksame Rechtsnormen?, DVBl 1997, S. 1264 ff.; *Hein, Peter E.,* Die Unvereinbarkeitserklärung verfassungswidriger Gesetze durch das Bundesverfassungsgericht – Grundlagen, Anwendungsbereich, Rechtsfolgen, 1988; *Herter, Wilfried,* Die Unvereinbarkeitserklärung verfassungswidriger Steuergesetze – Eine Untersuchung zu den verfassungsrechtlichen Grundlagen und den Folgen für das Besteuerungsverfahren, 1995; *Heußner, Hermann,* Folgen der Verfassungswidrigkeit eines Gesetzes ohne Nichtigerklärung, NJW 1982, S. 257 ff.; *Horn, Hans-Rudolf,* Die Nichtigkeit verfassungswidriger Gesetze als verfassungsrechtliches Problem, DÖV 1980,

S. 84 ff.; *Ipsen, Jörn,* Rechtsfolgen der Verfassungswidrigkeit von Normen und Einzelakten, 1980; *ders.,* Nichtigerklärung oder „Verfassungswidrigerklärung" – Zum Dilemma der verfassungsgerichtlichen Normenkontrollpraxis, JZ 1983, S. 41 ff.; *Kreutzberger, Senja,* Die gesetzlich nicht geregelten Entscheidungsvarianten des Bundesverfassungsgerichts, 2007; *Maunz, Theodor/Schmidt-Bleibtreu, Bruno/Klein, Franz/Bethge, Herbert,* Bundesverfassungsgerichtsgesetz, 29. Auflage 2009; *Maurer, Hartmut,* Zur Verfassungswidrigerklärung von Gesetzen, in: Schneider/Götz, Im Dienst an Staat und Recht – Festschrift für Walter Werner, 1974, S. 354 ff.; *Moes, Christoph,* Die Anordnung der befristeten Fortgeltung verfassungswidriger Steuergesetze durch das Bundesverfassungsgericht, StuW 2008, S. 27 ff.; *Schlaich, Klaus/Korioth, Stefan,* Das Bundesverfassungsgericht, 8. Aufl., 2010; *Umbach, Dieter C./Clemens, Thomas/Dollinger, Franz-Wilhelm* (Hrsg.), BVerfGG – Mitarbeiterkommentar, 2. Aufl. 2005;

Inhalt

I. Einleitung

Das Bundesverfassungsgerichtsgesetz regelt für die einzelnen Verfahrensarten – man möchte sagen: selbstverständlich – auch den jeweiligen Entscheidungsinhalt, das heißt die Rechtsfolgen der Entscheidung.[1] In den Entschei-

[1] Z.B. § 39 BVerfGG: Entscheidung über die Grundrechtsverwirkung; § 46 BVerfGG: Entscheidung über die Verfassungswidrigkeit einer Partei; § 56 BVerfGG: Präsidentenanklage; § 59 BVerfGG: Richteranklage; § 67 BVerfGG: Organstreitverfahren; § 69 BVerfGG in Verbindung mit § 67 BVerfGG sowie § 72 BVerfGG: Bund-Länder-Streitverfahren sowie

dungen des Bundesverfassungsgerichts finden sich – insbesondere im Steuerrecht – darüber hinaus Rechtsfolgenaussprüche und -anordnungen, die nicht unmittelbar gesetzlich geregelt sind, sondern durch die Rechtsprechung entwickelt wurden, darunter auch die Unvereinbarkeitserklärung. Diese wurde vom Bundesverfassungsgericht für Verstöße von Normen gegen Art. 3 Abs. 1 GG entwickelt. Da im Steuerrecht vielfach Art. 3 Abs. 1 GG in seiner bereichsspezifischen Ausprägung den verfassungsrechtlichen Prüfungsmaßstab bildet, sind es häufig steuerrechtliche Entscheidungen, welche die Unvereinbarkeitserklärung als Rechtsfolge enthalten.[2] Diese Fälle bilden in erster Linie den Gegenstand des vorliegenden Beitrags.

Dabei soll die Untersuchung auf zweierlei Weise beschränkt werden: zum einen auf die Verfahren der konkreten Normenkontrolle (Art. 100 Abs. 1 GG, §§ 13 Nr. 11, 80 ff. BVerfGG) sowie der (Individual-)Verfassungsbeschwerde (Art. 93 Abs. 1 Nr. 4a GG, §§ 13 Nr. 8a, 90 ff. BVerfGG). Denn von allen Verfahrensarten aus dem Katalog des § 13 BVerfGG kommt den beiden genannten die größte praktische Bedeutung zu. Zum anderen soll der Blick auf die jüngeren Entscheidungen des Bundesverfassungsgerichts zum Steuerrecht fokussiert werden. Gerade anhand dieser Entscheidungen lassen sich gewisse Entwicklungen im Bereich der in der Rechtsprechung entwickelten Rechtsfolgenanordnungen erkennen.

Ausgehend von den gesetzlichen Regelungen, die das Bundesverfassungsgerichtsgesetz hinsichtlich der Rechtsfolgen der Entscheidungen über konkreten Normenkontrollen sowie Verfassungsbeschwerden trifft und der hierzu ergangenen etablierten Rechtsprechung, soll die jüngere Rechtsprechung des Bundesverfassungsgerichts zum Steuerrecht unter dem Aspekt der Rechtsfolgenanordnungen näher betrachtet werden. Daran anschließend soll der Versuch unternommen werden, die Linien, die sich in der jüngeren Rechtsprechung abbilden, herauszuarbeiten.

andere föderale Streitigkeiten; § 78 BVerfGG: abstrakte Normenkontrolle; §§ 81, 82 Abs. 1 BVerfGG in Verbindung mit § 78 BVerfGG: konkrete Normenkontrolle; § 95 BVerfGG: Verfassungsbeschwerde.

[2] Dies gilt nicht ausnahmslos, wie die Rückwirkungsfälle zeigen: BVerfG, Beschlüsse vom 7. Juli 2010 – 2 BvL 1/03, 2 BvL 57/06, 2 BvL 58/06 –, BGBl I 2010, 1297, NJW 2010, S. 3638; BVerfG, Beschluss vom 7. Juli 2010 – 2 BvR 748/05, 2 BvR 753/05, 2 BvR 1738/05 –, BGBl I S. 2010, 1296, NJW 2010, S. 3634; 2 BvL 14/02, 2 BvL 2/04, 2 BvL 13/05 –, BGBl I 2010, S. 1296, NJW 2010, S. 3629.

II. Die gesetzlich angeordneten Rechtsfolgen im Verfahren über die konkrete Normenkontrolle sowie im Verfassungsbeschwerdeverfahren

1. *Die konkrete Normenkontrolle (Art. 100 Abs. 1 GG, §§ 13 Nr. 11, 80 ff. BVerfGG)*

Im Verfahren der konkreten Normenkontrolle (Richtervorlage) gemäß Art. 100 Abs. 1 GG, §§ 13 Nr. 11, 80 ff. BVerfGG entscheidet das Bundesverfassungsgericht nur über die Rechtsfrage (§ 81 BVerfGG). § 81 BVerfGG stellt eine allgemeine Regel für die Tenorierung der Entscheidung dar, welche die Kompetenz des Bundesverfassungsgerichts auf die Entscheidung der für das betreffende Verfahren maßgeblichen Rechtsfrage begrenzt.[3] Darüber hinaus verdeutlicht die Vorschrift die Unterschiede im Rechtsfolgenausspruch von konkreter und abstrakter Normenkontrolle (§ 78 BVerfGG).[4]

Kommt das Bundesverfassungsgericht zum Ergebnis, dass das zur Überprüfung gestellte Gesetz verfassungswidrig ist, erklärt es dieses für nichtig (§ 82 Abs. 1 BVerfGG in Verbindung mit § 78 S. 1 BVerfGG). Diese Entscheidung hat Gesetzeskraft (§ 31 Abs. 2 S. 1 BVerfGG). Die Nichtigkeitserklärung wirkt nach allgemeiner Auffassung ex tunc, das heißt, sie wirkt ipso iure zurück bis zu dem Zeitpunkt, ab dem die betroffene Rechtsnorm verfassungswidrig war, unter Umständen bis zum Zeitpunkt ihres Inkrafttretens.[5]

2. *Die Verfassungsbeschwerde (Art. 93 Abs. 1 Nr. 4a GG, §§ 13 Nr. 8a, 90 ff. BVerfGG)*

Für das Verfassungsbeschwerdeverfahren regelt § 95 Abs. 3 Satz 1 BVerfGG, dass das angegriffene Gesetz für nichtig zu erklären ist, wenn der Verfassungsbeschwerde stattgegeben wird. Diese gesetzlich angeordnete Rechtsfolge entspricht folglich derjenigen, die für das konkrete Normenkontrollverfahren vorgesehen ist. Auch diese Entscheidung hat gemäß § 31 Abs. 2 S. 2 BVerfGG Gesetzeskraft.

[3] BVerfGE 3, 187 (196); *Dollinger*, in: Umbach/Clemens/Dollinger, BVerfGG, 2. Aufl. 2005, § 81, Rn. 4.

[4] *Dollinger*, in: Umbach/Clemens/Dollinger, BVerfGG, 2. Aufl. 2005, § 81, Rn. 4.

[5] *M. Graßhoff*, in: Umbach/Clemens/Dollinger, BVerfGG, 2. Aufl. 2005, § 78, Rn. 12.

III. Die richterrechtlich entwickelten Rechtsfolgenanordnungen

1. *Überblick*

Neben den vorstehend genannten, gesetzlich geregelten Rechtsfolgen hat das Bundesverfassungsgericht im Lauf seiner Rechtsprechung verschiedene weitere Rechtsfolgen entwickelt. So findet sich in der Rechtsprechung des Bundesverfassungsgerichts die Teilnichtigerklärung von Gesetzen.[6] Sie knüpft unmittelbar an die gesetzlich angeordnete Rechtsfolge der Nichtigkeit von Gesetzen an und basiert auf dem Gedanken, dass die Nichtigkeit einzelner oder mehrerer Bestimmungen eines Gesetzes grundsätzlich nicht die Nichtigkeit des ganzen Gesetzes bewirkt.[7] Damit einher geht die Einschränkung des Wortlauts der Norm.[8] Daneben erfolgt bisweilen eine „qualitative Teilnichtigerklärung ohne Normtextreduzierung", die dadurch gekennzeichnet ist, dass der Wortlaut der Norm unberührt bleibt.[9]

Als Entscheidungsvariante existiert darüber hinaus auch die sogenannte Appellentscheidung[10]: Das Bundesverfassungsgericht stellt bisweilen fest, dass ein Gesetz „noch" verfassungsgemäß sei, und appelliert damit an den Gesetzgeber, tätig zu werden, um einen voll verfassungsmäßigen Zustand herzustellen.[11]

Schließlich besteht auch die Möglichkeit, dass das Bundesverfassungsgericht ein mit der Verfassungsbeschwerde angegriffenes Gesetz verfassungskonform auslegt.[12] Anlass hierzu besteht immer dann, wenn eine Gesetzesbestimmung im Rahmen ihres Wortlauts unterschiedliche Auslegungen ermöglicht, aber nicht alle diese möglichen Auslegungen mit dem Grundgesetz vereinbar sind. Lässt eine Norm mehrere Auslegungen zu, die teils zu einem verfassungswidrigen, teils zu einem verfassungsgemäßen Ergebnis führen, so ist die Norm nach der Rechtsprechung des Bundesverfassungsgerichts verfassungsgemäß und muss verfassungskonform ausgelegt werden.[13] Nach Auffassung des Bundesverfassungsgerichts besteht eine Vermutung dafür, dass ein Gesetz mit dem Grundgesetz vereinbar ist und dass das in dieser Vermutung zum

[6] Siehe zum Beispiel BVerfGE 36, 193 (201).

[7] BVerfGE 8, 274 (301); 57, 295 (334); 65, 325 (358); st. Rspr.; vgl. *M. Graßhoff*: in: Umbach/Clemens/Dollinger, BVerfGG, 2. Aufl. 2005, § 78, Rn. 18.

[8] *Schlaich/Korioth*, Das Bundesverfassungsgericht, 8. Aufl. 2010, Rn. 384.

[9] S. z.B. BVerfGE 63, 117 (118 f.) und dazu *Schlaich/Korioth*, Das Bundesverfassungsgericht, 8. Aufl. 2010, Rn. 385.

[10] S. z.B. BVerfGE 86, 379; *Schlaich/Korioth*, Das Bundesverfassungsgericht, 8. Aufl. 2010, Rn. 431.

[11] Vgl. zum Beispiel BVerfGE 62, 169 (181 f.); 108, 52 (75 ff.).

[12] Grundlegend BVerfGE 2, 266 (282); BVerfGE 115, 1 (7 ff.); *Schlaich/Korioth*, Das Bundesverfassungsgericht, 8. Aufl. 2010, Rn. 440.

[13] BVerfGE 64, 229 (242); 69, 1 (55); 74, 297 (299, 345, 347); 88, 203 (331); vgl. auch *Schlaich/Korioth*, Das Bundesverfassungsgericht, 8. Aufl. 2010, Rn. 442.

Ausdruck kommende Prinzip im Zweifel eine verfassungskonforme Auslegung des Gesetzes verlangt.[14] Verfassungskonforme Auslegung ist also Auslegung durch Bejahung der Rechtsgültigkeit der Norm im Allgemeinen unter Ausschaltung der beanstandeten Auslegung im Besonderen.[15] Die Grenzen der verfassungskonformen Auslegung bilden zum einen der Wortlaut der Vorschrift sowie zum anderen die gesetzgeberischen Grundentscheidungen, Wertungen und die darin angelegten Zwecke der gesetzlichen Regelung. Denn diese dürfen aus Gründen der Gewaltenteilung (Art. 20 Abs. 2 Satz 2 GG) nicht vom Bundesverfassungsgericht angetastet werden.[16] Die verfassungskonforme Auslegung hat auch eine gewichtige verfassungsprozessuale Bedeutung: Jeder Richter, der erwägt, dem Bundesverfassungsgericht eine entscheidungserhebliche Norm gemäß Art. 100 Abs. 1 GG vorzulegen, muss vorrangig eine verfassungskonforme Auslegung der Norm versuchen, da er ansonsten nicht hinreichend seine Überzeugung von der Verfassungswidrigkeit der Norm darlegen kann. Unterlässt er den Versuch einer verfassungskonformen Auslegung, ist die Vorlage unzulässig.[17]

Von besonderem Interesse für die vorliegende Darstellung ist indessen die sogenannte Unvereinbarkeitserklärung: In diesem Fall erklärt das Bundesverfassungsgericht – abweichend von § 95 Abs. 3 S. 1 BVerfGG – eine verfassungswidrige Norm für mit der Verfassung unvereinbar, oftmals verbunden mit der Anordnung befristeter Fortgeltung der verfassungswidrigen Regelung.

2. *Insbesondere: Die sogenannte Unvereinbarkeitserklärung*

Diese Entscheidungsvariante bildet den Gegenstand zahlreicher eingehender Untersuchungen.[18] Unter Verzicht auf Ausführungen zur dogmatischen Begründung und zur verfassungs- beziehungsweise verfassungsprozessrechtlichen Zulässigkeit, soll es für den vorliegenden Beitrag genügen, die Entwicklung in der Rechtsprechung des Bundesverfassungsgerichts grob zu skizzieren.

Die Unvereinbarkeitserklärung wurde als Abweichung vom Regelfall der Nichtigerklärung insbesondere im Zusammenhang mit dem allgemeinen

[14] BVerfGE 2, 266 (282); ständige Rechtsprechung; vgl. auch *Schlaich/Korioth*, Das Bundesverfassungsgericht, 8. Aufl. 2010, Rn. 443.

[15] BVerfGE 65, 132 (139); 69, 315 (352).

[16] Siehe *Schlaich/Korioth*, Das Bundesverfassungsgericht, 8. Aufl. 2010, Rn. 449 mit weiteren Nachweisen der BVerfG-Rechtsprechung.

[17] Vgl. zum Beispiel BVerfGE 85, 329 (333); 96, 315 (324 f.); BVerfG, Beschluss der 2. Kammer des Zweiten Senats vom 16. Dezember 2010 – 2 BvL 16/09 –, FamRZ 2011, S. 453.

[18] Insoweit wird auf die Nachweise im Literaturverzeichnis verwiesen, das diesem Beitrag vorangestellt ist.

Gleichheitssatz des Art. 3 Abs. 1 GG entwickelt. Sie betrifft daher im Wesentlichen solche Fälle, in denen Gesetze gegen Art. 3 Abs. 1 GG verstoßen,[19] und ist in der nunmehr ständigen Rechtsprechung des Bundesverfassungsgerichts die regelmäßige Folge bei Verletzungen des Gleichheitssatzes.[20]

Betroffen sind im Wesentlichen folgende Fallgruppen:

a) Die bloße Unvereinbarerklärung, verbunden mit der Anordnung befristeter Fortgeltung der verfassungswidrigen Regelung, kommt nach der Rechtsprechung des Bundesverfassungsgerichts statt der gesetzlich vorgesehenen Nichtigkeit als Rechtsfolge zum einen dann in Betracht, wenn es aus verfassungsrechtlichen Gründen unabdingbar ist, eine verfassungswidrige Vorschrift für eine Übergangszeit fortbestehen zu lassen, damit in dieser Zeit nicht ein Zustand besteht, der von der verfassungsmäßigen Ordnung noch weiter entfernt ist als der bisherige.[21] Neben den Grundrechten[22] wird vor allem das Rechtsstaatsprinzip in der Ausprägung des Prinzips der Rechtssicherheit[23] als ein Rechtsgut anerkannt, zu dessen Schutz die befristete Weitergeltung einer nicht verfassungskonformen Regelung gerechtfertigt und geboten sein kann. Dieses ist dann betroffen, wenn mit der Nichtigerklärung der angegriffenen Regelung ein rechtliches Vakuum aufträte und sowohl bei den Behörden als auch bei den Rechtsunterworfenen Unsicherheit über die Rechtslage entstünde.[24] Die Feststellung der Unvereinbarkeit einer Rechtslage mit dem Grundgesetz darf auch nicht dazu führen, dass der Verwaltung zeitweilig die Erfüllung verfassungsrechtlicher Pflichtaufgaben mangels hinreichender gesetzlicher Grundlage unmöglich gemacht wird[25]; dies gilt auch für die tatsächliche Wahrnehmung der ihr übertragenen Aufgaben.[26]

Diese Erwägungen haben indessen in den Entscheidungen zum Steuerrecht keine entscheidende Rolle gespielt.

b) Ein weiterer Ausgangspunkt für die Unvereinbarkeitserklärung waren die Fallkonstellationen des gleichheitswidrigen Begünstigungsausschlusses. Es handelt sich dabei unter anderem um Sachverhalte, in denen eine Gruppe von Normadressaten von einer steuerlichen Begünstigung ausgeschlossen wird und hierin eine verfassungsrechtlich ungerechtfertigte Diskriminierung liegt.[27] Für die anzuordnende Rechtsfolge ist hier von entscheidender Bedeutung, dass der Gesetzgeber verschiedene Möglichkeiten hat, den ver-

[19] Aber nicht ausschließlich: siehe z.B. BVerfGE 119, 331 (382 ff.).
[20] Vgl. BVerfGE 99, 280 (298); 105, 73 (133); 117, 1 (69); 122, 210 (245).
[21] Vgl. BVerfGE 33, 303 (347); 61, 319 (356); 92, 53 (73); 111, 191 (224); 119, 331.
[22] Vgl. BVerfGE 83, 130 (154); 92, 158 (186).
[23] Vgl. BVerfGE 37, 217 (261); 73, 40 (101 f.)
[24] Vgl. BVerfGE 37, 217 (261); 73, 40 (102); 92, 53 (74); 119, 331.
[25] Vgl. BVerfGE 83, 130 (152 ff.); auch 51, 268 (290 f.)
[26] BVerfGE 119, 331 (383).
[27] Siehe zum Beispiel BVerfGE 19, 101 (114 ff.) ; 21, 160 (169); 22, 349 (361 ff.).

fassungswidrigen Zustand zu beseitigen. Das Prinzip der Gewaltenteilung (Art. 20 Abs. 2 Satz 2 GG) und die Gestaltungsfreiheit des Gesetzgebers haben das Bundesverfassungsgericht veranlasst, in diesen Fällen die Unvereinbarkeit der betreffenden Norm anzuordnen. Denn die Nichtigerklärung der begünstigenden Norm würde in den Fällen des gleichheitswidrigen Begünstigungsausschlusses dazu führen, dass nicht nur die benachteiligte Gruppe von der Begünstigung ausgeschlossen wäre, sondern auch die bislang begünstigte Gruppe. Ob aber die Herstellung eines verfassungsmäßigen Zustandes durch Beseitigung der Begünstigungsnorm oder auf andere Weise erreicht werden soll – etwa durch den Erlass eines neuen Gesetzes –, ist Sache des Gesetzgebers. Die zuletzt genannte Erwägung kommt abgesehen von Gleichheitsverstößen auch dann zum Tragen, wenn eine verfassungswidrige Belastung durch den Erlass einer weiteren Regelung kompensiert werden kann.[28] Eine Ausnahme gilt nur dann, wenn nicht ersichtlich ist, dass der Gesetzgeber zur Beseitigung des Verfassungsverstoßes mehrere Handlungsmöglichkeiten hätte, so dass nach den Umständen des Einzelfalls letztlich nur eine Möglichkeit besteht, einen verfassungsmäßigen Zustand herzustellen.[29]

c) Verbunden wird die Unvereinbarkeitserklärung oftmals mit der Anordnung, dass der Gesetzgeber binnen einer bestimmten Frist eine verfassungsmäßige Rechtslage schaffen muss. Bis zu dieser Frist gilt die verfassungswidrige, gleichwohl aber nicht unwirksame – weil nicht für nichtig erklärte – Norm weiter. Dabei darf die – auf § 35 BVerfGG beruhende – Anordnung der Weitergeltung eines mit der Verfassung unvereinbaren (aber nicht nichtigen) Gesetzes die Freiheitsrechte Betroffener nicht ausblenden und muss gegebenenfalls vor diesen Freiheitsrechten besonders gerechtfertigt werden.[30]

3. *Bedeutung der Rechtsfolgenanordnung für die Umsetzung beziehungsweise Vollstreckung der Entscheidungen*

Nach tradiertem, aber nicht mehr unumstrittenen Verständnis[31], das auch der Regelung in § 95 Abs. 3 Satz 1 BVerfGG zugrunde liegt, ist eine verfassungswidrige Norm nichtig, das heißt von Anfang an unwirksam. Die Feststellung der Nichtigkeit des betreffenden Gesetzes wirkt daher zurück auf

[28] Vgl. BVerfGE 77, 308; *M. Graßhoff*, in: Umbach/Clemens/Dollinger, BVerfGG, 2. Aufl. 2005, § 78, Rn. 58.

[29] Vgl. BVerfGE 81, 156 (200); hierzu kritisch: *Schlaich/Korioth*, Das Bundesverfassungsgericht, 8. Aufl. 2010, Rn. 401.

[30] *Bethge*, in: Maunz/Schmidt-Bleibtreu/Klein/Bethge, BVerfGG, 29. Auflage 2009, § 35, Rn. 15a.

[31] Vgl. *Blüggel*, Unvereinbarkeitserklärung statt Normkassation durch das Bundesverfassungsgericht, 1998, S. 137 f.; *Schlaich/Korioth*, Das Bundesverfassungsgericht, 8. Aufl. 2010, Rn. 379; *Kreutzberger*, Die gesetzlich nicht geregelten Entscheidungsvarianten des Bundesverfassungsgerichts, 2007, S. 34 ff. mit weiteren Nachweisen.

den Zeitpunkt des Inkrafttretens des Gesetzes. Es ist in diesem Fall kein Umsetzungs- oder Vollzugsakt erforderlich, sondern die Entscheidung wirkt ipso iure.

Deshalb bedarf es der Regelung des § 79 BVerfGG. Ohne diese Norm müssten im Fall der Verfassungswidrigkeit und der damit einhergehenden Nichtigkeit eines Gesetzes, rückwirkend bis zum Zeitpunkt des Inkrafttretens auch alle hoheitlichen Maßnahmen, die auf dem Gesetz beruhen, beseitigt werden. Demgegenüber trifft § 79 BVerfGG die Entscheidung im Konflikt zwischen Rechtssicherheit und materieller Gerechtigkeit im Regelfall zu Gunsten der verfassungswidrigen, aber rechtssicheren Lage und zulasten der Gerechtigkeit im Einzelfall.[32]

Anders verhält es sich im Fall der Anordnung einer begrenzten Weitergeltung des mit dem Grundgesetz für unvereinbar erklärten Gesetzes. Aus Gründen der Gewaltenteilung (Art. 20 Abs. 2 Satz 2 GG) kann nur der Gesetzgeber einen verfassungsmäßigen Zustand schaffen, indem er ein verfassungskonformes Gesetz erlässt, das an die Stelle des für mit der Verfassung für unvereinbar erklärten Gesetzes tritt. Damit der Gesetzgeber der Anordnung des Bundesverfassungsgerichts nachkommt, bestimmt das Bundesverfassungsgericht im Regelfall detailliert, bis zu welchem Zeitpunkt der Gesetzgeber eine Neuregelung zu treffen hat und wie lange das mit der Verfassung unvereinbare Gesetz weitergilt. So hat das Bundesverfassungsgericht beispielsweise in seiner Entscheidung zur Vermögensteuer angeordnet, dass der Gesetzgeber verpflichtet ist, eine Neuregelung spätestens bis zum 31. Dezember 1996 zu treffen, und dass längstens bis zu diesem Zeitpunkt das bisherige Recht weiterhin anwendbar ist.[33] Diese Neuregelung ist bislang nicht erfolgt, so dass seit dem 1. Januar 1997 die Vermögensteuer nicht mehr erhoben wird.

Darüber hinaus hat das Bundesverfassungsgericht Anordnungen für eine begrenzte einfachgesetzliche Übergangsregelung getroffen, indem es Folgendes ausgeführt hat: „Setzt die Neuregelung eine allgemeine Neubewertung von Besteuerungsgrundlagen voraus, so kann der Gesetzgeber für deren Dauer – längstens für fünf Jahre seit der Verkündung des Gesetzes – Übergangsregelungen treffen, die die vermögensteuerliche Belastung an die verfassungsrechtlichen Maßstäbe dieser Entscheidung annähern; dabei darf er eine teilweise Fortgeltung der bisherigen Vorschriften anordnen."[34]

Diese Anordnungen haben ihre Grundlage in § 35 BVerfGG, der die Vollstreckung der bundesverfassungsgerichtlichen Entscheidungen regelt.[35] Hier-

[32] BVerfGE 53, 115 (130).

[33] BVerfGE 93, 121 (122, 148 f.).

[34] BVerfGE 93, 121 (122).

[35] Vgl. die Beispiele bei *Roellecke*, in: Umbach/Clemens/Dollinger, BVerfGG, 2. Aufl. 2005, § 35, Rn. 10.

nach kann das Bundesverfassungsgericht in seiner Entscheidung bestimmen, wer sie vollstreckt; es kann auch im Einzelfall die Art und Weise der Vollstreckung regeln. Wenn also ein Gesetz für mit der Verfassung unvereinbar erklärt wird, so richtet sich die Anordnung wegen des Prinzips der Gewaltenteilung (Art. 20 Abs. 2 Satz 2 GG) an den Gesetzgeber. Denn nur dieser kann durch einen legislatorischen Akt einen verfassungsmäßigen Zustand herstellen. Wie in dem Beispiel der Vermögensteuer trifft das Bundesverfassungsrecht mitunter sehr detaillierte Anordnungen. Wegen der gesetzlich angeordneten Bindungswirkung der verfassungsgerichtlichen Entscheidungen hat sich bisher in der Praxis das Problem des Vollzugs kaum gestellt. § 31 Abs. 1 BVerfGG ordnet dazu an, dass die Entscheidungen des Bundesverfassungsgerichts die Verfassungsorgane des Bundes und der Länder sowie alle Gerichte und Behörden binden. Daher dürfen Gerichte und Verwaltungsbehörden eine für mit dem Grundgesetz für unvereinbar erklärte Norm im Umfang der festgestellten Unvereinbarkeit nicht mehr anwenden, laufende Verfahren sind auszusetzen.[36] Außerdem hat eine Entscheidung des Bundesverfassungsgerichts über eine Verfassungsbeschwerde, in der ein Gesetz als mit dem Grundgesetz unvereinbar oder nichtig erklärt wird, gemäß § 31 Abs. 2 Satz 2 BVerfGG Gesetzeskraft. Die Entscheidungsformel wird in diesen Fällen im Bundesgesetzblatt durch das Bundesjustizministerium veröffentlicht (§ 31 Abs. 2 Satz 3 BVerfGG). Die Entscheidung des Bundesverfassungsgerichts hat der Gesetzgeber zu beachten; er darf eine mit der Verfassung unvereinbare Rechtslage nicht fortbestehen lassen. Sollte der Gesetzgeber die Entscheidung des Bundesverfassungsgerichts nicht umsetzen, so ist es grundsätzlich nicht Aufgabe der Fachgerichte, für eine solche Umsetzung zu sorgen. Eine Vollstreckung seiner Entscheidungen im Sinne des § 35 BVerfGG ist dem Bundesverfassungsgericht vorbehalten.[37]

IV. Die Rechtsfolgenanordnungen in ausgewählten jüngeren Entscheidungen des Bundesverfassungsgerichts zum Steuerrecht

1. Erbschaftsteuer

Gegenstand der drei zur gemeinsamen Entscheidung verbundenen Verfassungsbeschwerdeverfahren war die Frage der Vereinbarkeit des § 19 Abs. 1 ErbStG mit Art. 3 Abs. 1 GG, die das Bundesverfassungsgericht verneinte. Diese Norm bestimmte einheitliche Steuersätze für alle Fälle des Erwerbs von Todes wegen oder durch Schenkung, jedoch lagen den verschiedenen

[36] Vgl. BVerfGE 73, 40 (101); 105, 73 (134); ständige Rechtsprechung.
[37] BVerfGE 99, 300 (313 f.).

Erwerbsfällen unterschiedliche Wertermittlungsvorschriften zugrunde. Nach Auffassung des Bundesverfassungsgerichts genügten die Vorschriften über die Ermittlung des Werts des steuerpflichtigen Erwerbs den Anforderungen des Gleichheitssatzes (Art. 3 Abs. 1 GG) nicht. Das Gericht stützte sich im Wesentlichen darauf, dass in wesentlichen Teilbereichen des Erbschaft- und Schenkungsteuerrechts die übertragenen Vermögenswerte nicht in Annäherung an den gemeinen Wert erfasst und zudem sowohl innerhalb einzelner als auch im Vergleich verschiedener Vermögensarten in ihrer Relation zueinander nicht realitätsgerecht in der steuerlichen Bemessungsgrundlage abgebildet würden. Die Entscheidung des Gesetzgebers, die durch den Erwerb erhöhte finanzielle Leistungsfähigkeit der Steuerpflichtigen zu belasten, sei daher nicht belastungsgleich und nicht folgerichtig umgesetzt.

Als Rechtsfolge der Verfassungswidrigkeit hat das Gericht nicht die Nichtigkeit des § 19 Abs. 1 ErbStG, sondern dessen Unvereinbarkeit mit Art. 3 Abs. 1 GG unter Berufung auf seine ständige Rechtsprechung festgestellt[38], weil dem Gesetzgeber mehrere Möglichkeiten zur Verfügung stünden, den verfassungswidrigen Zustand zu beseitigen. Zwar sei der Gesetzgeber, sofern er die derzeitige Belastungsgrundentscheidung beibehalte, verfassungsrechtlich gehalten, sich auf der Bewertungsebene einheitlich am gemeinen Wert als dem maßgeblichen Bewertungsziel zu orientieren. In der Wahl der Wertermittlungsmethoden für die einzelnen Arten von Vermögensgegenständen sei er jedoch grundsätzlich frei; es müsse lediglich gewährleistet sein, dass alle Vermögensgegenstände in einem Annäherungswert an den gemeinen Wert erfasst werden.

Weiterhin sei es dem Gesetzgeber unbenommen, bei Vorliegen ausreichender Gemeinwohlgründe in einem zweiten Schritt der Bemessungsgrundlagenermittlung mittels Verschonungsregelungen den Erwerb bestimmter Vermögensgegenstände – gegebenenfalls auch sehr weitgehend – zu begünstigen. Solche Normen müssten allerdings den allgemein für Regelungen zur außerfiskalischen Lenkung oder Förderung geltenden verfassungsrechtlichen Anforderungen genügen. Insbesondere müssten die Lenkungszwecke von erkennbaren gesetzgeberischen Entscheidungen getragen, der Kreis der Begünstigten sachgerecht abgegrenzt und die Lenkungszwecke gleichheitsgerecht ausgestaltet sein. Erforderlich sei deshalb, dass die Begünstigungswirkungen ausreichend zielgenau und innerhalb des Begünstigtenkreises möglichst gleichmäßig eintreten. Schließlich könne der Gesetzgeber auch mittels Differenzierungen beim Steuersatz eine steuerliche Lenkung verfolgen, für die ebenfalls die verfassungsrechtlichen Vorgaben an außerfiskalische Lenkungs- und Förderungsnormen gelten.

[38] BVerfGE 114, 1 (70).

Der Gesetzgeber wurde verpflichtet, eine Neuregelung spätestens bis zum 31. Dezember 2008 zu treffen. Dieser Verpflichtung ist der Gesetzgeber mittlerweile nachgekommen.[39]

2. *Pendlerpauschale*

In diesem Verfahren entschied das Bundesverfassungsgericht über vier zur gemeinsamen Entscheidung verbundenen Normenkontrollverfahren des Bundesfinanzhofs[40] sowie des Niedersächsischen Finanzgerichts[41] und des Finanzgerichts des Saarlandes.[42] Diese betrafen die Frage, ob § 9 Abs. 2 Satz 1 EStG in der seit 2007 geltenden Fassung[43], wonach die Aufwendungen des Arbeitnehmers für die Wege zwischen Wohnung und regelmäßiger Arbeitsstätte und für Familienheimfahrten keine Werbungskosten sind, mit dem Grundgesetz, insbesondere mit dem allgemeinen Gleichheitssatz des Art. 3 Abs. 1 GG, vereinbar ist.

Die Vorlagefrage ging darauf zurück, dass Aufwendungen eines Arbeitnehmers für die Wege zwischen Wohnung und Arbeitsstätte erstmals seit dem ersten Reichseinkommensteuergesetz – EStG – vom 29. März 1920[44] als Werbungskosten abgezogen werden (§ 13 Nr. 1 Buchst. d EStG) konnten. Dies galt im Grundsatz bis zum Veranlagungszeitraum 2006. Nach der bis zum 31. Dezember 2006 geltenden Rechtslage konnten die Fahrtaufwendungen gemäß § 9 Abs. 1 Satz 3 Nr. 4 EStG a.F. unter den dort genannten Voraussetzungen als Werbungskosten bei den Einkünften aus nichtselbständiger Arbeit (§ 2 Abs. 1 Nr. 4, § 19 Abs. 1 EStG) abgezogen werden und minderten somit den Überschuss der Einnahmen (§ 8 EStG) über die Werbungskosten (§§ 9, 9a EStG; § 2 Abs. 2 Nr. 2 EStG). Abgesehen von den Fällen, in denen die Werbungskosten den Arbeitnehmer-Pauschbetrag nach § 9a Satz 1 Nr. 1 Buchst. a EStG nicht überstiegen, wirkten sich Fahrtaufwendungen danach steuermindernd aus. Eine entsprechende Regelung bestand in § 4 Abs. 5 Nr. 6 EStG für Steuerpflichtige, die Gewinneinkünfte im Sinne von § 2 Abs. 1 Nr. 1 bis 3, Abs. 2 Nr. 1 EStG erzielten.

[39] Der Gesetzgeber hat seine Verpflichtung durch den Erlass des Gesetzes zur Reform des Erbschaftsteuer- und Bewertungsrechts (Erbschaftsteuerreformgesetz – ErbStRG) vom 24. Dezember 2008, BGBl I S. 3018, erfüllt. Dabei wurde die rückwirkende Anwendung der Neuregelungen auf Antrag des Steuerpflichtigen ermöglicht (Art. 3 des ErbStRG).

[40] BFH, Beschluss vom 10. Januar 2008 – VI R 17/07 –, BStBl II 2008, S. 234; BFH Beschluss vom 10. Januar 2008 – VI R 27/07 –, BFH/NV 2008, S. 377.

[41] Niedersächsisches Finanzgericht, Beschluss vom 27. Februar 2007 – 8 K 549/06 –, EFG 2007, S. 690.

[42] FG des Saarlandes, Beschluss vom 22. März 2007 – 2 K 2442/06 –, EFG 2007, S. 853.

[43] § 9 Abs. 2 Satz 1 und Satz 2 EStG i.d.F. des Steueränderungsgesetzes 2007 vom 19. Juli 2006 (BGBl I S. 1652, BStBl I S. 432).

[44] RGBl 1920, S. 359.

Mit der ab dem 1. Januar 2007 geltenden Vorschrift des § 9 Abs. 2 Satz 1 EStG hatte der Gesetzgeber angeordnet, dass Aufwendungen eines Arbeitnehmers für Fahrten zwischen Wohnung und Arbeitsstätte keine Werbungskosten sind. Dagegen konnten nach § 9 Abs. 2 Satz 2 EStG in der Fassung des Steueränderungsgesetzes 2007 Aufwendungen, die für Wege zwischen Wohnung und regelmäßiger Arbeitsstätte ab dem 21. Entfernungskilometer entstehen, wie Werbungskosten abgezogen werden, jedoch, soweit der Arbeitnehmer keinen Kraftwagen benutzt, wie auch zuvor nur bis zu einer Höhe von 4.500 Euro im Kalenderjahr. Eine entsprechende Regelung enthält § 4 Abs. 5a EStG für den Bereich der Gewinneinkünfte im Sinne von § 2 Abs. 2 Nr. 1 EStG.

Das Bundesverfassungsgericht entschied, dass die genannte Vorschrift mit Art. 3 Abs. 1 GG unvereinbar ist, und ordnete an, dass bis zu einer gesetzlichen Neuregelung § 9 Abs. 2 Satz 2 EStG im Wege vorläufiger Steuerfestsetzung (§ 165 Abs. 1 AO) sowie entsprechend im Lohnsteuerverfahren, hinsichtlich der Einkommensteuervorauszahlungen und in sonstigen Verfahren, in denen das zu versteuernde Einkommen zu bestimmen ist, mit der Maßgabe anzuwenden ist, dass die tatbestandliche Beschränkung auf „erhöhte" Aufwendungen „ab dem 21. Entfernungskilometer" entfällt.

Mit dem Wachstumsbeschleunigungsgesetz vom 22. Dezember 2009[45] hat der Gesetzgeber das Urteil des Bundesverfassungsgerichts umgesetzt und die bis zum 31. Dezember 2006 geltende Fassung des § 9 Abs. 1 Satz 3 Nr. 4 sowie Abs. 2 EStG wiederhergestellt. Seitdem sind die Aufwendungen des Arbeitnehmers für Fahrten zwischen Wohnung und Arbeitsstätte wieder mit einem pauschalen Betrag je Entfernungskilometer als Werbungskosten absetzbar.

3. *Häusliches Arbeitszimmer*

Der Entscheidung des Bundesverfassungsgerichts erging in einem Verfahren der konkreten Normenkontrolle (Art. 100 Abs. 1 GG), das auf einer Vorlage des Finanzgerichts Münster[46] beruhte. Betroffen war die Frage, ob die Einschränkung der steuerlichen Berücksichtigung von Aufwendungen für ein häusliches Arbeitszimmer als Werbungskosten beziehungsweise Betriebsausgaben infolge der Änderung des § 4 Abs. 5 Satz 1 Nr. 6b Satz 2 EStG durch das Steueränderungsgesetz 2007 vom 19. Juli 2006[47] insoweit mit dem Grundgesetz, insbesondere mit dem allgemeinen Gleichheitssatz des Art. 3 Abs. 1 GG, unvereinbar ist, als der Abzug von Aufwendungen für ein häusliches Arbeitszimmer auch dann nicht möglich ist, wenn für die betriebliche oder berufliche Tätigkeit kein anderer Arbeitsplatz zur Verfügung steht.

[45] BGBl I 2009, S. 3950.
[46] FG Münster, Beschluss vom 8. Mai 2009 – 1 K 2872/08 E –, EFG 2009, S. 1224.
[47] BGBl I 2006, S. 1652.

Diese Frage hat das Bundesverfassungsgericht bejaht: Es entschied, dass § 4 Abs. 5 Satz 1 Nr. 6b EStG in der seit Inkrafttreten des Steueränderungsgesetzes 2007 vom 19. Juli 2006 geltenden Fassung mit Art. 3 Abs. 1 GG unvereinbar ist, soweit das Abzugsverbot Aufwendungen für ein häusliches Arbeitszimmer auch dann umfasst, wenn für die betriebliche oder berufliche Tätigkeit kein anderer Arbeitsplatz zur Verfügung steht.

In dem Beschluss hat das Gericht den Gesetzgeber verpflichtet, den verfassungswidrigen Zustand rückwirkend auf den 1. Januar 2007, den Beginn des Anwendungszeitraums des Steueränderungsgesetzes 2007, durch Neufassung des § 4 EStG § 4 Abs. 5 Satz 1 Nr. 6b EStG zu beseitigen. Eine mögliche Ausnahme von dieser Regelfolge der Unvereinbarkeit, wie sie bei haushaltswirtschaftlich bedeutsamen Normen vom Bundesverfassungsgericht wiederholt bejaht worden ist[48], hielt das Gericht nicht für gegeben. Zur Begründung führte es aus, es handele sich um einen vergleichsweise kurzen Anwendungszeitraum der Neuregelung, deren Verfassungsmäßigkeit stets umstritten war und für den auch die Finanzverwaltung bereits auf Zweifel an der Verfassungsmäßigkeit mit einer vorläufigen Regelung reagiert habe.[49]

4. *Körperschaftsteuerrechtliches Anrechnungsverfahren*

Nach dem Beschluss des Bundesverfassungsgerichts sind die Übergangsregelungen in § 36 Abs. 3 und 4 KStG vom körperschaftsteuerrechtlichen Anrechnungsverfahren (§§ 27 ff. KStG a.F.) zum Halbeinkünfteverfahren (§ 3 Nr. 40 EStG)[50] mit Art. 3 Abs. 1 GG unvereinbar, soweit sie bei einzelnen Unternehmen umgliederungsbedingt zu einem Verlust von Körperschaftsteuerminderungspotential führen.

Die Unvereinbarkeitserklärung begründet das Bundesverfassungsgericht damit, dass dem Gesetzgeber andere Gestaltungsmöglichkeiten zur Verfügung stehen, die einen gleichheitsgerechten Erhalt des Körperschaftsteuerminderungspotentials bei der von ihm beabsichtigten Abwicklung des Anrechnungsverfahrens gewährleisten, wie es im Einzelnen erläutert.[51]

Die Feststellung der Unvereinbarkeit des § 36 Abs. 3 und Abs. 4 KStG mit dem Grundgesetz wirkt auf den Zeitpunkt seines Inkrafttretens zum 1. Januar

[48] BVerfGE 126, 268 (285) unter Hinweis auf BVerfGE 93, 121 (148); 105, 73 (134); 117, 1 (70).

[49] BVerfGE 126, 268 (285) unter Hinweis auf BMF-Schreiben vom 6. Oktober 2009 – IV A 3-S 0623/09/10001, 2009/0650100 –, BStBl I 2009, S. 1148 und BMF-Schreiben vom 15. Februar 2010 – IV A 3-S 0338/07/10010, 2009/0852910 –, BStBl I 2010, S. 74.

[50] Nur mehr Teileinkünfteverfahren (§ 3 Nr. 40 EStG in der seit dem 1. Januar 2009 geltenden Fassung; Unternehmensteuerreformgesetz 2008 vom 14. August 2008, BGBl I S. 1912).

[51] BVerfGE 125,1 (38) unter Hinweis auf die stRspr, z.B. BVerfGE 99, 280 (298); 104, 126 (149); 105, 73 (133); 117, 1 (69); 121, 317 (373); 122, 210 (244).

2001 zurück. Gründe dafür, ausnahmsweise von dieser Rechtsfolge abzusehen und die verfassungswidrige Norm gleichwohl für anwendbar zu erklären[52], lagen nach Auffassung des Senats nicht vor.

5. *Ungleichbehandlung von Ehe und eingetragener Lebenspartnerschaft im Erbschaftsteuer- und Schenkungsteuergesetz*

In dieser Entscheidung hat das Bundesverfassungsgericht ausgesprochen, dass die §§ 16 Abs. 1, 17 und 15 Abs. 1 ErbStG in Verbindung mit § 19 ErbStG mit Art. 3 Abs. 1 GG unvereinbar seien, soweit deren Anwendung zu einer Benachteiligung der eingetragenen Lebenspartner gegenüber den Ehegatten im Erbschaftsteuer- und Schenkungsteuergesetz führte. Die Unvereinbarkeit wurde dabei allerdings zeitlich beschränkt auf die Zeit vom Inkrafttreten des Gesetzes zur Beendigung der Diskriminierung gleichgeschlechtlicher Gemeinschaften: Lebenspartnerschaften vom 16. Februar 2001[53] bis zum Inkrafttreten des Gesetzes zur Reform des Erbschaftsteuer- und Bewertungsrechts vom 24. Dezember 2008.[54] Die inhaltliche Beschränkung ergab sich aus der Anwendung beziehungsweise Nichtanwendung der Vorschriften auf eingetragene Lebenspartner.

Aufgrund der Anordnung des Bundesverfassungsgerichts hatte der Gesetzgeber bis zum 31. Dezember 2010 eine Neuregelung für die vom Erbschaftsteuer- und Schenkungsteuergesetz in der Fassung der Bekanntmachung vom 27. Februar 1997[55] betroffenen Altfälle zu treffen, die diese Gleichheitsverstöße in dem Zeitraum zwischen dem Inkrafttreten des Gesetzes zur Beendigung der Diskriminierung gleichgeschlechtlicher Gemeinschaften: Lebenspartnerschaften vom 16. Februar 2001[56] bis zum Inkrafttreten des Gesetzes zur Reform des Erbschaftsteuer- und Bewertungsrechts vom 24. Dezember 2008[57] beseitigt. Der Gesetzgeber ist dieser Anordnung durch den Erlass des Jahressteuergesetzes 2010 nachgekommen.[58]

Das Bundesverfassungsgericht sah keine Veranlassung, dem Gesetzgeber eine Übergangsfrist zur Nachbesserung des Erbschaftsteuer- und Schenkungsteuergesetzes nach Einführung der eingetragenen Lebenspartnerschaft einzuräumen und während dieses Zeitraums die Fortgeltung der verfassungswidrigen Rechtslage anzuordnen. Es verwies auf seine Rechtsprechung, wo-

[52] BVerfGE 125, 1 (38) unter Hinweis auf BVerfGE 93, 121 (148); 105, 73 (134); 117, 1 (70).
[53] BGBl I 2001, S. 266.
[54] BGBl I 2008, S. 3018.
[55] BGBl I 1997, S. 378.
[56] BGBl I 2001, S. 266.
[57] BGBl I 2008, S. 3018.
[58] Jahressteuergesetz 2010 vom 8. Dezember 2010, BGBl I 2010, S. 1768 (JStG 2010).

nach eine befristete Fortgeltungsanordnung aus Gesichtspunkten einer geordneten Finanz- und Haushaltsplanung sowie dann in Frage kommt, wenn die Verfassungsrechtslage bisher nicht hinreichend geklärt war und dem Gesetzgeber aus diesem Grund eine angemessene Frist zur Schaffung einer Neuregelung zu gewähren ist.[59] Eine Gefährdung der geordneten Finanz- und Haushaltsplanung durch die rückwirkende Besserstellung eingetragener Lebenspartner im Erbschaftsteuer- und Schenkungsteuerrecht zum August 2001 komme – so führt der Senat aus – angesichts der zu erwartenden geringen Zahl der hiervon betroffenen Fälle offensichtlich nicht in Betracht.[60]

V. Linien

Das Bundesverfassungsgericht folgt hinsichtlich der sich aus der Unvereinbarkeitserklärung ergebenden Folgen auch in den jüngeren Entscheidungen seiner etablierten Rechtsprechung[61]: Es entspricht der ständigen Rechtsprechung, dass die Unvereinbarkeitserklärung die regelmäßige Folge bei Verletzungen des Gleichheitssatzes darstellt.[62] Gerichte und Verwaltungsbehörden dürfen die Norm im Umfang der festgestellten Unvereinbarkeit nicht mehr anwenden, laufende Verfahren sind auszusetzen.[63] Die Unvereinbarkeitserklärung hat demnach grundsätzlich zur Folge, dass in Bezug auf die betroffenen Normen für die rechtsprechende und die vollziehende Gewalt ein Anwendungsverbot in dem sich aus dem Tenor ergebenden Umfang besteht.[64]

Bei der Entscheidung zur Erbschaftsteuer erschien es jedoch geboten, ausnahmsweise die weitere Anwendung des geltenden Erbschaftsteuerrechts bis zur gesetzlichen Neuregelung zuzulassen. Begründet wurde dies – wie bereits in früheren Entscheidungen – mit den Erfordernissen einer verlässlichen Finanz- und Haushaltsplanung und eines gleichmäßigen Verwaltungsvollzugs für Zeiträume einer weitgehend abgeschlossenen Veranlagung.[65] Die Weiteranwendung bis zur Neuregelung war nach Auffassung des Bundesverfassungsgerichts erforderlich, um für die Übergangszeit einen Zustand der Rechtsunsicherheit, der insbesondere die Regelung der lebzeitigen Vermögensnachfolge während dieser Zeit erschweren könnte, zu vermeiden.[66]

[59] Vgl. BVerfGE 120, 125 (167 f.) m.w.N.; BVerfGE 125, 175 (258 f.).
[60] BVerfGE 126, 400 (432).
[61] Siehe dazu die Ausführungen oben unter III.
[62] Vgl. BVerfGE 99, 280 (298); 105, 73 (133); 117, 1 (69); 122, 210 (245).
[63] Vgl. BVerfGE 73, 40 (101); 105, 73 (134); 107, 27 (58).
[64] BVerfGE 73, 40 (101); 99, 280 (298); 105, 73 (134); 107, 27 (58); 114, 1 (70); 117, 1 (70).
[65] BVerfGE 117, 1 (70) unter Hinweis auf BVerfGE 93, 121 (148).
[66] BVerfGE 117, 1 (70) unter Verweis auf BVerfGE 61, 319 (356); 92, 53 (74); 107, 133 (149).

In der Entscheidung zur Behandlung der Lebenspartnerschaft im Erbschaft- und Schenkungsteuerrecht[67] sah das Gericht demgegenüber keine Veranlassung für eine Weitergeltungsanordnung und begründete dies ausdrücklich. Eine befristete Fortgeltungsanordnung komme aus Gesichtspunkten einer geordneten Finanz- und Haushaltsplanung sowie dann in Frage, wenn die Verfassungsrechtslage bisher nicht hinreichend geklärt war und dem Gesetzgeber aus diesem Grund eine angemessene Frist zur Schaffung einer Neuregelung zu gewähren sei.[68] Eine Gefährdung der geordneten Finanz- und Haushaltsplanung komme angesichts der zu erwartenden geringen Zahl der betroffenen Fälle offensichtlich nicht in Betracht. Dies entsprach auch der Rechtsfolgenanordnung in der Entscheidung über das Arbeitszimmer. Begründet wurde die Ablehnung der befristeten Fortgeltung damit, dass die verfassungswidrige Norm erst kurze Zeit gegolten hatte und die Finanzverwaltung wegen der von Anfang an bestehenden verfassungsrechtlichen Zweifel die betroffenen Einkommensteuerbescheide gemäß § 165 Abs. 1 Satz 1 Nr. 3 AO[69] für vorläufig erklärt hatte.

Die Rechtsfolgenentscheidung im Urteil über die Pendlerpauschale[70] folgt ebenfalls den Linien der bisherigen ständigen Rechtsprechung: Da die zur Überprüfung gestellte Norm gegen den allgemeinen Gleichheitssatz des Art. 3 Abs. 1 GG verstieß, hat das Gericht deren Unvereinbarkeit mit der Verfassung erklärt. Die Unvereinbarkeitserklärung erfolgte rückwirkend auf den Zeitpunkt des Inkrafttretens der Norm. Dabei konnten die Folgen der insoweit verfassungswidrigen Besteuerung ohne Weiteres rückwirkend beseitigt werden, weil die Finanzverwaltung alle betroffenen Einkommensteuerbescheide gemäß § 165 Abs. 1 Satz 2 Nr. 3 AO vorläufig erlassen hatte[71], nachdem die beiden ersten Normenkontrollanträge beim Bundesverfassungsgericht anhängig geworden waren und der Bundesfinanzhof in einem Verfahren des einstweiligen Rechtsschutzes die Aussetzung der Vollziehung gewährt hatte.[72]

Die Unvereinbarkeitserklärung begründet die Verpflichtung des Gesetzgebers, eine der Verfassung entsprechende Rechtslage herzustellen, die sich im Grundsatz auf den gesamten von der Unvereinbarkeitserklärung betroffenen Zeitraum erstreckt und zumindest alle noch nicht rechtskräftigen Entscheidungen erfasst, die auf den für verfassungswidrig erklärten Regelungen beruhen. Das bedeutet, dass die Unvereinbarkeitserklärung grundsätzlich

[67] BVerfGE 126, 400 (431).

[68] BVerfGE 126, 400 (432) unter Hinweis auf BVerfGE 120, 125 (167 f.) m.w.N.; BVerfGE 125, 175 (258).

[69] Siehe hierzu z.B. *von Wedelstädt*, in: Bartone/von Wedelstädt, Korrektur von Steuerverwaltungsakten, 2006 Rn. 575 ff., insbesondere 605 ff.

[70] BVerfGE 122, 210 (245 ff.)

[71] Siehe BMF-Schreiben vom 8. Oktober 2007 – IV A 4-S 0338/07/0003, 2007/0412480 –, BStBl. I 2007, S. 723.

[72] BFH, Beschluss vom 23. August 2007 – VI B 42/07 –, BStBl. II 2007, S. 799.

rückwirkend erfolgt. Dies gilt nur dann nicht, wenn das Bundesverfassungsgericht ausdrücklich eine befristete Fortgeltung des für unvereinbar erklärten Gesetzes anordnet.

Damit wird im Ergebnis ein ähnlicher Effekt wie bei der Feststellung der Nichtigkeit – nämlich Unwirksamkeit der betroffenen Norm ex tunc – erreicht, gleichzeitig aber der Gestaltungsspielraum des Gesetzgebers respektiert. Gerade im Fall der Pendlerpauschale oder des körperschaftsteuerrechtlichen Anrechnungsverfahrens standen dem Gesetzgeber mehrere verfassungsrechtlich nicht zu beanstandende Lösungsmöglichkeiten im Raum.

Die rückwirkende Unvereinbarkeitserklärung führte deshalb im Fall der Pendlerpauschale sowie des Arbeitszimmers im Wesentlichen zum gleichen Effekt wie die Nichtigerklärung, weil die Finanzverwaltung alle betroffenen Einkommensteuerfestsetzungen vorläufig (§ 165 Abs. 1 Satz 1 Nr. 1 AO) erlassen hatte. Daher konnten die Steuerbescheide nach Ergehen des Bundesverfassungsgerichtsurteils ungeachtet des § 79 Abs. 2 Satz 1 BVerfGG rückwirkend gemäß § 165 Abs. 2 AO geändert werden. Denn soweit die Vorläufigkeit der betreffenden Steuerfestsetzung reicht, kann die materielle Bestandskraft der Steuerbescheide gemäß § 165 Abs. 2 AO, der durch die Vorschrift des § 171 Abs. 8 AO hinsichtlich der Festsetzungsverjährung flankiert wird, durchbrochen werden. Daher steht die Regelung des § 79 Abs. 2 Satz 1 BVerfGG einer Änderung von vorläufigen Steuerbescheiden nicht entgegen.

Zudem hat das Bundesverfassungsgericht dem Gesetzgeber im Fall der Pendlerpauschale aufgegeben, die vorher geltende Regelung des Einkommensteuergesetzes gemäß § 165 Abs. 1 AO anzuwenden. Damit hat das Gericht auf der Grundlage des § 35 BVerfGG eine Interimsregelung zur Durchsetzung seines Urteils getroffen, deren Einwirken in den Zuständigkeitsbereich des Gesetzgebers unbedenklich erscheint. Denn aufgrund der Anwendung des § 165 AO wurden dadurch keine faits accomplis geschaffen. Vielmehr hat das Gericht alle maßgeblichen Gesichtspunkte in einen angemessenen Ausgleich gebracht: die Wahrung der Gestaltungsfreiheit des Gesetzgebers zur Schaffung eines verfassungsmäßigen Zustands, die rückwirkende Beseitigung der verfassungswidrigen Norm und der darauf beruhenden Einkommensteuerfestsetzungen ohne Kollision mit § 79 Abs. 2 Satz 1 BVerfGG sowie eine vorläufige Regelung, welchen den grundrechtsberechtigten Bürger nicht belastet. Aus dem Zusammenwirken von Verfassungsprozessrecht und steuerlichem Verfahrensrecht folgt demnach die Möglichkeit, einen möglichst lückenlosen verfassungsmäßigen Zustand zu schaffen. Die Anordnung einer Interimsregelung ist durch § 35 BVerfGG gedeckt[73] und stellt sicher, dass auch im Fall der Untätigkeit oder nicht recht-

[73] Vgl. hierzu z.B. BVerfGE 300, 304 (331f.): Zahlung von Gehaltsbestandteilen an Beamte in bestimmter Höhe zur Abdeckung des Existenzminimums von Kindern.

zeitigen Tätigkeit des Gesetzgebers ein verfassungsmäßiger Zustand eintritt. Erfordert nämlich die Umsetzung eines verfassungsgerichtlichen Urteils ein Tätigwerden des Gesetzgebers und bleibt der Gesetzgeber gleichwohl untätig, so kann das Bundesverfassungsgericht eine eigene normvertretende Regelung treffen oder Rechtsprechungsdirektiven für die Fachgerichte oder Handlungsdirektiven für die Träger der öffentlichen Verwaltung erlassen.[74]

VI. Zusammenfassung

Die Unvereinbarkeitserklärung wird weiterhin entsprechend der ständigen Rechtsprechung des Bundesverfassungsgerichts[75] – trotz aller in der Literatur dagegen vorgebrachter Kritik[76] – die regelmäßige Rechtsfolge bei der Feststellung von Verletzungen des Gleichheitssatzes aus Art. 3 Abs. 1 GG sein. Diese Rechtsprechung ist nicht mehr nur auf die Fälle des gleichheitswidrigen Begünstigungsausschlusses beschränkt, sondern wird generell auf Verfahren im Steuerrecht angewandt, in denen eine Verletzung des Grundrechts aus Art. 3 Abs. 1 GG festgestellt wurde.

Gerade in den steuerrechtlichen Fällen erscheint es nicht ausgeschlossen, dass das Bundesverfassungsgericht die Unvereinbarkeitserklärung grundsätzlich rückwirkend aussprechen und die Unvereinbarkeit weniger für die Zukunft („pro futuro") anordnen wird. Gerade die Fälle der Pendlerpauschale und des Arbeitszimmers haben gezeigt, dass die finanzgerichtliche Rechtsprechung sensibler für verfassungsrechtliche Fragen geworden ist. Daher ist zu erwarten, dass verfassungsrechtliche Bedenken gegen steuerrechtliche Normen stärker artikuliert werden und ihren Niederschlag in der Rechtsprechung finden werden. Die Finanzverwaltung wird darauf reagieren müssen, indem sie die betroffenen Steuerfestsetzungen vorläufig gemäß § 165 Abs. 1 Satz 1 Nr. 3 AO vornehmen wird, nicht zuletzt, um eine Flut von Massenrechtsbehelfen zu vermeiden. Diese steuerverfahrensrechtliche Lage wird es erlauben, in den betroffenen Fällen ohne Weiteres rückwirkende verfassungsmäßige Zustände herzustellen. Die Rechtsfolgenentscheidung im Fall der Pendlerpauschale[77] – vorläufige Weitergeltung der gesetzlichen Regelung, die vor Inkrafttreten der beanstandeten Norm galt – kann dabei als „Gestaltungsmodell" dienen.

[74] BVerfGE 300, 304 (331 f.).

[75] Vgl. BVerfGE 99, 280 (298); 105, 73 (133); 117, 1 (69); 122, 210 (245); BVerfGE 126, 400 (432 f.).

[76] Siehe die Nachweise bei *Kreutzberger*, Die gesetzlich nicht geregelten Entscheidungsvarianten des Bundesverfassungsgerichts, 2007, S. 109 ff.

[77] BVerfGE 122, 210 (245 f.).

Verfassungsgerichtliche Kontrolldichte im Bilanzsteuerrecht

Franceska Werth

Leitentscheidungen des Bundesverfassungsgerichts

BVerfGE 122, 210 – Pendlerpauschale
BVerfGE 123, 111 – Jubiläumsrückstellung

Schrifttum

Anders, J., Problemfall Jubiläumsrückstellung, INF 1987, S. 463; *Kozikowski, Michael/ Schubert, Wolfgang J.*, Kommentierung zu § 249 HGB, in Beck'scher Bilanzkommentar, 7. Auflage 2009; *Hennrichs, Joachim* Maßgeblichkeitsgrundsatz oder eigenständige Prinzipien für die Steuerbilanz?, DStJG 24 (2001), S. 301 ff.; *Hey, Johanna*, Verbot und Auflösung von Rückstellungen für Jubiläumszuwendungen: Gerechtigkeit in der Zeit?, BB 2000, S. 1453 ff.; *dies.*, Geltung des Gebots der Folgerichtigkeit im Unternehmenssteuerrecht, DStR 2009, S. 2561; *Hommel, Michael* Kommentierung zu § 249 HGB, in: Baetge/ Kirsch/Thiele, Bd. 1 (September 2002); *Lambrecht, Claus* Kommentierung zu § 5 EStG, in: Kirchhof/Söhn/Mellinghoff, Bd. 6 (Mai 1993); *Loose, Matthias*, Kommentierung zu § 5 EStG, in Herrmann/Heuer/Raupach, EStG, Bd. 4 (Juli 2001); *Knobbe-Keuk, Brigitte*, Bilanz- und Unternehmenssteuerrecht, 9. Auflage 1993; *Mathiak, Walter*, Rechtsprechung zum Bilanzsteuerrecht, StuW 1987, S. 253 ff.; *Merkt, Hanno*, Kommentierung zu § 249 HGB, in Baumbach/Hopt, Handelsgesetzbuch, 33. Auflage, 2008; *Uelner, Adalbert*, Aktuelle Fragen der Steuergesetzgebung, StbJb 1987/88, S. 32 ff.; *Palm, Ulrich*, Finanzgerichtsbarkeit und Verfassungsgerichtsbarkeit, in: Umbach/Clemens/Dollinger, BVerfGG, Mitarbeiterkommentar, 2. Auflage 2005.

Inhalt

I. Einleitung

Nachdem die Finanzgerichtsbarkeit – nach anfänglichem Zögern[1] – die von der Rechtsprechung des Bundesverfassungsgerichts entwickelten Grundsätze der Anforderungen an die Verfassungsmäßigkeit der Einkommensbesteuerung rezipiert hat, besteht die Gefahr, dass deren Vorlagefreudigkeit aufgrund der jüngeren Entscheidung des Bundesverfassungsgerichts zur sogenannten „Jubiläumsrückstellung“[2] etwas gedämpft worden sein könnte. In dem folgenden Beitrag soll untersucht werden, ob die Kritik, dass die Entscheidung zur Jubiläumsrückstellung der Entscheidung zur sogenannten Entfernungspauschalen widerspricht und die verfassungsgerichtliche Kontrolle für den Bereich des Unternehmenssteuerrecht abschwächt[3], berechtigt ist.

II. Die Senatsrechtsprechung zur Ausformung des Gleichheitssatzes im Bereich des Einkommensteuerrechts

1. Leitlinien

Aus dem allgemeinen Gleichheitssatz ergeben sich je nach Regelungsgegenstand und Differenzierungsmerkmalen unterschiedliche Grenzen für den Gesetzgeber, die vom bloßen Willkürverbot bis zu einer strengeren Bin-

[1] *Palm*, in Umbach/Clemens/Dollinger, BVerfGG, Mitarbeiterkommentar, II/3 Rn. 7.
[2] BVerfGE 123, 111.
[3] So *Hey*, DStR 2009, S. 2561 ff.

dung an das Verhältnismäßigkeitserfordernis reichen[4]. Für die Anforderungen an Rechtfertigungsgründe für gesetzliche Differenzierungen kommt es wesentlich darauf an, in welchem Maß sich die Ungleichbehandlung von Personen oder Sachverhalten auf die Ausübung grundrechtlich geschützter Freiheiten auswirken kann[5]. Genauere Maßstäbe und Kriterien dafür, unter welchen Voraussetzungen der Gesetzgeber den Gleichheitssatz verletzt, lassen sich nicht abstrakt und allgemein, sondern nur in Bezug auf die jeweils betroffenen unterschiedlichen Sach- und Regelungsbereiche bestimmen[6].

2. *Bereichsspezifische Anwendung im Einkommensteuerrecht*

a) Besteuerung nach der Leistungsfähigkeit

Im Bereich des Steuerrechts hat der Gesetzgeber bei der Auswahl des Steuergegenstandes und bei der Bestimmung des Steuersatzes einen weitreichenden Entscheidungsspielraum[7]. Die grundsätzliche Freiheit des Gesetzgebers, diejenigen Sachverhalte zu bestimmen, an die das Gesetz dieselben Rechtsfolgen knüpft und die es so als rechtlich gleich qualifiziert, wird im Bereich des Einkommensteuerrechts vor allem durch zwei eng miteinander verbundene Leitlinien begrenzt: durch das Gebot der Ausrichtung der Steuerlast am Prinzip der finanziellen Leistungsfähigkeit und durch das Gebot der Folgerichtigkeit[8]. Danach muss im Interesse verfassungsrechtlich gebotener steuerlicher Lastengleichheit darauf abgezielt werden, Steuerpflichtige bei gleicher Leistungsfähigkeit auch gleich hoch zu besteuern (horizontale Steuergerechtigkeit), während (in vertikaler Richtung) die Besteuerung höherer Einkommen im Vergleich mit der Steuerbelastung niedriger Einkommen angemessen sein muss[9].

b) Folgerichtige Ausgestaltung des Ausgangstatbestands

Bei der Ausgestaltung des steuerrechtlichen Ausgangstatbestands muss die einmal getroffene Belastungsentscheidung folgerichtig im Sinne der Belastungsgleichheit umgesetzt werden. Ausnahmen von einer solchen folgerichtigen Umsetzung bedürfen eines besonderen sachlichen Grundes. Als besondere sachliche Gründe für Ausnahmen von einer folgerichtigen Umsetzung und Konkretisierung steuergesetzlicher Belastungsentscheidungen hat das Bundesverfassungsgericht in seiner bisherigen Rechtsprechung vor allem

[4] Vgl. BVerfGE 110, 274 (291); 112, 164 (174); 116, 164 (180); 122, 210 (230).
[5] Vgl. BVerfGE 112, 164 (174); 122, 210 (230).
[6] Vgl. BVerfGE 105, 73 (111); 107, 27 (45 f.); 112, 268 (279); 122, 210 (230).
[7] Vgl. BVerfGE 93, 121 (136); 107, 27 (47); 117, 1 (30); 122, 210 (230).
[8] Vgl. BVerfGE 105, 73 (125); 107, 27 (46 f.); 116, 164 (180); 117, 1 (30); 122, 210 (230 f.).
[9] Vgl. BVerfGE 82, 60 (89); 99, 246 (260), 107, 27 (46 f.); 116, 164 (180); 122, 210 (231).

außerfiskalische Förderungs- und Lenkungszwecke sowie Typisierungs- und Vereinfachungserfordernisse anerkannt, nicht jedoch den rein fiskalischen Zweck staatlicher Einnahmenerhöhung[10].

Danach ist bei der verfassungsrechtlichen Überprüfung einer Einkommensteuernorm zunächst herauszuarbeiten, von welchem einkommensteuerrechtlichen Grundprinzip der Gesetzgeber ausgeht und ob er von diesem unter Verstoß gegen das Gebot der Folgerichtigkeit singulär abweicht:

aa) Objektives und subjektives Nettoprinzip als einkommensteuerrechtliche Grundprinzipen

Als einkommensteuerliche Grundprinzipien hat das Bundesverfassungsgericht neben dem subjektiven das objektive Nettoprinzip erkannt, nach denen der Gesetzgeber die für die Lastengleichheit im Einkommensteuerrecht maßgebliche finanzielle Leistungsfähigkeit bemisst. Den Verfassungsrang des objektiven Nettoprinzips hat das Bundesverfassungsgericht dabei bislang offen gelassen[11].

bb) Konkretisierung des objektiven Nettoprinzips im Einkommensteuerrecht

Nach der Belastungsgrundentscheidung des Gesetzgebers unterliegt der Einkommensteuer grundsätzlich nur das Nettoeinkommen, nämlich der Saldo aus den Erwerbseinnahmen einerseits und den (betrieblichen/beruflichen) Erwerbsaufwendungen andererseits[12]. Deshalb sind Aufwendungen für die Erwerbstätigkeit gemäß §§ 4, 9 EStG grundsätzlich steuerlich abziehbar. Entscheidend für die Zuordnung von Aufwendungen zum betrieblichen beziehungsweise beruflichen Bereich, derentwegen diese Aufwendungen von den Einnahmen grundsätzlich abzuziehen sind, ist, ob eine betriebliche beziehungsweise berufliche Veranlassung besteht (vgl. § 4 Abs. 4, § 9 Abs. 1 Satz 1 EStG). Dagegen mindern Aufwendungen für die Lebensführung außerhalb des Rahmens von Sonderausgaben und außergewöhnlichen Belastungen gemäß § 12 Nr. 1 EStG nicht die einkommensteuerliche Bemessungsgrundlage; dies gilt gemäß § 12 Nr. 1 Satz 2 EStG auch für solche Lebensführungskosten, „die die wirtschaftliche oder gesellschaftliche Stellung des Steuerpflichtigen mit sich bringt, auch wenn sie zur Förderung des Berufs oder der Tätigkeit des Steuerpflichtigen erfolgen".

[10] Vgl. BVerfGE 99, 88 (95); 99, 280 (290); 105, 73 (126); 107, 27 (47); 116, 164 (180 f.); 117, 1 (31); 122, 210 (231).

[11] Vgl. BVerfGE 81, 228 (237); 107, 27 (48); 122, 210 (233 f.).

[12] Vgl. BVerfGE, 122, 210 (233 f.).

III. Anwendung der Maßstäbe auf die bilanzielle Gewinnermittlung

1. Die zur Überprüfung gestellte Regelung

Der BFH hat dem Bundesverfassungsgericht mit seinem Beschluss vom 10. November 1999 – X R 60/95 – die Frage zur verfassungsrechtlichen Überprüfung vorgelegt, ob die völlige Nichtanerkennung der Bildung von Jubiläumsrückstellungen für die Veranlagungszeiträume 1988 bis 1992 und die anteilige Auflösung der zuvor bereits gebildeten Rückstellungen über drei Jahre (1990, 1991, 1992) gemäß § 52 Abs. 6 EStG in der Fassung des Steuerreformgesetzes 1990 vom 25. Juli 1988[13] gegen Art. 3 Abs. 1 GG verstoßen.

2. Jubiläumsrückstellung als Regelungsgegenstand

Die Frage nach der Bilanzierung von Jubiläumsrückstellungen stellt sich dann, wenn ein Arbeitgeber seinen Arbeitnehmern rechtsverbindlich verspricht, ihnen bei Erreichen eines bestimmten Dienstalters Geld oder geldwerte Sachleistungen zuzuwenden. In der Praxis werden derartige Prämien häufig anlässlich „runder“ Dienstjubiläen, also z.B. beim zehn-, fünfzehn-, fünfundzwanzig oder vierzigjährigen Dienstjubiläum gezahlt. Scheidet der Arbeitnehmer vorzeitig durch Kündigung aus, so sieht die Zusage regelmäßig den Verlust auch des bereits anteilig „erworbenen“ Prämienanspruchs vor. Die Prämienzusage verfolgt damit typischerweise den Zweck, die in der Vergangenheit gezeigte Betriebstreue zusätzlich zu entlohnen und den Arbeitnehmer für die Zukunft an den Betrieb zu binden.

3. Rechtliche Grundlagen

a) Gewinnermittlung durch Betriebsvermögensvergleich

Die Gewinneinkünfte nach § 2 Abs. 2 Nr. 1 EStG (Einkünfte aus Land- und Forstwirtschaft, Gewerbebetrieb und selbständiger Arbeit) werden grundsätzlich durch periodischen Betriebsvermögensvergleich ermittelt. Danach haben bilanzierungspflichtige und freiwillig bilanzierende Unternehmer gemäß § 5 Abs. 1 EStG für den Schluss des Wirtschaftsjahres das Betriebsvermögen (§ 4 Abs. 1 S. 1 EStG) anzusetzen, das nach den handelsrechtlichen Grundsätzen ordnungsmäßiger Buchführung auszuweisen ist. Auf dieser grundsätzlichen Verweisung des EStG auf die handelsrechtliche Gewinnermittlung beruhte auch die steuerrechtliche (Nicht-)Anerkennung von Jubiläumsrückstellungen, die vor der vorgelegten gesetzlichen Neuregelung mangels speziellerer Bestimmungen nach den allgemein für Rückstellungen in der Handelsbilanz geltenden Grundsätzen zu beurteilen waren.

[13] BGBl I S. 1093.

b) Handelsrechtliche Bestimmung für die Rückstellungsbildung

Die für die Bildung von Jubiläumsrückstellungen einschlägige maßgebliche handelsrechtliche Bestimmung war zunächst abschließend in § 152 Abs. 7 S. 1 AktG (1965) und ist seit dem 1. Januar 1986 in § 249 HGB geregelt. Danach „sind Rückstellungen für ungewisse Verbindlichkeiten und für drohende Verluste aus schwebenden Geschäften zu bilden".

aa) Rückstellung als Ausprägung des Vorsichtsprinzips

Die Bildung von Rückstellungen ist Ausprägung des handelsrechtlichen Vorsichtsprinzips. Rückstellungen haben die Aufgabe, Aufwendungen, die erst in einer späteren Periode zu einer ihrer Höhe und ihrem genauen Fälligkeitstermin am Bilanzstichtag noch nicht fest stehenden Ausgabe führen, der Periode ihrer Verursachung zuzurechnen[14]. Der Ansatz einer Rückstellung in der Bilanz führt zu einem geringeren Gewinnausweis und damit auch zu einer Minderung der gewinnabhängigen Steuern und verschafft dem Steuerpflichtigen somit Zins- und Liquiditätsvorteile; denn es kommt ohne Mittelabfluss zu einem (zeitlich vorgezogenen) gewinn- und steuermindernden Aufwand (Buchverlust). Umgekehrt führt die Rückstellung auf Seiten des Steuerfiskus zu entsprechenden Zins- und Liquiditätsnachteilen, weil Steuerminderungen bereits ab dem Jahr der Prämienzusage und nicht erst im Jahr der Prämienzahlung eintreten. In diesem Zusammenhang wird deshalb davon gesprochen, dass Rückstellungen zumindest steuerstundende Wirkung entfalteten[15].

bb) Kritische Betrachtung

Rückstellungen gehören mit Abstand zu dem umstrittensten Gebiet der handels- und steuerrechtlichen Bilanzierung und stellen die „Spielwiese Nr. 1" der Handels- und Steuerbilanzpolitik dar. Grund hierfür ist der gesetzliche Tatbestand, der mit den Worten „ungewisse Verbindlichkeit" und „drohende Verluste" die Unsicherheit begrifflich zur Voraussetzung für die Bildung einer Rückstellung macht. Dabei setzt der Gesetzgeber den Begriff der Rückstellung voraus, eine gesetzliche Begriffsbestimmung fehlt. Die Rückstellungsbildung ist zudem mit der Unzulänglichkeit der Prognostizierung künftiger Ereignisse und Entwicklungen behaftet.

[14] *Kozikowski/Schubert*, in: Beck'scher Bilanzkommentar, 5. Aufl. 2007, § 249 HGB, Rn. 1; *Hommel*, in: Baetge/Kirsch/Thiele, § 249 HGB, Rn. 4; *Lambrecht*, in: Kirchhof/Söhn/Mellinghoff, EStG, Bd. 6, § 5 Rn. D 1 (Mai 1993); *Knobbe-Keuk*, Bilanz- und Unternehmenssteuerrecht, 9. Aufl. 1993, § 4 V 5. a), S 114 f.; *Merkt*, in: Baumbach/Hopt, Handelsgesetzbuch, 33. Auflage, 2008, § 249 Rn. 1; *Hennrichs*, DStJG 24 (2001), S. 301 (319).

[15] *Hey*, BB 2000, S. 1453, 1455; *Loose*, in: Herrmann/Heuer/Raupach, EStG, Bd. 4, § 5 Rn. 1833 (Juli 2001).

Die wenig präzise gesetzliche Fassung der Voraussetzungen für eine Rückstellungsbildung lässt einen erheblichen Konkretisierungsspielraum offen. Dies führte in der Vergangenheit zu einer umfangreichen Kasuistik der höchstrichterlichen Rechtsprechung. Dabei nahm der Bundesfinanzhof bei der Beantwortung der Frage, ab wann und unter welchen Voraussetzungen eine potentielle Inanspruchnahme als Belastung zu passivieren ist, eine wirtschaftliche Wertung des Einzelfalles im Lichte der rechtlichen Struktur des Tatbestandes vor. Die Anwendung der von der Rechtsprechung herausgearbeiteten allgemeinen Kriterien für die Bildung von Rückstellungen führt im Einzelfall zu großer Rechtsunsicherheit, wie sich insbesondere auch in der Rechtsprechung des Bundesfinanzhofs zur Zulässigkeit der Bildung von Jubiläumsrückstellungen zeigte.

4. *Wechselvolle Rechtsprechung des BFH zur Zulässigkeit von Jubiläumsrückstellungen*

Der zur Überprüfung gestellten Regelung vorausgegangen ist eine wechselvolle Rechtsprechung des BFH zur Zulässigkeit der Bildung von Jubiläumsrückstellungen, die dogmatisch keine sehr klare Linie erkennen lässt: Nachdem der BFH die Bildung einer Jubiläumsrückstellung in seinen Entscheidungen vom 19. Juli 1960 – I 160/59 U –[16] und vom 18. März 1965 – IV 116/64 U –[17] versagte, läutete er in seinem Urteil vom 7. Juli 1983 – IV R 47/80 –[18] eine gewisse dogmatische, praktisch jedoch noch nicht folgenreiche Wende ein. Letzteres geschah erst mit dem Urteil vom 5. Februar 1987 – IV R 81/84 –[19]. Danach musste für rechtsverbindlich zugesagte Jubiläumszuwendungen handelsrechtlich eine Rückstellung in dem Umfang gebildet werden, als diese anteilig der bereits vergangenen Betriebszugehörigkeit des Arbeitnehmers (als Gegenleistung) zuzurechnen sind. Diese handelsrechtliche Passivierungspflicht ist nach dem Grundsatz der Maßgeblichkeit handelsrechtlicher Grundsätze ordnungsmäßiger Buchführung für die steuerliche Gewinnermittlung gemäß § 5 Abs. 1 EStG auch in der Steuerbilanz zu beachten.

Auch wenn das Bundesverfassungsgericht an diese keinesfalls unhaltbare Interpretation (Konkretisierung) des einfachen Rechts gebunden ist, bleibt festzuhalten, dass die Begründung des BFH im Hinblick auf die Unbestimmtheit des Ausgangstatbestandes einfachrechtlich auch nicht zweifelsfrei[20], jedenfalls aber bei einem Vergleich mit der langjährigen vorangehen-

[16] BFH, Urteil vom 19.07.1960 – I 160/59 U –, BFHE 71, 264 = BStBl III 1960, 347.
[17] BFH, Urteil vom 18.03.1965 – IV 116/64 U –, BFHE 82, 119 = BStBl III 1965, 289.
[18] BFH, Urteil vom 07.07.1983 – IV R 47/80 –, BFHE 139, 154 = BStBl II 1983, 753.
[19] BFH, Urteil vom 05.02.1987 – IV R 81/84 –, BFHE 149, 55 = BStBl II 1987, 845.
[20] *Uelner*, StbJB 1987/1988, S. 33.

den Rechtsprechung als eine wesentliche Änderung der – richterrechtlich geprägten – Rechtslage zu bewerten ist.

5. Neuregelung als Reaktion des Gesetzgebers

Die Entscheidung des Bundesfinanzhofs vom 5. Februar 1987 ließ den Gesetzgeber Steuerausfälle von insgesamt mehreren Milliarden DM befürchten[21]. Die Höhe der erwarteten Steuerausfälle wurde dadurch bestimmt, dass Steuerpflichtige über den sogenannten Bilanzenzusammenhang in der Schlussbilanz des ersten Jahres, dessen Veranlagung nach der Änderung der Rechtsprechung des BFH noch geändert werden konnte, Rückstellungen für in der Vergangenheit erworbene Anwartschaften auf Zahlung einer Jubiläumsprämie „nachholen" konnten[22]. Als Reaktion[23] auf die geänderte Rechtsprechung des BFH hat der Gesetzgeber nach § 52 Abs. 6 EStG Jubiläumsrückstellungen steuerlich erst für Anwartschaften zugelassen, die nach dem 31. Dezember 1992 verdient wurden. Bis zu diesem Zeitpunkt verdiente Jubiläumsrückstellungen waren steuerlich über drei Jahre gewinnerhöhend aufzulösen, beginnend mit der Bilanz des nach dem 30. Dezember 1988 endenden Wirtschaftsjahres.

IV. Entscheidung des Bundesverfassungsgerichts

Nach der Entscheidung des Bundesverfassungsgerichts vom 19. Mai 2009[24] verstößt die zur Überprüfung gestellte Übergangsregelung des § 52 Abs. 6 Satz 1 und Satz 2 EStG a.F., die durch das zeitweise Rückstellungsverbot und Auflösungsgebot des § 52 Abs. 6 Satz 1 und Satz 2 EStG zu einer Einschränkung der in § 5 Abs. 1 EStG angeordnete Maßgeblichkeit handelsrechtlicher Grundsätze ordnungsmäßiger Buchführung für die steuerliche Gewinnermittlung (Maßgeblichkeitsgrundsatz) führt, nicht gegen den allgemeinen Gleichheitssatz des Art. 3 Abs. 1 GG.

[21] *Anders*, INF 1987, S. 463 (464); *Mathiak*, StuW 1987, S. 253 (256); Antwort des Parlamentarischen Staatssekretärs Dr. Häfele vom 16.06.1987, BTDrucks 11/503, S. 6; Gesetzentwurf der Fraktionen der CDU/CSU und FDP vom 19. April 1988 – Entwurf eines Steuerreformgesetzes 1990, BTDrucks 11/2157, S. 126; Protokoll der 25. Sitzung des Rechtsausschusses vom 08.06.1988, S. 25/15 ff.).

[22] BFH, Urteil vom 05.02.1987 – IV R 81/84 –, BFHE 149, 55 = BStBl II 1987, 845; BFH, Urteil vom 28.04.1998 – VIII R 46/96 –, BFHE 185, 492 = BStBl II 1998, 443; *Loose*, in: Herrmann/Heuer/Raupach, EStG, Bd. 4, § 5 Rn. 1832.

[23] Erster Bericht des Finanzausschusses (7. Ausschuss) vom 21. Juni 1988 zu dem Entwurf eines Steuerreformgesetzes 1990, BTDrucks 11/2536, S. 86.

[24] BVerfGE 123, 111.

1. *Beschränkung des Maßstabs auf das Willkürverbot*

Das Bundesverfassungsgericht beschränkt den Maßstab für die Überprüfung des Rückstellungsverbots, beziehungsweise -auflösungsgebots, das zu einer Einschränkung des Grundsatzes der Maßgeblichkeit der Handelsbilanz für die steuerliche Gewinnermittlung führt, auf das *Willkürverbot*. Dies folge jedenfalls bei Rückstellungen für ungewisse Verbindlichkeiten aus der grundsätzlichen steuergesetzlichen Disponibilität des einfachgesetzlichen Maßgeblichkeitsgrundsatzes und insbesondere aus der speziell handelsrechtlichen Zielsetzung des Vorsichtsprinzips.

a) Maßgeblichkeit der Handels- für die Steuerbilanz als entwicklungsoffene Leitlinie

Der *Dreh- und Angelpunkt* der Entscheidung des Bundesverfassungsgerichts liegt darin, dass es die Maßgeblichkeit der Handels- für die Steuerbilanz bei Rückstellungen nicht als eine einmal getroffene Belastungsgrundentscheidung des Gesetzgebers, sondern als eine entwicklungsoffene Leitlinie und ein inkonsistentes steuerliches Subsystem bewertet. Dies eröffnet es dem Gesetzgeber hinsichtlich der Durchbrechung des Maßgeblichkeitsgrundsatzes einen weiten Gestaltungsspielraum; denn dessen steuergesetzliche Geltungsbeschränkung lasse das Gebot, die Einkommensteuer an der finanziellen Leistungsfähigkeit auszurichten, unberührt und widerspreche auch nicht den Anforderungen an eine folgerichtige Ausgestaltung des Maßstabs der einkommensteuerrechtlichen Nettobesteuerung. Diese belastungsrelevanten Grundentscheidungen verhielten sich vielmehr gegenüber dem untergeordneten allgemeinem Grundsatz der Maßgeblichkeit der Grundsätze ordnungsmäßiger Buchführung und dem speziellen der Maßgeblichkeit des handelsrechtlichen Vorsichtsprinzips regelmäßig neutral.

b) Keine Berücksichtigung von Nebeneffekten steuerlicher Rückstellungen

Soweit es durch die Bildung von Rückstellungen aufgrund der Progression des Steuersatzes zu steuerlichen Nachteilen, bzw. durch den Stundungseffekt zu erhebliche Zins- und Liquiditätsvorteilen komme, handele es sich um Nebeneffekte, die unter dem Gesichtspunkt gleicher Steuerbelastung nach finanzieller Leistungsfähigkeit gerade mit Blick auch auf die Überschusseinkünfte ihrerseits einer Rechtfertigung bedürften. Diese sei vor allem in Zielen der Praktikabilität der Besteuerung zu suchen.

c) Keine Klärung dogmatischer Streitfragen des Bilanzsteuerrechts durch das BVerfG

Indirekt bemängelt das Bundesverfassungsgericht, dass der BFH – der selbst keine stringente Linie zur Zulässigkeit der Bildung einer Jubiläumsrückstellung verfolgt habe – die Lösung der dogmatischen Streitfrage der

Zulässigkeit der Bildung von Jubiläumsrückstellungen zur Überprüfung dem Bundesverfassungsgericht vorgelegt hat. Es weist klar darauf hin, dass soweit „überzeugende" dogmatische Strukturen durch eine systematisch konsequente und praktikable Tatbestandsausgestaltung entwickelt werden müssen, dies der Gesetzgebung und der Fachgerichtsbarkeit überlassen bleibe und nicht Aufgabe des Bundesverfassungsgerichts sei, die „Richtigkeit" von Lösungen komplexer dogmatischer Streitfragen, wie sie für manche Bereiche des Steuerbilanzrechts und jedenfalls für den Bereich der Rückstellungen typisch seien, zu kontrollieren und zu gewährleisten.

2. *Sachliche Rechtfertigung*

Die Regelung selbst sieht das Bundesverfassungsgericht – am Maßstab des Willkürverbots gemessen – als sachlich gerechtfertigt an. Für das Willkürverbot komme es nicht auf einen Mangel an dogmatisch „überzeugenden" oder systematisch „richtigen" Gründen an, sondern auf den offenkundigen Mangel an jeglicher Sachlichkeit des Grundes. Da der Gesetzgeber lediglich die jahrzehntelange, auf der älteren höchstrichterlichen Finanzrechtsprechung beruhende Verwaltungspraxis für weitere fünf Jahre fortgeführt habe, verbiete sich unabhängig davon, ob die neuere Rechtsprechung des Bundesfinanzhofs als ein deutlicher Gewinn an systematischer Klarheit und Konsistenz zu begrüßen sei, die Annahme, die Gründe jener älteren Rechtsprechung für die Unzulässigkeit von Jubiläumsrückstellungen seien willkürlich im verfassungsrechtlichen Sinn. Der Gesetzgeber habe nicht zuletzt auch zum Schutz fiskalischer Interessen und zur Herstellung einer strengen sachlichen Gleichbehandlung aller noch nicht erfüllten Jubiläumszusagen die alte Rechtspraxis durch ein befristetes Rückstellungsverbot und ein begleitendes Auflösungsgebot zunächst – bis zum Geltungsbeginn einer grundsätzlichen gesetzlichen Neugestaltung der Rechtslage – aufrechterhalten dürfen.

V. Zusammenfassung und Bewertung

Das Bundesverfassungsgericht hat in seiner Entscheidung deutlich gemacht, dass eine bilanzsteuerliche Regelung, die wie ein Rückstellungsverbot weder eine relevante Abweichung von der Besteuerung nach der finanziellen Leistungsfähigkeit noch eine Durchbrechung des objektiven Nettoprinzips bewirkt, da die Abzugsfähigkeit der erwerbsbedingten Aufwendungen lediglich auf einen späteren Zeitpunkt verschoben wird, nicht zu den verfassungsrechtlich erheblichen Einzelregelungen bei der Ausgestaltung von Steuertatbeständen gehört. Die verfassungsgerichtliche Kontrolldichte beschränkt sich insoweit auf eine Prüfung am Maßstab des Willkürverbots. Für das Willkürverbot kommt es nicht auf einen Mangel an dogmatisch „überzeugenden" oder systematisch „richtigen" Gründen an, sondern auf den offenkundigen Mangel an jeglicher Sachlichkeit des Grundes. Anders als bei einem Verstoß gegen die folgerichtige Umsetzung des objektiven Nettoprinzip reichen bei einem inkonsistenten, entwicklungsoffenen Subsystem, das wie die Regelungen zur Bildung von Rückstellungen im Ergebnis das objektive Nettoprinzip unberührt lässt, auch fiskalische Interessen und die Herstellung einer strengen sachlichen Gleichbehandlung aller Steuerpflichtiger für eine gesetzliche Regelung aus. Im Ergebnis liegt somit kein Widerspruch zur Pendlerpauschalen vor, da der Gesetzgeber mit dem Verbot der Bildung von Rückstellungen – anders als bei dem Abzugsverbot für erwerbsbedingter Aufwendungen – nach der Wertung des Bundesverfassungsgerichts nicht von einem strengen einkommensteuerrechtlichen Grundprinzip sondern von einem inkonsistenten Subsystem abgewichen ist.

II.

Allgemeine Grundrechtslehren

Grundrechtsberechtigung öffentlicher und gemischtwirtschaftlicher Unternehmen

Thomas Harks

Leitentscheidungen des Bundesverfassungsgerichts (Senat)

BVerfGE 45, 63 – Stadtwerke Hameln
BVerfGE 115, 205 – Deutsche Telekom
BVerfG, Urteil des Ersten Senats vom 22. Februar 2011 – 1 BvR 699/06 –, NJW 2011, S. 1201 ff. – Fraport

Wichtige Kammerentscheidungen

BVerfG, Beschluss der 3. Kammer des Ersten Senats vom 16. Mai 1989 – 1 BvR 705/08 –, NJW 1990, S. 1783 – HEW
BVerfG, Beschluss der 1. Kammer des Ersten Senats vom 18. Mai 2009 – 1 BvR 1731/05 –, NVwZ 2009, S. 1282 f. – Mainova

Schrifttum

v. Arnauld, Andreas Grundrechtsfragen im Bereich von Postwesen und Telekommunikation, DÖV 1998, S. 437 ff.; *Barden, Stefan* Grundrechtsfähigkeit gemischtwirtschaftlicher Unternehmen, 2002; *Berger, Ariane* Staatseigenschaft gemischtwirtschaftlicher Unternehmen, 2006; *Gersdorf, Hubertus* Öffentliche Unternehmen im Spannungsfeld zwischen Demokratie- und Wirtschaftlichkeitsprinzip, 2000; *Jarass, Hans D.* Die verfassungsrechtliche Stellung der Post- und TK-Unternehmen, MMR 2009, S. 223 ff.; *ders.* Die Grundrechtsberechtigung gemischtwirtschaftlicher Unternehmen, in: Dolde/Hansmann/Paetow/Schmidt-Aßmann (Hrsg.), Verfassung – Umwelt – Wirtschaft, Festschrift für Dieter Sellner, 2010, S. 69 ff.; *Koppensteiner, Hans-Georg* Zur Grundrechtsfähigkeit gemischt-wirtschaftlicher Unternehmungen, NJW 1990, S. 3105 ff.; *Lang, Markus* Die Grundrechtsberechtigung der Nachfolgeunternehmen im Eisenbahn-, Post- und Telekommunikationswesen, NJW 2004, S. 3601 ff.; *Merten, Detlef* Mischunternehmen als Grundrechtsträger, in: Bernat/Böhler/Weilinger (Hrsg.), Festschrift Heinz Krejci zum 60. Geburtstag – Zum Recht der Wirtschaft, Bd. 2, 2001, S. 2003 ff.; *Möstl, Markus* Grundrechtsbindung öffentlicher Wirtschaftstätigkeit, 1999; *Pieroth, Bodo* Die Grundrechtsberechtigung gemischt-wirtschaftlicher Unternehmen, NWVBl. 1992, S. 85 ff.; *Poschmann, Thomas* Grundrechtsschutz gemischt-wirtschaftlicher Unternehmen, 2000; *Schmidt-Aßmann, Eberhard* Der Grundrechtsschutz gemischt-wirtschaftlicher Unternehmen nach Art. 19 Abs. 3 GG, BB Beilage 34 zu Heft 27/1990; *Scholz, Rupert* Grundrechtsschutz gemischt-wirtschaftlicher Unternehmen, in: Pfister/Will (Hrsg.), Festschrift für Werner Lorenz zum siebzigsten Geburtstag, 1991, S. 213 ff.; *Selmer, Peter* § 53 – Zur Grundrechtsberechtigung von Mischunternehmen, in: Merten/Papier (Hrsg.), Handbuch der Grundrechte in Deutschland und Europa, Bd. 2,

2006, S. 1255 ff.; *Storr, Stefan* Der Staat als Unternehmer, 2001; *Tettinger, Peter J.* Grundrechtsschutz für öffentliche Unternehmen, in: Schwarze (Hrsg.), Wirtschaftsverfassungsrechtliche Garantien für Unternehmen im europäischen Binnenmarkt, 2001, S. 155 ff.; *Windthorst, Kay* Zur Grundrechtsfähigkeit der Deutschen Telekom AG, VerwArch 95 (2004), S. 377 ff.; *Wirth, Carsten Michael* Grundrechtsberechtigung und Grundrechtsverpflichtung öffentlicher und gemischt-wirtschaftlicher Unternehmen am Beispiel der Deutschen Post AG, 2000; *Zimmermann, Norbert* Der grundrechtliche Schutzanspruch juristischer Personen des öffentlichen Rechts – unter besonderer Berücksichtigung des Grundrechtsschutzes berufsständischer Einrichtungen, öffentlich-rechtlicher Stiftungen und gemischt-wirtschaftlicher Unternehmen, 1993

Inhalt

I. Einleitung

Die Grundrechtsberechtigung öffentlicher und gemischtwirtschaftlicher Unternehmen gehört wohl zu den am stärksten umstrittenen Themen im Bereich der allgemeinen Grundrechtslehren. Das liegt auch daran, dass die Senatsrechtsprechung des Bundesverfassungsgerichts viele Fragen noch nicht ausdrücklich beantwortet hat. Vor allem zur Grundrechtsberechtigung gemischtwirtschaftlicher Unternehmen sind ihr nur einzelne Mosaiksteine zu entnehmen. Lediglich Kammerentscheidungen, die im juristischen Schrifttum auf heftige Kritik gestoßen sind, enthalten grundsätzliche Aussagen zu diesem Thema. Der vorliegende Beitrag will versuchen, die bisherige Rechtsprechung nachzuzeichnen und zu systematisieren. Zu diesem Zweck soll zunächst die gefestigte Rechtsprechung allgemein zur Grundrechtsberechtigung juristischer Personen beschrieben werden (II.), bevor die auf dieser Grundlage aufbauenden Entscheidungen zu öffentlichen und gemischtwirtschaftlichen Unternehmen dargestellt werden (III. bis V.). Abschließend soll der Versuch unternommen werden, das oft nicht ganz eindeutige Verhältnis der verschiedenen Kriterien, auf die das Gericht bei der Prüfung der Grundrechtsberechtigung zurückgreift, ein wenig zu erhellen (VI).

II. Grundrechtsberechtigung juristischer Personen

Die für die Grundrechtsberechtigung juristischer Personen maßgebliche Vorschrift ist Art. 19 Abs. 3 GG. Danach gelten die Grundrechte auch für inländische juristische Personen, soweit sie ihrem Wesen nach auf diese anwendbar sind.[1] Diese Voraussetzung prüft das Bundesverfassungsgericht in zwei Richtungen:[2] Zum einen untersucht es, ob sich eine bestimmte juristische Person überhaupt auf materielle[3] Grundrechte berufen kann; zum anderen fragt es danach, ob ein bestimmtes einzelnes Grundrecht seinem Wesen nach auf juristische Personen anwendbar ist[4]. Nur um den zuerst genannten Prüfungspunkt soll es hier gehen.

1. *Ausgangspunkt: Personales Substrat*

In einer Reihe älterer Entscheidungen beider Senate[5], auf die die Kammerrechtsprechung auch in jüngster Zeit zurückgreift[6], hat das Bundesverfassungsgericht betont, dass Art. 19 Abs. 3 GG vor dem Hintergrund auszu-

[1] Zur Dogmengeschichte siehe *Stern*, Staatsrecht, Bd. 3/1, 1988, S. 1089 ff.

[2] Zu dieser Unterscheidung siehe *Huber*, in: v. Mangoldt/Klein/Starck, GG, Bd. 1, 6. Aufl. 2010, Art. 19 Rn. 208; *Remmert,* in: Maunz/Dürig, GG, Art. 19 Abs. 3 Rn. 28 (Mai 2009); *Jarass*, in: ders./Pieroth, GG, 11. Aufl. 2011, Art. 19 Rn. 16; siehe bspw. BVerfGE 21, 362 (368 f.).

[3] Eine Berufung auf die grundrechtsgleichen Rechte aus Art. 101 Abs. 1 Satz 2 und Art. 103 Abs. 1 GG billigt das Gericht auch juristischen Personen des öffentlichen Rechts zu, die sich nicht auf die materiellen Grundrechte berufen können, vgl. BVerfGE 61, 82 (104 f.); zum Willkürverbot als Prüfungsmaßstab siehe BVerfGE 23, 353 (372 f.); 26, 228 (244); 35, 263 (271 f.); 89, 132 (141); zum Ganzen siehe *Stern*, a.a.O. (Fn. 1), S. 1155 ff.

[4] Siehe bspw. BVerfGE 4, 1 (17); 13, 290 (297 f.); 42, 212 (219); 95, 220 (242); 106, 28 (42).

[5] BVerfGE 21, 362 (369); 61, 82 (101 f.); 68, 193 (205 f.); 75, 192 (195 f.).

[6] BVerfG, Beschluss der 1. Kammer des Ersten Senats vom 18. Mai 2009 – 1 BvR 1731/05 –, NVwZ 2009, S. 1282 f.; Beschluss der 2. Kammer des Ersten Senats vom 21. Dezember 2009 – 1 BvR 2738/08 –, NVwZ 2010, S. 373 (374); Beschluss der 2. Kammer des Ersten Senats vom 7. September 2010 – 1 BvR 2160/09, 1 BvR 851/10 –, WM 2010, S. 2044 (2045).

legen sei, dass das Wertsystem der Grundrechte von der Würde und Freiheit des einzelnen Menschen als natürlicher Person ausgehe. Die Grundrechte sollten in erster Linie die Freiheitssphäre des Einzelnen gegen Eingriffe der staatlichen Gewalt schützen und ihm insoweit zugleich die Voraussetzungen für eine freie aktive Mitwirkung und Mitgestaltung im Gemeinwesen sichern. Die Einbeziehung juristischer Personen in den Schutzbereich der Grundrechte sei deshalb nur dann gerechtfertigt, wenn ihre Bildung und Betätigung Ausdruck der freien Entfaltung der natürlichen Personen seien, besonders wenn der „Durchgriff" (beziehungsweise „Durchblick"[7]) auf die hinter der juristischen Person stehenden Menschen dies als sinnvoll oder erforderlich erscheinen lasse.

Dieser an *Dürig*[8] angelehnten Durchgriffs-Rechtsprechung, die nach einem „personalen Substrat" der juristischen Person fragt, ist im juristischen Schrifttum entgegengehalten worden, sie erwecke den Eindruck, dass sie – entgegen dem eindeutigen Wortlaut von Art. 19 Abs. 3 GG – nicht die juristische Person selbst, sondern die dahinter stehenden Menschen als die eigentlichen Grundrechtsträger ansehe.[9] Eine juristische Person sei aber nicht lediglich Treuhänderin oder Sachwalterin der hinter ihr stehenden natürlichen Personen.[10] Art. 19 Abs. 3 GG gehe gerade über deren Grundrechtsschutz hinaus; entscheidend sei nicht das personale Substrat, sondern die „grundrechtstypische Gefährdungslage".[11] Zudem wird eingewandt, die Durchgriffs-Rechtsprechung führe zu Argumentationsnöten, wenn es um die Begründung der Grundrechtsberechtigung großer Kapitalgesellschaften oder Stiftungen gehe, bei denen ein personales Substrat gar nicht oder nur in äußert sublimer Form vorhanden sei.[12] Trotz des zuletzt genannten Einwandes hat das Bundesverfassungsgericht allerdings auch große Aktiengesellschaften[13] und Stiftungen[14] als Grundrechtsträger anerkannt. Dies wird zwar

[7] So in BVerfGE 61, 82 (101).

[8] *Dürig*, BayVBl. 1959, S. 201 (202); *ders.*, in: Maunz/Dürig, GG, Art. 19 Abs. 3 Rn. 1 (Mai 1977) mit Modifikation gegenüber der Erstbearbeitung.

[9] *Stern*, a.a.O. (Fn. 1), S. 1088, 1116 ff.; *Dreier*, in: ders., GG, Bd. 1, 2. Aufl. 2004, Art. 19 III Rn. 32; *Schnapp*, in: Merten/Papier, Handbuch der Grundrechte in Deutschland und Europa, Bd. 2, 2006, § 52 Rn. 25; *Merten*, in: FS Krejci, Bd. 2, S. 2003 (2010 ff.); *Barden*, Grundrechtsfähigkeit gemischt-wirtschaftlicher Unternehmen, 2002, S. 30; vgl. auch *Krebs*, in: v. Münch/Kunig, GG, Bd. 1., 5. Aufl. 2000, Art. 19 Rn. 38; siehe dazu allerdings *Dürig*, in: Maunz/Dürig, a.a.O. (Fn. 8), Art. 19 Abs. 3 Rn. 3.

[10] *Stern*, a.a.O. (Fn. 1), S. 1117; *Dreier*, in: ders., a.a.O. (Fn. 9), Art. 19 III Rn. 32; *Schnapp*, in: Merten/Papier, a.a.O. (Fn. 9), § 52 Rn. 25; *Merten*, a.a.O. (Fn. 9), S. 2011; zum Sachwalter-Argument siehe *Dürig*, a.a.O. (Fn. 8), S. 202.

[11] Siehe dazu *Pieroth/Schlink*, Grundrechte, 26. Aufl. 2010, Rn. 168; *Dreier*, in: ders., a.a.O. (Fn. 9), Art. 19 III Rn. 30 ff.

[12] *Krebs*, in: v. Münch/Kunig, a.a.O. (Fn. 9), Art. 19 Rn. 38.

[13] BVerfGE 50, 290 (363 f.).

[14] BVerfGE 46, 73 (82 f.); 57, 220 (240); 70, 138 (160).

im Schrifttum teilweise als inkonsequent angesehen,[15] lässt sich aber wohl insoweit in die Durchgriffs-Rechtsprechung einfügen, als auch die von Privaten getragene Aktiengesellschaft und die private Stiftung des bürgerlichen Rechts vom Aktionär oder Stifter verwendet werden, um mit ihrer Hilfe individuelle Freiheit auszuüben,[16] auch wenn das personale Substrat etwa bei Schachtelbeteiligungen vielfach vermittelt wird.[17] Der Erste Senat hat die Verselbständigung großer Aktiengesellschaften gegenüber den hinter ihnen stehenden Personen in seiner neueren Rechtsprechung in anderem Zusammenhang thematisiert und damit zugleich der Sache nach seinen Durchgriffs-Ansatz bekräftigt: Bei der Bestimmung des Prüfungsmaßstabs wegen einer an Art. 3 Abs. 1 GG zu messenden Ungleichbehandlung von juristischen Personen (geht es um eine Ungleichbehandlung von Personengruppen oder von Sachverhalten?) berücksichtigt er, in welchem Maße die hinter den juristischen Personen stehenden natürlichen Personen von der Ungleichbehandlung betroffen sind.[18]

2. *Differenzierung nach Rechtsformen*

Unter Berufung auf den Durchgriffs-Gedanken differenziert das Bundesverfassungsgericht hinsichtlich der Grundrechtsberechtigung zunächst grundsätzlich zwischen juristischen Personen des privaten und solchen des öffentlichen Rechts:[19] Bei juristischen Personen des Privatrechts geht es davon aus, dass die Voraussetzungen der Grundrechtsberechtigung regelmäßig erfüllt sein werden.[20] Juristischen Personen des öffentlichen Rechts versagt es dagegen weitgehend die Berufung auf Grundrechte.

3. *Differenzierung nach Aufgaben und Funktionen*

Allerdings relativiert das Gericht diesen rechtsformorientierten Ansatz und ergänzt ihn um eine funktionale Betrachtungsweise.[21] Es betont, dass der Rechtsform „lediglich eine indizielle Bedeutung" zukomme, während „maß-

[15] *Dreier*, in: ders., a.a.O. (Fn. 9), Art. 19 III Rn. 32 Fn. 100; *Pieroth/Schlink*, a.a.O. (Fn. 11), Rn. 168 f.

[16] *Remmert*, in: Maunz/Dürig, a.a.O. (Fn. 2), Art. 19 Abs. 3 Rn. 38.

[17] *Huber*, in: v. Mangoldt/Klein/Starck, a.a.O. (Fn. 2), Art. 19 Rn. 222; krit. zur Grundrechtsberechtigung deshalb *Dürig*, in: Maunz/Dürig, a.a.O. (Fn. 8), Art. 19 Abs. 3 Rn. 6; siehe dazu auch *Storr*, Der Staat als Unternehmer, 2001, S. 206 ff. m.w.N.

[18] BVerfGE 95, 267 (317); 99, 367 (389); generell für eine entsprechende materielle Betrachtungsweise *Huber*, in: v. Mangoldt/Klein/Starck, a.a.O. (Fn. 2), Art. 19 Rn. 223 ff.

[19] BVerfGE 21, 362 (369).

[20] BVerfGE 39, 302 (312); 75, 192 (196).

[21] Siehe dazu auch *Poschmann*, Grundrechtsschutz gemischt-wirtschaftlicher Unternehmen, 2000, S. 37 ff.

gebend die Art der wahrzunehmenden Aufgaben und die Funktion, welche die juristische Person jeweils ausübt", seien.[22] Entsprechend wird der Ausschluss juristischer Personen des öffentlichen Rechts häufig mit der Einschränkung versehen, dies gelte „[j]edenfalls [...], soweit sie öffentliche Aufgaben wahrnehmen"[23] beziehungsweise „im Bereich der Wahrnehmung öffentlicher Aufgaben"[24]. Denn die Erfüllung öffentlicher Aufgaben durch juristische Personen des öffentlichen Rechts erfolge in aller Regel nicht in Wahrnehmung unabgeleiteter, ursprünglicher Freiheiten, sondern aufgrund von Kompetenzen, die vom positiven Recht zugeordnet und inhaltlich bemessen und begrenzt seien.[25] Dementsprechend wird teilweise auch darauf abgestellt, dass es um eine Betroffenheit bei der Wahrnehmung „gesetzlich zugewiesener und geregelter öffentlicher Aufgaben" gehe.[26]

Mitunter hat das Gericht das Aufgaben-Kriterium allerdings auch relativiert. In seiner *Sasbach*-Entscheidung im Jahr 1982 hat der Zweite Senat einer Gemeinde auch außerhalb des Bereichs der Wahrnehmung öffentlicher Aufgaben eine Berufung auf den Schutz des Art. 14 Abs. 1 Satz 1 GG versagt. Allerdings prüfte das Gericht dort nicht, ob die Gemeinde sich überhaupt auf materielle Grundrechte berufen konnte, sondern ob das Eigentumsgrundrecht seinem Wesen nach auf sie anwendbar war. Dies verneinte es mit dem Argument, dass es an einer grundrechtstypischen Gefährdungslage fehle.[27] In einer späteren Entscheidung – es ging um die Grundrechtsfähigkeit öffentlicher Sparkassen – operierte der Erste Senat zunächst mit dem Kriterium der Erfüllung einer öffentlichen Aufgabe und bejahte dieses,[28] um dann zu ergänzen, dass die Sparkassen auch dann nicht grundrechtsfähig wären, wenn wegen ihrer weitgehenden Angleichung an das private Bankgewerbe nicht mehr ihre öffentliche Aufgabe, sondern die privatwirtschaftliche Unternehmenstätigkeit bestimmend wäre; auch dann würde der Bezug zum Freiheitsraum natürlicher Personen fehlen[29].

[22] BVerfGE 68, 193 (212); vgl. auch BVerfGE 70, 1 (15).

[23] BVerfGE 75, 192 (196); vgl. auch BVerfGE 23, 353 (372); 26, 228 (244); 35, 263 (271); 39, 302 (312 f.); 45, 63 (78); 68, 193 (206); BVerfG, Beschluss der 3. Kammer des Zweiten Senats vom 9. Juni 2004 – 2 BvR 1248/03, 2 BvR 1249/03 –, NVwZ 2005, S. 572 (573); Beschluss der 2. Kammer des Ersten Senats vom 9. Januar 2007 – 1 BvR 1949/05 –, NVwZ 2007, S. 1420; Beschluss der 3. Kammer des Ersten Senats vom 11. Dezember 2008 – 1 BvR 1665/08 –, NVwZ-RR 2009, S. 361.

[24] BVerfGE 21, 362 (369); vgl. auch BVerfGE 68, 193 (208).

[25] BVerfGE 61, 82 (101); 68, 193 (206); 75, 192 (196). Hier fehle der „unmittelbare Bezug zum Menschen", vgl. dazu auch BVerfGE 21, 362 (370 f.).

[26] BVerfGE 68, 193 (208); 70, 1 (15).

[27] BVerfGE 61, 82 (105 ff.); zur Bedeutung des Kriteriums einer grundrechtstypischen Gefährdungslage in diesem Zusammenhang siehe *Huber,* in: v. Mangoldt/Klein/Starck, a.a.O. (Fn. 2), Art. 19 Rn. 208.

[28] BVerfGE 75, 192 (196 ff.)

[29] BVerfGE 75, 192 (200).

In anderen Fällen erlangt die von einer juristischen Person wahrgenommene Aufgabe aber durchaus entscheidende Bedeutung. So sieht das Gericht solche juristischen Personen des öffentlichen Rechts als grundrechtsfähig an, denen durch die Rechtsordnung Aufgaben zugewiesen sind, die unmittelbar einem grundrechtlich geschützten Lebensbereich zugeordnet sind oder ihm kraft ihrer Eigenart von vornherein zugehören.[30] Als solche sogenannte grundrechtsdienende juristische Personen des öffentlichen Rechts[31] hat es namentlich staatliche Universitäten und Fakultäten[32], Kirchen und andere mit dem Status einer Körperschaft des öffentlichen Rechts ausgestattete Religionsgesellschaften[33] sowie Rundfunkanstalten[34] anerkannt. Andererseits hat es in einzelnen Fällen auch juristischen Personen des Privatrechts die Grundrechtsfähigkeit mit der Begründung abgesprochen, sie nähmen gesetzlich zugewiesene öffentliche Aufgaben wahr.[35]

III. Öffentliche Unternehmen

Nach dem bisher Gesagten ist es folgerichtig, dass das Bundesverfassungsgericht öffentlichen Unternehmen, deren Eigenkapital ausschließlich bei der öffentlichen Hand liegt,[36] nicht schon aufgrund ihrer privatrechtsförmigen Organisation Grundrechte zubilligt. Bereits 1977 hatte der Erste Senat der *Stadtwerke Hameln AG*, deren alleiniger Aktionär die Stadt Hameln war, die Grundrechtsfähigkeit abgesprochen. Verneine man die Grundrechtsfähigkeit der Stadt, so könne sich die Aktiengesellschaft, deren alleiniger Aktionär die Stadt sei, ebenso wenig wie diese auf Individualgrundrechte berufen. Andernfalls wäre die Frage der Grundrechtsfähigkeit der öffentlichen Hand in nicht geringem Umfang abhängig von der jeweiligen Organisationsform. Ein Betrieb, der ganz der öffentlichen Aufgabe der gemeindlichen Daseinsvorsorge gewidmet sei und der sich in der Hand eines Trägers

[30] BVerfGE 21, 362 (373); 39, 302 (313); 45, 63 (79); 61, 82 (102); 68, 193 (207).

[31] Siehe dazu *Hummel*, DVBl. 2008, S. 1215 ff.

[32] BVerfGE 15, 256 (261 f.).

[33] BVerfGE 18, 385 (386 f.); 19, 1 (5).

[34] BVerfGE 31, 314 (322); 78, 101 (102).

[35] BVerfGE 68, 193 (212 ff.) – Landesinnungsverbände; BVerfG, Beschluss der 3. Kammer des Ersten Senats vom 20. Februar 1986 – 1 BvR 859/81, 1 BvR 937/81 –, NJW 1987, S. 2501 (2502) – Technische Überwachungsvereine; Beschluss der 1. Kammer des Ersten Senats vom 2. Oktober 1995 – 1 BvR 1357/94 –, NJW 1996, S. 584 – Baugenossenschaft als Ausgeberin von Reichsheimstätten nach dem Reichsheimstättengesetz (RHG).

[36] Zum Begriff siehe *Schmidt-Aßmann*, BB 1990, Beilage 34, S. 2; zur Vielfalt der Begrifflichkeiten siehe bspw. *Emmerich*, Das Wirtschaftsrecht der öffentlichen Unternehmen, 1969, S. 55 ff.; *Ehlers*, Verwaltung in Privatrechtsform, 1984, S. 9; *Gersdorf*, Öffentliche Unternehmen im Spannungsfeld zwischen Demokratie- und Wirtschaftlichkeitsprinzip, 2000, S. 22 f.; jew. m.w.N.

öffentlicher Verwaltung befinde, stelle nur eine besondere Erscheinungsform der öffentlichen Verwaltung dar. In der Frage der Grundrechtssubjektivität sei er nicht anders zu behandeln als der Verwaltungsträger selbst.[37] Wenig später, 1979, griff ein Vorprüfungsausschuss des Ersten Senats diese Entscheidung auf. Wieder ging es um eine Verfassungsbeschwerde von Stadtwerken, die als juristische Person des Privatrechts organisiert waren. Diesmal machte die Beschwerdeführerin geltend, sie sei nicht nur für die Bevölkerung der hinter ihr stehenden Gebietskörperschaft tätig, sondern sie versorge auch einen Teil der Umgebung mit Strom. Der Vorprüfungsausschuss hielt diesen Einwand für unbeachtlich. Er ändere nichts daran, dass die Stadtwerke eine öffentliche Aufgabe wahrnähmen.[38]

In seinem *Fraport* Urteil von Februar 2011 führte der Erste Senat aus, dass für öffentliche Unternehmen in Privatrechtsform anerkannt sei, dass sie unmittelbar an die Grundrechte gebunden seien; gegen diese Grundrechtsbindung könnten sie sich nicht auf eigene Grundrechte berufen.[39]

IV. Gemischtwirtschaftliche Unternehmen

Wesentlich mehr Fragen als die Grundrechtsberechtigung öffentlicher Unternehmen wirft die der gemischtwirtschaftlichen Unternehmen auf, also der Unternehmen, an denen neben der öffentlichen Hand auch Private beteiligt sind[40]. Die bisherige Senatsrechtsprechung beleuchtet lediglich Einzelaspekte. Die einschlägigen Kammerentscheidungen haben heftigen Widerspruch erfahren. Die literarischen Stellungnahmen zum Thema sind kaum noch zu überblicken.[41]

1. Senatsrechtsprechung bis zum Telekom-*Beschluss*

Die Senatsrechtsprechung hat sich mit der Grundrechtsfähigkeit gemischtwirtschaftlicher Unternehmen zunächst nur äußert knapp befasst. Noch 2004 hatte der Zweite Senat ausdrücklich offen gelassen, ob die Verfassungs-

[37] BVerfGE 45, 63 (79 f.); vgl. auch BVerfGE 68, 193 (212 f.).

[38] BVerfG, Beschluss des Ersten Senats (Vorprüfungsausschuss) vom 20. Dezember 1979 – 1 BvR 834/79 –, NJW 1980, S. 1093; zum Kommunalrecht siehe *Oebbecke*, ZHR 164 (2000), S. 375 ff.; *Schmidt-Aßmann/Röhl*, in: Schmidt-Aßmann/Schoch, Besonderes Verwaltungsrecht, 14. Aufl. 2008, 1. Kap. Rn. 120 m.w.N.

[39] BVerfG, Urteil des Ersten Senats vom 22. Februar 2011 – 1 BvR 699/06 –, NJW 2011, S. 1201 (1202 f.).

[40] Zum Begriff siehe *Berger*, Staatseigenschaft gemischtwirtschaftlicher Unternehmen, 2006, S. 23; *Schmidt-Aßmann*, a.a.O. (Fn. 36), S. 2; für den Begriff Mischunternehmen u.a. *Merten*, a.a.O. (Fn. 9), S. 2004 ff.; *Selmer*, in: Merten/Papier, a.a.O. (Fn. 9), § 53 Rn. 5.

[41] Zum Meinungsstand siehe etwa die Überblicke bei *Gersdorf*, a.a.O. (Fn. 36), S. 140 ff.; *Selmer*, in: Merten/Papier, a.a.O. (Fn. 9), § 53 Rn. 14 ff.; *Jarass*, in: FS Sellner, 2010, S. 69 f.

beschwerde einer GmbH, die sich über unmittelbare und mittelbare Beteiligungen mehrheitlich in öffentlicher Hand befand, zulässig war.[42] 2006 bejahte der Erste Senat die Grundrechtsfähigkeit der *Deutsche Telekom AG*, weil ein beherrschender Einfluss des Bundes auf die Unternehmensführung der *Telekom*, „der die Beschwerdefähigkeit in Zweifel ziehen könnte" schon durch § 3 BAPostG und § 32 der Satzung der Bundesanstalt für Post und Telekommunikation Deutsche Bundespost ausgeschlossen gewesen und nach der Privatisierung erst recht nicht begründet worden sei.[43] Die genannten Vorschriften beschreiben abschließend die Bereiche, in denen die Bundesanstalt Rechte und Einfluss auf das Unternehmen ausüben darf. Andere Gesichtspunkte, die für die Grundrechtsfähigkeit gemischtwirtschaftlicher Unternehmen von Bedeutung sein könnten, spricht der Senat in dieser Entscheidung nicht an.

2. *Kammerrechtsprechung*

Wesentlich weitergehende Aussagen sind Kammerentscheidungen des Ersten Senats zu entnehmen.[44]

a) HEW

Im Jahr 1989 hatte eine Kammer die Grundrechtsfähigkeit der *Hamburgische Electricitäts-Werke AG (HEW)* verneint.[45] Die Kammer verwies zunächst auf die Durchgriffs-Rechtsprechung sowie darauf, dass juristische Personen des öffentlichen Rechts sich nicht auf Grundrechte berufen könnten, soweit sie öffentliche Aufgaben wahrnähmen. Auch die Befugnis einer juristischen Person des Privatrechts zur Erhebung einer Verfassungsbeschwerde hänge von der Funktion ab, in der sie von dem beanstandeten Akt der öffentlichen Gewalt betroffen sei. Bestehe diese in der Wahrnehmung gesetzlich zugewiesener und geregelter öffentlicher Aufgaben der Daseinsvorsorge, sei die juristische Person insoweit nicht grundrechtsfähig. Die Durchführung der Wasser- und Energieversorgung gehöre zu den typischen, die Daseinsvorsorge betreffenden Aufgaben der kommunalen Gebietskörperschaften. Diese öffentliche Aufgabe erfülle die Stadt Hamburg mit Hilfe der *HEW*, auch wenn sich letztere nicht vollständig, sondern nur zu 72 % in öffentlicher Hand befinde. Denn auch bei diesen Beteiligungsverhältnissen

[42] BVerfGE 110, 370 (382 f.); ebenso BVerfG, Beschluss der 2. Kammer des Ersten Senats vom 30. Mai 2006 – 1 BvR 571/06 –, juris (Rn. 2).

[43] BVerfGE 115, 205 (227).

[44] Krit. wg. der nicht erfolgten Senatsbefassung *Poschmann*, a.a.O. (Fn. 21), S. 22.

[45] BVerfG, Beschluss der 3. Kammer des Ersten Senats vom 16. Mai 1989 – 1 BvR 707/88 –, NJW 1990, S. 1783.

sei davon auszugehen, dass die Stadt die Möglichkeit habe, auf die Geschäftsführung entscheidenden Einfluss zu nehmen. Zum anderen unterliege die *HEW* aufgrund energiewirtschaftsrechtlicher Regelungen insbesondere im Hinblick auf Versorgungspflicht und Versorgungsbedingungen so starken Bindungen, dass von einer privatrechtlichen Selbständigkeit nahezu nichts übrig bleibe.

b) Mainova

Den Ansatz des *HEW*-Beschlusses entwickelte eine Kammer des Ersten Senats weiter, als sie im Mai 2009 über die Grundrechtsfähigkeit der *Mainova AG* zu entscheiden hatte.[46] Diese wurde zu 75,2 % von der *Stadtwerke Frankfurt am Main Holding GmbH* gehalten, welche sich ihrerseits vollständig im Besitz der Stadt Frankfurt befand. Die Kammer führte unter Berufung auf die Senatsrechtsprechung aus, juristische Personen des Privatrechts, die sich überwiegend im Eigentum der öffentlichen Hand befänden, könnten sich nicht auf den Schutz der materiellen Grundrechte berufen, soweit sie bestimmungsgemäß öffentliche Aufgaben wahrnähmen und in dieser Funktion von dem angegriffenen Hoheitsakt betroffen seien. Die *Mainova* werde von einer vollständig im Besitz einer Gebietskörperschaft stehenden Gesellschaft mit qualifizierter Mehrheit von über 75 % des Grundkapitals beherrscht und habe keine besonderen Umstände vorgetragen, die ihre Beherrschung durch die Stadt in Frage stellen könnten. Die Kammer hielt zudem ausdrücklich daran fest, dass die von der *Mainova* wahrgenommene Energieversorgung als öffentliche Aufgabe zu qualifizieren sei; es komme nicht entscheidend darauf an, ob sie unter heutigen Bedingungen zugleich die Voraussetzungen der überkommenen Kategorie der Daseinsvorsorge erfülle.

c) Deutsche Post

Im November 2009 bejahte eine andere Kammer des Ersten Senats die Grundrechtsfähigkeit der *Deutsche Post AG* mit der Begründung, diese sei von einer staatlichen Anstalt des Bundes zu einer privatrechtlichen Aktiengesellschaft geworden, die zu etwa 70 % in privatem Streubesitz stehe und deren restliche Aktien von der Bundesanstalt für Post und Telekommunikation ohne wesentlichen Einfluss auf die Unternehmensführung gehalten würden; überdies erbringe sie nach der Postreform ihre Leistungen im Wettbewerb mit anderen, privaten Anbietern.[47]

[46] BVerfG, Beschluss der 1. Kammer des Ersten Senats vom 18. Mai 2009 – 1 BvR 1731/05 –, NVwZ 2009, S. 1282 f.

[47] BVerfG, Beschluss der 2. Kammer des Ersten Senats vom 9. November 2009 – 1 BvR 2298/09 –, juris (Rn. 12).

d) Kritik im Schrifttum

Insbesondere der *HEW*-Beschluss ist im juristischen Schrifttum auf heftige Kritik gestoßen.[48] Grundlegend wird eingewandt, das vom Gericht gefundene Ergebnis werde der Bedeutung der Privatrechtsform nicht gerecht, denn der Unterschied zwischen öffentlichem und privatem Recht sei nicht bloß eine Frage der Rechtstechnik.[49] Gesellschaftsrechtlich sei die Argumentation verfehlt, weil das Gericht die aktienrechtlichen Beschränkungen der Einflussnahme eines Mehrheitsgesellschafters nicht hinreichend beachte.[50] Zu kurz komme auch der Grundrechtsschutz der Minderheitsaktionäre.[51] Außerdem wird eingewandt, die Verteilung von Kapitalanteilen und Stimmrechten sei wegen der stetigen Veränderlichkeit ein untaugliches Kriterium.[52] Der Verweis des Gerichts auf die Funktion der Daseinsvorsorge gehe fehl, weil die Daseinsvorsorge keine genuin staatliche oder kommunale Aufgabe darstelle.[53] Die Elektrizitätsversorgung, auf die das Gericht im konkreten Fall abgestellt hatte, sei den Kommunen gerade nicht durch Gesetz zugewiesen.[54] Auch das Kriterium der öffentlichen Aufgabe sei zu diffus, um eine sinnvolle Abgrenzung zu ermöglichen.[55]

3. Fraport-Urteil des Ersten Senats

Nicht die Grundrechtsberechtigung, sondern die Grundrechtsverpflichtung eines gemischtwirtschaftlichen Unternehmens steht im Mittelpunkt des *Fraport*-Urteils des Ersten Senats vom 22. Februar 2011[56]. Allerdings zeigt

[48] *Kühne*, JZ 1990, S. 335 f.; *Koppensteiner*, NJW 1990, S. 3105 (3108 ff.); *Scholz*, in: FS Lorenz, 1991, S. 213 ff.; *Pieroth*, NWVBl. 1992, S. 85 (87 ff.); diff.: *Gersdorf*, a.a.O. (Fn. 36), S. 138 ff.; Dreier, in: ders., a.a.O. (Fn. 9), Art. 19 Rn. 73 ff.; *Huber*, in: v. Mangoldt/Klein/Starck, a.a.O. (Fn. 2), Art. 19 Rn. 282 ff.

[49] *Heintzen*, VVDStRL 62 (2003), S. 220 (248 ff.).

[50] *Kühne*, a.a.O. (Fn. 48), S. 336; *Koppensteiner*, a.a.O. (Fn. 48), S. 3109; *Scholz*, a.a.O. (Fn. 48), S. 217; *Pieroth*, a.a.O. (Fn. 48), S. 87; zu den Einwirkungsmöglichkeiten siehe auch *Ehlers*, a.a.O. (Fn. 36), S. 132 ff.; *Gersdorf*, a.a.O. (Fn. 36), S. 267 ff.; *Berger*, a.a.O. (Fn. 40), S. 36 ff.

[51] *Kühne*, a.a.O. (Fn. 48), S. 336; *Koppensteiner*, a.a.O. (Fn. 48), S. 3109; *Scholz*, a.a.O. (Fn. 48), S. 217; *Pieroth*, a.a.O. (Fn. 48), S. 87.

[52] *Heintzen*, a.a.O. (Fn. 49), S. 248.

[53] *Scholz*, a.a.O. (Fn. 48), S. 216 f.; *Merten*, a.a.O. (Fn. 9), S. 2015 f.; vgl. auch *Gersdorf*, a.a.O. (Fn. 36), S. 139.

[54] *Koppensteiner*, a.a.O. (Fn. 48), S. 3108; *Zimmermann*, Der grundrechtliche Schutzanspruch juristischer Personen des öffentlichen Rechts, 1993, S. 53; *Barden*, a.a.O. (Fn. 9), S. 73.

[55] *Schmidt-Aßmann*, a.a.O. (Fn. 36), S. 14; *Selmer*, in: Merten/Papier, a.a.O. (Fn. 9), § 53 Rn. 12; *Jarass*, in: ders./Pieroth, a.a.O. (Fn. 2), Art. 19 Rn. 18; *ders.*, a.a.O. (Fn. 41), S. 71; *Dreier*, in: ders., a.a.O. (Fn. 9), Art. 19 III Rn. 53; *Heintzen*, a.a.O. (Fn. 49), S. 248; vgl. auch *Storr*, a.a.O. (Fn. 17), S. 106 ff.

[56] BVerfG, Urteil des Ersten Senats vom 22. Februar 2011 – 1 BvR 699/06 –, NJW 2011, S. 1201 (1202 ff.).

die Entscheidung selbst auf, dass beide Aspekte nicht unverbunden nebeneinander stehen. Menschenrechtsaktivisten hatten am Frankfurter Flughafen gegen Abschiebungen von Flüchtlingen demonstriert und waren deshalb mit einem Hausverbot belegt worden. Betreiberin des Flughafens war die *Fraport AG*. An ihr waren jeweils als Minderheitsgesellschafter die Stadt Frankfurt und das Land Hessen sowie zunächst auch noch die Bundesrepublik beteiligt. Gemeinsam verfügten die öffentlichen Anteilseigner über eine Mehrheitsbeteiligung. Deshalb sei *Fraport* gemäß Art. 1 Abs. 3 GG unmittelbar an die Grundrechte gebunden, befand der Senat. Ausgangspunkt seiner Argumentation war die bei Art. 1 Abs. 3 GG verortete Unterscheidung, dass der Bürger prinzipiell frei, der Staat dagegen prinzipiell gebunden sei: „Der Bürger findet durch die Grundrechte Anerkennung als freie Person, die in der Entfaltung ihrer Individualität selbstverantwortlich ist. Er und die von ihm gegründeten Vereinigungen und Einrichtungen können ihr Handeln nach subjektiven Präferenzen in privater Freiheit gestalten, ohne hierfür grundsätzlich rechenschaftspflichtig zu sein." Demgegenüber stehe die Bindung des Staates an die Grundrechte nicht unter einem Nützlichkeits- oder Funktionsvorbehalt. Sobald der Staat eine Aufgabe an sich ziehe, sei er bei deren Wahrnehmung auch an die Grundrechte gebunden, unabhängig davon, in welcher Rechtsform er handle. Diese unmittelbare Bindung betrifft nach Auffassung des Senats nicht nur öffentliche, sondern auch gemischtwirtschaftliche Unternehmen, wenn diese von der öffentlichen Hand beherrscht werden. Von einer Beherrschung will der Senat unter Verweis auf die zivilrechtlichen Wertungen in §§ 16, 17 AktG und Art. 2 Abs. 1 Buchstabe f Richtlinie 2004/109/EG regelmäßig dann ausgehen, wenn mehr als die Hälfte der Anteile im Eigentum der öffentlichen Hand stehen; ob dieses Kriterium in besonderen Fällen zu ergänzen sei, ließ er ausdrücklich offen. Während der Richter *Schluckebier* in seinem Sondervotum[57] die Grundrechtsbindung davon abhängig machen will, ob sich die verschiedenen öffentlichen Minderheitsgesellschafter, die zusammen über eine Mehrheitsbeteiligung verfügen, einer rechtlich verbindlichen Koordination ihrer Einflusspotentiale unterworfen oder sonst einen Interessengleichlauf sichergestellt haben, hält die Senatsmehrheit diesen Gesichtspunkt offenbar für unbeachtlich. Mit der unmittelbaren Grundrechtsbindung geht nach Auffassung des Senats die fehlende Berechtigung einher, sich in einem Zivilrechtsstreit gegenüber Privaten auf eigene Grundrechte zu berufen.

[57] *Schluckebier*, Sondervotum zu BVerfG, Urteil des Ersten Senats vom 22. Februar 2011 – 1 BvR 699/06 –, NJW 2011, S. 1201 (1209 f.).

V. Sonderfall: Beteiligung ausländischer Staaten

Ein besonderes Problem taucht in jüngerer Zeit vor allem im Bereich der Energieversorgungsunternehmen auf. Infolge der Liberalisierung der Energiemärkte ist auf dem deutschen Markt eine Reihe von Unternehmen tätig geworden, an denen fremde Staaten beteiligt sind. Zum Teil handelt es sich um Gesellschaften, deren Anteile (mittelbar) zu 100 % von einem einzelnen Staat gehalten werden. Beispiele hierfür sind die *Vattenfall Europe AG* und ihre Tochtergesellschaften; hinter *Vattenfall* steht letztlich der schwedische Staat als alleiniger Anteilseigner. Zum Teil handelt es sich um Gesellschaften, deren Anteile zum Teil (mittelbar) von einem oder mehreren ausländischen Staaten gehalten werden, zum Teil von Privaten. Zusätzlich verkompliziert wird die Situation, wenn ausländische Staaten zwar nicht die Mehrheit der Anteile halten, aber zum Beispiel aufgrund sogenannter Goldener Aktien besondere Rechte innehaben.

Die Beteiligung ausländischer Staaten stellt die Eigenschaft als inländische Person, die Art. 19 Abs. 3 GG ausdrücklich voraussetzt, nicht in Frage. Denn für die Inländereigenschaft kommt es auf den Sitz der juristischen Person an.[58] Fraglich ist aber, ob sich die Beteiligung eines ausländischen Staates genauso auf die Grundrechtsfähigkeit auswirken kann wie die Beteiligung der deutschen öffentlichen Hand. Unter dem Blickwinkel einer grundrechtstypischen Gefährdungslage wären beide Situationen wohl nur eingeschränkt miteinander vergleichbar. Demgegenüber dürfte man ein personales Substrat bei einem ausländischen Staatsunternehmen ebenso vergeblich suchen wie bei einem deutschen. Deshalb hat die 2. Kammer des Ersten Senats in zwei Beschlüssen Zweifel geäußert, ob Energieunternehmen, an denen ausländische Staaten ausschließlich oder mehrheitlich beteiligt sind, sich auf die Grundrechte berufen können.[59] Letztlich konnte sie diese Frage aber offen lassen, weil die Verfassungsbeschwerden aus anderen Gründen keinen Erfolg hatten. Mit ihren Zweifeln dürfte sich die Kammer aber auf einer Linie mit einer Kammer des Zweiten Senats befinden. Diese hatte – in anderem Zusammenhang – über die Verfassungsbeschwerde eines ausländischen Staates zu entscheiden und festgestellt, ausländische juristische Personen des öffentlichen Rechts seien ebenso wie inländische auf die Geltendmachung einzelner Prozessgrundrechte wie Art. 101 Abs. 1 Satz 2 und Art. 103 Abs. 1 GG beschränkt. Für eine Differenzierung zwischen inländischen und ausländischen

[58] BVerfGE 21, 207 (209); BVerfG, Beschluss der 2. Kammer des Ersten Senats vom 27. Dezember 2007 – 1 BvR 853/06 –, NVwZ 2008, S. 670 (671).

[59] BVerfG, Beschluss der 2. Kammer des Ersten Senats vom 21. Dezember 2009 – 1 BvR 2738/08 –, NVwZ 2010, S. 373; Beschluss der 2. Kammer des Ersten Senats vom 7. September 2010 – 1 BvR 2160/09, 1 BvR 851/10 – WM 2010, S. 2044 (2045).

juristischen Personen des öffentlichen Rechts ergäben sich keine Anhaltspunkte.[60]

VI. Folgerungen

Die hier dargestellten Entscheidungen des Bundesverfassungsgerichts zur Grundrechtsfähigkeit öffentlicher und gemischtwirtschaftlicher Unternehmen weisen einige Konstanten auf. In manchen Fällen ist es aber im Laufe der Zeit zumindest zu einer Akzentverschiebung gekommen. Zudem sind entscheidende Fragen jedenfalls in der Senatsrechtsprechung nach wie vor nicht ausdrücklich beantwortet worden. Im Folgenden soll versucht werden, die wesentlichen Mosaiksteine soweit wie möglich zu einem stimmigen Bild zusammenzufügen.

1. Ausgangspunkt

Auch wenn die Senatsrechtsprechung seit längerem nicht mehr mit dem Begriff des Durchgriffs operiert, bleibt für die Einbeziehung einer inländischen juristischen Person in den Schutz der materiellen Grundrechte das entscheidend, was gemeinhin als personales Substrat bezeichnet wird: Die Betätigung der juristischen Person muss sich als Ausdruck der freien Entfaltung natürlicher Personen beschreiben lassen. Das gilt auch für öffentliche und gemischtwirtschaftliche Unternehmen.

Etwas unklar ist zwar, wie sich eine eher beiläufige Äußerung des Ersten Senats in seinem *Telekom*-Beschluss zum Durchgriffs-Gedanken verhält: Obwohl die Entscheidung die Situation nach dem Börsengang der *Telekom* betraf, äußerte der Senat, dass ein beherrschender Einfluss des Bundes auf die Unternehmensführung, der die Beschwerdefähigkeit in Zweifel ziehen könnte, schon aufgrund der durch Gesetz und Satzung angeordneten Begrenzung staatlicher Einflussnahme auf die Unternehmensführung „ausgeschlossen und ... nach der Privatisierung erst recht nicht begründet worden" sei.[61] Man würde diese Aussage aber wohl überstrapazieren, wollte man ihr entnehmen, dass der Senat damit auch eine Grundrechtsfähigkeit der *Telekom* für die Zeit vor dem Börsengang anerkennen wollte, in der die Anteile an dem Unternehmen noch zu 100 Prozent vom Bund gehalten wurden und sich ein irgendwie geartetes personales Substrat deshalb nur schwerlich hätte finden lassen. Zwar wird im Schrifttum vertreten, ein personales Substrat eines Unternehmens könne sich nicht nur in Bezug auf die hinter ihm stehenden natürlichen

[60] BVerfG, Beschluss der 1. Kammer des Zweiten Senats vom 8. Februar 2006 – 2 BvR 575/05 –, NJW 2006, S. 2907 (2908).

[61] BVerfGE 115, 205 (227 f.).

Personen ergeben. Es gehe vielmehr – unabhängig von privater Beteiligung – um den spezifischen Eigenwert der juristischen Person, der zum Beispiel in ihrer organisatorischen Verselbständigung und ihrer Fähigkeit zur eigenständigen Willensbildung angelegt sein könne.[62] Das hat aber wenig mit dem zu tun, was das Bundesverfassungsgericht als Durchgriff auf die hinter einer juristischen Person stehenden Menschen beschrieben hat. Ein organisatorisch in hohem Maße gegenüber dem Staat verselbständigtes Unternehmen mag sich zwar in einer grundrechtstypischen Gefährdungslage befinden. Dieses Merkmal bietet aber für sich genommen kaum Orientierung.[63] Es kann vielleicht eine Schutzbedürftigkeit[64] seines Gegenstands beschreiben, bleibt aber eine Begründung für dessen Schutzwürdigkeit schuldig. Hier setzt das Bundesverfassungsgericht an, wenn es den Bezug zum Freiheitsraum natürlicher Personen sucht. Mit seinem *Fraport*-Urteil hat es diesen Ansatz noch einmal aus einem anderen Blickwinkel bekräftigt, indem es deutlich gemacht hat, dass es sich bei der Beurteilung der Grundrechtsberechtigung und -verpflichtung juristischer Personen von dem Gegenüber von freiem, grundrechtsberechtigtem Bürger und gebundenem Staat leiten lässt.

2. *Verhältnis zur Grundrechtsverpflichtung*

Das *Fraport*-Urteil betraf unmittelbar nur die Grundrechtsverpflichtung von öffentlich beherrschten Unternehmen gemäß Art. 1 Abs. 3 GG. Die Grundrechtsberechtigung war nur Gegenstand, soweit sie unmittelbar mit der Verpflichtung zusammenhängt: Ein öffentliches oder von der öffentlichen Hand beherrschtes gemischtwirtschaftliches Unternehmen soll gegen seine unmittelbare Grundrechtsverpflichtung nicht eine eigene Grundrechtsberechtigung in Stellung bringen können, im konkreten Fall etwa das Eigentumsgrundrecht gegen die Versammlungs- und Meinungsfreiheit.[65] Damit greift der Senat in gewisser Weise sein sogenanntes Konfusions-Argument aus früheren Entscheidungen zur Grundrechtsberechtigung auf: Der Staat könne nicht gleichzeitig Adressat und Berechtigter der Grundrechte sein.[66] Diese Formulierung klingt allerdings etwas allgemeiner, als sie tatsächlich zu verstehen ist:[67] Im grundrechtsdienenden Bereich der Kirchen, der Hochschulen und des Rundfunks wird deutlich, dass auch grundrechtsgebundene

[62] *Windthorst*, VerwArch 95 (2004), S. 377 (389 ff.); *ders.*, in: Sachs, GG, 5. Aufl. 2009, Art. 87e Rn. 49, Art. 87f Rn. 28.

[63] Siehe auch *Storr*, a.a.O. (Fn. 17), S. 207 f.

[64] Darauf stellt BVerfGE 75, 82 (105) ab.

[65] Vgl. BVerfG, Urteil des Ersten Senats vom 22. Februar 2011 – 1 BvR 699/06 –, NJW 2011, S. 1201 (1203).

[66] BVerfGE 21, 362 (370); vgl. auch schon BVerfGE 15, 256 (262).

[67] *Selmer*, in: Merten/Papier, a.a.O. (Fn. 9), § 53 Rn. 4; *Hummel*, a.a.O. (Fn. 31), S. 1217; *Dreier*, in: ders., a.a.O. (Fn. 9), Art. 19 III Rn. 58.

Einheiten sich ihrerseits in bestimmten Zusammenhängen auf einzelne Grundrechte berufen können. Gleichwohl spricht manches dafür, ausgehend vom grundsätzlichen Gegenüber von freiem Bürger und gebundenem Staat bei der Bestimmung von Grundrechtsberechtigung und Grundrechtsverpflichtung trotz der unterschiedlichen dogmatischen Ausgangspunkte tendenziell von einem Gleichlauf auszugehen und die gleichen Maßstäbe anzulegen.[68]

3. *Kriterien*

Den verschiedenen Kriterien, die das Bundesverfassungsgericht im Laufe der Zeit entwickelt und ausgeformt hat, kommt dabei sehr unterschiedliches Gewicht zu.

a) Rechtsform

Bei der Beurteilung, ob eine juristische Person grundrechtsfähig ist oder nicht, gibt ihre Rechtsform eine erste Orientierungshilfe für die Festlegung der weiteren Prüfungsschritte – mehr nicht. Geht es um die Beurteilung von öffentlichen oder gemischtwirtschaftlichen Unternehmen, hat deren privatrechtsförmige Organisation praktisch keine weitere Aussagekraft.

b) Beherrschung

Ganz anders verhält es sich mit der Frage der Beherrschung. Wenngleich dieses Kriterium im Schrifttum mitunter als untauglich abgelehnt wird,[69] nimmt das Bundesverfassungsgericht doch mit seiner Hilfe die entscheidende Weichenstellung vor: Handelt es sich bei dem zu beurteilenden Unternehmen um eine private oder um eine staatliche Veranstaltung? Ist es der Sphäre der prinzipiell Grundrechtsberechtigten oder derjenigen der prinzipiell Grundrechtsverpflichteten zuzurechnen?

Als erste Vermutungsregel dürfte hier nach dem *Fraport*-Urteil gelten: Eine die Grundrechtsfähigkeit ausschließende Beherrschung durch die öffentliche Hand liegt regelmäßig dann vor, wenn diese mehr als die Hälfte der Anteile an der Gesellschaft hält. Das Bundesverfassungsgericht hat diese Grenze zwar in erster Linie für die Grundrechtsverpflichtung formuliert. Auch spricht es im *Fraport*-Urteil von der Beherrschung des Unternehmens, während es bei der Erörterung der Grundrechtsberechtigung im *Telekom*-Beschluss noch nach einem beherrschenden Einfluss auf die Unternehmensführung fragte. Aber das *Fraport*-Urteil stellt selbst den Zusammenhang von

[68] A.A.: *v. Arnauld*, DÖV 1998, S. 437 (450 f.).

[69] *Merten*, a.a.O. (Fn. 9), S. 2020 f.; *Selmer*, in: Merten/Papier, a.a.O. (Fn. 9), § 53 Rn. 25; *Berger*, a.a.O (Fn. 40), S. 153 f.; siehe aber auch *Dreier*, in: ders., a.a.O. (Fn. 9), Art. 19 III Rn. 77.

Grundrechtsberechtigung und -verpflichtung heraus. Wollte man hier hinsichtlich der Anforderungen an die Beherrschung differenzieren, würde dies kaum zu sachgerechten Ergebnissen führen. Es dürfte also einheitlich gelten: Hält die öffentliche Hand mehr als 50 % der Anteile, spricht dies gegen die Grundrechtsberechtigung und für die Grundrechtsverpflichtung des Unternehmens. Im Schrifttum ist die Beherrschungsgrenze zwar zum Teil erst bei 75 % angesetzt worden, weil erst eine Dreiviertelmehrheit einen solchen gesellschaftsrechtlichen Einfluss sicherstelle, dass von einer Beherrschung die Rede sein könne.[70] Das Bundesverfassungsgericht konzentriert sich aber jedenfalls im *Fraport*-Urteil bewusst nicht nur auf den – gerade bei einer Aktiengesellschaft stets beschränkten – Einfluss auf die Unternehmensführung, sondern nimmt eine wertende Betrachtung vor und fragt danach, ob eine staatliche Aktivität unter Beteiligung Privater vorliegt oder eine private Aktivität unter Beteiligung des Staates.[71]

Der *Telekom*-Beschluss hat aber gezeigt, dass die Mehrheitsverhältnisse nicht immer ausschlaggebend sein müssen. Trotz Mehrheitsbeteiligung kann eine Beherrschung danach beispielsweise aufgrund gesetzlicher Vorschriften oder durch Satzung ausgeschlossen sein.[72] Daran dürfte sich – trotz des geänderten Duktus' – auch mit dem *Fraport*-Urteil nichts geändert haben, das diesen Punkt offen lassen konnte. Denkbar ist auch die Berücksichtigung eines Entherrschungsvertrags[73]. Daneben wird in der fachgerichtlichen Rechtsprechung und im Schrifttum diskutiert, ob schon die ausdrückliche Einordnung eines Unternehmens als „Wirtschaftsunternehmen" (Art. 87e Abs. 3 Satz 1 GG) oder seiner Tätigkeit als „privatwirtschaftlich" (Art. 87f Abs. 2 Satz 1 GG) im Grundgesetz eine staatliche Beherrschung ausschließt und unabhängig von den Mehrheitsverhältnissen für eine Grundrechtsberechtigung streitet.[74] Umgekehrt können besondere staatliche Einflussrechte auch bei einer Minderheitsbeteiligung für eine Beherrschung durch die öffentliche

[70] Siehe dazu *v. Arnauld*, a.a.O. (Fn. 68), S. 445, 450 f. Teils wird die Grenze auch schon bei 25 % angesetzt, vgl. *Maser*, Die Geltung der Grundrechte für juristische Personen und teilrechtsfähige Verbände, 1964, S. 158 f.

[71] BVerfG, Urteil des Ersten Senats vom 22. Februar 2011 – 1 BvR 699/06 –, NJW 2011, S. 1201 (1203).

[72] Gegen die umgekehrte Annahme einer Beherrschung aufgrund einfachgesetzlicher Bindungen *Zimmermann*, a.a.O. (Fn. 54), S. 54 f.; *Tettinger*, in: Schwarze, Wirtschaftsverfassungsrechtliche Garantien für Unternehmen im europäischen Binnenmarkt, 2001, S. 171.

[73] Siehe dazu *Hüffer*, AktG, 9. Aufl. 2010, § 17 Rn. 22.

[74] Vgl. BVerwGE 114, 160 (189); *Barden*, a.a.O. (Fn. 9), passim; *Lange*, NJW 2004, S. 3601 (3604); *Windthorst*, a.a.O. (Fn. 62) S. 394 ff.; *ders.*, in: Sachs, a.a.O (Fn. 62), Art. 87e Rn. 49, Art. 87f Rn. 28; *Möstl*, in: Maunz/Dürig, GG, Art. 87e Rn. 100 ff. (November 2006), Art. 87f Rn. 52 (Oktober 2010); *Gersdorf*, in: v. Mangoldt/Klein/Starck, Bd. 3, 6. Aufl. 2010, Art. 86e Rn. 53, Art. 87f Rn. 66; *Masing*, in: Isensee/Kirchhof, Handbuch des Staatsrechts der Bundesrepublik Deutschland, Bd. 4, 3. Aufl. 2006, § 90 Rn. 35 f.; *Jarass*, a.a.O. (Fn. 41), S. 74.

Hand sprechen. Nicht ausreichend für die Annahme einer staatlichen Beherrschung sind regulierungsrechtliche Vorgaben. Diesen noch im *HEW*-Beschluss angeführten Gesichtspunkt[75] hat das Gericht zu Recht nicht wieder aufgegriffen, denn die regulierungsrechtlichen Vorgaben gelten in gleicher Weise für jeden rein privaten Akteur und sind deshalb nicht geeignet, ein ihnen unterworfenes Unternehmen als staatlich zu kennzeichnen.

Im Schrifttum ist gegen den Beherrschungs-Ansatz immer wieder eingewandt worden, dass die Grundrechte privater Minderheitsgesellschafter nicht hinreichend berücksichtigt würden.[76] Dem lässt sich entgegenhalten, dass auch der Durchgriffs-Gedanke des Bundesverfassungsgerichts eben nicht die Eigenständigkeit der juristischen Person in Frage stellt. Es geht um deren Grundrechtsberechtigung (und gegebenenfalls -bindung), nicht um diejenige der an ihr beteiligten natürlichen Personen. Zwar mag die Versagung der Grundrechtsberechtigung der juristischen Person die – in der Regel vorwiegend finanziellen – Interessen der privaten Anteilseigner beeinträchtigen. Dem stehen in der Regel aber auch Vorteile gegenüber. Private Anteilseigner werden sich nicht selten gerade wegen des staatlichen Engagements an einem gemischtwirtschaftlichen Unternehmen beteiligen. Jedenfalls tun sie es sehenden Auges. Die Vorstellung, dass die Grundrechtsfähigkeit eines solchen Unternehmens wegen der Veräußerbarkeit von Gesellschaftsanteilen unklar, schwankend und von bloßen Zufälligkeiten abhängig wäre, wird den Realitäten nicht gerecht. Die Entscheidung, ob er sich zu 49 % oder zu 50,1 % an einem Unternehmen beteiligt, trifft ein Hoheitsträger sehr bewusst. Übernimmt er die Mehrheit, ist es privaten Anteilseignern zudem unbenommen, darauf mit Veräußerung ihrer Anteile zu reagieren.[77]

Dies alles betrifft nur gemischtwirtschaftliche Unternehmen. Öffentliche Unternehmen scheiden nach dem bisher Gesagten mangels personalen Substrats ohnehin als Grundrechtsträger aus (wenn sie nicht ausnahmsweise eine spezifisch grundrechtsdienende Funktion haben). Auch eine noch so strikte Beschränkung der staatlichen Einflussnahme auf die Unternehmensleitung vermag keinen Bezug zum Freiheitsraum natürlicher Personen herzustellen.[78]

[75] Krit. dazu bereits *Kühne*, a.a.O. (Fn. 48), S. 336; *Zimmermann*, JuS 1991, S. 294 (299); *ders.*, a.a.O. (Fn. 54), S. 53; *Scholz*, a.a.O. (Fn. 48), S. 216; vgl. auch *Poschmann* a.a.O. (Fn. 21), S. 45 ff.; *Windthorst*, a.a.O. (Fn. 62), S. 395.

[76] *Ehlers*, a.a.O. (Fn. 36), S. 85; *Stern*, a.a.O. (Fn. 1), S. 1170; *Koppensteiner*, a.a.O. (Fn. 48), S. 3109 ff.; *Schmidt-Aßmann*, a.a.O. (Fn. 36), S. 13; *Scholz*, a.a.O. (Fn. 48), S. 226; *Kühne*, a.a.O. (Fn. 48), S. 336; *Pieroth*, a.a.O. (Fn. 48), S. 87; krit. dazu *Gersdorf*, a.a.O. (Fn. 36), S. 147 ff.

[77] BVerfG, Urteil des Ersten Senats vom 22. Februar 2011 – 1 BvR 699/06 –, NJW 2011, S. 1201 (1203).

[78] Zu Recht weist *Gersdorf*, in: v. Mangoldt/Klein/Starck, a.a.O. (Fn. 74), Art. 87f Rn. 66, darauf hin, dass sich aus den Unabhängigkeitsgarantien in Art. 28 Abs. 2, Art. 88

Ebenfalls aus dem Durchgriffs-Gedanken folgt, dass bei einer Beteiligung ausländischer Staaten die gleichen Maßstäbe gelten. Wenn man nur solche inländischen juristischen Personen unter den Schutz der Grundrechte stellt, deren Betätigung sich als Ausdruck der freien Entfaltung natürlicher Personen beschreiben lässt, dann kann für die Beurteilung öffentlicher oder gemischtwirtschaftlicher Unternehmen mit Beteiligung ausländischer Staaten nichts anderes gelten als für solche, an denen die deutsche öffentliche Hand beteiligt ist.

Wenn die fehlende Beherrschung durch die öffentliche Hand Voraussetzung für die Grundrechtsfähigkeit eines gemischtwirtschaftlichen Unternehmens ist, hat dies auch Auswirkungen auf die Anforderungen an die Begründung einer von einem solchen Unternehmen erhobenen Verfassungsbeschwerde. Zu den aus § 23 Abs. 1 Satz 2, § 92 BVerfGG folgenden Substantiierungsanforderungen gehört, dass ein Beschwerdeführer den Vorgang, aus dem sich die angebliche Grundrechtsverletzung ergeben soll, substantiiert darlegt[79] und die Möglichkeit einer Grundrechtsverletzung deutlich macht[80]. Dem Bundesverfassungsgericht müssen alle tatsächlichen Umstände dargelegt werden, die es kennen muss, um den einschlägigen verfassungsrechtlichen Maßstab auf den zu beurteilenden Lebenssachverhalt anzuwenden.[81] Für ein gemischtwirtschaftliches Unternehmen folgt daraus, dass es auch zu den Beteiligungsverhältnissen und zu sonstigen Umständen, die zur Beurteilung der staatlichen Einflussmöglichkeiten von Bedeutung sind, vorzutragen hat, wenn es eine Verfassungsbeschwerde erhebt.

c) Aufgabe/Funktion

Erheblich weniger Bedeutung als der Beherrschung durch die öffentliche Hand kommt in den meisten Fällen der von einem Unternehmen wahrgenommenen Aufgabe zu. Obwohl das Bundesverfassungsgericht bis zu seinem *Fraport*-Urteil stets betont hat, für die Grundrechtsfähigkeit komme es maßgeblich auf die Art der wahrgenommenen Aufgabe an, hat dieses Kriterium doch kaum praktische Unterscheidungskraft entfaltet. Die Konturlosigkeit des Begriffs „öffentliche Aufgabe“ ist immer wieder beschrieben worden.[82] Damit einher geht der zutreffende Einwand, dass der Staat kein Monopol auf die Wahrnehmung öffentlicher Aufgaben hat, was die Tauglich-

Satz 1 und 2, Art. 97 Abs. 1 und Art. 114 Abs. 2 Satz 1 GG noch nicht die Grundrechtsfähigkeit von Gemeinden, Bundesbank, Richtern und Bundesrechnungshof ergibt.

[79] BVerfGE 81, 208 (214).

[80] BVerfGE 108, 370 (386 f.).

[81] *Hömig*, in: Maunz/Schmidt-Bleibtreu/Klein/Bethge, BVerfGG, § 92 Rn. 34 (Oktober 2008).

[82] Siehe nur *Di Fabio*, JZ 1999, S. 585 ff.; *Voßkuhle*, VVDStRL 62 (2003), S. 266 (273 ff.).

keit als Abgrenzungskriterium nachhaltig infrage stellt.[83] Auch der Umstand, dass ein staatlich beherrschtes Unternehmen im Wettbewerb mit Privaten tätig wird, ist schon aus diesem Grund nur von begrenzter Aussagekraft.[84] Schwierig wird das Aufgaben-Kriterium zudem dann, wenn ein Unternehmen seine als öffentlich beschreibbare Aufgabe außerhalb des Zuständigkeitsbereichs des hinter ihm stehenden Hoheitsträgers erbringt.

Für öffentliche Unternehmen ohne private Beteiligung hat das Bundesverfassungsgericht in seiner Sparkassen-Entscheidung letztlich selbst nicht entscheidend am Aufgaben-Kriterium festgehalten, weil unabhängig davon kein personales Substrat zu finden war. Bei gemischtwirtschaftlichen Unternehmen könnte man theoretisch anders argumentieren. Gleichwohl fragt das Gericht in seinem *Fraport* Urteil nicht einmal danach, ob das zu beurteilende gemischtwirtschaftliche Unternehmen eine öffentliche Aufgabe wahrnimmt, obwohl dies in den angegriffenen fachgerichtlichen Entscheidungen[85] und im verfassungsgerichtlichen Verfahren durchaus angesprochen worden war. Im Gegenteil geht der Senat gerade von der Definitionsmacht des Staates über seine Aufgaben[86] aus und betont die umfassende Grundrechtsbindung staatlicher Gewalt – „nicht nur für bestimmte Bereiche, Funktionen oder Handlungsformen staatlicher Aufgabenwahrnehmung", weil „jedes Handeln staatlicher Organe oder Organisationen […] in Wahrnehmung ihres dem Gemeinwohl verpflichteten Auftrags" erfolge.[87] Damit dürfte für öffentlich beherrschte Unternehmen konsequenter Weise auch eine Grundrechtsberechtigung im Regelfall ausscheiden, ohne dass es auf die konkret wahrgenommene Aufgabe ankommt.

Das Aufgaben-Kriterium ist aber nicht völlig bedeutungslos. Geht man davon aus, dass eine Beherrschung durch die öffentliche Hand grundsätzlich gegen und ihr Fehlen grundsätzlich für eine Grundrechtsberechtigung spricht, so kann das Aufgaben-Kriterium in einem nächsten Prüfungsschritt ausnahmsweise zu einer Revision dieses Ergebnisses führen. So gilt, wenn ein gemischtwirtschaftliches Unternehmen nicht von der öffentlichen Hand beherrscht wird, das Gleiche wie in Fällen ohne jede staatliche Beteiligung: Die Geltendmachung eigener Grundrechte kann ausgeschlossen sein, soweit das Unternehmen gesetzlich zugewiesene und geregelte öffentliche Aufgaben

[83] Zimmermann, a.a.O. (Fn. 54), S. 122 f.; *Gersdorf,* a.a.O. (Fn. 36), S. 105 f.; vgl. allg. *Stern,* Staatsrecht, Bd. 2, 1980, S. 746.

[84] Siehe dazu auch *Möstl,* Grundrechtsbindung öffentlicher Wirtschaftstätigkeit, 1999, S. 117 f.

[85] Vgl. BGH, Urteil vom 20. Januar 2006 – V ZR 134/05 –, NJW 2006, S. 1054 (1054 f.).

[86] Siehe dazu *Isensee,* in: ders./Kirchhof, a.a.O. (Fn. 74), § 73 Rn. 13; vgl. auch BVerfGE 12, 205 (243).

[87] BVerfG, Urteil des Ersten Senats vom 22. Februar 2011 – 1 BvR 699/06 –, NJW 2011, S. 1201 (1202).

wahrnimmt,[88] insbesondere als Beliehener[89]. Umgekehrt kann sich auch ein öffentliches oder von der öffentlichen Hand beherrschtes gemischtwirtschaftliches Unternehmen ausnahmsweise auf Grundrechte berufen, soweit es eine spezifisch grundrechtsdienende Funktion ausübt.

VII. Fazit

In der Rechtsprechung des Bundesverfassungsgerichts ist der entscheidende Ausgangspunkt für die Beurteilung der Grundrechtsberechtigung öffentlicher und gemischtwirtschaftlicher Unternehmen die Frage nach einem Bezug zum Freiheitsraum natürlicher Personen. Ein solcher fehlt in aller Regel bei öffentlichen Unternehmen ohne jede Beteiligung Privater. Etwas anderes kann ausnahmsweise dann gelten, wenn ein solches Unternehmen eine spezifisch grundrechtsdienende Funktion ausübt. Bei einem gemischtwirtschaftlichen Unternehmen kommt es entscheidend darauf an, ob es von der öffentlichen Hand beherrscht wird. Ist dies der Fall, kann es sich ebenso wie ein öffentliches Unternehmen in aller Regel nicht auf materielle Grundrechte berufen. Eine Beherrschung ist zu vermuten, wenn mehr als die Hälfte der Anteile im Eigentum der öffentlichen Hand stehen, und umgekehrt. Diese Vermutung kann allerdings im Einzelfall durch eine besondere Ausgestaltung des staatlichen Einflusses auf das Unternehmen widerlegt werden. Bei einem nicht staatlich beherrschten Unternehmen ist die Grundrechtsberechtigung allerdings gleichwohl eingeschränkt, wenn und soweit es eine gesetzlich zugewiesene und geregelte öffentliche Aufgabe wahrnimmt.

[88] Vgl. BVerfGE 68, 193 (212 ff.); BVerfG, Beschluss der 3. Kammer des Ersten Senats vom 20. Februar 1986 – 1 BvR 859/81, 1 BvR 937/81 –, NJW 1987, S. 2501 (2502); Beschluss der 1. Kammer des Ersten Senats vom 2. Oktober 1995 – 1 BvR 1357/94 –, NJW 1996, S. 584.

[89] Im Schrifttum wird z.T. generell eine Beleihung vorausgesetzt, vgl. *Dreier,* in: ders., GG, a.a.O. (Fn. 9), Art. 19 Rn. 53.

Der Vorbehalt des Gesetzes als Instrument des Grundrechtsschutzes

Christian Burkiczak

Leitentscheidungen des Bundesverfassungsgerichts

BVerfGE 33, 1 – Strafvollzug
BVerfGE 33, 303 – Numerus clausus
BVerfGE 34, 165 – Hessische Förderstufe
BVerfGE 40, 237 – Rechtsschutzverfahren
BVerfGE 84, 212 – Aussperrung
BVerfGE 98, 218 – Rechtschreibreform
BVerfGE 105, 252 – Glykol
BVerfGE 105, 279 – Osho
BVerfGE 108, 282 – Kopftuch
BVerfGE 125, 175 – Hartz IV

Schrifttum

Classen, Claus Dieter, Gesetzesvorbehalt und Dritte Gewalt, JZ 2003, S. 693 ff.; *Henke, Norbert,* Gedanken zum Vorbehalt des Gesetzes – Ein Beitrag aus sozialrechtlicher Sicht –, AöR 101 (1976), S. 576 ff.; *Hoffmann-Riem, Wolfgang,* Gesetz und Gesetzesvorbehalt im Umbruch, AöR 130 (2005), S. 5 ff.; *Ladeur, Karl-Heinz/Gostomzyk, Tobias,* Der Gesetzesvorbehalt im Gewährleistungsstaat, Die Verwaltung 36 (2003), S. 141 ff.; *Lerche, Peter,* Vorbehalt des Gesetzes und Wesentlichkeitstheorie, in: Merten/Papier (Hrsg.), Handbuch der Grundrechte, Bd. 3, 2009, § 62; *Masing, Johannes;* Gesetz und Gesetzesvorbehalt – zur Spannung von Theorie und Dogmatik am Beispiel des Datenschutzrechts, in: Hoffmann-Riem, Offene Rechtswissenschaft, 2010, S. 467 ff.; *Ossenbühl, Fritz,* Vorrang und Vorbehalt des Gesetzes, in: Isensee/Kirchhof (Hrsg.), Handbuch des Staatsrechts, Bd. 5, 3. Aufl. 2007, § 101; *Reimer, Franz,* Das Parlamentsgesetz als Steuerungsmittel und Kontrollmaßstab, in: Hoffmann-Riem/Schmidt-Aßmann/Voßkuhle (Hrsg.), Grundlagen des Verwaltungsrechts, Bd. 1, 2006, § 9.

Inhalt

A. Einleitung

Wenn der Vorbehalt des Gesetzes die „vorverlagerte Verteidigungslinie der Grundrechte als Abwehrrechte" ist,[1] dann gibt der Blick auf diese Linie in der Rechtsprechung des Bundesverfassungsgerichts Auskunft über den Verteidigungszustand des Rechtsstaates des Grundgesetzes, nämlich über das Ausmaß der Notwendigkeit, dem Vorbehalt des Gesetzes Geltung zu verschaffen, aber auch der Bereitschaft des Bundesverfassungsgerichts, dies zu tun. Dabei wird sich zeigen, dass die den Vorbehalt des Gesetzes betreffende Linie der Rechtsprechung des Bundesverfassungsgerichts große Kontinuität im Sinne der Freiheitssicherung, aber auch durchaus bereichsspezifische Brüche aufweist.

B. Ausgangslage und Grundlagen

Als das Bundesverfassungsgericht vor 60 Jahren seine Arbeit aufnahm, verfügte die Idee, dass – so die traditionelle Formulierung – „Eingriffe in Freiheit und Eigentum"[2] der gesetzlichen Grundlage bedürfen, schon über eine beachtliche Tradition. Seit Ende des 18. Jahrhunderts hatte sich in der Auseinandersetzung zwischen der monarchisch dominierten Exekutive und der demokratisch legitimierten gesetzgebenden Gewalt der Grundsatz entwickelt, dass Grundrechtseingriffe nur durch Gesetz oder aufgrund eines Gesetzes zulässig sind.[3] Im Vordergrund stand dabei der rechtsstaatliche, namentlich der gewaltenteilende Gedanke, der den Bürger vor der Willkür des Monarchen schützen wollte, zu dem der demokratische Impuls hinzutrat, der die Zuständigkeiten des zunächst allein demokratisch legitimierten Parlaments stärken wollte.[4]

[1] So *Di Fabio*, JZ 1993, S. 689 (691); im Anschluss daran *Bethge*, VVDStRL 57 (1998), S. 7 (46); *Höfling*, in: Festschrift für Rüfner, 2003, S. 329 (339).

[2] Vgl. BVerfGE 8, 155 (166 f.).

[3] Vgl. dazu etwa *Böckenförde*, Gesetz und gesetzgebende Gewalt, 2. Aufl. 1981, S. 45 ff.; *Ossenbühl*, in: Isensee/Kirchhof, HStR V, 3. Aufl. 2007, § 101 Rn. 18 f.; *Seiler*, Der einheitliche Parlamentsvorbehalt, 2000, S. 44 ff.; *Staupe*, Parlamentsvorbehalt und Delegationsbefugnis, 1986, S. 42 ff.

[4] Vgl. *Grzeszick*, in: Maunz/Dürig, GG, Art. 20 VI Rn. 77 (Dezember 2007); *Jesch*, Gesetz und Verwaltung, 1961, S. 102 ff.; *Ladeur/Gostomzyk*, Die Verwaltung 36 (2003), S. 141 (142).

Im Vorfeld der Gründung der Bundesrepublik Deutschland schlug der Verfassungskonvent von Herrenchiemsee vor, im „Hinblick auf die Erfahrungen der jüngsten Vergangenheit [...] an den Anfang des Abschnitts über die Gesetzgebung einen ausführlichen Vorbehalt des Gesetzes zu stellen."[5] Art. 101 des Verfassungsentwurfes lautete entsprechend: „Jede Ausübung der Staatsgewalt bedarf der Grundlage im Gesetz. Rechte und Pflichten der Bürger können nur durch Gesetz begründet werden. [...]"[6]

Eingang in das Grundgesetz fand dieser Vorschlag nicht. Es ordnet jenseits bereichsspezifischer Vorgaben[7] den Vorbehalt des Gesetzes nicht ausdrücklich an. Gleichwohl war seine Existenz zu keinem Zeitpunkt zweifelhaft; gestritten wurde und wird nur über seinen Anwendungsbereich bzw. seine Reichweite.

Das Bundesverfassungsgericht hat den Vorbehalt des Gesetzes im Anschluss an seine historischen Wurzeln bisweilen zugleich dem Demokratieprinzip und dem Rechtsstaatsprinzip entnommen[8], teilweise aber auch nur isoliert auf rechtsstaatliche Gesichtspunkte[9] oder pauschal auf Art. 20 Abs. 3 GG[10] abgestellt. In der Tat ergänzen sich beide Elemente.[11] Während das Demokratieprinzip die Ableitung jeder staatlichen Gewalt vom Volkswillen verlangt,[12] ordnet das Rechtsstaatsprinzip in seiner gewaltenteilenden Komponente den Staatsgewalten Funktionen und Kompetenzen zu.[13] Jedes Staatsorgan ist damit nur zu solchen Handlungen demokratisch legitimiert, die ihm nach der Gewaltenteilung zugewiesen sind.[14] Es ist daher nicht in erster Linie die Intensität der demokratischen Legitimation, die variiert, sondern deren Gegenstand. Dies gilt nicht nur für die an Vorrang und Vorbehalt des Gesetzes gebundene Exekutive, sondern auch für die rechtsprechende Gewalt; das Gesetz als Werk des unmittelbar demokratisch legitimierten Parlaments kompensiert als Maßstab der Tätigkeit des Richters dessen nur mittelbare demokratische Legitimation und den seiner Unabhängigkeit (Art. 97 GG)

[5] Deutscher Bundestag (Hrsg.), Der Parlamentarische Rat 1948–1949, Akten und Protokolle, Bd. 2, 1981, S. 555 f.

[6] Deutscher Bundestag (Hrsg.), Der Parlamentarische Rat 1948–1949, Akten und Protokolle, Bd. 2, 1981, S. 600.

[7] Siehe hierzu den Überblick bei *Grzeszick*, in: Maunz/Dürig, GG, Art. 20 VI Rn. 91 ff. (Dezember 2007).

[8] BVerfGE 45, 400 (417 f.); 58, 257 (268); 101, 1 (34); 125, 175 (223).

[9] BVerfGE 20, 150 (157 f.); 34, 165 (192); 107, 59 (102).

[10] BVerfGE 40, 237 (248); 49, 89 (126); ohne (präzise) normative Anknüpfung BVerfGE 98, 218 (251); 116, 69 (80).

[11] Vgl. *Gärditz*, in: Friauf/Höfling, GG, Art. 20 (6. Teil) Rn. 129 ff. (Januar 2011); *Ossenbühl*, in: Isensee/Kirchhof, HStR V, 3. Aufl. 2007, § 101 Rn. 42.

[12] Dazu *Böckenförde*, in: Isensee/Kirchhof, HStR II, 3. Aufl. 2004, § 24 Rn. 1 ff., 9 ff.

[13] Vgl. dazu *Schmidt-Aßmann*, in: Isensee/Kirchhof, HStR II, 3. Aufl. 2004, § 26 Rn. 46 ff.

[14] Vgl. *Hillgruber*, JöR 54 (2006), S. 57 (70).

geschuldeten Verzicht auf periodische Erneuerung seiner Bestellung: Die Rechtsprechung gewinnt ihre sachlich-inhaltliche Legitimation aus der strikten Bindung an Recht und Gesetz (Art. 20 Abs. 3 GG).[15] Das Parlamentsgesetz sichert dabei nicht zuletzt die – auch mit Blick auf Art. 3 Abs. 1 GG bedeutsame – Berechenbarkeit der Rechtsprechung.[16]

Die Maßgeblichkeit des Vorbehaltes des Gesetzes wird nicht durch die einer Reihe von Grundrechten beigefügten Gesetzesvorbehalte, mit denen sie bisweilen begrifflich vermengt werden, berührt. Beide haben vielmehr zumindest auch eine gegenläufige Funktion: Die – einfachen oder qualifizierten – Gesetzesvorbehalte ermöglichen Grundrechtseingriffe und sind damit Grundrechtsschranken,[17] während der Vorbehalt des Gesetzes eher die Funktion einer Schrankenschranke hat.[18] Dies wird auch dadurch deutlich, dass der Vorbehalt des Gesetzes bei allen Grundrechten gilt, also auch denen, die dem Wortlaut nach vorbehaltlos gewährleistet und daher einer Einschränkung (nur) durch verfassungsimmanente Schranken zugänglich sind: Diese Grundrechte bedürfen nicht geringeren, sondern stärkeren Schutzes.[19] Deswegen – dies ist ständige Rechtsprechung des Bundesverfassungsgerichts und ganz herrschende Lehre – reicht für die verfassungsrechtliche Rechtfertigung von Eingriffen in solche Grundrechte nicht der Rekurs auf den ebenfalls mit Verfassungsrang ausgestatteten Gegengrund aus: Vielmehr bedarf es auch hier der parlamentsgesetzlichen Konkretisierung.[20] Damit ist insbesondere auch

[15] Vgl. dazu *Böckenförde*, in: Isensee/Kirchhof, HStR II, 3. Aufl. 2004, § 24 Rn. 21 f.; *Sennekamp*, NVwZ 2010, S. 213 (215); *Voßkuhle/Sydow*, JZ 2002, S. 673 (678); *Wittreck*, Die Verwaltung der Dritten Gewalt, 2006, S. 125 ff., 132 ff.; siehe auch *Hermes*, VVDStRL 61 (2002), S. 119 (137); *Höfling/Engels*, ZG 2008, S. 250 (259).

[16] *Lerche*, in: Merten/Papier, HGRe III, 2009, § 62 Rn. 33, 37; ähnlich *Gärditz*, in: Friauf/Höfling, GG, Art. 20 (6. Teil) Rn. 132 (Januar 2011).

[17] Vgl. *Lerche*, in: Merten/Papier, HGRe III, 2009, § 62 Rn. 13; *Stern*, in: Festschrift 50 Jahre BVerfG, Bd. 2, 2001, S. 1 (18 ff.).

[18] Vgl. *Sachs*, in: ders., GG, 5. Aufl. 2009, Art. 20 Rn. 113; anders *Reimer*, in: Hoffmann-Riem/Schmidt-Aßmann/Voßkuhle, Grundlagen des Verwaltungsrechts, Bd. 1, 2006, § 9 Rn. 24; *Schulze-Fielitz*, in: Dreier, GG, Bd. 2, 2. Aufl. 2006, Art. 20 (Rechtsstaat) Rn. 106.

[19] *Dreier*, in: ders., GG, Bd. 1, 2. Aufl. 2004, Vorb. Rn. 141; *Enders*, in: Friauf/Höfling, GG, vor Art. 1 Rn. 117 (Oktober 2000); siehe auch *Lübbe-Wolff*, Die Grundrechte als Eingriffsabwehrrechte, 1988, S. 94 ff.

[20] BVerfGE 83, 130 (142); 107, 104 (120); 108, 282 (297); 111, 147 (157 f.); *Dreier*, in: ders., GG, Bd. 1, 2. Aufl. 2004, Vorb. Rn. 141; *Enders*, in: Friauf/Höfling, GG, vor Art. 1 Rn. 117 (Oktober 2000); *Gärditz*, in: Friauf/Höfling, GG, Art. 20 (6. Teil) Rn. 158 (Januar 2011); *Hermes*, in: Merten/Papier, HGRe III, 2009, § 63 Rn. 20 f.; *Grzeszick*, in: Maunz/Dürig, GG, Art. 20 VI Rn. 92 (Dezember 2007); *Jarass*, in: Jarass/Pieroth, GG, 11. Aufl. 2011, vor Art. 1 Rn. 51; *Lenz*, Vorbehaltlose Freiheitsrechte, 2006, S. 313 ff.; *Papier*, in: Merten/Papier, HGRe III, 2009, § 64 Rn. 22; *Robbers*, in: Bonner Kommentar, Art. 20 Abs. 1 Rn. 2007, 2009 f. (Oktober 2009); wohl einschränkend („grundsätzlich") BVerfGE 122, 89 (107); („weitgehend") *Sommermann*, in: von Mangoldt/Klein/Starck, GG, Bd. 2, 6. Aufl. 2010, Art. 20 Rn. 278.

der Grundrechtseingriff zur Umsetzung grundrechtlicher Schutzpflichten nur auf einfachgesetzlicher Grundlage zulässig.[21]

Abzugrenzen vom Vorbehalt des Gesetzes ist auch der bloße Parlamentsvorbehalt, der sich nicht in einem förmlichen Gesetz verwirklichen muss, sondern der durch schlichten Parlamentsbeschluss verwirklicht werden kann.[22] Dies betrifft etwa die nach der Rechtsprechung des Bundesverfassungsgerichts von Verfassungs wegen notwendige Zustimmung des Deutschen Bundestages zu Auslandseinsätzen der Bundeswehr.[23]

C. Geländegewinne

An die ideengeschichtliche Tradition des Vorbehaltes des Gesetzes knüpfte das Bundesverfassungsgericht an, erweiterte den Anwendungsbereich und die Reichweite des Vorbehaltes des Gesetzes aber kontinuierlich.

I. Abschied vom besonderen Gewaltverhältnis

Bedeutsam ist hier zum einen die Erstreckung des Vorbehaltes des Gesetzes auch auf die sog. besonderen Gewaltverhältnisse, in denen die öffentliche Gewalt nach traditioneller Auffassung aufgrund der besonderen Zuordnung des Einzelnen zum Staat, namentlich in Dienst- und in Anstaltsverhältnissen, nicht grundrechtsgebunden und damit erst Recht auch nicht dem Vorbehalt des Gesetzes unterworfen war.[24]

Das Bundesverfassungsgericht befand indes im Jahr 1972 unter Hinweis auf Art. 1 Abs. 3 GG, dass auch die Grundrechte von Strafgefangenen nur durch Gesetz oder aufgrund eines Gesetzes eingeschränkt werden könnten, wenn auch dabei auf – möglichst eng begrenzte – Generalklauseln nicht verzichtet werden könnte.[25]

[21] Dazu noch unter F (S. 146 ff.).

[22] Vgl. dazu sowie zu abweichenden Begriffsverständnissen *Grzeszick*, in: Maunz/Dürig, GG, Art. 20 VI Rn. 76 (Dezember 2007) m.w.N.

[23] Siehe dazu in diesem Band *Emmenegger*, S. 447 (465 ff.); *Meermagen*, S. 471 (476 ff.); ferner *Burkiczak*, Parlamentsbeteiligungsgesetz, Einleitung Rn. 2 ff., in: Das Deutsche Bundesrecht, 2010; *Sauer*, in: Rensen/Brink (Hrsg.), Linien der Rechtsprechung des Bundesverfassungsgerichts – erörtert von den wissenschaftlichen Mitarbeitern, 2009, S. 585 (598 f., 607 f., 611 ff.) mit entsprechenden Nachweisen.

[24] Siehe zur Geschichte der Rechtsfigur des besonderen Gewaltverhältnisses etwa *Peine*, in: Merten/Papier, HGRe III, 2009, § 65 Rn. 14 ff.

[25] BVerfGE 33, 1 (9 ff.); bestätigt in BVerfGE 40, 276 (283 f.); für den Jugendstrafvollzug BVerfGE 116, 69 (80 f.); vgl. zur Untersuchungshaft BVerfGE 35, 311 (316 ff., 319); ferner BVerfGE 57, 170 (177).

Die Bedeutung dieser Entscheidung reichte über den Bereich des Strafvollzuges hinaus. So stand in den folgenden Jahren mit Blick auf das Verhältnis der Schule zum Schüler nicht (mehr) das Ob, sondern nur noch der Umfang des Vorbehaltes des Gesetzes im Mittelpunkt.[26] Später hat das Bundesverfassungsgericht die Notwendigkeit einer spezifischen gesetzlichen Grundlage auch angenommen, wenn der Zugang zum Lehreramt vom Nichttragen eines Kopftuches abhängig gemacht werden soll.[27]

II. Vom Eingriffsvorbehalt zur Wesentlichkeitstheorie

Hinzu trat die Entwicklung vom traditionellen Eingriffsvorbehalt zu einem umfassenden Gesetzesvorbehalt für alle „wesentlichen" normativen Entscheidungen.

Bereits 1953 befand das Bundesverfassungsgericht, dass für die Änderung von Gerichtsbezirken der Vorbehalt des Gesetzes gilt, und begründete dies mit einer sich schon im 19. Jahrhundert herausgebildeten rechtsstaatlichen Überzeugung, mit Art. 101 Abs. 1 Satz 2 GG und Art. 97 GG.[28]

Im Jahr 1958 warf das Bundesverfassungsgericht die Frage auf, ob die traditionelle Abgrenzungsformel „Eingriffe in Freiheit und Eigentum" noch ausreichend sei oder ob sich aufgrund der Hinwendung zu einer egalitär-sozialstaatlichen Denkweise und der damit einhergehenden Veränderung der Auffassungen über die Stellung des Einzelnen zu der im Staat verkörperten Gesamtheit auch die Grenzen des Gesetzesvorbehaltes verschoben hätten, lehnte den Gesetzesvorbehalt jedoch für die Zuständigkeiten und das Verfahren der leistungsgewährenden Verwaltung ab.[29]

In der Entscheidung zum Sammlungsgesetz erinnerte das Bundesverfassungsgericht daran, dass der Grundsatz der Gesetzmäßigkeit der Verwaltung und das Prinzip der Gewaltenteilung gebiete, dass der Gesetzgeber jedenfalls im Bereich der Grundrechtsausübung die der staatlichen Eingriffsmöglichkeit offenliegende Rechtssphäre selbst abgrenzt und dies nicht dem Ermessen der Verwaltungsbehörde überlässt.[30]

[26] Vgl. BVerfGE 34, 165 (192 f.) – hessische Förderstufe; 41, 251 (259 ff.) – Speyer-Kolleg; 45, 400 (417 ff.) – hessische Oberstufenreform; 47, 46 (78 ff.) – Sexualkundeunterricht; 58, 257 (268 ff.) – Versetzung/Schulausschluss; 98, 218 (252) – Rechtschreibreform. Siehe auch BVerfGE 51, 268 (287), wo für eine Übergangszeit der fachgerichtliche Verzicht auf die an sich erforderliche gesetzliche Grundlage für eine Schulschließung gebilligt wurde; siehe auch *Staupe*, Parlamentsvorbehalt und Delegationsbefugnis, 1986, S. 72 ff., 338 ff.

[27] BVerfGE 108, 282 (294 ff.) mit Sondervotum *Jentsch/Di Fabio/Mellinghoff*, S. 314 ff.; dazu etwa *Sachs*, NWVBl. 2004, S. 209 ff.

[28] BVerfGE 2, 307 (313 ff.); bestätigt in BVerGE 24, 155 (166); siehe auch BVerfGE 19, 52 (60).

[29] BVerfGE 8, 155 (167).

[30] BVerfGE 20, 150 (157 f.).

In der ersten Numers-clausus-Entscheidung ließ das Gericht offen, ob der Vorbehalt des Gesetzes regelmäßig nur für die Eingriffs- und nicht gleichermaßen auch für die Leistungsverwaltung gelte.[31] Denn im konkreten Fall sei eine gesetzliche Grundlage deshalb erforderlich, weil die Beteiligung an staatlichen Leistungen die notwendige Voraussetzung für die Verwirklichung von Grundrechten darstelle.[32] Hier müsse der Gesetzgeber als derjenige, von dessen Entschließungen der Umfang des Leistungsangebots abhänge, selbst die Verantwortung dafür übernehmen, wenn als Folge unzureichender Kapazitäten der Kreis der Begünstigten unter Inkaufnahme schwerwiegender Ungleichbehandlungen einzuschränken sei.[33]

In seiner Entscheidung zur hessischen Förderstufe im Jahr 1972 akzentuierte das Bundesverfassungsgericht den Vorbehalt des Gesetzes erstmals für das Schulwesen. Nicht nur der rechtsstaatliche Grundsatz der Normklarheit, sondern vor allem das Prinzip der Gesetzesmäßigkeit der Verwaltung, das den Gesetzgeber verpflichte, im Bereich der Grundrechtsausübung die der staatlichen Gestaltung offenliegende Rechtssphäre selbst abzugrenzen und nicht dem Ermessen der Verwaltungsbehörde zu überlassen, gebiete die Festlegung der wesentlichen Merkmal einer Schulform durch Gesetz.[34]

Mitte der 1970er Jahre distanzierte sich das Bundesverfassungsgericht dann ausdrücklich von einer Beschränkung des Vorbehaltes auf „Eingriffe in Freiheit und Eigentum".[35] Im Rahmen einer demokratisch-parlamentarischen Staatsverfassung liege es näher, dass die Entscheidung aller grundsätzlichen Fragen, die den Bürger unmittelbar betreffen, durch Gesetz erfolgen müsse, und zwar losgelöst von dem in der Praxis fließenden Abgrenzungsmerkmal des Eingriffs.[36] Staatliches Handeln, durch das dem Einzelnen Leistungen und Chancen gewährt und angeboten würden, sei für eine Existenz in Freiheit oft nicht weniger bedeutungsvoll als das Unterbleiben eines Eingriffs.[37] Hier wie dort komme dem vom Parlament beschlossenen Gesetz gegenüber dem bloßen Verwaltungshandeln die unmittelbare demokratische Legitimation zu, und das parlamentarische Verfahren gewährleiste ein höheres Maß an Öffentlichkeit der Auseinandersetzung und Entscheidungssuche und damit auch größere Möglichkeiten eines Ausgleichs widerstreitender Interessen.[38] All dies spreche für eine Ausdehnung des allgemeinen Gesetzesvorbehaltes über die überkommenen Grenzen hinaus.[39] Auch außerhalb des

[31] BVerfGE 33, 303 (337).
[32] BVerfGE 33, 303 (337).
[33] BVerfGE 33, 303 (337).
[34] BVerfGE 34, 165 (192 f.).
[35] BVerfGE 40, 237 (249); ferner BVerfGE 47, 46 (78 f.).
[36] BVerfGE 40, 237 (249).
[37] BVerfGE 40, 237 (249).
[38] BVerfGE 40, 237 (249).
[39] BVerfGE 40, 237 (249).

Art. 80 GG habe der Gesetzgeber die grundlegenden Entscheidungen selbst zu treffen und zu verantworten.[40] Allerdings bedeute dies für die Regelung von Behördenzuständigkeiten und des Verwaltungsverfahrens nicht, dass alle Einzelheiten dem Gesetz vorbehalten seien.[41]

Der Sache nach war damit die Wesentlichkeitstheorie in der Welt, deren Umschreibung in der Folgezeit dann wiederholt und variiert worden ist.[42] Die Formulierung lautet regelmäßig, dass der Gesetzgeber verpflichtet sei, die wesentlichen Entscheidungen – losgelöst vom Merkmal des Eingriffs[43] – selbst zu treffen,[44] und dass „wesentlich" in der Regel „wesentlich für die Verwirklichung der Grundrechte" bedeute.[45] Vereinzelt wurde für die Wesentlichkeit allgemeiner auf den „Blick auf den jeweiligen Sachbereich und auf die Eigenart des betroffenen Regelungsgegenstandes" abgestellt.[46] Die Wesentlichkeitstheorie erweitert den dem Vorbehalt des Gesetzes unterfallenden Anwendungsbereich und schränkt zugleich die Delegationsmöglichkeiten des parlamentarischen Gesetzgebers ein.

Als wesentlich und damit dem Vorbehalt des Gesetzes unterfallend sah das Bundesverfassungsgericht etwa[47] den Schulausschluss,[48] die Einführung der Sexualerziehung in den Schulen,[49] die normative Grundsatzentscheidung über die friedliche Nutzung der Kernenergie,[50] über die Stationierung von chemischen Waffen in der Bundesrepublik Deutschland[51] sowie über die grundsätzliche Zulässigkeit der Käfighaltung von Legehennen[52] an. Keiner besonderen einfachgesetzlichen Grundlage bedürfe es hingegen für schulische Versetzungsregelungen,[53] für die Einführung der Rechtschreibreform in

[40] BVerfGE 40, 237 (249 f.).

[41] BVerfGE 40, 237 (250).

[42] Vgl. zur Kritik an den mit dem Begriff „wesentlich" verbundenen Subsumtionsschwierigkeiten etwa *Ladeur/Gostomzyk*, Die Verwaltung 36 (2003), S. 141 (147 f.); für eine Verabschiedung der Wesentlichkeitstheorie *Reimer*, in: Hoffmann-Riem/Schmidt-Aßmann/Voßkuhle, Grundlagen des Verwaltungsrechts, Bd. I, 2006, § 9 Rn. 57 ff.

[43] BVerfGE 49, 89 (126); 76, 1 (75); 77, 170 (230).

[44] BVerfGE 45, 400 (417 f.); 47, 46 (79); 49, 89 (126); 58, 257 (268); 76, 1 (75); 77, 170 (230 f.); 77, 381 (403); 79, 174 (195 f.); 80, 124 (132); 83, 130 (142); 98, 218 (251); 101, 1 (34), 108, 282 (311 f.).

[45] BVerfGE 47, 46 (79); 80, 124 (132); 83, 130 (142); 98, 218 (251); ähnlich BVerfGE 76, 1 (75); 77, 170 (230); 101, 1 (34); 108, 282 (311).

[46] BVerfGE 98, 218 (251).

[47] Siehe im Übrigen die umfassende Übersicht bei *Robbers*, in: Bonner Kommentar, Art. 20 Abs. 1 Rn. 2032 ff. (Oktober 2009).

[48] BVerfGE 41, 251 (259 f.); 58, 257 (275).

[49] BVerfGE 47, 46 (80 ff.).

[50] BVerfGE 49, 89 (127).

[51] BVerfGE 77, 170 (231).

[52] BVerfGE 101, 1 (34).

[53] BVerfGE 58, 257 (275 f.).

den Schulen[54] und wegen der abschließenden Regelungen in Art. 59 Abs. 2 Satz 1 und Art. 24 Abs. 1 GG für die Stationierung nuklearer Mittelstreckenwaffen auf dem Gebiet der Bundesrepublik Deutschland.[55] Im letzteren Zusammenhang formulierte das Gericht, dass das Grundgesetz keinen Totalvorbehalt des Gesetzes kenne.[56]

Ambivalenz zeigte die Rechtsprechung des Bundesverfassungsgerichts zunächst weiter, wenn es um die Frage ging, ob auch Maßnahmen der Leistungsverwaltung dem Vorbehalt des Gesetzes unterlägen. Entscheidungen über Pressesubventionen unterlägen aufgrund ihrer Wesentlichkeit für die Verwirklichung der Grundrechte dann dem Vorbehalt des Gesetzes, wenn mit der staatlichen Leistung entweder eine erhebliche Gefahr für die Staatsfreiheit und Kritikbereitschaft der Presse einherginge und wenn ohne eine solche Leistung die Aufrechterhaltung eines freiheitlichen Pressewesens nicht mehr gewährleistet wäre.[57] In der Folgezeit lehnte entsprechend die fachgerichtliche Rechtsprechung die Notwendigkeit eines gesonderten Gesetzes (jenseits des Haushaltsgesetzes) für die Gewährung staatlicher Leistungen ab.[58] Diese Frage stellt sich allerdings aufgrund des Urteils des Ersten Senats des Bundesverfassungsgerichts vom 9. Februar 2010 zu den SGB II-Regelleistungen („Hartz IV")[59] in neuem Lichte.[60]

D. Rückzüge

Die Durchsetzung des Vorbehalts des Gesetzes in der Rechtsprechung des Bundesverfassungsgerichts blieb indes nicht ohne Rückschläge. Es sind insbesondere drei Entscheidungen, die sich in die tradierte Dogmatik und Rechtsprechungspraxis nicht widerspruchsfrei einordnen lassen.

[54] BVerfGE 98, 218 (252 ff.).

[55] BVerfGE 68, 1 (108 f.) mit Sondervotum *Mahrenholz*, S. 111 ff.

[56] BVerfGE 68, 1 (109); ebenso etwa *Masing*, in: Hoffmann-Riem, Offene Rechtswissenschaft, 2010, S. 467 (493).

[57] BVerfGE 80, 124 (132).

[58] BVerwGE 45, 8 (11); 58, 45 (48 ff.); ebenso *Jarass*, in: ders./Pieroth, GG, 11. Aufl. 2011, Art. 20 Rn. 51; *Robbers*, in: Bonner Kommentar, Art. 20 Abs. 1 Rn. 2004, vgl. aber auch Rn. 2018 (Oktober 2009); a.A. etwa *Sommermann*, in: von Mangoldt/Klein/Starck, GG, Bd. 2, 6. Aufl. 2010, Art. 20 Rn. 281 f.

[59] BVerfGE 125, 175 ff.; dazu in diesem Band *Aubel*, S. 273 ff.

[60] Dazu noch näher unter E (S. 144 ff.).

I. Arbeitskampfrecht

Zu nennen ist hier zum einen eine Entscheidung aus dem Jahr 1991 zum Arbeitskampfrecht. Der Erste Senat vertrat hier die Auffassung, dass das Bundesarbeitsgericht an einer rechtlichen Begrenzung der Aussperrungsbefugnis des beschwerdeführenden Arbeitgebers nicht etwa deshalb gehindert gewesen wäre, weil dies allein Sache des Gesetzgebers gewesen wäre.[61] Die Wesentlichkeitstheorie gelte für das Verhältnis zwischen Staat und Bürger. Hier gehe es jedoch um das Verhältnis gleichgeordneter Grundrechtsträger. Die Gerichte müssten bei unzureichenden gesetzlichen Vorgaben das materielle Recht mit den anerkannten Methoden der Rechtsfindung aus den allgemeinen Rechtsgrundlagen ableiten, die für das betreffende Rechtsverhältnis maßgeblich seien. Das gelte auch dort, wo eine gesetzliche Regelung, etwa wegen einer verfassungsrechtlichen Schutzpflicht, notwendig wäre. Nur so könnten die Gerichte die ihnen vom Grundgesetz auferlegte Pflicht erfüllen, jeden vor sie gebrachten Rechtsstreit sachgerecht (sic!) zu entscheiden.

Eine tragfähige Begründung lieferte das Gericht damit für diese „Sonderdogmatik“[62] nicht. Für die Frage, ob der Vorbehalt des Gesetzes gilt, kann es nicht auf den Zweck eines Grundrechtseingriffs ankommen, also etwa darauf, ob der Eingriff privaten oder öffentlichen Interessen zugute kommen soll. Die Argumentation des Ersten Senats zu Ende gedacht, wäre nicht nur das Zivilrecht unter dem Aspekt des Vorbehaltes des Gesetzes weitgehend entbehrlich, sondern es bedürfte dann beispielsweise selbst für polizeiliche Maßnahmen keiner gesetzlichen Grundlage, wenn und soweit die Polizei ausschließlich zur Beilegung eines Streites zwischen Privatpersonen, der öffentliche Strafverfolgungsinteressen nicht berührt, handelt. Da die Gerichte – auch die Zivilgerichte und damit die Arbeitsgerichte – aber unstreitig ebenso wie jede andere staatliche Gewalt unmittelbar (!) an die Grundrechte gebunden sind (Art. 1 Abs. 3 GG),[63] gelten für sie die Grundrechtsschranken, zu denen auch der Vorbehalt des Gesetzes gehört,[64] uneingeschränkt. Um einen Grundrechtseingriff – auch das Bundesverfassungsgericht hat die angegriffene fachgerichtliche Entscheidung als Eingriff in die Koalitionsfreiheit

[61] BVerfGE 84, 212 (226 f.); siehe auch BVerfGE 88, 103 (115 f.), wo diese Obersätze wiederholt wurden, für den Einsatz von Beamten auf bestreikten Arbeitsplätzen jedoch eine gesetzliche Regelung für zwingend erachtet wurde, weil es zumindest auch um das Verhältnis von Staat und Privatrechtssubjekten gehe und die allgemeinen Rechtsgrundlagen des Arbeitskampfrechts keine gesetzliche Regelung in diesem Sinne darstellten.

[62] *Bauer*, in: Dreier, GG, Bd. 1, 2. Aufl. 2004, Art. 9 Rn. 95; *Höfling*, in: Sachs, GG, 5. Aufl. 2009, Art. 9 Rn. 96.

[63] Vgl. *Höfling*, in: Sachs, GG, 5. Aufl. 2009, Art. 9 Rn. 107 f.; *Papier*, in: Merten/Papier, HGRe III, 2009, § 79 Rn. 12.

[64] Siehe oben bei Fußn. 18.

des Beschwerdeführers qualifiziert[65] – handelt es sich daher aber stets, wenn ein Bürger von Gerichten zu einem Tun oder Unterlassen verurteilt wird.[66] Und so geht es gerade nicht um das Verhältnis zwischen Bürgern untereinander, das – jenseits des Art. 9 Abs. 3 Satz 2 GG[67] – in der Tat angesichts der klaren Regelung in Art. 1 Abs. 3 GG frei von grundrechtlichen Bindungen ist,[68] sondern um das Verhältnis zwischen grundrechtsverpflichtetem Staat einerseits und grundrechtsberechtigtem Bürger andererseits, wenn die staatliche Rechtsprechung Regelungen trifft, die einer der beiden Tarifparteien Beschränkungen im Arbeitskampf auferlegt.[69] In anderen Konstellationen geht das Gericht im Übrigen in ständiger Rechtsprechung davon aus, dass eine Regelung durch den Gesetzgeber gerade dann notwendig ist, wenn miteinander konkurrierende grundrechtliche Freiheitsrechte aufeinander treffen.[70]

Der Verweis auf die Notwendigkeit eines Parlamentsgesetzes hindert die Gerichte entgegen dem Eindruck, den das Bundesverfassungsgericht in dem Beschluss zu erwecken versucht, auch nicht daran, die vor sie gebrachten Rechtsstreitigkeiten „sachgerecht" zu entscheiden. Da die Justizgewährleistungspflicht keine materielle Rechtsgrundlage ist und nicht geeignet ist, unter dem Gesichtspunkt der „Gerechtigkeit" von der Gesetzesbindung zu dispensieren,[71] gilt: Wenn es für einen Grundrechtseingriff an einer gesetzlichen Grundlage fehlt, ist es dem Gericht verwehrt, den Grundrechtsträger zu verurteilen.[72] Hielte es dieses Ergebnis für verfassungswidrig, müsste es die Frage dem Bundesverfassungsgericht gemäß Art. 100 Abs. 1 GG zur Entscheidung vorlegen.[73] Fehlte es gänzlich an einer einschlägigen gesetzlichen

[65] BVerfGE 84, 212 (223).

[66] Vgl. BVerfGE 81, 242 (253); 119, 1 (20); *Papier*, in: Merten/Papier, HGRe III, 2009, § 79 Rn. 12; differenzierend *Alleweldt*, Bundesverfassungsgericht und Fachgerichtsbarkeit, 2006, S. 69 ff. m.w.N.

[67] Dazu etwa *Höfling/Burkiczak*, RdA 2004, S. 263 ff.

[68] Dies wiederum hat das Bundesverfassungsgericht allerdings nicht gehindert, unter Berufung auf Grundrechte in private Vertragsbeziehungen einzugreifen: BVerfGE 81, 242 ff. (Handelsvertreter) und BVerfGE 89, 214 ff. (Bürgschaft); vgl. dazu *Burkiczak*, Grundgesetz und Deregulierung des Tarifvertragsrechts, 2006, S. 230 ff. m.w.N. zur einschlägigen Diskussion; siehe zum Stand der Diskussion um die sog. mittelbare Drittwirkung der Grundrechte etwa *Classen*, AöR 122 (1997), S. 65 ff.; *Ladeur*, in: Festschrift für Teubner, 2009, S. 543 ff.; *Müller-Franken*, in: Festschrift für Bethge, 2009, S. 223 ff.; *Ruffert*, JZ 2009, S. 389 ff.; siehe zum Ganzen auch *Di Fabio*, in: Festschrift für Herzog, 2009, S. 35 ff.

[69] Zutreffend *Kluth*, in: Friauf/Höfling, GG, Art. 9 Abs. 3 Rn. 117 (April 2006); siehe auch *Hermes*, VVDStRL 61 (2002), S. 119 (137, in Fn. 89).

[70] BVerfGE 57, 295 (321); 83, 130 (142, 152); 108, 282 (311); vgl. gerade zu Art. 9 Abs. 3 GG auch BVerfGE 57, 220 (246 ff.).

[71] Zutreffend und dazu noch näher *Christensen*, NJW 1989, S. 3194 (3196).

[72] Vgl. auch *Kudlich/Christensen*, JZ 2009, S. 943.

[73] So die Lösung bei *Hermes*, VVDStRL 61 (2002), S. 119 (142) m.w.N.

Regelung und hielte man gänzliches Untätigbleiben des Gesetzgebers für einen untauglichen Vorlagegegenstand im Sinne von Art. 100 Abs. 1 GG,[74] muss das Fachgericht eine Entscheidung treffen, dabei aber berücksichtigen, dass eine gesetzliche Anspruchs- bzw. Ermächtigungsgrundlage nicht besteht; der Betroffene kann dann hiergegen mit der Verfassungsbeschwerde vorgehen.[75] Jedenfalls kommt nur dem Bundesverfassungsgericht die Kompetenz zu, gesetzgeberisches Unterlassen oder defizitäres Tätigwerden festzustellen.[76]

Im Arbeits(kampf)recht besteht damit zu Gunsten des rechtspolitischen Gestaltungswillens der Arbeitsgerichtsbarkeit ein rechtsstaatliches Defizit.[77] Die Zwecke des Vorbehaltes des Gesetzes, die Volksvertretung anzuhalten, Notwendigkeit und Ausmaß von Grundrechtseingriffen in öffentlicher Debatte zu klären,[78] und Eingriffe kraft Richterrecht zu verhindern, die der Gesetzgeber bewusst nicht vorgesehen hat,[79] werden hier gerade nicht erfüllt. Die Entscheidung aus dem Jahr 1991 stößt daher, so gerne deren Aussagen auch von den Arbeitsgerichten aufgenommen[80] und über den Bereich des Arbeitskampfrechts hinaus ausgedehnt werden,[81] in der verfassungsrechtlichen Literatur weiterhin auf Skepsis.[82]

[74] So wohl die herrschende und mit Blick auf den Wortlaut von Art. 100 Abs. 1 GG zutreffende Auffassung, siehe etwa BVerwGE 75, 330 (334 f.); *Sieckmann*, in: von Mangoldt/Klein/Starck, GG, Bd. 3, 6. Aufl. 2010, Art. 100 Rn. 19 m.w.N. auch zur Gegenansicht; *Sturm*, in: Sachs, GG, 5. Aufl. 2009, Art. 100 Rn. 9; *Wieland*, in: Dreier, GG, Bd. 3, 2. Aufl. 2008, Art. 100 Rn. 14. – Anders aber BVerfGE 115, 259 ff., wo ohne Problematisierung der Zulässigkeit ausdrücklich nicht eine bestimmte Rechtsvorschrift, sondern die Unterlassung einer Regelung geprüft wurde (a.a.O., S. 275); das vorlegende Gericht hatte noch das gesamte Gesetz (Sozialgesetzbuch Drittes Buch – SGB III), dem die aus seiner Sicht verfassungsrechtlich notwendige Regelung fehlte, in der Vorlagefrage als Vorlagegegenstand genannt (BSG, NZS 2002, S. 100).

[75] Siehe noch unten bei Fußn. 126.

[76] Vgl. *Oeter*, AöR 119 (1994), S. 529 (550) m.w.N.

[77] Vgl. dazu auch *Engels*, Verfassung und Arbeitskampfrecht, 2008, S. 311 ff.; *Höfling/Engels*, ZG 2008, S. 250 (258 ff.).

[78] BVerfGE 85, 386 (403 f.).

[79] BVerfGE 116, 69 (83 f.).

[80] Vgl. etwa BAGE 123, 134 (138 f., Rn. 16); BAG, NJW 2010, 631 (635, Rn. 37); LAG Sachsen, NZA 2008, S. 59 (61 f.).

[81] Siehe dazu unten Fußn. 109.

[82] Vgl. *Bauer*, in: Dreier, GG, Bd. 1, 2. Aufl. 2004, Art. 9 Rn. 95; *Hermes*, VVDStRL 61 (2002), S. 119 (137, in Fn. 89); *Höfling*, in: Sachs, GG, 5. Aufl. 2009, Art. 9 Rn. 96; *Isensee*, DZWir 1994, S. 309 (310 ff.); *Kluth*, in: Friauf/Höfling, GG, Art. 9 Abs. 3 Rn. 117 (April 2006); *Schwabe*, in: Festschrift für Selmer, 2004, S. 247 (256); positiver hingegen *Gärditz*, in: Friauf/Höfling, GG, Art. 20 (6. Teil) Rn. 178 (Januar 2011).

II. Staatliche Informationstätigkeit

Noch weniger Akzeptanz, ja geradezu heftigen Widerstand in der Staatsrechtslehre haben zwei Entscheidungen des Bundesverfassungsgerichts aus dem Jahr 2002 gefunden,[83] in denen gar die Wiederbelebung des 19. Jahrhunderts gesehen wird.[84] Sie werden noch heute mit deutlichen Worten kritisiert, etwa wenn sie auf eine „ergebnisfixierte Profilierungsneurose vor dem Abschied stehender Richterpersönlichkeiten" zurückgeführt werden.[85]

1. Osho-Beschluss

Der Erste Senat entschied in dem sog. Osho-Beschluss, dass die Unterrichtung der Öffentlichkeit über Vorgänge und Entwicklungen, die für den Bürger und das funktionierende Zusammenwirken von Staat und Gesellschaft von Wichtigkeit sind, von der der Regierung durch das Grundgesetz zugewiesenen Aufgabe der Staatsleitung auch dann gedeckt sei, wenn mit dem Informationshandeln mittelbar-faktische Grundrechtsbeeinträchtigungen verbunden seien.[86] Der Vorbehalt des Gesetzes verlange hierfür keine darüber hinausgehende besondere Ermächtigung durch den Gesetzgeber, es sei denn, die Maßnahme stelle sich nach der Zielsetzung und ihren Wirkungen als Ersatz für eine staatliche Maßnahme dar, die als Grundrechtseingriff im her-

[83] Vgl. aus dem Reigen der verschiedene Aspekte betreffenden kritischen Stimmen etwa *Bethge*, Jura 2003, S. 327 (332 f.); *Dietlein*, Die Lehre von den grundrechtlichen Schutzpflichten, 2. Aufl. 2005, S. VI ff.; *Dreier*, in: ders., GG, Bd. 1, 2. Aufl. 2004, Vorb. Rn. 128; *ders.*, Die Verwaltung 36 (2003), S. 105 (135 f.); *Gärditz*, in: Friauf/Höfling, GG, Art. 20 (6. Teil) Rn. 160 (Januar 2011); *Hellmann*, NVwZ 2005, S. 163 ff.; *Höfling*, in: Festschrift für Rüfner, 2003, S. 329 ff.; *Huber*, JZ 2003, S. 290 ff.; *Kahl*, AöR 131 (2006), S. 579 (607); *Klement*, DÖV 2005, S. 507 ff.; *Ohler*, ZLR 2002, S. 630 ff.; *Rupp*, in: Festschrift für Häberle, 2004, S. 731 (739 ff.); *Sachs*, in: Festschrift für Selmer, 2004, S. 209 (223 ff.); aus der Zeit vor den Entscheidungen des BVerfG siehe insbesondere *Di Fabio*, JZ 1993, S. 689 ff.; *Schoch*, DVBl. 1991, S. 667 ff.; verteidigend dagegen *Papier*, in: Merten/Papier (Hrsg.), Grundsatzfragen der Grundrechtsdogmatik, 2007, S. 81 (93 ff., 95 ff.); eher positiv auch *Bumke*, Die Verwaltung 37 (2004), S. 3 (30).

[84] So *Lepsius*, JZ 2004, S. 350 (351); mit Blick auf die Glykol-Entscheidung des BVerwG (BVerwGE 87, 37 ff.) bereits *Schoch*, DVBl. 1991, S. 667 (674).

[85] So *Bethge*, Die Verwaltung 43 (2010), S. 429 (439); vgl. auch *Rixen*, Sozialrecht als öffentliches Wirtschaftsrecht, 2005, S. 240.

[86] BVerfGE 105, 279 (303) – Osho; in der Sache bestätigt durch EGMR, NVwZ 2010, S. 177, der aber die Verfahrensdauer beim BVerfG gerügt hat. – An die Osho-Entscheidung anknüpfend BVerfG, Beschluss der 2. Kammer des Ersten Senats vom 12. August 2002 – 1 BvR 1044/93 –, NVwZ-RR 2002, S. 801 – Bhagwan; BVerfG, Beschluss der 2. Kammer des Ersten Senats vom 16. August 2002 – 1 BvR 1241/97 –, NJW 2002, S. 3458 (3459) – Scientology; BVerfG, Beschluss der 1. Kammer des Ersten Senats vom 17. August 2010 – 1 BvR 2585/06 –, NJW 2011, S. 511 (512, Rn. 23) – Bundeszentrale für politische Bildung; dazu *Schoch*, NVwZ 2011, S. 193 ff.

kömmlichen Sinne zu qualifizieren sei. Wegen der zum Teil unterschiedlichen Gründe für die Ausweitung des Grundrechtsschutzes einerseits und des Gesetzesvorbehalts andererseits unter der Geltung des Grundgesetzes sei es nicht selbstverständlich, dass der Gesetzesvorbehalt zwangsläufig mit der Ausweitung des Schutzes auf faktisch mittelbare Beeinträchtigungen von Grundrechten in jeder Hinsicht mitgewachsen sei.[87] Die Anforderungen an eine gesetzliche Ermächtigung würden dadurch mitbestimmt, ob diese dazu beitragen kann, die im Rechtsstaats- und im Demokratieprinzip wurzelnden Anliegen des Gesetzesvorbehalts zu erfüllen.[88] Dies hänge auch von den hierauf bezogenen Erkenntnis- und Handlungsmöglichkeiten des Gesetzgebers ab. Die Aufgabe staatlichen Handelns könne der Gesetzgeber ohne weiteres normativ festlegen. Ebenso könne er die Voraussetzungen gezielter und unmittelbarer Eingriffe normieren. Für die faktisch-mittelbaren Wirkungen staatlichen Handelns gelte dies regelmäßig nicht. Hier liege die Beeinträchtigung nicht in einem staatlicherseits geforderten Verhalten des Normadressaten, sondern in den Wirkungen staatlichen Handelns für einen Dritten, die insbesondere vom Verhalten anderer Personen abhingen. Die Beeinträchtigung entstehe aus einem komplexen Geschehensablauf, bei dem Folgen grundrechtserheblich werden, die indirekt mit dem eingesetzten Mittel oder dem verwirklichten Zweck zusammenhängen. Derartige faktisch-mittelbare Wirkungen entzögen sich typischerweise einer Normierung. So liege es jedenfalls bei einer Informationstätigkeit der Regierung, die aufgrund der Reaktionen der Bürger zu mittelbar-faktischen Grundrechtsbeeinträchtigungen führe. Die Voraussetzungen dieser Tätigkeit ließen sich gesetzlich sinnvoll nicht regeln.[89] Sei eine Aufgabe der Regierung zum Informationshandeln gegeben, stehe damit im Hinblick auf die Vielgestaltigkeit und Veränderlichkeit der in Betracht kommenden Lebenssachverhalte in aller Regel nicht im Vorhinein fest, aus welchen Anlässen es zu welchem Informationshandeln der Regierung kommen werde. Die Themen denkbarer staatlicher Informationstätigkeit beträfen praktisch alle Lebensbereiche. Dementsprechend vielfältig seien die Zwecke staatlichen Informationshandelns. Die Art und Weise des staatlichen Vorgehens würden durch den konkreten Anlass der Äußerung bestimmt, der oft kurzfristig entstehe, sich unter Umständen schnell wieder ändere und deshalb vielfach ebenfalls nicht prognostiziert werden könne. Ungewiss seien auch und vor allem die Wirkungen und weiteren Folgen der staatlichen Informationstätigkeit für den Bürger. Ob und welche

[87] BVerfGE 105, 279 (303 f.).

[88] BVerfGE 105, 279 (304).

[89] Ähnlich bereits BVerfG, Beschluss der 1. Kammer des Ersten Senats vom 15. August 1989 – 1 BvR 881/89 –, NJW 1989, S. 3269 (3270). Gegen dieses Argument etwa *P. M. Huber*, JZ 2003, S. 290 (294 f.); siehe auch *Käß*, WiVerw 2002, S. 197 (205 f.) mit Beispielen für existierende Ermächtigungsgrundlagen für staatliche Warnungen.

nachteiligen Konsequenzen diese Tätigkeit im Einzelfall für den Grundrechtsträger habe, hänge im Allgemeinen von einer Vielzahl unterschiedlichster Faktoren und deren Zusammenwirken ab. Häufig sei hierfür das Verhalten Dritter ausschlaggebend, das, weil es auf deren freier Entscheidung beruhe, regelmäßig nicht abschätzbar sei und hinsichtlich seiner Folgen nur schwer kalkuliert werden könne. Weder die rechtsstaatliche, grundrechtsschützende und den Rechtsschutz gewährleistende noch die demokratische Funktion des Gesetzesvorbehalts fordere unter diesen Umständen eine über die Aufgabenzuweisung hinausgehende gesetzliche Ermächtigung. Gegenstand und Modalitäten staatlichen Informationshandelns seien so vielgestaltig, dass sie angesichts der eingeschränkten Erkenntnis- und Handlungsmöglichkeiten des Gesetzgebers allenfalls in allgemein gehaltenen Formeln und Generalklauseln gefasst werden könnten. Ein Gewinn an Messbarkeit und Berechenbarkeit staatlichen Handelns sei für den Bürger auf diesem Wege regelmäßig nicht zu erreichen oder nur in einer Weise, die den Erfordernissen staatlicher Informationstätigkeit nicht gerecht werde. Gleiches gelte für das Ziel, die Entscheidung grundsätzlicher, insbesondere für die Verwirklichung der Grundrechte wesentlicher Fragen aus Gründen der demokratischen Legitimation wenigstens in den Grundzügen dem parlamentarischen Gesetzgeber vorzubehalten. Angesichts der zwangsläufig weiten und unbestimmten Fassung einer einfachgesetzlichen Ermächtigung zum Informationshandeln der Regierung wäre mit einer solchen Ermächtigung eine Entscheidung zur Sache in Wirklichkeit nicht verbunden.[90] Mit dieser Argumentation kann man freilich auch die Generalklauseln des Polizeirechts für entbehrlich halten.

2. *Glykol-Beschluss*

In der Parallelentscheidung vom gleichen Tag, in dem es um die staatliche Warnung vor mit Glykol versetztem Wein ging, hat das Bundesverfassungsgericht den grundrechtlichen Schutz noch weiter, nämlich bereits auf Schutzbereichsebene beschränkt, indem es insoweit den Schutz des Art. 12 Abs. 1 GG nur nach Maßgabe des einfachen Rechts gewährleistet sah,[91] so dass es mangels Annahme eines Grundrechtseingriffs auf eine einfachgesetzliche

[90] BVerfGE 105, 279 (305).

[91] BVerfGE 105, 252 (265) – Glykol; daran anknüpfend BVerfGE 106, 275 (298) – Festbeträge für Arzneimittel; BVerfGE 116, 135 (151 f.) – Vergabe öffentlicher Aufträge; BVerfGE 116, 202 (221) – Tariftreue. Zur Kritik an dem dieser Umkehrung der Normhierachie offenbar zugrunde liegenden Vorverständnis siehe etwa *Höfling/Rixen*, RdA 2007, S. 360 (363 ff.); *Rixen*, Sozialrecht als öffentliches Wirtschaftsrecht, 2005, S. 235 ff.; kritisch auch *Dreier*, in: ders., GG, Bd. 1, 2. Aufl. 2004, Vorb. Rn. 128; tendenziell anders noch BVerfG, Beschluss der 1. Kammer des Ersten Senats vom 25. Februar 1999 – 1 BvR 1472/91 u.a. –, NJW 1999, S. 3404 (3405) – sog. Negativ-Liste unwirtschaftlicher Arzneimittel.

Grundlage gar nicht mehr ankam.[92] Verfassungsrechtlich erforderlich sei (allein) das Vorliegen einer staatlichen Aufgabe – vom Gericht in der Staatsleitungsaufgabe der Regierung gesehen –, die Einhaltung der Zuständigkeitsordnung sowie die Beachtung der Anforderungen an die Richtigkeit und Sachlichkeit von Informationen.[93]

Ausdrücklich anders ordnete das Bundesverfassungsgericht allerdings die Nennung einer bestimmten Zeitung im Verfassungsschutzbericht eines Landes ein. Hierbei handele es sich um einen Eingriff in die Pressefreiheit des Verlegers, die den Gesetzesvorbehalt des Art. 5 Abs. 2 GG – und damit den Vorbehalt des Gesetzes – aktiviere.[94]

E. Offensive: Gesetzesvorbehalt bei sozialen Leistungsrechten

Eine gegenteilige, den Anwendungsbereich des Vorbehaltes des Gesetzes wieder erweiternde Entscheidung stellt das Urteil des Bundesverfassungsgerichts zu den sog. Hartz IV-Regelleistungen aus dem Jahr 2010 dar.[95] Erstmals in der Rechtsprechung des Gerichts wurde hier der einfachrechtlich in § 31 SGB I normierte Vorbehalt des Gesetzes für die Gewährung staatlicher Sozialleistungen verfassungsrechtlich fundiert.[96] Das Gericht stützt dies gleich auf mehrere Pfeiler. Zum einen verlange Art. 1 Abs. 1 GG, dass auf die Leistungen, die zur Gewährleistung eines menschenwürdigen Existenzminimums erforderlich seien, ein subjektiv-rechtlicher, durch Parlamentsgesetz umschriebener Anspruch bestünde. Auch aus dem Rechtsstaats- und Demokratieprinzip ergebe sich die Pflicht des Gesetzgebers, die zur Grundrechtsverwirklichung maßgeblichen Regelungen selbst zu treffen. Zudem könne sich der von Verfassungs wegen bestehende Gestaltungsspielraum des Parlaments nur im Rahmen eines Gesetzes entfalten und konkretisieren. Schließlich sei die Begründung von Geldleistungsansprüchen auch mit erheblichen finanziellen Auswirkungen für die öffentlichen Haushalte verbunden. Derartige Entscheidungen seien aber dem Gesetzgeber vorbehalten.[97]

[92] Dies ist in der Literatur als Zweck der Verneinung der Schutzbereichsbetroffenheit bzw. des Eingriffs gedeutet worden: *Dietlein*, Die Lehre von den grundrechtlichen Schutzpflichten, 2. Aufl. 2005, S. VIII; *Murswiek*, NVwZ 2003, S. 1 (3); siehe auch *Kahl*, AöR 131 (2006), S. 579 (606 f.).

[93] BVerfGE 105, 252 (268). Gegen den Schluss von der Richtigkeit einer Information auf die fehlende Eingriffswirkung etwa *Di Fabio*, JZ 1993, S. 689 (696).

[94] BVerfGE 113, 63 (76 ff.) – Junge Freiheit; dazu etwa *Murswiek*, NVwZ 2006, S. 121 ff.

[95] BVerfGE 125, 175 ff.; dazu in diesem Band *Aubel*, S. 273 ff.

[96] BVerfGE 125, 175 (223 f.); vgl. aus der Literatur schon *Henke*, AöR 101 (1976), S. 576 (587); *ders.*, DÖV 1977, S. 41 (44 ff.).

[97] Vgl. nochmals *Henke*, AöR 101 (1976), S. 576 (605).

Die Tragweite dieser Entscheidung kann nicht überschätzt werden, denn sie hat bei konsequenter Fortführung Bedeutung über den Bereich der Gewährung von (existenzsichernden) Sozialleistungen hinaus. Dies gilt zum einen allgemein für Zahlungsansprüche gegenüber dem Staat. Indem das Gericht anerkennt, dass die Begründung finanzwirksamer Ansprüche dem Parlament vorbehalten ist, erteilt es nicht nur einer Lückenfüllungskompetenz der Fachgerichte eine klare Absage,[98] sondern misst auch dem Umstand, dass die Ausgabentätigkeit des Staates auch aus rechtsstaatlicher Sicht der Begrenzung bedarf, verfassungsrechtliche Bedeutung zu. Das Gericht spricht in dem Zusammenhang zwar lediglich von den Auswirkungen für die öffentlichen Haushalte. Es geht aber letztlich um den Schutz der die öffentlichen Leistungen finanzierenden Gemeinschaft der Steuerzahler. Damit nähert sich das Gericht, wenn auch in der Formulierung noch vorsichtig, der Erkenntnis, dass die rechtsstaatlichen Gewährleistungen des Grundgesetzes der Ausweitung sozialstaatlicher Leistungen tendenziell Grenzen setzen.[99] Das Gebot strikter Gesetzlichkeit und das Verbot von Analogiebildungen sind daher aus objektiv-rechtsstaatlichen und demokratischen Gründen auch dann zu beachten, wenn sie sich zum Nachteil des einzelnen leistungsbegehrenden Bürgers auswirken.[100]

Die Ausführungen zum Vorbehalt des Gesetzes reichen aber auch über den immer noch engen Bereich von Zahlungsansprüchen hinaus. Zu Recht stützt das Bundesverfassungsgericht den Vorbehalt des Gesetzes auch auf den Umstand, dass sich nur so der Gestaltungsspielraum des Gesetzgebers entfalten und konkretisieren kann. Dies gilt freilich für jeden Bereich, in dem der Gesetzgeber einen Gestaltungsspielraum hat, namentlich also dann, wenn er in Wahrnehmung seiner grundrechtlichen Schutzpflichten tätig wird.[101] Das Gericht nimmt in seinem „Hartz IV“-Urteil – das zwar nicht grundrechtliche Schutzpflichten[102], sondern grundrechtliche Leistungsansprüche im engeren Sinne betraf, die aber beide dem Oberbegriff „grundrechtliche Leistungsansprüche im weiteren Sinne“ zugeordnet werden können[103] – an dieser Stelle Bezug auf eine Entscheidung aus dem Jahr 1982, wo es mit Blick auf das Sozialstaatsprinzip ausgeführt hatte, dass die demokratische Ordnung des Grundgesetzes als Ordnung eines freien politischen Prozesses entscheidend eingeschränkt und verkürzt würde, wenn der politischen

[98] So die treffende Schlussfolgerung bei *Wenner*, Soziale Sicherheit 2010, S. 96.

[99] Vgl. zu diesem Zusammenhang bereits *Höfling/Rixen*, RdA 2007, S. 360 (366).

[100] So zutreffend *Gärditz*, in: Friauf/Höfling, GG, Art. 20 (6. Teil) Rn. 164 (Januar 2011).

[101] Vgl. die Nachweise in Fußn. 116.

[102] Hierzu im Überblick *Burkiczak*, JA 2005, S. 25 m.w.N.; eingehend etwa *Krings*, Grund und Grenzen grundrechtlicher Schutzansprüche, 2003.

[103] Vgl. *Alexy*, Theorie der Grundrechte, 1994, S. 179 ff., 402 ff.

Willensbildung eine in einer bestimmten Weise einzulösende verfassungsrechtliche Verpflichtung vorgegeben wäre.[104] Damit ist einer Konkretisierung grundrechtlicher Leistungs- und Schutzansprüche durch die Verwaltung und die Gerichte am Parlament vorbei eine deutliche Absage erteilt.[105]

F. Herausforderungen

Abseits der oben erörterten Einschränkungen des Vorbehaltes des Gesetzes in der Rechtsprechung des Bundesverfassungsgerichts und dem daraus erwachsenden Korrekturbedarf im Eingriffszusammenhang werden Herausforderungen für den Vorbehalt des Gesetzes durch verstärkte (grundrechts)-ausgestaltende,[106] teilweise gerne auch unter dem Stichwort „Gewährleistungsstaat"[107] diskutierte Tätigkeiten des Gesetzgebers gesehen.[108]

Es soll daher noch ein kurzer Blick auf einen Teilaspekt dieser Herausforderung geworfen werden, nämlich auf die Mobilisierung der leistungsrechtlichen und hier namentlich der schutzrechtlichen Gehalte der Grundrechte durch Gesetzgeber und Gerichte. Wird der Gesetzgeber insofern nicht oder nur defizitär tätig, sind die Fachgerichte nicht berufen, tatsächliche oder auch nur vermeintliche verfassungsrechtliche Postulate richterrechtlich zu konkretisieren, indem sie unter Berufung auf die Schutzpflichtendimension der Grundrechte handeln und dabei auch in deren abwehrrechtlichen Gewährleistungen eingreifen, ohne hierfür auf eine parlamentsgesetzliche Grundlage zurückgreifen zu können.[109]

Mit der Verfassung wäre dies nicht vereinbar. Grundrechtliche Schutzansprüche bedürfen der einfachgesetzlichen Konkretisierung; sie legitimieren

[104] BVerfGE 59, 231 (263).

[105] Hierzu sogleich noch unter F.

[106] Vgl. zu dieser, teilweise unterschiedlich definierten Kategorie etwa *Bumke*, Ausgestaltung von Grundrechten, 2009; *Burkiczak*, Grundgesetz und Deregulierung des Tarifvertragsrechts, 2006, S. 152 ff.; *Cornils*, Die Ausgestaltung der Grundrechte, 2005; *Gellermann*, Grundrechte in einfachgesetzlichem Gewande, 2000, insb. S. 49 ff.

[107] *Eifert*, Grundversorgung mit Telekommunikationsleistungen im Gewährleistungsstaat, 1998, S. 18 ff.; *Hill*, in: Schmidt-Aßmann/Hoffmann-Riem (Hrsg.), Verwaltungsorganisationsrecht als Steuerungsressource, 1997, S. 65 (69).

[108] Vgl. *Hoffmann-Riem*, AöR 130 (2005), S. 5 (8); *Ladeur/Gostomzyk*, Die Verwaltung 36 (2003), S. 141 (150 ff.).

[109] So aber BAGE 117, 137 (147 f.) und BAG, Urteil vom 22. Juni 2010 – 1 AZR 179/09 –, juris, Rn. 32, wobei die Begehren im konkreten Fall aufgrund der gestellten, zu umfassenden Anträge ohne Erfolg blieben; dazu etwa *Burkiczak*, SAE 2008, S. 32 ff.; *Höfling*, in: Sachs, GG, 5. Aufl. 2009, Art. 9 Rn. 128b; ohne Problematisierung der gesetzlichen Eingriffsgrundlage sogar in einem rein abwehrrechtlichen Fall: BAGE 113, 230 (233 ff.); siehe dazu *Höfling/Burkiczak*, Anm. zu BAG, AP Nr. 123 zu Art. 9 GG; ebenso nicht problematisiert in dem anschließenden Nichtannahmebeschluss BVerfGK 10, 250 ff.

insbesondere nicht zu unmittelbaren Grundrechtseingriffen.[110] Insoweit gilt für grundrechtliche Schutzpflichten nichts anderes als für sonstiges Verfassungsrecht.[111] Die Gerichte sind dabei genauso dem Vorbehalt des Gesetzes unterworfen wie die Verwaltung.[112] Auch sie dürfen nicht über das vom einfachen Gesetzgeber vorgesehene Ausmaß hinaus in Grundrechte eingreifen.[113] Der Vorbehalt des Gesetzes hindert die „Entfesselung der dritten Gewalt".[114]

Nach dem Grundsatz der Gewaltenteilung und dem demokratischen Prinzip gehört die Entscheidung, wie eine positive staatliche, aus den Grundrechten abgeleitete Schutz- und Handlungspflicht, zu verwirklichen ist, in die Verantwortung des vom Volk unmittelbar legitimierten Gesetzgebers.[115] Da grundrechtliche Schutzpflichten in aller Regel keine definitive Aussage enthalten, auf welchem Weg sie umzusetzen sind, kommt dem Gesetzgeber insofern – vom Bundesverfassungsgericht stets anerkannt – ein weiter Gestaltungsspielraum zu.[116] Dieser Gestaltungsspielraum würde unterlaufen, wenn die Schutzpflichten am Gesetzgeber vorbei – sei es durch die Exekutive, sei es durch die Fachgerichte – konkretisiert würden.[117] Die Aufstellung eines

[110] Siehe BVerfG, Beschluss des Zweiten Senats vom 6. Juli 2010 – 2 BvR 2661/06 –, juris, Rn. 51; mit Blick auf das Sozialstaatsprinzip BVerfGE 59, 231 (263); mit Blick auf grundrechtliche Schutzpflichten *Bethge*, in: Gedächtnisschrift für Tettinger, 2007, S. 369 (385); *ders.*, Jura 2003, S. 327 (332); *ders.*, VVDStRL 57 (1998), S. 7 (50 f.); *Bumke*, Die Verwaltung 37 (2004), S. 3 (19); *Dietlein*, Die Lehre von den grundrechtlichen Schutzpflichten, 2. Aufl. 2005, S. VI ff., 67 ff.; *Dreier*, in: ders., GG, Bd. I, 2. Aufl. 2004, Vorb. Rn. 102; *ders.*, Die Verwaltung 36 (2003), S. 105 (132); *Groß*, JZ 1999, S. 326 (331); *Höfling/Engels*, ZG 2008, S. 250 (260); *Jarass*, in: ders./Pieroth, GG, 11. Aufl. 2011, Art. 20 Rn. 51; *Lübbe-Wolff*, JöR n.F. 53 (2005), S. 1 (22); *Rupp*, in: Festschrift für Häberle, 2004, S. 731 (739); *Wahl/Masing*, JZ 1990, S. 553 (557 ff.).

[111] Siehe insofern BVerfGE 83, 130 (142); 108, 282 (297); 111, 147 (157 f.); siehe im übrigen oben bei Fußn. 20; speziell zur Notwendigkeit der einfachrechtlichen Konkretisierung der sich aus Art. 6 Abs. 4 GG ergebenden Leistungsrechte *Aubel*, Der verfassungsrechtliche Mutterschutz, 2003, S. 196 ff.

[112] Vgl. BVerfGE 40, 237 (248 f.); *Gärditz*, in: Friauf/Höfling, GG, Art. 20 (6. Teil) Rn. 176 (Januar 2011); *Hermes*, VVDStRL 61 (2002), S. 119 (137) m.w.N.; *Ossenbühl*, in: Isensee/Kirchhof, HStR V, 3. Aufl. 2007, § 101 Rn. 60; *Pieroth/Aubel*, JZ 2003, S. 504 (509); *Robbers*, in: Bonner Kommentar, Art. 20 Abs. 1 Rn. 2021 (Oktober 2009); *Sachs*, in: ders., GG, 5. Aufl. 2009, Art. 20 Rn. 119; a.A. *Bumke*, Der Grundrechtsvorbehalt, 1998, S. 91 f., 204 f.

[113] BVerfGE 63, 266 (289); *Bethge*, in: Gedächtnisschrift für Tettinger, 2007, S. 369 (385); *Gärditz*, in: Friauf/Höfling, GG, Art. 20 (6. Teil) Rn. 177 (Januar 2011); *Wahl/Masing*, JZ 1990, S. 553 (562).

[114] *Bethge*, VVDStRL 57 (1998), S. 7 (47).

[115] BVerfGE 56, 54 (81); BVerfG, Beschluss der 2. Kammer des Ersten Senats vom 26. Februar 2010 – 1 BvR 1541/09 u.a. –, NJW 2010, 1943 (1944, Rn. 20).

[116] BVerfGE 77, 170 (214); 79, 174 (202); 85, 191 (212); 88, 203 (262); 92, 26 (46); 96, 56 (64); 121, 317 (356); 125, 39 (78).

[117] Vgl. *Lübbe-Wolff*, JöR n.F. 53 (2005), S. 1 (7); *Oeter*, AöR 119 (1994), S. 529 (550).

Schutzkonzeptes bleibt vielmehr dem Gesetzgeber als dem dafür zuständigen staatlichen Organ überlassen.[118]

An diesen Zusammenhang hat das Bundesverfassungsgericht zuletzt in der Hartz IV-Entscheidung erinnert: Der Gestaltungsspielraum des Parlaments kann sich nur im Rahmen eines Gesetzes entfalten und konkretisieren.[119] Entsprechend ist auch die verfassungsgerichtliche Kontrolle reduziert. Das Bundesverfassungsgericht greift nur ein, wenn der Gesetzgeber seinen Schutzverpflichtungen in evidenter Weise nicht hinreichend nachgekommen ist.[120] Dann ist das einfache Recht im Umfang seiner defizitären Gestaltung verfassungswidrig.[121] Den Fachgerichten, denen natürlich keine größere verfassungsrechtliche Prüfungskompetenz zukommt,[122] sind, solange der Gesetzgeber keine gesetzliche Grundlage für Grundrechtseingriffe geschaffen hat, die Hände gebunden.[123] Auch bei einer Verletzung einer Schutzpflicht darf also nicht seitens der Gerichte unter Missachtung des Vorbehaltes des Gesetzes unmittelbar in die Freiheit des grundrechtsübergreifenden[124] Dritten eingegriffen werden.[125] Der Träger des Grundrechts – hier dessen schutzrechtlicher Dimension – ist damit nicht schutzlos: Er kann gegen ein Unterlassen des Gesetzgebers Verfassungsbeschwerde erheben.[126]

Das Primat des Gesetzgebers besteht nicht nur, wenn die Schutzmaßnahme die Grundrechtssphäre Dritter berührt, gewinnt aber dann besondere rechtsstaatliche Brisanz. Dieses Primat muss im Übrigen auch dann interpretationsleitend wirken, wenn es um die (vermeintliche) Auslegung einfachrecht-

[118] BVerfGE 121, 317 (357); 125, 39 (78).

[119] BVerfGE 125, 175 (223 f.); siehe auch *Aubel*, Der verfassungsrechtliche Mutterschutz, 2003, S. 196 f.

[120] BVerfGE 56, 54 (81); 77, 170 (214 f.); 79, 174 (202); 85, 191 (212); 92, 26 (46); 125, 39 (78 f.); BVerfG, Beschluss der 3. Kammer des Ersten Senats vom 26. Mai 1998 – 1 BvR 180/88 –, NJW 1998, S. 3264 (3265); BVerfG, Beschluss der 3. Kammer des Ersten Senats vom 29. Juli 2009 – 1 BvR 1606/08 –, NVwZ 2009, S. 1494 (1495); BVerfG, Beschluss der 2. Kammer des Ersten Senats vom 26. Februar 2010 – 1 BvR 1541/09 u.a. –, NJW 2010, S. 1943 (1944 f., Rn. 20).

[121] Vgl. BVerfGE 125, 175 (224).

[122] Vgl. auch *Stern*, DÖV 2010, S. 241 (247): Das BVerfG sei die einzige Instanz, die prüfe, ob grundrechtliche Schutzpflichten eingehalten seien.

[123] *Oeter*, AöR 119 (1994), S. 529 (550) m.w.N.; vgl. auch *Wahl/Masing*, JZ 1990, S. 553 (559, 562).

[124] Vgl. zu dieser zwischen (staatlichem) Grundrechtseingriff einerseits und (privatem) Grundrechtsübergriff unterscheidenden Terminologie *Krings*, Grund und Grenzen grundrechtlicher Schutzansprüche, 2003, S. 26 ff. m.w.N.

[125] *Hillgruber*, JZ 1996, S. 118 (123 f.); *Isensee*, in: ders./Kirchhof, HStR V, 2. Aufl. 2000, § 111 Rn. 151 f.; *Oeter*, AöR 119 (1994), S. 529 (550); *Wahl/Masing*, JZ 1990, S. 553 (562); im Kontext des Art. 6 Abs. 4 GG *Aubel*, Der verfassungsrechtliche Mutterschutz, 2003, S. 197.

[126] Vgl. BVerfG, Beschluss der 2. Kammer des Ersten Senats vom 26. Februar 2010 – 1 BvR 1541/09 u.a. –, NJW 2010, S. 1943 (1944, Rn. 13 f.), m.w.N.; vgl. auch BVerfGE 77, 170 (213 ff.); offen gelassen von BVerfGE 56, 54 (71 f.).

licher Vorschriften im Lichte der Verfassung geht. Die Fachgerichte sind daher zur Zurückhaltung aufgerufen, wenn es darum geht, einfaches Recht verfassungsrechtlich „aufzuladen“,[127] ohne dass sich ein entsprechender gesetzgeberischer Wille nachweisen lässt.[128]

G. Fazit

Bereits dieser kurze Überblick über die Entwicklung der bundesverfassungsgerichtlichen Rechtsprechung hat gezeigt, dass der Siegeszug des Vorbehaltes des Gesetzes nicht unaufhaltsam ist. Die „vorgezogene Verteidigungslinie“[129] bedarf selbst der Verteidigung gegen Begrenzungen und Relativierungen.[130] Der an sich zutreffende kritische Hinweis auf eine mit einer zunehmenden „Verrechtlichung fast aller Lebensbereiche“ verbundenen Überregulierung[131] jedenfalls kann die Berechtigung des Vorbehaltes des Gesetzes nicht in Frage stellen, sondern eignet sich eher als Appell, den Freiheitsgedanken des Grundgesetzes generell wieder zu akzentuieren: Die rechtsstaatliche Alternative zum gesetzlich geregelten Grundrechtseingriff ist nicht der gesetzlich nicht geregelte Grundrechtseingriff, sondern der Verzicht auf den Grundrechtseingriff.

[127] Vgl. etwa BSGE 97, 190 (196 f., Rn. 22 f.), wo verfassungsrechtlichen Schutzpflichten, die gegenüber dem Versicherten bestünden, sogar Grenzen (!) der sozialversicherungsrechtlichen Leistungspflichten entnommen wurden.

[128] Vgl. auch *Aubel*, Der verfassungsrechtliche Mutterschutz, 2003, S. 198 f.

[129] Siehe Fußn. 1.

[130] Vgl. etwa auch *Gärditz*, in: Friauf/Höfling, GG, Art. 20 (6. Teil) Rn. 145 (Januar 2011), der für einen tendenziell weiten Vorbehalt des Gesetzes plädiert.

[131] Vgl. *Hoffmann-Riem*, AöR 130 (2005), S. 5 (7) m.w.N.; *dens.*, Der Staat 43 (2004), S. 203 (230).

Der sogenannte Gewährleistungsgehalt – Eine Analyse der Rechtsprechung des Bundesverfassungsgerichts

Vanessa Hellmann

Leitentscheidungen des Bundesverfassungsgerichts (Senat)

BVerfGE 104, 92 – Blockadeaktionen
BVerfGE 105, 252 – Glykol
BVerfGE 105, 279 – Osho
BVerfGE 104, 337 – Schächten
BVerfGE 119, 1 – Esra
BVerfGE 113, 63 – Verfassungsschutzbericht
BVerfGE 125, 39 – Berliner Ladenöffnungszeiten
BVerfG, Urteil des Ersten Senats vom 22. Februar 2011 – 1 BvR 699/06 –, NJW 2011, 1201 – Fraport

Wichtige Kammerentscheidungen

BVerfG, Beschluss des Vorprüfungsausschusses des Zweiten Senats vom 19. März 1984 – 2 BvR 1/84 –, NJW 1984, 1293 – Sprayer von Zürich
BVerfG, Beschluss der 1. Kammer des Ersten Senats vom 12. Juli 2001 – 1 BvQ 28/01 und 1 BvQ 30/01 –, NJW 2001, 2459 – Love Parade und Fuckparade
BVerfG, Beschluss der 2. Kammer des Ersten Senats vom 16. August 2002 – 1 BvR 1241/97 –, NJW 2002, 3458 – Chick Corea
BVerfGK 12, 85 und 12, 95 – Contergan-Film
BVerfG, Beschluss der 1. Kammer des Ersten Senats vom 17. August 2010 – 1 BvR 2585/06 –, NJW 2011, 511 – Ehrverletzung
BVerfGK 9, 371 – Einreiseverweigerung Mun-Sekte
BVerfG, Beschluss der 1. Kammer des Ersten Senats vom 10. Dezember 2010 – 1 BvR 1402/06 –, juris – Schweigeprotest

Schrifttum

Böckenförde, Ernst-Wolfgang, Schutzbereich, Eingriff, Verfassungsimmanente Schranken. Zur Kritik gegenwärtiger Grundrechtsdogmatik, Der Staat 2003, S. 165 ff.; *Höfling, Wolfram*, Kopernikanische Wende rückwärts?, Zur neueren Grundrechtsjudikatur des Bundesverfassungsgerichts, in: Muckel (Hrsg.), Kirche und Religion im sozialen Rechtsstaat, FS Rüfner, 2003, S. 329 ff.; *ders.*, Offene Grundrechtsinterpretation, 1987; *Hoffmann-Riem, Wolfgang*, Enge oder weite Gewährleistungsgehalte der Grundrechte?, in: Bäuerle/Hanebeck/Hausotter/Mayer/Mohr/Mors/Preedy/Wallrabenstein (Hrsg.): Haben wir wirklich Recht?, FS Bryde, 2004, S. 203 ff.; *ders.*, Grundrechtsanwendung unter Rationalitätsanspruch, Der Staat 2004, S. 203 ff.; *Kahl, Wolfgang*, Vom weiten Schutzbereich zum engen Gewährleistungsgehalt, Der Staat 2004, S. 167 ff.; *ders.*, Neuere Entwicklungen der Grundrechtsdogmatik, AöR 2006, S. 579 ff.; *Martins, Renata*, Grundrechtsdogmatik im Gewährleistungsstaat: Rationalisierung der Grundrechtsanwendung?, DÖV 2007, S. 456 ff.; *Möllers, Christoph*, Wandel der Grundrechtsjudikatur – Eine Analyse der Rechtsprechung des Ersten Senats der BVerfG, NJW 2005, S. 1973 ff.; *Murswiek, Dietrich*, Grundrechtsdogmatik am Wendepunkt?, Der Staat 2006, S. 473 ff.; *Papier, Hans-Jürgen*, Aktuelle grundrechtsdogmatische Entwicklungen in der Rechtsprechung des Bundesverfassungsgerichts. Schutzbereich – Eingriff – Gesetzesvorbehalt, in: Merten/Papier (Hrsg.), Grundsatzfragen der Grundrechtsdogmatik, 2007, S. 81 ff.; *Rusteberg, Benjamin*, Der grundrechtliche Gewährleistungsgehalt, 2009; *Volkmann, Uwe*, Veränderungen der Grundrechtsdogmatik, JZ 2005, S. 261 ff.

Inhalt

I. Einleitung – Vom weiten Schutzbereich zum engen Gewährleistungsgehalt

Die Entscheidungen des Bundesverfassungsgerichts zu staatlichem Informationshandeln – „*Glykol*" und „*Osho*" – aus dem Jahr 2002[1] lösten in der Literatur eine Diskussion um die Reichweite grundrechtlicher Schutzbereiche aus[2]. Beobachtet wurde eine Tendenz des Bundesverfassungsgerichts, insbesondere des Ersten Senats, die grundrechtlichen Schutzbereiche zu verengen[3]. Der bereits zuvor vom Bundesverfassungsgericht verwendete Begriff

[1] BVerfGE 105, 252 – Glykol und BVerfGE 105, 279 – Osho.

[2] Vgl. *Hoffmann-Riem*, in: FS Bryde, 2004, S. 53 ff.; *ders.*, Der Staat 2004, S. 203 ff.; *Kahl*, Der Staat 2004, S. 167 ff.; *Möllers*, NJW 2005, S. 1973 (1973 f.); *Martins*, DÖV 2007, S. 456 ff. Zuletzt auch *Rusteberg*, Der grundrechtliche Gewährleistungsgehalt, 2009, S. 6 und S. 76 ff.

[3] Vgl. *Kahl*, Der Staat 2004, S. 167 (167 ff., 170 ff.) sowie *ders.*, AöR 2006, S. 579 (608 ff.); *Möllers*, NJW 2005, S. 1973 (1973 f.); *Martins*, DÖV 2007, S. 456 (456) sowie zuletzt *Rusteberg*, Der grundrechtliche Gewährleistungsgehalt, 2009, S. 6 und S. 76 f.

des Gewährleistungsgehalts wurde – zunächst als Synonym für den Begriff des Schutzbereichs verwendet[4] – zum Synonym für einen *von vornherein* verengten Schutzbereich[5]. Dabei wurde in der Literatur angenommen, dass es sich bei dem Übergang vom „weiten Schutzbereich zum engen Gewährleistungsgehalt“[6] um eine grundsätzliche Verschiebung im Grundrechtsgefüge handele, die über eine Phase des Umbruchs in der deutschen Grundrechtsdogmatik zu einem Dogmenwechsel in der Rechtsprechung des Bundesverfassungsgerichts führen werde[7]. Während diese Entwicklung überwiegend auf Kritik gestoßen ist[8], gingen ihre Befürworter[9] davon aus, dass durch die Bestimmung der *von vornherein begrenzten Gewährleistung* der Grundrechte der bis dahin anhaltenden, als grenzenlos betrachteten Ausweitung der grundrechtlichen Schutzbereiche begegnet und damit eine rationalere Grundrechtsanwendung erreicht werden könne[10].

Im Folgenden soll in einem ersten Schritt die Rechtsprechung des Bundesverfassungsgerichts, die eine Tendenz zur Verengung der Schutzbereiche beobachten ließ, aufgezeigt werden (II.). In einem zweiten Schritt soll untersucht werden, ob der Dogmenwechsel, der für die künftige Rechtsprechung des Bundesverfassungsgerichts vorhergesagt wurde, in den folgenden Jahren tatsächlich stattgefunden hat (III.). Dazu soll zunächst die neuere Rechtspre-

[4] Vgl. *Hoffmann-Riem*, Der Staat 2004, S. 203 (226).

[5] Zum Begriff vgl. *Hoffmann-Riem*, Der Staat 2004, S. 203 (226 f.); *Böckenförde*, Der Staat 2003, S. 165 (174 ff.) spricht vom „Gewährleistungsinhalt“ eines Grundrechts. Vgl. auch Volkmann, JZ 2005, S. 262 (264); *Rusteberg*, Der grundrechtliche Gewährleistungsgehalt, 2009, S. 77 ff. spricht auch vom „Gewährleistungsbereich“; *Martins*, DÖV 2007, S. 456 (458) sowie *Aubel*, Das Gewährleistungsrecht auf ein menschenwürdiges Existenzminimum, Fn. 13 in diesem Band. Siehe letztere auch zur Frage der Verknüpfung mit dem Konzept des sogenannten Gewährleistungsstaats (*Martins*, DÖV 2007, S. 456 (461 ff.), die die Verknüpfung der Festlegung engerer Schutzbereiche mit dem Konzept des Gewährleistungsstaats für irreführend hält (S. 456); *Aubel*, Das Gewährleistungsrecht auf ein menschenwürdiges Existenzminimum, in diesem Band, S. 273 ff).

[6] Vgl. zu diesem Befund *Kahl*, Der Staat 2004, S. 167 (167, 174 ff.).

[7] Siehe z.B. *Höfling*, in: FS Rüfner, 2003, S. 329 (329 f.); *Kahl*, Der Staat 2004, S. 167 (174 und 175 mit Fn. 45); *Volkmann*, JZ 2005, S. 261 (261); *Murswiek*, Der Staat 2006, S. 473 (500); *Möllers*, NJW 2005, S. 1973 (1973); *Martins*, DÖV 2007, S. 456 (456 ff.).

[8] Vgl. *Höfling*, in: FS Rüfner, 2003, S. 329 ff.; *Kahl*, Der Staat 2004, S. 167 (170 ff.) sowie ders., AöR 2006, S. 579 (607 ff.); *Dreier*, in ders. (Hrsg.), GG, 2. Aufl. 2004, Vorb. Rn. 122; *Möllers*, NJW 2005, S. 1973 ff.; *Murswiek*, Der Staat 2006, S. 473 ff.

[9] *Vgl. Hoffmann-Riem*, in: FS Bryde, 2004, S. 53 ff.; *ders.*, Der Staat 2004, S. 203 ff.; *Volkmann*, JZ 2005, S. 261 ff. Vgl. auch *Murswiek*, Der Staat 2006, S. 473 (479 f.), der den Entscheidungen zu Glykol und Osho zwar kritisch gegenübersteht, aber dennoch die Chance sieht, dass durch eine schärfere Konturierung der Freiheitsrechte ein Gewinn an rechtsstaatlicher Klarheit und Berechenbarkeit eintreten könnte. Positiver auch *Rusteberg*, Der grundrechtliche Gewährleistungsgehalt, 2009, S. 93 und 108 f., der ausgehend von diesem Modell ein eigenes Prüfungsmodell entwirft.

[10] Vgl. insbesondere *Hoffmann-Riem*, Der Staat 2004, S. 203 (229 ff.) sowie *Volkmann*, JZ 2005, S. 261 (266 f.).

chung insbesondere des Ersten, aber auch des Zweiten Senats des Bundesverfassungsgerichts untersucht werden (III.1.). In einem weiteren Schritt sollen aus dieser Untersuchung Grundlinien der neueren Rechtsprechung herausgearbeitet werden (III.2.). Dies gestattet eine kritische Bewertung (IV.).

II. Tendenzen zur Verengung der Schutzbereiche in der Rechtsprechung des Bundesverfassungsgerichts

Eine Tendenz zur Verengung der Schutzbereiche ließ sich in zahlreichen Entscheidungen des Bundesverfassungsgerichts – wie sich zeigen wird, allerdings nur zum Teil unter Verwendung des Begriffs des *Gewährleistungsgehalts* und ähnlicher Begriffe – beobachten. Zur Verdeutlichung werden im Folgenden einige Entscheidungen exemplarisch dargestellt[11].

Dabei ist festzustellen, dass erste Tendenzen zur Verengung des Schutzbereiches bereits weit vor den Entscheidungen *„Glykol"* und *„Osho"* zu finden sind. So befand der damalige Vorprüfungsausschuss des Zweiten Senats – hierbei handelt es sich um die einzige in diesem Teil dargestellte Entscheidung des Zweiten Senats – im Beschluss zum sogenannten *Sprayer von Zürich*[12] bereits im Jahr 1984, dass Art. 5 Abs. 3 GG zwar ein individuelles Freiheitsrecht verbürge, sich künstlerisch zu betätigen, Kunstwerke darzubieten und zu verbreiten, diese Gewährleistung sich aber von vornherein nicht auf die eigenmächtige Inanspruchnahme oder Beeinträchtigung fremden Eigentums zum Zwecke der künstlerischen Entfaltung erstrecke, sei es im Werk- oder Wirkbereich der Kunst.[13] Auch geht das Bundesverfassungsgericht in ständiger Rechtsprechung bereits seit der Entscheidung *„Heinrich Böll"*[14] des Ersten Senats aus dem Jahr 1980 davon aus, dass erwiesen oder bewusst unwahre Tatsachenbehauptungen auch dann, wenn sie untrennbar

[11] Zu diesen und weiteren Beispielen (z.B. auch BVerfGE 102, 347 ff. – Benetton und BVerfGE 103, 44 ff. – Gerichtsfernsehen) siehe *Böckenförde*, Der Staat 2003, S. 165 (175 ff.); *Kahl*, Der Staat 2004, S. 167 ff.; *Möllers*, NJW 2005, S. 1973 (1974 ff.), zweifelhaft hier allerdings der Verweis auf BVerfGE 109, 279 ff. – Großer Lauschangriff; *Martins*, DÖV 2007, S. 456 (459); *Rusteberg*, Der grundrechtliche Gewährleistungsgehalt, 2009, S. 77 f., 85 ff., 97 f. und 135 ff.

[12] BVerfG, Beschluss des Vorprüfungsausschusses des Zweiten Senats vom 19. März 1984 – 2 BvR 1/84 –, NJW 1984, S. 1293 ff. – Sprayer von Zürich. Siehe hierzu auch *Hoffmann*, NJW 1985, S. 237 ff.; *Böckenförde*, Der Staat 2003, S. 165 (175 f.); *Kahl*, Der Staat 2004, S. 167 (171); *Volkmann*, JZ 2005, S. 261 (266); *Martins*, DÖV 2007, S. 456 (459); *Papier*, in Merten/Papier (Hrsg.), Grundsatzfragen der Grundrechtsdogmatik, 2007, S. 82 (92 f.); *Rusteberg*, Der grundrechtliche Gewährleistungsgehalt, 2009, S. 97 ff.

[13] BVerfG, Beschluss des Vorprüfungsausschusses des Zweiten Senats vom 19. März 1984 – 2 BvR 1/84 –, NJW 1984, S. 1293 (1294) – Sprayer von Zürich. Zustimmend *Böckenförde*, Der Staat 2003, S. 165 (176).

[14] BVerfGE 54, 208 ff. – Heinrich Böll. Siehe auch *Kahl*, Der Staat 2004, S. 167 (171).

mit Werturteilen verknüpft oder Voraussetzung der Bildung von Meinungen sind, nicht dem Schutzbereich der Meinungsfreiheit unterfallen[15]. Die unrichtige Information sei unter dem Blickwinkel der Meinungsfreiheit kein schützenswertes Gut[16], da sie zur verfassungsmäßig vorausgesetzten Meinungsbildung nichts beitragen könne[17]. Bereits im Jahr 1969 hatte der Erste Senat überdies in der Entscheidung *„Blinkfüer“*[18] entschieden, dass eine auf politischen Motiven beruhende Aufforderung zum Boykott eines Presseunternehmens, der nicht nur auf geistige Argumente gestützt wird, sondern vornehmlich mit wirtschaftlichen Machtmitteln durchgesetzt werden soll, nicht durch das Recht auf Meinungsfreiheit gedeckt ist[19].

Zu den neueren Entscheidungen, die Anlass zu den beschriebenen Diskussionen in der Literatur gaben, gehörten dann im Jahr 2001 zwei Entscheidungen des Ersten Senats zur Versammlungsfreiheit. In einem Beschluss der 1. Kammer des Ersten Senats aus Juli 2001[20], der Eilverfahren der jeweiligen Organisatoren der *„Love Parade“* und der *„Fuckparade“* betraf, verneinte die Kammer die Eröffnung des Schutzbereichs von Art. 8 GG für beide Veranstaltungen. Volksfeste und Vergnügungsveranstaltungen unterfielen ebenso wenig dem Schutz der Versammlungsfreiheit wie Veranstaltungen, die „der bloßen Zurschaustellung eines Lebensgefühls dien(t)en oder die als eine auf Spaß und Unterhaltung ausgerichtete öffentliche Massenparty gedacht“ seien.[21] Die Versammlungsfreiheit erhalte ihre besondere Bedeutung durch den Bezug auf die demokratische Meinungsbildung, weshalb nur Zusammenkünfte den Schutz der Versammlungsfreiheit genössen, die dem „Ziel der Teilhabe an der öffentlichen Meinungsbildung“ dienten[22]. In den Schutzbereich der Versammlungsfreiheit fielen Versammlungen zwar auch dann, wenn sie ihre kommunikativen Zwecke unter Einsatz von Musik und Tanz verwirklichten. Geschützt durch Art. 8 GG sei in solchen Fällen die kommunikative Einflussnahme auf die öffentliche Meinung, nicht aber das Abhalten

[15] BVerfGE 54, 208 (219) – Heinrich Böll; 61, 1 (8 f.); 85, 1 (15); 90, 1 (15); 90, 241 (247 f.).

[16] BVerfGE 54, 208 (219) – Heinrich Böll ebenso BVerfGE 12, 113 (130); 61, 1 (8); 85, 1 (15).

[17] BVerfGE 90, 1 (15); 90, 241 (247 f.).

[18] BVerfGE 25, 256 ff. – Blinkfüer. Vgl. auch *Kahl*, Der Staat 2004, S. 167 (172 f.).

[19] BVerfGE 25, 256 (265) – Blinkfüer.

[20] BVerfG, Beschluss der 1. Kammer des Ersten Senats vom 12. Juli 2001 – 1 BvQ 28/01 und 1 BvQ 30/01 –, NJW 2001, S. 2459 ff. – Love Parade und Fuckparade. Dieses Beispiel auch bei *Kahl*, Der Staat 2004, S. 169 (172); *Murswiek*, Der Staat 2006, S. 473 (480); *Martins*, DÖV 2007, S. 456 (459); *Rusteberg*, Der grundrechtliche Gewährleistungsgehalt, 2009, S. 135 f. Die Entscheidung erläuternd *Hoffmann-Riem*, NVwZ 2002, S. 257 (259). Kritisch *Möllers*, NJW 2005, S. 1973 (1974); *Tschentscher*, NVwZ 2001, S. 1243 (1245).

[21] BVerfG, Beschluss der 1. Kammer des Ersten Senats vom 12. Juli 2001 – 1 BvQ 28/01 und 1 BvQ 30/01 –, NJW 2001, S. 2459 (2460) – Love Parade und Fuckparade.

[22] BVerfG, Beschluss der 1. Kammer des Ersten Senats vom 12. Juli 2001 – 1 BvQ 28/01 und 1 BvQ 30/01 –, NJW 2001, S. 2459 (2460) – Love Parade und Fuckparade.

der Musik- und Tanzveranstaltung selbst. Eine Musik- und Tanzveranstaltung werde nicht allein dadurch insgesamt zu einer Versammlung im Sinne des Art. 8 GG, dass bei ihrer Gelegenheit auch Meinungskundgaben erfolgten.[23]

In einem Beschluss von Oktober 2001 ging es um die Versammlungsqualität sogenannter *Blockadeaktionen*[24]. Die dem Beschluss zu Grunde liegenden Verfassungsbeschwerden betrafen strafgerichtliche Verurteilungen wegen Nötigung. Verurteilt worden waren zum einen Teilnehmer an der Blockade des Baugeländes der geplanten Wiederaufarbeitungsanlage Wackersdorf, zum anderen ging es um die Blockade einer Autobahn durch eine Gruppe von Sinti und Roma, die ihre Einreise in die Schweiz und ein Gespräch mit dem Hohen Flüchtlingskommissar erreichen wollten. Der Erste Senat führte aus, dass Versammlungen im Sinne des Art. 8 GG örtliche Zusammenkünfte mehrerer Personen zur gemeinschaftlichen, auf die Teilhabe an der öffentlichen Meinungsbildung gerichtete Erörterung oder Kundgebung seien[25]. Diese Voraussetzung sah der Senat im Fall der *Wackersdorf-Blockade* als erfüllt an. Er verneinte sie aber für die *Autobahnblockade*, denn in diesem Fall habe die Erzwingung des eigenen Vorhabens im Vordergrund gestanden[26].

Besonders deutlich ließ sich eine Tendenz, den Schutzbereich zu verengen, schließlich im nächsten Jahr in den bereits erwähnten und viel diskutierten Entscheidungen „*Osho*" und „*Glykol*"[27], in denen es um die faktische Beeinträchtigung von Grundrechten durch staatliche Informationstätigkeit ging, beobachten.

In dem *Glykol-Beschluss*[28], in dem zu entscheiden war, ob die Veröffentlichung der sogenannten Glykol-Listen Grundrechte von betroffenen Wein-

[23] BVerfG, Beschluss der 1. Kammer des Ersten Senats vom 12. Juli 2001 – 1 BvQ 28/01 und 1 BvQ 30/01 –, NJW 2001, S. 2459 (2460 f.) – Love Parade und Fuckparade.

[24] BVerfGE 104, 92 ff. – Blockadeaktionen. Dieses Beispiel auch bei *Kahl*, Der Staat 2004, S. 167 (172); *Volkmann*, JZ 2005, S. 261 (266); *Murswiek*, Der Staat 2006, S. 473 (481, 490 f.). Die Entscheidung zusammenfassend und im Wesentlichen zustimmend *Enders*, Jura 2003, S. 34 (35 f.).

[25] BVerfGE 104, 92 (104) – Blockadeaktionen.

[26] BVerfGE 104, 92 (104, 105) – Blockadeaktionen.

[27] BVerfGE 105, 252 ff. – Glykol und BVerfGE 105, 279 ff. – Osho. Kritisch hierzu *Huber*, JZ 2003, S. 290 ff.; *Murswiek*, NVwZ 2003, S. 1 ff. Vgl. zu letzterer auch *Winkler*, JA 2003, S. 113 ff. Zu dem Versuch, die Glykol-Entscheidung auf der Folie von „Schutzbereich – Eingriff – Rechtfertigung" zu erklären vgl. *Hellmann*, NVwZ 2005, S. 163 ff. Zur Rechtsprechung des BVerwG vgl. statt aller *Lege*, DVBl. 1999, S. 569 ff.

[28] BVerfGE 105, 252 ff. – Glykol. Dieses Beispiel auch bei *Böckenförde*, Der Staat 2003, S. 165 (178); *Hoffmann-Riem*, in: FS Bryde, 2004, S. 53 (72 f.); *Kahl*, Der Staat 2004, S. 167 (173 f.); *Volkmann*, JZ 2005, S. 261 (266); *Murswiek*, Der Staat 2006, S. 473 (479 f., 491); *Martins*, DÖV 2007, S. 456 (459), *Papier*, in Merten/Papier (Hrsg.), Grundsatzfragen der Grundrechtsdogmatik, 2007, S. 82 (82 ff.); *Rusteberg*, Der grundrechtliche Gewährleistungsgehalt, 2009, S. 77 f. Zur Diskussion vergleiche auch die Nachweise bei *Rusteberg*, Der grundrechtliche Gewährleistungsgehalt, 2009, S. 77, Fn. 83.

kellereien, insbesondere aus Art. 12 Abs. 1 GG verletzte, führte der Erste Senat aus, dass das Freiheitsrecht des Art. 12 Abs. 1 GG insbesondere das berufsbezogene Verhalten einzelner Personen oder Unternehmen betreffe. Das Grundrecht schütze aber nicht vor der Verbreitung zutreffender und sachlich gehaltener Informationen am Markt, die für das wettbewerbliche Verhalten der Marktteilnehmer von Bedeutung sein könnten, selbst wenn die Inhalte sich auf einzelne Wettbewerbspositionen nachteilig auswirkten. Erfolge die unternehmerische Berufstätigkeit am Markt nach den Grundsätzen des Wettbewerbs, werde die Reichweite des Freiheitsschutzes auch durch die rechtlichen Regeln mitbestimmt, die den Wettbewerb ermöglichten und begrenzten. Art. 12 Abs. 1 GG sichere in diesem Rahmen die Teilhabe am Wettbewerb nach Maßgabe seiner Funktionsbedingungen. Die *grundrechtliche Gewährleistung* umfasse dementsprechend nicht einen Schutz vor Einflüssen auf die wettbewerbsbestimmenden Faktoren. Insbesondere umfasse das Grundrecht keinen Anspruch auf Erfolg im Wettbewerb und auf Sicherung künftiger Erwerbsmöglichkeiten.[29]

Die *Osho-Entscheidung*[30] betraf öffentliche Äußerungen der Bundesregierung über die sogenannte (Bhagwan- oder) Osho-Bewegung. Das Bundesverfassungsgericht nahm hier an, dass Art. 4 Abs. 1 GG gegen diffamierende, diskriminierende oder verfälschende Darstellungen einer religiösen oder weltanschaulichen Gemeinschaft schütze. Nicht aber seien der Staat und seine Organe gehalten, sich mit derartigen Fragen überhaupt nicht zu befassen. Auch der neutrale Staat sei nicht gehindert, das tatsächliche Verhalten einer religiösen oder weltanschaulichen Gruppierung oder das ihrer Mitglieder nach weltlichen Kriterien zu beurteilen, selbst wenn dieses Verhalten letztlich religiös motiviert sei. Ebenso sei den staatlichen Verantwortungsträgern die Information des Parlaments, der Öffentlichkeit oder interessierter Bürgerinnen und Bürger über religiöse und weltanschauliche Gruppen und ihre

[29] BVerfGE 105, 252 (265) – Glykol. Vgl. auch BVerfGE 106, 275 (298 f.), wo mit ähnlicher Argumentation der Eingriff in den Schutzbereich des Art. 12 Abs. 1 GG durch die Veröffentlichung der Festbeträge für Pharmaunternehmen, Hörgeräteakustiker und Optiker verneint wird (siehe insbes. 302 f.). Siehe hierzu *Papier*, in Merten/Papier (Hrsg.), Grundsatzfragen der Grundrechtsdogmatik, 2007, S. 82 (87 f.). Vgl. auch *Lindner*, DÖV 2003, S. 185 (187 f.), der die Unterscheidung zwischen Wettbewerbsteilnahme und Wettbewerbserfolg als grundlegende Aussage des Glykol-Urteils deutet und hieraus folgert, dass die Wettbewerbsfreiheit ihre eigenständige dogmatische Funktion als freiheitsrechtliches Schutzgut verliere; maßgeblich sei nunmehr die Frage, ob Art. 12 Abs. 1 GG betroffen sei, weil eine Maßnahme der Wettbewerbsteilnahme zuzuordnen sei.

[30] BVerfGE 105, 279 ff. – Osho. Dieses Beispiel auch bei *Höfling*, in: FS Rüfner, 2003, S. 329 (332 ff.); *Kahl*, Der Staat 2004, S. 167 (170 f.); *Hoffmann-Riem*, in: FS Bryde, 2004, S. 53 (72 f.); *Volkmann*, JZ 2005, S. 261 (266); *Murswiek*, Der Staat 2006, S. 473 (480 f.); *Martins*, DÖV 2007, S. 456 (459), *Papier*, in Merten/Papier (Hrsg.), Grundsatzfragen der Grundrechtsdogmatik, 2007, S. 82 (85); *Rusteberg*, Der grundrechtliche Gewährleistungsgehalt, 2009, S. 77 ff.

Tätigkeit nicht schon von vornherein verwehrt. Art. 4 Abs. 1 und 2 GG schütze nicht dagegen, dass sich staatliche Organe mit den Trägern des Grundrechts öffentlich – auch kritisch – auseinander setzten.[31] Bei „nicht diffamierenden und nicht verfälschenden" Darstellungen sei der Schutzbereich der Religionsfreiheit nicht berührt[32].

Ein weiteres Urteil, in dem es um die Reichweite der Religionsfreiheit ging, war die Entscheidung des Ersten Senats zum *Schächten*.[33] Ein gläubiger sunnitischer Muslim und Metzger hatte eine Ausnahmegenehmigung nach § 4a Abs. 1 TierSchG zum Schächten, d.h. Schlachten ohne vorherige Betäubung des Tieres, begehrt und sah sich durch die Verweigerung in seinen Grundrechten, unter anderem aus Art. 4 Abs. 1 GG, verletzt. Der Erste Senat sah in dem Schächten zwar den „Ausdruck einer religiösen Grundhaltung", die für den Beschwerdeführer die Verpflichtung einschließe, „die Schächtung nach den von ihm als verbindlich empfundenen Regeln seiner Religion vorzunehmen"[34], sah hierin aber dennoch keinen Akt der Religionsausübung, sondern prüfte die staatliche Maßnahme an Art. 2 Abs. 1 GG in seiner Funktion als Auffanggrundrecht im Bereich der Berufsfreiheit von Ausländern. Der religiösen Motivation sei aber, auch wenn das Schächten selbst nicht als Akt der Religionsausübung verstanden werde, dadurch Rechnung zu tragen, dass der Schutz der Berufsfreiheit des Beschwerdeführers aus Art. 2 Abs. 1 GG durch den speziellen Freiheitsgehalt des Grundrechts der Religionsfreiheit aus Art. 4 Abs. 1 und 2 GG verstärkt werde.[35]

[31] BVerfGE 105, 279 (294) – Osho.

[32] BVerfGE 105, 279 (296) – Osho. In der Entscheidung wurden die Ausdrücke „Sekte", „Jugendreligion", „Jugendsekte" und „Psychosekte" als nicht diffamierend betrachtet, vgl. BVerfGE 105, 279 (295, 297), die Begriffe „destruktiv" und „pseudoreligiös" hingegen als diffamierend beanstandet, vgl. BVerfGE 105, 279 (298). Kritisch *Cremer*, Jus 2003, S. 747 (748 f.), der die Unterscheidung zwischen Schutzbereich und Schutzgehalt nachvollzieht.

[33] BVerfGE 104, 337 ff. – Schächten. Dieses Beispiel auch bei *Höfling*, in: FS Rüfner, 2003, S. 329 (330 f.); *Kahl*, Der Staat 2004, S. 167 (170); *Papier*, in Merten/Papier (Hrsg.), Grundsatzfragen der Grundrechtsdogmatik, 2007, S. 82 (89 ff.).

[34] BVerfGE 104, 337 (346) – Schächten.

[35] BVerfGE 104, 337 (346) – Schächten. Anderen Entscheidungen aus dieser Zeit liegt demgegenüber offenbar eine weite Auslegung des Schutzbereichs der Religionsfreiheit zu Grunde, vgl. z.B. das Urteil des Zweiten Senats zum Kopftuch für Lehrerinnen aus dem Jahr 2003 (BVerfGE 108, 282 (297)) sowie die Entscheidung zum Kopftuchtragen einer Arbeitnehmerin aus demselben Jahr (BVerfGK 1, 308 (312)), wo es kurz heißt: „Da sie das Bekleidungsgebot aus ihrem Glauben herleitet, genießt sie den Grundrechtsschutz des Art. 4 Abs. 1 GG. Das Grundrecht umfasst die Freiheit, nach den eigenen Glaubensüberzeugungen zu leben und zu handeln." Vgl. hierzu auch *Kahl*, Der Staat 2004, S. 167 (171), Fn. 23. Nach Auffassung von *Hoffmann-Riem*, FS Bryde, 2004, S. 53 (63) ist Hintergrund einer Abkehr von einem weiten – als Handlungsfreiheit gemäß dem eigenen Gewissen verstandenen – Schutzbereich des Art. 4 Abs. 1 GG die Veränderung „im Realbereich der Grundrechtsnorm" durch den Übergang zu einer multikulturellen Gesellschaft mit Repräsentanz aller Weltreligionen in der Bundesrepublik. So wohl auch *Papier*, in Merten/Papier

Besonders interessant ist eine Entscheidung aus dem Jahr 2002, in der die 2. Kammer des Ersten Senats gleich hinsichtlich vierer Grundrechte ein enges Verständnis des jeweiligen Schutzbereichs zu Grunde legte.[36] Gegenstand des Verfahrens waren Äußerungen in einer Stellungnahme eines Landesministeriums gegenüber dem Landtag, in dem der Beschwerdeführer, ein Musiker, namentlich als Scientology-Mitglied benannt und Scientology als „bekämpfenswert" bezeichnet worden war. Hinsichtlich des Schutzbereichs des Allgemeinen Persönlichkeitsrechts nahm die Kammer an, dass dieses keinen Schutz gegen wahre Tatsachenbehauptungen *gewähre*.[37] Der Schutzbereich des Art. 2 Abs. 1 GG in seiner Funktion als Schutz der beruflichen Tätigkeit von Ausländern sei gleichfalls nicht berührt. Es gelte, was im *Glykol-Urteil* ausgeführt sei: Der Beschwerdeführer müsse die Verbreitung zutreffender und sachlich gehaltener Informationen durch eine Regierung hinnehmen, auch wenn die Inhalte sich mittelbar auf die berufliche Tätigkeit negativ auswirken könnten.[38] Auch der Schutzbereich des Art. 4 Abs. 1 GG wurde – unter Hinweis auf die Entscheidung „*Osho*" – im Hinblick auf die Bezeichnung von Scientology als „bekämpfenswert" nicht als eröffnet betrachtet. Art. 4 Abs. 1 und 2 GG schütze nicht dagegen, dass sich staatliche Organe mit den Trägern dieses Grundrechts öffentlich – auch kritisch – auseinandersetzten. Der Staat dürfe aber solche Gemeinschaften nicht diffamierend, diskriminierend oder verfälschend darstellen; es sei nicht ersichtlich, dass diese Grenzen hier überschritten seien. Schließlich nahm die Kammer hinsichtlich der Kunstfreiheit an, dass die wirtschaftliche Verwertung eines Kunstwerks nicht durch die Kunstfreiheit *gewährleistet* werde. Eine Ausnahme könne „vielleicht" für den Fall angenommen werden, „dass ohne eine wirtschaftliche Auswertung die freie künstlerische Betätigung praktisch nicht mehr möglich wäre"[39].

(Hrsg.), Grundsatzfragen der Grundrechtsdogmatik, 2007, S. 82 (90 ff.). Zur Diskussion um enge oder weite Schutzbereichsauslegung insbesondere im Bereich der Glaubensfreiheit vgl. auch die Nachweise bei *Kahl*, Der Staat 2004, S. 167 (174, Fn. 42).

[36] BVerfG, Beschluss der 2. Kammer des Ersten Senats vom 16. August 2002 – 1 BvR 1241/97 –, NJW 2002, S. 3458 ff. – Chick Corea. Dieses Beispiel auch bei *Kahl*, Der Staat 2004, S. 167 (170, 172); *Murswiek*, Der Staat 2006, S. 473 (479).

[37] BVerfG, Beschluss der 2. Kammer des Ersten Senats vom 16. August 2002 – 1 BvR 1241/97 –, NJW 2002, S. 3458 (3458) – Chick Corea unter Hinweis auf die Entscheidung BVerfGE 99, 185 (193 ff.) – Helnwein, die diese Aussage allerdings nicht ausdrücklich enthält; festgestellt wird dort nur, dass das Allgemeine Persönlichkeitsrecht *jedenfalls* vor verfälschenden oder entstellenden Darstellungen schütze (siehe dort, S. 194).

[38] BVerfG, Beschluss der 2. Kammer des Ersten Senats vom 16. August 2002 – 1 BvR 1241/97 –, NJW 2002, S. 3458 (3459) – Chick Corea.

[39] BVerfG, Beschluss der 2. Kammer des Ersten Senats vom 16. August 2002 – 1 BvR 1241/97 –, NJW 2002, S. 3458 (3460) – Chick Corea mit Hinweis auf BVerfGE 31, 229 (239 f.) – Schulbuch und 49, 382 (392) – Kirchenmusik.

III. Analyse der neueren Rechtsprechung des Bundesverfassungsgerichts

Im Folgenden soll untersucht werden, ob die in der Vergangenheit beobachtete Tendenz zur Verengung der Schutzbereiche in der Rechtsprechung des Bundesverfassungsgerichts fortgeführt wurde. Dazu soll zunächst die neuere Rechtsprechung insbesondere des Ersten, aber auch des Zweiten Senats zu den bereits angesprochenen Grundrechten untersucht werden (1.). In einem weiteren Schritt sollen aus dieser Untersuchung Grundlinien der neueren Rechtsprechung herausgearbeitet werden (2.).

1. *Die neuere Rechtsprechung des Bundesverfassungsgerichts*

a) Kunstfreiheit, Art. 5 Abs. 3 GG

Eine Auswertung der neueren Entscheidungen zur Kunstfreiheit aus Art. 5 Abs. 3 GG zeigt zunächst, dass die oben dargestellte Entscheidung zum *„Sprayer von Zürich“* offenbar ein Einzelfall geblieben ist. Konflikte zwischen einem Künstler und den Rechten Dritter, die durch die Kunstausübung betroffen werden, scheint das Bundesverfassungsgericht in neueren Entscheidungen nicht auf Schutzbereichsebene, sondern eher auf der Rechtfertigungsebene einer Lösung zuzuführen.

So hat der Erste Senat in der bekannten Entscheidung zum Roman *„Esra“*[40] aus dem Jahr 2007 die Eröffnung des Schutzbereichs der Kunstfreiheit bejaht und einen Eingriff in die Kunstfreiheit der Beschwerdeführerin angenommen. Unabhängig von der vom Bundesverfassungsgericht wiederholt hervorgehobenen Schwierigkeit, den Begriff der Kunst abschließend zu definieren, stelle der Roman „Esra“ ein Kunstwerk dar, nämlich eine freie schöpferische Gestaltung, in der Eindrücke, Erfahrungen und Erlebnisse des Künstlers durch das Medium einer bestimmten Formensprache, hier des Romans, zur Anschauung gebracht würden.[41] Im Rahmen der Rechtfertigung nimmt der Senat dann offensichtlich Abstand von der Entscheidung zum „Sprayer von Zürich“, indem er ausführt: „Gerade wenn man den Begriff der Kunst im Interesse des Schutzes künstlerischer Selbstbestimmung weit fasst und nicht versucht, mit Hilfe eines engen Kunstbegriffs künstlerische Ausdrucksformen, die in Konflikt mit den Rechten anderer kommen, von vornherein vom Grundrechtsschutz der Kunstfreiheit auszuschließen (so in der Tendenz BVerfG, Beschluss des Vorprüfungsausschusses vom 19. März 1984 – 2 BvR 1/84 –, NJW 1984, S. 1293 <1294> – „Sprayer von Zürich“), und wenn man nicht nur den Werkbereich, sondern auch den

[40] BVerfGE 119, 1 ff. – Esra.
[41] BVerfGE 119, 1 (20 f.) – Esra.

Wirkbereich in den Schutz einbezieht, dann muss sichergestellt sein, dass Personen, die durch Künstler in ihren Rechten beeinträchtigt werden, ihre Rechte auch verteidigen können und in diesen Rechten auch unter Berücksichtigung der Kunstfreiheit einen wirksamen Schutz erfahren."[42]

Auf dieser Linie liegt auch eine Entscheidung der 1. Kammer des Ersten Senats aus dem Jahr 2007[43], in der es um die Veröffentlichung eines autobiographischen Romans ging und in der die Kammer bestätigt hat, dass einem Konflikt von Persönlichkeitsrecht und Kunstfreiheit durch eine umfassende Abwägung Rechnung zu tragen sei. Diese Abwägung setzt aber gerade voraus, dass der Schutzbereich der Kunstfreiheit – auch bei einem Konflikt mit (Grund-)Rechten Dritter – zunächst eröffnet ist. Demgemäß spricht die Kammer hier auch von der durch Art. 5 Abs. 3 GG *gewährleisteten* Kunstfreiheit des Autors des Romans.[44]

Eine weitere Entscheidung der 1. Kammer des Ersten Senats aus dem Jahr 2007[45] beschäftigte sich mit einer Kollision der Menschenwürde – in Form des postmortalen Persönlichkeitsrechts – mit der Kunstfreiheit. Hier hat die Kammer angenommen, dass eine Abwägung zwischen Kunstfreiheit und Menschenwürde nicht möglich sei. Für die Frage, ob ein dem Schutz des Art. 5 Abs. 3 GG unterstehendes Kunstwerk die Menschenwürde eines Verstorbenen beeinträchtige, komme es auf eine Interpretation des Aussagegehalts dieses Kunstwerks an, bei der die Besonderheiten der künstlerischen Ausdrucksform zu berücksichtigen seien.[46] Dieser Entscheidung lag damit wiederum die Annahme zu Grunde, dass der Schutzbereich der Kunstfreiheit eröffnet war, auch wenn das Kunstwerk die Menschenwürde eines Dritten beeinträchtigen konnte.

Festzustellen ist auch, dass das Bundesverfassungsgericht in einigen Entscheidungen zur Kunstfreiheit von der *„Gewährleistung"* der Kunstfreiheit spricht, ohne dass damit eine Tendenz zur Verengung des Schutzbereichs einhergehen würde. So hat es in zwei weiteren Entscheidungen aus dem Jahr 2007[47] angenommen, dass es einen schwer wiegenden *Eingriff* in die von Art. 5 Abs. 1 Satz 2 GG umfasste Freiheit der beklagten Rundfunkanstalt zur Gestaltung und Verbreitung ihres Programms darstelle, werde sie durch Erlass einer Eilanordnung an der Erstausstrahlung eines Spielfilms zu einem nach Gesichtspunkten der tagesaktuellen Bedeutsamkeit gewählten Zeitpunkt und in einem nach medienspezifischen Gesichtspunkten gewählten Kontext gehindert. Durch das mit der Eilanordnung begehrte Verbot wäre zusätzlich

[42] BVerfGE 119, 1 (23) – Esra.
[43] BVerfGK 13, 49 ff. – Pestalozzis Erben.
[44] BVerfGK 13, 49 (50) – Pestalozzis Erben.
[45] BVerfGK 13, 115 ff. – Ehrensache.
[46] BVerfGK 13, 115 (117) – Ehrensache.
[47] BVerfGK 12, 85 ff. und 12, 95 ff. – Contergan-Film.

auch die *Gewährleistung* des Art. 5 Abs. 3 GG betroffen, der als Werk der Filmkunst auch ein Spielfilm unterfalle.[48]

Auch in weiteren Entscheidungen hat das Bundesverfassungsgericht den Schutzbereich der Kunstfreiheit als eröffnet angesehen, so in einer Entscheidung aus dem Jahr 2008, in der es um die Amtsenthebung eines ehrenamtlichen Richters ging, der Mitglied einer „*Neonazi-Rockband*" war[49]. Das Bundesverfassungsgericht stellte hier fest, dass in der Amtsenthebung ein *Eingriff* in die Kunstfreiheit des Beschwerdeführers liege, der jedoch gerechtfertigt sei. In einer weiteren Entscheidung aus dem Jahr 2008 hat das Bundesverfassungsgericht angenommen, dass die in einem strafrechtlichen Ermittlungsverfahren angeordnete Beschlagnahme sämtlicher Exemplare der zweiten Ausgabe der Jugendzeitschrift „*perplex*" (der NPD-Nachwuchsorganisation JN) das durch Art. 5 Abs. 1 Satz 1 GG *gewährleistete* Grundrecht der Beschwerdeführer auf freie Meinungsäußerung sowie die durch Art. 5 Abs. 3 GG *gewährleistete* Kunstfreiheit der Beschwerdeführer verletzte[50].

In einer Entscheidung aus dem Jahr 2005[51], in der es um die Qualifizierung eines Künstlervertrages als sittenwidrig ging, hat die 2. Kammer des Ersten Senats hingegen die Eröffnung des Schutzbereichs der Kunstfreiheit verneint. Die Kunstfreiheit eines Tonträgerunternehmens sei durch diese Qualifizierung des Vertrages nicht verletzt. Soweit es zur Herstellung der Beziehungen zwischen Künstler und Publikum der publizistischen Medien bedürfe, seien zwar auch die Personen durch die Kunstfreiheitsgarantie geschützt, die hier eine solche vermittelnde Tätigkeit ausübten. Die konkrete Handlung, wegen derer das Tonträgerunternehmen sich auf die Kunstfreiheit berufe, falle hier jedoch nicht in den Schutzbereich des Grundrechts. Das Tonträgerunternehmen begehre den Schutz der Kunstfreiheit für den Abschluss eines Künstlervertrags, bei dem ihr der Künstler als Vertragspartner gegenüberstehe und durch den die Vermarktung der von ihm zu schaffenden Kunstwerke geregelt werden solle. Die Kunstfreiheit werde jedoch um des künstlerischen Schaffens willen *gewährleistet*, während die Vermittlung des Kunstwerks demgegenüber eine dienende Funktion habe. Dies schließe eine Inanspruchnahme

[48] BVerfGK 12, 85 (94) und 12, 95 (102) – Contergan-Film. In einer Entscheidung aus dem Jahr 2004 (BVerfGK 4, 54 ff. – Fernsehberichterstattung) hat das Gericht demgegenüber angenommen, dass eine Rundfunksendung nicht allein deshalb der Kunstfreiheit unterfalle, weil sie neben einem moderierenden Teil auch sketchartige Szenen mit fiktiven und verzerrend übersteigerten Inhalten wiedergebe oder weil sie unter Einsatz von Schauspielern und Requisiten erstellt worden sei. Der Schwerpunkt der Sendung liege in der Berichterstattung. Dementsprechend sei die Äußerung am Maßstab des Art. 5 Abs. 1 GG und nicht auch an Art. 5 Abs. 3 S. 1 GG zu messen.

[49] BVerfGK 13, 531 ff. – Neonazi-Band.

[50] BVerfG, Beschluss der 1. Kammer des Ersten Senats vom 9. Juli 2008 – 1 BvR 519/08 –, juris – perplex.

[51] BVerfGK 6, 92 ff. – Künstlervertrag.

des Grundrechts durch den Mittler jedenfalls dann aus, wenn dieser damit kein künstlerisches Konzept, sondern kommerzielle Interessen gegenüber dem Künstler durchzusetzen beabsichtige.

b) Pressefreiheit, Art. 5 Abs. 1 Satz 2 GG; Allgemeines Persönlichkeitsrecht, Art. 2 Abs. 1 in Verbindung mit Art. 1 Abs. 1 GG (Staatliches Informationshandeln)

In einer Entscheidung aus dem Jahr 2005 hatte sich der Erste Senat des Bundesverfassungsgerichts erneut mit staatlichem Informationshandeln zu befassen[52]. Konkret ging es um Passagen über das Presseerzeugnis „Junge Freiheit" in den nordrhein-westfälischen Verfassungsschutzberichten 1994 und 1995[53]. Der Senat hat hier anders als bei *„Osho"* und *„Glykol"* nicht bereits die Eröffnung des Schutzbereichs verneint, sondern vielmehr angenommen, dass der Hinweis auf die „Junge Freiheit" im Verfassungsschutzbericht einem Eingriff in die Pressefreiheit aus Art. 5 Abs. 1 Satz 2 GG gleichkomme und deshalb der Rechtfertigung durch ein allgemeines Gesetz im Sinne des Art. 5 Abs. 2 GG bedürfe. Die Auffassung der Fachgerichte, dass der Schutzbereich der Pressefreiheit nicht berührt sei, verkenne die Reichweite des grundrechtlichen Schutzbereichs der Pressefreiheit[54].

Zuletzt hat die 1. Kammer des Ersten Senats der Verfassungsbeschwerde des Autors eines Zeitschriftenbeitrags stattgegeben, von dessen Inhalt sich die Bundeszentrale für Politische Bildung distanziert hatte[55]. Der Beitrag des Beschwerdeführers war in einer Zeitschrift erschienen, die ein privater Verlag im Auftrag der Bundeszentrale herausgibt, und befasste sich unter anderem mit der Verbreitung des Antisemitismus in der deutschen Bevölkerung während der Zeit des Nationalsozialismus[56]. Die Leitungsebene der Bundeszentrale, die erst nach Auslieferung der Zeitschrift an die Abonnenten Kenntnis von dem Inhalt des Beitrags erlangt hatte, richtete ein distanzierendes Schreiben an die Abonnenten der Zeitschrift. Die Kammer hat in diesem Fall angenommen, dass das allgemeine Persönlichkeitsrecht des Autors durch die Distanzierung vom Inhalt dieses Artikels verletzt sei. Auch in diesem Fall

[52] BVerfGE 113, 63 ff. – Verfassungsschutzbericht.

[53] BVerfGE 113, 63 ff. – Verfassungsschutzbericht.

[54] BVerfGE 113, 63 ff. – Verfassungsschutzbericht. Vgl. hierzu *Murswiek*, NVwZ 2006, S. 121 ff.; *Wisuschil*, ZUM 2006, S. 294 ff., der in dieser Entscheidung einen „revolutionären Bruch" mit der in der Osho-Entscheidung entwickelten Dogmatik sieht. Siehe auch *Schoch*, NVwZ 2011, S. 193 (194).

[55] BVerfG, Beschluss der 1. Kammer des Ersten Senats vom 17. August 2010 – 1 BvR 2585/06 –, NJW 2011, S. 511 ff. – Ehrverletzung.

[56] BVerfG, Beschluss der 1. Kammer des Ersten Senats vom 17. August 2010 – 1 BvR 2585/06 –, NJW 2011, S. 511 ff. – Ehrverletzung. In diesem Zusammenhang spricht der Autor unter anderem von einer „deutsch-jüdischen Symbiose unter dem Hakenkreuz".

wurde – anders als bei „*Glykol*" und „*Osho*" – die Eröffnung des Schutzbereichs bejaht. Zwar erfülle die Grundrechtsbeeinträchtigung nicht die Voraussetzungen eines Eingriffs im klassischen Sinne, weil sie insbesondere nicht auf einer unmittelbaren Regelungswirkung beruhe. Gleichwohl bedürfe sie der Rechtfertigung in dem Sinne, dass die Äußerung der Bundeszentrale, um vor Art. 2 Abs. 1 in Verbindung mit Art. 1 Abs. 1 GG Bestand haben zu können, ein legitimes Ziel verfolgen und sich gemessen daran als verhältnismäßig erweisen müsse.[57]

c) Religionsfreiheit, Art. 4 Abs. 1 und 2 GG

Im Bereich der Religionsfreiheit hatten sich in den vergangenen Jahren sowohl der Erste als auch der Zweite Senat wiederholt mit den Elternrechten aus Art. 4 Abs. 1, 2 und Art. 6 Abs. 2 Satz 1 GG sowie den Rechten beschwerdeführender Schüler aus Art. 4 Abs. 1, 2, Art. 2 Abs. 1 in Verbindung mit Art. 1 Abs. 1 GG zu befassen. Konkret ging es im Jahr 2003 um die Erteilung von *Heimunterricht*[58], im Jahr 2006 um die *Schulpflicht*[59], im Jahr 2007 um die Einführung von *Ethikunterricht*[60] und im Jahr 2009 um die Erteilung von *Sexualkundeunterricht*[61]. In den Entscheidungen zum Heimunterricht und zur Schulpflicht gingen beide Senate des Bundesverfassungsgerichts von einer Eröffnung des Schutzbereichs des Art. 4 Abs. 1 GG (i.V.m. Art. 6 Abs. 1 GG) aus[62]. In der Entscheidung zum Sexualkundeunterricht aus dem Jahr 2009 nahm der Erste Senat die Verfassungsbeschwerde nicht zur Entscheidung an, weil eine Verletzung nicht hinreichend dargelegt worden sei.[63] Soweit ausdrücklich erörtert, legte das Bundesverfassungsgericht die Auffassung zu Grunde, dass die in Art. 4 Abs. 1 GG verbürgte Glaubensfreiheit auch den Anspruch, nach eigenen Glaubensüberzeugungen leben und handeln zu dürfen, umfasse. In Verbindung mit Art. 6 Abs. 2 Satz 1 GG, der den Eltern das Recht zur Pflege und Erziehung ihrer Kinder garantiere, gewähre Art. 4 Abs. 1 GG das Recht zur Kindererziehung in religiöser und weltanschaulicher Hinsicht. Danach sei es Sache der Eltern, ihren Kindern Über-

[57] BVerfG, Beschluss der 1. Kammer des Ersten Senats vom 17. August 2010 – 1 BvR 2585/06 –, NJW 2011, S. 511 (512) – Ehrverletzung. Mit Hinweis auf BVerfGE 105, 279 (299 ff.) – Osho. Vgl. hierzu *Schoch*, NVwZ 2011, 193 ff.; *Ladeur*, ZUM 2010, 960 f.

[58] BVerfGK 1, 141 ff. – Heimunterricht.

[59] BVerfGK 8, 151 – Schulpflicht.

[60] BVerfGK 10, 423 – Ethikunterricht.

[61] BVerfG, Beschluss der 3. Kammer des Ersten Senats vom 21. Juli 2009 – 1 BvR 1358/09 –, NJW 2009, S. 3151 ff. – Sexualerziehung.

[62] Vgl. BVerGK 1, 141 (143) – Heimunterricht (Erster Senat); 8, 151 (155) – Schulpflicht (Zweiter Senat).

[63] Beschluss der 3. Kammer des Ersten Senats des BVerfG vom 21. Juli 2009 – 1 BvR 1358/09 –, NJW 2009, S. 3151 (3152) – Sexualerziehung.

zeugungen in Glaubens- und Weltanschauungsfragen zu vermitteln und nicht geteilte Ansichten von ihnen fernzuhalten.[64] Dieser Maßstab wurde auch im Verfahren zum Ethikunterricht aus dem Jahr 2007 vom Ersten Senat zu Grunde gelegt[65]; der Senat ließ dabei offen, „ob und inwieweit der als bekenntnis- und weltanschauungsneutral bezeichnete Ethikunterricht im Lande Berlin insoweit den Schutzbereich der von den Beschwerdeführern ins Feld geführten Grundrechte aus Art. 4 Abs. 1 und 2 sowie Art. 6 Abs. 2 GG im Einzelnen überhaupt berührt(e)“[66]. Jedenfalls hielten die angegriffene Entscheidung und die zugrunde liegende gesetzliche Regelung im Ergebnis einer verfassungsrechtlichen Prüfung am Maßstab dieser Grundrechte stand.[67]

Neben den bereits dargestellten Entscheidungen zum Tragen eines Kopftuchs in der Öffentlichkeit[68] war dies auch Gegenstand einer Entscheidung aus dem Jahr 2006.[69] Die 1. Kammer des Zweiten Senats gab dabei der Verfassungsbeschwerde einer Beschwerdeführerin statt, der als Zuschauerin während einer strafrechtlichen Hauptverhandlung das Tragen ihres Kopftuchs verboten worden war. Die Kammer nahm an, dass dieses Verbot gegen Art. 3 Abs. 1 GG in seiner Ausprägung als allgemeines Willkürverbot in Verbindung mit Art. 4 Abs. 1 und 2 GG verstieß. Das Tragen von Kopfbedeckungen könne Ausdruck von Religionsausübung sein, womit es den Schutz des Art. 4 GG genieße. Des Schutzes aus Art. 4 GG gehe der Einzelne nicht deshalb verlustig, weil er sich als Zuhörer in einem Gerichtssaal befinde. Vertrage sich das der Religionsausübung dienende Verhalten mit einem störungsfreien Ablauf der Sitzung, sei es vom Gericht mit Blick auf Art. 4 GG hinzunehmen.[70]

Auch in weiteren Entscheidungen hat das Bundesverfassungsgericht den Schutzbereich der Religionsfreiheit als eröffnet betrachtet, so z.B. in der Entscheidung über das Vereinsverbot des sogenannten *Kalifatstaats* im Jahr 2003[71], in der Entscheidung über die *Kirchenaustrittsgebühr* im Jahr 2008[72] sowie in einer Entscheidung aus demselben Jahr, in dem es um die Veränderung des Aufgabenbereichs eines Theologieprofessors bei Distanzierung von

[64] Vgl. BVerfGK 8, 151 (155) – Schulpflicht m.w.N.; BVerfG, Beschluss der 3. Kammer des Ersten Senats des BVerfG vom 21. Juli 2009 – 1 BvR 1358/09 –, NJW 2009, S. 3151 (3152) – Sexualerziehung.

[65] BVerfGK 10, 423 (428 f.) – Ethikunterricht.

[66] BVerfGK 10, 423 (429) – Ethikunterricht.

[67] BVerfGK 10, 423 (429) – Ethikunterricht.

[68] BVerfGE 108, 282 ff.; BVerfGK 1, 308 (312). Vgl. bereits oben Fn. 35.

[69] BVerfG, Beschluss der 1. Kammer des Zweiten Senats vom 27. Juni 2006 – 2 BvR 677/05 –, NJW 2007, S. 56 f. – Kopftuchverbot.

[70] BVerfG, Beschluss der 1. Kammer des Zweiten Senats vom 27. Juni 2006 – 2 BvR 677/05 –, NJW 2007, S. 56 (57) – Kopftuchverbot.

[71] BVerfGK 2, 22 ff. – Kalifatstaat.

[72] BVerfGK 14, 60 ff. – Kirchenaustrittsgebühr.

wesentlichen Glaubenssätzen ging[73]. Auch wurde in einer Entscheidung aus dem Jahr 2009 zur *Förderung jüdischer Gemeinden in Brandenburg* eine aus Art. 4 Abs. 1 GG folgende leistungsrechtliche Komponente, die die Teilhabe an etwaigen staatlichen Leistungen verbürgt, angenommen[74]. Ebenfalls bejaht wurde in der Entscheidung zu den *Berliner Ladenöffnungszeiten* an Adventssonntagen aus dem Jahr 2009[75] ein durch Art. 140 GG in Verbindung mit Art. 139 WRV konkretisiertes Grundrecht von Religionsgemeinschaften aus Art. 4 Abs. 1 und 2 GG, mit dem diese sich gegen die Erweiterung sonn- und feiertäglicher Ladenöffnungszeiten zur Wehr setzen konnten[76].

Um die Rechte von Religionsgemeinschaften ging es auch in einer Entscheidung aus dem Jahr 2006, die die Einreiseverweigerung für das Oberhaupt der *Mun-Sekte* betraf[77]. Beschwerdeführer war ein Verein, in dem die Anhänger der Mun-Sekte in der Bundesrepublik organisiert sind. Das Bundesverfassungsgericht entschied, dass der einer Religionsgemeinschaft zukommende Grundrechtsschutz das Recht zu eigener weltanschaulicher oder religiöser Betätigung, zur Verkündigung des Glaubens sowie zur Pflege und Förderung des Bekenntnisses umfasse, wozu auch religiöse Erziehung, Feiern und andere Äußerungen des religiösen und weltanschaulichen Lebens sowie allgemein die Pflege und Förderung des jeweiligen Bekenntnisses gehörten. Soweit der Schutzbereich des Grundrechts aus Art. 4 Abs. 1 und 2 GG im Schrifttum mit Hilfe von Erheblichkeitskriterien restriktiv gefasst werde, beträfen diese Erwägungen vor allem Betätigungen, mit denen die Religionsgemeinschaft über den Kreis ihrer Mitglieder hinaus in die Gesellschaft hineinwirke. Ob und inwieweit ihnen zu folgen sein könnte, bedürfe im vorliegenden Fall keiner Entscheidung. Denn die Frage, welche Bedeutung dem persönlichen Treffen mit dem Oberhaupt einer Glaubensgemeinschaft zukomme, gehöre dem Bereich der innergemeinschaftlichen Pflege und Glaubensbetätigung an; für ihre Beantwortung könne nur das Selbstverständnis der jeweiligen Religionsgemeinschaft maßgebend sein. Auch wenn bei Betrachtung von außen ein Zusammenhang mit der Religionsausübung nicht zwingend erscheine, sei es dem Staat verwehrt, eigene Bewertungen und Gewichtungen diesbezüglicher Vorgänge an die Stelle derjenigen der Religionsgemeinschaft zu setzen. Dementsprechend könne auch nicht darauf abgestellt werden, ob die beanstandete staatliche Maßnahme der Religionsgemeinschaft beziehungsweise ihren Anhängern die Ausübung ihrer Religion gänzlich oder wesentlich unmöglich mache. Abgesehen davon, dass die Anlegung eines solchen Maßstabs eine inhaltliche Bewertung religiöser Fragen

[73] BVerfGE 122, 89 ff. – Lüdemann.
[74] BVerfGE 123, 148 ff. – Jüdische Gemeinde Brandenburg.
[75] BVerfGE 125, 39 ff. – Berliner Ladenöffnungszeiten.
[76] BVerfGE 125, 39 (75) – Berliner Ladenöffnungszeiten.
[77] BVerfGK 9, 371 ff. – Einreiseverweigerung Mun-Sekte.

erzwänge, führte dies zu einem mit Art. 4 Abs. 1 und 2 GG nicht zu vereinbarenden Schutz lediglich eines „religiösen Existenzminimums“ [78].

Ein engeres Schutzbereichsverständnis zeigt dagegen eine Entscheidung aus dem Jahr 2007 zur Beugehaft für einen katholischen *Gefängnisseelsorger* auf[79], der sich hinsichtlich nichtseelsorgerischer Teile eines Gesprächs mit einem Gefangenen auf ein Zeugnisverweigerungsrecht nach § 53 Abs. 1 Satz 1 Nr. 1 StPO berufen hatte. Die 1. Kammer des Zweiten Senats erklärte, dass eine Berücksichtigung der durch Art. 4 Abs. 1 und 2 GG geschützten Belange der Glaubensfreiheit kein Zeugnisverweigerungsrecht des Beschwerdeführers begründe. Die Glaubensfreiheit schütze neben der inneren Freiheit, religiöse und weltanschauliche Überzeugungen zu bilden und zu haben, die äußere Freiheit, diese Überzeugungen zu bekennen und zu verbreiten und sein gesamtes Verhalten an den Lehren seines Glaubens auszurichten und dieser Überzeugung gemäß zu handeln; jedenfalls für die Angehörigen der katholischen Kirche und der evangelischen Großkirchen verbürge Art. 4 Abs. 2 GG auch das Recht auf ungestörte karitative Tätigkeit, soweit diese dem christlichen Gebot tätiger Nächstenliebe entspringe. Andererseits werde nicht jede Handlung, die im weitesten Sinne auf religiöse Ansichten zurückgeführt werden könne, durch die Glaubensfreiheit geschützt. Erforderlich sei ähnlich wie bei der Ausübung der Gewissensfreiheit, dass es sich um eine zwingende Verhaltensregel handele, von der der Betroffene nicht ohne innere Not absehen könne. Ob dies der Fall sei, hänge auch vom Selbstverständnis der betroffenen Religionsgemeinschaft ab, wobei den Betroffenen im Zweifelsfall eine Darlegungslast treffe.[80] Der Beschwerdeführer habe nicht substantiiert dargelegt, dass ihm sein Glaube die Beantwortung der in Rede stehenden Frage verbiete und er bei Beantwortung in innere Not gerate; hiergegen spreche auch, dass er vom Generalvikariat eine Aussagegenehmigung für Fragen erhalten habe, die den nicht seelsorgerischen Teil der Gespräche beträfen.

d) Versammlungsfreiheit, Art. 8 GG

In den vergangenen Jahren hatte sich der Erste Senat des Bundesverfassungsgerichts wiederholt mit Versammlungsverboten zu beschäftigen, die auf die Erwartung gestützt wurden, auf der Versammlung werde nationalsozialistisches Gedankengut verbreitet.[81] Dabei hat der Senat in diesen Fällen jeweils den Schutzbereich des Art. 8 Abs. 1 GG als eröffnet betrachtet. Für

[78] BVerfGK 9, 37 (377 f.) – Einreiseverweigerung Mun-Sekte m.w.N.

[79] BVerfGK 10, 216 ff. – Beugehaft für Gefängnisseelsorger.

[80] BVerfGK 10, 216 (223) – Beugehaft für Gefängnisseelsorger m.w.N.

[81] BVerfGE 111, 147 ff. – Synagogenbau; BVerfGK 2, 1 ff.; 7, 221 ff.; 7, 229 (238). Siehe zur Gefahrenprognose auch BVerfG, Beschluss der 1. Kammer des Ersten Senats vom 4. September 2009 – 1 BvR 2147/09 –, NJW 2010, S. 141 ff. sowie Beschluss der 1. Kammer des Ersten Senats vom 7. November 2009 – 1 BvQ 43/08 –, EuGRZ 2008, S. 769 ff.; BVerfGK 11, 298 (309) – G8-Gegner; 13, 1 ff.

die Frage, ob der Inhalt zu erwartender Äußerungen das Verbot einer Versammlung rechtfertige, hat er klargestellt, dass der Inhalt der Äußerung an Art. 5 Abs. 2 GG zu messen sei[82]. Eine Äußerung verliere den Schutz des Art. 5 Abs. 1 GG nicht allein wegen rechtsextremistischer Inhalte, es sei denn, sie seien strafbar.[83] Der Inhalt einer Meinungsäußerung, der im Rahmen des Art. 5 GG nicht unterbunden werden könne, könne dabei auch nicht zur Rechtfertigung von Maßnahmen herangezogen werden, die das Grundrecht des Art. 8 GG beschränkten.[84] Ein Verbot auf Grundlage der öffentlichen Ordnung im Sinne des § 15 Abs. 1 VersG komme in diesen Fällen nicht in Betracht[85]. Einschränkungen von Versammlungen wegen des Inhalts der mit ihnen verbundenen Äußerungen könnten auch nicht darauf gestützt werden, dass das Grundgesetz sich angesichts der Erfahrungen mit dem Nationalsozialismus für eine wehrhafte Demokratie entschieden habe. In der Tat wolle das Grundgesetz nationalsozialistische Bestrebungen abwehren. Zugleich schaffe es rechtsstaatliche Sicherungen, deren Fehlen das menschenverachtende Regime des Nationalsozialismus geprägt habe. Dementsprechend enthalte das Grundgesetz einen Auftrag zur Abwehr von Beeinträchtigungen der Grundlagen einer freiheitlichen demokratischen Ordnung mit den Mitteln des Rechtsstaats. Die Berufung auf ungeschriebene verfassungsimmanente Schranken komme nicht in Betracht; ihre Konkretisierung unterliege dem Vorbehalt des Gesetzes.[86] Hiervon ging der Erste Senat auch in der sogenannten *Wunsiedel-Entscheidung* aus dem Jahr 2009[87] aus und zog als Maßstab für das Verbot einer Gedenkveranstaltung für Rudolf Heß ebenfalls Art. 8 Abs. 1 GG (i.V.m. Art. 5 Abs. 1 GG) heran[88]. Im Ergebnis bejahte der Senat die Zulässigkeit des Verbots der Versammlung auf der Grundlage des § 15 Abs. 1 VersG in Verbindung mit § 130 Abs. 4 GG.[89]

In zahlreichen Entscheidungen zu Versammlungsauflagen hat der Erste Senat jeweils angenommen, dass der Schutzbereich des Art. 8 GG eröffnet war. Geprüft wurde dann, ob es sich bei der Auflage um einen Engriff in den Schutzbereich handelte und ob dieser gegebenenfalls zu rechtfertigen war[90].

[82] Vgl. BVerfGE 111, 147 (155) – Synagogenbau; BVerfGK 2, 1 (5); 8, 195 (200).

[83] BVerfGK 7, 221 (227).

[84] Vgl. BVerfGE 111, 147 (155) – Synagogenbau; 7, 221 (227); 7, 229 (238).

[85] BVerfGE 111, 147 (154 f.) – Synagogenbau.

[86] Vgl. BVerfGE 111, 147 (157 f.) – Synagogenbau.

[87] BVerfGE 124, 300 ff. – Wunsiedel. Vgl. zum Beschluss im Eilverfahren BVerfGK 6, 101 ff.

[88] BVerfGE 124, 300 (319 und 341 ff.) – Wunsiedel.

[89] BVerfGE 124, 300 (341 ff.) – Wunsiedel. Zur Rechtfertigung des § 130 Abs. 4 StGB als nicht allgemeines Gesetz i.S.d. Art. 5 Abs. 2 GG vgl. dort S. 321 ff.

[90] BVerfGK 6, 104 ff. – Holocaust-Mahnmal; 7, 12 ff.; 8, 79 ff.; 10, 493 ff. – Karlsruher Kameradschaft; BVerfG, Beschluss des Ersten Senats vom 12. 5. 2010 – 1 BvR 2636/04 – NVwZ-RR 2010, S. 625 ff.; siehe zum Kostenbescheid für Auflagen BVerfGK 12, 354 ff.

In den dargestellten Entscheidungen ging der Senat in der Regel ohne weitere Erläuterung von der Eröffnung des Schutzbereichs aus. Entscheidungen, in denen er sich ausdrücklich zur Eröffnung des Schutzbereichs äußerte, finden sich nur wenige. Bereits im Jahr 2004 hat der Erste Senat festgestellt, dass es sich bei dem Zusammentreffen des damaligen Beschwerdeführers und weiterer Personen in Sichtweite eines Informationsstandes der NPD, um gegen diesen Informationsstand zu protestieren, um eine Versammlung im Sinne des Art. 8 GG handelte und entgegen der rechtlichen Würdigung des Landgerichts daher nicht nur eine bloße Ansammlung von Personen gegeben gewesen sei.[91] Auch bestehe der Schutz des Art. 8 GG unabhängig davon, ob die Versammlung nach § 14 VersG hätte angemeldet werden müssen.[92]

Um die Frage, ob eine Ansammlung oder eine Versammlung vorgelegen hatte, ging es auch in einer Entscheidung aus dem Jahr 2010 zu einem sogenannten *Schweigeprotest*[93]. Die 1. Kammer des Ersten Senats stellte dabei klar, dass der Schutz der Versammlungsfreiheit sich nicht nur auf Veranstaltungen beschränke, auf denen argumentiert und gestritten werde, sondern vielfältige Formen gemeinsamen Verhaltens bis hin zu nicht verbalen Ausdrucksformen umfasse. Daher gehörten auch solche Zusammenkünfte dazu, bei denen die Versammlungsfreiheit zum Zwecke plakativer oder aufsehenerregender Meinungskundgabe in Anspruch genommen werde. Bei einer Versammlung gehe es darum, dass die Teilnehmer nach außen – schon durch die bloße Anwesenheit, die Art des Auftretens und des Umgangs miteinander oder die Wahl des Ortes – im eigentlichen Sinne des Wortes Stellung nähmen und ihren Standpunkt bezeugten.[94] Eine verbale Kommunikation sei nicht erforderlich. Ein kollektiver Beitrag zur öffentlichen Meinungsbildung könne auch non-verbal, durch schlüssiges Verhalten wie beispielsweise durch einen Schweigemarsch, geäußert werden[95].

Die sich aus Art. 8 Abs. 1 GG ergebenden ausdrücklichen Grenzen des Schutzbereichs des Art. 8 Abs. 1 GG hat der Senat in einer Entscheidung aus dem Jahr 2006 bestätigt, in der er feststellte, dass ein Beschwerdeführer sich nicht auf den Schutz der Versammlungsfreiheit berufen könne, wenn die Demonstration im Ganzen einen gewalttätigen Verlauf genommen hatte, was

[91] BVerfGK 4, 154 (157 f.) – Spontanversammlung.

[92] BVerfGK 4, 154 (158) – Spontanversammlung; BVerfGK 11, 102 (108) – Platzverweis.

[93] BVerfG, Beschluss der 1. Kammer des Ersten Senats vom 10. Dezember 2010 – 1 BvR 1402/06 –, juris – Schweigeprotest.

[94] BVerfG, Beschluss der 1. Kammer des Ersten Senats vom 10. Dezember 2010 – 1 BvR 1402/06 –, juris, Rn. 19 – Schweigeprotest mit Hinweis auf BVerfGE 69, 315 (342 f.); 87, 399 (406).

[95] BVerfG, Beschluss der 1. Kammer des Ersten Senats vom 10. Dezember 2010 – 1 BvR 1402/06 –, juris, Rn. 23 – Schweigeprotest.

der Senat im Fall des Angriffs gegen Polizeibeamte, um sie zu verdrängen, annahm[96]. In einer Entscheidung, die eine *Demonstration am Heiligabend* zu dem Thema „Gegen Repressionen und Polizeiwillkür" betraf, hat der Senat offen gelassen, ob die Annahme des Oberverwaltungsgerichts zutraf, das Grundrecht des Antragstellers stehe unter einem Schikanevorbehalt. Selbst wenn dies unterstellt werde und die Versammlung ferner tatsächlich – wovon das Oberverwaltungsgericht ausgehe – dem Zweck dienen sollte, die Polizeibeamten dazu zu zwingen, überplanmäßig an Heiligabend Dienst zu verrichten, und sie zu hindern, das Fest im Kreise der Familie zu verbringen, könne ein Totalverbot der Versammlung auf diese Weise nicht gerechtfertigt werden.[97]

Mit einer weiteren Frage im Hinblick auf die Eröffnung des Schutzbereichs der Versammlungsfreiheit hatte sich der Erste Senat in einer aktuellen Entscheidung aus dem Jahr 2011 zu befassen[98]. Der Senat hatte darüber zu entscheiden, ob das Verbot, im Frankfurter Flughafen ohne Erlaubnis Versammlungen durchzuführen, die Beschwerdeführerin in ihrem Grundrecht auf Versammlungsfreiheit verletzte. Der Senat hat diese Frage bejaht und zur Eröffnung des Schutzbereichs ausgeführt: Art. 8 Abs. 1 GG schütze die Freiheit, mit anderen Personen zum Zwecke einer gemeinschaftlichen, auf die Teilhabe an der öffentlichen Meinungsbildung gerichteten Erörterung oder Kundgebung örtlich zusammen zu kommen. Art. 8 Abs. 1 GG *gewährleiste* auch das Recht, selbst zu bestimmen, wann, wo und unter welchen Modalitäten eine Versammlung stattfinden solle. Die Versammlungsfreiheit verschaffe damit allerdings kein Zutrittsrecht zu beliebigen Orten. Insbesondere gewähre sie dem Bürger keinen Zutritt zu Orten, die der Öffentlichkeit nicht allgemein zugänglich seien oder zu denen schon den äußeren Umständen nach nur zu bestimmten Zwecken Zugang gewährt werde. Sie verbürge die Durchführung von Versammlungen aber dort, wo ein allgemeiner öffentlicher Verkehr eröffnet sei. Dies betreffe zunächst den öffentlichen Straßenraum, aber auch Stätten außerhalb des öffentlichen Straßenraums, an denen in ähnlicher Weise ein öffentlicher Verkehr eröffnet sei und Orte der allgemeinen Kommunikation entstünden. Dies gelte z.B. für Foren wie Einkaufszentren, Ladenpassagen oder sonstige Begegnungsstätten, die die Kommunikationsfunktion der öffentlichen Straßen, Wege und Plätze zunehmend ergänzten. Der Frankfurter Flughafen sei in wesentlichen Bereichen als Ort allgemeinen kommunikativen Verkehrs ausgestaltet. Zwar gelte dies nicht für die Sicherheitsbereiche, die nicht allgemein zugänglich seien, und nicht für

[96] BVerfGK 10, 6 f. mit Hinweis auf BVerfGE 73, 206 (248); 87, 399 (406); 104, 92 (106).

[97] BVerfG, Beschluss der 1. Kammer des Ersten Senats vom 22. Dezember 2006 – 1 BvQ 41/06 – NVwZ 2007, S. 574 (575) – Demonstration am Heiligabend.

[98] BVerfG, Urteil des Ersten Senats vom 22. Februar 2011 – 1 BvR 699/06 –, NJW 2011, S. 1201 ff. – Fraport.

solche Bereiche, die nur bestimmten Funktionen (zum Beispiel der Gepäckausgabe) dienten. Jedoch umfasse der Flughafen auch große Bereiche, die als Orte des Flanierens und des Gesprächs, als Wege zum Einkaufen und zu Gastronomiebetrieben ausgestaltet seien und hierfür einen allgemeinen Verkehr eröffneten.[99]

2. *Grundlinien der neueren Rechtsprechung des Bundesverfassungsgerichts*

Eine Analyse der neueren Rechtsprechung des Bundesverfassungsgerichts, insbesondere des Ersten Senats, zu den bereits angesprochenen Grundrechten ergibt folgendes Bild: Der Dogmenwechsel, der für die künftige Rechtsprechung des Bundesverfassungsgerichts vermutet wurde[100], hat in den vergangenen Jahren nicht stattgefunden. Die in der Vergangenheit beobachtete Tendenz zur Verengung der Schutzbereiche in der Rechtsprechung – insbesondere des Ersten Senats – des Bundesverfassungsgerichts wurde nicht fortgeführt.

Im Bereich der *Kunstfreiheit* ist – wie dargestellt – die Entscheidung zum *„Sprayer von Zürich"*[101] ein Einzelfall geblieben. Konflikte zwischen einem Künstler und den Rechten Dritter, die durch die Kunstausübung betroffen werden, werden nicht auf Ebene des Schutzbereichs, sondern auf Rechtfertigungsebene behandelt[102]. Spricht das Bundesverfassungsgericht von der *„Gewährleistung"* der Kunstfreiheit, so ist nicht erkennbar, dass damit eine Tendenz zur Verengung des Schutzbereichs einhergehen würde[103]. Darüber hinaus kann keine Tendenz beobachtet werden, bestimmte Inhalte – z.B. rechtsextremer Natur – aus dem Schutzbereich der Kunstfreiheit von vornherein herauszunehmen[104]. Soweit das Bundesverfassungsgericht in den ausgewerteten Entscheidungen die Eröffnung des Schutzbereichs verneint hat, kann auch darin keine Verengung im Sinne einer Reduktion auf einen *„Gewährleistungsinhalt"* gesehen werden. Der Verneinung des Schutzbereichs im Fall des Vertrages zwischen Künstler und Mittler liegt kein gegenüber dem ersten Anschein verengtes Verständnis des Schutzbereichs zu Grunde. Viel-

[99] BVerfG, Urteil des Ersten Senats vom 22. Februar 2011 – 1 BvR 699/06 –, NJW 2011, S. 1201 (1204) – Fraport. Siehe auch die abweichende Auffassung des Richters Schluckebier, der ein aus Art. 8 Abs. 1 GG folgendes Zutrittsrecht für Versammlungen zu „öffentlichen Foren", die der Öffentlichkeit allgemein eröffnet und zugänglich sind, und damit die Eröffnung des Schutzbereichs des Art. 8 GG ablehnt, S. 1209.

[100] Siehe dazu bereits oben, S. 153.

[101] BVerfG, Beschluss des Vorprüfungsausschusses des Zweiten Senats vom 19. März 1984 – 2 BvR 1/84 –, NJW 1984, S. 1293 ff. – Sprayer von Zürich sowie bereits oben, S. 154.

[102] Vgl. BVerfGE 119, 1 ff. – Esra; BVerfGK 13, 49 ff. – Pestalozzis Erben; 13, 115 ff. – Ehrensache sowie bereits oben, S. 160 f.

[103] Vgl. BVerfGK 12, 85 ff. und 12, 95 ff. – Contergan-Film sowie bereits oben, S. 161 f.

[104] Vgl. BVerfGK 13, 531 ff. – Neonazi-Band; BVerfG, Beschluss der 1. Kammer des Ersten Senats vom 9. Juli 2008 – 1 BvR 519/08 –, juris – perplex sowie bereits oben, S. 162.

mehr dürfte tatsächlich im Verhältnis zwischen Künstler und Mittler auf Seiten des letzteren kein Kunstbezug im weitesten Sinne vorhanden sein, wenn es diesem allein um kommerzielle Interessen gegenüber dem Künstler geht[105].

Im Bereich des *staatlichen Informationshandelns* zeichnet sich in den oben dargestellten Entscheidungen eine Abkehr von der in „*Osho*“ und „*Glykol*“ entwickelten Konzeption ab. Statt die dort entwickelten Grundsätze heranzuziehen und anhand von ihnen die Eröffnung des Schutzbereichs zu überprüfen, wurde sowohl in der Entscheidung zum Verfassungsschutzbericht[106] als auch in der die Bundeszentrale für Politische Bildung betreffenden Entscheidung[107] vielmehr der Schutzbereich – ohne längere Ausführungen – als eröffnet betrachtet. Zwar nimmt die Entscheidung zur Bundeszentrale zur Frage des Eingriffs und der Rechtfertigung wiederum Bezug auf die Rechtsprechung zum Fall „*Osho*“[108], zur Frage der Eröffnung des Schutzbereichs wird jedoch kein Bezug hergestellt.

In den Entscheidungen des Bundesverfassungsgerichts zur *Religionsfreiheit* ist ebenfalls keine Weiterführung einer Tendenz zur engeren Auslegung des Schutzbereichs der Religionsfreiheit, wie sie in den Entscheidungen „*Osho*“ und „*Schächten*“ zu finden war, festzustellen[109]. In den Entscheidungen das Verhältnis von Eltern und Schülern zur Schule betreffend wurde – wie oben dargestellt – ein weites Verständnis des Schutzbereichs zu Grunde gelegt[110]. Auch das Tragen eines Kopftuchs wurde als Ausdruck von Religionsausübung gewertet[111] und der Schutzbereich in weiteren Entscheidungen unproblematisch als eröffnet betrachtet[112].

Die Entscheidung zu den *Berliner Ladenöffnungszeiten* an Adventssonntagen[113] lässt mit der Anerkennung eines Grundrechts der Religionsgemeinschaften aus Art. 4 Abs. 1 und 2 GG in Verbindung mit Art. 140 GG und Art. 139 WRV, das diese gegen die Erweiterung sonn- und feiertäglicher Ladenöffnungszeiten geltend machen können, eher eine erweiternde Aus-

[105] Vgl. BVerfGK 6, 92 ff. – Künstlervertrag sowie bereits oben, S. 162 f.

[106] BVerfGE 113, 63 ff. – Verfassungsschutzbericht sowie bereits oben, S. 163.

[107] BVerfG, Beschluss der 1. Kammer des Ersten Senats vom 17. August 2010 – 1 BvR 2585/06 –, NJW 2011, S. 511 ff. – Ehrverletzung sowie bereits oben, S. 163 f.

[108] Kritisch hierzu *Schoch*, NVwZ 2011, S. 193 (194) sowie bereits oben, S. 165.

[109] Siehe dazu oben, S. 156 f.

[110] Vgl. BVerfGK 1, 141 ff. – Heimunterricht; BVerfGK 8, 151 – Schulpflicht; BVerfGK 10, 423 (429) – Ethikunterricht; BVerfG, Beschluss der 3. Kammer des Ersten Senats vom 21. Juli 2009 – 1 BvR 1358/09 –, NJW 2009, S. 3151 ff. – Sexualerziehung sowie bereits oben, S. 164 f.

[111] Vgl. BVerfG, Beschluss der 1. Kammer des Zweiten Senats vom 27. Juni 2006 – 2 BvR 677/05 –, NJW 2007, S. 56 f. – Kopftuchverbot sowie oben, S. 165.

[112] Vgl. BVerfGK 2, 22 ff. – Kalifatstaat; BVerfGK 14, 60 ff. – Kirchenaustrittsgebühr; BVerfGE 122, 89 ff – Lüdemann sowie oben, S. 165 f.

[113] Vgl. BVerfGE 125, 39 ff. – Berliner Ladenöffnungszeiten sowie bereits oben, S. 166.

legung des Schutzbereichs erkennen. In diesen Zusammenhang passt auch die Betonung in der Mun-Entscheidung, dass Art. 4 Abs. 1 GG nicht nur ein religiöses Existenzminimum schütze[114]. Demgegenüber überrascht auf den ersten Blick die Ausführung der 1. Kammer des Zweiten Senats in der das Zeugnisverweigerungsrecht eines Seelsorgers betreffenden Entscheidung, dass nicht jede Handlung, die im weitesten Sinne auf religiöse Ansichten zurückgeführt werden könne, durch die Glaubensfreiheit geschützt sei, sondern erforderlich sei, dass es sich um eine zwingende Verhaltensregel handele, von der der Betroffene nicht ohne innere Not absehen könne[115]. Hierin dürfte aber keine den Schutzbereich eingrenzende Definition der geschützten Religionsausübung zu sehen sein. Dem Bundesverfassungsgericht scheint es vielmehr – vor dem Hintergrund, dass zumindest objektiv kaum Anhaltspunkte dafür vorhanden waren, dass der betroffene Seelsorger die Beantwortung der nicht seelsorgerische Tätigkeiten betreffenden Fragen überhaupt aus religiösen Gründen verweigerte – darum gegangen zu sein, überhaupt sicherzustellen, dass eine durch Art. 4 GG geschützte Handlung religiös motiviert ist. Insofern fehlte es – worauf die Kammer mit dem Verweis auf fehlenden substantiierten Vortrag hingewiesen hat – bereits an Darlegungen, dass der Beschwerdeführer, indem er die Beantwortung an ihn gerichteter Fragen verweigerte, sein Verhalten *überhaupt* an den Lehren seines Glaubens ausrichtete und dieser Überzeugung gemäß handelte[116]. In der Formulierung der Kammer dürfte damit nicht mehr zu sehen sein als eine Konkretisierung der Selbstverständlichkeit, dass Art. 4 Abs. 1 GG nur das tatsächlich glaubensgeleitete Verhalten schützt.

Auch in den Entscheidungen des Bundesverfassungsgerichts zur *Versammlungsfreiheit* ist kein Trend ersichtlich, die Verengungen des Schutzbereichs, die in den Entscheidungen zur *Love Parade* oder *Fuckparade* beziehungsweise zu den *Blockadefällen*[117] zu erkennen waren, in anderen Konstellationen fortzuführen. Vielmehr lassen die Entscheidungen zu den Versammlungsverboten das Festhalten des Gerichts daran erkennen, dass

[114] Vgl. BVerfGK 9, 371 (378) – Einreiseverweigerung Mun-Sekte sowie bereits oben, S. 166 f.

[115] Vgl. BVerfGK 10, 216 (223) – Beugehaft für Gefängnisseelsorger sowie bereits oben, S. 167.

[116] Vgl. insoweit die weite Auslegung des Schutzbereichs, die auch die Kammer in der betreffenden Entscheidung zitiert: „Die Glaubensfreiheit schützt neben der inneren Freiheit, religiöse und weltanschauliche Überzeugungen zu bilden und zu haben, die äußere Freiheit, diese Überzeugungen zu bekennen und zu verbreiten und sein gesamtes Verhalten an den Lehren seines Glaubens auszurichten und dieser Überzeugung gemäß zu handeln", BVerfGK 10, 216 (223).

[117] BVerfG, Beschluss der 1. Kammer des Ersten Senats vom 12. Juli 2001 – 1 BvQ 28/01 und 1 BvQ 30/01 –, NJW 2001, S. 2459 ff. – Love Parade und Fuckparade; BVerfGE 104, 92 (104) – Blockadeaktionen sowie bereits oben, S. 155 f.

eine Versammlung nicht von vornherein – z.B. wegen rechtsextremistischer Inhalte – aus dem Schutz der Versammlungsfreiheit ausscheidet, sondern Einschränkungen stets der verfassungsrechtlichen Rechtfertigung unter Beachtung des Gesetzesvorbehalts bedürfen[118]. Hervorzuheben ist auch die Entscheidung zum sogenannten *Schweigeprotest*[119], in der das Bundesverfassungsgericht ausdrücklich klargestellt hat, dass das von ihm in der Entscheidung zu den Berliner Musikparaden geforderte „Ziel der Teilhabe an der öffentlichen Meinungsbildung", d.h. der „kommunikative Zweck" der Versammlung[120] keine verbale Kommunikation erfordere, sondern es darum gehe, dass die Teilnehmer nach außen – schon durch die bloße Anwesenheit, die Art des Auftretens und des Umgangs miteinander oder die Wahl des Ortes – im eigentlichen Sinne des Wortes Stellung nähmen und ihren Standpunkt bezeugten.[121] Schließlich lässt auch die jüngst ergangene *Fraport-Entscheidung* – zumindest was die Senatsmehrheit angeht – einen Trend zu einer weiten Auslegung des grundrechtlichen Schutzbereichs der Versammlungsfreiheit erkennen[122].

IV. Bewertung – Vom engen Gewährleistungsgehalt zum weiten Schutzbereich

Die neuere Rechtsprechung des Bundesverfassungsgerichts, insbesondere des Ersten Senats, lässt eine Tendenz zur Verengung der Schutzbereiche nicht erkennen. Eine Entwicklung, die begrüßenswert ist. Die Tendenzen zur Verengung der grundrechtlichen Schutzbereiche in der Rechtsprechung des Bundesverfassungsgerichts – wie auch die Lehre vom engen Gewährleistungsgehalt[123] – wurden in der Literatur insbesondere deshalb begrüßt, weil man sich davon eine rationalere Grundrechtsanwendung versprach[124].

118 Z.B. BVerfGE 111, 147 ff. – Synagogenbau; BVerfGK 2, 1 ff.; 7, 221 ff.; 7, 229 (238) sowie bereits oben, S. 168 f.

119 Vgl. BVerfG, Beschluss der 1. Kammer des Ersten Senats vom 10. Dezember 2010 – 1 BvR 1402/06 –, juris – Schweigeprotest.

120 Vgl. BVerfG, Beschluss der 1. Kammer des Ersten Senats vom 12. Juli 2001 – 1 BvQ 28/01 und 1 BvQ 30/01 –, NJW 2001, S. 2459 (2460) – Love Parade und Fuckparade sowie bereits oben, S. 155 f.

121 Vgl. BVerfG, Beschluss der 1. Kammer des Ersten Senats vom 10. Dezember 2010 – 1 BvR 1402/06 –, juris, Rn. 19 – Schweigeprotest siehe bereits oben, S. 169.

122 BVerfG, Urteil des Ersten Senats vom 22. Februar 2011 – 1 BvR 699/06 –, NJW 2011, S. 1201 ff. – Fraport.

123 Vgl. insbesondere *Hoffmann-Riem*, Der Staat 2004, S. 203 ff. Siehe hierzu auch die kritische Darstellung bei *Kahl*, Der Staat 2004, S. 167 (177 ff.).

124 Vgl. insbesondere *Hoffmann-Riem*, Der Staat 2004, S. 203 (229 ff.) sowie *Volkmann*, JZ 2005, S. 261 (266 f.).

Warum eine durch Interpretation gewonnene Verengung der Schutzbereiche (über den Wortlaut hinaus) rationaler als eine Abwägung auf Rechtfertigungsebene sein soll, erschließt sich jedoch nicht[125], zumal sie ebenfalls – wenn auch nicht offen – durch Abwägung gewonnen wird. Fällt die künstlerische Betätigung unter Inanspruchnahme fremden Eigentums nicht in den Schutzbereich der Kunstfreiheit[126], hat hier auf Ebene des Schutzbereichs eine Abwägung zwischen der Kunstfreiheit auf der einen und dem Eigentumsschutz auf der anderen Seite stattgefunden, die zugunsten des Eigentumsschutzes ausgefallen ist. Warum diese Abwägung nicht mit einem vergleichbaren, wenn nicht höheren Grad an Rationalität – in jedem Fall aber mit einem höheren Grad an Transparenz[127] – auf der Rechtfertigungsebene vorgenommen werden kann, leuchtet nicht ein. Insbesondere deshalb, weil bei einer Betrachtung auf der Rechtfertigungsebene sichergestellt ist, dass die in Rede stehende Maßnahme, wenn es sich bei ihr um einen Eingriff handelt, nach rechtsstaatlichen Maßstäben – insbesondere auch im Hinblick auf die rechtsstaatliche Sicherung des Gesetzesvorbehalts – überprüft wird[128]. Erst durch die Prüfung auf Rechtfertigungsebene wird der Grundrechtseingriff zur berechenbaren Ausnahme bürgerlicher Freiheit[129]. Dass dem Grundrechtsträger mit dieser Konzeption auf der Schutzbereichsebene etwas gegeben werde, was ihm auf der Rechtfertigungsebene wieder genommen werde[130], überzeugt als Argument für eine Tendenz zur Verengung der Schutzbereiche ebenfalls nicht. Es ist nicht einzusehen, warum die Enttäu-

[125] *Martins*, DÖV 2007, S. 456 (462). Vgl. hierzu *Kahl*, Der Staat 2004, S. 167 (192 mit Fn. 151 m.w.N.).

[126] Vgl. BVerfG, Beschluss des Vorprüfungsausschusses des Zweiten Senats vom 19. März 1984 – 2 BvR 1/84 –, NJW 1984, S. 1293 (1294) – Sprayer von Zürich sowie hierzu bereits oben, S. 154.

[127] *Martins*, DÖV 2007, S. 456 (462). Für die Berufsfreiheit s. stellvertretend *Breuer*, in: HdbStR, Bd. VI, § 147 Rn. 44. Vgl. auch *Murswiek*, NVwZ 2003, S. 1 ff., für welchen die Untersuchung der Unzulässigkeit staatlicher Neutralitätspflichtverletzungen (Art. 4 Abs. 1 und 2 GG) „nur eine Frage der Rechtfertigung sein" könne und daher „auf der Ebene der Schutzbereichsberührung nichts zu suchen" habe (S. 3). So auch *Höfling*, in: FS Rüfner, 2003, S. 329 (332). In der Rechtsprechung über die Bewegung „Transzendentale Meditation" (NJW 1989, S. 3269 (3270)) geht das Bundesverfassungsgericht bei Art. 4 Abs. 1 und 2 GG noch von einem weiten Schutzbereich aus: Dort geht es auch um staatliches Informationshandeln, das zwar als Eingriff eingestuft wird, durch verfassungsimmanente Schranken jedoch für gerechtfertigt gehalten wird. Siehe ferner die Kritik der Glykol-Rechtsprechung des BVerwG bei *Lindner*, DÖV 2003, S. 185 (187): „Vermischung der Kategorien ‚Eingriff' und ‚Eingriffsrechtfertigung'".

[128] *Schlink*, EuGRZ 1984, S. 457 (467); *Jarass*, AöR 1995, S. 346 (371); *Bethge*, VVDStRL 1998, S. 7 (13, 15, 21 und 46); *Lege*, DVBl. 1999, S. 569 (571); *Lindner*, DÖV 2003, S. 185 (190), *Huber*, JZ 2003, S. 290 (293); *Martins*, DÖV 2007, S. 456 (462 f.).

[129] *Martins*, DÖV 2007, S. 456 (463) mit Verweis auf *Schmitt*, Verfassungslehre, 9. Aufl. 2003, S. 163 (166, 175).

[130] Kritisch dazu auch *Kahl*, Der Staat 2004, S. 167 (183).

schung eines Grundrechtsträgers darüber, dass ihm auf Schutzbereichsebene etwas gegeben wird, was ihm auf der Rechtfertigungsebene wieder genommen wird, größer sein sollte als die Enttäuschung darüber, dass ihm auf Schutzbereichsebene erst gar nichts gegeben wird. Das Verständnis für die Verneinung eines Grundrechtsverstoßes dürfte bei dem Grundrechtsträger vielmehr größer sein, wenn für ihn nachvollziehbar ist, dass verschiedene Stufen der Prüfung mit verschiedenen rechtsstaatlichen Sicherungen und Prüfungsschritten dazu führen, dass in den Schutzbereich eines ihm zustehenden Grundrechts eingegriffen wird, dieser Eingriff jedoch ausnahmsweise gerechtfertigt ist, als wenn ihm von vornherein der Schutz eines ansonsten einschlägigen Grundrechts verwehrt wird[131].

[131] So auch *Höfling*, Offene Grundrechtsinterpretation, 1987, S. 181. Zu einer weitergehenden Kritik vgl. insbesondere *Kahl*, Der Staat 2004, S. 167 ff.; *Höfling*, in: FS Rüfner, 2003, S. 329 ff.; *Möllers*, NJW 2005, S. 1973 ff.; *Martins*, DÖV 2007, S. 456 (463).

III.

Gleichheits- und Leistungsrechte

Das Folgerichtigkeitsgebot als verfassungsrechtliche Leitlinie der Besteuerung

Christian Thiemann

Leitentscheidungen des Bundesverfassungsgerichts

BVerfGE 84, 239 – Zinsbesteuerung
BVerfGE 93, 121 – Vermögensteuer
BVerfGE 99, 88 – Verlustabzug
BVerfGE 99, 280 – Aufwandsentschädigung Ost
BVerfGE 105, 73 – Rentenbesteuerung
BVerfGE 107, 27 – Doppelte Haushaltsführung
BVerfGE 116, 164 – Tarifbegrenzung für gewerbliche Einkünfte
BVerfGE 117, 1 – Erbschaftsteuer
BVerfGE 120, 1 – Gewerbesteuerfreiheit
BVerfGE 122, 210 – Pendlerpauschale
BVerfGE 123, 111 – Jubiläumsrückstellung
BVerfGE 126, 268 – Häusliches Arbeitszimmer II

Schrifttum (Auswahl)

Battis, Ulrich, Systemgerechtigkeit, in: Stödter u.a. (Hrsg.), Festschrift für Hans Peter Ipsen, 1977, S. 11 ff.; *Bumke, Christian*, Die Pflicht zur konsistenten Gesetzgebung, Der Staat 49 (2010), S. 77 ff.; *Dann, Philipp*, Verfassungsgerichtliche Kontrolle gesetzgeberischer Rationalität, Der Staat 49 (2010), S. 630 ff.; *Degenhart, Christoph*, Systemgerechtigkeit und Selbstbindung des Gesetzgebers als Verfassungspostulat, 1976; *Englisch, Joachim*, Folgerichtiges Steuerrecht als Verfassungsgebot, in: Tipke u.a. (Hrsg.), Gestaltung der Steuerrechtsordnung, Festschrift für Joachim Lang, 2010, S. 167 ff.; *Hey, Johanna*, Zur Geltung des Gebots der Folgerichtigkeit im Unternehmensteuerrecht, DStR 2009, S. 2561 ff.; *Kirchhof, Paul*, Die Steuern, in: Isensee/Kirchhof (Hrsg.), Handbuch des Staatsrechts, Bd. 5, 2007, § 118; *ders.*, Steuergleichheit, StuW 1984, S. 297 ff.; *Kischel, Uwe*, Gleichheitssatz und Steuerrecht. Gefahren eines dogmatischen Sonderwegs, in: Mellinghoff/Palm (Hrsg.), Gleichheit im Verfassungsstaat, Symposion für Paul Kirchhof, 2008, S. 175 ff.; *Lepsius, Oliver*, Anmerkung zum Urteil des Bundesverfassungsgerichts vom 9. Dezember 2008 – 2 BvL 1/07 u.a. – (Pendlerpauschale), JZ 2009, S. 260 ff.; *Osterloh, Lerke*, Kommentierung zu Art. 3, in: Sachs (Hrsg.), Grundgesetz, 5. Aufl. 2009; *Peine, Franz-Joseph*, Systemgerechtigkeit. Die Selbstbindung des Gesetzgebers als Maßstab der Normenkontrolle, 1985; *Prokisch, Rainer*, Von der Sach- und Systemgerechtigkeit zum Gebot der Folgerichtigkeit, in: P. Kirchhof u.a. (Hrsg.), Staaten und Steuern, Festschrift für Klaus Vogel, 2000, S. 293 ff.; *Schmidt, Reiner*, Widerspruchsfreiheit als rechtlicher Maßstab, in: Heldrich u.a. (Hrsg.), Festschrift für Claus-Wilhelm Canaris, Bd. 2, 2007, S. 1353 ff.; *Schwarz, Kyrill-Alexander*, „Folgerichtigkeit" im Steuerrecht, in: Depenheuer u.a. (Hrsg.), Staat im Wort, Festschrift für Josef Isensee, 2007, S. 949 ff.; *Tipke*, *Klaus*, Steuergerechtigkeit unter besonderer Berücksichtigung des Folgerichtigkeitsgebots, StuW 2007, S. 201 ff.; *ders.*, Mehr oder weniger Entscheidungsspielraum für den Steuergesetzgeber?, JZ 2009, S. 533 ff.; *Wernsmann*, *Rainer*, Verhaltenslenkung in einem rationalen Steuersystem, 2005; *ders.*, Kommentierung zu § 4 Abgabenordnung (Juni 2009), in: Hübschmann/Hepp/Spitaler, AO/FGO.

Inhalt

I. Von der Lastengleichheit zum Folgerichtigkeitsgebot

Besteuerungsfragen sind Gleichheitsfragen. Das ist in ihrer Struktur begründet. Da die Steuer das allgemeine Finanzierungsinstrument des Staates ist, wird durch sie die Last der Staatsfinanzierung auf die Bürger verteilt. Eine besondere Finanzierungsverantwortlichkeit wird nicht eingefordert.[1] Das

[1] Vgl. zur „Eigenart" der Steuer insbesondere die Charakterisierung in BVerfGE 84, 239 (269) – Zinsbesteuerung: „Die Steuer ist eine Gemeinlast, die alle Inländer trifft; sie werden zur Finanzierung der allgemeinen Staatsaufgaben herangezogen. Der Staat greift dabei – ohne individuelle Gegenleistung – auf das Vermögen des Einzelnen zu, indem er ihm die Pflicht auferlegt, von dem Seinigen etwas abzugeben." Negativ abgrenzend im Zusammenhang mit der Problematik der Sonderabgaben BVerfGE 55, 274 (299) – Berufsausbildungs-

Gleichmaß der Belastung – verstanden als eine relative, durch Anwendung desselben Maßstabs vermittelte Gleichheit – bildet daher das zentrale Legitimitätskriterium. „Der in der Auferlegung von Steuern liegende Eingriff in die Vermögens- und Rechtssphäre des Steuerpflichtigen", formuliert dies das Bundesverfassungsgericht, „gewinnt seine Rechtfertigung auch und gerade aus der Gleichheit der Lastenzuteilung".[2] Hinzu kommt, dass sich den Freiheitsgrundrechten tragfähige Schranken der Besteuerung nicht entnehmen lassen.[3] Das Verhältnismäßigkeitsprinzip vermag begrenzende Wirkung kaum zu entfalten, denn aus dem Zweck der Staatsfinanzierung lässt sich wegen dessen Allgemeinheit eine greifbare Zweck-Mittel-Relation nicht bilden.[4] Deshalb konzentriert sich die Prüfung steuerrechtlicher Normen regelmäßig auf den allgemeinen Gleichheitssatz. Diesem entnimmt das Bundesverfassungsgericht in ständiger Rechtsprechung „zwei eng miteinander verbundene Leitlinien": das Gebot einer Besteuerung nach der Leistungsfähigkeit und das Gebot der folgerichtigen Umsetzung einmal getroffener Belastungsentscheidungen.[5]

Die ältere dieser Leitlinien ist das Leistungsfähigkeitsprinzip. Das Bundesverfassungsgericht sieht seinen Geltungsgrund im Gebot einer „gerechten

abgabe: „Die Funktion, Mittel für den allgemeinen Finanzbedarf des Staates zu gewinnen, ist [...] nach dem Willen der Verfassung ausschließlich der Steuer zugewiesen."

[2] BVerfGE 84, 239 (269) – Zinsbesteuerung; BVerfGE 93, 121 (134) – Vermögensteuer. Der Begriff der „Rechtfertigung" ist hier im Sinne von „Legitimität" beziehungsweise „Akzeptabilität" zu verstehen.

[3] Anders noch und für die Ableitung eines „Halbteilungsgrundsatzes" aus Art. 14 Abs. 2 Satz 2 GG: BVerfGE 93, 121 (138) – Vermögensteuer. Dagegen BVerfGE 115, 97 (114) – Einkommen- und Gewerbesteuer: Aus Art. 14 Abs. 2 Satz 2 GG lasse sich nicht mithilfe des Adverbs „zugleich" eine allgemein verbindliche, absolute Belastungsobergrenze „in der Nähe einer hälftigen Teilung" zwischen Eigentümer und Staat herleiten. Ebenso bereits Sondervotum *Böckenförde* in BVerfGE 93, 121 (157) – Vermögensteuer. Nach wie vor: *P. Kirchhof*, in: Isensee/Kirchhof (Hrsg.), HStR V, 2007, § 118 Rn. 126 ff.

[4] Deutlich in diesem Sinn BVerfGE 63, 343 (367): Im Bereich der Steuergesetze ist „eine Verbindung zwischen Eingriffszweck und Eingriffsgewicht im Einzelfall nicht herzustellen und deshalb auch eine konkrete Verhältnismäßigkeitsprüfung im Sinne einer Abwägung der jeweiligen Interessen ... nicht möglich." BVerfGE 84, 239 (268 f.) – Zinsbesteuerung: „Weder der Zweck der Besteuerung, den staatlichen Haushalt mit Finanzmitteln auszustatten, noch die Verwendung des Steueraufkommens geben der Steuerbelastung Anknüpfungspunkte oder ziehen ihr Grenzen." Gegen eine (zu) weitgehende Rücknahme der Kontrollintensität aber BVerfGE 115, 97 (114 ff.) – Einkommen- und Gewerbesteuer. Aus dem Schrifttum statt vieler nur *Birk*, Das Leistungsfähigkeitsprinzip als Maßstab der Steuernormen, S. 189 („Versagen" des Verhältnismäßigkeitsprinzips als möglicher Maßstab für übermäßige steuerliche Belastungen); näher *Wernsmann*, Verhaltenslenkung in einem rationalen Steuersystem, 2005, S. 383 ff.

[5] Zuletzt etwa BVerfGE 122, 210 (230 f.) – Pendlerpauschale; BVerfGE 123, 111 (120) – Jubiläumsrückstellung; weitere Nachweise unten Fn. 16.

Besteuerung".[6] Es weiß sich damit in langer Tradition.[7] In Anbetracht der Abstraktionshöhe verzichtet es allerdings darauf, dem Leistungsfähigkeitsprinzip, das mehr Rechtsidee als Rechtssatz ist,[8] bestimmte, ins Einzelne gehende verfassungsrechtliche Gehalte zuzuschreiben. Nach seiner Rechtsprechung zieht es der Auswahl der Steuergegenstände keine, zumindest keine signifikanten Schranken.[9] Mehr noch erscheint seine Anwendbarkeit auf bestimmte Formen des Steuerzugriffs grundsätzlich zweifelhaft. Augenfällig ist dies für die indirekten Steuern, die die persönliche Leistungsfähigkeit des Steuerträgers, an den die Steuerlast über den Preis weitergereicht

[6] Apodiktisch BVerfGE 6, 55 (70) – Haushaltsbesteuerung: Es bestehe „kein Zweifel" daran, dass der Gesetzgeber an den Grundsatz der Steuergerechtigkeit gebunden sei, der sich aus Art. 3 Abs. 1 GG ergebe. Zum Leistungsfähigkeitsprinzip BVerfGE 9, 237 (243) – Ehegattenbesteuerung, wo darauf abgestellt wird, dass das „moderne Einkommensteuerrecht [...] auf die Leistungsfähigkeit des einzelnen Steuerpflichtigen hin angelegt ist". Verknüpfung beider Gedanken in BVerfGE 43, 108 (120) – Kinderfreibetrag, wo es als ein „grundsätzliches Gebot der Steuergerechtigkeit" bezeichnet wird, „dass die Besteuerung nach der wirtschaftlichen Leistungsfähigkeit ausgerichtet wird". Seither ständige Rechtsprechung, s. etwa BVerfGE 61, 319 (343 f.); BVerfGE 117, 1 (30) – Erbschaftsteuer; BVerfGE 120, 1 (44 f.) – Gewerbesteuerfreiheit. Neuere Entscheidungen verzichten angesichts des gewachsenen Betands auf eine Begründung vielfach ganz, s. etwa BVerfGE 122, 210 (230 f.) – Pendlerpauschale; BVerfGE 123, 111 (120) – Jubiläumsrückstellung. Zu anderen Begründungsansätzen im Schrifttum statt vieler *Englisch*, Wettbewerbsgleichheit im grenzüberschreitenden Handel, 2008, S. 571 ff., der insgesamt sieben Ansätze ausmacht (S. 572) und selbst das Leistungsfähigkeitsprinzip für „im Kern sozialstaatlich inspiriert" hält (S. 578).

[7] Auf diese bezieht sich ausdrücklich BVerfGE 84, 239 (269 ff.) – Zinsbesteuerung. Vgl. Art. 134 WRV (Hervorhebung nur hier): „Alle Staatsbürger ohne Unterschied tragen *im Verhältnis ihrer Mittel* zu allen öffentlichen Lasten nach Maßgabe der Gesetze bei." Näher *Wernsmann*, in: Hübschmann/Hepp/Spitaler, § 4 AO Rn. 482 ff. (Juni 2009); ausführlich zur ideengeschichtlichen Einordnung *Birk* (Fn. 4), S. 6 ff.

[8] Distanziert BVerfGE 43, 108 (120) – Kinderfreibetrag: Das Leistungsfähigkeitsprinzip erweise sich, wenn daraus konkrete Schlüsse gezogen werden sollten, als „vieldeutig". *Lang*, in: Tipke/Lang, Steuerrecht, 20. Aufl. 2010, § 4 Rn. 83, spricht von einem „rechtsethisch klugen Richtwert". Sehr kritisch zuletzt *Moes*, Die Steuerfreiheit des Existenzminimums vor dem Bundesverfassungsgericht, 2011, S. 135 ff.: „Leerformel" (S. 142).

[9] Hier wirken zwei Postulate der verfassungsgerichtlichen Rechtsprechung zusammen: 1. Der Gesetzgeber hat bei der Auswahl des Steuergegenstandes einen „weitreichenden Entscheidungsspielraum" (ständige Rechtsprechung, s. zuletzt BVerfGE 122, 210 [230] – Pendlerpauschale; BVerfGE 123, 111 [120] – Jubiläumsrückstellung). 2. Die in der Finanzverfassung genannten Steuergegenstände sind verfassungsrechtlich unbedenklich (vgl. BVerfGE 120, 1 [25 ff., insb. 26 f. m.w.N.] – Gewerbesteuerfreiheit). – Grundsätzlich (am Beispiel umweltbelastenden Verhaltens als Steuergegenstand) *Osterloh*, NVwZ 1991, S. 823 (826 f.); s. auch *dies.*, in: Sachs (Hrsg.), GG, Art. 3 Rn. 136 u. Fn. 276, mit dem Hinweis, dass das Bundesverfassungsgericht bislang keine kompetenzrechtlich zulässige Steuer am Gleichheitssatz habe scheitern lassen. – Für die Gegenauffassung *Tipke*, StuW 2007, S. 201 (207 ff.): Steuergegenstände, die dem Leistungsfähigkeitsprinzip nicht entsprächen, seien „ungeeignet" (S. 208); *Hey*, DStR 2009, S. 2561 (2563): Die „Stereotype" vom weitreichenden Gestaltungsspielraum bei der Auswahl der Steuergegenstände sei „nicht mit dem Bekenntnis zum Leistungsfähigkeitsprinzip vereinbar".

wird, schon prinzipiell nicht in den Blick nehmen können. Hier bleibt die Verbindung zum Leistungsfähigkeitsprinzip eine theoretische, die in der Vorstellung ruht, es werde eine im Konsum zutage tretende, vermutete Leistungsfähigkeit in grober Typisierung abgeschöpft.[10] Selbst im Bereich der Einkommensteuer, die als Idealtyp einer an der Leistungsfähigkeit ausgericheten Steuer gelten darf, judiziert das Bundesverfassungsgericht zurückhaltend. Den Schluss, dass es eine Besteuerung nach der Leistungsfähigkeit gebiete, erwerbsbezogene Aufwendungen zum Abzug zuzulassen („objektives Nettoprinzip"), hat es bislang nicht gezogen.[11]

Es ist damit weitgehend dem Gesetzgeber überlassen zu bestimmen, wie er steuerliche Leistungsfähigkeit messen will. Umso mehr Bedeutung kommt dem Folgerichtigkeitsgebot zu, das ihn zur konsequenten Durchführung selbst getroffener Grundentscheidungen verpflichtet. Angesichts der weitgehenden Offenheit des Leistungsfähigkeitsprinzips kommt darin das Gebot einer gleichmäßigen Belastung erst zum Tragen. Schon deshalb verdient es besondere Beachtung.

II. Zur Struktur des Folgerichtigkeitsgebots

1. Die Rechtsprechung des Bundesverfassungsgerichts: textlicher Befund

Das steuerrechtliche Folgerichtigkeitsgebot in seiner gegenwärtigen Ausprägung geht auf die Entscheidung zum Vollzugsdefizit bei der Zinsbesteuerung aus dem Jahr 1991 (BVerfGE 84, 239 ff.) zurück.[12] Ohne dass diese Überlegung im konkreten Fall tragend geworden wäre, weil sie für das Be-

[10] Vgl. *P. Kirchhof* (Fn. 3), § 118 Rn. 191 ff.; *Osterloh* (Fn. 9), Art. 3 Rn. 107. Zurückhaltend zur Tragweite des Leistungsfähigkeitsprinzips in diesem Zusammenhang auch BVerfGE 125, 1 (17 f.) – Körperschaftsteuerminderungspotential: Geltung „jedenfalls für die Ertragsteuern"; BVerfGE 120, 1 (44 f.) m.w.N. – Gewerbesteuerfreiheit: Entwicklung „vornehmlich für das Recht der Einkommensteuer", sodann Übertragung auf Vermögen- und Erbschaftsteuer, Geltung auch für die Gewerbesteuer; BVerfGE 99, 216 (232) – Familienlastenausgleich: Geltung „zumindest für die direkten Steuern".

[11] Ausdrücklich offenlassend statt vieler weiterer zuletzt BVerfGE 122, 210 (234) – Pendlerpauschale; BVerfGE 123, 111 (121) – Jubiläumsrückstellung; BVerfGE 126, 268 (280) – Häusliches Arbeitszimmer II; BVerfG, Beschluss vom 12. Oktober 2010 – 1 BvL 12/07 –, DStR 2010, S. 2393 (2396) – Betriebsausgabenabzugsverbot Pauschalierung.

[12] Bisweilen findet sich das Stichwort „Folgerichtigkeit" schon in der älteren Rechtsprechung, allerdings ohne dort zu einem Folgerichtigkeitsgebot im hier zu behandelnden Sinn ausgearbeitet zu sein; vgl. etwa BVerfGE 60, 16 (40): „Bewegt sich der Gesetzgeber innerhalb eines vom ihm selbst gesetzten Systems konkretisierter Rechtspositionen, hat er bereits bestimmte Wertungen und Vernünftigkeitsraster normiert, innerhalb derer sich der Gleichheitssatz vor allen als Forderung nach Folgerichtigkeit der Regelungen, gemessen an den Angelpunkten der gesetzlichen Wertung, zu Wort meldet." Weitere Beispiele: BVerfGE 1, 208 (246) – Sperrklausel; BVerfGE 19, 101 (116) – Zweigstellensteuer; BVerfGE 23, 242 (256).

stehen eines Vollzugsdefizits keine Rolle spielt, formulierte der Zweite Senat dort:

> „Aus dem Gebot der möglichst gleichmäßigen Belastung aller Steuerpflichtigen folgt: Der Gesetzgeber hat zwar bei der Auswahl des Steuergegenstandes und bei der Bestimmung des Steuersatzes einen weitreichenden Entscheidungsspielraum. Bei der Ausgestaltung dieses Ausgangstatbestandes hat er die einmal getroffene Belastungsentscheidung dann aber folgerichtig im Sinne der Belastungsgleichheit umzusetzen.“ [13]

Dieses „Folgerichtigkeitsgebot“ ist im Anschluss vielfach aufgegriffen worden und zur ständigen Rechtsprechung avanciert.[14] Ausnahmen hiervon, hat das Bundesverfassungsgericht später hinzugesetzt, bedürfen eines „besonderen sachlichen Grundes“.[15] Seit der Entscheidung zur Rentenbesteuerung (BVerfGE 105, 73 ff.) kennzeichnet das Gericht das „Gebot der Ausrichtung der Steuerlast am Prinzip der finanziellen Leistungsfähigkeit“ und das „Gebot der Folgerichtigkeit“ außerdem als zwei „eng miteinander verbundene Leitlinien“, durch die die Freiheit des Gesetzgebers zu entscheiden, welche Sachverhalte er als gleich ansieht und dementsprechend gleich behandelt, „vor allem“ begrenzt wird. Die dort gefundene Formulierung ist in allen nachfolgenden Entscheidungen nahezu unverändert wiederholt worden:

> „Die grundsätzliche Freiheit des Gesetzgebers, diejenigen Sachverhalte tatbestandlich zu bestimmen, an die das Gesetz dieselben Rechtsfolgen knüpft und die es so als rechtlich gleich qualifiziert, wird für den Bereich des Steuerrechts und insbesondere für den des Einkommensteuerrechts vor allem durch zwei eng miteinander verbundene Leitlinien begrenzt: durch das Gebot der Ausrichtung der Steuerlast am Prinzip der finanziellen Leistungsfähigkeit und durch das Gebot der Folgerichtigkeit. Danach muss im Interesse verfassungsrechtlich gebotener steuerlicher Lastengleichheit darauf abgezielt werden, dass Steuerpflichtige bei gleicher Leistungsfähigkeit auch gleich hoch besteuert werden (‚horizontale‘ Steuergerechtigkeit) während (in ‚vertikaler‘ Richtung) die Besteuerung höherer Einkommen im Vergleich mit der Steuerbelastung niedriger Einkommen dem Gerechtigkeitsgebot genügen muss. Zwar hat der Gesetzgeber bei der Auswahl des Steuergegenstands und bei der Bestimmung des Steuersatzes einen weitreichenden Gestaltungsspiel-

[13] BVerfGE 84, 239 (271) – Zinsbesteuerung; zuvor bereits *P. Kirchhof*, StuW 1984, S. 297 (301).

[14] Im Anschluss an BVerfGE 84, 239 (271) – Zinsbesteuerung – zunächst BVerfGE 93, 121 (136) – Vermögensteuer; BVerfGE 99, 88 (95) – Verlustabzug; BVerfGE 99, 280 (290) – Aufwandsentschädigung Ost. Die Rechtsprechungslinie zeigt auf *K.-A. Schwarz*, in: Depenheuer u.a. (Hrsg.), Festschrift für Isensee, 2007, S. 949 (959 ff.).

[15] Soweit ersichtlich erstmals, aber noch speziell für die Durchbrechung des Gebots der Gleichbehandlung der Einkunftsarten BVerfGE 99, 88 (95) – Verlustabzug. Speziell für Durchbrechungen des objektiven Nettoprinzips dann BVerfGE 99, 280 (290) – Aufwandsentschädigung Ost. Generalisierend für jede Durchbrechung des Folgerichtigkeitsgebots erstmals BVerfGE 105, 73 (126) – Rentenbesteuerung; seither ständige Rechtsprechung.

raum, jedoch muss er unter dem Gebot möglichst gleichmäßiger Belastung aller Steuerpflichtigen bei der Ausgestaltung des steuerrechtlichen Ausgangstatbestandes die einmal getroffene Belastungsentscheidung folgerichtig im Sinne der Belastungsgleichheit umsetzen. Ausnahmen von einer solchen folgerichtigen Umsetzung bedürfen eines besonderen sachlichen Grundes."[16]

2. *Der weitere Kontext: Widerspruchsfreiheit der Rechtsordnung als Verfassungspostulat?*

Dieses Folgerichtigkeitsgebot ist Ausgangspunkt zahlreicher verfassungsgerichtlicher Entscheidungen und bildet die wesentliche verfassungsrechtliche Schranke für die Gestaltungsfreiheit des Steuergesetzgebers.[17] Seine Wirkkraft, lautet eine häufig anzutreffende Diagnose, habe das Bundesverfassungsgericht kontinuierlich ausgebaut und den Gesetzgeber verstärkt in die Pflicht genommen.[18] Beleg hierfür wird insbesondere in dem im Jahr 2008 gefassten Urteil zur Kürzung der „Pendlerpauschale" (BVerfGE 122, 210 ff.) gesehen.[19]

Die Redeweise vom Gebot einer „folgerichtigen Steuergesetzgebung" provoziert allerdings Widerspruch und wirft die Frage auf, ob damit nicht ein dogmatisches Idealbild zum Verfassungsrechtssatz überhöht wird. Von einem „richterrechtlich erfundenen Prinzip" ist die Rede, das einer tragfähigen verfassungsrechtlichen Herleitung entbehre. Einfaches Recht fusioniere mit

[16] BVerfGE 105, 73 (125 f.) – Rentenbesteuerung. In der Folge: BVerfGE 107, 27 (46 f.) – Doppelte Haushaltsführung; BVerfGE 116, 164 (180 f.) – Tarifbegrenzung für gewerbliche Einkünfte; BVerfGE 122, 210 (230 f.) – Pendlerpauschale; BVerfGE 123, 111 (120 f.) – Jubiläumsrückstellung; BVerfGE 126, 268 (277 f.) – Häusliches Arbeitszimmer II. In der Rechtsprechung des Ersten Senats erscheint die gleiche Formel mit nur leichter sprachlicher Variation: BVerfGE 117, 1 (30 f.) – Erbschaftsteuer; BVerfGE 120, 1 (29) – Gewerbesteuerfreiheit; BVerfG, Beschluss vom 12. Oktober 2010 – 1 BvL 12/07 –, DStR 2010, S. 2393 (2394 f.) – Betriebsausgabenabzugsverbot Pauschalierung.

[17] Vgl. auch *P. Kirchhof*, StuW 2006, S. 3 (14): Folgerichtigkeitsgebot als „praktisch bedeutsamste steuerliche Wirkung" des Gleichheitssatzes.

[18] Vgl. *Wernsmann* (Fn. 7), § 4 AO Rn. 517: Folgerichtigkeit als eines der „mittlerweile schlagkräftigsten Verfassungsgebote" im Bereich des Steuerrechts; *Englisch*, in: Tipke u.a. (Hrsg.), Festschrift für Lang, 2010, S. 167 (171): „Wirkmächtigkeit" des Folgerichtigkeitsgebots „bei der gleichheitsrechtlichen Einhegung des steuerlichen Gestaltungsspielraums des Gesetzgebers"; *Hey* (Fn. 9), S. 2563: „empfindliche Beschränkung" der gesetzgeberischen Gestaltungsfreiheit; *Osterloh* (Fn. 9), Art. 3 Rn. 142: „zunehmend strenger verstandenes Gebot der Folgerichtigkeit". Anders noch *K.-A. Schwarz* (Fn. 14), S. 964: Der weitreichende Gestaltungsspielraum des Gesetzgebers werde durch das Folgerichtigkeitsgebot „bei Lichte besehen kaum ernsthaft begrenzt".

[19] *Birk*, DStR 2009, S. 877 (881 f.): „deutliche Verschärfung" der Maßstäbe. Anders *Hey* (Fn. 9), S. 2564: „Konkretisierung und Weiterentwicklung" des Gebots der Folgerichtigkeit; „ungewöhnlich" sei (allenfalls) die „Unerbittlichkeit", mit der das Gericht den Gesetzgeber „vorführe"; *Tipke*, JZ 2009, S. 533 (537): keine Verschärfung der Rechtsprechung.

Verfassungsrecht, die Stufen der Normenhierarchie würden getauscht. Das notwendig Kompromisshafte des parlamentarischen Gesetzgebungsprozesses[20] bleibe unberücksichtigt. Damit werde der Idee eines rational perfekten, indes unpolitischen Rechts das Wort geredet, einem Rechtsideal des 19. Jahrhunderts, das in der parlamentarischen Demokratie, zumal derjenigen des Grundgesetzes, längst überholt sei. Wie viel Folgerichtigkeit, lautet die provokante Frage, könne von einem Gesetz, das den Vermittlungsausschuss durchlaufen habe, überhaupt erwartet werden?[21] An prominenter Stelle findet sich dieser Gedanke in einem der beiden Sondervoten, die der Entscheidung des Ersten Senats zum „Rauchverbot" (BVerfGE 121, 317 ff.) beigefügt sind: Das Bundesverfassungsgericht dürfe keine Folgerichtigkeit und Systemreinheit einfordern, die kein demokratischer Gesetzgeber leisten könne. Zwinge man diesen in ein alles oder nichts, indem man zwar theoretisch eine Radikallösung erlaube, aber Ausnahmen und Unvollkommenheiten benutze, ein Gesetz zu kassieren, gefährde das die Reformfähigkeit von Politik.[22]

Damit wird dem Folgerichtigkeitsgebot einen weitreichender Gehalt zugeschrieben, ihm entnommen, dass es den Gesetzgeber zu widerspruchsfreier, systematischer und rationaler Gesetzgebung an sich verpflichte. In diese Richtung weitgehende Akzente haben insbesondere zwei Entscheidungen des Bundesverfassungsgerichts aus dem Jahr 1998 gesetzt, durch die eine landesrechtliche Abfallabgabe (BVerfGE 98, 83 ff.) und eine kommunale Ver-

[20] Grundsätzlich zum politischen Prozess als Grenze für rationale Gesetzgebung *Schulze-Fielitz*, Theorie und Praxis parlamentarischer Gesetzgebung, 1988, S. 393 ff.

[21] So insbesondere die pointierte Kritik von *Lepsius*, JZ 2009, S. 260 (260, 262 f.), der dort – schärfer noch – von einem „richterrechtlichen Irrtum" spricht; der vom Bundesverfassungsgericht eingeschlagene Weg sei „weder sinnvoll noch verfassungsrechtlich geboten" (S. 263). In gleichem Sinn und nicht minder scharf zuletzt *Dann*, Der Staat 49 (2010), S. 630 ff. Für weitere Kritik am Folgerichtigkeitsgebot s. *Kischel*, in: Mellinghoff/Palm (Hrsg.), Gleichheit im Verfassungsstaat, Symposion für P. Kirchhof, 2008, S. 175 (183 ff.): Widerspruch zur sonstigen Verfassungsrechtsprechung zum Gleichheitssatz; *Wernsmann* (Fn. 7), § 4 AO Rn. 520: Zwang zum „alles oder nichts"; *R. Schmidt*, in: Heldrich u.a. (Hrsg.), Feschrift für Canaris, Bd. 2, 2007, S. 1353 ff.: Fehlende Systemgerechtigkeit verrate im Allgemeinen nur mangelnde Beherrschung der Gesetzgebungskunst, begründe aber noch keinen Verfassungsverstoß (S. 1366). Aus dem älteren Schrifttum *Battis*, in: Stödter u.a. (Hrsg.), Festschrift für H. P. Ipsen, 1977, S. 11 (26 ff.): Allzu leicht werde das rechtspolitisch Wünschenswerte unter dem Stichwort der Systemgerechtigkeit als verfassungsrechtlich geboten ausgewiesen. Durchgehend kritisch auch *Peine*, Systemgerechtigkeit, 1985, insb. S. 77 ff., 102 ff. Grundsätzliche Kritik am herkömmlichen Verständnis auch bei *Degenhart*, Systemgerechtigkeit und Selbstbindung des Gesetzgebers als Verfassungspostulat, 1976, S. 49 ff., der allerdings weitergehend mit einer „Theorie abgestufter Verfassungsnähe" argumentiert (S. 79 ff.): Enthalte die Verfassung Wertungen von „höchster Grundsätzlichkeit", bedeute die „erhöhte Grundsätzlichkeit" einer einfachgesetzlichen Norm deren „größere Verfassungsnähe", woraus ein „unterschiedliches Gewicht des in Wertungswidersprüchen liegenden Willkürmoments" folge (S. 87 f.); dazu kritisch *Peine*, ebd., S. 241 ff.

[22] Sondervotum *Bryde* in BVerfGE 121, 317 (380 f.) – Rauchverbot.

packungsteuer (BVerfGE 98, 106 ff.) als widersprüchlich verworfen wurden, weil die steuerliche Lenkungsabsicht mit einem dem Bundesimmissionsschutzgesetz beziehungsweise dem Kreislaufwirtschafts- und Abfallgesetz zu entnehmenden Konzept der „Abfallvermeidung durch Kooperation" nicht in Einklang stehe.[23] Darin liegt eine in zweifacher Hinsicht besonders extensive Interpretation des Satzes von der Widerspruchsfreiheit. Nicht nur wird zu dessen Bezugspunkt eine Grundwertung gemacht, die einem Regelungskomplex erst im Wege einer wertenden Gesamtschau zu entnehmen sein soll („Kooperationskonzept"), sondern auch genügt zweitens für die Verwerfung die Feststellung eines bloßen Wertungswiderspruchs.[24]

Zuletzt hat die Entscheidung zum Rauchverbot (BVerfGE 121, 317 ff.) – in durchaus überraschender Weise – im Rahmen der freiheitsgrundrechtlichen Verhältnismäßigkeitsprüfung auf den Konsequenzgedanken zurückgegriffen. Wenn der Gesetzgeber Ausnahmen beim Nichtraucherschutz zulasse und dadurch das Ziel des Gesundheitsschutzes zurücknehme, lautet die tragende Erwägung, sei es nicht folgerichtig und daher unangemessen, wenn die Regelungen über den Nichtraucherschutz die „getränkegeprägte Kleingastronomie" in voller Härte träfen.[25]

Diese Tendenzen lassen sich durchaus zu einem Gesamtbild fügen.[26] Die Kontextrelativtität, die auch verfassungsgerichtliche Entscheidungen kennzeichnet, wird dabei allerdings vernachlässigt. So hat das Bundesverfassungs-

[23] BVerfGE 98, 83 (97 ff.) – Landesabfallabgabengesetz; BVerfGE 98, 106 (117 ff., insb. 130 ff.) – Kommunale Verpackungsteuer. Vgl. auch *P. Kirchhof* (Fn. 3), § 118 Rn. 179, der in Bezug darauf von einem Verstoß gegen ein „bundesstaatliches Folgerichtigkeitsgebot" spricht und dort weiter ausführt, das Folgerichtigkeitsgebot habe seinen „Geltungsgrund im Gleichheitssatz", seinen „Ursprung" aber „im Rechtsstaatsprinzip und im Bundesstaatsprinzip"; s. auch *dens.* (Fn. 17), S. 14: „rechtsstaatlicher wie bundesstaatlicher Ursprung".

[24] Kritisch *Wernsmann* (Fn. 4), S. 182 ff.; *R. Schmidt* (Fn. 21), S. 1354 ff.

[25] Vgl. BVerfGE 121, 317 (359 ff., insb. 363 u. 367 f.) – Rauchverbot. Auch insoweit abweichend Sondervotum *Bryde* ebd., S. 379: Die gesetzliche Regelung sei durchaus konsequent, weil sie Ausnahmen nur dort zulasse, wo die Interessen des Nichtraucherschutzes nicht gefährdet seien. – Diese unterschiedliche Bewertung, selbst vom gemeinsamen Ausgangspunkt einer Folgerichtigkeitsbetrachtung aus, verdeutlicht, dass die Ermittlung der maßgeblichen Grundwertung als Bezugspunkt des Folgerichtigkeitsgebots erhebliche Wertungsprobleme aufwerfen kann. – Mit gleichem Ausgangspunkt bereits das Sondervotum vierer Richter in BVerfGE 111, 10 (43 ff.) – Ladenschluss: Bei der Prüfung der Angemessenheit könne das Regelungsziel (im konkreten Fall: eines besonderen Arbeitszeitschutzes im Einzelhandel) „nur mit dem Gewicht berücksichtigt werden, das der Gesetzgeber ihm nach seinem Konzept erkennbar noch zumisst".

[26] So – dies befürwortend – *Bumke*, Der Staat 49 (2010), S. 77 (87 ff., 91): Die Annahme einer umfassenden verfassungsrechtlichen „Pflicht zur rationalen und konsistenten Gesetzgebung" sei „unausweichlicher Schlusspunkt" der verfassungsgerichtlichen Rechtsprechung. Vorschlag zur „Konturierung" eines solchen „verfassungsrechtlichen Konsistenzgebots" ebd., S. 96 ff. Gleiche Diagnose („Heranziehung eines allgemeinen Rationalitätserfordernisses als Prüfungsmaßstab"), im Ergebnis aber scharf ablehnend *Dann* (Fn. 21), S. 630 ff.

gericht im Zusammenhang mit Abfallabgabe und Verpackungsteuer zwar ausgesprochen, dass das Rechtsstaatsprinzip und die bundesstaatliche Kompetenzordnung „alle rechtsetzenden Organe" verpflichteten, „ihre Regelungen jeweils so aufeinander abzustimmen, dass den Normadressaten nicht gegenläufige Vorschriften erreichen, die Rechtsordnung also nicht aufgrund unterschiedlicher Anordnungen widersprüchlich wird".[27] Diese Aussage aktiviert das Postulat der Widerspruchsfreiheit indessen in einem spezifischen Kontext, nämlich als Kompetenzausübungsschranke, durch die die Kompetenz des Landesgesetzgebers zur Erhebung von Abgaben begrenzt wird, soweit die angestrebte Lenkungswirkung im (Wertungs-)Widerspruch zu höherrangigem Bundesrecht steht. In diesem Fall versagt der kompetenzielle Abschichtungsmechanismus des Grundgesetzes, weil der konkurrierende Sachzweck über den „Umweg" des Abgabenrechts erreicht werden soll. Dies zu verhindern, ist Aufgabe des Postulats von der Widerspruchsfreiheit, das insofern speziell der Absicherung der grundgesetzlichen Kompetenzordnung dient.[28] Ein allgemeines Verfassungsgebot einer Widerspruchsfreiheit der Rechtsordnung, jedenfalls in einem extensiven Sinn verstanden, lässt sich der genannten Aussage unter Berücksichtigung ihres Kontextes nicht entnehmen.[29]

Soweit darüber hinaus das Kompromisshafte des politischen Prozesses betont wird, ist damit ein wichtiger Gesichtspunkt bezeichnet, der daran erinnert, das Folgerichtigkeitsgebot mit Augenmaß zu konkretisieren. Darin liegt jedoch ein in erster Linie verfassungspolitisches Argument, das zur Lösung konkreter verfassungsrechtlicher Fragen ebenso wenig beizutragen vermag wie die häufig an das Bundesverfassungsgericht herangetragene For-

[27] BVerfGE 98, 83 (97) – Landesabfallabgabengesetz; BVerfGE 98, 106 (118 f.) – Kommunale Verpackungsteuer; ebenso BVerfGE 98, 265 (301) – Bayerisches Schwangerenhilfeergänzungsgesetz. Daran anschließend BVerfGE 108, 169 (181 f.) – Telekommunikationslinien, wo von einem „rechtsstaatlichen Grundsatz der Widerspruchsfreiheit" die Rede ist, den der Gesetzgeber „auch bei der Bestimmung von Verwaltungszuständigkeiten" zu beachten habe; dazu aber auch *R. Schmidt* (Fn. 21), S. 1363, mit dem Hinweis, dass dieser Satz für die Entscheidung nicht erheblich war.

[28] Deutliche Beschreibung der Ausgangslage in BVerfGE 98, 83 (97 f.) – Landesabfallabgabengesetz.

[29] Distanz drückt auch BVerfGE 116, 164 (186) – Tarifbegrenzung für gewerbliche Einkünfte – aus, wenn es dort unter ausdrücklicher Bezugnahme auf die in Fn. 27 genannten Entscheidungen heißt, auch „ein" Grundsatz der Widerspruchsfreiheit der Rechtsordnung stehe einer Berücksichtigung der Gewerbesteuerbelastung bei der Einkommensteuer nicht entgegen. – Zwar kann man durchaus die Auffassung vertreten, widersprüchliche Normen seien verfassungswidrig, weil dies nicht der rechtsstaatlich gebotenen Orientierungs- und Steuerungsfunktion des Rechts entspreche. Davon kann jedoch, soll nicht schon bloße gesetzgeberische Unzulänglichkeit zum Verfassungsverstoß führen, allenfalls dann ausgegangen werden, wenn ein echter „logischer" Normwiderspruch vorliegt, das heißt die Rechtsfolgen zweier Vorschriften sich widersprechen; vgl. *Wernsmann* (Fn. 4), S. 186 f.

derung, es möge sich in richterlicher Zurückhaltung („judicial self-restraint") üben. Die grundsätzliche Anerkennungsfähigkeit des Folgerichtigkeitsgebotes ist durch solche Einwände, so berechtigt sie auf verfassungspolitischer Ebene auch sind, nicht in Frage gestellt.

3. Folgerichtigkeitsgebot und Gleichheitssatz

Wenn es heißt, die mit der Auswahl eines Steuergegenstandes getroffene Belastungsentscheidung müsse „folgerichtig" im Sinne der Belastungsgleichheit umgesetzt werden, setzt dies sprachlich beim Leistungsfähigkeitsprinzip an, zu dessen Konkretisierung dem Gesetzgeber eine Konstruktionsmaxime an die Hand gegeben wird. Dem liegt die Vorstellung zugrunde, dass dieser den Leistungsfähigkeitsgedanken zu einer konkreten Einzelsteuer hin fortbilden muss, indem er zunächst einen bestimmten Steuergegenstand als Indikator von Leistungsfähigkeit auswählt und sodann mithilfe weiterer, aufeinander aufbauender konzeptioneller Stufungen in der Bemessungsgrundlage abbildet. Es bedürfe einer mehrstufigen Konkretisierung des Leistungsfähigkeitsprinzips durch „Subprinzipien", die ihrerseits durch weitere „Subprinzipien" solange fortgedacht werden müssten, bis als Ergebnis eine konkrete Rechtsnorm stehe.[30] Rechtsdogmatisches Systemdenken erscheint in dieser Sicht als ein den konstruierenden Gesetzgeber bindendes Verfassungspostulat.

Im Kern enthält das Folgerichtigkeitsgebot allerdings eine einfache Aussage: Der Gesetzgeber bedarf, wenn er von einer den steuerlichen Belastungsgrund ausprägenden Grundentscheidung abweicht, eines besonderen rechtfertigenden Grundes, weil damit die Lastengleichheit der Steuerpflichtigen in Frage gestellt wird. Dieser Satz ist gleichheitssatzkonform. Es stellt eine rechtfertigungsbedürftige Ungleichbehandlung dar, wenn der Gesetzgeber einen Sachverhalt grundsätzlich in bestimmter Weise behandelt, hiervon aber im Einzelfall abweicht. Dass damit einfaches Recht unter dem Gesichtspunkt der Selbstbindung partiell konstitutionalisiert wird, liegt in der Natur des Gleichheitssatzes. Das Folgerichtigkeitsgebot verkörpert damit nichts anderes als die Forderung nach Gleichheit. Seine Besonderheit liegt darin, dass die Gründe für eine Ungleichbehandlung eine besondere Qualität aufweisen müssen. Es gilt das Erfordernis eines „besonderen rechtfertigenden Grundes". Darin liegt die entscheidende Weichenstellung, die eine Erhebung des Folgerichtigkeitsgebots zur eigenständigen Figur erst rechtfertigt. Ohne dass mit ihm besondere Begründungserfordernisse verbunden wären, bedürfte es eines Folgerichtigkeitsgebotes nicht, denn dann würde dieses nicht mehr als die Selbstverständlichkeit zum Ausdruck bringen, dass Un-

[30] Zu diesem Denken in „Prinzipien" und „Subprinzipien" *Lang* (Fn. 8), § 4 Rn. 83; *Englisch* (Fn. 18), S. 180 f.

gleichbehandlungen einer verfassungsrechtlichen Rechtfertigung bedürfen.[31] Seine spezifische Funktion liegt daher darin, innerhalb des Kontinuums von Rechtfertigungsanforderungen, das dem Gleichheitssatz im Allgemeinen entnommen wird, eine Trennlinie zu markieren, jenseits derer der Gesetzgeber nur an das Willkürverbot gebunden ist, innerhalb dessen wiederum hinreichend sachliche beziehungsweise plausible Erwägungen genügen, um einen Gleichheitsverstoß auszuschließen.[32]

Das so verstandene Folgerichtigkeitsgebot knüpft an die Rechtsprechung des Bundesverfassungsgerichts zur Kategorie der „Systemwidrigkeit" an, nach der eine Systemwidrigkeit, verstanden als „Verletzung einer vom Gesetz selbst statuierten Sachgesetzlichkeit", zwar „für sich allein" nicht gegen den Gleichheitssatz verstößt, einen solchen Verstoß aber „indizieren kann".[33] Dass dies zurückhaltend formuliert ist, liegt in der Natur der Sache, denn letztlich kommt es auf die konkrete Feststellung einer Ungleichbehandlung an, die zudem noch gerechtfertigt sein kann.[34] Ein substantieller Gegensatz zum Folgerichtigkeitsgebot kann darin nicht gesehen werden.[35] Im Gegenteil beansprucht der Satz, dass bloße Systemwidrigkeit nicht zur Verfassungswidrigkeit führt, auch für das Folgerichtigkeitsgebot uneingeschränkt Geltung. Wenn es außerdem heißt, ein Abweichen von der vom Gesetz selbst gewählten Sachgesetzlichkeit könne vor dem Gleichheitssatz nur dann Be-

[31] Zutreffend bemerkt daher *Kischel* (Fn. 21), S. 185, dass die Folgerichtigkeit ohne verschärfte Rechtfertigungsanforderungen „seltsam substanzlos" bleibe. Allgemein auch *Osterloh* (Fn. 9), Art. 3 Rn. 142: Das Folgerichtigkeitsgebot führe zu „erhöhten Begründungsanforderungen" an Abweichungen von der jeweils gleichheitskonkretisierenden Grundentscheidung für eine bestimmte Steuer. Anders – aber von einer weiteren Konzeption von Folgerichtigkeit ausgehend – *Hey* (Fn. 9), S. 2566: Das Folgerichtigkeitsgebot beinhalte „nicht per se" eine Verschärfung der Anforderungen an die Rechtfertigung.

[32] Zum Gehalt des Willkürverbots im Steuerrecht s. zuletzt BVerfGE 123, 111 (122, 126 f.) – Jubiläumsrückstellung. Dort ist von „verfassungsrechtlich lediglich zurückhaltend zu kontrollierenden Anforderungen" und einem „weiten gesetzgeberischen Gestaltungsspielraum" die Rede. Kein Gleichheitsverstoß liege bei „hinreichend sachlichen oder sonstwie einleuchtenden Gründen" vor oder – anders gewendet – von einem Gleichheitsverstoß sei nur bei einem „offenkundigen Mangel an jeglicher Sachlichkeit des Grundes" auszugehen. Für dieses Verständnis des Gleichheitssatzes als Willkürverbot grundlegend BVerfGE 1, 14 (52) – Südweststaat; statt vieler weiterer auch BVerfGE 12, 341 (348); 42, 374 (388); 51, 1 (23); 89, 132 (141 f.).

[33] Vgl. m.w.N. BVerfGE 59, 36 (49); 85, 238 (246 f.); 104, 74 (87). Näher zur Kategorie der „Systemwidrigkeit" in der Rechtsprechung des Bundesverfassungsgerichts *Prokisch*, in: P. Kirchhof u.a. (Hrsg.), Festschrift für Vogel, 2000, S. 293 ff.; *Osterloh* (Fn. 9), Art. 3 Rn. 99 f.; *Battis* (Fn. 21), S. 1 ff.; *Degenhart* (Fn. 21), S. 6 ff.; *Peine* (Fn. 21), S. 24 ff.

[34] Besonders deutlich BVerfGE 104, 74 (87): „Systemwidrigkeit führt zwar allein noch nicht zur Annahme eines Verstoßes gegen den allgemeinen Gleichheitssatz. Die Systemwidrigkeit ist aber ein Indiz für einen solchen Verstoß. Entscheidend kommt es darauf an, ob die Abweichung vom System sachlich hinreichend gerechtfertigt ist."

[35] Anders *Kischel* (Fn. 21), S. 184.

stand haben, „wenn das Gewicht der für die Abweichung sprechenden Gründe der Intensität der getroffenen Ausnahmeregelung entspricht“,[36] ist auch die weitere Differenzierung bereits angelegt, dass die Abweichung von Strukturentscheidungen, die den Belastungsgrund ausformen, wegen des gesteigerten Gewichts der Ungleichbehandlung eine erhöhte Rechtfertigungslast begründet.

III. Abweichung von einer gesetzgeberischen Grundentscheidung als besonders rechtfertigungsbedürftiger Zustand: Konkretisierungen in der Rechtsprechung des Bundesverfassungsgerichts

Die Anwendung des Folgerichtigkeitsgebots setzt bei der Frage an, ob für den betreffenden Regelungsbereich eine übergeordnete Grundwertung existiert, an der die zur Prüfung gestellte Rechtsnorm gleichheitsrechtlich zu messen ist. Ihr Auffinden ist notwendigerweise mit Unsicherheiten behaftet, weil es um die Bewertung gesetzlicher Strukturen und die Ermittlung gesetzgeberischer Leitideen geht. Aufgeworfen ist insbesondere die Frage nach dem Verhältnis von Ober- und Untersystem, also wann ein besonderes System vorliegt, das der allgemeineren Wertung eines übergeordneten Systems vorgeht. Dass dies abstrakt nicht zu beantworten ist, sondern Wertungsentscheidung bleibt, spricht nicht grundsätzlich gegen das Folgerichtigkeitsgebot.[37] Sein Vorteil liegt darin, dass es die Gleichheitsprüfung strukturiert und stabilisiert, weil beliebige Normen ohne Berücksichtigung ihres Kontexts ohnehin nicht sinnvoll in Bezug gesetzt werden können. Das Denken in Struktur und Substruktur hilft, den richtigen Vergleichsmaßstab zu finden, der in Form der maßgeblichen Grundwertung zugleich Vergleichsgegenstand ist.

[36] BVerfGE 59, 36 (49). In gleichem Sinn BVerfGE 13, 331 (340 f.); 18, 366 (372 f.). Offener in der Formulierung allerdings BVerfGE 85, 238 (247); 104, 74 (87): Erfordernis einer „sachlich hinreichenden Rechtfertigung“.

[37] Vgl. auch *Osterloh* (Fn. 9), Art. 3 Rn. 98, die von „notwendiger, aber unsicherer Auswahl und Abgrenzung des jeweils für die verfassungsrechtliche Prüfung relevanten Systems“ spricht. Anders *Kischel* (Fn. 21), S. 184, der diesen Befund zum prinzipiellen Argument gegen das Folgerichtigkeitsgebot wendet: Es sei rational nicht zu entscheiden, welche Teile einer gesetzgeberischen Entscheidung zum „System“ zählten. Ebensolche Skepsis auch bei *Degenhart* (Fn. 21), S. 53: Der Gleichheitssatz treffe keine eigenständige Aussage dazu, unter welchen Voraussetzungen die fraglichen Grundregeln und Grundkonzeptionen tatsächlich Bindungswirkung entfalteten; es fehle ein „praktikabler Maßstab“ für die Behandlung gesetzgeberischer Systemwidrigkeiten.

1. Auswahl des Steuergegenstandes als gesetzgeberische Ausgangsentscheidung

Nach der Rechtsprechung des Bundesverfassungsgerichts erfolgt eine Betrachtung nach Folgerichtigkeiten nur, soweit es um die einfachgesetzliche Ausformung desselben Steuergegenstandes geht. Dessen Auswahl selbst wird nicht auf Folgerichtigkeit überprüft, sondern es gilt der Satz, dass der Gesetzgeber bei der „Auswahl des Steuergegenstands" einen „weitreichenden Gestaltungsspielraum" hat. Dieser entstammt der älteren Rechtsprechung und wurde mit dem später durch die Zinssteuerentscheidung begründeten Folgerichtigkeitsgebot kombiniert.[38] Das Bundesverfassungsgericht begründet diese Unterscheidung nicht näher. Sie erscheint unbefriedigend, weil für die Verwirklichung von Belastungsgleichheit gerade auch die systematische Auswahl der Steuergegenstände als Ausgangsentscheidung der Besteuerung bedeutsam ist, wie der wenig strukturierte Bereich der Verbrauch- und Aufwandsteuern vor Augen führt.[39] Scheinbar wahllos werden bestimmte Verbrauchsgüter oder Aufwandtatbestände herausgegriffen und zum Anknüpfungspunkt einer Besteuerung gemacht, ohne dass das Leistungsfähigkeitsprinzip begrenzend wirken könnte, weil der Gesetzgeber, wie die Erwähnung dieser Steuerarten in der Finanzverfassung zeigt, Verbrauch und Aufwand als Indikatoren von Leistungsfähigkeit heranziehen darf.[40] Umso dringender scheint das Gebot der Belastungsgleichheit eine Begrenzung seiner Gestaltungsbefugnis durch ein Folgerichtigkeitsgebot zu fordern, das den Gesetzgeber zu einer systematischen Auswahl der Steuergegenstände verpflichtet beziehungsweise das Herausgreifen einzelner Gegenstände nur gestattet, soweit mit der Besteuerung von Verbrauch oder Aufwand Lenkungszwecke verfolgt werden.[41]

[38] Vgl. BVerfGE 13, 181 (202 f.) – Schankerlaubnissteuer; BVerfGE 49, 343 (360) – Bauherrenabgabe; BVerfGE 65, 325 (354) – Zweitwohnungsteuer; BVerfGE 85, 238 (244) – Umsatzsteuerprivileg für den Taxiverkehr; zur neueren Rspr. s. die Nachweise Fn. 16.

[39] Vgl. zu diesem *Tipke*, Die Steuerrechtsordnung, Bd. 2, 2. Aufl. 2003, S. 1037 ff. Dort etwa zur Kaffeesteuer: Es sei inkosequent, nur ein Genussmittel sonderzubelasten, alle anderen Genussmittel aber nicht (S. 1056). Zur Zweitwohnungsteuer: Wer eine Zweitwohnung innehabe, demonstriere damit nicht mehr Leistungsfähigkeit als jemand, der sein beträchtliches Vermögen in anderer Weise anlege (S. 1125). S. auch *Lang* (Fn. 8), § 4 Rn. 112: Das „historische Konglomerat der speziellen Verbrauchsteuern" leide besonders unter der „willkürlichen Auswahl der Güter".

[40] Zur verfassungsrechtlichen Legitimität der in der Finanzverfassung genannten Steuergegenstände s. nur BVerfGE 120, 1 (25 ff., insb. 26 f.) m.w.N – Gewerbesteuerfreiheit. Kritisch *Tipke*, Die Steuerrechtsordnung, Bd. 1, 2. Aufl. 2000, S. 298 ff.; *ders.* (Fn. 9), S. 207 ff.; *ders.* (Fn. 19), S. 537 („Art. 106 GG-Positivismus"). Differenzierend *Wernsmann* (Fn. 4), S. 321 ff.: „widerlegbare Vermutung", dass die in Art. 105, 106 GG genannten Steuerarten „verfassungsgemäß geregelt werden können" (S. 341).

[41] Dafür etwa *Englisch* (Fn. 18), S. 190 f.: Steuern, die bei der an sich gebotenen steuerübergreifenden Betrachtungsweise nicht folgerichtig in das Steuersystem zu integrieren

Allerdings beschränkt sich das Folgerichtigkeitsgebot darauf, unter dem Gesichtspunkt der Selbstbindung des Gesetzgebers die Gleichheit nach Grund- und Folgewertung zu gewährleisten und hier einen Bereich zu markieren, in dem es für Ungleichbehandlungen besonderer Gründe bedarf. Von diesem Ausgangspunkt ist es zwangsläufig, dass die Auswahl des Steuergegenstandes selbst nicht dem Folgerichtigkeitsgebot unterworfen sein kann, denn diese bildet die gesetzgeberische Ausgangsentscheidung jeder Steuer und kann deshalb nur Maßstab, nicht aber Gegenstand einer Folgerichtigkeitsprüfung sein. Das darf allerdings nicht den Blick dafür verstellen, dass der Gesetzgeber auch jenseits dessen an den Gleichheitssatz gebunden ist und schon deshalb nicht beliebig vorgehen darf. In der Rechtsprechung des Bundesverfassungsgerichts korrespondiert der Redeweise vom Gestaltungsspielraum bei der Auswahl der Steuergegenstände allerdings eine weitgehende Zurückhaltung. In älteren Entscheidungen heißt es noch, wolle der Gesetzgeber eine bestimmte Steuerquelle erschließen, andere hingegen nicht, sei der allgemeine Gleichheitssatz grundsätzlich nicht verletzt, solange sich die Verschiedenbehandlung mit „finanzpolitischen, volkswirtschaftlichen, sozialpolitischen oder steuertechnischen Erwägungen" rechtfertigen lasse.[42] Diesen Hinweis auf mögliche Rechtfertigungsgründe greift die neuere Rechtsprechung nicht auf, sondern formuliert offener, es komme (nur) darauf an, ob es für die getroffene Entscheidung einen sachlichen Grund gebe, der „so erheblich" sei, dass diese bei einer „am Gerechtigkeitsgedanken orientierten Betrachtungsweise" nicht als „willkürlich" angesehen werden könne.[43] Allerdings lässt auch dies durchaus Raum für eine differenzierte Prüfung.

Die vom Bundesverfassungsgericht getroffene Unterscheidung zieht die Frage nach sich, wann die Entscheidung des Gesetzgebers eine solche ist, die die Auswahl des Steuergegenstandes betrifft.[44] Das Problem besteht darin,

seien, dürften nur als Lenkungssteuern konzipiert werden; im Übrigen (insbesondere bei der Gewerbesteuer) müsse wenigstens im Rahmen der finanzverfassungsrechtlichen Grundstrukur der jeweiligen Steuerart das Gebot einer Besteuerung nach der Leistungsfähigkeit folgerichtig entfaltet werden. Weitergehend *Tipke* (Fn. 19), S. 538; *ders.* (Fn. 9), S. 205 ff., für ein „Gebot der Verallgemeinerung" bzw. „vertikalen Folgerichtigkeit" bei der Auswahl der Steuergegenstände. – Für eine umgreifendere Betrachtung allgemein auch BVerfGE 93, 121 (135) – Vermögensteuer: Die Gesamtbelastung durch eine Besteuerung des Vermögenswerbes, des Vermögensbestandes und der Vermögensverwendung sei vom Gesetzgeber „so aufeinander abzustimmen", dass „das Belastungsgleichmaß" gewahrt werde. So zuvor auch bereits *P. Kirchhof* (Fn. 13), S. 301 („Systemgerechtigkeit innerhalb des Steuerrechts"). Allerdings ist dieses Postulat in der Rechtsprechung des Bundesverfassungsgerichts danach nicht wieder aufgegriffen worden.

[42] BVerfGE 13, 181 (202 f.) – Schankerlaubnissteuer; BVerfGE 49, 343 (360) – Bauherrenabgabe; BVerfGE 65, 325 (354) – Zweitwohnungsteuer; BVerfGE 85, 238 (244) – Umsatzsteuerprivileg für den Taxiverkehr.

[43] BVerfGE 120, 1 (30 f.) – Gewerbesteuerfreiheit.

[44] Vgl. dazu auch *Wernsmann* (Fn. 4), S. 311 ff., der eine Differenzierung anhand der in der Finanzverfassung genannten Steuerarten vorschlägt.

dass sich zu einem bestimmten Steuergegenstand meist noch eine allgemeinere Steueridee formulieren lässt, was die Frage aufwirft, ob nicht diese den eigentlichen Steuergegenstand bezeichnet mit der Konsequenz, dass sich der gesetzgeberisch ausgewählte Steuergegenstand als – daran gemessen – Teilzugriff vor dem Folgerichtigkeitsgebot rechtfertigen müsste.[45] Dieser recht komplizierte Gedankengang findet sich auch im Gewerbesteuerbeschluss (BVerfGE 120, 1 ff.), wenn dort gefragt wird, ob sich die Beschränkung der Gewerbesteuer auf die gewerblichen Einkünfte im Sinne des Einkommensteuergesetzes am Folgerichtigkeitsgrundsatz messen lassen müsse.[46] Die unausgesprochene Basishypothese lautet, der eigentliche Steuergegenstand reiche weiter und erfasse den Ertrag jeder selbständigen wirtschaftlichen Betätigung in der Gemeinde, also auch denjenigen der Freiberufler, sonstigen Selbständigen und Land- und Forstwirte. Wäre dem zuzustimmen, dann wäre das Herausgreifen der Gewerbetreibenden als nicht folgerichtige Ausformung dieses Grundgedankens an den erhöhten Rechtfertigungsanforderungen des Folgerichtigkeitsgebots zu messen. Der Rekurs auf einen solchen „virtuellen Steuergegenstand" widerspräche jedoch dessen Grundprinzip, nach dem das Folgerichtigkeitsgebot eine konkrete gesetzgeberische Grundentscheidung zur Maßgröße hat. Es ist nicht zulässig, diesen Ausgangspunkt nach eigenen Vorstellungen zu abstrahieren, um ihn sodann selbst einer Prüfung nach den Kriterien der Folgerichtigkeit zu unterziehen.

Der Gewerbesteuerbeschluss zeigt überdies, dass sich die Frage nach einem übergeordneten Steuergegenstand nicht von der Rechtfertigungsprüfung trennen lässt. Maßgeblich seien die „konkreten Umstände des in Rede stehenden Steuergegenstandes und der betreffenden Vergleichsgruppen". „Regelmäßig" komme es „wesentlich" darauf an, „inwieweit die Gruppe oder der Sachverhalt, um deren oder dessen Einbeziehung es geht, durch Merkmale geprägt ist, die gerade den Steuergegenstand, dessen Ausgestaltung in Frage steht, unter dem Gesichtspunkt des steuerbaren Vorteils kennzeichnen".[47] Davon ausgehend hat der Erste Senat eine verallgemeinernde Betrachtung des Gegenstands der Gewerbesteuer abgelehnt, wofür er auf Unterschiede in der Typik von Gewerbetreibenden, Freiberuflern und Land-

[45] Beispielsweise ließe sich argumentieren, dass wenn der Gesetzgeber die „Hundehaltung" besteuert, der eigentliche Steuergegenstand die „Tierhaltung" sei, woran sich das Herausgreifen der Hundehaltung wiederum als nicht folgerichtige Abweichung messen lassen müsse. Ebenso ließe sich argumentieren, dass hinter der Besteuerung des Kaffeekonsums eigentlich der allgemeinere Gedanke einer Besteuerung des „Genussmittelkonsums" oder etwa hinter der Besteuerung des „Bierkonsums" der allgemeinere Steuergegenstand des „Alkoholkonsums" stehe, so dass sich das Herausgreifen eines bestimmten Verbrauchsgutes wiederum vor dem Folgerichtigkeitsgebot rechtfertigen müsse. Beispiele nach *Wernsmann* (Fn. 4), S. 312; *Tipke* (Fn. 40), S. 1056.

[46] BVerfGE 120, 1 (30 ff.) – Gewerbesteuerfreiheit.

[47] BVerfGE 120, 1 (30) – Gewerbesteuerfreiheit.

und Forstwirten verweist.[48] Dieselben Erwägungen finden sich – in weiter ausgearbeiteter Form – in der anschließenden Willkürprüfung wieder, die zu dem Ergebnis führt, der Gesetzgeber habe seinen Spielraum bei der Bestimmung des Steuergegenstandes nicht überschritten.[49] Die damit zu konstatierende (mindestens teilweise) Deckungsgleichheit zeigt, dass es nicht sinnvoll ist, der Gleichheitsprüfung eine Prüfung des Inhalts voranzustellen, ob das Folgerichtigkeitsgebot zur Anwendung kommen müsse, weil der Gesetzgeber im Hinblick auf die bestehenden Ähnlichkeiten einen allgemeineren Steuergegenstand hätte wählen müssen.[50] Damit wird nur die ohnehin vorzunehmende Rechtfertigungsprüfung dupliziert. Dies wird vermieden, wenn die gesetzgeberische Wahl des Steuergegenstandes als gegeben angenommen wird, um im Rahmen einer allgemeinen Gleichheitsprüfung die Frage zu beantworten, ob die vom Gesetzgeber vorgenommene Ausgrenzung anderer Steuergegenstände gerechtfertigt ist, weil die bestehenden Unterschiede – auch angesichts der unter einer übergreifenden Steueridee zu verzeichnenden Gemeinsamkeiten – hinreichendes Gewicht haben.

2. *Konkretisierung des Folgerichtigkeitsgebots im Einkommensteuerrecht: Prinzip der Nettobesteuerung*

Das Bundesverfassungsgericht hat das Folgerichtigkeitsgebot bislang vor allem im Einkommensteuerrecht zur Geltung gebracht und dort das objektive Nettoprinzip mithilfe gleichheitsrechtlicher Erwägungen mit relativer verfassungsrechtlicher Durchschlagskraft versehen.[51] Das subjektive Nettoprinzip hingegen wird zwar sprachlich in die Nähe des Folgerichtigkeitsgebots gerückt, wurzelt im Kern aber in anderen Verfassungsrechtssätzen.

a) Objektives Nettoprinzip als Maßgröße von Folgerichtigkeit

Zu den belastungskonkretisierenden Grundentscheidungen des Gesetzgebers im Einkommensteuerrecht gehört, dass der Einkommenbesteuerung nur die Differenz aus Einnahmen und durch die Erwerbstätigkeit veran-

[48] BVerfGE 120, 1 (31 f.) – Gewerbesteuerfreiheit.

[49] BVerfGE 120, 1 (32 ff., insb. 34–36) – Gewerbesteuerfreiheit.

[50] Ebenfalls ablehnend – wenngleich von anderem Ausgangspunkt – *Englisch* (Fn. 18), S. 188 f.: „zirkuläre Leerformel".

[51] Für die Heranziehung in anderen Gebieten des Steuerrechts BVerfGE 117, 1 (37 ff.) – Erbschaftsteuer: „nicht ausreichend belastungsgleiche und folgerichtige Ausgestaltung der erbschaftsteuerlichen Bewertungsvorschriften bei wesentlichen Gruppen von Vermögensgegenständen"; dazu *Seer*, in: Tipke/Lang (Fn. 8), § 13 Rn. 30 („Verkehrswert als leitender Bewertungsmaßstab"). BVerfG, Beschuss vom 12. Oktober 2010 – 1 BvL 12/07 –, DStR 2010, S. 2393 (2395 f.) – Betriebsausgabenabzugsverbot Pauschalierung: Geltung des objektiven Nettoprinzips unter dem Gesichtspunkt der Folgerichtigkeit auch im Köperschaftsteuerrecht.

lasstem Aufwand unterliegt.[52] Ob dieses objektive Nettoprinzip absoluten Verfassungsrang hat,[53] hat das Bundesverfassungsgericht bislang stets offengelassen und seine verfassungsrechtliche Wirkkraft allein aus dem Folgerichtigkeitsgebot hergeleitet: Schon das einfachrechtliche objektive Nettprinzip – § 2 Abs. 2 Satz 1 EStG in Verbindung mit § 4 Abs. 4 und § 9 Abs. 1 Satz 1 EStG – entfalte Bedeutung „vor allem im Zusammenhang mit den Anforderungen an hinreichende Folgerichtigkeit bei der näheren Ausgestaltung der gesetzgeberischen Grundentscheidungen". „Die Beschränkung des steuerlichen Zugriffs nach Maßgabe des objektiven Nettoprinzips als Ausgangstatbestand der Einkommensteuer gehört zu diesen Grundentscheidungen, so dass Ausnahmen von der folgerichtigen Umsetzung der mit dem objektiven Nettoprinzip getroffenen Belastungsentscheidung eines besonderen sachlich rechtfertigenden Grundes bedürfen."[54] Dieser Gedanke bildet den Ausgangs-

[52] Als weitere – im Einzelnen allerdings diskutable – Beispiele nennt *P. Kirchhof* (Fn. 3), § 118 Rn. 181; *ders.* (Fn. 13), S. 301: Individualprinzip, Markeinkommensprinzip, Einheitswertprinzip, Periodizitätsprinzip, Ursprungs- oder Bestimmungslandprinzip.

[53] Dafür – mit unterschiedlichen Ansätzen in der Begründung – die praktisch einhellige Auffassung im Schrifttum; vgl. statt vieler *Tipke* (Fn. 39), S. 763 f.; *dens.* (Fn. 19), S. 537 f.; *Lang*, Die Bemessungsgrundlage der Einkommensteuer, 1988, S. 183 ff. (insb. S. 184); *Wernsmann* (Fn. 7), § 4 AO Rn. 501 („im Kern auch verfassungsrechtlich vorgezeichnet"); *Lehner*, DStR 2009, S. 185 ff. – Der Unterschied zur Rechtsprechung des Bundesverfassungsgerichts ist allerdings nur ein gradueller, denn selbst wenn man dem objektiven Nettoprinzip absoluten Verfassungsrang beimisst, ist damit über dessen Inhalt im Einzelnen noch nichts gesagt.

[54] BVerfGE 107, 27 (48) – Doppelte Haushaltsführung; BVerfGE 122, 210 (234) – Pendlerpauschale; BVerfGE 126, 268 (280) – Häusliches Arbeitszimmer II. Ähnliche Formulierung zuvor bereits in BVerfGE 99, 280 (290) – Aufwandsentschädigung Ost: „Einnahmen und Aufwendungen, die durch eine Erwerbstätigkeit veranlasst sind und deshalb durch § 2 Abs. 1 und Abs. 2 EStG in die einkommensteuerliche Bemessungsgrundlage einbezogen werden, bilden den Ausgangstatbestand der Einkommensteuer. Abweichungen von diesem Tatbestand bedürfen eines besonderen, sachlich rechtfertigenden Grundes." Noch ohne ausdrückliche Verknüpfung mit dem Folgerichtigkeitsgedanken, sondern auf das Gebot einer Gleichbehandlung der einkommensteuerrechtlichen Einkunftsarten abstellend BVerfGE 99, 88 (96 f.) – Verlustabzug: Der Gesetzgeber erfasse sämtliche Einkunftsarten nach dem Nettoprinzip, das die durch die Erwerbstätigkeit bedingten Aufwendungen zum Abzug zulasse, weil sie das disponible, für die Einkommenbesteuerung verfügbare Einkommen minderten. Im Rahmen dieses gesetzlichen Belastungssystems führe die (streitgegenständliche) Verrechnungsbeschränkung für Verluste aus der Vermietung beweglicher Sachen zu einer rechtfertigungsbedürftigen Ungleichbehandlung. Deutlich zurückhaltender die ältere Rechtsprechung, vgl. BVerfGE 27, 58 (64 f.) – Kilometerpauschale: Es könne dahinstehen, ob dem geltenden Einkommensteuerrecht eine Sachgesetzlichkeit der Nettobesteuerung innewohne. Selbst wenn dies zutreffe, könne der Gesetzgeber davon abweichen, wenn er dafür „sachlich einleuchtende Gründe" habe. BVerfGE 34, 103 (115 ff.) – Abzugsverbot für Aufsichtsratsvergütung: Ein Nettoprinzip in dem strikten Sinn, dass der Gesetzgeber jegliche Durchbrechung, für die kein besonderer sachlicher Grund vorliege, unterlassen müsse, sei dem Einkommensteuerrecht bei einer Gesamtbetrachtung des Einkommensbegriffs nicht zu entnehmen.

punkt vieler Entscheidungen, denn bei steuerpolitischen Maßnahmen geht es häufig um Abzugstatbestände, die gestrichen oder eingeschränkt werden, um die Bemessungsgrundlage zu verbreitern und dadurch die Einnahmen zu erhöhen, zumeist verbunden mit dem Ziel der Finanzierung von Steuererleichterungen, die an anderer Stelle gewährt werden. Das objektive Nettoprinzip ist in diesen Fällen stets betroffen.

In diesem Zusammenhang hat sich das Bundesverfassungsgericht mehrfach mit Aufwendungen befasst, die sowohl erwerbsbezogene als auch private Veranlassungsanteile haben. Wie diese „gemischten" Aufwendungen zu behandeln sind, beantwortet das objektive Nettoprinzip zumindest nicht ohne weiteres, weil es als Makroprinzip zunächst nur eine prinzipielle, binäre Unterscheidung trifft. Der Bundesfinanzhof entnahm § 12 Nr. 1 Satz 2 EStG in jahrzehntelanger Rechtsprechung ein grundsätzliches Abzugsverbot für gemischte Aufwendungen, wenn nicht ausnahmsweise eine Aufteilung nach objektiven und leicht nachprüfbaren Maßstäben möglich war.[55] Das Bundesverfassungsgericht hat sich mit dieser Thematik im Zusammenhang mit beruflich bedingten Mobilitätskosten auseinandergesetzt, wie sie in Form von Wegekosten für die Distanz zwischen Wohnung und Arbeitsstätte (BVerfGE 122, 210 ff.) oder Kosten für die Einrichtung einer Zweitwohnung am Arbeitsort (BVerfGE 107, 27 ff.) entstehen können. Es hat diese Aufwendungen als gemischt qualifiziert, weil ihr Entstehen beziehungsweise ihre Höhe von der privat motivierten Entscheidung über die Wahl des Wohnsitzes beeinflusst wird (erster Wertungsvorgang).[56] Das objektive Nettoprinzip war damit zumindest nicht ohne weiteres einschlägig. In der Entscheidung zur doppelten Haushaltsführung hat das Bundesverfassungsgericht – spezieller – den Regelungen über die Absetzbarkeit der Wegekosten und der Kosten für die Zweitwohnung am Arbeitsort die Grundentscheidung entnommen, dass die „steuerrechtlich erhebliche Berufssphäre" nicht erst „am Werkstor" beginne (zweiter Wertungsvorgang).[57] In der Entscheidung zur Pendlerpauschale hat es sich dagegen wieder auf das objektive Nettoprinzip selbst bezogen, wenn von einer „Abkehr vom Veranlassungsprinzip" die Rede ist. Ergänzend wird dort allerdings auch auf den speziell die Problematik gemischter Aufwendungen betreffenden § 4 Abs. 5 Satz 1 Nr. 7 EStG verwie-

[55] Grundlegend BFH (Großer Senat), Beschluss vom 19. Oktober 1970 – GrS 2/70 –, BStBl. II 1971, S. 17 ff. = BFHE 100, 309 ff. S. auch *Arndt*, in: Kirchhof/Söhn/Mellinghoff, EStG, Bd. 10, § 12 Rn. A5 (Oktober 2002); *Lang* (Fn. 8), § 9 Rn. 242 u. 245 m.w.N.

[56] BVerfGE 107, 27 (50) – Doppelte Haushaltsführung – spricht von „im Schnittbereich von beruflicher Sphäre und privater Lebensführung liegenden Mobilitätskosten". Bestätigend BVerfGE 122, 210 (238 f.) – Pendlerpauschale: Angesichts der regelmäßig „privaten" Wahl des Wohnorts habe der Gesetzgeber davon ausgehen dürfen, dass die Aufwendungen für Wege zwischen Wohnung und Arbeitsstätte privat mitveranlasst seien.

[57] BVerfGE 107, 27 (50) – Doppelte Haushaltsführung.

sen, der nicht von einem „alles oder nichts“ ausgeht, sondern den Abzug betrieblich bedingter Aufwendungen auf das „Angemessene“ begrenzt, wenn diese auch die Lebensführung des Steuerpflichtigen „berühren“.[58] Von diesen Ausgangspunkten waren sowohl die Beschränkung der Absetzbarkeit der Kosten doppelter Haushaltsführung auf zwei Jahre als auch die Beschränkung der Absetzbarkeit der Wegekosten auf den über 20 km hinausgehenden Teil der Wegstrecke als abweichende Regelungen am Folgerichtigkeitsgebot zu messen. Möglich wäre es allerdings auch gewesen, die Neuregelung der Entfernungspauschale als ein grundsätzliches Verbot der Absetzbarkeit von Wegekosten zu verstehen, das sich nicht vor dem Folgerichtigkeitsgebot rechtfertigen muss, weil die aus § 12 Nr. 1 Satz 2 EStG folgende Grundentscheidung gerade laute, dass gemischte Aufwendungen nicht abzugsfähig seien.[59] Dem ist das Bundesverfassungsgericht nicht gefolgt, allerdings ohne auf diesen Einwand ausdrücklich einzugehen.[60] Mittlerweile ist dem Argument aus § 12 Nr. 1 Satz 2 EStG allerdings ohnehin die Grundlage entzogen, nachdem der Große Senat des Bundesfinanzhofs eine Kehrtwende vollzogen hat und der Vorschrift – ihrem Wortlaut Rechnung tragend – kein generelles Aufteilungs- und Abzugsverbot mehr entnehmen will.[61]

Zuletzt hat sich das Bundesverfassungsgericht mit der Thematik gemischter Aufwendungen im Zusammenhang mit den Kosten für das häusliche Arbeitszimmer befasst. Diese hat es allerdings nicht als gemischt qualifiziert, obwohl es vielfach so sein wird, dass die Einrichtung eines Arbeitszimmers zumindest auch privat motiviert ist und eine private Mitnutzung erfolgt, was weder trennscharf quantifizierbar noch praktisch überprüfbar ist. Dennoch wurde die zur Prüfung gestellte Abzugsbeschränkung unmittelbar am objektiven Nettoprinzip gemessen, weil auch der (gedachte) Grundfall betroffen ist, dass das Zimmer tatsächlich nur aus beruflichen Gründen eingerichtet wurde

[58] BVerfGE 122, 210 (235 f.) – Pendlerpauschale.

[59] *Wernsmann*, DStR 2007, S. 1149 (1152).

[60] Kritisch daher *Müller-Franken*, NJW 2009, S. 55: Der Vorwurf fehlender Folgerichtigkeit falle „im Kern der Urteilsbegründung“ auf „das Bundesverfassungsgericht selbst“ zurück. – S. aber auch BVerfGE 122, 210 (239) – Pendlerpauschale –, wo es heißt, es „spreche viel dafür“, dass die Wegekosten tatbestandlich „nicht unter § 12 Nr. 1 Satz 2 EStG“ fielen. Allerdings steht diese Aussage nicht im Kontext der Frage nach der maßgeblichen Grundwertung, sondern im Zusammenhang mit der Frage, ob es sich um gemischte Aufwendungen handelt (was der Senat im Ergebnis gleichwohl bejaht hat). – Grundsätzlich ist die Frage aufgeworfen, ob das Bundesverfassungsgericht eine eigene Bewertung der einfachrechtlichen Systemzusammenhänge vornehmen darf bzw. wieweit es die fachgerichtliche Auslegung der Normen und ihrer systematischen Zuordnung seiner Prüfung zugrundelegen muss; im konkreten Fall für Letzteres BVerfG, Beschuss vom 12. Oktober 2010 – 1 BvL 12/07 –, DStR 2010, S. 2393 (2395) – Betriebsausgabenabzugsverbot Pauschalierung.

[61] BFH (Großer Senat), Beschluss vom 21. September 2009 – GrS 1/06 –, BStBl. II 2010, S. 672 ff. = BFHE 227, 1 ff.; dazu *Pezzer*, DStR 2010, S. 93 ff.

und genutzt wird.[62] Der private Einschlag wirkt sich hier erst auf Rechtfertigungsebene aus und berechtigt den Gesetzgeber, die Abzugsfähigkeit in sachgerechter Weise typisierend einzuschränken.[63]

Das Beispiel der gemischten Aufwendungen zeigt, dass schon die für die Anwendung des Folgerichtigkeitsgebots entscheidende Ermittlung und Auswahl des den Prüfungsmaßstab bildenden Systems ein diskutabler Wertungsvorgang ist. Das Bundesverfassungsgericht hat in diesem Bereich noch nicht zu einer klaren Linie gefunden. In der Tendenz soll das objektive Nettoprinzip die Abzugsfähigkeit auch gemischter Aufwendungen aber offenbar grundsätzlich gebieten, wobei die Begründungen verschieden sind: Die Entscheidung zum Arbeitszimmer setzt an der Mitbetroffenheit des gedachten Grundfalls einer ausschließlich beruflichen Veranlassung an, während die Entscheidung zur Pendlerpauschale die Wegeaufwendungen abstrahierend als gemischt charakterisiert, gleichwohl aber das allgemeine Veranlassungsprinzip heranzieht, dem die Wertung des § 4 Abs. 5 Satz 1 Nr. 7 EStG unterlegt wird. Der Gesetzgeber ist von diesem Ausgangspunkt darauf verwiesen, die privaten Mitveranlassungsanteile typisierend bei der Ausgestaltung des Abzugstatbestandes zu berücksichtigen. Zwingend ist dies wegen des grundsätzlichen Charakters des objektiven Nettoprinzips allerdings nicht, das gerade für den Bereich gemischter Aufwendungen weiterer, bereichsspezifischer Ausprägung bedarf, wie sie etwa die Entscheidung zur doppelten Haushaltsführung in einer Grundentscheidung gesehen hat, die steuerlich erhebliche Sphäre nicht erst „am Werkstor" beginnen zu lassen. Im Übrigen kann der gemischte Charakter einer Aufwendung den Gesetzgeber zumindest auf Rechtfertigungsebene durchaus berechtigen, den Abzug vollständig zu versagen.

b) Subjektives Nettoprinzip und Folgerichtigkeitsgebot

Das Bundesverfassungsgericht stellt auch zwischen subjektivem Nettoprinzip und Folgerichtigkeitsgebot einen Zusammenhang her, wenn es heißt, der einfache Gesetzgeber bemesse die Lastengleichheit im Einkommensteuerrecht „nach dem objektiven und dem subjektiven Nettoprinzip". Deshalb seien „Aufwendungen für die Erwerbstätigkeit nach §§ 4, 9 EStG und existenzsichernde Aufwendungen im Rahmen von Sonderausgaben, Familienleistungsausgleich und außergewöhnlichen Belastungen nach §§ 10 ff., 31 f.,

[62] BVerfGE 126, 268 (280) – Häusliches Arbeitszimmer II.

[63] Vgl. BVerfGE 101, 297 (311 f.) – Häusliches Arbeitszimmer I (zur Verfassungsmäßigkeit der Altregelung); BVerfGE 126, 268 (282 f.) – Häusliches Arbeitszimmer II (Verfassungswidrigkeit der Neuregelung wegen nicht realitätsgerechter Typisierung).

33 ff. EStG grundsätzlich steuerlich abziehbar".[64] Seinen eigentlichen Geltungsgrund findet das Gebot einer steuerlichen Verschonung des Existenzminimums allerdings nicht in einer solchen gesetzgeberischen Grundwertung, sondern in dem in der Menschenwürdegarantie wurzelnden Gedanken, dass der Staat den Bürger nicht durch den Steuerzugriff abhängig von Sozialleistungen machen darf, wenn dieser in der Lage ist, sein Existenzminimum aus eigenen Mitteln zu bestreiten.[65] Das subjektive Nettoprinzip beansprucht daher absolute Geltung, was das Bundesverfassungsgericht im Gegensatz dazu für das objektive Nettoprinzip bislang offengelassen hat.

Der Brückenschlag zum Gleichheitssatz lässt sich allerdings durchaus vollziehen. So fügt sich das subjektive Nettoprinzip in den Gedanken von der Besteuerung nach der Leistungsfähigkeit mit der Begründung ein, dass steuerliche Leistungsfähigkeit – im Sinne einer Fähigkeit zur Lastentragung – nur bestehe, soweit das Einkommen über das Existenznotwendige hinausgehe.[66] Auch scheint der Folgerichtigkeitsgedanke in besonders weitreichender Form als Gebot eines rechtsgebietsübergreifenden Wertungsgleichklangs zum Tragen zu kommen, wenn dasjenige, was sozialrechtlich das Existenzminimum markiert, steuerrechtlich als zu verschonender Betrag ausgewiesen werden muss.[67] Folgerungen grundsätzlicher Art für die Reichweite des Folgerichtigkeitsgebots erlaubt dies wegen der eigentlichen Wurzel des subjektiven Nettoprinzips allerdings nicht. Es handelt sich um einen Sonderfall. Im Allgemeinen legt das Bundesverfassungsgericht Zurückhaltung an den Tag, wenn es um die Frage geht, wieweit der Gesetzgeber verpflichtet ist, einen Wertungsgleichklang zwischen verschiedenen Rechtsgebieten herzustellen.[68]

[64] BVerfGE 107, 27 (47) – Doppelte Haushaltsführung; BVerfGE 122, 210 (233) – Pendlerpauschale. Für den ersten der beiden Sätze auch BVerfGE 123, 111 (121) – Jubiläumsrückstellung; BVerfGE 126, 268 (279) – Häusliches Arbeitszimmer II.

[65] Grundlegend BVerfGE 82, 60 (85) – Existenzminimum: „Ausgangspunkt der verfassungsrechtlichen Beurteilung ist der Grundsatz, dass der Staat dem Steuerpflichtigen sein Einkommen insoweit steuerfrei belassen muss, als er es zur Schaffung der Mindestvoraussetzungen für ein menschenwürdiges Dasein benötigt. Dieses verfassungsrechtliche Gebot folgt aus Art. 1 Abs. 1 GG in Verbindung mit dem Sozialstaatsgrundsatz des Art. 20 Abs. 1 GG." Im Anschluss BVerfGE 99, 216 (233) – Familienlastenausgleich; zuletzt BVerfGE 120, 125 (154 f.) – Krankenversicherungsbeitrag.

[66] Vgl. BVerfGE 82, 60 (86 ff.) – Steuerfreies Existenzminimum; BVerfGE 99, 216 (233 f.) – Familienlastenausgleich. Kritisch zu der damit verbundenen „Verfassungsrechtswerdung der Lehre vom indisponiblen Einkommen" *Moes* (Fn. 8), S. 149 ff.

[67] Als Beispiel für eine rechtsgebietsübergreifende Folgerichtigkeit angeführt bei *Osterloh* (Fn. 9), Art. 3 Rn. 101; *Englisch* (Fn. 18), S. 184 f.; *Prokisch* (Fn. 33), S. 309. S. aber auch *Moes* (Fn. 8), S. 165, der in der Anknüpfung an das Sozialhilfeniveau – mangels anderweitiger Bezifferbarkeit des existenznotwendigen Bedarfs – den „Ausfluss eines verfassungsgerichtlichen Pragmatismus" sieht.

[68] Grundlegend BVerfGE 9, 338 (349 f.): Bei der Frage, ob eine Regelung, die für einen bestimmten Lebensbereich getroffen worden sei, aufgrund des Gleichheitssatzes in einen

Ein Anwendungsfall des Folgerichtigkeitsgebots liegt darin ohnehin nicht, denn dieses fragt nach der Stimmigkeit von Grund- und Folgewertung. Stehen sich zwei ähnlich gelagerte Rechtsnormen aus verschiedenen Rechtsgebieten gegenüber, handelt es sich im Gegensatz dazu in der Regel um ein Verhältnis der Gleichordnung, über das nach den allgemeinen Maßstäben des Gleichheitssatzes zu urteilen ist.

3. Einschränkungen des Folgerichtigkeitsgebots auf „Schutzbereichsebene"

a) Möglichkeit eines Systemwechsels

Das Folgerichtigkeitsgebot gilt nicht schrankenlos, sondern der Gesetzgeber darf es bei Vorliegen „besonderer rechtfertigender Gründe" durchbrechen. Doch schon auf „Schutzbereichsebene" gelten Einschränkungen. So liegt es im Denken in Grundsatz und Ausnahme, dass Veränderungen des Grundsatzes selbst zu Veränderungen des Prüfungsmaßstabes führen. Der Gesetzgeber kann daher ein selbst gewähltes System auswechseln, ohne an das alte System gebunden zu sein. Grundsätzlich sind zwei Konstellationen denkbar, in denen eine bisherige Systementscheidung durch eine Neuregelung als Prüfungsmaßstab für eine Ungleichbehandlung wegfallen kann: Entweder wird das an sich maßstäbliche System durch den gesetzgeberischen Eingriff so verändert, dass ihm nunmehr eine andere Grundwertung zu entnehmen ist; oder es wird ein neues System geschaffen, das dem bisherigen gleichrangig ist. Beides kann umso eher der Fall sein, je kleiner der gesetzliche Bezugsrahmen ist. Bei einem auf wenigen Rechtsnormen ruhenden System kann unter Umständen schon ein Eingriff in eine einzelne Norm genügen. In beiden Fällen bleibt es allerdings möglich, das geänderte System an einer anderen, diesem vorgelagerten Grundwertung zu messen.

Ob ein Systemwechsel vorliegt, ist Wertungsfrage und beantwortet sich danach, ob die Gesetzesänderung punktueller oder systematischer Natur ist. Das Bundesverfassungsgericht hat sich hierzu erstmals im Urteil zur Pendlerpauschale (BVerfGE 122, 210 ff.) näher geäußert und klargestellt, die dem Steuergesetzgeber zustehende Gestaltungsfreiheit umfasse die Befugnis, neue Regeln einzuführen, ohne durch Grundsätze der Folgerichtigkeit an frühere Grundentscheidungen gebunden zu sein. Das setze allerdings voraus, dass „wirklich ein neues Regelwerk" geschaffen werde, denn anderenfalls lasse

anderen übernommen werden müsse, sei dem Gesetzgeber „grundsätzlich größere Bewegungsfreiheit zuzugestehen". Im Folgenden auch BVerfGE 11, 283 (293); 34, 118 (130 f.); 43, 13 (20 f.); 75, 78 (107); 85, 176 (186). Schärfer dagegen *Englisch* (Fn. 18), S. 191: Erforderlichkeit eines „Mindestmaßes an folgerichtiger Einbindung der Wertungen der jeweiligen Steuer in das System der übrigen Steuerarten". Weitergehend noch *Tipke* (Fn. 9), S. 206; *ders.* (Fn. 19), S. 539, für ein „steuerübergreifendes Folgerichtigkeitsgebot" unter dem „Aspekt der Einheit der Steuerrechtsordnung".

sich „jede Ausnahmeregelung als Anfang einer Neukonzeption deklarieren". Die Neuregelung müsse „nach Ziel und Wirkung" ein „Mindestmaß an Orientierung an alternativen Prinzipien" erkennen lassen. Hierfür bedürfe es greifbarer Anhaltspunkte wie etwa die Einbettung in ein nach und nach zu verwirklichendes Grundkonzept.[69] Dem genüge die Neuregelung der Entfernungspauschale, das heißt ihre Beschränkung auf den über 20 Kilometer hinausreichenden Teil der Wegstrecke, schon deshalb nicht, weil sie bereits für sich betrachtet ein stimmiges Regelungskonzept nicht erkennen lasse. Auf dieser Grundlage konnte die eigentliche Frage, wann ein neues System vorliegt und wieweit dies mit übergeordneten Grundwertungen vereinbar ist, offengelassen werden.[70]

b) Qualitative Anforderungen an eine Grundentscheidung

Eine weitere Einschränkung des Folgerichtigkeitsgebots liegt darin, dass nicht jede Grundentscheidung am erhöhten Schutzniveau teilhat. Besonderer Rechtfertigungsbedarf ist nicht schon dann ausgelöst, wenn der Gesetzgeber von irgendeiner Grundentscheidung abweicht, sondern es muss sich um eine Grundentscheidung handeln, die die mit der Auswahl des Steuergegenstandes getroffene Belastungsentscheidung verdeutlicht. Das Grundprinzip, um dessen Durchbrechung es geht, muss daher selbst eine bestimmte inhaltliche Qualität als Maßstab der Lastenausteilung haben. Das ergibt sich daraus, dass das Folgerichtigkeitsgebot nicht als allgemeines Gebot einer systemreinen Gesetzgebung zu verstehen ist, sondern aus dem gleichheitsrechtlichen Gebot der Belastungsgleichheit abgeleitet und auf dessen Verwirklichung bezogen ist. Wenn es aber um das Gleichmaß in der Belastung geht, liegt auf der Hand, dass die Rechtfertigungsanforderungen abgestuft sind, je nach dem, wie nah die jeweilige Grundentscheidung der mit der Auswahl des Steuergegenstandes getroffenen Belastungsentscheidung steht.

Auf diesem Gedanken beruht die Entscheidung des Bundesverfassungsgerichts zur Verfassungsmäßigkeit des steuerrechtlichen Verbots, gewinnmindernd Rückstellungen für künftig fällig werdende Zuwendungen anlässlich von Dienstjubiläen zu bilden (BVerfGE 123, 111 ff.). Dieses Rückstellungsverbot durchbrach den § 5 Abs. 1 Satz 1 EStG zu entnehmenden Grundsatz, dass für die Steuerbilanz die handelsrechtlichen Grundsätze ordnungsgemäßer Buchführung maßgeblich sind, nach denen wiederum – ausgehend vom handelsrechtlichen Prinzip einer vorsichtigen, das heißt den Gewinn konservativ erfassenden Bilanzierung – entsprechende Rückstellungen anzusetzen waren.[71] Deutlich einschränkend formuliert das Bundesverfas-

[69] BVerfGE 122, 210 (242) – Pendlerpauschale.
[70] Vgl. BVerfGE 122, 210 (242 ff.) – Pendlerpauschale.
[71] BVerfGE 123, 111 (122) – Jubiläumsrückstellung.

sungsgericht in diesem Zusammenhang, das „gleichheitsrechtliche Gebot der Folgerichtigkeit“ begrenze (nur) die Befugnis des Gesetzgebers, „die zentralen Fragen gerechter Belastungsverteilung“ weitgehend ungebunden zu entscheiden. Soweit aber „über die Ausgestaltung von Verteilungsentscheidungen hinaus“ überzeugende dogmatische Strukturen durch eine systematisch konsequente und praktikable Tatbestandsausgestaltung entwickelt werden müssten, bleibe dies der Gesetzgebung und der Fachgerichtsbarkeit überlassen. Es sei nicht Aufgabe des Bundesverfassungsgerichts, die „Richtigkeit“ von Lösungen komplexer dogmatischer Streitfragen zu kontrollieren und zu gewährleisten. Auf dieser Grundlage kommt der Zweite Senat zu dem Schluss, dass die im Verbot von Jubiläumsrückstellungen liegende Abweichung vom Grundsatz der Maßgeblichkeit der handelsrechtlichen Bilanzierungsregeln nicht an den verschärften Rechtfertigungsanforderungen des Folgerichtigkeitsgebots zu messen ist, sondern nur am Willkürverbot. Es handele sich nicht um eine „grundlegende Entscheidung des Gesetzgebers über eine steuergereche Belastungsverteilung“, sondern um eine im Ausgangspunkt auf Praktikabilitätserwägungen beruhende „technische“ Entscheidung, durch die eine gesonderte Rechnungslegung für die Zwecke der Besteuerung so weit wie möglich vermieden werden solle. Insbesondere könne das handelsrechtliche Vorsichtsprinzip nicht als grundlegende Lastenausteilungsregel aufgefasst werden, weil seine Zielsetzung (Gläubigerschutz durch konservative Gewinnermittlung) der Zielsetzung der Steuerbilanz (realistische Erfassung der Leistungsfähigkeit) nicht entspreche. Leistungsfähigkeits- und objektives Nettoprinzip seien ebenfalls nicht berührt, weil die Abzugsfähigkeit von Aufwendungen für Jubiläumszuwendungen durch das Rückstellungsverbot nicht grundsätzlich in Frage gestellt sei.[72] Damit erfährt das Folgerichtigkeitsdenken eine deutliche, indes tatbestandlich nicht sonderlich bestimmte Einschränkung.[73]

IV. Rechtfertigung von Durchbrechungen des Folgerichtigkeitsgebots: Erfordernis eines „besonderen sachlichen Grundes“

Durchbrechungen des Gebots einer folgerichtigen Konkretisierung der gesetzgeberischen Belastungsentscheidung sind nur zulässig, wenn ein „besonderer sachlicher Grund“ vorliegt. Darin liegt das eigentliche Charakteristikum des Folgerichtigkeitsgebots, dessen es nicht bedürfte, wenn mit ihm nicht besondere Rechtsfolgen verbunden wären. Es ist allerdings praktisch

[72] BVerfGE 123, 111 (122 ff.) – Jubiläumsrückstellung.

[73] Kritisch *Hey* (Fn. 9), S. 2565 ff.; *Englisch* (Fn. 18), S. 202 ff. Zustimmend dagegen *Werth*, in diesem Band, S. 94 ff.

unmöglich, die semantische Differenzierung von „hinreichend sachlichen Gründen“ im Anwendungsbereich des Willkürverbots und „besonderen sachlichen Gründen“ im Anwendungsbereich des Folgerichtigkeitsgebots in abstrakt-genereller Form weiter abzuschichten. Das Bundesverfassungsgericht arbeitet pragmatisch mit einem (prinzipiell nicht abgeschlossenen) Katalog. Als „besondere sachliche Gründe“ für Ausnahmen von einer folgerichtigen Umsetzung und Konkretisierung steuergesetzlicher Belastungsentscheidungen sind danach – positiv – „vor allem“ außergesetzliche Förderungs- und Lenkungszwecke sowie Typisierungs- und Vereinfachungserfordernisse anerkannt. Ausgeschlossen ist hingegen – negativ – die Berufung auf den rein fiskalischen Zweck staatlicher Einnahmenerhöhung.[74] Das ist eine Selbstverständlichkeit, denn der Gleichheitssatz liefe leer, wenn schon das jeder Steuer zugrundeliegende Motiv der Einnahmenerzielung genügen würde. Das Bundesverfassungsgericht kleidet dies in die Formulierung, dem Ziel der Einnahmenvermehrung diene jede, auch eine willkürliche steuerliche Mehrbelastung; für die verfassungsgerechte Verteilung von Mehrbelastungen enthalte der Einnahmenerzielungszweck daher „kein Richtmaß“.[75]

1. *Rechtfertigung von Durchbrechungen der Belastungsgleichheit durch Lenkungszwecke*

Der Gesetzgeber ist berechtigt, durch Steuernormen Verhaltensanreize zu setzen. Das Bundesverfassungsgericht umschreibt den zugrundeliegenden Mechanismus dahin, dass der Bürger dadurch nicht rechtsverbindlich zu einem bestimmten Verhalten verpflichtet werde, sondern durch Sonderbelastung eines unerwünschten Verhaltens oder durch steuerliche Verschonung eines erwünschten Verhaltens ein „finanzwirtschaftliches Motiv“ erhalte, sich

[74] BVerfGE 116, 164 (182 f.) – Tarifermäßigung für gewerbliche Einkünfte; BVerfGE 122, 210 (231 ff.) – Pendlerpauschale; BVerfGE 126, 268 (278) – Häusliches Arbeitszimmer II.

[75] BVerfGE 122, 210 (236 f.) – Pendlerpauschale; BVerfGE 126, 268 (281) – Häusliches Arbeitszimmer II. Mit anderer Formulierung, in der Sache aber gleich: BVerfGE 6, 55 (80) – Haushaltsbesteuerung; BVerfGE 82, 60 (89) – Existenzminimum; BVerfGE 116, 164 (182) – Tarifermäßigung für gewerbliche Einkünfte. Im Zusammenhang mit der Rückwirkungsproblematik ebenso BVerfGE 105, 17 (45) – Sozialpfandbrief; BVerfG, Beschluss vom 7. Juli 2010 – 2 BvL 14/02 u.a. –, NJW 2010, S. 3629 (3633) – Rückwirkung im Steuerrecht I. – Im Anwendungsbereich des Willkürverbots hat das Bundesverfassungsgericht dagegen Ausnahmen unter bestimmten Voraussetzungen nicht ausgeschlossen, vgl. – im Ergebnis aber offenlassend – BVerfGE 123, 111 (126) – Jubiläumsrückstellung; im Zusammenhang mit der Rückwirkungsproblematik auch BVerfGE 105, 17 (45) – Sozialpfandbrief; tendenziell anders BVerfGE 82, 60 (89) – Existenzminimum: (Auch) die „Dringlichkeit einer Haushaltssanierung“ komme als Rechtfertigung nicht in Betracht. Ausnahmen im Anwendungsbereich des Willkürverbots nachdrücklich ablehnend *Hey* (Fn. 9), S. 2567.

für ein bestimmtes Tun oder Unterlassen zu entscheiden.[76] Das bringt zwangsläufig Abweichungen vom Gleichmaß der Besteuerung mit sich, wofür der außerfiskalische Lenkungs- und Förderungszweck Rechtfertigung ist. Bei der Auswahl seiner Lenkungsziele ist der Gesetzgeber weitgehend frei.[77] Die Lenkungsnormen müssen allerdings ihrerseits gleichheitsgerecht sein und ein „Mindestmaß an zweckgerechter Ausgestaltung" aufweisen.[78] Eine weitere Einschränkung liegt darin, dass nur solche Lenkungszwecke rechtfertigend wirken können, die von einer „erkennbaren gesetzgeberischen Entscheidung" getragen werden.[79] Darin liegt eine – bemerkenswerte – Ausnahme zu dem Grundsatz, dass Gesetze von Verfassungs wegen keiner Begründung bedürfen.[80] Gründe für die Sonderbehandlung von Lenkungsnormen hat das Bundesverfassungsgericht allein im Vermögensteuerbeschluss genannt. Die Ausführungen dort lassen sich dahin verstehen, dass der Gesetzgeber zum bewussten Umgang mit dem Instrument steuerlicher Lenkung angehalten werden soll, weil dadurch zugleich die entsprechenden Sachkompetenzen berührt werden, was besonders dann Fragen aufwirft, wenn diese bei den Ländern liegen.[81] Ein anderer Grund mag darin liegen, dass bisweilen schwer

[76] BVerfGE 117, 1 (31 f.) – Erbschaftsteuer; BVerfGE 122, 210 (231 f.) – Pendlerpauschale. *P. Kirchhof* (Fn. 3), § 118 Rn. 166, spricht plastisch von einer „Wahlschuld".

[77] BVerfGE 110, 274 (293) – Ökosteuer; enger *Englisch* (Fn. 18), S. 206 f.: Erfordernis eines „hinreichenden Gemeinwohlbezugs".

[78] BVerfGE 105, 73 (113) – Rentenbesteuerung; BVerfGE 117, 1 (32 f.) – Erbschaftsteuer; BVerfGE 122, 210 (232) – Pendlerpauschale. Großzügig auch BVerfGE 110, 274 (293, 299 ff.) – Ökosteuer (nur Willkürverbot); BVerfGE 116, 164 (182) – Tarifermäßigung für gewerbliche Einkünfte („weiter Beurteilungs- und Gestaltungsspielraum").

[79] BVerfGE 93, 121 (147 f.) – Vermögensteuer; BVerfGE 99, 280 (296) – Aufwandsentschädigung Ost; BVerfGE 105, 73 (112 f.) – Rentenbesteuerung; BVerfGE 110, 274 (293, 296 f.) – Ökosteuer; BVerfGE 116, 164 (182) – Tarifermäßigung für gewerbliche Einkünfte; BVerfGE 117, 1 (32) – Erbschaftsteuer; BVerfGE 122, 210 (232) – Pendlerpauschale. Enger noch findet sich in der älteren Rechtsprechung das später nicht mehr aufgegriffene Erfordernis, der Lenkungszweck müsse „mit hinreichender Bestimmtheit tatbestandlich vorgezeichnet" sein, so BVerfGE 93, 121 (148) – Vermögensteuer; BVerfGE 99, 280 (296) – Aufwandsentschädigung Ost.

[80] Zum Grundsatz *Kischel*, Die Begründung, 2003, S. 260 ff. Begründungspflichten speziell im Zusammenhang mit steuerlichen Lenkungsnormen ablehnend *ders.* (Fn. 21), S. 186 ff. Vgl. auch *Wernsmann* (Fn. 4), S. 250 ff., der von einem „überraschenden ‚subjektiven Einschlag' in den Rechtfertigungsanforderungen" spricht (S. 241).

[81] BVerfGE 93, 121 (147) – Vermögensteuer: „Faktisch würden über die besondere Gesetzgebungskompetenz zur Besteuerung (Art. 105 GG) Verwaltungsziele geregelt [...] und unter Umständen Länderkompetenzen überspielt. Die tatsächlichen Lenkungswirkungen könnten auch Grundrechte berühren. Für die Steuerintervention muss der Gesetzgeber deshalb gesondert prüfen, ob er das Handlungsmittel der Besteuerung für außerfiskalische Zwecke einsetzen darf und will." Vgl. auch *Englisch* (Fn. 18), S. 208: Das Begründungserfordernis solle verhindern, dass eine missglückte Fiskalzwecknorm im Nachhinein als Lenkungsnorm ausgegeben werde, ohne dass der dazu berufene Gesetzgeber die Wünschbarkeit des denkbaren Lenkungsziels reflektiere und eine Bewertung von dessen Gewicht im Verhältnis zu Belangen der Belastungsgerechtigkeit vorgenommen habe.

feststellbar ist, ob beziehungsweise wie weit einer steuerlichen Norm Lenkungszwecke zugrunde liegen,[82] so dass es naheliegend ist, hierfür auf die Entscheidung „des Gesetzgebers" abzustellen.[83]

Außerhalb des Bereichs steuerlicher Lenkung bleibt es dabei, dass (Steuer-) Gesetze keiner Begründung bedürfen und das Bundesverfassungsgericht eigene Rechtfertigungserwägungen anstellen kann, die sich mit den im Gesetzgebungsverfahren präsentierten nicht decken müssen. Von diesem Ausgangspunkt hat das Bundesverfassungsgericht das Verbot der Bildung von Jubiläumsrückstellungen mit eigenständigen Erwägungen unterlegt und konnte daher offenlassen, ob die vom Gesetzgeber angeführten fiskalischen Gründe für sich betrachtet ausreichend tragfähig waren.[84]

2. *Befugnis des Gesetzgebers zur Typisierung*

Soweit das Bundesverfassungsgericht dem Gesetzgeber eine Kompetenz zur Typisierung und Pauschalierung zuerkennt, geht es nicht im eigentlichen Sinn – negativ – um die Rechtfertigung nicht folgerichtiger Ausgestaltungen des Belastungsgrundes, sondern – positiv – um die Zulässigkeit einer vergröbernden Umsetzung steuerlicher Belastungsentscheidungen in konkrete Einzeltatbestände. Unter „Pauschalierung" ist die Schematisierung rechnerischer Grundlagen zu verstehen.[85] Der Begriff der „Typisierung" bezieht sich hingegen auf die normative Ebene, das heißt das Gesetz bildet den zu erfassenden Sachverhalt nicht exakt ab, sondern sucht alle nach der Regelungsintention an sich einschlägigen Sachverhaltsgestaltungen durch Rekurs auf Merkmale zu erfassen, die diese typischerweise kennzeichnen. „Typisierung bedeutet", so das Bundesverfassungsgericht, „bestimmte in wesentlichen Elementen gleich geartete Lebenssachverhalte normativ zusammenzufassen". „Besonderheiten, die im Tatsächlichen bekannt sind, können generalisierend vernachlässigt werden. Der Gesetzgeber darf sich grundsätzlich am Regelfall orientieren und ist nicht gehalten, allen Besonderheiten jeweils durch Sonderregelungen Rechnung zu tragen."[86] Es handelt sich um eine besondere Form des Gleichheitsurteils, das – wie abstrakt-generelle Rechtsetzung im

[82] Grundsätzlich zum Problem *Wernsmann* (Fn. 4), S. 85 ff.

[83] Vgl. BVerfGE 99, 280 (297) – Aufwandsentschädigung Ost, wo eine Rechtfertigung der fraglichen Norm durch Lenkungszwecke mit der Begründung abgelehnt wird, dass „nicht erkennbar" sei, wie weit die Vereinfachungsbefreiung reiche und wo die Subvention beginne.

[84] BVerfGE 123, 111 (126) – Jubiläumsrückstellung.

[85] *Wernsmann* (Fn. 7), § 4 AO Rn. 452. Beispiel: Arbeitnehmerpauschbetrag (§ 9a Satz 1 Nr. 1 Buchstabe a EStG); zu dessen Verfassungsmäßigkeit BVerfGE 96, 1 (9 f.) – Weihnachtsfreibetrag.

[86] BVerfGE 96, 1 (6) – Weihnachtsfreibetrag; BVerfGE 122, 210 (232) – Pendlerpauschale.

Allgemeinen – ein abstrahierendes, am Wesentlichen orientiertes Denken voraussetzt, weil Sachverhalte tendenziell unendlich komplex und niemals in allen Punkten gleich sind. „Jede gesetzliche Regelung", betont das Bundesverfassungsgericht daher auch im Zusammenhang mit der gesetzgeberischen Typisierungskompetenz, „muss verallgemeinern".[87]

Im Fall der Typisierung wird die Grundstruktur des Gleichheitsurteils insoweit um eine zusätzliche Stufe ergänzt, als in seiner normativen Umsetzung auf eine trennscharfe Gleichsetzung des wesentlich Gleichen verzichtet und in Kauf genommen wird, dass in Randbereichen auch ihrem Gehalt nach ungleiche Fälle erfasst werden. Darin liegt eine Form der „überschießenden" Normierung, der allerdings nicht mit dem in derartigen Fällen häufig angewandten methodisch-argumentativen Kunstgriff einer teleologischen Reduktion begegnet werden kann, weil das Überschießende gesetzgeberisch als notwendige Nebenfolge des Vereinfachungszwecks bewusst in Kauf genommen wird. Aus diesem Grund bleibt auch für die Anwendung steuerverfahrensrechtlicher Billigkeitsnormen (§§ 163, 227 AO) – wenn überhaupt – nur schmaler Raum.[88] Der Rechtfertigungsbedarf ergibt sich aus der „Streuwirkung" einer typisierenden Regelung, soweit diese auch Sachverhalte erfasst, die bei einer trennscharfen normativen Abgrenzung nicht oder nicht in diesem Umfang erfasst wären. Insoweit bedarf es eines rechtfertigenden Grundes, der die Typisierungskompetenz des Gesetzgebers im konkreten Fall trägt. Mit dem Begriff der „Vereinfachung" ist zunächst nur ein Zustand beschrieben, der sich nicht aus sich selbst heraus rechtfertigt, sondern gleichheitsrechtlich nur Mittel zur Erreichung anderer, dahinter stehender Ziele ist. Vielfach wird das Bedürfnis nach einem praktikablen Vollzug im Hintergrund stehen.[89] Der entscheidende Grund liegt allerdings im Gleichheitssatz selbst, genauer im Gebot der Besteuerungsgleichheit, das – in den Worten des Bundesverfassungsgerichts – einen „allgemein verständ-

[87] Vgl. BVerfGE 96, 1 (6) – Weihnachtsfreibetrag; BVerfGE 99, 280 (290) – Aufwandsentschädigung Ost; BVerfGE 105, 73 (127) – Rentenbesteuerung; BVerfGE 116, 164 (182 f.) – Tarifermäßigung für gewerbliche Einkünfte; BVerfGE 122, 210 (232) – Pendlerpauschale; BVerfGE 126, 268 (278) – Häusliches Arbeitszimmer II; BVerfG, Beschluss vom 12. Oktober 2010 – 1 BvL 12/07 –, DStR 2010, S. 2393 (2398) – Betriebsausgabenabzugsverbot Pauschalierung.

[88] Vgl. BVerfGE 48, 102 (116); BVerfG, Beschluss der 3. Kammer des Zweiten Senats vom 13. Dezember 1994 – 2 BvR 89/91 –, NVwZ 1995, S. 989 (990).

[89] Vgl. BVerfGE 100, 195 (205) – Einheitswert; BVerfGE 103, 225 (235) – Pflegeversicherung II; *Lang* (Fn. 8), § 4 Rn. 132; *Wernsmann* (Fn. 7), § 4 AO Rn. 454. S. zuletzt auch BVerfG, Beschluss vom 12. Oktober 2010 – 1 BvL 12/07 –, DStR 2010, S. 2393 (2397) – Betriebsausgabenabzugsverbot Pauschalierung: „Entlastung des Rechsanwenders im Massenfallrecht" als „wesentliche Funktion der Typisierung". Häufig wird – Mittel und Zweck vereinheitlichend – von der „Befugnis des Gesetzgebers zur Vereinfachung und Typisierung" gesprochen; so etwa BVerfGE 122, 210 (232) – Pendlerpauschale.

lichen und unausweichlichen Belastungsgrund" fordert.[90] Dem können Typisierungen dienlich sein, weil ein stark ausdifferenziertes, einzelfallbezogenes Recht tendenziell mehr Möglichkeiten der Umgehung des Belastungsgrundes eröffnet und dadurch gut beratene Steuerpflichtige begünstigt.[91]

Typisierungen sind aber auch unabhängig vom Vereinfachungsgedanken dort zulässig, wo Sachbereiche betroffen sind, die sich normativ nicht anders als durch vergröbernde Beschreibung fassen lassen. So erkennt das Bundesverfassungsgericht dem Gesetzgeber im Bereich der gemischten Aufwendungen weite Typisierungsspielräume zu, innerhalb derer er die privaten Mitveranlassungsanteile berücksichtigen kann.[92] Da sich diese oft nicht exakt fassen lassen, geht es dabei nicht nur um Vereinfachung, sondern auch um Grenzen der Normierbarkeit. Die Erweiterung der gesetzgeberischen Möglichkeiten wird hier ebenfalls vom Ziel der Belastungsgleichheit getragen, die eher gewahrt ist, wenn der private Mitveranlassungsanteil typisierend berücksichtigt wird, als wenn er vollständig außer Ansatz bliebe, denn dadurch würden ganze Gruppen von Steuerpflichtigen gemessen am objektiven Nettoprinzip überschießend begünstigt, während im Übrigen nur eine gegebenenfalls überschießende Benachteiligung im einzelnen Fall im Raum steht. Wenn es um die tatbestandliche Erfassung und Ausklammerung „unerwünschter", weil bewusst aus steuerlichen Gründen herbeigeführter Verluste aus der Bemessungsgrundlage geht, ist der Gesetzgeber ebenfalls zu Typisierungen berechtigt. Die mangelnde Einkunftserzielungsabsicht, die zur steuerlichen Unbeachtlichkeit entsprechender Verluste führt,[93] ist nur aufgrund äußerer Umstände feststellbar, die der Gesetzgeber wiederum selbst zum Gegenstand eines gesetzlichen Tatbestandes machen kann, solange er den typischen Fall trifft.[94] Dass schließlich auch jenseits von Praktikabilität, Unausweichlichkeit

[90] BVerfGE 96, 1 (6 f.) – Weihnachtsfreibetrag; BVerfGE 101, 297 (309 f.) – Häusliches Arbeitszimmer I; s. auch BVerfGE 113, 167 (236) – Risikostrukturausgleich: Praktikabilität und Einfachheit als „notwendige Voraussetzungen eines gleichheitsgerechten Gesetzesvollzugs".

[91] Vgl. *Osterloh* (Fn. 9), Art. 3 Rn. 108; *Lang* (Fn. 8), § 4 Rn. 131 („Steuergerechtigkeit durch Steuervereinfachung"); *Wernsmann* (Fn. 7), § 4 AO Rn. 453.

[92] BVerfGE 122, 210 (239 f.) – Pendlerpauschale: „erhebliche Typisierungsspielräume"; BVerfGE 126, 268 (282) – Häusliches Arbeitszimmer II: „erheblicher Gestaltungsraum".

[93] Zur Einkunftserzielungsabsicht als Voraussetzung der Steuererheblichkeit s. nur BVerfGE 99, 88 (99) – Verlustabzug; *Lang* (Fn. 8), § 9 Rn. 125 ff.

[94] Vgl. BVerfGE 99, 88 (97 ff.) – Verlustabzug (im konkreten Fall allerdings verneinend); s. auch bereits BVerfGE 82, 60 (100 f., 102 f.) – Existenzminimum; zuletzt auch BVerfG, Beschluss vom 12. Oktober 2010 – 1 BvL 12/07 –, DStR 2010, S. 2393 (2397) – Betriebsausgabenabzugsverbot Pauschalierung: „Abwehr unerwünschter steuerlicher Gestaltungen" als „zur Rechtfertigung von Typisierungsregelungen grundsätzlich geeignetes Ziel". – Grundsätzliche Fragen zur Reichweite der Typisierungskompetenz in dieser Hinsicht waren durch die Vorlage des Bundesfinanzhofs zur Mindestbesteuerung nach dem Steuer-

und Normierbarkeit Typisierungsgründe denkbar sind, verdeutlicht der Fall der Aufwandspauschale für Abgeordente, deren Steuerfreiheit als eine Typisierung des Inhalts zu verstehen ist, dass vergröbernd davon ausgegangen wird, dass auch tatsächlich Aufwand für die Mandatsausübung in Höhe der Pauschale anfällt. Die damit verbundenen Steuervorteile, die entstehen, wenn der Aufwand tatsächlich geringer war, hat das Bundesverfassungsgericht mit einem Verweis auf die Freiheit des Mandats gebilligt, die zudem Abgrenzungsschwierigkeiten hinsichtlich der Veranlassung von Aufwand mit sich bringe, weil die Aufgaben eines Abgeordneten aufgrund der Besonderheiten des Abgeordnetenstatus nicht in abschließender Form bestimmt werden könnten.[95]

Eine Typisierung darf, soll sie vor dem Gleichheitssatz Bestand haben, nicht zu grob sein. Ihre steuerlichen Vorteile müssen, so eine vom Ersten Senat häufiger verwandte Formulierung, „im rechten Verhältnis" zu der mit ihr notwendig verbundenen Ungleichheit der steuerlichen Belastung (das heißt dem im überschießenden Bereich in Kauf genommenen Gleichheits-„verstoß") stehen.[96] Damit ist ein weites Spektrum an Wertungsmöglichkeiten eröffnet, wobei – entsprechend der freiheitsgrundrechtlichen Angemessenheitsprüfung – von einem Einschätzungsspielraum des Gesetzgebers auszugehen ist.[97] In der praktischen Verfassungsrechtsanwendung bleibt die Schwierigkeit, dass es für das Angemessenheitsurteil Informationen über das

entlastungsgesetz 1999/2000/2002 aufgeworfen, die zwar auf die Problematik der Normenklarheit gestützt war, aber auch diesen Fragenkreis betraf, vom Bundesverfassungsgericht jedoch für unzulässig befunden wurde: BVerfG, Beschluss vom 12. Oktober 2010 – 2 BvL 59/06 –, DStR 2010, S. 2290 ff. – Mindestbesteuerung. S. zuletzt auch BFH, Beschluss vom 26. August 2010 – I B 49/10 –, BFHE 230, 445 ff. = NJW 2011, S. 638 ff.: ernstliche verfassungsrechtliche Zweifel an der Mindestbesteuerung nach § 10d Abs. 2 EStG n.F. im Zusammenwirken mit § 8c KStG.

95 Vgl. BVerfG, Beschluss der 1. Kammer des Zweiten Senats vom 26. Juli 2010 – 2 BvR 2227/08 u.a. –, NVwZ 2010, S. 1429 f. – Abgeordnetenpauschale.

96 BVerfGE 21, 12 (27) – Allphasenumsatzsteuer; BVerfGE 110, 274 (292) – Ökosteuer; BVerfGE 117, 1 (31) – Erbschaftsteuer; BVerfGE 120, 1 (30) – Gewerbesteuerfreiheit; BVerfGE 125, 1 (37) – Körperschaftsteuerminderungspotential.

97 Für ein großzügiges Verständnis s. etwa BVerfGE 21, 12 (27 f.) – Allphasenumsatzsteuer („gewisse äußerste Grenzen"). Der Sache nach: BVerfGE 116, 164 (187 ff.) – Tarifermäßigung für gewerbliche Einkünfte; BVerfGE 120, 1 (51 ff.) – Gewerbesteuerfreiheit (zur „Abfärberegelung" des § 15 Abs. 3 Nr. 1 EStG); BVerfG, Beschluss vom 12. Oktober 2010 – 1 BvL 12/07 –, DStR 2010, S. 2393 (2397 ff.) – Betriebsausgabenabzugsverbot Pauschalierung. Andere, auf ein engeres Verständnis hindeutende Aussagen, etwa dass nur eine „verhältnismäßig kleine Anzahl von Personen" betroffen sein dürfe (BVerfGE 103, 310 [319] m.w.N.) oder dass Ungleichbehandlungen „nur in geringfügigen und besonders gelagerten Fällen" zulässig seien (etwa BVerfGE 82, 60 [102]), entsprechen nicht dem aktuellen Stand der Rechtsprechung und sind angesichts der mangelnden Quantifizierbarkeit auch nicht weiterführend; s. auch *Osterloh* (Fn. 9), Art. 3 Rn. 109 f. („zumindest missverständliche" Formeln).

Ausmaß der Vergröberungswirkung der zu beurteilenden Rechtsnorm bedarf, die nicht oder nur unter Schwierigkeiten zu beschaffen sind.[98] Ergiebiger ist es daher, auf prozedurale, sich aus der gedanklichen Struktur des Typisierungsvorgangs ergebende Anforderungen abzustellen, die der Umschreibung äußerer Grenzen einer Typisierung korrespondieren. In der Rechtsprechung beider Senate heißt es dazu, die gesetzlichen Verallgemeinerungen müssten „auf eine möglichst breite, alle betroffenen Gruppen und Regelungsgegenstände einschließende Bebachtung aufbauen". Insbesondere dürfe der Gesetzgeber für eine gesetzliche Typisierung „keinen atypischen Fall als Leitbild" wählen, sondern müsse „realitätsgerecht den typischen Fall als Maßstab zugrunde legen".[99] Der Gesetzgeber muss – mit anderen Worten – „systemgerecht", das heißt am Typisierungsziel orientiert vorgehen und dieses gleichheitsgerecht abbilden. Daran fehlte es beispielsweise bei der Neuregelung über die Beschränkung der Abzugsfähigkeit der Kosten für das häusliche Arbeitszimmer auf diejenigen Fälle, in denen dieses den „Mittelpunkt" der beruflichen Tätigkeit bildet. Damit werde – so der Zweite Senat – das Typisierungsziel, diejenigen Fälle zu erfassen, in denen das Arbeitszimmer tatsächlich beruflich genutzt werde, nicht gleichheitsgerecht umgesetzt. Unter diesem Gesichtspunkt müsse der Fall gleichstehen, dass das Arbeitszimmer, auch ohne Mittelpunkt der beruflichen Tätigkeit zu sein, der einzige zur Verfügung stehende Arbeitsplatz sei, denn dies indiziere erst recht, dass es sich um eine aus beruflichen Gründen erforderliche Einrichtung handele.[100] Dies verdeutlicht, dass der Gesetzgeber, wenn er sich für

[98] Vgl. etwa BVerfGE 125, 1 (38) – Körperschaftsteuerminderungspotential, wo aus dem Umfang der in der steuerrechtlichen Literatur geführten Diskussion gefolgert wird, dass es sich nicht um vernachlässigbare Einzelfälle handele; BVerfG, Beschluss vom 12. Oktober 2010 – 1 BvL 12/07 –, DStR 2010, S. 2393 (2399 f.) – Betriebsausgabenabzugsverbot Pauschalierung: eine typische Höhe von Beteiligungsaufwendungen lasse sich nicht feststellen (gleichwohl wurde deren Typisierung akzeptiert).

[99] „Gebot realitätsgerechter Tatbestandsgestaltung". Aus der Rechtsprechung des Ersten Senats: BVerfGE 110, 274 (292) – Ökosteuer; BVerfGE 117, 1 (31) – Erbschaftsteuer; BVerfGE 120, 1 (30) – Gewerbesteuerfreiheit; BVerfGE 125, 1 (37) – Körperschaftsteuerminderungspotential; BVerfG, Beschluss vom 12. Oktober 2010 – 1 BvL 12/07 –, DStR 2010, S. 2393 (2398, 2399 f.) – Betriebsausgabenabzugsverbot Pauschalierung. Aus der Rechtsprechung des Zweiten Senats: BVerfGE 116, 164 (182 f.) – Tarifermäßigung für gewerbliche Einkünfte; BVerfGE 122, 210 (232 f.) – Pendlerpauschale; BVerfGE 126, 268 (279) – Häusliches Arbeitszimmer II; s. auch bereits BVerfGE 105, 73 (126 f.) – Rentenbesteuerung; BVerfGE 107, 27 (51) – Doppelte Haushaltsführung.

[100] Vgl. BVerfGE 126, 268 (282 f.) – Häusliches Arbeitszimmer II. Als weiteres Beispiel BVerfGE 107, 27 (51 f.) – Doppelte Haushaltsführung: Der Zulassung eines Abzugs über zwei Jahre hinaus bei Beschäftigung an verschiedenen Orten muss der Fall einer über zwei Jahre hinausreichenden Folge von Abordnungen an denselben Beschäftigungsort gleichstehen, weil auch hier keine sinnvolle Umzugsplanung entwickelt werden könne bzw. dasselbe Maß an Flexibilität gefordert sei.

Ausnahmen entscheidet, den Ausnahmebereich seinerseits gleichheitsgerecht ausgestalten muss, wofür das selbst gewählte Regelungsziel maßgeblich ist. Auch wenn Begründungspflichten im engen Sinn nicht bestehen, ist die Gesetzesbegründung hier eine wichtige Stütze der verfassungsgerichtlichen Beurteilung. Eine gute Gesetzesbegründung, die die Normstrukturen offenlegt, kann den Eindruck durchaus untermauern, dass der Gesetzgeber den insoweit bestehenden verfassungsrechtlichen Rationalitätsanforderungen in hinreichendem Maß nachgekommen ist. Das verwundert nicht, denn Rationalität ist nicht allein vom Ergebnis her zu denken, sondern – vor allem und zuerst – eine Anforderung an den vorangehenden Prozess der Ergebnisfindung.

V. Nachsatz: Folgerichtigkeit als Kriterium von Rationalität

Das Folgerichtigkeitsgebot steht, wenn es im hier dargelegten Sinn verstanden und angewandt wird, mit der Struktur des Gleichheitssatzes im Einklang. Auf einer abstrakteren Ebene ist das Prinzip, sich nicht selbst zu seinen eigenen Prämissen in Widerspruch zu setzen, außerdem Kriterium von Rationalität, die ein strukturiertes, nicht ein beliebiges Vorgehen kennzeichnet.[101] Rationalität ist als solche allerdings genauso wenig Verfassungsgebot wie der Begriff der „Folgerichtigkeit" als solcher subsumtionsfähig ist.[102] Klammert man sich an seiner Sprachlichkeit fest, trägt er die Tendenz zu Weiterungen in sich, die über dasjenige, was das Grundgesetz gebietet, weit hinausgehen.[103] Rationalität und Folgerichtigkeit sind nur geboten, soweit dies einzelne Verfassungsrechtssätze verlangen.[104] Hierzu gehört neben dem Verhältnismäßigkeitsgebot auch der allgemeine Gleichheitssatz, als dessen Ausprägung das Folgerichtigkeitsgebot zu begreifen und zu interpretieren ist. Es strukturiert die Gleichheitsprüfung, indem es auf der Suche nach Vergleichs-

[101] *Moes* (Fn. 8), S. 127: Folgerichtigkeit als „Metaprinzip für jeden rationalen Diskurs" bzw. „Gebot intellektueller Redlichkeit".

[102] Dies zeigt BVerfG, Beschluss vom 12. Oktober 2010 – 1 BvL 12/07 –, DStR 2010, S. 2393 (2397) – Betriebsausgabenabzugsverbot Pauschalierung –, wo (in für die Rechtsprechung des Bundesverfassungsgerichts nicht repräsentativer Weise) der im konkreten Fall zu beurteilende Regelungszusammenhang der §§ 8b KStG, 3c EStG zwar im Kontext des Gleichheitssatzes, dort aber isoliert auf „Folgerichtigkeit" geprüft wird. Mangels greifbaren Maßstabs endet dies mit der wenig überzeugenden Feststellung, dieser sei in seiner Grundkonzeption „durchaus folgerichtig".

[103] Entsprechende Kritik am Begriff der „Systemwidrigkeit" etwa bei *Peine* (Fn. 21), S. 102 ff.: „Schlagwort, hinter dem der Einzelne beliebige Inhalte verstecken kann".

[104] Vgl. auch *Dann* (Fn. 21), S. 644: „Maßstab der verfassungsgerichtlichen Kontrolle kann allein das Grundgesetz und nicht ein wie auch immer gearteter Begriff von Rationalität sein."

gegenstand und Vergleichsmaßstab nach der vom Gesetzgeber selbst gebildeten Wertungskette fragt. Mit ihm wird ein Bereich abgesteckt, in dem eine Ungleichbehandlung besonderer Rechtfertigung bedarf, weil sie erhöhtes Gewicht hat, wenn es um die Abweichung von Belastungsgrundentscheidungen und diese ausformende Folgeentscheidungen geht. Der Begriff der „Folgerichtigkeit" mag dazu dienen, dies sprachlich zu bezeichnen. Verselbständigen sollte er sich nicht.

Der allgemeine Gleichheitssatz im Sozialrecht am Beispiel der gesetzlichen Krankenversicherung der Rentner

Claudia Bittner

Leitentscheidungen des Bundesverfassungsgerichts (Senat)

BVerfGE 13, 21 – Beitragspflicht abgewiesener Rentenbewerber
BVerfGE 44, 70 – Einführung einer gesetzlichen Pflichtversicherung
BVerfGE 51, 257 – Ausschluss der Nebenerwerbslandwirte
BVerfGE 58, 68 – Beihilfegewährung
BVerfGE 69, 272 – beitragsfreie Krankenversicherung
BVerfGE 72, 84 – Zugang zur Krankenversicherung der Rentner
BVerfGE 79, 223 – Berücksichtigung von Versorgungsbezügen
BVerfGE 102, 68 – Gesundheitsstrukturgesetz
BVerfGE 113, 167 – Risikostrukturausgleich

Wichtige Kammerentscheidungen

BVerfG, Beschluss der 2. Kammer des Ersten Senats vom 3. Februar 1993 – 1 BvR 1920/92 –, SozR 3-2500 § 240 Nr. 11 – freiwillig versicherte Rentner
BVerfG, Beschluss der 1. Kammer des Ersten Senats vom 20. August 2001 – 1 BvR 487/99 –, FamRZ 2002, 311 – schuldrechtlicher Versorgungsausgleich
BVerfG, BVerfGK 2, 330 – Beamten-Hinterbliebene
BVerfG, Beschluss der 2. Kammer des Ersten Senats vom 28. Februar 2008 – 1 BvR 2137/06 –, NZS 2009, 91 – Betriebsrenten
BVerfG, Beschluss der 2. Kammer des Ersten Senats vom 7. April 2008 – 1 BvR 1924/07 –, SGb 2009, 223 – Kapitalzahlung aus Betriebsrente
BVerfG, Beschluss der 3. Kammer des Ersten Senats vom 28. September 2010 – 1 BvR 1660/08 –, juris – Lebensversicherung

Schrifttum

Becker, Joachim, Transfergerechtigkeit und Verfassung, 2001; *ders.*, Anm. zu BVerfG, Beschluss vom 15. März 2000 – 1 BvL 16/96 u.a –, JZ 2001, S. 142; *Becker, Ulrich*, Verfassungsrechtliche Vorgaben für die Krankenversicherung der Rentner – zur Bedeutung des Gleichheitssatzes bei der Bemessung von Sozialversicherungsbeiträgen, NZS 2001, 281; *Butzer, Hermann*, Fremdlasten in der Sozialversicherung, 2001; *Hase, Friedhelm*, Versicherungsprinzip und sozialer Ausgleich, 2000; *Isensee, Josef*, Umverteilung durch Sozialversicherungsbeiträge, 1973; *Jaeger, Renate*, Die Reformen in der gesetzlichen Sozialversicherung im Spiegel der Rechtsprechung des Bundesverfassungsgerichts, NZS 2003, 225;

Kirchhof, Ferdinand, Das Solidarprinzip im Sozialversicherungsbeitrag, in: SDSRV Band 35, 65; *ders.*, Finanzierungsinstrumente des Sozialstaats, in: Mellinghoff (Hrsg.), Steuern im Sozialstaat, 2006, S. 39 ff.; *Peters, Karl*, Die Krankenversicherung der Rentner nach der Entscheidung des Bundesverfassungsgerichts, NZS 2002, 393; *Rolfs, Christian*, Das Versicherungsprinzip im Sozialversicherungsrecht (2000); *ders.*, Neuregelungsbedarf in der Krankenversicherung der Rentner, SGb 2000, 449

Inhalt

I. Einführung

Die gesetzliche Krankenversicherung (GKV) steht bereits seit langem unter erheblichem Kostendruck. Der Gesetzgeber hat sich über Jahrzehnte auf vielfältige Weise bemüht, sowohl auf der Einnahmen- als auch auf der Ausgabenseite auf Gefährdungen des Systems zu reagieren. Vertrauensschutz in den Fortbestand bestehender Regelungen gibt es nur sehr eingeschränkt[1]. Es handelt sich um ein hochkomplexes, historisch gewachsenes System mit vielen Akteuren (Mitglieder, Versicherte[2], Krankenkassen, Leistungserbringer

[1] Vgl. etwa BVerfG, Beschluss der 2. Kammer des Ersten Senats vom 28. Februar 2008 – 1 BvR 2137/06 –, juris, Rn. 42 ff.; BVerfG Beschluss vom 7. April 2008 – 1 BvR 1924/07 –, juris, Rn. 36.

[2] Die Gruppe der Versicherten umfasst auch die keine Beiträge zahlenden Familienversicherten.

und ihre Verbände, Beitrags- und Steuerzahler[3]), in dem jeder nachjustierende Eingriff des Gesetzgebers Fragen der Verteilungs- bzw. der Belastungsgerechtigkeit aufwirft.

Die folgende Betrachtung zum allgemeinen Gleichheitssatz greift aus dem System der GKV die Gruppe der pflichtversicherten Rentner heraus. Die Krankenversicherung der Rentner (KVdR) ist erst seit siebzig Jahren im System der sozialen Sicherung verankert. Ursprünglich sah die Sozialversicherung eine KVdR nicht vor. Der Schutz des erkrankten Rentners, der nicht selbst für sich sorgen konnte, fiel in den Bereich der öffentlichen Fürsorge. 1941 wurde die Krankenversicherungspflicht auf alle Invaliden- und Angestelltenrentner erstreckt. Seither ist der Schutz des Rentners gegen das Risiko der Krankheit Gegenstand sozialversicherungsrechtlicher Regelungen[4]. Das Gesetz über die KVdR vom 12. Juni 1956 machte die KVdR erstmals zur eigenen Aufgabe der Krankenkassen. Die für den Rentner unentgeltliche KVdR wurde von einer Vorversicherungszeit bei einem Träger der GKV abhängig gemacht (mindestens 52 Wochen während der letzten fünf Jahre vor der Rentenantragstellung)[5]. Danach waren nicht mehr sämtliche Rentenberechtigte pflichtversichert. Dadurch sollte verhindert werden, dass der Versicherte durch eine nur kurzfristige Beschäftigung die Vergünstigung einer für ihn beitragsfreien Krankenversicherung während des Rentenbezuges erkaufen konnte[6]. Das Recht des Rentners auf „Zahlung von Beiträgen für die KVdR" wurde als Regelleistung der Rentenversicherungsträger ausgestaltet[7].

Die KVdR ist in der Folgezeit in den Zugangsvoraussetzungen[8], der Tragung und der Bemessung der Beiträge sowie der Beitragssatzhöhe vielfach verändert worden. Die Rechtsentwicklung zeigt eine immer weiter fortschreitende Beteiligung der Rentner an der Finanzierung ihrer Krankenversicherung[9]. Der Zugang zur gemessen am Krankheitsrisiko im Alter immer noch günstigen KVdR wurde beschränkt. Auffallend ist, dass das Bundesver-

[3] Der Steuerzuschuss des Bundes an den Gesundheitsfonds als Finanzierungsvehikel der GKV betrug in 2010 15,7 Mrd. €, vgl. www.bundesregierung.de, Stand 23.9.2010. Versteckter erfolgt die Steuerfinanzierung des Systems über die Beitragsfinanzierung aus Steuermitteln etwa für Bezieher von Arbeitslosengeld II und Wehr- und Zivildienstleistende (§ 251 Abs. 4 SGB V).

[4] Vgl. BVerfGE 13, 21, (21 f.); BVerfGE 69, 272 (274).

[5] § 165 Abs. 1 RVO. Vgl. hierzu BVerfGE 69, 272 (274 f.).

[6] Vgl. BVerfGE 13, 21 (22 f.).

[7] Vgl. BVerfGE 69, 272 (275).

[8] Vgl. § 5 Abs. 1 Nr. 11 SGB V.

[9] Sie führte von einer für den Rentner beitragslosen Versicherung zu einer Versicherung, die ihn aus der Rente wirtschaftlich betrachtet mit dem halben allgemeinen Beitragssatz plus 0,9 % und aus sonstigen Versorgungsbezügen mit dem vollen Beitragssatz belastet, §§ 241, 247, 248, 249a SGB V.

fassungsgericht nahezu sämtliche Veränderungen und damit auch grundlegende Umgestaltungen der KVdR unter dem Blickwinkel von Art. 3 Abs. 1 GG unbeanstandet gelassen hat[10]. Der Gestaltungsspielraum des Gesetzgebers ist also weit[11]. Im Folgenden sollen die tragenden Überlegungen des Bundesverfassungsgerichts zur KVdR unter dem Gleichheitssatz herausgearbeitet und kritisch gewürdigt werden.

II. Abgrenzung der Solidargemeinschaft

Die GKV ist im Kern eine Pflichtversicherung. Man kann sich grundsätzlich[12] nicht aussuchen, ob man zur Solidargemeinschaft gehört oder nicht. Die Einführung einer Pflichtversicherung der Rentner rief zunächst keine Kläger und damit auch keine Richter auf den Plan. Denn sie war für die Rentner anfänglich beitragsfrei[13]. Grundlegende Aussagen zur Einführung einer Pflichtversicherung muss man daher zunächst an anderer Stelle suchen.

Die GKV dient der Absicherung der als sozial schutzbedürftig angesehenen Versicherten vor den finanziellen Risiken einer Erkrankung. Hierzu kann der Gesetzgeber den Kreis der Pflichtversicherten so abgrenzen, wie es für die Begründung und den Erhalt einer leistungsfähigen Solidargemeinschaft erforderlich ist[14]. Das Bundesverfassungsgericht hat die Gestaltungsfreiheit des Gesetzgebers bei der zulässigen Einführung einer gesetzlichen Pflichtversicherung[15] etwa bei der Einführung einer Pflichtversicherung für alle Unternehmer der Land- und Forstwirtschaft durch das Gesetz über die Krankenversicherung der Landwirte zum 1. Oktober 1972 (KVLG)[16] betont. Gerade bei der Ausgestaltung und Abgrenzung von Regelungen, bei denen es sich um begünstigende Ausnahmen von einer verfassungsrechtlich unbedenklichen Inanspruchnahme einer gesetzlichen Pflichtversicherung handele, sei dem Gesetzgeber ein besonders weiter Spielraum zuzubilligen. Insoweit seien ihm lediglich willkürliche Diskriminierungen und Privilegierungen verboten. Es sei mit Art. 3 Abs. 1 GG vereinbar, dass zuvor freiwillig in der GKV versicherte

[10] Die Ausnahme bildet die Erschwerung des Zugangs zur KVdR durch das Gesundheitsstrukturgesetz vom 21. Dezember 1992, vgl. BVerfGE 102, 68, dazu unten unter II. und unter V.4.

[11] Ausdrücklich etwa BVerfG Beschluss der 2. Kammer des Ersten Senats vom 28. Februar 2008 – 1 BvR 2137/06 –, juris, Rn. 30 unter Hinweis auf BVerfGE 113, 167 (218 f.).

[12] Ausnahme: Befreiung nach § 8 SGB V und freiwillige Versicherung nach § 9 SGB V.

[13] Vgl. BVerfGE 13, 21.

[14] Vgl. BVerfGE 113, 167 (220).

[15] Kritisch zu den Voraussetzungen und Schranken der Begründung einer Pflichtmitgliedschaft, insbesondere auch unter dem Gesichtspunkt sozialer Schutzbedürftigkeit, *Butzer*, Fremdlasten in der Sozialversicherung, S. 323 ff.

[16] BVerfGE 44, 70.

Personen oder als Nebenerwerbslandwirte tätige Beamte im Gegensatz zu privat Versicherten nun Pflichtmitglieder der Krankenversicherung der Landwirte ohne Befreiungsmöglichkeit wurden[17]. Die Rücksichtnahme auf die Situation privater Versicherungsträger sei ein hinreichend sachlicher Grund zur Beschränkung der Befreiungsmöglichkeit auf privat Versicherte[18].

Die Einführung einer Pflichtversicherung für Landwirte verdrängte auch als Nebenerwerbslandwirt tätige Rentner aus der für sie beitragsfreien KVdR. Das Bundesverfassungsgericht hat auch diese neue Demarkation der Solidargemeinschaften gebilligt[19]. Ein Nebenerwerbslandwirt, dem nach Einführung der Krankenversicherung der Landwirte eine Knappschaftsrente zuerkannt worden war[20], durfte unter Verdrängung der für ihn beitragsfreien Rentnerkrankenversicherung mit Beiträgen zur Krankenversicherung der Landwirte belastet werden. Der Vorrang der auch für Nebenerwerbslandwirte eingeführten Krankenversicherung der Landwirte vor der (noch) beitragsfreien KvdR sei mit dem Grundgesetz vereinbar. Personen in der Doppelrolle des Rentners und Landwirts mussten danach also wie Nur-Landwirte Beiträge zur Krankenversicherung der Landwirte zahlen, ohne dass ihnen von dem Rentenversicherungsträger (im konkreten Fall der Bundesknappschaft) ein Beitragszuschuss zu gewähren war. Der Gesetzgeber habe den Mitgliederkreis der berufsständischen Pflichtversicherung für Landwirte sachgerecht abgegrenzt. Grundsätzlich führten die Regelungen des Gesetzes über die Krankenversicherung der Landwirte nicht zur Entziehung der Leistungen aus der beitragsfreien KVdR. Der Anspruch bleibe auch für Landwirte erhalten und lebe auf, sobald der Rentner nicht mehr als aktiver Landwirt krankenversichert sei. Die Krankenversicherung des landwirtschaftlichen Unternehmers mit Anspruch auf die Gestellung einer Betriebshilfe und Haushaltshilfe im Krankheitsfall ersetze für den noch nicht endgültig aus dem Erwerbsleben ausgeschiedenen Rentner den schwächeren Schutz der Rentnerkrankenversicherung, die weder Krankengeld noch sonstige Leistungen zum Ausgleich krankheitsbedingter Erwerbseinbußen kenne. Die Verpflichtung in die neue Solidargemeinschaft der Krankenversicherung der Landwirte und die hieraus erwachsende Beitragsbelastung wird also mit deren

[17] BVerfGE 44, 70, 90 f. m.w.N.

[18] Bestätigt wurde diese Rechtsprechung in einem Beschluss der 2. Kammer des Ersten Senats vom 12. Mai 1986 – 1 BvR 1188/85 –, SozR 2600 § 239 RKG Nr. 2. zur Verfassungsmäßigkeit des Fehlens einer Befreiungsmöglichkeit von der knappschaftlichen KVdR für Personen, die sich als Arbeitnehmer in der knappschaftlichen Versicherung freiwillig weiterversichert hatten, während privat bei einem Krankenversicherungsunternehmen Versicherten eine Befreiungsmöglichkeit eingeräumt wurde.

[19] Vgl. BVerfGE 51, 257.

[20] Landwirte, die schon im Zeitpunkt des Inkrafttretens des Gesetzes über die Krankenversicherungspflicht der Landwirte Rentner waren, erhielten jedoch zum Ausgleich einen Beitragszuschuss nach § 95 Satz 1 KVLG.

höherem Schutzniveau gerechtfertigt. Festzuhalten ist, dass ein Zusammenhang zwischen der Abgrenzung der Solidargemeinschaft und dem Verhältnis von Beitrag und Leistung besteht.

Die einzige Entscheidung, die eine Gesetzesänderung in der KVdR unter dem Gesichtspunkt von Art. 3 Abs. 1 GG beanstandet hat und die deshalb besondere Beachtung verdient, ist ein Beschluss, der die Beschränkung des Zugangs zur KVdR betraf[21]. Der Gesetzgeber hatte in § 5 Abs. 1 Nr. 11 Halbsatz 1 SGB V den Zugang zur Pflichtversicherung der Rentner, also zur Solidargemeinschaft, durch das Erfordernis der 9/10 Belegung der zweiten Hälfte des Zeitraums seit Beginn ihrer Erwerbstätigkeit durch eine Pflichtversicherung erschwert. Infolgedessen blieb der Gruppe von Rentnern, die im maßgeblichen Zeitraum mehr als 1/10 der Zeit (in den konkreten Fällen zwei bis zweieinhalb Jahre[22]) freiwillig in der GKV versichert waren, nur die Wahl zwischen der gegenüber der KVdR teureren freiwilligen Versicherung in der GKV oder einem im Rentenalter unattraktiven oder gar unmöglichen Wechsel in die private Krankenversicherung. Damit stellte sich die Frage, ob der Reformgesetzgeber den Kreis der schutzbedürftigen Pflichtversicherten so abgegrenzt hatte, wie es für die Begründung und den Erhalt einer leistungsfähigen Solidargemeinschaft erforderlich ist, oder ob er sein Gestaltungsermessen überschritten hatte.

Das Bundesverfassungsgericht monierte zu Recht die Neuabgrenzung der Solidargemeinschaft der Pflichtversicherten und hielt die Regelung für mit Art. 3 Abs. 1 GG unvereinbar. Der Gesetzgeber habe an die von ihm gewählte Typik nicht angeknüpft, soweit er Arbeitnehmern im Rentenalter den Zugang zur KVdR bereits dann verwehre, wenn das Mitglied der GKV in der zweiten Hälfte des Erwerbslebens wenig mehr als ein Zehntel nicht pflichtversichert gewesen sei. Dies habe zur Folge, dass auch solche Mitglieder der GKV von der Pflichtversicherung der Rentner ausgeschlossen seien, die während des gesamten Versicherungslebens und auch in dessen zweiter Hälfte ganz überwiegend pflichtversichert gewesen seien und nur über einen verhältnismäßig kurzen Zeitraum wegen Überschreitung der Jahresarbeitsverdienstgrenze die Voraussetzungen für die Pflichtmitgliedschaft nicht mehr erfüllt hätten. Damit werde ein Kriterium eingeführt, das weder einem typisierten Schutzbedürfnis entspreche noch einen Zusammenhang mit der Beteiligung an der Solidargemeinschaft herstelle. Benachteiligt würden im Rentenalter die abhängig Beschäftigten, die während ihres Erwerbslebens überwiegend als Pflichtversicherte durch regelmäßig hohe Beiträge in der GKV und ergänzend durch Beiträge zur Rentenversicherung zur Finanzierung des Aufwands der KVdR beigetragen hätten. Diese Benachteiligung sei jedenfalls so lange mit Art. 3 Abs. 1 GG unvereinbar, wie die Beitragsbe-

[21] BVerfGE 102, 68.
[22] BVerfGE 102, 68 (91 f.).

lastung der pflicht- und der freiwillig versicherten Rentner erheblich differierten[23]. Auf diese Entscheidung ist in anderem Zusammenhang zurückzukommen[24].

III. Tragende Prinzipien

Die GKV wird von zwei einander widerstreitenden Prinzipien getragen. Die Äquivalenz von Beitrag und Leistung[25] ist das eine, der Solidarausgleich das andere tragende Prinzip der GKV[26]. Während das Äquivalenzprinzip ein Ausdruck des allgemeinen Gleichheitssatzes ist, wird das Solidarprinzip vom Bundesverfassungsgericht nicht aus Verfassungsrecht abgeleitet, sondern im historisch gewachsenen Sozialversicherungssystem vorgefunden[27]. Das Prinzip sozialen Ausgleichs ist der soziale Antipode des versicherungstechnischen Äquivalenzprinzips[28]. Die Rechtsprechung des Bundesverfassungsgerichts zur KVdR zeigt eine immer wieder neue Gewichtung dieser beiden gegenläufigen Prinzipien und kann als ein Paradebeispiel der judikativen Bewältigung von Prinzipienkollisionen gelesen werden[29].

1. Äquivalenz von Beitrag und Leistung

Wenn das Bundesverfassungsgericht von dem äquivalenten Verhältnis von Beitrag und Leistung in der GKV spricht[30], kann, da der Eintritt des Versicherungsfalls ungewiss ist, nur die Äquivalenz von Beitrag und Versiche-

[23] BVerfGE 102, 68 (91 f.).

[24] Unten unter V.4.

[25] Andere synonym gebrauchte Begriffe: versicherungsrechtliches Äquivalenzprinzip, Beitragsäquivalenz, Versicherungsprinzip, Beitragsprinzip, vgl. etwa BVerfG 79, 87 (101).

[26] Diese Prinzipien tragen mit unterschiedlicher Gewichtung auch die anderen Zweige der Sozialversicherung. Näher *Rolfs*, Das Versicherungsprinzip im Sozialversicherungsrecht, S. 264 ff.

[27] Vgl. auch *Kirchhof*, SDSRV Bd. 35, S. 66: „Das Phänomen eines Solidarprinzips im Sozialversicherungsrecht ist unübersehbar. Niemand zweifelt, dass es existiert." Kritisch *Becker*, Transfergerechtigkeit und Verfassung, S. 185, der dem Solidarprinzip nur dann rechtfertigende Wirkung vor Art. 3 Abs. 1 GG zubilligen will, wenn es verfassungsrechtlich abgesichert würde.

[28] So *Hase*, Versicherungsprinzip und sozialer Ausgleich, S. 72.

[29] Zur Prinzipienkollision auf der Grundlage der Dworkin'schen Rechtstheorie, *Bittner*, Recht als interpretative Praxis, S. 128 ff.; a.A. *Isensee*, Umverteilung durch Sozialversicherungsbeiträge, S. 34, der die wesentliche normative Wirkung eines Rechtsprinzips darin sieht, dass es die Ausrichtung an einem Gegenprinzip untersagt.

[30] Besonders klare Formulierungen dieses Prinzips in BVerfGE 79, 87 (101); BVerfGE 90, 226 (240). Allgemein zur Sozialversicherung *Hase*, Versicherungsprinzip und sozialer Ausgleich, S. 90 ff.

rungsschutz[31], wie er über den gesetzlichen Leistungskatalog der GKV definiert wird, gemeint sein, und zwar unabhängig von der Wahrscheinlichkeit des Eintritts des Versicherungsfalls. Denn anders als in der privaten Krankenversicherung[32] finden in der GKV keine Gesundheitsprüfung und keine individuelle Risikoberechnung statt. In seinem Beschluss vom 18. Juli 2005 zur Verfassungsmäßigkeit der Regelungen des Risikostrukturausgleichs in der GKV hat das Bundesverfassungsgericht festgestellt, dass es nach seiner ständigen Rechtsprechung ein legitimes Konzept des zur sozialpolitischen Gestaltung berufenen Gesetzgebers sei, die Gesundheitsversorgung der Bevölkerung als ein besonders wichtiges Gemeinschaftsgut durch Errichtung eines sozialen Krankenversicherungssystems sicherzustellen und die hierfür erforderlichen finanziellen Mittel auf der Grundlage einer Pflichtversicherung von den Versicherten durch Erhebung von auf sozialen Ausgleich angelegten, einkommensbezogenen und damit nicht risikoäquivalenten Beiträgen selbst aufbringen zu lassen[33].

Dass der Beitrag unabhängig vom individuellen Krankheitsrisiko des Versicherten erhoben wird, ist Strukturmerkmal der GKV. Die Bestimmung des Beitrags beruht nicht auf einer versicherungsmathematisch ermittelten individualadäquaten Berechnung[34]. D.h. wie schon gesehen aber nicht, dass das Verhältnis von Beitrag und Leistung, also auch des versicherten Risikos (z.B. Lohnausfall), rechtlich keine Rolle spielt. Der Gesetzgeber legt in den Grenzen aus den Grundrechten, insbesondere Art. 14 GG[35] und Art. 3 Abs. 1 GG, dieses Verhältnis immer wieder neu fest[36]. Der Kern des Äquivalenzprinzips in der GKV ist die Rechtfertigungsbedürftigkeit der jeweiligen

[31] *Kirchhof*, SDSRV Bd. 35, S. 72: „Schutzrecht".

[32] Dort gilt das Prinzip der Risikoäquivalenz. Eine systemfremde Ausnahme bildet der Basistarif nach § 193 Abs. 5 Satz 1 VVG, § 12 Abs. 1b S. 1 VAG.

[33] BVerfGE 113, 167 (218 f., 229) unter Verweis auf BVerfGE 44, 70 (89); 103, 172 (184 f.); 103, 197 (221).

[34] Auch eine auf das gesamte System bezogene globaladäquate Ermittlung des Beitragsbedarfs findet nicht statt, stattdessen gleichen erhebliche Steuerzuschüsse Defizite aus. Vgl. zur fehlenden Globaladäquanz in der Sozialversicherung *Hase*, Versicherungsprinzip und sozialer Ausgleich, S. 81 ff.

[35] Art. 14 Abs. 1 GG ist allerdings erst berührt, wenn die Beitragsbelastung erdrosselnde Wirkung hat (BVerfGE 78, 232 (243); 95, 267 (300); st. Rspr.). Vgl. zu Art. 14 GG auch BVerfGE 69, 272, (304): Die rentenversicherungsrechtliche Position des Versicherten, nach welcher der Rentenversicherungsträger Beiträge oder Zuschüsse für die KVdR zu zahlen hat, ist Gegenstand der Eigentumsgarantie, nicht dagegen eine krankenversicherungsrechtliche Position, die eine Aussicht auf beitragslosen Krankenversicherungsschutz im Rentenfall eröffnete; vgl. auch BVerfG, Beschluss der 2. Kammer des Ersten Senats vom 7. Oktober 2008 – 1 BvR 2995/06, 1 BvR 740/07 –, juris, zur Streichung der Beteiligung des Rentenversicherungsträgers an den Pflegeversicherungsaufwendungen der Rentner.

[36] Vgl. zuletzt die Erhöhung des allgemeinen Beitragssatzes auf 15,5 %, vgl. § 421 SGB V i.V.m. mit der jeweils geltenden Rechtsverordnung.

Beitragsbelastung im Hinblick auf den Umfang des Versicherungsschutzes vor dem allgemeinen Gleichheitssatz. Die Äquivalenz von Beitrag und Leistung ist berührt, wenn eine Person für ihren Beitrag gar keine Ansprüche oder eine Person ohne Beitragsleistung Ansprüche im Krankheitsfall eingeräumt bekommt[37], oder aber wenn zwei Personen gleiche Leistungsansprüche im Krankheitsfall eingeräumt bekommen, dafür aber unterschiedlich hohe Beiträge zahlen müssen, oder gleich hohe Beiträge zahlen und unterschiedlich hohe Schutzrechte hierfür erhalten[38]. Art. 3 Abs. 1 GG markiert die Grenze, ab der das Verhältnis von Beitrag und Leistung im Vergleich zu anderen Versicherten nicht mehr stimmt. Der Gesetzgeber kann dieses Verhältnis nicht nach Belieben festlegen. In Grenzen allerdings kann Ungleichheit gerechtfertigt werden durch das Solidarprinzip. Dementsprechend sieht das Bundesverfassungsgericht die versicherungsrechtliche Äquivalenz von Beitrag und Leistung in einem Konfliktverhältnis mit dem Prinzip des Solidarausgleichs. In seiner Entscheidung zur Erhöhung des Beitragssatzes auf Versorgungsbezüge hat das Bundesverfassungsgericht festgestellt, der Grundsatz der Äquivalenz von Beitrag und Leistung werde nicht verletzt, da den Rentnern mit der Beitragserhebung nach dem allgemeinen Beitragssatz keine systemwidrige Sonderlast auferlegt werde[39]. Die Äquivalenz von Beitrag und Leistung gehört danach in den Schutzbereich von Art. 3 Abs. 1 GG.

An anderer Stelle dagegen klingt es auf den ersten Blick so, als bestreite das Bundesverfassungsgericht die Geltung des Äquivalenzprinzips im System der GKV. In seinem Beschluss zu ungleichen Krankenkassenbeiträgen in verschiedenen Krankenkassen, die nach dem seinerzeit eröffneten Wettbewerb zwischen Krankenkassen auftraten, hat das Bundesverfassungsgericht ausgeführt, wegen der „fehlenden Äquivalenz zwischen Beitrag und Leistung im Rahmen der gesetzlichen Krankenversicherung“ sei der Gesetzgeber nicht gehalten, die Unterschiede in den Beitragssätzen völlig einzuebnen oder dies auch nur als Ziel anzustreben[40]. Es wird dann aber deutlich, dass mit fehlender Äquivalenz die fehlende individuelle Risikoäquivalenz gemeint ist. Das Bundesverfassungsgericht stellt darauf ab, dass nur noch ein geringer Teil der Leistungen (Krankengeld) lohnbezogen sei. Somit weitgehend gleiche Leistungsansprüche im Krankheitsfall und Beitragsleistung dürften nicht beliebig auseinanderfallen. Beitragssatzunterschiede seien dann nicht mehr als gerechtfertigt anzusehen, wenn sie ein unangemessenes Ausmaß erreichten. Dies gelte vor allem so lange, wie der Einzelne sich dieser ungleichen Belastung

[37] Vgl. § 10 SGB V, dazu unten unter II.1. am Ende.

[38] Soweit der Beitrag einem sozialen Ausgleich dient, also umverteilt, spricht *Butzer*, Fremdlasten in der Sozialversicherung, S. 362 f. von einem fremdnützigen Beitragsteil.

[39] BVerfG, Beschluss der 2. Kammer des Ersten Senats vom 28. Februar 2008 – 1 BvR 2137/06 – NZS 2009, 91 (bestätigt in BVerfG, Beschluss der 2. Kammer des Ersten Senats vom 17. März 2008 – 1 BvR 1394/07 – juris). Näher dazu unten unter V.6.

[40] Vgl. BVerfGE 89, 365 (378).

nicht durch die Wahl einer anderen Krankenkasse entziehen könne. Die zum Teil erheblichen Beitragssatzunterschiede seien „an sich bedenklich“[41]. Beitragssatzunterschiede führen dazu, dass in verschiedenen Krankenkassen Versicherte bei gleichem Einkommen für ein nur noch in Randbereichen unterschiedliches Leistungsangebot dieser Krankenkassen unterschiedlich stark belastet werden. Wenn das Bundesverfassungsgericht dies nur in Grenzen für zulässig hält, bedeutet dies aber auch, dass Personen mit unterschiedlich hohem Einkommen für ein gleiches Leistungsangebot nur in Grenzen unterschiedlich hoch belastet werden dürfen. Denn das Argument, dass bei einem gesetzlich weitgehend vereinheitlichten Leistungsangebot und einer schwindenden Bedeutung entgeltabhängiger Leistungen, ungleiche Beiträge der Rechtfertigung vor Art. 3 Abs. 1 GG bedürfen, ist trotz der irreführenden Formulierung von der fehlenden Äquivalenz nichts anderes als die Anerkennung des Prinzips der Äquivalenz zwischen Beitrag und Leistung als Grenze der Ungleichbehandlung.

Dort, wo das Prinzip der Äquivalenz von Beitrag und Leistung klar durchbrochen wird, nämlich bei der Leistungsberechtigung nach § 10 SGB V aus einer für den Familienversicherten beitragslosen Versicherung, steht diese Regelung, soweit es um ihren Grundgedanken geht, in einer langen sozialversicherungsrechtlichen Tradition. Dieses historische Argument macht es für das Bundesverfassungsgericht entbehrlich, das insoweit beiseite geschobene Prinzip der Äquivalenz von Beitrag und Leistung in seiner Entscheidung zur Familienversicherung aus dem Jahr 2003 überhaupt zu erwähnen[42]. Für die Vorläuferregelung der Familienkrankenhilfe hat das Bundesverfassungsgericht noch ausdrücklich darauf hingewiesen, dass diese Leistung nicht beitragsadäquat und der Gesetzgeber daher gehalten sei, die Interessen der Gemeinschaft der Beitragszahler bei der Ausgestaltung einer solchen Maßnahme des sozialen Ausgleichs zu berücksichtigen[43].

2. *Solidarausgleich*

Der Solidarausgleich konkurriert mit dem Prinzip versicherungsrechtlicher Äquivalenz von Beitrag und Leistung. Der genaue Inhalt des Prinzips des Solidarausgleichs wird in der Rechtsprechung des Bundesverfassungsgerichts nicht offengelegt und die Begrifflichkeit ist unscharf, wie ein weiterer Beschluss zu Nebenerwerbslandwirten zeigt. Deren Verdrängung aus der für sie seinerzeit beitragsfreien KVdR und ihre Pflichtversicherung in der Kran-

[41] BVerfGE 89, 365 (378).

[42] Vgl. BVerfGE 107, 205 (206); bestätigt durch BVerfG, Beschluss der 3. Kammer des Ersten Senats vom 14. Juni 2011 – 1 BvR 429/11 –, juris.

[43] Vgl. BVerfG, Beschluss des Dreier-Ausschusses vom 9. Juni 1978 – 1 BvR 628/77 –, SozR 2200 § 205 Nr. 18. Warum das Bundesverfassungsgericht hier von Adäquanz statt von Äquivalenz spricht, erschließt sich nicht.

kenversicherung der Landwirte war auch mit dem höheren Schutzniveau gerechtfertigt worden[44]. Dass § 183 Abs. 4 RVO den Krankengeldanspruch für als Landwirte tätige Rentner auf sechs Wochen beschränkt, ohne dass der Beitragssatz deshalb niedriger ausfällt als bei Vollerwerbslandwirten, hat das Bundesverfassungsgericht mit Beschluss vom 26. April 1985[45] gebilligt. Es sei mit dem Grundgesetz vereinbar, dass die zeitliche Einschränkung des Krankengeldanspruchs auf sechs Wochen beitragsrechtlich keine Berücksichtigung gefunden habe. D.h. der Landwirt, der auch eine Rente bezieht, zahlt den vollen allgemeinen Beitragssatz, erhält aber hinsichtlich des Krankengeldanspruchs weniger Leistungen, als wenn er keine Rente bezöge. Das Bundesverfassungsgericht stellt hierzu fest: „Die Tatsache, dass die Bemessung der Beitragssätze nach § 385 RVO ohne eine entsprechende Differenzierung erfolgt, ist Ausdruck des gesetzgeberischen Gestaltungsermessens und trägt dem Umstand Rechnung, dass in der Sozialversicherung das Solidaritätsprinzip sowie der Grundsatz des sozialen Ausgleichs zwischen wirtschaftlich stärkeren und schwächeren Versicherten gilt". Es wird nicht aufgelöst, was das eine und das andere Prinzip hier bedeutet. Versteht man unter dem Solidaritätsprinzip das Prinzip sozialer Verantwortung Dritter[46], so ist es hier nicht einschlägig; anders, wenn damit ein den Grundsatz des sozialen Ausgleichs wiederum rechtfertigendes Prinzip verstanden wird. Dass die GKV von einem Solidaritätsprinzip getragen wird, ist unbestritten. Zumeist spricht das Bundesverfassungsgericht im Kontext der KVdR vom Solidarausgleich[47] als des Gebots der Umverteilung nach sozialen Gesichtspunkten. Es ist ebenso wie das Äquivalenzprinzip ein tragendes Prinzip der GKV.

Vom Solidarausgleich innerhalb der GKV zu unterscheiden, ist die Stabilisierung des Systems über Steuerzuschüsse. Da die GKV längst teilweise steuerfinanziert ist[48], greift die Umverteilung über das System hinaus, weil auch solche Steuerzahler zur Finanzierung beitragen, die dem System nicht als Versicherte angeschlossen sind. Diese Umverteilung über das Steuersystem ist mit dem Prinzip des Solidarausgleichs aber nicht angesprochen[49].

[44] S.o. unter II.

[45] Vgl. BVerfG, Beschluss des Ersten Senats vom 26. April 1985 – 1 BvR 1414/84 –, juris.

[46] Vgl. *Kirchhof*, Finanzierungsinstrumente des Sozialstaats, S. 47.

[47] Z.B. BVerfGE 113, 167 (217); BVerfGE 123, 186 (263 f.).

[48] Vgl. zur Steuerfinanzierung § 221 SGB V eingefügt durch das GKV-Modernisierungsgesetz – GMG) vom 14. November 2003 und oben Fn. 3.

[49] Eingehend zur Abgrenzung einer sozialausgleichenden Finanzierung im Binnensystem der Sozialversicherung und der fremdnützigen Finanzierung aus Steuermitteln (Risikostrukturausgleich) BVerfGE 113, 167 (217 ff.).

IV. Die KVdR als Generationenvertrag

Rentner nehmen im Solidarsystem der GKV eine besondere Rolle ein. Denn sie sind seit Einführung einer Vorversicherungszeit[50] diesem als Pflichtmitglieder nur angeschlossen, wenn sie zuvor schon als Beitragszahler zur Finanzierung der GKV beigetragen haben. In der Rechtsprechung des Bundesverfassungsgerichts greifen daher generationenüberspannende Überlegungen zur Abgrenzung der Solidargemeinschaft, zur Äquivalenz und zum Solidarausgleich ineinander.

Dies zeigen sehr deutlich zwei Entscheidungen zur Verfassungsmäßigkeit der Vorschriften des Krankenversicherungs-Kostendämpfungsgesetzes aus dem Jahre 1977, die abweichend von dem vordem geltenden Recht die beitragsfreie KVdR nunmehr von der Voraussetzung abhängig machten, dass der Versicherte seit der erstmaligen Aufnahme einer Erwerbstätigkeit bis zur Stellung des Rentenantrags mindestens die Hälfte dieser Zeit Mitglied bei einem Träger der GKV gewesen ist (sog. „Halbbelegung“).

In seinem Urteil vom 16. Juli 1985[51] hat das Bundesverfassungsgericht ausgeführt, es verstoße nicht gegen den allgemeinen Gleichheitssatz, Rentner, die durch ihre Beiträge mehr als andere zum Solidarausgleich in der Krankenversicherung beigetragen haben, durch Zulassung zur beitragsfreien Pflichtversicherung zu begünstigen. Auch der Anspruch des Rentners, vom Rentenversicherungsträger zur Krankenversicherung einen Zuschuss zu erhalten, sei legitimiert, weil er letztlich auf Eigenleistungen des Versicherten in Form von Rentenversicherungsbeiträgen beruhe, mit denen er nicht nur den Rentenanspruch, sondern auch den Krankenversicherungsschutz mitfinanziere. Damit hält der Gedanke des Generationenvertrages Einzug in die Äquivalenzbetrachtung der GKV: Weil der heutige Rentner noch als Arbeitnehmer sowohl mit seinen Krankenversicherungsbeiträgen als auch mit seinen Rentenversicherungsbeiträgen (mittelbar über den Beitrag der Rentenversicherungsträger) die GKV für die seinerzeit versicherten Rentner mitfinanziert hat, ist es gerechtfertigt, ihn beitragsfrei zu versichern und ihm einen Zuschuss des Rentenversicherungsträgers zu gewähren, der sogar über Art. 14 GG geschützt ist.

In der nachfolgenden Entscheidung in denselben Verfahren[52] wird die Begrenzung der Solidargemeinschaft auf solche Personen, die die Halbbelegung mit beitragspflichtigen Mitgliedschaftszeiten erfüllen, und die Nichtberücksichtigung von Mitgliedschaftszeiten ohne Beitragsleistung (Wehr- und Ersatzdienst) vor Art. 3 Abs. 1 GG gerechtfertigt. Im Rahmen der Ziel-

[50] Vgl. schon oben unter I.
[51] BVerfGE 69, 272 (304 f.).
[52] BVerfGE 72, 84.

setzung, den ständig steigenden Ausgaben im Bereich der GKV zu begegnen, sei der Gesetzgeber von dem Grundsatz ausgegangen, dass nur Personen, die eine angemessene Zeit in der GKV versichert und damit am Solidarausgleich für die KVdR ausreichend beteiligt waren, in dieser versichert werden sollten[53]. D.h. wer schon zuvor über Beiträge sich beteiligt habe, soll in den Genuss der – günstigen – KVdR kommen. Es verstoße nicht gegen den allgemeinen Gleichheitssatz, Rentner, die durch ihre Beiträge mehr als andere zum Solidarausgleich in der Krankenversicherung beigetragen haben, vor anderen zu begünstigen[54]. Es findet somit eine gruppenspezifische Betrachtung statt, wie viel die Rentner kosten und beitragen und wie viel sie als Arbeitnehmer schon beigesteuert haben. Die Äquivalenz- und Solidarbetrachtung funktioniert damit auch intertemporär[55], generationenübergreifend und gibt zugleich die Rechtfertigung für die Beschränkung der Solidargemeinschaft ab.

Über zwanzig Jahre später und vor dem Hintergrund des demographischen Wandels hat das Bundesverfassungsgericht in seinem Beschluss zur Rechtfertigung des vollen Beitragssatzes auf Versorgungsbezüge[56] dieser Äquivalenz- und Solidarbetrachtung eine andere Richtung gegeben und die spezifische Position des Rentners in der GKV neu interpretiert. Die Leistungsaufwendungen der gesetzlichen Krankenkassen für die von den Rentnern in Anspruch genommenen Leistungen überstiegen die eigenen Beiträge der Rentner bei weitem (gruppenspezifisch betrachtet fehlende Äquivalenz von Beitrag und Leistung). Es sei daher vor Art. 3 Abs. 1 GG nicht zu beanstanden, dass die Beiträge aus Versorgungsbezügen nach dem vollen allgemeinen Beitragssatz erhoben werden, obwohl Rentner im Allgemeinen keinen Anspruch auf Krankengeld hätten und § 243 Abs. 1 SGB V für diesen Fall an sich einen ermäßigten Beitragssatz vorsehe[57]. Hier zählt jetzt nicht mehr, was der Rentner noch als Arbeitnehmer zur solidarischen Finanzierung beigesteuert hat. Dagegen beruft sich das Bundesverfassungsgericht auf die Typisierungsbefugnis des Gesetzgebers und, die Rechtsprechung des Bundessozialgerichts billigend, auf eine historisch überkommene Sonderstellung versicherungspflichtiger Rentner. Der Grundsatz der Äquivalenz von

[53] Unter Verweis auf die Gesetzesbegründung BTDrucks. 8/166, S. 24, zu Art. 1 § 1 Nr. 1.

[54] BVerfGE 72, 84 (89 f.).

[55] Vgl. *Isensee*, Umverteilung durch Sozialversicherungsbeiträge, S. 18; *Kirchhof*, SDSRV Bd. 35, S. 66.

[56] BVerfG, Beschluss der 2. Kammer des Ersten Senats vom 28. Februar 2008 – 1 BvR 2137/06 –, NZS 2009, 91; bestätigt in BVerfG, Beschluss der 2. Kammer des Ersten Senats vom 17. März 2008 – 1 BvR 1394/07 –, juris.

[57] Vgl. schon oben zum Krankengeldanspruch des als Nebenerwerbslandwirt tätigen Rentners unter III.2.

Beitrag und Leistung werde nicht verletzt, da die Leistungsaufwendungen der gesetzlichen Krankenkassen für die von den Rentnern in Anspruch genommenen Leistungen die eigenen Beiträge der Rentner bei weitem überstiegen und das Krankengeldrisiko auf den Beitragssatz einen relativ geringen Einfluss habe. Damit wird eine gruppenspezifische Kosten- bzw. Risikobetrachtung angestellt, die der GKV ansonsten fremd ist und noch Raum für zusätzliche Belastungen der Rentner lässt.

Dort, wo die generationenübergreifende Solidarbetrachtung dann doch zum Zuge kommt, wendet sie sich jetzt zu Lasten des Rentners: Es sei verfassungsrechtlich nicht geboten, die Versorgungsträger der Zusatzversorgungsleistungen ebenso wie die Träger der gesetzlichen Rentenversicherung an der Beitragslast zu beteiligen. Der Anspruch des Rentners, vom Rentenversicherungsträger zur Krankenversicherung einen Zuschuss zu erhalten, sei legitimiert, weil er letztlich auf Eigenleistungen des Versicherten in Form von Rentenversicherungsbeiträgen beruhe, mit denen er nicht nur den Rentenanspruch, sondern auch den Krankenversicherungsschutz anderer mitfinanziert habe. Das treffe auf die Versorgungsbezüge nicht zu[58].

In der Folge dieser gruppenspezifischen Beitrags- und Kostenbetrachtung hat das Bundesverfassungsgericht auch eine Gesetzesänderung[59], wonach nun auch eine bis dahin privilegierte Gruppe längjährig freiwillig Versicherter den vollen Beitragssatz auf Versorgungsbezüge zahlen muss, mit dem allgemeinen Gleichheitssatz des Art. 3 Abs. 1 GG für vereinbar erklärt[60].

V. Berücksichtigung der wirtschaftlichen Leistungsfähigkeit bei der Beitragsbemessung

Der Solidarausgleich, also die Umverteilung innerhalb der Gruppe der Versicherten, durch unterschiedlich hohe Beitragszahlungen für – sieht man vom Sonderfall des Krankengeldes ab – im Wesentlichen gleiche Leistungen, wird nicht immer klar geschieden von der Frage, ob eine Beitragsbelastung nach der gesamten wirtschaftlichen Leistungsfähigkeit erfolgen kann[61]. Soweit mit Beitragsbelastung nach wirtschaftlicher Leistungsfähigkeit nur gemeint ist, dass Personen mit höherem Einkommen mehr an Beiträgen zahlen als solche mit geringerem Einkommen, so bezeichnet diese Formel nichts

[58] BVerfG, Beschluss der 2. Kammer des Ersten Senats vom 28. Februar 2008 – 1 BvR 2137/06 –, juris, Rn. 31.

[59] Aufhebung von § 240 Abs. 3a SGB V durch Art. 1 Nr. 144 Buchstabe b GMG.

[60] BVerfG, Beschluss der 2. Kammer des Ersten Senats vom 28. Mai 2008 – 1 BvR 2257/06 –, juris; bestätigt in BVerfG, Beschluss der 2. Kammer des Ersten Senats vom 13. Juni 2008 – 1 BvR 1413/07 –, juris. Das Privileg war in einer vorhergehenden Entscheidung als Übergangsregelung noch gerechtfertigt worden, vgl. BVerfG, Beschluss der 1. Kammer des Ersten Senats vom 13. Dezember 2002 – 1 BvR 1660/96 –, juris, Rn. 23 ff.

[61] Ablehnend *Kirchhof* SDSRV Bd. 35, S. 81 f.

anderes als den Solidarausgleich zwischen den Versicherten. Die Formel geht aber darüber hinaus, wenn unter wirtschaftlicher Leistungsfähigkeit potentiell das gesamte Einkommen und Vermögen verstanden wird und nicht nur im traditionellen Verständnis der Sozialversicherung das Erwerbseinkommen.

1. *Berücksichtigung von aus einer früheren beruflichen Betätigung herrührenden und der Sicherstellung der Altersversorgung dienenden Versorgungsbezügen*

Die erste zentrale Entscheidung zur Beitragsbelastung nach wirtschaftlicher Leistungsfähigkeit in der KVdR betraf die Beitragsbemessung bei Rentnern, die zusätzlich eine Pension beziehen (Rentner-Pensionäre)[62]. Das Sozialgericht hatte in seiner Vorlage vorgetragen, der allgemeine Gleichheitssatz sei unter anderem dadurch verletzt, dass Rentner-Pensionäre aus ihren Pensionen Beiträge an die KVdR zahlen müssten, während Nur-Rentner für ihren Krankenversicherungsschutz wirtschaftlich gesehen nicht aufzukommen brauchten, da sie vom Träger der Rentenversicherung einen Zuschuss in Höhe des seinerzeitigen Krankenversicherungsbeitrags in Höhe von 11,8 % der Rente erhielten. Art. 3 Abs. 1 GG sei ferner deshalb verletzt, weil der Schutz der GKV dem Rentner-Pensionär bereits aufgrund seiner Stellung als Rentner zustehe und deshalb die Pension nicht mehr mit Beiträgen belastet werden dürfe. Nach dem Versicherungsprinzip müssten Versicherungsleistungen und Versicherungsbeiträge grundsätzlich in einem Gegenleistungsverhältnis zueinander stehen.

Dieser Argumentation hat sich das Bundesverfassungsgericht nicht angeschlossen. Die Berücksichtigung der Versorgungsbezüge neben der Rente sei für die Bemessung des an die KVdR zu leistenden Beitrags bei Personen, die neben einer Rente aus der gesetzlichen Rentenversicherung als (Ruhestands-) Beamte beamtenrechtliche Versorgungsbezüge erhalten, mit dem Grundgesetz vereinbar. Es entspreche dem die GKV beherrschenden Solidaritätsprinzip, die Versicherten nach Maßgabe ihrer wirtschaftlichen Leistungsfähigkeit zu Beiträgen heranzuziehen. Art. 3 Abs. 1 GG werde dadurch nicht verletzt.

Die in der abgestuften Beitragsbemessung liegende Ungleichbehandlung ist also nach dieser Rechtsprechung durch das Solidaritätsprinzip gerechtfertigt. Zwar müssten nach den Grundsätzen des Versicherungsrechts Versicherungsleistungen und Versicherungsbeiträge aufeinander bezogen sein, in einem „Gegenleistungsverhältnis" stehen; das gelte auch für die Sozialversicherung, soweit das Prinzip der sozialen Gerechtigkeit keine Abweichungen erfordere[63]. Solange die GKV – entsprechend ihrer ursprünglichen Kon-

[62] BVerfGE 79, 223.
[63] BVerfGE 79, 223 (236).

zeption – im wesentlichen nur abhängig Beschäftigte umfasste, hätten sich die von ihren Mitgliedern erzielten, für die Höhe der Beiträge maßgeblichen Verdienste in der Lebenswirklichkeit regelmäßig mit dem „Gesamteinkommen" der Versicherten gedeckt. Dabei habe es dem Solidaritätsprinzip entsprochen, dass die besserverdienenden Versicherten durch höhere Beiträge für den Versicherungsschutz der weniger gut verdienenden mit aufkamen; der Beitrag für die bedürfnisgerecht gewährten Leistungen sei also im Interesse der sozialen Gerechtigkeit entsprechend der wirtschaftlichen Leistungsfähigkeit des Versicherten gezahlt worden. Dieses in sich ausgewogene System sei verändert worden, als mit der Schaffung der KVdR Personen sehr unterschiedlicher beruflicher Herkunft in die Versicherungspflicht einbezogen worden seien und eine niedrige Rente keineswegs eine entsprechend geringe wirtschaftliche Leistungsfähigkeit zu bedeuten brauchte. Wenn das Solidaritätsprinzip unter diesen – neuen – Bedingungen der GKV seine sinngebende Funktion, insbesondere seine Legitimation für die Abstufung der Beiträge nach der wirtschaftlichen Leistungsfähigkeit der Versicherten behalten solle, dann dürften die Beiträge pflichtversicherter Rentner, die neben ihrer Rente noch andere, ebenfalls aus einer früheren beruflichen Betätigung herrührende und der Sicherstellung der Altersversorgung dienende, also vergleichbare Einnahmen haben, nicht mehr allein nach der Höhe der Rente bemessen werden. Auch nach diesen weiteren Einnahmen müssten dann – zur Deckung der Kosten für den Krankenversicherungsschutz – die Beiträge bemessen werden, da sie ebenfalls, in gleicher Weise wie die Rente, die wirtschaftliche Leistungsfähigkeit des Rentner-Pensionärs bestimmten[64].

2. *Berücksichtigung der gesamten wirtschaftlichen Leistungsfähigkeit freiwillig versicherter Rentner*

Die Anknüpfung der Beitragsbemessung an die berufliche Betätigung findet ihren Grund in der Abgrenzung der Solidargemeinschaft der Pflichtversicherten über das Arbeitsverhältnis und nachfolgend den Rentenbezug. Für die freiwillig Versicherten trägt dieser Gedanke dagegen nicht.

In einem Nichtannahmebeschluss, der die Berücksichtigung von anderen, von Versorgungsbezügen und Arbeitseinkommen verschiedenen Einnahmearten bei der Bemessung der Krankenkassenbeiträge freiwillig versicherter Rentner betraf[65], hat das Bundesverfassungsgericht formuliert: „Dass bei den freiwillig Versicherten nicht nur Versorgungsbezüge, also Einnahmen, die

[64] BVerfGE 79, 223 (237).

[65] BVerfG, Beschluss der 2. Kammer des Ersten Senats vom 3. Februar 1993, – 1 BvR 1920/92 –, juris.

unmittelbar auf ein früheres Beschäftigungsverhältnis oder auf frühere Erwerbstätigkeit zurückzuführen sind, sowie Arbeitseinkommen bei der Beitragsberechnung die allein maßgebende Grundlage ist, sondern bei der beitragsmäßigen Leistungsfähigkeit nach § 240 Abs 1 Satz 2 SGB V auch Einnahmen auf Grund betriebsfremder privater Eigenvorsorge, wie Einnahmen aus Vermietung und Verpachtung sowie aus Kapitalvermögen, berücksichtigt werden, entspricht dem die GKV beherrschenden Solidaritätsprinzip, die Versicherten nach Maßgabe ihrer wirtschaftlichen Leistungsfähigkeit zu Beiträgen heranzuziehen." Dies sei von Verfassungs wegen nicht zu beanstanden.

Danach wird dem Solidaritätsprinzip ein über den allgemeinen Solidargedanken hinausgehender, sehr konkreter Inhalt zugeschrieben: Während eine Abstufung der Beiträge pflichtversicherter Rentner nach der wirtschaftlichen Leistungsfähigkeit insoweit gebilligt wurde als die Bezüge ebenfalls aus einer früheren beruflichen Betätigung herrühren und der Sicherstellung der Altersversorgung dienen, also dem Arbeitseinkommen vergleichbar sind, wird bei den freiwillig Versicherten gebilligt, auch die Einnahmen aus Vermietung und Verpachtung sowie aus Kapitalvermögen heranzuziehen, also solche Einnahmen, die dem Arbeitseinkommen nicht vergleichbar sind[66].

3. *Exkurs: Wirtschaftliche Leistungsfähigkeit und Versicherungspflicht als Arbeitnehmer*

Zurück zu den Pflichtversicherten: Die Formel von der sinngebenden Funktion des Solidaritätsprinzips könnte zu der Überlegung verleiten, dass die wirtschaftliche Leistungsfähigkeit, definiert als das Einkommen aus dem Arbeitsverhältnis und aus an ein Arbeitsverhältnis oder eine andere berufliche Betätigung anknüpfenden Versorgungsbezügen, dann auch darüber entscheidet, ob eine Person so schutzbedürftig ist, dass sie als Pflichtversicherter der Solidargemeinschaft zwangsweise zuzurechnen ist.

Das aber ist nach der Rechtsprechung des Bundesverfassungsgerichts nicht der Fall. Die wirtschaftliche Leistungsfähigkeit kommt erst ins Spiel, wenn der Versicherungspflichttatbestand bejaht ist. Ob der einzelne Arbeitnehmer vielleicht noch andere Einnahmen hat, etwa Versorgungsbezüge, die ihn zusammen mit seinem Arbeitnehmereinkommen nicht so schutzbedürftig erscheinen lassen, wie einen Arbeitnehmer mit gleich hohem Arbeitseinkommen unterhalb der Versicherungspflichtgrenze des § 6 Abs. 1 Nr. 1 SGB V (Jahresarbeitsentgeltgrenze), interessiert nicht. Deshalb ist es nach der Rechtsprechung des Bundesverfassungsgerichts gerechtfertigt, abhängig beschäf-

[66] BVerfG, Beschluss der 2. Kammer des Ersten Senats vom 3. Februar 1993 – 1 BvR 1920/92 –, juris.

tigte Beamten-Hinterbliebene anders als versicherungsfreie Angehörige beamtenrechtlicher Sicherungssysteme in die Pflichtversicherung einzubeziehen[67]. Bei der typisierenden Betrachtungsweise, die dieser Regelung zugrunde liegt, habe der Gesetzgeber einen weiten Beurteilungsspielraum[68]. Es bestehe kein verfassungsrechtlich gebotener Änderungsbedarf daran, vorrangig abhängig Beschäftigte als schutzbedürftige Personengruppe in die GKV einzubeziehen, bei denen zudem regelmäßig das Arbeitsentgelt im Wesentlichen die gesamten Einnahmen abbilde und damit hinreichend die wirtschaftliche Leistungsfähigkeit wiedergebe[69]. Die Entscheidung, abhängig beschäftigte Beamten-Hinterbliebene anders als versicherungsfreie Angehörige beamtenrechtlicher Sicherungssysteme in die Pflichtversicherung einzubeziehen, sei ebenfalls gerechtfertigt. Sie beruhe auf dem sozialpolitischen Willen des Gesetzgebers, Personen vorrangig dem Sicherungssystem zuzuordnen, dem ihre eigene Erwerbstätigkeit entspreche. Da für abhängig Beschäftigte, auch wenn sie Hinterbliebene von Beamten sind, ein eigenes Sicherungssystem bereitsteht, durfte der Gesetzgeber die abgeleitete, allein in dem besonderen Näheverhältnis zu einer anderen Person begründete Sicherung als Beamten-Hinterbliebene gegenüber der Sicherung aufgrund eigener Beschäftigung zurücktreten lassen[70].

Für die wirtschaftliche Leistungsfähigkeit gilt demnach: Die Abgrenzung der Solidargemeinschaft „Pflichtversicherung der Arbeitnehmer" bestimmt sich allein nach dem Arbeitsentgelt; was man dort zu zahlen hat, aber auch nach zusätzlichen Versorgungsbezügen, die an das Arbeitsverhältnis oder eine andere berufliche Betätigung anknüpfen. Die Bestimmung der Schutzbedürftigkeit und die Heranziehung zu Beiträgen können also in Grenzen auseinanderfallen.

4. *Berücksichtigung der gesamten wirtschaftlichen Leistungsfähigkeit pflichtversicherter Rentner?*

Wie bereits gezeigt, betraf die einzige Entscheidung, die eine Gesetzesänderung in der KVdR unter dem Gesichtspunkt von Art. 3 Abs. 1 GG beanstandet hat, eine Neuabgrenzung der Solidargemeinschaft durch weitere Begrenzung des Zugangs zur GKV[71]. Das Bundesverfassungsgericht zeigte zwei Lösungsmöglichkeiten zur Behebung des Gleichheitsverstoßes auf. Zum einen könne der Kreis der Pflichtversicherten wieder weiter gezogen, also der Zugang zur KVdR erleichtert werden – das war, da eine Bestim-

[67] BVerfGK 2, 330.
[68] BVerfGK 2, 330, 335.
[69] BVerfGK 2, 330, 335.
[70] BVerfGK 2, 330, 336.
[71] Vgl. oben unter II.

mung, die diesen Zugang erschwerte, beanstandet wurde, die naheliegende Lösung und so geschah es auch. Der Gesetzgeber hielt die vom Bundesverfassungsgericht gesetzte Frist zur Neuregelung nicht ein, so dass ab 1. April 2002 wieder die alte Regelung galt, die Vorversicherungszeit also durch Zeiten freiwilliger Versicherung erfüllt werden konnte, wie es in dem Gesetzeswortlaut jetzt auch wieder zum Ausdruck kommt[72].

Zum anderen, so schlug das Bundesverfassungsgericht vor, könnten Beitragsunterschiede zwischen Pflicht- und freiwillig Versicherten eingeebnet werden[73]. Ob der Gesetzgeber hierzu die Grundlagen der Beitragsbemessung für alle Pflichtversicherten den Grundlagen für die freiwillig Versicherten angleiche oder die Beitragsbemessung bei den freiwillig Versicherten der Beitragsbemessung bei den Pflichtversicherten annähere und ob er dabei zwischen neugebildeten Beitragsgruppen differenziere, bleibe seiner Gestaltungsfreiheit vorbehalten. Bei einer Neuregelung werde unter Berücksichtigung sozialer und ökonomischer Veränderungen zu überprüfen sein, inwieweit die Annahmen noch gültig seien, auf denen die bisherige Regelung aufbaue[74].

Dass der Gesetzgeber die Beitragsbemessung bei den freiwillig Versicherten der Beitragsbemessung bei den Pflichtversicherten annähert, war wegen der dadurch zwangsläufig entstehenden Finanzierungslücke eine nur theoretische Lösungsmöglichkeit. Dass der Gesetzgeber auch den umgekehrten Weg der Angleichung nicht gewählt hat, wurde in der Literatur so gedeutet, dass dieser nicht die Kraft gehabt habe, „sämtliche Einkunftsarten abzuschöpfen"[75].

Ob der Gesetzgeber bei Pflichtversicherten wirklich sämtliche Einkunftsarten Pflichtversicherter „abschöpfen" darf, ist aber doch fraglich[76]. So betraf der Beschluss vom 15. März 2000 „eigentlich" die Frage, ob unter Art. 3 Abs. 1 GG der Kreis der Pflichtversicherten richtig gezogen ist, und nicht das Beitragsrecht. Der Beschluss hat damit eine überschießende Tendenz. Anders als der Zweite Senat in seinem Beschluss vom 6. Dezember 1988[77] rechtfertigt der Erste Senat hier nicht eine Ungleichbehandlung durch die Heranziehung zu unterschiedlich hohen Beiträgen, sondern lädt zu dieser ein, indem er

[72] *Becker/Kingreen-Just*, SGB V, § 5 Rn. 48.

[73] Nicht eingegangen werden kann hier auf den von *Rolfs*, SGb 2000, S. 449 (454) vorgeschlagenen dritten Lösungsweg, die Versicherungspflichtgrenze für Arbeitnehmer abzuschaffen. Damit würde die soziale Schutzbedürftigkeit als Rechtfertigung der Pflichtversicherung – vgl. BVerfGE 113, 167 (220) – aufgegeben.

[74] BVerfGE 102, 68 (92).

[75] So *Jaeger* NZS 2003, S. 225 (231).

[76] De lege lata bildet die Beitragsbemessungsgrenze eine systemimmanente Schranke. Einkommen darüber werden nicht abgeschöpft. Diese systemimmanente Grenze wird vom BVerfG nicht beanstandet, vgl. BVerfGE 102, 68 (94).

[77] BVerfGE 79, 223, (236 ff.).

postuliert, dass das gesamte Beitragsrecht der GKV nach der alle Einkunftsarten berücksichtigenden individuellen Leistungsfähigkeit des einzelnen auszurichten sei. Damit wird letztlich eine Ungleichbehandlung (betreffend die Beitragsbelastung bei im Wesentlichen gleichen Leistungen) aus dem allgemeinen Gleichheitssatz (bezogen auf die Gleichbehandlung pflichtversicherter und freiwillig Versicherter) gefordert, nicht eine Ungleichbehandlung vor dem Gleichheitssatz gerechtfertigt[78]. Der Widerstreit von Äquivalenzprinzip und Solidarausgleich wird verdeckt.

Die folgenden Überlegungen des Bundesverfassungsgerichts zur Berücksichtung auch des Vermögens aus Erbschaften und Schenkungen bei der Beitragsbemessung auch der Pflichtversicherten[79] greifen dann weit über den historischen Ansatzpunkt der Sozialversicherung, die Anknüpfung an das Arbeitsverhältnis, hinaus. Eine Rückkoppelung zur Frage der Abgrenzung der Solidargemeinschaft findet nicht statt. Wenn aber nicht mehr das Einkommen aus Arbeit Bezugspunkt der Pflichtversicherung ist, sondern jegliches Einkommen aus Vermögen, stellt sich die Frage, ob der Gesetzgeber im Rahmen seiner Typisierungsbefugnis dann noch von einer Schutzbedürftigkeit dieser Personengruppe ausgehen und sie in die Solidargemeinschaft der Pflichtversicherten zwingen darf[80]. Die Bestimmung der Schutzbedürftigkeit und die Beitragsbemessung können nicht beliebig auseinanderfallen.

Wenn das Bundesverfassungsgericht im Folgenden feststellt, dass die höhere Beitragsbelastung der freiwillig Versicherten jedenfalls nicht durch entsprechende Leistungen ausgeglichen werde[81], so kommt wieder die Äquivalenz zwischen Beitrag und Leistung zum Tragen: Die nur noch geringen Unterschiede im Leistungsrecht seien nicht geeignet, die an die Art der Mitgliedschaft in der GKV anknüpfenden Beitragsunterschiede unterhalb der Jahresarbeitsverdienstgrenze zu rechtfertigen. Dies gelte auch unter Berücksichtigung der gesetzlichen Vorschriften, die freiwillig Versicherten den Wechsel der Krankenkasse erleichtern oder den Austritt aus der GKV ermöglichen[82]. Letzteres bedürfte der Erläuterung. Sollte der freiwillig Versicherte die höhere „Abschöpfung" von Einkommen in Kauf nehmen, weil dies für ihn immer noch wirtschaftlich attraktiver ist als ein (später) Wechsel in die private Krankenversicherung, so spräche dies doch dafür, dass der freiwillige Anschluss an eine über Pflichtversicherungstatbestände definierte Solidargemeinschaft ein für den freiwillig Versicherten in Grenzen ungünstigeres Verhältnis von

[78] So schon *Becker* in seiner Anm. JZ 2001, S. 146 (147).

[79] BVerfGE 102, 68 (93 f.).

[80] Zweifelnd auch *Peters*, NZS 2002, S. 393 (396), der, sollte das Arbeitsentgelt seine Eignung als Anknüpfungspunkt der Versicherungspflicht einbüßen, bei einer nur noch an Einnahmen aller Art und Höhe anknüpfenden Volksversicherung den Charakter als Sozialversicherung in Frage gestellt sieht.

[81] BVerfGE 102, 68 (94).

[82] BVerfGE 102, 68 (95). Die Formulierung wurde präzisiert.

Beitrag und Leistung rechtfertigt als bei den Pflichtversicherten, die keine Wahl haben[83].

Soweit das Bundesverfassungsgericht anmahnt, bei der Neuregelung des Zugangs zur KVdR werde auch zu prüfen sein, ob die durch § 248 SGB V begründete unterschiedliche beitragsrechtliche Belastung der Versorgungsbezüge, die für beide Versichertengruppen Entgeltersatzcharakter habe, durch hinreichend gewichtige Gründe gerechtfertigt sei[84], ist der Gesetzgeber dieser Aufforderung gefolgt und hat mit dem Gesundheitsmodernisierungsgesetz[85] Versorgungsbezüge pflichtversicherter Rentner der vollen Beitragspflicht in der KVdR unterworfen. Die Rechtsprechung hierzu hat die überschießende Tendenz des Beschlusses vom 15. März 2000 wieder eingefangen[86].

5. *Keine Berücksichtigung der wirtschaftlichen Leistungsfähigkeit beim schuldrechtlichen Versorgungsausgleich*

Schon in einem Kammerbschluss vom 20. August 2001 nimmt die wirtschaftliche Leistungsfähigkeit wieder einen ganz anderen Stellenwert in der Argumentation ein[87]. Die Verfassungsbeschwerde eines gesetzlich krankenversicherten Rentners gegen die Bemessung seiner Krankenversicherungsbeiträge unter voller Berücksichtigung einer Betriebsrente, die jedoch zum Teil an seine geschiedene Ehefrau im Wege des schuldrechtlichen Versorgungsausgleichs abgetreten war, blieb ohne Erfolg. Die Nichtberücksichtigung des schuldrechtlichen Versorgungsausgleichs bei der Bemessung der Versicherungsbeiträge stelle keinen Verstoß gegen den Gleichheitssatz aus Art. 3 Abs. 1 GG dar. Zudem führe die angegriffene fachgerichtliche Entscheidung nicht zu einem besonders schweren Nachteil im Sinne des § 93a Abs. 2 Buchstabe b Halbs. 2 BVerfGG, da dem Beschwerdeführer nach Durchführung des Versorgungsausgleichs Einkünfte in Höhe von 3.750 DM verblieben und eine Reduzierung der monatlichen Krankenversicherungsbeiträge in Höhe von 220 DM um 90 DM begehrt werde. Soweit der Beschwerdeführer rüge, die angegriffenen Entscheidungen wichen vom Grundsatz der gleichmäßigen Beitragsbelastung ab, liege eine Grundrechtsverletzung nicht vor. Die Gerichte hätten die Bedeutung des Gleichheitssatzes

83 In diese Richtung auch *Becker*, Verfassungsrechtliche Vorgaben für die Krankenversicherung der Rentner, NZS 2001, S. 281 (287), der von einer gewissen Zwitterstellung der freiwilligen Sozialversicherung spricht.

84 BVerfGE 102, 68 (95).

85 GKV-Modernisierungsgesetz vom 14. November 2003 (BGBl, S. 2190).

86 Dazu unten unter V.6.

87 BVerfG, Beschluss der 1. Kammer des Ersten Senats vom 20. August 2001 – 1 BvR 487/99 –, juris und FamRZ 2002, S. 311.

nicht verkannt. Das Bundessozialgericht habe sich insbesondere darauf gestützt, dass der Gesetzgeber das Prinzip der wirtschaftlichen Leistungsfähigkeit nicht zum Kriterium für die Bemessung der Beiträge von Pflichtversicherten bestimmt habe[88]. Dies sei verfassungsrechtlich nicht zu beanstanden. Danach sei es zumindest nicht unzulässig, das Prinzip der wirtschaftlichen Leistungsfähigkeit nicht durchzusetzen.

Damit wird einerseits anerkannt, dass de lege lata das Prinzip der wirtschaftlichen Leistungsfähigkeit nicht Kriterium für die Bemessung der Beiträge von Pflichtversicherten ist. Andererseits wird dies auch nicht mehr de lege ferenda gefordert. Indem das Bundesverfassungsgericht es mit dem unterhaltsähnlichen Charakter des schuldrechtlichen Versorgungsausgleichs begründet, die Einnahme dem Ausgleichspflichtigen zuzurechnen, bevor sie als unterhaltsähnliche Leistung dem Ausgleichsberechtigten zufließe, wird eine tatsächlich nicht gegebene wirtschaftliche Leistungsfähigkeit fingiert. Das wird damit gerechtfertigt, dass der Gesetzgeber durch den Gleichheitssatz nicht verpflichtet sei, bei der Regelung von Massenerscheinungen jeden Einzelfall differenzierend zu berücksichtigen[89]. Die mit der Auslegung von verallgemeinernden Regelungen unvermeidlich verbundenen Härten seien verfassungsrechtlich nicht zu beanstanden, wenn sie nur einen kleinen Personenkreis beträfen und der Verstoß gegen den Gleichheitssatz nicht sehr intensiv sei[90]. Das sei hier wegen der geringen Zahl der Fälle, in denen GKV-Versicherte einen schuldrechtlichen Versorgungsausgleich durchführten, der Fall[91]. Das Kriterium der wirtschaftlichen Leistungsfähigkeit bekommt dann aber über die Annahmevoraussetzungen des § 93a BVerfGG prozessuale Bedeutung, indem auf die auch nach Durchführung des Versorgungsausgleichs verbleibenden Einkünfte des Rentners in Höhe von 3.750 DM verwiesen wird und nicht etwa darauf, dass es um eine erhebliche Beitragsreduktion um 40,9 % ging.

6. *Zurück zum ursprünglichen Bezugspunkt wirtschaftlicher Leistungsfähigkeit: Anknüpfung an das Arbeitsverhältnis*

Den Vorschlag des Bundesverfassungsgerichts in der Entscheidung vom 15. März 2000 zu überprüfen, ob die unterschiedliche beitragsrechtliche Belastung der Versorgungsbezüge pflicht- und freiwillig Versicherter durch

[88] Das Bundessozialgericht hatte in seinem vorgehenden Urteil vom 28. Januar 1999 – B 12 KR 24/98 R –, NZS 1999, 395 (397), darauf hingewiesen, dass im Gegensatz zum Steuerrecht weder die – im Einzelfall unterschiedlichen – Belastungen im Zusammenhang mit der Erzielung der Bruttoeinkünfte noch gesetzliche oder vertragliche Belastungen, die geeignet seien, die wirtschaftliche Leistungsfähigkeit zu beeinflussen, berücksichtigt würden.

[89] Unter Hinweis auf BVerfGE 97, 186 (195).

[90] Unter Hinweis auf BVerfGE 100, 59 (90).

[91] BVerfG, Beschluss der 1. Kammer des ersten Senats vom 20. August 2001 – 1 BvR 487/99 –, juris, Rn. 8.

hinreichend gewichtige Gründe gerechtfertigt sei, hat der Gesetzgeber zum 1. Januar 2004 aufgegriffen. Hatten pflichtversicherte Rentner seit 1. Januar 1983[92] nur den halben Beitragssatz auf Versorgungsbezüge zu zahlen, führte der Gesetzgeber mit dem Gesundheitsmodernisierungsgesetz den vollen allgemeinen Beitragssatz auf Versorgungsbezüge ein. Diese Verdoppelung der Beitragslast auf Versorgungsbezüge nach zwanzig Jahren und die Einbeziehung auch von Vornherein auf eine Kapitalleistung gerichteter Verträge warf insbesondere Fragen des Vertrauensschutzes auf[93], die hier nicht Gegenstand der Betrachtung sind. Das Bundesverfassungsgericht hat in einer Reihe von Entscheidungen die Gesetzesänderungen gebilligt, aber in Anwendung von Art. 3 Abs. 1 GG eine Grenze der Auslegung gezogen, was als Versorgungsbezug zu qualifizieren ist.

In seiner Leitentscheidung zur Vereinbarkeit der Erhöhung des Beitragssatzes mit dem allgemeinen Gleichheitssatz[94] hat das Bundesverfassungsgericht zunächst darauf abgestellt, dass auf der Ebene des Beitragssatzes § 248 SGB V n.F. nicht eine Ungleichbehandlung eingeführt, sondern eine bis dahin bestehende Ungleichbehandlung beseitigt habe, welche die Empfänger von Versorgungsbezügen im Vergleich zu den Beziehern einer Rente aus der gesetzlichen Rentenversicherung begünstigte. Denn Rentenbezieher mussten auch schon vor dem 1. Januar 2004 Beiträge nach dem allgemeinen Beitragssatz entrichten[95]. Das klingt ein wenig so, als handelte es sich bei den Rentenbeziehern und bei den Beziehern von Versorgungsbezügen um unterschiedliche, unter Art. 3 Abs. 1 GG zu vergleichende Personengruppen. Tatsächlich sind Bezieher von Versorgungsbezügen ganz überwiegend auch Rentner. Das Argument der Beseitigung einer Ungleichbehandlung verschiedener Personengruppen wirkt daher vorgeschoben.

Eine Ungleichbehandlung erführen die Empfänger von Versorgungsbezügen erst auf der Ebene der Beitragslast, da bei Versicherungspflichtigen, die eine Rente aus der gesetzlichen Rentenversicherung beziehen, der Träger der Rentenversicherung die Hälfte der Beiträge übernehme. Demgegenüber trage der Bezieher von Versorgungsbezügen die Beiträge allein[96]. Verfassungs-

[92] Die durch das Rentenanpassungsgesetz 1982 vorgenommene erstmalige Einbeziehung der Versorgungseinkünfte nach Maßgabe nur des halben Beitragssatzes wurde durch den Gesetzgeber mit der Erwägung begründet, dass auch Arbeitnehmer nur die Hälfte der Beiträge aus ihrem Arbeitsentgelt zu tragen hätten (BTDrucks 9/458, S. 29, 36), vgl. §§ 541, 381 RVO, § 248 SGB V.

[93] Vgl. hierzu sehr knapp BVerfG, Beschluss der 2. Kammer des Ersten Senats vom 7. April 2008 – 1 BvR 1924/07 –, juris, Rn. 36.

[94] BVerfG, Beschluss der 2. Kammer des Ersten Senats vom 28. Februar 2008 – 1 BvR 2137/06 –, NZS 2009, 91 = juris.

[95] BVerfG, Beschluss der 2. Kammer des Ersten Senats vom 28. Februar – 1 BvR 2137/06 –, juris, Rn. 26.

[96] BVerfG, Beschluss der 2. Kammer des Ersten Senats vom 28. Februar 2008 – 1 BvR 2137/06 –, juris, Rn. 27, vgl. §§ 249a, 250 Abs. 1 Nr. 1 SGB V.

rechtlich sei es auch nicht geboten, die Versorgungsträger ebenso wie die Träger der gesetzlichen Rentenversicherung an der Beitragslast zu beteiligen[97].

Während das Bundesverfassungsgericht es in der Entscheidung zum schuldrechtlichen Versorgungsausgleich zuletzt gebilligt hatte, die wirtschaftliche Leistungsfähigkeit nicht zum Maßstab der Bemessung von Pflichtbeiträgen zu machen, stellt es hier wieder maßgeblich auf dieses Kriterium ab, allerdings wieder deutlich beschränkt auf die beschäftigungsbezogene wirtschaftliche Leistungsfähigkeit. Dreh- und Angelpunkt der Rechtfertigung der stärkeren Belastung der Versorgungsbezüge ist deren Entgeltersatzcharakter, der auch schon im Senatsbeschluss vom 15. März 2000 betont wurde[98]. Wer neben seiner Rente weitere Einkünfte aus einer früheren beruflichen Betätigung habe, welche der Sicherstellung der Altersversorgung dienten, bei dem müssten auch diese weiteren Einnahmen, welche die beschäftigungsbezogene Leistungsfähigkeit bestimmten, zur Beitragsbemessung herangezogen werden. Es sei unbillig, wenn ein Rentner-Pensionär aufgrund von Beiträgen, die allein nach seiner niedrigen Rente bemessen und daher gering seien, in den vollen Genuss der Vorteile der KVdR komme, während seine weiteren beschäftigungsbezogenen Einnahmen, die beträchtlich seien und seine eigentliche Lebensgrundlage bildeten, außer Betracht blieben. Das Generationenvertragsargument genügt dem Bundesverfassungsgericht hier nicht, die in einem Beschäftigungsverhältnis stehenden Kassenmitglieder den Krankenversicherungsschutz auch solcher Rentner mittragen zu lassen, die mit ihren gesamten Einnahmen zur Altersversorgung sich in einer wirtschaftlichen besseren Lage befänden als der Durchschnitt dieser „aktiven“ Mitglieder.

Das Äquivalenzprinzip schließlich kommt zum Tragen, wenn das Bundesverfassungsgericht feststellt, es dürfe nicht unbeachtet bleiben, dass die Ausgaben der Krankenkassen für je einen Rentner die Ausgaben für je einen noch im Berufsleben stehenden Versicherten deutlich überstiegen: Aus Art. 3 Abs. 1 GG lasse sich weder ein verfassungsrechtliches Gebot ableiten, dass die Pflichtmitglieder der GKV jedenfalls im wirtschaftlichen Ergebnis so zu stellen seien, dass sie auf ihre beitragspflichtigen Einkünfte stets nur den halben Beitragssatz zu entrichten haben, noch ein Gebot, an der Finanzierung des Beitrags aus Versorgungsbezügen Dritte in der Weise zu beteiligen, wie dies im Rahmen der Arbeitnehmerversicherung für die Arbeitgeber (§ 249 SGB V) und im Rahmen der KVdR für die Rentenversicherungsträger (§ 249a SGB V) gesetzlich angeordnet sei.[99] Wenn das Bundesverfassungsgericht weiter ausführt, es widerspreche dem Verantwortungsprinzip, Versorgungswerke und Zahlstellen unterschiedlichster Art,

[97] Dazu schon oben unter IV.

[98] Vgl. BVerfGE 102, 68 (95).

[99] BVerfG, Beschluss der 2. Kammer des Ersten Senats vom 28. Februar 2008 – 1 BvR 2137/06 –, juris, Rn. 24 unter Hinweis auf BVerfGE 79, 223 (228) und Rn. 28 ff.

welche ihren Versicherten eine zusätzliche Altersabsicherung anbieten, für die Finanzierung der gesetzlichen KVdR in die Pflicht zu nehmen, da das bei Privaten eine besondere Sachnähe zur Absicherung der sozialen Risiken ihrer Leistungsempfänger voraussetzen würde[100], wirft dies allerdings die Frage auf, ob bei einer vom Arbeitgeber selbst durchgeführten Betriebsrentenzusage im Wege einer unmittelbaren Versorgungszusage nach § 2 Abs. 1 BetrAVG eine solche Sachnähe nicht zu bejahen wäre.

Mit dem Beschluss vom 28. Februar 2008 war die Grundentscheidung gefallen. Es überrascht nicht, dass das Bundesverfassungsgericht dann auch die Heranziehung von Versorgungsbezügen in der Form der nicht wiederkehrenden Leistung – wie die Kapitalzahlung aus einer betrieblichen Direktversicherung – zur Beitragspflicht in der GKV für mit dem allgemeinen Gleichheitssatz vereinbar hält, weil insoweit kein wesentlicher materieller Unterschied bezüglich der beschäftigungsbezogenen Einnahmen zwischen laufend gezahlten Versorgungsbezügen und nicht regelmäßig wiederkehrenden Leistungen identischen Ursprungs und gleicher Zwecksetzung, insbesondere einmaligen Kapitalleistungen aus Direktversicherungen, festgestellt werden könne[101].

Die gesetzgeberische Umdeutung einer einmaligen Kapitalleistung in laufendes Einkommen[102] bewirkt, dass die aus dem fiktiven Einkommen berechneten Beiträge auch dann zu bezahlen sind, wenn der Versicherte den Gesamtbetrag der Kapitalleistung im ersten Monat zur Bezahlung von Schulden verwendet oder auf einer Kreuzfahrt „verjubelt" hat. Entlastung bekommt er dafür nicht. Das zeigt, dass, ebenso wie beim schuldrechtlichen Versorgungsausgleich[103], de lege lata gerade nicht an die tatsächliche wirtschaftliche Leistungsfähigkeit angeknüpft wird und dies im Rahmen von Art. 3 Abs. 1 GG zulässig ist. Entscheidender Ansatzpunkt für die Behandlung einer Kapitalleistung wie den laufenden Zufluss von Versorgungsbezügen ist, dass auch sie unter Einsatz der Arbeitskraft in Erwerbsarbeit erworben wurde und Entgeltersatzcharakter hat.

Ob die Versorgungsbezüge ganz oder teilweise durch den Rentner während seines Arbeitslebens selbst finanziert wurden, ist nach der Rechtspre-

[100] BVerfG, Beschluss der 2. Kammer des Ersten Senats vom 28. Februar 2008 – 1 BvR 2137/06 –, juris Rn. 32 unter Hinweis auf die Rechtsprechung zur Künstlersozialabgabe BVerfGE 75, 108 (146).

[101] BVerfG, Beschluss der 2. Kammer des Ersten Senats vom 7. April 2008 – 1 BvR 1924/07 –, juris.

[102] Das Gesetz legt in § 229 Abs. 1 Satz 3 SGB V die Kapitalleistung auf maximal 120 Monate um und definiert 1/120 als monatliches Einkommen. Die Neuregelung bestand darin, dass nun auch vor Eintritt des Versicherungsfalls vereinbarte Kapitalleistungen erfasst werden, nicht nur solche, die an die Stelle der Versorgungsbezüge treten, wie es das Gesetz bis Ende 2003 vorsah.

[103] Vgl. oben unter V.4.

chung des Bundesverfassungsgerichts unerheblich. Auch allein durch den Arbeitnehmer finanzierte Betriebsrenten können damit unter den Begriff der Versorgungsbezüge gefasst werden. Eine Grenze ist unter Art. 3 Abs. 1 GG allerdings da erreicht, wo die Rechtsprechung sich zum Gesetzgeber in Widerspruch setzt. Dieser hat nicht im Arbeitsverhältnis begründete private Lebensversicherungen – anders als bei den freiwillig Versicherten (§ 240 SGB V) – nicht der Beitragspflicht unterworfen. Dann dürfen aber auch als private Lebensversicherungen fortgeführte Direktversicherungen nicht zu Beiträgen herangezogen werden[104]. Die Anknüpfung an das Arbeitsverhältnis, die Rechtfertigung der Beitragsbelastung über den Begriff des Erwerbsersatzeinkommens, ist dann nicht mehr gewährleistet.

VI. Ergebnis

Der Gesetzgeber hat die KVdR in den letzten siebzig Jahren immer wieder umgestaltet. Das Bundesverfassungsgericht hat ihm dabei einen weiten politischen Entscheidungsspielraum zugebilligt und seine Reformen an zwei die GKV bestimmenden, aber einander widerstreitenden Prinzipien gemessen.

Die GKV als Versicherung wird zum einen getragen vom Prinzip der versicherungsrechtlichen Äquivalenz von Beitrag und Leistung, wobei dieses Verhältnis nicht versicherungsmathematisch bestimmt werden kann. Über Art. 3 Abs. 1 GG wird denn auch nicht direkt das Verhältnis von Beitrag und Versicherungsschutz im Sinne eines „richtigen Preises" kontrolliert. Vor Art. 3 Abs. 1 GG bedeutet Äquivalenz, dass Regelungen, nach denen Versicherte für gleiche Leistungen unterschiedliche Beiträge leisten müssen oder für gleiche Beiträge unterschiedliche Leistungen erbracht werden, einer Rechtfertigung bedürfen.

Mit dem Äquivalenzprinzip kollidierend beansprucht zum anderen das Prinzip des Solidarausgleichs, also der Umverteilung innerhalb des Solidarsystems, Raum. Das Prinzip des Solidarausgleichs wird vom Bundesverfassungsgericht nicht aus Verfassungsrecht abgeleitet, sondern im historisch gewachsenen System der GKV vorgefunden. Im Hinblick auf einen nahezu einheitlichen Leistungskatalog der GKV erlaubt der Solidarausgleich Abweichungen von der Gleichbehandlung verschiedener Versichertengruppen bei der Beitragsbelastung. Dass höhere Erwerbseinkommen bis zur Beitragsbemessungsgrenze stärker belastet werden als niedrigere, ist das unangefochtene Kernelement dieses Solidarausgleichs.

[104] BVerfG, Beschluss der 3. Kammer des Ersten Senats vom 28. September 2010 – 1 BvR 1660/08 –, juris, in Abgrenzung zu dem Beschluss derselben Kammer vom 6. September 2010 – 1 BvR 739/08 –, juris.

Die wirtschaftliche Leistungsfähigkeit spielt als Argumentationstopos auf der Seite des Solidarausgleichs in manchen Entscheidungen eine Rolle, in anderen wird dem Prinzip verfassungsrechtliche Relevanz abgesprochen. Die traditionelle Abgrenzung der Solidargemeinschaft über das Arbeitsverhältnis und den nachfolgenden Rentenbezug führt zu einer Beschränkung der Beitragslast auf die Erwerbs- und Erwerbsersatzeinkommen der Pflichtversicherten. Einer Ausweitung der Beitragslast auf weitere Einkommensquellen sind über die Abgrenzung der Solidargemeinschaft Grenzen gesetzt: Sollte das Arbeits(ersatz)einkommen für eine Personengruppe typischerweise nicht das überwiegende Einkommen sein, so stünde schon deren Einbeziehung in die Solidargemeinschaft der Pflichtversicherten in Frage. Denn dann ließe sich auch ihre soziale Schutzbedürftigkeit im Hinblick auf die finanziellen Risiken einer Erkrankung kaum mehr bejahen.

Durch die Abgrenzung der Solidargemeinschaft als Pflichtversicherung entscheidet der Gesetzgeber darüber, welchen Personenkreis er als sozial schutzbedürftig den beiden Prinzipien Äquivalenz und Solidarausgleich unterwerfen will. Das Bundesverfassungsgericht betrachtet die GKV verschiedentlich nicht als eine Solidargemeinschaft, sondern als eine Mehrheit von Solidargemeinschaften der Arbeitnehmer und der Rentner, zwischen denen in der Generationenfolge ein Ausgleich stattfindet. Es argumentiert mit der historisch überkommenen Sonderstellung versicherungspflichtiger Rentner und stellt für diese auch eine, der GKV sonst fremde, gruppenspezifische Betrachtung des Verhältnisses von Beitrag und Kosten an, die das altersbedingt erhöhte Krankheitsrisiko als Argument bei der Bestimmung der Beitragshöhe zulässt. Je stärker der Gesetzgeber auch mit Blick auf dieses Risiko die Rentner an der Finanzierung der GKV beteiligt, desto mehr verlagert sich das Interesse von der Frage, ob der Rentner in der KVdR pflichtversichert ist (sein darf), zur Frage, ob er in dieser versichert sein muss.

Über die Bestimmung der Versicherungsberechtigung bestimmt der Gesetzgeber einen weiteren Personenkreis nicht sozial Schutzbedürftiger, der die Wahl hat, sich entweder dem Prinzip der Risikoäquivalenz der privaten Versicherung oder dem Prinzip der Beitragsbelastung nach der gesamten wirtschaftlichen Leistungsfähigkeit (§ 240 SGB V) zu unterwerfen und damit einen weitergehenden Zugriff auf sein Einkommen hinzunehmen als es bei Pflichtversicherten der Fall ist. Die Stellung dieser freiwillig Versicherten in der Solidargemeinschaft der Pflichtversicherten ist in der verfassungsrechtlichen Rechtsprechung noch kaum ausgelotet. Die Erwägung, dass sie eine Wahlfreiheit haben bzw. hatten, welchem System sie beitreten, spielt eine erstaunlich untergeordnete Rolle in den Überlegungen des Bundesverfassungsgerichts.

Die Rechtsprechung des Bundesverfassungsgerichts zum Anspruch auf Rechtsschutz- und Rechtswahrnehmungsgleichheit

Ingrid Bergner/Christina Pernice

Leitentscheidungen des Bundesverfassungsgerichts (Senat)

BVerfGE 9, 124 – „Armenrecht"
BVerfGE 81, 347 – Rechtsschutzgleichheit im Prozesskostenhilfeverfahren
BVerfGE 88, 5 – Beratungshilfe in arbeitsrechtlichen Angelegenheiten
BVerfGE 122, 39 – Rechtswahrnehmungsgleichheit im außergerichtlichen Bereich

Wichtige Kammerentscheidungen:

BVerfG, Beschluss der 3. Kammer des Ersten Senats vom 22. Juni 2007 – 1 BvR 681/07 –, NJW-RR 2007, S. 1713 – Erforderlichkeit der Beiordnung eines Rechtsanwalts
BVerfG, Beschluss der 2. Kammer des Ersten Senats vom 6. Mai 2009 – 1 BvR 439/08 –, juris – Erforderlichkeit der Beiordnung eines Rechtsanwalts
BVerfG, Beschluss der 2. Kammer des Ersten Senats vom 11. Mai 2009 – 1 BvR 1517/08 –, NJW 2009, S. 3417 – Beratungshilfe im Widerspruchsverfahren
Beschluss der 2. Kammer des Ersten Senats vom 30. Juni 2009 – 1 BvR 470/09 –, NJW 2009, S. 3420 – Beratungshilfe im Anhörungsverfahren

Schrifttum

Behn, Michael, Die verfassungsrechtliche Rechtsschutzgleichheit – Das Bundesverfassungsgericht und die Beurteilung der „hinreichenden Aussicht auf Erfolg" iSd § 114 S. 1 ZPO – Teil II –, SozVers 1992, S. 1 ff.; *Henke, Angela,* Verfassungsrechtliche Anforderungen an fachgerichtliche Prozesskostenhilfeentscheidungen, ZZP 123, S. 193 ff. (2010); *Kalthoener Elmar/Büttner Helmut/Wrobel-Sachs Hildegard,* Prozess- und Verfahrenskostenhilfe, Beratungshilfe, 5. Aufl. 2010; *Lindemann, Klaus/Trenk-Hinterberger, Peter* Beratungshilfegesetz, 1987; *Meyer, Peter,* Wandel des Prozessrechtsverständnisses – vom „liberalen" zum „sozialen" Zivilprozess?, JR 2004, S. 1 ff.; *Schoreit, Armin/Groß, Ingo M.;* Beratungshilfe Prozesskostenhilfe – BerH/PKH –, 9. Aufl. 2008.

Inhalt

I. Einführung

Die Möglichkeit, eigene subjektive Rechte außergerichtlich verfolgen und notfalls auch gerichtlich durchsetzen zu können, gehört zu den elementaren Gewährleistungen, die einen Rechtsstaat ausmachen; ohne sie wären materielle Rechtspositionen letztlich wertlos. Das in Art. 20 Abs. 3 GG verankerte Rechtsstaatsprinzip und das aus Art. 19 Abs. 4 GG abzuleitende Recht auf effektiven Rechtsschutz verpflichten den Staat, Gerichte einzurichten und zu unterhalten, bei denen die Rechtsuchenden ihre Rechtspositionen verfolgen können[1]. Der allgemeine Gleichheitssatz aus Art. 3 Abs. 1 GG in Verbindung

[1] Vgl. BVerfGE 81, 347 (356).

mit dem Rechtsstaatsprinzip gewährleistet ein Teilhaberecht an den hiernach vom Gesetzgeber geschaffenen Rechtsschutzmöglichkeiten.

II. Der Inhalt der Rechtsschutz- und Rechtswahrnehmungsgleichheit

Das verfassungsrechtliche Gebot der Rechtsschutz- und Rechtswahrnehmungsgleichheit besagt, dass dem Mittellosen ebenso wie dem Begüterten die Möglichkeit eröffnet werden muss, seine subjektiven Rechte gerichtlich und außergerichtlich zu verfolgen und zu verteidigen.[2] Dies bedeutet, dass der Mittellose bei der Verfolgung seiner rechtlichen Interessen grundsätzlich nicht an finanziellen Hürden wie Gerichts- oder Rechtsberatungskosten scheitern darf und deshalb bei Vorliegen bestimmter Voraussetzungen staatliche Hilfe beanspruchen kann. Das Verfassungsrecht verlangt allerdings keine völlige Gleichstellung von Mittellosen und Bemittelten; es gebietet nur eine weitgehende Angleichung der Situation von Unbemittelten und Bemittelten bei der Verwirklichung des Rechtsschutzes[3]. Im Kern gilt, dass der Unbemittelte nur einem solchen Bemittelten gleichgestellt werden muss, der seine Prozessaussichten vernünftig abwägt und dabei auch das Kostenrisiko berücksichtigt[4]. Als Leistung der staatlichen Daseinsfürsorge kann das „Armenrecht" nur beansprucht werden, wenn sein Einsatz sinnvoll ist[5].

III. Die verfassungsrechtliche Herleitung des Anspruchs auf Rechtsschutz- und Rechtswahrnehmungsgleichheit

Der Anspruch auf Rechtsschutzgleichheit vor Gericht wurde vom Bundesverfassungsgericht schon früh als verfassungsrechtliche Gewährleistung anerkannt und zunächst auf das Sozialstaatsprinzip (Art. 20 Abs. 1 GG)[6] in Verbindung mit dem allgemeinen Gleichheitssatz gemäß Art. 3 Abs. 1 GG gestützt[7]. Inzwischen verweist das Bundesverfassungsgericht vor allem auf den allgemeinen Gleichheitssatz in Verbindung mit dem Rechtsstaatsprinzip

[2] Vgl. BVerfGE 50, 217 (231); 81, 347 (356).

[3] Vgl. BVerfGE 81, 347 (356); 122, 39 (48 f.); BVerfGK 2, 275 (277); 279 (281); stRspr.

[4] Vgl. BVerfGE 9, 124 (130 f.); 81, 347 (357); 122, 39 (49); stRspr.

[5] Vgl. BVerfGE 9, 256 (258); Beschluss der 3. Kammer des Ersten Senats vom 12. Juni 2007 – 1 BvR 1014/07 –, NJW-RR 2007, S. 1369; *Behn*, SozVers 1992, S. 1 (7).

[6] Auch heute noch wird der Anspruch auf Gleichheit bei der Verfolgung und Verteidigung eigener Rechte von manchen im Kern auf das Sozialstaatsprinzip gestützt, vgl. *Meyer*, JR 2004, S. 1 ff.

[7] Vgl. BVerfGE 9, 124 (131); 10, 264 (270 f.); 63, 380 (394).

(Art. 20 Abs. 3 GG) und dem Anspruch auf effektiven Rechtsschutz (Art. 19 Abs. 4 GG), wenn es um die verfassungsrechtliche Herleitung des Anspruchs auf Rechtschutzgleichheit geht[8]; das Sozialstaatsprinzip wird insbesondere noch im Zusammenhang mit der Rechtswahrnehmungsgleichheit im außergerichtlichen Bereich genannt[9]. Die Frage, ob aus den Verfassungsprinzipien, die den Grundsatz der Rechtsschutzgleichheit tragen, auch eine Pflicht zur Angleichung der Situation von Unbemittelten und Bemittelten im Bereich des außergerichtlichen Rechtsschutzes hergeleitet werden kann, hat das Bundesverfassungsgericht zunächst offen gelassen[10] und erstmals im Beschluss des Ersten Senats vom 14. Oktober 2008 bejaht[11]. Schon wenn man bedenkt, dass materielle Rechtspositionen wegen fehlender Rechtskunde durch Versäumung von Fristen verloren gehen, verjähren oder verwirkt werden können, wird deutlich, dass es im Lichte des Art. 3 Abs. 1 in Verbindung mit Art. 20 Abs. 1 und 3 GG nicht ausreichen kann, die Bedürftigen den bemittelten Rechtsuchenden bei der Durchsetzung ihrer Rechte vor Gericht gleichzustellen. Nur durch eine Gewährleistung des Zugangs Bedürftiger zu rechtlicher Beratung auch im außer- und vorgerichtlichen Bereich kann dem Gebot effektiven Rechtsschutzes und dem Anspruch aus Art. 3 Abs. 1 in Verbindung mit Art. 20 Abs. 1 und 3 GG umfassend Rechnung getragen werden.

IV. Einfachrechtliche Ausprägungen und verfassungsgerichtliche Überprüfung

1. Die Gesetzeslage

Der Gesetzgeber hat bei der Verwirklichung der verfassungsrechtlichen Vorgaben einen Gestaltungsspielraum. Dieser Spielraum ist grundsätzlich umso enger, je stärker sich die Ungleichbehandlung nachteilig auf die Ausübung anderer grundrechtlich geschützter Freiheiten auswirken kann und je erheblicher die Bedeutung der Rechtswahrnehmung für die Betroffenen ist[12]. Zu beachten ist stets, dass eine erhebliche Ungleichbehandlung von bemittelten und unbemittelten Rechtsuchenden durch einen angemessenen Grund gerechtfertigt sein muss.

[8] Vgl. BVerfGE 81, 347 (356); 122, 39 (49); BVerfGK 2, 275 (277); 279 (281).

[9] Vgl. BVerfGE 122, 39 (51).

[10] Vgl. BVerfGE 88, 5 (16); 122, 39 (49), Beschluss der 3. Kammer des Ersten Senats vom 12. Juni 2007 – 1 BvR 1014/07 –, NJW-RR 2007, S. 1369.

[11] Vgl. BVerfGE 122, 39 (50).

[12] Vgl. BVerfG, Beschluss der 2. Kammer des Ersten Senats vom 11. Mai 2009 – 1 BvR 1517/08 –, NJW 2009, S. 3417 m.w.N.

a) Prozesskostenhilfe

Der Anspruch auf Rechtsschutzgleichheit wird einfachrechtlich durch die Regelungen über die Prozesskostenhilfe (§§ 114 ff. ZPO)[13] verwirklicht. Hiernach ist dem Bedürftigen Prozesskostenhilfe zu gewähren, wenn die beabsichtigte Rechtsverfolgung oder Rechtsverteidigung hinreichende Aussicht auf Erfolg bietet und nicht mutwillig erscheint[14]; die Beiordnung eines Rechtsanwalts ist vorgesehen, wenn eine Vertretung durch einen Rechtsanwalt vorgeschrieben ist oder wenn wegen der Schwierigkeit der Sach- und Rechtslage die Vertretung durch einen Rechtsanwalt erforderlich erscheint.

b) Beratungshilfe

Bei der Rechtswahrnehmungsgleichheit ist der gesetzgeberische Gestaltungsspielraum schon deshalb groß, weil die Rechtswahrnehmung im außergerichtlichen Bereich weniger strukturiert und formalisiert erfolgt als im gerichtlichen Verfahren.[15] Seinen Gestaltungsspielraum im Bereich der Rechtswahrnehmungsgleichheit hat der Bundesgesetzgeber mit dem am 1. Januar 1981 in Kraft getretenen Gesetz über Rechtsberatung und Vertretung für Bürger mit geringem Einkommen – Beratungshilfegesetz – vom 18. Juni 1980 (BGBl I S. 689) ausgefüllt. Die Beratungshilfe betrifft die Wahrnehmung von Rechten außerhalb eines gerichtlichen Verfahrens (vgl. § 1 Abs. 1 BerHG). Beratungshilfe kann damit bis zur Einreichung[16] eines Prozesskostenhilfeantrags in Anspruch genommen werden. Im Unterschied zur Prozesskostenhilfe kommt es bei der Beratungshilfe nicht auf die Erfolgsaussichten[17] der beabsichtigten Rechtsverfolgung oder Rechtsverteidigung an. Der Kreis der Berechtigten für Beratungshilfe ist indes mit Blick auf die persönlichen und wirtschaftlichen Verhältnisse enger gefasst als bei der Prozesskostenhilfe; Beratungshilfe steht nur demjenigen zu, dem *ratenfreie* Prozesskostenhilfe gewährt werden könnte (§ 1 Abs. 1 Nr. 1, Abs. 2 BerHG).

[13] Eine entsprechende auf §§ 114 ff. ZPO verweisende Regelung findet sich für Verfahren nach dem Gesetz über das Verfahren in Familiensachen und in den Angelegenheiten der freiwilligen Gerichtsbarkeit in § 76 ff. FamFG (Verfahrenskostenhilfe). Auch andere Verfahrensordnungen verweisen auf die ZPO (z.B. § 166 VwGO, § 73a SGG).

[14] Was verfassungsrechtlich unbedenklich ist; vgl. BVerfGE 9, 124 (130 ff.); 67, 245 (248); 81, 347 (357); 122, 39 (49); BVerfGK 12, 290 (293); stRspr.

[15] Vgl. BVerfGE 122, 39 (50 f.).

[16] Es erscheint verfassungsrechtlich hinnehmbar, dass für das anschließende Prozesskostenhilfe-Bewilligungsverfahren, das bereits als gerichtliches Verfahren gilt (vgl. BGH NJW 1984, S. 2106), grundsätzlich weder Beratungshilfe noch Prozesskostenhilfe in Betracht kommt (vgl. *Kalthoener/Büttner/Wrobel-Sachs*, 5. Aufl., 2010, Rn. 918).

[17] Darüber soll der Rechtsuchende im Vorfeld des Gerichtsprozesses gerade erst informiert werden.

2. *Verfassungsgerichtliche Überprüfung fachgerichtlicher Entscheidungen*

Die Auslegung und Anwendung der einfachgesetzlichen Regelungen über die Beratungshilfe und die Prozesskostenhilfe ist den Instanzgerichten vorbehalten. Solange die fachgerichtliche Rechtsanwendung den verfassungsrechtlichen Maßgaben Rechnung trägt, ist dem Bundesverfassungsgericht ein Eingreifen verwehrt; erst wenn die Bedeutung und Tragweite der durch Art. 3 Abs. 1 in Verbindung mit Art. 20 Abs. 1 und 3 GG verbürgten Rechtswahrnehmungs- und Rechtsschutzgleichheit grundlegend verkannt wird, kann das Bundesverfassungsgericht eingreifen[18]. Dies ist insbesondere dann der Fall, wenn die Fachgerichte einen Auslegungsmaßstab anwenden, durch den einer unbemittelten Partei im Vergleich zum bemittelten Rechtsuchenden die Rechtsverfolgung oder Rechtsverteidigung unverhältnismäßig erschwert[19] wird, oder wenn die Entscheidung Fehler erkennen lässt, die auf einer grundsätzlich unrichtigen Anschauung von der Bedeutung der in Art. 3 Abs. 1 in Verbindung mit Art. 20 Abs. 1 und 3 GG verbürgten Rechtsschutz- und Rechtswahrnehmungsgleichheit beruhen[20].

V. Die Rechtsprechung des Bundesverfassungsgerichts zum Anspruch auf Rechtswahrnehmungsgleichheit und zu den verfassungsrechtlichen Anforderungen an die Beratungshilfe

1. *Allgemeiner Gleichheitssatz und Rechtswahrnehmungsgleichheit – Entscheidungen zum beschränkten Anwendungsbereich des Beratungshilfegesetzes*

Bei der Ausgestaltung der Rechtswahrnehmungsgleichheit hat der Gesetzgeber insbesondere auch den allgemeinen Gleichheitssatz (Art. 3 Abs. 1 GG) zu beachten[21]. Dies betrifft vor allem die gleichmäßige Erfassung und Abgrenzung des anspruchsberechtigten Personenkreises.

Die erste Fassung des Beratungshilfegesetzes hatte aus dem Anwendungsbereich des Gesetzes (§ 2 Abs. 2 BerHG[22]) unter anderem das Arbeits- und

[18] Vgl. BVerfGE 56, 139 (144) m.w.N.; 81, 347 (357 f.); stRspr.

[19] Vgl. BVerfGE 9, 124 (130 f.); 10, 264 (270 f.); 22, 83 (86); 51, 295 (302); 63, 380 (394 f.); 81, 347 (358); stRspr.

[20] Vgl. BVerfGE 81, 347 (358); BVerfGK 2, 275 (277 f.); 6, 25 (27); 7, 135 (138); 10, 340 (344); stRspr.

[21] Vgl. BVerfGE 122, 39 (51 f.).

[22] Ursprünglich wurden nur das Zivilrecht, das Verwaltungsrecht und das Verfassungsrecht einbezogen. Ob eine Angelegenheit zu einem der in § 2 Abs. 2 BerHG aufgezählten Rechtsgebiete gehört, wird nach ganz h.M. danach bestimmt, welcher Rechtsweg in der Angelegenheit eröffnet ist.

das Sozialrecht ausgeklammert, da sich im Rahmen des Modellversuchs zur Einführung des Beratungshilfegesetzes in diesen Bereichen nur ein begrenztes Bedürfnis nach Rechtsrat gezeigt hatte[23]. Die Beratungshilfe sollte auf Rechtsgebiete beschränkt werden, in denen anderweitige Beratungsmöglichkeiten fehlten. Die deshalb vorgenommene Ausklammerung des Sozialrechts wurde vom Bundesverfassungsgericht[24] in einer Kammerentscheidung unbeanstandet gelassen. Sie wurde – auf der Grundlage des damaligen gesetzgeberischen Konzepts – als gerechtfertigt angesehen, weil die kostenlose Beratungs- und Auskunftspflicht der Träger von Sozialleistungen (vgl. §§ 14ff. SGB I) für ausreichend angesehen wurde. Der Erste Senat erklärte es demgegenüber für unvereinbar mit Art. 3 Abs. 1 GG, dass auch Angelegenheiten in der Zuständigkeit der Gerichte für Arbeitssachen aus dem Anwendungsbereich des Beratungshilfegesetzes ausgenommen waren[25]. Der Verweis auf das Beratungsangebot der Gewerkschaften sei insoweit nicht ausreichend. Der Gesetzgeber habe – so das Bundesverfassungsgericht – nicht davon ausgehen dürfen, dass Arbeitnehmer und Arbeitgeber mit geringem Einkommen den Mitgliedsbeitrag für eine Gewerkschaft oder einen Arbeitgeberverband regelmäßig würden aufbringen können[26].

Der Gesetzgeber erstreckte mit der nachfolgenden Gesetzesänderung[27] vom 14. September 1994 die Beratungshilfe nicht nur auf Angelegenheiten in der Zuständigkeit der Arbeitsgerichte, sondern nach § 2 Abs. 2 Nr. 4 BerHG auch auf das Sozialrecht, „um den rechtsuchenden Bürgern in ungünstigen wirtschaftlichen Verhältnissen auch in sozialrechtlichen Fragen eine Beratung durch den Anwalt des Vertrauens zu ermöglichen“[28]. Mit Beschluss des Ersten Senats vom 14. Oktober 2008 – 1 BvR 2310/06[29] – wurde § 2 Abs. 2 BerHG erneut mit Art. 3 Abs. 1 GG für unvereinbar erklärt, weil er die Gewährung von Beratungshilfe nicht auch in Angelegenheiten des Steuerrechts ermöglichte. In dieser Entscheidung hat der Erste Senat erstmals die Klarstellung getroffen, dass das Verfassungsrecht auch im außergerichtlichen Bereich Vorkehrungen erfordert, damit der Rechtsuchende mit der Wahrnehmung und Durchsetzung seiner Rechte nicht von vornherein an mangelnden Einkünften oder ungenügendem Vermögen scheitert. Der Gesetzgeber ist somit in doppelter Hinsicht durch Art. 3 Abs. 1 GG gebunden: Zum einen muss im Rahmen der Rechtswahrnehmungsgleichheit gewährleistet sein, dass

[23] Vgl. Regierungsentwurf, BTDrucks 8/3311 S. 12.

[24] Vgl. BVerfG, Beschluss der 3. Kammer des Ersten Senats vom 19. Januar 1989 – 1 BvR 1685/88 –, juris Rn. 3.

[25] Vgl. BVerfGE 88, 5 (12 ff.).

[26] Vgl. BVerfGE 88, 5 (14 f.).

[27] Gesetz zur Änderung des Beratungshilfegesetzes und anderer Gesetze (BGBl 1994 I, S. 2323).

[28] Vgl. BTDrucks 12/7009, S. 6.

[29] Vgl. BVerfGE 122, 39.

der unbemittelte Rechtsuchende dem Bemittelten in etwa gleichgestellt wird und dass fachkundiger Rechtsrat zugänglich ist, wenn er unter vernünftiger Berücksichtigung der Kosten geboten erscheint. Zum anderen muss bei der gesetzgeberischen Ausgestaltung auch der allgemeine Gleichheitssatz im Verhältnis der unbemittelten Rechtsuchenden untereinander beachtet werden. Die Ungleichbehandlung zwischen Rechtsuchenden im Bereich des Sozialrechts und jenen im Bereich des Steuerrechts entbehrte insoweit eines tragfähigen Grundes. Der Senat weist in seiner Entscheidung insbesondere darauf hin, dass die Beschränkung der Beratungshilfe auf Sachgebiete mit besonders hohem Beratungsbedarf und geringen anderweitigen Beratungsmöglichkeiten vom Gesetzgeber durch die Einbeziehung des Sozialrechts aufgegeben worden ist. Davon abgesehen bleiben die anderweitigen Beratungsmöglichkeiten in sozialrechtlichen Angelegenheiten jedenfalls nicht hinter denjenigen in steuerrechtlichen Angelegenheiten zurück. Auch unter dem Gesichtspunkt der pauschalen und typisierenden Erfassung geringfügig beratungsintensiver Sachgebiete konnte die Ausklammerung des Steuerrechts aus dem Katalog der beratungshilfefähigen Angelegenheiten verfassungsrechtlich nicht gerechtfertigt werden.

2. *Der Vergleichsmaßstab des vernünftigen bemittelten Rechtsuchenden*

a) Die Entwicklung der Rechtsprechung

Anknüpfend an die grundsätzlichen Erwägungen des Ersten Senats zur Rechtswahrnehmungsgleichheit in dem Beschluss vom 14. Oktober 2008 setzte sich die 2. Kammer des Ersten Senats im Beschluss vom 11. Mai 2009[30] und in weiteren Parallelentscheidungen[31] erstmals ausführlich mit dem Vergleichsmaßstab der Rechtswahrnehmungsgleichheit, dem „vernünftigen bemittelten Rechtsuchenden“, auseinander. Anlass dazu bot die Frage, ob der Verweis auf die Beratungspflicht einer Behörde, die bereits in derselben Angelegenheit einen negativen Bescheid erlassen hat, eine zumutbare anderweitige Hilfemöglichkeit im Sinne des § 1 Abs. 1 Nr. 2 BerHG sein könne. Die den Kammerentscheidungen zugrundeliegenden fachgerichtlichen Entscheidungen entsprachen einer verbreiteten Praxis der Amtsgerichte, für sozialrechtliche Widerspruchsverfahren – vor allem zu sogenannten „Hartz-IV-

[30] Vgl. BVerfG, Beschluss der 2. Kammer des ersten Senats vom 11. Mai 2009 – 1 BvR 1517/08 –, NJW 2009, S. 3417 ff.

[31] Parallelentscheidungen, die im Wesentlichen auf den Beschluss vom 11. Mai 2009 (Fn. 27) verweisen: Beschlüsse der 2. Kammer des Ersten Senats vom 6. August 2009 – 1 BvR 1550/08, 1 BvR 1551/08, 1 BvR 1552/08 und 1 BvR 1554/08, 1 BvR 281/09, 1 BvR 319/09, 1 BvR 320/09, 1 BvR 321/09, 1 BvR 322/09 –, sowie Beschlüsse der 2. Kammer des Ersten Senats vom 13. August 2009 – 1 BvR 227/08, 1 BvR 2604/08 und 1 BvR 3196/08 –, jeweils in juris.

Leistungen" nach dem SGB II – keine Beratungshilfe zu bewilligen. Die Vertreter dieser Ansicht sahen die kostenlose Beratung und die Überprüfung des Ausgangsbescheids im Rahmen des Widerspruchsverfahrens als ausreichend und zumutbar an. Zum Teil verneinten sie die Hilfsbedürftigkeit schon deshalb, weil rechtliche Ausführungen zur Begründung eines Widerspruchs nicht erforderlich seien.

Die frühere Kammerrechtsprechung des Bundesverfassungsgerichts zu verwandten Fragen hatte sich bis dahin vor allem auf den Maßstab des Art. 19 Abs. 4 GG[32] und die Willkürkontrolle bezogen. Insoweit hatte die 3. Kammer des Ersten Senats in einem Beschluss vom 4. September 2006[33] den Verweis auf eine Schuldnerberatungsstelle als andere Hilfsmöglichkeit als gut vertretbar gebilligt, soweit nicht der Beschwerdeführer dargelegt habe, dass die Inanspruchnahme wegen zu langer Wartezeiten unzumutbar sei. In einer weiteren Entscheidung der 3. Kammer des Ersten Senats vom 12. Juni 2007[34] ging es um einen Fall, in dem ein Vater wegen der Berechnung der Ausbildungsförderung seines Sohnes eine Erklärung über seine Einkommensverhältnisse bei der zuständigen Behörde abzugeben hatte und deshalb unmittelbar einen Anwalt einschalten wollte. Der vom Amtsgericht insoweit ausgesprochene Vorrang der Behördenauskunft wurde vom Bundesverfassungsgericht als einfachrechtlich gut vertretbar und frei von Willkür bezeichnet. Dabei deutete die Kammer allerdings bereits an, dass es gegebenenfalls unzumutbar sein könnte, um Beratung gerade bei der Behörde nachsuchen zu müssen, gegen die der Rechtsuchende in der fraglichen Angelegenheit argumentieren müsse. Dies gelte aber jedenfalls nicht für eine erstmalige Nachfrage.

Bei ihrer Entscheidung vom 11. Mai 2009 – 1 BvR 1517/08 – hatte die 2. Kammer des Ersten Senats nunmehr erstmals Anlass, die oben skizzierte amtsgerichtliche Auslegung des Beratungshilfegesetzes am Maßstab der Rechtswahrnehmungsgleichheit zu messen. Dieser beschränkt sich nicht auf eine bloße Willkürkontrolle, sondern erfordert einen spezifischen Vergleich mit dem bemittelten Rechtssuchenden, der bei seiner Entscheidung für die Inanspruchnahme von Rechtsrat auch die hierdurch entstehenden Kosten

[32] In einigen Nichtannahmebeschlüssen war darauf abgestellt worden, dass durch die Versagung der Beratungshilfe für das Verwaltungsverfahren der *gerichtliche* Schutz nach Art. 19 Abs. 4 GG weder verhindert noch beeinträchtigt worden sei: vgl. BVerfG, Beschluss der 1. Kammer des Ersten Senats vom 19. Dezember 1988 – 1 BvR 1492/88 –, juris Rn. 5; Beschluss der 3. Kammer des Ersten Senats vom 19. Januar 1989 – 1 BvR 1685/88 –, juris Rn. 2; Beschluss der 1. Kammer des Zweiten Senats vom 6. Februar 1992 – 2 BvR 1804/91 –, juris Rn. 5; Beschluss der 2. Kammer des Zweiten Senats vom 5. Februar 2001 – 2 BvR 1389/99 –, NJW-RR 2001, S. 1006.

[33] Vgl. BVerfG, Beschluss der 3. Kammer des Ersten Senats vom 4. September 2006 – 1 BvR 1911/06 – juris Rn. 8, 12.

[34] Vgl. BVerfG, Beschluss der 3. Kammer des Ersten Senats vom 12. Juni 2007 – 1 BvR 1014/07 –, NJW-RR 2007, S. 1369.

berücksichtigt und vernünftig abwägt. Außer Zweifel steht insoweit, dass die einschränkenden Voraussetzungen des Gesetzes (hier: § 1 Abs. 1 Nr. 2 BerHG) einer Angemessenheitskontrolle standhalten[35]. Insbesondere darf der Rechtsuchende grundsätzlich auf zumutbare andere Möglichkeiten für eine fachkundige Hilfe bei der Rechtswahrnehmung verwiesen werden (vgl. § 1 Abs. 1 Nr. 2 BerHG). Die Auslegung dieser Vorschrift darf aber nicht dazu führen, dass die Rechtswahrnehmung des unbemittelten im Vergleich zum bemittelten Rechtsuchenden unverhältnismäßig eingeschränkt wird.

Zur Bestimmung dessen, was ein „vernünftiger Rechtsuchender" für erforderlich halten darf, greift das Bundesverfassungsgericht auf normative Maßstäbe und Wertungen zurück[36]. Hierzu zählt insbesondere der rechtsstaatliche Grundsatz des fairen Verfahrens[37], wonach sich ein Rechtsuchender grundsätzlich aktiv am Verfahren beteiligen darf. Damit wird auch dem Gebot Rechnung getragen, dass über die Rechte des Einzelnen nicht kurzerhand von Obrigkeits wegen verfügt werden darf[38]. Aufgrund dieser grundgesetzlichen Wertung kann die Einschaltung eines rechtskundigen Dritten nicht schon deshalb als unvernünftig bewertet werden, weil die Vertretung durch einen Anwalt oder eine rechtliche Begründung in einem bestimmten Verfahren nicht zwingend vorgeschrieben sind. Es ist vielmehr im Einzelfall zu ermitteln, ob fremde Hilfe zur effektiven Ausübung der Verfahrensrechte aus Sicht des vernünftigen Rechtsuchenden erforderlich und angemessen ist.

Bei der Frage, was ein vernünftiger Rechtsuchender im Einzelfall für angemessen halten darf, orientiert sich das Bundesverfassungsgericht auch an den Wertungen, die sich aus einfachgesetzlichen[39] Kostenvorschriften etwa für das Vorverfahren[40] und der dazu vorliegenden höchstrichterlichen Rechtsprechung ergeben. Danach ist die Hinzuziehung anwaltlichen Beistands dann notwendig und vernünftig, wenn es der Partei nach ihren persönlichen Verhältnissen sowie wegen der Schwierigkeit der Sache nicht zuzumuten ist, die rechtliche Auseinandersetzung selbst zu führen[41].

[35] Vgl. BVerfGE 122, 39 (51); Beschluss der 2. Kammer des Ersten Senats vom 11. Mai 2009 – 1 BvR 1517/08 –, NJW 2009, S. 3417.

[36] Vgl. Beschluss der 2. Kammer des Ersten Senats vom 11. Mai 2009 – 1 BvR 1517/08 –, NJW 2009, S. 3417 (3418).

[37] Vgl. BVerfGE 38, 105 (111 f.); 57, 250 (274 f.).

[38] Vgl. BVerfGE 9, 89 (95); 26, 66 (71); 57, 250 (275).

[39] Dass sich das Bundesverfassungsgericht bei der Frage, welche Entscheidungen der „vernünftige Bemittelte" treffen würde, an einfachgesetzlichen Wertungen orientiert, entspricht dem Grundsatz der Gewaltenteilung und erscheint mit dem verfassungsrechtlichen Rang der Rechtswahrnehmungsgleichheit durchaus vereinbar. Art. 3 Abs. 1 GG schreibt den sachgerechten Vergleich als Methode vor; der Inhalt des Vergleichsmaßstabs kann sich jedoch aus grundgesetzkonformen Gesetzen ergeben.

[40] Vgl. § 63 Zehntes Buch Sozialgesetzbuch.

[41] Vgl. BVerfG, Beschluss der 2. Kammer des Ersten Senats vom 11. Mai 2009 – 1 BvR 1517/08 –, NJW 2009, S. 3417 (3418) m.w.N. bzw. juris Rn. 11.

Ist die Beratungsbedürftigkeit hiernach gegeben, so ist in einem weiteren Schritt die Zumutbarkeit der konkreten Hilfemöglichkeit zu klären. Im Zentrum der Überlegungen steht insoweit die Wertung, dass es einem Rechtsuchenden nicht zugemutet werden kann, den Rat derselben Behörde in Anspruch zu nehmen, deren Entscheidung er angreifen will. Dies gilt jedenfalls dann, wenn sich das Anliegen des Rechtsuchenden bereits in einem Verfahrensstadium befindet, das sich von dem der erstmaligen Antragstellung oder einer bloßen Nachfrage[42] unterscheidet. Im Widerspruchsverfahren besteht jedenfalls dann die abstrakte Gefahr von Zirkelschlüssen und Interessenskonflikten, wenn dieselbe Behörde (wie etwa die ARGE) als Ausgangs- und Widerspruchsbehörde zu entscheiden hat. Auch der kostenbewusste bemittelte Rechtsuchende würde in einer solchen Situation den behördlichen Rat nicht mehr als geeignete Entscheidungsgrundlage für die Rechtsverfolgung ansehen. Der Vergleich mit dem Verhalten des vernünftigen Dritten lässt dabei die Verpflichtung der Behörde zur rechtmäßigen Sachbehandlung unberührt. Da jedoch Fehlentscheidungen – zumal in umstrittenen neuen Rechtsgebieten – nicht per se ausgeschlossen sind, kann vom Rechtsuchenden in einer solchen Situation nicht erwartet werden, sich ohne eine externe Durchsetzungshilfe auf die Kompetenz der Behörde zu verlassen. Insofern weist die 2. Kammer des Ersten Senats auf die Vorzüge der unabhängigen Stellung des Anwalts hin. Verstärkende Argumente sind darüber hinaus die Bedeutung des Widerspruchsverfahrens mit seinen Vorwirkungen[43] auf ein eventuelles Gerichtsverfahren und der existenzsichernde Charakter der mit Hilfe der Beratung erstrebten Leistung. Demgegenüber stellt der fiskalische Gesichtspunkt, Kosten zu sparen, unter den gegebenen Umständen keinen sachgerechten Rechtfertigungsgrund dar.

b) Die Zumutbarkeit von Hilfemöglichkeiten

Aus diesem und weiteren Beschlüssen der 2. und 3. Kammer des Ersten Senats ergeben sich zu der Problematik „Selbsthilfe", „zumutbare Behördenhilfe", „(Erforderlichkeit) anwaltlicher Hilfe" zusammenfassend folgende Konkretisierungen der Rechtswahrnehmungsgleichheit:

– Auch wenn die Einordnung der Selbsthilfe einfachrechtlich umstritten sein mag[44], so ist jedenfalls der verfassungsrechtliche Anspruch auf Rechts-

[42] Vgl. BVerfG, Beschluss der 3. Kammer des Ersten Senats vom 12. Juni 2007 – 1 BvR 1014/07 –, NJW-RR 2007, S. 1369.

[43] Vgl. BVerfG, Beschluss der 2. Kammer des Ersten Senats vom 11. Mai 2009 – 1 BvR 1517/08 –, NJW 2009, S. 3417 (3419). Auf eine effektive Gestaltung des Vorverfahrens ist insbesondere wegen der grundsätzlich zeitverzögerten Wirkung und der inhaltlichen Verbindung zum Klageverfahren zu achten.

[44] Gegenüber dem Verweis auf Selbsthilfe grundsätzlich ablehnend *Schoreit*, in: *Schroreit/Groß*, § 1 BerHG, 9. Aufl. 2008, Rn. 52 m.w.N.; für Berücksichtigung im Rahmen eines

wahrnehmungsgleichheit nicht verletzt, wenn auch ein vernünftiger Bemittelter von der Einschaltung eines Anwalts absehen würde. Das Bundesverfassungsgericht fordert insoweit die Beachtung der Einzelfallumstände und nimmt eine personenbezogene Betrachtung vor[45].

- Das Bundesverfassungsgericht hat die Selbsthilfe beziehungsweise die behördliche Beratung grundsätzlich als zumutbar angesehen, wenn es um eine erste Antragstellung geht oder wenn Beratung im Rahmen eines behördlichen Anhörungsverfahrens[46] begehrt wird. Es bezieht sich insoweit wiederum auf die Wertung kostenrechtlicher Vorschriften[47]. Danach würde der Bemittelte unabhängig vom Ausgang des Anhörungsverfahrens in jedem Fall die Kosten der Rechtsverfolgung tragen und dadurch die vorhandenen Mittel schmälern. Im Anhörungsstadium erscheint die Inanspruchnahme der behördlichen Beratung auch deshalb zumutbar, weil von einer „Gegnerschaft" zwischen Behörde und Rechtsuchendem noch nicht gesprochen werden kann. Anders als im Fall des Widerspruchsverfahrens ist eine belastende Entscheidung der Behörde noch nicht getroffen worden.
- Ähnliche Kostenerwägungen gelten für den Fall, dass Beratungshilfe für die Einleitung eines Überprüfungsverfahrens (vgl. § 44 SGB X) gefordert wird[48]. Dazu kommt, dass es einem kostenbewussten Rechtsuchenden grundsätzlich zumutbar sein dürfte, die Tatsachen innerhalb der Widerspruchsfrist zu klären. Unterbleibt dies ohne nachvollziehbaren Grund, so lässt sich die Notwendigkeit fremder Hilfe jedenfalls nicht mit den Schwierigkeiten begründen, die sich wegen des Zeitablaufs ergeben haben.
- Im Widerspruchsverfahren, das bereits näher an das Klageverfahren heranrückt und auf dieses Auswirkungen hat, ist der Verweis auf Selbsthilfe nur unter besonderen Bedingungen möglich, etwa
  - wenn der Rechtsuchende ersichtlich über einschlägige Rechtskenntnisse verfügt und daher in der Lage ist, das Anliegen selbst zu verfolgen[49].

allgemeinen Rechtsschutzinteresses oder evtl. unter § 1 Abs. 1 Nr. 1 oder Nr. 3 BerHG: *Kalthoener/Büttner/Wrobel-Sachs*, 5. Aufl. 2010, Rn. 954, 960. Auch die Frage nach der Erforderlichkeit einer Vertretung (§ 2 Abs. 1 BerHG) kann gegebenenfalls betroffen sein.

[45] Vgl. BVerfG, Beschluss der 2. Kammer des Ersten Senats vom 11. Mai 2009 – 1 BvR 1517/08 –, NJW 2009, S. 3417 (3418) bzw. juris Rn. 34 f.; vgl. auch BVerfG, Beschluss der 2. Kammer des Ersten Senats vom 9. November 2010 – 1 BvR 787/10; juris Rn. 12 ff.

[46] Vgl. BVerfG, Beschluss der 2. Kammer des Ersten Senats vom 30. Juni 2009 – 1 BvR 470/09 –, NJW 2009, S. 3420.

[47] Vgl. BVerfG, Beschluss der 2. Kammer des Ersten Senats vom 30. Juni 2009 – 1 BvR 470/09 –, NJW 2009, S. 3420 unter Hinweis auf BSG, Urteil vom 12. Dezember 1990 – 9a/9 RVs 13/89 –, SozR 3-1300 § 63 Nr. 1.

[48] Vgl. BVerfG, Beschluss der 3. Kammer des Ersten Senats vom 19. August 2010 – 1 BvR 465/10 – juris Rn. 13.

[49] Vgl. BVerfG, Beschluss der 3. Kammer des Ersten Senats vom 2. September 2010 – 1 BvR 1974/08 – juris Rn. 14 f.; Im zugrundeliegenden Fall ging es um Beratung zu einem Bescheid, der die gleiche rechtliche und tatsächliche Problematik aufwies, wie drei weitere

Insoweit stellt das Bundesverfassungsgericht auf die Fähigkeiten des Rechtsuchenden im konkreten Fall ab. Der Rechtsuchende darf nicht pauschal auf einen eigenen Begründungsversuch im Widerspruchsverfahren verwiesen werden[50].

- wenn in einer Angelegenheit lediglich einfach gelagerte Tatsachenfragen aufgeworfen werden. In diese Kategorie fällt auch die zumutbare Erfassung und Aufklärung des Sachverhalts, die ein kostenbewusster Rechtsuchender vornimmt, bevor er fremde Hilfe einschaltet. Hier geht es um die Mühewaltung und Sorgfalt in eigenen Angelegenheiten, zum Beispiel die Ordnung und Verwaltung eigener Unterlagen[51]. Auch ein Bemittelter würde zunächst die wesentlichen Grundzüge des Sachverhalts in Erfahrung bringen, um entscheiden zu können, ob es um rechtliche Fragen geht, zu deren Klärung er selbst nicht in der Lage ist[52]. In die gleiche Richtung zielt der Hinweis, dass die Rechtswahrnehmungsgleichheit nicht der allgemeinen Lebenshilfe, wie Schreib- oder Lesehilfe dient[53]. Eine eigene Klärung ist in der Regel auch dann zumutbar, wenn ein Missverständnis oder ein Versehen[54] erkennbar in Betracht kommt oder sich eine Rückfrage, Erläuterungsbitte[55] beziehungsweise

zuvor ergangene Bescheide. Die Beschwerdeführerin hatte sich insoweit bereits selbst sachkundig vertreten und ein positives Urteil erlangt. Die 3. Kammer sah deshalb keinen Grund, weshalb die Rechtskenntnisse der Beschwerdeführerin für das Widerspruchsverfahren gegen den erneuten Bescheid, der lediglich einen anderen Zeitraum betraf, nicht ausreichen sollten. Es wird jedoch darauf hingewiesen, dass die Notwendigkeit anwaltlicher Beratung nicht stets und pauschal mit der Verweisung auf ein Parallelverfahren verneint werden könne –, juris, Rn. 16. Vgl. auch Beschluss der 2. Kammer des Ersten Senats vom 30. Mai 2011 – 1 BvR 3151/10 –, juris Rn. 11 f. zu „unechten Musterverfahren".

[50] Vgl. BVerfG, Beschluss der 2. Kammer des Ersten Senats vom 14. September 2009 – 1 BvR 40/09 –, juris Rn. 11: Die Rolle des Widerspruchsführers könne nicht darauf reduziert werden, der Behörde im Gespräch Auskunft zu geben, wenn die Kenntnis und Würdigung rechtlicher Normen erforderlich ist, um relevante Tatsachen vorzutragen.

[51] Vgl. BVerfG, Beschluss der 3. Kammer des Ersten Senats vom 15. Juli 2010 – 1 BvR 2681/09 –, juris Rn. 11: Zur zumutbaren Eigeninitiative gehöre der Versuch, sich die wesentlichen Unterlagen zu beschaffen und bei der Behörde nach der Existenz eines Bescheids zu fragen.

[52] Vgl. BVerfG, Beschluss der 3. Kammer des Ersten Senats vom 19. August 2010 – 1 BvR 1179/09 –, juris Rn. 17.

[53] Vgl. BVerfG, Beschluss der 3. Kammer des Ersten Senats vom 12. Juni 2007 – 1 BvR 1014/07 –, NJW-RR 2007, S. 1369 bzw. juris Rn. 12.

[54] Vgl. BVerfG, Beschluss der 3. Kammer des Ersten Senats des BVerfG vom 15. Juli 2010 – 1 BvR 2681/09 –, juris Rn. 10 f.: Der Vortrag einer Beschwerdeführerin, dass sie den Bescheid, auf den sich eine Vollstreckungsankündigung beziehe, nicht kenne, lasse entweder auf Nachlässigkeit in eigenen Angelegenheiten oder auf ein offensichtliches Versehen der Behörde schließen. Es dürfe erwartet werden, dass ein Rechtsuchender in einer solchen Situation durch eine Nachfrage den Sachverhalt zumindest in groben Zügen zunächst aufkläre.

[55] Vgl. BVerfG, Beschluss der 3. Kammer des Ersten Senats vom 19. August 2010 –1 BvR 1179/09 –, juris Rn. 17 ff.: Die Bitte um behördliche Erläuterung eines bestimmten Ansatzes

die Richtigstellung eines auch ohne Rechtskenntnisse durchschaubaren Sachverhalts[56] bei der Behörde aufdrängt.
- wenn es nur um die zunächst fristwahrende Einlegung des Widerspruchs geht. Diese kann dem Widerspruchsführer grundsätzlich zugemutet werden, wenn er über das Rechtsmittel in der Rechtsmittelbelehrung hinreichend aufgeklärt wurde[57].

– Dies bedeutet umgekehrt, dass ein vernünftiger bemittelter Rechtsuchender im Regelfall fremde Hilfe im Widerspruchsverfahren in Anspruch nehmen würde, wenn ein erhebliches rechtliches Problem vorliegt, das er selbst nicht durchschaut und ausreichend begründen kann. Dies gilt insbesondere dann, wenn zum Zeitpunkt der Antragstellung noch keine höchstrichterliche Klärung des Problems vorliegt oder wenn die Angelegenheit von existenzieller Bedeutung für die Zukunft des Antragstellers ist. Auch darüber hinaus ist jedoch kein allzu strenger Maßstab anzulegen und nicht vorschnell davon auszugehen, es handele bei dem Beratungsanliegen um eine einfache Tatsachenklärung. So ist auch bei der Aufklärung medizinischer Sachverhalte in der Regel die Kenntnis und Würdigung rechtlicher Vorschriften und deren Auslegung erforderlich[58]. Bei Aufhebungs- und Erstattungsbescheiden stellt sich die sowohl in rechtlicher wie auch in tatsächlicher Hinsicht häufig schwierige Frage, ob die Voraussetzungen für eine rückwirkende Aufhebung eines begünstigenden Verwaltungsaktes vorliegen[59]. In Rechtsgebieten, in denen besondere Kenntnisse und Erfahrung erforderlich sind und für die eine fachanwaltliche Spezialisierung vorgesehen ist, lässt sich kaum vertreten, dass im Regelfall keine schwierigen Rechtsfragen zu klären sind[60].

– Wenn auch ein kostenbewusster Bemittelter fremde Hilfe vernünftigerweise heranziehen würde, darf zwar grundsätzlich auch auf fachkundige

für die tatsächliche Höhe der Unterkunftskosten, soweit diese nicht mit den eigenen Unterlagen übereinstimmt, ist zumutbar.

[56] Vgl. BVerfG, Beschluss der 2. Kammer des Ersten Senats vom 14. September 2009 – 1 BvR 40/09 –, juris Rn. 11.

[57] Vgl. BVerfG; Beschluss der 2. Kammer des Ersten Senats vom 11. Mai 2009 – 1 BvR 1517/08 –, NJW 2009, S. 3417 (3419) bzw. juris Rn. 37.

[58] Vgl. BVerfG, Beschluss der 2. Kammer des Ersten Senats vom 13. August 2009 – 1 BvR 615/09 –, AnwBl 2009, S. 792 bzw. juris Rn. 12: Es kann nicht davon ausgegangen werden, dass es für einen Widerspruch gegen einen ablehnenden Bescheid der Rentenversicherung keiner rechtlichen Kenntnisse bedarf, wenn es um die richtige Feststellung und Bewertung von Krankheiten geht.

[59] Vgl. BVerfG, Beschluss der 3. Kammer des Ersten Senats vom 6. September 2010 – 1 BvR 440/10 – juris Rn. 15.

[60] Vgl. BVerfG, Beschluss der 2. Kammer des Ersten Senats vom 11. Mai 2009 – 1 BvR 1517/08 –, NJW 2009, S. 3417 (3418) bzw. juris Rn. 32; Beschluss der 3. Kammer des Ersten Senats vom 6. September 2010 – 1 BvR 440/10 –, juris Rn. 14.

behördliche Hilfe verwiesen werden. Dem Rechtsuchenden ist behördliche Hilfe aber jedenfalls dann unzumutbar, wenn

- die rechtliche Hilfe ein Widerspruchsverfahren betrifft, in dem die Ausgangsbehörde zugleich als Widerspruchsbehörde entscheidet[61];
- wenn das Verhältnis zwischen Behörde und Rechtssuchendem im konkreten Fall erheblich belastet ist (z.B. aufgrund laufender Rechtstreitigkeiten) und konkrete Umstände vorliegen, die den Kontakt mit der Behörde unzumutbar erscheinen lassen.
- die eigene laienhafte Argumentation des Rechtsuchenden bereits vor derselben Behörde erfolglos war[62].

VI. Die Rechtsprechung des Bundesverfassungsgerichts zum Anspruch auf Rechtsschutzgleichheit und zu den verfassungsrechtlichen Anforderungen an die Prozesskostenhilfe

Das Bundesverfassungsgericht erachtet die Regelungen in §§ 114 ff. ZPO als grundsätzlich geeignet, um die verfassungsrechtlich gebotene annähernde Gleichstellung des Unbemittelten mit dem Begüterten im Bereich des gerichtlichen Rechtsschutzes zu erreichen[63]. Insbesondere begegnet es nach der Rechtsprechung des Bundesverfassungsgerichts keinen Bedenken, die Gewährung von Prozesskostenhilfe – wie in § 114 ZPO vorgesehen – davon abhängig zu machen, dass die beabsichtigte Rechtsverfolgung oder Rechtsverteidigung hinreichende Aussicht auf Erfolg bietet[64]. Auch das in § 114 ZPO vorgesehene Ausschlusskriterium der Mutwilligkeit ist grundsätzlich verfassungsrechtlich unbedenklich[65]. Zu beachten ist allerdings stets, dass an von nicht anwaltlich vertretenen Rechtsuchenden gestellte Prozesskostenhilfeanträge keine überspannten Anforderungen gestellt werden dürfen, damit der Weg zur Bewilligung von Prozesskostenhilfe nicht schon aus formalen Gründen abgeschnitten wird[66].

[61] Vgl. BVerfG, Beschluss der 2. Kammer des Ersten Senats vom 11. Mai 2009 – 1 BvR 1517/08 –, NJW 2009, S. 3417 (3419) bzw. juris Rn. 39, 41.

[62] Vgl. BVerfG, Beschluss der 3. Kammer des Ersten Senats vom 28. September 2010 – 1 BvR 623/10 –, juris Rn. 14. Ein Verweis auf die erneute Befassung der Behörde mit einem bereits erfolglos vorgetragenen Anliegen werde dem berechtigten Anliegen nach aktiver Beteiligung am Verfahren nicht gerecht.

[63] Vgl. BVerfGE 81, 347 (357); BVerfGK 11, 93 (98).

[64] Vgl. BVerfGE 9, 124 (130 ff.); 67 245 (248); 81, 347 (357); 122, 39 (49); BVerfGK 12, 290 (293); stRspr.

[65] Vgl. BVerfGE 50, 217 (231); 81, 347 (358); stRspr.

[66] Vgl. BVerfG, Beschluss der 4. Kammer des Zweiten Senats vom 6. Juli 2001 – 2 BvR 881/01 –, juris; *Henke*, ZZP 123, S. 193 (216).

1. Das Kriterium der hinreichenden Erfolgsaussicht

Aus verfassungsrechtlicher Sicht steht der Versagung von Prozesskostenhilfe nichts entgegen, wenn ein Erfolg des Rechtsschutzbegehrens in der Hauptsache zwar nicht schlechthin ausgeschlossen ist, die Erfolgschance sich aber nur als eine entfernte darstellt[67]; für die Bewilligung von Prozesskostenhilfe darf mithin vorausgesetzt werden, dass eine mehr als nur theoretische Wahrscheinlichkeit für den Erfolg des Rechtsschutzbegehrens spricht[68]. Die Beurteilung der Erfolgsaussichten eines Rechtsschutzbegehrens steht dabei immer in engem Zusammenhang mit der den Fachgerichten vorbehaltenen Feststellung und Würdigung des entscheidungserheblichen Sachverhalts und der ihnen obliegenden Auslegung und Anwendung des jeweils einschlägigen materiellen und prozessualen Rechts[69]. Die Fachgerichte dürfen jedoch die Anforderungen an die Erfolgsaussichten des Rechtsschutzbegehrens des Bedürftigen nicht überspannen[70]. Das Gebot der Rechtsschutzgleichheit verbietet insbesondere, die Rechtsverfolgung oder Rechtsverteidigung in das summarische Verfahren der Prozesskostenhilfe vorzuverlagern und damit das Prozesskostenhilfeverfahren an die Stelle des Hauptsacheverfahrens treten zu lassen. Das Prozesskostenhilfeverfahren soll den Rechtsschutz, den der Rechtsstaatsgrundsatz gewährleistet, nicht selbst bieten, sondern lediglich zugänglich machen; es dient nicht der Gewährung des Rechtsschutzes, sondern der Eröffnung der Möglichkeit, den durch die staatlichen Gerichte im Hauptsacheverfahren gebotenen Rechtsschutz in Anspruch zu nehmen[71]. Dahinter steht der Gedanke, dass das Hauptsacheverfahren weitergehende Rechtsschutzmöglichkeiten als das Prozesskostenhilfeverfahren bietet, dass nämlich – nicht nur wegen der jedenfalls vor Landgerichten und übergeordneten Gerichten im Regelfall zwingenden anwaltlichen Vertretung – ungleich bessere Möglichkeiten zur Entwicklung und Darstellung des eigenen Rechtsstandpunkts sowie zur Einwirkung auf die Meinungsbildung des erkennenden Gerichts bestehen als im Prozesskostenhilfeverfahren; zudem ist das Hauptsacheverfahren unter Umständen – insbesondere bei Mitwirkung von ehrenamtlichen Richtern – in anderer Besetzung durchzuführen als das

[67] Vgl. BVerfGE 81, 347 (357); BVerfGK 12, 290 (293); Beschluss der 2. Kammer des Ersten Senats vom 29. Oktober 2009 – 1 BvR 2237/09 –, NJW 2010, S. 288 (289).

[68] Vgl. BVerfG, Beschluss der 1. Kammer des Ersten Senats vom 4. Februar 1997 – 1 BvR 391/93 –, juris Rn. 8; *Henke*, a.a.O. (Fn. 66), S. 201.

[69] Vgl. BVerfG, Beschluss der 1. Kammer des Ersten Senats vom 30. September 2003 – 1 BvR 2072/02 –, NJW-RR 2004, S. 61.

[70] Vgl. BVerfGE 81, 347 (358); BVerfGK 2, 275 (277 f.); 6, 25 (27); 10, 84 (87); stRspr.

[71] Vgl. BVerfGE 81, 347 (357); BVerfG, Beschluss der 3. Kammer des Ersten Senats vom 14. April 2003 – 1 BvR 1998/02 –, NJW 2003, S. 2976 (2977); Beschluss der 3. Kammer des Ersten Senats vom 4. Februar 2004 – 1 BvR 596/03 –, NJW 2004, S. 1789; BVerfGK 10, 340 (343).

Prozesskostenhilfeverfahren[72]. Schließlich stehen dem Rechtsuchenden im Hauptsacheverfahren gegebenenfalls weiter gehende Rechtsmittel als im Prozesskostenhilfeverfahren zur Verfügung[73]. In der Versagung von Prozesskostenhilfe liegt daher eine Verletzung des Anspruchs auf Rechtsschutzgleichheit, wenn es nicht fern liegend erscheint, dass der bedürftige Rechtsuchende sein Rechtsschutzbegehren im Hauptsacheverfahren – möglicherweise im höheren Instanzenzug – durchsetzen kann[74].

Prozesskostenhilfe darf grundsätzlich nur aufgrund einer eigenständigen gewissenhaften Prüfung der Erfolgsaussichten verweigert werden. Eine nur floskelhafte Begründung reicht insoweit ebenso wenig aus wie eine bloße Bezugnahme auf vorangegangene gerichtliche, staatsanwaltschaftliche oder sonstige behördliche Entscheidungen[75]. Mit dem Vorbringen des bedürftigen Rechtsuchenden haben sich die Fachgerichte bei der Beurteilung der Erfolgsaussichten seines Rechtsschutzbegehrens ebenso eingehend auseinander zu setzen wie mit den Beweisangeboten und den Gesichtspunkten, die für seinen Standpunkt sprechen oder Zweifel am Vorbringen des Gegners begründen[76].

Mit dem Gebot der Rechtsschutzgleichheit ist es insbesondere nicht vereinbar, wenn ein Fachgericht einen Prozesskostenhilfeantrag ungeachtet der Erfolgsaussichten des Rechtsschutzbegehrens zur Zeit der Entscheidungsreife des Prozesskostenhilfeantrags mit der tatsächlichen Erfolglosigkeit des Rechtsbehelfs begründet; Maßstab des Merkmals „Aussicht auf Erfolg" (§ 114 ZPO) ist nicht der tatsächliche Erfolg der Prozessführung in der Hauptsache, sondern eine Erfolgsprognose zum Zeitpunkt der Entscheidungsreife des Prozesskostenhilfeantrags[77]. Hiernach kann zur Begründung einer ablehnenden Prozesskostenhilfeentscheidung insbesondere nicht auf das Ergebnis einer durchgeführten mündlichen Verhandlung oder Beweisaufnahme abgestellt werden[78].

Die Anforderungen an die Erfolgsaussichten eines Rechtsschutzbegehrens werden nach der Rechtsprechung des Bundesverfassungsgerichts insbesondere in folgenden Fällen überspannt:

[72] Vgl. BVerfGE 22, 349 (358); *Behn*, a.a.O. (Fn. 5), S. 2.

[73] Vgl. BVerfGE 81, 347 (359).

[74] Vgl. BVerfGK 9, 437 (439).

[75] Vgl. BVerfG, Beschluss der 3. Kammer des Ersten Senats vom 1. Juli 2009 – 1 BvR 560/08 –, juris Rn. 15.

[76] Vgl. BVerfG, Beschluss der 3. Kammer des Ersten Senats vom 1. Juli 2009 – 1 BvR 560/08 –, juris Rn. 15; Beschluss der 2. Kammer des Ersten Senats vom 28. November 2007 – 1 BvR 69/07 – und – 1 BvR 72/07 –, juris Rn. 29 f.

[77] Vgl. BVerfG, Beschluss der 2. Kammer des Ersten Senats vom 19. Februar 2007 – 1 BvR 2036/07 – juris Rn. 27 f.

[78] Vgl. BVerfG, Beschluss der 1. Kammer des Ersten Senats vom 13. Juli 2005 – 1 BvR 175/05 –, NJW 2005, S. 3489 (3490); Beschluss der 2. Kammer des Ersten Senats vom 19. Februar 2007 – 1 BvR 2036/07 –, juris Rn. 27 ff.

a) Entscheidung schwieriger, ungeklärter Rechtsfragen im Prozesskostenhilfeverfahren

Nach der Rechtsprechung des Bundesverfassungsgerichts ist der Anspruch auf Rechtsschutzgleichheit unter anderem dann verletzt, wenn der gerichtliche Rechtsschutz durch Entscheidung einer schwierigen, bislang nicht höchstrichterlich geklärten Rechtsfrage in das Prozesskostenhilfeverfahren vorverlagert wird[79]. Allein die Schwierigkeit einer Rechtsmaterie gebietet allerdings aus verfassungsrechtlicher Sicht nicht ohne Weiteres die Gewährung von Prozesskostenhilfe[80]. Prozesskostenhilfe muss aus verfassungsrechtlicher Sicht auch nicht schon dann gewährt werden, wenn die entscheidungserhebliche Rechtsfrage zwar noch nicht höchstrichterlich geklärt ist, ihre Beantwortung aber im Hinblick auf die einschlägige gesetzliche Regelung oder die durch die bereits vorliegende Rechtsprechung gewährten Auslegungshilfen nicht als „schwierig" im Sinne der Rechtsprechung des Bundesverfassungsgerichts erscheint[81]. Dies ist unter anderem dann der Fall, wenn eine verlässliche Beurteilung der Erfolgsaussichten lediglich solche rechtlichen Erwägungen erfordert, die an von der höchst- oder verfassungsgerichtlichen Rechtsprechung aufgestellte Leitlinien anknüpfen und sich aus einer bloßen Übertragung dieser Leitlinien auf den zu entscheidenden Fall gleichsam von selbst ergeben[82]. Die Fachgerichte überspannen aber die Anforderungen an die Erfolgsaussichten der beabsichtigten Rechtsverfolgung oder Rechtsverteidigung, wenn sie eine Rechtsfrage, die in vertretbarer Weise auch anders beantwortet werden kann, ohne Auseinandersetzung mit der gegenteiligen Rechtsprechung unter Vorwegnahme des Hauptsacheverfahrens abschließend im Prozesskostenhilfeverfahren erörtern und dem Rechtsuchenden dadurch den Zugang zum eigentlichen gerichtlichen Verfahren versagen[83]. Um den verfassungsrechtlichen Anforderungen des Art. 3 Abs. 1 in Verbindung mit Art. 20 Abs. 1 und 3 GG Genüge zu tun, haben die Fachgerichte die vorhandene Rechtsprechung zu der entscheidungserheblichen Rechtsfrage sowie den Meinungsstand in der Literatur umfassend aufzuarbeiten und auf dieser Grundlage zu beurteilen, ob es sich bei der maßgeblichen Rechtsfrage um eine „schwierige" handelt. Wenn die entscheidungserhebliche Frage streitig ist, muss dabei in der Regel von einer „schwierigen"

[79] Vgl. BVerfGK 8, 213 (216); stRspr.

[80] Vgl. BVerfG, Beschluss der 3. Kammer des Ersten Senats vom 8. September 2009 – 1 BvR 1464/09 –, juris Rn. 4; *Henke*, a.a.O (Fn. 66), S. 202.

[81] Vgl. BVerfGE 81, 347 (359); BVerfG, Beschluss der 3. Kammer des Ersten Senats vom 4. Februar 2004 – 1 BvR 596/03 –, NJW 2004, S. 1789; BVerfGK 8, 213 (216 f.).

[82] Vgl. BVerfGE 81, 347 (360); *Behn*, a.a.O. (Fn. 5), S. 4.

[83] Vgl. BVerfG, Beschluss der 3. Kammer des Ersten Senats vom 5. Februar 2003 – 1 BvR 1526/02 –, NJW 2003, S. 1857 (1858); BVerfGK 12, 290 (293).

Rechtsfrage ausgegangen werden[84]. Dies gilt auch, wenn eine entscheidungserhebliche Rechtsfrage zwar bereits höchstrichterlich geklärt ist, diese Rechtsprechung aber mit nicht von vornherein abwegigen Einwendungen in Frage gestellt wird[85]. Die Schwierigkeit einer Rechtsfrage kann sich aber auch daraus ergeben, dass es sich bei dem zu beurteilenden Sachverhalt um einen singulären Vorgang handelt, der noch nicht Gegenstand von Rechtsprechung gewesen ist, aber in der Literatur kontrovers diskutiert wird[86]. Selbst wenn ein mit seiner Rechtsauffassung von der höchstrichterlichen Rechtsprechung und der herrschenden Meinung in der Literatur abweichendes Gericht seine Auffassung mit schlüssigen Argumenten gut begründet, verstößt die Verweigerung von Prozesskostenhilfe gegen das Gebot der Rechtsschutzgleichheit, weil die inhaltliche Auseinandersetzung mit schwierigen, streitigen Rechtsfragen dem Hauptsacheverfahren vorbehalten bleiben muss[87]. Aus ähnlichen Erwägungen ist ein Durchentscheiden der entscheidungserheblichen Fragen im Prozesskostenhilfeverfahren auch dann verfassungsrechtlich unzulässig, wenn es hierfür komplexer Argumentations- und/oder Abwägungsvorgänge bedarf[88]. Dies gilt insbesondere dann, wenn die entscheidungserhebliche Frage eine besondere Grundrechtsrelevanz aufweist; in diesem Fall muss regelmäßig von einer schwierigen Rechtsfrage im Sinne der Rechtsprechung des Bundesverfassungsgerichts ausgegangen werden[89]. Die Rechtsverfolgung oder Rechtsverteidigung wird einem Bedürftigen im Vergleich zu einem Bemittelten schließlich auch dann unverhältnismäßig erschwert, wenn die Erfolgsaussichten des Rechtsschutzbegehrens mit einer Begründung verneint werden, die auf einer verfassungsrechtlich unhaltbaren Auslegung des einfachen Rechts beruht und die eine grundsätzlich unrichtige Anschauung von der Bedeutung der betroffenen Grundrechtspositionen erkennen lässt[90].

Durchgreifenden verfassungsrechtlichen Bedenken begegnet es insbesondere, wenn das Fachgericht einer entscheidungserheblichen Rechtsfrage grundsätzliche Bedeutung zumisst und deshalb ein Rechtsmittel gegen sein Urteil zulässt, Prozesskostenhilfe aber mangels hinreichender Erfolgsaussichten verweigert[91]. Gleiches gilt, wenn das Fachgericht eine entscheidungserhebliche

[84] Vgl. BVerfGK 2, 275 (278); BVerfGK 8, 213 (217 f.).

[85] Vgl. *Behn*, a.a.O. (Fn. 5), S. 4 m.w.N.

[86] Vgl. BVerfG, Beschluss der 2. Kammer des Ersten Senats vom 19. Februar 2008 – 1 BvR 1807/07 –, NJW 2008, S. 1060 (1062).

[87] Vgl. BVerfGK 4, 161 (164).

[88] Vgl. BVerfGK 11, 93 (101); vgl. BVerfG, Beschluss der 2. Kammer des Ersten Senats vom 19. Februar 2008 – 1 BvR 1807/07 –, NJW 2008, S. 1060 (1062).

[89] Vgl. BVerfGK 2, 275 (278); 9, 437 (440 f.); BVerfG, Beschluss der 2. Kammer des Ersten Senats vom 19. Februar 2008 – 1 BvR 1807/07 –, NJW 2008, S. 1060 (1062).

[90] Vgl. BVerfGK 9, 123 (126).

[91] Vgl. BVerfG, Beschluss der 3. Kammer des Ersten Senats vom 4. Februar 2004 – 1 BvR 596/03 –, NJW 2004, S. 1789; Beschluss der 2. Kammer des Ersten Senats vom 19. Februar 2007 – 1 BvR 2036/07 –, juris Rn. 27 f.

Rechtsfrage im Verfahren des einstweiligen Rechtsschutzes ungeklärt lässt und auf das Hauptsacheverfahren verweist, gleichzeitig aber Prozesskostenhilfe unter Beantwortung der Rechtsfrage im dortigen summarischen Verfahren verweigert[92]. Auch wenn das Fachgericht das Erscheinen eines Rechtsuchenden zum Zwecke einer ausführlichen Befragung in der mündlichen Verhandlung ausdrücklich für ratsam hält, tritt klar zu Tage, dass das Gericht die Aussichten der Klage für offen hält[93]. Die Bewilligung von Prozesskostenhilfe ist unter diesen Umständen aus verfassungsrechtlichen Gründen geboten.

Sieht ein Gericht eine entscheidungserhebliche Frage fehlerhaft als geklärt an, hängt es vornehmlich von der Eigenart der jeweiligen Rechtsmaterie und der Ausgestaltung des zugehörigen Verfahrens ab, wann hierbei der Zweck der Prozesskostenhilfe deutlich verfehlt wird[94]. Dabei sind insbesondere die Voraussetzungen (Kostenvorschusspflicht und Anwaltszwang) und die sonstigen Modalitäten (Schriftlichkeit oder Mündlichkeit des Verfahrens, Amtsermittlung, weiterer Rechtsmittelzug) des jeweiligen Rechtswegs zu berücksichtigen[95]. An einer nachvollziehbaren Begründung der Entscheidung darf es jedenfalls nicht fehlen[96].

b) Unzulässige Vorwegnahme einer Beweisaufnahme

Hängen die Erfolgsaussichten der beabsichtigten Rechtsverfolgung oder Rechtsverteidigung von einer Beweisaufnahme ab, gebietet der Anspruch auf Rechtsschutzgleichheit in der Regel die Gewährung von Prozesskostenhilfe. Die Rechtsverfolgung wird dem Unbemittelten unter Verletzung des Anspruchs auf Rechtschutzgleichheit insbesondere dann unverhältnismäßig erschwert, wenn ihm wegen fehlender Erfolgsaussicht Prozesskostenhilfe versagt wird, obwohl eine Beweisaufnahme ernsthaft in Betracht kommt und keine konkreten nachvollziehbaren Anhaltspunkte dafür vorliegen, dass eine durchzuführende Beweisaufnahme mit hoher Wahrscheinlichkeit zu seinen Lasten ausgehen würde, oder wenn abzusehen ist, dass der beweisbelastete Antragsgegner für das Vorliegen einer entscheidungserheblichen Tatsache beweisfällig bleiben wird[97]. Ob eine Beweiserhebung im konkreten Fall ernst-

[92] Vgl. BVerfGK 8, 213 (218).

[93] Vgl. BVerfG, Beschluss der 2. Kammer des Ersten Senats vom 19. Februar 2007 – 1 BvR 2036/07 –, juris Rn. 30.

[94] Vgl. BVerfGE 81, 347 (360); BVerfGK 11, 93 (99).

[95] Vgl. BVerfGE 81, 347 (360).

[96] Vgl. *Behn*, a.a.O. (Fn. 5). S. 3, 5.

[97] Vgl. BVerfG, Beschluss der 2. Kammer des Ersten Senats vom 20. Februar 2002 – 1 BvR 1450/00 –, NJW-RR 2002, S. 1069; Beschluss der 3. Kammer des Ersten Senats vom 3. Juni 2003 – 1 BvR 1355/02 –, NJW-RR 2003, S. 1216; Beschluss der 3. Kammer des Ersten Senats vom 21. November 2008 – 1 BvR 2504/06 –, juris Rn. 13 f.; stRspr.

haft in Betracht kommt, ist in erster Linie eine Frage der Anwendung und Auslegung des einfachen materiellen und prozessualen Rechts. Auch insoweit gilt wiederum, dass allein aus einer Fehlerhaftigkeit der einfach-rechtlichen Rechtsanwendung noch keine Verletzung spezifischen Verfassungsrechts folgt; eine Überspannung der Anforderungen an die Erfolgsaussichten eines Rechtsschutzbegehrens liegt aber dann vor, wenn die einfach-rechtliche Rechtsanwendung nicht nur fehlerhaft, sondern unter keinem denkbaren rechtlichen Gesichtspunkt vertretbar ist, so dass sich der Schluss aufdrängt, dass sie auf sachfremden Erwägungen beruht, und daher auch das Willkürverbot verletzt[98].

Schon bei der Frage, ob eine Beweisaufnahme durchzuführen ist, dürfen die Anforderungen nicht überspannt werden. Beispielsweise fordert das Bundesverfassungsgericht für die Annahme eines auf rechtsmissbräuchliche Ausforschung gerichteten Beweisangebots Zurückhaltung[99]. Auch die Grundsätze der Beweislastverteilung und sonstige Beweisregeln – insbesondere die Regeln des Anscheinsbeweises – müssen beachtet werden[100]. Soweit das Fachgericht eine Beweisaufnahme trotz angebotenem Sachverständigengutachten für verzichtbar hält, hat es seine eigene Sachkunde nachvollziehbar darzulegen[101].

Die Beweisaufnahme darf grundsätzlich auch nicht in das Prozesskostenhilfeverfahren vorgezogen oder durch dieses ersetzt werden. Eine Beweisantizipation ist im Prozesskostenhilfeverfahren nur in eng begrenztem Rahmen zulässig[102]. Mit dem Vorbringen des bedürftigen Rechtsuchenden und seinen Beweisangeboten haben sich die Fachgerichte im Rahmen ihrer Prognose eingehend auseinander zu setzen[103]. Zum Zwecke einer Beweisantizipation darf auf ordnungsgemäß in das Prozesskostenhilfeverfahren ein-

[98] Vgl. BVerfG, Beschluss der 1. Kammer des Ersten Senats vom 15. Dezember 2008 – 1 BvR 1404/04 –, juris Rn. 32.

[99] Vgl. BVerfG, Beschluss der 1. Kammer des Ersten Senats vom 9. Februar 1994 – 1 BvR 937/93 –, juris Rn. 12; Beschluss der 3. Kammer des Ersten Senats vom 14. April 2003 – 1 BvR 1998/02 –, NJW 2003, S. 2976 (2977).

[100] Vgl. BVerfG, Beschluss der 3. Kammer des Ersten Senats vom 1. Juli 2009 – 1 BvR 560/08 –, juris Rn. 18; Beschluss der 3. Kammer des Ersten Senats vom 21. November 2008 – 1 BvR 2504/06 –, juris Rn. 22; Beschluss der 3. Kammer des Ersten Senats vom 8. Dezember 2009 – 1 BvR 2733/06 – NJW 2010, S. 1129 (1130).

[101] Vgl. BVerfG, Beschluss der 2. Kammer des Ersten Senats vom 28. November 2007 – 1 BvR 69/07 und 1 BvR 72/07 – juris Rn. 31; Beschluss der 3. Kammer des Ersten Senats vom 21. November 2008 – 1 BvR 2504/06 – juris Rn. 19.

[102] Vgl. BVerfG, Beschluss der 3. Kammer des Ersten Senats vom 7. Mai 1997 – 1 BvR 296/94 –, NJW 1997, S. 2745 (2746); Beschluss der 3. Kammer des Ersten Senats vom 14. April 2003 – 1 BvR 1998/02 –, NJW 2003, S. 2976 (2977); Beschluss der 3. Kammer des Ersten Senats vom 1. Juli 2009 – 1 BvR 560/08 –, juris Rn. 13; stRspr.

[103] Vgl. BVerfG, Beschluss der 3. Kammer des Ersten Senats vom 1. Juli 2009 – 1 BvR 560/08 –, juris Rn. 18.

geführte frühere Zeugenaussagen, vorgelegte eidesstattliche Versicherungen und sonstige Urkunden abgestellt werden, soweit die allgemeinen Grundsätze der Beweiswürdigung Beachtung finden[104]. Zu berücksichtigen ist nämlich insoweit, dass auch bemittelte, vernünftig abwägende Rechtsuchende bei ihrer Entscheidung für oder gegen die Inanspruchnahme von gerichtlichem Rechtsschutz solche bereits vorliegenden Zeugenaussagen oder andere Beweismittel bei der Bewertung ihrer Erfolgschancen berücksichtigen müssen[105]. Die Fachgerichte dürfen der Beweisantizipation nur zweifelsfrei feststehende und rechtsfehlerfrei festgestellte Tatsachen zugrunde legen[106]; sie müssen alle vorhandenen Erkenntnisse umfassend in die Beurteilung einbeziehen und dürfen nicht selektiv auf einzelne Beweise oder Indizien abstellen[107]. Insbesondere darf die Beweisantizipation nicht auf bloßen Spekulationen beruhen[108]. Das Hauptsacheverfahren darf nicht durch die spekulative Unterstellung ersetzt werden, auch eine mündliche Verhandlung und Beweisaufnahme werde nicht zu einer Klärung führen[109]. Dabei ist zu beachten, dass die Beurteilung der Wahrnehmungsfähigkeit von Zeugen grundsätzlich nicht im Rahmen einer Beweisantizipation im Prozesskostenhilfeverfahren erfolgen kann, sondern der Prüfung im Hauptsacheverfahren vorbehalten bleiben muss[110]. Auch die Glaubhaftigkeit schriftlich vorliegender Zeugenaussagen kann möglicherweise nicht abschließend im Prozesskostenhilfeverfahren beurteilt werden; soweit die Beweise im Prozesskostenhilfeverfahren nicht umfassend vorliegen und abschließend bewertet werden können, sondern Fragen offen bleiben, bedarf es der Bewilligung von Prozesskostenhilfe und der Durchführung des Hauptsacheverfahrens. Insbesondere kann die Frage der Erfolgsaussicht des Rechtsschutzbegehrens des Bedürftigen nicht ohne

[104] Vgl. BVerfG, Beschluss der 1. Kammer des Ersten Senats vom 20. Februar 2002 – 1 BvR 1450/00 –, NJW-RR 2002, S. 1069 (1270); Beschluss der 1. Kammer des Ersten Senats vom 30. September 2003 – 1 BvR 2072/02 –, NJW-RR 2004, S. 61 (62); Beschluss der 2. Kammer des Ersten Senats vom 29. Oktober 2009 – 1 BvR 2237/09 –, NJW 2010, S. 288 (289).

[105] Vgl. BVerfG, Beschluss der 2. Kammer des Ersten Senats vom 29. Oktober 2009 – 1 BvR 2237/09 –, NJW 2010, S. 288 (289).

[106] Vgl. BVerfG, Beschluss der 3. Kammer des Ersten Senats vom 1. Juli 2009 – 1 BvR 560/08 –, juris Rn. 14 ff.

[107] Vgl. BVerfG, Beschluss der 3. Kammer des Ersten Senats vom 3. Juni 2003 – 1 BvR 1355/02 –, NJW- RR 2003, S. 1216 (1217).

[108] Vgl. BVerfG, Beschluss der 1. Kammer des Ersten Senats vom 20. Februar 2002 – 1 BvR 1450/00 –, juris Rn. 15; Beschluss der 2. Kammer des Ersten Senats vom 19. Februar 2008 – 1 BvR 1807/07 –, NJW 2008, S. 1060 (1062).

[109] Vgl. BVerfG, Beschluss der 1. Kammer des Ersten Senats vom 20. Februar 2002 – 1 BvR 1450/00 –, juris Rn. 15; Beschluss der 3. Kammer des Ersten Senats vom 3. Juni 2003 – 1 BvR 1355/02 –, NJW-RR 2003, S. 1216 (1217).

[110] Vgl. BVerfG, Beschluss der 2. Kammer des Ersten Senats vom 19. Februar 2008 – 1 BvR 1807/07 –, NJW 2008, S. 1060 (1061).

Weiteres abschließend damit beantwortet werden, dass andere als die vom Bedürftigen behaupteten Geschehensabläufe nicht mit der erforderlichen Sicherheit ausgeschlossen werden könnten[111].

c) Vorziehen einer Ermessensausübung?

Die Frage, ob eine Verletzung des verfassungsrechtlich gewährleisteten Anspruchs auf Rechtsschutzgleichheit auch dann anzunehmen ist, wenn die Ausübung eines auf Rechtsfolgenebene eröffneten richterlichen Ermessens – beispielsweise bei Ansprüchen auf Schmerzensgeld – in das Prozesskostenhilfeverfahren vorverlagert wird und die richterliche Ermessensausübung zur Anspruchshöhe mit erheblichen Unsicherheiten verbunden ist, hat das Bundesverfassungsgericht zwar aufgeworfen, aber bislang nicht beantwortet[112]. Für die Bejahung dieser Frage spricht Einiges, weil eine Ermessensentscheidung das Ergebnis eines komplexen Abwägungsvorgangs ist, dessen Ausgang in der Regel nicht unerheblich von den Einzelheiten des Vorbringens der Parteien und einer eingehenden Erörterung in der mündlichen Verhandlung abhängig ist. Auf die im Hauptsacheverfahren in besonderer Weise bestehende Möglichkeit der Rechtsuchenden, auf die Meinungsbildung des Gerichts Einfluss zu nehmen, kommt es gerade bei Ermessensentscheidungen ganz maßgeblich an. Gleiches dürfte bei anderen komplexen Abwägungsvorgängen gelten, wie beispielsweise der Gewichtung eines Mitverschuldens.

d) Hinweispflichten

Auch im Prozesskostenhilfeverfahren kommt den gerichtlichen Hinweispflichten eine große Bedeutung zu. Denn dem verfassungsrechtlich verbürgten Anspruch auf Rechtsschutzgleichheit wird es nicht gerecht, wenn Prozesskostenhilfe unter Hinweis auf das Fehlen hinreichender Erfolgsaussicht versagt wird, ohne dass zuvor ausreichend durch richterliche Hinweise auf eine schlüssige Klagebegründung und die erforderlichen Beweisangebote hingewirkt wurde; das Gebot der Rechtsschutzgleichheit von Bemitteltem und Unbemittelten erfordert, dass im Prozesskostenhilfeverfahren hinsichtlich richterlicher Hinweispflichten ein ebenso strenger Maßstab angelegt wird wie in einem Hauptsacheverfahren[113].

111 Vgl. BVerfG, Beschluss der 3. Kammer des Ersten Senats vom 1. Juli 2009 – 1 BvR 560/08 –, juris Rn. 22.

112 Vgl. BVerfG, Beschluss der 1. Kammer des Ersten Senats vom 2. Juli 2009 – 1 BvR 2013/08 –, juris Rn. 17.

113 Vgl. BVerfGK 12, 394 (400); BVerfG, Beschluss der 2. Kammer des Ersten Senats vom 28. November 2007 – 1 BvR 68/07, 1 BvR 70/07 und 1 BvR 71/07 –, juris Rn. 19.

2. *Das Kriterium der Mutwilligkeit*

Zu dem in § 114 ZPO vorgesehenen Kriterium der Mutwilligkeit, das auch in der fachgerichtlichen Rechtsprechung eine eher untergeordnete Rolle spielt, ist bislang nur wenig verfassungsgerichtliche Rechtsprechung ergangen[114]. Besondere verfassungsrechtliche Maßstäbe gelten insoweit nicht. Auch bei Auslegung des Kriteriums der Mutwilligkeit ist verfassungsrechtlich der Vergleich mit einem vernünftig denkenden, die Prozessaussichten und Rechtsverfolgungskosten abwägenden bemittelten Rechtsuchenden maßgebend[115]. Mutwilligkeit ist daher insbesondere nicht allein deshalb anzunehmen, weil eine bedürftige Partei einen Rechtsstreit führen will, dessen Gegenstandswert unter den hierfür entstehenden Rechtsverfolgungskosten liegt[116]. Das Verhältnis von Streitwert und Rechtsverfolgungskosten stellt nur ein Indiz unter mehreren dar. Zwar kann ein extrem niedriger – unter den Rechtsverfolgungskosten liegender – Streitwert im Einzelfall für Mutwilligkeit sprechen; Mutwilligkeit lässt sich indes nur aufgrund einer Gesamtbetrachtung – insbesondere unter Berücksichtigung der Erfolgsaussichten und der konkreten Bedeutung des Streitgegenstands für den Bedürftigen – verantwortbar beurteilen. So kann Mutwilligkeit jedenfalls dann nicht nur wegen eines geringen Streitwerts angenommen werden, wenn der bedürftige Rechtsuchende auf die streitige Leistung existentiell angewiesen ist, wenn ein erhebliches ideelles Interesse am Streitgegenstand besteht oder wenn die Erfolgsaussichten gut sind.

3. *Ergebniskontrolle*

Auch unabhängig von den einfach-rechtlichen Kriterien für die Bewilligung von Prozesskostenhilfe ist im Einzelfall aus verfassungsrechtlicher Sicht die Frage maßgeblich, ob die Bewilligung von Prozesskostenhilfe erforderlich ist, um eine weitgehende Angleichung der Situation von Bedürftigem und Bemitteltem zu erreichen[117]. Im Blick zu behalten ist aber auch insoweit stets, dass keine vollständige Angleichung der Situation Unbemittelter und Bemittelter erforderlich ist, sondern der Bedürftige nur dem Bemittelten gleichzustellen ist, der seine Prozessaussichten vernünftig abwägt und dabei auch das Kostenrisiko berücksichtigt[118]. Die Fachgerichte haben dabei zu berücksichtigen, dass Art. 3 Abs. 1 in Verbindung mit Art. 20 Abs. 1 und 3 GG

[114] Vgl. *Henke*, a.a.O. (Fn. 66), S. 207.

[115] Vgl. *Behn*, a.a.O. (Fn. 5), S. 1.

[116] Vgl. auch BVerfG, Beschlüsse der 3. Kammer des Ersten Senats vom 24. März 2011 – 1 BvR 1737/10 und 1 BvR 2493/10 – NJW 2011, S. 2039 (2040) bzw. juris Rn. 18.

[117] Vgl. BVerfG, Beschluss der 2. Kammer des Ersten Senats vom 18. November 2009 – 1 BvR 2455/08 –, NJW 2010, S. 988 (989).

[118] Vgl. BVerfG, Beschluss der 2. Kammer des Ersten Senats vom 18. November 2009 – 1 BvR 2455/08 –, NJW 2010, S. 988 (989).

auch keine Besserstellung desjenigen rechtfertigen kann, der seine Prozessführung nicht aus eigenen Mitteln bestreiten muss und daher von vornherein keinem Kostenrisiko ausgesetzt ist[119]. Das Bundesverfassungsgericht hat in diesem Sinne kürzlich entschieden, dass der Anspruch auf Rechtsschutzgleichheit kein Recht gewährt, ein Verfahren auf Prozesskostenhilfebasis aktiv zu betreiben, obwohl ein vergleichbares Verfahren als unechtes Musterverfahren in einer höheren Instanz anhängig ist. Auch ein sein Kostenrisiko vernünftig abwägender bemittelter Rechtsuchender würde nämlich ein Verfahren in diesem Fall in der Regel nicht weiterbetreiben, weil er vom Ausgang des unechten Musterverfahrens profitieren kann, ohne selbst ein weiteres Kostenrisiko einzugehen[120].

4. *Die Prüfung der Bedürftigkeit*

Bei der Prüfung der Bedürftigkeit des Rechtsuchenden müssen sich die Fachgerichte mit dem Vortrag des Antragstellers zu seinen persönlichen und wirtschaftlichen Verhältnissen eingehend auseinander setzen. Die Beurteilung der konkreten wirtschaftlichen Verhältnisse eines Antragstellers muss sich auf tragfähige Annahmen stützen und nachvollziehbar begründet sein[121]. Dabei dürfen die Anforderungen an den Vortrag des Bedürftigen zu seinen persönlichen und wirtschaftlichen Verhältnisse nicht überspannt werden[122]. Erwartet werden darf aber jedenfalls die rechtzeitige Vorlage der Erklärung nach § 117 Abs. 2 ZPO über die persönlichen und wirtschaftlichen Verhältnisse auf dem gemäß § 117 Abs. 4 ZPO vorgeschriebenen Vordruck[123].

5. *Die Beiordnung eines Rechtsanwalts*

Nach § 121 Abs. 1 und 2 ZPO, auf den andere Prozessordnungen verweisen (z.B. § 73a SGG), ist der bedürftigen Partei ein Rechtsanwalt beizuordnen, wenn die Vertretung durch einen Rechtsanwalt vorgeschrieben ist oder sonst erforderlich erscheint. Soweit die Beiordnung eines Anwalts nicht bereits wegen bestehenden Anwaltszwangs erforderlich ist, beurteilt sich die

[119] Vgl. BVerfG, Beschluss der 2. Kammer des Ersten Senats vom 18. November 2009 – 1 BvR 2455/08 –, NJW 2010, S. 988 (989).

[120] Vgl. BVerfG, Beschluss der 2. Kammer des Ersten Senats vom 18. November 2009 – 1 BvR 2455/08 –, NJW 2010, S. 988 (989).

[121] Vgl. BVerfG, Beschluss der 2. Kammer des Ersten Senats vom 13. Dezember 2007 – 1 BvR 2007/07 –, juris Rn. 21 ff.

[122] Vgl. BVerfG, Beschluss der 1. Kammer des Ersten Senats vom 23. Februar 1998 – 1 BvR 1842/97 –, juris Rn. 15 ff.; Beschluss der 3. Kammer des Ersten Senats vom 14. Oktober 2003 – 1 BvR 901/03 –, juris Rn. 17.

[123] Vgl. BVerfG, Beschluss der 3. Kammer des Ersten Senats vom 13. April 1988 – 1 BvR 392/88 –, SozR 1750 § 117 Nr. 6 bzw. juris Rn. 2 f.

Erforderlichkeit im Sinne des § 121 Abs. 2 ZPO unter verfassungsrechtlichem Blickwinkel nach dem Umfang und der Schwierigkeit der Sache sowie nach der Fähigkeit des Beteiligten, sich mündlich und schriftlich auszudrücken[124]. Ähnlich wie in den oben erläuterten Fällen der Auslegung des Beratungshilfegesetzes ist anhand dieser Kriterien zu ermitteln, ob ein Bemittelter in der Lage des Unbemittelten vernünftigerweise einen Rechtsanwalt mit der Wahrnehmung seiner Interessen beauftragt hätte. Davon ist – auch unter Berücksichtigung der prozessualen Waffengleichheit – regelmäßig dann auszugehen, wenn im Kenntnisstand und in den Fähigkeiten der Prozessparteien ein deutliches Ungleichgewicht besteht[125]. Ein vernünftiger Rechtsuchender wird in der Regel einen Rechtsanwalt einschalten, wenn er nicht ausnahmsweise selbst über ausreichende Kenntnisse und Fähigkeiten verfügt, um das Verfahren in jedem Stadium durch sachdienlichen Vortrag und Anträge effektiv fördern zu können[126]. Dass die Erforderlichkeit der Beiordnung jedenfalls nicht lediglich mit dem pauschalen Hinweis auf den Amtsermittlungsgrundsatz verneint werden kann, hat das Bundesverfassungsgericht bereits mehrfach entschieden[127].

VII. Verfassungsprozessuale Fragen

1. Substantiierte Begründung

Eine hinreichend substantiierte Begründung der Verfassungsbeschwerde (§ 23 Abs. 1 Satz 2, § 92 BVerfGG) erfordert, dass sich ein Beschwerdeführer mit den vom Bundesverfassungsgericht entwickelten Maßstäben auseinandersetzt[128]. Für die Rüge einer Verletzung der Rechtsschutz- oder der

[124] Vgl. BVerfGE 63, 380 (394); Beschluss der 3. Kammer des Ersten Senats vom 22. Juni 2007 – 1 BvR 681/07 –, NJW-RR 2007, S. 1713 (1714); *Behn*, a.a.O. (Fn. 5), S. 4.

[125] Vgl. BVerfG, Beschluss der 2. Kammer des Ersten Senats vom 17. Februar 1997 – 1 BvR 1440/96 –, NJW 1997, S. 2103 f.; Beschluss der 3. Kammer des Ersten Senats vom 22. Juni 2007 – 1 BvR 681/07 –, NJW-RR 2007, S. 1713 f. bzw. juris Rn. 13; Beschluss der 2. Kammer des Ersten Senats vom 6. Mai 2009 – 1 BvR 439/08 –, juris; Beschluss der 3. Kammer des Ersten Senats vom 24. März 2011 – 1 BvR 2493/10 –, juris Rn. 18; vgl. auch BGH, Beschluss vom 23. Juni 2010 – XII ZB 232/09 –, juris Rn. 21 f.; zurückhaltender noch im Konkursverfahren: BVerfG, Beschluss der 1. Kammer des Ersten Senats vom 27. Oktober 1988 – 1 BvR 1340/88 –, NJW 1989, S. 3271.

[126] Vgl. BVerfG, Beschluss der 2. Kammer des Ersten Senats vom 6. Mai 2009 – 1 BvR 439/08 –, juris Rn. 18.

[127] Vgl. BVerfG, Beschluss der 2. Kammer des Ersten Senats vom 17. Februar 1997 – 1 BvR 1440/96 –, juris Rn. 10; Beschluss der 1. Kammer des Ersten Senats vom 18. Dezember 2001 – 1 BvR 391/01 –, NZS 2002, S. 420 bzw. juris Rn. 10; Beschluss der 3. Kammer des Ersten Senats vom 24. März 2011 – 1 BvR 1737/10 –, NJW 2011, S. 2039 (2040).

[128] Vgl. BVerfGE 79, 203 (209); 99, 84 (87); 101, 331 (345 f.); Beschluss der 2. Kammer des Ersten Senats vom 25. November 2009 – 1 BvR 2464/09 –, juris Rn. 3.

Rechtswahrnehmungsgleichheit ist insbesondere eine nachvollziehbare Begründung erforderlich, warum dem bedürftigen Rechtsuchenden die außergerichtliche oder gerichtliche Rechtsverfolgung im Vergleich zum bemittelten Rechtsuchenden unverhältnismäßig erschwert wurde. Im Bereich der Prozesskostenhilfe bedeutet dies, dass es der Darlegung bedarf, dass und warum die Anforderungen an die Erfolgsaussichten überspannt oder dass und warum zu strenge Maßstäbe bei den Kriterien der Mutwilligkeit oder der Bedürftigkeit angelegt wurden. Beruft sich ein Beschwerdeführer auf die Rechtswahrnehmungsgleichheit wegen der Versagung von Beratungshilfe, muss er insbesondere darlegen, warum ein verständiger Bemittelter im Vergleichsfall ebenso fremde Hilfe in Anspruch genommen hätte.

2. *Rüge einer eigenen Grundrechtsverletzung*

Die Rechtsschutzgleichheit und die Rechtswahrnehmungsgleichheit[129] beziehen sich nur auf die Wahrnehmung eigener Rechte. Die Betroffenheit in der Rechtswahrnehmungsgleichheit ist grundsätzlich auch dann gegeben, wenn sich der Rechtsuchende mit einer Verfassungsbeschwerde gegen die Versagung nachträglich beantragter (§ 4 Abs. 2 Satz 4, § 7 BerHG) Beratungshilfe wendet. Auch wenn der Rechtsuchende durch die Versagung keinen wirtschaftlichen Nachteil[130] mehr erleidet, wenn ihm bereits Beratung durch einen Rechtsanwalt gewährt wurde, wird ihm dennoch durch die öffentliche Gewalt eine gegebenenfalls zustehende Berechtigung abgesprochen, die ihn der Unsicherheit[131] eines eventuellen Rückgriffs aussetzt. Eine eigene Verletzung des Rechtsuchenden in der Rechtswahrnehmungsgleichheit hat das Bundesverfassungsgericht dagegen dann nicht angenommen[132], wenn das Amtsgericht Beratungshilfe mit dem Argument versagt, dass im Hinblick auf eine bereits bewilligte Beratungshilfe nur verschiedene Gegenstände innerhalb derselben Angelegenheit vorlägen. Denn dadurch wird nicht die Berechtigung des Rechtsuchenden zur Inanspruchnahme anwaltlicher Hilfe, sondern die Vergütungsmöglichkeit des Rechtsanwalts eingeschränkt. Dieser kann sich nicht auf die Rechtswahrnehmungsgleichheit

[129] Für das Beratungshilfegesetz: s. *Kalthoener/Büttner/Wrobel-Sachs*, Rn. 937; *Lindemann/Trenk-Hinterberger*, § 1 Rn. 6.

[130] Ob ein erheblicher Nachteil vorliegt, ist ggf. bei den Annahmevoraussetzungen der Verfassungsbeschwerde zu prüfen. Eine Aufhebung kann auch angezeigt sein, wenn eine generelle Vernachlässigung von Grundrechten und eine grundrechtswidrige Praxis vorliegt.

[131] Vgl. dazu BRDrucks 648/08 S. 48.

[132] Vgl. BVerfG, Beschluss der 3. Kammer des Ersten Senats vom 15. Juli 2010 – 1 BvR 2642/09 –, juris Rn. 9; Beschluss der 3. Kammer des Ersten Senats vom 11. April 2011 – 1 BvR 2390/10 –, juris Rn. 5 f.

des Mandanten stützen, sondern nur die Verletzung eigener Rechte – gegebenenfalls Art. 12 GG[133] – rügen.

3. *Subsidiaritätsgrundsatz*

Der aus § 90 Abs. 2 Satz 1 BVerfGG abgeleitete Grundsatz der Subsidiarität verlangt von einem Rechtsuchenden, dass er vor Erhebung der Verfassungsbeschwerde alle ihm im einfachen Recht eröffneten Möglichkeiten zur Beseitigung der Grundrechtsverletzung ausschöpft und die Fachgerichte unter umfassender Darstellung des entscheidungserheblichen Sachverhalts mit seinem Anliegen befasst[134]. Geht aus dem Vortrag eines anwaltlich vertretenen Beschwerdeführers vor dem Amtsgericht – gegebenenfalls auch auf Nachfrage – nicht hinreichend hervor, dass der Antragsteller für seine Rechtswahrnehmung fremder Hilfe bedarf, so kommt es deshalb auf weitergehenden Vortrag in der Verfassungsbeschwerde nicht mehr an[135].

Demgegenüber ist die Erschöpfung des Rechtswegs in der Hauptsache einem bedürftigen Rechtsuchenden nach der Rechtsprechung des Bundesverfassungsgerichts unzumutbar, wenn ihm für dessen Beschreiten trotz Vorliegen der Voraussetzungen keine Prozesskostenhilfe gewährt wird und er somit aus finanziellen Gründen daran gehindert ist, den für die Einlegung des Rechtsmittels erforderlichen Rechtsanwalt zu beauftragen[136].

4. *Frist*

Auch wenn der fachgerichtliche Rechtsbehelf unbefristet ist[137], so wird die Monatsfrist des § 93 Abs. 1 Satz 1 BVerfGG nur offengehalten, wenn der nicht befristete Rechtsbehelf innerhalb der für das Verfassungsbeschwerdeverfahren geltenden Einlegungsfrist erhoben wurde[138].

5. *Rechtsschutzbedürfnis*

Wendet sich ein bedürftiger Rechtsuchender mit einer Verfassungsbeschwerde gegen die Versagung von Prozesskostenhilfe im fachgerichtlichen Verfahren, entfällt sein Rechtsschutzbedürfnis nach der Rechtsprechung des

[133] Vgl. BVerfG, Beschluss der 2. Kammer des Ersten Senats vom 31. Oktober 2001 – 1 BvR 1720/01 –, juris.

[134] Vgl. BVerfGE 78, 58 (68); 79, 1 (20).

[135] Vgl. BVerfG, Beschluss der 3. Kammer des Ersten Senats vom 14. August 2010 – 1 BvR 432/10 –, juris Rn. 12.

[136] Vgl. BVerfGK 11, 93 (97).

[137] Vgl. § 24a Abs. 2 RpflG, der § 11 Abs. 2 Satz 1, Abs. 3 RpflG für unanwendbar erklärt.

[138] Vgl. BVerfG, Beschluss der 2. Kammer des Ersten Senats vom 25. November 2009 – 1 BvR 2464/09 –, juris Rn. 2 m.w.N.

Bundesverfassungsgerichts in der Regel nicht deshalb, weil er das Hauptsacheverfahren mit finanzieller Hilfe Dritter betreiben konnte[139].

VIII. Ausblick

Nach dem Koalitionsvertrag der CDU, CSU und FDP vom 26. Oktober 2009 soll geprüft werden, inwieweit das Prozesskostenhilfe- und Beratungshilferecht reformiert werden kann. Verfolgt wird damit insbesondere das Ziel, einer missbräuchlichen Inanspruchnahme entgegen zu wirken.

1. Die geplante Änderung im Bereich des Beratungshilferechts

Ziel des auf dieser Grundlage über den Bundesrat eingebrachten Entwurfs eines Gesetzes zur Änderung des Beratungshilferechts[140] ist es insbesondere, die sprunghaft gestiegenen Ausgaben[141] zurückzuführen, wobei der Zugang zum Recht für Bürger mit geringen Einkommen weiterhin gewährleistet werden soll. Zum einen werden strukturelle Schwächen des bisherigen Gesetzes abgeschafft, zu denen die Möglichkeit der nachträglichen Beantragung der Beratungshilfe zählt. Künftig soll der Antrag vor Beginn der Beratungshilfe zu stellen sein (§ 4 Abs. 2 BerHG-E). Die nachträgliche Antragstellung wird als wesentliche Ursache für die Kostensteigerung angesehen, da sie einen Verweis auf eine andere Hilfemöglichkeit faktisch erschwert. Es wird eine präventive Wirkung in Bezug auf übereilte bzw. unbegründete Anträge erwartet[142]. Verfassungsrechtliche Bedenken sind insoweit nicht erkennbar[143]; dies gilt ebenso für die Einrichtung eines Erinnerungsrechts der

[139] Vgl. BVerfG, Beschluss der 3. Kammer des Ersten Senats vom 4. Februar 2004 – 1 BvR 596/03 –, NJW 2004, S. 1789 (1790); Diese Beurteilung dürfte allerdings nur unter der Prämisse zutreffend sein, dass der finanzierende Dritte eine freiwillige Leistung erbringt, die das Vermögen des Bedürftigen nicht allgemein erhöhen, sondern lediglich die Durchführung des Prozesses ermöglichen soll.

[140] BRDrucks 69/10 vom 9. Februar 2010, BTDrucks 17/2164 vom 16. Juni 2010.

[141] S. BR-PlPr 869 v. 7. Mai 2010, S. 118 A-119B, Busemann (Niedersachsen): Von 60.000 Anträgen im Jahr 1981 stieg die Zahl auf 425.000 Anträge im Jahr 2000 bis zu 885.000 Anträgen im Jahr 2008.

[142] Vgl. BTDrucks 17/2164 S. 25.

[143] In einem Beschluss der 1. Kammer des Ersten Senats des BVerfG vom 16. Januar 2008 – 1 BvR 2392/07 – war die umstrittene Auslegung eines Amtsgerichts zum geltenden § 4 Abs. 2 Satz 4 BerHG, wonach bereits bei Beginn der anwaltlichen Tätigkeit klargestellt werden müsse, ob diese auf der Grundlage des Beratungshilfegesetzes erfolge, nicht beanstandet worden (juris Rn. 9). Eine unzumutbare Belastung ist auch durch die nunmehr vorgesehene Vorab-Klärung nicht erkennbar. In Eilfällen wird eine beschleunigte Bearbeitung vorzunehmen sein.

Staatskasse, mit dem Waffengleichheit gegenüber dem Erinnerungsrecht des Rechtsuchenden hergestellt werden soll (§ 6 Abs. 4 BerHG-E).

Den Ländern soll zudem die Möglichkeit zur Erstellung von Listen mit anderen Hilfemöglichkeiten im Sinn von § 1 Abs. 1 Nr. 2 BerHG eingeräumt werden (vgl. 1 Abs. 3 BerHG-E). Diese sollen dem Rechtspfleger Kenntnis über konkret vor Ort zur Verfügung stehende Hilfemöglichkeiten verschaffen. Auch wenn der Verweis auf andere Hilfemöglichkeiten grundsätzlich verfassungsrechtlich nicht zu beanstanden ist (s.o.), entbindet dies allerdings nicht von einer Einzelfallprüfung hinsichtlich der Zumutbarkeit der Verweisung unter Beachtung der Rechtswahrnehmungsgleichheit. Zur Hilfestellung geeignet sind im Übrigen nur aktuelle Listen, die ausreichend ausgestattete und fachkundige Stellen ausweisen.

Für die Voraussetzungen zur Bewilligung von Beratungshilfe durch Vertretung sieht der Gesetzesentwurf in § 2 Absatz 1 Satz 2 BerhG-E eine erläuternde Regelung vor, wonach eine Vertretung nur erforderlich ist, wenn der Rechtsuchende nach der Beratung angesichts des Umfangs, der Schwierigkeit oder der Bedeutung der Rechtsangelegenheit seine Rechte nicht selbst wahrnehmen kann. Dies entspricht grundsätzlich dem Maßstab, den das Bundesverfassungsgericht auch bei der Frage der Selbsthilfe beziehungsweise der Erforderlichkeit der Beiordnung (s.o.) anlegt. Vor einer allzu extensiven Auslegung der Selbsthilfemöglichkeiten im Einzelfall muss jedoch angesichts der bisherigen Kammerentscheidungen gewarnt werden.

Mutwilligkeit soll nach der vorgesehenen Definition im Entwurf (§ 1 Abs. 4 BerHG-E) vorliegen, „soweit ein Rechtsuchender, der nicht Beratungshilfe beansprucht, bei verständiger Würdigung aller Umstände von der Beratung oder Vertretung durch einen Rechtsanwalt auf eigene Kosten absehen würde." Der Gesetzgeber greift damit den Vergleichsmaßstab des „vernünftigen bemittelten Rechtsuchenden" auf. Anders als der künftige Passus zur Prozesskostenhilfe, wird – systemgerecht – nicht auch auf die Erfolgsaussichten abgestellt. Diese können vor Durchführung der Beratung auch häufig gar nicht vom Rechtspfleger geprüft werden. In der Gesetzesbegründung wird zudem richtigerweise darauf hingewiesen, dass bei der Prüfung, ob Mutwillen vorliegt, personenbezogene Umstände zu berücksichtigen sind, um eine Benachteiligung sozial schwacher oder weniger gebildeter Personen zu vermeiden.

2. *Die geplante Änderung im Bereich der Prozesskostenhilfe*

Der ebenfalls über den Bundesrat eingebrachte Entwurf eines Gesetzes zur Begrenzung der Aufwendungen für die Prozesskostenhilfe (Prozesskostenhilfebegrenzungsgesetz) vom 24. März 2010 (BT-Drucks. 17/1216) sieht in § 114 Abs. 2 ZPO-E eine Definition des Kriteriums der Mutwilligkeit vor, wonach es darauf ankommt, ob eine nicht Prozesskostenhilfe beanspruchende

Partei bei verständiger Würdigung aller Umstände trotz hinreichender Aussicht auf Erfolg von der beabsichtigten Prozessführung absehen würde. Hiernach soll Mutwillen insbesondere dann vorliegen, wenn die Kosten der Prozessführung unter Berücksichtigung des erstrebten wirtschaftlichen Vorteils, der Erfolgsaussicht und gegebenenfalls der Aussicht auf Durchsetzbarkeit des erstrebten Titels unverhältnismäßig erscheinen. Eine weitere Neuerung soll sein, dass nach § 124 Satz 2 ZPO-E bereits bewilligte Prozesskostenhilfe für bestimmte Beweismittel aufgehoben werden kann, wenn ein von der Partei angetretener und zu erhebender Beweis auf Grund von Umständen, die im Zeitpunkt der Bewilligung der Prozesskostenhilfe noch nicht berücksichtigt werden konnten, keine hinreichende Aussicht auf Erfolg bietet oder mutwillig erscheint. Des Weiteren sind verschiedene Regelungen vorgesehen, durch die die Eigenbeteiligung der bedürftigen Partei an den Prozesskosten erhöht werden soll; unter anderem soll künftig für die Bewilligung von Prozesskostenhilfe eine Gebühr erhoben werden.

Gegen die Reformvorschläge bestehen nach Auffassung der Verfasser im Lichte der durch Art. 3 Abs. 1 in Verbindung mit Art. 20 Abs. 1 und 3 GG gewährleisteten Rechtsschutzgleichheit keine grundlegenden verfassungsrechtlichen Bedenken. Soweit – wie nach dem Wortlaut des aktuellen Gesetzentwurfs geplant – bei dem Kriterium der Mutwilligkeit der Maßstab eines wirtschaftlich denkenden, seine Prozesskosten und Erfolgsaussichten vernünftig abwägenden Bemittelten angelegt wird und die Fachgerichte diesen Maßstab ernst nehmen, wird den verfassungsrechtlichen Anforderungen des Art. 3 Abs. 1 in Verbindung mit Art. 20 Abs. 1 und 3 GG hinreichend Rechnung getragen. Die fachgerichtliche Prüfung der Mutwilligkeit darf allerdings nicht auf die Frage reduziert werden, ob der Wert des Streitgegenstands in einem angemessenen Verhältnis zu den Prozesskosten steht, weil dies den aufgezeigten verfassungsrechtlichen Maßstäben nicht gerecht würde. Diese gebieten vielmehr eine umfassende Abwägung unter Berücksichtigung aller Umstände des jeweiligen Falles; der im Gesetzentwurf aufgegriffene Vergleichsmaßstab, wie sich ein wirtschaftlich denkender, vernünftig abwägender Selbstzahler in vergleichbarer Situation verhalten würde, muss auch im Einzelfall Beachtung finden. Gleiches gilt für die Regelung in § 124 Satz 2 ZPO-E; es dürfte keinen grundsätzlichen verfassungsrechtlichen Bedenken begegnen, einzelne, Kosten verursachende Beweisanträge einer Prüfung hinsichtlich der Erfolgsaussichten und einer etwaigen Mutwilligkeit zu unterziehen, wenn dabei der Maßstab des wirtschaftlich denkenden, vernünftig abwägenden Selbstzahlers angelegt wird. Die Anforderungen an die Erfolgsaussichten sowie insbesondere die Grenzen einer zulässigen Beweisantizipation müssen allerdings auch insoweit stets beachtet werden.

Durch die vorgesehenen Regelungen zur Herbeiführung einer stärkeren Eigenbeteiligung des Bedürftigen an den Kosten der Rechtsverfolgung oder Rechtsverteidigung ist das Gebot der Rechtsschutzgleichheit eher am Rande berührt. Zu berücksichtigen ist allerdings, dass bei dem grundsätzlich nicht zu beanstandenden Bestreben, die Eigenbeteiligung des bedürftigen Rechtsuchenden an den Prozesskosten zu erhöhen, das menschenwürdige Existenzminimum des Rechtsuchenden gewahrt bleiben muss. Mit Blick auf die Rechtsschutzgleichheit bestehen insbesondere gegen die Einführung einer Gebühr für das Prozesskostenhilfeverfahren beziehungsweise für die Bewilligung von Prozesskostenhilfe keine grundsätzlichen Bedenken. Dass durch die beabsichtigte Gebühr für die Bewilligung von Prozesskostenhilfe die Rechtsverfolgung und Rechtsverteidigung für Bedürftige, die über Raten zum Ausgleich der Prozesskosten herangezogen werden, immer teurer sein wird als für bemittelte Rechtsuchende, dürfte nach Auffassung der Verfasser kein grundsätzliches Problem darstellen, weil insoweit zu berücksichtigen ist, dass der Bedürftige für diese Gebühr zusätzliche staatliche Leistungen, nämlich die Prüfung und Bescheidung seines Prozesskostenhilfeantrags sowie die Gewährung der Prozesskostenhilfe, erhält, die der Bemittelte gerade nicht in Anspruch nimmt. Betragsmäßig müssen die Gebühren allerdings in einem angemessenen Verhältnis zum Rechtsschutzbegehren stehen, damit dem Bedürftigen auch im Einzelfall der gerichtliche Rechtsschutz nicht unverhältnismäßig erschwert wird.

Das Gewährleistungsrecht auf ein menschenwürdiges Existenzminimum

TOBIAS AUBEL

Leitentscheidungen des Bundesverfassungsgerichts (Senat)

BVerfGE 125, 175 – Hartz IV-Regelsatz

Wichtige Kammerentscheidungen

BVerfGK 5, 237 – Grundsicherung
BVerfG, Beschluss der 2. Kammer des Ersten Senats vom 11. März 2010 – 1 BvR 3163/09 –, juris – Hartz IV Kindergeldanrechnung
BVerfG, Beschluss der 3. Kammer des Ersten Senats vom 24. März 2010 – 1 BvR 395/09 –, juris
BVerfG, Beschluss der 3. Kammer des Ersten Senats vom 7. April 2010 – 1 BvR 688/10 –, juris
BVerfG, Beschluss der 3. Kammer des Ersten Senats vom 7. Juli 2010 – 1 BvR 2556/09 –, juris – Schüler-BAföG

Schrifttum

Berlit, Uwe, Paukenschlag mit Kompromisscharakter – zum SGB II-Regelleistungsurteil des Bundesverfassungsgerichts vom 9. Februar 2010, KJ 2010, S. 145 ff.; *Hebeler, Timo*, Ist der Gesetzgeber verfassungsrechtlich verpflichtet, Gesetze zu begründen – Grundsätzliche Überlegungen anlässlich des Bundesverfassungsgerichtsurteils zur Leistungsgestaltung im SGB II –, DÖV 2010, S. 754 ff.; *Rixen, Stephan*, Verfassungsrecht ersetzt Sozialpolitik – „Hartz IV" auf dem Prüfstand des Bundesverfassungsgerichts, Sozialrecht aktuell 2010, S. 81 ff.; *Rothkegel, Ralf*, Danaergeschenk für den Gesetzgeber – Zum Urteil des Bundesverfassungsgerichts vom 9. Februar 2010 – 1 BvL 1, 3, 4/09 –, ZfSH/SGB 2010, S. 135 ff.; *Schulz, Sönke E.*, Neues zum Grundrecht auf Gewährung des menschenwürdigen Existenzminimums, SGb 2010, S. 201 ff.; *Seiler, Christian*, Das Grundrecht auf ein menschenwürdiges Existenzminimum – Zum Urteil des Bundesverfassungsgerichts vom 9. Februar 2010, JZ 2010, S. 500 ff.

Inhalt

A. Ein neues Grundrecht?

Durch das Urteil des Ersten Senats zur Verfassungswidrigkeit der Regelleistung zur Sicherung des Lebensunterhalts nach dem SGB II vom 9. Februar 2010[1] ist das Grundrecht auf Gewährleistung eines menschenwürdigen Existenzminimums aus Art. 1 Abs. 1 GG in Verbindung mit dem Sozialstaatsprinzip des Art. 20 Abs. 1 GG in den Fokus sowohl des rechtswissenschaftlichen Schrifttums als auch der nichtjuristischen Öffentlichkeit geraten. Verbreitet wird von einem „neuen Grundrecht" gesprochen, das das Bundesverfassungsgericht in dem sogenannten „Hartz IV-Urteil" entwickelt habe.[2]

Die verfassungsrechtliche Garantie des Existenzminimums und ihre Verankerung in Art. 1 Abs. 1 GG sind als solche freilich nicht wirklich neu.[3] In Rechtsprechung und Literatur ist seit Langem anerkannt, dass das Grundgesetz den Staat verpflichtet, das Existenzminimum jedes Einzelnen gegebenenfalls durch Sozialleistungen sicherzustellen.[4] Dass diese Verpflichtung

[1] BVerfGE 125, 175 ff.

[2] So zum Beispiel *Schnath*, NZS 2010, S. 297 (298); *Fahlbusch*, NDV 2010, S. 101 (102); *Vogt*, Sozialrecht aktuell 2010, S. 93; differenzierend demgegenüber *Rixen*, Sozialrecht aktuell 2010, S. 81 f.

[3] So zutreffend *Berlit*, KJ 2010, S. 145 (147); *Zivier*, RuP 2010, S. 65.

[4] Umfangreiche Bestandsaufnahmen zur verfassungsrechtlichen Garantie des Existenzminimums finden sich zum Beispiel bei *Bieritz-Harder*, Menschenwürdig leben, 2001, S. 149 ff., und *Heinig*, Der Sozialstaat im Dienst der Freiheit, 2008, S. 315 ff.

auch aus der Menschenwürdegarantie in Art. 1 Abs. 1 GG folgt, hat erstmals das Bundesverwaltungsgericht[5] und sodann, nach anfänglichem Zögern,[6] auch das Bundesverfassungsgericht festgestellt.[7]

Neues bringt das Urteil vom 9. Februar 2010 allerdings insoweit, als das Bundesverfassungsgericht die verfassungsrechtliche Garantie des Existenzminimums erstmals als Grundrecht bezeichnet, dessen Gewährleistungsgehalt im Einzelnen bestimmt, dogmatisch strukturiert und konkrete verfassungsrechtliche Anforderungen an die Ausgestaltung des einfachen Rechts der Gewährung existenzsichernder Sozialleistungen gestellt hat. Bislang kam die verfassungsrechtliche Garantie des Existenzminimums in der Rechtsprechung des Bundesverfassungsgerichts vor allem im Einkommensteuerrecht zur Geltung[8] und zwar als Schranke für den durch die Erhebung der Einkommensteuer bewirkten hoheitlichen Eingriff in das Vermögen des Steuerpflichtigen: Der Staat muss gemäß Art. 1 Abs. 1 GG in Verbindung mit Art. 20 Abs. 1 GG das Einkommen dem Steuerpflichtigen insoweit steuerfrei belassen, als es zur Schaffung der Mindestvoraussetzungen für ein menschenwürdiges Dasein unerlässlich ist.[9] Nunmehr hat das Bundesverfassungsgericht das Grundrecht aus Art. 1 Abs. 1 GG in Verbindung mit Art. 20 Abs. 1 GG als „Gewährleistungsrecht"[10] im Sozialrecht aktiviert und nicht nur im Urteil vom 9. Februar 2010, sondern auch in anschließenden Kammerbeschlüssen[11] inhaltlich konkretisiert. Im Folgenden sollen die Strukturprinzipien des Gewährleistungsrechts auf ein menschenwürdiges Existenzminimum herausgearbeitet werden.

[5] Vgl. BVerwGE 1, 159 (161); aufgegriffen wurde dieser Ansatz sodann in BTDrucks 3/1799, S. 3.

[6] Vgl. BVerfGE 1, 97 (104).

[7] So als obiter dictum in BVerfGE 45, 187 (228); davor in der Sache ebenso, aber auf das Sozialstaatsprinzip abstellend BVerfGE 35, 202 (236); 40, 121 (133); 44, 353 (375).

[8] Eine Ausnahme stellt BVerfGK 5, 237 (243) dar, in dem die staatliche Pflicht zur Sicherstellung einer menschenwürdigen Existenz erstmals im Recht der Grundsicherung für Arbeitsuchende zur Anwendung kam.

[9] BVerfGE 82, 60 (85); 87, 153 (169 ff.); 99, 246 (259); 107, 27 (48); 112, 268 (281); aus neuerer Zeit etwa BVerfGE 120, 125 (155).

[10] BVerfGE 125, 175 (222).

[11] Beschluss der 2. Kammer des Ersten Senats vom 11. März 2010 – 1 BvR 3163/09 –, juris (leistungsmindernde Anrechnung von Kindergeld); Beschluss der 3. Kammer des Ersten Senats vom 24. März 2010 – 1 BvR 395/09 –, juris (keine Rückwirkung der Härtefallregelung); Beschluss der 3. Kammer des Ersten Senats vom 7. April 2010 – 1 BvR 688/10 –, juris (Anrechnung von einmaligen Leistungen der privaten Krankenversicherung als Einkommen); Beschluss der 3. Kammer des Ersten Senats vom 7. Juli 2010 – 1 BvR 2556/09 –, juris (leistungsmindernde Anrechnung von Schüler-BAföG).

B. Einordnung des Begriffs des Gewährleistungsrechts

Den Begriff „Gewährleistungsrecht“ hat das Bundesverfassungsgericht bislang im Zusammenhang mit Grundrechten nicht verwendet. Ob mit der Begriffswahl ein Bekenntnis des Bundesverfassungsgerichts zum „Gewährleistungsstaat“[12] oder zu einem grundrechtsdogmatischen „Gewährleistungsmodell“[13] verbunden ist, erscheint zweifelhaft.[14] Der Schlüssel für das Verständnis des Begriffs „Gewährleistungsrecht“ dürfte eher in der Abgrenzung der Gewährleistung eines menschenwürdigen Existenzminimums von dem aus Art. 1 Abs. 1 GG folgenden Abwehrrecht[15] liegen.

Das Bundesverfassungsgericht möchte offensichtlich deutlich machen, dass es bei der Gewährleistung eines menschenwürdigen Existenzminimums um etwas anderes geht als die Wahrung einer individuellen Freiheitssphäre, eines *status negativus*[16], in dem der Bürger Freiheit vom Staat genießt und der durch Freiheitsgrundrechte sowie die ihnen primär zukommende Abwehrfunktion ausgeformt und gesichert wird.[17] Das Grundrecht aus Art. 1 Abs. 1 in Verbindung mit Art. 20 Abs. 1 GG vermittelt dem Einzelnen vielmehr, wie das Bundesverfassungsgericht ausdrücklich feststellt, einen „verfassungsrechtlichen Leistungsanspruch“[18]. Es handelt sich damit um eine andere Art von Grundrecht als beispielweise das (Freiheits-)Grundrecht auf Meinungs-

[12] Vgl. hierzu zum Beispiel *Hoffmann-Riem*, AöR 130 (2005), S. 5 (9) m.w.N. Der „Gewährleistungsstaat“ sieht zunehmend von einer eigenhändigen Wahrnehmung öffentlicher Aufgaben ab und konzentriert sich stattdessen auf Vorkehrungen zur Sicherung der Verfolgung und Erreichung der gemeinwohlorientierten Ziele im Zusammenwirken mit Privaten oder allein durch Private.

[13] Vgl. hierzu *Rusteberg*, Der grundrechtliche Gewährleistungsgehalt, 2009, S. 111 ff. Das „Gewährleistungsmodell“ unterscheidet innerhalb des Schutzbereichs eines Freiheitsgrundrechts, zum Beispiel des Art. 12 Abs. 1 GG, zwischen einem weiten Sach- und Lebensbereich, auf den sich das Grundrecht beziehe, und einem engen „Gewährleistungsinhalt“ (so die Begrifflichkeit bei *Böckenförde*, Der Staat 42 (2003), 164 <174> und *Papier*, in: Festschrift für Reinhard Mußgnug, 2005, S. 45 <49>) oder „Gewährleistungsgehalt“ (so die Begrifflichkeit bei *Hoffmann-Riem*, Der Staat 43 (2004), S. 203 <226 f.>, der allerdings den Begriff des Gewährleistungsgehalts an die Stelle des Schutzbereichs setzen möchte), der normativ aussage, was und in welchem Umfang in dem jeweiligen Sach- und Lebensbereich an Schutz gewährleistet sei (vgl. vor allem *Böckenförde*, Der Staat 42 (2003), S. 164 <174 ff.> und *Rusteberg*, Der grundrechtliche Gewährleistungsgehalt, 2009, S. 169 ff.). Zum Ganzen auch *Hellmann*, Der sogenannte Gewährleistungsgehalt – Eine Analyse der Rechtsprechung des Bundesverfassungsgerichts, in diesem Band, S. 151 ff.

[14] Vgl. *Rixen*, Sozialrecht aktuell 2010, S. 81 (82).

[15] Vgl. BVerfGE 125, 175 (222).

[16] Die Statuslehre geht zurück auf *Jellinek*, System der subjektiven öffentlichen Rechte, 2. Aufl. 1905, S. 86 f., wobei der Begriff des status negativus hier entsprechend der Weiterentwicklung des Statuslehre durch *Alexy*, Theorie der Grundrechte, 1985, S. 241, in einem weiteren Sinne verwendet wird.

[17] Zu den Begriffen im Einzelnen vgl. *Jarass*, AöR 120 (1995), S. 345 (347 ff.).

[18] BVerfGE 125, 175 (223).

freiheit aus Art. 5 Abs. 1 Satz 1 1. Halbsatz GG, nämlich um ein Leistungsgrundrecht, dessen in erster Linie bezweckte Grundrechtswirkung darin besteht, Leistungsrechte im engeren Sinne, zum Beispiel in Gestalt von Ansprüchen auf Sozialleistungen, zu vermitteln.[19]

Als Leistungsgrundrecht unterliegt die Gewährleistung eines menschenwürdigen Existenzminimums besonderen Regeln, die das Bundesverfassungsgericht wie folgt beschreibt:[20]

> „Es [das Gewährleistungsrecht] ist dem Grunde nach unverfügbar und muss eingelöst werden, bedarf aber der Konkretisierung und stetigen Aktualisierung durch den Gesetzgeber, der die zu erbringenden Leistungen an dem jeweiligen Entwicklungsstand des Gemeinwesens und den bestehenden Lebensbedingungen auszurichten hat. Dabei steht ihm ein Gestaltungsspielraum zu."

Den Begriff „Gewährleistungsrecht" kann man mithin als Beschreibung eines Grundrechtstypus verstehen, der den Staat von Verfassungs wegen zur Gewährung von Sozialleistungen verpflichtet, der aber nur dem Grunde nach durch die Verfassung vorgegeben ist und dessen Ausgestaltung im Einzelnen – innerhalb bestimmter, noch zu behandelnder verfassungsrechtlicher Grenzen – dem Gesetzgeber obliegt.[21] Die Konkretisierungsbedürftigkeit schließt dabei den Charakter als „echtes" Grundrecht im Sinne eines subjektiv-öffentlichen Rechts[22] nach Auffassung des Bundesverfassungsgerichts nicht aus.[23] Es hebt vielmehr unter Anwendung der Kriterien der Schutznormlehre[24] hervor, dass

[19] Zu den Begriffen im Einzelnen vgl. wiederum *Jarass*, AöR 120 (1995), S. 345 (350, 355, 357), wobei der Zusatz „im engeren Sinne" in Anlehnung an *Alexy*, Theorie der Grundrechte, 1985, S. 405 ff., erfolgt, um zu kennzeichnen, dass Ansprüche auf Schutz vor Beeinträchtigungen durch Dritte als subjektivrechtliche Kehrseite grundrechtlicher Schutzpflichten, die ebenfalls nur durch positive Handlungen des Staates, d.h. Leistungen im weiteren Sinne, erfüllt werden können, nicht gemeint sind. Zum Ganzen auch *Aubel*, Der verfassungsrechtliche Mutterschutz, 2003, S. 15 ff.

[20] BVerfGE 125, 175 (222).

[21] Verbindungen zu den eingangs genannten Begriffen „Gewährleistungsstaat" und „Gewährleistungsmodell" lassen sich dabei insoweit assoziieren, als sich die verfassungsrechtlichen Bindungen auf einen Gewährleistungskern beschränken, das Gewährleistungsrecht im Übrigen aber ausgestaltungsbedürftig ist. Die Verantwortung für die Erfüllung des verfassungsrechtlichen Leistungsanspruchs trifft aber stets den Staat (vgl. BVerfGE 125, 175 <223>).

[22] Vgl. insoweit *Pieroth/Schlink*, Staatsrecht II, 26. Aufl. 2010, Rn. 45, 69; ebenso schon *Thoma*, in: Nipperdey (Hrsg.), Die Grundrechte und Grundpflichten der Reichsverfassung, Erster Band, 1929, S. 15.

[23] Vgl. demgegenüber gegen den subjektiv-rechtlichen Charakter sozialer Grundrechte im Allgemeinen zum Beispiel *Böckenförde*, in: Böckenförde/Jekewitz/Ramm, Soziale Grundrechte, 1981, S. 1 (7, 10 ff.); *Brohm*, JZ 1994, S. 213 (216); *Isensee*, Der Staat 19 (1980), S. 367 (376 ff.). Kritisch zu einem „Grundrecht auf Existenzsicherung" auch *Wahrendorf*, Sozialrecht aktuell 2010, S. 90 (91).

[24] Vgl. zur Anwendung der Schutznormlehre zur Feststellung subjektiver Grundrechtsgehalte auch *Sachs*, in: Stern, Das Staatsrecht der Bundesrepublik Deutschland, Band III/1, 1988, § 65 II 4a), S. 541, 543.

der objektiven Verpflichtung des Staates zur Sicherung des Existenzminimums ein verfassungsrechtlicher Leistungsanspruch des Grundrechtsträgers korrespondiere, da das Grundrecht die Würde des individuellen Menschen schütze.[25]

C. Normative Anbindung und Abgrenzung zu anderen Grundrechten

I. Untrennbare Verbindung von Art. 1 Abs. 1 GG und dem Sozialstaatsprinzip

Die Abgrenzung von dem in Art. 1 Abs. 1 GG normierten Achtungsanspruch und dem daraus folgenden Recht auf Abwehr menschenwürdewidriger Eingriffe des Staates bringt das Bundesverfassungsgericht nicht nur durch die Wahl des Begriffs des „Gewährleistungsrechts", sondern auch durch dessen normative Verankerung in einer Verbindung von Art. 1 Abs. 1 GG mit dem Sozialstaatsprinzip des Art. 20 Abs. 1 GG zum Ausdruck. Das Gewährleistungsrecht auf ein menschenwürdiges Existenzminimum ergibt sich nicht allein aus Art. 1 Abs. 1 GG oder dem Sozialstaatsprinzip des Art. 20 Abs. 1 GG, sondern aus einer untrennbaren Verbindung zwischen diesen beiden Verfassungsgarantien.[26] Die Menschenwürdegarantie des Art. 1 Abs. 1 GG ist dabei die Wurzel des verfassungsrechtlichen Leistungsanspruchs und gibt seinen inhaltlichen Maßstab vor. Das Sozialstaatsprinzip ergänzt die Menschenwürdegarantie, wobei ihm eine janusköpfige Funktion zukommt:

Zum einen verstärkt es die Schutzrichtung von Art. 1 Abs. 1 GG. Ausgehend von den Ausführungen in BVerfGE 1, 97 (105) enthält Art. 1 Abs. 1 GG nur ein Abwehrrecht und eine Pflicht zum Schutz vor menschenwürdewidrigen Behandlungen durch Dritte. Über das Sozialstaatsprinzip wird die Menschenwürdegarantie um eine im engeren Sinne leistungsrechtliche Dimension erweitert; das Sozialstaatsprinzip wirkt also wie ein leistungsrechtlicher Hebel.[27]

Zum anderen wohnt dem Sozialstaatsprinzip eine gestalterische, dynamische Komponente inne, denn die Verfassung schreibt in Art. 20 Abs. 1 GG

[25] Vgl. BVerfGE 125, 175 (222 f.). Nebenbei hat das Bundesverfassungsgericht erneut eindeutig klargestellt, dass es sich bei Art. 1 Abs. 1 GG selbst um ein subjektives Grundrecht handelt (in diesem Sinne wohl auch schon BVerfGE 28, 151 <163>; 243 <263>; 61, 126 <131>; 109, 133 <151>; a.A. demgegenüber *Dreier*, in: ders, GG, 2. Aufl. 2004, Art. 1 I Rn. 127 m.w.N.)

[26] Vgl. die Umschreibung des Wirkungszusammenhangs in BVerfGE 125, 175 (222).

[27] Vgl. auch *Schulz*, SGb 2010, S. 201 (202), der allerdings meint, einen Leistungsanspruch auch isoliert aus Art. 1 Abs. 1 GG ableiten zu können.

kein bestimmtes Niveau sozialer Leistungen vor, sondern beauftragt den Staat, entsprechend dem jeweiligen Entwicklungsstand und den jeweils bestehenden Lebensbedingungen ein soziales Gemeinwesen zu verwirklichen. Das Sozialstaatsprinzip bewirkt mithin auch, dass das verfassungsrechtlich garantierte Existenzminimum nicht als feste Größe begriffen werden kann. Die Festlegung des Existenzminimums ist vielmehr ein gestalterischer Akt, der in Abhängigkeit von den gesellschaftlichen Rahmenbedingungen immer wieder neu vorgenommen werden muss und unausweichlich mit (sozialpolitischen) Wertungen verbunden ist.

Damit wird die Frage aufgeworfen, wer in der Kompetenzordnung des Grundgesetzes diesen gestalterischen Akt vornehmen darf und muss. Das Bundesverfassungsgericht hat bereits mehrfach festgestellt, dass die Konkretisierung des Sozialstaatsprinzips dem Gesetzgeber als bindende Aufgabe übertragen ist.[28] Es hat zudem aus dem Rechtsstaats- und dem Demokratieprinzip (Art. 20 Abs. 1 und 3 GG) abgeleitet, dass der Gesetzgeber die für die Grundrechtsverwirklichung maßgeblichen Regelungen selbst zu treffen hat.[29] Schließlich verlangt das Demokratieprinzip auch, dass der parlamentarische Gesetzgeber die (sozial-)politisch wesentlichen Entscheidungen selbst treffen muss.[30] Dies gilt umso mehr, als sozialpolitische Entscheidungen stets ausgabenrelevant sind und deshalb die Kompetenz des Haushaltsgesetzgebers (vgl. Art. 110 Abs. 2 Satz 1 GG) berühren. In jedem Fall obliegen sozialpolitische Gestaltungsentscheidungen nicht den Gerichten, weder den Fachgerichten noch dem Bundesverfassungsgericht. Das Bundesverfassungsgericht hat vielmehr stets eine weitgehende sozialpolitische Gestaltungsfreiheit des Gesetzgebers anerkannt.[31] Es betont deshalb zu Recht, dass nur der Gesetzgeber die Höhe des Existenzminimums bestimmen kann und ihm dabei ein verfassungsgerichtlich nicht überprüfbarer Gestaltungsspielraum zukommen muss.[32]

Insoweit sorgt das Sozialstaatsprinzip mithin auch für eine gewisse Relativierung der normativen Kraft des Art. 1 Abs. 1 GG, soweit es um den verfassungsrechtlichen Anspruch auf Gewährleistung des Existenzminimums geht.[33] Dies darf jedoch nicht dahingehend missverstanden werden, als würde über die Verbindung mit dem Sozialstaatsprinzip ein die Menschenwürdegarantie einschränkender Gesetzesvorbehalt eingeführt und damit die nach

[28] Vgl. BVerfGE 51, 115 (125); 59, 231 (262 f.); 65, 182 (193); 71, 66 (80).

[29] Vgl. BVerfGE 108, 282 (311) m.w.N.; siehe hierzu auch *Burkiczak*, Der Vorbehalt des Gesetzes als Instrument des Grundrechtsschutzes, in diesem Band, S. 129 (134 ff.).

[30] Vgl. BVerfGE 59, 231 (263); siehe auch BVerfGE 85, 386 (403 f.); 98, 218 (251); 108, 282 (312).

[31] Vgl. BVerfGE 113, 167 (215) m.w.N.

[32] Vgl. BVerfGE 125, 175 (222, 223 f.).

[33] In diese Richtung zielt wohl die Kritik von *Kingreen*, NVwZ 2010, S. 558.

Art. 1 Abs. 1 Satz 1 unantastbare Menschenwürde eben doch angetastet. Vielmehr wird das verfassungsrechtliche Leistungsrecht auf ein menschenwürdiges Existenzminimum nur über die Verbindung mit dem Sozialstaatsprinzip generiert und ist von vornherein auf die Ausgestaltung durch den Gesetzgeber angelegt. Das Gewährleistungsrecht auf ein menschenwürdiges Existenzminimum ist daher – im Unterschied zum absoluten Achtungsanspruch der Menschenwürdegarantie – seiner Natur nach relativ.[34] Deshalb darf im Übrigen auch eine unzureichende Erfüllung des verfassungsrechtlichen Leistungsanspruchs aus Art. 1 Abs. 1 in Verbindung mit Art. 20 Abs. 1 GG nicht mit einer Verletzung der Menschenwürdegarantie des Art. 1 Abs. 1 GG selbst gleichgesetzt werden.

II. Einheitliche Garantie des Existenzminimums

Folge der untrennbaren Verbindung von Art. 1 Abs. 1 GG und dem Sozialstaatsprinzip ist auch die Gewährleistung des gesamten Existenzminimums durch eine einheitliche grundrechtliche Garantie, die sowohl die physische Existenz des Menschen als auch die Sicherung der Möglichkeit zur Pflege zwischenmenschlicher Beziehungen und zu einem Mindestmaß an Teilhabe am gesellschaftlichen, kulturellen und politischen Leben umfasst.[35] Es findet also keine normative Aufspaltung der Gewährleistung in ein – eher Art. 1 Abs. 1 GG zuzuordnendes – physisches und ein – eher dem Sozialstaatsprinzip zuzuordnendes – soziokulturelles[36] Existenzminimum statt.[37] Die soziale Komponente des Existenzminimums genießt vom Grundsatz her auch keinen geringeren verfassungsrechtlichen Schutz.[38] Vielmehr betont das Bundesverfassungsgericht, dass der Gesetzgeber stets den gesamten existenznotwendigen Bedarf jedes individuellen Grundrechtsträgers decken muss.[39] Allerdings ist der Umfang der Leistungen zur Sicherung der sozialen Komponente des Existenzminimums in einem geringeren Maß verfassungsrechtlich vorgezeichnet, denn der Gestaltungsspielraum des Gesetzgebers ist hier weiter als bei der Konkretisierung des zur Sicherung der physischen Existenz Notwendigen.[40] Dies

[34] So zutreffend *Seiler*, JZ 2010, S. 500 (504).

[35] Vgl. BVerfGE 125, 175 (223).

[36] Diesen Begriff verwendet das Bundesverfassungsgericht nicht, er ist in der Literatur jedoch weit verbreitet, vgl. zum Beispiel *Heinig*, der Sozialstaat im Dienst der Freiheit, 2008, S. 342 m.w.N.

[37] So aber noch *Martinez Soria*, JZ 2005, S. 644 (648); dagegen *Schulz*, SGb 2010, S. 201 (204).

[38] Abweichend *Rixen*, Sozialrecht aktuell 2010, S. 81 (83).

[39] Vgl. BVerfGE 125, 175 (224).

[40] Vgl. BVerfGE 125, 175 (225).

ergibt sich aus der Natur der Sache, weil die Bestimmung des Mindestmaßes an gesellschaftlicher Teilhabe in besonderem Maße von politischen Wertungen abhängt.

III. Art. 1 Abs. 1 in Verbindung mit Art. 20 Abs. 1 GG als alleiniger verfassungsrechtlicher Maßstab für die Bestimmung des Existenzminimums

Die Kumulation von Menschenwürdegarantie und Sozialstaatsprinzip zu einer einheitlichen und umfassenden grundrechtlichen Garantie des Existenzminimums schließt darüber hinaus die Heranziehung weiterer grundrechtlicher Bestimmungen als Maßstäbe für die Bemessung des Existenzminimums aus.[41]

1. *Kein bereichsspezifisches Existenzminimum aus Freiheitsgrundrechten*

Das Bundesverfassungsgericht hat damit zunächst dem Ansatz, aus einzelnen Freiheitsrechten ein bereichsspezifisches Existenzminimum abzuleiten,[42] eine Absage erteilt, und zeigt sich offensichtlich auch skeptisch gegenüber einer „sozialstaatlichen Grundrechtskonzeption", die die Freiheitsgrundrechte des Grundgesetzes generell in partielle Leistungsrechte im engeren Sinne uminterpretieren möchte.[43] Mit der Konzeption des Bundesverfassungsgerichts ist es deshalb kaum vereinbar, wenn über eine verfassungskonforme Auslegung des einfachen Rechts Geldleistungsansprüche zur Deckung eines besonderen existentiellen Bedarfs mit der Begründung konstruiert werden, der Schutzbereich eines Freiheitsgrundrechts, wie zum Beispiel Art. 2 Abs. 2 Satz 1 GG, sei berührt.[44]

[41] Vgl. BVerfGE 125, 175 (227).

[42] Dies wird demgegenüber von *Kingreen*, NVwZ 2010, S. 81 f. befürwortet; ebenso *Schulz*, SGb 2010, S. 201 (202).

[43] Vgl. hierzu die Darstellung bei *Murswiek*, in: Isensee/Kirchhof, HStR V, 2. Aufl. 2000, § 112 Rn. 87 ff.

[44] So aber BSG, Urteil vom 19. August 2010 – B 14 AS 13/10 R –, juris Rn. 17, zur Anwendung von § 73 SGB XII (Leistungen in sonstigen, den Einsatz öffentlicher Mittel rechtfertigenden Lebenslagen) auf Leistungsempfänger nach dem SGB II hinsichtlich der Gewährung von Leistungen zur Deckung eines besonderen Hygienebedarfs. Aus dem sogenannten „Nikolausbeschluss" (BVerfGE 115, 25 ff.) folgt im Übrigen nichts anderes. Danach ist zwar die aus Art. 2 Abs. 2 Satz 1 GG folgende Schutz- und Förderungspflicht bei der Auslegung und Anwendung des geltenden Krankenversicherungsrechts zu berücksichtigen (vgl. BVerfGE 115, 25 <44 f.>) und zwingt dazu, in Fällen einer lebensbedrohlichen oder regelmäßig tödlichen Erkrankung, für deren Behandlung eine allgemein anerkannte, medizinischen Standards entsprechende Behandlung nicht zur Verfügung steht, eine (schulmedizinisch nicht anerkannte) ärztliche Behandlungsmethode, die eine auf Indi-

2. *Kein besonderes leistungsrechtliches Familienexistenzminimum*

Darüber hinaus hat das Bundesverfassungsgericht den Ansatz, aus Art. 6 Abs. 1 und 2 GG einen Anspruch auf Gewährleistung eines besonderen, gegenüber dem normalen Existenzminimum in der Regel höheren Familienexistenzminimums abzuleiten,[45] zu Recht verworfen.[46] In der Rechtsprechung des Bundesverfassungsgerichts zum Familien- beziehungsweise Kinderexistenzminimum im Einkommensteuerrecht erlangt Art. 6 Abs. 1 GG zwar zunächst insofern Bedeutung, als das Bundesverfassungsgericht diese Regelung zusätzlich zu Art. 1 Abs. 1 GG in Verbindung mit dem Sozialstaatsprinzip heranzieht, um das verfassungsrechtliche Gebot zu begründen, dass bei der Besteuerung einer Familie das Existenzminimum sämtlicher Familienmitglieder steuerfrei bleiben müsse.[47] Das Bundesverfassungsgericht hat zudem unter anderem aus Art. 6 Abs. 1 und 2 GG abgeleitet, dass zusätzlich zum sächlichen Existenzminimum, das durch die nach dem Sozialhilferecht zu gewährenden Leistungen konkretisiert wird, der Betreuungsbedarf als notwendiger Bestandteil des familiären beziehungsweise kindbedingten Existenzminimums einkommensteuerlich unbelastet bleiben muss, ohne dass danach unterschieden werden dürfte, in welcher Weise, ob durch persönliche Betreuung durch die Eltern oder kostenpflichtige Fremdbetreuung, dieser Bedarf gedeckt wird.[48] Darüber hinaus hat es aufgrund Art. 6 Abs. 1 und 2 GG für verfassungsrechtlich geboten erachtet, dass auch der sogenannte Erziehungsbedarf, das heißt Aufwendungen der Eltern, die dem Kind die persönliche Entfaltung, seine Entwicklung zur Eigenständigkeit und Eigenverantwortlichkeit ermöglichen, durch besondere Freibeträge steuerrechtlich zu berücksichtigen ist.[49] Diese Rechtsprechung kann aber nicht auf die Gewährung von Leistungen zur Sicherung des Existenzminimums übertragen werden; das steuerrechtliche Existenzminimum unterscheidet sich vielmehr vom leistungsrechtlichen Existenzminimum.

Die Kritik hieran[50] übersieht, dass es im Einkommensteuerrecht um hoheitliche Eingriffe in das Vermögen des Steuerpflichtigen, d.h. der Eltern

zien gestützte, nicht ganz fernliegende Aussicht auf Heilung oder wenigstens auf eine spürbare positive Einwirkung auf den Krankheitsverlauf verspricht, zu finanzieren (vgl. BVerfGE 115, 25 <49>). Art. 2 Abs. 2 Satz 1 GG erlangt dabei aber nur innerhalb des Rechts der gesetzlichen Krankenversicherung Bedeutung. In dem genannten Fall des Bundessozialgerichts ging es im Übrigen nicht um eine entsprechende Behandlungsmethode. Das Bundessozialgericht begründet auch nicht, dass im konkreten Fall Art. 2 Abs. 2 Satz 1 GG die Gewährung von Leistungen verlangt.

[45] So aber noch das Hessische LSG, Aussetzungs- und Vorlagebeschluss vom 28. Oktober 2008 – L 6 AS 336/07 –, juris Rn. 128; ebenso *Lenze*, ZfSH/SGB 2009, 387 (391 f.).

[46] Vgl. BVerfGE 125, 175 (227, 232).

[47] BVerfGE 82, 60 (85); 99, 216 (233).

[48] Vgl. BVerfGE 99, 216 (233 f., 240 f.).

[49] Vgl. BVerfGE 99, 216 (241 f.).

[50] Vgl. zum Beispiel *Berlit*, KJ 2010, S. 145 (151).

oder eines Elternteils, geht und deshalb Grundrechte in ihrer Funktion als Abwehrrechte betroffen sind. Wird in das Einkommen des Steuerpflichtigen insoweit eingegriffen, als es zur Sicherung des Existenzminimums seiner nicht steuerpflichtigen Familienmitglieder benötigt wird, erfolgt dadurch nicht nur ein mittelbarer Eingriff in das durch Art. 1 Abs. 1 GG in Verbindung mit Art. 20 Abs. 1 GG geschützte Existenzminimum der nicht steuerpflichtigen Familienmitglieder, weil die Gewährung von Unterhalt durch den Einkommensbezieher erschwert wird. Vielmehr wird durch den staatlich veranlassten, belastenden Zugriff auch unmittelbar das familiäre Zusammenleben gestört beziehungsweise beeinträchtigt. Damit liegt zugleich ein Eingriff in das Freiheitsrecht des Streuerpflichtigen aus Art. 6 Abs. 1 GG vor,[51] der bei der Gewährung staatlicher Leistungen fehlt. Eines Rückgriffs auf Art. 6 Abs. 1 GG zur Begründung eines verfassungsrechtlichen Anspruchs auf Gewährleistung des Existenzminimums bedarf es hier auch nicht, da Art. 1 Abs. 1 GG in Verbindung mit Art. 20 Abs. 1 GG bereits das individuelle Existenzminimum unabhängig davon garantieren, ob der Einzelne in einer familiären oder sonstigen Gemeinschaft oder allein lebt.

Die Belastung des Steuerpflichtigen durch den hoheitlichen Eingriff des Steuerrechts ist auch der Grund für die Anerkennung eines Erziehungs- und Ausbildungsbedarfs eines Kindes als Bestandteil des steuerrechtlichen familiären Existenzminimums (vgl. § 32 Abs. 6 EStG). Ausgangspunkt für die Argumentation des Bundesverfassungsgerichts hinsichtlich der steuerrechtlichen Berücksichtigung des Betreuungs- und Erziehungsbedarfs ist nicht etwa Art. 1 Abs. 1 GG in Verbindung mit Art. 20 Abs. 1 GG, sondern das in Art. 3 Abs. 1 GG wurzelnde Gebot horizontaler Steuergerechtigkeit, das eine Besteuerung nach der finanziellen Leistungsfähigkeit verlangt.[52] Steuerpflichtige Eltern sind nach Auffassung des Bundesverfassungsgerichts kindbedingt durch die Erfüllung elterlicher Pflichten in ihrer Leistungsfähigkeit gemindert, weil sie entweder wegen der Betreuung und Erziehung ihrer Kinder höhere Ausgaben haben oder auf eine Erwerbstätigkeit und damit auf Einkommenserzielung verzichten.[53] Bei der Gewährung existenzsichernder Leistungen geht es demgegenüber nicht um die Herstellung von Lastengleichheit, d.h. nicht um den Schutz vor gleichheitswidrigen Eingriffen in das Einkommen eines Steuerpflichtigen.

[51] Vgl. zum Vorliegen eines abwehrrechtlich relevanten Eingriffs in Art. 6 Abs. 1 GG bei Beeinträchtigung oder Störung von Ehe oder Familie BVerfGE 6, 55 (76); 55, 114 (126 f.); 81, 1 (6).

[52] Vgl. BVerfGE 82, 60 (86); 99, 216 (232); vgl. auch BVerfGE 112, 268 (279).

[53] Vgl. BVerfGE 99, 216 (233, 241).

3. *Irrelevanz des allgemeinen Gleichheitssatzes für die Bestimmung des Umfangs der notwendigen Leistungen*

Anders als das Bundessozialgericht in seinen Vorlagebeschlüssen[54] hält das Bundesverfassungsgericht auch Art. 3 Abs. 1 GG in Bezug auf die Bestimmung des Umfangs der zur Gewährleistung eines menschenwürdigen Existenzminimums notwendigen Leistungen für irrelevant. Für die Frage, ob und in welchem Umfang der Staat mittellosen Menschen Leistungen gewähren muss, enthält der allgemeine Gleichheitssatz keinen normativen Maßstab. In Art. 3 Abs. 1 GG verbirgt sich kein allgemeines wirtschaftliches Gleichstellungsgebot,[55] das in seinem Kernbereich eine Mindestsicherung durch Sozialleistungen gebieten könnte.[56] Soweit es im Übrigen darum geht, welche Leistungen verschiedenen Gruppen von Hilfebedürftigen zu gewähren sind, bedarf es keines Rückgriffs auf Art. 3 Abs. 1 GG. Aus Art. 1 Abs. 1 in Verbindung mit Art. 20 Abs. 1 GG folgt vielmehr die Pflicht, das menschenwürdige Existenzminimum jedes einzelnen Hilfebedürftigen entsprechend seinem Bedarf sicherzustellen. Wird dieser verfassungsrechtliche Anspruch erfüllt, bleibt für eine Prüfung von Art. 3 Abs. 1 GG kein Raum mehr. Die etwaige Gewährung unterschiedlich hoher existenzsichernder Leistungen an verschiedene Gruppen von Hilfebedürftigen wäre, soweit sie mit Art. 1 Abs. 1 in Verbindung mit Art. 20 Abs. 1 GG vereinbar ist, stets aufgrund des unterschiedlich hohen Bedarfs sachlich gerechtfertigt. Art. 3 Abs. 1 GG wird folglich insoweit durch das Gewährleistungsrecht aus Art. 1 Abs. 1 in Verbindung mit Art. 20 Abs. 1 GG verdrängt.[57]

Es ist allerdings unverkennbar, dass die Ausführungen des Bundesverfassungsgerichts im Zusammenhang mit den aus Art. 1 Abs. 1 in Verbindung mit Art. 20 Abs. 1 GG folgenden Anforderungen an die Ermittlung des notwendigen Leistungsumfangs eine gewisse Nähe zu gängigen Argumentationslinien im Rahmen des allgemeinen Gleichheitssatzes aufweisen. So hat der Gesetzgeber alle existenznotwendigen Aufwendungen „folgerichtig"[58]

[54] Vgl. BSG, Aussetzungs- und Vorlagebeschluss vom 27. Januar 2009 – B 14 AS 5/08 R –, juris Rn. 17 ff.; Aussetzungs- und Vorlagebeschluss vom 27. Januar 2009 – B 14/11b AS 9/07 R –, juris Rn. 12 ff.

[55] Vgl. auch BVerfG, Beschluss der 2. Kammer des Ersten Senats vom 11. März 2010 – 1 BvR 3163/09 –, juris Rn. 8, wonach Art. 3 Abs. 1 GG den Gesetzgeber, der Steuervergünstigungen gewährt, nicht dazu verpflichtet, diesen Vergünstigungen entsprechende Sozialleistungen solchen Personen und ihren Angehörigen zu gewähren, die kein zu versteuerndes Einkommen erzielen.

[56] So zutreffend auch *Davy*, VVDStRL 68 (2009), S. 122 (140).

[57] Entgegen der Auffassung von *Kingreen*, NVwZ 2010, S. 558 (560 f.) dürfte deshalb auch die Gewährung niedrigerer Leistungen an die unter § 1 AsylbLG fallenden Personen nicht an Art. 3 Abs. 1 GG zu messen sein.

[58] Zum Grundsatz der Folgerichtigkeit als Ausfluss des aus Art. 3 Abs. 1 GG folgenden Gebots der Lastengleichheit im Steuerrecht vgl. zum Beispiel BVerfGE 122, 210 (231) m.w.N., stRspr.

zu bemessen; Abweichungen von der gewählten Ermittlungsmethode bedürfen „der sachlichen Rechtfertigung".[59] Das Bundesverfassungsgericht hat dennoch auch hinsichtlich der verfahrensrechtlichen Kontrolle der Ermittlung des Leistungsumfangs (vgl. hierzu unten D. IV. 2.) nicht Art. 3 Abs. 1 GG zum Prüfungsmaßstab erkoren, vermutlich auch, weil es schwer gefallen wäre, sinnvolle Vergleichsgruppen zu bilden und eine Ungleichbehandlung, die Voraussetzung für die Anwendung des allgemeinen Gleichheitssatzes wäre, festzustellen. Die Erweiterung von Art. 3 Abs. 1 GG zu einem allgemeinen, objektiven Rationalitäts- und Transparenzgebot wollte das Bundesverfassungsgericht offensichtlich nicht vollziehen.

IV. Verbleibende Bedeutung anderer Grundrechte für die Gewährung existenzsichernder Leistungen

Andere Grundrechte sind im Bereich der Gewährung von Leistungen zur Sicherung des Existenzminimums allerdings nicht gänzlich ohne Bedeutung. So erweist sich das Grundrecht aus Art. 1 Abs. 1 in Verbindung mit Art. 20 Abs. 1 GG in der Regel als indifferent, soweit es um die leistungsmindernde Anrechnung von Einkommen geht, denn zur Gewährleistung eines menschenwürdigen Existenzminimum genügt es, dass dem Einzelnen im Ergebnis tatsächlich ausreichende Finanzmittel zur Verfügung stehen, um das Existenzminimum zu decken.[60] Zu prüfen ist aber, ob die leistungsmindernde Anrechnung einer bestimmten Einnahme im Einzelfall Freiheitsgrundrechte verletzt oder ob andere etwaige verfassungsrechtliche Leistungsansprüche der Anrechnung entgegenstehen.[61] Darüber hinaus ist die Anrechnung einer Einnahme an Art. 3 Abs. 1 GG zu messen.[62]

[59] Vgl. BVerfGE 125, 175 (225).

[60] Vgl. BVerfG, Beschluss der 2. Kammer des Ersten Senats vom 11. März 2010 – 1 BvR 3163/09 –, juris Rn. 7; Beschluss der 3. Kammer des Ersten Senats vom 7. Juli 2010 – 1 BvR 2556/09 –, juris Rn. 13 f. Siehe auch unten D. III.

[61] Vgl. BVerfG, Beschluss der 3. Kammer des Ersten Senats vom 7. Juli 2010 – 1 BvR 2556/09 –, juris Rn. 15. Danach ist es beispielweise nicht verfassungsrechtlich geboten, Ausbildungsförderung nach dem BAföG in Höhe der Gebühren für eine private Ausbildungsstätte anrechnungsfrei zu belassen, da der Besuch einer privaten Ausbildungseinrichtung nicht von Verfassungs wegen durch die Gewährung staatlicher Mittel ermöglicht oder erleichtert werden muss.

[62] Vgl. BVerfG, Beschluss der 3. Kammer des Ersten Senats vom 7. Juli 2010 – 1 BvR 2556/09 –, juris Rn. 16 ff.; vgl. insoweit auch schon BVerfG, Beschluss der 2. Kammer des Ersten Senats vom 11. März 2010 – 1 BvR 3163/09 –, juris Rn. 8. Dies gilt vor allem, soweit der Gesetzgeber, wie in § 11 Abs. 1 Satz 1, § 11a SGB II, einzelne Einnahmen privilegiert und nicht als Einkommen berücksichtigt, vgl. hierzu BVerfG, Beschluss der 3. Kammer des Ersten Senats vom 16. März 2011 – 1 BvR 591/08 u.a. –, juris Rn. 30 ff.

D. Zum Inhalt des verfassungsrechtlichen Gewährleistungsrechts

I. Dogmatische Struktur

Das Grundrecht auf Gewährleistung eines menschenwürdigen Existenzminimums lässt sich nicht in das bei Freiheitsgrundrechten gebräuchliche Grundrechtsanwendungsmodell (Schutzbereich – Eingriff – verfassungsrechtliche Rechtfertigung) integrieren.[63] Da das Bundesverfassungsgericht von einem „unmittelbaren verfassungsrechtlichen Leistungsanspruch" spricht[64], bietet sich – dem gängigen Prüfungsschema bei einfachgesetzlichen Ansprüchen folgend – eine Gliederung in Anspruchsvoraussetzungen und Anspruchsinhalt an: Voraussetzung für den verfassungsrechtlichen Leistungsanspruch ist die Hilfebedürftigkeit eines Menschen, d.h. das Fehlen der notwendigen materiellen Mittel zur Gewährleistung eines menschenwürdigen Existenzminimums.[65] Inhaltlich erstreckt sich der Anspruch auf diejenigen Mittel, die zur Aufrechterhaltung eines menschenwürdigen Daseins unbedingt erforderlich sind.[66] Anspruchsvoraussetzungen und Anspruchsinhalt stehen dabei freilich nicht beziehungslos nebeneinander. Vielmehr bildet das menschenwürdige Existenzminimum den Maßstab sowohl für das Vorliegen von Hilfebedürftigkeit als auch den Umfang der notwendigen Leistungen. Es wird deshalb auch nicht in jedem Fall eine zweistufige Prüfung möglich oder angebracht sein. Die Gliederung in Anspruchsvoraussetzungen und Anspruchsinhalt beziehungsweise in Tatbestand und Rechtsfolge dient eher dazu, die verfassungsrechtliche Problematik, wie sie sich im konkreten Fall auf der Grundlage des einfachen Rechts stellt, gedanklich zu strukturieren und entweder der Tatbestands- oder der Rechtsfolgenseite des verfassungsrechtlichen Leistungsanspruchs zuzuordnen: Wendet sich jemand gegen die gesetzliche Höhe der Leistungen als solche, geht es um den Anspruchsinhalt, d.h. die Rechtsfolgenseite des verfassungsrechtlichen Gewährleistungsrechts. Wendet sich jemand dagegen, dass ihm bezogen auf die einfachgesetzlich fixierte Höhe des Existenzminimums, die er als solche nicht beanstandet, die Hilfebedürftigkeit ganz oder teilweise abgesprochen wurde und er deshalb keine oder geringere Leistungen erhalten hat, sind die Anspruchsvoraussetzungen, d.h. die Tatbestandsseite des verfassungsrechtlichen Gewährleistungsrechts betroffen.

[63] Zutreffend *Seiler*, JZ 2010, S. 500 (504).
[64] BVerfGE 125, 175 (223).
[65] Vgl. BVerfGE 125, 175 (222).
[66] Vgl. BVerfGE 125, 175 (223).

II. Notwendigkeit einer einfachgesetzlichen Ausgestaltung

Der verfassungsrechtliche Leistungsanspruch bedarf stets, sowohl mit Blick auf die Anspruchsvoraussetzungen als auch den Umfang der Leistungen, der Ausgestaltung durch ein Parlamentsgesetz.[67] Dieses Gebot dient einerseits dem Schutz des Bürgers und folgt insoweit aus dem Schutzgehalt des Art. 1 Abs. 1 GG. Das einfache Recht muss deshalb auch einen konkreten Leistungsanspruch des Bürgers gegenüber dem zuständigen Leistungsträger vorsehen.[68] Andererseits ergibt sich die Notwendigkeit einer einfachgesetzlichen Ausgestaltung des verfassungsrechtlichen Gewährleistungsrechts aus der grundgesetzlichen Kompetenzordnung (siehe dazu auch oben C. I.). Was zu einem menschenwürdigen Existenzminimum gehört und welche Leistungen zu seiner Gewährleistung notwendig sind, kann und darf nur der Gesetzgeber bestimmen, weil nur er zu den insoweit unausweichlichen sozialpolitischen Wertungen befugt ist; das Bundesverfassungsgericht und – erst recht – die Fachgerichte sind hierzu nicht berufen. Andernfalls bestünde die Gefahr, dass der persönliche Geschmack einzelner Richter und nicht eine demokratische Mehrheitsentscheidung im Parlament den Leistungsumfang bestimmt. Es kann also niemals einen richterrechtlichen Anspruch auf Leistungen zur Sicherung des Existenzminimums geben.[69] Insoweit stellt § 31 SGB I, wonach Rechte und Pflichten in den Sozialleistungsbereichen des Sozialgesetzbuchs nur begründet, festgestellt, geändert oder aufgehoben werden dürfen, soweit ein Gesetz es vorschreibt oder zulässt, eine Konkretisierung des verfassungsrechtlich Gebotenen dar.[70]

Eine verfassungskonforme Auslegung bestehender einfachgesetzlicher Leistungsansprüche ist zwar nicht ausgeschlossen. Sie ist jedoch nur möglich und zulässig, wenn ausnahmsweise festgestellt werden kann, dass eine bestimmte Leistung zur Gewährleistung eines menschenwürdigen Existenzminimums

[67] Zum Ganzen BVerfGE 125, 175 (223 f.); siehe hierzu auch *Burkiczak*, Der Vorbehalt des Gesetzes als Instrument des Grundrechtsschutzes, in diesem Band, S. 129 (144 ff.).

[68] Adressat des in Art. 1 Abs. 1 in Verbindung mit Art. 20 Abs. 1 GG enthaltenen Gesetzgebungsauftrags sind im Übrigen der Bund und die Länder (vgl. Art. 70 GG). Die Länder sind nach Art. 72 Abs. 1 GG nur insoweit von der Gesetzgebung ausgeschlossen, als der Bund von seiner konkurrierenden Gesetzgebungskompetenz nach Art. 74 Abs. 1 Nr. 7 GG abschließend Gebrauch macht, vgl. dazu BVerfGE 125, 175 (241 f.).

[69] Zutreffend BSG, Urteil vom 16. Dezember 2010 – B 8 SO 9/09 R –, juris Rn. 20; *Wenner*, SozSich 2010, S. 69; ähnlich *Gärditz*, in: Friauf/Höfling, GG, Art. 20 (6. Teil) Rn. 164 (Januar 2011); abwegig demgegenüber die in dem Artikel „Dann gilt Richterrecht“, in: DIE ZEIT Nr. 51 vom 16. Dezember 2010, S. 29, wiedergegebene Äußerung *Münders*, wonach mangels einer gesetzgeberischen Neuregelung der Regelleistung nach dem SGB II bis zum 31. Dezember 2010 jeder Richter selbst die Leistungshöhe gegebenenfalls nach Einholung von Sachverständigengutachten festzulegen habe.

[70] Vgl. BVerfG, Beschluss der 3. Kammer des Ersten Senats vom 24. März 2010 – 1 BvR 395/09 –, juris Rn. 7.

materiell verfassungsrechtlich geboten ist (vgl. hierzu unten IV. 1.), die aus § 31 BVerfGG folgende Bindung an Entscheidungen des Bundesverfassungsgerichts nicht verletzt wird und die beabsichtigte verfassungskonforme Auslegung nicht mit dem Wortlaut und dem klar erkennbaren Willen des Gesetzgebers in Widerspruch tritt, da andernfalls die Rechte des demokratisch legitimierten Gesetzgebers verletzt würden.[71] Im Zweifel sollten die Fachgerichte zur Wahrung der grundgesetzlichen Kompetenzordnung auch insoweit Zurückhaltung walten lassen.[72]

III. Hilfebedürftigkeit als Voraussetzung für den verfassungsrechtlichen Leistungsanspruch

Das verfassungsrechtliche Gewährleistungsrecht steht nur Hilfebedürftigen[73], d.h. solchen Menschen zu, denen die notwendigen Mittel zur Gewährleistung eines menschenwürdigen Existenzminimums fehlen, weil sie sie weder aus eigener Erwerbstätigkeit noch aus eigenem Vermögen noch durch Zuwendungen Dritter (zum Beispiel anderer Sozialleistungsträger oder Angehöriger) erhalten können.[74]

Durch die Anrechnung von Einkommen, gleichgültig ob es sich um einmalige oder laufende Einnahmen handelt, sowie durch die Anrechnung von Vermögen wird das Grundrecht auf Gewährleistung eines menschenwürdigen Existenzminimums folglich in der Regel nicht verletzt.[75] Tatsächlich zur

[71] Vgl. BVerfGE 101, 312 (329); 112, 164 (183), jeweils m.w.N. Zum Ganzen auch *Aubel*, Der verfassungsrechtliche Mutterschutz, 2003, S. 197 ff.

[72] So dürfte beispielsweise eine rückwirkende Anwendbarkeit der vom Bundesverfassungsgericht im Wege einer Übergangsregelung für Leistungszeiträume ab dem 9. Februar 2010 geschaffenen Härtefallregelung zur Deckung eines unabweisbaren, laufenden, nicht nur einmaligen besonderen Bedarfs im SGB II (vgl. BVerfGE 125, 175 <260>; BVerfG, Beschluss der 3. Kammer des Ersten Senats vom 24.März 2010 – 1 BvR 395/09 –, juris Rn. 7), wie sie der 4. Senat des Bundessozialgericht irrtümlich angenommen hat (vgl. BSGE 105, 279 <288 Rn. 34>), kaum durch eine verfassungskonforme Auslegung der Regelungen des § 24 Abs. 1 Satz 1 SGB II (§ 23 Abs. 1 Satz 1 SGB II a.F.) (Darlehensgewährung bei unabweisbarem, nicht laufendem Bedarf) oder des § 73 SGB XII (siehe Fn. 44) zulässigerweise erreicht werden können (so aber ohne vertiefte Begründung *Wenner*, SozSich 2010, S. 188 <189 f.> und auch angedeutet in BSGE 105, 279 <288 Rn. 34>), da, wie der 4. Senat des Bundessozialgerichts selbst für den konkreten Fall ausführlich dargelegt hat (vgl. BSGE 105, 279 <284 f. Rn. 22 f., 285 Rn. 26>), sowohl eine Anwendung von § 24 SGB II als auch eine Anwendung von § 73 SGB XII auf entsprechende Bedarfe dem erklärten Willen des Gesetzgebers widersprechen würden.

[73] Vgl. insoweit schon BVerfGE 35, 202 (236); 40, 121 (133); 44, 353 (375); 45, 376 (387); 100, 271 (284).

[74] Vgl. BVerfGE 125, 175 (222).

[75] Vgl. BVerfG, Beschluss der 3. Kammer des Ersten Senats vom 7. April 2010 – 1 BvR 688/10 –, juris Rn. 2; Beschluss der 3. Kammer des Ersten Senats vom 7. Juli 2010 – 1 BvR 2556/09 –, juris Rn. 13.

Verfügung stehende finanzielle Mittel müssen grundsätzlich nicht aufgrund von Art. 1 Abs. 1 in Verbindung mit Art. 20 Abs. 1 GG ganz oder teilweise anrechnungsfrei bleiben; auf den Rechtsgrund der Einnahme beziehungsweise des Vermögens oder die subjektive Verwendungsabsicht des Hilfebedürftigen kommt es nicht an.[76] Etwas anderes könnte nur dann gelten, wenn und soweit eine bestimmte Einnahme zur Deckung eines besonderen, von den gesetzlich zur Sicherung des Existenzminimums vorgesehenen Leistungen nicht umfassten Bedarfs, dessen Deckung zur Gewährleistung eines menschenwürdigen Existenzminimums notwendig ist, bestimmt ist.[77]

Auch tatsächliche Bedarfsdeckung, zum Beispiel durch Naturalleistungen, insbesondere freie Kost und Logis bei Verwandten, schließt den verfassungsrechtlichen Anspruch aus.[78] Daran anknüpfend verbietet Art. 1 Abs. 1 in Verbindung mit Art. 20 Abs. 1 GG auch nicht die unmittelbar leistungsmindernde Berücksichtigung von Einkommen und Vermögen Dritter, die mit dem selbst Mittellosen in einer Haushaltsgemeinschaft leben und „aus einem Topf" wirtschaften.[79] Dies gilt jedenfalls dann, wenn aufgrund bestehender zivilrechtlicher Unterhaltspflichten oder aufgrund tatsächlicher enger Bindungen im Sinne einer Verantwortungs- und Einstehensgemeinschaft zwischen den Haushaltsangehörigen vermutet werden kann, dass der gemeinsame Lebensunterhalt sicher gestellt wird.[80]

An der Hilfebedürftigkeit im verfassungsrechtlichen Sinne fehlt es ferner, solange und soweit durch Aufnahme einer Erwerbstätigkeit bedarfsdeckendes Einkommen erzielt werden kann. Wer jedoch ein konkretes Arbeitsangebot ausschlägt und aktuell keine andere Arbeitsstelle zur Verfügung hat, ist mangels andere finanzieller Mittel auch dann hilfebedürftig im verfassungsrechtlichen Sinne, wenn er seine gegenwärtige Erwerbslosigkeit durch vorwerfbares Verhalten herbeigeführt oder aufrecht erhalten hat,[81] denn der verfassungs-

[76] Vgl. BVerfG, Beschluss der 3. Kammer des Ersten Senats vom 7. Juli 2010 – 1 BvR 2556/09 –, juris Rn. 14.

[77] Vgl. BVerfG, Beschluss der 2. Kammer des Ersten Senats vom 11. März 2010 – 1 BvR 3163/09 –, juris Rn. 7 (dort für das Kindergeld verneint); vgl. auch BVerfG, Beschluss der 3. Kammer des Ersten Senats vom 7. Juli 2010 – 1 BvR 2556/09 –, juris Rn. 9, 15, wonach es verfassungsrechtlich nicht geboten ist, Leistungen nach dem BAföG, soweit sie zur Deckung der Kosten für den Besuch einer Privatschule benötigt werden, anrechnungsfrei zu belassen.

[78] Vgl. insoweit auch BSG, Urteil vom 18. Februar 2010 – B 14 AS 32/08 R –, juris Rn. 17 ff., wonach der faktischen Bedarfsdeckung im SGB II allerdings keine selbstständige Bedeutung neben der Berücksichtigung von tatsächlich zugeflossenem Einkommen zukommt.

[79] Dies sieht zum Beispiel § 9 Abs. 2, Abs. 5 SGB II vor.

[80] Vgl. BVerfGE 87, 234 (256, 264 f.).

[81] Dies gilt insbesondere auch für diejenigen, die von einer Sanktion nach §§ 31 ff. SGB II, zum Beispiel wegen der verweigerten Annahme einer Erwerbstätigkeit (vgl. § 31 Abs. 1 Satz 1 Nr. 2 SGB II), betroffen sind und deshalb für die Dauer von drei Monaten eine Ab-

rechtliche Leistungsanspruch aus Art. 1 Abs. 1 in Verbindung mit Art. 20 Abs. 1 GG besteht unabhängig von den Ursachen der Hilfebedürftigkeit und steht auch solchen Personen zu, die durch persönliche Schwäche oder Schuld hilfebedürftig geworden sind.[82] Andererseits ist es verfassungsrechtlich nicht ausgeschlossen, bestimmtes Verhalten des Hilfebedürftigen zum Anlass für sanktionsbedingte Leistungskürzungen zu nehmen (vgl. unten E.).

Verfassungsrechtlich maßgeblich ist damit allein, ob gegenwärtig Mittel zur Sicherung des Existenzminimums fehlen. Dies beeinflusst auch die Feststellung der Hilfebedürftigkeit in tatsächlicher Hinsicht: Es darf nur auf die gegenwärtige Lage abgestellt werden; Umstände der Vergangenheit dürfen nur insoweit herangezogen werden, als sie eindeutige Erkenntnisse über die gegenwärtige Lage des Hilfesuchende ermöglichen. In keinem Fall dürfen existenzsichernde Leistungen nur aufgrund bloßer Mutmaßungen verweigert werden, insbesondere wenn diese sich auf vergangene Umstände stützen.[83] Sofern Behörden und/oder Fachgerichte Zweifel an der Hilfebedürftigkeit des Antragstellers haben, müssen sie diese deshalb anhand hinreichend gewichtiger Indizien belegen, die darauf schließen lassen, dass der Antragsteller gegenwärtig über ausreichende finanzielle Mittel verfügt. Dies schließt es nicht aus, dem Antragsteller Mitwirkungsobliegenheiten, zum Beispiel in Gestalt der Vorlage von Kontoauszügen, aufzuerlegen.[84] Verfassungsrechtlich zulässig ist auch eine Beweislastentscheidung zu Lasten des Antragstellers, wenn sich seine Hilfebedürftigkeit beispielsweise wegen seiner nicht ausreichenden Mitwirkung nicht nachweisen lässt.[85]

senkung des Arbeitslosengeldes II um 30% oder mehr hinzunehmen haben (§ 31a Abs. 1, § 31b Abs. 1 Satz 3 SGB II). Die angebotene Erwerbstätigkeit steht in der Regel in dem von der Absenkung betroffenen Zeitraum nicht mehr zur Verfügung. Auch durch Aufgabe seiner Verweigerungshaltung kann der Hilfebedürftige die Absenkung nicht vollständig verhindern oder beseitigen (vgl. Umkehrschluss aus § 31a Abs. 1 Satz 6, Abs. 2 Satz 4 SGB II).

[82] Vgl. BVerfGE 35, 202 (236); 44, 353 (375). Verfassungsrechtlich problematisch ist es daher, wenn beispielsweise die darlehensweise Übernahme von Strom- oder Heizkostenschulden, die zu einer Unterbrechung der Strom- oder Heizungsversorgung führen (vgl. § 22 Abs. 8 SGB II), mit der Begründung abgelehnt wird, der Hilfebedürftige habe die Schulden dadurch vorwerfbar herbeigeführt, dass er die monatlichen Vorauszahlungen nicht entrichtet habe (so aber LSG Rheinland-Pfalz, Beschluss vom 27. Dezember 2010 – L 3 B 557/10 B ER – www.sozialgerichtsbarkeit.de).

[83] Vgl. BVerfGK 5, 237 (243).

[84] Vgl. BVerfG, Beschluss der 2. Kammer der Ersten Senats vom 13. August 2009 – 1 BvR 1737/09 –, juris Rn. 3.

[85] Vgl. BVerfG, Beschluss der 2. Kammer des Ersten Senats vom 1. Februar 2010 – 1 BvR 20/10 –, juris Rn. 2.

IV. Leistungen zur Sicherung eines menschenwürdigen Existenzminimums als Anspruchsinhalt

Inhaltlich erstreckt sich der – durch den Gesetzgeber zu verwirklichende – verfassungsrechtliche Leistungsanspruch nur auf diejenigen Mittel, die zur Sicherung eines menschenwürdigen Existenzminimums unbedingt erforderlich sind.[86] Gerade auf der Rechtsfolgenseite des verfassungsrechtlichen Gewährleistungsrechts kommt der Gestaltungsspielraum des Gesetzgebers (vgl. oben C. I.) zur Geltung: Hinsichtlich der Art und Weise der Leistungserbringung (Geld-, Sach- oder Dienstleistungen) ist der Gesetzgeber völlig frei.[87] Aber auch bei der Bestimmung des Umfangs der notwendigen Leistungen steht ihm ein Gestaltungsspielraum zu, der sowohl die Beurteilung dessen, was in tatsächlicher Hinsicht zur Bedarfsdeckung notwendig ist, als auch wertende Einschätzungen dahingehend, welche einzelnen Bedarfe zur Gewährleistung eines menschenwürdigen Existenzminimums zwingend durch Sozialleistungen gedeckt werden müssen, umfasst.[88] Das Verfassungsrecht gibt nur die Rahmenbedingungen vor, die der Gesetzgeber einhalten muss.

1. Die Grenzen des gesetzgeberischen Gestaltungsspielraums in materieller Hinsicht

In inhaltlicher beziehungsweise materieller Hinsicht sind die Grenzen des gesetzgeberischen Gestaltungsspielraums nur schwach ausgeprägt. Der gesetzliche Leistungsanspruch muss zwar so ausgestaltet sein, dass er stets den gesamten existenznotwendigen Bedarf eines jeden individuellen Grundrechtsträgers deckt,[89] d.h. die gesetzlich vorgesehenen Leistungen müssen zu jeder Zeit und für jeden Hilfebedürftigen das gesamte Existenzminimum umfassen und damit nicht nur den physischen Mindestbedarf (Nahrung, Kleidung, Hausrat, Unterkunft, Heizung, Hygiene und Gesundheit) abdecken, sondern ein Mindestmaß an Teilhabe am gesellschaftlichen, kulturellen und politischen Leben ermöglichen.[90] Das Bundesverfassungsgericht verlangt aber nicht die Gewährung von Leistungen aufgrund einer individuellen Bedarfsprüfung im Einzelfall.

Es gestattet dem Gesetzgeber vielmehr grundsätzlich die Erbringung einer pauschalen Geldleistung,[91] die nach einer ausdrücklichen Zielbestimmung des Gesetzgebers auf die Deckung des gesamten Existenzminimums gerichtet

[86] Vgl. BVerfGE 125, 175 (223).
[87] Vgl. BVerfGE 125, 175 (224).
[88] Vgl. BVerfGE 125, 175 (225).
[89] Vgl. BVerfGE 125, 175 (224).
[90] Vgl. BVerfGE 125, 175 (223).
[91] Vgl. BVerfGE 125, 175 (252 f.).

ist und auch einmaligen Bedarf, der nur in unregelmäßigen Abständen entsteht, durch monatliche Teilbeträge, die der Hilfebedürftige zur (späteren) Deckung des Bedarfs ansparen soll, umfassen kann.[92] Das Bundesverfassungsgericht bestimmt grundsätzlich auch nicht, was im Einzelnen zu einem Mindestmaß an Teilhabe am gesellschaftlichen Leben gehört. Es hat sich lediglich dahingehend festgelegt, dass die notwendigen Aufwendungen zur Erfüllung schulischer Pflichten als existentieller Bedarf von Kindern von den gesetzlichen Leistungen zur Sicherung des Existenzminimums umfasst sein müssen.[93] Was schließlich den Betrag einer entsprechenden pauschalen Geldleistung anbetrifft, beschränkt sich das Bundesverfassungsgericht auf eine Evidenzkontrolle, d.h. auf die Prüfung, ob die vorgesehene Geldleistung im Ergebnis zur Deckung sowohl der physischen als auch der sozialen Komponente des Existenzminimums offensichtlich unzureichend ist.[94] Dies ist jedoch im Hinblick auf den besonders weiten Gestaltungsspielraum des Gesetzgebers bei der Ausgestaltung des Mindestmaßes an sozialer Teilhabe schon dann zu verneinen, wenn hinreichend sicher festgestellt werden kann, dass die Geldleistung in jedem Fall zur Deckung des physischen Existenzminimums, insbesondere des Ernährungsbedarfs, ausreicht und darüber hinaus zumindest noch ein geringfügiger Betrag zur Verfügung steht.[95]

Allerdings müssen die gesetzlich vorgesehenen Leistungen zur Gewährleistung eines menschenwürdigen Existenzminimums so beschaffen und gestaltet sein, dass sie es dem jeweiligen Hilfebedürftigen ermöglichen, seinen individuellen Bedarf zum Beispiel durch ein entsprechend angepasstes Verbrauchsverhalten zu decken.[96] Soweit im Einzelfall ein besonders hoher existentieller Bedarf durch Umstände entsteht, die der Hilfebedürftige nicht beeinflussen kann, stößt eine pauschale Geldleistung zur Sicherstellung des Existenzminimums an die Grenze des verfassungsrechtlich Zulässigen. Kurzfristige Bedarfsspitzen, etwa bei Entstehung eines einmaligen Bedarfs, weil der bisher zu seiner Deckung vorgesehene Gegenstand ersetzt werden muss, können noch durch Gewährung von Darlehen ausgeglichen werden, die sodann durch Einbehaltungen von der laufenden Regelleistung getilgt werden können, da hierdurch quasi nachträglich die bei Gewährung einer umfassenden Pauschalleistung vorausgesetzte Ansparleistung realisiert wird.[97]

[92] Vgl. BVerfGE 125, 175 (228 f.).
[93] Vgl. BVerfGE 125, 175 (246).
[94] Vgl. BVerfGE 125, 175 (225 f.).
[95] Vgl. BVerfGE 125, 175 (229, 231 f.).
[96] Vgl. BVerfGE 125, 175 (253).
[97] Vgl. BVerfGE 125, 175 (229, 254); vgl. auch BVerfG, Beschluss der 3. Kammer des Ersten Senats vom 7. April 2010 – 1 BvR 688/10 –, juris Rn. 2, wonach die Aufteilung einer einmaligen Einnahme auf mehrere Monate (vgl. § 11 Abs. 3 Satz 3 SGB II) und damit ihre fortlaufende Anrechnung zu einem bestimmten Teilbetrag auch dann mit Art. 1 Abs. 1 in

Die unübersehbaren finanziellen Risiken einer Erkrankung dürften aber die Gewährung besonderer Leistungen im Krankheitsfall[98] oder die Einbeziehung in ein Gesundheitsfürsorgesystem, das, wie beispielsweise die gesetzliche Krankenversicherung, die Gesundheitsversorgung während der Hilfebedürftigkeit gewährleistet, erforderlich machen.[99] Darüber hinaus bedarf es einer Regelung, die sicherstellt, dass ein unabweisbarer, laufender, nicht nur einmaliger, besonderer Bedarf, der zur Gewährleistung eines menschenwürdigen Existenzminimums zwingend zu decken ist, befriedigt wird.[100] Ob eine solche atypische Bedarfssituation vorliegt, kann allerdings letztlich wiederum nur danach entschieden werden, ob die zur Verfügung stehenden regelmäßigen Leistungen im Einzelfall in Anbetracht der besonderen Bedarfslage evident unzureichend sind.[101]

2. *Verfahrensrechtliche Bindungen des Gesetzgebers bei der Bemessung der Leistungen*

Als Ausgleich für die beschränkten materiellen Bindungen erfordert das Gewährleistungsrecht auf ein menschenwürdiges Existenzminimum zusätzlich eine Kontrolle der Grundlagen und Methoden der Leistungsbemessung und damit des Verfahrens zur Ermittlung des Existenzminimums. Der Gesetzgeber hat die existenznotwendigen Aufwendungen folgerichtig in einem transparenten und sachgerechten Verfahren nach dem tatsächlichen Bedarf, also realitätsgerecht, zu bemessen sowie das gefundene Ergebnis fortwährend zu überprüfen und weiter zu entwickeln. Hierzu muss er die einzelnen Bedarfarten, die nach seiner Auffassung zur Gewährleistung eines menschenwürdigen Existenzminimums gedeckt werden müssen, und die zur Bedarfsdeckung notwendigen Kosten auf der Grundlage verlässlicher Zahlen und schlüssiger Berechnungsverfahren tragfähig ermitteln. Das Bundesverfassungsgericht prüft, ob der Gesetzgeber eine zur Bemessung des Existenzminimums im Grundsatz taugliche und sachgerechte Bemessungsmethode, über

Verbindung mit Art. 20 Abs. 1 GG vereinbar ist, wenn die einmalige Einnahme zwischenzeitlich verbraucht wurde. Der Hilfebedürftige ist in diesem Fall auf die darlehensweise Leistungsgewährung nach § 24 Abs. 1 SGB II zu verweisen.

[98] Vgl. insoweit §§ 47 ff. SGB XII.

[99] Vgl. BVerfGE 125, 175 (228).

[100] Vgl. BVerfGE 125, 175 (253 ff.). Das Bundesverfassungsgericht hat für Leistungszeiträume ab dem 9. Februar 2010 im Wege einer Übergangsregelung die Geltung einer entsprechenden Härtefallregelung im SGB II angeordnet (vgl. BVerfGE 125, 175 <260>). Seit dem 3. Juni 2010 ergibt sich Entsprechendes aus § 21 Abs. 6 SGB II.

[101] Vgl. insoweit auch BVerfGE 125, 175 (255), wonach der gebotene zusätzliche Leistungsanspruch angesichts seiner engen und strikten Tatbestandsvoraussetzungen nur in seltenen Fällen entstehen wird.

die er grundsätzlich selbst bestimmen kann, gewählt hat, ob er die erforderlichen Tatsachen im Wesentlichen vollständig und zutreffend ermittelt und ob er sich in allen Berechnungsschritten mit einem nachvollziehbaren Zahlenwerk innerhalb des gewählten Berechnungsverfahrens und dessen Strukturprinzipien im Rahmen des Vertretbaren gehalten und nicht ohne sachlichen Grund von ihm abgewichen ist.[102] Gestützt auf diese Erwägungen hat das Bundesverfassungsgericht im Urteil vom 9. Februar 2010 das Verfahren der Bemessung der bis dahin geltenden sozialhilferechtlichen Regelsätze und der Regelleistungen nach dem SGB II einer genauen Kontrolle unterzogen und dabei die Methode der Bemessung nach einem Statistikmodell, das das Ausgabeverhalten unterer Einkommensgruppen als Basis nimmt und die statistisch ermittelten Ausgaben in einzelnen Lebensbereichen (zum Beispiel Nahrungsmittel, Bekleidung oder Freizeit), soweit sie als regelleistungsrelevant angesehen werden, zu einem Gesamtbetrag addiert, für dem Grunde nach verfassungsgemäß, seine konkrete Umsetzung bei der Bemessung der Regelleistungen für Erwachsene und für Kinder bis zur Vollendung des 14. Lebensjahres wegen zahlreicher Unstimmigkeiten aber für verfassungswidrig gehalten.[103]

Das aus Art. 1 Abs. 1 in Verbindung mit Art. 20 Abs. 1 GG abgeleitete Gebot einer ermittlungstechnischen Systemkonsistenz[104] und seine Anwendung auf die Regelleistungsbemessung nach dem SGB II ist in der Literatur auf Kritik gestoßen. Während einigen die Kontrolle des Bundesverfassungsgerichts nicht weit genug geht,[105] sehen andere einen unzulässigen und rechtsdogmatisch nicht zu begründenden Eingriff in die Kompetenzen des Gesetzgebers.[106] Der zuletzt genannte Einwand erscheint jedenfalls insoweit nicht unberechtigt, als die hohen Anforderungen an die Rationalität der Leistungsbemessung im Konflikt zu den realen politischen Bedingungen von Gesetzgebung stehen.[107] Dem notwendig Kompromisshaften der Regelleistungsfestsetzung im SGB II wäre möglicherweise besser Rechnung getragen worden, wenn das Bundesverfassungsgericht, dem Rechtsgedanken von § 46 VwVfG folgend, zusätzlich geprüft hätte, ob sich der einzelne festgestellte

[102] Vgl. BVerfGE 125, 175 (225 f.).

[103] Siehe dazu im Einzelnen BVerfGE 125, 175 (232 ff.).

[104] Vgl. hierzu *Kingreen*, NVwZ 2010, S. 558 (560), der von einem „Gebot prozeduraler Systemkonsistenz" spricht.

[105] So vor allem *Rothkegel*, ZfSH/SGB 2010, S. 135 (143 ff.) und in der Tendenz auch *Berlit*, KJ 2010, S. 145 (153 ff.).

[106] So *Hebeler*, DÖV 2010, S. 754 (759 ff.); *Dann*, Der Staat 49 (2010), S. 630 (637, 643 ff.).

[107] Vgl. insoweit noch die abweichende Meinung des Richters *Bryde* zum „Nichtraucher-Urteil" des Bundesverfassungsgerichts BVerfGE 121, 317 (380 f.); siehe auch *Rixen*, Sozialrecht aktuell 2010, S. 81 (85).

Mangel an Schlüssigkeit in der Leistungsbemessung erheblich auf die Leistungshöhe im Ergebnis ausgewirkt hat.[108]

Im Ergebnis hat das Bundesverfassungsgericht aber einen pragmatischen und überzeugenden Weg gefunden, einen effektiven Schutz des Leistungsgrundrechts aus Art. 1 Abs. 1 in Verbindung mit Art. 20 Abs. 1 GG zu gewährleisten und zugleich den sozialpolitischen Gestaltungsspielraum gerade hinsichtlich der im Ergebnis zur Existenzsicherung aufzuwendenden Finanzmittel weitgehend zu erhalten. Einen normativen Rechtfertigungsansatz für den eingeschlagenen Weg könnte man möglicherweise im spezifischen Wirkungsverbund von Menschenwürdegarantie und Sozialstaatsprinzip (vgl. oben C. I.), die zugleich in einem gewissen Spannungsverhältnis stehen, finden: Einer streng individuellen Sicherung des Existenzminimums, wie sie in Art. 1 Abs. 1 GG angelegt ist, würde es entsprechen, den für ein menschenwürdiges Dasein notwendigen Bedarf und die zu seiner Deckung erforderlichen Mittel in jedem Einzelfall konkret zu ermitteln. Dies würde jedoch den Sozialstaat verwaltungstechnisch überfordern. Wenn er deshalb zulässigerweise zu einer pauschalen Geldleistung greift, muss er diese so bestimmen, dass den individuellen existentiellen Bedarfslagen aller Hilfebedürftigen gleichermaßen Rechnung getragen wird. Die individuelle Garantie eines menschenwürdigen Daseins verlagert sich daher notwendigerweise in das Ermittlungs- und Berechnungsverfahren.[109]

Diese Überlegungen machen deutlich, dass die besonderen Anforderungen an die Schlüssigkeit und Transparenz der Berechnung der zur Gewährleistung des Existenzminimums notwendigen Leistungen untrennbar mit dem besonderen Charakter und der exzeptionellen Bedeutung des Gewährleistungsrechts aus Art. 1 Abs. 1 in Verbindung mit Art. 20 Abs. 1 GG verbunden sind. Eine Übertragung auf die gesetzliche Festsetzung anderer Sozialleistungen, die nicht der Verwirklichung des Gewährleistungsrechts dienen, kommt nicht in Betracht.[110] Bei der Anwendung des ermittlungstechnischen Kontrollmaßstabes und der Interpretation der Ausführungen des

[108] Als Beispiel sei insoweit die vom Bundesverfassungsgericht bemängelte Nichtberücksichtigung der in der Einkommens- und Verbrauchsstichprobe (EVS) in der Abteilung 10 (Bildungswesen) erfassten Ausgaben bei der Bemessung der Regelleistung für erwachsene Alleinstehende (vgl. BVerfGE 125, 175 <240 ff.>) angeführt. In der Abteilung 10 sind einzelne Ausgabenpositionen (Nachhilfeunterricht, Kinderbetreuungskosten und Studien- und Prüfungsgebühren) enthalten, die bei alleinstehenden Leistungsempfängern nach dem SGB II nicht anfallen oder, zum Beispiel wegen des Leistungsausschlusses bei Absolvierung einer nach dem BAföG dem Grunde nach förderungsfähigen Ausbildung gemäß § 7 Abs. 5 SGB II, von vornherein nicht berücksichtigt werden können. Nach der Sonderauswertung der EVS 2003 verbleibt dann ein dem Grunde nach berücksichtigungsfähiger Ausgabenbetrag von 2,35 Euro (vgl. Ausschussdrucksache 16 (11) 286, S. 26).

[109] Zu diesem Zusammenhang auch BVerfGE 125, 175 (253).

[110] Tendenziell weiter demgegenüber *Rothkegel*, ZfSH/SGB 2010, S. 135 (142) und *Meßling*, in: Festschrift für Renate Jaeger, 2011, S. 787 (817 f.).

Bundesverfassungsgerichts im „Hartz IV-Urteil" ist zudem darauf zu achten, dass der Gesetzgeber nicht zu einem reinen Ermittlungs- und Vollzugsorgan degradiert werden darf. Forderungen dahingehend, der Gesetzgeber müsse bei der Bemessung der Regelleistung sozialwissenschaftliche Sachverständigengutachten einholen,[111] verkennen Funktion und Bedeutung der im Rahmen von Art. 1 Abs. 1 in Verbindung mit Art. 20 Abs. 1 GG notwendigen parlamentarischen Willensentscheidung und finden in der Rechtsprechung des Bundesverfassungsgerichts keine Stütze. Die Berechnungen des Gesetzgebers bei der Anwendung eines Statistikmodells sind auch nicht in allen Einzelheiten auf ihre statistische Genauigkeit und Richtigkeit zu überprüfen. Nur sachlich nicht zu rechtfertigende Systembrüche führen zur Verfassungswidrigkeit des Verfahrens der Leistungsbemessung. In wesentlichen sozialpolitischen Wertungsfragen, zum Beispiel ob Alkohol- und Zigarettenkonsum zum Existenzminimum gehören, ist der Gesetzgeber weiterhin frei.

Letztlich legt das Bundesverfassungsgericht dem Gesetzgeber auch keine echten Begründungspflichten auf. Es spricht ausdrücklich von einer „Obliegenheit", die zur Bestimmung des Existenzminimums im Gesetzgebungsverfahren eingesetzten Methoden und Berechnungsschritte nachvollziehbar offenzulegen.[112] Rechtliche Konsequenzen können einer Verletzung dieser Obliegenheit aber erst im verfassungsgerichtlichen Verfahren zukommen. Nachbesserungen und das Nachschieben von Erläuterungen sind bis zur Entscheidung des Bundesverfassungsgerichts zulässig.[113] Es bedarf auch keiner Gesetzesbegründung im formellen Sinne.[114] Es genügen vielmehr in den Gesetzgebungsmaterialien, insbesondere den Gesetzentwürfen, dokumentierte Erwägungen und sonstige Erläuterungen der Regierung.[115]

E. Ausblick

Das Gewährleistungsrecht auf ein menschenwürdiges Existenzminimum als verfassungsrechtlicher Leistungsanspruch steht noch am Anfang seiner rechtsdogmatischen Entfaltung. Das Bundesverfassungsgericht wird Gelegenheit haben, seine Reichweite für die Ausgestaltung des Sozialleistungsrechts weiter auszuloten.

[111] So *Rothkegel*, ZfSH/SGB 2010, S. 135 (145). Auch das Hessische Landessozialgericht hat im Ausgangsverfahren zu 1 BvL 1/09 Sachverständigengutachten eingeholt. Das Bundesverfassungsgericht ist auf diese Gutachten nicht eingegangen und hat auch selbst auf eine entsprechende Beweisaufnahme verzichtet.

[112] Vgl. BVerfGE 125, 175 (226).

[113] Vgl. BVerfGE 125, 175 (233, 236, 241).

[114] Vgl. hierzu *Mehde/Hanke*, ZG 2010, S. 381 (382).

[115] Vgl. BVerfGE 125, 175 (232 f.).

So ist damit zu rechnen, dass auch die aufgrund des Urteils vom 9. Februar 2010 notwendige Neuberechnung der Regelleistung nach dem SGB II für die Zeit ab dem 1. Januar 2011[116] wieder zum Gegenstand eines Verfahrens vor dem Bundesverfassungsgericht gemacht werden wird. Bereits anhängig sind konkrete Normenkontrollverfahren zur Verfassungsmäßigkeit der Grundleistungen nach § 3 AsylbLG,[117] die mit guten Argumenten bezweifelt wird.[118]

Schließlich bedarf es einer verfassungsgerichtlichen Klärung, ob die Regelungen der §§ 31 ff. SGB II über die Absenkung des Arbeitslosengeldes II, zum Beispiel bei Ablehnung einer angebotenen Erwerbstätigkeit, in ihrer konkreten Ausgestaltung mit Art. 1 Abs. 1 in Verbindung mit Art. 20 Abs. 1 GG vereinbar sind.[119] Es dürfte zwar dem Grunde nach verfassungsrechtlich nicht zu beanstanden sein, denjenigen Hilfebedürftigen, die sich in sozialwidriger Weise Maßnahmen zur Beseitigung ihrer Hilfebedürftigkeit verweigern, ein geringeres Maß an sozialer Teilhabe zuzubilligen und ihnen deshalb geringere Leistungen zu gewähren. Das Grundrecht aus Art. 1 Abs. 1 in Verbindung mit Art. 20 Abs. 1 GG verlangt nicht zwingend gleich hohe Leistungen an alle Hilfebedürftigen und lässt auch normative Abstufungen des Bedarfs im Hinblick auf die persönliche Lebenssituation des Hilfebedürftigen[120] und seine unzureichende Eigenverantwortlichkeit zu.[121] Ob aber zum Beispiel bei einer Leistungskürzung um 30 % ohne Kompensation durch Sachleistungen noch das gesamte Existenzminimum einschließlich eines zumindest geringfügigen Maßes an sozialer Teilhabe gedeckt ist, bedarf im Hinblick auf die verfahrensrechtlichen Bindungen aus Art. 1 Abs. 1 in Verbindung mit Art. 20 Abs. 1 GG (vgl. oben D. IV. 2.) näherer Untersuchung anhand der der Regelleistung zugrunde liegenden Berechnungen. Insoweit wird sich der Gesetzgeber mangels erkennbarer Alternativberechnungen für sozialwidrig handelnde Hilfebedürftige an seiner eigenen Konkretisierung des Existenzminimums festhalten lassen müssen. Es dürfte des-

[116] Vgl. hierzu das Gesetz zur Ermittlung von Regelbedarfen und zur Änderung des Zweiten und Zwölften Buches Sozialgesetzbuch vom 24. März 2011 (BGBl I S. 453) sowie die Materialien in BTDrucks 17/3404 und BTDrucks 17/3834.

[117] Aussetzungs- und Vorlagebeschlüsse des LSG NRW vom 26. Juli 2010 – L 20 AY 13/09 –, juris und vom 22. November 2010 – L 20 AY 1/09 –, juris beim Bundesverfassungsgericht anhängig unter den Az.: 1 BvL 10/10 und 1 BvL 2/11.

[118] Vgl. hierzu zum Beispiel *Hohm*, ZfSH/SGB 2010, S. 269 ff.; *Kingreen*, NVWZ 2010, S. 558 ff.

[119] Eine gegen die Absenkung der Regelleistung um 30% gemäß § 31 Abs. 1 Satz 1 Nr. 1 Buchstabe c SGB II a.F. gerichtete Verfassungsbeschwerde hat die 3. Kammer des Ersten Senats mit Beschluss vom 12. Januar 2011 – 1 BvR 1570/10 – ohne Begründung nicht zur Entscheidung angenommen.

[120] Vgl. insoweit BVerfGE 125, 175 (224).

[121] So auch *Berlit*, KJ 2010, S. 145 (153); *Rixen*, Sozialrecht aktuell 2010, S. 81 (87).

halb entscheidend darauf ankommen, ob zum Beispiel auch eine um 30 % gekürzte Regelleistung ausgehend von den in den Gesetzgebungsmaterialien auf der Grundlage der Sonderauswertung der Einkommens- und Verbrauchsstichprobe festgesetzten regelleistungsrelevanten Ausgabenpositionen so zusammen gesetzt werden kann, dass sie der einheitlichen Garantie des Existenzminimums gerecht wird. Weiterführend könnte dabei im Hinblick auf die lediglich auf drei Monate befristete Absenkung die Unterscheidung zwischen unaufschiebbaren und gegebenenfalls auch später zu deckenden Bedarfen sein.

IV.

Freiheitsrechte und Verfahrensgarantien

Verfassungsrechtliche Anforderungen an Vorratsspeicherungen

Peter Martini

Leitentscheidungen des Bundesverfassungsgerichts

BVerfGE 27, 1 – Mikrozensus
BVerfGE 65, 1 – Volkszählung
BVerfGE 100, 313 – Telekommunikationsüberwachung
BVerfGE 115, 320 – Rasterfahndung
BVerfGE 118, 168 – Kontenabfrage
BVerfGE 125, 260 – Vorratsdatenspeicherung

Schrifttum

Albers, Marion, Informationelle Selbstbestimmung, 2005; *Alvaro, Alexander*, Die Richtlinie zur Vorratsdatenspeicherung, DANA 2006, S. 52 ff.; *Bartone, Roberto*, Gedanken zu den Grundsätzen der Normenklarheit und Normenbestimmtheit als Ausprägungen des Rechtsstaatsprinzips, in: Rensen/Brink (Hrsg.), Linien der Rechtsprechung des Bundesverfassungsgerichts, Bd. 1, 2009, S. 305 ff.; *Baumann, Reinhold*, Stellungnahme zu den Auswirkungen des Urteils des Bundesverfassungsgerichts vom 15. Dezember 1983 zum Volkszählungsgesetz 1983, DVBl 1984, S. 612 ff.; *Bizer, Johann*, Vorratsdatenspeicherung: Ein fundamentaler Verfassungsverstoß, DuD 2007, S. 586 ff.; *Brinkel, Guido/Lammers, Judith*, Innere Sicherheit auf Vorrat?, ZUM 2008, S. 11 ff.; *Deutsch, Markus*, Die heimliche Erhebung von Informationen und deren Aufbewahrung durch die Polizei, 1992; *Dreier, Horst*, Kommentierung zu Art. 19 Abs. 2 GG, in: Dreier (Hrsg.), Grundgesetz, Bd. 1, 2. Aufl. 2004; *Dix, Alexander/Petri, Thomas*, Das Fernmeldegeheimnis und die deutsche Verfassungsidentität, DuD 2009, S. 531 ff.; *Eckhardt, Jens*, Die Neuregelung der Telekommunikationsüberwachung und anderer verdeckter Ermittlungsmaßnahmen im TKG, CR 2007, S. 406 ff.; *Eckhardt, Jens/Schütze, Marc*, Vorratsdatenspeicherung nach BVerfG: „Nach dem Gesetz ist vor dem Gesetz …“, CR 2010, S. 225 ff.; *Forgó, Nikolaus/Krügel, Tina*, Vorschriften zur Vorratsdatenspeicherung verfassungswidrig: Nach der Entscheidung ist vor der Entscheidung, K&R 2010, S. 217 ff.; *Gitter, Rotraud/Schnabel, Christoph*, Die Richtlinie zur Vorratsspeicherung und ihre Umsetzung in nationales Recht, MMR 2007, S. 411 ff.; *Graulich, Kurt*, Kommentierung zu § 113a TKG, in: Arndt/Fetzer/Scherer (Hrsg.), Telekommunikationsgesetz, 2008; *Hensel, Dirk*, Die Vorratsdatenspeicherung aus datenschutzrechtlicher Sicht, DuD 2009, S. 527 ff.; *Hornung, Gerrit/Schnabel, Christoph*, Verfassungsrechtlich nicht schlechthin verboten – Das Urteil des Bundesverfassungsgerichts in Sachen Vorratsdatenspeicherung –, DVBl 2010, S. 824 ff.; *Klesczewski, Diethelm*, Anmerkung zum Urteil des Bundesverfassungsgerichts vom 2. März 2010 – 1 BvR 256/08, 1 BvR 263/08 und 1 BvR 586/08 –, JZ 2010, S. 629 ff.; *Klug, Christoph/Reif, Yvette*, Vorratsdatenspeicherung in Unternehmen? – Gesetzeslage und Ausblick, RDV 2008, S. 89 ff.; *Kühling, Jürgen*, Freiheitsverluste im Austausch gegen Sicherheitshoffnungen im künftigen Telekommunikationsgesetz?, K&R 2008, S. 105 ff.; *Leutheusser-Schnarrenberger, Sabine*, Vorratsdatenspeicherung – Ein vorprogrammierter Verfassungskonflikt, ZRP 2007, S. 9 ff.; *Ohler, Christoph*, Anmerkung zum Urteil des Bundesverfassungsgerichts vom 2. März 2010 – 1 BvR 256/08, 1 BvR 263/08 und 1 BvR 586/08 –, JZ 2010, S. 626 ff.; *Orantek, Kerstin*, Datenschutz im Informationszeitalter, 2008; *Papier, Hans-Jürgen*, Von der Volkszählung zur Speicherung von Verbindungsdaten – 25 Jahre informationelle Selbstbestimmung, in: Hessischer Datenschutzbeauftragter/Präsident des Hessischen Landtags (Hrsg.), Vorgaben des Bundesverfassungsgerichts für eine zeitgemäße Datenschutzkultur, 2009, S. 13 ff.; *Petri, Thomas*, Unzulässige Vorratssammlungen nach dem Volkszählungsurteil? Die Speicherung von TK-Verkehrsdaten und Flugpassagierdaten, DuD 2008, S. 729 ff.; *ders.*, Verfassungskonforme Speicherung von Nutzerdaten – Gestaltungsanforderungen nach dem Urteil des Bundesverfassungsgerichts vom 2. März 2010, RDV 2010, S. 197 ff.; *Puschke, Jens/Singelnstein, Tobias*, Telekommunikationsüberwachung, Vorratsdatenspeicherung und (sonstige) heimliche Ermittlungsmaßnahmen der StPO nach der Neuregelung zum 1. Januar 2008, NJW 2008, S. 113 ff.; *Roßnagel, Alexander*, Die „Überwachungs-Gesamtrechnung" – Das Bundesverfassungsgericht und die Vorratsdatenspeicherung, NJW 2010, S. 1238 ff.; *ders.*, Das Bundesverfassungsgericht und die Vorratsdatenspeicherung in Europa, DuD 2010, S. 544 ff.; *Rusteberg, Benjamin*, Die EG-Richtlinie zur Vorratsspeicherung von Verkehrsdaten im System des europäischen Grund- und Menschenrechtsschutzes, VBlBW 2007, S. 171 ff.; *Stubenrauch, Julia*, Gemeinsame Verbunddateien von Polizei und Nachrichtendiensten, 2009; *Vogel, Joachim*, Vorratsspeicherung von Telekommunikationsverbindungsdaten: Inpflichtnahme Privater zur flächendeckenden Strafverfolgungsvorsorge, in: Griesbaum/Hannich/Schnarr (Hrsg.), Festschrift für Kai Nehm zum 65. Geburtstag, 2006, S. 81 ff.; *Vogelgesang, Klaus*, Grundrecht auf informationelle Selbstbestimmung?, 1987; *Warga, Norbert*, Das Elena-Konzept, DuD 2010, S. 216 ff.; *Wedde, Peter*, ELENA – Meilenstein auf dem Weg zum Bürokratieabbau oder Stolperstein für das Persönlichkeitsrecht?, AuR 2010, S. 94 ff.; *Westphal, Dietrich*, Leitplanken für die Vorratsdatenspeicherung – Abrücken von „Solange", EuZW 2010, S. 494 ff.; *Wilms, Heinrich*, ELENA (Elektronischer Entgeltnachweis) und das Recht auf informationelle Selbstbestimmung, 2010; *Wolff, Heinrich Amadeus*, Vorratsdatenspeicherung – Der Gesetzgeber gefangen zwischen Europarecht und Verfassung?, NVwZ 2010, S. 751 ff.

Inhalt

I. Einleitung

Die Fortentwicklung der Informationstechnik und die stetig wachsenden Speicherkapazitäten informationstechnischer Systeme ermöglichen das Anlegen immer umfangreicherer Datensammlungen. Das Bundesverfassungsgericht hat diese Entwicklung bereits in seinem Volkszählungsurteil vom 15. Dezember 1983[1] erkannt. Es hat darauf hingewiesen, dass unter den Bedingungen moderner Informationstechnik Einzelangaben über persönliche und sachliche Verhältnisse einer bestimmten oder bestimmbaren Person (personenbezogene Daten) technisch gesehen unbegrenzt gespeichert und jederzeit ohne Rücksicht auf Entfernungen in Sekundenschnelle abgerufen werden können und dass solche Daten insbesondere bei Verknüpfung mehrerer Datensammlungen miteinander zu einem teilweise oder weitgehend vollständigen Persönlichkeitsbild zusammengefügt werden können.[2] Vor diesem Hintergrund hat das Gericht aus Art. 2 Abs. 1 in Verbindung mit Art. 1 Abs. 1 GG das Grundrecht auf informationelle Selbstbestimmung abgeleitet, das die Befugnis des Einzelnen gewährleistet, grundsätzlich selbst über die Preisgabe und Verwendung seiner Daten zu entscheiden, und ihn so gegen eine unbegrenzte Erhebung, Speicherung, Verwendung und Weitergabe seiner persönlichen Daten schützt.[3]

Das Recht auf informationelle Selbstbestimmung ist allerdings nach Art. 2 Abs. 1 GG nicht schrankenlos gewährleistet.[4] Auf der Grundlage eines verfassungsmäßigen Gesetzes, das insbesondere dem rechtsstaatlichen Gebot der Normenklarheit und dem Grundsatz der Verhältnismäßigkeit genügt, muss der Einzelne vielmehr Einschränkungen im überwiegenden Allgemeininteresse hinnehmen.[5] Der Zweck eines Eingriffs in das Recht auf informationelle Selbstbestimmung muss dabei bereichsspezifisch, präzise und normenklar geregelt werden. Der Eingriff selbst muss geeignet und erforderlich sein, diesen Zweck zu erreichen, und sich auf das dazu erforderliche Minimum beschränken. Die Sammlung nicht anonymisierter Daten auf Vorrat zu unbestimmten oder noch nicht bestimmbaren Zwecken wäre damit nicht vereinbar.[6]

[1] Vgl. BVerfGE 65, 1 ff.

[2] Vgl. BVerfGE 65, 1 (42).

[3] Vgl. BVerfGE 65, 1 (43).

[4] Vgl. BVerfGE 65, 1 (43).

[5] Vgl. BVerfGE 65, 1 (44).

[6] Vgl. BVerfGE 65, 1 (46); 100, 313 (360). Darüber hinaus verlangt das Volkszählungsurteil, dass der Gesetzgeber organisatorische und verfahrensrechtliche Vorkehrungen einschließlich von Aufklärungs-, Auskunfts- und Löschungspflichten sowie der Beteiligung unabhängiger Datenschutzbeauftragter vorsieht, die der Gefahr einer Verletzung des Rechts auf informationelle Selbstbestimmung entgegenwirken (vgl. BVerfGE 65, 1 <44 und 46>), dass er die Verwendung personenbezogener Daten auf den gesetzlich bestimmten Zweck beschränkt und dass er einen amtshilfefesten Schutz gegen Zweckentfremdung durch Weitergabe- und Verwertungsverbote regelt (vgl. BVerfGE 65, 1 <46>).

Damit ist das vom Bundesverfassungsgericht selbst so bezeichnete strikte Verbot der Sammlung[7] oder Speicherung[8] personenbezogener Daten oder Informationen[9] auf Vorrat angesprochen, dessen Maßgaben grundsätzlich auch bei Eingriffen in spezielle, dem Schutz personenbezogener Daten dienende Grundrechte wie das durch Art. 10 Abs. 1 GG gewährleistete Telekommunikationsgeheimnis und das Grundrecht auf Unverletzlichkeit der Wohnung nach Art. 13 Abs. 1 GG[10] zu beachten sind.[11] Das Verbot gerät naturgemäß immer dann als Maßstab für die Prüfung der Verfassungsmäßigkeit gesetzlicher Regelungen in den Blick, wenn diese zu umfangreichen Sammlungen von personenbezogenen Daten ermächtigen, die nicht aktuell benötigt werden, sondern erst in der Zukunft möglicherweise von Nutzen sein können, deren Speicherung also ohne konkreten Anlass vorsorglich und damit auf Vorrat erfolgt. In dem Maß, in dem der Gesetzgeber die Nutzung der stetig zunehmenden informationstechnischen Möglichkeiten zur Anlage derartiger Datensammlungen gestattet oder verbindlich vorschreibt, gewinnt auch das Verbot der Sammlung personenbezogener Daten auf Vorrat zu unbestimmten oder noch nicht bestimmbaren Zwecken in der verfassungsrechtlichen Diskussion an Bedeutung[12].

[7] Vgl. BVerfGE 65, 1 (47); 115, 320 (350); 118, 168 (187).

[8] Vgl. BVerfGE 125, 260 (316).

[9] Vgl. BVerfGE 118, 168 (187).

[10] Vgl. BVerfGE 118, 168 (184); *Albers*, Informationelle Selbstbestimmung, 2005, S. 370; *Graulich*, in: Arndt/Fetzer/Scherer (Hrsg.), TKG, 2008, § 113a Rn. 10; *Papier*, in: Hessischer Datenschutzbeauftragter/Präsident des Hessischen Landtags (Hrsg.), Vorgaben des Bundesverfassungsgerichts für eine zeitgemäße Datenschutzkultur, 2009, S. 13 (15); *Stubenrauch*, Gemeinsame Verbunddateien von Polizei und Nachrichtendiensten, 2009, S. 65.

[11] Vgl. BVerfGE 100, 313 (359); 110, 33 (53); 115, 166 (189); 125, 260 (310); *Gitter/Schnabel*, MMR 2007, S. 411 (413). Umgekehrt sind die Maßstäbe für die Verfassungsmäßigkeit informationsbezogener Eingriffe in das Fernmeldegeheimnis nach Art. 10 Abs. 1 GG und das Grundrecht der Unverletzlichkeit der Wohnung nach Art. 13 Abs. 1 GG, die spezielle Ausprägungen des Grundrechts auf informationelle Selbstbestimmung nach Art. 2 Abs. 1 in Verbindung mit Art. 1 Abs. 1 GG sind, auch auf dieses allgemeine Grundrecht anzuwenden, soweit sie nicht durch die für die speziellen Grundrechte geltenden Besonderheiten geprägt sind (vgl. BVerfGE 115, 320 <347>).

[12] Vgl. dazu im Zusammenhang mit der Vorratsspeicherung von Telekommunikationsverkehrsdaten *Alvaro*, DANA 2006, S. 52 (54); *Bizer*, DuD 2007, S. 586 (587); *Brinkel/Lammers*, ZUM 2008, S. 11 (13); *Dix/Petri*, DuD 2009, S. 531 (532 f.); *Eckhardt*, CR 2007, S. 406 (407); *Gitter/Schnabel*, MMR 2007, S. 411 (413 f.); *Klug/Reif*, RDV 2008, S. 89 (94, 95 f.); *Kühling*, K&R 2004, S. 105 (108 f.); *Leutheusser-Schnarrenberger*, ZRP 2007, S. 9 (11); *Orantek*, Datenschutz im Informationszeitalter, 2008, S. 162; *Puschke/Singelnstein*, NJW 2008, S. 113 (118); *Rusteberg*, VBlBW 2007, S. 171 (175); *Vogel*, in: Griesbaum/Hannich/Schnarr (Hrsg.), Festschrift für Kai Nehm zum 65. Geburtstag, 2006, S. 81 (83). Zur Speicherung der Daten von Beschäftigten, Beamten, Richtern und Soldaten nach dem ELENA-Verfahrensgesetz vgl. *Warga*, DuD 2010, S. 216 (217 f.); *Wedde*, AuR 2010, S. 94 (99 f.); *Wilms*, ELENA (Elektronischer Entgeltnachweis) und das Recht auf informationelle Selbstbestimmung, 2010, S. 74 ff. Vgl. zu diesen Vorratsspeicherungen den anschließenden Text.

Die Tendenz zu solchen gesetzlichen Regelungen bestätigen zwei aktuelle Beispiele: Zum einen sahen die inzwischen vom Bundesverfassungsgericht für nichtig erklärten[13] §§ 113a und 113b des Telekommunikationsgesetzes[14] eine Speicherung sämtlicher Telekommunikationsverkehrsdaten für sechs Monate auf Vorrat vor, um sicherzustellen, dass diese Daten gegebenenfalls für Zwecke der Strafverfolgung oder zur Abwehr von Gefahren für die öffentliche Sicherheit genutzt werden konnten. Zum anderen verpflichten die durch das ELENA-Verfahrensgesetz[15] eingefügten Regelungen der §§ 95 ff. SGB IV alle Arbeitgeber, für die bei ihnen beschäftigten Arbeitnehmer, Richter, Beamten und Soldaten monatlich diejenigen Daten an eine zentrale Speicherstelle zu übermitteln[16], die erforderlich sind, um für die Gewährung bestimmter Sozialleistungen benötigte Einkommensnachweise zu erstellen.[17] Bei der zentralen Speicherstelle werden diese Daten für bis zu fünf Jahre gespeichert,[18] damit sie, sobald ein entsprechender Einkommensnachweis erforderlich wird, durch den jeweiligen Sozialleistungsträger abgerufen werden können.[19]

Angesichts solcher Entwicklungen soll im Folgenden untersucht werden, welchen verfassungsrechtlichen Grenzen die Erhebung und Speicherung personenbezogener Daten auf Vorrat nach der Rechtsprechung des Bundesverfassungsgerichts unterliegt. Dabei werden zunächst der Anwendungsbereich und die Anforderungen des strikten Verbots der Sammlung personenbezogener Daten auf Vorrat herausgearbeitet (II.). Im Anschluss daran werden die weiteren verfassungsrechtlichen Vorgaben dargestellt, denen Vorratsspeicherungen, die nicht bereits gegen dieses Verbot verstoßen, nach der Rechtsprechung des Bundesverfassungsgerichts unterworfen sind (III.).[20]

[13] Vgl. BVerfGE 125, 260 ff.

[14] In der Fassung des Art. 2 Nr. 6 des Gesetzes zur Neuregelung der Telekommunikationsüberwachung und anderer verdeckter Ermittlungsmaßnahmen sowie zur Umsetzung der Richtlinie 2006/24/EG vom 21. Dezember 2007 (BGBl I S. 3198).

[15] Gesetz über den elektronischen Einkommensnachweis (ELENA-Verfahrensgesetz) vom 28. März 2009 (BGBl I S. 634; berichtigt S. 1141).

[16] § 97 Abs. 1 Satz 1 SGB IV.

[17] § 95 SGB IV.

[18] § 99 Abs. 4 SGB IV.

[19] §§ 101 ff. SGB IV.

[20] Dabei geht es nicht um eine Darstellung einzelner Judikate, insbesondere nicht des Urteils zur Vorratsspeicherung von Telekommunikationsverkehrsdaten, in ihren Einzelheiten, sondern um den Versuch, allgemein die verfassungsrechtlichen Maßstäbe aufzuzeigen, an denen Vorratsspeicherungen nach der bisherigen Rechtsprechung des Bundesverfassungsgerichts zu messen sind.

II. Das strikte Verbot der Sammlung personenbezogener Daten auf Vorrat

Bisher hat das Bundesverfassungsgericht keine gesetzliche Regelung deshalb als verfassungswidrig angesehen, weil sie mit dem strikten Verbot der Sammlung personenbezogener Daten auf Vorrat nicht vereinbar gewesen wäre. Im Volkszählungsurteil hat das Gericht das Verbot zwar zunächst formuliert, dann aber nicht für einschlägig gehalten.[21] Soweit im Urteil über die Vorratsspeicherung von Telekommunikationsverkehrsdaten[22] die Regelungen der §§ 113a und 113b TKG für verfassungswidrig erachtet wurden, waren dafür entgegen im Vorfeld der Entscheidung geäußerten Erwartungen in der Literatur[23] andere verfassungsrechtliche Maßstäbe ausschlaggebend. Das Bundesverfassungsgericht hat insoweit ausdrücklich festgestellt, dass die anlasslose vorsorgliche Speicherung von Telekommunikationsverkehrsdaten bei einer Ausgestaltung ihrer Rechtsgrundlagen, die dem besonderen Gewicht des in einer solchen Speicherung liegenden Grundrechtseingriffs Rechnung trägt, nicht schon als solche dem strikten Verbot einer Sammlung personenbezogener Daten auf Vorrat unterfällt.[24] Die Verfassungswidrigkeit der Telekommunikationsverkehrsdatenspeicherung ergab sich stattdessen daraus, dass ihre konkrete Ausgestaltung den Anforderungen des Grundsatzes der Verhältnismäßigkeit nicht genügte.[25]

Es stellt sich deshalb die Frage, welcher Anwendungsbereich (1.) und welcher verfassungsrechtliche Gehalt (2.) dem strikten Verbot einer Sammlung personenbezogener Daten auf Vorrat nach der Rechtsprechung des Bundesverfassungsgerichts tatsächlich zukommen.

1. Anwendungsbereich

Im Volkszählungsurteil hat das Bundesverfassungsgericht nicht nur das Verbot der Sammlung personenbezogener Daten auf Vorrat entwickelt, son-

[21] Vgl. BVerfGE 65, 1 (46, 47).

[22] Vgl. BVerfGE 125, 260 ff.

[23] Vgl. *Alvaro*, DANA 2006, S. 52 (54); *Bizer*, DuD 2007, S. 586 (587); *Brinkel/Lammers*, ZUM 2008, S. 11 (13); *Dix/Petri*, DuD 2009, S. 531 (532 f.); *Eckhardt*, CR 2007, S. 406 (407); *Gitter/Schnabel*, MMR 2007, S. 411 (413 f.); *Kühling*, K&R 2004, S. 105 (108 f.); *Leutheusser-Schnarrenberger*, ZRP 2007, S. 9 (11); *Orantek*, Datenschutz im Informationszeitalter, 2008, S. 162; *Petri*, DuD 2008, S. 729 (730); *Puschke/Singelnstein*, NJW 2008, S. 113 (118); *Rusteberg*, VBlBW 2007, S. 171 (175). Vgl. im Rückblick auch *Ohler*, JZ 2010, S. 626 (626, 628); *Klesczewski*, JZ 2010, S. 629.

[24] Vgl. BVerfGE 125, 260 (316). *Eckhardt/Schütze*, CR 2010, S. 225 (226 f.) sehen darin eine Abkehr von dem strikten Verbot der Sammlung personenbezogener Daten auf Vorrat, wie es im Volkszählungsurteil entwickelt wurde. Dazu, dass dies nicht zutrifft, vgl. unten II.2. mit Fn. 40.

[25] Vgl. BVerfGE 125, 260 (347 ff.).

dern auch seinen Anwendungsbereich bestimmt. Danach gilt das Verbot bei der verfassungsrechtlichen Überprüfung von Datenerhebungen zu statistischen Zwecken nicht. Sein Anwendungsbereich beschränkt sich vielmehr auf die Sammlung personenbezogener Daten zu nichtstatistischen Zwecken.[26]

Das Gericht hat dies daraus hergeleitet, dass bei der Datenerhebung für statistische Zwecke eine enge und konkrete Zweckbindung der Daten nicht verlangt werden könne, weil es im Wesen der Statistik liege, dass die zu ihrer Erstellung erhobenen Daten nach ihrer statistischen Aufbereitung für die verschiedensten, nicht von vornherein bestimmten Aufgaben verwendet werden sollten. Statistische Erhebungen müssten deshalb Datenerhebung und -speicherung auf Vorrat sein, wenn der Staat den Entwicklungen der Industriegesellschaft nicht unvorbereitet begegnen solle.[27]

2. *Verfassungsrechtlicher Gehalt*

Im Volkszählungsurteil hat das Bundesverfassungsgericht das strikte Verbot der Speicherung nicht anonymisierter personenbezogener Daten zu unbestimmten oder noch nicht bestimmbaren Zwecken, wie folgt, hergeleitet: „Ein Zwang zur Angabe personenbezogener Daten setzt voraus, dass der Gesetzgeber den Verwendungszweck bereichsspezifisch und präzise bestimmt und dass die Angaben für diesen Zweck geeignet und erforderlich sind. Damit wäre die Sammlung nicht anonymisierter Daten auf Vorrat zu unbestimmten oder nicht bestimmbaren Zwecken nicht zu vereinbaren.“[28]

Nimmt man dies beim Wort, so erweist sich das Verbot der Sammlung nicht anonymisierter Daten auf Vorrat lediglich als Kehrseite der Zweckbindung von Eingriffen in das Recht auf informationelle Selbstbestimmung oder

[26] Vgl. BVerfGE 65, 1 (47).

[27] Vgl. BVerfGE 65, 1 (47). Ebenfalls keine Anwendung sollen im Bereich der Datenerhebung zu statistischen Zwecken die sonst vom Bundesverfassungsgericht zum Schutz der erhobenen Daten gegen Zweckentfremdung für erforderlich gehaltenen Weitergabe- und Verwertungsverbote finden (vgl. BVerfGE 65, 1 <46>), weil solche Verbote für statistisch aufbereitete Daten, die für die verschiedensten Aufgaben verwendet werden sollen, zweckwidrig wären (vgl. BVerfGE 65, 1 <47>). Vgl. kritisch dazu *Albers*, Informationelle Selbstbestimmung, 1. Aufl. 2005, S. 170, die darauf hinweist, dass auch die Erhebung personenbezogener Daten zu statistischen Zwecken zunächst zu einem konkreten Zweck erfolgt, nämlich zur Erarbeitung des dann anonymisierten statistischen Datenmaterials, und damit mit dem für das Recht auf informationelle Selbstbestimmung zentralen Grundsatz der Zweckbindung ebenso wenig in Konflikt geriete wie mit dem Verbot der Sammlung personenbezogener Daten auf Vorrat zu unbestimmten oder noch nicht bestimmbaren Zwecken. Für eine Unanwendbarkeit des Verbots auch für öffentliche Register spricht sich *Baumann*, DVBl 1984, S. 612 (616 f.) aus. Er plädiert allerdings insoweit gleichwohl für eine möglichst präzise Zweckbindung.

[28] Vgl. BVerfGE 65, 1 (46).

anderer dem Schutz personenbezogener Daten dienender Grundrechte.[29] Die Erhebung und Speicherung solcher Daten ist als Grundrechtseingriff verfassungsrechtlich nur zulässig, wenn ihr Zweck bereichsspezifisch und präzise bestimmt ist und sie zur Zweckerreichung geeignet und erforderlich ist. Sind diese Voraussetzungen hingegen nicht erfullt, weil es an einem bestimmten oder bestimmbaren Zweck fehlt, zu dessen Verwirklichung, die Datensammlung geeignet und erforderlich wäre, so ist der mit der Datenerhebung und -speicherung verbundene Grundrechtseingriff verfassungsrechtlich nicht gerechtfertigt und deshalb von Verfassungs wegen strikt verboten. Das strikte Verbot der Sammlung personenbezogener Daten auf Vorrat macht damit zwar schlagwortartig deutlich, dass eine an keinen Zweck gebundene und in diesem Sinne auf Vorrat erfolgende Datenerhebung und -speicherung immer grundgesetzwidrig ist, begründet aber der Sache nach keine verfassungsrechtlichen Anforderungen, die sich nicht bereits aus dem Gebot der Bestimmtheit und Normenklarheit einerseits und dem Grundsatz der Verhältnismäßigkeit im weiteren Sinne andererseits ergäben.[30]

Dies bestätigt schließlich auch ein Blick auf das Urteil des Bundesverfassungsgerichts zur Vorratsspeicherung von Telekommunikationsverkehrsdaten. Das Gericht misst dort die vorsorgliche anlasslose Speicherung dieser Daten für sechs Monate am Übermaßverbot, indem es sie ausdrücklich[31] dann als verfassungsgemäß bezeichnet, wenn sie legitimen Gemeinwohlzwecken dient und auch im Übrigen dem Grundsatz der Verhältnismäßigkeit genügt und damit zur Erreichung dieser Zwecke geeignet, erforderlich und angemessen ist.[32] Ferner betont es in diesem Zusammenhang, dass der Gesetzgeber mit einer Regelung, die zu einer solchen Speicherung verpflichte, legitime Zwecke

[29] Vgl. BVerfGE 100, 313 (360): im Hinblick auf das Verbot der Sammlung nicht anonymisierter Daten auf Vorrat zu unbestimmten oder noch nicht bestimmbaren Zwecken sei die Speicherung und Verwendung erlangter Daten grundsätzlich an den Zweck gebunden, den das zur Kenntnisnahme ermächtigende Gesetz festgelegt habe.

[30] Vgl. auch die Entscheidung zur Kontostammdatenerhebung (BVerfGE 118, 168 <186 ff.>), die dies bestätigt. Auch hier heißt es, eine Sammlung von personenbezogenen Informationen auf Vorrat zu unbestimmten oder noch nicht bestimmbaren Zwecken sei mit dem Grundgesetz nicht vereinbar. Der Gesetzgeber habe vielmehr den Zweck einer Informationserhebung bereichsspezifisch und präzise zu bestimmen, wobei die Informationserhebung und -verwendung auf das zu diesem Zweck Erforderliche zu begrenzen sei (vgl. BVerfGE 118, 168 <187 f.>); ebenso BVerfGE 100, 313 (359 f.). In BVerfGE 120, 351 (366 ff.) wird § 88a AO als Rechtsgrundlage für die beim Bundeszentralamt für Steuern geführte zentrale Datensammlung mit Unterlagen über steuerliche Auslandsbeziehungen für Zwecke künftiger Verfahren in Steuersachen am Gebot der Bestimmtheit und Normenklarheit gemessen und für verfassungsgemäß befunden, ohne dass das Verbot der Sammlung personenbezogener Daten auf Vorrat erwähnt wird.

[31] Vgl. BVerfGE 125, 260 (316).

[32] Vgl. BVerfGE 109, 279 (335 ff.); 115, 320 (345); 118, 168 (193); 120, 274 (318 f.); 125, 260 (316); stRspr.

etwa der Strafverfolgung, der Gefahrenabwehr oder der Erfüllung nachrichtendienstlicher Aufgaben verfolgen könne, zu deren Erreichung die Speicherung geeignet und erforderlich sei und im Hinblick auf die sie auch nicht von vornherein unverhältnismäßig im engeren Sinne sein müsse. Bei einer Ausgestaltung der Speicherungspflicht, die dem Gewicht des darin liegenden Grundrechtseingriffs Rechnung trage, unterfalle eine anlasslose Speicherung von Telekommunikationsverkehrsdaten daher nicht schon als solche dem strikten Verbot der Speicherung von Daten auf Vorrat.[33] Strikt verboten sei lediglich die Speicherung von personenbezogenen Daten auf Vorrat zu unbestimmten oder noch nicht bestimmbaren Zwecken.[34] Art. 10 Abs. 1 GG verbiete deshalb nicht jede vorsorgliche Erhebung und Speicherung von Daten, sondern schütze nur vor einer unverhältnismäßigen Gestaltung solcher Datensammlungen.[35] Dabei müsse außerdem deren Zweck vom Gesetzgeber bereichsspezifisch, präzise und normenklar geregelt werden.[36] Dadurch sei bereits bei der Speicherung gewährleistet, dass die Daten nur für Zwecke verwendet werden dürften, die die Speicherung rechtfertigen könnten. Eine Speicherung könne nur gerechtfertigt sein, soweit sie hinreichend gewichtigen, konkret benannten Zwecken diene. Unzulässig sei es, unabhängig von solchen Zwecken einen Datenpool auf Vorrat zu schaffen, dessen Nutzung je nach Bedarf und politischem Ermessen der späteren Entscheidung staatlicher Instanzen überlassen bleibe.[37]

Aus dem Verbot der Sammlung personenbezogener Daten auf Vorrat selbst lässt sich danach also die Verfassungswidrigkeit einer Speicherung personenbezogener Daten auf Vorrat nicht herleiten, solange sie zu einem bereichsspezifisch, präzise und normenklar geregelten Zweck vorgesehen ist, zu dessen Verwirklichung sie geeignet, erforderlich und angemessen ist und damit dem Grundsatz der Verhältnismäßigkeit genügt. Strikt verboten ist

[33] Vgl. BVerfGE 125, 260 (316); so ausdrücklich auch das Sondervotum des Richters *Eichberger*, BVerfGE 125, 260 (382). Vgl. dazu kritisch *Westphal*, EuZW 2010, S. 494 (496 f.).

[34] Vgl. BVerfGE 125, 260 (317).

[35] Vgl. BVerfGE 125, 260 (317).

[36] Vgl. BVerfGE 125, 260 (315, 328 und 345); vgl. zu dieser Voraussetzung im Übrigen auch BVerfGE 100, 313 (359 f.); 110, 33 (53); 113, 29 (51); 113, 348 (375); 115, 166 (191); 115, 320 (365); 118, 168 (186 f.).

[37] Vgl. BVerfGE 125, 260 (345). Soweit für die Speicherung und die Verwendung der gespeicherten Daten unterschiedliche Gesetzgebungskompetenzen bestehen, muss die verhältnismäßige und normenklare Begrenzung der Datenverwendung durch den für die Regelung der Speicherung zuständigen Gesetzgeber erfolgen, weil sonst die materielle Verknüpfung von Speicherung und Verwendungszweck als Bindeglied von Eingriff und Rechtfertigung aufgebrochen würde (vgl. BVerfGE 125, 260 <344 ff.). Vgl. aber auch die abweichenden Meinungen der Richter *Schluckebier* und *Eichberger* (vgl. BVerfGE 125, 260 <374 f. und 382 f.>), die insoweit weniger weitreichende Anforderungen an die Regelung der Datenverwendung durch den die Speicherung regelnden Gesetzgeber stellen.

allerdings die Speicherung personenbezogener Daten zu unbestimmten oder zum Zeitpunkt der Speicherung noch nicht bestimmbaren Zwecken, die ein Datenreservoir entstehen lässt, aus dem später bei Bedarf beliebig geschöpft werden kann.[38]

Zusammenfassend folgt aus den genannten Entscheidungen, dass das strikte Verbot der Sammlung personenbezogener Daten auf Vorrat nicht jede Erhebung und Speicherung solcher Daten auf Vorrat verbietet. Entsprechend seiner Formulierung im Volkszählungsurteil untersagt es vielmehr lediglich Datensammlungen, die zu unbestimmten oder noch nicht bestimmbaren Zwecken erfolgen.[39] Damit kann aber auch eine vorsorgliche Datensammlung zulässig sein, wenn sie bestimmten Zwecken dienen soll und den Anforderungen des Grundsatzes der Verhältnismäßigkeit genügt.[40] Dementspre-

[38] Vgl. *Vogelgesang*, Grundrecht auf informationelle Selbstbestimmung?, 1987, S. 67 f.; *Deutsch*, Die heimliche Erhebung von Informationen und deren Aufbewahrung durch die Polizei, 1992, S. 74, die nur eine Aufbewahrung „für alle Fälle" als verboten ansehen; ähnlich *Stubenrauch*, Gemeinsame Verbunddateien von Polizei und Nachrichtendiensten, 2009, S. 114 f. Zweifelhaft ist allerdings, ob ein Verstoß gegen das strikte Verbot der Sammlung personenbezogener Daten auf Vorrat, wie *Wilms*, ELENA (Elektronischer Einkommensnachweis) und das Recht auf informationelle Selbstbestimmung, 2010, S. 75 ff. und *Wedde*, AuR 2010, S. 94 (99 f.) meinen, bereits dann vorliegt, wenn eine Datensammlung an sich zu bestimmten Zwecken erfolgt, die in der ihr zugrunde liegenden Regelung abschließend festgelegt sind, der Gesetzgeber jedoch ausweislich der Gesetzesbegründung beabsichtigt, die gesammelten Daten später für weitere Zwecke zur Verfügung zu stellen. Ist der Verwendungszweck präzise und normenklar gesetzlich bestimmt, so verstößt die zu der betreffenden Datensammlung ermächtigende Regelung nicht gegen das strikte Verbot der Sammlung personenbezogener Daten auf Vorrat. Ihre Verfassungsmäßigkeit beurteilt sich vielmehr danach, ob sie angesichts der Zwecke, zu denen sie erfolgt, dem Verhältnismäßigkeitsgrundsatz genügt. Erfolgt später eine Gesetzesänderung, die die Verwendung der gesammelten Daten zu weiteren Zwecken zulässt, ist die Verfassungsmäßigkeit der Datensammlung allerdings unter Berücksichtigung der geänderten Zweckbestimmung neu zu beurteilen.

[39] Vgl. BVerfGE 125, 260 (317). Ohler, JZ 2010, S. 626 (629) meint, solche Datensammlungen gehörten eher „dem Reich des Theoretischen" an.

[40] *Eckhardt/Schütze*, CR 2010, S. 225 (226 f.) sehen im Urteil zur Vorratsspeicherung von Telekommunikationsverkehrsdaten zu Unrecht eine Durchbrechung des strikten Verbots der Sammlung personenbezogener Daten auf Vorrat, wie es im Volkszählungsurteil entwickelt wurde. Sie gehen wie bereits vor diesem Urteil *Eckhardt*, CR 2007, S. 406 (407) davon aus, dass die Erhebung und Speicherung der Telekommunikationsverkehrsdaten zu einem unbestimmten, erst der spätere Abruf der gespeicherten Daten hingegen zu einem bestimmten Zweck erfolge. Sie übersehen dabei aber, dass der Sinn der Erhebung und Speicherung der Telekommunikationsverkehrsdaten gerade darin liegt, dass die gespeicherten Daten später zu einem bereits bei ihrer Speicherung festgelegten Zweck verwendet werden können sollen, nämlich zur Strafverfolgung und Gefahrenabwehr. Der Zweck der Verwendung der gespeicherten Daten ist daher gleichzeitig der Speicherungszweck. Ist er hinreichend bestimmt, so erfolgt auch die Speicherung nicht zu einem unbestimmten Zweck. Zu Unrecht gehen daher auch *Forgó/Krügel*, K&R 2010, S. 217 (219) davon aus, dass das Bundesverfassungsgericht den im Volkszählungsurteil manifestierten Grundsatz aufweiche,

chend hat das Bundesverfassungsgericht im Urteil zur Vorratsspeicherung von Telekommunikationsverkehrsdaten zwar einerseits ausdrücklich bekräftigt, dass dem Staat eine Sammlung von personenbezogenen Daten auf Vorrat zu unbestimmten oder noch nicht bestimmbaren Zwecken verfassungsrechtlich strikt untersagt ist.[41] Es hat aber andererseits auch darauf hingewiesen, dass es sich bei vorsorglichen anlasslosen Datenspeicherungen nicht in jedem Fall um eine derartige verbotene Form der Datensammlung handelt, sondern dass solche Datenspeicherungen verfassungsrechtlich dann zulässig sein können, wenn sie zu bestimmten Zwecken erfolgen und sich in ihrer konkreten Ausgestaltung als mit dem Grundsatz der Verhältnismäßigkeit vereinbar erweisen.[42]

III. Weitere verfassungsrechtliche Anforderungen an Vorratsspeicherungen

Dass das strikte Verbot der Sammlung personenbezogener Daten auf Vorrat danach keineswegs jegliche vorsorgliche Erhebung und Speicherung von Daten mit Personenbezug ausschließt, lenkt den Blick auf die Voraussetzungen, unter denen die Anlage derartiger Datensammlungen mit dem Grundrecht auf informationelle Selbstbestimmung oder den speziellen, den Schutz personenbezogener Daten gewährleistenden Grundrechten vereinbar ist. Wie die bisherige Analyse gezeigt hat, müssen Regelungen, die derartige Vorratsspeicherungen zwingend vorsehen oder zu ihnen ermächtigen, einerseits dem Gebot der Normenbestimmtheit und Normenklarheit, andererseits dem

dass der Einzelne gegen die unbegrenzte Erhebung, Speicherung, Verwendung und Weitergabe seiner persönlichen Daten zu schützen sei, indem es eine vorsorglich anlasslose Datenspeicherung als mit dem Telekommunikationsgeheimnis prinzipiell vereinbar qualifiziere.

[41] Vgl. BVerfGE 125, 260 (317).

[42] Vgl. BVerfGE 125, 260 (321); ebenso *Petri*, RDV 2010, S. 197 (198 f.); *Stubenrauch*, Gemeinsame Verbunddateien von Polizei und Nachrichtendiensten, 2009, S. 122 f. Abgesehen davon, dass es Vorratsspeicherungen verbietet, die dem Gebot der Normenbestimmtheit und Normenklarheit oder dem Grundsatz der Verhältnismäßigkeit nicht genügen, kommt dem strikten Verbot der Sammlung personenbezogener Daten zu unbestimmten oder noch nicht bestimmbaren Zwecken nach der Rechtsprechung des Bundesverfassungsgerichts mittelbar auch Bedeutung für die Gewichtung von Informationseingriffen zu, die selbst zwar keine vorsorgliche Datenerhebung und -speicherung darstellen, dieser in ihrer Wirkung aber gleichkommen und damit das Verbot der Vorratsspeicherung umgehen können. Die mit solchen Eingriffen einhergehende Umgehungsmöglichkeit erhöht die Eingriffsintensität. Daher stellen Regelungen über Rasterfahndungen, die dazu ermächtigen, die Übermittlung sämtlicher personenbezogenen Daten anzuordnen, die bei irgendeiner öffentlichen oder nichtöffentlichen Stelle vorhanden sind, und die damit eine Vorratsspeicherung all derjenigen Daten ersetzen, die ohnehin bei irgendeiner Stelle vorhanden sind, einen Grundrechtseingriff von großem Gewicht dar (vgl. BVerfGE 115, 320 (349 ff.). Vgl. auch *Klug/Reif*, RDV 2008. S. 89 (94).

Grundsatz der Verhältnismäßigkeit im weiteren Sinne genügen. Welche Anforderungen sich daraus nach der bisherigen Rechtsprechung des Bundesverfassungsgerichts im Einzelnen ergeben (1. und 2.) und welche weiteren Grenzen der Sammlung personenbezogener Daten durch die Verfassung gezogen sind (3.), soll daher im Folgenden näher beleuchtet werden.

1. Gebot der Normenbestimmtheit und Normenklarheit

Der Grundsatz der Normenbestimmtheit und Normenklarheit[43] folgt nach der Rechtsprechung des Bundesverfassungsgerichts zwar im Allgemeinen aus dem in Art. 20 Abs. 3 GG verankerten Rechtsstaatsprinzip.[44] Für den Bereich des Rechts auf informationelle Selbstbestimmung hat das Gericht ihn aber unmittelbar aus der Grundrechtsgewährleistung selbst abgeleitet und festgestellt, dass das Bestimmtheitsgebot im Hinblick auf dieses Grundrecht seine Rechtsgrundlage in Art. 2 Abs. 1 in Verbindung mit Art. 1 Abs. 1 GG habe.[45] Ebenso entnimmt es das Gebot hinreichender Gesetzesklarheit im Zusammenhang mit personenbezogene Daten betreffenden Eingriffen in das Telekommunikationsgeheimnis unmittelbar Art. 10 Abs. 1 GG.[46]

Insofern verlangt das Gebot der Normenbestimmtheit und Normenklarheit zunächst, dass Anlass, Zweck, Grenzen und Umfang des jeweiligen Eingriffs bereichsspezifisch, präzise und normenklar geregelt werden.[47] Dies gilt nicht nur für Regelungen, die die öffentliche Gewalt zu Eingriffen im Einzelfall ermächtigen, sondern auch für Normen, die unmittelbar kraft Gesetzes zur vorsorglichen Speicherung personenbezogener Daten einer Vielzahl von Personen ermächtigen oder verpflichten.[48] Bereichsspezifisch, präzise und normenklar zu regeln ist dabei insbesondere der Zweck der Speicherung und der Verwendung der gespeicherten Daten.[49]

Welche konkreten Anforderungen das Gebot der Normenbestimmtheit und Normenklarheit an die Regelung von Anlass, Zweck und Umfang eines Eingriffs in das Grundrecht auf informationelle Selbstbestimmung oder ein anderes dem Schutz personenbezogener Daten dienendes Grundrecht stellt,

[43] Vgl. dazu *Bartone*, in: Rensen/Brink (Hrsg.), Linien der Rechtsprechung des Bundesverfassungsgerichts, Bd. 1, 2009, S. 305 ff. m.w.N.

[44] Vgl. BVerfGE 21, 73 (79); 31, 255 (264); *Bartone*, in: Rensen/Brink (Hrsg.), Linien der Rechtsprechung des Bundesverfassungsgerichts, Bd. 1, 2009, S. 305 (314, 325).

[45] Vgl. BVerfGE 118, 168 (186); *Bartone*, in: Rensen/Brink (Hrsg.), Linien der Rechtsprechung des Bundesverfassungsgerichts, Bd. 1, 2009, S. 305 (325).

[46] Vgl. BVerfGE 110, 33 (52); 113, 348 (375); *Bartone*, in: Rensen/Brink (Hrsg.), Linien der Rechtsprechung des Bundesverfassungsgerichts, Bd. 1, 2009, S. 305 (325).

[47] Vgl. BVerfGE 110, 33 (53); 118, 168 (186 f.); 125, 260 (328).

[48] Vgl. BVerfGE 125, 260 (315 und 328).

[49] Vgl. BVerfGE 100, 313 (359 f.); 113, 29 (51); 115, 166 (191); 115, 320 (365); 118, 168 (187 f.); 125, 260 (315).

bemisst sich nach der Art und Schwere des Eingriffs. Maßgeblich sind insoweit die Art der geregelten Maßnahme und die Wirkungen, die sie für die Betroffenen auslöst.[50] Die verfassungsrechtlichen Bestimmtheitsanforderungen steigen, wenn die Unsicherheit bei der Beurteilung der Gesetzeslage die Ausübung von Grundrechten erschwert.[51] Sie richten sich darüber hinaus auch nach den unterschiedlichen Regelungsmöglichkeiten, die der Gesetzgeber je nach den mit Hilfe des Grundrechtseingriffs zu erfüllenden Aufgaben vorfindet.[52] Der Verwendung von unbestimmten Rechtsbegriffen steht das Gebot der Normenbestimmtheit dabei nicht entgegen, solange ihre Auslegung unter Nutzung der juristischen Methode zu bewältigen ist und die verbleibenden Ungewissheiten nicht so weit gehen, dass Vorhersehbarkeit und Justiziabiliät der Normanwendung gefährdet werden.[53] Das Gebot der Normenklarheit können Regelungsstrukturen verletzen, die durch zahlreiche Verweisungen und Weiterverweisungen gekennzeichnet sind und dadurch ein hohes Fehlerrisiko bei der Rechtsanwendung erzeugen.[54]

2. *Grundsatz der Verhältnismäßigkeit*

Um mit dem Grundsatz der Verhältnismäßigkeit im weiteren Sinne vereinbar zu sein, müssen auch Grundrechtseingriffe, die in der vorsorglichen Erhebung und Speicherung personenbezogener Daten bestehen, legitimen Gemeinwohlzwecken dienen und geeignet, erforderlich und angemessen sein, diese Zwecke zu erreichen.[55] Insoweit gelten für Vorratsspeicherungen keine anderen Maßstäbe als für andere Grundrechtseingriffe.

[50] Vgl. BVerfGE 110, 33 (55); 120, 378 (408).

[51] Vgl. BVerfGE 108, 52 (75); 110, 33 (53); 113, 348 (375 f.).

[52] Vgl. BVerfGE 110, 33 (53 f.); 118, 168 (188); 120, 274 (316).

[53] Vgl. BVerfGE 110, 33 (56 f.); 118, 168 (188); 120, 274 (316).

[54] Vgl. BVerfGE 118, 168 (192). Kann etwa der Norminhalt „nur mit Hilfe langer, über mehrere Ebenen gestaffelter, unterschiedlich variabler Verweisungsketten bestimmt werden, die bei gleichzeitiger Verzweigung in die Breite den Charakter von Kaskaden annehmen", leidet nach der Rechtsprechung des Bundesverfassungsgerichts die praktische Erkennbarkeit der maßgebenden Rechtsgrundlage. Eine Verweisungstechnik, die es allenfalls Experten gestattet, die Reichweite eines Grundrechtseingriffs mit vertretbarem Aufwand zu erkennen, spricht gegen die Beachtung des Gebots der Normenklarheit (vgl. BVerfGE 110, 33 <53 f. und 64>). Vgl. auch *Stubenrauch*, Gemeinsame Verbunddateien von Polizei und Nachrichtendiensten, 2009, S. 123 f.

[55] Vgl. für die vorsorgliche Speicherung von Telekommunikationsverkehrsdaten als Eingriff in das Telekommunikationsgeheimnis nach Art. 10 Abs. 1 GG BVerfGE 125, 260 (316). Vgl. im Übrigen BVerfGE 100, 313 (359); 109, 279 (335 ff.); 115, 320 (345); 118, 168 (193); 120, 274 (318 f.).

a) Geeignetheit und Erforderlichkeit

Geeignet ist eine vorsorgliche Erhebung und Speicherung personenbezogener Daten daher, wenn mit ihrer Hilfe der gewünschte Erfolg gefördert werden kann. Dabei muss dieser nicht in jedem Fall in vollem Umfang erreicht werden oder erreichbar sein. Es reicht vielmehr die Möglichkeit, den mit der Datensammlung verfolgten legitimen Zweck zu verwirklichen.[56] Erforderlich ist eine Vorratsspeicherung, wenn der Gesetzgeber nicht ein anderes gleich wirksames, aber das Grundrecht weniger stark einschränkendes Mittel hätte wählen können.[57] Bei der Beurteilung von Geeignetheit und Erforderlichkeit steht dem Gesetzgeber ein Beurteilungsspielraum zu, der vom Bundesverfassungsgericht je nach der Eigenart des in Rede stehenden Sachbereichs, den Möglichkeiten, sich ein hinreichend sicheres Urteil zu bilden, und den auf dem Spiel stehenden Rechtsgütern nur in begrenztem Umfang überprüft werden kann.[58] Der Beurteilungsspielraum des Gesetzgebers ist erst dann überschritten, wenn seine Erwägungen so offensichtlich fehlsam sind, dass sie vernünftigerweise keine Grundlage für die gesetzgeberischen Maßnahmen abgeben können.[59]

b) Angemessenheit

Angemessen oder verhältnismäßig im engeren Sinne ist auch eine Sammlung personenbezogener Daten auf Vorrat, wenn die Einbuße an grundrechtlich geschützter Freiheit nicht in einem unangemessenen Verhältnis zu den Gemeinwohlzwecken steht, denen sie dient,[60] oder wenn ihre Schwere bei einer Gesamtabwägung nicht außer Verhältnis zu dem Gewicht der sie rechtfertigenden Gründe steht.[61] Maßgeblich ist dabei eine Abwägung zwischen den Gemeinwohlbelangen, zu deren Wahrnehmung die vorsorgliche Datensammlung erforderlich ist, und den Auswirkungen auf die davon Betroffenen. Die Gewichtung der abzuwägenden widerstreitenden Interessen erfordert eine Würdigung der für die jeweiligen Interessen erheblichen Bedingungen und Auswirkungen der Speicherungsregelung in ihrem Zusammenhang. Es bedarf insoweit einer wertenden verfassungsrechtlichen Entscheidung im jeweiligen Einzelfall.[62] Die Individualinteressen, die durch die Datensammlung beschnitten werden, sind den Gemeinwohlinteressen, denen sie dient,

[56] Vgl. BVerfGE 63, 88 (115); 67, 157 (175); 96, 10 (23); 103, 293 (307); 125, 260 (317 f.).

[57] Vgl. BVerfGE 30, 292 (316); 63, 88 (115); 67, 157 (173 und 176); 90, 145 (172 f.); 125, 260 (318).

[58] Vgl. BVerfGE 77, 170 (215); 88, 203 (262); 90, 145 (173).

[59] Vgl. BVerfGE 77, 84 (106); 110, 141 (157 f.); 117, 163 (183).

[60] Vgl. BVerfGE 100, 313 (375 f.).

[61] Vgl. BVerfGE 90, 145 (173); 113, 348 (382); 120, 274 (322); 120, 378 (428).

[62] Vgl. BVerfGE 92, 277 (327).

angemessen zuzuordnen. Die Prüfung anhand dieses Maßstabs kann dazu führen, dass eine vorsorgliche Erhebung und Speicherung personenbezogener Daten als an sich geeignetes und erforderliches Mittel nicht zur Durchsetzung von Allgemeininteressen eingesetzt werden darf, weil die davon ausgehenden Grundrechtsbeeinträchtigungen schwerer wiegen als die durchzusetzenden Belange.[63]

Bei der Anwendung des Verhältnismäßigkeitsgrundsatzes ist es daher erforderlich, zunächst die Intensität des in der Vorratsspeicherung liegenden Eingriffs und das Gewicht der zu seiner Rechtfertigung in Betracht kommenden Gemeinwohlerwägungen zu bestimmen, um dann im Rahmen einer Abwägung prüfen zu können, ob die Speicherung außer Verhältnis zu den mit ihr verfolgten Gemeinwohlinteressen steht. Dazu haben sich in der Rechtsprechung bezogen auf Grundrechtseingriffe, die auf die Erhebung, Speicherung und sonstige Verwendung personenbezogener Daten gerichtet sind, inzwischen eine Reihe von Kriterien herausgebildet.[64]

aa) Schwere des Grundrechtseingriffs

Das Gewicht solcher Eingriffe wird zunächst durch die Art der erfassten Informationen bestimmt.[65] Es ist abhängig von den betroffenen Inhalten und dem Grad an Persönlichkeitsrelevanz, den diese allein oder bei einer Verknüpfung mit anderen Daten aufweisen.[66] Hoch ist die Eingriffsintensität, wenn Informationen betroffen sind, bei deren Gewinnung Vertraulichkeitserwartungen verletzt werden, etwa weil sie wie bei Eingriffen in das Fernmeldegeheimnis unter besonderem Grundrechtsschutz stehen.[67] Besonders intensiv sind Grundrechtseingriffe, die Daten betreffen, aus denen sich wie bei Telekommunikationsverkehrsdaten Erkenntnisse gewinnen lassen, die die Erstellung aussagekräftiger Persönlichkeits- oder Bewegungsprofile ermöglichen.[68] Generell lässt sich insoweit sagen: Je größer die Aussagekraft der betroffenen personenbezogenen Daten ist, desto schwerer wiegt der Grundrechtseingriff.[69]

Die Eingriffsintensität wächst darüber hinaus mit der Zahl der betroffenen Grundrechtsträger.[70] Besonders schwer wiegen daher Eingriffe, die über eine

[63] Vgl. BVerfGE 120, 274 (322).
[64] Die nachfolgende Darstellung erhebt keinen Anspruch auf Vollständigkeit, sondern beschränkt sich auf einige Aspekte, die spezifische Bedeutung für die Beurteilung von Vorratsspeicherungen haben.
[65] Vgl. BVerfGE 113, 348 (382); 115, 320 (347); 120, 378 (402)
[66] Vgl. BVerfGE 115, 320 (348); 120, 348 (402).
[67] Vgl. BVerfGE 115, 320 (348); 125, 260 (320).
[68] Vgl. BVerfGE 115, 166 (190); 125, 260 (319).
[69] Vgl. BVerfGE 115, 166 (190); 125, 260 (319).
[70] Vgl. BVerfGE 113, 348 (382); 115, 320 (347).

große Streubreite verfügen, weil sie eine Vielzahl von Personen betreffen.[71] Dementsprechend hat das Bundesverfassungsgericht die sechsmonatige Speicherung der Telekommunikationsverkehrsdaten aller Telekommunikationsverbindungen im Hinblick auf ihre Streubreite als besonders schweren Eingriff in das Telekommunikationsgeheimnis eingestuft.[72]

Gerade für die Gewichtung von Vorratsspeicherungen, die ohne konkreten Anlass vorsorglich erfolgen, ist von Bedeutung, dass das Bundesverfassungsgericht die Intensität informationsbezogener Grundrechtseingriffe auch davon abhängig macht, ob die betroffenen Grundrechtsträger dafür einen Anlass gegeben haben.[73] Ein Informationseingriff, der nicht durch das Verhalten der Betroffenen veranlasst worden ist, wiegt grundsätzlich schwerer als ein anlassbezogener.[74] Auch aus diesem Grund hat das Bundesverfassungsgericht die sechsmonatige Speicherung von Telekommunikationsverkehrsdaten, die nicht an ein zurechenbar vorwerfbares Verhalten oder eine sonstige qualifizierte Situation anknüpfte, als besonders schweren Eingriff in das Telekommunikationsgeheimnis gewertet.[75]

Die Eingriffsintensität erhöht sich auch, wenn mit einem informationsbezogenen Grundrechtseingriff Einschüchterungseffekte verbunden sind, die zu Beeinträchtigungen bei der Ausübung der Grundrechte führen können.[76] Die Unbefangenheit des Verhaltens kann dabei insbesondere dadurch gefährdet werden, dass Risiken des Missbrauchs der betreffenden personenbezogenen Daten oder ein Gefühl des Überwachtwerdens entstehen.[77] Die Einstufung der Vorratsspeicherung von Telekommunikationsverkehrsdaten als besonders schwerwiegenden Eingriff hat das Bundesverfassungsgericht daher auch darauf gestützt, dass die Missbrauchsmöglichkeiten, die mit einer derartigen umfangreichen Datensammlung verbunden seien, deren belastende Wirkung verschärften und dass eine solche Datenspeicherung zudem geeignet sei, ein diffus bedrohliches Gefühl des Beobachtetseins hervorzurufen, das eine unbefangene Wahrnehmung der Grundrechte in vielen Bereichen beeinträchtigen könne.[78]

Die genannten Kriterien für das Gewicht von in der vorsorglichen Speicherung personenbezogener Daten bestehenden Grundrechtseingriffen sind keineswegs abschließend zu verstehen.[79] Die Intensität solcher Eingriffe und

[71] Vgl. BVerfGE 107, 299 (320 f., 328); 113, 348 (383); 115, 320 (354); 125, 260 (318 f.).

[72] Vgl. BVerfGE 125, 260 (318 f.); *Petri*, RDV 2010, S. 197 (199).

[73] Vgl. BVerfGE 113, 348 (382); 115, 320 (347).

[74] Vgl. BVerfGE 115, 320 (354); 120, 378 (402).

[75] Vgl. BVerfGE 125, 260 (318 f.).

[76] Vgl. BVerfGE 115, 320 (354); 120, 378 (402).

[77] Vgl. BVerfGE 120, 378 (402).

[78] Vgl. BVerfGE 125, 260 (320); *Petri*, RDV 2010, S. 197 (199).

[79] Von Bedeutung für das Gewicht von Vorratsspeicherungen kann etwa auch sein, ob sie in einer zentralen Datenbank oder dezentral erfolgen. So hat das Bundesverfassungs-

ihr Gewicht im Rahmen der Prüfung der Verhältnismäßigkeit im engeren Sinne lassen sich vielmehr jeweils nur unter Berücksichtigung sämtlicher Umstände des Einzelfalls bestimmen,[80] die nicht auf die angeführten Gesichtspunkte beschränkt sind. Generell lässt sich insoweit sagen, dass das Gewicht von Vorratsspeicherungen insbesondere von den Nachteilen abhängt, die den Betroffenen daraus erwachsen oder von ihnen nicht ohne Grund befürchtet werden.[81]

bb) Gewicht rechtfertigender Gemeinwohlbelange

Das Gewicht der Gemeinwohlbelange oder Rechtsgüter, in deren Interesse ein Eingriff in eine dem Schutz personenbezogener Daten dienende Grundrechtsgewährleistung erfolgt, hängt maßgeblich davon ab, wie bedeutsam diese Belange sind und wie wahrscheinlich und intensiv ihre Beeinträchtigung ohne den Eingriff wäre.[82]

Als Gemeinwohlbelang, der nach seiner Bedeutung grundsätzlich eine vorsorgliche Speicherung von Telekommunikationsverkehrsdaten rechtfertigen kann, hat das Bundesverfassungsgericht zunächst die Effektivierung der Strafverfolgung anerkannt.[83] Die wirksame Aufklärung von Straftaten ist wesentlicher Auftrag eines rechtsstaatlichen Gemeinwesens.[84] Strafnormen und ihre Anwendung in einem rechtsstaatlichen Verfahren sind Verfassungsaufgaben. Der Strafverfolgung kommt daher nach dem Grundgesetz grundsätzlich eine hohe Bedeutung zu.[85] Ihr Gewicht im Einzelfall bestimmt sich insbesondere nach der Schwere der zu verfolgenden Straftat und dem Grad des Tatverdachts. Gewichtig ist der Gemeinwohlbelang der Strafverfolgung insbesondere dann, wenn es um die Ahndung von Straftaten geht, die überragend wichtige Rechtsgüter bedrohen[86] und ein auf bestimmte Tatsachen gestützter Tatverdacht besteht.[87]

Auch eine wirksamere Gefahrenabwehr und die Erfüllung nachrichtendienstlicher Aufgaben hat das Bundesverfassungsgericht als Gemeinwohl-

gericht es bei der Gewichtung der vorsorglichen Speicherung von Telekommunikationsverkehrsdaten für maßgeblich erachtet, dass die Daten nicht direkt durch den Staat, sondern durch eine Verpflichtung der privaten Anbieter von Telekommunikationsdienstleistungen verwirklicht wurde, so dass die Daten auf viele Einzelunternehmen verteilt blieben und dem Staat nicht unmittelbar als Gesamtheit zur Verfügung standen (vgl. BVerfGE 125, 260 <321>; *Petri*, RDV 2010, S. 197 <199>).

[80] Vgl. BVerfGE 92, 277 (327).

[81] Vgl. BVerfGE 113, 348 (382), 115, 320 (347); 120, 378 (403).

[82] Vgl. BVerfGE 113, 348 (382, 385); 120, 378 (427).

[83] Vgl. BVerfGE 125, 260 (316).

[84] Vgl. BVerfGE 107, 299 (316); 109, 279 (336).

[85] Vgl. BVerfGE 115, 166 (192).

[86] Vgl. BVerfGE 125, 260 (328).

[87] Vgl. BVerfGE 125, 260 (328 f.).

belange angesehen, die die vorsorgliche Speicherung von Telekommunikationsverkehrsdaten grundsätzlich rechtfertigen können.[88] Welches Gewicht diesen Belangen zukommt, bemisst sich nach der Bedeutung der zu schützenden Rechtsgüter und dem Wahrscheinlichkeitsgrad der abzuwehrenden Gefahren. Gewichtig sind sie vor allem, wenn es um die Abwehr von Gefahren für überragend wichtige Rechtsgüter geht[89] und tatsächliche Anhaltspunkte einer konkreten Gefahr für diese Rechtsgüter vorhanden sind[90].

Vorratsspeicherungen können grundsätzlich jedoch auch im Hinblick auf andere hinreichend gewichtige Gemeinwohlbelange dem Grundsatz der Verhältnismäßigkeit genügen und damit verfassungsrechtlich zulässig sein. Die Prüfung, ob die betreffenden Belange ausreichend gewichtig sind, erfordert dabei immer eine Bewertung anhand der Umstände des jeweiligen Einzelfalls.[91]

cc) Angemessenheit des Verhältnisses von Eingriff und rechtfertigenden Belangen

Ob die Individualinteressen, die durch eine Sammlung personenbezogener Daten auf Vorrat beschnitten werden, den Gemeinwohlinteressen, denen die Datensammlung dient, angemessen zugeordnet sind, wie dies der Grundsatz der Verhältnismäßigkeit verlangt,[92] hängt zunächst davon ab, wie stark einerseits das betroffene Grundrecht durch die Vorratsspeicherung beeinträchtigt wird und wie bedeutend andererseits die Belange sind, um deretwillen sie erfolgt. Je weiter der mit der Datensammlung verbundene Eingriff reicht, desto mehr Gewicht müssen die ihn rechtfertigenden Gemeinwohlerwägungen aufweisen. Dem trägt das Bundesverfassungsgericht Rechnung, wenn es verlangt, dass die Voraussetzungen und der Umfang der Verwendung von auf Vorrat gespeicherten Daten durch bereichsspezifische, präzise und normenklare Regelungen umso enger begrenzt werden müssen, je schwerer der mit der Speicherung verbundene Eingriff wiegt.[93] Das Gericht hält deshalb auch den in der vorsorglichen Speicherung von Telekommunikationsverkehrs-

[88] Vgl. BVerfGE 125, 260 (316).

[89] Vgl. BVerfGE 125, 260 (328 und 331 f.).

[90] Vgl. BVerfGE 125, 260 (330 ff.). In Bezug auf die Erfüllung der Aufgaben der Nachrichtendienste hat das Bundesverfassungsgericht allerdings darauf hingewiesen, dass eine Verwendung auf Vorrat gespeicherter Telekommunikationsverkehrsdaten für die im Vorfeld konkreter Gefahren tätigen Nachrichtendienste deshalb wohl in vielen Fällen ausscheidet (vgl. BVerfG, a.a.O., Rn. 234).

[91] Vgl. BVerfGE 92, 277 (327).

[92] Vgl. BVerfGE 120, 274 (322).

[93] Vgl. BVerfGE 125, 260 (327 f.). Das Gericht weist dabei ausdrücklich darauf hin, dass die verhältnismäßige Ausgestaltung der Verwendungsregelungen nicht nur über deren Verfassungsmäßigkeit entscheidet, sondern auch auf die Verfassungsmäßigkeit der Speicherung selbst zurückwirkt. Vgl. dazu auch zustimmend *Petri*, RDV 2010, S. 197 (200).

daten für sechs Monate liegenden schwerwiegenden Grundrechtseingriff lediglich dann für angemessen, wenn die gespeicherten Daten nur zur Verfolgung von Straftaten, die überragend wichtige Rechtsgüter bedrohen, oder zur Abwehr von Gefahren für solche Rechtsgüter verwendet werden dürfen.[94] Bei der Verwendung zur Verfolgung von Straftaten ist insoweit ein auf bestimmte Tatsachen gestützter Verdacht einer schweren Straftat erforderlich.[95] Bei der Nutzung zur Gefahrenabwehr bedarf es tatsächlicher Anhaltspunkte einer konkreten Gefahr für Leib, Leben oder Freiheit einer Person oder für den Bestand des Bundes oder eines Landes oder aber einer gemeinen Gefahr.[96]

Im Bereich informationsbezogener Grundrechtseingriffe spielen jedoch für die angemessene Zuordnung von Eingriff und rechtfertigenden Gründen neben der Schwere der Beeinträchtigung des Grundrechts und dem Gewicht der Gemeinwohlbelange, in deren Interesse der Grundrechtseingriff erfolgt, weitere Gesichtspunkte eine Rolle. Bereits im Volkszählungsurteil hat das Bundesverfassungsgericht dargelegt, dass der Gesetzgeber angesichts der Gefährdungen durch die elektronische Datenverarbeitung auch verfahrensrechtliche

[94] Vgl. BVerfGE 125, 260 (328). Geringere Anforderungen stellt das Bundesverfassungsgericht allerdings, soweit die auf Vorrat gespeicherten Telekommunikationsverkehrsdaten dazu verwendet werden dürfen, Auskunft über den Inhaber einer bestimmten Internetprotokolladresse zu erteilen. Die Einholung solcher Auskünfte darf generell für die Verfolgung von Straftaten, die Gefahrenabwehr und die Erfüllung nachrichtendienstlicher Aufgaben zugelassen werden, soweit im Einzelfall tatsachengestützt ein hinreichender Tatverdacht oder eine konkrete Gefahr bestehen. In Bezug auf Ordnungswidrigkeiten dürfen solche Auskünfte allerdings nur zur Verfolgung oder Verhinderung besonders gewichtiger und ausdrücklich benannter Ordnungswidrigkeiten erfolgen (vgl. BVerfGE 125, 260 <340 und 343 f.>). Das Bundesverfassungsgericht geht dabei davon aus, dass zur Erteilung dieser Auskünfte nur ein kleiner Teil der auf Vorrat gespeicherten Telekommunikationsdaten verwendet wird, dessen Speicherung für sich genommen weniger schwer wöge und deshalb unter deutlich geringeren Voraussetzungen erfolgen könnte als die Speicherung der Daten sämtlicher Telekommunikationsverbindungen (vgl. BVerfGE 125, 260 <341>).

[95] Vgl. BVerfGE 125, 260 (328 f.).

[96] Vgl. BVerfGE 125, 260 (330). Diese Anforderungen gelten auch, soweit die auf Vorrat gespeicherten Daten von den Behörden, an die sie zur Strafverfolgung übermittelt wurden, an andere Stellen weitergegeben werden sollen. Die Weitergabe bedarf einer eigenen gesetzlichen Grundlage (vgl. BVerfGE 100, 313 <360>) und darf gesetzlich nur vorgesehen werden, soweit sie zur Wahrnehmung von Aufgaben erfolgt, deretwegen ein Zugriff auf die betreffenden Daten auch unmittelbar zulässig wäre (vgl. BVerfGE 100, 313 <359 f.>; 109, 279 <375 f.>; 110, 33 <73>; 125, 260 <331>). Ferner hält das Bundesverfassungsgericht es als Ausfluss des Grundsatzes der Verhältnismäßigkeit für verfassungsrechtlich geboten, zumindest für einen engen Kreis auf besondere Vertraulichkeit angewiesener Telekommunikationsverbindungen ein grundsätzliches Verbot der Übermittlung der auf Vorrat gespeicherten Telekommunikationsverkehrsdaten vorzusehen. Genannt werden insoweit die Daten, die Verbindungen zu Telefonanschlüssen von Stellen betreffen, die anonym bleibenden Anrufern telefonische Beratung in seelischen oder sozialen Notlagen anbieten (vgl. BVerfGE 125, 260 <334>).

und organisatorische Vorkehrungen zu treffen hat, die der Gefahr einer Verletzung des Rechts auf informationelle Selbstbestimmung entgegenwirken.[97]

Solche Vorkehrungen können die Auswirkungen eines Informationseingriffs und damit dessen Verhältnismäßigkeit beeinflussen.[98] So verringern etwa Regelungen zur Datensicherheit, die den unbefugten Zugriff auf den Bestand der auf Vorrat gespeicherten Daten erschweren und damit das Risiko einer missbräuchlichen Verwendung dieser Daten senken, auch das Gewicht des in der Datenspeicherung liegenden Eingriffs.[99] Ein hohes Maß an Datensicherheit kann daher unter Umständen auch einen an sich schwerwiegenden Eingriff, wie ihn etwa die sechsmonatige vorsorgliche Speicherung von Telekommunikationsverkehrsdaten darstellt, angemessen erscheinen lassen.

Berücksichtigt man dies, sind gerade für die Verhältnismäßigkeit umfangreicher Datensammlungen Regelungen, die das Maß der Datensicherheit festlegen, von besonderer Bedeutung. Gleiches gilt für Regelungen, die die Transparenz der Datenspeicherung und der Verwendung der gespeicherten Daten sowie den Rechtsschutz dagegen betreffen. Dementsprechend hat das Bundesverfassungsgericht die Ausgestaltung einer vorsorglichen Speicherung von Telekommunikationsverkehrsdaten besonderen verfassungsrechtlichen Anforderungen nicht nur in Bezug auf die Voraussetzungen und den Umfang der Datenverwendung, sondern auch hinsichtlich der Datensicherheit, der Transparenz und des Rechtsschutzes unterworfen und festgestellt, dass der mit einer solchen Vorratsspeicherung verbundene Grundrechtseingriff nur dann verhältnismäßig im engeren Sinne sein kann, wenn insoweit hinreichend anspruchsvolle und normenklare Regelungen getroffen sind.[100]

Wie anspruchsvoll solche Regelungen im Einzelnen sein und welche Anforderungen sie stellen müssen, lässt sich allerdings nicht für alle Fälle, in denen der Gesetzgeber eine vorsorgliche Erhebung und Speicherung personenbezogener Daten anordnet, im Voraus beantworten. Vielmehr ist jeweils anhand einer Einzelfallprüfung zu beurteilen, ob der Gesetzgeber einen angemessenen Ausgleich zwischen den beeinträchtigten Grundrechtspositionen und den mit der Grundrechtsbeeinträchtigung verfolgten Gemeinwohlbelangen gefunden hat. Je schwerer ein in einer Vorratsspeicherung liegender Eingriff wiegt, desto gewichtiger müssen dabei nicht nur die Gemeinwohlbelange sein, die ihn rechtfertigen sollen, sondern desto höher sind auch die Anforderungen an die Bestimmungen zur Gewährleistung von Datensicherheit, Transparenz und effektivem Rechtsschutz.

[97] Vgl. BVerfGE 65, 1 (44).

[98] Vgl. *Roßnagel*, NJW 2010, S. 1238 (1242), der hervorhebt, dass die Verhältnismäßigkeit einer Maßnahme durch die Gestaltung der Verhältnisse hergestellt werden kann.

[99] Vgl. BVerfGE 125, 260 (319 f.).

[100] Vgl. BVerfGE 125, 260 (325 und 334). Vgl. dazu kritisch *Wolff*, NVwZ 2010, S. 751 (752 f.).

Hinsichtlich der vorsorglichen Speicherung von Telekommunikationsverkehrsdaten hat das Bundesverfassungsgericht der Datensicherheit für die Verhältnismäßigkeit des Eingriffs große Bedeutung beigemessen und einen besonders hohen Sicherheitsstandard gefordert, der über das allgemeine Maß für die Aufbewahrung von Telekommunikationsdaten hinausgeht.[101] Die daraus resultierenden Anforderungen dürfen im Hinblick auf das große Gefährdungspotential, das von den Telekommunikationsverkehrsdatenbeständen für das Telekommunikationsgeheimnis ausgeht, einer freien Abwägung mit allgemeinen wirtschaftlichen Gesichtspunkten nicht unterworfen werden.[102]

Die Bedeutung der Transparenz der Datenerhebung, -speicherung und -verwendung für die angemessene Zuordnung der grundrechtlich geschützten Individualinteressen zu den Gemeinwohlbelangen, zu deren Gunsten sie eingeschränkt werden, erklärt sich daraus, dass das Gewicht von Informationseingriffen, die in der vorsorglichen Sammlung personenbezogener Daten bestehen, auch auf dem Gefühl ständigen Überwachtseins und dem damit einhergehenden Einschüchterungseffekt beruht.[103] Denn die diffuse Bedrohlichkeit, die vorsorgliche Datenspeicherungen dadurch erhalten können, lässt sich durch wirksame Transparenzregelungen vermindern und dadurch auffangen.[104]

Darüber hinaus schaffen solche Regelungen die Voraussetzungen für die Gewährleistung eines effektiven Rechtsschutzes. Ohne hinreichende Kenntnis der gespeicherten Daten und ihrer Verwendung können weder die Unrechtmäßigkeit der Datenspeicherung und -nutzung noch etwaige Rechte auf Löschung, Berichtigung oder Genugtuung durch Entschädigungszahlungen geltend gemacht werden. Intransparente Informationseingriffe wiegen deshalb relativ schwer und können so leicht als unangemessen empfunden

[101] Vgl. BVerfGE 125, 260 (325). Auch wenn die Verfassung nicht detailgenau vorgibt, welche Sicherheitsmaßgaben im Einzelnen geboten sind, ist nach Auffassung des Gerichts ein Standard festzuschreiben, der unter Berücksichtigung der Besonderheiten der durch die vorsorgliche Telekommunikationsverkehrsdatenspeicherung geschaffenen Datenbestände ein besonders hohes Maß an Sicherheit gewährleistet, das sich am Entwicklungsstand der Fachdiskussion orientiert und neue Erkenntnisse und Einsichten fortlaufend aufnimmt (vgl. BVerfGE 125, 260 <326>). Vgl. zu den Bedenken hinsichtlich der Datensicherheit im Zusammenhang mit der Vorratsspeicherung von Telekommunikationsverkehrsdaten auch *Hensel*, DuD 2009, S. 527 (530).

[102] Das Bundesverfassungsgerichts hält nach dem gegenwärtigen Entwicklungsstand der Fachdiskussion eine von anderen Daten getrennte Speicherung der Vorratsdaten, eine anspruchsvolle Verschlüsselung, ein gesichertes Regime des Zugriffs auf die Vorratsdaten etwa unter Nutzung des Vier-Augen-Prinzips sowie eine revisionssichere Protokollierung von Zugriffen auf die Daten für erforderlich, um die Datensicherheit verfassungsrechtlich hinreichend zu gewährleisten (vgl. BVerfGE 125, 260 <327>).

[103] Vgl. BVerfGE 125, 260 (335).

[104] Vgl. BVerfGE 125, 260 (335).

werden. Geeignete Transparenzbestimmungen machen sie aber zu weniger schweren und damit möglicherweise noch verhältnismäßigen Eingriffen.[105] In Betracht kommen insoweit Regelungen, die einer offenen Verwendung vorsorglich gespeicherter Daten Vorrang vor einer heimlichen Datennutzung einraumen[106] oder bei einer heimlichen Verwendung auf Vorrat gespeicherter Daten wenigstens Benachrichtigungspflichten vorsehen, die gewährleisten, dass die Betroffenen zumindest nachträglich von der Datenverwendung informiert werden und so ihre Rechte wahrnehmen können.[107]

Die verhältnismäßige Ausgestaltung von Vorratsspeicherungen verlangt darüber hinaus, dass der durch derartige Transparenzanforderungen ermöglichte Rechtsschutz selbst effektiv ist und angemessene Sanktionen für den Fall rechtswidriger Datenspeicherungen und -verwendungen zur Verfügung stehen.[108] Für heimliche Zugriffe auf vorsorglich gespeicherte Daten kann dies wie im Falle von verdeckten Abrufen der über sechs Monate hinweg gespeicherten Telekommunikationsverkehrsdaten bedeuten, dass sie wegen ihres großen Gewichts grundsätzlich unter Richtervorbehalt gestellt werden müssen.[109] Die Angemessenheit einer Vorratsdatenspeicherung setzt darüber hinaus wirksame Sanktionen jedenfalls für schwere Rechtsverletzungen voraus. Denn es widerspräche der Verpflichtung des Staates, dem Einzelnen die Entfaltung seiner Persönlichkeit zu ermöglichen und ihn vor Persönlichkeitsgefährdungen durch Dritte zu schützen, wenn solche Rechtsverletzungen sanktionslos blieben.[110]

Zusammenfassend lässt sich also festhalten: Der angemessene Ausgleich zwischen den durch eine vorsorgliche Speicherung personenbezogener Daten beeinträchtigten Grundrechten und den legitimen Zielsetzungen, denen die Speicherung dient, kann innerhalb der sich aus dem Grundsatz der Ver-

[105] Vgl. BVerfGE 125, 260 (335).

[106] Vgl. BVerfGE 125, 260 (335 f.).

[107] Vgl. dazu und zu den Ausnahmen von diesen Benachrichtigungspflichten BVerfGE 125, 260 (336 f.).

[108] Vgl. BVerfGE 125, 260 (337).

[109] Vgl. BVerfGE 125, 260 (337 f.). Dort wird auch auf die Ausnahmen für nachrichtendienstliche Maßnahmen hingewiesen, die das Telekommunikationsgeheimnis betreffen und bei denen nach Art. 10 Abs. 2 Satz 2 GG an die Stelle der richterlichen Kontrolle die Kontrolle durch ein von der Volksvertretung bestelltes Organ oder Hilfsorgan treten kann (vgl. BVerfGE 30, 1 <21>).

[110] Vgl. BVerfGE 125, 260 (339 f.), wobei der Gesetzgeber aber einen weiten Gestaltungsspielraum hat. Als weitere verfahrensrechtliche und organisatorische Vorkehrungen, die erforderlich sind, um die Verhältnismäßigkeit der Vorratsspeicherung von Telekommunikationsverkehrsdaten zu gewährleisten, hat das Bundesverfassungsgericht die Protokollierung der Weitergabe der auf Vorrat gespeicherten Daten an weitere Stellen und die Kennzeichnung auch der weitergegebenen Daten als auf Vorrat gespeichert genannt, weil nur so die Erkennbarkeit der Herkunft dieser Daten und ihre Zweckbindung gewährleistet sei (vgl. BVerfGE 125, 260 <333>).

hältnismäßigkeit ergebenden Grenzen durch geeignete verfahrensrechtliche und organisatorische Vorkehrungen gewährleistet werden.[111] Zu solchen Vorkehrungen zählen dabei insbesondere die im Urteil zur Vorratsspeicherung von Telekommunikationsverkehrsdaten genannten Anforderungen an die Datensicherheit, an die Transparenz der Verwendung der gespeicherten Daten, an einen effektiven Rechtsschutz und an angemessene Sanktionen für rechtswidrige Datennutzungen. Welche Anforderungen die betroffenen Grundrechte insoweit an eine bestimmte Datensammlung stellen, lässt sich allerdings nicht allgemein, sondern nur im Einzelfall bestimmen. Es hängt vom Gewicht des mit der Speicherung verbundenen Grundrechtseingriffs und der Bedeutung der Gemeinwohlbelange ab, deren Gewährleistung die Speicherung dient. Maßstab ist insoweit der Grundsatz der Verhältnismäßigkeit. Die für die vorsorgliche Speicherung von Telekommunikationsverkehrsdaten entwickelten Anforderungen lassen sich deshalb nur nach Maßgabe dieses Grundsatzes auf andere Vorratsspeicherungen übertragen.[112]

3. Sonstige Grenzen der Sammlung personenbezogener Daten auf Vorrat

Vorsorgliche Datensammlungen müssen darüber hinaus weitere verfassungsrechtliche Anforderungen erfüllen, die ihnen im Hinblick auf die Schwere des darin liegenden Grundrechtseingriffs äußerste Grenzen setzen. So darf die Wesensgehaltsgarantie des Art. 19 Abs. 2 GG[113] ebenso wenig verletzt werden wie der durch Art. 1 Abs. 1 GG gewährleistete Menschenwürdekern des betroffenen Grundrechts.[114]

Mit der Menschenwürde unvereinbar ist dabei eine gänzliche oder teilweise Registrierung und Katalogisierung der Persönlichkeit.[115] Insbesondere muss eine unbeschränkte Verknüpfung sensibler Datenbestände oder gar die Erschließung eines derartigen Datenverbundes durch ein einheitliches Personenkennzeichen oder sonstiges Ordnungsmerkmal ausgeschlossen sein, um eine umfassende Registrierung und Katalogisierung der Persönlichkeit durch

[111] Vgl. *Roßnagel*, NJW 2010, S. 1238 (1242).

[112] Vgl. zur Frage der Übertragbarkeit der Anforderungen an die Datensicherheit auf andere Datensammlungen *Hornung/Schnabel*, DVBl 2010, S. 824 (829).

[113] Vgl. zu den unterschiedlichen Auffassungen zum Verständnis der Wesensgehaltsgarantie als lediglich objektive oder auch subjektive Gewährleistung oder als Garantie eines absolut oder nur relativ nach Maßgabe des Grundsatzes der Verhältnismäßigkeit geschützten Kernbereichs des jeweiligen Grundrechts *Dreier*, in: Dreier (Hrsg.), GG, Bd. 1, 2. Aufl. 2004, Art. 19 Abs. 2 Rn. 11 ff.

[114] Vgl. BVerfGE 125, 260 (322). Von einer Verletzung der Wesensgehalts des Telekommunikationsgeheimnisses durch die Vorratsspeicherung von Telekommunikationsverkehrsdaten gehen anders als das Bundesverfassungsgericht *Petri*, DuD 2008, S. 729 (730) und *Dix/Petri*, DuD 2009, S. 531 (532 f.) aus.

[115] Vgl. BVerfGE 27, 1 (6); 65, 1 (48, 52 f.).

eine Zusammenführung einzelner Lebensdaten und Personaldaten zur Erstellung von Persönlichkeitsprofilen zu verhindern.[116] Ebenso ist eine Totalerfassung der Kommunikation im Besonderen und des Verhaltens und der Aktivitäten des Bürgers im Allgemeinen menschenwürdewidrig und damit unzulässig.[117]

Ferner wäre eine möglichst flächendeckende vorsorgliche Speicherung aller für die Strafverfolgung oder Gefahrenabwehr nützlichen Daten unabhängig von ihrer Ausgestaltung nicht nur unverhältnismäßig, sondern menschenwürdewidrig und deshalb von vornherein mit der Verfassung unvereinbar.[118] Das Bundesverfassungsgericht hat dementsprechend die vorsorglich anlasslose Speicherung von Telekommunikationsverkehrsdaten nur unter der Voraussetzung fur verfassungsrechtlich unbedenklich gehalten, dass sie eine Ausnahme bleibt und nicht im Zusammenspiel mit anderen vorhandenen Dateien zur Rekonstruierbarkeit praktisch aller Aktivitäten der Bürger führt. Daraus folgt nach Auffassung des Bundesverfassungsgerichts, dass die Vorratsspeicherung von Telekommunikationsverkehrsdaten nicht als Vorbild für weitere anlasslose Datensammlungen dienen kann. Vielmehr zwingen bereits vorhandene Datensammlungen den Gesetzgeber zu größerer Zurückhaltung, wenn er die Schaffung weiterer Speicherungspflichten oder -berechtigungen in Erwägung zieht.[119] Dass die Freiheitswahrnehmung der Bürger nicht total erfasst und registriert werden darf, zählt das Bundesverfassungsgericht zur verfassungsrechtlichen Identität der Bundesrepublik Deutschland, für deren Wahrung sich die Bundesrepublik auch in europäischen und internationalen Zusammenhängen einsetzen muss.[120] Die Beachtung des Verbots der Totalerfassung und -registrierung unterliegt also dem in Art. 79 Abs. 3 GG veran-

[116] Vgl. BVerfGE 27, 1 (6); 65, 1 (53). Zu die Menschenwürde tangierenden Persönlichkeitsprofilen vgl. *Stubenrauch*, Gemeinsame Verbunddateien von Polizei und Nachrichtendiensten, 2009, S. 103 ff.

[117] Vgl. BVerfGE 125, 260 (322 f.); vgl. auch BVerfGE 100, 313 (376).

[118] Vgl. BVerfGE 125, 260 (323 f.).

[119] Zu den zahlreichen Fragen, die dieses Gebot zur gesetzgeberischen Zurückhaltung aufwirft, vgl. *Hornung/Schnabel*, DVBl 2010, S. 824 (827); *Petri*, RDV 2010, S. 197 (200). *Roßnagel*, NJW 2010, S. 1238 (1240, 1242) und DuD 2010, S. 544 (546 f.) bezeichnet dies als Erfordernis der „Überwachungsgesamtbetrachtung" und entnimmt ihm eine Pflicht des Gesetzgebers zu einer doppelten Verhältnismäßigkeitsprüfung. Neben der auf die jeweilige Vorratsspeicherung bezogenen Verhältnismäßigkeitsprüfung sei eine Verhältnismäßigkeitsprüfung anhand einer Gesamtbetrachtung aller verfügbaren auf Vorrat gespeicherten Datenbestände vorzunehmen. Dabei soll dem Gesetzgeber aber ein gewisser Beurteilungs- und Gestaltungsspielraum zugebilligt werden, der die Beurteilung, ob eine weitere Überwachungsmaßnahme die Grenze des Zulässigen überschreitet, und die Entscheidung umfasst, ob dem bereits bestehenden oder dem neuen Überwachungsinstrument der Vorrang eingeräumt werden soll. Vgl. zu Roßnagel auch *Petri*, RDV 2010, S. 197 (200); *Hornung/Schnabel*, DVBl 2010, S. 824 (827).

[120] Vgl. BVerfGE 125, 260 (324). *Westphal*, EuZW 2010, S. 494 (498) spricht insoweit vom datenschutzrechtlichen Identitätsvorbehalt.

kerten grundgesetzlichen Identitätsvorbehalt, dessen Wahrung im Rahmen der Übertragung von Kompetenzen auf die Europäische Union und bei Ausübung dieser Kompetenzen durch den Erlass unionsrechtlicher Hoheitsakte das Bundesverfassungsgericht überprüfen kann.[121] Welche Kriterien für die Prüfung der Verfassungsmäßigkeit von Vorratsspeicherungen sich aus diesen Ausführungen zur gebotenen Zurückhaltung bei der Schaffung neuer Datensammlungen im Einzelnen ergeben, ist derzeit allerdings noch völlig offen.[122]

Schließlich wäre mit Art. 1 Abs. 1 GG eine vorsorgliche Speicherung von Daten unvereinbar, die den Kernbereich privater Lebensgestaltung betreffen.[123] Solche Daten genießen einen absoluten Schutz, der nicht durch Abwägung mit anderen Belangen nach Maßgabe des Verhältnismäßigkeitsgrundsatzes relativiert werden darf.[124] Raum für die Anwendung des Grundsatzes der Verhältnismäßigkeit bleibt vielmehr nur dort, wo ein Grundrechtseingriff die Menschenwürde nicht verletzt.[125] Eine Erhebung kernbereichsrelevanter Daten muss deshalb so weit wie möglich unterbleiben.[126] Werden Informationen aus dem Kernbereich privater Lebensgestaltung gleichwohl erfasst, sind sie unverzüglich zu löschen.[127] Erst recht ist daher ihre gezielte Speicherung auf Vorrat verfassungsrechtlich unter allen Umständen ausgeschlossen.

IV. Ergebnis

Die Sammlung personenbezogener Daten auf Vorrat ist nach der Rechtsprechung des Bundesverfassungsgerichts nicht grundsätzlich ausgeschlossen. Das strikte Verbot der Sammlung personenbezogener Daten auf Vorrat untersagt solche vorsorglichen Datenspeicherungen nur, wenn sie zu unbe-

[121] Vgl. BVerfGE 123, 267 (353 f.).

[122] Vgl. *Hornung/Schnabel*, DVBl 2010, S. 824 (827); *Petri*, RDV 2010, S. 197 (200). *Hornung/Schnabel*, DVBl. 2010, S. 824 (827 f.) befürchten, dass von diesen Ausführungen nur ein Appell an die Politik zur Zurückhaltung übrig bleiben könne, wenn es nicht gelinge, sie verfassungsdogmatisch mit normativem Leben zu füllen. Auch *Ohler*, JZ 2010, S. 626 (628) geht von der Folgenlosigkeit der Warnung des Bundesverfassungsgerichts vor einer flächendeckenden vorsorglichen Speicherung aller für die Strafverfolgung oder Gefahrenabwehr nützlichen Daten aus, solange das Bundesverfassungsgericht nicht die Prüfung der konkreten Gesetzesregelung mit einer Gesamtbilanz der datenschutzrechtlichen Eingriffsbefugnisse verknüpfe.

[123] Vgl. zur Bestimmung des Kernbereichs der privaten Lebensgestaltung im Zusammenhang mit Eingriffen in das Recht auf informationelle Selbstbestimmung *Stubenrauch*, Gemeinsame Verbunddateien von Polizei und Nachrichtendiensten, 2009, S. 100 ff.

[124] Vgl. BVerfGE 75, 369 (380); 93, 266 (293); 109, 279 (314).

[125] Vgl. BVerfGE 109, 279 (315).

[126] Vgl. BVerfGE 120, 274 (337).

[127] Vgl. BVerfGE 109, 279 (332); 113, 348 (392); 120, 274 (337).

stimmten oder noch nicht bestimmbaren Zwecken erfolgen,[128] wenn also die Datensammlung keinen bereits feststehenden Zwecken dient, sondern prophylaktisch für den Fall geschaffen wird, dass die Daten irgendwann einmal zu einem zunächst noch völlig unbekannten Zweck benötigt werden. Es stellt damit der Sache nach lediglich eine äußerste Grenze der Zulässigkeit von Vorratsspeicherungen dar, die nur dann überschritten ist, wenn Daten ohne ihre Verwendung begrenzende Zwecksetzungen ins Blaue hinein zusammengetragen und gespeichert werden.[129]

Der Anlage vorsorglicher Datensammlungen ziehen darüber hinaus die Wesensgehaltsgarantie des Art. 19 Abs. 2 GG und die durch Art. 1 Abs. 1 GG gewährleistete Menschenwürde äußerste Grenzen. Insbesondere wäre die gänzliche und teilweise Registrierung der Persönlichkeit, die gegebenenfalls durch eine unbeschränkte Verknüpfung sensibler Datenbestände die Erstellung von Persönlichkeitsprofilen ermöglichte, menschenwürdewidrig. Ebenso darf die Freiheitswahrnehmung der Bürger nicht total erfasst und registriert werden. Die Schaffung neuer Sammlungen personenbezogener Daten muss daher unterbleiben, wenn sie gemeinsam mit bereits vorhandenen Datenbeständen zu einer Totalerfassung der Persönlichkeit oder ihres grundrechtsgeschützten Verhaltens führt. Schließlich verbietet die Gewährleistung der Menschenwürde auch die Sammlung und vorsorgliche Speicherung von Daten, die den unantastbaren Kernbereich privater Lebensgestaltung betreffen.

Im Übrigen müssen Gesetze, die das Anlegen vorsorglicher Datensammlungen vorsehen, dem Gebot der Normenbestimmtheit und Normenklarheit und dem Grundsatz der Verhältnismäßigkeit genügen. Die sich daraus im Einzelnen ergebenden Anforderungen lassen sich nicht für alle Vorratsspeicherungen einheitlich bestimmen. Vielmehr hängen sie von Gewicht und Schwere des in der Speicherung liegenden Grundrechtseingriffs einerseits und der Bedeutung der Gemeinwohlbelange andererseits ab, denen dieser dient. Die strengen Anforderungen an die Datensicherheit, die zulässigen Verwendungszwecke, die Transparenz, die Rechtsschutzmöglichkeiten und wirksame Sanktionen, die das Bundesverfassungsgericht im Falle der vorsorglich anlasslosen Speicherung von Telekommunikationsverkehrsdaten gestellt hat, lassen sich daher auf andere Arten von Vorratsspeicherungen nicht ohne Weiteres übertragen. Vielmehr sind die spezifischen Anforderungen, die die Verfassung an solche Datenspeicherungen stellt, jeweils im Einzelfall mit Hilfe des Grundsatzes der Verhältnismäßigkeit zu ermitteln.

[128] Vgl. BVerfGE 125, 260 (317).
[129] Vgl. BVerfGE 112, 284 (297).

„Ceci n'est pas une pipe" – Zur Freiheit der Literatur in der Rechtsprechung des Bundesverfassungsgerichts

Felix Hanschmann

Leitentscheidungen des Bundesverfassungsgerichts (Senat)

BVerfGE 30, 173 – Mephisto
BVerfGE 83, 130 – Josefine Mutzenbacher
BVerfGE 119, 1 – Esra

Wichtige Kammerentscheidungen

BVerfG, Beschluss der 1. Kammer des Ersten Senats vom 12. Dezember 2007 – 1 BvR 350/02, 1 BvR 402/02 –, EuGRZ 2008, S. 337 – Pestalozzis Erben
BVerfG, Beschluss der 1. Kammer des Ersten Senats vom 19. Dezember 2007 – 1 BvR 1533/07 –, NvwZ 2008, S. 549 – Ehrensache

Weitere Entscheidungen zur Kunstfreiheit

BVerfGE 67, 213 – Anachronistischer Zug
BVerfGE 75, 369 – Strauß-Karikatur
BVerfGE 77, 240 – Herrnburger Bericht
BVerfGE 81, 278 – Bundesflagge
BVerfGE 81, 298 – Nationalhymne
BVerfGE 82, 1 – Hitler-T-Shirt
BVerfG, Beschluss der 2. Kammer des Ersten Senats vom 3. November 2000 – 1 BvR 581/00 –, NJW 2001, S. 596 – Deutschland muss sterben

Schrifttum

Barsch, Achim, Literatur und Recht aus literaturtheoretischer Sicht, in: Dankert/Zechlin (Hrsg.), Literatur vor dem Richter, 1988, S. 63 ff.; *von Becker, Bernhard,* Verbotene Bücher, ZUM 2003, S. 575 ff.; *ders.*, Fiktion und Wirklichkeit im Roman, 2006; *Foucault, Michel,* Dies ist keine Pfeife, 1997; *Gaier, Reinhard,* Von »Mephisto« zu »Esra«, JA 2007, S. 1 ff.; *Götting, Horst-Peter,* Persönlichkeitsschutz und Kunstfreiheit, in: Jacobs/Papier/Schuster (Hrsg.), Festschrift für Peter Raue, 2006, S. 427 ff.; *ders.*, Zu den Rechtsproblemen des Schlüsselromans, AfP 2007, S. 397 ff.; *Gostomzyk, Tobias,* Wahrheit, keine Dichtung, NJW 2008, S. 737 ff.; *Grimm, Dieter,* „Keine Trumpfkarte im Fall ‚Esra'" – Kunstfreiheit und Persönlichkeitsrecht müssen gegeneinander abgewogen werden, ZRP 2008, S. 29 ff.; *Henne, Thomas,* Alles schon mal dagewesen? – Parallelen zwischen den „Mephisto"-Entscheidungen der deutschen Gerichte und der Debatte um Walsers Tod eines Kritikers, NJW 2003,

S. 639 ff.; *Ladeur, Karl-Heinz,* Persönlichkeitsrecht und Kunstfreiheit im Konflikt, AfP 2004, S. 292 ff.; *ders./Gostomzyk, Tobias,* Ein Roman ist ein Roman ist ein Roman?, ZUM 2004, S. 426 ff.; *dies.*, Mephisto reloaded, NJW 2005, S. 566 ff.; *Lenski, Sophie-Charlotte,* Grundrechtsschutz zwischen Fiktionalität und Wirklichkeit – Zum „Esra"-Beschluss des BVerfG, NVwZ 2008, S. 281 ff.; *Obergfell, Eva Inés,* Dichtung oder Wahrheit?, ZUM 2007, S. 910 ff., *Schlink, Bernhard,* Das Dilemma der Kunstfreiheit, in: ders., Vergewisserungen, 2005, S. 112 ff.; *Seifert, Fedor,* Realität oder Fiktion – Dichtung und allgemeines Persönlichkeitsrecht, in: Jacobs/Papier/Schuster (Hrsg.), Festschrift für Peter Raue, 2006, S. 695 ff.; *ders.*, Dichtung und die „Elle der Realität", in: Ahrens/Bornkamm/Kunz-Hallstein (Hrsg.), Festschrift für Eike Ullmann, 2006, S. 111 ff.; *Sontag, Susan,* Against Interpretation, in: dies., Kunst und Antikunst, 1980, S. 9 ff.

Inhalt

I. Rechtsprechungslinien

Von „Linien der Rechtsprechung" zu reden, wenn man die von der Kunstfreiheit gemäß Art. 5 Abs. 3 Satz 1 GG geschützte Freiheit der Literatur in der Rechtsprechung des Bundesverfassungsgerichts untersucht, fällt nicht leicht. Der Begriff der „Linie" suggeriert nicht nur die im Rechtssystem übliche Rekursivität im Sinne einer Referenz auf vorangegangene Entscheidungen, sondern die Herstellung einer konsistenten Dogmatik durch wiederholtes inhaltliches Anknüpfen. Derlei Redundanzen sind in der bundesverfassungsgerichtlichen Rechtsprechung zur Freiheit der Literatur jedoch lediglich in Bezug auf überaus unbestimmte dogmatische Figuren, wie der Forderung nach Beachtung kunstspezifischer Maßstäbe oder der Vermutung für die Fiktionalität eines literarischen Werkes, zu beobachten. Abseits dieser

Figuren lässt sich eine ausdifferenzierte Rechtsdogmatik, die für neu auftretende Fälle eine Orientierung für deren Behandlung und Lösung erlauben und subjektive Entscheidungspräferenzen begrenzen würde, nur schwer ausmachen.[1] Allerdings sind die hierfür verantwortlichen Gründe dem Bundesverfassungsgericht kaum anzulasten. Sie liegen, wie die nachfolgenden Ausführungen zu zeigen versuchen, in grundlegenden, systemischen Differenzen zwischen Recht und Literatur.

II. Die Freiheit der Literatur in der Rechtsprechung des Bundesverfassungsgerichts

Die Fälle, in denen sich das Bundesverfassungsgericht mit der Frage nach der Reichweite des grundrechtlichen Schutzes von Literatur zu befassen hatte, sind nicht besonders zahlreich. Die wesentlichen dogmatischen Aussagen finden sich in den Entscheidungen zu *Klaus Manns* Roman *Mephisto – Roman einer Karriere* und *Maxim Billers* Buch *Esra*.

1. *Die* Mephisto-*Entscheidung des Bundesverfassungsgerichts*

Nachdem *Klaus Manns Mephisto – Roman einer Karriere* noch während der nationalsozialistischen Herrschaft im Amsterdamer Querido-Verlag und nach dem Krieg im Ostberliner Aufbau-Verlag erschienen war, plante die *Nymphenburger Verlagsanstalt* 1962 dessen Veröffentlichung im Rahmen einer einheitlichen Edition der Werke *Klaus Manns*.[2] Der hiergegen gerichteten Klage des letzten Lebensgefährten und Adoptivsohnes von *Gustaf Gründgens*, der dem Protagonisten des Romans *Hendrik Höfgen* als Referenz diente, gaben das Oberlandesgericht Hamburg[3] und der Bundesgerichtshof[4] statt. Die von der *Nymphenburger Verlagsanstalt* gegen das gerichtliche Publikations- und Verbreitungsverbot erhobene Verfassungsbeschwerde wies das Bundesverfassungsgericht mit einer Mehrheitsentscheidung, gegen deren Ergebnis und Begründung der Richter *Stein* sowie die Richterin *Rupp-von Brünneck* jeweils ein Sondervotum verfassten, zurück.[5]

[1] Zur entsprechenden Kritik an der Rechtsprechung des Bundesverfassungsgerichts: Götting, Persönlichkeitsschutz und Kunstfreiheit, in: Festschrift für Peter Raue, 2006, S. 427 (428 und 435).

[2] Zur Geschichte des Romans: Spangenberg, Karriere eines Romans, 1986; Töteberg, Nachwort, in: Klaus Mann, Mephisto, 2005, S. 392 ff.

[3] OLG Hamburg, Urteil vom 10. März 1966 – 3 U 372/1965 –, UFITA 51 (1968), S. 362. Die Entscheidung des Landgerichts Hamburg vom 23. August 1965, das ein Publikationsverbot zuvor ablehnte, ist ebenfalls dort abgedruckt (S. 352).

[4] BGHZ 50, 133.

[5] BVerfGE 30, 173.

a) Das Mehrheitsvotum in der *Mephisto*-Entscheidung

Die Mehrheit der Richterinnen und Richter des Ersten Senats verneinte eine Verletzung der Kunstfreiheit. Da die Kunstfreiheit aus Art. 5 Abs. 3 Satz 1 GG keinen expliziten Gesetzesvorbehalt aufweist, stellte das Gericht zunächst fest, dass sich Einschränkungen der Kunstfreiheit allein aus mit dem Grundrecht kollidierendem Verfassungsrecht ergeben können.[6] In der *Mephisto*-Entscheidung war dies der aus Art. 1 Abs. 1 GG folgende soziale Wert- und Achtungsanspruch des bereits verstorbenen *Gustaf Gründgens*.[7] Die nicht ganz fernliegende Frage, wie ein literarisches Werk überhaupt die Rechte Dritter verletzen kann, beantwortete die Senatsmehrheit mit der hermaphroditischen Gestalt eines Kunstwerkes. Das Kunstwerk wirke nicht nur als ästhetische Realität, sondern habe, gerade wenn der Künstler auf Persönlichkeits- und Lebensdaten von Menschen aus seiner Umwelt zugreife, „ein Dasein in den Realien, die zwar in der Darstellung künstlerisch überhöht werden, damit aber ihre sozialbezogenen Wirkungen nicht verlieren." Insofern bildeten „die „reale" und „ästhetische" Welt im Kunstwerk eine Einheit"[8]. Während aber nun einerseits die sozialbezogenen Wirkungen in der Realität unter Verweis auf die Kunstwerkeigenschaft eines literarischen Werkes nicht für unerheblich erklärt werden dürften, könne andererseits die Tatsache, dass es sich um ein Kunstwerk handele, bei der Abwägung der Kunstfreiheit mit kollidierenden Rechten nicht unberücksichtigt bleiben. Um der ästhetischen Komponente gerecht zu werden, müsse deshalb „kunstspezifischen Gesichtspunkten" Rechnung getragen werden. Konkret bedeute dies, zu beachten, „ob und inwieweit das „Abbild" gegenüber dem „Urbild" durch die künstlerische Gestaltung des Stoffs und seine Ein- und Unterordnung in den Gesamtorganismus des Kunstwerks so verselbständigt erscheint, dass das Individuelle, Persönlich-Intime zugunsten des Allgemeinen, Zeichenhaften der „Figur" objektiviert ist. Wenn eine solche, das Kunstspezifische berücksichtigende Betrachtung jedoch ergibt, dass der Künstler ein „Porträt" des „Urbildes" gezeichnet hat oder gar zeichnen wollte, kommt es auf das Ausmaß der künstlerischen Verfremdung oder den Umfang und die Bedeutung der „Verfälschung" für den Ruf des Betroffenen oder für sein Andenken an."[9] Da die Romanfigur des *Hendrik Höfgen* „in so zahlreichen

[6] Das BVerfG hat mehrfach hervorgehoben, dass weder die Schranken der Meinungsfreiheit aus Art. 5 Abs. 2 GG noch der allgemeinen Handlungsfreiheit aus Art. 2 Abs. 1 Halbsatz 2 GG auf die in Art. 5 Abs. 3 GG garantierten Grundrechte übertragen werden können. Vgl. BVerfGE 30, 173 (191 ff.); 67, 213 (228).

[7] Auf das allgemeine Persönlichkeitsrecht konnte das Gericht nicht zurückgreifen, weil dieses Recht nur lebenden Personen zusteht. Siehe hierzu nur BVerfGE 119, 1 (23) mit Verweis auf BVerfGE 30, 173 (193); 67, 213 (228).

[8] BVerfGE 30, 173 (193 f.).

[9] BVerfGE 30, 173 (195).

Einzelheiten dem äußeren Erscheinungsbild und dem Lebenslauf von Gründgens derart deutlich entspreche, dass ein nicht unbedeutender Leserkreis unschwer in Höfgen Gründgens wiedererkenne", und das Abbild (*Höfgen*) gegenüber dem Urbild (*Gründgens*) „durch die künstlerische Gestaltung des Stoffes und seine Ein- und Unterordnung in den Gesamtorganismus des Romans nicht so verselbständigt und in der Darstellung künstlerisch transzendiert sei, dass das Individuelle, Persönlich-Intime zugunsten des Allgemeinen, Zeichenhaften der „Figur" genügend objektiviert erscheine"[10], verneinte die Senatsmehrheit eine Verletzung der Kunstfreiheit aus Art. 5 Abs. 3 Satz 1 GG.

b) Die Sondervoten in der *Mephisto*-Entscheidung

Gegen diese Bestimmung der Relation zwischen den ästhetischen Spezifika literarischer Kunst und den sozialbezogenen Wirkungen in der Realität argumentierten die beiden Sondervoten mit einem Einwand, der die Rechtsprechungsgeschichte zur Freiheit der Literatur bis heute durchzieht und der im Folgenden noch näher zu betrachten ist. *Stein*[11] und *Rupp-von Brünneck*[12] zufolge verengt die Mehrheitsauffassung den Blick zu sehr auf eine außerhalb des Kunstwerks liegende Realität, während sie andererseits den Besonderheiten literarischer Kunst nicht hinreichend Beachtung schenke. Beides führe zu falschen Maßstäben für die Abwägung der kollidierenden Rechte und damit schlussendlich zu falschen Entscheidungen.[13] Entgegen ihrer eigenen Forderung nach Berücksichtigung „kunstspezifischer Gesichtspunkte" messe die Senatsmehrheit den Roman von *Klaus Mann* „mit der Elle der Realität"[14]. Das Herausgreifen bestimmter Einzelpunkte aus dem künstlerischen Gesamtzusammenhang des Romans und die Überprüfung von deren Wahrheitsgehalt am Maßstab der Realität führe „zu dem seltsamen und widersprüchlichen Ergebnis, dass dem Autor einerseits der Vorwurf gemacht wird, er habe zu wenig „verfremdet" – d.h. er habe seinen Romanhelden *Gründgens* zu ähnlich, also zu wirklichkeitsgetreu nachgebildet –, andererseits wird ihm vorgeworfen, er habe zu stark „verfremdet" – nämlich seinen Helden mit erdichteten negativen Verhaltensweisen und Charakterzügen ausgestattet, die dem Lebensbild von *Gründgens* nicht entsprächen.[15]

[10] BVerfGE 30, 173 (198).
[11] BVerfGE 30, 173 (200 ff.).
[12] BVerfGE 30, 173 (218 ff.).
[13] BVerfGE 30, 173 (203 ff.).
[14] BVerfGE 30, 173 (221).
[15] BVerfGE 30, 173 (222). Dieser Einwand findet in der rechtswissenschaftlichen Literatur breite Zustimmung: *Henne*, NJW 2003, S. 639 (640 f.); *Ladeur/Gostomzyk*, NJW 2005, S. 566 (567); *Götting*, Persönlichkeitsschutz und Kunstfreiheit, in: Jacobs/Papier/Schuster, Festschrift für Peter Raue, 2006, S. 427 (438).

2. *Die* Esra-*Entscheidung des Bundesverfassungsgerichts*

35 Jahre nach der *Mephisto*-Entscheidung hatte das Bundesverfassungsgericht anlässlich des durch die Fachgerichte ausgesprochenen Verbotes, das Buch *Esra* von *Maxim Biller* zu veröffentlichen und zu verbreiten[16], die Gelegenheit, sich mit dem *Mephisto*-Beschluss auseinanderzusetzen und die grundrechtsdogmatischen Maßstäbe für Kollisionen zwischen einer von Art. 5 Abs. 3 Satz 1 GG geschützten Literatur und Grundrechten Dritter neu zu justieren.

a) Der Roman *Esra*

Das Buch *Esra* erschien im Frühjahr 2003 im Verlag *Kiepenheuer & Witsch*, der späteren Beschwerdeführerin. Erzählt wird in dem Roman über einen Handlungszeitraum von vier Jahren die von dem ständigen Wechsel von Annäherung und Distanzierung geprägte Liebesgeschichte von *Adam* und *Esra* einschließlich sexueller Begegnungen zwischen den beiden. Die Geschichte spielt in München und wird von *Adam* als Ich-Erzähler geschildert. Der Liebe von *Adam* und *Esra* stellen sich zahlreiche Umstände entgegen, so die als herrschsüchtig und alkoholkrank beschriebene Mutter von *Esra*, die Bindung von *Esra* an ihren ersten Mann, mit dem sie eine Tochter hat, die an einer nicht näher beschriebenen schweren Krankheit leidet, sowie der ergebene, unselbständige und leicht beeinflussbare Charakter von *Esra*. Die Protagonisten des Romans werden durch zahlreiche Merkmale und Eigenschaften beschrieben. *Esra* ist eine türkischstämmige Schauspielerin und Trägerin eines Filmpreises, den sie für eine Rolle in einem Film erhalten hat, in dem sie ein türkisches Mädchen spielte. *Lale*, *Esras* Mutter, war mehrmals verheiratet, besitzt an der Ägäischen Küste ein Hotel und hat für ihr politisches Engagement gegen die Folgen des Goldabbaus in der Türkei einen Preis bekommen. *Adam*, der Ich-Erzähler wird als ursprünglich aus Tschechien stammender Schriftsteller jüdischen Glaubens beschrieben. Zwischen den derart beschriebenen Protagonisten des Romans und den beiden Klägerinnen des Ausgangsverfahrens sowie dem Autor *Maxim Biller* gibt es zahlreiche Übereinstimmungen (verliehene Preise, Alter, Zahl der Ehen und Kinder, Herkunft, Berufe, Krankheiten, politisches Engagement). In den Gerichtsverfahren äußerte *Biller*, dass er durch seine Liebesbeziehung zu der jüngeren Klägerin zum Schreiben des Buches inspiriert worden sei. In der Widmung der dieser Klägerin überreichten Ausgabe des Romans schreibt er: „Liebe

[16] LG München I, Urteil vom 15. Oktober 2003 – 9 O 11360/03 –, GRUR-RR 2004, S. 92; OLG München, Urteil vom 6. April 2004 – 18 U 4890/03 –, Neue Juristische Online Zeitschrift 2005, S. 4343; BGH, Urteil vom 21. Juni 2005 – VI ZR 122/04 –, GRUR 2005, S. 788.

A..., dieses Buch ist für Dich. Ich habe es nur für Dich geschrieben, aber ich verstehe, dass Du Angst hast, es zu lesen. Vielleicht liest Du es, wenn wir alt sind – und siehst dann noch einmal, wie sehr ich Dich geliebt habe. Maxim. Berlin, den 22.2.03." Im Nachwort des Buches wird darauf hingewiesen, dass sämtliche Figuren des Romans frei erfunden und Ähnlichkeiten mit Lebenden und Verstorbenen deshalb rein zufällig und nicht beabsichtigt seien.

b) Übereinstimmungen in der *Esra*-Entscheidung

Wie bereits im *Mephisto*-Beschluss kam der Erste Senat des Bundesverfassungsgerichts auch bei *Maxim Billers* Werk *Esra* nicht zu einer einstimmigen Entscheidung. Die aus fünf Richtern bestehende Mehrheit bejahte jedenfalls in Bezug auf die Klägerin, die sich in der Romanfigur *Esra* wiedererkannte, die Verfassungsmäßigkeit der Entscheidungen der Vorinstanzen. Demgegenüber sahen die drei dissentierenden Richterinnen und Richter, mit zum Teil differierender Begründung, die Kunstfreiheit des Verlages durch das instanzgerichtliche Publikations- und Verbreitungsverbot verletzt. Dabei fällt allerdings zunächst auf, dass sowohl die Senatsmehrheit als auch die Sondervoten dem Verhältnis zwischen literarischer Fiktion und außerhalb des Kunstwerkes verorteter Realität im Vergleich zum Mehrheitsvotum im *Mephisto*-Beschluss eine deutlich stärkere Sensibilität entgegenbringen. Deutlich wird dies, abgesehen davon, dass die in der Mehrheit befindlichen Richter und ihre unterlegenen Kolleginnen und Kollegen im *Esra*-Beschluss gleichermaßen beinahe ausschließlich auf die abweichenden Voten von *Stein* und von *Rupp-von Brünneck*[17] in der vorangegangenen *Mephisto*-Entscheidung Bezug nehmen und sich allein dadurch hinsichtlich der juristischen Bestimmung des Verhältnisses von ästhetischer und realer Wirklichkeit positionieren, bereits bei der Prüfung des Schutzbereichs. Dort wird hervorgehoben, dass der Qualifizierung des Romans *Esra* als Kunstwerk im Sinne des Art. 5 Abs. 3 Satz 1 GG nicht entgegensteht, dass der „Autor in seinem Werk existierende Personen schildert"[18], weil es in der Literatur Gattungen oder Stilmittel[19] gebe, bei denen Anknüpfungen an die Wirklichkeit häufig unauflösbar mit deren künstlerischer Gestaltung verbunden würden. Insofern sei es auch

[17] Soweit es um die Inkriminierung literarischer Werke ging, orientierten sich die Fachgerichte schon vor der *Esra*-Entscheidung des Bundesverfassungsgerichts insgesamt weniger an der Mehrheitsauffassung im *Mephisto*-Beschluss als vielmehr an dem hiergegen verfassten Sondervotum von *Stein*. So zum Beispiel im Gerichtsverfahren um den im November 2003 erschienenen Kriminalroman *Wilsberg und der tote Professor*. Siehe: LG Münster, Urteil vom 23. Januar 2003 – 12 O 601/02 –, GRUR-RR 2003, S. 164 (167).

[18] BVerfGE 119, 1 (21).

[19] Das Bundesverfassungsgericht nennt neben dem Roman die künstlerisch gestaltete Autobiographie, die Reportage und andere Ausdrucksformen wie Satire, Doku-Drama oder Faction, BVerfGE 119, 1 (21).

nicht möglich, „mit Hilfe einer festen Grenzlinie Kunst und Nichtkunst nach dem Maß zu unterscheiden, in dem die künstlerische Verfremdung gelungen ist."[20] Allerdings müsse wenigstens der Anspruch des Autors eines geschriebenen Werkes deutlich werden, die Wirklichkeit, die er als Referenz benutzt und die er in sein Werk transferiert, „künstlerisch zu gestalten."[21] Soweit stimmen Senatsmehrheit und Sondervoten auch noch überein. Die unterschiedlichen Auffassungen zeigen sich in der konkreten Bearbeitung der Kollision zwischen der Kunstfreiheit und dem allgemeinen Persönlichkeitsrecht aus Art. 2 Abs. 1 in Verbindung mit Art. 1 Abs. 1 GG.

c) Das Mehrheitsvotum in der *Esra*-Entscheidung

Die Senatsmehrheit geht zunächst davon aus, dass die Klägerinnen in ihrem allgemeinen Persönlichkeitsrecht betroffen sind und bejaht damit implizit die im *Mephisto*-Beschluss aufgestellte Behauptung, dass ein Kunstwerk Wirkungen im außerkünstlerischen Bereich haben kann. Maßgeblich für die Betroffenheit sei, dass reale Personen als Vorbilder für Romanfiguren für „einen mehr oder minder großen Bekanntenkreis" erkennbar seien.[22] Um die Kunstfreiheit jedoch nicht vorschnell durch den weit gefassten Kreis potentiell Erkennender ins Hintertreffen geraten zu lassen, wird das Kriterium der Erkennbarkeit einschränkend konkretisiert. Die „nur nach Hinzutreten weiterer Indizien nachweisbare Vorbildfunktion einer tatsächlichen Person" reicht danach für die Erkennbarkeit und damit für die Feststellung, das allgemeine Persönlichkeitsrecht sei betroffen, nicht aus. Vielmehr müsse sich die Identifizierung „jedenfalls für den mit den Umständen vertrauten Leser aufdrängen", was wiederum „regelmäßig eine hohe Kumulation von Identifizierungsmerkmalen"[23] voraussetze. Für die über diese Argumentation überhaupt erst eröffnete Abwägung zwischen der Kunstfreiheit und dem allgemeinen Persönlichkeitsrecht greift die Mehrheit des Senats sodann auf eine an der Schwere der jeweiligen Persönlichkeitsrechtsbeeinträchtigung orientierte Stufentheorie zurück. Danach tritt die Kunstfreiheit jedenfalls dann zurück, wenn eine schwerwiegende Beeinträchtigung des Persönlichkeitsrechts zweifelsfrei festgestellt werden kann.[24] Die Schwere der Beeinträchtigung wiederum hänge zum einen davon ab, in welchem Maß es der Autor eines Buches dem Leser nahelege, den Inhalt seines Werkes auf wirkliche Personen zu beziehen, zum anderen von der Intensität der Persönlich-

[20] BVerfGE 119, 1 (21).
[21] BVerfGE 119, 1 (20 f.).
[22] BVerfGE 119, 1 (24 f.).
[23] BVerfGE 119, 1 (25 f.).
[24] BVerfGE 119, 1 (27). Diese Stufentheorie wurde bereits in der Entscheidung des BVerfG zum so genannten „Anachronistischen Zug" entwickelt: BVerfGE 67, 213 (228).

keitsbeeinträchtigung, wenn der Leser diesen Bezug tatsächlich herstellt, wobei die Intensität bei Beeinträchtigungen des als absolut unantastbar geschützten Kernbereichs privater Lebensgestaltung stärker sein soll als bei Beeinträchtigungen der Privatsphäre.[25] In diesem Zusammenhang spielt das Grundrecht der Kunstfreiheit insofern noch eine Rolle, als ihm zwei dogmatische Figuren entnommen werden, die bei der Anwendung der für die Beurteilung der Schwere der Persönlichkeitsbeeinträchtigung relevanten Kriterien mit zu reflektieren seien. Hierbei handelt es sich zum einen um die aus der *Mephisto-Entscheidung* bereits bekannte Forderung nach der Berücksichtigung kunstspezifischer Gesichtspunkte und zum anderen um die in der *Esra*-Entscheidung erstmals erwähnte Vermutung zugunsten der Fiktionalität literarischer Werke. Weil ein Kunstwerk „eine gegenüber der „realen" Wirklichkeit verselbständigte „wirklichere Wirklichkeit" an(strebe), in der die reale Wirklichkeit auf der ästhetischen Ebene in einem neuen Verhältnis zum Individuum bewusster erfahren wird", dürfe die künstlerische Darstellung „nicht am Maßstab der Welt der Realität, sondern nur an einem kunstspezifischen, ästhetischen Maßstab gemessen werden"[26]. Diesbezüglich wird der „literarisch verständige Leser"[27] vom Gericht für mündig gehalten, zwischen der Schilderung tatsächlicher Gegebenheiten und einer fiktiven Erzählung zu differenzieren, weshalb bei Werken, die sich als fiktive Literatur ohne Faktizitätsanspruch auswiesen, „eine Vermutung für die Fiktionalität" auch dann bestehe, „wenn hinter den Romanfiguren reale Personen als Urbilder erkennbar sind."[28] Allerdings stehen beide dogmatische Figuren nach Ansicht der Senatsmehrheit insofern in einer komplexen Beziehung zueinander, als dem Autor eine kunstspezifische Betrachtungsweise seines Werkes umso mehr zugutekommen soll, je stärker er eine Romanfigur von dem Urbild löst und zu einer Kunstfigur werden lässt, in der „das Individuelle, Persönlich-Intime zugunsten des Allgemeinen, Zeichenhaften der „Figur" objektiviert ist"[29], und dem Leser so die Fiktionalität des Erzählten deutlich macht.[30] Je stärker umgekehrt Urbild und Abbild übereinstimmen, desto schwerer wiege die Verletzung des allgemeinen Persönlichkeitsrechts, was schließlich auch bedeute, dass der Autor umso stärker fiktionalisieren müsse, je mehr er sich mit seiner künstlerischen Arbeit den besonders geschützten Dimensionen des Persönlichkeitsrechts nähere.[31]

[25] BVerfGE 119, 1 (29 f.).
[26] BVerfGE 119, 1 (28).
[27] BVerfGE 119, 1 (31).
[28] BVerfGE 119, 1 (28 f.).
[29] BVerfGE 119, 1 (28).
[30] BVerfGE 119, 1 (29).
[31] BVerfGE 119, 1 (30).

d) Die Sondervoten in der *Esra*-Entscheidung

Auch wenn die Senatsmehrheit durch eine im Vergleich zum vorangegangenen *Mephisto*-Beschluss konsequentere Berücksichtigung kunstspezifischer Maßstäbe sowie zusätzlich durch die Postulierung einer Vermutung für die Fiktionalität literarischer Werke der Kunstfreiheit stärker Rechnung zu tragen versucht[32], wird ihr in den Sondervoten vorgeworfen, die Spezifika von Kunst gerade nicht hinreichend beachtet zu haben. Zwar betone die Mehrheit die Forderung nach Berücksichtigung kunstspezifischer Maßstäbe als eine der Kunstfreiheit immanente Prämisse, opfere diese aber letztendlich auf dem Altar einer außerhalb des Kunstwerkes liegenden Realität, an der der Inhalt des Romans gemessen werde. Gerade unter Berücksichtigung der von der Mehrheit selbst aufgestellten Annahme, dass das Kunstwerk eine neue, eine andere Wirklichkeit schaffe, in der, wie *Stein* in seinem Sondervotum schrieb, Informationen aus der Realität vom Autor ungesondert und unauflösbar mit Fiktivem gemischt würden, sei der Grad der Übereinstimmung zwischen einer Romanfigur und den Persönlichkeitsdaten realer Personen irrelevant.[33] Folglich sei auch das Kriterium der Erkennbarkeit, welches mit dem quantitativen Abgleich zwischen Romanhandhandlung und Realität operiere, nicht in der Lage, die Schwere einer Persönlichkeitsrechtsverletzung zu bestimmen, weil mit der Feststellung der Anzahl einzelner Daten von Personen nichts darüber gesagt sei, „ob die Erzählung, in die sie eingeflossen sind, Reales wiedergibt und wieweit Reales wiederum so ausgestaltet worden ist, dass sein Gehalt sich wandelt."[34] Vor diesem Hintergrund könne aber auch die von der Senatsmehrheit konstruierte Interdependenz zwischen dem Ausmaß der Persönlichkeitsrechtsbetroffenheit und den Fiktionalisierungsanforderungen nicht zutreffend sein, weil für den Leser (und die lesenden Richterinnen und Richter[35]) gar nicht einsichtig sei, ob die im Roman geschilderten, den Intimbereich betreffenden (und sonstigen) Handlungen fiktiv oder der Wirklichkeit entnommen seien.[36] Wenn man die Romaneigenschaft eines Buches insgesamt annehme und von der Vermutung für die Fik-

[32] So auch die Analyse von *Hoffman-Riem* in seinem Sondervotum: BVerfG 119, 1 (48). Ebenso: *Gaier*, Von »Mephisto« zu »Esra«, JA 2007, S. 1; *Lenski*, NVwZ 2008, S. 281 ff. (282).

[33] BVerfGE 119, 1 (38 f.).

[34] BVerfGE 119, 1 (39 f.).

[35] *Hohmann-Dennhardt* und *Gaier* sprechen von einem „subjektiven Eindruck aus richterlicher Lesebrille", BVerfGE 119, 1 (43).

[36] BVerfGE 119, 1 (40 f. und 51). Deshalb wäre auch im Hinblick auf die von *von Becker*, ZUM 2003, S. 575 (576) aufgestellte Behauptung, es sei „in dem Roman so gut wie alles real außer den Namen der beteiligten Personen und den Wohnadressen", zu fragen, woher der sich so äußernde denn weiß, dass die in *Esra* geschilderten Sexszenen sich tatsächlich so zugetragen haben. Im Roman taucht *von Becker* jedenfalls nicht auf.

tionalität literarischer Werke sowie der Forderung nach Berücksichtigung kunstspezifischer Maßstäbe ausgehe, sei es widersprüchlich, das Gesamtwerk dann gleichwohl in einzelne Passagen zu sezieren und einzelne Handlungen in Verkennung der selbst propagierten dogmatischen Figuren als Wirklichkeit zu behandeln.[37] Zudem sei *die* Wirklichkeit, wie *Hoffmann-Riem* in seinem Sondervotum ferner geltend macht, ohnehin eine nur bedingt geeignete Referenz außerhalb des künstlerischen Werkes. Konstruktivistischen Erkenntnistheorien zufolge sei Realität immer ein Konstrukt und ihre Repräsentation davon abhängig, wer beobachte. Zusammenfassend kann man feststellen, dass beide Sondervoten auf den Vorwurf hinauslaufen, die Senatsmehrheit wende die von ihr selbst propagierte Vermutung zugunsten der Fiktionalität eines literarischen Werkes sowie die kunstspezifische Betrachtungsweise nicht konsequent genug an, verkenne damit die ästhetische Dimension der künstlerischen Verarbeitung einer ohnehin nicht von konstruktiven Elementen freien Wirklichkeit und verletze damit letztendlich die Kunstfreiheit aus Art. 5 Abs. 3 Satz 1 GG. Für die dissentierenden Richterinnen und Richter kann Fiktionales niemals das allgemeine Persönlichkeitsrecht verletzen (*Hoffmann-Riem*[38]) beziehungsweise endet der Schutz der Kunstfreiheit dort, wo der Roman als Kunstform missbraucht wird, um eine bestimmte Person mit beleidigenden, verleumderischen oder verächtlichmachenden Schmähungen zu überziehen (*Hohmann-Dennhardt* und *Gaier*[39]).

III. Systemische Differenzen zwischen Kunst und Recht

In kaum einem anderen Bereich der Grundrechtsdogmatik lassen sich in der Rechtsprechung des Bundesverfassungsgerichts trotz weitgehend geteilter dogmatischer Prämissen derart divergierende Ergebnisse finden. Die Vermutung, der im Folgenden nachgegangen werden soll, zielt darauf ab, dass die Ergebnisdivergenzen ihre Ursache in systemischen Unterschieden zwischen der (literarischen) Kunst und dem Rechtssystem hat, die über dogmatische Figuren im Recht nur verdeckt, aber nur schwer einer konsistenten Dogmatik zugeführt werden können.

[37] BVerfGE 119, 1 (44 und 51).

[38] BVerfGE 119, 1 (57).

[39] BVerfGE 119, 1 (44 und 47), mit Hinweis auf BVerfGE 30, 218 (224). Ähnliche Positionen finden sich in der rechtswissenschaftlichen Literatur bei: *von Arnauld*, in: Isensee/Kirchhof, HStR VII, 3. Aufl. 2009, § 167 Rn. 62; *Seifert*, Realität oder Fiktion, in: Jacobs/Papier/Schuster, Festschrift für Peter Raue, 2006, S. 695 (709).

1. Kunst

Ein wesentliches Kennzeichen von Kunst, sowohl bildender als auch literarischer Kunst, ist Ambiguität, nicht Eindeutigkeit. Die Deutung des Aussagegehaltes, Sinns oder der Bedeutung eines Kunstwerkes ist in permanenter Fluktuation begriffen, unerschöpflich und deshalb auch unabschließbar. Bei historischer Betrachtung stellt sich diese Offenheit der Kunst gegenüber vielfältigen und divergierenden, gleichermaßen zulässigen Interpretationen als Folge der Herausbildung von Kunst als einem autonomen gesellschaftlichen Teilsystem in der Moderne dar. Mit der Abkopplung der Kunst von sakralen Funktionsbindungen oder profanen Zweckvorgaben des jeweiligen Auftraggebers ergeben sich für die Rezipienten von Kunst größere Interpretationsräume.[40] Bestimmte künstlerische Bewegungen in der modernen Kunst, wie beispielsweise der Symbolismus[41] oder der Surrealismus, machen Ambiguität zum Programm. Interpretationsräume eröffnende und Vieldeutigkeit herausfordernde Anspielungen, Metaphern, Abstraktionen oder Zitate erscheinen dort nicht lediglich als unbeabsichtigter Nebeneffekt künstlerischer Produktion, sondern werden durch bestimmte ästhetische Mittel bewusst forciert, um dadurch gesellschaftlich tabuisierte Themen oder Sachverhalte des Unbewussten explizit zu machen.[42] Das Unbestimmte konstituiert, wie *Adorno* schreibt, den rätselhaften Charakter von Kunst und überlebt deren Interpretation.[43] Dies gilt nicht nur für darstellende Kunst, sondern ebenso für Literatur, wo literaturwissenschaftliche Formanalysen Unbestimmtheit und Mehrdeutigkeit ebenfalls als Effekte spezifischer Techniken und Verfahren in der modernen Lyrik und Prosa ausweisen.[44] Die Rätselhaftigkeit entfaltet sich in der literarischen Kunst über die Sprache, die Sinn oder Bedeutung nicht über Denotationen, sondern über Konnotationen

[40] Hierzu: Luhmann, Die Kunst der Gesellschaft, 1997, S. 44 ff.

[41] In dem Gründungstext des Symbolismus schreibt der französische Dichter *Jean Moréas* 1886 im symbolischen Manifest, dass „die wesentliche Eigenschaft der symbolistischen Kunst" darin bestehe, „die Idee niemals begrifflich direkt zu fixieren". Siehe: *Moréas*, Symbolistisches Manifest, zitiert nach *Hofstätter*, Symbolismus und die Kunst der Jahrhundertwende, 1965, S. 228.

[42] Verweise hierzu finden sich bei *Barck u.a.*, Ästhetische Grundbegriffe, Bd. 6, 2005, S. 312 ff.

[43] *Adorno*, Ästhetische Theorie, in: ders., Gesammelte Schriften, 5. Aufl. 1990, Bd. 7, S. 188 ff. Ganz ähnlich spricht *Niklas Luhmann* davon, dass es beim Kunstwerk „nicht um ein Problem [geht], das gelöst werden kann mit der Folge, dass es nachher kein Problem mehr ist", vgl. *Luhmann*, a.a.O. (Fn. 40), S. 44 f.

[44] *Kuhangel*, Der labyrinthische Text, 2003; *Bräutigam/Damerau*, Offene Formen, 1997; *Berthold*, Fiktion und Vieldeutigkeit, 1993; *Bode*, Ästhetik der Ambiguität, 1988. Eine aufschlussreiche begriffs- und toposgeschichtliche Untersuchung von „Ambiguität" findet sich bei *Seiler*, Vieldeutigkeit und Deutungsvielfalt oder: das Problem der Beliebigkeit im Umgang mit Literatur, in: Der Deutschunterricht 34 (1982), S. 87.

zu vermitteln sucht, d.h. ohne die in Alltagskommunikationen so wichtige spezifische Sinnleitung der Sprache in Anspruch zu nehmen.[45] Weder durch eine *einzig wahre* Deutung, noch durch eine alle möglichen Deutungen synthetisierende Interpretation lässt sich diese Rätselhaftigkeit der Kunst eliminieren.[46]

2. *Recht*

Wo Kunst Rätsel aufgibt oder aufgeben darf, muss Recht das Rätsel ausschließen, den Zweifel zum Schweigen bringen. Diese Besonderheiten moderner Kunst registriert das Bundesverfassungsgericht wohl (nicht aber den Gegensatz zum Recht) und nimmt sie in seine Dogmatik der Kunstfreiheit auf, beispielsweise in Gestalt des deutlich ausgesprochenen Eingeständnisses der „Unmöglichkeit, Kunst zu definieren"[47], oder mittels der an dieses Eingeständnis anknüpfenden Entwicklung eines offenen Kunstbegriffs, welcher in erheblichem Maße Rücksicht nimmt auf „die Autonomie der ständigen Selbstirritation eines Produktions- und Erneuerungsprozesses der Kunstkommunikation."[48] Selbst personelle („alle Menschen sind Künstler"[49]) oder sachliche Entgrenzungen („alles ist Kunst"[50]) könnte das Bundesverfassungsgericht, auch wenn es dadurch wohl die Schutzfunktion der Kunstfreiheit als Abwehrrecht gegenüber staatlichen Eingriffen aufgeben würde[51], zumindest

[45] *Luhmann*, a.a.O. (Fn. 40), S. 45 f. Hierzu aus literaturwissenschaftlicher und systemtheoretischer Sicht auch: *Barsch*, Literatur und Recht aus literaturtheoretischer Sicht, in: Dankert/Zechlin, Literatur vor dem Richter, 1988, S. 63 (69).

[46] Aus kunstgeschichtlicher Perspektive hierzu: *Germer*, Die schwierigen Zeitgenossen. Über die Probleme der Historisierung aktueller Kunst (1994), in: Bernard, Germeriana. Unveröffentlichte oder übersetzte Schriften von Stefan Germer (Jahresring. Jahrbuch für moderne Kunst, Bd. 46), 1999, S. 219.

[47] BVerfGE 67, 213 (224 f.). In der *Esra*-Entscheidung spricht das BVerfG zurückhaltender von der „Schwierigkeit, den Begriff der Kunst abschließend zu definieren", BVerfGE 119, 1 (20). Zur fehlenden „Gegenstandssicherheit" in der modernen Kunst, siehe auch: *Ladeur*, in: AK-GG, 2. Aufl. 1989, Art. 5 I 1 Rn. 9 ff. und 18.

[48] *Ladeur*, in: AK-GG, 3. Auf. 2001, Art. 5 Abs. 3 II Rn. 10.

[49] *Schleiermacher*, Entwürfe zu einem System der Sittenlehre, in: Braun/Bauer (Hrsg.), Werke, Bd. 2, 1913, S. 184; *Hempel*, Die Freiheit der Kunst, 1991, S. 11 ff.

[50] *Wellershoff*, Die Auflösung des Kunstbegriffs, 1976, S. 28. In der rechtswissenschaftlichen Literatur wird der Satz häufig dem in dieser Hinsicht differenzierter argumentierenden *Joseph Beuys* zugeschrieben, vgl. beispielsweise *Beuys*, Kunst und Staat, in: Bitburger Gespräche, Jahrbuch 1977/78, 1979, S. 135 ff.; *ders.*, Ein bisschen Einsicht in die Seelenlage (Interview mit Joseph Beuys), Spiegel Nr. 45/1979, S. 268 ff.

[51] So *Pernice*, in: Dreier, GG, Bd. 1, 2. Aufl. 2004, Art. 5 III (Kunst) Rn. 2 und 17. Ähnlich: *Ladeur*, a.a.O. (Fn. 48), Rn. 18. Vgl. auch das Diktum von *Isensee*, Wer definiert die Freiheitsrechte?, 1980, S. 35, wonach gilt: „was der Staat nicht definieren kann, das kann er auch nicht schützen". Die Rechtsprechung geht überwiegend von einem Definitionsgebot aus: BVerfGE 39, 197 (207); BVerwGE 23, 104 (108); BGH, Urteil vom 3. Juni 1975 – VI ZR 123/74 –, NJW 1975, S. 1882 (1884).

bei der Definition des Schutzbereichs von Art. 5 Abs. 3 Satz 1 GG noch mitgehen. Dem offenen oder zeichentheoretischen Kunstbegriff zufolge liegt das eine künstlerische Äußerung kennzeichnende Merkmal ja gerade darin, „dass es wegen der Mannigfaltigkeit ihres Aussagegehaltes möglich ist, der Darstellung im Wege einer fortgesetzten Interpretation immer weiter reichende Bedeutungen zu entnehmen, sodass sich eine praktisch unerschöpfliche, vielstufige Informationsvermittlung ergibt"[52] Nun könnte man bei Zugrundelegung dieses Kunstbegriffs bereits die Möglichkeit, dass es zu einer Kollision der Kunstfreiheit mit den Persönlichkeitsrechten Dritter kommt, in Zweifel ziehen. Ist ein Werk gerade deshalb ein Kunstwerk im Sinne des Art. 5 Abs. 3 Satz 1 GG, weil es einen mannigfaltigen Aussagegehalt besitzt und der Deutungsprozess niemals zu einem Ende kommt, dann ist immer auch eine andere Interpretation möglich. Dann fällt es allerdings schwer zu begründen, wie *die* Lesart des Kunstwerkes zu einer Verletzung des allgemeinen Persönlichkeitsrechts führen können soll, sind doch auch immer andere Interpretationen möglich, weil man es auf der Grundlage des offenen Kunstbegriffs schon nicht mit einem Kunstwerk zu tun hätte und der Schutzbereich der Kunstfreiheit deshalb schon nicht eröffnet wäre, wenn diese Möglichkeit gar nicht bestünde.[53] Andererseits gibt es Personen, die vor Gericht eine Verletzung ihres allgemeinen Persönlichkeitsrechts durch ein literarisches Kunstwerk behaupten und wenn man nicht der Kunstfreiheit einen generellen Vorrang vor dem allgemeinen Persönlichkeitsrecht einzuräumen bereit ist, weil dann der Schutz des allgemeinen Persönlichkeitsrechts leerlaufen würde, müssen sich die Gerichte zum Verhältnis der Grundrechte aus Art. 5 Abs. 3 Satz 1 GG einerseits und Art. 2 Abs. 1 in Verbindung mit Art. 1 Abs. 1 GG verhalten.

3. *Interdisziplinarität und Interpretationszwang*

Wenn jedoch, erstens, die Möglichkeit einer Kollision von Kunstfreiheit und allgemeinem Persönlichkeitsrecht überhaupt angenommen wird und, zweitens, eine solche Kollision nicht über eine generelle Vorrangregelung zu

[52] BVerfGE 67, 213 (227); 81, 278 (291 ff.); 83, 130 (138). Der offene oder zeichentheoretische Kunstbegriff geht auf *von Noorden*, Die Freiheit der Kunst nach dem Grundgesetz (Art. 5 Abs. 3 Satz 1 GG) und die Strafbarkeit der Verbreitung unzüchtiger Darstellungen (§ 184 Abs. 1 Nr. 1 StGB), 1969, S. 82 ff., zurück. Zur Kritik am materiellen und am formalen Kunstbegriff: *Denninger*, in: Isensee/Kirchhof, HStR VI, 1989, § 146 Rn. 8; *Ridder*, Verfassungsbeschwerde in Sachen »Laßt mich bloß in Frieden« – Rechtsgutachten, in: Dankert/Zechlin, Literatur vor dem Richter, 1988, S. 291 (297 ff.).

[53] Ähnlich auch *Pieroth/Schlink*, Grundrechte, 25. Aufl. 2009, Rn. 661; *Schlink*, Das Dilemma der Kunstfreiheit, in: ders., Vergewisserungen, 2005, S. 112 (121 f.), der sich aber gerade wegen der Annahme der Interpretationsoffenheit des Kunstwerks gegen den offenen Kunstbegriff wendet und moniert, dass damit Kunst „ohne Ernst, ohne Biss, ohne Stachel" sei, dass sie „trivialisiert und bagatellisiert" und „Kunstfreiheit zur Narrenfreiheit" werde.

Gunsten beziehungsweise zu Lasten eines der beiden Grundrechte gelöst werden kann, dann können die oben geschilderten interdisziplinären Einsichten nicht vollständig im Rechtsystem Berücksichtigung finden.[54] Zwar mögen die interdisziplinären Seitenblicke juristische Diskussionen exotisch bereichern und im besten Fall zu einer „produktiven Irritation"[55] führen. Die in Kunsttheorie, Kunstsoziologie, Kunstgeschichte, Philosophie oder Sprach- und Literaturwissenschaft propagierte Unverbindlichkeit, Rätselhaftigkeit, Vielschichtigkeit, Sperrigkeit, Komplexität und Ambiguität von Kunst kann sich das Rechtssystem jedoch spätestens bei der Abwägung der konfligierenden Rechtsgüter auf der Ebene der verfassungsrechtlichen Rechtfertigung nicht in der Radikalität leisten, mit der sie in den genuin mit Kunst befassten wissenschaftlichen Disziplinen vertreten werden, weil sich das Recht im Unterschied zur Kunst jedenfalls bei Zugrundelegung der soeben genannte Prämissen auf bestimmte Interpretationen festlegen muss.[56] In der Dogmatik der Kunstfreiheit, wie sie das Bundesverfassungsgericht in den oben dargestellten Entscheidungen entfaltet, wird dies schon beim Kriterium der Erkennbarkeit, das darüber entscheidet, ob das allgemeine Persönlichkeitsrecht überhaupt betroffen sein kann, deutlich. Stellvertretend für die vielen, ihm unbekannten Leser muss das Gericht in einem ersten Schritt spekulieren, ob erstere den literarischen Text überhaupt unter der Prämisse der Referentialisierbarkeit auf eine empirische Realität lesen und in ihm eine reale Person wiedererkennen. Wird dies angenommen, muss in einem zweiten Schritt festgestellt werden, ob die Leser den Text in einer das allgemeine Persönlichkeitsrecht dieser realen Person verletzenden Weise verstehen. In der Terminologie des Bundesverfassungsgerichts formuliert, muss das Gericht etwas darüber aussagen, von welchem Verfremdungsgrad die Leser ausgehen und welche sozialbezogenen Wirkungen bei ihnen über die Lektüre des Textes erzeugt werden. Das wiederum schließt Feststellungen darüber ein, in Bezug auf welche Teile eines Buches Leser von der Fiktionalität oder aber davon ausgehen, dass tatsächlich Geschehenes geschildert wird[57], d.h. in Bezug auf

[54] Zum Begriff und zu Schwierigkeiten von Interdisziplinarität: *Kocka*, Interdisziplinarität, 1987; *Hunold*, Grenzbegehungen, 1995; *Käbisch*, Interdisziplinarität, 2001; *Jungfert*, u.a., Interdisziplinarität, 2010. Für die Rechtswissenschaft: *Hilgendorf*, JZ 2010, S. 9123; *Schmidt-Aßmann*, JZ 1995, S. 2 (7 ff.). Grundlegend schließlich auch: *Grimm*, Rechtswissenschaft und Nachbarwissenschaften, 2. Aufl. 1976.

[55] *Möllers/Voßkuhle*, Die Verwaltung 36 (2003), S. 321 (329).

[56] In Bezug auf den Gerichtsprozess um „Christus am Kreuz mit Gasmaske" von *George Grosz* siehe hierzu: Schlink, a.a.O. (Fn. 53), S. 113. Deutlich hierzu auch: *Barsch*, a.a.O. (Fn. 45), S. 80 f., demzufolge der „intern im Justizsystem erzeugte Zwang, auch in literarischen Texten die wahre Bedeutung finden zu müssen, […] daher immer zu Konflikten mit dem Literaturverständnis im Literatursystem [führt]."

[57] Sehr erhellend hierzu schon: *Thomas Mann*, Bilse und ich, in: Detering u.a., Große kommentierte Frankfurter Ausgabe, Bd. 14/1, 2002, S. 95 (104 und 110 f.).

welche Schilderungen der Leser „die stillschweigende Übereinkunft zwischen Leser und Autor einseitig aufkündigt, dass ein fiktionaler Text vom Anspruch auf Verifizierbarkeit suspendiert ist“ [58]. Aber auch auf der Grundlage der Argumentation in den Sondervoten zur *Mephisto*- und zur *Esra*-Entscheidung bedarf es einer verbindlich interpretierenden Instanz, muss doch darüber geurteilt werden, ob nicht die Form eines Romans nur zum Zweck der Anfertigung einer Schmähschrift missbraucht worden ist. Wenn das Verständnis des Lesers über das Kriterium der Erkennbarkeit, über die Kriterien der Abwägung von Kunstfreiheit und allgemeinem Persönlichkeitsrecht oder über die Bestimmung einer absoluten Grenze der Kunstfreiheit im Fall des Missbrauchs literarischer Formen in die Dogmatik der Kunstfreiheit einbezogen wird, dann bedarf es zwangsläufig einer Fiktion des Lesers.

4. *Fiktionen des Lesers*

Die nicht nur in der bundesverfassungsgerichtlichen Rechtsprechung zur Kunstfreiheit über Fiktionen des Lesers invisibilisierten Schwierigkeiten des Rechts im Umgang mit Literatur, lassen sich schon an der Vielfalt der divergierenden Konzeptionen *des* maßgeblichen Lesers ablesen. Die Bandbreite der Angebote reicht vom „mündigen Leser“ eines literarischen Werkes, der in der Lage ist „dieses von einer Meinungsäußerung zu unterscheiden und zwischen der Schilderung tatsächlicher Gegebenheiten und einer fiktiven Erzählung zu differenzieren“ [59], über den „(Durchschnitts-)Leser“ [60], den „informierten Leser“ [61] beziehungsweise den „normal informierten und angemessen aufmerksamen und verständigen Durchschnittsleser eines Romans“ [62] bis zur „Sicht des aufgeklärten Lesers“ [63] oder der „literarisch interessierten Öffentlichkeit“ [64]. *Stein* war in seinem Sondervotum elitärer. Hinsichtlich des maßgeblichen Rezeptionssubjektes ging es ihm um einen „begrenzten, vor allem der Bildungsschicht angehörenden Leserkreis“, welcher „weitgehend den Erfahrungsbereichen der Kunst nicht ungeschult gegenübersteht“ und „ein Kunstwerk in seiner Einheit und in seinen immanenten Zusammenhängen sich vergegenwärtigt“ [65]. Nicht im literarisch bewanderten Bildungsbür-

[58] *Ladeur/Gostomzyk*, Ein Roman ist ein Roman ist ein Roman?, ZUM 2004, S. 426 (432).

[59] So das Mehrheitsvotum in der Esra-Entscheidung, BVerfGE 119, 1 (28).

[60] *Ladeur/Gostomzyk*, a.a.O. (Fn. 15), S. 568; dies., a.a.O. (Fn. 58), ZUM 2004, S. 429: „Perspektive eines Durchschnittslesers“.

[61] *Gostomzyk*, Wahrheit, keine Dichtung, NJW 2008, S. 737 (739).

[62] *Seifert*, a.a.O. (Fn. 39), S. 707.

[63] *von Arnauld*, a.a.O. (Fn. 39), Rn. 62 mit Fn. 197.

[64] *Ladeur/Gostomzyk*, a.a.O. (Fn. 15), S. 568.

[65] BVerfGE 30, 173 (216).

gertum, sondern in professioneller Expertise suchen hingegen *Hohmann-Dennhardt, Gaier* und *Hoffmann-Riem* den Ausweg. Weil sie sehen, dass sich hinter den einzelnen Leserfiktionen das subjektive Urteil des Richters verbirgt, kann man ihrer Ansicht nach die Interpretation des streitgegenständlichen Werkes „nicht allein dem vielzitierten Leser mit seiner jeweils mehr oder weniger ausgeprägten Literaturkenntnis und seiner jeweils eigenen Sichtweise auf den Roman überlassen" oder einem „fiktiven Leser, den man sich zurechtlegt und ihm unterstellt, wie er den Roman beurteilt und versteht"; zurückzugreifen sei vielmehr „auf literaturwissenschaftlichen Sachverstand"[66] beziehungsweise auf „eine sachverständige Klärung, die auf literaturwissenschaftlichen Beistand grundsätzlich nicht verzichten kann"[67]. Speziell hiergegen wird jedoch ebenso wie gegen den von *Stein* vorgeschlagenen Rekurs auf das belesene Bildungsbürgertum nicht ganz zu Unrecht der Einwand der Exklusivität erhoben, weil das „literarische Feld nicht allein durch Experten bestimmt"[68] werde. Wichtiger noch dürfte indes der Einwand sein, dass der offene Kunstbegriff vom Bundesverfassungsgericht ja gerade deshalb geschaffen wurde, weil selbst die wissenschaftlichen Disziplinen, die sich genuin und hauptsächlich mit Kunst befassen, nicht in der Lage sind, „sich über ihren Gegenstand klar zu werden" und in ihnen „jeglicher Konsens über objektive Maßstäbe fehlt"[69]. Vor diesem Hintergrund überrascht der Vorschlag, auf literaturwissenschaftlichen Sachverstand zurückzugreifen. Wird der Literaturwissenschaft zugetraut, kraft besonderen Wissens oder Standpunktes die mit der Sprache sowie der Rezeption von Kunst unvermeidbar verbundene Interpretationsoffenheit zu umgehen und zu einer *richtigen* Deutung zu kommen, die dann maßgebliche Grundlage der gerichtlichen Entscheidung wird?[70] Oder soll die Einholung literaturwissenschaftlichen Expertenrates lediglich die Frage beantworten, ob ein bestimmtes Werk insgesamt als Roman und deshalb als fiktiv einzuordnen ist? Wissenschaftliche Expertise ist aber nicht nur nicht in der Lage, Leseeindrücke einer Vielzahl von Lesern zu objektiveren. Selbst noch die Frage, ob es sich bei

[66] BVerfGE 119, 1 (45).

[67] BVerfGE 119, 1 (57). *Hoffmann-Riem* will damit die Frage beantworten, ob der Künstler intersubjektiv Beobachtbares derart auf eine zweite Ebene gehoben hat, dass man von der Konstruktion einer ästhetischen Regeln folgenden „neuen Realität" sprechen könne.

[68] *von Arnauld*, a.a.O. (Fn. 39), Rn. 62 mit Fn. 197.

[69] BVerfGE 67, 213 (224 f.). Hierzu, allerdings nicht nur bezogen auf literarische Kunst, auch *Zöbeley*, NJW 1985, S. 254 (256).

[70] Die Idee, auf literaturwissenschaftliche Sachverständige zurückzugreifen, ist nicht neu. In der Rechtswissenschaft wurde sie zuvor schon formuliert von *Müller*, Freiheit der Kunst als Problem der Grundrechtsdogmatik, 1969, S. 44 und 118, der damit die Frage zu beantworten versuchte, inwieweit avantgardistische Kunstformen dem von ihm vertretenen typologischen Kunstbegriff unterfallen.

einem bestimmten Text überhaupt um Literatur handelt, wird in der Literaturwissenschaft aller Voraussicht nach divergierende Antworten provozieren, weil Literarizität einem Text nicht als objektive Eigenschaft anhaftet, sondern kommunikativ konstruiert und tradiert wird.[71] Es sind ferner aber gerade diese *Literatur* konstituierenden und hervorbringenden Diskurse, die durch eine Literatur herausgefordert werden, die beispielsweise die sich auflösende Unterscheidung zwischen privat und öffentlich durch die Öffentlichmachung des Privaten über die Massenmedien[72] oder – wie *Esra* von *Maxim Biller* – die Unterscheidung zwischen Fiktion und Wirklichkeit selbst reflektiert und infrage stellt oder die mit den Kategorien „Autorschaft" und „Authentizität" spielt[73], was erneute Grenzverschiebungen bei der Bestimmung dessen, was Literatur ist und was nicht, erzeugen kann. Es ist daher auch kein Zufall, dass in dem Sondervotum von *Hohmann-Dennhardt* und *Gaier* nur diejenigen Literaturwissenschaftlerinnen zitiert werden, die die Literarizität und Fiktivität des Romans von *Maxim Biller* hervorheben und die deshalb das Verbot des Romans mit literaturwissenschaftlichen Argumenten kritisieren[74], zu einem anderen Ergebnis kommende literaturwissenschaftliche Stimmen hingegen ignoriert werden.[75]

5. *Probleme der Fiktionen des Lesers*

Die eingangs thematisierte, dort allerdings noch in dem Kunstwerk als einem Objekt verortete Ambiguität des Kunstwerkes, ist ohne die Rezeptionsbedingungen, unter denen Kunst beobachtet wird, nicht denkbar. Die

[71] Wunderbar hierzu: *Fish*, How to recognize a poem when you see one, in: ders., Is There a Text in This Class? The Authority of Interpretive Communities, 1980, S. 322. Für ein ähnliches Problem: *Eco*, Wie man einen Pornofilm erkennt, in: ders., Wie man mit einem Lachs verreist und andere nützliche Ratschläge, 1995, S. 121.

[72] Hierzu nur: *Sennet*, Verfall und Ende des öffentlichen Lebens, 2008, sowie die Beiträge in: *Imhof/Schulz*, Die Veröffentlichung des Privaten – Die Privatisierung des Öffentlichen, 1998.

[73] Als Beispiele seien nur einige der Bücher von *Philip Roth* (*Verschwörung gegen Amerika*, 2005; *Täuschung*, 1993) oder *Lunar Park* von *Bret Easton Ellis* genannt. Siehe hierzu auch: *von Becker*, Fiktion und Wirklichkeit im Roman, 2006, S. 85 ff.

[74] Zitiert werden: *Ohmer*, Literaturwissenschaftliches Gutachten zu Esra von Maxim Biller, 2004, unveröffentlicht; *Ansel*, Buddenbrooks, Bilse und Biller. Thomas Mann, der Schlüsselroman und die Kunstfreiheit, überarbeitete und erweiterte Fassung eines Vortrags auf der Tagung *Freiheit für die Literatur?* an der Evangelischen Akademie Tutzing, 2007; *Eichner/Mix*, Ein Fehlurteil als Maßstab? Zu Maxim Billers *Esra*, Klaus Manns *Mephisto* und dem Problem der Kunstfreiheit in der Bundesrepublik Deutschland, unveröffentlichtes Gutachten, 2007.

[75] Siehe beispielsweise *Bunia*, Fingierte Kunst. Der Fall *Esra* und die Schranken der Kunstfreiheit, Internationales Archiv für Sozialgeschichte der Literatur 32 (2007), S. 161; *ders.*, Minderheitenschutz, nicht Zensur. Die Grenzen der Meinungs- und Kunstfreiheit, Merkur 62 (2008), S. 103.

von *Bernhard Schlink* angemahnte „Pflicht, die wahre Interpretation zu ermitteln“[76], mag man mit dem Argument zu begründen versuchen, der Kunst müsse ihre im unbegrenzten Raum unverbindlicher Interpretationen verlorengegangen geglaubte gesellschaftliche Relevanz wieder eingeräumt werden. Aber eine solche Forderung macht nur dann Sinn, wenn man in Bezug auf literarische Kunst implizit oder explizit von einem objektivistischen Textverständnis ausgeht.[77] Interpretation von Kunst ist jedoch nicht nur aus Gründen, die mit dem Gegenstand Kunst zu tun haben, ein unabschließbarer Prozess.[78] Jede Interpretation ist Resultat einer Bedeutung generierenden Interaktion zwischen Text und Leser, die zeit- und kontextgebunden und von ganz individuellen Dispositionen und Wissensbeständen abhängig ist.[79] Man verkennt die Tücken von aus Zeichen bestehendem Text und die Komplexität des Rezeptionsprozesses, wenn man unterstellt, das literarische Werk transportiere in sich eine Bedeutung, die der Leser dem Text nur entnehmen müsse und die deshalb grundsätzlich für alle Leser gleich sei.[80] Erst der Leser erzeugt im Akt der Lektüre einen Sinn, der „nicht über diese subjektive Erfahrung hinausreicht, auch dann nicht, wenn er sich vielen anderen in gleicher Weise mitteilt.“[81] Der schöpferische Leser „setzt den Accent willkürlich“ und „macht eigentlich aus einem Buche, was er will. [...] Es gibt kein *allgemeingeltendes* Lesen, im gewöhnlichen Sinn. Lesen ist eine freye Operation. Wie und was ich lesen soll, kann mir keiner vorschreiben.“[82] Deshalb lässt sich umgekehrt von den „Wirkungen, die Literatur hervorruft [...] nur bedingt auf das Buch schließen, aber unbedingt auf den Leser“[83], wie der Schriftsteller *Christoph Hein* schreibt. Ob es wirklich derart individuell-dezisionistisch zugeht oder ob nicht der Text auch als ein die Sinnkonstruktionen des Lesers beschränkender Referenzrahmen wirkt, ist eine schwierige Frage, die aber letzten Endes nicht die Möglichkeit einer unüberschaubaren

[76] *Schlink*, a.a.O. (Fn. 53), S. 123 f.

[77] *Zöbeley*, NJW 1998, S. 1372 (1372), spricht unter Verweis auf *Lüdeking*, Analytische Philosophie der Kunst, 1988, S. 13 ff., von einem „essentialistischen Missverständnis“.

[78] Lotman, Die Struktur künstlerischer Texte, 1973, S. 121.

[79] Fish, a.a.O. (Fn. 71), S. 322, spricht von „interpretive communities“ und liefert zugleich ein beeindruckendes Beispiel für eine solche.

[80] Überaus erhellend hierzu: *Sontag*, Against Interpretation, in: dies., Kunst und Antikunst, 1980, S. 9.

[81] *Mahrenholz*, in: Benda/Maihofer/Vogel, HVerfR, 1993, § 26 Rn. 6. *Barsch*, a.a.O. (Fn. 45), S. 63 f., spricht in diesem Zusammenhang von „kognitivem Konstruktivismus“ und davon, dass „der gelesene oder gehörte Text aufgrund verschiedener Faktoren vom Rezipienten ein »kognitives Konstrukt« als Bedeutung zugewiesen [erhält], die von ihm erst in der Kommunikationssituation erzeugt wird und die emotiv besetzt sein kann.“

[82] *Novalis*, Teplitzer Fragmente, ders., Schriften, Bd. 2, 1981, S. 609.

[83] *Hein*, Die Zensur ist überlebt, nutzlos, paradox, menschenfeindlich, volksfeindlich, ungesetzlich und strafbar, in: ders., Der Ort. Das Jahrhundert, Frankfurt am Main 2003, S. 112 (113).

Vielzahl von Interpretationen infrage stellt, sondern nur die Frage aufwirft, ob es Deutungen eines Textes gibt, die sich *zulässigerweise*, was immer das heißen mag, nicht mehr auf den Text berufen können. Auch der Autor eines Buches kann keinen, die Interpretationen seines Werkes dirigierenden Einfluss ausüben oder als Bezugsubjekt konsensfähiges Wissen zur Ermittlung der Bedeutung der von ihm verfassten Texte bereitstellen.[84] Subjektive Kunsteindrücke können selbstverständlich kommuniziert werden. Weder theoretisch noch praktisch ist damit allerdings die Möglichkeit der Objektivierbarkeit individueller Deutungen verbunden. Im gerichtlichen Verfahren sind es folglich immer nur die Richterinnen und Richter, die das streitgegenständliche Werk deuten. Es mag sein, dass mit dem offenen Kunstbegriff „die Interpretationspflicht der Gerichte durch die Interpretationsoffenheit des Kunstwerks abgelöst"[85] worden ist. Aber das gilt nur für die Frage nach der Eröffnung des Schutzbereichs der Kunstfreiheit. Spätestens bei der Feststellung, ob das allgemeine Persönlichkeitsrecht von einem literarischen Werk betroffen sein kann, und sodann bei der Abwägung im Rahmen der Prüfung der verfassungsrechtlichen Rechtfertigung ist das Bundesverfassungsgericht, wie gezeigt, aufgrund der von ihm selbst aufgestellten dogmatischen Prämissen gezwungen, konkretisierende Interpretationen literarischer Werke vorzunehmen. Höchstens graduell distanziert sich das Gericht dabei von der bereits von *Rupp-von Brünneck* gesehenen Gefahr, „dass die rechtliche Entscheidung mit davon bestimmt wird, wieweit der Beurteiler die künstlerische Transzendierung der aus der Wirklichkeit entnommenen Tatsachen und Erfahrungen als gelungen ansieht, mit anderen Worten, dass die subjektive, ästhetische Bewertung der Qualität des Kunstwerks maßgebend mitspricht."[86] Dieser Subjektivismus mag sich hinter der Fassade eines fiktiven Lesers verstecken. Aber auch die Fiktion eines wie immer attributierten Lesers kann nicht verhehlen, dass die einen Rechtstreit entscheidenden Richter nicht wissen können, was ein anderer Leser liest, wenn er liest. Konkrete Ausführungen darüber bleiben deshalb „Spekulationen und Phantasien", die gleichwohl vermittelt über den dann doch stattfindenden Abgleich zwischen persönlichem Lektüreeindruck und vermeintlicher Wirklichkeit „zur Grenze der Kunstfreiheit" gemacht werden.[87] Woher wissen aber die Richterinnen

[84] Siehe hierzu die Beträge in: *Jannidies u.a.*, Texte zur Theorie der Autorschaft, 2000, und dort insbesondere *Barthes*, Der Tod des Autors, S. 185 ff., und *Foucault*, Was ist ein Autor?, S. 190 ff. Zu den Schwierigkeiten der Versuche, Bedeutungen eines literarischen Textes durch die Bezugnahme auf den Autor zu begrenzen, vgl. schließlich auch: *Blumenberg*, Die essentielle Vieldeutigkeit des ästhetischen Gegenstandes, in: Kaulbach/Ritter, Festschrift für Heinz Heimsoeth, 1966, S. 174 (177); *Ladeur*, a.a.O. (Fn. 48), Rn. 19.

[85] *Schlink*, a.a.O. (Fn. 53), S. 123 f.

[86] BVerfGE 30, 173 (223).

[87] *Ladeur/Gostomzyk*, a.a.O. (Fn. 58), S. 434. Ähnlich: *Gostomzyk*, a.a.O. (Fn. 61), S. 739. Aus literaturwissenschaftlicher Sicht hierzu deutlich: *Barsch*, a.a.O. (Fn. 45), S. 69 f.:

und Richter, dass der Autor *Maxim Biller*, „dargestellt anhand des Ich-Erzählers“, eigene „charakterliche Schwäche“ offenlegt, „ebenfalls gegenüber seiner Tochter versagt und von großer Zerrissenheit und Eifersucht geprägt ist“[88]? Kennen die Richterinnen und Richter *Maxim Biller* so gut? Woher wissen sie, dass für andere Leser der fiktive Erzähler *Adam* ebenfalls „unschwer als Autor zu erkennen ist“[89]. Letztendlich wird das individuelle persönliche Textverständnis der entscheidenden Richter zur verbindlichen Interpretation gemacht und normativ durchgesetzt.

6. *Inkommensurabilität von Kunst und Recht*

Zusammenfassend kann man feststellen, dass Recht und Kunst inkommensurable Systemeigenschaften aufweisen – ein konträres Verhältnis zu Rätsel, Zweifel, Unbestimmtheit kultivieren. Für die Tolerierung der Spezifika von Kunst sowie der Einsichten aus den mit Kunst maßgeblich befassten wissenschaftlichen Disziplinen werden im Rechtssystem allerdings dogmatische Figuren wie die Forderungen nach der Beachtung kunstspezifischer Maßstäbe oder die Vermutung für die Fiktionalität literarischer Werke bereitgehalten, die bewusst und offen als Rezeptionskorridore für die systemischen Divergenzen fungieren. Die in der Dogmatik zur Kunstfreiheit ebenfalls vorkommende Fiktion *des* Lesers erfüllt eine ähnliche Funktion, invisibilisiert jedoch im Unterschied zur Forderung nach Beachtung kunstspezifischer Maßstäbe und der Vermutung für die Fiktionalität literarischer Werke die systemischen Divergenzen und gibt sich nicht offen als Rezeptionskorridor in dem genannten Sinn zu erkennen. Gleichwohl ist diese Fiktion im Vergleich mit den beiden anderen dogmatischen Figuren der viel breitere Korridor insofern, als die Fiktion *des* Lesers die subjektive Deutung des gesamten literarischen Werkes oder einzelner seiner Teile erlaubt, die in der Folge wiederum das Ergebnis der Abwägung zwischen Kunstfreiheit und allgemeinen Persönlichkeitsrecht in nicht unerheblichem Maße prädeterminiert. Aber auch die Forderung nach Berücksichtigung kunstspezifischer Maßstäbe und die Vermutung für die Fiktionalität literarischer Werke sind begrifflich von so geringer Prägnanz, dass sie sichere Vorhersagen über die verfassungsgerichtliche Beurteilung bestimmter Werke nicht zu garantieren vermögen. Sie sind im Gegenteil semantisch so unbestimmt, dass sie als Oberflächenfolie von allen Richterinnen und Richtern ungeachtet der zwischen diesen selbst-

„An den sog. »Durchschnittsleser« werden in der Rechtsprechung bestimmte implizite Annahmen geknüpft, die linguistisch nicht haltbar sind“. Dass sich ein „durchschnittlicher“ Leseeindruck nicht ermitteln lässt zeigt eindrucksvoll: *Maas*, Auf der Suche nach dem unverbildeten Durchschnittsleser. Ein sprachwissenschaftliches Gutachten in einem politischen Prozess, in: Linguistische Berichte 61 (1979), S. 52 ff.

[88] BVerfGE 119, 1 (32).

[89] BVerfGE 119, 1 (34).

verständlich bestehenden Differenzen im Detail akzeptiert werden können. Deshalb können sie aber auch in neu auftretenden Fällen nahezu beliebig zur Begründung des eigenen Ergebnisses angeführt werden. Dieser Eindruck kann jedenfalls entstehen, wenn man zwei der dem *Esra*-Beschluss nachfolgenden Entscheidungen in den Blick nimmt.[90] In beiden Entscheidungen bezog sich die 1. Kammer des Ersten Senates auf die im *Esra*-Beschluss verwendeten dogmatischen Figuren, um in beiden Fällen zugunsten der Kunstfreiheit und zu Lasten des allgemeinen Persönlichkeitsrechts beziehungsweise des postmortalen Persönlichkeitsrechts zu entscheiden. Hierbei muss man zwar in Rechnung stellen, dass die *Esra*-Entscheidung selbstverständlich nicht sagt, dass Kunstwerke möglichst großflächig unterdrückt werden sollen und ebenso selbstverständlich kann aus der Tatsache, dass sich in den nachfolgenden Entscheidungen die Kunstfreiheit durchgesetzt hat, nicht unmittelbar auf die mangelnde Vorhersehbarkeit infolge fehlender begrifflicher Prägnanz geschlossen werden. Ferner mag es auch sein, dass sich die in der *Esra*-Entscheidung in der Mehrheit befindlichen Richter in den beiden Nachfolgeentscheidungen ebenfalls für die Kunstfreiheit entschieden hätten. Besetzt war die 1. Kammer des Ersten Senates zum Zeitpunkt der Entscheidung der beiden genannten Entscheidungen allerdings mit den in der *Esra*-Entscheidung dissentierenden *Hoffmann-Riem* und *Hohmann-Dennhardt* sowie dem damaligen Präsidenten des Bundesverfassungsgerichts *Hans-Jürgen* Papier. Berichterstatter war in beiden Entscheidungen der am deutlichsten vom Mehrheitsvotum im *Esra*-Beschluss abweichende Hoffmann-*Riem.*[91] Linien der Rechtsprechung des Bundesverfassungsgerichts, wenn man hiervon in Bezug auf die von Art. 5 Abs. 3 Satz 1 GG geschützte Freiheit der Literatur überhaupt sprechen will, zeigen sich demnach in Gestalt dogmatischer Figuren und Fiktionen, die die Breite achtspuriger, serpentinenhaft geschwungener Autobahnen mit Abzweigungen in alle Richtungen aufweisen.

IV. Ceci n'est pas une pipe

„Alles ist fest gefügt in diesem Schulraum: eine Tafel ‚zeigt' eine Zeichnung, welche die Form einer Pfeife ‚zeigt'; und ein von einem beflissenen Lehrer geschriebenen Text ‚zeigt', dass es sich eben um eine Pfeife handelt.

[90] BVerfG, Beschluss der 1. Kammer des Ersten Senats vom 12. Dezember 2007 – 1 BvR 350/02, 1 BvR 402/02 –, EuGRZ 2008, S. 337 – Pestalozzis Erben; BVerfG, Beschluss der 1. Kammer des Ersten Senats vom 19. Dezember 2007 – 1 BvR 1533/07 –, NVwZ 2008, S. 549 – Theaterstück Ehrensache. Siehe auch die Eilentscheidung derselben Kammer zu einem Fernsehfilm, der an das Geschehen um das Medikament Contergan anknüpft und dieses in eine Spielfilmhandlung einbindet: BVerfGK 12, 85.

[91] Zur damaligen Kammerbesetzung siehe den Beschluss zur Kammerbesetzung für das Geschäftsjahr 2007 vom 5. Dezember 2006, abrufbar auf der Internetseite des BVerfG.

Der Zeigefinger des Lehrers, wiewohl man ihn nicht sieht, herrscht überall, ebenso wie seine Stimme, die gerade dabei ist, ganz deutlich zu artikulieren: ‚Dies ist eine Pfeife.' Von der Tafel zum Bild, vom Bild zum Text, vom Text zur Stimme führt, zeigt, fixiert, markiert, diktiert ein allgemeiner Zeigefinger ein System von Verweisungen und versucht, einen einzigen Raum zu stabilisieren. Aber warum habe ich noch die Stimme des Lehrers eingeführt? Sie wollte gerade sagen ‚Dies ist eine Pfeife' als sie noch einmal ansetzen musste und stotterte: „Dies ist keine Pfeife, sondern die Zeichnung einer Pfeife – dies ist keine Pfeife, sondern ein Satz, der sagt, dass das eine Pfeife ist – der Satz ‚Dies ist keine Pfeife' ist keine Pfeife – im Satz ‚Dies ist keine Pfeife' ist dies keine Pfeife: diese Tafel, dieser geschriebene Satz, diese Zeichnung einer Pfeife, all dies ist keine Pfeife." Die Negationen häufen sich, die Stimme wird unsicher und erstickt beinahe; der verwirrte Lehrer senkt den ausgestreckten Zeigefinger, kehrt seinen Rücken der Tafel zu, schaut auf die Schüler, die sich vor Lachen biegen, und merkt nicht, dass sie so lachen, weil über der Tafel und über dem seine Verneinungen stammelnden Lehrer ein Rauch aufgestiegen ist, der allmählich Gestalt annimmt und jetzt ganz genau und zweifelsfrei eine Pfeife nachzeichnet. „Das ist eine Pfeife, das ist eine Pfeife!" schreien die Schüler, die mit den Füßen stampfen, während der Lehrer immer leiser, aber immer noch mit derselben Hartnäckigkeit, und ohne dass noch jemand zuhört, murmelt: „Und dennoch ist dies keine Pfeife!" Er hat nicht unrecht: denn diese Pfeife, die so sichtbar über der Szene schwebt, als wäre sie die Sache, auf die sich die Tafelzeichnung bezieht und in deren Namen der Text zurecht sagen kann, dass die Zeichnung nicht wirklich eine Pfeife ist, auch diese Zeichnung ist nur eine Zeichnung und keineswegs eine Pfeife. Weder auf der Schultafel noch darüber finden die Zeichnung der Pfeife und der Text, der sie nennen soll, einen Ort, an dem sie sich begegnen und aneinander festhalten können, wie es einst der Kalligraph ermöglicht hat."[92]

[92] *Foucault*, Dies ist keine Pfeife, 1997, S. 22 ff., wiederabgedruckt in: ders., Dits et Ecrits. Schriften, Bd. 1 (1954–1969), 2001, S. 812.

Das Ehebild des Bundesverfassungsgerichts zwischen Gleichberechtigung, nichtehelicher Lebensgemeinschaft und Lebenspartnerschaft

Anne Sanders

Leitentscheidungen des Bundesverfassungsgerichts (Senat)

BVerfGE 3, 225 – Gleichberechtigung
BVerfG 6, 55 – Haushaltsbesteuerung
BVerfGE 10, 59 – elterliche Gewalt
BVerfGE 31, 58 – Spanier Entscheidung
BVerfGE 36, 146 – Geschlechtsgemeinschaft
BVerfG 45, 104 – Unterhaltsleistungen
BVerfGE 49, 286 – Transsexueller
BVerfGE 53, 224 – Ehescheidung
BVerfGE 55, 134 – Härteklausel
BVerfGE 66, 84 – Unterhaltsvorrang
BVerfGE 76, 1 – Ausländerrecht
BVerfGE 99, 216 – Familienlastenausgleich
BVerfGE 103, 89 – Unterhaltsverzichtsvertrag
BVerfGE 105, 313 – Homo-Ehe
BVerfGE 108, 82 – biologischer Vater
BVerfGE 115, 1 – Transsexuellengesetz
BVerfGE 117, 316 – künstliche Befruchtung
BVerfGE 118, 45 – Betreuungsunterhalt
BVerfGE 121, 175 – Transsexuellengesetz
BVerfGE 124, 199 – Hinterbliebenenrente
BVerfG, Beschluss vom 21. Juli 2010 – 1 BvR 611/07, 1 BvR 2464/07 – NJW 2010, S. 2783 – Erbschaftssteuergesetz
BVerfG, Beschluss vom 21. Juli 2010 – 1 BvR 420/09 – NJW 2010, S. 3008 – gemeinsames Sorgerecht
BVerfG, Beschluss vom 11. Januar 2011 – 1 BvR 3295/07 – NJW 2011, S. 909 – Transsexuellengesetz
BVerfG, Beschluss vom 25. Januar 2011 – 1 BvR 918/10 – NJW 2011 S. 836 – nachehelicher Unterhalt/Dreiteilungsmethode

Wichtige Kammerentscheidungen

BVerfG, 3. Kammer des Ersten Senats, Beschluss vom 4. Oktober 1993 – 1 BvR 640/93 – NJW 1993, S. 3058

Schrifttum (Auswahl)

Badura, Peter in: Maunz, Theodor/Dürig, Günter (Hrsg.), Grundgesetz Kommentar, Lfg. 44, Februar 2005, Kommentierung zu Art. 6 Abs. 1; *Burgi, Martin,* Schützt das Grundgesetz die Ehe vor der Konkurrenz anderer Lebensgemeinschaften?, Der Staat, 2000 S. 487 ff.; *Gröschner, Rolf* in: Dreier, Horst (Hrsg.) Grundgesetz Kommentar, 2. Aufl. 2001, Kommentierung zu Art. 6; *Hillgruber, Christian* Anmerkung, JZ 2010, S. 41 ff.; *Hohmann-Dennhardt, Christine* Gleichberechtigung im Familienrecht, FF 2006, S. 15 ff.; *Möller, Kai* Der Ehebegriff des Grundgesetzes und die gleichgeschlechtliche Ehe, DÖV 2005 S. 64 ff.; *Michael, Lothar* Lebenspartnerschaften unter dem besonderen Schutze einer (über-)staatlichen Ordnung, NJW 2010, S. 3537 ff.; *Scheffler, Erna* Die Gleichberechtigung der Frau in: Verhandlungen 38. Deutschen Juristentages 1950, 1951, B., *Schwab, Dieter* Zur Geschichte des verfassungsrechtlichen Schutzes von Ehe und Familien, in: Gaul, Hans F. I./Habscheid, Walther J./Mikat, Paul (Hrsg.), Festschrift für Bosch, 1976, S. 893 ff.

Inhalt

I. Einleitung

Das Bundesverfassungsgericht hat in seiner 60jährigen Tätigkeit nicht nur das öffentliche Recht der Bundesrepublik maßgeblich geprägt. Auch der Einfluss auf das deutsche Privatrecht und insbesondere das Familienrecht kann kaum überschätzt werden. Dies gilt nicht nur für die Frühzeit der deutschen Verfassung, als das Gericht eine Neuausrichtung des Familienrechts mit Blick auf die Gleichberechtigung der Geschlechter einforderte. Neue familiäre Strukturen und Lebensformen stellen das Bundesverfassungsgericht vor immer neue Herausforderungen. Dies zeigen gerade die Senats- und Kammerentscheidungen der letzten zwölf Jahre. Der folgende Beitrag soll eine Annäherung an den Ehebegriff des Bundesverfassungsgerichts unter Berücksichtigung des Verhältnisses der Ehe zur Gleichberechtigung der Geschlechter, zur nichtehelichen Lebensgemeinschaft und insbesondere zur Lebenspartnerschaft versuchen.

II. Entwicklung des verfassungsrechtlichen Eheschutzes

Der Schutz der Ehe ist kein Grundrecht mit langer Tradition. In den klassischen Verfassungen der USA und Frankreichs findet es sich ebenso wenig wie in der Paulskirchenverfassung oder in der preußischen Verfassung von 1850. Erst gegen Ende des 19. Jahrhunderts tauchen Vorläufer in einzelnen Grundrechtskatalogen auf.[1]

Die relativ junge Verfassungsgeschichte des Schutzes der Ehe beginnt in Deutschland mit Art. 119 Weimarer Reichsverfassung (WRV). Der zweite Hauptteil der Weimarer Reichsverfassung trifft Regelungen zu den „Grundrechten und Grundpflichten der Deutschen".[2] Der Erste Abschnitt dieses Hauptteils, Art. 109-118 WRV, ist mit „Die Einzelperson" überschrieben und enthält unter anderem die Grundrechte der Meinungsfreiheit, Freizügigkeit und Unverletzlichkeit der Wohnung. Der Zweite Abschnitt ist dagegen mit „Das Gemeinschaftsleben" übertitelt und enthält Regelungen zur Vereinigungsfreiheit, der Selbstverwaltung der Gemeinden, dem Wahlrecht und der Erziehung und dem Schutz der Jugend. Der Abschnitt beginnt mit Art. 119 WRV, womit sich der Schutz von Ehe und Familie zwischen den Individual- und den Kollektivgrundrechten einordnet. Art. 119 WRV lautet:

> (1) Die Ehe steht als Grundlage des Familienlebens und der Erhaltung und Vermehrung der Nation unter dem besonderen Schutz der Verfassung. Sie beruht auf der Gleichberechtigung der beiden Geschlechter.
> (2) Die Reinerhaltung, Gesundung und soziale Förderung der Familie ist Aufgabe des Staats und der Gemeinden. Kinderreiche Familien haben Anspruch auf ausgleichende Fürsorge.
> (3) Die Mutterschaft hat Anspruch auf den Schutz und die Fürsorge des Staats.

Die Entstehung der Vorschrift lässt sich nicht abschließend rekonstruieren. Offenbar wurde der Entwurf im Unterausschuss, möglicherweise durch konservative Abgeordnete, die die bürgerliche Familie durch kommunistische Kräfte in Gefahr sahen, angeregt.[3] In der Nationalversammlung wurde die Einführung des neuen Grundrechts allerdings nicht kontrovers diskutiert. Lediglich die Frage wurde aufgeworfen, ob eine Reform des einfachgesetz-

[1] Ausführlich mit weiterführenden Nachweisen: *Schwab* in: Festschrift für Bosch, 1976, S. 893 (893).

[2] Zur Entstehung vgl. nur: *Köster,* Entstehungsgeschichte der Grundrechtsbestimmungen des zweiten Hauptteils der Weimarer Reichsverfassung in den Vorarbeiten der Reichsregierung und den Beratungen der Nationalversammlung, 2000, S. 64 ff.

[3] Mit ausführlichen Nachweisen: *Schwab* in: Festschrift für Bosch, 1976, S. 893 (895).

lichen Eherechts in Zukunft nur mit einer Verfassungsänderung möglich wäre. Im Übrigen waren sich die Abgeordneten aber über den Wert der Ehe als Grundpfeiler der Gesellschaft einig.[4] Mit dem Schutz der (auch unehelichen) Mutterschaft und der Gleichberechtigung der Geschlechter als Grundlage der Ehe wurden von Seiten der Sozialdemokraten und der DDP auch Ansätze in die Verfassung gebracht, die das Familienrecht künftigen Reformen öffnete.[5]

Heute werden Ehe und Familie gemäß Art. 6 Abs. 1 GG geschützt.[6] Die Nähe der Vorschrift zu ihrem Vorläufer in der WRV ist deutlich, wenn auch die Formulierung schlichter ausgefallen ist. Art. 6 Abs. 1 GG sollte dem Schutz der Privatsphäre von Ehe und Familie vor äußerem Zwang dienen und ein Bekenntnis des Grundgesetzes zur Eigenständigkeit und Selbstverantwortlichkeit des Menschen im Gegensatz zur Allgegenwart des Staates im Nationalsozialismus darstellen.[7] Eine Rolle mag aber auch der Wunsch zur Rückkehr in die heile Welt einer idealisierten Familie nach dem Krieg gespielt haben.[8]

III. Begriff der Ehe und Funktionen des Eheschutzes

1. Begriff

Nach ständiger Rechtsprechung des Bundesverfassungsgerichts ist die Ehe für das Grundgesetz die Vereinigung eines Mannes mit einer Frau zu einer umfassenden, grundsätzlich unauflöslichen Lebensgemeinschaft und die Familie die umfassende Gemeinschaft von Eltern und Kindern, in der den Eltern vor allem Recht und Pflicht zur Pflege und Erziehung der Kinder erwachsen.[9] Dieser Ordnungskern der Institute soll für das allgemeine Rechtsgefühl und Rechtsbewusstsein unantastbar[10] sein.

2. Funktionen des Eheschutzes

Die Rechtsprechung des Bundesverfassungsgerichts maß dem Schutz der Ehe in Art. 6 Abs. 1 GG schon früh verschiedene Funktionen bei. Zunächst handelt es sich um ein klassisches Grundrecht im Sinne eines subjektiven

[4] *Schwab* in: Festschrift für Bosch, 1976, S. 893 (895 ff.).

[5] *Schwab* in: Festschrift für Bosch, 1976, S. 893 (904 ff.).

[6] Zur Entstehung der Vorschrift vgl. nur: *Badura* in: Maunz/Dürig, GG, Lfg. 44, Februar 2005, Art. 6 Abs. 1 Rn. 40 ff.

[7] BVerfG 6, 55 (71).

[8] *Gröschner,* in: Dreier, GG, 2. Aufl. 2004, Art. 6 Rn. 16 ff.

[9] BVerfGE 10, 59 (66); 53, 224 (245).

[10] BVerfGE 10, 59 (66).

Abwehrrechts. Daneben stellt Art. 6 Abs. 1 GG eine Instituts- oder Einrichtungsgarantie dar und sichert so einen Normenkern der Ehe verfassungsrechtlich ab. Weiter stellt Art. 6 Abs. 1 GG eine verbindliche Wertentscheidung dar und bildet so Teil der Werteordnung des Grundgesetzes.[11]

> „Art. 6 Abs. 1 GG ist eine wertentscheidende Grundsatznorm. Er stellt Ehe und Familie als Keimzelle jeder menschlichen Gemeinschaft, deren Bedeutung mit keiner anderen menschlichen Bindung verglichen werden kann, unter den besonderen Schutz der staatlichen Ordnung.“ [12]

Um dem Schutzauftrag des Grundgesetzes Genüge zu tun, soll es nach der Rechtsprechung des Bundesverfassungsgerichts insbesondere Aufgabe des Staates sein, alles zu unterlassen, was die Ehe beschädigt oder sonst beeinträchtigt, und sie durch geeignete Maßnahmen zu fördern.[13] Dazu gehört auch das Verbot, keine weiteren rechtsverbindlichen Partnerschaften eines Ehegatten zuzulassen.[14] Art. 6 Abs. 1 GG enthält auch ein Verbot, Ehegatten gegenüber anderen Personen und die Ehe gegenüber anderen Lebensgemeinschaften zu diskriminieren.[15] Damit fungiert Art. 6 Abs. 1 GG auch als ein besonderes Gleichheitsrecht außerhalb von Art. 3 GG.

Das Grundrecht birgt spezifische Probleme. Anders als Leben und körperliche Unversehrtheit, Meinungen und Religion, die durch andere Grundrechte geschützt werden, ist die Ehe, die zwingend unter staatlicher Beteiligung zustande kommt,[16] selbst ein Produkt des Rechts und ohne dieses allenfalls als religiöse und soziale Einrichtung denkbar. Bei der einfachrechtlichen Konkretisierung ist der Gesetzgeber allerdings wiederum an Art. 6 Abs. 1 GG gebunden.[17] Bei dieser Operation besteht die Gefahr eines Zirkels.[18] Dürfte die Ehe im Sinne des Art. 6 Abs. 1 GG nur so verstanden werden, wie sie vom einfachen Gesetz bereits vorgesehen ist, würde der Verfassung einerseits jede verändernde Kraft auf das Familienrecht verweigert. Andererseits würde die Verfassung keine Schranken für den Gesetzgeber aufstellen.[19] Die Interpretation des Art. 6 Abs. 1 GG wird nicht dadurch erleichtert, dass die Institution der Ehe nach der Rechtsprechung des Bundesverfassungsgerichts nicht abstrakt gewährleistet ist, sondern in der Ausgestaltung, wie sie den herrschenden, in der gesetzlichen Regelung maßgeblich zum Aus-

[11] BVerfG 6, 55 (71 f.); vgl. auch bereits *Maunz*, FamRZ 1956, S. 1; hier wird auch von „Mehrdimensionalität“ gesprochen: vgl. m.w.N. *Burgi*, Der Staat, 2000, S. 487 (495 ff.).

[12] BVerfG 6, 55 (71).

[13] BVerfGE 6, 55 (76); 53, 224 (248); 76, 1 (41); 99, 216 (231 f.); 124, 199 (225).

[14] BVerfGE 105, 313 (343).

[15] BVerfGE 76, 1 (72); 99, 216 (232); vgl. auch *Burgi*, Der Staat, 2000, S. 487 (497 f.).

[16] Vgl. unten IV. 2.

[17] BVerfGE 31, 58 (69 f.); 81, 1 (6 f.); 105, 313 (345); 121, 175 (193).

[18] *Gröschner* , in Dreier, GG, 2. Aufl. 2004, Art. 6 Rn. 36.

[19] BVerfGE 36, 146 (161 f.).

druck gelangten Anschauungen entspricht.[20] Verhindert Art. 6 Abs. 1 GG in seiner Funktion als Abwehrrecht staatliche Einflussnahme auf die Ehe, so wirkt Art. 6 Abs. 1 GG als Institutsgarantie und Teil der Werteordnung des Grundgesetzes wiederum auf Gesetzgebung und Rechtsprechung ein und entfaltet damit notwendigerweise auch Einfluss auf die gesellschaftlichen Anschauungen zur Ehe, die wiederum den Eheschutz prägen sollen.

3. *Eingehung und Gestaltung*

Nach der Rechtsprechung des Bundesverfassungsgerichts schützt Art. 6 Abs. 1 GG als Abwehrrecht zunächst die Freiheit der Eingehung der Ehe mit einem Partner der eigenen Wahl.[21] Mit der Ehe stellt der Staat einen rechtlichen Rahmen zur Verfügung, der einen Freiraum vor staatlicher Einflussnahme gewährleistet. Die Gestaltung der Ehe, insbesondere die Aufgabenverteilung während der Ehe einschließlich der Frage, ob die Parteien Kinder haben möchten, ob sie zusammen leben[22] und ob sie eine Einverdienerehe oder eine Doppelverdienerehe führen wollen, bleibt den Parteien selbst überlassen.[23]

4. *Scheidung und nacheheliche Rechte*

Der Grundsatz der Lebenslänglichkeit der Ehe, der in § 1353 Abs. 1 BGB festgeschrieben und auch als verfassungsrechtliches Leitprinzip anerkannt ist, bedeutet, dass die Ehe von beiden Parteien als dauerhafte Gemeinschaft beabsichtigt und versprochen wird und dass sie auch ihrem Inhalt nach auf Lebenszeit angelegt ist.[24] Eine von vornherein befristete Ehe, wie sie im islamischen Recht möglich ist, wäre danach keine Ehe im Sinne von Art. 6 Abs. 1 GG. Gleichwohl liegt der Verfassung das Bild der weltlichen, bürgerlich-rechtlichen Ehe zugrunde, zu dem gehört, dass die Ehegatten unter den im Gesetz normierten Voraussetzungen geschieden werden und ihre Eheschließungsfreiheit wiedererlangen können.[25] Die Ehe als gelebte Lebensgemeinschaft wäre nach der Rechtsprechung des Gerichts mit einer zwanghaften Aufrechterhaltung auch schwerlich vereinbar.[26] Einander nachfolgenden Ehen kommt der gleiche Rang zu.[27]

[20] BVerfGE 36, 146 (163.); 105, 313 (345).
[21] BVerfGE 36, 146 (161 f.).
[22] *Gröschner* in: Dreier, GG, 2. Aufl. 2004, Art. 6 Rn. 63 ff.
[23] BVerfGE 48, 327 (338); 66, 84 (94); 105, 1 (11).
[24] BVerfGE 53, 224 (245).
[25] BVerfGE 31, 58 (82 f.); 53, 224 (245).
[26] BVerfGE 53, 224 (250).
[27] BVerfGE 55, 114 (128 f.); 66, 84 (93); 68, 256 (267 f.); 108, 351 (364).

Damit stellt sich die Frage der Wirkung des Art. 6 Abs. 1 GG in der gescheiterten Ehe. Auch hierzu hat sich das Bundesverfassungsgericht bereits früh geäußert:

> „Der besondere Schutz der staatlichen Ordnung, den Art. 6 Abs. 1 GG gewährleistet, gilt nicht nur der intakten Ehe. Auch wenn eine Ehe gescheitert ist, kann der Gesetzgeber über die Regelung der Scheidungsfolgen hinaus verpflichtet sein, der in dieser Situation fortwirkenden, personalen Verantwortung der Ehegatten durch eine Regelung Rechnung zu tragen, die unzumutbare Härten vermeiden hilft.“ [28]

Der Fortbestand der aufgelösten ehelichen Lebensgemeinschaft im Rahmen von Art. 6 Abs. 1 GG wirkt sich auf Unterhaltspflichten,[29] auf den Versorgungsausgleich[30] und die übrigen Scheidungsfolgen aus.[31] Dabei kommt dem Gesetzgeber allerdings ein erheblicher Gestaltungsspielraum zu.[32]

IV. Herausforderungen

Der traditionelle Ehebegriff des Bundesverfassungsgerichts stand und steht Herausforderungen gegenüber, von denen hier nur drei angesprochen werden: Die Herstellung der Gleichberechtigung der Geschlechter in der Ehe war von Anfang an Ziel des Bundesverfassungsgerichts. Die Zunahme nichtehelicher Lebensgemeinschaften wirft die Frage auf, welche Rolle der staatlichen Mitwirkung beim Abschluss einer gemäß Art. 6 Abs. 1 GG geschützten Ehe zukommt. Schließlich stellt sich die Frage der verfassungsrechtlichen Qualifizierung der Lebenspartnerschaft.

1. Ehe und Gleichberechtigung

1959 formulierte das Bundesverfassungsgericht, Ehe und Familie seien „von alters her überkommen und in ihrem Kern unverändert geblieben“.[33] Allerdings erfolgte diese konservative Feststellung am Anfang einer Entscheidung, die die Gleichberechtigung der Geschlechter im Eherecht betonte. Das Ehebild des Bundesverfassungsgerichts wird nicht allein von Art. 6 Abs. 1 GG bestimmt. Vielmehr muss Art. 6 Abs. 1 GG im Zusammenhang mit Art. 3 Abs. 2 GG gesehen werden.[34] Diese enge Verbindung zwischen Ehe und Gleichberechtigung ist von den Müttern des Grundgesetzes erkämpft wor-

[28] BVerfGE 55, 134 (141 f).
[29] BVerfGE 53, 224 (250) 66, 84 (94).
[30] BVerfGE 62, 324 (330).
[31] BVerfGE 53, 224 (250); 55, 134 (141 f.).
[32] BVerfGE 55, 134 (141 ff.).
[33] BVerfGE 10, 59 (66).
[34] Vgl. zum Thema Gleichberechtigung und Familienrecht nur: *Hohmann-Dennhardt*, FF 2006, S. 15 ff.

den.[35] Zwar erklärte auch Art. 119 WRV, die Gleichberechtigung bilde die Grundlage der Ehe. Aufgrund der beschränkten Wirkung der Grundrechte in der Weimarer Republik[36] entfaltete dieser Grundsatz jedoch keinen merklichen Einfluss auf das Familienrecht.

Gleichheitswidriges Recht bestimmte das Familienrecht nach dem Krieg. Der gesetzliche Güterstand der Verwaltungsgemeinschaft räumte dem Ehemann die Verwaltung des Vermögens seiner Frau ein. Die Ehefrau konnte ohne Zustimmung des Ehemannes nicht berufstätig sein und dem Ehemann kam der Stichentscheid bei der elterlichen Sorge zu. Folge des neuen Zusammenspiels von Art. 6 Abs. 1, Art. 3 Abs. 2 GG und Art. 1 Abs. 3 GG war daher, dass viele Regelungen des vierten Buchs des BGB als verfassungswidrig angesehen werden mussten. Um dem Gesetzgeber ausreichend Zeit für die Schaffung eines neuen Familienrechts zu geben, sah Art. 117 GG eine „Gnadenfrist" bis zum 31. März 1953 vor.[37] Als diese Frist abgelaufen war, ohne dass erforderliche Reformen vorgenommen worden waren, musste das Bundesverfassungsgericht über die Folgen entscheiden.[38] Das Gericht erklärte, nach Ablauf der Frist des Art. 117 GG sei Art. 3 Abs. 2 GG als echte Rechtsnorm unmittelbar anwendbar. Für den Fall, dass der Gesetzgeber der Frist nicht gerecht werde, habe die Verfassung die Nichtigkeit vorkonstitutionellen Rechts in Kauf genommen.[39]

Das Bundesverfassungsgericht trat damit von Anfang an der Auffassung entgegen, die Gleichberechtigung von Mann und Frau sei mit dem Schutz von Ehe und Familie unvereinbar.[40] Vielmehr baue das Grundgesetz auf dem Gedanken auf, dass die Ehe auf dem Grundsatz der Gleichberechtigung der Geschlechter beruhe.[41] Das Bundesverfassungsgericht ging allerdings davon aus, dass nicht nur biologische, sondern auch funktionale Unterschiede nach den jeweiligen Lebensverhältnissen differenzierende Regelungen zwischen den Geschlechtern zuließen, zum Beispiel zum Schutz der Frau als Mutter. Diese Regelungen seien jedoch nicht als Hemmnis, sondern vielmehr als Teil der Verwirklichung der Gleichberechtigung anzusehen.

[35] Eine knappe Darstellung der Diskussion im Parlamentarischen Rat liefert BVerfGE 10, 59 (67 ff.), vgl. auch: *Limbach* in: Demokratische Geschlechterverhältnisse im 21. Jahrhundert, 1999, S. 15 ff.; *Jaeger* in: EMMA, Juli/August 1999, S. 82 f.

[36] M.w.N. *Gusy*, ZNR 1993, S. 163; *Stolleis*, in: Weimar und die deutsche Verfassung, 1999, S. 89 ff.; *Möller*, in: Weimar und die deutsche Verfassung, 1999, S. 105 ff.

[37] Vgl. das Referat der späteren Verfassungsrichterin *Dr. Erna Scheffler* in: Verhandlungen 38. Deutschen Juristentages 1950, 1951, B. 3 ff.

[38] BVerfGE 3, 225.

[39] BVerfGE 3, 225 (239 f.).

[40] Vgl. zur Rolle des Bundesverfassungsgerichts: *Jaeger* in: 50 Jahre Grundgesetz, Menschen- und Bürgerrechte als Frauenrechte, 2000, S. 21 ff.

[41] Vgl. die Erklärungen aller Sprecher in der 17. und 42. Sitzung des Hauptausschusses des Parlamentarischen Rates, StenoProt. S. 206 ff. und S. 538 ff.; BVerfGE 3, 225 (242).

„Bei richtiger Zusammenschau von Art. 3 Abs. 2 und Art 6 Abs. 1 GG ist also nicht die Gefährdung der einen Bestimmung durch die andere zu befürchten, vielmehr anzunehmen, daß sie, der Absicht des Grundgesetzgebers entsprechend, dazu dienen werden, einander zu erfüllen." [42]

Die Gerichte müssten daher das vorkonstitutionelle Recht bis zum Tätigwerden des Gesetzgebers so auslegen und ergänzen, dass eine Verletzung von Art. 3 Abs. 2 GG vermieden werde. In der Praxis nahm die Rechtsprechung daher die Gütertrennung als gesetzlichen Güterstand[43] an und konstruierte beiderseitige Unterhaltspflichten der Ehegatten.[44] Die elterliche Sorge solle beiden Ehegatten zustehen. Um eine Beteiligung der Ehefrau an gemeinsamer Wertschöpfung vor der Entwicklung der Zugewinngemeinschaft zu ermöglichen, wurde das Instrument der Ehegatteninnengesellschaft anerkannt.[45]

Die große Bedeutung der Gleichberechtigung der Geschlechter in der Ehe setzt sich bis heute in der Rechtsprechung des Bundesverfassungsgerichts in Bezug auf die Bewertung der Beiträge der Ehegatten im Rahmen der ehelichen Arbeitsverteilung und der nachehelichen Rechte,[46] zuletzt in der Entscheidung zur „Dreiteilungsmethode", fort:

„Art. 6 Abs. 1 GG in Verbindung mit Art. 3 Abs. 2 GG schützt als wertentscheidende Grundsatznorm die Ehe als Lebensgemeinschaft gleichberechtigter Partner, in der die Ehegatten ihre persönliche und wirtschaftliche Lebensführung in gemeinsamer Verantwortung bestimmen und bei der die Leistungen, die sie im Rahmen der von ihnen in gemeinsamer Entscheidung getroffenen Arbeits- und Aufgabenzuweisung jeweils erbringen, als gleichwertig anzusehen sind. Aus dieser Gleichwertigkeit folgt, dass beide Ehegatten grundsätzlich Anspruch auf gleiche Teilhabe am gemeinsam Erwirtschafteten haben, das ihnen grundsätzlich zu gleichen Teilen zuzuordnen ist (vgl. BVerfGE 105, 1 (10 ff.)). Das Prinzip gleicher Teilhabe gilt nicht nur während des Bestehens der Ehe, sondern entfaltet für den Fall eines gesetzlich geregelten Unterhaltsanspruchs seine Wirkung auch nach Trennung und Scheidung, insbesondere auf die unterhaltsrechtliche Beziehung der Eheleute untereinander. Bei der Unterhaltsbemessung ist das Einkommen, das den Lebensstandard der Ehe geprägt hat, den Ehegatten daher grundsätzlich hälftig zuzuordnen, unabhängig davon, ob es nur von einem oder von beiden Ehegatten erzielt worden ist (vgl. BVerfGE 63, 88 (109); 105, 1 (12))." [47]

[42] BVerfGE 3, 225 (242 f.).

[43] BGHZ 10, 266.

[44] Vgl. BVerfGE 3, 225 (245 ff.).

[45] BGHZ 8, 249; *Herr*, Kritik der konkludenten Eheinnengesellschaft – Der Ausgleich ehelicher Mitarbeit als ehebezogene Wertschöpfung im Rahmen richterlicher Inhalts- und Ausübungskontrolle von Eheverträgen, 2008, S. 39 ff.; mit rechtsvergleichender Perspektive: *Sanders*, ZEuP 2011, S. 65 ff.

[46] Mit zahlreichen Nachweisen: BVerfGE 105, 1 (11).

[47] BVerfG, Beschluss des Ersten Senats vom 25. Januar 2011 – 1 BvR 918/10 – NJW 2011, S. 836 (837) – Rn. 46.

Auch in seiner Entscheidung zu Eheverträgen hat das Gericht die Gleichberechtigung der Ehegatten als zentrales Merkmal seines Eheverständnisses betont. Verfassungsrechtlich geschützt sei nur eine Ehe, die von gleichberechtigten Partnern gemeinsam gestaltet werde, so dass ein Vertrag, der nicht Ausdruck und Ergebnis einer solchen Partnerschaft sei, eine Inhaltskontrolle durch die Fachgerichte erforderlich machen könne.[48]

Damit gehört die Gleichberechtigung der Eheleute zum Kernbereich des grundgesetzlichen Ehebilds des Bundesverfassungsgerichts. Gleichberechtigung muss einerseits der Gesetzgeber durch entsprechende Gestaltung des einfachen Rechts sicherstellen. Andererseits müssen die Gerichte durch eine Inhaltskontrolle verhindern, dass eine Partei ihre faktische Dominanz in einen Ehevertrag umsetzt, der mit dem Ehebild der gleichberechtigten Partnerschaft unvereinbar ist.[49]

2. *Ehe und nichteheliche Lebensgemeinschaft*

Angesichts der zahlreichen nichtehelichen Lebensgemeinschaften, die heute gesellschaftlich akzeptiert wie Ehepaare zusammenleben, Kinder haben, sich gegenseitig unterstützen und gemeinsam Vermögen bilden, ist die Frage berechtigt, welchen Wert die Eheschließung vor dem Standesbeamten für den Ehebegriff des Verfassungsgerichts besitzt und ob beispielsweise langfristiges Zusammenleben oder eine religiöse Zeremonie ausreichen, das Paar unter den Schutz von Art. 6 Abs. 1 GG zu stellen.

Ehe im Sinne von Art. 6 Abs. 1 GG ist die säkularisierte Form der ehelichen Gemeinschaft, wie sie sich im 19. Jahrhundert gegenüber der rein kirchlichen Begründbarkeit herausgebildet hat. Wesentlicher Teil des Eheverständnisses ist damit die staatliche Beteiligung bei der Eheschließung. Nach der Rechtsprechung des Bundesverfassungsgerichts sind nichteheliche Lebensgemeinschaften daher keine Ehen im Sinne des Art. 6 Abs. 1 GG.[50] Allerdings folgt aus Art. 6 Abs. 1 GG keine Pflicht des Gesetzgebers, nichtehelichen Lebensgemeinschaften jede Anerkennung zu versagen.[51]

Dieser Befund führt zu einem fast paradoxen Ergebnis, hält doch die Freiheit der Gestaltung der Ehe den Staat auf Distanz zu einer Institution, die ohne seine Mitwirkung weder begründet noch beendet werden kann.[52] Das Bundesverfassungsgericht erklärt, dass die staatliche Mitwirkung der Prüfung der Ehehindernisse der Offenkundigkeit und der Klarheit der Rechts-

[48] BVerfGE 103, 89 (101, 107).

[49] BVerfGE 103, 89 (101).

[50] BVerfGE 9, 20 (34 f.); 29, 166 (176); 112, 50 (65); vgl. auch *Badura*, in: Maunz/Dürig, GG 37 Lfg. August 2000, Art. 6 Abs. 1 Rn. 56.

[51] BVerfGE 82, 6 (15).

[52] *Gröschner* in: Dreier, GG, 2. Aufl. 2004, Art. 6 Rn. 63.

verhältnisse dienen solle.[53] Durch die Ehe werden außerdem Pflichten zur gegenseitigen Unterstützung begründet. Werden solche gegenseitigen Pflichten zum Kernbereich des verfassungsrechtlichen Ehebegriffs gerechnet, wofür die Rechtsprechung des Bundesverfassungsgerichts zu nachehelichen Rechten spricht, müssen solche Rechte bei der Eheschließung unabhängig vom Willen der Parteien begründet werden.[54] Schon allein deshalb kann die allein religiös eingegangene Ehe nicht den Schutz von Art. 6 Abs. 1 GG beanspruchen.[55]

Damit stellt sich jedoch die Frage, ob eine Ehe im Sinne von Art. 6 Abs. 1 GG vorliegt, wenn die Partner verbindliche Einstandspflichten privatrechtlich schaffen. Könnte ein Paar beispielsweise vertraglich vereinbaren, auf ihre Verbindung finde das Eherecht Anwendung, mit der Folge, dass sie ohne den Gang zum Standesamt als von Art. 6 Abs. 1 GG geschützt angesehen werden könnten? Dies muss wohl verneint werden. Eine solche Verbindung wäre zwar von Art. 2 Abs. 1 GG geschützt, aber nicht durch Art. 6 Abs. 1 GG. Die Vertragsparteien könnten ihren Vertrag nämlich jederzeit einvernehmlich aufheben und damit Einstandspflichten wieder beseitigen. Nur die konstitutive Beteiligung des Staates stellt sicher, dass Rechtspflichten unabhängig vom Willen der Parteien entstehen.

3. Lebenspartnerschaft und Art. 6 Abs. 1 GG

Die eingetragene Lebenspartnerschaft ist ein familienrechtliches Institut für eine auf Dauer angelegte, gleichgeschlechtliche Paarbindung.[56] Damit unterscheidet sie sich grundlegend von der nichtehelichen Lebensgemeinschaft, die gerade kein unter staatlicher Mitwirkung begründetes Institut des Familienrechts ist.

Nach der Definition der Ehe als lebenslang ausgerichtete Verbindung eines Mannes mit einer Frau können gleichgeschlechtliche Lebensgemeinschaften nicht als Ehen im Sinne von Art 6 Abs. 1 GG anerkannt werden.[57] Ehe und Lebenspartnerschaft stehen einander nach diesem Verständnis gegenüber. Die Lebenspartnerschaft kann entweder als *aliud* zur Ehe verfassungsrechtlich zulässig, aber nicht von Art. 6 Abs. 1 GG geschützt oder als eine die Institution der Ehe beschädigende Einrichtung verfassungswidrig sein.[58] Bei

[53] BVerfGE 29, 166 (176).

[54] BVerfGE 117, 316 (327).

[55] Vgl. BVerwG, Beschluss vom 22. Februar 2005 – 1 C 17/03 –, NVwZ 2005, S. 1191 (1192).

[56] Vgl. BVerfGE 124, 199 (206); Beschluss vom 21. Juli 2010, – 1 BvR 611/07, 1 BvR 2464/07 –, NJW 2010, S. 2783 (2787), Rn. 55.

[57] BVerfG, Beschluss vom 4. Oktober 1993 – 1 BvR 640/93 –, NJW 1993, S. 3058.

[58] Vgl. m.w.N. nur: *Badura*, in: Maunz/Dürig, GG, Lfg. 44, Februar 2005, Art. 6 Abs. 1, Rn. 58c; *Burgi*, Der Staat, 2000, S. 487 (504 f.); *Herzog*, Bitburger Gespräche 1988, S. 15 (16).

einer Fortentwicklung des Ehebegriffs könnte die Lebenspartnerschaft jedoch auch selbst als Ehe im Sinne des Art. 6 Abs. 1 GG verstanden werden.

a) Abstand und Anerkennung

Im Sinne der ersten Möglichkeit – Zulässigkeit der Lebenspartnerschaft als verfassungsrechtlich zulässiges *aliud* zur Ehe – wurde von der Mehrheit der Richter im Urteil vom 17. Juli 2002 entschieden.[59] Obwohl die Ehe eine Lebensgemeinschaft zwischen einem Mann und einer Frau sei, sei der Gesetzgeber nicht daran gehindert für Partnerschaften, die aufgrund ihrer Gleichgeschlechtlichkeit keine rechtliche Absicherung durch die Ehe erfahren können, eine andere abgesicherte Lebensform zu schaffen. Die Ehe erlitte keinen Schaden durch die Einführung der Lebenspartnerschaft, die verschiedengeschlechtlichen Paaren gerade nicht offen stehe.[60] Lebenspartnerschaften seien keine Ehen, sondern rechtliche Verbindungen, die nicht in Konkurrenz zur Ehe träten.[61] Damit wurde der Auffassung eine Absage erteilt, nach der Art 6 Abs. 1 GG, der Ehe unter „besonderem Schutz" stellt, als ein „Abstandsgebot"[62] zu anderen Lebensformen zu verstehen ist.[63] Die Ehe dürfe nicht diskriminiert werden, es sei andererseits aber nicht erforderlich, andere Verbindungen schlechter zu stellen, urteilte die Senatsmehrheit.[64] In ihren Sondervoten wandten sich die Verfassungsrichter *Haas* und *Papier* gegen dieses Ergebnis.[65]

Inzwischen betont das Bundesverfassungsgericht die Gemeinsamkeiten zwischen Ehe und Lebenspartnerschaft.

> „Eingetragene Lebenspartner leben wie Ehegatten in einer auf Dauer angelegten, rechtlich verfestigten Partnerschaft (vgl. BVerfGE 124, 199 (225)). Auch sie partizipieren bereits zu Lebzeiten am Vermögen ihres eingetragenen Lebenspartners und erwarten, den gemeinsamen Lebensstandard im Falle des Todes eines Lebenspartners halten zu können. Nicht anders als ein Ehegatte wird auch ein eingetragener Lebenspartner sein Vermögen nicht nur für sich, sondern auch für seinen Lebenspartner und gegebenenfalls für seine in der Partnerschaft lebenden Kinder schaf-

[59] BVerfGE 105, 313 (345 f.).

[60] BVerfGE 105, 313 (346 ff.).

[61] BVerfGE 105, 313 (348).

[62] Daneben existieren die Begriffe „Privilegierungsgebot", *Merten* in: Festschrift für Leisner 1999, S. 615 (619) und „Öffnungs- und Bezeichnungsverbot", *Pauly,* NJW 1997, S. 1955 (1956); *Burgi* spricht von einem „Abbildungsgebot" der Wertentscheidung des Grundgesetzes für die Ehe im einfachen Recht gegenüber anderen frei wählbaren Lebensgemeinschaften, *Burgi,* Der Staat, 2000, S. 487 (502 ff.). Dagegen lässt sich vorbringen, dass Homosexuellen die Ehe mit einem Partner ihrer Wahl gerade nicht offen steht und sie deshalb an der Privilegierung nur unter Negierung ihrer Identität Anteil haben könnten.

[63] M.w.N. *Scholz/Uhle,* NJW 2001, S. 393 (396 ff.).

[64] BVerfGE 105, 313 (348).

[65] BVerfGE 105, 313 (357 ff.).

fen.[66] (...) [Ehe und Lebenspartnerschaft] sind auf Dauer angelegt, rechtlich verfestigt und begründen eine gegenseitige Einstandspflicht.“ [67]

Geht man davon aus, dass die Einrichtung der Lebenspartnerschaft zulässig ist, stellt sich die Frage, ob der Gesetzgeber verfassungsrechtlich verpflichtet war, homosexuellen Partnerschaften die Möglichkeit einzuräumen, eine rechtlich anerkannte Verantwortungsgemeinschaft einzugehen. Die Antwort auf diese Frage scheint das Bundesverfassungsgericht im Beschluss vom 6. Dezember 2005 gegeben zu haben. Danach hat jeder Mensch das durch Art. 2 Abs. 1 in Verbindung mit Art. 1 Abs. 1 GG geschützte Recht, mit einem Partner seiner Wahl eine Partnerschaft einzugehen und diese im Rahmen der vom Gesetzgeber zur Verfügung gestellten Institute rechtlich abzusichern.[68]

b) Ein Gleichheitsproblem

Nachdem die Frage des Abstandsgebots in Art 6 Abs. 1 GG und der verfassungsrechtlichen Zulässigkeit zugunsten der Lebenspartnerschaft entschieden worden ist, stellt sich das Verhältnis zwischen Ehe und Lebenspartnerschaft in der jüngsten Rechtsprechung des Bundesverfassungsgerichts als Gleichheitsproblem.

Aus dem Urteil vom 17. Juli 2002[69] wurde teilweise gefolgert, dass es keinen Anspruch auf Angleichung von Ehe und Lebenspartnerschaft gäbe.[70] Diese Ansicht teilte das Bundesverfassungsgericht im Beschluss vom 7. Juli 2009[71] nicht. Zwar könne das Schutz- und Förderungsgebot der Ehe zahlreiche Gesetze aus dem Unterhalts- und Steuerrecht rechtfertigen. Allein der besondere Schutz der Ehe in Art. 6 Abs. 1 GG rechtfertige jedoch keine Schlechterstellung der Lebenspartnerschaft gegenüber der Ehe.[72]

„Geht jedoch die Förderung der Ehe mit einer Benachteiligung anderer Lebensformen einher, obgleich diese nach dem geregelten Lebenssachverhalt und den mit der Normierung verfolgten Zielen der Ehe vergleichbar sind, rechtfertigt die bloße Verweisung auf das Schutzgebot der Ehe eine solche Differenzierung nicht.“

Obwohl Ehe und Lebenspartnerschaft mit den Merkmalen der Verschieden- beziehungsweise Gleichgeschlechtlichkeit an das personenstandsrecht-

[66] BVerfG, Beschluss vom 21. Juli 2010, 1 BvR 611/07 – 1 BvR 2464/07 –, NJW 2010, S. 2783 (2786), Rn. 96.

[67] A.a.O. Rn. 103.

[68] BVerfGE 115, 1 (24 f.); vgl. auch BVerfG, Beschluss des Ersten Senats vom 11. Januar 2011 – 1 BvR 3295/07 – NJW 2011, S. 909 (910).

[69] BVerfGE 105, 313.

[70] *Hufen*, Staatsrecht II, 2. Aufl, 2009, S. 268.

[71] BVerfGE 124, 199.

[72] BVerfGE 124, 199 (226).

liche Geschlecht und nicht die sexuelle Orientierung anknüpften, sei die Entscheidung des Einzelnen für die eine oder andere rechtlich abgesicherte Partnerschaft kaum trennbar mit seiner sexuellen Orientierung verbunden.[73] Von Bestimmungen, die die Rechte und Pflichten eingetragener Lebenspartner regelten, seien daher typischerweise homosexuelle Menschen betroffen, und von solchen, die die Rechte und Pflichten von Ehegatten regeln, heterosexuelle Menschen.[74] Da somit die Ungleichbehandlung von Ehegatten und eingetragenen Lebenspartnern in Anknüpfung an die sexuelle Orientierung erfolgen könne, bedürfe es hinreichend gewichtiger Unterschiede zwischen Ehe und Lebenspartnerschaft, um die konkrete Ungleichbehandlung zu rechtfertigen. Das Bundesverfassungsgericht statuierte mit Blick auf die Rechtsprechung des EGMR damit einen besonders strengen Kontrollmaßstab für Ungleichbehandlungen,[75] die an die sexuelle Orientierung anknüpfen. Diese seien Benachteiligungen nach Art. 3 Abs. 3 GG vergleichbar.[76]

Mit dieser Begründung erklärte das Bundesverfassungsgericht den Ausschluss von Lebenspartnern von der betrieblichen Hinterbliebenenversorgung[77] und ihre Schlechterstellung gegenüber Ehegatten bei der Erbschaftssteuer für verfassungswidrig. *Michael*[78] und *Hillgruber*[79] stimmen überein, dass die Lebenspartnerschaft so über Art. 3 Abs. 1 GG ebenso in den Genuss des Schutz- und Fördergebotes des Art. 6 Abs. 1 GG komme wie die Ehe selbst. Dies ist kritisiert worden. Genüge der „besondere Schutz der Ehe" in Art. 6 Abs. 1 GG nicht, eine Besserstellung der Ehe gegenüber der Lebenspartnerschaft ohne weitere Gründe zu rechtfertigen, so stelle sich die Frage, was den Schutz der Ehe noch ausmachen solle.[80]

Das Ergebnis dieser Rechtsprechung ist von *Grünberger* prägnant als *„Separate but equal"* bezeichnet worden.[81] Die Formel stammt aus dem US-Amerikanischen Verfassungsrecht. In *Plessy v. Ferguson*[82] entschied der US-Supreme Court 1896, getrennte Eisenbahnwagen für Fahrgäste verschiedener Hautfarbe (und damit auch getrennte Universitäten, Waschräume und

[73] BVerfGE 124, 199 (221).

[74] Vgl. BVerfGE 124, 199 (222).

[75] EGMR, Urteil vom 24. Juli 2003 – Nr. 40.016/98 – Karner gegen Österreich – ÖJZ 2004, S. 36 (38); vgl. *Michael*, NJW 2010, S. 3537.

[76] BVerfGE 124, 199 (222); Beschluss vom 21. Juli 2010, – 1 BvR 611/07, 1 BvR 2464/07 – NJW 2010, S. 2783 (2787), Rn. 86 f.

[77] BVerfGE 124, 199.

[78] *Michael*, NJW 2010, S. 3537 (3539 ff.).

[79] *Hillgruber*, JZ 2010, S. 41.

[80] *Hillgruber*, JZ 2010, S. 41 (42); ebenfalls kritisch: *Hopfner*, BetrAV 2009, S. 772, zustimmend dagegen *Michael*, NJW 2010, S. 3537; *Classen*, JZ 2010, S. 411 (412); *Hoppe*, DVBl. 2009, S. 1516.

[81] *Grünberger*, FPR 2010, S. 203 (208).

[82] 163 U.S. 537 (1896).

Schulen) seien so lange verfassungsrechtlich zulässig, wie die getrennt angebotenen Leistungen in ihrer Qualität gleich seien. Diese Rechtsprechung wurde 1954 in *Brown v. Board of Education of Topeka*[83] aufgegeben. Chief Justice *Earl Warren* begründete die Entscheidung damit, dass die Trennung von Schulkindern nach Rassen selbst in gleichwertigen Schulen eine Diskriminierung darstelle.

Bezogen auf das Problem des Verhältnisses zwischen Ehe und Lebenspartnerschaft stellt sich die Frage, wie die Aufteilung verschieden- und gleichgeschlechtlicher Paare in verschiedene, wenn auch inhaltlich weitgehend gleich zu gestaltende familienrechtliche Institute verfassungsrechtlich zu beurteilen ist.[84] Ist eine solche Trennung erforderlich, um durch eine Öffnung für Paare,[85] die dem traditionellen Ehebegriff nicht unterfallen, die Ehe gemäß Art. 6 Abs. 1 GG nicht zu beschädigen? Dies könnte nur richtig sein, wenn die Verschiedengeschlechtlichkeit der Partner zum bestimmenden Kerngehalt des Ehebegriffs nach Art. 6 Abs. 1 GG gehört. Wäre dem nicht so, stände auch die Lebenspartnerschaft unter dem Schutz von Art. 6 Abs. 1 GG und eine Öffnung der Ehe im einfachrechtlichen Sinne für homosexuelle Paare läge nahe.

Eine Auslegung des Ehebegriffs des Art. 6 Abs. 1 GG unter Berücksichtigung der übrigen Grundrechte, insbesondere Art. 3 Abs. 1 GG, spricht wohl eher für eine Einbeziehung der Lebenspartnerschaft in den verfassungsrechtlichen Ehebegriff. Denn homosexuelle Personen haben auch im Übrigen die gleichen Grundrechte wie heterosexuelle Grundrechtsträger. Eine Personengruppe durch Verfassungsauslegung vom Schutz eines Grundrechts aufgrund eines Unterscheidungsmerkmals auszunehmen, das nach der Rechtsprechung des Bundesverfassungsgerichts den Differenzierungskriterien des Art. 3 Abs. 3 GG nahe steht, bedarf eines sachlichen Grundes. Die in einer Kammerentscheidung des Bundesverfassungsgerichts angegebene Begründung, Art. 6 Abs. 1 GG sei insofern *lex specialis* gegenüber anderen Grundrechten,[86] setzt bereits voraus, dass Ehe im Sinne des Grundgesetzes nur die Verbindung verschiedengeschlechtlicher Partner sein könne,[87] eine Frage, deren Antwort gerade gesucht wird.

[83] 347 U.S. 483 (1954).

[84] Der EGMR hat eine Pflicht der Vertragsstaaten, die Ehe für gleichgeschlechtliche Paare zu öffnen, verneint: EGMR, Urteil vom 24 Juni 2010, Schalk und Kopf gegen Österreich, – 30141/10 –, EuGRZ 2010, S. 445, vgl. *Sanders*, StAZ 2011, S. 175.

[85] Eine Öffnung der Ehe für homosexuelle Partner ist international auf dem Vormarsch. Unternommen haben diesen Schritt bisher zehn Staaten: Niederlande (2001), Belgien (2003), Spanien (2005), Kanada (2005), Südafrika (2006), Norwegen (2009), Portugal (2010), Island (2010) und Argentinien (2010), dazu verschiedene US-Bundesstaaten sowie Mexico City.

[86] BVerfG, Beschluss vom 4. Oktober 1993 – 1 BvR 640/93 –, NJW 1993, S. 3058.

[87] *Möller*, DÖV 2005, S. 64 (65).

Folgt man einem Verfassungsverständnis, dass sich nach dem Eheverständnis der Väter und Mütter des Grundgesetzes richtet, vergleichbar der US-amerikanischen Schule des „originalism“,[88] müsste man annehmen, dass eine Ehe nur eine Verbindung zwischen einem Mann und einer Frau sein kann. Freilich kann das subjektiv historische Verständnis nach der Rechtsprechung des Bundesverfassungsgerichts zur Gesetzesauslegung nicht allein maßgeblich sein.[89] Heute muss man homosexuelle Paare zumindest als durch Art. 2 Abs. 1, Art. 3 Abs. 1 und Abs. 3 GG grundrechtlich geschützt ansehen.[90] Auch dies entsprach aber wohl nicht den Vorstellungen der Väter und Mütter des Grundgesetzes. Homosexuelle Handlungen waren damals noch strafbar.[91] Noch im Gesetzgebungsverfahren um das Transsexuellengesetz 1980 wurde die Voraussetzung einer geschlechtsumwandelnden Operation für die personenstandsrechtliche Anerkennung des empfundenen Geschlecht damit begründet, es müsse verhindert werden, dass ein Mann einen Mann heiraten könne, der sich noch nach § 175 StGB strafbar machen könne.[92] Auch hat das Bundesverfassungsgericht die Bedeutung der herrschenden Anschauungen für den Ehebegriff betont[93] und einen gesellschaftlichen Wandel[94] zumindest für möglich gehalten. „Als von Menschen gelebte Gemeinschaft ist sie Freiheitsraum und zugleich Teil der Gesellschaft von deren Veränderungen sie nicht ausgeschlossen ist“[95], formulierte das Bundesverfassungsgericht in seiner Lebenspartnerschaftsentscheidung über die Ehe.

Das Argument, der Begriff „Ehe“ werde von der Allgemeinheit nur als Verbindung zwischen Mann und Frau verstanden, ist ebenfalls nicht überzeugend. Abgesehen davon, dass es schwer fallen würde, die Auffassungen der Allgemeinheit verlässlich zu ermitteln, ist die Ehe gemäß Art. 6 Abs. 1 GG ein Rechtsbegriff wie Eigentum und Menschenwürde, die ebenfalls nicht maßgeblich nach dem Verständnis der Allgemeinheit ausgelegt werden.[96] Nach dem Verständnis der Allgemeinheit wäre im Übrigen auch die kirch-

[88] Vgl. nur die knappe Darstellung bei *Chemerinsky*, Constitutional Law, 3. Aufl. 2006, S. 17 ff.

[89] Vgl. BVerfGE 1, 299 (312); 59, 128 (153).

[90] BVerfGE 105, 313 (346).

[91] 1969 wurde die Strafbarkeit auf sexuelle Handlungen mit Personen unter 21 Jahren, 1973 unter 18 Jahren beschränkt. 1994 wurde eine besondere Strafbarkeit homoerotischer Handlungen mit Minderjährigen aufgegeben.

[92] BTDrucks 8/2947, S. 12.

[93] BVerfGE 36, 146 (163); 105, 313 (345).

[94] BVerfG, Beschluss vom 4. Oktober 1993 – 1 BvR 640/93 –, NJW 1993, S. 3058. Dieser Ansatz begegnet jedoch insofern Bedenken, als ein solcher allgemeiner Wandel empirisch schwer feststellbar wäre. Man müsste von einer Mehrheit ausgehen und dies könnte zur Verletzung von Grundrechten von Minderheiten führen.

[95] BVerfGE 105, 313 (350).

[96] *Möller*, DÖV 2005, S. 64 (66).

liche Hochzeit eine Eheschließung, obwohl diese mangels staatlicher Mitwirkung keine verfassungsrechtliche Bedeutung besitzt.

Ein Ausschluss homosexueller Paare von der Ehe entspricht christlich-jüdischer Tradition, die zweifellos auf die Werteordnung des Grundgesetzes einen prägenden Einfluss genommen hat. Trotzdem kann der christliche Ehebegriff allein nicht bestimmend sein. Das Grundgesetz verpflichtet den Staat zu weltanschaulicher Neutralität. Dem Grundgesetz liegt das Bild der verweltlichten, bürgerlichen Ehe zugrunde.[97] Würde die christlich-jüdische Tradition das Eheverständnis allein bestimmen, wäre unter anderem die Verfassungsmäßigkeit des Rechts zur Scheidung und die notwendige Mitwirkung des Standesbeamten bei der Eheschließung zu hinterfragen. Außerdem könnte dies bedeuten, dass Ehen von Paaren, die sich zu anderen Religionsgemeinschaften bekennen, nicht dem Schutz von Art, 6 Abs. 1 GG unterfallen würden. Paare sind allerdings frei, ihre Verbindung religiös oder weltanschaulich in einer Weise zu definieren, die gleichgeschlechtliche Verbindungen nicht mit einschließt. Dies beantwortet aber nicht die Frage nach dem verfassungsrechtlichen Schutz solcher, ebenfalls rechtlich abgesicherter Gemeinschaften.

c) Geschlecht und Ehe

Die Transsexuellenentscheidungen des Bundesverfassungsgerichts[98] haben die Unterscheidung zwischen den Geschlechtern als Grundlage des etablierten Ehebegriffs brüchig gemacht. Das Gericht hat entschieden, dass das Geschlecht keine unumkehrbare biologische Kategorie darstellt, sondern seine Änderung grundrechtlichen Schutz genießt. Mit dem Beschluss vom 11. Januar 2011 wurde die ausnahmslose Voraussetzung von geschlechtsumwandelnden Operationen und Fortpflanzungsfähigkeit im Geburtsgeschlecht für die Änderung des Personenstandes für verfassungswidrig erklärt. Das Geschlecht ist damit weniger von biologischen Merkmalen als von der gutachterlich bestätigten psychischen Verfassung des Transsexuellen abhängig.[99] Der Beschluss des Bundesverfassungsgerichts vom 27. Mai 2008 hat die Verschiedengeschlechtlichkeit der Parteien zu einer Eingangsvoraussetzung der Ehe erklärt, aber nicht verlangt, dass die Ehe als Gemeinschaft eines Mannes und einer Frau ein Leben lang fortgesetzt wird. Die einmal geschlossene Ehe bleibt eine Ehe, auch wenn die Parteien personenstandsrechtlich nun das gleiche Geschlecht haben.[100] Damit stellt sich die Frage, ob ein so wandel-

[97] BVerfGE 53, 224 (245).

[98] Vgl. nur BVerfGE 49, 286; 115, 1; 121, 175; BVerfG, Beschluss des Ersten Senats vom 11. Januar 2011 – 1 BvR 3295/07 – NJW 2011, S. 909.

[99] BVerfG, Beschluss des Ersten Senats vom 11. Januar 2011 – 1 BvR 3295/07 – NJW 2011, S. 909 (912).

[100] BVerfGE 121, 175 (198 f.).

bares Merkmal wie das Geschlecht die unterschiedliche verfassungsrechtliche Bewertung von Lebenspartnerschaft und Ehe rechtfertigen kann.

d) Ehe und Fortpflanzungsfähigkeit

Das Grundgesetz enthält keine Formulierung wie Art 119 Abs. 1 S. 1 WRV, der mit den Worten „Die Ehe steht als Grundlage des Familienlebens und der Erhaltung und Vermehrung der Nation unter dem besonderen Schutz der Verfassung", explizit die Reproduktion als Zweck des Eheschutzes hervorhob. Die sprachliche Zurückhaltung des Grundgesetzes ist angesichts der Erfahrungen des Dritten Reiches auch nur zu verständlich. Sucht man nach einer Rechtfertigung dafür, als Ehe im Sinne von Art. 6 Abs. 1 GG nur die Verbindung verschiedengeschlechtlicher Paare zu verstehen, so bietet es sich gleichwohl an, an das zumindest bei vielen verschiedengeschlechtlichen Paaren bestehende Potential anzuknüpfen, gemeinsame Kinder zu bekommen.

Die mögliche Reproduktion greift auch der Beschluss des Bundesverfassungsgerichts zur Erbschaftssteuer vom 21. Juli 2010 als theoretische Rechtfertigung der Bevorzugung der Ehe gegenüber der Lebenspartnerschaft auf.[101]

> „In ihrer Eignung als Ausgangspunkt der Generationenfolge unterscheidet sich die Ehe grundsätzlich von der Lebenspartnerschaft. Da die Lebenspartnerschaft auf gleichgeschlechtliche Paare begrenzt ist, können aus einer solchen Beziehung grundsätzlich keine gemeinsamen Kinder hervorgehen. Demgegenüber ist die Ehe als Verbindung verschiedengeschlechtlicher Partner möglicher Ursprung einer eigenen Generationenfolge. Auch ist sie ungeachtet der den Ehepartnern allein überlassenen freien Entschließung für eine Elternschaft der durch vielfältige gesetzliche Ausgestaltung privilegierte Rechtsraum zur Familiengründung."

Zu dieser zumindest theoretischen Begünstigung der Ehe als Kern der Familie passt auch, dass die Kosten einer künstlichen Befruchtung nur bei Ehepaaren von der Krankenkasse getragen werden. Das Gericht betonte, die „rechtlich gesicherte Verantwortungsbeziehung und Stabilitätsgewähr der Ehe" könne eine solche Unterscheidung rechtfertigen.[102]

Historisch diente die Ehe sowohl in der griechisch-römischen Tradition[103] als auch in den traditionellen christlichen Ehelehren als Grundlage der Familie sowie der Zeugung und der Erziehung von Nachkommen. Allein die Reproduktionsfunktion der Ehe sei es auch, so argumentiert *Gröschner*, die der Gesetzgeber gemäß Art. 6 Abs. 1 GG durch Bereitstellung eines institu-

[101] Beschluss vom 21. Juli 2010, – 1 BvR 611/07, 1 BvR 2464/07 –, NJW 2010, S. 2783 (2787), Rn. 106.

[102] Vgl. BVerfGE 117, 316 (328 f.).

[103] *Gröschner* in: Dreier, 2. Aufl. 2004, Art. 6 Rn 36.

tionellen Rahmens schützen und durch steuerrechtliche und sonstige Entlastungen fördern müsse.[104]

Familie ist nach der Rechtsprechung des Bundesverfassungsgerichts jedoch auch die Gemeinschaft unverheirateter Eltern mit ihren Kindern.[105] Gerade in den letzten Jahren hat das Bundesverfassungsgericht in verschiedenen Entscheidungen die Rechte und Pflichten unverheirateter Eltern denen verheirateter Eltern angenähert.[106] Auch die Gemeinschaft homosexueller Lebenspartner mit dem Kind eines von ihnen ist eine Familie, die unter dem Schutz von Art. 6 Abs. 1 GG steht.[107] Nimmt man an, dass die rechtliche Verbindung der betreuenden Personen, sei es der leiblichen Eltern oder der Adoptiveltern, ihre Beziehung stabilisiert und damit Kindern ein geordnete Entwicklung ermöglicht,[108] müsste diese Annahme nicht nur für Ehepaare im Vergleich zu nichtehelichen Paaren, sondern auch für ein in Lebenspartnerschaft verbundenes Paar im Vergleich zu einem nichtverpartnerten Paar gelten.[109] Eine Differenzierung zwischen Ehe und Lebenspartnerschaft rechtfertigt dies noch nicht.

Ist die Ehe weder rechtstatsächlich noch rechtlich heute die einzige Gemeinschaft der Familienbildung, drängt sich umso stärker die Frage auf, wie die Ehe, ihrer Funktion als Keimzelle der Gesellschaft zumindest teilweise entkleidet, heute im Verhältnis zur Familie zu verstehen ist. Ein solcher Ansatz muss an die Besonderheit der rechtlich abgesicherten Zweierbeziehung anknüpfen,[110] nicht an die Reproduktion.

Gegen eine reproduktionsbezogene Fundierung des Ehebegriffs spricht auch, dass nicht alle verheirateten Paare Kinder bekommen wollen oder können. *Gröschner* widerspricht diesem Einwand. Während Art. 6 Abs. 1 GG als Freiheitsgrundrecht vom Verständnis seiner Träger auszulegen sei, erfordere die Institutsgarantie eine funktionelle Interpretation. Auf die individuelle Zeugungs- und Gebärfähigkeit komme es dabei ebenso wenig an, wie auf den individuellen Entschluss, von der Möglichkeit der Reproduktion Gebrauch zu machen. Der institutionelle Schutz ehelicher Fortpflanzung sei

[104] *Gröschner* in: Dreier, 2. Aufl. 2004, Art. 6 Rn. 50.

[105] BVerfG 45, 104 (123); 108, 82 (112); *Michael,* NJW 2010, S. 3537 (3538), „das Familienprivileg ist losgelöst vom Eheprivileg zu verstehen".

[106] BVerfG, Beschluss vom 21. Juli 2010 – 1 BvR 420/09 –, NJW 2010, S. 3008; BVerfGE 118, 45.

[107] BVerfG, Beschluss der 2. Kammer des Ersten Senats vom 2. Juli 2010 – 1 BvR 666/10 – juris Rn. 27.

[108] *Burgi,* Der Staat, 2000, S. 487 (500).

[109] Die Frage, welche Auswirkungen ein homosexuelles familiäres Umfeld auf die Entwicklung von Kindern hat, ist nicht Gegenstand des Beitrags, sondern muss von entsprechend qualifizierten Wissenschaftlern beantwortet werden.

[110] *Michael,* NJW 2010, S. 3537 (3538).

von individuellen Umständen, Fähigkeiten und Orientierungen gänzlich unabhängig.[111]

Diese Auffassung begegnet Bedenken.[112] Sicherlich kommt der Ehe als rechtlich geschützter Rahmen für die Gründung einer Familie Bedeutung zu. Es fragt sich jedoch, ob dieser Aspekt der Ehe ausreicht, den Ausschluss gleichgeschlechtlicher Partnerschaften vom Ehebegriff des Art. 6 Abs. 1 GG zu rechtfertigen. Zunächst wird mit einer Förderung der Ehe allein um der Reproduktion willen der Grundsatz etabliert, dass die eheliche Geburt von Kindern ein Ziel von verfassungsrechtlichem Rang sei. Dies erscheint mit Blick auf Art. 6 Abs. 5 GG als eine jedenfalls nicht notwendige Schlussfolgerung. Wenn die Verfassung das Institut der Ehe nur in seiner Reproduktionsfunktion schützen wurde, so müsste es auch verfassungsrechtlich zulässig sein, offensichtlich Zeugungsunwillige und -unfähige von der Ehe im Sinne des BGB auszunehmen, weil solche Personen nicht von Art. 6 Abs. 1 GG geschützt würden. Um mögliche Probleme mit Art 2 Abs. 1 in Verbindung mit Art 1 Abs. 1 GG auszuschließen, könnten jedenfalls Frauen über 50 und Transsexuelle, die nach einer geschlechtsumwandelnden Operation[113] in ihrem empfundenen Geschlecht heiraten wollen, von der Eheschließung ausgenommen werden. Auch könnte Personen eine Eheschließung verweigert werden, die zugeben, keine Kinder zu wollen oder zeugungsunfähig zu sein. In der Rechtsprechung des Bundesverfassungsgerichts ist die Fortpflanzungsfähigkeit aber gerade nicht Voraussetzung für die Eheschließung.[114]

Versteht man die Ehe nur als die Verbindung eines Mannes und einer Frau, die miteinander Kinder bekommen können, so genügt die Möglichkeit auch nicht, dass ein Partner, z.B. im Wege künstlicher Befruchtung, ein Kind zur Welt bringen kann, das biologisch nur von einem Partner abstammt. Insofern erscheint auch die Argumentation *Gröschners* nicht konsequent, der die künstliche Befruchtung im vollen Umfang, d.h. auch unter Verwendung Gametenspenden Dritter, durch Art. 6 Abs. 1 GG nach Maßgabe der Reproduktionsfunktion der Ehe als geschützt sieht.[115] Bei Anwendung dieser Argumentation müssten auch lesbische Lebenspartnerschaften als Ehen anerkannt werden, weil diese unter Einsatz von Samenspenden Kinder bekommen können. Schwulen Partnerschaften müsste diese Anerkennung allerdings versagt bleiben, ein Ergebnis, das wiederum allein mit Blick auf Art. 3 Abs. 2 GG

[111] *Gröschner* in: Dreier, GG, 2. Aufl. 2004, Art. 6 Rn. 44; vgl. *Burgi,* Der Staat, 2000, S. 487 (499).

[112] Überzeugend *Möller,* DÖV 2005, S. 64 (69 f.).

[113] Solche Operationen, die bei biologischen Männern, die sich als Frauen empfinden, die Amputation der Hoden und des Penis einschließen, führen die Fortpflanzungsunfähigkeit herbei.

[114] BVerfGE 49, 286 (300).

[115] *Gröschner* in: Dreier, GG, 2. Aufl. 2004, Art. 6 Rn. 66.

nicht überzeugend erscheint. Lässt man aber die Möglichkeit genügen, dass das Paar durch Adoption ein Kind annimmt, so wäre eine Anerkennung gleichgeschlechtlicher Partnerschaften als verfassungsrechtliche Ehen nicht prinzipiell ausgeschlossen.[116]

4. *Reproduktions- oder Verantwortungsgemeinschaft*

Lehnt man ein Eheverständnis ab, das den Kern der Ehe in der Reproduktionsfunktion sieht, so konzentriert sich das verfassungsrechtliche Ehebild auf die Paarbeziehung zwischen den Ehegatten. Wird dagegen die Reproduktionsfunktion als alleiniger oder überwiegender Inhalt der Institutsgarantie angesehen, bedeutet dies, dass der Gesetzgeber Pflichten der Ehegatten während und nach der Ehe zur gegenseitigen Unterstützung und zur Teilhabe an gemeinsam aufgebautem Vermögen abschaffen könnte, soweit diese Rechte nicht der Nachkommenschaft oder dem Ausgleich von Nachteilen dienen, die aufgrund von Kindesbetreuung entstanden sind. Es würde sich sogar die Frage stellen, ob Art. 6 Abs. 1 GG weitergehende Rechte, die immer einen Eingriff in Grundrechte des ausgleichsverpflichteten Ehegatten darstellen, rechtfertigen kann. Dies ist aber nach der Rechtsprechung der Fall. Das Bundesverfassungsgericht hat entschieden, der Gesetzgeber sei sogar nach der Trennung der Ehegatten gehalten, der „fortwirkenden personalen Verantwortung der Ehegatten füreinander durch eine Regelung der Scheidungsfolgen Rechnung zu tragen".[117] Auf die Folgen von Kindererziehung wurde in diesem Zusammenhang nicht abgestellt.

Wie bereits festgestellt, ist die interne Gestaltung der Ehe den Ehegatten selbst überlassen. Eine Pflicht, Kinder zu bekommen und aufzuziehen, wurde bisher daher nicht ernsthaft diskutiert und wäre verfassungsrechtlich als Eingriff in die Gestaltungsfreiheit der Ehe nicht zulässig. Dies macht es aber fraglich, als Grundlage der Ehe die Reproduktion anzusehen, die der Gesetzgeber nicht zur einklagbaren Pflicht und Voraussetzung der Ehe erheben könnte. Andere Pflichten, die zum Kernbereich des Ehebildes gehören, setzt der Staat dagegen durch, ohne dass das Bundesverfassungsgericht bisher von Grundrechtsverletzungen ausgegangen wäre. So sind die gegenseitigen Einstands- und Teilhabepflichten der Ehegatten einklagbar. Letztere werden vom Bundesverfassungsgericht als von Art. 6 Abs. 1 GG in Verbindung mit

[116] Das geltende Recht erlaubt die Stiefkindadoption. Ob homosexuellen Paaren die Adoption von Kindern unter den gleichen Voraussetzungen wie verheirateten Paaren erlaubt werden sollte, ist eine Frage, die nach wissenschaftlich fundierten Erkenntnissen mit Blick auf das Kindeswohl entschieden werden sollte. An dieser Stelle geht es jedoch nur um die Frage der Reproduktion.

[117] BVerfGE 53, 224 (250).

Art. 3 Abs. 2 GG geschützt angesehen.[118] Nicht nur der Ehegatte, auch der Staat kann Unterhalt einfordern, in dem er beim Ehegatten Rückgriff nimmt. Auch kann der Standesbeamte eine Eheschließung gemäß § 1310 Abs. 1 S. 2 BGB in Verbindung mit § 1314 Abs. 2 Nr. 5 BGB verweigern, wenn das Paar zugibt, es wolle keine Lebensgemeinschaft begründen.

Dass Einschränkungen von Individualrechten zur Sicherung gegenseitiger Einstands- und Ausgleichspflichten mit Art. 6 Abs. 1 GG gerechtfertigt werden, spricht dafür, in diesen auf die Zweierbeziehung bezogenen Pflichten und nicht in der abstrakten Reproduktionsfähigkeit eines rechtlich verbundenen heterosexuellen Paaren den Kern der Ehe zu vermuten. Bei einem solchen Eheverständnis steht die rechtlich abgesicherte Gemeinschaft und Verantwortungsübernahme für einen anderen im Mittelpunkt. Die Ehe steht bei einem solchen Verständnis zwischen kollektiv ausgeübten Grundrechten wie Vereinigungsfreiheit und Versammlungsfreiheit und Grundrechten, die individuell ausgeübt werden, wie das Recht auf Entwicklung der Persönlichkeit, das Ausdruck auch in Meinungs- und Religionsfreiheit findet. Sie dient der Entfaltung der eigenen Persönlichkeit in der Gestaltung einer gleichberechtigten Partnerschaft mit einem anderen. Diese Partnerschaft ist durch die konstitutive staatliche Mitwirkung, die garantiert, dass für die Dauer der Partnerschaft ein Mindestmaß gegenseitiger Pflichten auch unabhängig vom Willen der Parteien bestehen bleibt, von anderen Lebensgemeinschaften abzugrenzen.

Mit der Eheschließung schaffen zwei Menschen einen Raum verbindlichen Einstehenwollens, der zunächst den Parteien wechselseitig emotionale und auch – in gewissen Grenzen – materielle Unterstützung sichert. Dieser Raum kann jedoch auch weiteren Personen geöffnet werden, z.B. wenn das Ehepaar Kinder bekommt, aufnimmt oder sich um Verwandte und Freunde in Not kümmert. Ehen können damit Solidaritätszentren mit Ausstrahlungswirkung in die Gesellschaft bilden. Diese Funktion können sie unabhängig vom Geschlecht der Partner übernehmen.

Dieser Befund spricht der Ehe nicht das Potenzial ab, als rechtlicher Rahmen der Familienbildung von Mann und Frau zu dienen. Er sieht jedoch in der geschützten Zweierbeziehung den Kern der Ehe und nicht in der potenziellen Fortpflanzung. Für eine Beschränkung des verfassungsrechtlichen Eheschutzes auf Mann und Frau gibt es nach diesem Verständnis keine überzeugenden Gründe. Dies spricht dafür, Lebenspartnerschaften die Ehe im BGB zu öffnen, um eine Diskriminierung zwischen verschiedenen Ehen im Sinne von Art. 6 Abs. 1 GG zu verhindern.

[118] BVerfG, Beschluss des Ersten Senats vom 25. Januar 2011 – 1 BvR 918/10 – NJW 2011, S. 836 (837), Rn. 46 – nachehelicher Unterhalt/Dreiteilungsmethode m.w.N.

V. Ergebnis

Die Ehe gemäß Art. 6 Abs. 1 GG wird nach der Rechtsprechung des Bundesverfassungsgerichts unter staatlicher Mitwirkung auf Dauer geschlossen und begründet gegenseitige Einstandspflichten, die in gewissem Umfang auch nach der Ehe fortwirken und nur in bestimmten Grenzen einvernehmlich ausgeschlossen werden können. Der geschützte Raum zur gemeinsamen und gleichberechtigten Lebensgestaltung, den die Ehe im verfassungsrechtlichen Sinne schafft, kann nicht nur den Ehegatten selbst, sondern auch Dritten, wie zum Beispiel gemeinsam betreuten Kindern, zugute kommen. Die Verschiedengeschlechtlichkeit der Parteien ist Teil des Ehebildes des Bundesverfassungsgerichts. Dies erscheint jedoch als zunehmend problematisch. Es sprechen keine überzeugenden Gründe gegen einen Ehebegriff, der gleichermaßen gleich- und verschiedengeschlechtliche Paarbeziehungen umfasst. Eine Weiterentwicklung des Ehebegriffes des Art. 6 Abs. 1 GG würde nicht nur Gleichheitsprobleme beseitigen, sondern auch zu einer endgültigen Anerkennung der Paarbeziehungen Homosexueller führen, die im Gegensatz zu nichtehelichen Partnern verbindliche Einstandspflichten füreinander begründet haben.

Das geistige Eigentum

Steffen Wesche

Leitentscheidungen des Bundesverfassungsgerichts (Senat)

BVerfGE 31, 229 – Kirchen- und Schulgebrauch
BVerfGE 49, 382 – Kirchenmusik
BVerfGE 79, 1 – urheberrechtliche Vergütung/Geräteabgabe
BVerfGE 79, 29 – urheberrechtliche Vergütung/Vollzugsanstalten

Wichtige Kammerentscheidungen

BVerfG, Beschluss der 3. Kammer des Ersten Senats vom 4. Juni 2009 – 1 BvR 2163/08 –, ZUM-RD 2010, S. 121
BVerfG, Beschluss der 3. Kammer des Ersten Senats vom 7. Oktober 2009 – 1 BvR 3479/08 –, GRUR 2010, S. 56
BVerfG, Beschluss der 3. Kammer des Ersten Senats vom 24. November 2009 – 1 BvR 213/08 –, GRUR 2010, S. 332
BVerfG, Beschluss der 3. Kammer des Ersten Senats vom 20. Januar 2010 – 1 BvR 2062/09 –, GRUR 2010, S. 416
BVerfG, Beschluss der 2. Kammer des Ersten Senats vom 30. August 2010 – 1 BvR 1631/08 –, GRUR 2010, S. 999

Schrifttum (Auswahl)

Otto Depenheuer/Karl-Nikolaus Peifer (Hrsg.) Geistiges Eigentum: Schutzrecht oder Ausbeutungstitel?, 2008; *Frank Fechner* Geistiges Eigentum und Verfassung, 1999; *Horst-Peter Götting* Der Begriff des Geistigen Eigentums, GRUR 2006, S. 353; *Bernd Grzeszick* Geistiges Eigentum und Art. 14 GG, ZUM 2007, S. 344; *Paul Kirchhof* Der verfassungsrechtliche Gehalt des geistigen Eigentums, in: FS Zeidler, Bd. 2, 1987, S. 1639; *Ansgar Ohly* Geistiges Eigentum?, JZ 2003, S. 545; *Andreas Paulus/Steffen Wesche* Urheberrecht und Verfassung, ZGE 2010, S. 385; *Manfred Rehbinder* Urheberrecht, 15. Aufl. 2008; *Haimo Schack* Urheber- und Urhebervertragsrecht, 5. Aufl. 2010; *Tobias Timmann* Das Patentrecht im Lichte von Art. 14 GG, 2008.

Inhalt

I. Einführung

1. Die Schutzbedürftigkeit von Geistesprodukten

Im Bereich des verfassungsrechtlichen Eigentumsschutzes durch Art. 14 GG verdient das geistige Eigentum besondere Berücksichtigung, denn es zeichnet sich durch eine (im doppelten Sinne) „eigentümliche“ Flüchtigkeit aus. Gedichte, Musikstücke oder Baupläne haben bei entsprechender Nachfrage die Tendenz, zum Allgemeingut zu werden. Gelangen sie ins Internet, erfolgt die Kollektivierung geradezu schlagartig.

Öffentliche Güter (als Begriff der Wirtschaftswissenschaften) sind charakterisiert durch die Merkmale der Nicht-Ausschließbarkeit (grundsätzlich kann niemand daran gehindert werden, sie zu konsumieren) und Nicht-Rivalität (mehrere Personen können sie gleichzeitig konsumieren). Diese Merkmale treffen regelmäßig auf veröffentlichte Geisteswerke zu, denkt man den ihnen zukommenden Rechtsschutz hinweg. Die Urheber verbinden aber gerade mit der Öffentlichmachung meist auch den Wunsch, über das weitere Schicksal ihrer Ideen und Werke zu bestimmen; manchmal sehen sie das Werk als Teil und Ausfluss ihrer Persönlichkeit an. Jedenfalls wollen sie finanziell dafür kompensiert werden, auch wenn sie ihre Kreativität meist nicht einem ökonomischen Kalkül verdanken. Es schließt sich nicht aus, aufgrund eines inneren Bedürfnisses zu schreiben oder zu komponieren und gleichwohl letztlich dafür bezahlt werden zu wollen.[1] Viele Urheber leben davon, ihre Werke anderen zugänglich zu machen; für Gottes Lohn wären sie als Konstrukteur oder Komponist kaum nachhaltig tätig. Ganze Wirtschaftszweige sehen sich als Opfer von Produktpiraterie und Raubkopierertum, während mit dem Fälschen begehrter Markenprodukte und der unerlaubten Kopie geschützter Computerprogramme, Musiktitel und Filme auf den Schwarzmärkten Un-

[1] Anders wohl *Ohly*, in: Depenheuer/Peifer (Hrsg.), Geistiges Eigentum: Schutzrecht oder Ausbeutungstitel?, 2008, S. 141 (144 f.).

summen verdient werden. Unter einer solchen Entwicklung leidet am Ende die Allgemeinheit intellektuell, ästhetisch und ökonomisch. Langfristig können Wissenschaft und Technik erlahmen, jedenfalls wandern sie ins besser regulierte Ausland ab, und werthaltige Immaterialgüter werden knapp.[2]

Diesem Marktversagen entgegenzuwirken, unternimmt es der Staat, durch die Zuweisung von Ausschließlichkeits- und Verwertungsrechten eine gewisse Knappheit künstlich zu erzeugen. Diese Knappheit unterscheidet sich von der ansonsten langfristig eintretenden Erschöpfung öffentlicher Güter dadurch, dass die Allgemeinheit gerade vermittels der staatlichen Regulierung gewissen Zugang zu den Geisteswerken erhält, weil und wobei sie den Urheber nicht gänzlich „enteignen", sprich ihn der (ökonomischen) Früchte seiner Arbeit berauben kann. Die rechtliche Individualisierung der Geistesschöpfungen legitimiert sich paradoxerweise auch aus dem Kollektivinteresse am künftigen Fortwirken der Schöpfer.[3]

Damit sind mögliche Begründungsansätze für die Existenz des geistigen Eigentums – als rechtlich verfasstes und geschütztes *Eigentum* – nicht erschöpft. Man mag eher den Nutzen ökonomischer Anreize für die Allgemeinheit und das Funktionieren der Wirtschaft betonen[4] oder eher die naturrechtliche Zuordnung des Rechts an eigenen Geisteswerken zum Autor[5] und, damit verwandt, die urheberpersönlichkeitsrechtlichen Aspekte sowie die Leistung, Freiheit und Würde des Urhebers in den Vordergrund stellen:[6] Solche philosophischen Debatten über den normativen Existenzgrund des geistigen Eigentums verlieren doch in der Gegenwart angesichts der weitverbreiteten Anerkennung des geistigen Eigentums in den meisten Rechtsord-

[2] Vgl. grundlegend *Olson*, The Logic of Collective Action, 2. Aufl. 1971 (dt. Übersetzung 1968); *Wesche*, Gegenseitigkeit und Recht, 2001, S. 239 ff.– Speziell zum geistigen Eigentum *Landes/Posner*, The Economic Structure of Intellectual Property Law, 2003, S. 13 ff.; *Bechtold*, GRUR Int. 2008, S. 484 (auch zum Phänomen der Open-Source-Software, die mit dem Anreiz-Modell von Law and Economics schwer in Einklang zu bringen ist, S. 486 m.w.N.).

[3] Vgl. *Becker*, in: Stern/Becker, Grundrechte-Kommentar, 2010, Art. 14 Rn. 76 f.; *Ohly*, JZ 2003, S. 545 (548); *Timmann*, Das Patentrecht im Lichte von Art. 14 GG, 2008, S. 197 f., 200 f.– Allgemein zu den Funktionen privatnützigen Eigentums *P. Kirchhof*, Der verfassungsrechtliche Gehalt des geistigen Eigentums, in: FS Zeidler, Bd. 2, 1987, S. 1639 (1650 f.).

[4] So die utilitaristische Sichtweise insbesondere im angloamerikanischen Rechtskreis; vgl. die Formulierung „to promote the progress of science and useful arts" in Art. 1 § 8 (8) der US-Verfassung, sowie aus Sicht der ökonomischen Analyse des Rechts *Landes/Posner*, The Economic Structure of Intellectual Property Law, 2003, S. 13 ff.

[5] Eine naturrechtliche Fundierung des Urheberrechts favorisiert bis heute *Schack*, in: Depenheuer/Peifer (Hrsg.), Geistiges Eigentum: Schutzrecht oder Ausbeutungstitel?, 2008, S. 123 (127 ff.) m.w.N. zur früheren Naturrechtslehre.

[6] Vgl. *Rehbinder*, Urheberrecht, 15. Aufl. 2008, Rn. 29; *Fechner*, Geistiges Eigentum und Verfassung, 1999, S. 132 ff.

nungen und im allgemeinen Rechtsgefühl erheblich an Bedeutung.[7] Der Streit geht heutzutage nur noch, dort allerdings mit Verve, um die Reichweite der Eigentumsrechte und ihre Begrenzung durch die Interessen und Rechte Dritter.

Dabei kommt dem zur Regulierung berufenen Staat eine große, nur durch die Verfassung beschränkte Definitionsmacht im Hinblick darauf zu, was als geistiges Eigentum dem rechtlichen Schutz unterfallen soll, wie weit dieser Schutz sachlich und zeitlich gehen soll und welche Aspekte ganz unreguliert bleiben sollen. Die Regulierung bewegt sich stets im Schnittpunkt verschiedenster Interessen von Werkschöpfern, Verwertern und sonstigen Werkmittlern sowie Nutzern und mittelbaren Nutznießern.[8] Dem Gesetzgeber ist eine komplexe Abwägungsentscheidung aufgetragen. Der Schutz von Geisteswerken gegen unentgeltliche Ausbeutung durch Dritte stößt damit – mindestens ebenso wie bei anderen öffentlichen Gütern – auf größere regulatorische Schwierigkeiten, als dies bei körperlichen Gegenständen der Fall ist.[9]

Die Geschichte des geistigen Eigentums ist zugleich eine Geschichte des nacheilenden, ständig neu zu justierenden Schutzes.[10] Mit dem Fortschreiten der Vervielfältigungs-, Verbreitungs- und Speichertechnik verändern sich die Herausforderungen an die Regulierung. Der bisweilen gemächliche Rhythmus der Gesetzgebung hält mit der technischen Revolution nicht mehr Schritt.

2. *Schutzregime für geistiges Eigentum*

Angesichts dieses soziologischen und ökonomischen Befundes erscheint es umso wichtiger, dass geistiges Eigentum in seinem Kern sogar auf höchster Ebene, nämlich grundrechtlich durch Art. 14 Abs. 1 GG geschützt ist. Auch Art. 17 der EU-Grundrechte-Charta enthält – in Absatz 2 sogar explizit – eine Schutzvorschrift für geistiges Eigentum. Das geistige Eigentum ist auch vom Schutzbereich des Art. 1 des 1. Zusatzprotokolls zur Europäischen Menschenrechtskonvention umfasst.[11] Art. 27 Abs. 2 der Allgemeinen Erklärung der Menschenrechte von 1948 gibt jedem das „Recht auf Schutz der geistigen und materiellen Interessen, die ihm als Urheber von Werken der Wissenschaft, Literatur oder Kunst erwachsen".

[7] Vgl. die vermittelnde und pragmatische Position von *Leistner/Hansen*, GRUR 2008, S. 479.

[8] *Loewenheim*, in: Schricker/Loewenheim, Urheberrecht, 4. Aufl. 2010, Einl. Rn. 11 ff.; *Schack*, Urheber- und Urhebervertragsrecht, 5. Aufl. 2010, Rn. 9 ff.

[9] Näher *Wesche*, Gegenseitigkeit und Recht, 2001, S. 345 f., 360 f.

[10] Zu weiteren Unterschieden zwischen Sach- und geistigem Eigentum siehe *Ohly*, JZ 2003, S. 545 (547) m.w.N.; *Jänich*, Geistiges Eigentum – eine Komplementärerscheinung zum Sachenrecht?, 2002, S. 185 ff.

[11] Vgl. *Dolzer*, Der Schutz des Eigentums, in: Merten/Papier, Hb. der Grundrechte, Bd. VI/1, 2010, § 140 Rn. 11 m.w.N.

Auf der Ebene der Europäischen Union bemüht man sich seit Jahren mittels mehrerer Richtlinien um eine zunehmende Rechtsangleichung auf hohem Schutzniveau.[12] Im Markenrecht ist durch die Gemeinschaftsmarkenverordnung (GMV)[13] eine – neben den nationalen Markenschutz tretende – weitestgehende Harmonisierung erreicht worden.[14]

Auch völkerrechtlich existieren mehrere Schutzregime für verschiedene Aspekte des geistigen Eigentums, wie etwa die Pariser Verbandsübereinkunft (PVÜ) von 1883, die Berner Übereinkunft zum Schutz von Werken der Literatur und Kunst von 1886, revidiert 1971 (RBÜ), die 1967 errichtete Weltorganisation für geistiges Eigentum (WIPO), unter deren Dach mehrere internationale Übereinkünfte entstanden sind, oder das Agreement on Trade Related Aspects of Intellectual Property Rights (TRIPS) von 1994.[15] Weiter ist exemplarisch zu nennen das Europäische Patentübereinkommen (EPÜ) von 1973, welches in Ermangelung eines unionsrechtlich harmonisierten Patentrechts[16] Bündelpatente für die Mitgliedstaaten des EPÜ regelt.[17]

3. *Schwerpunkte dieses Beitrags und Begriffsklärung*

Der vorliegende Beitrag befasst sich schwerpunktmäßig mit der Wechselwirkung zwischen deutschem Verfassungsrecht und Unterverfassungsrecht – vom Bundesverfassungsgericht meist (ohne Wertung) „einfaches" oder „Fach-

[12] Vgl. dazu exemplarisch den 4. Erwägungsgrund der Richtlinie 2001/29/EG des Europäischen Parlaments und des Rates vom 22. Mai 2001 zur Harmonisierung bestimmter Aspekte des Urheberrechts und der verwandten Schutzrechte in der Informationsgesellschaft (ABlEG Nr. L 167 v. 22. Juni 2001, S. 10), sowie den 10. Erwägungsgrund der Richtlinie 2004/48/EG des Europäischen Parlaments und des Rates vom 29. April 2004 zur Durchsetzung der Rechte des geistigen Eigentums (berichtigte Fassung: ABlEG Nr. L 195 v. 2. Juni 2004, S. 16).

[13] Verordnung (EG) Nr. 40/94 des Rates vom 20. Dezember 1993 über die Gemeinschaftsmarke (ABlEG Nr. L 11 v. 14. Januar 1994, S. 1). Dazu etwa *Fezer*, Markenrecht, 4. Aufl. 2009, Einl. F (S. 102 ff.).

[14] Die aus dem Nebeneinander von nationalem und unionsrechtlichem Markenrecht resultierende Möglichkeit widersprechender Handhabung in Bezug auf einzelne Marken war bereits Gegenstand einer Verfassungsbeschwerde; BVerfG, Beschluss der 3. Kammer des Ersten Senats vom 11. Dezember 2008 – 1 BvR 1563/08 –, GRUR-RR 2009, S. 223.

[15] Einen Überblick über völkerrechtliche Verträge gibt *Fechner*, Geistiges Eigentum und Verfassung, 1999, S. 75 ff.; ausführlich etwa *Katzenberger*, in: Schricker/Loewenheim, Urheberrecht, 4. Aufl. 2010, Vor §§ 120 ff., Rn. 13–119.

[16] Nach wie vor sind Bestrebungen für ein EU-Patent im Gange, die aber am Unwillen einzelner Mitgliedstaaten (Spanien und Italien) kranken, auf eine Patentanmeldung in ihrer Landessprache zu verzichten. Stattdessen soll nun in mehreren Mitgliedstaaten im Verfahren der „Verstärkten Zusammenarbeit" (Art. 326 bis 334 AEUV) ein EU-Patent ins Leben gerufen werden, welches nur in Deutsch, Englisch und Französisch angemeldet und erteilt werden soll.

[17] Vgl. nur *Ullmann*, in: Benkard, Patentgesetz, 10. Aufl. 2006, Internationaler Teil PatG (S. 33 ff.), Rn. 101 ff.

recht" genannt – bei multipolaren Interessenkonflikten über Fragen des geistigen Eigentums und im judikativen Mehrebenensystem Europas.

Der Relevanz des Themas steht eine recht weitgehende Abstinenz des Schrifttums einschließlich der Grundgesetzkommentare in Bezug auf verfassungsrechtliche Fragen des geistigen Eigentums gegenüber.[18] Dies dürfte auch an den Schwierigkeiten einer Verknüpfung des Verfassungsrechts mit einem komplexen, innerhalb des Zivilrechts wiederum „Spezialisten" vorbehaltenen Rechtsgebiet liegen, dem nach dem Umschlag der Zeitschrift GRUR so genannten „grünen Bereich". Es kommt hinzu, dass der Sammelbegriff des geistigen Eigentums zwar aus Sicht des Verfassungs- und Völkerrechts, nicht aber des Fachrechts einheitlicher Behandlung zugänglich zu sein scheint. Zwischen Urheber-, Patent- und Markenrecht bestehen nur geringfügige inhaltlich-dogmatische Überschneidungen – dies vielleicht zu Unrecht, wie etwa Friktionen bei den Schrankenregelungen oder Schutzrechtsüberlappungen zeigen.[19]

Möglicherweise kann eine verfassungsrechtlich inspirierte Beschäftigung mit dem geistigen Eigentum als einheitlichem Untersuchungsgegenstand dazu beitragen, dass diese meist unverbunden nebeneinander stehenden Rechtsgebiete einer zumindest teilharmonisierten Dogmatik, Gesetzgebung und Rechtsprechung auf nationaler und europäischer Ebene nähergebracht werden können. Dies setzte allerdings voraus, dass auch die Synergie-, Systematisierungs- und Rechtsvereinfachungseffekte einer europaweiten Untersuchung und gegebenenfalls Harmonisierung des Rechts des geistigen Eigentums ausgelotet werden.[20] Ein Beitrag in einem der Rechtsprechung des Bundesverfassungsgerichts gewidmeten Sammelband kann dies freilich nicht leisten.

Der Begriff des geistigen Eigentums soll hier, im verfassungsrechtlichen Kontext, nicht weiter problematisiert werden.[21] Unter ihm wird die Gesamtheit der unter rechtlichem Schutz stehenden Produkte des menschlichen Geistes im Sinne von Immaterialgüterrechten verstanden. Der Begriff „geistiges Eigentum" ist gegenüber „Immaterialgüterrecht" vorzugswürdig, da er welt-

[18] Es bleibt in der Regel bei der Erläuterung, dass auch verschiedene Immaterialgüter dem Schutzbereich des Eigentumsgrundrechts unterfallen, so etwa bei *Papier*, in: Maunz/Dürig, GG, Juni 2002, Art. 14 Rn. 197 ff.; *Wendt*, in: Sachs, GG, 5. Aufl. 2009, Art. 14 Rn. 24; *Wieland*, in: Dreier, GG, Bd. 1, 2. Aufl. 2004, Art. 14 Rn. 59 f. Etwas weitergehend *Hofmann*, in: Schmidt-Bleibtreu/Hofmann/Hopfauf, GG, 12. Aufl. 2011, Art. 14 Rn. 15 f., sowie *Depenheuer*, in: v. Mangoldt/Klein/Starck, GG, Bd. 1, 6. Aufl. 2010, Art. 14 Rn. 147 ff., 369 f.

[19] Vgl. *Ohly*, JZ 2003, S. 545 (550 ff.).

[20] In diesem Sinne zu Recht *Ohly*, ZGE 2010, S. 365.

[21] Kritisch zum Begriff etwa *Rehbinder*, Urheberrecht, 15. Aufl. 2008, Rn. 97. Vgl. aber auch *Ohly*, JZ 2003, S. 545, passim, sowie *Fechner*, Geistiges Eigentum und Verfassung, 1999, S. 112 ff., *Götting*, GRUR 2006, S. 353 (357 f.), und *Schack*, Urheber- und Urhebervertragsrecht, 5. Aufl. 2010, Rn. 23.

weitem Sprachgebrauch entspricht (intellectual property [rights], la propriété intellectuelle).[22]

Im „einfachen" Recht differenziert sich dieses Konzept aus in die Gebiete des Urheber-, Marken-, Patent-, Gebrauchsmuster-, Geschmacksmuster- und Sortenschutzrechts. Im Hinblick auf die Wertschöpfungsfunktion von Immaterialgütern in der Marktwirtschaft ist – unter nicht durchweg überzeugender Ausklammerung des Urheberrechts – auch von gewerblichem Rechtsschutz die Rede. Unterschiede in der verfassungsrechtlichen Behandlung resultieren aus diesen (und weiteren) Differenzierungen und Klassifizierungen nicht.[23]

Fälle aus dem Urheberrecht machen den größten Teil der dem Bundesverfassungsgericht im Bereich des geistigen Eigentums angetragenen Rechtsprobleme aus. Teilweise wird die folgende Darstellung daher Entscheidungen zum Urheberrecht als Pars pro toto behandeln.

Vom Begriff des „geistigen *Eigentums*" gemeinhin als nicht erfasst angesehen wird das Urheberpersönlichkeitsrecht. Dieses erfährt im Grundgesetz eigenen Schutz durch Art. 2 Abs. 1 in Verbindung mit Art. 1 Abs. 1 GG und soll auch nicht Gegenstand der folgenden Diskussion sein.[24] Freilich kennt auch das Urheberpersönlichkeitsrecht vermögensrechtliche Elemente.[25] Ob diese die Voraussetzungen des Eigentumsbegriffs im Sinne von Art. 14 GG erfüllen, hat das Bundesverfassungsgericht bislang offen gelassen.[26]

II. Der Schutz des geistigen Eigentums durch die Verfassung

1. Grundlagen

a) Der Schutzbereich von Art. 14 Abs. 1 GG beim geistigen Eigentum

Nach ständiger Rechtsprechung des Bundesverfassungsgerichts[27] gehört zu den konstituierenden Merkmalen des Urheberrechts als Eigentum im Sinne der Verfassung (Art. 14 Abs. 1 GG) die grundsätzliche Zuordnung des vermögenswerten Ergebnisses der schöpferischen Leistung an den Urheber

[22] Ebenso *Ohly*, JZ 2003, S. 545 (546, 554).

[23] Vgl. auch *Fechner*, Geistiges Eigentum und Verfassung, 1999, S. 152 ff. – Anderer Ansicht ist *Timmann*, Das Patentrecht im Lichte von Art. 14 GG, 2008, S. 39 ff., wobei aber nicht recht deutlich wird, welche verfassungsrechtlichen Konsequenzen sich *im Ergebnis* aus der von Timmann angemahnten differenzierten Betrachtung von Urheber- und Patentrecht ergeben sollen.

[24] Vgl. dazu aber etwa *Fechner*, Geistiges Eigentum und Verfassung, 1999, S. 256 ff.

[25] BGHZ 143, 214 (219).

[26] BVerfG, Beschluss der 3. Kammer des Ersten Senats vom 5. März 2009 – 1 BvR 127/09 –, GRUR-RR 2009, S. 375 (376).

[27] Vgl. nur BVerfGE 31, 229 (240 ff.); 79, 1 (25); 79, 29 (40 f.).

im Wege privatrechtlicher Normierung. Damit ist nicht jede nur denkbare Verwertungsmöglichkeit verfassungsrechtlich gesichert. Im Einzelnen ist es Sache des Gesetzgebers, sachgerechte Maßstäbe festzulegen, die eine der Natur und der sozialen Bedeutung des Rechts entsprechende Nutzung und angemessene Verwertung sicherstellen.[28] Dabei hat der Gesetzgeber einen verhältnismäßig weiten Gestaltungsraum. Eingriffe in das Verwertungsrecht des Urhebers können freilich – im Unterschied zu Eingriffen lediglich in das Verfügungsrecht – nur durch ein gesteigertes öffentliches Interesse gerechtfertigt werden.

In diesen verfassungsrechtlichen Obersätzen spiegelt sich das Eigentumsrecht als normgeprägtes Grundrecht.[29] Dies drückt sich im Text des Grundgesetzes deutlich darin aus, dass nicht nur die Schranken, sondern bereits der Inhalt des Eigentumsrechts „durch die Gesetze bestimmt" wird (Art. 14 Abs. 1 Satz 2 GG). Hat sich der Gesetzgeber entschieden, eine bestimmte Rechtsposition als Eigentum auszugestalten, stehen (erst) damit und insoweit dem Inhaber eigentumsrechtliche Verfügungs- und Verwertungsrechte zu.[30] Dies ist beim geistigen nicht anders als beim Sacheigentum. Die Gewährleistung des Privateigentums als Rechtseinrichtung (Institut) verbietet es im Sinne einer äußersten Grenze des legislativen Gestaltungsraums lediglich, dass solche Sachbereiche der Privatrechtsordnung entzogen werden, die zum elementaren Bestand grundrechtlich geschützter Betätigung im vermögensrechtlichen Bereich gehören, und dass damit der durch Art. 14 Abs. 1 GG gesicherte Freiheitsbereich aufgehoben oder wesentlich geschmälert wird.[31]

Auf der anderen Seite geht der Schutzbereich von Art. 14 Abs. 1 GG über das zivilrechtlich als Eigentum bezeichnete dinglich-absolute Recht hinaus und erfasst jedes konkrete vermögenswerte Recht,[32] also auch Forderungen.[33]

Anhand dieser Charakterisierung des Eigentums aus verfassungsrechtlicher Perspektive ist zu erkennen, dass das geistige Eigentum als Vermögensrecht von der Dogmatik des Eigentumsschutzes zwanglos erfasst wird. Die Besonderheit, dass Eingriffe in das Verwertungsrecht des Urhebers – anders als Eingriffe in das Verfügungsrecht – nur durch ein gesteigertes öffentliches

[28] Dabei bezieht sich der Begriff der Nutzung auf die ausschließliche Verfügung(smacht) über das Urheberrecht, also insbesondere die Ausschließbarkeit Dritter, der Begriff der Verwertung demgegenüber auf die wirtschaftliche Dimension (insbesondere die Frage der Vergütung) bei Übertragung von Rechten und ähnlichen Tatbeständen. Diese vom Bundesverfassungsgericht in ständiger Rechtsprechung gepflegte Differenzierung gilt in entsprechender Weise bei anderen Formen des geistigen Eigentums.

[29] Vgl. BVerfGE 24, 367 (396); 58, 300 (335 f.); 112, 1 (21).

[30] Vgl. *Grzeszick*, ZUM 2007, S. 344 (348).

[31] BVerfGE 20, 351 (355); 24, 367 (389); 58, 300 (339).

[32] BVerfGE 53, 257 (290).

[33] BVerfGE 45, 142 (179); 83, 201 (208 f.).

Interesse gerechtfertigt werden können,[34] erklärt sich daraus, dass der Gesetzgeber oftmals ein Allgemeininteresse an der Nutzung geistiger Schöpfungen oder das Interesse an ungehindertem Wettbewerb befriedigen möchte. Aus diesem Grunde bestehende Einschränkungen des Verfügungsrechts des Rechtsinhabers verfolgen ohne Weiteres legitime Ziele und sind vor der Verfassung in weitem Umfang gerechtfertigt. Demgegenüber wiegt ein Entzug (auch) des Vergütungsanspruches erheblich schwerer, da dann der Urheber ganz mit leeren Händen dasteht.[35]

Das Bundesverfassungsgericht erteilt grundsätzlich einem gelegentlich behaupteten Interesse der Allgemeinheit an kostenloser Nutzung fremden geistigen Eigentums eine Absage. Nur ein gesteigertes öffentliches Interesse, das gerade für die Unentgeltlichkeit in die Waagschale gelegt werden kann, vermag das dem Urheber zustehende Verwertungsrecht zu verdrängen.[36] In der unterschiedlichen Behandlung von Verfügungs- und Verwertungsrecht durch das Bundesverfassungsgericht spiegeln sich der wesentlich „materielle", nämlich auf den Erhalt von Chancen für den Broterwerb gerichtete Charakter des Immaterialgüterschutzes einerseits und die Problematik der geistigen Schöpfungen als öffentliche Güter (im eingangs skizzierten Sinne) andererseits.[37]

b) Unterschiede zum Sacheigentum

Das geistige unterscheidet sich vom materiellen Eigentum unter anderem im Hinblick auf die zeitliche Dimension. Im Urheberrecht endet der Schutz in der Regel 70 Jahre nach dem Tod des Urhebers (post mortem auctoris; § 64 UrhG). Ein Patent dauert 20 Jahre ab Anmeldung (§ 16 Abs. 1 PatG). Da geistiges Eigentum von vornherein auf Entäußerung angelegt ist, entspricht

[34] BVerfGE 31, 229 (243); 49, 382 (400); 79, 29 (41).

[35] *Fechner*, Geistiges Eigentum und Verfassung, 1999, S. 243 ff.

[36] Vgl. etwa BVerfGE 31, 229: Urheber müssen die Aufnahme ihrer Werke in ein Kirchen-, Schul- oder Unterrichtsbuch nicht unentgeltlich dulden; Art. 14 GG verpflichtet den Gesetzgeber aber nicht, dem Urheber für jeden Fall der Ausleihe eines geschützten Werks einen „Bibliotheksgroschen" zu gewähren (BVerfGE 31, 248); BVerfGE 31, 270: Vergütungsfreiheit bei bis zu einjähriger Aufzeichnung von Schulfunksendungen durch Schulen verfassungsgemäß; demgegenüber BVerfGE 49, 382: Bei kirchlichen Veranstaltungen dürfen geschützte Werke wiedergegeben werden, jedoch nicht vergütungsfrei; anders bei der Zeitschriftenauslage (BVerfGE 77, 263) und bei der Sendung von Musikwerken in Vollzugsanstalten, die auch vergütungsfrei zulässig ist (BVerfGE 79, 29). Die letztgenannte Entscheidung ist vielfach kritisiert worden; vgl. nur *Fechner*, Geistiges Eigentum und Verfassung, 1999, S. 463 ff. m.w.N.

[37] Hinter dem grundrechtlichen Schutz der ökonomischen Verwertbarkeit geistiger Schöpfungen tritt der Schutz des im Werk verkörperten Persönlichkeitsrechts des Urhebers als in Rechtswirklichkeit und Kasuistik seltener bedeutsam zurück.

es der Erwartung des Urhebers/Erfinders ebenso wie der Allgemeinheit, dass sich sein Schutz mit der Zeit verliert.[38] Dass Markenschutz, vorbehaltlich der Regelungen in §§ 20 ff. MarkenG, ewig währt, mag vor diesem Hintergrund als Systembruch angesehen werden und enthält einen volkswirtschaftlich fragwürdigen Anreiz, abgelaufene Patente als Marke weiterhin schützen zu lassen.[39]

Mit der zeitlichen Begrenzung besitzt das Grundrecht auf geistiges Eigentum eine inhärente, vom Gesetzgeber konkretisierte Beschränkung seines Schutzbereichs (Art. 14 Abs. 1 Satz 2 GG). Vorgaben für die Dauer von Schutzfristen wären dem Grundgesetz allenfalls in Extremfällen zu entnehmen. Eine angemessene und nicht-ausgleichspflichtige Inhaltsbestimmung des geistigen Eigentums liegt jedenfalls solange vor, wie der Gesetzgeber dem geistig Schaffenden das wirtschaftliche Ergebnis grundsätzlich zuordnet.[40] Unterschiedliche Schutzdauern je nach Art des geistigen Eigentums verstoßen wegen der ungleichen Sachverhalte auch nicht gegen das Gleichheitsgebot aus Art. 3 Abs. 1 GG,[41] ebenso wie die abweichende Behandlung des keiner zeitlichen Grenze unterliegenden Sacheigentums.[42]

c) Einheitlichkeit des „geistigen Eigentums" in verfassungsrechtlicher Perspektive

Dieselben Grundsätze wie für das Urheberrecht gelten für die verfassungsrechtliche Behandlung patentfähiger Erfindungen, welche bereits vor der Patentierung eine einfach- und grundrechtliche Rechtsposition begründen.[43] Rechtmäßig eingetragene Marken werden – als durch eigene Leistung geschaffene, fachrechtlich monopolisierte Vermögenswerte im Wettbewerb – ebenfalls von Art. 14 GG erfasst.[44] Dies trifft auch auf das Sortenschutzrecht zu.[45] Schließlich hat das Bundesverfassungsgericht auch die Inhaberschaft an einer Internet-Domain in Form eines vertraglichen Nutzungsrechts als verfassungsrechtliche Eigentumsposition angesehen.[46]

Einer Erstreckung des grundrechtlichen Eigentumsschutzes auf weitere Erscheinungsformen des geistigen Eigentums steht nichts entgegen, soweit

[38] *P. Kirchhof*, Der verfassungsrechtliche Gehalt des geistigen Eigentums, in: FS Zeidler, Bd. 2, 1987, S. 1639 (1660 f.).

[39] Vgl. auch BGHZ 182, 325 und EuGH, Urteil vom 14. September 2010 – C-48/09 –, GRUR 2010, S. 1008, jeweils zur Eintragungsfähigkeit des Lego-Steins als nationale bzw. europäische Marke. Siehe auch *Ohly*, JZ 2003, S. 545 (551).

[40] BVerfGE 31, 275 (287).

[41] *Fechner*, Geistiges Eigentum und Verfassung, 1999, S. 405.

[42] BVerfGE 31, 275 (287 f.).

[43] BVerfGE 36, 281 (290 f.).

[44] BVerfGE 51, 193 (216 ff.); 78, 58 (71 f.).

[45] *Papier*, in: Maunz/Dürig, GG, Juni 2002, Art. 14 Rn. 200.

[46] BVerfGK 4, 201 (212 f.).

dem jeweiligen Rechtsinhaber von der Rechtsordnung vermögenswerte Befugnisse zur eigenverantwortlichen und privaten Verfügung umfassend zugewiesen werden.[47] Die dem Eigentumsschutz solcher Rechtspositionen gegenüberstehenden Positionen anderer Rechtsträger finden auf der Ebene der Schranken Berücksichtigung und erlauben dort eine umfassende Abwägung.

Das Patentrecht hält im Übrigen ein Beispiel bereit, wie ein harmonisierender Ansatz, der die Rechtsgebiete des grünen Bereichs (nur) als Spielarten des geistigen Eigentums sieht, fruchtbar gemacht werden könnte. Anders als im Urheberrecht herrscht bei Patenten ein Alles-oder-nichts-Prinzip: Besteht ein Patent, darf dessen Inhaber Dritte von der Benutzung der Erfindung ausschließen; besteht keines, steht die Erfindung jederman offen. Demgegenüber kennt das Urheberrecht die verfassungsrechtlich fundierte Unterscheidung zwischen Verfügungs- und Verwertungsrecht:[48] Verschiedene Schrankenregelungen entziehen dem Urheber dort, wo ein besonderes Interesse der Allgemeinheit an den Werken besteht, die ausschließliche Verfügung über das Werk, geben ihm aber einen kompensierenden Anspruch auf Vergütung. Rechtsgeschäftlicher Lizenzierungen, wie sie bei Patenten erforderlich und oft äußerst aufwendig sind, bedarf es insoweit nicht.[49] Grundsätzliche Bedenken insbesondere aus Art. 14 Abs. 1 GG wären gegen eine vergleichbare Regelung im Patentrecht kaum zu erheben.[50]

Noch weitergehend ware es, de lege ferenda dem geistigen Eigentum fachrechtlichen Schutz wie im deutschen Wettbewerbsrecht mittels einer Generalklausel zu gewähren (vgl. § 3 UWG), die mehr oder weniger differenziert sein könnte (vgl. §§ 4 ff. UWG). Beschränkungen könnten ebenfalls – ähnlich einer Grundrechtsschranke – generalklauselartig formuliert werden. Ein Vorbild hierfür fände sich in Art. 8 TRIPS.[51] Auch die weit gefasste Schranke des „fair use“ im angloamerikanischen Urheberrecht (§ 107 des US-amerikanischen Copyright Act) wäre hier zu nennen. Ungeachtet weiterer Detailregelungen zu den Besonderheiten des Urheber-, Patent- und Markenrechts ob-

[47] Vgl. *Depenheuer*, in: v. Mangoldt/Klein/Starck, GG, Bd. 1, 6. Aufl. 2010, Art. 14 Rn. 147.

[48] Vgl. BVerfGE 31, 229 (240 ff.); 49, 382 (394 f., 398 ff.).

[49] *Ohly*, JZ 2003, S. 545 (553).

[50] Siehe allerdings zu den unterschiedlichen Funktionen gesetzlicher Lizenzen und Zwangslizenzen in den verschiedenen Gebieten des geistigen Eigentums *Beier*, GRUR 1998, S. 185 (186 f.).

[51] Dort heißt es: „1. Members may, in formulating or amending their laws and regulations, adopt measures necessary to protect public health and nutrition, and to promote the public interest in sectors of vital importance to their socio-economic and technological development, provided that such measures are consistent with the provisions of this Agreement. – 2. Appropriate measures, provided that they are consistent with the provisions of this Agreement, may be needed to prevent the abuse of intellectual property rights by right holders or the resort to practices which unreasonably restrain trade or adversely affect the international transfer of technology.“

läge es weitaus mehr der Rechtsprechung, fallangemessene Abwägungen zu treffen.[52] Das Recht des grünen Bereichs, der schnellem technologischen Wandel unterworfen ist, gewänne an Flexibilität und Zukunftsfestigkeit. Verfassungsrechtliche Einwände gegen eine generalklauselartige Regulierung sind nicht erkennbar, solange ein Kernbereich individueller ausschließlicher Verfügungs- und Verwertungsherrschaft dem jeweiligen Schöpfer zugeordnet wird und Schrankenregelungen eine ausgewogene Berücksichtigung schützenswerter Interessen Dritter und der Allgemeinheit ermöglichen. Dass die Konkretisierung der entsprechenden Tatbestände und die erforderlichen Abwägungen im Einzelfall den Gerichten überlassen bleiben, stellt für sich genommen – trotz gewissen Einbußen an Rechtssicherheit – keinen Verstoß gegen das Grundgesetz dar. Dies hat das Bundesverfassungsgericht zu § 1 UWG a.F. (jetzt § 3 UWG) entschieden[53] und wäre auf den Bereich des geistigen Eigentums übertragbar.[54]

Weitere viel diskutierte Rechtsprobleme in diesem Bereich ließen sich möglicherweise im Wege einer abwägungsoffeneren und häufiger mit Generalklauseln arbeitenden Gesetzgebung entschärfen.[55] Hierzu gehören etwa

- das Problem der „kleinen Münze“, also urheberrechtlich geschützter Werke geringer Gestaltungshöhe,[56] die gleichwohl den vollen Schutz des Urheberrechtsgesetzes genießen;
- die Frage des Open Access (freien Zugriffs) im Hinblick auf wissenschaftliche Veröffentlichungen;[57]
- oder die Problematik, dass die rasante Technikentwicklung – insbesondere im Gefolge der Digitalisierung – vom Gesetzgeber, will er durchdefinierte Schutztatbestände und Schranken bereitstellen, eine geradezu hektische Novellierungstätigkeit verlangt, die ihn schon wegen der Dauer von Gesetzgebungsverfahren doch nie ganz auf der Höhe der Zeit bleiben lässt.[58]

Diesen Problemfällen ist gemein, dass die an das Vorliegen bestimmter Tatbestandsmerkmale geknüpften Rechtsfolgen in bestimmten Fällen als unpassend oder ungerecht empfunden werden, ohne dass sich dieser Missstand

[52] Kritisch hierzu *Ohly*, JZ 2003, S. 545 (554).

[53] BVerfGE 102, 347 (360 f.).

[54] Problematischer dürfte allerdings die Kompatibilität eines solchen Einheitssystems mit der Rechtspraxis anderer Staaten und dem das geistige Eigentum betreffenden Völkerrecht sein. Vgl. insoweit auch *Ohly*, ZGE 2010, S. 365 (377 f.)

[55] Dazu auch *Dreier*, in: Dreier/Schulze, Urhebergesetz, 3. Aufl. 2008, Einl. Rn. 28; *Leistner/Hansen*, GRUR 2008, S. 479 (486 ff.).

[56] Dazu BGH, Urteil vom 22. Juni 1995 – I ZR 119/93 Silberdistel –, GRUR 1995, S. 581 (582); *Loewenheim*, in: Schricker/Loewenheim, Urheberrecht, 4. Aufl. 2010, § 2 Rn. 39 ff.

[57] Vgl. etwa *Ohly*, in: Depenheuer/Peifer (Hrsg.), Geistiges Eigentum: Schutzrecht oder Ausbeutungstitel?, 2008, S. 141 (147 ff.) m.w.N.; *Peifer*, GRUR 2009, S. 22.

[58] Dazu und den Konsequenzen für die gerichtliche Rechtsanwendung noch unten, 3. d.

ohne Weiteres durch eine (noch) detailliertere Differenzierung des Gesetzestexts ausräumen ließe.

d) Eigentumsschutz und Informationsfreiheit

Schließlich soll auf ein Scheinproblem hingewiesen werden, das auftritt, wenn die Informationsfreiheit des Art. 5 Abs. 1 Satz 1 GG gegen die Ausschließlichkeitsrechte von Urhebern in Stellung gebracht werden soll. Das Internet hat eine „Kostenlosmentalität“ gezeitigt, die in der Zugänglichmachung von Werken durch Urheber oder auch in der bloßen technischen Zugänglichkeit solcher Werke einen Vorausverzicht auf Vergütung erblickt. Möchte man den menschlich nachvollziehbaren Wunsch nach kostenlosem Genuss fremder Werke argumentativ verstärken, wird oft auf die Informationsfreiheit zurückgegriffen.

Jedoch ist – ungeachtet § 63a UrhG – das Grundrecht aus Art. 5 Abs. 1 Satz 1 GG von vornherein nicht geeignet, in dieser Weise die Rechte aus Art. 14 Abs. 1 GG einzuschränken. Der Schutzbereich der Informationsfreiheit erstreckt sich nur auf Informationen aus allgemein zugänglichen Quellen. Ein Anspruch auf Zugänglichmachung besteht hingegen nicht; über die Zugänglichmachung einer Informationsquelle und die Modalitäten des Zugangs entscheidet, wer über ein entsprechendes Bestimmungsrecht verfügt.[59] Ein solches ergibt sich aus dem Fachrecht, und es steht, vorbehaltlich Schrankenregelungen wie etwa gesetzlicher Lizenzen (z.B. § 53 UrhG) oder der Gemeinfreiheit veröffentlichter amtlicher Werke (§ 5 UrhG),[60] dem Urheber zu und nicht etwa dem Netz-User.[61]

2. *Verbleibende verfassungsrechtliche Fragen*

Ist damit das geistige Eigentum als Erscheinungsform verfassungsrechtlichen Eigentums im Sinne von Art. 14 Abs. 1 GG in ständiger Rechtsprechung hinreichend fixiert, bleiben doch drei Fragenkomplexe, die teilweise erst in jüngerer Zeit in den Fokus der Verfassungsjudikatur gerückt sind.

Zum ersten werfen Rechtsatzverfassungsbeschwerden im Urheberrecht immer wieder die Frage auf, ob dem Bundesverfassungsgericht bereits binnen Jahresfrist (§ 93 Abs. 3 BVerfGG) seit Inkrafttreten des angegriffenen

[59] BVerfGE 103, 44 (59 f.).

[60] Zur Verfassungsgemäßheit von § 5 UrhG vgl. BVerfG, Beschluss der 1. Kammer des Ersten Senats vom 29. Juli 1998 – 1 BvR 1143/90 –, GRUR 1999, S. 226.

[61] Es stellt sich sodann die zivilrechtliche Frage, durch welchen Akt der Urheber ein Werk in einer Weise zur Verfügung stellt, dass der Empfängerhorizont von einer Einwilligung in den kostenpflichtigen oder auch kostenlosen Gebrauch ausgehen kann, und welche Rechtsnatur eine solche Einwilligung besitzt. Vgl. hierzu einerseits BGHZ 174, 359, andererseits BGH, Urteil vom 29. April 2010 – I ZR 69/08 Thumbnails –, GRUR 2010, S. 628 (631 f.).

Gesetzes eine zuverlässige Beurteilung der Verfassungsmäßigkeit möglich ist. Novellen im Urheberrecht – dort mehr als in den anderen Rechtsgebieten des grünen Bereichs – haben in den letzten Jahren in schneller Folge wesentliche Regelungen verändert. Mitverantwortlich dafür sind immer neue Vorgaben des europäischen Gesetzgebers, aber genauso die rasante technische Weiterentwicklung. Soll das Bundesverfassungsgericht so kurz nach Inkrafttreten erkennen, dass eine zuvor im intensiven Dialog mit den beteiligten Kreisen und/oder aufgrund mehr oder weniger enger Vorgaben aus Brüssel entstandene Vorschrift das verfassungsrechtlich geschützte geistige Eigentum der Urheber verletzt? Und auf welcher belastbaren Grundlage könnte eine solche Entscheidung stehen, sowohl in tatsächlicher Hinsicht zu einem Zeitpunkt, zu dem kaum Erfahrungen mit der neuen Norm vorliegen, als auch in rechtlicher Hinsicht, wenn doch als Entscheidungsmaßstab Art. 14 GG dient, der seinerseits mit Art. 14 Abs. 1 Satz 2 GG dem Gesetzgeber eine erhebliche Gestaltungsmacht für die Definition des Schutzgegenstands selbst einräumt?

Der zweite Fragenkomplex ergibt sich aus dem Umstand, dass Urteilsverfassungsbeschwerden im Bereich des geistigen Eigentums Zivilrechtsstreite betreffen. Hier stehen die Rechts- und Interessenpositionen mindestens zweier Parteien gegeneinander. Nicht selten können sich beide Seiten auf Grundrechte berufen, teilweise sogar auf dasselbe Grundrecht (wie etwa bei einem Rechtsstreit zwischen Konkurrenten, die beide Art. 12 GG ins Feld führen, oder bei einem Streit zwischen einem Urheber und einem Rechteverwerter, die sich beide auf Art. 14 GG stützen). Welchen Kontrollmaßstab und welche Kontrolltiefe hat das Bundesverfassungsgericht in solchen Fällen anzulegen? Wie kann es die (Grund-)Rechtsposition des Gegners des Beschwerdeführers – der ja im Verfahren der Verfassungsbeschwerde nicht als Partei beteiligt ist, sondern nur als Äußerungsberechtigter in Betracht kommt (§ 94 Abs. 3 BVerfGG) – angemessen berücksichtigen?

Und schließlich drittens: Was bedeutet die zunehmende unionsrechtliche Überwölbung des Urheber-, des Marken- und möglicherweise zukünftig auch des Patentrechts für den Gewährleistungsgehalt von Art. 14 Abs. 1 GG? Wie hängen das Grundrecht aus Art. 14 GG und das grundrechtsgleiche Recht auf den gesetzlichen Richter aus Art. 101 Abs. 1 Satz 2 GG zusammen? Immer öfter erreichen das Bundesverfassungsgericht Verfassungsbeschwerden, in denen wegen Nichtvorlage von Auslegungsfragen nach Art. 267 Abs. 3 AEUV der Entzug des gesetzlichen Richters, nämlich des Gerichtshofs der Europäischen Union (kurz: Gerichtshof), gerügt wird. Wie soll das Bundesverfassungsgericht über die behauptete Verletzung von Art. 14 GG judizieren, wenn es zugleich eine vom Gerichtshof noch nicht beantwortete entscheidungserhebliche Rechtsfrage des Unionsrechts annimmt und deswegen zur Durchführung eines Vorabentscheidungsverfahrens auffordert – wodurch sich die etwaige Verletzung von Art. 14 GG möglicherweise erledigt?

Diese drei Problembereiche sollen im Folgenden anhand aktueller Rechtsprechung des Bundesverfassungsgerichts beleuchtet werden. Eine abschließende und systematische Klärung ist schon deswegen nicht beabsichtigt, weil die referierten Verfahren Einzelfälle zum Gegenstand haben und Verallgemeinerungen mit Vorsicht zu genießen sind. Gleichwohl zeichnen sich gewisse „Rechtsprechungslinien" ab.

3. Aktuelle Rechtsprechung des Bundesverfassungsgerichts

Das Annahmeverfahren,[62] 1963 eingeführt, 1985 im Hinblick auf die Zuständigkeit von Kammern umgestaltet und 1993 in seinen Voraussetzungen verschärft,[63] brachte es mit sich, dass wesentliche Anregungen – diesseits der Entscheidung grundsätzlicher Verfassungsfragen (vgl. § 93c Abs. 1 BVerfGG) – inzwischen von den mit drei Richtern besetzten Kammern des Bundesverfassungsgerichts ausgehen. Dies gilt nicht nur für stattgebende Entscheidungen, sondern auch für Nichtannahmebeschlüsse, die nach § 93d Abs. 1 Satz 3 BVerfGG gar nicht begründet werden müssten. Da jedoch auch Nichtannahmen – bei gegebenem Anlass – auf einer ausführlichen Votierung durch die wissenschaftlichen Mitarbeiter und entsprechendem Studium der Richter beruhen, verwundert es nicht, dass Rechtspraxis und Wissenschaft auch den (nicht tragenden) Erwägungen in Nichtannahmebeschlüssen Beachtung schenken.

Nachdem die verfassungsrechtlichen Grundlagen des geistigen Eigentums seit längerem geklärt sind, sind aus den letzten Jahren ausschließlich Kammerbeschlüsse zu referieren.[63a] Die gelegentliche Aufhebung auch von Senatsentscheidungen der obersten Bundesgerichte durch Kammern des Bundesverfassungsgerichts hat dabei nichts mit einer Missachtung der betroffenen Gerichte zu tun. Die Kammerzuständigkeit ergibt sich in dieser Konstellation aus der Rechtslage nach dem Bundesverfassungsgerichtsgesetz, das zur Entlastung des Bundesverfassungsgerichts bei offensichtlich begründeten Verfassungsbeschwerden eine Zuständigkeit der Kammern vorsieht, wenn die maßgeblichen verfassungsrechtlichen Fragen bereits entschieden sind (§ 93c Abs. 1 BVerfGG).

Zunächst sollen nun Verfassungsbeschwerden, mit denen urheberrechtliche Normen angegriffen wurden, beleuchtet werden, bevor der Blick auf Urteilsverfassungsbeschwerden aus dem grünen Bereich gerichtet wird.

[62] Zum Annahmeverfahren vgl. in diesem Band *Maatsch*, S. 31 ff.

[63] Zur Gesetzgebungsgeschichte *Gehle*, in: Umbach/Clemens/Dollinger, BVerfGG. 2. Aufl. 2005, Vor §§ 93a ff., Rn. 2 ff.

[63a] Die für den Sommer 2011 erwartete Entscheidung des Ersten Senats unter anderem zum Prüfungsmaßstab bei unionsrechtlicher Prägung des nationalen Rechts des geistigen Eigentums (1 BvR 1916/09) konnte in diesem Beitrag keine Berücksichtigung finden.

a) Zur Wandelbarkeit des Urheberrechts I

Die chronologisch zuerst zu referierende Entscheidung[64] stellt eine Besonderheit insofern dar, als sich die Verfassungsbeschwerde nicht auf eine Verletzung des Eigentumsgrundrechts, sondern des Gleichbehandlungsgrundsatzes aus Art. 3 Abs. 1 GG gestützt hat. Beschwerdeführer war kein Inhaber von Rechten des geistigen Eigentums, sondern ein Marktteilnehmer, der gerade aufgrund oder im Zuge des Schutzes des geistigen Eigentums belastet wurde. Damit fällt ein Licht auf die genannte Besonderheit der Grundrechtswirkung im zivilrechtlichen Bereich, welcher durch das Gegenübertreten konkurrierender Grundrechtspositionen bei beiden oder mehreren Beteiligten gekennzeichnet ist.

Ein Hersteller und Importeur von Computern und Peripheriegeräten musste auf der Grundlage von § 54d Abs. 1 UrhG in der alten Fassung[65] Geräteabgaben für Multifunktionsgeräte an die Verwertungsgesellschaft (VG) Wort entrichten. In seiner Verfassungsbeschwerde vertrat das Unternehmen die Auffassung, die alte Gesetzeslage verletze den Gleichheitssatz, weil Multifunktionsgeräte trotz wesentlicher Unterschiede mit Großkopierern gleichgesetzt würden. Damit richtete sich die Verfassungsbeschwerde hauptsächlich gegen den Gesetzgeber, der es versäumt habe, das Urheberrecht ausreichend schnell zu novellieren.

Insbesondere dieser Vorwurf griff jedoch nicht durch. Der Gesetzgeber war seit mehreren Jahren intensiv und unter transparenter Beteiligung der Interessengruppen mit Urheberrechtsnovellen beschäftigt. Diese waren teilweise durch die Urheberrechtsrichtlinie[66] veranlasst und erforderten folglich eine genaue Analyse des Unionsrechts.[67] Der „2. Korb“[68] enthielt dann auch eine Anpassung des pauschalen Vergütungssystems (insbesondere § 54d UrhG a.F.) an die technischen Entwicklungen und trat mit Wirkung vom 1. Januar 2008 in Kraft. Angesichts seines weiten Gestaltungsraums,[69] der sich nicht nur auf die inhaltliche Ausgestaltung des Fachrechts, sondern auch die zeitliche Prioritätensetzung im nicht beliebig zu beschleunigenden legislativen Prozess beziehen dürfte, hatte der Gesetzgeber damit das ihm Oblie-

[64] BVerfG, Beschluss der 3. Kammer des Ersten Senats vom 4. Juni 2009 – 1 BvR 2163/08 –, ZUM-RD 2010, S. 121.

[65] Bis 31. Dezember 2007 geltende Fassung durch das Gesetz zur Änderung des Patentgebührengesetzes und anderer Gesetze vom 25. Juli 1994 (BGBl I S. 1739); im Folgenden: a.F.

[66] Richtlinie 2001/29/EG (Fn. 12).

[67] Dies betrifft insbesondere das Gesetz zur Regelung des Urheberrechts in der Informationsgesellschaft vom 10. September 2003 (BGBl I S. 1774).

[68] Zweites Gesetz zur Regelung des Urheberrechts in der Informationsgesellschaft vom 26. Oktober 2007 (BGBl I S. 2513).

[69] Vgl. BVerfGE 79, 1 (25 ff.); BVerfG, Beschluss der 1. Kammer des Ersten Senats vom 19. September 1996 – 1 BvR 1767/92 –, GRUR 1997, S. 123.

gende in ausreichender Geschwindigkeit getan. Der Ruf nach noch höherer Geschwindigkeit der Gesetzgebung würde auf Kosten der Qualität gehen.

b) Zur Wandelbarkeit des Urheberrechts II

Schnelligkeit, ja Schnelllebigkeit im Urheberrecht einerseits und andererseits § 93 Abs. 3 BVerfGG, der für Rechtssatzverfassungsbeschwerden eine Jahresfrist vorsieht, stehen mitunter in einem Spannungsverhältnis. Im Streitfall waren die Beschwerdeführer, Unternehmen der Musikindustrie, der Ansicht, § 53 Abs. 1 UrhG (in der seit dem 1. Januar 2008 geltenden Fassung) sei mit Art. 14 Abs. 1 GG unvereinbar, soweit er digitale Privatkopien trotz deren immer stärkerer Verbreitung ohne hinreichende Einschränkungen für zulässig erkläre. Die Verfassungsbeschwerde ging Ende 2008 beim Bundesverfassungsgericht ein.

Damit war jedoch die einjährige Frist zur Einlegung einer Rechtssatzverfassungsbeschwerde versäumt.[70] Aus Gründen der Rechtssicherheit ist § 93 Abs. 3 BVerfGG eng auszulegen.[71] Die Frist beginnt nicht schon dann neu, wenn der Gesetzgeber eine unverändert gebliebene Bestimmung gelegentlich sonstiger Änderungen erneut in seinen Willen aufgenommen hat.[72] Der Gesetzgeber hat durch den angegriffenen § 53 Abs. 1 UrhG n.F. die Zulässigkeit digitaler Privatkopien gerade unberührt gelassen. Er hatte bereits bei der Urheberrechtsreform im Jahr 2003[73] klargestellt, dass digitale ebenso wie analoge Privatkopien zulässig sind.[74] Zu der von den Beschwerdeführern behaupteten enteignenden Wirkung von § 53 Abs. 1 UrhG musste das Bundesverfassungsgericht wegen der Unzulässigkeit der Verfassungsbeschwerde nicht Stellung nehmen.

c) Zum Vorrang der fachgerichtlichen Auslegung

Schließlich wird die zeitliche Dimension der Verfassungsbeschwerde im Verhältnis zur Tätigkeit des Gesetzgebers durch zwei Kammerentscheidungen beleuchtet, welche zugleich den Gedanken richterlicher Zurückhaltung gegenüber der Legislative stark machen.

Der Grundsatz der Subsidiarität verpflichtet den Beschwerdeführer, vor einer Anrufung des Bundesverfassungsgerichts grundsätzlich die Fachgerichte

[70] BVerfG, Beschluss der 3. Kammer des Ersten Senats vom 7. Oktober 2009 – 1 BvR 3479/08 –, GRUR 2010, S. 56.

[71] BVerfGE 23, 153 (164); 30, 112 (126).

[72] BVerfGE 11, 255 (260); 18, 1 (9); 43, 108 (116); 80, 137 (149).

[73] Gesetz zur Regelung des Urheberrechts in der Informationsgesellschaft vom 10. September 2003 (BGBl I S. 1774).

[74] Nämlich durch die Formulierung „auf beliebigen Trägern"; vgl. BTDrucks 15/38, S. 1 und S. 20; zur Gesetzgebungsgeschichte vgl. auch *Berger*, ZUM 2004, S. 257 (257 f.); *Poll/Braun*, ZUM 2004, S. 266 ff.; *Stickelbrock*, GRUR 2004, S. 736 (737).

mit seinem Anliegen zu befassen, damit das Bundesverfassungsgericht nicht auf ungesicherter Tatsachen- und Rechtsgrundlage weitreichende Entscheidungen trifft.[75] Aus diesem Grund hat das Bundesverfassungsgericht eine unmittelbar gegen eine Neuregelung im Filmurheberrecht gerichtete Verfassungsbeschwerde von zwei Filmemachern nicht zur Entscheidung angenommen.[76] Denn die aufgrund der Neuregelung zu erwartenden Rechtsfolgen hängen in erster Linie vom Inhalt der auf ihrer Grundlage geschlossenen Verträge ab. Kommt es zum Streit, werden die Zivilgerichte die vertraglichen Vereinbarungen auszulegen haben.[77] Dabei können die bislang nicht geklärten Rechtsfragen zur Auslegung der neuen Vorschriften Bedeutung erlangen, und zwar mittelbar auch für die verfassungsrechtliche Beurteilung.

Zum Beispiel könnte die einen Urheber treffende Beschwer, die von einer Norm, ihrem Wortlaut nach zu urteilen, ausgeht, durch entsprechende restriktive Auslegung abgemildert werden.[78] Ein solches Vorgehen kann als verfassungskonforme Auslegung durch das Grundgesetz geboten sein.[79] Scheidet auch diese Möglichkeit aus, etwa weil der eindeutige Wortlaut der Norm und der Wille des historischen Gesetzgebers entgegenstehen,[80] hätte das Fachgericht gegebenenfalls den Weg des Art. 100 Abs. 1 GG zu beschreiten und die Sache dem Bundesverfassungsgericht vorzulegen. Kann sich das Fachgericht von der Verfassungswidrigkeit der Norm nicht überzeugen, eröffnet seine letztinstanzliche Entscheidung dem betroffenen Urheber schließlich die Möglichkeit einer Verfassungsbeschwerde.

In dieselbe Richtung geht ein weiterer Kammerbeschluss aus jüngerer Zeit.[81] Nach dem im Jahre 2008 eingeführten[82] § 97a Abs. 1 UrhG soll der in seinem Urheberrecht Verletzte vor Einleitung eines Gerichtsverfahrens eine Abmahnung aussprechen. Das entspricht der schon bislang geübten Praxis.[83] Gemäß § 97a Abs. 2 UrhG beschränkt sich der Ersatz der erforderlichen Aufwendungen für die Inanspruchnahme anwaltlicher Dienstleistungen für die erstmalige Abmahnung in einfach gelagerten Fällen mit einer nur un-

[75] Vgl. BVerfGE 56, 54 (69); 79, 1 (20); 123, 148 (172).

[76] BVerfG, Beschluss der 3. Kammer des Ersten Senats vom 24. November 2009 – 1 BvR 213/08 –, GRUR 2010, S. 332, m. Anm. *Wille*, ZUM 2010, S. 240.

[77] Vgl. *Schulze*, in: Dreier/Schulze, Urhebergesetz, 3. Aufl. 2008, § 88 Rn. 3, 15 ff.; *Wille*, GRUR 2009, S. 470.

[78] Vgl. BVerfGE 79, 1 (24).

[79] Vgl. BVerfGE 88, 145 (166 f.); 112, 164 (182 f.).

[80] Vgl. BVerfGE 95, 64 (93); 101, 312 (329); 112, 164 (183).

[81] BVerfG, Beschluss der 3. Kammer des Ersten Senats vom 20. Januar 2010 – 1 BvR 2062/09 –, GRUR 2010, S. 416. Dazu auch *Möller*, NJW 2010, S. 2999 (3001).

[82] Gesetz zur Verbesserung der Durchsetzung von Rechten des geistigen Eigentums vom 7. Juli 2008 (BGBl I S. 1191).

[83] Ein solches Vorgehen war und ist aus Anwaltssicht schon wegen § 93 ZPO geboten.

erheblichen Rechtsverletzung außerhalb des geschäftlichen Verkehrs auf 100 Euro.

Hier fällt zum einen die Häufung unbestimmter Rechtsbegriffe auf, die nach einer fachgerichtlichen Konkretisierung und gegebenenfalls Fallgruppenbildung dringend verlangen. Daneben sind verfassungsrechtliche Bedenken gegen die Deckelung der Abmahnkosten vorgebracht worden, auf die sich auch die Verfassungsbeschwerde stützte.[84]

Doch lässt sich aus diesen Bedenken nicht folgern, dass das Bundesverfassungsgericht – jedenfalls zum jetzigen Zeitpunkt – dazu berufen wäre, sich zur Verfassungsgemäßheit der Neuregelung einzulassen. Verfolgt der Gesetzgeber ein von der Verfassung gedecktes Ziel (hier: die Praxis der Abmahnung für das Urheberrecht in Anlehnung an das Wettbewerbsrecht zu normieren und dabei zu verhindern, dass Verletzer von Urheberrechten in Bagatellfällen überzogene Anwaltshonorare bezahlen müssen[85]), muss ihm Zeit gegeben werden, das Konzept auf seine Tauglichkeit und Angemessenheit hin zu beobachten. Der Gesetzgeber wird nur dann von Verfassungs wegen zu Korrekturen veranlasst sein, wenn sich eine nachhaltige Unstimmigkeit des neuen Konzepts erweisen sollte, die mit ungerechtfertigten Eingriffen in verfassungsmäßige Rechte von Beteiligten einhergeht.[86]

Solche Erkenntnisse könnten sich insbesondere aus der Rechtsprechung der Zivilgerichte ergeben. Auch die im Rahmen eines fachgerichtlichen Prozesses festgestellten Tatsachen vermögen dem Bundesverfassungsgericht wertvolle Entscheidungsgrundlagen zu vermitteln. So fragt sich mit Blick auf den möglicherweise nicht kostendeckenden Ersatzanspruch bei anwaltlichen Abmahnungsschreiben, ob und inwieweit der in seinem Urheberrecht Verletzte einen betriebswirtschaftlich gangbaren Weg zur Durchsetzung seiner Rechte zur Verfügung hat.[87] Sollte der Urheber rechtsschutzlos bleiben, weil ungedeckte Anwaltskosten ein Vorgehen gegen den Verletzer regelmäßig oder in bestimmten typisierten Fällen als unwirtschaftlich erscheinen lassen, stellt sich (erst dann) die Frage einer Verletzung von Art. 14 Abs. 1 GG.

d) Geistiges Eigentum, technische Fortentwicklung und Unionsrecht

Eine Kammerentscheidung vom 30. August 2010 – in diesem Fall eine Stattgabe – versucht, den technologischen Wandel verfassungsrechtlich einzufangen und die Konsequenzen aus dem grundrechtlichen Schutz

[84] *Ewert/von Hartz*, ZUM 2007, S. 450 (452 ff.); *Czychowski*, GRUR-RR 2008, S. 265 (267).

[85] Begründung zum Regierungsentwurf, BTDrucks 16/5048, S. 48; dazu *Ewert/von Hartz*, ZUM 2007, S. 450 (451 f.).

[86] BVerfGE 111, 10 (42).

[87] Vgl. *Ewert/von Hartz*, ZUM 2007, S. 450 (453). Siehe auch BGH, Urteil vom 21. Januar 2010 – I ZR 47/09 Kräutertee –, NJW 2010, S. 1208, zur Erstattungsfähigkeit der Kosten einer anwaltlichen Zweitmahnung.

geistigen Eigentums und der unionsrechtlichen Durchdringung für die urheberrechtliche Auslegungsmethodik zu ziehen.[88]

§ 54a Abs. 1 UrhG in der alten Fassung[89] enthielt einen Anspruch gegen den Hersteller oder Importeur von Geräten, die zur Vornahme von Vervielfältigungen bestimmt sind, wenn nach der Art eines Werkes zu erwarten ist, dass es nach § 53 UrhG durch Ablichtung eines Werkstücks oder in einem Verfahren vergleichbarer Wirkung vervielfältigt wird. Die VG Wort richtete den ihr durch § 54h UrhG a.F. zur Geltendmachung zugewiesenen („verwertungsgesellschaftspflichtigen") Anspruch gegen mehrere Druckerhersteller bzw. -importeure. Nicht die Geräteabgabe als solche stand im Streit – sie hatte das Bundesverfassungsgericht schon früher als verfassungsgemäß bewertet[90] –, sondern ihre Erstreckung auf Drucker und Plotter. In der Anlage zu § 54d Abs. 1 UrhG a.F. waren diese Geräte nicht ausdrücklich erwähnt.

Der Bundesgerichtshof hat sich, ohne Beteiligung des Gerichtshofs der Europäischen Union über Art. 267 AEUV und ohne erkennbare Berücksichtigung des Unionsrechts, dafür entschieden, dass Drucker und Plotter nicht zu den erfassten Geräten gehören, weil sie keine analogen (gedruckten) Vorlagen aufnehmen können.[91]

Die 2. Kammer des Ersten Senats des Bundesverfassungsgerichts hat das Urteil aufgehoben und die Sache an den Bundesgerichtshof zurückverwiesen.[92] Die Kammerentscheidung stellt eine Verletzung des Rechts auf den gesetzlichen Richter aus Art. 101 Abs. 1 Satz 2 GG fest und enthält in „Hinweisform" Ausführungen zu Art. 14 Abs. 1 GG.

Außerdem hat der Bundesgerichtshof in weiteren, weitgehend gleich begründeten Urteilen entschieden, dass auch Kopierstationen und PCs keine von § 54a UrhG a.F. erfassten Geräte darstellen.[93] Die gegen das Kopierstationen-Urteil gerichtete Verfassungsbeschwerde wurde nicht zur Entscheidung angenommen,[94] das PC-Urteil hingegen ebenfalls aufgehoben.[95]

[88] BVerfG, Beschluss der 2. Kammer des Ersten Senats vom 30. August 2010 – 1 BvR 1631/08 –, GRUR 2010, S. 999 m. Anm. *Th. Dreier* = K&R 2010, S. 728 m. Anm. *Hecht*.

[89] Bis 31. Dezember 2007 geltende Fassung aufgrund des Gesetzes zur Änderung des Patentgebührengesetzes und anderer Gesetze vom 25. Juli 1994 (BGBl I S. 1739).

[90] BVerfGE 31, 255 (265 ff.); 79, 1 (26 f.); BVerfG, Beschluss der 1. Kammer des Ersten Senats vom 19. September 1996 – 1 BvR 1767/92 –, GRUR 1997, S. 123.

[91] BGHZ 174, 359.

[92] Siehe Fn. 88. Vgl. ferner die stattgebenden Beschlüsse der 2. Kammer des Ersten Senats vom 21. Dezember 2010 im Hinblick auf zwei weitere Drucker-Verfahren: 1 BvR 2742/08 (CR 2011, S. 86) und 1 BvR 2760/08 (juris).

[93] BGH, Urteil vom 17. Juli 2008 – I ZR 206/05 –, GRUR 2008, S. 993 (Kopierstationen) bzw. Urteil vom 2. Oktober 2008 – I ZR 18/06 –, GRUR 2009, S. 53 (PCs).

[94] BVerfG, Beschluss der 2. Kammer des Ersten Senats vom 21. Dezember 2010 – 1 BvR 3461/08 –, CR 2011, S. 88.

[95] BVerfG, Beschluss der 2. Kammer des Ersten Senats vom 21. Dezember 2010 – 1 BvR 506/09 –, CR 2011, S. 85.

Die stattgebenden Kammerbeschlüsse unterscheiden sich im Hinblick auf den Schutz des geistigen Eigentums nicht in relevanter Weise. Deswegen folgt die hiesige Darstellung der Leitentscheidung vom 30. August 2010.

aa) Art. 101 Abs. 1 Satz 2 GG, Art. 267 Abs. 3 AEUV

Nationales Recht, das auf Richtlinien (wie hier der zum Urheberrecht vom 22. Mai 2001[96]) beruht, ist richtlinienkonform auszulegen.[97] Erhebt sich eine entscheidungserhebliche Auslegungsfrage, die vom Gerichtshof noch nicht beantwortet ist, muss das letztinstanzliche Gericht in der Regel gemäß Art. 267 Abs. 3 AEUV nach Luxemburg vorlegen.[98]

Der Gerichtshof wiederum ist gesetzlicher Richter im Sinne von Art. 101 Abs. 1 Satz 2 GG. Die Nichtdurchführung eines gebotenen Vorabentscheidungsverfahrens kann daher als Verfassungsverletzung beim Bundesverfassungsgericht gerügt werden. Das Bundesverfassungsgericht überprüft allerdings nur, ob die Auslegung und Anwendung der Zuständigkeitsregel des Art. 267 Abs. 3 AEUV nicht mehr verständlich erscheint und offensichtlich unhaltbar ist (Willkürmaßstab).[99] Die Fragestellung ist dabei in erster Linie prozessual, also an der Zuständigkeitsnorm orientiert, und nur mittelbar auf das jeweils einschlägige materielle Unionsrecht bezogen.[100] Nach der ständigen Kammerrechtsprechung des Bundesverfassungsgerichts[101] hat das Fachgericht Gründe anzugeben, die zeigen, ob es sich hinsichtlich des europäischen Rechts ausreichend kundig gemacht hat, und die so dem Bundesverfassungsgericht eine Kontrolle am Maßstab des Art. 101 Abs. 1 Satz 2 GG ermöglichen.[102]

Trotz entsprechender Anregung der Beschwerdeführerin hat der Bundesgerichtshof im Streitfall nicht dazu Stellung genommen, warum er von einer Vorlage abgesehen hat. Dabei lag das Bestehen einer Vorlagepflicht durchaus

[96] Richtlinie 2001/29/EG (Fn. 12).

[97] EuGH, Urteil vom 4. Juli 2006 – C-212/04 ELOG –, Slg. 2006, S. I-6057, Rn. 108 m.w.N.

[98] Zu den Kriterien für das Bestehen einer Vorlagepflicht vgl. EuGH, Urteil vom 6. Oktober 1982 – Rs. 283/81 C.I.L.F.I.T. –, Slg. 1982, S. 3415.

[99] BVerfGE 82, 159 (194 f.); 126, 286 (315 ff.).

[100] BVerfG, Beschluss der 3. Kammer des Ersten Senats vom 25. Februar 2010 – 1 BvR 230/09 –, NJW 2010, S. 1268, Rn. 20; Beschlüsse der 2. Kammer des Ersten Senats vom 30. August 2010 – 1 BvR 1631/08 –, GRUR 2010, S. 999, Rn. 48, und vom 10. November 2010 – 1 BvR 2065/10 –, juris Rn. 23; (nur) der Sache nach ebenso gehandhabt in BVerfGE 126, 286 (317 f.). Vgl. auch (den Kammerbeschlüssen zustimmend) *Bäcker*, NJW 2011, S. 270 (271). Inzwischen hat sich der Erste Senat mit Beschluss vom 25. Januar 2011 – 1 BvR 1741/09 –, juris Rn. 104 f., ebenfalls auf diesen prozessrechtlichen Ansatzpunkt festgelegt.

[101] Diese kann sich ihrerseits auf Senatsrechtsprechung berufen; vgl. BVerfGE 71, 122 (135 f.).

[102] Vgl. nur BVerfGK 8, 401 (405); 10, 19 (31).

nahe.[103] Denn vertretbare andere Ansichten zu der vom Bundesgerichtshof entschiedenen Frage durften auf der Grundlage der Urheberrechtsrichtlinie keinesfalls als ausgeschlossen gelten.

Im Nachhinein hat sich dies durch eine Entscheidung des Gerichtshofs vom 21. Oktober 2010 bestätigt, die mit der vom Bundesgerichtshof ohne Vorabentscheidungsverfahren erzielten Auslegung des Urheberrechts in wichtigen Teilen kaum vereinbar ist.[104]

bb) Art. 14 Abs. 1 GG

Nunmehr stand die 2. Kammer des Ersten Senats vor der Situation, dass das Ergebnis eines durchzuführenden Vorabentscheidungsverfahrens nach Art. 267 Abs. 3 AEUV nicht zu prognostizieren ist, aber Rückwirkungen auf die Urheberrechtslage entfalten würde. Die mögliche Verletzung von Art. 14 Abs. 1 GG durch das angegriffene Urteil war aber mit der Entscheidung über die Rüge des Entzugs des gesetzlichen Richters inhaltlich nicht erledigt.

Im Sinne eines „Kooperationsverhältnisses der Gerichte"[105] im europäischen Mehrebenensystem wirkt die Rechtsprechung des Gerichtshofs, aber auch des Europäischen Gerichtshofs für Menschenrechte auf diejenige des Bundesverfassungsgerichts ein, und umgekehrt.[106] Vor diesem Hintergrund verbietet sich ein Vorpreschen eines Gerichts in die Entscheidungszuständigkeit eines anderen; außerdem sind im Interesse eines effektiven und gleichheitsgerechten Rechtsschutzes inhaltliche Divergenzen soweit möglich zu vermeiden. Eine Verletzung deutscher Grundrechte, hier desjenigen auf (geistiges) Eigentum, durch die im Vorabentscheidungsverfahren ergehende Entscheidung des Gerichtshofs könnte vor dem Bundesverfassungsgericht schwerlich mit Aussicht auf Erfolg gerügt werden, da die europäische Rechtsentwicklung derzeit nicht generell unter den erforderlichen Grundrechtsstandard abgesunken ist. Dies aber wäre Voraussetzung für die Überprüfung eines unionsrechtlichen Rechtsakts am deutschen Grundgesetz.[107] Das deut-

[103] Anders als im hier besprochenen Fall hat der Bundesgerichtshof in einem anderen Verfahren, in dem die dortige Beschwerdeführerin ebenfalls mit beachtlichen Gründen eine Vorlage an den Gerichtshof angeregt hatte, ausführlich und vertretbar dazu Stellung genommen, warum er sich nicht zur Vorlage verpflichtet sieht. Die auf eine behauptete Verletzung von Art. 101 Abs. 1 Satz 2 GG gestützte Verfassungsbeschwerde wurde daher nicht zur Entscheidung angenommen; BVerfG, Beschluss der 2. Kammer des Ersten Senats vom 10. November 2010 – 1 BvR 2065/10 –, juris Rn. 23. Näher *Paulus/Wesche*, ZGE 2010, S. 385 (396 f.).

[104] EuGH, Urteil vom 21. Oktober 2010 – C-467/08 Padawan –, juris bzw. http://curia.europa.eu/. Näher *Paulus/Wesche*, ZGE 2010, S. 385 (395 f.).

[105] Vgl. BVerfGE 89, 155 (175).

[106] Dazu etwa *Voßkuhle*, NVwZ 2010, S. 1.

[107] BVerfGE 102, 147 (161 ff.).

sche Fachgericht, das aufgrund der Auslegung der Richtlinie durch den Gerichtshof sodann den bei ihm anhängigen Rechtsstreit entscheidet, hat sich seinerseits an diese unionsrechtlich bindend vorgegebene Auslegung zu halten, will es die Sache nicht erneut dem Gerichtshof vorlegen.[108] Damit könnte es scheinen, als wenn die materiellen Grundrechte des Grundgesetzes, hier insbesondere Art. 14 GG, in einem unionsrechtlich überwölbten Fall an Wirksamkeit einbüßten. Sie würden dann im Zweifelsfall dem Anwendungsvorrang des Unionsrechts[109] geopfert.

Das Verhältnis der europäischen Verfassungsgerichte und der verschiedenen Grundrechtskataloge zueinander kann hier nicht entfaltet werden.[110] Im Streitfall hat die Kammer ein „Einfallstor" für eine an Art. 14 Abs. 1 GG ausgerichtete Prüfung des Streifalls gesehen, nämlich die Frage, ob die sich aus der Urheberrechtsrichtlinie ergebende Auslegungsproblematik überhaupt entscheidungserheblich ist. Das nationale Gericht beurteilt die Entscheidungserheblichkeit der unionsrechtlichen Frage – als Voraussetzung ihrer Vorlagebedürftigkeit – in eigener Zuständigkeit.[111] Im Streitfall hing die Entscheidungserheblichkeit (auch) davon ab, wie die nationale Vorschrift (§ 54a Abs. 1 UrhG a.F.) ausgelegt wird. Eine entsprechende Auslegung könnte, was näherhin der Bundesgerichtshof zu prüfen hat, durch das Eigentumsgrundrecht geboten sein.

An den bereits wiedergegebenen[112] Maßstäben des Eigentumsgrundrechts, die der Gesetzgeber bei der Inhalts- und Schrankenbestimmung im Urheberrecht anzuwenden hat, haben auch die Gerichte ihre Auslegung und Anwendung des Rechts zu orientieren. Sind dabei mehrere Deutungen möglich, so verdient diejenige den Vorzug, die den Wertentscheidungen der Verfassung entspricht[113] und die die Grundrechte der Beteiligten möglichst weitgehend in praktischer Konkordanz zur Geltung bringt. Der Respekt vor der gesetzgebenden Gewalt fordert dabei eine verfassungskonforme Auslegung, die durch den Wortlaut des Gesetzes gedeckt ist und die prinzipielle Zielsetzung des Gesetzgebers wahrt.[114] Die Gerichte sind im Übrigen befugt und verpflichtet zu prüfen, wie das Gesetzesrecht auf neue Zeitumstände anzuwen-

[108] BVerfGE 75, 223 (244 f.).

[109] BVerfGE 31, 145 (174); 73, 339 (375); 123, 267 (396 ff.). Vgl. auch *Voßkuhle*, NVwZ 2010, S. 1 (5 f.) m.w.N.

[110] Mit dieser Frage beschäftigt sich eine noch im Jahr 2011 zu erwartende Entscheidung des Ersten Senats zum Aktenzeichen 1 BvR 1916/09.

[111] BVerfGE 82, 159 (194); EuGH, Urteile vom 6. Oktober 1982 – Rs. 283/81 C.I.L.F.I.T. –, Slg. 1982, S. 03415, Rn. 10; und vom 27. Juni 1991 – Rs. C-348/89 Mecanarte –, Slg. 1991, S. I-03277, Rn. 47.

[112] Oben, 1. a).

[113] Vgl. BVerfGE 8, 210 (220 f.); 88, 145 (166).

[114] Vgl. BVerfGE 8, 28 (34); 54, 277 (299 f.); 86, 288 (320).

den ist.[115] Das gilt auch und gerade für das gegenüber technischen Neuerungen besonders sensible Urheberrecht.

Das Fachrecht kennt in aller Regel genügend Ansatzpunkte für die Ausstrahlungswirkung der Grundrechte im Privatrechtsverhältnis.[116] Einer nachgeschalteten, sozusagen freischwebenden Interessenabwägung oder Grundrechtsprüfung bedarf es nicht.[117] Oft können die sich im Privatrechtsstreit gegenüberstehenden Parteien jeweils Grundrechtspositionen für sich in Anspruch nehmen. Eine eindimensionale Prüfung, ob der Eingriff in die Grundrechtsposition des Beschwerdeführers verfassungsrechtlich gerechtfertigt ist, verbietet sich dann. Es ist in solchen Fällen zudem nicht Sache des Bundesverfassungsgerichts, den Zivilgerichten vorzugeben, wie sie den Streitfall im Ergebnis zu entscheiden haben.[118] Vielmehr ist es erforderlich, aber von Verfassungs wegen auch ausreichend, wenn die Zivilgerichte alle grundrechtsbedeutsamen Belange in ihre Beurteilung und Abwägung einbeziehen und angemessen, das heißt insbesondere auch verhältnismäßig im engeren Sinne, verarbeiten.

Solche Belange hat das Bundesverfassungsgericht auch in der Kammerentscheidung zur Geräteabgabepflicht von Druckern und Plottern[119] herausgearbeitet und dem Bundesgerichtshof zur näheren Prüfung anhand der urheberrechtlichen Rechtslage überantwortet.

[115] Vgl. BVerfGE 82, 6 (12); 96, 375 (394).

[116] Grundlegend BVerfGE 7, 198 (206 f.); vgl. aus der jüngeren Rechtsprechung etwa BVerfGE 112, 332 (358); 114, 339 (348). Zusammenfassend *Jarass*, in: Jarass/Pieroth, GG, 11. Aufl. 2011, Art. 1 Rn. 54 f.

[117] Vgl. für das Urheberrecht: BGHZ 154, 260 (265 ff.) m.w.N. – Gies-Adler – (Berücksichtigung von Art. 5 GG bei der Auslegung von §§ 23, 24 UrhG).

[118] BVerfGE 94, 1 (9 f.); 112, 332 (358); speziell zum Urheberrecht: BVerfG, Beschlüsse der 2. Kammer des Ersten Senats vom 21. Dezember 2010 – 1 BvR 2742/08 (CR 2011, S. 86) und 1 BvR 2760/08 (juris) –, jeweils Rn. 19.

[119] BVerfG, Beschluss der 2. Kammer des Ersten Senats vom 30. August 2010 – 1 BvR 1631/08 –, GRUR 2010, S. 999, Rn. 62 ff.– Kritisch *Niemann*, CR 2011, S. 69, der durchgängig übersieht, dass das Bundesverfassungsgericht nur auf abwägungsrelevante Umstände aufmerksam macht, die vom Bundesgerichtshof in den dortmals aufgehobenen Urteilen übersehen worden waren. Eine – von *Niemann* für richtig gehaltene – konkrete Auslegung der dort streitentscheidenden Vorschriften kann einem bloßen Abwägungsgebot nicht auf logisch gleicher Ebene entgegengehalten werden.

Das Drittstaatenkonzept im unionsrechtlichen Kontext

FRANK MOLL/CHRISTIAN POHL

Leitentscheidung des Bundesverfassungsgerichts

BVerfGE 94, 49 – Sichere Drittstaaten

Schrifttum

Bank, Roland Kommentierung zu Art. 3 EMRK, in: Grote/Marauhn (Hrsg.), EMRK/GG, Konkordanzkommentar zum europäischen und deutschen Grundrechtsschutz, 2006, Kapitel 11; *Becker, Ulrich* Kommentierung zu Art. 16a Abs. 1 GG, in: v. Mangoldt/Klein/Starck, Kommentar zum Grundgesetz, Bd. 1, 6. Aufl. 2010; *Calliess, Christian* Europäische Gesetzgebung und nationale Grundrechte – Divergenzen in der aktuellen Rechtsprechung von EuGH und BVerfG?, JZ 2009, S. 113; *Davy, Ulrike* Kommentierung zu Art. 16a GG, in: Denninger/Hoffmann-Riem/Schneider (Hrsg.), Kommentar zum Grundgesetz für die Bundesrepublik Deutschland, 3. Aufl. 2001; *Dröge, Cordula* Positive Verpflichtungen der Staaten in der Europäischen Menschenrechtskonvention, 2003; *Filzwieser, Christian/Sprung, Andrea*, Dublin II-Verordnung, Das Europäische Asylzuständigkeitssystem, 3. Aufl. 2010; *Funke-Kaiser, Michael* Kommentierung zu § 26a AsylVfG und zu § 27a AsylVfG, in: Gemeinschaftskommentar zum Asylverfahrensgesetz 1992, Bd. 2, Loseblatt; *Hailbronner, Kay* Ausländerrecht, Kommentar, Bd. 3, Loseblatt; *Hermann, Mathias* Das Dublin System, 2008; *Lehnguth, Gerold/Maassen, Hans G.* Der Ausschluss vom Asylrecht nach Art. 16a Abs. 2 GG, Überlegungen zur Drittstaatenregelung sowie zu den bislang hierzu ergangenen Entscheidungen des Bundesverfassungsgerichts und der Instanzgerichte, ZfSH/SGB 1995, S. 281; *Lübbe-Wolff, Gertrude* Das Asylgrundrecht nach der Entscheidung des Bundesverfassungsgerichts vom 14. Mai 1996, DVBl. 1996, S. 825; *Marx, Reinhard* Kommentar zum Asylverfahrensgesetz, 7. Aufl. 2009; *Masing, Johannes* Kommentierung zu Art. 16a GG, in: Dreier (Hrsg.), Grundgesetz, Bd. 1, 2. Aufl. 2004; *Randelzhofer, Albrecht* Kommentierung zu Art. 16a GG, in: Maunz/Dürig, Grundgesetz, Bd. II, Loseblatt; *Zimmermann, Andreas* Das neue Grundrecht auf Asyl, 1994; *ders.* Der Vertrag von Amsterdam und das deutsche Asylrecht, NVwZ 1998, S. 450.

Inhalt

I. Einleitung

„Politisch Verfolgte genießen Asylrecht." Diesen Satz enthielt das Grundgesetz bereits in seiner ursprünglichen Fassung in Art. 16 Abs. 2 Satz 2 GG. Der Schutzanspruch war frei von Einschränkungen. Als in den 1980er und 1990er Jahren die Asylbewerberzahlen erheblich anstiegen und die Bundesrepublik sich zum Hauptzielland der Schutzsuchenden innerhalb Europas entwickelte, wurden Forderungen nach Begrenzung des Asylrechts erhoben.[1] Im Zuge des sogenannten Asylkompromisses von 1992 wurde im Jahr darauf der seitdem unverändert geltende Art. 16a GG eingeführt.[2] Er beinhaltet nach wie vor das Grundrecht auf Asyl, das aber derjenige nicht mehr beanspruchen kann, der aus einem sicheren Drittstaat einreist. Von dieser Regelung versprach man sich eine für die Bundesrepublik günstigere Verteilung der mit der Geltendmachung des asylrechtlichen Schutzes verbundenen Lasten.[3] Im Mai 1996 erging die Sichere-Drittstaaten-Entscheidung des Bundesverfassungsgerichts.[4] Das Gericht prüfte die verfassungsrechtliche Neu-

[1] *Davy*, in: Denninger/Hoffmann-Riem/Schneider, GG, 3. Aufl. 2001, Art. 16a Rn. 5 f.
[2] *Masing*, in: Dreier, GG, Bd. 1, 2. Aufl. 2004, Art. 16a Rn. 12.
[3] *Davy*, a.a.O. (Fn. 1), Rn. 7.
[4] BVerfGE 94, 49.

regelung und bewertete sie als verfassungsgemäß. In den Folgejahren kamen immer weniger Schutzsuchende in die Bundesrepublik.[5] Die Belastung der an den Außengrenzen der Europäischen Union liegenden Staaten nahm hingegen zu.[6] Eine Ursache für diese Entwicklung wird auch in den auf Unionsebene geschaffenen Zuständigkeitsregelungen gesehen.[7] Gegenwärtig gilt die Verordnung (EG) Nr. 343/2003[8]. Hiernach ist – sofern nicht andere Umstände die Zuständigkeit begründen wie der Aufenthalt von Familienangehörigen und die Erteilung eines Aufenthaltstitels – derjenige Mitgliedstaat für die Durchführung des Asylverfahrens zuständig, über dessen Grenzen der Schutzsuchende in das Unionsgebiet eingereist ist. Begibt sich der Betreffende in andere Mitgliedstaaten, ist der zuständige Staat verpflichtet, ihn wiederaufzunehmen. Es wird kontrovers diskutiert, welche Bedeutung neben dem unionsrechtlichen Zuständigkeitssystem der nationalen Drittstaatenregelung noch zukommt[9] und wie zu verfahren ist, wenn Grundgedanken des Flüchtlingsschutzes im Drittstaat wegen der dortigen Asylpraxis und der dort für Asylsuchende herrschenden Lebensverhältnisse in Frage gestellt sind.[10] Vor diesem Hintergrund stoppte eine Kammer des Bundesverfassungsgerichts[11] seit September 2009 in mehreren Fällen Abschiebungen nach Griechenland durch den Erlass einstweiliger Anordnungen. Hauptsacheentscheidungen sind nicht ergangen, nachdem der Bundesinnenminister die Weisung erteilt hat, für ein Jahr keine Schutzsuchenden nach Griechenland zu überstellen.[12] Die aufgeworfenen Fragen bleiben dennoch wegen des großen Zustroms von Flüchtlingen, denen sich insbesondere die Mittelmeerländer der Union gegenübersehen,[13] unverändert virulent.

Im Folgenden werden zunächst die Grundzüge der Sichere-Drittstaaten-Entscheidung nachgezeichnet (II). Dann wird untersucht, wie sie im Hinblick auf die schutzrechtlich relevante Lage in Unionsstaaten fortentwickelt

[5] *Randelzhofer*, in: Maunz/Dürig, GG, Bd. II, Art. 16a Rn. 6 Fn. 2 (März 2007).

[6] *Pro Asyl*, Bericht vom August 2008: Neue Recherchen und Dokumente zur Situation von Schutzsuchenden in Griechenland, S. 2.

[7] Vgl. *Pro Asyl*, Bericht vom Oktober 2007: „The truth may be bitter, but it must be told", S. 4.

[8] Verordnung (EG) Nr. 343/2003 des Rates vom 18. Februar 2003 zur Festlegung der Kriterien und Verfahren zur Bestimmung des Mitgliedstaats, der für die Prüfung eines von einem Drittstaatsangehörigen in einem Mitgliedstaat gestellten Asylantrags zuständig ist (ABl. Nr. L 50/1) – Dublin-II-Verordnung.

[9] Siehe unten IV.

[10] Siehe unten III.

[11] BVerfG, Beschlüsse der 1. Kammer des Zweiten Senats vom 8. September 2009 – 2 BvQ 56/09 –, EuGRZ 2009, S. 540, vom 21. Mai 2010 – 2 BvR 904/10 –, juris, und vom 15. Juli 2010 – 2 BvR 1460/10 –, juris.

[12] BVerfG, Beschluss des Zweiten Senats vom 25. Januar 2011 – 2 BvR 2015/09 –, EuGRZ 2011, S. 94 f.

[13] Vgl. *Pro Asyl*, Bericht vom August 2008 (Fn. 6), S. 2.

werden können (III). Im dritten Teil wird herausgearbeitet, welche Geltung der Drittstaatenregelung neben den unionsrechtlichen Zuständigkeitsbestimmungen bleibt (IV).

II. Die Rechtsprechung des Bundesverfassungsgerichts zum Drittstaatenkonzept im System des Art. 16a GG

1. Dogmatische Grundlagen

Das Grundgesetz geht unverändert von einem Bedürfnis nach Gewährung von Schutz vor politischer Verfolgung aus, verweist asylbegehrende Ausländer aber auf den anderweitigen Schutz, den sie in einem sicheren Drittstaat erlangen könnten.[14] Demgemäß regelt Art. 16a GG ein individuelles, subjektives Grundrecht auf Asyl (Absatz 1), auf das sich nach Art. 16a Abs. 2 Satz 1 GG nicht berufen kann, wer aus einem Mitgliedstaat der Europäischen Gemeinschaften oder aus einem anderen Drittstaat einreist, in dem die Anwendung des Abkommens über die Rechtsstellung der Flüchtlinge – GFK – vom 28. Juli 1951[15] und der Konvention zum Schutze der Menschenrechte und Grundfreiheiten – EMRK – vom 4. November 1950[16] sichergestellt ist. Ein Asylverfahren findet in der Bundesrepublik nicht statt. Es entfällt auch das als Vorwirkung des grundrechtlichen Schutzes gewährleistete vorläufige Bleiberecht.[17] Aufenthaltsbeendende Maßnahmen können unabhängig von einem gegen die Überstellung eingelegten Rechtsbehelf vollzogen werden (Art. 16a Abs. 2 Satz 3 GG). Hierdurch wird Art. 19 Abs. 4 GG modifiziert.[18] Die Folge hiervon ist, dass der Asylsuchende gehalten ist, sein Begehren, Zugang zum deutschen Asylverfahren zu erlangen, vom Drittstaat aus zu verfolgen.

Die Drittstaatenregelung wurde einfachgesetzlich in § 26a des Asylverfahrensgesetzes – AsylVfG – umgesetzt, der die Aussage des Art. 16a Abs 2 Satz 1 GG wiederholt. Das Bundesamt für Migration und Flüchtlinge hat gemäß § 31 Abs. 4 AsylVfG festzustellen, dass dem Ausländer aufgrund seiner Einreise aus einem sicheren Drittstaat kein Asylrecht zusteht. Wenn die Abschiebung in den sicheren Drittstaat erfolgen soll, hat das Bundesamt die Abschiebung dorthin anzuordnen (§ 34a Abs. 1 AsylVfG). Sie darf nicht nach § 80 oder § 123 der Verwaltungsgerichtsordnung – VwGO – ausgesetzt werden (§ 34a Abs. 2 AsylVfG).

[14] BVerfGE 94, 49 (85).
[15] BGBl 1953 II, S. 560.
[16] BGBl 1952 II, S. 953.
[17] BVerfGE 94, 49 (87).
[18] BVerfGE 94, 49 (104).

2. *Die Sichere-Drittstaaten-Entscheidung (BVerfGE 94, 49)*

a) Ausgangspunkt

Das Bundesverfassungsgericht sah Art. 16a Abs. 2 GG sowie § 26a Abs. 1 und § 34a AsylVfG als grundgesetzkonform an.[19] Der aus einem sicheren Drittstaat Einreisende sei aus dem persönlichen Geltungsbereich des Asylgrundrechts ausgeschlossen. Der Regelungsgehalt des Art. 16a Abs. 2 GG folge aus dem mit dieser Verfassungsnorm verfolgten Konzept einer normativen Vergewisserung über die Sicherheit im Drittstaat. Sie beziehe sich darauf, dass der Drittstaat einem Flüchtling, der sein Gebiet erreicht habe, den nach der GFK und der EMRK gebotenen Schutz vor politischer Verfolgung und anderen ihm im Herkunftsstaat drohenden schwerwiegenden Beeinträchtigungen seines Lebens, seiner Gesundheit oder seiner Freiheit gewähre. Insoweit sei die Sicherheit des Flüchtlings im Drittstaat generell festgestellt. Er könne weder geltend machen, in seinem Fall werde der Drittstaat – entgegen seiner sonstigen Praxis – Schutz verweigern, noch, dass er wegen eines – niemals völlig auszuschließenden – Fehlverhaltens der Behörden im Drittstaat mit der Weiterschiebung in seinen Herkunftsstaat rechnen müsse.

Auch andere Rechtspositionen könne der Schutzsuchende seiner Zurückweisung oder -verbringung nicht entgegenhalten. Das Bundesverfassungsgericht[20] nannte § 51 des Ausländergesetzes[21] – AuslG –, dessen Voraussetzungen nach der Rechtsprechung des Bundesverwaltungsgerichts[22] weitgehend mit denen des Asylgrundrechts deckungsgleich waren, und § 53 AuslG[23], soweit die Vorschrift aus der EMRK folgende Abschiebungsverbote erfasst habe. Ausgenommen hiervon hat das Gericht[24] den Schutzanspruch bei so genannten inlandsbezogenen Abschiebungsverboten[25] und bei drohender Abschiebung in ein anderes Land als einen sicheren Drittstaat.

b) Grenzen des Vergewisserungskonzepts

Das Bundesverfassungsgericht[26] nahm weitere Einschränkungen des Schutzausschlusses vor. Die Bundesrepublik habe auch dann Schutz zu gewähren, wenn Umstände gegeben seien, die ihrer Eigenart nach nicht vorweg im Rah-

[19] BVerfGE 94, 49 (52, 95 ff.).
[20] BVerfGE 94, 49 (95, 97, 98).
[21] Entsprach § 60 Abs. 1 AufenthG.
[22] BVerwG, Urteil vom 18. Februar 1992 – 9 C 59.91 –, Buchholz 402.25 § 7 AsylVfG Nr. 1.
[23] Entsprach § 60 Abs. 2 bis 7 AufenthG.
[24] Vgl. BVerfGE 94, 49 (95, 97).
[25] Zur Abgrenzung der inlands- von den zielstaatsbezogenen Abschiebungsverboten vgl. BVerwGE 105, 383 (384 ff.).
[26] BVerfGE 94, 49 (99 f.)

men des Konzepts normativer Vergewisserung von Verfassung oder Gesetz berücksichtigt werden könnten und damit von vornherein außerhalb der Grenzen lägen, die der Durchführung eines solchen Konzepts aus sich selbst heraus gesetzt seien. Das Gericht führte fünf Fallgruppen auf: die dem Betroffenen im Drittstaat drohende Todesstrafe; die Bedrohung durch ein Gewaltverbrechen, das zu verhindern der Drittstaat außerstande ist; die schlagartige Veränderung der für die Einstufung als sicher maßgeblichen Verhältnisse im Drittstaat, wenn die gebotene Reaktion der Bundesregierung nach § 26a Abs. 3 AsylVfG noch aussteht; das Ergreifen von Maßnahmen politischer Verfolgung oder unmenschlicher Behandlung (Art. 3 EMRK) gegen den Schutzsuchenden durch den Drittstaat; die Schutzverwehrung im Einzelfall etwa wegen politischer Rücksichtnahme gegenüber dem Herkunftsstaat.

Ist ein solcher Fall gegeben, der außerhalb der Grenzen des Vergewisserungskonzepts liegt, greift die Drittstaatenregelung nicht. Sie vermag dann den Ausschluss des Asylsuchenden vom persönlichen Schutzbereich des Asylgrundrechts nicht zu begründen.[27] Diesen Schluss zog das Bundesverfassungsgericht[28] allerdings nicht, sondern ließ nur die Inanspruchnahme einfachgesetzlichen Abschiebungsschutzes zu. Eine Erklärung gab das Gericht hierfür nicht. Da aber der Ausschluss des Schutzes aus Art. 16a Abs. 1 GG nach Art. 16a Abs. 2 Satz 1 GG auf dem Vergewisserungskonzept beruht, wird er nicht über dessen Grenzen hinausgehen können. Ist der Betreffende nicht darauf zu verweisen, sich schutzsuchend an den Drittstaat zu wenden, ist kein Grund ersichtlich, ihm die Berufung auf Art. 16a Abs. 1 GG weiterhin vorzuenthalten.

Eine weitere Folge des Vorliegens eines vom Vergewisserungskonzept nicht aufgefangenen Falls ist, dass der Rechtsschutzausschluss zurücktritt. Art. 16a Abs. 2 Satz 3 GG reicht nicht weiter als bis zu den Grenzen, die dem Konzept der normativen Vergewisserung gesetzt sind.[29] Gleiches gilt für § 34a Abs. 2 AsylVfG, der keine über die grundrechtliche Bestimmung hinausgehende Regelung trifft.[30] Das Verwaltungsgericht kann die Vollziehung der Abschiebung vorläufig aussetzen.[31]

c) Darlegungsanforderungen

Der Asylsuchende kann die Prüfung, ob seiner Rückverbringung in den Drittstaat Hinderungsgründe entgegenstehen, nur erreichen, wenn es sich aufgrund bestimmter Tatsachen aufdrängt, dass er von einem Fall betroffen

[27] Str., vgl. *Funke-Kaiser*, GK-AsylVfG, Bd. 2, § 26a Rn. 82 (Oktober 2007); *Marx*, AsylVfG, 7. Aufl. 2009, § 26a Rn. 126.

[28] BVerfGE 94, 49 (99).

[29] BVerfGE 94, 49 (102).

[30] BVerfGE 94, 49 (113).

[31] BVerfGE 94, 49 (102).

ist, der außerhalb der Grenzen des Konzepts der normativen Vergewisserung liegt. An die Darlegung stellt das Bundesverfassungsgericht[32] strenge Anforderungen. Den Asylbewerber trifft eine erhöhte Darlegungslast. Die deutschen Behörden und Gerichte werden nicht verpflichtet sein, auf Hinweise über Missstände im Drittstaat hin zu ermitteln, wenn die Einstufung als sicherer Drittstaat vom Betroffenen nicht substantiiert erschüttert wird. Anderenfalls droht die mit der Drittstaatenregelung angestrebte europaweite Lastenverteilung[33] an Wirkung zu verlieren. Allerdings werden die Behörden und Gerichte wegen der Bedeutung der von GFK, EMRK und Art. 16a Abs. 1 GG geschützten Rechtsgüter die allgemeine und ihnen zugängliche Auskunftslage nicht unberücksichtigt lassen dürfen. Insoweit lässt sich eine Parallele zu § 36 Abs. 4 Satz 2 AsylVfG ziehen. Hiernach bleiben Tatsachen und Beweismittel, die von den Beteiligten nicht angegeben werden, unberücksichtigt, es sei denn, sie sind gerichtsbekannt oder offenkundig. Die Vorschrift hebt die Beibringungslast hervor. Vorhandene behördliche und gerichtliche Erkenntnisse dürfen indes nicht außer Acht gelassen werden.

Die vorgetragenen Asylgründe dürften jedoch noch nicht zu bewerten sein. Wendet sich der Asylsuchende dagegen, in einen Drittstaat überstellt zu werden, geht es nicht um die von ihm geltend gemachten Fluchtgründe. Sie bilden nicht den Gegenstand des Verfahrens. Vielmehr erstrebt der Betreffende erst den Zugang zum Asylverfahren in der Bundesrepublik. Für die vorgreifliche Beurteilung der Verfolgungsgefahr ist noch kein Raum.

III. Drittstaatenkonzept und Mitgliedstaaten der Europäischen Union

1. Grenzen des Vergewisserungskonzepts

Das Bundesverfassungsgericht stellte in der Sichere-Drittstaaten-Entscheidung nicht klar, ob das Konzept der normativen Vergewisserung auch bei Mitgliedstaaten der Europäischen Union Grenzen aufweisen kann. Im Schrifttum wird dies teilweise[34] angenommen, teils[35] wird davon ausgegangen, dass die Einstufung der Mitgliedstaaten als sichere Drittstaaten wegen der unmittelbar verfassungskräftigen Absicherung einer rechtlichen Prüfung entzogen sei. Der vom Bundesverfassungsgericht benannte Sonderfall der schlagartigen Veränderung der Verhältnisse ohne Reaktion der Bundesregierung nach

[32] BVerfGE 94, 49 (100).

[33] Vgl. BVerfGE 94, 49 (96).

[34] *Marx*, a.a.O. (Fn. 27), § 26a Rn. 103.

[35] *Lehnguth/Maassen*, ZfSH/SGB 1995, S. 281 (283 f.), vgl. auch *Lübbe-Wolff*, DVBl 1996, S. 825 (828, 831).

§ 26a Abs. 3 AsylVfG wird einzig bei denjenigen Drittstaaten gegeben sein können, die nicht zur Europäischen Union gehören. Nur bei ihnen können der einfache Gesetzgeber (vgl. Art. 16a Abs. 2 Satz 2 GG) und die Bundesregierung darüber entscheiden, ob sie als sicher gelten. Bei den Unionsstaaten ist dies bereits durch die Verfassung festgelegt. Bei der Bestimmung der Grenzen stellte das Bundesverfassungsgericht[36] aber heraus, dass es sich um Umstände handele, die ihrer Eigenart nach nicht vorweg im Rahmen des Konzepts der normativen Vergewisserung von *Verfassung* oder Gesetz berücksichtigt werden könnten. Die Verweisung auf die kraft Verfassung erfolgte Vergewisserung bezieht sich auf die Mitgliedstaaten der Europäischen Union.[37] Mithin kann auch bei ihnen das Vergewisserungskonzept Grenzen haben.

2. *Weitere Grenzen*

Umstritten[38] ist, ob die Aufzählung der in der Sichere-Drittstaaten-Entscheidung benannten fünf Fallgruppen, die das Bundesverfassungsgericht außerhalb der Grenzen der normativen Vergewisserung ansiedelt, abschließend ist. Hierauf könnte die Wendung „schließlich", mit der das Bundesverfassungsgericht[39] die Darstellung der fünften Fallgruppe einleitet, hindeuten.[40] Allerdings sind die benannten Fallgruppen sehr heterogen. Ein geschlossenes Konzept, das ihnen zugrunde liegen könnte, lässt sich nicht ausmachen. Dies dürfte der Annahme, weitere Grenzen solle es nicht geben, entgegenstehen. Die drohende Todesstrafe und die Gefahr, Opfer eines Verbrechens zu werden, haben individuelle Schutzgüter als Bezugspunkte. Die schlagartige Veränderung der Verhältnisse im Drittstaat verweist demgegenüber auf Umstände, die im Rahmen einer normativen Vergewisserung nicht vorhergesehen werden können. Bei der Verfolgung durch den Drittstaat handelt es sich gleichermaßen wie bei der Schutzverwehrung um Sachverhalte, die in den Anwendungsbereich von GFK und EMRK fallen und auf die die Vergewisserung gerade bezogen ist. Letztendlich dürfte es bei all diesen Fällen darum gehen, schwere Verletzungen bedeutender Rechtsgüter zu verhindern. Weitere Grenzen dürften sie nicht ausschließen.

Als maßgebend wird man den Hinweis des Bundesverfassungsgerichts[41] ansehen müssen, das Vergewisserungskonzept habe aus sich selbst heraus ge-

[36] BVerfGE 94, 49 (99).
[37] Vgl. BVerfGE 94, 49 (95 f.).
[38] Zum Meinungsstand *Randelzhofer*, in: Maunz/Dürig, GG, Bd. II, Art. 16a Abs. 2 Rn. 69 (Februar 1999).
[39] BVerfGE 94, 49 (100).
[40] *Randelzhofer*, a.a.O. (Fn. 38).
[41] Vgl. BVerfGE 94, 49 (99).

setzte Grenzen. Es wird dort seine Tragfähigkeit verlieren, wo eine normative Vergewisserung der Natur der Sache nach prinzipiell nicht möglich ist[42] oder nicht mehr greifen kann. Dies öffnet den Blick für die Bestimmung von Grenzen, die über die benannten Fallgruppen hinausweisen. Sie können gegeben sein, wenn sich das Asylsystem im Drittstaat als derart defizitär herausstellt, dass es keine Gewähr für einen ausreichenden flüchtlingsrechtlichen Schutz mehr bietet (a), und bei einer unzureichenden materiellen Versorgung der Schutzsuchenden (b).

a) Defizitäres Asylsystem

aa) Ausgangspunkt

Der verfassungsändernde Gesetzgeber hat sich bei der Schaffung des Art. 16a Abs. 2 Satz 1 GG davon leiten lassen, dass in allen Mitgliedstaaten der Europäischen Union die GFK und die EMRK gelten und auf der Grundlage gemeinsamer Grundüberzeugungen im Rahmen der Flüchtlingspolitik prinzipiell auch angewendet werden.[43] Dies beruht auf der Vorstellung, dass ein Ausländer in allen Mitgliedstaaten der Europäischen Union generell Schutz vor politischer Verfolgung und vor Weiterschiebung in einen Staat finden kann, in dem ihm politische Verfolgung oder sonstige menschenrechtswidrige Behandlung oder Bestrafung droht.[44] Hierauf hat sich die Vergewisserung des verfassungsändernden Gesetzgebers bezogen. Es ist deswegen nicht hinterfragbar, ob bei Einführung des Art. 16a Abs. 2 GG die Verhältnisse in allen Mitgliedstaaten so waren, wie es der verfassungsändernde Gesetzgeber angenommen hat.

bb) Zeitgebundenheit der Vergewisserung

Die verfassungsrechtliche Einordnung als sicherer Drittstaat lässt sich jedoch als zeitgebunden ansehen. Mit zunehmender zeitlicher Entfernung von der Verfassungsänderung entsteht Raum für die Geltendmachung grundlegend geänderter Umstände. Die Existenz der Grundüberzeugungen von der prinzipiellen Anwendung der GFK und der EMRK in den Mitgliedstaaten der Europäischen Union im Rahmen der Flüchtlingspolitik muss sich im praktischen Vollzug beweisen. Ergibt sich, dass ein Mitgliedstaat in großem Umfang von seinen flüchtlingsrechtlichen Verpflichtungen abweicht, dürfte dies eine einschränkende Anwendung der Drittstaatenregelung erfordern. Die nachträgliche Änderung der Umstände liegt jenseits der Grenze des Konzepts der normativen Vergewisserung, weil sie von der ursprünglichen Ver-

[42] Vgl. *Lübbe-Wolff*, a.a.O. (Fn. 35), S. 827.
[43] BVerfGE 94, 49 (88).
[44] BVerfGE 94, 49 (88).

gewisserung zur Zeit der Verfassungsänderung nicht erfasst werden konnte. Bietet der Drittstaat keine genügende Sicherheit vor einer asylerheblichen Verfolgung, wird mithin der Schutzanspruch des Asylbewerbers im Drittstaat nicht erfüllt, wird er ihn gestützt auf Art. 16a Abs. 1 GG wieder gegenüber der Bundesrepublik erheben und die Durchführung eines auf die Asylanerkennung gerichteten Verfahrens verlangen können.[45]

Wie groß der zeitliche Abstand sein muss, lässt sich nicht abstrakt festlegen. Es dürfte darauf ankommen, wie sehr sich die Rahmenbedingungen vor allem im Hinblick auf die Aufnahmekapazität und -bereitschaft des Mitgliedstaats verändert haben. Schiebt der Mitgliedstaat in dieser Situation die Asylbewerber ohne vorangehende inhaltliche Prüfung ihrer Asylbegehren weiter, ergibt sich, dass er an den vom verfassungsändernden Gesetzgeber angenommenen Grundüberzeugungen nicht mehr festhält. Ob die Rechtslage mit den Grundüberzeugungen noch übereinstimmt, wird ohne Belang sein, wenn die Praxis ein gegensätzliches Bild zeichnet. Maßgeblich sind für asylrechtliche Betrachtungen die tatsächlichen Verhältnisse.[46]

cc) Ausmaß der Defizite

Zeigt das Asylsystem im Drittstaat Mängel, ist die Grenze allerdings nicht bereits dann erreicht, wenn die unionsrechtlichen Anforderungen an ein Asylverfahren[47] nicht erfüllt werden oder kein Prüfungsverfahren offensteht, das dem deutschen Verfahren nahekommt.[48] Die normative Vergewisserung über die Sicherheit im Drittstaat erstreckt sich darauf, dass dieser Staat Flüchtlingen Schutz nach der GFK gewährt und seine Verpflichtungen aus der EMRK einhält.[49] Hieran wird sich die Beurteilung zu orientieren haben, ob der Drittstaat im Umgang mit Schutzsuchenden so weit von den Grundüberzeugungen des verfassungsändernden Gesetzgebers abgerückt ist, dass die Anwendung der Drittstaatenregelung einzuschränken ist. Das Asylsystem im Drittstaat muss sich in der Praxis als derart ineffektiv erweisen, dass bezogen auf die Einhaltung der Schutzpflichten nach Art. 33 GFK und Art. 3 EMRK nicht mehr von einer sinnvollen Durchführung der Asylverfahren gesprochen werden kann. Hiervon dürfte auszugehen sein, wenn der Drittstaat die Asylbewerber weiterschiebt, ohne den Asylantrag entgegenzunehmen oder ohne ihn seinem wesentlichen Inhalt nach zu erfassen und zu bewerten. Diese Situation muss eine Vielzahl von Asylbewerbern erfassen, so

[45] Siehe oben II.2.b).
[46] Vgl. BVerfGE 83, 216 (235).
[47] Siehe insbesondere die Vorgaben der Richtlinie 2005/85/EG des Rates vom 1. Dezember 2005 über Mindestnormen für Verfahren in den Mitgliedstaaten zur Zuerkennung und Aberkennung der Flüchtlingseigenschaft (ABl. Nr. L 326/13) – Verfahrensrichtlinie.
[48] Vgl. BVerfGE 94, 49 (91).
[49] Vgl. BVerfGE 94, 49 (88, 97).

dass praktisch jeder Einzelne davon betroffen sein kann. Vereinzelte Fälle von Schutzverweigerung werden sich niemals ausschließen lassen.

b) Unterversorgung

aa) Wirtschaftliche Zwangslage

Der Weiterschiebungsgefahr ohne vorangehende inhaltliche Prüfung der Asylbegehren dürfte eine massive Unterversorgung der Asylsuchenden im Drittstaat hinsichtlich der Grundbedürfnisse des täglichen Lebens, der Unterbringung und der Gesundheitsfürsorge gleichstehen. Fehlt die materielle Lebensgrundlage, werden die Asylsuchenden veranlasst sein, um im Zufluchtsland nicht zugrunde zu gehen, in ihren Heimatstaat zurückzukehren. Ein anderer Staat wird sich kaum finden, der sie aufnimmt. Von einer solchen durch soziale Not bedingten Zwangslage wird wie bei der Beurteilung, ob ein Asylsuchender auf eine inländische Fluchtalternative[50] zu verweisen ist, auszugehen sein, wenn das wirtschaftliche Existenzminimum nicht gewährleistet ist.

bb) Art. 3 EMRK

Bei einer Unterversorgungslage könnte auch der vom Bundesverfassungsgericht[51] benannte Ausnahmefall der unmenschlichen Behandlung im Sinne von Art. 3 EMRK gegeben sein. Die Bezugnahme auf Art. 3 EMRK eröffnet den Weg, bei der Bestimmung der „unmenschlichen Behandlung" auf die Rechtsprechung des Europäischen Gerichtshofs für Menschenrechte – EGMR – zurückzugreifen. Bei der Auslegung des Grundgesetzes sind Inhalt und Entwicklungsstand der EMRK, wie sie sich insbesondere in den Entscheidungen des EGMR widerspiegeln,[52] zu beachten.[53] Der EGMR[54] hat jüngst ausgesprochen, dass erhebliche Unzulänglichkeiten in der Versorgung Schutzsuchender eine unmenschliche Behandlung im Sinne von Art. 3 EMRK darstellen können.

Allerdings begrenzte das Bundesverfassungsgericht[55] den Sonderfall der unmenschlichen Behandlung auf Ausnahmesituationen. Deutlich wird dies durch die Bezugnahme auf „den Schutzsuchenden". Es geht nicht um eine generelle Veränderung der Rechtspraxis im Drittstaat, sondern um eine

[50] Vgl. hierzu BVerfG, Beschluss der 1. Kammer des Zweiten Senats vom 24. März 1997 – 2 BvR 1024/95 –, InfAuslR 1997, S. 273 (276); BVerwG, Beschluss vom 21. Mai 2003 – 1 B 298.02 –, Buchholz 402.25 § 1 AsylVfG Nr. 270.

[51] BVerfGE 94, 49 (99).

[52] BVerfGE 111, 307 (319).

[53] BVerfGE 74, 358 (370); 111, 307 (315 ff., 329).

[54] EGMR, Urteil vom 21. Januar 2011 – 30696/09 –, InfAuslR 2011, S. 221 (222 f.) – M.S.S. ./. Belgien und Griechenland.

[55] BVerfGE 94, 49 (99).

punktuelle. Aufgefangen werden sollen konventionswidrige Abweichungen im Einzelfall.[56] Betrifft die Unterversorgungslage viele, kann dieser Umstand kaum als Ausnahmesituation begriffen werden. Das Bundesverfassungsgericht[57] hatte seinerzeit jedoch noch die Situation im Blick, in der der Drittstaat zum Verfolgerstaat wird. Hierum geht es bei der Einbeziehung von Gefährdungen infolge sozialer Missstände in den Anwendungsbereich von Art. 3 EMRK jedoch nicht mehr, sondern um Gefahren, die aus Umständen erwachsen, die weite Bevölkerungsteile bedrängen und damit einen überindividuellen Bezug aufweisen. Folgt man den vom EGMR vorgenommenen Weiterungen in der Anwendung des Art. 3 EMRK,[58] erscheint es möglich, die soziale Not vieler als ein Massenphänomen dem Sonderfall der unmenschlichen Behandlung zuzuordnen.

c) Generelle Veränderung der Asylpraxis

Die gewandelte Praxis im Mitgliedstaat braucht nicht gerade den Ausländer, der sich auf sie beruft, selbst zu betreffen. Es wird genügen, wenn die Qualifizierung als sicherer Drittstaat allgemein erschüttert ist. Die normative Vergewisserung sieht vom Einzelfall ab. Wegen des vom Normgeber als generell vorhanden betrachteten Schutzniveaus wird eine Einzelfallprüfung grundsätzlich nicht durchgeführt. Die Kehrseite hiervon ist, dass unabhängig vom Einzelfall die Prüfung des Asylbegehrens in der Bundesrepublik wieder erreicht werden kann, wenn das generelle Schutzniveau entfallen ist. Hierfür spricht auch Art. 16a Abs. 5 GG, der einen völkerrechtlichen Vertrag über die Zuständigkeit für die Prüfung von Asylbegehren schon dann nicht zulässt, wenn in dem Vertragsstaat die Anwendung von GFK und EMRK nicht sichergestellt ist. Dass gerade die Personen, die unter das Zuständigkeitsregime fallen sollen, von Konventionsverstößen betroffen sind, wird nicht entscheidend sein.

3. Ergebnis

Das Drittstaatenkonzept geht von der Annahme aus, dass in den Staaten, die als sicher betrachtet werden, die GFK und die EMRK Anwendung finden. Hierauf bezieht sich die normative Vergewisserung über die Sicherheit im Drittstaat. Sie weist aus sich selbst heraus gesetzte Grenzen auf. Dies gilt auch für die kraft Verfassung als sicher eingestuften Unionsstaaten. Die Sichere-Drittstaaten-Entscheidung benennt fünf Fallgruppen, die nicht von

[56] *Randelzhofer*, a.a.O. (Fn. 38), Rn. 72 f.

[57] BVerfGE 94, 49 (99).

[58] Vgl. hierzu *Bank*, in: Grote/Marauhn, EMRK/GG, Kap. 11 Rn. 94 f.; *Dröge*, Positive Verpflichtungen, 2003, S. 109 ff.

der normativen Vergewisserung aufgefangen werden. Die Aufzählung ist nicht abschließend. Die Drittstaatenregelung ist auch dann einzuschränken, wenn sich in zeitlicher Distanz zur ursprünglichen Vergewisserung das Asylsystem im Drittstaat als derart dysfunktional erweist, dass die Grundannahme, dort würden die sich aus der GFK und der EMRK ergebenden Anforderungen an die Schutzgewährung eingehalten, nicht mehr trägt. Gleiches wird man annehmen müssen, wenn sich die Asylsuchenden im Drittstaat einer völlig unzureichenden Versorgungslage ausgesetzt sehen.

IV. Drittstaatenregelung und unionsrechtliches Zuständigkeitssystem

Abschließend wird der Frage nachgegangen, welcher Anwendungsbereich für die Drittstaatenregelung neben der Verordnung (EG) Nr. 343/2003 verbleibt. Das Bundesverfassungsgericht konnte sich in der Sichere-Drittstaaten-Entscheidung hierzu nicht äußern und hat dies auch später nicht getan. Vielfach wird, in der Regel hinsichtlich Art. 16a Abs. 5 GG[59], angenommen, das nationale Asylgrundrecht – und damit auch die Drittstaatenregelung – habe kraft des Anwendungsvorrangs des Unionsrechts[60] keine Bedeutung mehr. Eine solche Betrachtung wird indes der Komplexität des Problems nicht gerecht. Der Anwendungsvorrang des Unionsrechts ist eine Kollisionsregel, die eine konkrete Unvereinbarkeit voraussetzt.[61] Notwendig ist deshalb eine auf die einzelnen Fallkonstellationen bezogene Prüfung.

1. *Zuständigkeit der Bundesrepublik nach der Verordnung (EG) Nr. 343/2003*

Keine größeren Probleme wirft der Fall auf, dass die Bundesrepublik nach Art. 3 Abs. 1 Satz 2 in Verbindung mit Art. 5 bis 14 der VO (EG) Nr. 343/2003 für die Prüfung eines Asylantrags *zuständig* ist. Die Drittstaatenregelung ist nicht anwendbar, soweit die unionsrechtliche Definition des Asylantrags[62] reicht. Art. 16a Abs. 2 GG schließt deshalb – anders als sonst[63] –

[59] Vgl. *Hailbronner*, AuslR, Bd. 3, Art. 16a GG Rn. 444a (Mai 2003); *Masing*, a.a.O. (Fn. 2), Rn. 133.

[60] Der unionsrechtliche Anwendungsvorrang ist vorbehaltlich der Ultra-vires-Kontrolle auch verfassungsrechtlich anerkannt, vgl. zuletzt BVerfGE 123, 267 (398); BVerfG, Beschluss vom 6. Juli 2010 – 2 BvR 2661/06 –, NJW 2010, S. 3422 (3423 f.).

[61] Vgl. EuGH, Urteil vom 9. März 1978 – Rs. 106/77 –, Slg. 1978, S. 629 (644) – Simmenthal II.

[62] Nach Art. 2 Buchst. c der VO (EG) Nr. 343/2003 ist davon jeder Antrag erfasst, der als Ersuchen um internationalen Schutz im Sinne der GFK angesehen werden kann.

[63] Vgl. BVerfGE 94, 49 (95).

die Berufung auf den einfachrechtlichen Flüchtlingsschutz nach § 60 Abs. 1 AufenthG nicht aus.

Der Anwendungsvorrang des Unionsrechts wird hingegen nicht verlangen, dass der Flüchtling (auch) grundrechtlichen Schutz erhält, so dass Art. 16a Abs. 2 GG nicht zurücktritt, soweit er die Berufung gerade auf Art. 16a Abs. 1 GG verhindert. Um eine Berufung (auch) auf das Grundrecht zuzulassen, bedarf es wohl einer Regelung des innerstaatlichen Rechts; in Betracht kommt Art. 16a Abs. 5 GG.[64]

2. *Unzuständigkeit der Bundesrepublik nach der Verordnung (EG) Nr. 343/2003 und Selbsteintrittsrecht*

Als problematischer erweist sich der Fall, dass die Bundesrepublik für die Prüfung des Asylantrags *unzuständig* ist. Zwar wird man das Unionsrecht so auslegen können, dass es einer nationalen Grundrechtsanwendung entgegensteht, die die Überstellung an den zuständigen Staat durch ein nationales Sonderverfahren verzögern und der zu erwartenden Entscheidung dieses Staates durch eine gegenläufige, auf das nationale Grundrecht bezogene Entscheidung ihre praktische Wirksamkeit nehmen würde. Dies legt die Nichtanwendbarkeit des Asylgrundrechts nahe.

Indes lässt diese Überlegung das Eintrittsrecht der Mitgliedstaaten in das Asylverfahren nach Art. 3 Abs. 2 der VO (EG) Nr. 343/2003 unberücksichtigt. Dieses Selbsteintrittsrecht soll den Mitgliedstaaten die Prüfung von Asylanträgen trotz fehlender Zuständigkeit nach Art. 6 bis 14 der VO (EG) Nr. 343/2003 gerade dann ermöglichen, wenn sie die Asylpraxis eines anderen Mitgliedstaates für unvereinbar mit den völkervertraglichen Verpflichtungen halten und deshalb nationale Grundrechte des Asylbewerbers als verletzt ansehen.[65] Der Anwendungsvorrang wird deshalb kaum fordern, dass die Mitgliedstaaten *bei der Prüfung* des Selbsteintritts nationale Grundrechte ausblenden.

Ob die Drittstaatenregelung, insbesondere der Eilrechtsausschluss nach Art. 16a Abs. 2 Satz 3 GG, in dieser Konstellation anwendbar ist, hängt von zwei Voraussetzungen ab: Erstens muss die nationale Verwaltung, soweit sie

[64] Siehe unten IV.2.c)aa). Dies entspräche der Rechtslage hinsichtlich des der Verordnung (EG) Nr. 343/2003 vorausgegangenen Übereinkommens über die Bestimmung des zuständigen Staates für die Prüfung eines in einem Mitgliedstaat der Europäischen Gemeinschaften gestellten Asylantrags vom 15. Juni 1990 (BGBl 1994 II, S. 792) – Dubliner Übereinkommen. Das Bundesverfassungsgericht hat für den Fall der Zuständigkeit der Bundesrepublik nach diesem Übereinkommen ein Zurücktreten von Art. 16a Abs. 2 GG hinter Art. 16a Abs. 5 GG angenommen, vgl. BVerfGE 94, 49 (86); BVerfGK 1, 298 (302 f.).

[65] *Hermann*, Das Dublin System, 2008, S. 63 f., 69 und 122; ebenso Österreichischer Verfassungsgerichtshof, Erkenntnis vom 17. Juni 2005 – B 336/05 –, VfSlg. 17586/2005.

nach Art. 3 Abs. 2 der VO (EG) Nr. 343/2003 durch Selbsteintritt in das Asylverfahren die Zuständigkeit der Bundesrepublik im Sinne der Verordnung herbeiführen kann, prinzipiell an das nationale Asylgrundrecht gebunden sein (a). Zweitens darf Art. 16a Abs. 2 GG in seiner konkreten Anwendung weder durch Regelungen des Unionsrechts zurückgedrängt werden (b) noch nach Art. 16a Abs. 5 GG hinter der Verordnung (EG) Nr. 343/2003 zurücktreten (c).

a) Grundrechtsbindung bei der Entscheidung über den Selbsteintritt

Es entspricht der ständigen Rechtsprechung des Bundesverfassungsgerichts[66], dass nationale Grundrechte im Anwendungsbereich des Unionsrechts ihre Geltung behalten, soweit es um die Ausfüllung von Gestaltungsspielräumen geht, die das Unionsrecht den Mitgliedstaaten belässt. Das Bundesverfassungsgericht übt zwar seine Gerichtsbarkeit über die Anwendbarkeit von abgeleitetem Unionsrecht, das als Rechtsgrundlage von deutschen Gerichten und Behörden im Hoheitsbereich der Bundesrepublik in Anspruch genommen wird, nicht mehr aus, solange die Europäische Union einen wirksamen Schutz der Grundrechte gegenüber der Hoheitsgewalt der Union generell gewährleistet, der dem vom Grundgesetz jeweils als unabdingbar gebotenen Grundrechtsschutz im Wesentlichen gleich zu achten ist. Dies gilt für unionsrechtliche Verordnungen und Richtlinien sowie für innerstaatliche Rechtsvorschriften, die eine Richtlinie in deutsches Recht umsetzen, jedoch nur, soweit das Unionsrecht keine Umsetzungsspielräume lässt.[67] Hingegen ist der nationale Gesetzgeber, soweit er Spielraum bei der Umsetzung von abgeleitetem Unionsrecht hat oder über dessen Vorgaben hinausgeht, an die Grundrechte des Grundgesetzes gebunden; er unterliegt dann in vollem Umfang der verfassungsgerichtlichen Überprüfung.[68] Entsprechendes gilt für den administrativen Vollzug einer Verordnung, soweit die nationale Verwaltung durch die Verordnung eingeräumte Gestaltungsspielräume ausfüllt.[69]

Art. 3 Abs. 2 der VO (EG) Nr. 343/2003 ist unionsrechtlich als Ermessensvorschrift konzipiert. Ausweislich der Begründung der Europäischen Kommission zum Verordnungsvorschlag[70] soll sich ein Mitgliedstaat aus politischen, humanitären oder praktischen Gründen bereit erklären können, einen von einem Nichtunionsbürger bei ihm gestellten Asylantrag zu prüfen, auch wenn er nach den Kriterien der Verordnung (EG) Nr. 343/2003 nicht für die

[66] BVerfGE 73, 339 (378 ff.); 102, 147 (161 ff.); 118, 79 (95 ff.).
[67] BVerfGE 118, 79 (95).
[68] BVerfGE 121, 1 (15).
[69] Vgl. BVerfGE 122, 1 (20 f.).
[70] KOM (2001) 447 endg., S. 11.

Prüfung zuständig ist. Den deutschen Behörden wird mithin durch die Verordnung ein Gestaltungsspielraum eingeräumt, bei dessen Ausfüllung sie an die Grundrechte des Grundgesetzes gebunden sind. Dieser Grundrechtsbindung steht nicht entgegen, dass der Gerichtshof der Europäischen Union den mitgliedstaatlichen Vollzug von abgeleitetem Unionsrecht auch, soweit dieses den Mitgliedstaaten einen Ermessensspielraum belässt, an den Unionsgrundrechten misst. Der einschlägigen Rechtsprechung des Gerichtshofs der Europäischen Union[71] lässt sich nicht entnehmen, dass eine hinzukommende Bindung der mitgliedstaatlichen Organe durch nationales Recht ausgeschlossen sein soll.[72] Die Möglichkeit paralleler Grundrechtsgewährleistungen in diesem Bereich wird auch durch Art. 53[73] der seit dem 1. Dezember 2009 rechtsverbindlichen Grundrechtecharta bestätigt.

Die nationale Verwaltung ist mithin, soweit sie nach Art. 3 Abs. 2 der VO (EG) Nr. 343/2003 durch Selbsteintritt in das Asylverfahren die Zuständigkeit der Bundesrepublik im Sinne der Verordnung herbeiführen kann, prinzipiell an das nationale Asylgrundrecht einschließlich der in Art. 16a Abs. 2 GG enthaltenen Einschränkungen gebunden.

b) Keine Verdrängung der Drittstaatenregelung durch Bestimmungen des Unionsrechts

Die Drittstaatenregelung dürfte auch nicht durch konkrete Regelungen des Unionsrechts zurückgedrängt werden.[74] Dies gilt insbesondere für Art. 16a Abs. 2 Satz 3 GG. Der Ermächtigung des Gesetzgebers, die aufschiebende Wirkung von gegen die Überstellung in einen anderen Mitgliedstaat eingelegten Rechtsbehelfen auszuschließen, steht weder die Verordnung (EG) Nr. 343/2003 noch die Richtlinie 2005/85/EG[75] entgegen.

Die Verordnung (EG) Nr. 343/2003 lässt den Eilrechtsausschluss auf Grundlage von Art. 16a Abs. 2 Satz 3 GG ausdrücklich zu. Nach Art. 19 Abs. 2 Satz 4 und Art. 20 Abs. 1 Buchst. e Satz 4 der VO (EG) Nr. 343/2003 haben gegen Überstellungsentscheidungen eingelegte Rechtsbehelfe keine auf-

[71] EuGH, Urteile vom 13. Juli 1989 – Rs. 5/88 –, Slg. 1989, S. 2609 (2629) – Wachauf, vom 18. Juni 1991 – Rs. C-260/89 –, Slg. 1991, S. I-2925 (2963 f.) – ERT, und vom 27. Juni 2006 – Rs. C-540/03 –, Slg. 2006, S. I-5769 (5841) – Parlament ./. Rat.

[72] Vgl. *Callies*, JZ 2009, S. 113 (121).

[73] „Keine Bestimmung dieser Charta ist als eine Einschränkung oder Verletzung der Menschenrechte und Grundfreiheiten auszulegen, die ... durch die Verfassungen der Mitgliedstaaten anerkannt werden."

[74] A.A. *Funke-Kaiser*, in: GK-AsylVfG, § 27a Rn. 31, 140 ff. (Oktober 2009), der Art. 3 Abs. 3 der VO (EG) Nr. 343/2003 unter Ausblendung des Selbsteintrittsrechts eine Ausschlusswirkung entnimmt. Siehe hierzu unten IV.2.c)bb).

[75] RL 2005/85/EG des Rates vom 1. Dezember 2005 über Mindestnormen für Verfahren in den Mitgliedstaaten zur Zuerkennung und Aberkennung der Flüchtlingseigenschaft (ABl. Nr. L 326/13) – Verfahrensrichtlinie.

schiebende Wirkung, es sei denn, die Gerichte oder zuständigen Stellen entscheiden im Einzelfall nach Maßgabe ihres innerstaatlichen Rechts anders, wenn es nach ihrem innerstaatlichen Recht zulässig ist. Der Verordnungsgeber setzt danach die Möglichkeit eines völligen Ausschlusses der aufschiebenden Wirkung durch innerstaatliches Recht voraus. Ausweislich der Begründung der Europäischen Kommission zum Verordnungsvorschlag[76] steht dahinter die prinzipielle Erwägung, dass die Überstellung in einen anderen Mitgliedstaat nicht die Gefahr eines groben und schwer wiedergutzumachenden Schadens für die betreffende Person berge. Art. 19 Abs. 2 Satz 4 Halbsatz 2 und Art. 20 Abs. 1 Buchst. e Satz 4 Halbsatz 2 der VO (EG) Nr. 343/2003 enthalten lediglich Öffnungsklauseln zugunsten des innerstaatlichen Rechts, um Besonderheiten des nationalen Verfassungsrechts Rechnung zu tragen.[77]

Aus Art. 39 der RL 2005/85/EG, der Regelungen zum Erfordernis wirksamer Rechtsbehelfe im Asylverfahren enthält, folgt ebenfalls nicht, dass Rechtsbehelfe gegen Überstellungsentscheidungen in Anwendung der Verordnung (EG) Nr. 343/2003 aufschiebende Wirkung haben müssten. Wie sich aus ihrem Erwägungsgrund 29 ergibt, fällt der Vollzug der Verordnung (EG) Nr. 343/2003 durch die mitgliedstaatlichen Organe nicht in den Anwendungsbereich der Richtlinie 2005/85/EG. Art. 39 der RL 2005/85/EG enthält dementsprechend für Überstellungsentscheidungen nach der Verordnung (EG) Nr. 343/2003 keine Vorgaben.

c) Kein Zurücktreten der Drittstaatenregelung nach Art. 16a Abs. 5 GG

Schließlich ist auch nicht erkennbar, dass, soweit die Bundesrepublik ihre Zuständigkeit im Sinne der Verordnung (EG) Nr. 343/2003 durch Selbsteintritt in das Asylverfahren herbeiführen kann, Art. 16a Abs. 2 GG nach Art. 16a Abs. 5 GG hinter die Regelungen der Verordnung zurückträte. Dabei kann im Ergebnis dahinstehen, ob Art. 16a Abs. 5 GG als Verhältnisbestimmung zum unionsrechtlichen Zuständigkeitsregime überhaupt herangezogen werden kann (aa). Denn jedenfalls steht die nationale Drittstaatenregelung einschließlich des nach Art. 16a Abs. 2 Satz 3 GG möglichen Ausschlusses einstweiligen Rechtsschutzes der Verordnung (EG) Nr. 343/2003 in dieser Situation nicht im Sinne des Art. 16a Abs. 5 GG entgegen (bb).

aa) Art. 16a Abs. 5 GG als umfassende Verhältnisbestimmung

Art. 16a Abs. 5 GG als Verhältnisbestimmung zum unionsrechtlichen Zuständigkeitsregime heranzuziehen, versteht sich angesichts des Wortlauts

[76] KOM (2001) 447 endg., S. 20.
[77] Vgl. *Filzwieser/Sprung*, Dublin II-Verordnung, 3. Aufl. 2010, S. 161.

(„völkerrechtliche Verträge") nicht von selbst. Hierzu müsste man der Bestimmung neben der allgemein anerkannten Funktion, die Bundesrepublik zum Abschluss spezifischer völkerrechtlicher Verträge zu ermächtigen (Völkerrechtsvorbehalt), die weitere Funktion zuweisen, für die erfassten Regelungsinhalte bei Vorliegen der sonstigen Voraussetzungen des Art. 16a Abs. 5 GG das Verhältnis nicht nur des Völkervertragsrechts, sondern auch des supranationalen Unionsrechts zum nationalen Asylgrundrecht zu regeln.

Die Entstehungsgeschichte von Art. 16a Abs. 5 GG steht diesem Verständnis nicht entgegen. Die Bundesregierung hatte im Gesetzgebungsverfahren vorgeschlagen, Art. 16a Abs. 5 GG um den Passus „Übertragung von Hoheitsrechten auf die Europäischen Gemeinschaften" zu ergänzen.[78] Damit war indes nicht beabsichtigt, die Übertragung von Hoheitsrechten auf die Gemeinschaften erst zu ermöglichen; hierzu bestand angesichts der Ermächtigung in Art. 23 Abs. 1 GG[79] keine Notwendigkeit. Der Zusatz sollte lediglich die Funktion von Art. 16a Abs. 5 GG als Weiche zwischen dem übernationalen Recht und dem nationalen Asylgrundrecht hinsichtlich der erfassten Regelungsinhalte klarstellen.[80] Der Vorschlag wurde letztlich wegen des politischen Widerstandes der Mehrheit der Bundesländer nicht aufgegriffen.[81] Eine Ablehnung des Verständnisses von Art. 16a Abs. 5 GG als umfassende Verhältnisbestimmung kann dem nicht entnommen werden.

Maßgeblich für eine extensive Auslegung von Art. 16a Abs. 5 GG sprechen systematische und teleologische Erwägungen. Einerseits bringt die Stellung des Art. 16a Abs. 5 GG unmittelbar hinter der Grundrechtsverbürgung des Art. 16a Abs. 1 GG zum Ausdruck, dass es sich hierbei um die eigentliche normative Bestimmung zur Regelung grenzüberschreitender Fragen des Asylrechts handeln soll. Andererseits liegt Art. 16a Abs. 5 GG die Erkenntnis zugrunde, dass die Drittstaaten- und Herkunftsstaatenregelungen (Art. 16a Abs. 2 und 3 GG) allein nicht ausreichen, um die andauernde Flüchtlingssituation in den Griff zu bekommen; deshalb sollte die deutsche Rechtsordnung zugunsten eines internationalen Ansatzes geöffnet werden.[82] Dass dies im Text des Art. 16a Abs. 5 GG lediglich durch einen Völkervertragsrechtsvorbehalt zum Ausdruck gekommen ist, kann auf den zum damaligen Zeitpunkt erreichten Stand der Harmonisierung des Asylrechts innerhalb der

[78] Vgl. *Zimmermann*, NVwZ 1998, S. 450 (454).

[79] Art. 23 GG war am 22. Dezember 1992 in Kraft getreten (BGBl. 1992 I, S. 2086, 2087), die Bundesregierung legte den Vorschlag zu Art. 16a Abs. 5 GG Mitte Januar 1993 vor, vgl. *Zimmermann*, Das neue Grundrecht auf Asyl, 1994, S. 385.

[80] Vgl. *Randelzhofer*, in: Maunz/Dürig, GG, Bd. II, Art. 16a Abs. 5 Rn. 196 (Februar 1999), Fn. 4.

[81] Vgl. *Zimmermann*, a.a.O. (Fn. 79), S. 23 ff.

[82] Vgl. *Randelzhofer*, a.a.O. (Fn. 80), Rn. 193; *Masing*, a.a.O. (Fn. 2) Rn. 131.

Europäischen Union zurückgeführt werden.[83] Gleichwohl sollte Art. 16a Abs. 5 GG die Grundlage für eine europäische Gesamtregelung des Flüchtlingsschutzes bieten.[84] Entscheidend für eine Erstreckung der Verhältnisbestimmung auch auf die Verordnung (EG) Nr. 343/2003 spricht insoweit die Kontinuität zwischen dem Dubliner Übereinkommen[85] und der Verordnung. In Anbetracht des Fehlens eines einheitlichen Asylverfahrens und eines unionsweit gleichen Asylstatus sollten nach dem Willen der Mitgliedstaaten der Europäischen Union die Grundsätze des Dubliner Übereinkommens in der Verordnung (EG) Nr. 343/2003 beibehalten werden.[86]

Dem entsprechend ist die Bestimmung, die Art. 16a Abs. 5 GG in einfaches Recht übersetzt, infolge der (Teil-)Ablösung des Dubliner Übereinkommens durch die Verordnung (EG) Nr. 343/2003 inzwischen dahin geändert worden, dass sie eine Asylanerkennung trotz Einreise aus einem sicheren Drittstaat ausdrücklich nicht nur bei völkerrechtlich, sondern auch bei unionsrechtlich begründeter deutscher Zuständigkeit für das Asylverfahren vorsieht: § 26a Abs. 1 Satz 2 Nr. 2 AsylVfG.[87] Das ist mit Art. 16a GG nur vereinbar, wenn davon ausgegangen wird, dass Absatz 5 hier anwendbar ist und die Ausschlusswirkung des Absatzes 2 verdrängt.[88]

Für den Wortlaut von Art. 16a Abs. 5 GG bedeutete dieses Verständnis je nach Wirkrichtung eine gespaltene Auslegung des Begriffs „völkerrechtlicher Vertrag“. Was die Öffnungswirkung zur Beteiligung an internationalen Zuständigkeitsvereinbarungen angeht (Wirkrichtung nach außen), wären ausschließlich völkerrechtliche Verträge im engeren Sinne erfasst: Art. 16a Abs. 5 GG besagt nichts über die Vereinheitlichung des Asylrechts durch die Mitgliedstaaten nach Maßgabe der Verträge der Europäischen Union; die Grundlage für die Übertragung asylrechtlicher Kompetenzen auf die Union

[83] Die Harmonisierung stützte sich im Wesentlichen auf völkerrechtliche Übereinkommen zwischen den Mitgliedstaaten. Die Europäische Gemeinschaft selbst verfügte (noch) über keine eigenen Kompetenzen im Bereich des Asylrechts, vgl. *Zimmermann*, a.a.O. (Fn. 78), S. 451.

[84] BVerfGE 94, 49 (85).

[85] Übereinkommen über die Bestimmung des zuständigen Staates für die Prüfung eines in einem Mitgliedstaat der Europäischen Gemeinschaften gestellten Asylantrags vom 15. Juni 1990 (BGBl 1994 II, S. 792).

[86] Explizit Erwägungsgrund 5 der VO (EG) Nr. 343/2003, vgl. dazu *Filzwieser/Sprung*, a.a.O. (Fn. 77), S. 51.

[87] Ausweislich des Regierungsentwurfs bezweckt die Änderung ausdrücklich eine Erweiterung des Anwendungsbereichs hinsichtlich der Verordnung (EG) Nr. 343/2003, vgl. BR-Drucks 225/07, S. 403.

[88] Bereits vor der Gesetzesänderung wurde die Vorschrift in der fachgerichtlichen Rechtsprechung überwiegend extensiv – also auch das Gemeinschaftsrecht erfassend – ausgelegt und insoweit analog angewandt, vgl. VG Aachen, Urteil vom 25. Juli 2007 – 8 K 1913/05 –, juris Rn. 32 ff.; VG Freiburg, Beschluss vom 30. Oktober 2006 – A 3 K 710/06 –, juris Rn. 3; VG Bremen, Urteil vom 25. Oktober 2006 – 1 K 222/05.A –, juris Rn. 21.

findet sich in Art. 23 GG. Was hingegen die Verhältnisbestimmung zu Art. 16a Abs. 1 bis 4 GG angeht (Wirkrichtung nach innen), bezöge sich Art. 16a Abs. 5 GG auch auf das supranationale Unionsrecht, das unter Beachtung der Verpflichtungen der GFK und der EMRK Zuständigkeitsregelungen für die Prüfung von Asylbegehren einschließlich der gegenseitigen Anerkennung von Asylentscheidungen trifft.

bb) Kein Entgegenstehen im Sinne von Art. 16a Abs. 5 GG

Unterstellt man die Anwendbarkeit des Art. 16a Abs. 5 GG, steht, soweit die Bundesrepublik ihre Zuständigkeit nach der Verordnung (EG) Nr. 343/2003 durch Selbsteintritt in das Asylverfahren herbeiführen kann, die nationale Drittstaatenregelung einschließlich des nach Art. 16a Abs. 2 Satz 3 GG möglichen Ausschlusses einstweiligen Rechtsschutzes der Verordnung (EG) Nr. 343/2003 nicht im Sinne des Art. 16a Abs. 5 GG entgegen.

In dieser Situation ist sowohl die Prüfung des Asylantrags als auch das Unterlassen der Prüfung mit den Vorgaben der Verordnung vereinbar. Die Bundesrepublik ist zunächst nicht zuständig. Solange dies der Fall ist, ist das nationale Asylgrundrecht unanwendbar, weil es der anderweitigen Zuständigkeit entgegenstehen würde. Führt die Bundesrepublik ihre Zuständigkeit nach Art. 3 Abs. 2 der VO (EG) Nr. 343/2003 herbei, hat sie den Asylantrag inhaltlich zu prüfen. Art. 16a Abs. 1 GG ist dann anzuwenden, als ob die Zuständigkeit von vornherein bestanden hätte. Für Art. 16a Abs. 2 GG folgt hieraus, dass *bei der Prüfung*, ob ein Selbsteintritt vorgenommen werden soll, weder die Anwendung der Drittstaatenregelung noch ihre Ausblendung der Verordnung (EG) Nr. 343/2003 im Sinne des Art. 16a Abs. 5 GG entgegenstehen.

Konsequent ist dann auch – vorbehaltlich der dem Konzept der normativen Vergewisserung gesetzten Grenzen – die Annexregelung des Art. 16a Abs. 2 Satz 3 GG anwendbar. Art. 16a Abs. 2 GG liegt die Wertung zugrunde, dass eine Schutzgewährung durch die Bundesrepublik nicht mehr geboten erscheint, wenn der Asylbewerber in einem anderen Staat Schutz vor politischer Verfolgung hätte erlangen können.[89] Das ist auch dann der Fall, wenn der Asylbewerber wegen seines Reisewegs nicht nur die Zuständigkeit eines anderen Staats für die Prüfung des Asylbegehrens begründet hat, sondern zugleich den Tatbestand der Drittstaatenregelung des Art. 16a Abs. 2 Satz 1 GG erfüllt, also insbesondere aus einem Mitgliedstaat der Europäischen Union eingereist ist.[90] Diese Wertung hat bei der Prüfung, ob ein Selbsteintritt nach Art. 3 Abs. 2 der VO (EG) Nr. 343/2003 vorgenommen werden soll, die gleiche Gültigkeit wie bei der materiellen Prüfung eines

[89] BVerfGE 94, 49 (87).
[90] Vgl. *Becker* in: v. Mangoldt/Klein/Starck, GG, Bd. 1, 6. Aufl. 2010, Art. 16a Rn. 235.

Asylantrags. Die Vorwirkungen des Asylgrundrechts dürften deshalb in dieser Konstellation in gleicher Weise ausgeschlossen sein, wie wenn ein Fall des Art. 16a Abs. 2 Satz 1 GG vorläge.

d) Ergebnis

Solange die Bundesrepublik nach der Verordnung (EG) Nr. 343/2003 unzuständig ist, die Zuständigkeit aber durch Selbsteintritt herbeiführen kann, ist die Drittstaatenregelung anwendbar. In den Grenzen des Konzepts der normativen Vergewisserung können aufenthaltsbeendende Maßnahmen unabhängig von einem hiergegen eingelegten Rechtsbehelf vollzogen werden.

V. Schluss

Mit der Drittstaatenregelung strebte der verfassungsändernde Gesetzgeber eine Verteilung der mit dem Zustrom von Asylbewerbern einhergehenden Lasten an. Geleitet wurde er vom Grundgedanken, dass derjenige keinen asylrechtlichen Schutz in der Bundesrepublik benötigt, der den erforderlichen Schutz, dessen Umfang sich nach der GFK und der EMRK richtet, in einem anderen Staat hätte erlangen können. Das Bundesverfassungsgericht stufte die Drittstaatenregelung als verfassungsgemäß ein. Es zeigte allerdings auch auf, dass ein solches Drittstaatenkonzept Grenzen hat. Dies gilt auch hinsichtlich der vom verfassungsändernden Gesetzgeber selbst zu sicheren Drittstaaten bestimmten Mitgliedstaaten der Europäischen Union. Ist die Einhaltung der GFK und der EMRK für Asylbewerber im Drittstaat nicht mehr gewährleistet, weil sich das dortige Asylsystem im zeitlichen Abstand zur Verfassungsänderung als derart mängelbehaftet herausstellt, dass sie ohne inhaltliche Prüfung ihrer Schutzbegehren weitergeschoben werden, oder weil ihre Versorgung im Drittstaat völlig unzureichend ist, können sie ihren asylrechtlichen Schutzanspruch wieder gegenüber der Bundesrepublik geltend machen. Die Vollziehung der Abschiebung kann im einstweiligen Rechtsschutzverfahren vorläufig ausgesetzt werden.

Die Drittstaatenregelung behält neben dem unionsrechtlichen Zuständigkeitssystem an Bedeutung. Anzuwenden ist sie, solange die Bundesrepublik für die Durchführung des vom Schutzsuchenden angestrengten Asylverfahrens nicht zuständig ist, sie das Selbsteintrittsrecht jedoch ausüben und ihre Zuständigkeit begründen kann. Ist die Bundesrepublik zuständig, tritt die Drittstaatenregelung hingegen zurück. Dem Schutzsuchenden ist dann unabhängig von seinem Reiseweg durch etwaige sichere Drittstaaten die Prüfung, ob ihm flüchtlings- und asylrechtlicher Schutz zusteht, eröffnet.

Die verfassungsgerichtliche Kontrolldichte im materiellen Strafrecht

Zur Aufgabenverteilung zwischen Strafgerichtsbarkeit und Bundesverfassungsgericht im Anwendungsbereich des Art. 103 Abs. 2 GG

Jürgen Adam

Leitentscheidungen des Bundesverfassungsgerichts

BVerfGE 26, 41 – Grober Unfug
BVerfGE 64, 389 – Waffengesetz 1972
BVerfGE 71, 108 – Wahlhelfer
BVerfGE 87, 209 – Tanz der Teufel
BVerfGE 87, 399 – Versammlungsauflösung
BVerfGE 92, 1 – Sitzblockaden III
BVerfG, Beschluss vom 23. Juni 2010 – 2 BvR 2559/08, 105/09, 491/09 –, NJW 2010, S. 3209 – Untreue

Schrifttum

Altvater, G. Anmerkung [zu BVerfGE 92, 1], NStZ 1995, S. 278 ff.; *Danckert, Peter* Die Grenze zwischen der extensiven Auslegung und der Analogie im Strafrecht, 1967; *Dannecker, Gerhard* Kommentierung zu § 1, in: Leipziger Kommentar zum Strafgesetzbuch, 12. Aufl. 2007; *Grünwald, Gerald* Bedeutung und Begründung des Satzes „nulla poena sine lege", ZStW 14 (1964), S. 1 ff.; *Jarass, Hans/Pieroth, Bodo* GG, 10. Aufl. 2009, Art. 103 Rn. 50, 58 f.; *Klatt, Matthias* Theorie der Wortlautgrenze, 2004; *Krey, Volker* Studien zum Gesetzesvorbehalt im Strafrecht, 1977; *ders.* Keine Strafe ohne Gesetz, 1983; *Leibholz, Gerhard/v. Mangoldt, Hermann* JöR N.F. 1 (1951), S. 741 (Materialien zur Entstehungsgeschichte); *Mangakis, Georgios-Alexandros* Über die Wirksamkeit des Satzes „nulla poena sine lege"; ZStW 19 (1969), S. 997; *Sax, Walter* Das strafrechtliche „Analogieverbot", 1953; *Schmidt-Aßmann* Eberhard Kommentierung zu Art. 103 Abs. 2, in: Maunz/Dürig, GG (Dezember 1992); *Schreiber, Hans-Ludwig* Gesetz und Richter. Zur geschichtlichen Entwicklung des Satzes nullum crimen, nulla poena sine lege, 1976; *Wiedemeyer, Gerd* Theoretische Begründung und praktische Durchführung des Analogieverbots, 1969.

Inhalt

I. Einleitung

Gegenstand des vorliegenden Beitrags sind Entwicklungen in der Rechtsprechung des Bundesverfassungsgerichts zu den Anforderungen, die Art. 103 Abs. 2 GG an die Auslegung und Anwendung des materiellen Straf- und Ordnungswidrigkeitenrechts[1] durch die Fachgerichte stellt. Es geht also um den Aspekt des Art. 103 Abs. 2 GG, der traditionell als „Analogieverbot“ bezeichnet wird, wobei diese Bezeichnung – wie gezeigt werden wird – zu kurz greift. Gleichzeitig geht es um die Abgrenzung der Aufgaben von Strafgerichtsbarkeit und Verfassungsgericht im Bereich des Strafrechts.

Bekanntlich geht das Bundesverfassungsgericht davon aus, dass es Sache der Fachgerichte ist, das „einfache“, unterverfassungsrechtliche Recht anzuwenden und auszulegen[2]. Da jedoch die Rechtsprechung selbst an die Grundrechte gebunden ist und diese insbesondere auch bei der Auslegung von Normen zur Geltung bringen muss, erstreckt sich die Prüfungsbefugnis des Bundesverfassungsgerichts darauf, ob die Gerichte die Bedeutung und Tragweite einschlägiger Grundrechte erkannt haben; ist das nicht der Fall, so ist spezifisches Verfassungsrecht verletzt[3]. Hierbei eröffnen sich dem Bundes-

[1] Zum Anwendungsbereich des Art. 103 Abs. 2 GG vgl. *Jarass/Pieroth*, GG, 10. Aufl. 2009, Art. 103 Rn. 44. Im Folgenden ist auf Gründen der Einfachheit grundsätzlich nur noch von „Strafrecht“ die Rede; die Ausführungen gelten aber für den gesamten Anwendungsbereich der Vorschrift.

[2] BVerfGE 18, 85 (92 f.).

[3] BVerfGE 30, 173 (188); näher BVerfGE 108, 282 (294).

verfassungsgericht erhebliche Spielräume, nachdem die Grenzen zwischen spezifisch verfassungsrechtlichen und „anderen" Rechtsfragen ohnehin fließend sind und das Gericht sich zudem vorbehält, die Prüfungsreichweite nach der Intensität der in Rede stehenden staatlichen Maßnahme zu variieren[4]. Im Bereich des materiellen Strafrechts gehen die Prüfungsbefugnisse des Bundesverfassungsgerichts verhältnismäßig weit, weil strafrechtliche Sanktionen eine hohe Eingriffsintensität haben[5].

Selbständig neben der auf den Gehalt einzelner Grundrechte bezogenen Kontrolle[6] steht die Prüfung, ob die Gerichte sich bei der Auslegung und Anwendung der Rechtsnormen im Rahmen der Bindung an Gesetz und Recht nach Art. 20 Abs. 3 GG (i.V.m. Art. 2 Abs. 1 GG) bewegt und das Willkürverbot nach Art. 3 Abs. 1 GG beachtet haben; insofern geht es im Ergebnis jeweils um die Frage, ob die im Einzelfall vorgenommene Auslegung auf einem methodisch vertretbaren Weg gewonnen wurde. Hier knüpft auch Art. 103 Abs. 2 GG an. Entsprechend wird im Folgenden zunächst der Maßstab der methodischen Vertretbarkeit allgemein und speziell für das Strafrecht näher beleuchtet (Teil II). Es folgen Ausführungen zu dem darüber hinaus gehenden Gehalt des Art. 103 Abs. 2 GG als Analogieverbot (Teil III). Schließlich werden Entscheidungen des Bundesverfassungsgerichts behandelt, die Art. 103 Abs. 2 GG methodische Anforderungen über das Analogieverbot hinaus entnehmen (Teil IV).

II. Methodische Vertretbarkeit als Grundanforderung

1. Gesetzesbindung und Willkürverbot

Aus der Bindung der rechtsprechenden Gewalt an Gesetz und Recht (Art. 20 Abs. 3 GG) folgt, dass der Richter bei der Auslegung und Anwendung der Gesetze nicht beliebig vorgehen darf, sondern methodische Standards einhalten muss[7]. Gelangt ein Richter zu seinem Urteil auf einem methodischen Weg, der die ihm bei der Rechtsfindung gezogenen Schranken missachtet, so verletzt er die Verfassung selbst dann, wenn das Auslegungs-

[4] Vgl. BVerfGE 61, 1 (6): „Je mehr eine zivilgerichtliche Entscheidung grundrechtsgeschützte Voraussetzungen freiheitlicher Existenz und Betätigung verkürzt, desto eingehender muss die verfassungsgerichtliche Prüfung sein"; vgl. auch BVerfGE 81, 278 (289 f.); 83, 130 (145 f.); *Jarass/Pieroth,* GG, 10. Aufl. 2009, Art. 93 Rn. 73; *Gündisch,* NJW 1981, S. 1813 ff.

[5] BVerfGE 67, 213 (223); 75, 369 (376); 82, 236 (259).

[6] Im Schrifttum wird das Nebeneinander der Prüfungsansätze kritisiert; vgl. nur *Schmidt-Aßmann,* in: Maunz/Dürig, GG, Art. 103 Abs. 2 Rn. 175 (Dezember 1992) m.w.N.

[7] *Rüthers,* Rechtstheorie, 4. Aufl. 2008, Rn. 704 ff.

ergebnis inhaltlich den Wertvorstellungen der Verfassung entspricht[8]. Das Bundesverfassungsgericht billigt der Rechtsprechung aber erhebliche Spielräume zu. Der Richter ist nach dem Grundgesetz nicht allgemein darauf verwiesen, gesetzgeberische Weisungen in den Grenzen des möglichen Wortsinns auf den Einzelfall anzuwenden. Die Aufgabe der Rechtsprechung kann es insbesondere erfordern, Wertvorstellungen, die der verfassungsmäßigen Rechtsordnung immanent, aber in den Texten der geschriebenen Gesetze nicht oder nur unvollkommen zum Ausdruck gelangt sind, in einem Akt des bewertenden Erkennens, dem auch willenhafte Elemente nicht fehlen, ans Licht zu bringen und in Entscheidungen zu realisieren. Der Richter muss sich dabei von Willkür freihalten; seine Entscheidung muss auf rationaler Argumentation beruhen. Es muss gegebenenfalls einsichtig gemacht werden können, dass das geschriebene Gesetz seine Funktion, ein Rechtsproblem gerecht zu lösen, nicht erfüllt. Die richterliche Entscheidung schließt dann diese Lücke nach den Maßstäben der praktischen Vernunft und den fundierten allgemeinen Gerechtigkeitsvorstellungen der Gemeinschaft[9].

Die einer solchen schöpferischen Rechtsfindung mit Rücksicht auf den aus Gründen der Rechtsstaatlichkeit unverzichtbaren Grundsatz der Gesetzesbindung der Rechtsprechung zu ziehenden Grenzen lassen sich nach Auffassung des Bundesverfassungsgerichts nicht allgemein, sondern nur spezifisch für einzelne Rechtsgebiete beschreiben; zudem können sie nach dem jeweiligen Stand der Gesetzgebung differieren[10]. Unter diesen Gesichtspunkten hat das Bundesverfassungsgericht dem Zivilrichter große Freiheiten etwa bei der Auslegung des bürgerlichen Rechts zugebilligt, soweit er sich „der großen Kodifikation des Bürgerlichen Gesetzbuchs gegenüber [sieht], die seit [seinerzeit] über 70 Jahren in Kraft steht“ [11]; aber auch im Bereich des Strafprozessrechts, in dem tendenziell strengere Bindungen greifen dürften[12], besteht durchaus Raum für kreative Rechtsfortbildung[13]. Dementsprechend ist die Kontrolle durch das Bundesverfassungsgericht auf die Prüfung beschränkt, ob das Fachgericht bei der Rechtsfindung die gesetzgeberische Grundentscheidung respektiert und von den anerkannten Methoden der Gesetzesauslegung in vertretbarer Weise Gebrauch gemacht hat[14].

Letztlich auf den Maßstab (bloßer) methodischer Vertretbarkeit laufen auch die Anforderungen des Willkürverbots aus Art. 3 Abs. 1 GG hinaus.

[8] BVerfGE 34, 269 (280).

[9] Vgl. BVerfGE 34, 269 (287) unter Verweis auf BVerfGE 9, 338 (349).

[10] BVerfGE 34, 269 (288).

[11] BVerfGE 34, 269 (288 f.).

[12] Vgl. BVerfGE 118, 212 (230 ff.).

[13] Vgl. BVerfGE 122, 248.

[14] BVerfGE 122, 248 (258) unter Verweis auf BVerfGE 82, 6 (13); 96, 375 (394 f.); 111, 54 (81 f.).

Danach greift das Bundesverfassungsgericht ein, wenn die Rechtsauslegung und -anwendung fehlerhaft ist und sich bei verständiger Würdigung der das Grundgesetz beherrschenden Gedanken der Schluss aufdrängt, dass sie auf sachfremden Erwägungen beruht; dies ist dann der Fall, wenn die angegriffenen Entscheidungen unter keinem Gesichtspunkt rechtlich vertretbar und die ihnen zugrunde liegenden oder von ihnen bewirkten Maßnahmen im Verhältnis zu der tatsächlichen Situation, deren sie Herr werden sollen, eindeutig unangemessen sind[15].

2. *Art. 103 Abs. 2 GG als spezielles Willkürverbot*

Im Bereich des Strafrechts lässt sich die Forderung nach methodisch vertretbarer Auslegung daneben auf Art. 103 Abs. 2 GG stützen: Die Vorschrift enthält auch eine spezielle Ausgestaltung des Willkürverbots für die Strafgerichtsbarkeit. Dies entspreche, so der Zweite Senat in seinem Beschluss zur Auslegung des Waffengesetzes 1972, der Tradition, in welcher der Satz „nulla poena sine lege" stehe; historisch gehe dieses Postulat wesentlich auf die Zielvorstellung zurück, den Einzelnen vor richterlicher Willkür zu schützen[16]. Es ging seinerzeit um Bestimmungen des Waffengesetzes in der Fassung vom 19. September 1972[17]. Mit Wirkung zum 1. Januar 1973 war nicht mehr nur der Erwerb, sondern auch der Besitz von Schusswaffen erlaubnispflichtig gemacht worden. Wer bereits zur Zeit des Inkrafttretens des (neuen) Waffengesetzes die tatsächliche Gewalt über Schusswaffen ausübte, hatte diese innerhalb von sechs Monaten nach Inkrafttreten des Gesetzes der zuständigen Behörde anzumelden. Wer „nach Ablauf der Meldefrist die tatsächliche Gewalt über eine nicht angemeldete Schusswaffe" ausübte, war nach § 53 Abs. 3 Nr. 7 WaffG mit Freiheitsstrafe bis zu drei Jahren oder mit Geldstrafe zu bestrafen.

Der Beschwerdeführer hatte eine erst nach neuem Recht erlaubnispflichtige Schusswaffe, die er vor Inkrafttreten des neuen Rechts erworben hatte, noch vor Ablauf der Meldefrist einem Dritten überlassen, sie also nach deren Ablauf gerade nicht mehr besessen. Dass er dennoch bestraft worden war, sah der Zweite Senat als nicht lediglich rechtsfehlerhaft, sondern als schlechthin unhaltbar und damit objektiv willkürlich an[18]. Das wichtigste Argument hierfür war der Wortlaut des Gesetzes: Nach Ablauf der Anmeldefrist habe der Beschwerdeführer die tatsächliche Gewalt über seine Waffe „nicht mehr"

[15] BVerfGE 66, 199 (206) unter Verweis auf BVerfGE 59, 98 (101); 62, 189 (192).

[16] BVerfGE 64, 389 (394) unter Verweis u.a. auf *Schreiber,* Gesetz und Richter, 1976, S. 217 f. Unergiebig sind die Materialien zur Entstehungsgeschichte, vgl. *Leibholz/v. Mangoldt,* JöR N.F. 1 (1951), S. 741 ff.

[17] BGBl. I S. 1797.

[18] BVerfGE 64, 389 (394).

ausüben dürfen. Der eindeutige Wortlaut der Vorschrift zwinge zu dem Gegenschluss, dass vor Ablauf der Anmeldefrist die tatsächliche Gewalt über die anmeldepflichtige Waffe noch habe ausgeübt werden dürfen, mithin keinem Verbot unterlegen habe. Systematische Erwägungen führten aus Sicht des Senats zu keinem anderen Ergebnis; schließlich spreche auch der Zweck des Gesetzes für eine solche Auslegung: Nach den Materialien zur Entstehungsgeschichte sei es darum gegangen, durch die Übergangsregelung möglichst viele Waffenbesitzer zur Anmeldung zu motivieren; damit sei es nicht zu vereinbaren, bereits den Besitz vor Ablauf der Frist für verboten zu halten – mit dem Ergebnis, dass auch derjenige, der seiner Meldepflicht nachkomme, sich in der Zwischenzeit bereits strafbar gemacht hätte[19].

Der Beschluss zum Waffengesetz 1972 zeigt exemplarisch, wie das Bundesverfassungsgericht mit dem Gebot methodisch vertretbarer Auslegung umgeht: In einem ersten Schritt legt das Gericht die Norm selbständig aus. Hier werden die üblichen Auslegungskriterien herangezogen[20]. Entscheidend ist, dass das Ergebnis der verfassungsgerichtlichen Auslegung nur dann einem entgegenstehenden fachgerichtlichen Auslegungsergebnis vorgezogen wird, wenn nicht nur die besseren Argumente, sondern alle oder alle maßgeblichen Erwägungen dies nahe legen. Dies eröffnet dem Bundesverfassungsgericht erhebliche Bewertungsspielräume und macht zwar abstrakt berechenbar, dass das Gericht nur in verhältnismäßig wenigen Fällen eingreifen wird. Welche Fälle dies aber sind und wo die Grenze der Unvertretbarkeit liegt, ist schwer vorherzusehen. Im Schrifttum werden der „allgemeine Kontrolltopos" des Willkürverbots und besonders seine Übertragung auf Art. 103 Abs. 2 GG daher kritisch betrachtet[21].

III. Wortlautgrenze und Analogieverbot

1. *Prüfungsmaßstab*

Lässt sich Art. 103 Abs. 2 GG also – auch – als spezielle Ausprägung des Willkürverbots begreifen, so bedeutet das nicht, dass die Anforderungen dieser Vorschrift mit denen des Art. 3 Abs. 1 GG oder des Art. 20 Abs. 3 GG identisch wären. Vielmehr enthält Art. 103 Abs. 2 GG nach wohl unbestrittener allgemeiner Auffassung eine methodische Beschränkung des Richters[22],

[19] BVerfGE 64, 389 (394 ff.).

[20] Vgl. dazu *Röhl*, Allgemeine Rechtslehre, 2. Aufl. 2001, S. 596 ff.; abweichend *Rüthers*, Rechtstheorie, 4. Aufl. 2008, Rn. 717 ff.

[21] Vgl. *Schmidt-Aßmann*, in: Maunz/Dürig, GG, Art. 103 Abs. 2 Rn. 175 (Dezember 1992) m.w.N.

[22] Vgl. *Schmidt-Aßmann*, in: Maunz/Dürig, GG, Art. 103 Abs. 2 Rn. 225 (Dezember 1992).

eine strenge Bindung an das geschriebene Gesetz, eine Verpflichtung zur Rechtsanwendung *secundum legem*; die Rechtsfortbildung zur Schließung von Gesetzeslücken (Rechtsanwendung *praeter legem*) oder gar gegen das Gesetz (*contra legem*) ist danach ausnahmslos verboten[23]. Die herrschende Meinung spricht insofern vom Analogieverbot, wobei anerkannt ist, dass das Verbot sich nicht auf die tatbestandsausweitende Analogie in einem engen methodischen Sinne beschränkt. Vielmehr wird jede Rechtsanwendung erfasst, die über den Inhalt einer Strafnorm hinausgeht[24], beispielsweise also auch die teleologische Reduktion, wenn diese auf tatbestandsbeschränkende Klauseln angewandt wird und so den Bereich der Strafbarkeit im Ergebnis erweitert[25]. Als maßgebliches Abgrenzungskriterium zwischen zulässiger Auslegung und unzulässiger Rechtsfortbildung stellt das Bundesverfassungsgericht im Einklang mit der herrschenden Auffassung in der Literatur[26] auf die Wahrung des gesetzlichen Wortlauts ab[27]:

> „Art. 103 Abs. 2 GG zieht der Auslegung von Straf- und Bußgeldvorschriften eine verfassungsrechtliche Schranke. Da Gegenstand der Auslegung gesetzlicher Bestimmungen immer nur der Gesetzestext sein kann, erweist dieser sich als maßgebendes Kriterium: Der mögliche Wortsinn des Gesetzes markiert die äußerste Grenze zulässiger richterlicher Interpretation [...]. Wenn, wie gezeigt, Art. 103 Abs. 2 GG Erkennbarkeit und Vorhersehbarkeit der Straf- oder Bußgeldandrohung für den Normadressaten verlangt, so kann das nur bedeuten, dass dieser Wortsinn aus der Sicht des Bürgers zu bestimmen ist."

[23] Vgl. *Schmidt-Aßmann*, in: Maunz/Dürig, GG, Art. 103 Abs. 2 Rn. 230 (Dezember 1992); *Krey*, Studien zum Gesetzesvorbehalt im Strafrecht, 1977, S. 43.

[24] BVerfGE 82, 236 (269); 92, 1 (12); *Jarass/Pieroth*, GG, 10. Aufl. 2009, Art. 103 Rn. 50.

[25] Vgl. BGHSt 43, 237 (keine einschränkende Auslegung der Subsidiaritätsklausel des § 125 Abs. 1 letzter Halbsatz StGB); *Dannecker*, in: Leipziger Kommentar zum Strafgesetzbuch, 12. Aufl. 2007, § 1 Rn. 238, 245. Soweit in der Literatur, der Ausdruck „Analogieverbot" für unglücklich gehalten wird, weil auch die Rechtsanwendung im engen, erlaubten Sinne typischerweise „analogisch" vorgehe, handelt es sich weitgehend um eine terminologische Differenz; die betreffenden Autoren bestreiten nicht die Notwendigkeit einer Grenzziehung zwischen erlaubten und von Art. 103 Abs. 2 GG verbotenen Methoden der Rechtsfindung; siehe dazu *Dannecker*, a.a.O., Rn. 247 f. m. umf. Nachw.; *Sax*, Das strafrechtliche „Analogieverbot", 1953, S. 153 f.; *Wiedemeyer*, Theoretische Begründung und praktische Durchführung des Analogieverbots, 1969, S. 181.

[26] *Dannecker*, in: Leipziger Kommentar zum Strafgesetzbuch, 12. Aufl. 2007, Rn. 250; *Klatt*, Theorie der Wortlautgrenze, 2004, S. 20 m.w.N.; *Krey*, Studien zum Gesetzesvorbehalt im Strafrecht, 1977, S. 45 ff. m.w.N. (auch zu Gegenstimmen); *Schmidt-Aßmann*, in: Maunz/Dürig, GG, Art. 103 Abs. 2 Rn. 226 (Dezember 1992).

[27] BVerfGE 71, 108 (115) unter Verweis auf BGHSt 4, 144 (148); zur Wortlautgrenze vgl. bereits BVerfGE 47, 109 (124); vgl. ferner BVerfGE 92, 1 (12); *Jarass/Pieroth*, GG, 10. Aufl. 2009, Art. 103 Rn. 50 m.w.N.

2. *Handhabung durch das Bundesverfassungsgericht*

a) Wahlhelfer-Beschluss

Mit dem Wahlhelfer-Beschluss vom 23. Oktober 1985[28] hob der Erste Senat die Verurteilung eines Wahlhelfers zu einer Geldbuße auf, der sich geweigert hatte, eine Plakette „Atomkraft? – Nein danke“ während der Ausübung seines Ehrenamts abzulegen, und daraufhin von dem stellvertretenden Wahlleiter von dem Ehrenamt abberufen worden war. Das verurteilende Oberlandesgericht – in erster Instanz war der Beschwerdeführer freigesprochen worden – wertete die Absicht des Beschwerdeführers, die Plakette zu tragen, als Verstoß gegen einschlägige Vorschriften, die parteipolitische Äußerungen im Wahllokal untersagten. Allerdings stand auch für das Oberlandesgericht außer Zweifel, dass Verstöße gegen diese Neutralitätspflicht selbst nicht bußgeldbewehrt waren. Grundlage der Verurteilung war vielmehr eine Vorschrift, nach der ordnungswidrig handelte, wer ohne gesetzlichen Grund die Übernahme eines Wahlehrenamtes ablehnte oder sich den Pflichten eines solchen entzog. Ein „Entziehen“ im Sinne des Gesetzes hatte das Oberlandesgericht darin gesehen, dass der Beschwerdeführer dem Wahlvorsteher zwingenden Anlass zur Entbindung vom Ehrenamt gegeben habe.

Dies erachtete der Erste Senat als mit dem Wortlaut der Norm unvereinbar. Bei der Betrachtung der Subsumtion im Einzelfall fällt allerdings auf, dass der Senat keinesfalls den Wortlaut (aus Sicht des Bürgers) in den Mittelpunkt seiner Überlegungen stellt, sondern vielmehr den durch Rückgriff auf die Entstehungsgeschichte ermittelten Gesetzeszweck: Danach habe der Gesetzgeber Zuwiderhandlungen gegen die Vorschriften über die Art und Weise der Ausübung des Ehrenamts – anders als die völlige Ablehnung des Ehrenamts – bewusst nicht unter Bußgeldandrohung gestellt, um nicht von der Ausübung des Amtes abzuschrecken. Die (im Ergebnis) gegenteilige Auffassung des Oberlandesgerichts, so der Senat, finde auch (!) in Wortlaut und Systematik des Gesetzes keine Stütze[29].

b) Jüngere Kammerentscheidungen

Ähnliches lässt sich in der jüngeren Kammerrechtsprechung feststellen.

Mit Beschluss vom 19. März 2007[30] entschied die 1. Kammer des Zweiten Senats, dass ein unvorsätzliches Entfernen vom Unfallort von Verfassungswegen nicht als „berechtigt oder entschuldigt“ im Sinne des § 142 Abs. 2

[28] BVerfGE 71, 108.

[29] BVerfGE 71, 108 (118 ff.).

[30] 2 BvR 2273/06, NJW 2007, S. 1666; zur Auslegung des § 142 StGB unter dem Gesichtspunkt des Art. 103 Abs. 2 GG vgl. auch bereits *Grünwald*, Bedeutung und Begründung des Satzes „nulla poena sine lege“, ZStW 76 (1964), S. 1 (2 f.).

Nr. 2 StGB angesehen werden könne. Dem stehe die Grenze des möglichen Wortsinns der Begriffe „berechtigt oder entschuldigt" entgegen; die entgegenstehende Auffassung des Bundesgerichtshofs vermöge nicht zu überzeugen. Dabei argumentierte die Kammer in erster Linie mit dem allgemeinen Sprachgebrauch hinsichtlich der Ausdrücke „berechtigt" und „entschuldigt": Dieser zeichne sich durch einen normativen Gehalt aus, den die Unvorsätzlichkeit (Unwissentlichkeit) gerade nicht aufweise[31]. Dieses – zentrale – Argument hielt die Kammer für evident, sie führte dafür jedenfalls keine Belegstellen an. Historische, systematische und teleologische Erwägungen, so die Kammer, stützen dieses Ergebnis: Den Gesetzgebungsmaterialien ließen sich keine klaren Anhaltspunkte dafür entnehmen, dass der Gesetzgeber darauf bedacht gewesen sei, möglichst alle Fälle des „aus welchen Gründen auch immer" straflosen Sich-Entfernt-Habens vom Unfallort durch die nachträgliche Meldepflicht zu erfassen. In systematischer Hinsicht sei der Ausnahmecharakter des § 142 Abs. 2 StGB zu bedenken; seine weit reichenden Pflichten beruhten auf der sich aus Rechtfertigungs- oder Entschuldigungsgründen ergebenden Privilegierung, die beim unvorsätzlich Handelnden fehle. Schließlich legte die Kammer Wert darauf, dass die aus der engeren Auslegung resultierende Schwierigkeit, den Vorsatz des Unfallverursachers – also seine Kenntnisnahme des Unfalls – nachzuweisen, nicht als teleologisches Argument für die weitere Auslegung herangezogen werden dürfe[32].

Mit Beschluss vom 1. September 2008[33] entschied die 2. Kammer des Zweiten Senats, dass es gegen das Analogieverbot verstößt, einen Pkw als „Waffe" im Sinne des § 113 Abs. 2 Satz 2 Nr. 1 StGB anzusehen[34]. Die Kammer ging insofern vom umgangssprachlichen Verständnis des Ausdrucks „Waffe" aus. Der allgemeine Sprachgebrauch bezeichne Gegenstände als Waffen, wenn ihre primäre Zweckbestimmung darin liege, im Wege des Angriffs oder der Verteidigung zur Bekämpfung anderer eingesetzt zu werden, oder wenn eine solche Verwendung zumindest typisch sei; dies folgerte die Kammer aus lexikalischen Definitionen[35]. Unter Betrachtung der Definitionen des Waffengesetzes, des vom Bundesgerichtshof allgemein verwendeten strafrechtlichen Waffenbegriffs und der Entstehungsgeschichte der Vorschrift – im Zuge derer die Unterscheidung zwischen Waffen und gefährlichen Werkzeugen durchaus diskutiert wurde –, kam die Kammer sodann zu dem Ergebnis, es

[31] Beschluss vom 19. März 2007 (o. Fn. 30), Rn. 20.

[32] Beschluss vom 19. März 2007 (o. Fn. 30), Rn. 22 ff.

[33] 2 BvR 2238/07 – NJW 2008, S. 3627.

[34] Wie es der früher h.M. entsprach, vgl. BGH, Urteil vom 8. März 1973 – 4 StR 44/73 –, VRS 44, S. 422; BGHSt 26, 176 (179); weitere Nachweise bei Rn. 25 des Beschlusses vom 1. September 2008 (o. Fn. 33).

[35] Beschluss vom 1. September 2008 (o. Fn. 33), Rn. 15.

gebe keine Anhaltspunkte dafür, dass der Gesetzgeber von einem von der Umgangssprache abweichenden Waffenbegriff habe ausgehen wollen[36].

Den Handel mit psilocinhaltigen Pilzen betraf der Beschluss der 2. Kammer des Zweiten Senats vom 4. September 2009[37]. Im entscheidungserheblichen Zeitraum im Jahr 2004 erfasste die Anlage I zum BtMG zwar (bestimmte Betäubungsmittel enthaltende) Pflanzen, nicht aber explizit auch entsprechende Pilze. Der Beschwerdeführer argumentierte, nach aktuellem Wissensstand der Biologie – der über den Schulunterricht die Umgangssprache bereits entsprechend geformt habe – stellten Pilze aber keine Pflanzen dar, mithin sei die gesetzgeberische Intention für die Normadressaten nicht – mehr – erkennbar[38]. Eine Besonderheit des Sachverhalts lag darin, dass die zu dieser Frage bereits ergangenen letztinstanzlichen strafgerichtliche Entscheidungen – unter ausführlicher Erörterung der Frage – zu durchaus unterschiedlichen Ergebnissen gekommen waren[39]. Die Kammer nahm den Fall zum Anlass, aus der Senatsrechtsprechung zu folgern: Komme es zwischen Erlass und Anwendung einer Norm zu einem Bedeutungswandel, so folge aus der Doppelfunktion des Art. 103 Abs. 2 GG, dass die Rechtsprechung einen Sachverhalt nur dann unter eine Strafnorm subsumieren dürfe, wenn dies sowohl nach dem ursprünglichen Sprachverständnis des Gesetzgebers als auch nach dem aktuellen Sprachverständnis der Normadressaten möglich sei[40]. Zum konkreten Fall holte die Kammer gutachterliche Stellungnahmen ein; danach kam sie zu dem Ergebnis, der Sprachwandel sei noch nicht hinreichend fortgeschritten gewesen. Zwar hatte ein Gutachten der Gesellschaft für biologische Systematik bestätigt, dass im fachwissenschaftlichen Sprachgebrauch die Trennung zwischen „Pilzen“ und „Pflanzen“ klar vollzogen sei; aus einem weiteren Gutachten der Gesellschaft für Deutsche Sprache folgte aber, dass der allgemeine Sprachgebrauch die traditionelle Sicht, die Pilze als Pflanzen betrachtete und dem Pflanzenreich zuordnete, nach wie vor bewahre. Unter diesen Umständen, so die Kammer, sei das Strafbarkeitsrisiko allgemein noch hinreichend erkennbar[41].

[36] Beschluss vom 1. September 2008 (o. Fn. 33), Rn. 16 ff.

[37] 2 BvR 338/09, NJOZ 2010, S. 1433.

[38] Tatsächlich sahen sich Gesetz- und Verordnungsgeber in der Folge zu klarstellenden Änderungen veranlasst; vgl. Beschluss vom 4. September 2009 (o. Fn. 37), Rn. 7 ff.

[39] Vgl. einerseits OLG Koblenz, Beschluss vom 15. März 2006 – 1 Ss 341/05 –, NStZ-RR 2006, S. 218; andererseits BGH, Beschluss vom 25. Oktober 2006 – 1 StR 384/06 –, NJW 2007, S. 524.

[40] Beschluss vom 4. September 2009 (o. Fn. 37), Rn. 21.

[41] Beschluss vom 4. September 2009 (o. Fn. 37), Rn. 26 ff.

3. Anmerkungen

Bei der praktischen Handhabung des Analogieverbots durch das Bundesverfassungsgericht fällt auf, dass diese sich von der Anwendung des Verbots objektiv unvertretbarer Auslegung überwiegend nur graduell unterscheidet. Insbesondere zieht das Gericht auch zur Ermittlung des (möglichen) Wortlauts alle üblichen Auslegungskriterien heran und beschränkt sich nicht etwa – wie teilweise im Schrifttum gefordert[42] – auf die Betrachtung des allgemeinen Sprachgebrauchs. Das eigentliche Wortlautargument (grammatikalisches Argument[43]) erfährt zwar in den jüngeren Kammerentscheidungen eine gewisse Betonung, wenn etwa der Waffenbegriff unter Berufung auf lexikalische Definitionen ausführlich abgehandelt wird oder wenn gar Gutachten über den Sprachgebrauch eingeholt werden. Gerade aber auch entstehungsgeschichtliche Argumentationen spielen eine wichtige Rolle[44], in der Wahlhelfer-Entscheidung sogar die entscheidende. Auch systematische Argumente nehmen in den Entscheidungen zum unvorsätzlichen Entfernen vom Unfallort und zum Pkw als Waffe erheblichen Raum ein. Lediglich einer objektiv-teleologischen Argumentation – „Schließung von Strafbarkeitslücken" – erteilt die Kammer im Beschluss zum Pkw als Waffe eine vor dem Hintergrund des Art. 103 Abs. 2 GG allerdings nahe liegende Absage. Insgesamt wird man sagen können, dass in den hier vorgestellten Entscheidungen die als verfassungswidrig beurteilten Auslegungen vom Bundesverfassungsgericht ohne Weiteres auch als objektiv unvertretbar hätten bezeichnet werden können; gerade im Fall des Wahlhelfer-Beschlusses wäre dies sogar nahe liegender gewesen, da die Wortlautargumentation hier nur am Rande vorkommt.

Mit dieser Beobachtung geht der Befund einher, dass die formale Bezugnahme auf die Sichtweise des Normadressaten in der Praxis kaum Konsequenzen hat; in den hier behandelten Entscheidungen stellt vielmehr der Regelungswille des Gesetzgebers überwiegend den entscheidenden Bezugspunkt dar. Deutlich ausgesprochen wird dies im Beschluss zum Pkw als Waffe, wenn es heißt, es gebe keine Anhaltspunkte dafür, dass der Gesetzgeber von einem von der Umgangssprache abweichenden Waffenbegriff habe ausgehen wollen. Das Bundesverfassungsgericht folgt hier praktisch der subjektiven Auslegungstheorie, die den Willen des historischen Gesetzgebers zum

[42] Siehe etwa *Schmidt-Aßmann,* in: Maunz/Dürig, GG, Art. 103 Abs. 2 Rn. 227 (Dezember 1992).

[43] Vgl. *Röhl,* Allgemeine Rechtslehre, 2. Aufl. 2001, S. 596 ff.; *Rüthers,* Rechtstheorie, 4. Aufl. 2008, Rn. 731 ff.

[44] Zur hohen praktischen Bedeutung der entstehungsgeschichtlichen Auslegung in der Rechtsprechung des Bundesverfassungsgerichts allgemein vgl. *Rüthers,* Rechtstheorie, 4. Aufl. 2008, Rn. 800.

Auslegungsziel erklärt[45]. Damit trägt das Gericht seiner ständigen Rechtsprechung Rechnung, wonach Art. 103 Abs. 2 GG einen strengen Gesetzesvorbehalt enthält, der es der vollziehenden und der rechtsprechenden Gewalt verwehrt, die normativen Voraussetzungen einer Bestrafung festzulegen[46]. Im Untreue-Beschluss vom 23. Juni 2010[47] hat der Zweite Senat betont, dass Art. 103 Abs. 2 GG insoweit der Kompetenzabgrenzung zwischen Legislative und Judikative[48], der Gewaltenteilung und schließlich der Sicherung des Demokratieprinzips dient[49].

Freilich hat Art. 103 Abs. 2 GG einen doppelten Schutzzweck. Neben der Wahrung der Rechte des Gesetzgebers geht es um den rechtsstaatlichen Schutz des Normadressaten: Jedermann soll vorhersehen können, welches Verhalten verboten und mit Strafe bedroht ist. Art. 103 Abs. 2 GG hat insofern freiheitsgewährleistende Funktion[50]. Es lässt sich ergänzen, dass die Norm so zudem zur Verwirklichung des verfassungsrechtlichen Schuldprinzips beiträgt. Der in der Menschenwürdegarantie wurzelnde Grundsatz, dass jede Strafe Schuld voraussetzt[51], setzt die Eigenverantwortung des Menschen voraus, der sich kraft seiner Willensfreiheit zwischen Recht und Unrecht entscheiden kann[52]; diese Entscheidung setzt Klarheit darüber voraus, welche Verhaltensweisen erlaubt und welche strafbar sein sollen[53]. Diesen Aspekt hat die Formulierung vom Wortlaut „aus der Sicht des Normadressaten" vor Augen. Bei konsequenter Umsetzung des doppelten Zwecks von Art. 103 Abs. 2 GG ist es aber eben nicht nur der äußerste mögliche Sinn aus Sicht des Adressaten, sondern zudem der äußerste mögliche Wortsinn aus Sicht des historischen Gesetzgebers, der den Auslegungsspielraum des Strafrichters begrenzt. Der Beschluss zu den Pilzen als Pflanzen zeigt dies – in einem kuriosen Fall – auf exemplarische Weise.

[45] Zur subjektiven und objektiven Auslegungstheorie siehe *Röhl,* Allgemeine Rechtslehre, 2. Aufl. 2001, S. 610 ff.; *Rüthers,* Rechtstheorie, 4. Aufl. 2008, Rn. 796 ff. A.A. zu Art. 103 Abs. 2 GG *Schmidt-Aßmann,* in: Maunz/Dürig, GG, Art. 103 Abs. 2 Rn. 228 (Dezember 1992): Die subjektiv-historische Methode genieße bei Art. 103 Abs. 2 GG keinen Vorrang.

[46] Vgl. BVerfGE 75, 329 (341) m.w.N.

[47] 2 BvR 2559/08, 105/09, 491/09 –, NJW 2010, S. 3209.

[48] Beschluss vom 23. Juni 2010 (o. Fn. 47), Rn. 82.

[49] Beschluss vom 23. Juni 2010 (o. Fn. 47), Rn. 69 unter Zitat des Lissabon-Urteils BVerfGE 123, 267 (408).

[50] Vgl. BVerfGE 75, 329 (341) m.w.N.

[51] Vgl. BVerfGE 57, 250 (275); 80, 367 (378); 90, 145 (173).

[52] Vgl. BVerfGE 123, 267 (423).

[53] Vgl. vertiefend *Schreiber,* Gesetz und Richter, 1976, S. 209 ff.

IV. Das Gebot restriktiver und präzisierender Auslegung

1. *Prüfungsmaßstab*

Einen Ansatz für einen über die Wortlautgrenze hinausgehenden Prüfungsmaßstab hat der Erste Senat in der dritten Sitzblockadenentscheidung wie folgt formuliert[54]:

> „Art. 103 Abs. 2 GG setzt […] nicht nur der Tatbestandsergänzung, sondern auch der tatbestandsausweitenden Interpretation Grenzen. Die Auslegung der Begriffe, mit denen der Gesetzgeber die pönalisierten Mittel bezeichnet hat, darf nicht dazu führen, dass die dadurch bewirkte Eingrenzung der Strafbarkeit im Ergebnis wieder aufgehoben wird."

Den Gedanken hat der Zweite Senat im Untreue-Beschluss als Verbot der Verschleifung oder Entgrenzung von Tatbestandsmerkmalen („Verschleifungsverbot") bezeichnet: Einzelne Tatbestandsmerkmale dürfen danach auch innerhalb ihres möglichen Wortsinns nicht so weit ausgelegt werden, dass sie vollständig in anderen Tatbestandsmerkmalen aufgehen, also zwangsläufig mit diesen mitverwirklicht werden[55]. Allgemeiner fährt der Senat fort[56]:

> „In Betracht kommt aber auch, dass bei methodengerechter Auslegung ein Verhalten nicht strafbewehrt ist, obwohl es vom Wortlaut des Strafgesetzes erfasst sein könnte. Auch in einem solchen Fall darf ein nach dem Willen des Gesetzgebers strafloses Verhalten nicht durch eine Entscheidung der Gerichte strafbar werden […]. Vielmehr haben die Gerichte dies zu respektieren und erforderlichenfalls durch restriktive Auslegung eines weiter gefassten Wortlauts der Norm sicherzustellen […], im Ergebnis also freizusprechen.
> Art. 103 Abs. 2 GG enthält zudem Vorgaben für die Handhabung weit gefasster Tatbestände und Tatbestandselemente. Die Gerichte dürfen nicht durch eine fernliegende Interpretation oder ein Normverständnis, das keine klaren Konturen mehr erkennen lässt, dazu beitragen, bestehende Unsicherheiten über den Anwendungsbereich einer Norm zu erhöhen, und sich damit noch weiter vom Ziel des Art. 103 Abs. 2 GG entfernen […]. Andererseits ist die Rechtsprechung gehalten, verbleibende Unklarheiten über den Anwendungsbereich einer Norm durch Präzisierung und Konkretisierung im Wege der Auslegung nach Möglichkeit auszuräumen (Präzisierungsgebot)."

2. *Entwicklung der Rechtsprechung*

Aus den im Untreue-Beschluss zitierten Verweisungen ergibt sich, dass der Zweite Senat den dargelegten Prüfungsansatz überwiegend bereits in früheren Entscheidungen verwirklicht sieht.

[54] BVerfGE 92, 1 (16).
[55] Beschluss vom 23. Juni 2010 (o. Fn. 47), Rn. 78.
[56] Beschluss vom 23. Juni 2010 (o. Fn. 47), Rn. 79 f. m.w.N.

a) Grober Unfug

Mit Beschluss vom 14. Mai 1969[57] erachtete der Zweite Senat das strafbewehrte Verbot des § 360 Abs. 1 Nr. 11 StGB, groben Unfug zu verüben, für verfassungsgemäß. Die Entscheidung betrifft unmittelbar die an Strafrechtsnormen zu stellenden Bestimmtheitsanforderungen. Für die Auslegung der Normen lassen sich jedoch Rückschlüsse daraus ziehen, dass das maßgebliche Argument des Senats für die von ihm bejahte hinreichende Bestimmtheit des Tatbestands lautete, dieser sei durch eine jahrzehntelange gefestigte Rechtsprechung hinreichend präzisiert worden[58]. Dies legt den Gedanken nahe, dass die Rechtsprechung jedenfalls bei weitgefassten und prima facie wenig bestimmten Tatbeständen gehalten sein kann, der Norm schärfere Konturen zu verleihen, sie also nicht bis zur Grenze des möglichen Wortsinns, sondern enger auszulegen.

b) Tanz der Teufel

Diese Idee findet sich gewissermaßen in umgekehrter Form im Beschluss des Ersten Senats vom 20. Oktober 1992[59] zur Einziehung des Films „The Evil Dead", im Deutschen „Tanz der Teufel": Hier beanstandete der Senat eine Auslegung, die „keine hinreichend bestimmten Konturen mehr erkennen" ließ und „[verbotene] Handlungen nicht deutlich genug von als zulässig anzusehenden" abgrenzte[60]. Es ging um die Auslegung des § 131 Abs. 1 StGB i.V.m. § 11 Abs. 3 StGB. Danach macht sich unter anderem strafbar, wer Filme verbreitet, die grausame oder sonst unmenschliche Gewalttätigkeiten gegen Menschen in einer Art schildern, die das Grausame oder Unmenschliche des Vorgangs in einer die Menschenwürde verletzenden Weise darstellt. Konkret betroffen war die Frage: Was verletzt die Menschenwürde? Amts- und Landgericht hatten dieses Merkmal bereits dann als verwirklicht angesehen, wenn „rohe Gewalttaten in aufdringlicher Weise anreißerisch und ohne jegliche sozial sinnhafte Motivation um ihrer selbst willen gezeigt würden". Der Erste Senat sah dies als mit Art. 103 Abs. 2 GG nicht mehr vereinbar an, ohne dass es Anhaltspunkte dafür gibt, dass die angegriffene Auslegung den Wortlaut der Strafvorschrift überschritten hätte oder vom Senat als methodisch unvertretbar angesehen worden wäre. Vielmehr, so der Senat, werde das Tatbestandsmerkmal einer die Menschenwürde verletzenden Darstellung in einer Weise ausgelegt, die keine hinreichend bestimmten Konturen mehr erkennen lasse. Gewalttätigkeit in Filmen verletze für sich ge-

[57] BVerfGE 26, 41.
[58] BVerfGE 26, 41 (43).
[59] BVerfGE 87, 209.
[60] BVerfGE 87, 209 (229).

nommen die Menschenwürde nicht. Das ergebe sich schon daraus, dass die Darstellung in einer die Menschenwürde verletzenden Weise im Tatbestand als besonderes Merkmal genannt sei, das zusätzlich zur Schilderung der Gewalttätigkeit erfüllt sein müsse. Zudem ließen sich, wenn es auf diese Kriterien ankäme, die durch § 131 Abs. 1 StGB verbotenen Handlungen nicht deutlich genug von als zulässig anzusehenden Darstellungen etwa in Abenteuer- oder Kriminalfilmen abgrenzen[61].

Hier findet sich neben dem Argument, die betreffende Auslegung sei nicht hinreichend konturierend, der Sache nach bereits der Gedanke der Verschleifung von Tatbestandmerkmalen.

c) Versammlungsauflösung

Der Beschluss des Ersten Senats vom 1. Dezember 1992[62] betrifft die Auslegung des § 29 Abs.1 Nr. 2 VersG. Nach der Vorschrift handelt ordnungswidrig, wer sich trotz Auflösung einer öffentlichen Versammlung oder eines Aufzuges durch die zuständige Behörde nicht unverzüglich entfernt. Es stellte sich die Frage, ob die Ahndung als Ordnungswidrigkeit die Rechtmäßigkeit der Versammlungsauflösung voraussetzt; der bloße Wortlaut – der die Frage der Rechtmäßigkeit gar nicht anspricht – würde dies nicht erfordern. Dennoch bejahte der Erste Senat die Frage, und zwar aus zwei Gründen. Zum einen erfordere Art. 8 Abs. 1 GG eine solche Auslegung. Unabhängig von der Frage, ob der Gesetzgeber berechtigt wäre, die Nichtbefolgung auch einer rechtswidrigen Auslösungsverfügung mit Geldbuße zu bedrohen, konnte der Senat nämlich einen Willen des Gesetzgebers, dies zu tun, nicht hinreichend deutlich feststellen: In Judikatur und Literatur werde die Frage unterschiedlich beantwortet; weder der Gesetzestext noch die Gesetzgebungsmaterialien führten zu einem eindeutigen Ergebnis[63].

Dies führte den Senat nicht nur unter Berufung auf den Schutz der Versammlungsfreiheit, sondern unabhängig davon auch unter dem Gesichtspunkt des Art. 103 Abs. 2 GG zu einer verfassungskonformen Auslegung der Bußgeldvorschrift: Zwar sei es dem Gesetzgeber nicht von vornherein verwehrt, Widersetzlichkeit gegen behördliche Anordnungen unter Strafe oder Buße zu stellen, ohne dass es für deren Verhängung auf die Rechtmäßigkeit der Anordnung ankäme. Eine gesetzgeberische Entscheidung, Zuwiderhandlungen gegen Auflösungsverfügungen ohne Rücksicht auf deren Rechtmäßigkeit zu ahnden, sei jedoch der Norm auch unter Berücksichtigung der Gesetzesmaterialien nicht unzweideutig zu entnehmen. Unter diesen Umständen dürfe die Ahndung nicht im Weg der Auslegung auf Fälle rechtswidriger

[61] BVerfGE 87, 209 (229).
[62] BVerfGE 87, 399.
[63] BVerfGE 87, 399 (408).

Versammlungsauflösungen ausgedehnt werden, sondern müsse sich auf Verstöße gegen rechtmäßige Auflösungsverfügungen beschränken[64].

d) Sitzblockaden III

Die bereits erwähnte dritte Sitzblockadenentscheidung befasste sich bekanntlich mit der Frage, ob „Gewalt" im Sinn von § 240 Abs. 1 StGB entsprechend der seinerzeitigen Rechtsprechung des Bundesgerichtshofs auch dann vorliegen kann, wenn zwar eine gewisse Kraftentfaltung auf Seiten des Täters erfolgt, der Täter aber – statt unmittelbar körperliche Kräfte gegen den Genötigten einzusetzen – nur mit geringem körperlichen Kraftaufwand einen psychisch determinierten Prozess beim Opfer in Lauf setzt, für dessen Strafbarkeit es dann entscheidend auf das Gewicht der psychischen Einwirkung ankommt[65]. Der Erste Senat verneinte dies und argumentierte in der Sache ganz ähnlich wie im Fall „Tanz der Teufel". Er führt zunächst den Gedanken einer unzulässigen Verschleifung an: Da die Ausübung von Zwang auf den Willen Dritter bereits im Begriff der Nötigung enthalten sei und die Benennung bestimmter Nötigungsmittel in § 240 Abs. 2 StGB die Funktion habe, innerhalb der Gesamtheit denkbarer Nötigungen die strafwürdigen einzugrenzen, könne die Gewalt nicht mit dem Zwang zusammenfallen, sondern müsse über diesen hinausgehen. Das Tatbestandsmerkmal der Gewalt werde durch die angegriffene Auslegung in einer Weise entgrenzt, dass es die ihm vom Gesetzgeber zugedachte Funktion, unter den notwendigen, unvermeidlichen oder alltäglichen Zwangseinwirkungen auf die Willensfreiheit Dritter die strafwürdigen zu bestimmen, weitgehend verliere[66].

Es folgt der Aspekt der mangelnden Konturierung: Der „weite" Gewaltbegriff beziehe zwangsläufig zahlreiche als sozialadäquat betrachtete Verhaltensweisen in den Tatbestand ein, deren Strafbarkeit erst durch das Korrektiv der Verwerflichkeitsklausel in § 240 Abs. 2 StGB ausgeschlossen werde. Es lasse sich nicht mehr mit ausreichender Sicherheit vorhersehen, welches körperliche Verhalten, das andere psychisch an der Durchsetzung ihres Willens hindert, verboten sein soll und welches nicht. In demjenigen Bereich, in dem die Gewalt lediglich in körperlicher Anwesenheit bestehe und die Zwangswirkung auf den Genötigten nur psychischer Natur sei, werde die Strafbarkeit nicht mehr vor der Tat generell und abstrakt vom Gesetzgeber, sondern nach der Tat im konkreten Fall vom Richter aufgrund seiner Überzeugung von der Strafwürdigkeit eines Tuns bestimmt. Das eröffne beträchtliche Spielräume bei der Strafverfolgung von Nötigungen[67].

[64] BVerfGE 87, 399 (411).
[65] Vgl. BGHSt 23, 46 (54).
[66] BVerfGE 92, 1 (17).
[67] BVerfGE 92, 1 (17 f.).

Dass hingegen der „weite" Gewaltbegriff mit dem möglichen Wortsinn des Gesetzes unvereinbar sei oder auf einer willkürlichen, schlechthin unvertretbaren Auslegung des Gesetzes beruht habe, lässt sich ersichtlich nicht sagen und wird auch im Beschluss nicht behauptet[68].

e) Untreue

Im Untreue-Beschluss knüpft der Zweite Senat bei der Prüfung der hinreichenden Bestimmtheit des Tatbestands zunächst bei der Entscheidung zum groben Unfug an, indem er den Tatbestand trotz der vom Senat konstatierten Weite und relativen Unschärfe deshalb für noch hinreichend bestimmt erachtet, weil eine restriktive und präzisierende Auslegung möglich ist[69]. Umgekehrt fordert der Senat, dass die Auslegung und Anwendung des Tatbestands im Einzelfall die erforderliche Restriktions- und Präzisierungsleistung auch erbringen muss, um vor Art. 103 Abs. 2 GG zu bestehen[70]. Im Falle des Nachteilsmerkmals müsse die Auslegung den gesetzgeberischen Willen beachten, dieses Merkmal als selbständiges neben dem der Pflichtverletzung zu statuieren; sie dürfe daher dieses Tatbestandsmerkmal nicht mit dem Pflichtwidrigkeitsmerkmal verschleifen, das heißt, es in diesem Merkmal aufgehen lassen. Deswegen und um das Vollendungserfordernis zu wahren, seien eigenständige Feststellungen zum Vorliegen eines Nachteils geboten. Von einfach gelagerten und eindeutigen Fällen – etwa bei einem ohne weiteres greifbaren Mindestschaden – abgesehen, müssten die Strafgerichte den von ihnen angenommenen Nachteil der Höhe nach beziffern und dessen Ermittlung in wirtschaftlich nachvollziehbarer Weise in den Urteilsgründen darlegen[71].

Entsprechend prüft das Bundesverfassungsgericht im Falle der wegen Herbeiführung eines Gefährdungsschadens durch nicht ausreichend besicherte Kreditvergabe verurteilten Beschwerdeführer nicht nur, ob die Dogmatik der schadensgleichen Vermögensgefährdung sich im Rahmen der möglichen Bedeutung des Wortes „Nachteil" hält[72], sondern auch, ob sie das so hergeleitete Gebot einer wirtschaftlichen Betrachtungsweise wahrt. Dies bejaht der Senat nur mit einem gewissen Vorbehalt, da er in der höchstrichterlichen Rechtsprechung eine bedenkliche Tendenz sieht, von einer Bezifferung und wirtschaftlich nachvollziehbaren Darlegung im Falle von Gefährdungsschäden abzusehen. Genau in diesem Bereich liegt dann auch das Versäumnis, dass der Senat im konkreten Fall feststellt und das zur Aufhebung der Verurteilung führt[73].

[68] Vgl. *Altvater,* NStZ 1995, S. 278 f.; a.A. *Gusy,* JZ 1995, S. 782 (783).

[69] Beschluss vom 23. Juni 2010 (o. Fn. 47), Rn. 84, 105 ff.

[70] Vgl. Beschluss vom 23. Juni 2010 (o. Fn. 47), Rn. 115, 117 ff., 124 ff., 126 ff., 129 ff., 135 ff.

[71] Beschluss vom 23. Juni 2010 (o. Fn. 47), Rn. 113.

[72] Dazu Beschluss vom 23. Juni 2010 (o. Fn. 47), Rn. 142.

[73] Beschluss vom 23. Juni 2010 (o. Fn. 47), Rn. 136 ff., 147 ff.; Rn. 151 ff.

3. Anmerkungen

Der den dargestellten Entscheidungen zu Grunde liegende Gedanke lässt sich zusammenfassend als Gebot restriktiver und präzisierender Auslegung – im Folgenden kurz: Präzisierungsgebot[74] – kennzeichnen. Bereits bei oberflächlicher Betrachtung der angesprochenen Entscheidungen ergibt sich, dass das Präzisierungsgebot dem Bundesverfassungsgericht einen vergleichsweise weit gehenden Zugriff auf die Auslegung des materiellen Strafrechts eröffnet. Bevor im Folgenden versucht wird, die Reichweite dieses Zugriffs näher zu beschreiben, soll die Funktion des Präzisierungsgebots vor dem Hintergrund von Sinn und Zweck des Art. 103 Abs. 2 und im Kontext der anderen Gewährleistungsgehalte dieser Norm erörtert werden.

a) Funktion des Präzisierungsgebots

Am deutlichsten in den Entscheidungen zum groben Unfug, zum Tanz der Teufel sowie zur Untreue wird der enge Zusammenhang des Präzisierungsgebots mit dem an den Gesetzgeber gerichteten Bestimmtheitsgebot. Das Bundesverfassungsgericht handhabt Art. 103 Abs. 2 GG dem Gesetzgeber gegenüber verhältnismäßig großzügig. Zuletzt hat der Zweite Senat im Untreue-Beschluss ausgeführt, dass es wegen der gebotenen Allgemeinheit und der damit zwangsläufig verbundenen Abstraktheit von Strafnormen unvermeidlich sei, dass in Einzelfällen zweifelhaft bleibe, ob ein Verhalten noch unter den gesetzlichen Tatbestand falle oder nicht. Das Bestimmtheitsgebot bedeute nicht, dass der Gesetzgeber gezwungen sei, sämtliche Straftatbestände ausschließlich mit unmittelbar in ihrer Bedeutung für jedermann erschließbaren deskriptiven Tatbestandsmerkmalen zu umschreiben. Es schließe die Verwendung wertausfüllungsbedürftiger Begriffe bis hin zu Generalklauseln im Strafrecht nicht von vornherein aus. Der Gesetzgeber könne Tatbestände auch so ausgestalten, dass zu ihrer Auslegung auf außerstrafrechtliche Vorschriften zurückgegriffen werden müsse. Allein die Tatsache, dass ein Gesetz bei extensiver, den möglichen Wortlaut ausschöpfender Auslegung auch Fälle erfasse, die der parlamentarische Gesetzgeber nicht habe bestraft wissen wollen, mache das Gesetz nicht verfassungswidrig, wenn und soweit eine restriktive, präzisierende Auslegung möglich sei[75].

Dementsprechend hat das Bundesverfassungsgericht die Verwendung unbestimmter Rechtsbegriffe durch den Gesetzgeber bislang weitestgehend für unbedenklich gehalten[76] und selbst Normen wie das Verbot des „Ver-

[74] Vgl. bereits *Krey,* Keine Strafe ohne Gesetz, 1983, S. 126 f.; *Dierlamm,* in: Münchener Kommentar zum Strafgesetzbuch, 2006, § 266 Rn. 5 („Konkretisierungsgebot").

[75] Beschluss vom 23. Juni 2010 (o. Fn. 47), Rn. 74 m.w.N.

[76] Vgl. näher *Schulze-Fielitz,* in: Dreier, GG, 2. Aufl. 2008, Art. 103 Rn. 42 ff.

übens groben Unfugs“[77] und den Untreuetatbestand – den der Zweite Senat allerdings ersichtlich als grenzwertig erachtete[78] – für verfassungsgemäß gehalten[79]. Das Präzisierungsgebot lässt sich vor diesem Hintergrund als ein Gebot der Kompensation hinzunehmender Normunschärfen begreifen; entsprechend wird in der Literatur auch von einem Gebot der Auslegungsbestimmtheit[80] gesprochen: Die Rechtsprechung ist aufgefordert, das Ihre zu tun, um Strafnormen schärfere Konturen zu verleihen. So heißt es im Untreue-Beschluss, dass verfassungsrechtliche Bedenken, die die Weite eines Tatbestands(-merkmals) bei isolierter Betrachtung auslösen müsste, durch weitgehende Einigkeit über einen engeren Bedeutungsinhalt, insbesondere durch eine gefestigte höchstrichterliche Rechtsprechung, entkräftet werden könnten[81].

Dies gelte um so mehr, je weniger konturiert der gesetzliche Tatbestand selbst sei: Besondere Bedeutung habe diese Pflicht bei solchen Tatbeständen, die der Gesetzgeber im Rahmen des Zulässigen durch Verwendung von Generalklauseln verhältnismäßig weit und unscharf gefasst habe. Gerade in Fallkonstellationen, in denen der Normadressat nach dem gesetzlichen Tatbestand nur noch die Möglichkeit einer Bestrafung erkennen könne und in denen sich erst aufgrund einer gefestigten Rechtsprechung eine zuverlässige Grundlage für die Auslegung und Anwendung der Norm gewinnen lasse, treffe die Rechtsprechung eine besondere Verpflichtung, an der Erkennbarkeit der Voraussetzungen der Strafbarkeit mitzuwirken[82].

Seinen spezifischen Anwendungsbereich findet das Präzisierungsgebot also bei Normen, die weder so unbestimmt sind, dass sie das Bestimmtheitsgebot verletzen und daher nichtig sind, noch eine praktisch optimale Bestimmtheit aufweisen, wie man sie z.B. dem Diebstahls- oder dem Totschlagstatbestand attestieren kann.

Dem doppelten Zweck des Art. 103 Abs. 2 GG entsprechend hat auch das Präzisierungsgebot zwei Zielrichtungen, die je nach Norm und Einzelfall in unterschiedlicher Gewichtung zur Geltung kommen und auch in einem gewissen Spannungsverhältnis stehen können. So kann, wie im Falle des Versammlungsauflösungs-Beschlusses, der Gedanke der Restriktion im Vordergrund stehen, um die Anwendung der Norm trotz eines einschränkungslosen Wortlauts auf die Fälle zu beschränken, in denen sich ein gesetzgeberischer

[77] Oben unter 2.a).
[78] Beschluss vom 23. Juni 2010 (o. Fn. 47), Rn. 85, 90 ff.
[79] Kritisch *Dierlamm,* in: Münchener Kommentar zum Strafgesetzbuch, 2006, § 266 Rn. 3 ff.
[80] Vgl. *Dannecker,* in: Leipziger Kommentar zum Strafgesetzbuch, Bd. 1, 12. Aufl. 2007, § 1 Rn. 338 f.; Kuhlen, in: Festschrift für Harro Otto, 2007, S. 89 ff.
[81] Beschluss vom 23. Juni 2010 (o. Fn. 47), Rn. 76.
[82] Beschluss vom 23. Juni 2010 (o. Fn. 47), Rn. 81.

Bestrafungswille hinreichend deutlich feststellen lässt. Dies trägt dem Parlamentsvorbehalt Rechnung, macht jedoch die Erkennbarkeit der Strafdrohung von Faktoren außerhalb des Normtexts abhängig. Umgekehrt betont der Gedanke der Präzisierung die eigenständige Leistung der Rechtsprechung und erkennt Freiräume durchaus an. Oftmals können jedoch Restriktion und Präzisierung auch Hand in Hand gehen, wie sich in den Entscheidungen zum Tanz der Teufel und zu den Sitzblockaden zeigt. Präzisierung heißt schließlich auch, bei einer gefestigten Rechtsprechung (sofern diese selbst den verfassungsrechtlichen Anforderungen genügt) nach Möglichkeit zu bleiben und nicht davon abzuweichen[83]; soweit dies strafbarkeitsausweitende Rechtsprechungsänderungen erschwert, berührt sich das Präzisierungsgebot mit dem ebenfalls in Art. 103 Abs. 2 GG enthaltenen Rückwirkungsverbot[84].

b) Inhalt des Präzisierungsgebots

Beim derzeitigen Stand der Rechtsprechung ist es schwierig, den Gehalt des Gebots restriktiver und präzisierender Auslegung auf eine knappe Formel zu bringen. Die Zielrichtung allerdings ist klar: Die Strafgerichte sind gehalten, den Anwendungsbereich von Strafnormen – insbesondere von weiten und relativ unscharfen Strafnormen – auch innerhalb des Wortlauts auf Fälle zu beschränken, die vom Gesetzgeber klar für strafwürdig gehalten werden und die sich greifbar und voraussehbar vom nicht strafbewehrten Verhalten abgrenzen lassen. Der auch in einzelnen Kammerentscheidungen zu findende Satz, Art. 103 Abs. 2 GG stehe einer extensiven Auslegung von Strafnormen nicht entgegen[85], ist in dieser Allgemeinheit jedenfalls nicht mehr zutreffend. Andererseits gibt es keine Anhaltspunkte dafür, dass das Bundesverfassungsgericht größtmögliche Restriktions- und Präzisierungsanstrengungen verlangt. Vielmehr geht es darum, in kritischen Fällen, also gerade bei generalklauselartigen Normen oder Tatbestandsmerkmalen, greifbare Anhaltspunkte für eine Restriktion innerhalb des Wortlauts nicht unberücksichtigt zu lassen und nicht um der Schließung (vermeintlicher) Strafbarkeitslücken willen den Tatbestand ausufernd und unvorhersehbar zu handhaben. Was das im Einzelnen bedeutet, ist freilich jedenfalls so lange

[83] Beschluss vom 23. Juni 2010 (o. Fn. 47), Rn. 81.

[84] Vgl. dazu *Müller-Dietz,* in: Festschrift für Reinhart Maurach, 1972, S. 41 ff.

[85] Beschluss des Vorprüfungsausschusses des Zweiten Senats vom 8. April 1982 – 2 BvR 1339/81 –, NJW 1982, S. 1512; ebenso Beschluss der 3. Kammer des Zweiten Senats vom 4. Dezember 2003 – 2 BvR 1107/03 –, juris, Rn. 3; *Dannecker,* in: Leipziger Kommentar zum Strafgesetzbuch, 12. Aufl. 2007, § 1 Rn. 293; *Schmidt-Aßmann,* in: Maunz/Dürig, GG, Art. 103 Abs. 2 Rn. 230 (Dezember 1992). Zur Abgrenzung von extensiver Auslegung und Analogie vgl. *Danckert,* Die Grenze zwischen der extensiven Auslegung und der Analogie im Strafrecht, 1967.

schwer vorherzusehen, wie Aussagen des Bundesverfassungsgerichts zu einer bestimmten Norm noch nicht vorliegen.

c) Prüfungsreichweite des Bundesverfassungsgerichts

Dies führt zur Frage der Aufgabenverteilung zwischen Bundesverfassungsgericht und Strafgerichtsbarkeit. Wenn Art. 103 Abs. 2 GG materiell mehr verlangt als eine methodisch vertretbare Rechtsanwendung unter Einhaltung der Wortlautgrenze, hat dies Folgen für die Prüfungskompetenz des Bundesverfassungsgerichts; dieses ist nicht mehr auf eine Vertretbarkeitskontrolle beschränkt[86]. Der in Art. 103 Abs. 2 GG zum Ausdruck kommende strenge Gesetzesvorbehalt erhöht also die verfassungsgerichtliche Kontrolldichte. Denn – so der Zweite Senat im Untreue-Beschluss – sowohl die Überschreitung der Grenzen des Strafgesetzes als auch die Konturierung und Präzisierung ihres Inhalts betreffen die Entscheidung über die Strafbarkeit und damit die Abgrenzung der Zuständigkeitsbereiche von Judikative und Legislative[87].

Schwieriger ist zu sagen, wie weit die verfassungsrechtliche Prüfung nun genau geht. Eine vollumfängliche, quasi-revisionsgerichtliche Richtigkeitskontrolle hat auch der Untreue-Beschluss nicht im Blick. So wird explizit gesagt, die verfassungsgerichtliche Kontrolle strafgerichtlicher Entscheidungen am Maßstab des Art. 103 Abs. 2 GG berühre nicht die Verantwortung der Gerichte, namentlich des Bundesgerichtshofs, für die Auslegung und Anwendung des Strafrechts[88]. Im Übrigen versucht der Senat die Grenze wie folgt zu ziehen[89]:

> „Stützen die Gerichte insbesondere ihre Auslegung und Anwendung der Strafnorm auf ein gefestigtes Verständnis eines Tatbestandsmerkmals oder der Norm insgesamt, prüft das Bundesverfassungsgericht das Bestehen eines solchen gefestigten Verständnisses in vollem Umfang nach [...]. Entsprechendes gilt, wenn die Strafbarkeit nach einer weit gefassten Norm mittels gefestigter komplexerer Obersätze eingegrenzt wird, wie sie etwa bei der Bildung von Fallgruppen und auf diese bezogene Spezifizierungen der Anforderungen der Strafrechtsnorm anzutreffen sind. Das Bundesverfassungsgericht prüft insoweit, ob die Gerichte bei Anwendung und Auslegung der Strafnorm bei den bislang entwickelten, die Norm konkretisierenden Obersätzen geblieben sind, gegebenenfalls ob sie diese im Rahmen der Strafnorm folgerichtig weiterentwickelt und ob sie der Würdigung des konkreten Falls zugrunde gelegt haben.
>
> Dagegen wird ein – gegebenenfalls in höchstrichterlichen Obersätzen – gefestigtes Normverständnis einer inhaltlichen Kontrolle durch das Bundesverfassungsgericht

[86] Vgl. entsprechend zur Wortlautgrenze *Klatt*, Theorie der Wortlautgrenze, 2004, S. 23. Für eine Vertretbarkeitskontrolle dagegen *Altvater*, NStZ 1995, S. 278.

[87] Beschluss vom 23. Juni 2010 (o. Fn. 47), Rn. 81.

[88] Beschluss vom 23. Juni 2010 (o. Fn. 47), Rn. 83.

[89] Beschluss vom 23. Juni 2010 (o. Fn. 47), Rn. 82 f.

nur in dem Sinne unterzogen, dass es nicht evident ungeeignet zur Konturierung der Norm sein darf [...]. Insoweit werden – ebenso wie hinsichtlich der Anwendung der gegebenenfalls durch Obersätze konturierten und präzisierten Strafnorm – grundsätzlich keine Fragen des Verfassungsrechts aufgeworfen. Die verfassungsgerichtliche Kontrolle strafgerichtlicher Entscheidungen am Maßstab des Art. 103 Abs. 2 GG berührt nicht die Verantwortung der Gerichte, namentlich des Bundesgerichtshofs, für die Auslegung und Anwendung des Strafrechts."

Auch der Begründungsaufwand bei der Subsumtion der einzelnen Fälle zeigt deutlich, dass der Zweite Senat die Grenze zwischen fachgerichtlicher und verfassungsgerichtlicher Zuständigkeit verschieben, keinesfalls aber aufgeben will. Es bleibt folglich dabei, dass auch die Auslegung und Anwendung des Strafrechts in erster Linie Sache der Fachgerichte sind, und dass nicht jede Fehlinterpretation zu Lasten des Angeklagten einen verfassungsrechtlichen Mangel begründet[90].

Das Bundesverfassungsgericht wird unter dem Gesichtspunkt des Präzisierungsgebots also erst eingreifen, wenn manifeste Anhaltspunkte dafür vorliegen, dass die Rechtsprechung ihrer Restriktions- und Präzisierungsverantwortung nicht gerecht wird. Es besteht auch mit Blick auf die bisherige Praxis kein Grund anzunehmen, dass das Bundesverfassungsgericht in Zukunft massiv Einfluss auf die Auslegung des materiellen Strafrechts nehmen wird. Eine Verfassungsbeschwerde kann nach wie vor nicht mit der bloßen Begründung erhoben werden, das materielle Recht sei zum Nachteil des Verurteilten unrichtig ausgelegt worden; vielmehr ist es schon unter Zulässigkeitsgesichtspunkten (Substantiierungsobliegenheit nach § 23 Abs. 1 Satz 2, § 92 BVerfGG) erforderlich, im Einzelnen darzulegen, in welchem Umfang sich spezifische Restriktions- und Präzisierungspflichten im Hinblick auf die betreffende Norm ergeben und inwieweit diese verletzt wurden. Die Instrumente, bei empfundenen Missständen einzugreifen, sind freilich vorhanden und können von den Senaten und Kammern genutzt werden. Letzteren wird dabei eine wichtige Rolle insbesondere bei der Überwachung der Umsetzung der Senatsrechtsprechung zukommen, aktuell also etwa im Bereich der Untreue.

[90] Vgl. Beschluss der 4. Kammer des Zweiten Senats vom 12. Dezember 2000 – 2 BvR 1290/99 –, juris, Rn. 19: Es sei „nicht Aufgabe des Bundesverfassungsgerichts, seine Auffassung von der zutreffenden oder überzeugenden Auslegung des einfachen Rechts an die Stelle derjenigen der Strafgerichte zu setzen"; ebenso Beschluss der 3. Kammer des Zweiten Senats vom 4. Dezember 2003 – 2 BvR 1107/03 –, juris, Rn. 3. Vgl. ferner Beschluss vom 23. Juni 2010 (o. Fn. 47), Rn. 83. Vgl. ferner *Schmidt-Aßmann,* in: Maunz/Dürig, GG, Art. 103 Abs. 2 Rn. 175 (Dezember 1992).

V. Zusammenfassung

Anders als sonst überprüft das Bundesverfassungsgericht im Bereich des materiellen Strafrechts die Rechtsanwendung der Fachgerichte nicht lediglich auf methodische Vertretbarkeit. Art. 103 Abs. 2 GG verlangt darüber hinaus, dass sich die Auslegung im Rahmen der Grenze des Wortlauts der Norm hält („Analogieverbot"). Weitergehend hat das Bundesverfassungsgericht in mehreren Entscheidungen aus Art. 103 Abs. 2 GG ein Gebot restriktiver und präzisierender Auslegung entnommen[91]. Dieses steht in engem Zusammenhang mit dem ebenfalls in Art. 103 Abs. 2 GG enthaltenen, an den Gesetzgeber gerichteten Bestimmtheitsgebot. Der großzügige Maßstab, den das Bundesverfassungsgericht insofern anlegt, wird durch die Verschärfung der Anforderungen an die Auslegung kompensiert. Dies zeigt: Das Bundesverfassungsgericht nimmt die ihm durch Art. 103 Abs. 2 zugewiesene Kontrollaufgabe ernst[92].

Trotz dieser Verschärfung des Prüfungsmaßstabs bleibt auch im Falle des materiellen Strafrechts die Auslegung und Anwendung des Rechts vorrangig Sache der Fachgerichte; eine umfassende „Richtigkeits"-Kontrolle durch das Bundesverfassungsgericht findet nicht statt. Die Grenzen der Nachprüfung durch das Verfassungsgericht sind nicht ganz einfach zu bestimmen. Gleichwohl sind Anliegen und Botschaft der neueren Rechtsprechung des Bundesverfassungsgerichts recht klar: Die Strafgerichte sind gehalten, den notwendig lückenhaften „ultima-ratio"-Charakter eines rechtsstaatlichen Strafrechts[93] zu akzeptieren und – vermeintliche – Strafbarkeitslücken nicht in vorauseilendem Gehorsam zu schließen.

[91] Für einen weiteren Anwendungsfall siehe Beschluss der 3. Kammer des Ersten Senats vom 17. November 2009 – 1 BvR 2717/08 –, NJW 2010, S. 754 (Klavierspiel am Sonntag).

[92] Zur Bedeutung des Art. 103 Abs. 2 GG im rechtsstaatlichen Kontext vgl. *Grünwald,* ZStW 76 (1964); S. 1; *Mangakis,* ZStW 19 (1969), S. 997 ff.

[93] Vgl. *Landau,* ZStW 121 (2009), S. 965 (971 ff.).

V.

Staatsorganisation

Die Stärkung des Parlaments in der neueren Rechtsprechung des Bundesverfassungsgerichts

Sigrid Emmenegger*

Leitentscheidungen des Bundesverfassungsgerichts

BVerfGE 67, 100 – Flick-Untersuchungsausschuß
BVerfGE 90, 286 – Auslandseinsätze der Bundeswehr
BVerfGE 101, 297 – Vermittlungsausschuss
BVerfGE 104, 151 – Neues Strategiekonzept der NATO
BVerfGE 108, 34 – AWACS-Einsatz (Eilverfahren)
BVerfGE 120, 56 – Gesetz zur Fortsetzung der Unternehmenssteuerreform
BVerfGE 125, 104 – Haushaltsbegleitgesetz 2004 („Koch/Steinbrück-Papier")
BVerfGE 118, 244 – Tornado-Einsatz in Afghanistan
BVerfGE 121, 135 – AWACS-Einsatz (Hauptsacheentscheidung)
BVerfGE 123, 267 – Lissabon-Vertrag
BVerfGE 124, 78 – BND-Untersuchungsausschuss
BVerfGE 124, 161 – Kleine Anfragen
BVerfGE 124, 267 – Bundeswehreinsatz im Kosovo

Schrifttum (Auswahl)

Baer, Susanne, Vermutungen zu Kernbereichen der Regierung und Befugnissen des Parlaments, Der Staat 40 (2001), S. 525 ff.; *Bogdandy, Armin von,* Parlamentarismus in Europa: eine Verfalls- oder Erfolgsgeschichte, AöR 130 (2005), S. 445 ff.; *Burkiczak, Christian,* AWACS II: In dubio pro Bundestag, NVwZ 2008, S. 752 ff.; *Desens, Marc,* Kompetenzgrenzen des Vermittlungsausschusses, NJW 2008, S. 2892 ff.; *Dolzer, Rudolf,* Das parlamentarische Regierungssystem und der Bundesrat – Entwicklungsstand und Reformbedarf, VVDStRL 58 (1999), S. 7 ff.; *Friesenhahn, Ernst,* Parlament und Regierung im modernen Staat, VVDStRL 16 (1957), S. 9 ff.; *Gramm, Christof,* Die Stärkung des Parlaments in der Wehrverfassung, DVBl. 2009, S. 1476 ff.; *Grimm, Dieter,* Bedingungen demokratischer Rechtsetzung, in: Wingert/Günther (Hrsg.), Die Öffentlichkeit der Vernunft und die Vernunft der Öffentlichkeit, Festschrift für Jürgen Habermas, 2001, S. 489 ff.; *Herdegen, Matthias,* Informalisierung und Entparlamentarisierung politischer Entscheidungen als Gefährdungen der Verfassung?, VVDStRL 62 (2003), S. 7 ff.; *Hoffmann-Riem, Wolfgang,* Gewaltengliederung und Verantwortungsteilung als Ordnungsprinzip, in: Hufen (Hrsg.), Verfassung – Zwischen Recht und Politik. Festschrift für Hans-Peter Schneider, Baden-

* Für die kritische Lektüre des Manuskripts und hilfreiche Anmerkungen danke ich Frau Dr. *Bettina Meermagen* sehr herzlich.

Baden 2008, S. 183 ff.; *Huber, Peter M./Fröhlich, Daniel,* Die Kompetenz des Vermittlungsausschusses und ihre Grenzen: am Beispiel von Art. 15 Haushaltsbegleitungsgesetz, DÖV 2005, S. 322 ff.; *Kirchhof, Paul,* Das Parlament als Mitte der Demokratie, in: Brenner/Huber/Möstl (Hrsg.), Der Staat des Grundgesetzes – Kontinuität und Wandel, Festschrift für Peter Badura zum 70. Geburtstag, 2004, S. 237 ff.; *Klein, Hans H.*, Stellung und Aufgaben des Bundestages, in: Isensee/Kirchhof (Hrsg.), Handbuch des Staatsrechts der Bundesrepublik Deutschland, Bd. III, 3. Aufl., 2005, § 50; *Lepsius, Oliver,* Die erkenntnistheoretische Notwendigkeit des Parlamentarismus, in: Bertschi u.a. (Hrsg.), Demokratie und Freiheit, 1999, S. 123 ff.; *Magiera, Siegfried,* Parlament und Staatsleitung in der Verfassungsordnung des Grundgesetzes, 1979; *Meermagen, Bettina/Schultzky, Hendrik,* Das Verfahren der Gesetzgebung vor dem Bundesverfassungsgericht, Verwaltungsarchiv 101 (2010), S. 539 ff.; *Möllers, Christoph,* Gewaltengliederung, 2005; *Morlok, Martin,* Informalisierung und Entparlamentarisierung politischer Entscheidungen als Gefährdungen der Verfassung?, VVDStRL 62 (2003) S. 37 ff.; *Morlok, Martin/Hientzsch, Christina,* Das Parlament als Zentralorgan der Demokratie – Eine Zusammenschau der einschlägigen parlamentsschützenden Normen, JuS 2011, S. 1 ff.; *Puhl, Thomas,* Entparlamentarisierung und Auslagerung staatlicher Entscheidungsverantwortung, in: Isensee/Kirchhof (Hrsg.), Handbuch des Staatsrechts, Band III, 3. Aufl., 2005, § 48; *Reimer, Franz,* Das Parlamentsgesetz als Steuerungsmittel und Kontrollmaßstab, in: Hoffmann-Riem/Schmidt-Aßmann/Voßkuhle (Hrsg.), Grundlagen des Verwaltungsrechts, Bd. 1, 2006, § 9; *Sachs, Michael,* Das parlamentarische Regierungssystem und der Bundesrat – Entwicklungsstand und Reformbedarf, VVDStRL 58 (1999), S. 39 ff.; *Sauer, Heiko,* Das Verfassungsrecht der kollektiven Sicherheit, in: Rensen/Brink (Hrsg.), Linien der Rechtsprechung des Bundesverfassungsgerichts, 2009, S. 585 ff.; *Schneider, Hans-Peter/Zeh, Wolfgang* (Hrsg.), Parlamentsrecht und Parlamentspraxis in der Bundesrepublik Deutschland, 1989; *Schulze-Fielitz, Helmuth,* Theorie und Praxis parlamentarischer Gesetzgebung, 1988; *Shirvani, Foroud,* Das Parteienrecht und der Strukturwandel im Parteiensystem, 2010; *Stolleis, Michael,* Parteienstaatlichkeit – Krisensymptome des demokratischen Verfassungsstaats?, VVDStRL 44 (1985), S. 7 ff.; *Wagner, Wolfgang,* Die parlamentarische Kontrolle der europäischen Außen- und Sicherheitspolitik, in: Kadelbach (Hrsg.), Europäische Integration und parlamentarische Demokratie, 2009, S. 157 ff.

Inhalt

I. Einleitung: Funktionen des Parlaments

Der Deutsche Bundestag nimmt im Verfassungsgefüge des Grundgesetzes eine „zentrale Position"[1] ein, ja es stellt den „institutionellen Mittelpunkt des politischen Lebens der Bundesrepublik"[2] dar.[3] Seine verfassungsrechtlich positivierten Aufgaben sind die Gesetzgebung („Legislativfunktion", vgl. Art. 77 Abs. 1 Satz 1 GG), die Wahl anderer Verfassungsorgane („Kreationsfunktion", vgl. z.B. Art. 63, Art. 94 Abs. 1 Satz 2, Art. 54 GG) und die Kontrollfunktion (vgl. z.B. Art. 43 Abs. 1, Art. 44 GG).[4]

Die konkrete Ausgestaltung und Ausprägung dieser Funktionen unterliegt einem fortlaufenden Wandel, der nicht nur von rechtlichen, sondern vor allem von politischen Rationalitäten,[5] aber auch von supra- und internationalen Einwirkungen beeinflusst wird. Ob diese Prozesse von einem allgemeinen Trend zur „Entparlamentarisierung"[6] begleitet werden, ist zweifelhaft – jedenfalls kann davon mit Bezug auf die Rechtsprechung des Bundesverfassungsgerichts zur Stellung des Parlaments im Verhältnis zu anderen Verfas-

[1] *H. H. Klein*, in: Isensee/Kirchhof, HStR III, 3. Aufl. 2005, § 50 Rn. 16; vgl. auch *P. Kirchhof*, in: Brenner/Huber/Möstl (Hrsg.), Der Staat des Grundgesetzes – Kontinuität und Wandel, Festschrift für Peter Badura zum 70. Geburtstag, 2004, S. 237 ff. („Das Parlament als Mitte der Demokratie").

[2] *Hesse*, Grundzüge des Verfassungsrechts der Bundesrepublik Deutschland, 18. Aufl. 1991, Rn. 574; s. auch zum funktionalen Mehrwert des Parlaments *Lepsius*, Die erkenntnistheoretische Notwendigkeit des Parlamentarismus, in: Bertschi u.a. (Hrsg.), Demokratie und Freiheit, 1999, S. 123 (149 ff.).

[3] Im Folgenden wird der Begriff des Parlaments institutionell auf den Deutschen Bundestag bezogen; zum Parlamentscharakter des Bundesrats vgl. nur *Friesenhahn*, Parlament und Regierung im modernen Staat, VVDStRL 16 (1958), S. 9 (50 f., Fn. 117) (verneinend); *v. Beyme*, Die Funktionen des Bundesrates in: Bundesrat (Hrsg.), Der Bundesrat als Verfassungsorgan und politische Kraft, 1974, S. 365 (368) (befürwortend).

[4] Vgl. allgemein zu den Funktionen des Parlaments *H. H. Klein*, in: Isensee/Kirchhof, HStR III, 3. Aufl. 2005, § 50 Rn. 15; *von Beyme*, in: Schneider/Zeh (Hrsg.), Parlamentsrecht und Parlamentspraxis, 1989, § 3 Rn. 42 ff. (Wahl-, Artikulations- und Kommunikations-, Gesetzgebungs- und Kontrollfunktion); *Morlok/Hientzsch*, JuS 2011, S. 1 (2) (Wahl-, Gesetzgebungs-, Willensbildungs- und Kontrollfunktion). Die Unterscheidung der Funktionen kann lediglich eine grobe Orientierung bieten. Bei näherer Betrachtung überschneiden sich diese. So kann beispielsweise das Gesetzgebungsverfahren ebenfalls als „diskursives Verfahren parlamentarischer Kontrolle" verstanden werden, vgl. *Schulze-Fielitz*, Theorie und Praxis parlamentarischer Gesetzgebung, 1988, S. 292 ff., dort auch zu unterschiedlichen Systematisierungsansätzen verschiedener Parlamentsfunktionen.

[5] Vgl. *Hesse*, Grundzüge des Verfassungsrechts der Bundesrepublik Deutschland, 18. Aufl. 1991, Rn. 588.

[6] Vgl. dazu *Morlok/Herdegen*, Informalisierung und Entparlamentarisierung politischer Entscheidungen als Gefährdung der Verfassung?, VVDStRL 62 (2003), S. 7 ff./S. 37 ff.; ferner *Puhl*, in: Isensee/Kirchhof, HStR III, 3. Aufl. 2005, § 48 Rn. 3 ff.; Rn. 17 ff.

sungsorganen keine Rede sein.[7] In dem fortschreitenden Wandel der gesellschaftlichen und (verfassungs)rechtlichen Wirklichkeit hat die Rechtsprechung des Bundesverfassungsgerichts gerade das Parlament als denjenigen Ort ausgemacht, an dem die gesellschaftlichen und politischen Veränderungsprozesse deliberativ begleitet und gesteuert werden. Beobachten lassen sich in der jüngeren Rechtsprechung des Bundesverfassungsgerichts insbesondere eine Stärkung der Kontrollfunktion des Bundestags im Verhältnis zur Bundesregierung (dazu II.), eine Betonung seiner Gesetzgebungsfunktion (dazu III.) sowie eine Stärkung seiner Gesamtleitungsfunktion durch Ausweitung der parlamentarischen Beteiligungsrechte im Hinblick auf die inter- und supranationale Einbindung der Bundesrepublik (dazu IV.).

II. Stärkung der Kontrollfunktion

Die wohl wichtigste Aufgabe des Parlaments ist – neben der Gesetzgebung[8] – die Kontrolle der Regierung und der Verwaltung.[9] „Kontrolle" bezeichnet dabei nach tradiertem weitem Verständnis den gesamten parlamentarischen Prozess des Überprüfens und Bestimmens beziehungsweise Beeinflussens der Verhaltensweise von Regierung und Verwaltung.[10] Die entscheidende Phase, von der die Effektivität der parlamentarischen Kontrolle abhängt, ist allerdings bereits die erste, nämlich die Phase der Informationsgewinnung: Die parlamentarische Kontrolle ist „im Sinne einer umfassenden Informiertheit des Parlaments über das Handeln der Exekutive zu verstehen, die notwendig ist, damit der Gesetzgeber Entscheidungen treffen und korrigieren [...], aber auch das Legitimationssubjekt die Exekutive politisch beurteilen kann."[11] Kurzum: Bei der parlamentarischen Kontrolle geht es im Kern um die Gewinnung von Informationen – sei es, dass der Bundestag die Anwesenheit eines Mitglieds der Bundesregierung verlangt (Art. 43 Abs. 1 GG),

[7] Hiervon abzugrenzen ist das Problem des Verhältnisses des Gesetzgebers zum Bundesverfassungsgericht selbst, das namentlich seine Funktion als Gesetzgeber betrifft; vgl. insoweit zuletzt die Kritik von *Dann*, Der Staat 49 (2010), S. 630 ff.

[8] S. zur Gesetzgebungsfunktion unter III.

[9] Vgl. wörtlich BVerfGE 67, 100 (130) – Flick-Untersuchungsausschuss: „Das parlamentarische Regierungssystem wird grundlegend auch durch die Kontrollfunktion des Parlaments geprägt"; s. auch *Hesse*, Grundzüge des Verfassungsrechts der Bundesrepublik Deutschland, 18. Aufl. 1991, § 15 Rn. 590: „Davon [d.i. von der Kompetenz zur Gesetzgebung, d. Verf.] abgesehen ist jedoch der bestimmende Anteil des Bundestages an der politischen Gesamtleitung vornehmlich eine Frage seines politischen Einflusses auf die Bundesregierung und seiner Kontrolle".

[10] *Stefani*, in: Schneider/Zeh (Hrsg.), Parlamentsrecht und Parlamentspraxis, 1989, § 49 Rn. 11.

[11] *Möllers*, Die drei Gewalten, 2008, S. 132.

einen Untersuchungsausschuss einsetzt (Art. 44 GG), die Rechnungslegung vom Bundesminister der Finanzen entgegennimmt und die Bundesregierung entlastet (Art. 114 GG) oder parlamentarische Anfragen stellt.

1. *Parlamentarische Kontrollrechte als Minderheitenrechte – verfassungsprozessuale Weichenstellungen*

In der vorstehenden Aufzählung der einschlägigen Bestimmungen des Grundgesetzes deutet sich bereits an, dass es sich bei den Kontrollrechten des Parlaments faktisch um ein Mittel der Kontrolle der Regierung durch die Opposition handelt,[12] die darin „ihre für die demokratische Ordnung wesentliche Aufgabe erfüllt“[13]. Die Auslegung der Kontrollrechte durch das Bundesverfassungsgericht – die stets an dem Ziel praktischer Wirksamkeit der parlamentarischen Kontrolle ausgerichtet ist[14] – trägt dieser Realität seit jeher Rechnung:[15] Schon seit seinen frühen Entscheidungen geht das Bundesverfassungsgericht vom Deutschen Bundestag als einem Parlament aus, das nicht nur von den mit einem freien Mandat versehenen einzelnen Abgeordneten, sondern auch von Fraktionen und den durch diese repräsentierten Parteien sowie dem Widerstreit von regierungstragender Parlamentsmehrheit und oppositioneller Parlamentsminderheit geprägt ist.[16] In einem sol-

[12] Vgl. zu entsprechenden Implikationen der Anerkennung des Gegeneinanders von Regierung und Opposition *Hoffmann-Riem*, in: Hufen (Hrsg.), Festschrift für Hans-Peter Schneider, 2008, S. 183 (186), der insoweit von „Verschiebungen in der Ausgestaltung des Gewaltenteilungsprinzips“ spricht.

[13] *Hesse*, Grundzüge des Verfassungsrechts, Rn. 590; vgl. auch *Kissler*, in: Schneider/Zeh (Hrsg.), Parlamentsrecht und Parlamentspraxis, 1989, § 36 Rn. 20: „Der eigentliche Adressat des Information- und Kontrollanspruchs und damit das Subjekt der parlamentarischen Kontrollöffentlichkeit ist jedoch nicht das Gesamtparlament, sondern die Oppositionsfraktion(en).“

[14] Vgl. grundlegend BVerfGE 67, 100 (139): „Der Grundsatz der Gewaltenteilung [...] gebietet [...] eine Auslegung des Grundgesetzes dahin, daß parlamentarische Kontrolle *wirksam* sein kann“ [Hervorhebung im Original]; s. auch zuletzt BVerfGE 124, 78 (114) m.w.N.: „Die Auslegung des Art. 44 GG und der das Untersuchungsausschussrecht konkretisierenden Vorschriften [...] hat [...] zu berücksichtigen, dass diese Bestimmungen die Voraussetzungen für eine *wirksame* parlamentarische Kontrolle schaffen sollen [...]“ sowie ebd. (121): „Der Gewaltenteilungsgrundsatz gebietet allerdings gerade im Hinblick auf die starke Stellung der Regierung eine Auslegung des Grundgesetzes dahin, dass parlamentarische Kontrolle wirksam sein kann“.

[15] Vgl. zum „realistischen“ Parlamentsverständnis auch *Morlok*, VVDStRL 62 (2003), S. 39 (64 ff.); *H. Meyer*, in: Schneider/Zeh (Hrsg.), Parlamentsrecht und Parlamentspraxis, 1989, § 4 Rn. 1 ff., Rn. 6; *v. Bogdandy*, Parlamentarismus in Europa: eine Verfalls- oder Erfolgsgeschichte, in: AöR 130 (2005), S. 445 ff.

[16] Vgl. zum schwierigen Verhältnis von Art. 38 und Art. 21 GG bzw. allgemein zum Verhältnis von Parlament und Parteien jeweils m.w.N. *Grimm*, in: Schneider/Zeh (Hrsg.), Parlamentsrecht und Parlamentspraxis, 1989, § 6 Rn. 1 ff. (Rn. 6); *Stolleis*, VVDStRL 44

chen Parlament stellen die Oppositionsfraktionen, so der Zweite Senat zuletzt im Lissabon-Urteil vom 30. Juni 2009, die „organisierte[n] parlamentarische[n] Minderheit" und damit den „Gegenspieler der Regierungsmehrheit"[17] dar.

Ausgehend hiervon hat das Bundesverfassungsgericht die Fraktionen verfassungsprozessual als Prozeßstandschafterinnen des *gesamten* Parlaments bereits in den ersten Bänden der amtlichen Sammlung anerkannt[18] und diese Rechtsprechung bis heute ausdrücklich unter Verweis auf die Kontrollfunktion des Parlaments fortgeführt[19] – dies, obwohl der Text des Grundgesetzes den Zusammenhang von Parlament, Fraktionen und Parteien selbst nicht ausdrücklich herstellt.[20]

Diese verfassungsprozessuale Weichenstellung hat sich stets aufs Neue als Voraussetzung der materiellen Weiterentwicklungen der Kontrollfunktion des Parlaments im Verhältnis zur Regierung erwiesen; insbesondere deshalb, weil in letzter Konsequenz aus ihr folgt, dass es der Prozessstandschaft der Minderheitsfraktion nicht entgegensteht, wenn die Mehrheit die Rechte des Bundestages als nicht verletzt ansieht.[21]

Eine Zuspitzung erfährt diese Rechtsprechung überdies in ihrem Zusammenspiel mit der Rechtsprechung zur Bedeutung von Ausschüssen für die parlamentarische Arbeit: Schon in der für das Parlamentsrecht grundlegenden Flick-Entscheidung vom 17. Juli 1984[22] hatte das Bundesverfassungsgericht es nicht beanstandet, dass der Bundestag in seiner Geschäftsordnung die „Fraktion im Ausschuss" eingeführt und deren proportional verkleinerte Wiedergabe auf dieser Ebene mit vergleichbaren Initiativ- und Schutzrechten

(1986), S. 7 (8 ff.), *Shirvani*, Das Parteienrecht und der Strukturwandel im Parteiensystem, 2010, insbes., S. 234 ff., S. 269 ff.

[17] BVerfGE 123, 267 (431) – Vertrag von Lissabon: „[…] Sinn und Zweck der vorgesehenen Klagepflicht des Deutschen Bundestages liegen darin, der Parlamentsminderheit die Befugnis zur Geltendmachung der Rechte des Deutschen Bundestages auch dann zu erhalten, wenn dieser seine Rechte, insbesondere im Verhältnis zu der von ihm getragenen Bundesregierung, nicht wahrnehmen will. Den Oppositionsfraktionen und damit der organisierten parlamentarischen Minderheit als dem Gegenspieler der Regierungsmehrheit soll der Rechtsweg zum Gerichtshof der Europäischen Union eröffnet werden, um die tatsächliche Geltendmachung der dem Parlament im europäischen Integrationsgefüge vorbehaltenen Reche zu ermöglichen […]."

[18] BVerfGE 1, 351 (359).

[19] Vgl. zuletzt m.w.N. BVerfGE 123, 267 (339): „Die Zuerkennung der Prozessstandschaftsbefugnis ist sowohl Ausdruck der Kontrollfunktion des Parlaments als auch Instrument des Minderheitenschutzes".

[20] Vgl. zur Frage des „Parlaments im Parteienstaat" bereits die Nachweise oben in Fn. 16.

[21] Vgl. BVerfGE 1, 351 (359); 68, 1 (65); 90, 286 (336); 100, 266 (268); 103, 81 (86); 104, 151 (193). Zum darin zutage tretenden Gedanken des Minderheitenschutzes vgl. auch *Voßkuhle*, in: v. Mangoldt/Klein/Starck, GG, Bd. 3, 5. Aufl. 2005, Art. 93 Rn. 110.

[22] BVerfGE 67, 100.

ausgestattet hatte.[23] Im Ergebnis kann damit – wie beispielsweise in einer aktuellen Entscheidung vom 17. Juni 2009, auf die sogleich noch zurückzukommen sein wird – eine Zahl von drei Abgeordneten ausreichen, um die Kontrollrechte „des" Parlaments vor dem Bundesverfassungsgericht einzuklagen.[24] Dies lenkt den Blick auf die neuere Rechtsprechung zum Problemkreis parlamentarischer Kontrollrechte, und hier insbesondere der parlamentarischen Informationsansprüche.

2. *Herleitung und Reichweite des parlamentarischen Informationsanspruchs*

Wie bereits dargelegt, ist die Erlangung von Informationen Voraussetzung und zugleich Herzstück parlamentarischer Kontrolle. In zwei zentralen neueren Entscheidungen sind unterschiedliche Wege parlamentarischer Informationsgewinnung gestärkt worden:[25] Zunächst – in einer Entscheidung vom 17. Juni 2009 – die „eigene" parlamentarische Informationsgewinnung im Rahmen der Beweiserhebung durch einen Untersuchungsausschuss,[26] kurz darauf – in einer Entscheidung vom 1. Juli 2009 – die „mittelbare" Informationsgewinnung durch parlamentarische Anfragen an die Regierung.[27]

In der Entscheidung vom 17. Juni 2009 ging es im Rahmen eines Organstreits um Beweiserhebungsrechte eines parlamentarischen Untersuchungsausschusses; Antragstellerinnen waren drei Fraktionen sowie die qualifizierte Minderheit des betreffenden Untersuchungsausschusses. Anlass für dessen Einsetzung waren Medienberichte in den Jahren 2004 und 2005 über behauptete Tätigkeiten von US-amerikanischen und deutschen Nachrichtendiensten, vor allem des Bundesnachrichtendienstes (BND).[28] Der Untersuchungsgegenstand des Untersuchungsausschusses betraf unter anderem die Fragen, ob und wenn ja welche Erkenntnisse die Bundesregierung über das Schicksal bestimmter Personen habe, und ob Stellen des Bundes Informationen über

[23] BVerfGE 67, 100 (124 f.); vgl. *Jekewitz*, in: Schneider/Zeh (Hrsg.), Parlamentsrecht und Parlamentspraxis, 1989, § 37 Rn. 47.

[24] Vgl. zuletzt BVerfGE 124, 78 (107): „[...] Die antragstellende Minderheit nach § 18 Abs. 3 PUAG wird dabei nicht Träger eines eigenen Kontrollrechts. Dieses verbleibt beim Deutschen Bundestag [...] § 18 Abs. 3 PUAG vermittelt aber der Ausschussminderheit die Befugnis, Untersuchungskompetenzen des Deutschen Bundestages gegenüber der Bundesregierung im Wege der Prozessstandschaft geltend zu machen."

[25] Vgl. zu den Wegen der Informationsgewinnung *Stefani*, in: Schneider/Zeh (Hrsg.), Parlamentsrecht und Parlamentspraxis, 1989, § 49, der zwischen „1. Informationsgewinnung mittels der Bundesregierung" (Rn. 24 ff.: u.a. Parlamentarische Anfragen) und „2. Selbständige Informationsgewinnung" (Rn. 29 ff.: Parlamentarische Untersuchungsausschüsse) sowie „3. Informationsgewinnung durch Dritte" (Rn. 36 ff., z.B. Anhörungen) unterscheidet.

[26] BVerfGE 124, 78 – BND-Untersuchungsausschuss.

[27] BVerfGE 124, 161 – Kleine Anfragen.

[28] BVerfGE 124, 78 (85 ff.).

einen bestimmten verschleppten deutschen Staatsangehörigen geliefert hätten. Der Untersuchungsausschuss vernahm mehrfach Regierungsangehörige und Beamte als Zeugen; dabei trat wiederholt die Situation ein, dass diese unter Verweis auf eine ihnen nur eingeschränkt erteilte Aussagegenehmigung die weitere Aussage verweigerten oder Fragen nicht beantworteten.[29]

Der Entscheidung vom 1. Juli 2009 lag ein von vier Abgeordneten und einer Fraktion angestrengtes Organstreitverfahren zugrunde, das sich gegen die ihrer Ansicht nach unzureichende Beantwortung zweier Kleiner Anfragen durch die Bundesregierung richtete. Die Antragsteller hatten im Sommer 2006 Kleine Anfragen an die Bundesregierung gestellt,[30] im Wesentlichen mit dem Inhalt, ob und gegebenenfalls welche Informationen durch den Bundesnachrichtendienst über die Abgeordneten des Deutschen Bundestages gesammelt, gespeichert oder weitergegeben würden bzw. worden seien. Die Bundesregierung hatte die Antworten unter anderem unter Verweis auf die Geheimhaltungsbedürftigkeit der Informationen verweigert: Durch eine Offenlegung von Einzelheiten zu Arbeitsweisen, Strategien, Methoden und Erkenntnisstand der Nachrichtendienste würde deren Arbeitsfähigkeit und Aufgabenerfüllung gefährdet.

a) Herleitung des Informationsanspruchs

In beiden Fällen stellte sich dem Zweiten Senat des Bundesverfassungsgerichts die Aufgabe, die Reichweite des parlamentarischen Informationsanspruchs näher zu bestimmten. Bei dieser Gelegenheit klärte der Senat zunächst eher beiläufig die verfassungsrechtliche Grundlage für den *allgemeinen*, nicht ausdrücklich geregelten Informationsanspruch des Parlaments:[31] War im 70. Band der amtlichen Sammlung noch die Rede davon gewesen, dass das Informationsrecht des Abgeordneten aus dessen „in Art. 38 Abs. 1 GG gewährleisteten Status“ erwachse,[32] führt der Senat nunmehr aus, „dass aus Art. 38 Abs. 1 Satz 2 und Art. 20 Abs. 2 Satz 2 GG ein Frage- und Informationsrecht des Deutschen Bundestages gegenüber der Bundesregierung folgt,

[29] Vgl. BVerfGE 124, 78 (89).

[30] Anfrage vom 13. Juni 2006 (BTDrucks. 16/1808) und vom 1. August 2006 (BTDrucks. 16/2342), vgl. ausführlich BVerfGE 124, 161 (162 ff.).

[31] Damit knüpft der Senat an die frühere Rechtsprechung an, die bereits – wenngleich ohne dogmatische Verankerung – in den 1960er Jahren ein allgemeines „Frage- und Interpellationsrecht des Parlaments“ angenommen hatte, welches „den Mitgliedern der Bundesregierung die verfassungsrechtliche Verpflichtung“ auferlege, „auf Fragen Rede und Antwort zu stehen“ (BVerfGE 13, 123 <125>).

[32] BVerfGE 70, 324 (355): „Dem einzelnen Abgeordneten erwächst aus seinem in Art. 38 Abs. 1 GG gewährleisteten Status ein Recht darauf, daß ihm grundsätzlich diejenigen Informationen nicht vorenthalten werden, die ihm eine sachverständige Beurteilung [...] ermöglichen“.

an dem die einzelnen Abgeordneten und die Fraktionen als Zusammenschlüsse von Abgeordneten nach Maßgabe der Ausgestaltung in der Geschäftsordnung des Deutschen Bundestages teilhaben und dem grundsätzlich eine Antwortpflicht der Bundesregierung korrespondiert“[33]. Es handelt sich also um ein originäres, eigenständiges Fragerecht „des“ Deutschen Bundestages, das seine verfassungsdogmatische Grundlage in Art. 20 Abs. 2 Satz 2 GG findet, und an dem konsequenterweise nicht nur der Abgeordnete, sondern auch die Fraktionen als solche teilhaben.

b) Grenze des Informationsanspruchs: „Kernbereich“ exekutiver Eigenverantwortung?

Mit der dogmatischen Stabilisierung des Informationsanspruchs des Parlaments verlagert sich die Problematik auf die Frage nach dessen Grenzen. Wie bereits aufgezeigt, kreisen die beiden jüngeren Entscheidungen um die gleiche Grundproblematik, nämlich die Bestimmung der Reichweite des Informationsrechts des Parlaments im Verhältnis zur auskunftsverpflichteten Regierung.

Neben spezielleren Grenzen – wie etwa im Falle des parlamentarischen Untersuchungsausschusses den durch den Untersuchungsauftrag[34] und die Grundrechtsbindung des Ausschusses[35] vorgegebenen – stellt die am schwierigsten auszutarierende Grenze des Informationsanspruchs des Parlaments die aus dem Gewaltenteilungsgrundsatz abgeleitete Grenze des „absoluten Kernbereichs exekutiver Eigenverantwortung“ dar. Diese Grenze war insbesondere in der Entscheidung zum BND-Untersuchungsausschuss ein zentrales Thema. Ihre Durchlässigkeit hat sich mit dieser Entscheidung weiter erhöht.

Zwar gilt im Ansatz weiterhin, dass eine Aussageverweigerung aus Gründen des Gewaltenteilungsgrundsatzes[36] gerechtfertigt ist, wenn die gestellte Frage auf Informationen aus dem „Kernbereich exekutiver Eigenverantwortung“[37] abzielt: Auch die neueren Entscheidungen knüpfen insoweit zunächst an eine in der früheren Rechtsprechung – namentlich in der Flick-Entscheidung aus dem Jahr 1984[38] – entwickelte Formel an, wonach „[D]ie Verantwortung der Regierung gegenüber Parlament und Volk [...] notwendi-

[33] BVerfGE 124, 161 (188).
[34] BVerfGE 124, 78 (118 ff.), 67, 100 (134); 49, 70 (87 f.); vgl. auch § 17 Abs. 1 i.V.m. § 1 Abs. 2, § 3 PUAG.
[35] BVerfGE 124, 78 (125).
[36] BVerfGE 124, 78 (120).
[37] BVerfGE 124, 78 (120).
[38] BVerfGE 67, 100 (139).

gerweise einen Kernbereich exekutiver Eigenverantwortung voraus[setzt], der einen auch von parlamentarischen Untersuchungsausschüssen grundsätzlich nicht ausforschbaren Initiativ-, Beratungs- und Handlungsbereich einschließt."[39]

Bereits in der Flick-Entscheidung hatte das Bundesverfassungsgericht jedoch – wenngleich eher beiläufig und obiter dictum – eine zeitliche Relativierung dieses „Kernbereichs" angedeutet: „Die Kontrollkompetenz des Bundestages erstreckt sich [...] grundsätzlich nur auf bereits abgeschlossene Vorgänge. Sie enthält nicht die Befugnis, in laufende Verhandlungen und Entscheidungsvorbereitungen einzugreifen. Aber auch bei abgeschlossenen Vorgängen sind Fälle möglich, in denen die Regierung aus dem Kernbereich exekutiver Eigenverantwortung geheimzuhaltende Tatsachen mitzuteilen nicht verpflichtet ist"[40]. Die Reichweite des „Kernbereichs exekutiver Eigenverantwortung" bei *abgeschlossenen* Vorgängen war dabei aber im Vagen geblieben.[41]

Hier setzt die neuere Rechtsprechung an. Auch sie rekurriert zwar auf die „Flick-Formel", diese wird jedoch umformuliert: „Parlamentarische Informationsrechte in Bezug auf abgeschlossene Vorgänge", so der Zweite Senat, „scheiden *nicht* grundsätzlich immer dann aus, wenn es sich um Akten aus dem Bereich der Willensbildung der Regierung, einschließlich der vorbereitenden Willensbildung innerhalb der Ressorts und der Abstimmung zwischen ihnen, handelt".[42] Bekräftigend heißt es weiter: „Dem parlamentarischen Zugriff können grundsätzlich auch Informationen aus dem Bereich der *regierungsinternen Willensbildung* unterliegen."[43] Damit wird das starke, etwas suggestive Bild vom „Kernbereich"[44] – das einen von vornherein unzugänglichen, unantastbaren Bereich verheißt – an zentraler Stelle durch den weniger schillernden, nüchternen Begriff der „regierungsinternen Willensbildung" ersetzt. Was abgeschlossene Vorgänge betrifft (die den Regelfall des Aufklärungsbedarfs des Parlaments darstellen dürften) gibt es danach keinen klar umgrenzten exklusiven Bereich der Bundesregierung. In der Entscheidung zu den „Kleinen Anfragen" ist kurze Zeit später denn auch nur noch die Rede davon, dass die verfassungsrechtliche Verteilung der Staatsfunktionen auf Parlament und Regierung „wichtige Anhaltspunkte" für die Reich-

[39] BVerfGE 124, 78 (120).

[40] BVerfGE 67, 100 (139).

[41] Vgl. BVerfGE 67, 100 (139): „Indessen brauchen hier die Grenzen [...] nicht abschließend beschrieben zu werden."

[42] BVerfGE 124, 78 (122) [Kursivdruck d. Verf.].

[43] BVerfGE 124, 78 (122) [Kursivdruck d. Verf.].

[44] Vgl. die Parallelformulierung in BVerfGE 67, 100 (139): „Aber auch bei abgeschlossenen Vorgängen sind Fälle möglich, in denen die Regierung aus dem *Kernbereich* exekutiver Eigenverantwortung geheimzuhaltende Tatsachen mitzuteilen nicht verpflichtet ist" [Hervorhebung d. Verf.].

weite der Antwortpflicht der Bundesregierung gebe;[45] der Informationsanspruch unterliege „Beschränkungen", soweit der Kernbereich exekutiver Eigenverantwortung betroffen sei – die „nähere Grenzziehung" bedürfe „der Würdigung im Einzelfall".[46]

Nach welchen Maßstäben richtet sich also die Reichweite des parlamentarischen Informationsrechts? Es sei, so der Senat, unter Berücksichtigung der jeweiligen Umstände zu prüfen, „[o]b zu erwarten ist, dass die Herausgabe solcher Informationen die Funktionsfähigkeit und Eigenverantwortung der Regierung beeinträchtigen würde"; dies erfordere eine Abwägung zwischen den gegenläufigen Belangen.[47] Für diese Abwägung war bereits in einer im 110. Band der amtlichen Sammlung veröffentlichten Entscheidung eine Art „Sphärentheorie" entwickelt worden, an die das Gericht nunmehr weiter anknüpft.[48]

Um die erforderliche Abwägung nachvollziehbar zu machen, ist gegebenenfalls eine entsprechend substantiierte Begründung erforderlich.[49] Der Senat spricht insoweit auch von der „besondere[n] Darlegungslast"[50], die die Regierung treffe, beziehungsweise einer „fallbezogenen Abwägung der konkreten Umstände".[51] Die Bundesregierung habe die Verpflichtung, „den Ausschuss, gegebenenfalls in vertraulicher Sitzung, detailliert und umfassend über die Natur der zurückgehaltenen Informationen, die Notwendigkeit der Geheimhaltung und den Grad der nach ihrer Auffassung bestehenden Geheimhaltungsbedürftigkeit zu unterrichten"[52]. Nicht das Parlament muss also sein Informationsinteresse begründen, sondern umgekehrt die Regierung ihre Informationsverweigerung.

Auf erhöhte Darlegungspflichten der Bundesregierung läuft die Rechtsprechung des Zweiten Senats in den neueren Entscheidungen auch in Bezug auf zwei weitere „Grenzen" des parlamentarischen Informationsanspruchs hinaus, nämlich die des „Staatswohls"[53] und der „Geheimhaltungsbedürftigkeit". Auch insoweit rechtfertigen nur „ganz besondere Umstände"[54] eine

[45] BVerfGE 124, 161 (188 f.).

[46] BVerfGE 124, 161 (189).

[47] BVerfGE 124, 78 (122); vgl. auch ebd. (131 f.).

[48] Vgl. BVerfGE 124, 78 (122 f.): Für die Gewichtung des Geheimhaltungs- bzw. Vertraulichkeitsinteresses der Regierung gilt: „Je weiter ein parlamentarisches Informationsbegehren in den innersten Bereich der Willensbildung der Regierung eindringt, desto gewichtiger muss das parlamentarische Informationsbegehren sein, um sich gegen ein von der Regierung geltend gemachtes Interesse an Vertraulichkeit durchsetzen zu können."

[49] Vgl. BVerfGE 124, 78 (132 f.).

[50] BVerfGE 124, 78 (144).

[51] BVerfGE 124, 78 (138).

[52] BVerfGE 124, 78 (144).

[53] BVerfGE 124, 78 (123).

[54] BVerfGE 124, 78 (124; 138).

Informationsverweigerung, die auch dargelegt werden müssen.[55] „Ganz besondere Umstände", das macht der Zweite Senat deutlich, sind nicht schon gegeben, wenn es sich um Informationen handelt, deren Bekanntwerden der Bundesregierung Unannehmlichkeiten bereiten könnte.[56]

Im Falle des BND-Untersuchungsausschusses (BVerfGE 124, 78) genügten die Ausführungen der Bundesregierung diesen Darlegungsanforderungen im Ergebnis jedenfalls nicht.[57] Auch im Falle der Kleinen Anfragen (BVerfGE 124, 161) scheiterte die Regierung an ihrer Aufgabe, die Informationsverweigerung hinreichend zu begründen. Ihre bloße Behauptung, andernfalls würden Arbeitsfähigkeit und Aufgabenerfüllung der Nachrichtendienste gefährdet, genügte dem Zweiten Senat nicht:[58] Die Ablehnung der Erteilung der Information sei zu pauschal erfolgt. Der Bundestag müsse die Abwägung betroffener Belange, die zur Versagung von Auskünften geführt hätten, auf ihre Plausibilität und Nachvollziehbarkeit überprüfen können.[59] Die nachrichtendienstliche Beobachtung von Abgeordneten berge erhebliche Gefahren im Hinblick auf ihre Unabhängigkeit (Art. 38 Abs. 1 Satz 2 GG) und auf die Mitwirkung der betroffenen Parteien bei der politischen Willensbildung (Art. 21 GG) und damit für den Prozess demokratischer Willensbildung insgesamt. Das diesbezügliche Informationsbedürfnis des Parlaments habe hohes Gewicht. Solle sich demgegenüber der Geheimnisschutz als gegenläufiger Belang durchsetzen, bedürfe es einer besonderen Begründung. Eine solche fehle.[60]

Nach alledem hat sich der Ausgangspunkt der Flick-Entscheidung in der neueren Rechtsprechung des Bundesverfassungsgerichts zugunsten des Parlaments verschoben: Die Regel ist nicht mehr dahingehend formuliert, dass Vorgänge aus dem „Kernbereich" der Regierung dem parlamentarischen Zugriff des Parlaments entzogen sind[61], sondern der Schwerpunkt liegt vielmehr – umgekehrt – in der Feststellung, dass Vorgänge aus dem Bereich der regierungsinternen Willensbildung grundsätzlich diesem Zugriff unterliegen und der Regierung, falls sie diesen verweigern möchte, erhebliche Begründungs- und Darlegungspflichten auferlegt sind. Im Ausgangspunkt wird daher nicht mehr danach gefragt, wie weit das Parlament gehen kann, sondern ob die Informationsverweigerung der Bundesregierung gerechtfertigt werden kann.[62]

[55] BVerfGE 124, 78 (138 f.).

[56] BVerfGE 124, 78 (132).

[57] BVerfGE 124, 78 (132 ff.; 135 ff.).

[58] BVerfGE 124, 161 (192 f.).

[59] BVerfGE 124, 161 (193).

[60] BVerfGE 124, 161 (195).

[61] BVerfGE 67, 100 (139).

[62] Vgl. in diese Richtung *Baer*, Der Staat 40 (2001), S. 525 (529) Fn. 26: „Das Misstrauen indiziert auch die dominante Frage, wie weit der Gesetzgeber gehen dürfe, anstatt zu fragen, wie weit die Regierung ohne Bindung handeln darf."

III. Stärkung der Gesetzgebungsfunktion

Auch in seiner wohl wichtigsten Funktion wurde der Bundestag in der neueren Rechtsprechung des Bundesverfassungsgerichts gestärkt: in seiner Legislativfunktion. Gemäß Art. 77 Abs. 1 Satz 1 GG werden die Bundesgesetze „vom Bundestage beschlossen". Über Gesetze kann der Bundestag Exekutive und Judikative binden (Art. 20 Abs. 3 GG); sie sind das Mittel, mit dem der „Zurechnungszusammenhang zwischen Volk und staatlicher Herrschaft"[63] hergestellt wird und zugleich das zentrale Steuerungsinstrument des Rechtsstaats.[64] Ihre zentrale Bedeutung wird gesichert über den Vorbehalt des Gesetzes.[65]

Freilich: An der Gesetzgebung sind auch andere Verfassungsorgane beteiligt, nicht nur das Parlament. Gleichwohl ist es der parlamentarische Charakter der Gesetzgebung, der ihre Besonderheit bedingt: „Die demokratische Legitimation", schreibt etwa *Konrad Hesse*, „vermag am besten eine Entscheidung durch das demokratisch gewählte Parlament zu vermitteln. Das demokratische Verfahren, das zu dieser Entscheidung führt, kann nur das eines freien politischen Willensbildungsprozesses sein, der sich in voller Publizität vollzieht und optimale Berücksichtigung sowie optimalen Ausgleich der unterschiedlichen Bestrebungen verbürgt. Das Organ, das diesen Anforderungen durch seine Struktur entspricht, ist das Parlament"[66]. Mit anderen Worten zeichnet sich das parlamentarische Verfahren dadurch aus, dass es „dem, was als deliberative Demokratie diskutiert wird und eben auch im Grundgesetz einen Ausdruck findet, am nächsten"[67] kommt. Hierzu

[63] BVerfGE 93, 60 (72); 83, 60 (72), s. dazu *Lepsius*, Die erkenntnistheoretische Notwendigkeit des Parlamentarismus, in: Bertschi u.a. (Hrsg.), Demokratie und Freiheit, 1999, S. 123 (123 f.).

[64] Vgl. zur Funktion des Parlamentsgesetzes als zentrales Steuerungsmittel *Reimer*, in: Hoffmann-Riem/Schmidt-Aßmann/Voßkuhle (Hrsg.), GVwR I, 2006, § 9 (S. 533 ff.); *Schulze-Fielitz*, Theorie und Praxis parlamentarischer Gesetzgebung, 1988, S. 152 f. m.w.N., *Hufen*, Gesetzesgestaltung und Gesetzesanwendung im Leistungsrecht, VVDStRL 47 (1989), S. 142 ff. (144, 147); *Morlok*, in: Dreier (Hrsg.), GG, Bd. 2, 1998, Art. 38 Rn. 33 f. („demokratisches Zentralorgan").

[65] Vgl. auch zum allgemeinen Vorbehalt des Gesetzes als dem „verfassungsrechtliche[n] Resultat aus der Grundentscheidung für die parlamentarische Demokratie" *Lepsius*, Die erkenntnistheoretische Notwendigkeit des Parlamentarismus, in: Bertschi u.a. (Hrsg.), Demokratie und Freiheit, 1999, S. 123 (124) m.w.N.

[66] *Hesse*, Grundzüge des Verfassungsrechts der Bundesrepublik Deutschland, 18. Aufl. 1991, Rn. 504.

[67] *Baer*, Vermutungen zu Kernbereichen der Regierung und Befugnissen des Parlaments, Der Staat 40 (2001), S. 525 (548); vgl. auch *Möllers*, Die drei Gewalten, 2008, S. 121; s aber auch *ders.*, ebd., S. 95 f. und *ders.*, Gewaltengliederung, 2005, S. 60 ff.; zur Rationalität des Parlamentsgesetzes *Reimer*, § 9: Das Parlamentsgesetz als Steuerungsmittel und Kontrollmaßstab, in: Hoffmann-Riem/Schmidt-Aßmann/Voßkuhle (Hrsg.), GVwR I, 2006, S. 533 ff.,

trägt insbesondere die Öffentlichkeit der Sitzungen des Parlaments (Art. 42 Abs. 1 GG) bei.[68]

Vor diesem Hintergrund überrascht es nicht, dass der große Einfluss des Bundesrates im Gesetzgebungsverfahren eher als Nachteil denn als Vorzug wahrgenommen und insoweit von einem „Bedeutungsverlust[e] des Bundestages im Verbundföderalismus"[69] beziehungsweise von „Entparlamentarisierungseffekte[n] der Bundesstaatlichkeit"[70] und von „Funktionsstörungen des Parlamentarismus"[71] gesprochen wird. Das Problem, so die weit verbreitete Analyse, seien zustimmungsbedürftige Gesetze, die zur Kompromißsuche im (nicht öffentlich tagenden) Vermittlungsausschuss führten, denn dessen Beschlüsse würden in der Regel weder begründet noch anschließend im Bundestag oder Bundesrat debattiert, sondern lediglich en bloc ratifiziert.[72]

In Spannungsfeld zwischen Parlamentarismus und Föderalismus spielt daher der Vermittlungsausschuss (Art. 77 Abs. 2 GG) eine zentrale Rolle: Hier ist der Ort, an dem sich der Einfluss des Bundesrates realisiert und die zentrale Rolle des Bundestages bei der Gesetzgebung herausgefordert wird. Die Frage nach den Kompetenzen des Vermittlungsausschusses ist damit zugleich die Frage nach dem Gewicht des Parlaments im Gesetzgebungsverfahren.[73] Hieran gemessen lassen sich in der neueren Rechtsprechung des Bundesverfassungsgerichts deutlich parlamentsstärkende Effekte nachweisen:

Rn. 5: „Das Parlamentsgesetz […] stellt den klassischen Modus rationaler gesellschaftlicher Problemlösung dar und soll gleichermaßen die Wert- und die Zweckrationalität von Konfliktvorbeugung und -austragung sichern helfen."

[68] S. zur Bedeutung der Öffentlichkeit für das Gesetzgebungsverfahren *Grimm*, Bedingungen demokratischer Rechtsetzung, in: Wingert/Günther (Hrsg.), Die Öffentlichkeit der Vernunft und die Vernunft der Öffentlichkeit, Festschrift für Jürgen Habermas, 2001, S. 489 ff.; vgl. ferner *Kisseler*, in: Schneider/Zeh (Hrsg.), Parlamentsrecht und Parlamentspraxis, 1989, § 36 Rn. 1: Die Parlamentsöffentlichkeit als „parlamentarisch vermittelte politische Kommunikation" als das „Herzstück" des modernen Parlamentarismus; *Möllers*, Die drei Gewalten, 2008, S. 122: „Das Parlament ist aufgrund seiner Organisation als öffentliche Versammlung das gesetzgebende Organ."; vgl. auch *Morlok*, VVDStRL 62 (2003), S. 37 (60 ff., 62): „Die parlamentarische Befassung hat den präzisen Sinn, eine Sache vor die Öffentlichkeit bringen zu können […]".

[69] *Puhl*, in: Isensee/Kirchhof, HStR III, 3. Aufl. 2005, § 48 Rn. 22.

[70] *Puhl*, in: Isensee/Kirchhof, HStR III, 3. Aufl. 2005, § 48 Rn. 17 ff.

[71] *W.-R. Schenke*, in: Schneider/Zeh (Hrsg.), Parlamentsrecht und Parlamentspraxis, 1989, § 55 Rn. 22 a.E. und Rn. 44 a.E.; s. auch ebd., Rn. 69 zur „eher negativ[en]" Gesamtbilanz der Auswirkungen des Bundesstaatsprinzips auf den Parlamentarismus.

[72] Vgl. *Puhl*, in: Isensee/Kirchhof, HStR III, 3. Aufl. 2005, § 48 Rn. 22, s. allgemein zur Problematik des Bundesrates im parlamentarischen Regierungssystem auch *Dolzer/Sachs*, VVDStRL 58 (1999), S. 7 ff./S. 39 ff.

[73] Vgl. auch *Huber/Fröhlich*, DÖV 2005, S. 322 (324): Die Effektivität des Vermittlungsausschusses fordere notgedrungen eine Schwächung des Parlaments, einen „Einflussknick", d.h. eine Absenkung des demokratischen Legitimationsniveaus. Diese reiche umso weiter, je weiter sich seine Vorschläge von den Beschlüssen des Bundestages entfernten.

War die Rechtsprechung der 1980er Jahre noch von einer gewissen Großzügigkeit gekennzeichnet und waren konkrete Anforderungen an den Zusammenhang zwischen bisherigem Gesetzgebungsverfahren und Vorschlag des Vermittlungsausschusses nicht gestellt worden,[74] wurde der Zweite Senat ab einer Entscheidung vom 7. Dezember 1999[75] nachdrücklicher und stellte klar, der Vermittlungsausschuss dürfe eine Änderung, Ergänzung oder Streichung der vom Bundestag beschlossenen Vorschriften nur vorschlagen, wenn und soweit dieser Einigungsvorschlag im Rahmen des Anrufungsbegehrens und des ihm zugrundeliegenden Gesetzgebungsverfahrens verbleibe. Im Ergebnis vermochte der Senat in der damaligen Entscheidung jedoch noch keine Kompetenzüberschreitung festzustellen.[76]

Das sollte sich erst mit einer – im Schrifttum als „spektakulär“[77] bezeichneten – Entscheidung vom 15. Januar 2008[78] und, daran anschließend, mit der jüngsten Entscheidung vom 8. Dezember 2009[79] ändern: In diesen beiden neueren Entscheidungen wurde jeweils ein Gesetz als verfassungswidrig angesehen, weil der Vermittlungsvorschlag die Kompetenzen des Vermittlungsausschusses überschritten hatte. Der Beschlussvorschlag, so der Senat, müsse sich in den durch den Gesetzesbeschluss des Bundestages und das vorherige Gesetzgebungsverfahren gesetzten Grenzen halten. Er muss dem Deutschen Bundestag „auf Grund der dort geführten parlamentarischen Debatte zurechenbar sein“[80] und ist deshalb inhaltlich und formal an den durch diesen vorgegebenen Rahmen gebunden.[81]

Dieses Ergebnis leitet der Zweite Senat aus einer Zusammenschau verschiedener Verfassungsbestimmungen her: Die andernfalls eintretende Verlagerung des Zentrums politischer Entscheidung in den Vermittlungsausschuss und „die damit verbundene Entparlamentarisierung der Gesetz-

[74] Vgl. den Beschluss des Ersten Senats vom 13. Mai 1986, BVerfGE 72, 175 (187) zur Ergänzung des 2. Haushaltsstrukturgesetzes um wohnungsbauförderungsrechtliche Vorschriften im Vermittlungsverfahren: „Es mag an der Grenze des Zulässigen liegen, verstößt aber nicht gegen das Grundgesetz, daß der Vermittlungsausschuss (Art. 77 Abs. 2 GG) in seinen Einigungsvorschlag Gesetzentwürfe einbezogen hat, die nicht Gegenstand des Anrufungsbegehrens gewesen und vom Bundestag noch nicht in zweiter und dritter Lesung behandelt worden waren“; s. auch den – gleichlautenden – Obersatz im Beschluss des Zweiten Senats vom 8. Juni 1988, BVerfGE 78, 249 (271) zur Erweiterung des Jahressteuergesetzes 1996 um Vorschriften über die Beschränkung der steuerlichen Abzugsfähigkeit von häuslichen Arbeitszimmern: „Es mag an der Grenze des Zulässigen liegen, verstößt aber nicht gegen das Grundgesetz, [...]“.

[75] BVerfGE 101, 297.

[76] BVerfGE 101, 297 (305 ff., 308 f.).

[77] *Desens*, NJW 2008, S. 2892.

[78] BVerfGE 120, 56 – Gesetz zur Fortsetzung der Unternehmenssteuerreform.

[79] BVerfGE 125, 104 – Haushaltsbegleitgesetz 2004 „Koch/Steinbrück-Papier“.

[80] BVerfGE 125, 104 (122).

[81] BVerfGE 125, 104 (122).

gebung" wären, so der Senat, unvereinbar mit der Kompetenzverteilung zwischen den Gesetzgebungsorganen, den Rechten der Abgeordneten, der Öffentlichkeit der parlamentarischen Debatte und der von ihr abhängigen demokratischen Kontrolle der Gesetzgebung.[82] Insbesondere betont der Senat unter Verweis auf Art. 77 Abs. 1 Satz 1 GG, dass dem Bundestag „die entscheidende Funktion" im Gesetzgebungsverfahren zukomme, während der Bundesrat gemäß Art. 50 GG auf die Mitwirkung beschränkt sei.[83]

Mit Blick auf die betroffenen Rechte der Abgeordneten stellt der Senat klar, diese umfassten nicht nur das Recht, abzustimmen (Art. 42 Abs. 2 GG), sondern auch das Recht, zu beraten (zu „verhandeln", Art. 42 Abs. 1 GG). Grundlage einer sinnvollen Beratung müsse dabei eine hinreichende Information über den Beratungsgegenstand sein. Voraussetzung für das Aufgreifen eines Regelungsgegenstandes durch den Vermittlungsausschuss sei daher, dass die betreffenden Anträge und Stellungnahmen im Gesetzgebungsverfahren vor dem Gesetzesbeschluss bekannt gegeben worden seien und die Abgeordneten die Möglichkeit hätten, diese zu erörtern, Meinungen zu vertreten, Regelungsalternativen vorzustellen und hierfür eine Mehrheit im Parlament zu suchen. Diese Möglichkeit werde verschlossen, wenn Regelungsgegenstände erst nach der letzten Lesung des Deutschen Bundestages in das Gesetzgebungsverfahren eingeführt würden.[84]

Was schließlich die Öffentlichkeit der parlamentarischen Debatte betrifft, betont der Senat, es handle sich um „ein wesentliches Element des demokratischen Parlamentarismus": Sie ermögliche dem Bürger die Wahrnehmung seiner Kontrollfunktion und diene damit der effektiven Verantwortlichkeit des Parlaments gegenüber dem Wähler.[85]

In Anwendung des so entfalteten verfassungsrechtlichen Maßstabes gelangt der Zweite Senat in seiner Entscheidung vom 8. Dezember 2009 zu dem Ergebnis, dass das betreffende Gesetz – das unter anderem die konkrete Kürzung bestimmter Subventionen für die Beförderung von Auszubildenden nach dem Personenbeförderungsgesetz enthielt, obwohl Gegenstand des parlamentarischen Verfahrens zuvor lediglich ein pauschal gehaltenes Papier (das sogenannte „Koch/Steinbrück-Papier") zum allgemeinen Subventionsabbau gewesen war[86] – nicht in formell verfassungsmäßiger Weise zustande

[82] BVerfGE 125, 104 (122); vgl. auch 120, 56 (74 f.) und bereits 101, 297 (306 f.).

[83] BVerfGE 125, 104 (123).

[84] BVerfGE 125, 104 (123); 120, 56 (75).

[85] BVerfGE 125, 104 (124) unter Verweis auf BVerfGE 40, 296 (327); 70, 324 (355); 84, 304 (329).

[86] Genau genommen war bereits fraglich, ob man überhaupt davon sprechen konnte, das Papier sei „Gegenstand des parlamentarischen Verfahrens" gewesen, denn es wurde lediglich durch zwei Landesminister in Sitzungen des Haushalts- und Finanzausschusses des Deutschen Bundestages vorgestellt, die dort nicht über ein eigenständiges Antragsrecht

gekommen sei:[87] Der gesamte Verfahrensgang sei darauf angelegt gewesen, unter Vermeidung der Öffentlichkeit der parlamentarischen Debatte und einer hinreichenden Information der Mitglieder des Deutschen Bundestages den von vornherein als notwendig erkannten politischen Kompromiss erst im Vermittlungsausschuss herbeizuführen.[88]

Anders als noch in der Entscheidung vom 15. Januar 2008, in welcher der Senat zwar eine Verfassungswidrigkeit der Kompetenzüberschreitung des Vermittlungsausschusses festgestellt, aber – mangels Evidenz des Verfahrensfehlers – keine Ungültigkeit der Vorschrift angenommen hatte, gelangt er in dieser jüngsten Entscheidung nunmehr zu dem Ergebnis, es handle sich um einen *evidenten* Mangel im Gesetzgebungsverfahren:[89] Für die an der Gesetzgebung beteiligten Organe sei im Jahr 2003 bei verständiger Würdigung erkennbar gewesen, dass das Verfahren mit dem Grundgesetz nicht vereinbar gewesen sei; die verfassungsrechtlichen Maßstäbe seien durch das Senatsurteil vom 7. Dezember 1999 geklärt gewesen.[90]

Nach alledem bleibt festzuhalten: Das Grundgesetz misst dem Bundestag – und insbesondere: der öffentlichen parlamentarischen Debatte – im Gesetzgebungsverfahren die zentrale Rolle bei, eben die „entscheidende" (Art. 77 Abs. 1 GG). Diesbezügliche Verfahrensfehler besitzen in der Rechtsprechung des Bundesverfassungsgerichts ein entsprechend hohes Gewicht; sie führen im Falle ihrer Offenkundigkeit zur Unvereinbarkeit des Gesetzes mit dem Grundgesetz, also grundsätzlich zu dessen Ungültigkeit.[91]

IV. Stärkung der Gesamtleitungsfunktion

Die zentrale Stellung des Parlaments im Verfassungsgefüge schlägt sich nicht nur in seiner Gesetzgebungsfunktion, sondern auch in seiner Mitwirkung an politischen Entscheidungen nieder, die nicht in Gesetzesform ergehen; man kann insofern auch etwas schillernd von der „Gesamtleitungsfunktion" des Parlaments sprechen. Hierunter mag der Anteil des Parlaments an

verfügen. Eine förmliche Einbringung konnte darin nicht gesehen werden, vgl. *Meermagen/Schultzky*, VerwArch 101 (2010), S. 539 (557) und *Huber/Fröhlich*, DÖV 2005, S. 322 (329).

[87] BVerfGE 125, 104 (124).

[88] BVerfGE 125, 104 (124).

[89] BVerfGE 125, 104 (132).

[90] BVerfGE 125, 104 (132).

[91] Vgl. BVerfGE 125, 104 (132). In der zitierten Entscheidung hat der Senat allerdings die Weitergeltung der angegriffenen Vorschriften gemäß § 35 BVerfGG angeordnet, vgl. BVerfGE 125, 104 (136): Weitergeltungsanordnung bis zur Neuregelung, spätestens bis 30. Juni 2011; vgl. auch *Meermagen/Schultzky*, Das Verfahren der Gesetzgebung vor dem Bundesverfassungsgericht, VerwArch 101 (2010), S. 539 (556).

der „Staatsleitung“[92], an der „Gesamthand“[93] oder den „kooperativen Befugnissen“[94] verstanden werden: Jedenfalls geht es insoweit ganz allgemein um den Einfluss des Parlaments auf die politische Willensbildung, der sich nicht unbedingt in Gestalt von Parlamentsgesetzen niederschlagen muss, sondern auch in sonstigen Beschlüssen seinen Ausdruck finden kann.

Betroffen sind insoweit insbesondere diejenigen Sachbereiche, in welchen der Regierung einerseits ausdrücklich bestimmte verfassungsrechtliche Befugnisse zukommen, und bei denen sich andererseits die Frage stellt, in welcher Weise eine etwaige verfassungsrechtlich gebotene Kooperation zwischen Regierung und Parlament ausgeübt wird. Dies gilt beispielsweise für das Militär (Art. 87a, Art. 12a GG) oder die auswärtige Gewalt (Art. 23, Art. 24, Art. 59 Abs. 2 GG).[95] Gerade in letzterer Hinsicht setzte sich unter der Geltung des Grundgesetzes erst schrittweise die Auffassung durch, dass die auswärtige Gewalt eine „kombinierte Gewalt“[96] darstellt, die nicht ausschließlich der Regierung vorbehalten ist, sondern gleichermaßen dem Parlament obliegt.[97] Gesichert wird die Teilhabe des Parlaments in diesem Zusammenhang nicht nur über Gesetzesvorbehalte, sondern auch – wie sogleich zu zeigen sein wird – über „schlichte“ Parlamentsvorbehalte.

1. Stärkung des Parlamentsvorbehalts im Wehrverfassungsrecht

Obschon mit Recht von einer Stärkung des „schlichten“ Parlamentsvorbehalts im Bereich des Wehrverfassungsrechts durch die neuere Rechtsprechung des Bundesverfassungsgerichts gesprochen werden kann, muss doch sogleich einschränkend hinzugefügt werden, dass sich diese Entwicklung auch als ein Prozess der Kompensation verfassungstextlich fehlender beziehungsweise zu eng ausgelegter Gesetzesvorbehalte verstehen lässt.[98]

[92] Vgl. *Magiera*, Parlament und Staatsleitung in der Verfassungsordnung des Grundgesetzes, 1979, S. 240 ff.

[93] Vgl. *Friesenhahn*, VVDStRL 16 (1957), S. 9 (37 f.): „[…] gewissermaßen zur gesamten Hand“; s. aber auch *Scheuner*, Der Bereich der Regierung, in: FS Rudolf Smend, 1952, S. 253 ff.; ferner *H.H. Klein*, in: Isensee/Kirchhof, HStR III, 3. Aufl. 2005, § 50 Rn. 9: Staatsleitung „zur gesamten Hand“; politische Leitungsgewalt als eine kombinierte Gewalt, die Parlament und Regierung „zur gesamten Hand“ zustehe.

[94] *Baer*, Der Staat 40 (2001), S. 525 (540).

[95] Vgl. auch *Baer*, Der Staat 40 (2001), S. 525 (536); zum nicht unproblematischen Begriff der „auswärtigen Gewalt“ *Pernice*, in: Dreier, GG, Bd. 2, 2. Aufl. 2006, Art. 32 Rn. 17 ff. und Art. 59 Rn. 15 ff. m.w.N.

[96] Formulierung wohl zuerst von *Menzel*, VVDStRL 12 (1954), S. 179 (197); s. dazu *Magiera*, Parlament und Staatsleitung in der Verfassungsordnung des Grundgesetzes, 1979, S. 248 f.

[97] Vgl. dazu ausführlich *Magiera*, Parlament und Staatsleitung in der Verfassungsordnung des Grundgesetzes, 1979, S. 246 ff.

[98] Vgl. dazu ausführlich *Sauer*, in: Rensen/Brink (Hrsg.), Linien der Rechtsprechung des Bundesverfassungsgerichts, 2009, S. 585 (insbes. S. 601 m.w.N. aus der Lit.).

Insbesondere lehnte der Zweite Senat in dem im Jahr 1994 ergangenen Grundsatzurteil zu Auslandseinsätzen der Bundeswehr[99] mit 4:4 Stimmen[100] einen Verstoß gegen den Gesetzesvorbehalt in Art. 59 Abs. 2 Satz 1 GG mit der Begründung ab, die Vorschrift finde auf nicht vertragsförmiges Handeln keine Anwendung, auch dann nicht, wenn im Ergebnis ein zustimmungsbedürftiger Vertrag inhaltlich abgeändert werde.[101] Gleichsam kompensatorisch[102] leitete er sodann aus einer Gesamtschau verschiedener Verfassungsbestimmungen das Prinzip der Bundeswehr als „Parlamentsheer" ab, wonach der Einsatz bewaffneter Streitkräfte der konstitutiven, grundsätzlich vorherigen Zustimmung des Deutschen Bundestages in Form eines schlichten Parlamentsbeschlusses unterliege.[103] In einem daran anschließenden Urteil aus dem Jahr 2001[104] hielt der Senat an seiner Rechtsprechung zu Art. 59 Abs. 2 GG fest, jedoch mit der Klarstellung, dass das betreffende völkerrechtliche Handeln der Bundesregierung im Rahmen des durch das Zustimmungsgesetz gezogenen Integrationsprogramms liegen müsse: Der Bundestag werde in seinem „Recht auf Teilhabe an der auswärtigen Gewalt" verletzt, wenn die Regierung die Vertragsgrundlage eines Systems nach Art. 24 Abs. 2 GG über den „gesetzlichen Ermächtigungsrahmen" beziehungsweise das „Integrationsprogramm" hinaus fortentwickle.[105]

Diese Linie wurde in Entscheidungen aus den Jahren 2003[106], 2007[107] und 2008[108] weiter fortgeführt – zwar ohne dass die enge Auslegung von Art. 59 Abs. 2 GG beendet worden wäre, aber doch verbunden mit einer sukzessiven Stärkung des „schlichten" Parlamentsvorbehalts durch eine „im Zweifel parlamentsfreundliche Auslegung"[109]. Der Parlamentsvorbehalt greift danach bereits dann, wenn die Einbeziehung deutscher Soldaten in bewaffnete Aus-

[99] BVerfGE 90, 286.

[100] Zum Sondervotum der dissentierenden Richter vgl. BVerfGE 90, 286 (373 ff.).

[101] BVerfGE 90, 286 (363 f.).

[102] Krit. dazu *Sauer*, Das Verfassungsrecht der kollektiven Sicherheit, a.a.O., S. 599 m.w.N.

[103] BVerfGE 90, 286 (387)

[104] BVerfGE 104, 151 – Neues Strategiekonzept der NATO.

[105] BVerfGE 104, 151 (209 f.).

[106] BVerfGE 108, 34 – AWACS-Einsatz (Eilverfahren).

[107] BVerfGE 118, 244 – Tornado-Einsatz in Afghanistan.

[108] BVerfGE 121, 135 – AWACS-Einsatz (Hauptsacheentscheidung): Im Zusammenhang mit dem Irak-Krieg setzte die NATO im Frühjahr 2003 zur Luftraumüberwachung über dem Hoheitsgebiet der Türkei deutsche AWACS-Flugzeuge ein; die Bundesregierung holte die Zustimmung des Bundestags für den betreffenden Einsatz nicht ein. Der Zweite Senat des Bundesverfassungsgerichts bejahte eine Verletzung der Rechte des Bundestages: Mit der Teilnahme hätten sich deutsche Soldaten an einem Militäreinsatz beteiligt, bei dem „greifbare tatsächliche Anhaltspunkte für eine drohende Verstickung in bewaffnete Auseinandersetzungen bestanden" hätten (BVerfGE 121, 135 <170>).

[109] BVerfGE 121, 135 (162).

einandersetzungen „konkret zu erwarten" ist.[110] Der Zweite Senat gibt insoweit lediglich eine Reihe von Kriterien, jedoch keine abschließende Definition vor; gleichwohl betont er die volle gerichtliche Überprüfbarkeit der „konkreten Erwartung".[111]

Insbesondere in der letztgenannten Entscheidung wurde daher im Schrifttum eine nicht unerhebliche „Neujustierung des Verhältnisses zwischen Parlament und Regierung in Fragen der kollektiven Sicherheit im Sinne einer klaren Stärkung des Parlaments"[112] gesehen. Die Bundesregierung, so die Schlussfolgerung, sei daher „[a]uch in Grenzfällen" gut beraten, wenn sie vor einem Auslandseinsatz der Streitkräfte zunächst die parlamentarische Zustimmung suche.[113]

In einem Beschluss vom 13. Oktober 2009[114] – der die Zustimmungsbedürftigkeit der Fortführung des Bundeswehreinsatzes im Kosovo nach dessen Unabhängigkeitserklärung im Februar 2008 betraf – ging es sodann nicht mehr um einen „neuen" Auslandseinsatz, sondern um die Frage, unter welchen Umständen für einen bestimmten, bereits laufenden Einsatz eine erneute Zustimmung des Bundestages erforderlich sein könnte. Mit anderen Worten ging es um die Frage, was geschieht, wenn sich rechtliche oder tatsächliche Umstände eines Streitkräfteeinsatzes nach Erteilung einer parlamentarischen Zustimmung verändern.[115] Der Zweite Senat unterscheidet insoweit zwei denkbare Konsequenzen: Entweder die vorhandene Zustimmung verliert ihre Wirkung mit der Folge, dass die Bundesregierung die Initiative ergreifen muss, um einen neuen Beschluss des Bundestages herbeizuführen, oder das Parlament selbst ist gehalten, seine Zustimmung zu widerrufen. Ersteres ist der Fall, wenn – so der Senat – Umstände wegfallen, die der Zustimmungsbeschluss selbst als notwendige Bedingung für einen Einsatz nennt.[116] Kommen hingegen lediglich Zweifel über den Fortbestand der Umstände auf, verbleibt es bei der Fortdauer der Zustimmung, die vom Bundestag jedoch widerrufen werden kann.[117] Im Übrigen kann der Bundestag sogar die Änderung solcher

[110] BVerfGE 121, 135 (164).

[111] BVerfGE 121, 135 (168 f.).

[112] *Sauer*, Das Verfassungsrecht der kollektiven Sicherheit, a.a.O., S. 613 m.w.N.; *Burkiczak*, NVwZ 2008, S. 752 (754); *Sachs*, JuS 2008, S. 829 (831); *Schröder*, DVBl. 2008, S. 778 (779); etwas anders nuanciert *Gramm*, DVBl. 2009, S. 1476: Die AWACS-Entscheidung stelle zwar keine grundsätzliche Neujustierung des wehrverfassungsrechtlichen Parlamentsvorbehalts dar, wohl aber verschiebe sie den Akzent in Richtung Parlamentsfreundlichkeit.

[113] *Gramm*, DVBl. 2009, S. 1476 (1477).

[114] BVerfGE 124, 267.

[115] BVerfGE 124, 267 (276).

[116] BVerfGE 124, 267 (276).

[117] BVerfGE 124, 267 (277).

Umstände, die er in seiner Zustimmungsentscheidung nicht erkennbar in den Rang wesentlicher Einsatzbedingungen erhoben hat, stets zum Anlass nehmen, seine Zustimmung nachträglich zu revidieren.[118] Der Bundestag bleibt damit stets „Herr seiner Zustimmungsentscheidung"[119].

Die nach alledem in Bezug auf Auslandseinsätze[120] der Bundeswehr klar zutage tretende Rechtsprechungslinie des „Parlamentsheeres" wurde auch im Lissabon-Urteil nochmals bestätigt.[121] Zugleich wurde der wehrverfassungsrechtliche Parlamentsvorbehalt ausdrücklich auf den europäischen Zusammenhang erstreckt: „Der konstitutive Parlamentsvorbehalt für den Auslandseinsatz", so die prägnante Formulierung des Zweiten Senats im Lissabon-Urteil, „ist integrationsfest"[122].

2. Stärkung des Parlamentsvorbehalts in Fragen der Europäischen Integration: Die „Integrationsverantwortung" des Bundestages

Dies leitet über zur „Integrationsverantwortung" des Parlaments, die einen wesentlichen Baustein des kontrovers diskutierten[123] Lissabon-Urteils vom 30. Juni 2009 markiert. Bereits in der Maastricht-Entscheidung vom 12.Oktober 1993 hatte der Zweite Senat die Notwendigkeit der Legitimation der Europäischen Union durch die nationalen Parlamente betont.[124] Dahinter standen ersichtlich Bedenken, dass dem Verlust parlamentarischer Gestaltungsmacht durch die Vergemeinschaftung der betreffenden Bereiche eine unzureichende demokratische Kompensation auf europäischer Ebene gegen-

[118] BVerfGE 124, 267 (278), vgl. auch § 8 des im März 2005 in Kraft getretenen Parlamentsbeteiligungsgesetzes (ParlBG): „Der Bundestag kann die Zustimmung zu einem Einsatz bewaffneter Streitkräfte widerrufen."

[119] BVerfGE 124, 267 (278).

[120] Vgl. zur Problematik der Inlandseinsätze und den dort entwickelten Grenzen des Parlamentsvorbehalts im Wehrverfassungsrecht dagegen den jüngsten Beschluss vom 4. Mai 2010 – 2 BvE 5/07 – NVWZ 2010, S. 1091, s. hierzu näher den Beitrag von *Meermagen* im vorliegenden Band, S. 471 ff.

[121] BVerfGE 123, 267 (422 ff.).

[122] BVerfGE 123, 267 (361) und BVerfGE 123, 267 (424 f.): „Der wehrverfassungsrechtliche Parlamentsvorbehalt kann auch nicht aufgrund von sekundärrechtlich begründeten Handlungspflichten der Mitgliedstaaten umgangen werden [...] Eine mögliche politische Einigung zwischen den Mitgliedstaaten, Streitkräfte im europäischen Bündnis einzusetzen, wäre nicht in der Lage, auf rechtlicher Ebene eine Handlungspflicht zu erzeugen, die den insoweit gegenüber Art. 23 GG spezielleren konstitutiven Parlamentsvorbehalt nach Art. 24 Abs. 2 GG überspielen könnte"; vgl. dazu *Gramm*, Die Stärkung des Parlaments in der Wehrverfassung, DVBl. 2009, S. 1476 ff.

[123] Vgl. aus der umfangreichen Literatur nur *Grimm*, Der Staat 48 (2009), S. 475 ff.; *Jestaedt*, Der Staat 48 (2009), S. 497 ff.; *Schönberger*, Der Staat 48 (2009), S. 535 ff.; s. im Übrigen zu den verschiedenen „Rezeptionswellen" des Lissabon-Urteils die umfangreichen Nachweise bei *Voßkuhle*, NVwZ 2010, S. 1 m. Fn. 6.

[124] BVerfGE 89, 155 (184).

überstehen könnte; auch im Schrifttum war auf den „Entparlamentarisierungseffekt abnehmender nationalstaatlicher Handlungsfähigkeit“ hingewiesen worden.[125]

Dem trägt das Lissabon-Urteil Rechnung, indem es die „Integrationsverantwortung“[126] des Deutschen Bundestages betont und stärkt. Dabei würdigt es durchaus auch das Europäische Parlament in seiner eigenständigen Bedeutung für die Legitimation der Europäischen Union, richtet man den Blick auf die einschlägigen Passagen des Urteils. So heißt es dort unter anderem:[127] „Das Europäische Parlament ist als ein unmittelbar von den Unionsbürgern gewähltes Vertretungsorgan der Völker eine eigenständige zusätzliche Quelle für demokratische Legitimation“[128]. Das Lissabon-Urteil unterscheidet insoweit einen „primären repräsentativ-demokratischen Legitimationszusammenhang“[129] – der von den Bürgern der Mitgliedstaaten ausgeht und Quelle der Unionsgewalt ist[130] – und einen sekundären, auf der europäischen Ebene selbst zu erzeugenden Legitimationszusammenhang, der den ersteren ergänzt[131]. Dabei „steht es der Europäischen Union frei, mit zusätzlichen neueren Formen transparenter oder partizipativ angelegter politischer Entscheidungsverfahren nach eigenen Wegen demokratischer Ergänzung zu suchen“[132]. Solche Elemente partizipatorischer Demokratie können, so der Zweite Senat, den auf Wahlen und Abstimmungen zurückgehenden Legitimationszusammenhang zwar nicht ersetzen; sie können aber „ergänzende Funktion bei der Legitimation europäischer Hoheitsgewalt übernehmen“: „Derartige Formen dezentraler, arbeitsteiliger Partizipation mit legitimitätssteigerndem Potential tragen ihrerseits zur Effektivierung des primären repräsentativ-demokrati-

[125] *Puhl*, in: Isensee/Kirchhof, HStR III, 3. Aufl. 2005, § 48 Rn. 3 ff.: „Entparlamentarisierungseffekte abnehmender nationalstaatlicher Handlungsfähigkeit“; „Insbesondere: Kompetenzverlagerungen auf die Europäische Union“; vgl. auch *H. H. Klein*, in: Isensee/Kirchhof, HStR III, 3. Aufl. 2005, § 50 Rn. 10 („problematischer Zuwachs der Regierungsmacht“): „Der Erfolg des Versuchs des verfassungsändernden Gesetzgebers (Art. 23 Abs. 2 und 3, 45 GG), den Bundestag in die Willensbildung der Regierung innerhalb des europäischen Staatenverbundes stärker einzubeziehen, erscheint begrenzt […]“.

[126] Vgl. BVerfGE 123, 267 (356): Die Integrationsverantwortung „ist darauf gerichtet, bei der Übertragung von Hoheitsrechten und bei der Ausgestaltung der europäischen Entscheidungsverfahren dafür Sorge zu tragen, dass in einer Gesamtbetrachtung sowohl das politische System der Bundesrepublik Deutschland als auch das der Europäischen Union demokratischen Grundsätzen im Sinne des Art. 20 Abs. 1 und Abs. 2 in Verbindung mit Art. 79 Abs. 3 GG entspricht.“

[127] Vgl. zu den denkbar unterschiedlichen Blickwinkeln auf das Lissabon-Urteil die Darstellung bei *F. C. Mayer*, NJW 2010, S. 714 ff.

[128] BVerfGE 123, 267 (368) unter Verweis auf BVerfGE 89, 155 (184 f.).

[129] Vgl. BVerfGE 123, 267 (369).

[130] BVerfGE 123, 267 (349).

[131] BVerfGE 123, 267 (363 ff.).

[132] BVerfGE 123, 267 (369).

schen Legitimationszusammenhangs bei“[133]. Hier deutet sich ein konstruktiver Hinweis auf mögliche Wege ergänzender demokratischer Legitimation jenseits rein repräsentativer Ansätze an, der Wege für eine künftige Stärkung der europäischen Demokratie – auf europäischer Ebene – aufzeigt.

Die aktuellen Kompensationsmechanismen auf europäischer Ebene genügen beim gegenwärtigen Integrationsstand für sich genommen indessen eben nicht, die legitimatorischen Bedenken des Zweiten Senats des Bundesverfassungsgerichts auszuräumen[134] – das daher einstweilen auf die Stärkung der Beteiligungsrechte des nationalen Parlaments setzt. Zur Umschreibung von dessen zentraler Bedeutung greift der Zweite Senat auf den Topos des „Integrationsprogramms“ zurück: „Das Integrationsprogramm der Europäischen Union muss hinreichend bestimmt sein. Soweit nicht das Volk unmittelbar selbst zur Entscheidung berufen ist, ist demokratisch legitimiert nur, was parlamentarisch verantwortet werden kann“[135]. Das Erfordernis der parlamentarischen Verantwortung erstreckt sich prinzipiell auf das Vertragsrecht, unabhängig davon, ob eine förmliche Vertragsänderung in Rede steht oder nicht.[136] Die Integrationsverantwortung des Parlaments muss innerstaatlich den Anforderungen des Art. 23 Abs. 1 GG genügen, auch wenn die Mitgliedstaaten das europäische Vertragsrecht in einer Weise ausgestalten, dass dessen Änderung bereits ohne Ratifikationsverfahren allein oder maßgeblich durch Organe der Europäischen Union herbeigeführt werden kann.[137] Soweit keine förmliche Ratifikation erforderlich ist, muss die Integrationsverantwortung daher im Rahmen sonstiger Beteiligungsrechte wahrgenommen werden.

Hieran gemessen verstieß das Gesetz über die Ausweitung und Stärkung der Rechte des Bundestages und des Bundesrates in Angelegenheiten der Europäischen Union (Ausweitungsgesetz) „insoweit gegen Art. 38 Abs. 1 in Verbindung mit Art. 23 Abs. 1 GG, als Beteiligungsrechte des Deutschen Bundestages und des Bundesrates nicht in dem erforderlichen Umfang ausgestaltet worden“ waren.[138]

Es bleibt daher festzuhalten, dass die Rechtsprechung des Zweiten Senats des Bundesverfassungsgerichts bestrebt ist, das demokratische Legitimationsniveau der Europäischen Union zu verbessern und zu diesem Zweck die Mitwirkung des nationalen Parlaments im Rahmen des Prozesses einer nach wie vor exekutivlastigen europäischen Vergemeinschaftung sicherzustellen

[133] BVerfGE 123, 267 (369).

[134] Vgl. BVerfGE 123, 267 (379 f.): „Auch die institutionelle Anerkennung der Parlamente der Mitgliedstaaten durch den Vertrag von Lissabon kann das Defizit im unmittelbaren, durch die Wahl der Abgeordneten des Europäischen Parlaments begründeten Legitimationsstrang der europäischen Hoheitsgewalt nicht aufwiegen […].“

[135] BVerfGE 123, 267 (351).

[136] BVerfGE 123, 267 (351 ff.).

[137] BVerfGE 123, 267 (433).

[138] BVerfGE 123, 267 (432).

sucht. Es wäre missverständlich, hierin eine Konfrontation mit dem Europäischen Parlament und eine Absage an den Europäischen Parlamentarismus zu sehen. Vielmehr gilt auch nach Maßgabe der Rechtsprechung des Bundesverfassungsgerichts, dass „alle Möglichkeiten nationaler, supranationaler und transnationaler parlamentarischer Kontrolle“[139] zu nutzen sind.

V. Fazit

Im Lichte der aufgezeigten neueren Entscheidungen gilt: Das Parlament ist nicht der „geborene[n] Verlierer vor dem BVerfG“[140], vielmehr zeitigt die Rechtsprechung des Bundesverfassungsgerichts vielfache parlamentsstärkende Effekte. Sie lässt ein großes Vertrauen in die Steuerungskraft des Parlamentsgesetzes und die zentrale Bedeutung des Parlaments für die Staatsleitung erkennen. Dabei ist jedoch zu beachten, dass das Bundesverfassungsgericht die „Stärkung des Parlaments“ ersichtlich nicht als gleichsam von der positiven Verfassungsordnung entkoppelten Selbstzweck verfolgt. Vielmehr gilt auch hier, dass es seine Rechtsprechung stets in den einzelnen Bestimmungen des Grundgesetzes verankert: Wie die Stärkung des Parlaments aus der Verfassung selbst folgt, so ergeben sich daraus auch ihre Grenzen.[141]

[139] *Wagner*, in: Kadelbach (Hrsg.), Europäische Integration und parlamentarische Demokratie, 2009, S. 157 ff., S. 169.

[140] Vgl. *Gusy*, in: Schneider/Zeh (Hrsg.), Parlamentsrecht und Parlamentspraxis, 1989, § 60 Rn. 36.

[141] Vgl. neben den obigen Ausführungen auch den Beitrag von *Meermagen*, S. 471 ff.

Die Rechtsstellung des Deutschen Bundestages im wehrverfassungsrechtlichen Organstreit unter besonderer Berücksichtigung von Inlandsverwendungen der Streitkräfte

Bettina Meermagen*

Leitentscheidungen des Bundesverfassungsgerichts

BVerfGE 68, 1 – Atomwaffenstationierung, Pershing II, Nato-Doppelbeschluss
BVerfGE 90, 286 – Bundeswehreinsatz, AWACS, Somalia
BVerfGE 104, 151 – NATO-Strategiekonzept
BVerfGE 108, 34 – AWACS-Einsatz (Türkei)
BVerfGE 118, 244 – Tornado-Einsatz Afghanistan, ISAF-Mandat
BVerfGE 121, 135 – AWACS-Einsatz (Türkei)
BVerfGE 123, 267 – Lissabon-Vertrag
BVerfG, Beschluss des Zweiten Senats vom 4. Mai 2010 – 2 BvE 5/07 –, NVwZ 2010, S. 1091 ff. – Bundeswehreinsatz Heiligendamm

Schrifttum (Auswahl)

Dürig, Günter Kommentierung zu Art. 87a GG, in: Maunz/Dürig, Grundgesetz. Kommentar (August 1971); *Linke, Tobias* Innere Sicherheit durch die Bundeswehr? Zu Möglichkeiten und Grenzen der Inlandsverwendung der Streitkräfte, AöR 129 (2004), S. 489 ff.; *Lutze, Christian* Der Parlamentsvorbehalt beim Einsatz bewaffneter Streitkräfte, DÖV 2003, S. 972 ff.; *Sauer, Heiko* Das Verfassungsrecht der kollektiven Sicherheit, in: Rensen/Brink (Hrsg.), Linien der Rechtsprechung des Bundesverfassungsgerichts, Bd. 1, 2009, S. 585 ff.; *Schmidt-Radefeldt, Roman* Parlamentarische Kontrolle der internationalen Streitkräfteintegration, 2005.

Inhalt

* Mein herzlicher Dank gilt Frau *Dr. Sigrid Emmenegger* für die kritische Lektüre des Manuskripts und weiterführende Anregungen.

A. Einführung

In einer neuen Entscheidung zur Verwendung der Bundeswehr anlässlich des G8-Gipfels in Heiligendamm im Jahr 2007[1] hat sich der Zweite Senat des Bundesverfassungsgerichts erstmals mit der Frage auseinandergesetzt, ob und inwieweit die Verwendung[2] der Streitkräfte im Inland im Wege des Organstreitverfahrens durch den Deutschen Bundestag vor dem Bundesverfassungsgericht gerügt werden kann. Nachdem der Senat sich bereits in mehreren Entscheidungen zur parallel gelagerten Problematik der Rüge von Auslandsverwendungen der Streitkräfte geäußert und dem Grundgesetz insoweit weitgehende Rechte des Bundestages entnommen hatte[3], war mit Spannung zu erwarten, ob dem Bundestag mit Blick auf Inlandsverwendungen eine

[1] BVerfG, Beschluss des Zweiten Senats vom 4. Mai 2010 – 2 BvE 5/07 –, NVwZ 2010, S. 1091.

[2] Der Begriff der Verwendung der Streitkräfte dient hier als Oberbegriff und umfasst damit Einsätze der Streitkräfte im Sinne des Art. 87a Abs. 2 GG, aber auch unterhalb dieser Schwelle liegende Maßnahmen.

[3] Vgl. dazu *Sauer*, in: Rensen/Brink (Hrsg.), Linien der Rechtsprechung des Bundesverfassungsgerichts, Bd. 1, 2009, S. 585 ff. und den Beitrag von *Emmenegger* in diesem Band, S. 447 (465 ff.).

ähnlich starke Stellung eingeräumt werden würde. Trotz der Annahme einer im Zweifel parlamentsfreundlichen Auslegung des wehrverfassungsrechtlichen Parlamentsvorbehalts bei Auslandseinsätzen[4] hat der Senat das Grundgesetz mit Blick auf Mitbestimmungsrechte des Bundestages bei Inlandsverwendungen der Bundeswehr demgegenüber restriktiv ausgelegt und dem Bundestag damit auch für die Zukunft weitgehend die Möglichkeit genommen, die Verfassungswidrigkeit von Inlandsverwendungen der Streitkräfte vor dem Bundesverfassungsgericht zu rügen.

B. Funktion des Organstreitverfahrens unter dem Grundgesetz

Das Organstreitverfahren zielt nach Art. 93 Abs. 1 Nr. 1 GG auf die Auslegung des Grundgesetzes aus Anlass von Streitigkeiten über Rechte und Pflichten von Verfassungsorganen. Beim Organstreit handelt es sich um eine subjektive kontradiktorische Parteistreitigkeit mit Antragsteller und Antragsgegner und damit nicht um ein objektives Verfahren, das auf der Seite des Antragstellers lediglich ein objektives Klarstellungsinteresse erfordert und keinen Antragsgegner kennt.[5] Das die Zulässigkeit des Antrags insoweit beschränkende Merkmal ist das Erfordernis der Antragsbefugnis nach § 64 Abs. 1 BVerfGG: Danach ist der Antrag im Organstreitverfahren nur zulässig, wenn der Antragsteller geltend macht, dass er oder das Organ, dem er angehört, durch eine Maßnahme oder Unterlassung des Antragsgegners in seinen ihm durch das Grundgesetz übertragenen Rechten und Pflichten verletzt oder unmittelbar gefährdet ist.

Das Bundesverfassungsgericht hat in seiner Rechtsprechung zum Organstreitverfahren deutlich gemacht, dass nicht jedem Grundsatz des objektiven Staatsorganisationsrechts eine klagbare subjektiv öffentlich-rechtliche Rechtsposition eines Verfassungsorgans korrespondiert[6]. Danach hat das Grundgesetz den Deutschen Bundestag als Gesetzgebungsorgan, nicht aber als umfassendes „Rechtsaufsichtsorgan“ über die Bundesregierung eingesetzt. Aus dem Grundgesetz lässt sich kein eigenes Recht des Deutschen Bundestages dahingehend ableiten, dass jegliches materiell oder formell verfassungswidrige Handeln der Bundesregierung unterbleibe.[7] Mit Rechten im Sinne des § 64 Abs. 1 BVerfGG sind daher allein diejenigen Rechte gemeint, die dem Antragsteller zur ausschließlich eigenen Wahrnehmung oder zur Mitwirkung

[4] Vgl. BVerfGE 121, 135 (162).

[5] Vgl. BVerfG, Beschluss des Zweiten Senats vom 4. Mai 2010 – 2 BvE 5/07 –, NVwZ 2010, S. 1091 (1092).

[6] Vgl. *Bethge*, in: Maunz/Schmidt-Bleibtreu/Klein/Bethge, BVerfGG, § 64 Rn. 63 (Juli 2002).

[7] Vgl. BVerfGE 68, 1 (72 f.); BVerfG, Beschluss des Zweiten Senats vom 4. Mai 2010 – 2 BvE 5/07 –, NVwZ 2010, S. 1091 (1092).

übertragen sind oder deren Beachtung erforderlich ist, um die Wahrnehmung seiner Kompetenzen und die Gültigkeit seiner Akte zu gewährleisten.[8]

In der Nachrüstungsentscheidung aus dem Jahr 1984, in der es um die Aufstellung nuklear bestückter amerikanischer Mittelstreckenraketen in Deutschland ging, hat sich der Zweite Senat darüber hinaus mit der Frage befasst, ob der Bundestag aus seiner Funktion als verfassungsändernder Gesetzgeber nach Art. 79 Abs. 1, Abs. 2 GG ein rügefähiges Recht im Sinne des § 64 Abs. 1 BVerfGG dahingehend ableiten kann, dass er sich darauf berufen könnte, dass für ein bestimmtes Handeln der Bundesregierung eine Grundgesetzänderung notwendig gewesen wäre. Insoweit stellt der Senat darauf ab, ob die übergangene Verfassungsnorm, deren Änderung erforderlich gewesen wäre, zumindest auch Rechte des Bundestages zur Gesetzgebung zu gewährleisten bestimmt sei.[9] Allein deshalb, weil infolge von Art. 79 Abs. 1 und Abs. 2 GG keine Bestimmung des Grundgesetzes ohne Mitwirkung des Bundestages abgeändert oder aufgehoben werden kann, kann dieser ein Handeln der Bundesregierung, das eine Verfassungsänderung erfordert hätte, nicht im Wege des Organstreitverfahrens vor dem Bundesverfassungsgericht rügen. Nur dann, wenn eine Bestimmung selbst Rechte oder Pflichten im Sinne des § 64 Abs. 1 BVerfGG begründet, kann ihre Verletzung befugtermaßen gerügt werden.[10] Auf diese Rechtsprechung kommt der Senat in dem nunmehrigen Beschluss zum Inlandseinsatz der Bundeswehr anlässlich des G8-Gipfels zurück.[11] Dabei ist unproblematisch, dass der Antrag nicht vom Bundestag als Ganzem, sondern einer seiner Fraktionen gestellt wurde: § 64 Abs. 1 BVerfGG enthält eine gesetzliche Prozessstandschaft zu Gunsten von Angehörigen von Verfassungsorganen, die deren Rechte im eigenen Namen geltend machen können.[12]

C. Position des Bundestages im Organstreitverfahren bei Auslandseinsätzen der Bundeswehr

In der Rechtsprechung des Zweiten Senats zu Bündnisverträgen und Auslandseinsätzen der Bundeswehr haben sich im Wesentlichen zwei Ansatzpunkte herauskristallisiert, die der Bundestag im Organstreitverfahren vor dem Bundesverfassungsgericht in zulässiger Weise geltend machen kann.

[8] Vgl. BVerfGE 68, 1 (73); BVerfG, Beschluss des Zweiten Senats vom 4. Mai 2010 – 2 BvE 5/07 –, NVwZ 2010, S. 1091 (1092).

[9] Vgl. BVerfGE 68, 1 (73).

[10] Vgl. BVerfGE 68, 1 (73).

[11] Vgl. BVerfG, Beschluss des Zweiten Senats vom 4. Mai 2010 – 2 BvE 5/07 –, NVwZ 2010, S. 1091 (1092) sowie unten D.II.

[12] Vgl. *Klein*, in: Benda/Klein, Verfassungsprozessrecht, 2. Aufl. 2001, Rn. 1020.

I. Rechte des Bundestages als Gesetzgeber aus Art. 59 Abs. 2 Satz 1 GG

Soweit in den betroffenen Verfahren von den jeweiligen Antragstellern vorgebracht wurde, die Bundesregierung habe durch ihre Beschlüsse über den Einsatz der Streitkräfte oder durch ihre Zustimmung zu Maßnahmen im Rahmen der Bündnisverträge Rechte des Bundestages als Gesetzgeber aus Art. 59 Abs. 2 in Verbindung mit Art. 24 Abs. 1 und Abs. 2 GG verletzt[13], hat das Bundesverfassungsgericht diesen Vorschriften ein die Zulässigkeit des Antrags im Organstreitverfahren begründendes Recht im Sinne von § 64 Abs. 1 BVerfGG entnommen.[14] Der Gesetzesvorbehalt des Art. 59 Abs. 2 Satz 1 GG überträgt danach dem Deutschen Bundestag als Gesetzgebungsorgan ein Mitentscheidungsrecht im Bereich der auswärtigen Angelegenheiten.[15] Das Gesetzgebungsrecht schützt die Kompetenz des Bundestages, über die durch völkerrechtlichen Vertrag begründeten Rechte und Pflichten der Bundesrepublik Deutschland mitzuentscheiden, sofern die politischen Beziehungen des Bundes oder Gegenstände der Bundesgesetzgebung betroffen sind.[16]

In einem wesentlichen Punkt beschränkte das Bundesverfassungsgericht jedoch im Verfahren zu den Auslandseinsätzen in Jugoslawien und Somalia die Befugnisse des Bundestages aus Art. 59 Abs. 2 Satz 1 GG: Mit vier zu vier Stimmen entschied der Zweite Senat – wohlgemerkt nicht (mehr) auf der Zulässigkeitsebene, sondern im Rahmen der Ausführungen zur Begründetheit des Antrags –, dass die Vorschrift keine Anwendung auf nicht vertragsförmiges Handeln finde, und zwar auch dann nicht, wenn im Ergebnis ein zustimmungsbedürftiger Vertrag inhaltlich abgeändert werde.[17] Der Gesetzgeber kann danach nicht aufgrund seiner Kompetenz nach Art. 59 Abs. 2 Satz 1 GG den ergänzenden Abschluss eines weiteren völkerrechtlichen Vertrages erzwingen, wenn die Vertragspartner ohne den Willen, neue vertragliche Rechtsbindungen entstehen zu lassen, durch Vertragsauslegung eine neue Praxis der Vertragsanwendung begründen wollen.[18] Der Senat hat an

[13] So in den folgenden Entscheidungen zu Grunde liegenden Verfahren: BVerfGE 68, 1 – Atomwaffenstationierung, Pershing II, Nato-Doppelbeschluss; 90, 286 – Bundeswehreinsatz, AWACS, Somalia; 104, 151 – NATO-Strategiekonzept; 118, 244 – Tornado-Einsatz Afghanistan, ISAF-Mandat.

[14] Vgl. BVerfGE 68, 1 (69); 90, 286 (337); 104, 151 (194); 118, 244 (258).

[15] Vgl. BVerfGE 90, 286 (351); 104, 151 (194); 118, 244 (258).

[16] Vgl. BVerfGE 90, 286 (357); 104, 151 (194); 118, 244 (258).

[17] Vgl. BVerfGE 90, 286 (359 ff.); s. dazu und zur Entwicklung in der weiteren Rechtsprechung vor allem *Sauer*, in: Rensen/Brink (Hrsg.), Linien der Rechtsprechung des Bundesverfassungsgerichts, Bd. 1, 2009, S. 585 (597 f., 599 ff., 610 f., 611 f.).

[18] Vgl. BVerfGE 90, 286 (363).

dieser Rechtsprechung in späteren Entscheidungen festgehalten[19], wobei hier das völkervertragliche Integrationsprogramm zur Kompetenzgrenze der Bundesregierung erklärt wird.[20]

II. Wehrverfassungsrechtlicher Parlamentsvorbehalt

Möglicherweise um die beschriebene enge Auslegung des Art. 59 Abs. 2 Satz 1 GG zu kompensieren[21], die den Antragstellern im Verfahren zu den Jugoslawien- und Somalia-Einsätzen den Erfolg versagt hätte[22], entwickelte der Zweite Senat in dieser Entscheidung den konstitutiven Parlamentsvorbehalt für den Einsatz bewaffneter Streitkräfte[23].

1. BVerfGE 90, 286

Während sich der Gesetzesvorbehalt des Art. 59 Abs. 2 Satz 1 GG auf die Zustimmung des Bundestages zu der völkerrechtlichen Grundlage eines Einsatzes der Streitkräfte bezieht, betrifft der wehrverfassungsrechtliche Parlamentsvorbehalt die konkrete Entscheidung über die Entsendung von Truppen. Danach bedarf jeder Einsatz bewaffneter Streitkräfte der vorherigen konstitutiven Zustimmung des Deutschen Bundestages in der Form eines mit der Mehrheit des Art. 42 Abs. 2 GG zu fassenden förmlichen Bundestagsbeschlusses.[24]

Der Senat entwickelte den Parlamentsvorbehalt aus einer Gesamtschau der grundgesetzlichen Regelungen über die Wehrverfassung, die seiner Ansicht nach darauf angelegt sind, die Bundeswehr nicht als Machtpotenzial der Exekutive zu überlassen, sondern als Parlamentsheer in die demokratisch rechtsstaatliche Verfassungsordnung einzufügen. Der Senat nahm dabei Rekurs auf die historische Entwicklung der Wehrverfassung[25] sowie auf die heutigen wehrrechtlichen Vorschriften des Grundgesetzes, die eine verstärkte parlamentarische Kontrolle der Streitkräfte und des Regierungshandelns im mili-

[19] Vgl. BVerfGE 104, 151 (206 ff.); 118, 244 (259).

[20] Vgl. BVerfGE 104, 151 (206 ff.); 118, 244 (259 ff.).

[21] Vgl. *Sauer*, in: Rensen/Brink (Hrsg.), Linien der Rechtsprechung des Bundesverfassungsgerichts, Bd. 1, 2009, S. 585 (601); *Calliess*, in: Isensee/Kirchhof (Hrsg.), HStR IV, 3. Aufl. 2006, § 83 Rn. 39 f.

[22] Eine Verletzung der Rechte des Bundestages aus Art. 59 Abs. 2 Satz 1 GG wurde gerade nicht festgestellt, vgl. BVerfGE 90, 286 (365 ff.).

[23] Vgl. BVerfGE 90, 286 (381 ff.).

[24] Vgl. BVerfGE 90, 286 (388 ff.); 108, 34 (42 f.); 121, 135 (153 ff.); s. dazu auch *Schmidt-Radefeldt*, Parlamentarische Kontrolle der internationalen Streitkräfteintegration, 2005, S. 151 ff.

[25] Vgl. BVerfGE 90, 286 (382).

tärischen Bereich verlangten.[26] Das Grundgesetz behalte dem Parlament vor allem auch konkrete Entscheidungen über die Verwendung der Streitkräfte vor, so mit der Feststellung des Verteidigungsfalls nach Art. 115a Abs. 1 GG, die auch Voraussetzung der Ermächtigung der Streitkräfte zum Schutz ziviler Objekte und zur Wahrnehmung von Aufgaben der Verkehrsregelung nach Art. 87a Abs. 3 GG sei.[27] Ein nach Art. 87a Abs. 4 Satz 1 GG möglicher Einsatz von Streitkräften beim Schutz von zivilen Objekten und bei der Bekämpfung organisierter und militärisch bewaffneter Aufständischer sei einzustellen, wenn der Bundestag oder der Bundesrat es verlangten (Satz 2).[28] Die diesen Vorschriften zu entnehmende Entscheidung für eine umfassende parlamentarische Kontrolle der Streitkräfte lasse ein der Wehrverfassung zu Grunde liegendes Prinzip erkennen, nach dem der Einsatz bewaffneter Streitkräfte der konstitutiven, grundsätzlich vorherigen Zustimmung des Bundestages unterliege.[29]

2. *Spätere Rechtsprechung*

An dieser Rechtsprechung hat der Zweite Senat in der Folgezeit festgehalten und sie vor allem in der Hauptsache-Entscheidung zum AWACS-Einsatz über der Türkei[30] konkretisiert. Dass es sich bei dem wehrverfassungsrechtlichen Parlamentsvorbehalt um ein Recht des Deutschen Bundestages im Sinne des § 64 Abs. 1 BVerfGG handelt, ist seit der Entscheidung BVerfGE 90, 286 offenbar so selbstverständlich, dass es später nicht einmal ausdrücklich erwähnt wurde. Es ist jedenfalls eindeutig festgestellt, seit der Senat die Zulässigkeit des Antrags im Hauptsache-Verfahren zum AWACS-Einsatz über der Türkei auf die Überlegung stützte, dass die Reichweite der Zustimmungsbedürftigkeit von Bundeswehreinsätzen bislang nicht abschließend geklärt sei.[31] Auch im Urteil zum Vertrag von Lissabon machte der Zweite Senat die Zulässigkeit des Antrags 2 BvE 5/08 an der Rüge der Verletzung des wehrverfassungsrechtlichen Parlamentsvorbehalts durch die Fraktion Die Linke im Deutschen Bundestag fest.[32] Diese hatte gerügt, der Deutsche Bundestag verliere durch das Zustimmungsgesetz zum Vertrag von Lissabon

[26] Vgl. BVerfGE 90, 286 (384 f.) unter Bezugnahme auf Art. 45a, Art. 45b und Art. 87a Abs. 1 Satz 2 GG.

[27] Vgl. BVerfGE 90, 286 (385 f.).

[28] Vgl. BVerfGE 90, 286 (386 f.).

[29] Vgl. BVerfGE 90, 286 (387).

[30] Vgl. BVerfGE 121, 135.

[31] Vgl. BVerfGE 121, 135 (150 f.); s. insoweit auch die Entscheidung über den Antrag auf Erlass einer einstweiligen Anordnung, wo das Beteiligungsrecht des Bundestages an der auswärtigen Gewalt nur in der hypothetischen Begründetheitsprüfung der Hauptsache Erwähnung findet, vgl. BVerfGE 108, 34 (42).

[32] Vgl. BVerfGE 123, 267 (338).

seine Entscheidungsbefugnisse über den Einsatz der deutschen Streitkräfte für den Bereich europäischer Kriseninterventionen.

a) Der wehrverfassungsrechtliche Parlamentsvorbehalt als Element der Gewaltenbalance zwischen Bundesregierung und Bundestag

In den Ausführungen zur Begründetheit des Antrags im Hauptsache-Verfahren zum AWACS-Einsatz über der Türkei stellte der Senat den wehrverfassungsrechtlichen Parlamentsvorbehalt teilweise auf neue Füße: Der Senat betont hier die Funktion des Parlamentsvorbehalts als Korrektiv für die Grenzen der parlamentarischen Verantwortungsübernahme im Bereich der auswärtigen Sicherheitspolitik[33] und stellt somit das Verhältnis von Exekutive und Legislative in den Mittelpunkt seiner Argumentation. Er nimmt dazu Bezug auf seine Rechtsprechung zu Art. 59 Abs. 2 Satz 1 GG, nach der der Bundestag durch sein Zustimmungsgesetz das Integrationsprogramm eines Systems gegenseitiger kollektiver Sicherheit festlegt, die Bundesregierung aber ermächtigt ist, den Vertrag in den Formen des Völkerrechts selbständig fortzuentwickeln.[34] Die vom Grundgesetz eingeräumte bündnispolitische Gestaltungsfreiheit der Bundesregierung schließe aber nicht die Entscheidung ein, wer innerstaatlich darüber zu befinden habe, ob sich Soldaten der Bundeswehr an einem konkreten Einsatz beteiligten, der im Bündnis beschlossen worden sei. Die Verantwortung für den bewaffneten Außeneinsatz der Bundeswehr obliege dem Deutschen Bundestag. Die Bundeswehr sei insofern ein „Parlamentsheer".[35] Der Parlamentsvorbehalt sei im Zweifel parlamentsfreundlich auszulegen.[36] Die Bedeutung, die der Senat dem wehrverfassungsrechtlichen Parlamentsvorbehalt für die Gewaltenteilung unter dem Grundgesetz beimisst, gipfelt in dem Satz, der Parlamentsvorbehalt sei Teil des Bauprinzips der Gewaltenteilung, nicht seine Durchbrechung[37].

b) Der wehrverfassungsrechtliche Parlamentsvorbehalt als Mittel zum Schutz der Grundrechte

In der Argumentation des Senats scheint ein weiterer Aspekt auf, der der Entscheidung zum Jugoslawien- und Somalia-Einsatz noch nicht so deutlich zu entnehmen war: Der Senat führt aus, der Einsatz bewaffneter Gewalt bedeute nicht nur ein erhebliches Risiko für Leben und Gesundheit deutscher

[33] Vgl. BVerfGE 121, 135 (161); s. auch den Beschluss zum Antrag auf Erlass einer einstweiligen Anordnung, BVerfGE 108, 34 (42) sowie *Sauer*, in: Rensen/Brink (Hrsg.), Linien der Rechtsprechung des Bundesverfassungsgerichts, Bd. 1, 2009, S. 585 (612 ff.).

[34] Vgl. BVerfGE 104, 151 (209); 118, 244 (258 f.); 121, 135 (158).

[35] Vgl. BVerfGE 121, 135 (160 f.).

[36] Vgl. BVerfGE 121, 135 (162).

[37] Vgl. BVerfGE 121, 135 (163).

Soldaten, sondern er berge auch ein politisches Eskalations- oder doch Verstrickungspotenzial.[38] Der wehrverfassungsrechtliche Parlamentsvorbehalt sichere eine adäquate Organzuständigkeit gerade im Hinblick auf die Beteiligung der Opposition in freier parlamentarischer Debatte und mache es damit auch der öffentlichen Meinung besser möglich, über die politische Reichweite des jeweiligen Einsatzes zu urteilen.[39]

Sinn und Zweck der parlamentarischen Beteiligung am Bundeswehr-Einsatz scheint danach auch der Schutz der Grundrechte jedenfalls der betroffenen Soldaten, aber auch der gegebenenfalls betroffenen Gesamtbevölkerung zu sein. In der Literatur war schon zuvor angenommen worden, der Senat habe in der Jugoslawien-Entscheidung zur Begründung des Parlamentsvorbehalts indirekt auf die Wesentlichkeitstheorie zurückgegriffen.[40] Die mögliche Gefährdung der existentiellen Rechtsgüter der Soldaten erfordere eine erhöhte demokratische Legitimation durch die parlamentarische Entscheidung.[41]

Im Urteil des Zweiten Senats zum Vertrag von Lissabon vom 30. Juni 2009 wird diese Rechtsprechung wieder aufgenommen; der Rückgriff auf die Wesentlichkeitstheorie klingt hier deutlich an: Der Einsatz von Streitkräften sei für individuelle Rechtsgüter der Soldatinnen und Soldaten sowie anderer von militärischen Maßnahmen Betroffener wesentlich und berge die Gefahr tiefgreifender Verwicklungen in sich.[42]

III. Rechte des Bundestages als verfassungsändernder Gesetzgeber aus Art. 87a Abs. 2 GG

Ein dritter Aspekt schließlich, der zur Begründung der Zulässigkeit eines Antrags im Organstreitverfahren bei Auslandseinsätzen der Bundeswehr in Bezug genommen worden ist, ist die Stellung des Bundestages im Hinblick auf Art. 87a Abs. 2 GG. Im Verfahren zu den Jugoslawien/Somalia-Einsätzen wurde von den Antragstellern die Rüge erhoben, die Bundesregierung habe durch ihre Entscheidung über den Einsatz der Streitkräfte Rechte des Bun-

[38] Vgl. BVerfGE 121, 135 (161).

[39] Vgl. BVerfGE 121, 135 (161 f.).

[40] Vgl. *Kokott*, DVBl 1996, S. 937 (939); *dies.*, in: Sachs, GG, 5. Aufl. 2009, Art. 87a Rn. 38; *Streinz*, in: Sachs, GG, 5. Aufl. 2009, Art. 59 Rn. 27; *Rojahn*, in: von Münch/Kunig, GG, Bd. 2, 5. Aufl. 2001, Art. 59 Rn. 21a; *Calliess*, in: Isensee/Kirchhof (Hrsg.), HStR IV, 3. Aufl. 2006, § 83 Rn. 40; *Schmidt-Radefeldt*, Parlamentarische Kontrolle der internationalen Streitkräfteintegration, 2005, S. 166; *Paulus*, in: Weingärtner, Einsatz der Bundeswehr im Ausland, 2007, S. 81 (86); *Hobe*, in: Friauf/Höfling, GG, Art. 24 Rn. 60 (April 2002); *Nowrot*, NZWehrr 2003, S. 65 (72 f.).

[41] Vgl. *Schmidt-Radefeldt*, Parlamentarische Kontrolle der internationalen Streitkräfteintegration, 2005, S. 157.

[42] Vgl. BVerfGE 123, 267 (360 f.).

destages als verfassungsändernder Gesetzgeber aus Art. 87a Abs. 2, Art. 20 Abs. 3, Art. 79 Abs. 1 und Abs. 2 GG verletzt.

Der Senat sah insoweit den Antrag als zulässig an. Zwar sei zweifelhaft, ob Art. 87a Abs. 2 GG zu Gunsten des Bundestages kompetenzschützend sei, doch lasse das Vorbringen der Antragsteller angesichts der offenen Rechtsfrage eine Verletzung der Rechte des Bundestages als möglich erscheinen.[43]

In der Prüfung der Begründetheit des Antrags ließ der Senat dagegen die umstrittene Frage der Auslegung des Art. 87a Abs. 2 GG dahinstehen.[44] Die Feststellung, dass Art. 87a Abs. 2 GG der Verwendung bewaffneter Streitkräfte auf der Grundlage von Art. 24 Abs. 2 GG nicht entgegenstehe, weil die Vorschrift später als Art. 24 GG in das Grundgesetz eingefügt worden sei und nicht ersichtlich sei, dass der verfassungsändernde Gesetzgeber an der Funktion des Art. 24 GG als Grundlage für die Verwendung der Bundeswehr im Rahmen eines Systems gegenseitiger kollektiver Sicherheit etwas habe ändern wollen, war einer der Clous der Entscheidung.[45] Die Begriffe der Verteidigung und des Einsatzes der Streitkräfte sowie die Frage einer kompetenzschützenden Wirkung der Norm zu Gunsten des Bundestages blieben damit ungeklärt. Die Grundlage für die Verwendung der Bundeswehr im Rahmen und nach den Regeln eines Systems gegenseitiger kollektiver Sicherheit im Sinne von Art. 24 Abs. 2 GG entnahm der Senat dieser Vorschrift selbst.[46]

Aufgrund der beschriebenen Rechtsprechung zu Art. 59 Abs. 2 GG und zum wehrverfassungsrechtlichen Parlamentsvorbehalt spielte Art. 87a Abs. 2 GG in späteren Verfahren zu Auslandseinsätzen keine Rolle mehr. Die Frage der kompetenzschützenden Wirkung der Norm wurde auch von der Literatur in der Folge nicht erörtert.

D. Position des Bundestages im Organstreitverfahren bei Inlandseinsätzen der Bundeswehr

Die Frage der Zulässigkeit der Verwendung der Bundeswehr im Inland und nach deren Rügefähigkeit seitens des Bundestages stellte sich – lässt man die Entscheidung des Ersten Senats des Bundesverfassungsgerichts zum Luftsicherheitgesetz[47], der eine Verfassungsbeschwerde zugrunde lag, außer Betracht – erstmals im Verfahren zur Verwendung der Bundeswehr anlässlich des G8-Gipfels in Heiligendamm[48].

[43] Vgl. BVerfGE 90, 286 (337).
[44] Vgl. BVerfGE 90, 286 (355 f.).
[45] Vgl. BVerfGE 90, 286 (355 f.); dazu kritisch *Heun*, JZ 1994, 1073 f.
[46] Vgl. BVerfGE 90, 286 (345).
[47] BVerfGE 115, 118.
[48] BVerfG, Beschluss des Zweiten Senats vom 4. Mai 2010 – 2 BvE 5/07 –, NVwZ 2010, S. 1091.

Hier hatte die Fraktion BÜNDNIS 90/DIE GRÜNEN im Deutschen Bundestag beantragt festzustellen, dass die Bundesregierung dadurch, dass sie es unterlassen habe, vor dem „Einsatz" der Bundeswehr anlässlich des G8-Gipfels den Deutschen Bundestag damit zu befassen, Rechte des Bundestages aus Art. 87a Abs. 2 GG verletzt habe. Hilfsweise war beantragt festzustellen, dass der Parlamentsvorbehalt es geboten hätte, den Deutschen Bundestag vor dem Einsatz der Bundeswehr zu befassen.

I. Sachverhalt der Entscheidung zum G8-Gipfel

Dem Antrag lag folgender Sachverhalt zu Grunde: Vom 6. bis zum 8. Juni 2007 fand unter deutscher Präsidentschaft in Heiligendamm in Mecklenburg-Vorpommern das 33. Treffen des Weltwirtschaftsgipfels der Gruppe der Acht (G8) statt. Das Land Mecklenburg-Vorpommern und der Bund kamen im Vorfeld des Gipfels zu der gemeinsamen Einschätzung, dass Mecklenburg-Vorpommern ohne Hilfeleistungen des Bundes und anderer Länder mit der Gewährleistung der Sicherheit anlässlich des Gipfels überfordert sein würde.

Vor und während des Gipfels erbrachte daraufhin die Bundeswehr vielfältige Unterstützungsleistungen, wobei Bund und Land davon ausgingen, es handele sich um Amtshilfe. Gegenstand des Antrags waren Aufklärungsflüge mit Tornado-Flugzeugen, der Einsatz von Aufklärungssystemen Fennek (Spähpanzer), die Unterstützung bei der Gewährleistung der Sicherheit im Luftraum, die Errichtung eines mobilen Sanitätsrettungszentrums sowie der Einsatz von Feldjägerkräften.

1. Aufklärungsflüge mit Tornado-Flugzeugen

Zur Erkennung möglicher Blockaden auf den Zufahrtswegen nach Heiligendamm und zum Flughafen Rostock-Laage, insbesondere von Erddepots für Werkzeuge und Blockademittel und von Manipulationen an Straßenzügen wie Unterspülungen, setzte die Bundeswehr in Absprache mit den Landesbehörden Tornado-Flugzeuge ein. Die Aufklärungssysteme Tornado waren mit einer Kamerakassette ausgestattet, mit der deckungsgleiche Aufnahmen mittels optischer Kameras und Infrarotsensoren gefertigt werden konnten. Die optischen Bilder eigneten sich nach Angaben der Bundesregierung jedoch nicht zur Identifizierung von Personen. Es wurden insgesamt an sieben Tagen Aufklärungsmissionen durchgeführt. Beim letzten Flug wurde über dem bevölkerten Demonstranten-Camp Reddelich die Mindestflughöhe von 500 Fuß für die Dauer von 1 min und 22 sek um 119 Fuß unterschritten.

2. *Einsatz der Spähsysteme Fennek*

Weiterhin kamen neun geschlossene Spähsysteme Fennek zur Geländeaufklärung zum Einsatz, die durch die Ausstattung mit optischen Sensoren bei Tag und Nacht für die weitreichende Beobachtung von Geländeabschnitten geeignet sind. Die Spähsysteme wurden zur Überwachung von Räumen und Straßen sowie der Anflugrouten von Gipfelteilnehmern verwendet. Eigenständige Reaktionen auf wahrgenommene Beobachtungen und Vorfälle waren untersagt. Es wurde kein Bild- oder Tonmaterial aufgezeichnet.

3. *Unterstützung bei der Gewährleistung der Sicherheit im Luftraum*

Zur Gewährleistung der Sicherheit im Luftraum wurden drei AWACS-Luftfahrzeuge im Rahmen des NATO-Verbandes eingesetzt. Darüber hinaus hielt die Luftwaffe vor und während des G8-Gipfels vier Luftfahrzeuge Eurofighter und acht Luftfahrzeuge Phantom bereit. Zu besonderen Kernzeiten waren jeweils zwei Jagdflugzeuge in der Luft, um die Reaktionszeiten für den Fall des Eingreifens auf ein Minimum zu verkürzen. Die Jagdflugzeuge griffen in keinem Fall tatsächlich ein.

4. *Errichtung eines mobilen Sanitätsrettungszentrums in Bad Doberan und Einsatz von Feldjägerkräften*

Zur Sicherung der notärztlichen Versorgung während des Gipfels wurde ein mobiles Sanitätsrettungszentrum der Bundeswehr im Bereich des Krankenhauses Bad Doberan errichtet. Der Bundeswehr wurde dabei für räumlich begrenzte Teilbereiche die Ausübung des Hausrechts übertragen. Zur Sicherung der Tätigkeit der Sanitätssoldaten und zur Wahrnehmung des Hausrechts wurden Feldjäger eingesetzt. Die Sanitätssoldaten und Feldjäger waren uniformiert und mit Pistole oder Gewehr bewaffnet.

II. Verneinung rügefähiger Rechte des Deutschen Bundestages

Der Zweite Senat des Bundesverfassungsgerichts versagte den Anträgen der Fraktion BÜNDNIS 90/DIE GRÜNEN im Deutschen Bundestag im Beschluss vom 4. Mai 2010 im Wege einer a-limine-Abweisung nach § 24 Satz 1 BVerfGG den Erfolg. § 24 Satz 1 BVerfGG ermöglicht es dem Bundesverfassungsgericht, unzulässige oder offensichtlich unbegründete Anträge entgegen § 25 Abs. 1 BVerfGG ohne mündliche Verhandlung durch Beschluss zu verwerfen, sofern die Entscheidung einstimmig getroffen wird. Davon machte der Senat hier Gebrauch, ohne sich eindeutig festzulegen, ob er die Anträge für unzulässig oder offensichtlich unbegründet hielt; im Beschluss heißt es: „Die Anträge im Organstreitverfahren sind jedenfalls offensichtlich unbegründet.“[49]

Die Begründung des Beschlusses orientiert sich an den verschiedenen Zielrichtungen, die den Anträgen entnommen werden konnten. Diese wurden vom Senat großzügig weit ausgelegt. Dabei ist zu bedenken, dass insbesondere der Hauptantrag letztlich nicht klarmachte, ob die Antragstellerin durch die Behauptung einer mangelnden Befassung des Deutschen Bundestages vor dem so bezeichneten Einsatz einen dem wehrverfassungsrechtlichen Parlamentsvorbehalt entsprechenden Zustimmungsvorbehalt auch für Inlandsverwendungen der Bundeswehr als verletzt ansah oder ob sie sich durch die Berufung auf eine Verletzung der Rechte des Bundestages aus Art. 87a Abs. 2 GG gegen das Fehlen einer verfassungsrechtlichen Grundlage der Verwendung der Bundeswehr wenden wollte. Bei Annahme der ersten Auslegungsvariante wäre der Hilfsantrag bereits abgedeckt und damit entbehrlich gewesen. Der Senat ging in seiner Entscheidung auf beide Aspekte ein.

1. Rüge der mangelnden Befassung des Deutschen Bundestages

Die Rüge der mangelnden Befassung des Deutschen Bundestages vor der Verwendung der Bundeswehr anlässlich des G8-Gipfels wurde vom Senat ihrerseits in zwei Ansatzpunkte unterteilt.

a) Keine Verletzung eines Beteiligungsrechts des Bundestages bei Verfassungswidrigkeit des Einsatzes

Der Senat stellte zunächst fest, dass es der Antragstellerin bereits an der Antragsbefugnis (§ 64 Abs. 1 BVerfGG) fehlte, soweit eine Verletzung eines Beteiligungsrechts des Deutschen Bundestages gerade in der angenommenen Verfassungswidrigkeit der Verwendung der Bundeswehr gesehen würde. Denn nähme man einen Verstoß gegen Art. 87a Abs. 2 GG dadurch an, dass die Streitkräfte im Sinne dieser Vorschrift eingesetzt worden wären, ohne dass dies der Verteidigung diente und ohne dass dies im Grundgesetz ausdrücklich zugelassen war, so hätte auch durch eine vorherige Zustimmung des Deutschen Bundestages in Form eines einfachen Beschlusses ein verfas-

[49] Vgl. BVerfG, Beschluss des Zweiten Senats vom 4. Mai 2010 – 2 BvE 5/07 –, NVwZ 2010, S. 1091 (1092). Diese Feststellung des Senats macht eine grundlegende Schwierigkeit des Organstreitverfahrens deutlich: Es lässt sich darüber streiten, ob die die Zulässigkeit des Antrags begründende Geltendmachung einer Rechtsverletzung des Antragstellers voraussetzt, dass bereits auf dieser Prüfungsebene feststeht, dass die vom Antragsteller in Bezug genommene Norm zu seinen Gunsten kompetenzschützende Wirkung entfaltet, oder ob diese Frage – wie etwa im Urteil BVerfGE 90, 286 in Bezug auf Art. 87a Abs. 2 GG geschehen – auf die Begründetheitsprüfung verschoben werden kann. In der Rechtsprechung herrscht insoweit Uneinheitlichkeit.

sungskonformer Zustand nicht hergestellt werden können. Im Falle einer Überschreitung der Grenzen des Art. 87a Abs. 2 GG wäre zur Herstellung eines verfassungsgemäßen Zustandes vielmehr eine Verfassungsänderung erforderlich gewesen, die durch schlichten Parlamentsbeschluss nicht erfolgen kann.[50] Dieser Argumentation ist wenig hinzuzufügen; insoweit war der Antrag unzulässig.

b) Ablehnung eines wehrverfassungsrechtlichen Parlamentsvorbehalts im Innern

Der zweite mit der mangelnden Befassung des Bundestages vor der Verwendung der Bundeswehr verbundene Ansatzpunkt, nämlich die Berufung auf einen wehrverfassungsrechtlichen Parlamentsvorbehalt auch für Inlandseinsätze, hat den Zweiten Senat zu im Ergebnis weit gehenden Äußerungen veranlasst. Der Senat verneinte in dem Beschluss auf relativ knappe Weise die Existenz eines wehrverfassungsrechtlichen Parlamentsvorbehalts in Bezug auf Inlandsverwendungen der Bundeswehr. Dazu heißt es: „Der Antrag festzustellen, dass die Zustimmung zu der in Streit stehenden Verwendung der Bundeswehr nicht eingeholt und dadurch Rechte des Deutschen Bundestages verletzt worden seien, bleibt zudem jedenfalls in der Sache offensichtlich ohne Erfolg, weil [...] nicht ersichtlich ist, dass sich Art. 87a Abs. 2 GG oder anderen Vorschriften des Grundgesetzes ein entsprechendes Zustimmungserfordernis [...] entnehmen ließe."[51] Damit lässt der Senat die Zulässigkeit des Antrags insoweit dahinstehen, hält diesen aber jedenfalls (auch) für unbegründet.

aa) Argumentation des Senats

Der Senat begründet seine Ansicht mit einem Rekurs auf die bisherige Rechtsprechung zum wehrverfassungsrechtlichen Parlamentsvorbehalt bei Auslandseinsätzen. Er legt dar, das Bundesverfassungsgericht habe nur für Auslandsverwendungen der Bundeswehr aus dem Grundgesetz das Erfordernis der konstitutiven Zustimmung des Deutschen Bundestages zu bewaffneten Einsätzen abgeleitet. Nach den Ausführungen in der Entscheidung BVerfGE 90, 286 ergebe sich in Bezug auf die innere Verwendung der Bundeswehr im Verteidigungsfall die Mitwirkung der gesetzgebenden Körperschaften aus der vom Deutschen Bundestag gemäß Art. 115a Abs. 1 GG beziehungsweise Art. 80a Abs. 1 Satz 1 GG zu treffenden vorherigen Feststel-

[50] Vgl. BVerfG, Beschluss des Zweiten Senats vom 4. Mai 2010 – 2 BvE 5/07 –, NVwZ 2010, S. 1091 (1092).
[51] Vgl. BVerfG, Beschluss des Zweiten Senats vom 4. Mai 2010 – 2 BvE 5/07 –, NVwZ 2010, S. 1091 (1092).

lung des Verteidigungsfalls beziehungsweise des Spannungsfalls. Weiterhin habe der Senat auf die Möglichkeit des Einstellungsverlangens des Einsatzes beim Schutz von zivilen Objekten und bei der Bekämpfung organisierter und militärisch bewaffneter Aufständischer durch den Deutschen Bundestag oder den Bundesrat nach Art. 87a Abs. 4 Satz 2 GG und bei Naturkatastrophen oder Unglücksfällen, die das Gebiet mehr als eines Landes betreffen, durch den Bundesrat nach Art. 35 Abs. 3 Satz 2 GG hingewiesen. Ein allgemeines Zustimmungsrecht des Deutschen Bundestages in Bezug auf konkrete Verwendungen der Bundeswehr im Inland, seien sie bewaffnet oder unbewaffnet, sei dem Grundgesetz nach den Ausführungen des Senats daher gerade nicht zu entnehmen.[52]

Auch die der Entscheidung BVerfGE 121, 135 zu Grunde liegenden Überlegungen hätten den wehrverfassungsrechtlichen Parlamentsvorbehalt lediglich als ein wirksames Mitentscheidungsrecht des Deutschen Bundestages in Angelegenheiten der auswärtigen Gewalt und als Korrektiv für die Grenzen der parlamentarischen Verantwortungsübernahme im Bereich der auswärtigen Sicherheitspolitik behandelt. Dort habe der Senat ausgeführt, dass die bündnispolitische Gestaltungsfreiheit der Bundesregierung dort ende, wo es darum gehe, innerstaatlich darüber zu befinden, ob sich Soldaten der Bundeswehr an einem konkreten Einsatz beteiligten. Die Verantwortung dafür liege in der Hand des Deutschen Bundestages. Angesichts dieser Rechtsprechung sei nicht erkennbar, inwieweit Beteiligungsrechte des Deutschen Bundestages mit Blick auf Verwendungen der Bundeswehr im Innern auch dort bestehen könnten, wo das Grundgesetz sie nicht selbst vorsehe, das heißt über die von Art. 87a Abs. 3 GG zu Grunde gelegte Feststellung des Verteidigungsfalls beziehungsweise Spannungsfalls und das in Art. 87a Abs. 4 Satz 2 GG geregelte Rückrufrecht hinaus.[53]

bb) Stellungnahme

Mit dieser Begründung, die über die bisherige Rechtsprechung zu Auslandseinsätzen nicht hinausgeht, entscheidet der Senat eine Frage bis auf Weiteres abschließend, die sich auch in ganz anderen Fallkonstellationen stellen kann und die große Bedeutung für die Debatte zur inneren Sicherheit hat, auch etwa mit Blick auf das Luftsicherheitsgesetz. Inlandsverwendungen der Bundeswehr bedürfen danach nicht nur dann nicht der Zustimmung des Bundestages, wenn Großdemonstrationen durch unbewaffnete Tornado-Flugzeuge aus der Luft überwacht werden sollen, sondern auch dann nicht,

[52] Vgl. BVerfG, Beschluss des Zweiten Senats vom 4. Mai 2010 – 2 BvE 5/07 –, NVwZ 2010, S. 1091 (1092 f.).

[53] Vgl. BVerfG, Beschluss des Zweiten Senats vom 4. Mai 2010 – 2 BvE 5/07 –, NVwZ 2010, S. 1091 (1093).

wenn bei Situationen mit weit größerem Gefahrenpotential im Inland militärische Waffen wie Kampfflugzeuge oder Panzer mit allen damit verbundenen Risiken für die einheimische Bevölkerung verwendet würden. Begrenzt werden derartige Verwendungsmöglichkeiten damit in Zukunft allein durch das in Art. 87a Abs. 2 GG enthaltene Erfordernis einer verfassungsrechtlichen Grundlage für Einsätze der Bundeswehr, die nicht der Verteidigung dienen.

Die Haltung des Senats erstaunt aus mehreren Gründen. Verschiedene Passagen aus der bisherigen Rechtsprechung konnten Anlass zu der Vermutung geben, es handle sich bei dem Prinzip des konstitutiven Parlamentsvorbehalts für bewaffnete Einsätze der Streitkräfte um einen allgemein und damit auch für Inlandsverwendungen gültigen Grundsatz. „Die [...] Entscheidung für eine umfassende parlamentarische Kontrolle der Streitkräfte lässt ein der Wehrverfassung zu Grunde liegendes Prinzip erkennen, nach dem der Einsatz bewaffneter Streitkräfte der konstitutiven, grundsätzlich vorherigen Zustimmung des Bundestages unterliegt.“[54] „Die Bundeswehr ist ein Parlamentsheer, über dessen Einsatz das Repräsentationsorgan des Volkes zu entscheiden hat.“[55] Dementsprechend war in der Literatur verschiedentlich vertreten worden, auch der Einsatz bewaffneter Streitkräfte im Innern bedürfe der Zustimmung des Bundestages.[56] Mit dieser Auffassung setzt sich der Senat nicht auseinander; er erwähnt sie nicht einmal.

Darüber hinaus hatte der Senat – wie oben dargelegt[57] – in seiner neueren Rechtsprechung zum Parlamentsvorbehalt, nämlich in der Hauptsache-Entscheidung zum AWACS-Einsatz über der Türkei und auch im Urteil zum Vertrag von Lissabon, mindestens angedeutet, Hintergrund des Parlamentsvorbehalts sei auch die mögliche Gefährdung der Grundrechte der betroffenen Soldaten. Durch die Aussage, der Einsatz von Streitkräften sei für individuelle Rechtsgüter der Soldatinnen und Soldaten sowie anderer von militärischen Maßnahmen Betroffener wesentlich[58], konnte jedenfalls der Eindruck entstehen, der Senat beziehe sich hier auf die Wesentlichkeitstheorie. Unter Berufung auf diese ist auch in der Literatur vertreten worden, jedenfalls Einsätze der Bundeswehr im inneren Notstand nach Art. 87a Abs. 4 GG bedürften der Zustimmung des Bundestages[59]: Die Norm passe nicht zu

[54] Vgl. BVerfGE 90, 286 (387).
[55] Vgl. BVerfGE 123, 267 (360).
[56] Vgl. *Lutze*, DÖV 2003, S. 972 (977); *Dreist*, ZaöRV 64 (2004), S. 1001 (1034).
[57] Vgl. oben C.II.2.b).
[58] Vgl. BVerfGE 123, 267 (360 f.).
[59] Vgl. *Kokott*, in: Sachs, GG, 5. Aufl. 2009, Art. 87a Rn. 59; *Oldiges*, in: Achterberg/Püttner/Würtenberger, Besonderes Verwaltungsrecht, Bd. 2, 2. Aufl. 2000, § 23 Rn. 50; *Esklony*, Das Recht des inneren Notstands, 2000, S. 233 f.

einem Verständnis des Grundgesetzes, nach dem alle wesentlichen Entscheidungen vom Parlament zu treffen seien.[60]

Auf diesen Aspekt des Parlamentsvorbehalts geht der Senat im Beschluss vom 4. Mai 2010 in keiner Weise ein; die entsprechenden Passagen aus der Hauptsache-Entscheidung zum AWACS-Einsatz über der Türkei werden nicht in Bezug genommen. Sie hätten Anlass zu Überlegungen geben können, auch Verwendungen der Bundeswehr im Inland von einer vorherigen Zustimmung des Bundestages abhängig zu machen: Verwendungen der Bundeswehr im Inland, erst recht solche oberhalb der Schwelle des Einsatzes im Sinne des Art. 87a Abs. 2 GG, können jedenfalls mit Blick auf die Personenzahl Grundrechte deutscher Staatsbürger in viel stärkerer Weise betreffen als Auslandsverwendungen; insoweit geht es nicht nur um die Angehörigen der Streitkräfte, sondern um die gesamte Zivilbevölkerung. Begründete man den Parlamentsvorbehalt daher mit der Wesentlichkeit möglicher Grundrechtsgefährdungen, so wäre es schwer zu vertreten, seine Geltung generell auf Verwendungen im Ausland zu beschränken.

Dem Senat ist allerdings darin zuzustimmen, dass seine bisherige Rechtsprechung zum Parlamentsvorbehalt einschließlich des Urteils zum Vertrag von Lissabon ganz offensichtlich nur Auslandsverwendungen der Streitkräfte im Blick hatte. Dies ergibt sich abgesehen von den zu entscheidenden Sachverhalten schon daraus, dass der Senat bei unterstellter Geltung des Parlamentsvorbehalts auch im Inland den Begriff des „Einsatzes bewaffneter Streitkräfte“[61], der den Parlamentsvorbehalt bei Auslandsverwendungen auslöst, gerade im Hinblick auf Art. 87a Abs. 2 GG hätte klären müssen. Mit der Überlegung, Art. 87a Abs. 2 GG spiele bei Auslandseinsätzen keine Rolle[62], brauchte der Senat auf diese Frage bisher nicht einzugehen. Auch ist zutreffend, dass das Grundgesetz über die geregelten Fälle hinaus – Feststellung des Verteidigungsfalles beziehungsweise Spannungsfalles als Grundlage für Maßnahmen nach Art. 87a Abs. 3 GG sowie Rückrufrecht nach Art. 87a Abs. 4 GG – bei Inlandsverwendungen der Streitkräfte unterhalb wie oberhalb der Schwelle zum Einsatz nach Art. 87a Abs. 2 GG eine Beteiligung des Bundestages nicht vorsieht. Dennoch scheint das Gesamtsystem Wehrverfassung gewissermaßen in sich unstimmig, wenn bei Auslandseinsätzen bewaffneter Streitkräfte dem Grundgesetz das Gebot einer parlamentsfreundlichen Auslegung des Vorbehalts der Zustimmung zu jeder konkreten Entsendung entnommen wird[63], bei Inlandseinsätzen jeglicher Art,

[60] Vgl. *Kokott*, in: Sachs, GG, 5. Aufl. 2009, Art. 87a Rn. 60.

[61] Vgl. BVerfGE 121, 135 (156): „‚Einsatz bewaffneter Streitkräfte‘ ist ein verfassungsrechtlicher Begriff“ – Art. 87a Abs. 2 GG ist hier aber offensichtlich nicht gemeint.

[62] Vgl. BVerfGE 90, 286 (355 f.).

[63] Vgl. BVerfGE 121, 135 (162).

auch solchen mit hohem Gefahrenpotenzial, aber eine vorherige Zustimmung des Parlaments als nicht erforderlich, ja contra constitutionem[64] angesehen wird.

Aufgrund der weit reichenden Folgen ist fraglich, warum der Senat den Fall zum Anlass nahm, über die Geltung des Parlamentsvorbehalts im Inland abschließend und auch für die Zukunft bindend zu entscheiden. Der Berufung der Antragstellerin auf einen Parlamentsvorbehalt im Inland hätte in dieser Konstellation auch anders begegnet werden können, nämlich mit der (vom Senat ohnehin angestellten[65]) Überlegung, dass im Fall des Überschreitens der Schwelle zum Einsatz im Sinne des Art. 87a Abs. 2 GG die einfache Zustimmung des Bundestages den Mangel der verfassungsrechtlichen Grundlage nicht hätte beseitigen können und dass im entgegengesetzten Fall die Maßnahmen als Amtshilfe nach Art. 35 Abs. 1 GG zu qualifizieren gewesen wären[66] mit der Folge, dass die Annahme einer Zustimmungspflicht, die in der Literatur so nicht vertreten wird, im Hinblick auf § 23 Abs. 1 Satz 2 BVerfGG jedenfalls eines höheren Begründungsaufwandes bedurft hätte als desjenigen, den die Antragstellerin betrieben hatte. Die Entscheidung über die Geltung des Parlamentsvorbehalts im Innern hätte dann für eine Fallkonstellation reserviert werden können, die den vom Grundgesetz geregelten Fällen des Einsatzes der Streitkräfte, die eine Beteiligung des Bundestages vorsehen (Art. 87a Abs. 3 und Abs. 4 GG), jedenfalls näher kommt als der vorliegende Fall oder ihnen gar vergleichbar ist. Zu bedenken ist insoweit, dass beim Zweiten Senat weiterhin das abstrakte Normenkontrollverfahren zum Luftsicherheitsgesetz[67] anhängig ist.

[64] Vgl. BVerfG, Beschluss des Zweiten Senats vom 4. Mai 2010 – 2 BvE 5/07 –, NVwZ 2010, S. 1091 (1093); so in Bezug auf die Forderung, in Art. 87a Abs. 4 GG einen Parlamentsvorbehalt hineinzulesen, im Übrigen *Baldus*, in: von Mangoldt/Klein/Starck, GG, Bd. 3, 6. Aufl. 2010, Art. 87a Rn. 160; *Grzeszick*, in: Friauf/Höfling, GG, Art. 87a Rn. 46 (August 2006); in Bezug auf Art. 35 Abs. 2 und Abs. 3 GG: *Ladiges*, Die Bekämpfung nichtstaatlicher Angreifer im Luftraum, 2007, S. 258 ff.; allgemein *Linke*, AöR 129 (2004), S. 489 (535 f.); *Ladiges*, RuP 2009, S. 29 (32).

[65] Vgl. oben D.II.1.a).

[66] In der Literatur wird ganz überwiegend angenommen, dass unter Art. 35 Abs. 1 GG nur solche Maßnahmen fallen können, die keine Einsätze der Streitkräfte im Sinne von Art. 87a Abs. 2 GG sind, vgl. *Baldus*, in: von Mangoldt/Klein/Starck, GG, 6. Aufl. 2010, Art. 87a Rn. 54; *Jahn/Riedel*, DÖV 1988, S. 957 (958); *Linke*, AöR 129 (2004), S. 489 (518 f.); *Fiebig*, Der Einsatz der Bundeswehr im Innern, 2004, S. 329; *Gramm*, NZWehrr 2007, S. 221 (228); a.A. *Scholz*, in: Maunz/Dürig, GG, Art. 12a Rn. 10 (März 2001); *Ronellenfitsch*, DVBl 2005, S. 65 (66).

[67] Az. 2 BvF 1/05.

2. *Rüge der Verfassungswidrigkeit des Einsatzes mit Blick auf Art. 87a Abs. 2 GG*

Weiterhin prüfte der Senat die Anträge auf die Frage, ob eine Rechtsverletzung des Deutschen Bundestages, die die Antragstellerin in Prozessstandschaft geltend machen könnte, dadurch festzustellen war, dass es der Verwendung der Bundeswehr mit Blick auf den Verfassungsvorbehalt des Art. 87a Abs. 2 GG an einer verfassungsrechtlichen Grundlage fehlte. Die in der bisherigen Rechtsprechung[68] ausdrücklich offen gelassene Frage nach dem kompetenzschützenden Charakter von Art. 87a Abs. 2 GG wird hier nunmehr in dem Sinne geklärt, dass der Vorschrift ein Recht des Bundestages im Sinne des § 64 Abs. 1 BVerfGG nicht entnommen werden kann.[69] Der ausdrückliche Bezug auf § 64 Abs. 1 BVerfGG spricht dabei dafür, dass der Senat den Antrag insoweit als unzulässig ansah.

Der Senat geht argumentativ von seiner bisherigen Rechtsprechung zum Organstreitverfahren aus, nach der die Position des Bundestages als verfassungsändernder Gesetzgeber nach Art. 79 Abs. 1, Abs. 2 GG allein diesem kein rügefähiges Recht im Sinne des § 64 Abs. 1 BVerfGG vermittelt. Der Senat führt insoweit aus: Art. 87a Abs. 2 GG sei der Grundsatz zu entnehmen, dass jedenfalls ein Einsatz der Streitkräfte im Innern, der nicht der Verteidigung diene, einer verfassungsrechtlichen Grundlage bedürfe. Für Einsätze im Sinne der Norm im Inland, die über die im Grundgesetz zugelassenen Fälle (Art. 35 Abs. 2 Satz 2, Abs. 3 Satz 1, Art. 87a Abs. 3 und Abs. 4 Satz 1 GG) hinausgingen, sei somit eine Verfassungsänderung erforderlich. Im Falle einer Überschreitung der Grenzen des Art. 87a Abs. 2 GG sei der Deutsche Bundestag in seiner Funktion als verfassungsändernder Gesetzgeber betroffen. Diese Stellung räume ihm aber gerade kein eigenes Recht im Sinne des § 64 Abs. 1 BVerfGG ein, weil ihm anderenfalls im Wege des Organstreitverfahrens eine abstrakte Kontrolle der Verfassungsmäßigkeit des Verhaltens der Antragsgegnerin schlechthin ermöglicht würde.[70]

Die Anschlussfrage, ob Art. 87a Abs. 2 GG dem Bundestag über die Position als verfassungsändernder Gesetzgeber hinaus ein rügefähiges Recht einräumt, verneint der Senat anhand einer Auslegung nach Wortlaut, Entstehungsgeschichte und Zielsetzung der Norm ausdrücklich:

Dem Wortlaut des Art. 87a Abs. 2 GG sei anders als im Fall von Art. 59 Abs. 2 Satz 1 GG kein Hinweis auf ein eigenes Recht des Bundestages zu entnehmen. Auch der Entstehungsgeschichte und der Zielsetzung des Art. 87a

[68] Vgl. BVerfGE 90, 286 (356).

[69] Vgl. BVerfG, Beschluss des Zweiten Senats vom 4. Mai 2010 – 2 BvE 5/07 –, NVwZ 2010, S. 1091 (1093 f.).

[70] Vgl. BVerfG, Beschluss des Zweiten Senats vom 4. Mai 2010 – 2 BvE 5/07 –, NVwZ 2010, S. 1091 (1094).

Abs. 2 GG seien keine Anhaltspunkte für eine kompetenzschützende Wirkung zu Gunsten des Bundestages zu entnehmen. Der Wortlaut der Vorgängernorm von Art. 87a Abs. 2 GG, Art. 143 GG in der Fassung von 1956, habe ebenfalls die Verankerung von Rechten des Bundestages nicht erkennen lassen. Ziel der zweiten Wehrnovelle im Jahr 1956 sei es gewesen, eine Armee zu schaffen, die eingebettet ist in das Staatsganze und in die demokratische freiheitliche Ordnung. Es habe der Missbrauch der Bundeswehr als innenpolitisches Machtinstrument vermieden werden sollen. Ein kompetenzschützender Gehalt zu Gunsten des Deutschen Bundestages lasse sich daraus aber nicht herleiten. Das der parlamentarischen Debatte um Art. 143 GG a.F. zu entnehmende Ziel der Einbettung der Bundeswehr in die demokratische freiheitliche Ordnung weise vielmehr auf eine freiheitssichernde Funktion der Bestimmung wie ihres Nachfolgers hin.

Ein kompetenzschützender Gehalt des Art. 87a Abs. 2 GG ergebe sich auch nicht daraus, dass nach Art. 59a Abs. 1 GG in der Fassung von 1956 ebenso wie nach Art. 115a Abs. 1 Satz 1 GG in der heute gültigen Fassung die Feststellung des Verteidigungsfalls sowie nach Art. 80a Abs. 1 Satz 1 GG die Feststellung des Spannungsfalls durch den Deutschen Bundestag getroffen werde. Ebenso wenig könne ein solcher Schluss aus dessen Rückrufrecht aus Art. 87a Abs. 4 Satz 2 GG gezogen werden. Diese Regelungen könnten nicht dahin generalisiert werden, dass auch Verwendungen der Bundeswehr im Inland wie die in Streit stehende, die mit weit weniger Gefahrenpotenzial behaftet gewesen sei, der Zustimmung des Deutschen Bundestages unterlägen. Weiterhin könne aus ihnen nicht gefolgert werden, dass der eventuelle Mangel der verfassungsrechtlichen Grundlage der Verwendung der Bundeswehr vom Bundestag im Organstreitverfahren geltend gemacht werden könne, und zwar jedenfalls dann nicht, wenn – wie hier – die Verwendung offensichtlich nicht in einer Situation erfolgt sei, die einer der von den genannten Vorschriften in den Blick genommenen Situationen nahe komme.[71]

In der vorliegenden Fallkonstellation diene die erhobene Rüge in erster Linie der Geltendmachung möglicher Grundrechtsverstöße. Die Rüge von Grundrechtsverletzungen im Verfassungsprozess müsse aber auch in dieser Konstellation den Betroffenen vorbehalten bleiben.[72]

Diese Kernaussage macht klar: Der Bundestag soll nach Auffassung des Senats im wehrverfassungsrechtlichen Organstreit gerade nicht zum Sachwalter von Interessen des Bürgers werden. Die Wahrung der Grundrechte ist, obwohl der Bundestag als Gesetzgeber an wesentlichen die Grundrechte betreffenden Entscheidungen zwingend zu beteiligen ist, nicht seine An-

[71] Vgl. BVerfG, Beschluss des Zweiten Senats vom 4. Mai 2010 – 2 BvE 5/07 –, NVwZ 2010, S. 1091 (1094).

[72] Vgl. BVerfG, Beschluss des Zweiten Senats vom 4. Mai 2010 – 2 BvE 5/07 –, NVwZ 2010, S. 1091 (1094).

gelegenheit. Der Senat bleibt insoweit seiner bisherigen Rechtsprechung zur Funktion des Organstreitverfahrens[73] treu. Der Bundestag hat demzufolge nicht die Möglichkeit, den eventuellen Mangel der verfassungsrechtlichen Grundlage von Verwendungen der Streitkräfte im Inland vor dem Bundesverfassungsgericht erfolgreich zu rügen. Ohne Zweifel sprechen gute Argumente für die Auslegung des Senats. Dennoch bleibt der Eindruck von Unstimmigkeit im wehrverfassungsrechtlichen System, wenn der Deutsche Bundestag mit Blick auf Art. 59 Abs. 2 Satz 1 GG den Mangel seiner Zustimmung zur völkerrechtlichen Grundlage für Einsätze der Bundeswehr im Ausland – wenn auch in Grenzen[74] – geltend machen kann, ihm bei Inlandsverwendungen jedoch die Hände gebunden sind, wenn er der Auffassung ist, die Bundeswehr sei außerhalb der grundgesetzlich vorgesehenen Fälle eingesetzt worden. Müsste nicht, was für Auslandseinsätze gilt, erst recht für Inlandseinsätze gelten?

E. Fazit

Der Begriff des Einsatzes der Streitkräfte nach Art. 87a Abs. 2 GG und die materielle Frage danach, ob es sich bei der Verwendung der Bundeswehr anlässlich des G8-Gipfels in Heiligendamm im Jahr 2007 um einen womöglich mangels hinreichender verfassungsrechtlicher Grundlage verfassungswidrigen Einsatz in diesem Sinne handelte, wurde durch den Beschluss des Zweiten Senats des Bundesverfassungsgerichts vom 4. Mai 2010 nicht geklärt. Darauf kam es für die Entscheidung nicht mehr an, nachdem der Antragstellerin diesbezüglich ein eigenes Recht abgesprochen worden war. Die Frage mag mit Blick auf die freiheitssichernde Funktion von Art. 87a Abs. 2 GG[75] von dem Gewicht der mit den getroffenen Maßnahmen, insbesondere dem Überflug des Demonstranten-Camps Reddelich in einer Höhe von etwa 116 m, verbundenen Grundrechtsbeeinträchtigung abhängen.[76] Nachdem der Senat dem Deutschen Bundestag und seinen Fraktionen die Möglichkeit verwehrte, dies als Verletzung eigener Rechte im Organstreitverfahren geltend zu machen, könnte die Frage allenfalls inzident im Wege eines Verfassungs-

[73] Vgl. dazu oben B.

[74] S. dazu oben C.I.

[75] Vgl. BVerfG, Beschluss des Zweiten Senats vom 4. Mai 2010 – 2 BvE 5/07 –, NVwZ 2010, S. 1091 (1094) sowie *Linke*, AöR 129 (2004), S. 489 (510 ff.).

[76] Vgl. zum Begriff des Einsatzes der Streitkräfte nach Art. 87a Abs. 2 GG BVerwGE 127, 1 (13); BVerwGE 132, 110 (119); *Linke*, AöR 129 (2004), S. 489 ff.; *Fiebig*, Der Einsatz der Bundeswehr im Innern, 2004, S. 106 ff.; *Baldus*, in: von Mangoldt/Klein/Starck, GG, 6. Aufl. 2010, Art. 87a Rn. 55 ff.; zum vorliegenden Fall auch *Ladiges*, NVwZ 2010, S. 1075 (1077 f.).

beschwerdeverfahrens geprüft werden, soweit sich betroffene Bürger gegen die getroffenen Maßnahmen zur Wehr setzen sollten.[77]

Dennoch kann nicht angenommen werden, der (wehrverfassungsrechtliche) Gehalt der Entscheidung sei gering. Der Beschluss führt dazu, dass die verfahrensrechtliche Sicherung, die ein Zustimmungserfordernis wie der wehrverfassungsrechtliche Parlamentsvorbehalt mit sich bringt, für Einsätze der Bundeswehr im Innern entfällt. Das bei Auslandseinsätzen herangezogene Element der Gewaltenbalance zwischen Bundesregierung und Bundestag wird für den Inlandseinsatz nicht fruchtbar gemacht: Auch die Entscheidung über Inlandseinsätze könnte zwar die Balance von Bundesregierung und Bundestag erheblich betreffen. Nicht zuletzt deswegen sollte historisch gesehen durch Art. 143 GG a.F. und Art. 87a Abs. 2 GG verhindert werden, dass die Bundeswehr zum Machtpotential der Exekutive wird.[78] Der Senat geht dabei aber offenkundig davon aus, dass zum einen die geschriebenen Beteiligungsrechte bei Inlandseinsätzen insoweit eine hinreichende Sicherung darstellen und dass zum anderen eine Ausweitung dieser Rechte dem Verfassungstext zuwiderliefe.

Die Entscheidung bewirkt, dass eine Begrenzung des Einsatzes der Streitkräfte im Innern nunmehr hauptsächlich im Wege einer angemessenen Auslegung der dazu ermächtigenden Vorschriften unter strikter Beachtung des Verfassungsvorbehalts des Art. 87a Abs. 2 GG erreicht werden kann. Mit Blick auf das anhängige Verfahren zum Luftsicherheitsgesetz hat sich der Zweite Senat des Bundesverfassungsgerichts insoweit selbst eine große Aufgabe gestellt und sich dabei gleichzeitig den Weg versperrt, ähnlich wie bei den Auslandseinsätzen eine weite Auslegung der Kompetenzen der Bundesregierung durch einen Parlamentsvorbehalt oder – im Hinblick auf das Erfordernis des sofortigen Handelns – andere parlamentarische Beteiligungsrechte auszugleichen. Ob das Grundgesetz für den Bereich des Inlandseinsatzes eine derartige Auslegung zuließe, mag an anderer Stelle geklärt werden. Der augenfälligen Tendenz der neueren Rechtsprechung des Zweiten Senats zum Parlamentsrecht, die Rechte des Bundestages zu stärken[79], wird durch den Beschluss vom 4. Mai 2010 jedenfalls ein Gegenpol entgegengesetzt. Das Bundesverfassungsgericht hat dem Deutschen Bundestag durch diese Entscheidung vielmehr deutliche Grenzen seiner Kompetenz aufgezeigt.

[77] Vgl. insoweit den Verweis auf laufende Verfahren vor dem VG Schwerin bei *Ladiges*, NVwZ 2010, S. 1075 (1076 f.).

[78] Vgl. *Dürig*, in: Maunz/Dürig, GG, Art. 87a Rn. 28 ff. (August 1971).

[79] Vgl. nur BVerfGE 123, 267 – Lissabon-Vertrag; BVerfGE 124, 78 – BND-Untersuchungsausschuss; BVerfGE 124, 161 – Parlamentarisches Fragerecht; BVerfGE 125, 104 – Personenbeförderung Ausgleichsbetrag sowie den Beitrag von *Emmenegger* in diesem Band, S. 447 ff.

Ein verfassungsrechtliches Leitbild des Abgeordneten?

Hartmut Rensen

Leitentscheidungen des Bundesverfassungsgerichts

BVerfGE 4, 144 – Abgeordnetenentschädigung (Schleswig-Holstein)
BVerfGE 32, 157 – Stichtagregelung
BVerfGE 40, 296 – Abgeordnetendiäten
BVerfGE 56, 396 – Agententätigkeit
BVerfGE 80, 188 – Abgeordnetenstatus
BVerfGE 94, 351 – Abgeordnetenüberprüfung
BVerfGE 99, 19 – Gysi III
BVerfGE 102, 224 – Abgeordnetenentschädigung (Thüringen)
BVerfGE 118, 277 – Nebeneinkünfte von Abgeordneten

Schrifttum (Auswahl)

Van Aaken, Anne/Voigt, Stefan, Verhaltensregeln für Parlamentarier und ihre Folgen, MIP 2007, S. 5 ff.; *von Arnim, Hans Herbert,* Nebeneinkünfte von Bundestagsabgeordneten – Die Rechtslage nach dem Urteil des Bundesverfassungsgerichts vom 4. Juli 2007, DÖV 2007, S. 897 ff.; *ders.,* Nebeneinkünfte von Landtagsabgeordneten – Konsequenzen nach der Neuregelung im Bund und dem Urteil des BVerfG, NVwZ 2007, S. 1246 ff.; *Frenz, Walter,* Abgeordnetenrechte, JA 2010, S. 126 ff.; *Klein, Hans Hugo,* Kommentierung zu Art. 38, in: Maunz/Dürig, GG (Dezember 2007) sowie Kommentierung zu Art. 48 Abs. 3, in: Maunz/Dürig, GG (Juni 1998); *Linck, Joachim,* Verfestigung des Leitbilds vom Berufsabgeordneten, NJW 2008, S. 24 ff.; *Roßner, Sebastian,* Offenlegungspflichten für die Nebeneinkünfte von Bundestagsabgeordneten, MIP 2007, S. 55 ff.

Inhalt

I. Einleitung

Wer sich unbefangen auf die Suche nach einem verfassungsrechtlichen Leitbild des Abgeordneten begibt und zu diesem Zweck in das Grundgesetz blickt, wird dort nicht fündig werden. Ganz im Gegenteil: Nach Art. 38 Abs. 1 Satz 2 GG sind die Abgeordneten Vertreter des ganzen Volkes, an Aufträge und Weisungen nicht gebunden und nur ihrem Gewissen unterworfen. Vorgaben des Gesetzgebers über die Amtsführung des Abgeordneten und erst recht solche im Sinne eines bestimmten Leitbildes begegnen danach bereits auf den ersten Blick erheblichen verfassungsrechtlichen Bedenken. Hinzu kommt, dass gemäß Art. 48 Abs. 2 Satz 1 GG niemand daran gehindert werden darf, das Amt eines Abgeordneten zu übernehmen, also möglicherweise auch derjenige nicht, der eine andere Tätigkeit in den Mittelpunkt zu stellen beabsichtigt.

Zieht man demgegenüber die Rechtsprechung des Bundesverfassungsgerichts zu Rate, scheint die mit Rücksicht auf Art. 38 Abs. 1 Satz 2 GG und Art. 48 Abs. 2 Satz 1 GG naheliegende Schlussfolgerung, dass nämlich das Grundgesetz ein Leitbild des Abgeordneten nicht kennt, gleichwohl falsch zu sein. So hat sich das Bundesverfassungsgericht mehrfach mit dem Status des Abgeordneten auseinandersetzen müssen und dabei auch Fragen des verfassungsrechtlichen Leitbildes berührt. Insbesondere in Zusammenhang mit der Funktion der in Art. 48 Abs. 3 Satz 1 GG vorgesehenen Aufwandsentschädigung und ihrem Wandel hin zur Vollalimentation ist es zu diesbezüglichen Erwägungen gekommen. Aber auch Entscheidungen etwa über einen Mandatsverlust und über die Überprüfung von Abgeordneten auf eine Tätigkeit für die Stasi sind in diesem Zusammenhang von Bedeutung. Einen vorläufigen Schlusspunkt hat das Bundesverfassungsgericht mit der Nebentätigkeits-Entscheidung vom 4. Juli 2007 gesetzt.

II. Entscheidungen des Bundesverfassungsgerichts zu einem verfassungsrechtlichen Leitbild des Abgeordneten

1. *BVerfGE 40, 296 – Abgeordnetendiäten*

Das Bundesverfassungsgericht hatte sich bereits in einer die Abgeordnetenentschädigung bei Mitgliedschaft sowohl in einem Landesparlament als auch im Bundestag betreffenden Entscheidung vom 16. März 1955 mit dem Abgeordnetenstatus befasst und war hier noch zu dem Ergebnis gelangt, dass die Entschädigung zwar ursprünglich nur auch nicht begüterten Kandidaten die Möglichkeit eines freien Zugangs zum Parlament habe sichern sollen und deshalb nicht als Entgelt für die parlamentarische Tätigkeit verstanden worden sei, dass sie sich aber der veränderten parlamentarischen Wirklichkeit entsprechend mehr und mehr einer Besoldung nähere.[1] In einer weiteren, eine Stichtagsregelung für eine Altersversorgung betreffenden Entscheidung vom 21. Oktober 1971 hatte das Bundesverfassungsgericht seine früheren Ausführungen zur Veränderung der parlamentarischen Wirklichkeit sinngemäß wiederholt und dargelegt, dass Art. 48 Abs. 3 Satz 1 GG im Lichte des Art. 21 Abs. 1 Satz 1 GG zu lesen sei und dass sich diese Bestimmung auch auf Art. 38 Abs. 1 Satz 2 GG auswirke.[2]

An diese Entscheidungen anknüpfend führte der Zweite Senat des Bundesverfassungsgerichts in einer den Status und die Diäten saarländischer Landtagsabgeordneter betreffenden Entscheidung vom 5. November 1975 aus, dass sich der Abgeordnetenstatus in verschiedener Hinsicht erheblich geändert habe. So scheine sich im Zuge der Wandlung der liberal-repräsentativen zur parteienstaatlichen Demokratie auch der Charakter der Abgeordnetenentschädigung allmählich zu wandeln. Je mehr die Abgeordneten ihren früheren repräsentativen Status einbüßten, umso weniger werde die Entschädigung die Unabhängigkeit der Abgeordneten sichern können. Sie nähere sich mehr und mehr einem Entgelt an und nehme den Charakter einer Besoldung an.[3] Es könne nicht mehr allgemein davon ausgegangen werden, dass ein Abgeordneter in der Lage sei, den wirtschaftlichen Rückhalt für sich und seine Familie während der Wahlperiode aus eigenem Vermögen oder aus Einkommen aufgrund beruflicher Tätigkeit zu erzielen. Der Typus des Honoratioren-Abgeordneten, dessen wirtschaftliche Existenz durch das Mandat nicht beeinträchtigt werde, werde immer seltener. Der Umfang der Inanspruchnahme durch das Mandat sei so stark angewachsen, dass der Abgeordnete seinen Verpflichtungen nicht mit einer sonst üblichen Arbeitszeit von vierzig Wochenstunden nachkommen könne. So sehr er theoretisch auch die Freiheit habe, seine Aktivitäten in den Bereichen der Plenar- und Ausschusssitzun-

[1] Vgl. BVerfGE 4, 144 (149 ff.).
[2] Vgl. BVerfGE 32, 157 (163 ff.).
[3] Vgl. BVerfGE 40, 296 (310 ff.) unter Bezugnahme auf BVerfGE 4, 144 (151).

gen, der Arbeit in Fraktion und Partei sowie der Tätigkeit im Wahlkreis nach eigenem Ermessen bis über die Grenze der Vernachlässigung seiner Aufgabe hinaus einzuschränken, könne er sich dies in der Praxis aus verschiedenen Gründen nicht leisten. Denn die parlamentarische Demokratie in einer höchst komplizierten Wirtschafts- und Industriegesellschaft fordere vom Abgeordneten mehr als nur eine ehrenamtliche Nebentätigkeit, verlange den ganzen Menschen, der nur unter günstigen Umständen versuchen könne, seinem Beruf nachzugehen. Das entspreche dem Erscheinungsbild des heutigen Parlamentariers, bei dem die berufliche Tätigkeit völlig in den Hintergrund trete. Schließlich gehe die Gefahr einer Beeinträchtigung der Unabhängigkeit des Abgeordneten heute nicht mehr vom Staat aus, sondern eher von den politischen Parteien, denen der Abgeordnete angehöre, und von einflussreichen gesellschaftlichen Gruppen.[4] Habe sich die Bedeutung der Entschädigung danach auch verändert, entspreche sie damit doch keineswegs einem arbeitsrechtlichen Anspruch, dem ein Anspruch auf Erfüllung einer dienstlichen Obliegenheit gegenüberstehe. Vielmehr schulde der Abgeordnete rechtlich keine Dienste, sondern nehme in Unabhängigkeit sein Mandat wahr. Ebenso wenig sei Entschädigung als Gehalt in einem beamtenrechtlichen Sinne zu verstehen.[5] Aus dem auch für die Ausübung eines erworbenen Mandats geltenden Grundsatz, dass jedermann seine staatsbürgerlichen Rechte in formal möglichst gleicher Weise ausüben können solle,[6] folge unter anderem der Anspruch der Abgeordneten auf eine grundsätzlich gleich hoch bemessene Entschädigung, und zwar unabhängig von einem größeren oder geringeren Umfang der parlamentarischen Tätigkeit des Abgeordneten.[7] Art. 48 Abs. 3 Satz 1 in Verbindung mit Art. 38 Abs. 1 Satz 2 GG sowie der formalisierte Gleichbehandlungsgrundsatz berührten die Fragen der Begründung und Fortführung eines Berufes neben der parlamentarischen Tätigkeit grundsätzlich nicht. Sie verlangten allerdings Vorkehrungen gegen den Bezug von Vergütungen, die ohne Rücksichten auf Leistungen der Abgeordneten und nur im Hinblick auf die Wahrnehmung bestimmter Interessen im Parlament gewährt würden. Solche Einkünfte seien nämlich mit dem unabhängigen Status des Abgeordneten nicht zu vereinbaren.[8]

2. *BVerfGE 56, 396 – Agententätigkeit*

Mit einem Beschluss vom 24. März 1981 lehnte das Bundesverfassungsgericht den Antrag eines Abgeordneten des Bayerischen Landtages auf Erlass einer einstweiligen Anordnung über die Außervollzugsetzung eines gegen

[4] Vgl. BVerfGE 40, 296 (312 f.).
[5] Vgl. BVerfGE 40, 296 (316 f.).
[6] Vgl. BVerfGE 40, 296 (317) unter Bezugnahme auf BVerfGE 11, 266 (272); 34, 81 (98).
[7] Vgl. BVerfGE 40, 296 (317 f.).
[8] Vgl. BVerfGE 40, 296 (318 f.).

ihn ergangenen Strafurteils ab. Der Antragsteller war wegen einer Agententätigkeit nicht nur zu einer Haftstrafe verurteilt worden, sondern ihm war darüber hinaus das passive Wahlrecht aberkannt worden. Das wiederum führte nach dem Bayerischen Landesrecht zum Verlust des Landtagsmandats.[9] Im Rahmen der nach § 32 BVerfGG gebotenen Abwägung führte das Gericht aus, dass der Antragsteller sein Mandat bereits seit Januar 1979 nicht mehr wahrnehme. Aus eigenem Entschluss nehme er nicht mehr an Sitzungen des Plenums, der Ausschüsse und seiner Fraktion teil.[10] Nach dem demokratisch-parlamentarischen System des Grundgesetzes vollziehe sich die Repräsentation des Volkes im Parlament durch die Abgeordneten. Bei der hier stattfindenden Willensbildung sei das Volk aber nur dann angemessen repräsentiert, wenn das Parlament als Ganzes an dieser Willensbildung beteiligt sei (Gedanke der Kollektivrepräsentation[11]). Auch wenn die Verfassung des Freistaates Bayern den Abgeordneten als „Vertreter des Volkes, nicht einer Partei" bezeichne, könne er dieses doch nur gemeinsam mit anderen Abgeordneten repräsentieren. Nicht der einzelne Abgeordnete, sondern das Parlament als Ganzes im Sinne der Gesamtheit seiner Mitglieder übe die vom Volk ausgehende Staatsgewalt aus. Deshalb müsse die Mitwirkung aller Abgeordneten bei den zu treffenden Entscheidungen nach Möglichkeit und im Rahmen des im demokratisch-parlamentarischen System des Grundgesetzes Vertretbaren sichergestellt sein. Dem laufe es zuwider, wenn ein Abgeordneter aus eigenem Entschluss auf absehbare Zeit sein Amt nicht ausübe und weder in Ausschüssen noch in der Fraktion noch im Plenum mitarbeite. Es entspreche dem Prinzip der repräsentativen Demokratie und liege im konkreten Interesse des einzelnen Wählers und der Bevölkerung, dass der Abgeordnete das ihm anvertraute Amt auch tatsächlich ausübe.[12]

3. BVerfGE 80, 188 – Abgeordnetenstatus

Mit einer Entscheidung vom 13. Juni 1989 gab das Bundesverfassungsgericht im Rahmen eines Organstreits Anträgen eines aus der Bundestagsfraktion der Grünen ausgeschlossenen Abgeordneten statt. Dieser hatte sich dagegen gewandt, dass er infolge seines Fraktionsausschlusses auch die Sitze in verschiedenen Ausschüssen des Bundestages verloren hatte. Der Zweite Senat entschied, dass der Deutsche Bundestag durch den Ausschluss des Antragstellers aus den Ausschüssen Art. 38 Abs. 1 Satz 2 GG insofern verletzt habe, als er dem Betroffenen nicht die Möglichkeit eingeräumt habe, in einem Ausschuss mit Rede- und Antragsrecht mitzuwirken. Im Übrigen

[9] Vgl. BVerfGE 56, 396 ff.
[10] Vgl. BVerfGE 56, 396 (404).
[11] Vgl. dazu *H. H. Klein*, in: Maunz/Dürig, GG, Art. 38 Rn. 192.
[12] Vgl. BVerfGE 56, 396 (405 f.).

wies der Senat die Anträge zurück.[13] In Zusammenhang mit dem Leitbild des Abgeordneten betonte das Bundesverfassungsgericht zunächst den Gedanken der Kollektivrepräsentation, um daraus dann die Mitwirkungsrechte der Abgeordneten abzuleiten. Durch den Gebrauch der ihnen gemäß Art. 38 Abs. 1 Satz 2 GG zukommenden Mitwirkungsrechte erfüllten die Abgeordneten die ihnen mit dem Amt übertragenen Pflichten. Gerade um der Fähigkeit des Parlaments zur gemeinsamen Repräsentation und um seiner Funktionsfähigkeit willen seien gewisse Einschränkungen erforderlich.[14]

4. *BVerfGE 94, 351 – Abgeordnetenüberprüfung – und 99, 19 – Gysi III*

Gegenstand mehrerer Verfahren war die Prüfung der Abgeordneten auf eine frühere Tätigkeit für den Staatssicherheitsdienst der DDR.

In einer Entscheidung vom 21. Mai 1996 führte der Zweite Senat des Bundesverfassungsgerichts insofern aus, dass die vorgesehene Untersuchung zwar den verfassungsrechtlichen Status des Abgeordneten berühre, indem nämlich die Legitimität seines Mandats in Abrede gestellt werde. Auch sei der Bundestag durch Art. 38 Abs. 1 GG grundsätzlich an derartigen Maßnahmen gehindert. Hier liege jedoch ein Ausnahmefall vor, nämlich einerseits im Hinblick auf die mit dem Übergang von einer Diktatur zur parlamentarischen Demokratie verbundene besondere Lage und andererseits mit Rücksicht auf den gebotenen Schutz des Vertrauens der Wähler auf das Repräsentativorgan. Dementsprechend sei die Überprüfung auf eine Stasi-Tätigkeit ausnahmsweise zulässig.[15]

Mit einer Entscheidung vom 20. Juli 1998 stellte der Zweite Senat des Bundesverfassungsgerichts zwar einleitend fest, dass Art. 38 Abs. 1 GG nicht nur den Bestand des Mandats schütze, sondern auch dessen Ausübung. Er legte anschließend aber dar, dass das freie Mandat nicht schrankenlos gewährleistet sei. Vielmehr könne es durch andere Rechtsgüter von Verfassungsrang begrenzt werden. Die Repräsentations- und die Funktionsfähigkeit des Parlaments seien als solche Rechtsgüter anerkannt, und auch die Integrität und politische Vertrauenswürdigkeit des Bundestages habe das Bundesverfassungsgericht als Rechtsgut von Verfassungsrang angesehen, das jedenfalls in der besonderen Situation des Übergangs von der Diktatur zur Demokratie in den neuen Ländern der Bundesrepublik die Einführung eines Verfahrens zur Überprüfung eines Abgeordneten auf eine frühere Tätigkeit oder politische Verantwortung für den Staatssicherheitsdienst rechtfertigen könne.[16]

[13] Vgl. BVerfGE 80, 188 (190 ff.).
[14] Vgl. BVerfGE 80, 188 (217 ff.).
[15] Vgl. BVerfGE 94, 351 (366 ff.).
[16] Vgl. BVerfGE 99, 19 (32 ff.).

5. *Zwischenergebnis*

Mit dem Diäten-Urteil vom 5. November 1975 hat das Bundesverfassungsgericht zwar einerseits an seine früheren Ausführungen zu Änderung der parlamentarischen Wirklichkeit und deren verfassungsrechtlichen Folgen angeknüpft. Es hat aber andererseits ausdrücklich festgestellt, dass der Abgeordnete rechtlich keine Dienste schuldet, sondern sein Mandat in Unabhängigkeit wahrnimmt. Dem Abgeordneten stehe es theoretisch frei, seine Tätigkeit in Parlament, Fraktion, Partei und Wahlkreis bis über die Grenze der Vernachlässigung hinaus einzuschränken.

Die Agententätigkeits-Entscheidung vom 24. März 1981 hat nicht der in Art. 48 Abs. 3 Satz 1 GG garantierten Abgeordnetenentschädigung, sondern der Verfassungsmäßigkeit eines Mandatsentzuges gegolten. In diesem Zusammenhang hat das Bundesverfassungsgericht die Bedeutung der verfassungsrechtlich vorgesehenen Kollektivrepräsentation nicht nur als Grundlage der zum Status des Abgeordneten gehörenden Rechte, sondern auch der korrespondierenden Pflichten hervorgehoben. Allerdings hat es einer Entscheidung weder über den genauen Umfang der Pflichten des Abgeordneten noch über die Abgrenzung zwischen den Pflichten und den Rechten des Abgeordneten bedurft.

Die Entscheidungen zum Status des fraktionslosen Abgeordneten vom 13. Juni 1989 sowie die beiden die Prüfung der Abgeordneten auf eine Stasi-Tätigkeit betreffenden Entscheidungen vom 21. Mai 1996 und vom 20. Juli 1998 haben insbesondere die Grenzen der aus Art. 38 Abs. 1 Satz 2 GG folgenden Rechte sowie die Möglichkeiten, die aus dem freien Mandat folgenden Rechte des Abgeordneten aufgrund bestimmter Gesichtspunkte mit Verfassungsrang einzuschränken, zum Gegenstand gehabt. Als verfassungsrechtlich geschütztes Rechtsgut in diesem Sinne hat das Bundesverfassungsgericht nicht nur die Funktionsfähigkeit des Parlaments angesehen, sondern auch die Integrität und die politische Vertrauenswürdigkeit des Bundestages. Allerdings hat das Gericht dabei auf die besondere Situation der Wiedervereinigung abgestellt.

6. *BVerfGE 118, 277 – Nebeneinkünfte von Abgeordneten*

Das Urteil des Zweiten Senats des Bundesverfassungsgerichts vom 4. Juli 2007 hat einen zwischen mehreren Bundestagsabgeordneten einerseits und dem Deutschen Bundestag sowie dem Bundestagspräsidenten andererseits geführten Organstreit betroffen. Die Antragsteller waren neben ihrem Abgeordnetenmandat als Rechtsanwälte, Wirtschaftsingenieur, mittelständischer Unternehmer und als selbständiger Handelsvertreter tätig. Mit ihren Anträgen haben sie sich gegen einzelne Bestimmungen des am 18. Oktober 2005 in Kraft getretenen 26. Gesetzes zur Änderung des Abgeordnetengesetzes vom

22. August 2005[17] gewandt. Zu den nach der „Gehälter-Affäre" des Jahres 2005[18] eingeführten verschärften Regelungen für Nebentätigkeiten der Abgeordneten[19] gehört zunächst die Mittelpunktregelung des § 44a Abs. 1 Abgeordnetengesetz (AbgG). Danach bleiben Nebentätigkeiten zwar grundsätzlich zulässig, die Ausübung des Mandats soll jedoch im Mittelpunkt der Tätigkeit des Abgeordneten stehen. Außerdem sieht § 44a Abs. 4 Satz 1 AbgG Anzeige- und Veröffentlichungspflichten der Abgeordneten hinsichtlich wegen eventueller Interessenkollisionen bedeutsamer Nebentätigkeiten vor. Gemäß § 44a Abs. 4 Satz 1 AbgG kann eine Verletzung der Anzeigepflicht zur Verhängung eines Ordnungsgeldes führen. Bedeutsam sind im Hinblick auf das hier erörterte verfassungsrechtliche Leitbild des Abgeordneten die Ausführungen des Gerichts zur „Mittelpunktregelung".

Insofern haben die Antragsteller gerügt, § 44a Abs. 1 AbgG sei nicht mit ihrem verfassungsrechtlich in Art. 38 Abs. 1 Satz 2 und Art. 48 Abs. 2 Satz 1 GG verankerten Status als Abgeordnete vereinbar.[20] Mit der Bestimmung greife der Gesetzgeber ohne verfassungsrechtliche Rechtfertigung in den freien Status des Abgeordneten ein. Indem er den Abgeordneten vorgebe, wie viel Zeit sie für ihr Mandat zu verwenden hätten, wirke er auf den Kernbereich der Selbstdefinition parlamentarischer Tätigkeit ein.[21]

Sowohl die Richter *Broß, Osterloh, Lübbe-Wolff* und *Gerhardt* als auch die Richter *Hassemer, Di Fabio, Mellinghoff* und *Landau* sind zu dem Ergebnis gelangt, dass die Anträge hinsichtlich der Mittelpunktregelung des § 44a Abs. 1 AbgG unbegründet gewesen sind. Während die zunächst genannten vier Richter als Mehrheit im Sinne des § 15 Abs. 4 S. 3 BVerfGG jedoch davon ausgegangen sind, dass die Mittelpunktregelung lediglich eine bereits im Grundgesetz angelegte Pflicht des Abgeordneten nachzeichne, hat die Minderheit insofern eine unzulässige Einschränkung der Freiheit des Abgeordnetenmandats angenommen und eine verfassungskonforme Auslegung des § 44a Abs. 1 AbgG für unumgänglich gehalten.[22]

Nach Ansicht der Senatsmehrheit umfasst die durch Art. 38 Abs. 1 Satz 2 GG geschützte Freiheit des Mandats nicht das Recht des Abgeordneten zu

[17] BGBl. I, S. 2482.

[18] Vgl. dazu etwa *Brüning/Gude/Özgenc/Pörtner/Wiegold/Krumrey,* Er zahlt und zahlt und zahlt, in: FOCUS, 17. Januar 2005; *Harms,* Auch Sigmar Gabriel stand geschäftlich in Beziehung zu VW, in: SPIEGEL ONLINE, 3. Mai 2005 (Zugriff vom 20. Mai 2011); *Stumm,* 400.000 Euro – RWE zahlt Meyer aus, in: manager magazin, 11. März 2005 (Zugriff vom 20. Mai 2011).

[19] Vgl. Bundestag verschärft Regeln für Nebentätigkeiten, FAZ-NET, 30. Juni 2005 (Zugriff vom 20. Mai 2011).

[20] Vgl. BVerfGE 118, 277 (280 ff.).

[21] Vgl. BVerfGE 118, 277 (297 ff.) sowie Zusammenfassung in der Pressemitteilung des Bundesverfassungsgericht Nr. 82/2006 vom 21. September 2006.

[22] Vgl. BVerfGE 118, 277 (323).

freier Gestaltung von Mandat und Beruf. Denn es entspreche dem Grundsatz der repräsentativen Demokratie, dass der Abgeordnete das ihm übertragene Mandat tatsächlich ausübe. Dementsprechend sei der Entschluss, das übernommene Mandat nicht auszuüben, mit dem Repräsentationsgrundsatz nicht vereinbar und werde von Art. 38 Abs. 1 Satz 2 GG nicht geschützt. Nur die nach den Verhältnissen einer modernen parlamentarischen Demokratie erforderliche volle Inanspruchnahme der Arbeitskraft des Abgeordneten, die ihm eine berufliche (Neben-)Tätigkeit in nennenswerter zeitlicher Hinsicht nicht erlaube, rechtfertige eine Aufwandsentschädigung nach dem Grundsatz der Vollalimentation. Insofern hätten sich die Art. 48 Abs. 3 Satz 1 GG zugrunde liegenden Verhältnisse gewandelt. Der Abgeordnete entscheide frei und eigenverantwortlich nur über das „Wie" der Mandatsausübung. Es treffe nicht zu, dass ein freiberuflich oder als Unternehmer tätiger Abgeordneter dem verfassungsrechtlichen Leitbild des unabhängigen, nur dem eigenen Gewissen unterworfenen Abgeordneten in besonderer Weise entspreche. Vielmehr rechtfertigten die maßgebenden Bestimmungen des Grundgesetzes nicht das Wiederaufleben des „Honoratioren-Abgeordneten" als Leitbild. So werde die Unabhängigkeit des Abgeordneten durch die ihm nach Art. 48 Abs. 3 Satz 1 GG zustehende Vollalimentation hinreichend gesichert. Zwar minderten sonstige Einkünfte die Abhängigkeit des Abgeordneten von Partei und Fraktion. Das rechtfertige es indessen nicht, eine möglichst geringe Abhängigkeit anzustreben. Dem Grundgesetz lasse sich ein diesbezügliches Optimierungsgebot nicht entnehmen, zumal Art. 38 Abs. 1 Satz 2 GG auch auf die Unabhängigkeit der Abgeordneten von bestimmten Interessengruppen ziele und berufstätige Abgeordnete insofern eher gefährdet seien. Insgesamt könne deshalb nicht festgestellt werden, dass beruflich tätige Abgeordnete unabhängiger seien als andere. Gerade vor dem Hintergrund einer umfangreichen beruflichen Tätigkeit werde der gute Sinn einer Regelung deutlich, die ohne Sanktion die Pflicht des Abgeordneten klarstelle, seine Tätigkeit als Mandatsträger in den Mittelpunkt zu stellen. Dies zeige auch das Beispiel des Antragstellers *Merz,* der anlässlich seiner Anhörung in der mündlichen Verhandlung geschildert habe, in einem bestimmten Fall wegen einer auf seinen Anwaltsberuf zurückgehenden Interessenkollision auf die Ausübung des Abgeordnetenmandats verzichtet zu haben. Ein solches Verhalten sei von der Freiheit des Mandats nicht gedeckt. Der Fall gebe keinen Anlass, über die Bedeutung des Begriffs „Mittelpunkt" und die in diesem Zusammenhang maßgebenden Kriterien zu entscheiden; denn die Einhaltung des § 44a Abs. 1 AbgG unterliege keiner Kontrolle, und Verstöße würden nicht geahndet, sondern die Bewertung solle der öffentlichen Diskussion und dem Wähler anheimgestellt werden.[23]

[23] Vgl. BVerfGE 118, 277 (323 ff.).

Anders die Senatsminderheit: Wegen seines besonderen Charakters sei das öffentliche Amt des Abgeordneten nicht mit dem Amt eines Beamten zu vergleichen. Insbesondere gelte das im Hinblick auf die Einbindung des Beamten in ein System der Ämterhierarchie, der Weisungsbefugnis und der Disziplinargewalt des Dienstherrn. Die Freiheit des Mandats solle trotz der erforderlichen Einbindung des Abgeordneten in Partei und Fraktion eine drohende Funktionalisierung und Anpassung parlamentarischen Verhaltens an anderwärts beschlossene Entscheidungen verhindern. Das Mandat dürfe deshalb allenfalls teilweise nach beamtenrechtlichen Strukturmerkmalen gestaltet werden. Der Gedanke der Repräsentation erfordere, dass eine Verwurzelung des Abgeordneten in der Gesellschaft nicht unterbunden, sondern gefördert werde. Einer solchen Verwurzelung diene die Ausübung einer beruflichen Tätigkeit neben dem Abgeordnetenamt. Diese Verwurzelung wirke der Entwicklung einer Funktionärselite entgegen. Auch werde die Unabhängigkeit des Abgeordneten etwa gegenüber dem Parteiapparat gestärkt und so die Funktionsfähigkeit des Parlaments im Ergebnis gestärkt. Demgegenüber entspreche eine verwaltungsmäßige Kontrolle, ob und wie der Abgeordnete sein Mandat versehe, nicht dem Leitbild eines von Weisungen freien Repräsentanten des gesamten Volkes im Sinne des Art. 38 Abs. 1 Satz 2 GG. Hinsichtlich seiner Amtsführung habe sich der Abgeordnete ausschließlich gegenüber dem (Wahl-) Volk zu verantworten. Eine Kontrolle des Abgeordnetenverhaltens führte letztlich zu einem Mandatsbediensteten. In der mit § 44a Abs. 1 AbgG verbundenen rechtlichen Kontrolle der Mandatsausübung liege ein unzulässiger Eingriff in die Freiheit des Mandats. Es reiche nicht aus, dass für einen Verstoß gegen § 44a Abs. 1 AbgG keine Sanktion vorgesehen sei. Vielmehr sei es mit Rücksicht auf die vorstehenden Erwägungen geboten, der Mittelpunktregelung jeden normativen Gehalt abzusprechen und sie nur als interne Selbstvergewisserung und -rechtfertigung des einzelnen Abgeordneten zu betrachten.[24]

III. Reichweite des freien Mandats im Lichte der repräsentativen Demokratie und des Parteienstaats

1. *Gewährleistungsgehalt des freien Mandats, Art. 38 Abs. 1 Satz 2 GG*

a) Sichere Ausgangspunkte

Fest steht zunächst, dass der Abgeordnete gemäß Art. 38 Abs. 1 Satz 2 GG in inhaltlicher Hinsicht nicht an Weisungen gebunden, sondern von fremder Einflussnahme frei sein soll. Die Freiheit des Mandats betrifft also jedenfalls das „Wie“ der Mandatsausübung. Zu dem geschützten „Wie“ der Mandatsausübung gehört nicht nur der Inhalt eventueller Beiträge des Abgeordneten

[24] Vgl. BVerfGE 118, 277 (338 ff.).

zur parlamentarischen Arbeit, sondern gehört ebenfalls die Art und Weise der Mitwirkung am Prozess der parlamentarischen Willensbildung. So kann der Abgeordnete etwa frei entscheiden, welchen Sachgebieten er besondere Aufmerksamkeit widmet, in welchen Ausschüssen er für seine Fraktion mitwirken möchte sowie wann, wo und in welcher Form er einen Beitrag zur Meinungsfindung leisten möchte. Dementsprechend sieht § 13 Abs. 2 Satz 1 der Geschäftsordnung des Bundestages (GO-BT) nur eine allgemein gehaltene Mitwirkungspflicht vor und bindet § 13 Abs. 1 GO-BT den Abgeordneten hinsichtlich des „Wie" nur an die eigene Überzeugung und das eigene Gewissen.

Sicher ist ferner, dass sich der Gewährleistungsgehalt des in Art. 38 Abs. 1 Satz 2 GG verankerten freien Mandats nur mit Rücksicht auf den verfassungsrechtlichen Hintergrund, also unter Berücksichtigung der Erfordernisse der verfassungsrechtlich verankerten repräsentativen Demokratie näher bestimmen lässt – hierauf hat das Bundesverfassungsgericht wiederholt hingewiesen.[25] Denn das freie Mandat ist dem Abgeordneten nicht als Bürger oder gar als Privileg um seiner selbst willen gewährt, sondern ausschließlich im Hinblick auf die dem Abgeordneten in Art. 38 Abs. 1 Satz 2 GG aufgegebene Repräsentation des ganzen Wahlvolkes bei der staatlichen Willensbildung im Parlament. Bezugspunkt für das freie Mandat ist die Mitwirkung des Abgeordneten an der staatlichen Willensbildung im Parlament mit seinem Plenum und seinen Ausschüssen, in Fraktion, Partei, Wahlkreis und sonstiger Öffentlichkeit.[26] Der Schutz solcher Tätigkeiten des Abgeordneten, die weder mit dem Erwerb noch mit der Ausübung des Mandats in Zusammenhang stehen, lässt sich demgegenüber nicht unter Rückgriff auf das Repräsentationsprinzip begründen.

Im Hinblick auf diese Erwägungen zu den funktionell bedingten Grenzen des freien Mandats leuchten die Ausführungen des Gerichts in dem Agententätigkeits-Beschluss unmittelbar ein: Nach dem demokratisch-parlamentarischen System des Grundgesetzes vollzieht sich die Repräsentation des Volkes im Parlament durch die Abgeordneten. Zwar vertritt jeder einzelne Abgeordnete nicht nur eigene oder andere partikulare Interessen, sondern ist für sich Vertreter des ganzen Volkes. Das Volk wird aber nur durch die Gesamtheit der Abgeordneten im Parlament repräsentiert. Deshalb muss das Parlament auch als Ganzes an dieser Willensbildung beteiligt sein (Kollektivrepräsentation). Da nicht der einzelne Abgeordnete, sondern das Parlament als Ganzes die vom Volk ausgehende Staatsgewalt ausübt, muss die Mitwirkung aller Abgeordneten bei den zu treffenden Entscheidungen sichergestellt sein. Dem Grundsatz der Kollektivrepräsentation als Zweck des freien Man-

25 Vgl. BVerfGE 4, 144 (149 f.); 80, 188 (217 f.); 102, 224 (237 ff.).

26 Vgl. *H. H. Klein*, in: Maunz/Dürig, GG, Art. 38 Rn. 204 (Dez. 2007).

dats liefe es zuwider, wenn ein Abgeordneter aus eigenem Entschluss auf absehbare Zeit sein Amt nicht ausübte und weder in Ausschüssen noch in der Fraktion noch im Plenum mitarbeitete. Hingegen entspricht dem Prinzip der repräsentativen Demokratie und liegt im konkreten Interesse des einzelnen Wählers und der Bevölkerung als Gesamtheit, dass der Abgeordnete das ihm anvertraute Amt tatsächlich ausübt.[27]

Danach steht zum einen fest, dass das Art. 38 Abs. 1 Satz 2 GG die Nichtausübung des Mandats nicht schützt. Zum anderen existiert insofern kein von Verfassungs wegen nicht geregelter Raum, den der Gesetzgeber mit einer einfach-rechtlichen Regelung etwa im Sinne des § 44a Abs. 1 AbgG füllen könnte, sondern kraft der dem Abgeordneten nach Art. 38 Abs. 1 Satz 2 GG übertragenen Repräsentationsfunktion schlägt das freie Mandat um in eine Pflicht zu Ausübung des Mandats. Der Gesetzgeber kann diese verfassungsrechtliche Pflicht allenfalls nachzeichnen. Ob ihm dies im vorliegenden Fall gelungen ist, wird noch zu klären sein. Jedenfalls ist aber der Senatsmehrheit zu folgen, soweit sie die Lösung einerseits bei der Reichweite der aus Art. 38 Abs. 1 Satz 2 GG folgenden Freiheit unter Berücksichtigung der Repräsentationsfunktion und andererseits bei dem Umfang der ebenfalls auf Art. 38 Abs. 1 Satz 2 GG beruhenden Pflicht gesucht hat.[28] Auch die Senatsminderheit ist dem im Ansatz gefolgt, hat aber eine weitreichende Mitwirkungspflicht verneint.[29]

b) Abgrenzung zwischen Freiheit des Mandats und Repräsentationspflicht, Art. 38 Abs. 1 Satz 2 GG

Hinsichtlich der Abgrenzung zwischen der Freiheit des Mandats und der Pflicht zu seiner Ausübung hat die Senatsmehrheit lediglich auf den Unterschied zwischen dem „Ob“ und dem „Wie“ der Mandatsausübung abgestellt, ohne sich mit weiteren Einzelheiten auseinanderzusetzen.[30] Das begegnet schon deshalb Bedenken, weil zu dem unzweifelhaft geschützten „Wie“ der Mandatsausübung auch die Entscheidung darüber gehört, wo, wann und wie der Abgeordnete Beiträge zum Prozess der parlamentarischen Willensbildung erbringt. Es muss ihm etwa freistehen, sich der Stimme zu enthalten, wenn Fragen miteinander verbunden worden sind, die er unterschiedlich beantworten will. Auch wird man dem Abgeordneten freistellen müssen, von der Teilnahme an einer Sitzung in Plenum, Ausschuss oder Fraktion im Hinblick etwa auf eine unverzichtbare (Partei-)Veranstaltung im Wahlkreis aus-

[27] Vgl. BVerfGE 56, 396 (405 ff.).
[28] Vgl. BVerfGE 118, 277 (324 ff.).
[29] Vgl. BVerfGE 118, 277 (345).
[30] Vgl. BVerfGE 118, 277 (326).

nahmsweise abzusehen. Denn der Abgeordnete nimmt nicht nur eine Repräsentations-Funktion im Parlament wahr, sondern ihm kommt auch eine Funktion als Bindeglied zwischen Staat und Gesellschaft zu.[31] Ferner ist der Abgeordnete aufgerufen, sich an der in Art. 21 Abs. 1 Satz 1 GG vorgesehenen Mitwirkung der Parteien am Prozess der politischen Willensbildung zu beteiligen und vermittelt den Parteieinfluss im Parlament. Die darauf zurückgehenden Pflichtenkollisionen führen aber zu ganz erheblichen Schwierigkeiten hinsichtlich der von der Senatsmehrheit befürworteten Abgrenzung zwischen „Ob“ und „Wie“ der Mitwirkung: Jede einzelne Entscheidung des Abgeordneten gegen die Teilnahme an einer bestimmten Sitzung in Plenum, Ausschuss oder Fraktion müsste hinterfragt werden, und dabei müssten auch die Gründe und Motive des Abgeordneten aufgeklärt werden. Das hätte eine in weitem Umfang auch den zulässigen Gebrauch der Mandatsfreiheit betreffende Rechtfertigungspflicht des Abgeordneten zur Folge. Denn äußerlich ist ein zulässiger Gebrauch des freien Mandats – wie aufgezeigt – oft nicht von einer unzulässigen Verweigerung der Mitwirkung zu unterscheiden. Da somit eine Abgrenzung zwischen Mandatsfreiheit und Repräsentationspflicht allein nach dem „Ob“ und dem „Wie“ der Mandatswahrnehmung zwangsläufig mit erheblichen Einschränkungen auch des zulässigen Gebrauchs der garantierten Freiheit, nämlich jedenfalls in der Form einer aufwändigen Mitwirkung des einzelnen Abgeordneten an der Kontrolle seiner vielgestaltigen Tätigkeit, einherginge, kommt eine Differenzierung nur nach dem „Ob“ und dem „Wie“ nicht in Betracht. Insofern ist der Senatsminderheit[32] zu folgen. Will man nicht allzu weit in den unzweifelhaften Gewährleistungsbereich des freien Mandats hineinwirkende Amtspflichten des Abgeordneten befürworten, darf der Schutz des freien Mandats nicht – wie das zunächst nahezuliegen scheint – auf das „Wie“ der Mandatsausübung beschränkt, sondern muss auf Teile des „Ob“ erstreckt werden. Um nicht erheblich hinter dem erforderlichen Schutz der Mandatsfreiheit zurückzubleiben, muss der Schutz des Art. 38 Abs. 1 Satz 2 GG also weiter ausgedehnt werden, als die im Sinne der Repräsentationsfunktion erforderlichen Abgeordnetentätigkeiten reichen. Dass damit eine gewisse Missbrauchsgefahr einhergeht und den Abgeordneten von Verfassungs wegen ein erheblicher Vertrauensvorschuss zugebilligt wird, lässt sich nicht bestreiten. Nur die Fälle der nicht geschützten Verweigerung der gebotenen Mitwirkung am parlamentarischen Willensbildungsprozess insgesamt oder hinsichtlich einzelner Sachfragen sind als offensichtlicher Missbrauch nicht geschützt. Insofern verletzt der Abgeordnete die ihm kraft des übernommenen Mandats obliegenden Pflichten aus Art. 38 Abs. 1 Satz 2 GG. Im Übrigen bleibt er im Anschluss an das Diäten-Urteil befugt,

[31] Vgl. BVerfGE 118, 277 (340 – abw. M.).
[32] Vgl. BVerfGE 118, 277 (345 f.).

seine Aktivitäten in Plenum, Ausschüssen und Fraktion nach eigenem Ermessen bis über die Grenze der Vernachlässigung seiner Aufgabe hinaus einzuschränken.[33]

Mit den Ausführungen des Bundesverfassungsgerichts zu der die Mandatsausübung betreffenden Pflicht im Agententätigkeits-Beschluss lässt sich das insofern ohne Weiteres in Übereinstimmung bringen, als der Antragsteller dort (freiwillig) auf jede Teilnahme am parlamentarischen Betrieb verzichtet hatte;[34] – eine auch nach der hier vertretenen Auffassung nicht geschützte Entscheidung. Der von der Senatsmehrheit in der Nebentätigkeitsentscheidung aufgegriffene Fall des Antragstellers *Merz* steht dem ebenso wenig entgegen: Wer sich als Abgeordneter – wie *Merz* dies anlässlich der mündlichen Verhandlung von sich berichtet hat – wegen einer aus seiner außerparlamentarischen Tätigkeit als Rechtsanwalt herrührenden „Besorgnis der Befangenheit" entschließt, an bestimmten Gesetzesvorhaben im Parlament nicht mitzuwirken, kann sich dafür nicht auf Art. 38 Abs. 1 Satz 2 GG berufen.[35] Zu diesem Ergebnis gelangt man auch aufgrund der hier befürworteten Auslegung des Art. 38 Abs. 1 Satz 2 GG im Sinne einer weitreichenden Mandatsfreiheit und eines korrespondierenden Missbrauchsverbots; denn *Merz* hatte sich nicht bloß gegen eine Teilnahme an einer einzelnen Veranstaltung, also für einen Einzelfall und aufgrund im Amt begründeter Erwägungen entschieden, sondern er hatte sich gegen eine Mitwirkung hinsichtlich eines bestimmten Vorhabens sowie aufgrund von Gesichtspunkten entschieden, die in keinem Zusammenhang mit dem Amt stehen.

Nach allem ist zwar der Senatsmehrheit im Ansatz zu folgen, nämlich insofern, als sie die Lösung bei der Abgrenzung zwischen Mandatsfreiheit und Ausübungspflicht gesucht hat. Im Ergebnis und hinsichtlich der Reichweite der Repräsentationspflicht ist aber der Senatsminderheit zuzustimmen, dass nämlich angesichts der erheblichen Abgrenzungsschwierigkeiten die Pflichten des Abgeordneten aus Art. 38 Abs. 1 Satz 2 GG auf ein bloßes Missbrauchsverbot zu reduzieren sind.

c) Verwurzelung – Repräsentation oder Ständeparlament?

Gleichwohl vermögen nicht alle Erwägungen der Senatsminderheit zu überzeugen: Soweit sie hinsichtlich berufstätiger Abgeordneter den Gesichtspunkt ihrer stärkeren Verwurzelung in der Gesellschaft hervorgehoben hat,[36] begegnet das im Hinblick auf den bereits mehrfach angesprochenen Grundsatz der Kollektivrepräsentation, wie das Bundesverfassungsgericht ihn etwa im

[33] Vgl. BVerfGE 40, 296 (312); 118, 277 (326 – Senatsmehrheit u. 345 – abw. M.).
[34] Vgl. BVerfGE 56, 396 (404).
[35] Vgl. BVerfGE 118, 277 (331 ff.).
[36] Vgl. BVerfGE 118, 277 (338 f. u. 340 f.).

Agententätigkeits-Beschluss[37] und in der Zulagen-Entscheidung[38] zum Ausgangspunkt genommen hat, Bedenken; denn jeder Abgeordnete ist nicht kraft Verwurzelung Vertreter bestimmter partikularer Interessen, sondern jeder Abgeordnete ist nach Art. 38 Abs. 1 Satz 2 GG Vertreter des ganzen Volkes und repräsentiert dieses gemeinsam mit allen übrigen Abgeordneten in Parlament. Indem sie eine größere Verwurzelung als Argument anführt, stellt die Senatsminderheit auf eine dem Grundgesetz fremde, ständestaatlich inspirierte Repräsentation im Sinne der Einbringung pluraler Interessen durch eine Vielzahl von Interessenvertretern ab – ein Verständnis der Repräsentation, das die Senatsminderheit selbst ausdrücklich abgelehnt hat.[39] Insofern treffen die Ausführungen der Mehrheit zu.[40] Das Grundgesetz überlässt dem Wähler die Entscheidung, ob eine stärkere gesellschaftliche Verwurzelung des Abgeordneten wünschenswert ist und diese in einer neben dem Mandat ausgeübten Berufstätigkeit liegen soll.

d) Art. 38 Abs. 1 Satz 2 GG als Optimierungsgebot?

Ebenso zweifelhaft sind die Erwägungen der Senatsminderheit zur größeren Unabhängigkeit von berufstätigen Abgeordneten und zu Art. 38 Abs. 1 Satz 2 GG als in diesem Sinne wirkendes Optimierungsgebot.[41] Hinsichtlich einzelner Abgeordneter mag es zwar einerseits zutreffen, dass sie aus ihrer außerparlamentarischen Berufstätigkeit ein so großes Einkommen erzielen, dass sie in wirtschaftlicher Hinsicht nicht von einer erneuten Nominierung durch ihre Partei abhängig sind, und sich so den entsprechenden sachfremden Einflüssen bei der Entscheidung über die im parlamentarischen Prozess anstehenden Fragen besser zu entziehen vermögen.[42] Außerparlamentarisch berufstätige Abgeordnete sind jedoch andererseits möglichen Einflussnahmen aus dem gesellschaftlichen Bereich ihrer Berufstätigkeit eher ausgesetzt. In dieser Hinsicht besteht eine größere Gefährdung ihrer Unabhängigkeit.[43] Beide Gesichtspunkte lassen sich abstrakt nicht gewichten, sondern lediglich im Hinblick auf einen konkreten Einzelfall. Dementsprechend verbietet es sich, dem außerparlamentarisch berufstätigen Abgeordneten a priori eine größere Unabhängigkeit im Sinne des Art. 38 Abs. 1 Satz 2 GG zuzusprechen als den übrigen Abgeordneten. Richtig ist allein, dass ihm gegenüber Einflussnahmen seiner Partei eine größere Unabhängigkeit zukommen kann.

[37] Vgl. BVerfGE 56, 396 (405).
[38] Vgl. BVerfGE 102, 224 (237).
[39] Vgl. BVerfGE 118, 277 (340).
[40] Vgl. BVerfGE 118, 277 (333).
[41] Vgl. BVerfGE 118, 277 (340 ff.).
[42] Vgl. BVerfGE 118, 277 (329 u. 344 ff. – abw.M.).
[43] Vgl. BVerfGE 118, 277 (330 ff.).

Diese liegt jedoch nicht allein im Blick des Art. 38 Abs. 1 Satz 2 GG. Insofern überzeugen die Ausführungen der Senatsmehrheit.[44]

2. *Einfluss des Behinderungsverbots, Art. 48 Abs. 2 Satz 1 GG*

Hinter dem in Art. 48 Abs. 2 Satz 1 GG verfassungsrechtlich verankerten Behinderungsverbot steht die insbesondere mit der Einführung des allgemeinen Wahlrechts, der zunehmenden Bedeutung linker Parteien und dem Erfolg auch von abhängig beschäftigten Parlamentskandidaten gewachsene Erkenntnis, dass nicht nur der Staat seine Beamten durch bestimmte Maßnahmen, etwa die Urlaubsverweigerung, faktisch am Einzug in das Parlament zu hindern vermag, sondern dass solche Behinderungen auch aus dem Bereich privater Arbeitgeber drohen.[45] Ratio des Behinderungsverbotes ist es, den Angehörigen aller Berufsgruppen die gleiche Chance für die Wahrnehmung des ihnen nach Art. 38 Abs. 1 Satz 1 und Abs. 2 GG zukommenden passiven Wahlrechts zu garantieren. Vermögen und Beruf sollen nur nach Maßgabe der Entscheidung der Wähler über die Zusammensetzung des Parlaments entscheiden können, nicht hingegen kraft der Disposition von Dienstherren und Arbeitgebern.[46] Insofern handelt es sich um ein besonderes Gleichheitsrecht.[47] In persönlicher Hinsicht schützt Art. 48 Abs. 2 Satz 1 GG neben Abgeordneten als Inhaber eines durch Wahl erworbenen Bundestagsmandats auch solche Kandidaten, die zwar schon gewählt sind, aber das Mandat noch nicht angenommen haben. Schließlich ist auch derjenige geschützt, der sich um ein Mandat bewirbt.[48] Als Adressaten verpflichtet das Behinderungsverbot sowohl den Staat als auch Private.[49] Trotz des auf einen weitreichenden Gewährleistungsgehalt hindeutenden Wortlautes schützt das Behinderungsverbot nach Auffassung des Bundesverfassungsgerichts in sachlicher Hinsicht nur gegenüber solchen Maßnahmen, mit denen nach dem Willen des Verpflichteten die Übernahme und Ausübung des Mandats behindert werden soll (Absichtsformel).[50] Neben dem restriktiv wirkenden subjektiven Element ist der Schutzbereich in sachlicher Hinsicht durch eine Erheblichkeitsschwelle begrenzt: Wirtschaftliche Einbußen, die mit der in Art. 48 Abs. 3 Satz 1 GG vorgesehenen Entschädigung abgegolten werden, sind nicht zu

[44] Vgl. BVerfGE 118, 277 (330 ff.).

[45] Vgl. *H. H. Klein,* in: Maunz/Dürig, GG, Art. 48 Rn. 72 (Juni 1998).

[46] Vgl. *H. H. Klein,* in: Maunz/Dürig, GG, Art. 48 Rn. 87 (Juni 1998).

[47] Vgl. *H. H. Klein,* in: Maunz/Dürig, GG, Art. 48 Rn. 87 (Juni 1998).

[48] Vgl. *Achterberg/Schulte,* in: v. Mangoldt/Klein/Starck, GG, 6. Aufl., Art. 48 Rn. 27; *H. H. Klein,* in: Maunz/Dürig, GG, Art. 48 Rn. 75 (Juni 1998).

[49] Vgl. *H. H. Klein,* in: Maunz/Dürig, GG, Art. 48 Rn. 81 (Juni 1998).

[50] Vgl. BVerfGE 42, 312 (328 ff., 330); *Achterberg/Schulte,* in: v. Mangoldt/Klein/Starck, GG, 6. Aufl., Art. 48 Rn. 28 sowie *H. H. Klein,* in: Maunz/Dürig, GG, Art. 48 Rn. 82 ff. (Juni 1998) auch zur Kritik an dieser einschränkenden Formel.

berücksichtigen; denn es geht nicht darum, dem Abgeordneten sowohl die wirtschaftlichen Vorteile seiner außerparlamentarischen Tätigkeit zu garantieren als auch ihm die Aufwandsentschädigung im Sinne einer Vollalimentation zu sichern. Darin läge ein von der ratio des Behinderungsverbotes nicht gedecktes Privileg. Daraus folgt zum einen, dass die Entwicklung der Verfassungswirklichkeit bei der Abgeordnetenentschädigung gemäß Art. 48 Abs. 3 Satz 1 GG zu einer restriktiveren Auslegung des Art. 48 Abs. 2 Satz 1 GG hinsichtlich wirtschaftlicher Nachteile führt. Zum anderen ergibt sich aus den vorstehenden Erwägungen, dass das Behinderungsverbot des Art. 48 Abs. 2 Satz 1 GG die Mandatsbewerber und -inhaber nur gegen Diskriminierung schützt.[51] Danach ist der Senatsmehrheit dahingehend zuzustimmen, dass von § 44a Abs. 1 AbgG keine Behinderung im Sinne der vorgenannten Maßstäbe ausgeht. Zum einen garantiert Art. 48 Abs. 2 Satz 1 GG dem Abgeordneten nicht etwa einen Anspruch auf mehr oder weniger ungeschmälerte Fortdauer beruflicher Tätigkeit und Einkommenserzielung hieraus.[52] Vielmehr gewährt Art. 48 Abs. 3 Satz 1 GG zum Ausgleich entstehender Nachteile und zur Gewährleistung wirtschaftlicher Unabhängigkeit die Abgeordnetenentschädigung. Diese wiederum lässt die Frage einer Berufstätigkeit neben der Abgeordnetentätigkeit unberührt.[53] Mag also auch Art. 48 Abs. 2 Satz 1 GG grundsätzlich ein Nebeneinander von Abgeordnetentätigkeit und Beruf voraussetzen, kommt im Interesse der auch für das Behinderungsverbot zentralen parlamentarischen Demokratie doch dem Mandat eindeutig der Vorrang vor dem daneben ausgeübten Beruf zu.[54] Zum anderen kann von einer gezielten und beabsichtigten Hinderung der Angehörigen bestimmter Berufsgruppen am Einzug in das Parlament und an der Wahrnehmung eines erworbenen Mandats keine Rede sein. Soweit die Senatsminderheit behauptet hat, § 44a Abs. 1 AbgG führe zu einer Behinderung insbesondere selbständig Tätiger,[55] gibt es hierfür nicht nur keine Belege,[56] sondern lässt sich nicht feststellen, dass der Gesetzgeber eine solche Behinderungswirkung im Sinne der Absichtsformel hat herbeiführen wollen. Dagegen vermögen die Erwägungen der Senatsminderheit nicht zu überzeugen: Weder haben die

[51] Vgl. *v. Arnim,* in: Bonner Kommentar, Art. 48 Rn. 34 ff.; *H. H. Klein,* in: Maunz/Dürig, GG, Art. 48 Rn. 88 (Juni 1998); *Trute,* in: v. Münch/Kunig, GG, 5. Aufl. 2001, Art. 48 Rn. 12.

[52] Vgl. BVerfGE 118, 277 (334).

[53] Vgl. BVerfGE 40, 296 (315 ff.).

[54] So die von der Senatsminderheit (vgl. BVerfGE 118, 277 <347>) zitierten *Achterberg/Schulte,* in: v. Mangoldt/Klein/Starck, GG, 5. und 6. Aufl., jeweils Art. 48 Rn. 29 a.E.

[55] Vgl. BVerfGE 118, 277 (347 ff.).

[56] Vgl. etwa für den 17. Deutschen Bundestag die Berufestatistik des Deutschen Bundestages unter www.bundestag.de/bundestag/abgeordnete17/mdb_zahlen/Berufe.html (Stand: Kürschners Volkshandbuch 17. Wahlperiode, 2. Auflage) sowie *van Aaken/Voigt,* MIP 2007, S. 5 (9 f.).

strengen Voraussetzungen für ein Eingreifen des Art. 48 Abs. 2 Satz 1 GG ausreichend Berücksichtigung gefunden, noch liegen nachweisbare Umstände vor, die den Tatbestand des Behinderungsverbotes ausfüllen könnten. Soweit schließlich vertreten worden ist, Art. 48 Abs. 2 Satz 1 GG gewährleiste die Fortführung des Berufes, hat die Senatsminderheit den oben erörterten Zweck des Art. 48 Abs. 2 Satz 1 GG verkannt. Denn eine Bestimmung des Grundgesetzes, die insbesondere nach ihrer Entstehungsgeschichte[57] bestimmten außerparlamentarischen Hindernissen des freien Zugangs zum Parlament und der freien Tätigkeit im Parlament entgegenwirken soll, kann nicht im Sinne eines Anspruchs des Abgeordneten auf Freistellung von parlamentarischer Tätigkeit wegen einer kollidierenden Nebentätigkeit ausgelegt werden. Dies führte zu einem nicht gewollten Privileg.

3. *Funktion der Aufwandsentschädigung, Art. 48 Abs. 3 Satz 1 GG*

Soweit die Senatsmehrheit – anknüpfend an Erwägungen aus der eine Stichtagregelung betreffenden Entscheidung vom 21. Oktober 1971[58] – ausgeführt hat, nur der Umstand, dass die Abgeordneten bei pflichtgemäßer Wahrnehmung ihres Mandats auch zeitlich in einem Umfang in Anspruch genommen seien, der es in der Regel unmöglich mache, daneben den Lebensunterhalt anderweitig zu bestreiten, rechtfertige es, ihnen einen vollen Lebensunterhalt aus von den Bürgern aufgebrachten Steuermitteln zu finanzieren,[59] liegt darin zum einen eine Verkennung der Funktion der Aufwandsentschädigung: Die Entschädigung soll lediglich allen Kreisen der Bevölkerung den Zugang zum Parlament eröffnen, und zwar auch solchen Personen, die für ihren Lebensunterhalt auf eine Erwerbstätigkeit angewiesen sind. Dem Abgeordneten soll ermöglicht werden, frei von wirtschaftlichen Zwängen zu wirken.[60] Nicht hingegen sollte die Gruppe der „Honoratioren-Abgeordneten“ mit Art. 48 Abs. 3 Satz 1 GG rechtlich oder faktisch ausgeschlossen werden. Das ergibt sich aus dem von der Senatsminderheit erörterten historischen Hintergrund der Norm.[61] Die im Laufe der Zeit zunehmende zeitliche Inanspruchnahme durch die Abgeordnetentätigkeit mag zwar tatsächlich mehr und mehr zum Verschwinden des „Honoratioren-Abgeordneten“ geführt haben. Art. 48 Abs. 3 Satz 1 GG bezweckt dies aber nicht und kann deshalb für ein derart exklusives Leitbild nicht bemüht werden. Zum anderen hat die Senatsmehrheit zu Unrecht ein Rechtsverhältnis zwischen Entschädigung und Mandatsausübung konstruiert: Im Diäten-Urteil hat das

[57] Vgl. *H. H. Klein*, in: Maunz/Dürig, GG, Art. 48 Rn. 72 (Juni 1998).
[58] Vgl. BVerfGE 32, 157 (164).
[59] Vgl. BVerfGE 118, 277 (325).
[60] Vgl. BVerfGE 102, 224 (233 ff.).
[61] Vgl. BVerfGE 118, 277 (341 ff.).

Bundesverfassungsgericht hinsichtlich der veränderten gesellschaftlichen Verhältnisse und der zeitlichen Inanspruchnahme von Abgeordneten ausgeführt, dass die Entschädigung weiterhin nicht als Entgelt im engeren Sinne zu verstehen sei und dass ihr keine Dienstpflicht des Abgeordneten gegenüberstehe.[62] Insofern hat es an der Rechtsprechung aus dem die Abgeordnetenentschädigung betreffenden Urteil festgehalten.[63] Danach ist die Abgeordnetenentschädigung von Verfassungs wegen ohne Rücksicht auf den Umfang und die Qualität der Mandatswahrnehmung zu gewähren.[64] Da die Senatsmehrheit ihren abweichenden Rechtssatz nicht eingehend begründet hat, ist unklar, ob ihr die Abweichung von der bisherigen Rechtsprechung bewusst gewesen ist.

4. *Einfluss des Art. 21 Abs. 1 Satz 1 GG*

Aus Art. 21 Abs. 1 Satz 1 GG, den das Gericht insbesondere in der Stichtagregelungs-Entscheidung für eine Entwicklung weg von der liberal-repräsentativen Demokratie und hin zum Parteienstaat bemüht hat,[65] ergibt sich im vorliegenden Zusammenhang lediglich, dass eine gewisse Abhängigkeit des Abgeordneten von der ihn nominierenden Partei unvermeidliche Folge der Art. 21 Abs. 1 Satz 1 GG zugrundeliegenden Entscheidung ist, in bewusster Abkehr von der Rechtslage im Kaiserreich und in der Weimarer Republik die Rolle der Parteien bei der politischen Willensbildung verfassungsrechtlich anzuerkennen.[66] Insofern trifft der Hinweis der Senatsmehrheit auf das Spannungsverhältnis zwischen Art. 38 Abs. 1 Satz 2 und Art. 21 Abs. 1 Satz 1 GG und seine Folgen zu.[67] Hinsichtlich der weitergehenden Frage, ob diese Abhängigkeit nicht möglichst gering zu halten ist (Gebot zur Optimierung der Unabhängigkeit), ist zum einen nach oben zu verweisen: Außerparlamentarisch berufstätige Abgeordnete mögen zwar einerseits weniger abhängig von ihrer Partei und Fraktion sein. Sie sind aber andererseits in höherem Maße Einflüssen aus ihrem beruflichen Umfeld ausgesetzt, die ihre Unabhängigkeit ebenso wirksam bedrohen können. Schon deshalb kann nicht festgestellt werden, dass ein verfassungsrechtliches Optimierungsgebot gegebenenfalls zu einer Förderung außerparlamentarischer Berufstätigkeit veranlasste. Zum anderen ist zu berücksichtigen, dass das Grundgesetz die wirtschaftliche Unabhängigkeit nur durch die in Art. 48 Abs. 3 GG vorgese-

[62] Vgl. BVerfGE 40, 296 (316).
[63] Vgl. BVerfGE 4, 144 (150); 76, 256 (341) – Doppelversorgung.
[64] Vgl. BVerfGE 4, 144 (150); 40, 296 (318).
[65] Vgl. BVerfGE 32, 157 (163 ff.).
[66] *Roßner*, MIP 2007, S. 55 (62, 67) sieht hier den grundlegenden Dissens zwischen Senatsmehrheit und -minderheit.
[67] Vgl. BVerfGE 118, 277 (328 f.).

hene Entschädigung sichert und keine darüber hinausreichenden Vorkehrungen zum Schutz der wirtschaftlichen Unabhängigkeit der Abgeordneten auch von ihren Fraktionen und Parteien trifft.[68] So sieht das Grundgesetz auch keine Zugangshürde im Sinne einer wirtschaftlichen Unabhängigkeit des Abgeordneten ohne Rücksicht auf die Entschädigung vor, sondern unternimmt es umgekehrt, eine bis zur Übernahme des Amtes eventuell nicht vorhandene wirtschaftliche Unabhängigkeit durch die Entschädigung herzustellen. Auf diese Weise wird ein gleicher Zugang zum Parlament für alle Schichten als unabdingbare Voraussetzung der Repräsentation des Volkes sichergestellt. Für ein über Art. 48 Abs. 3 Satz 1 GG hinausreichendes Optimierungsgebot fehlen demgegenüber hinreichende Anhaltspunkte im Grundgesetz.

5. *Von § 44a Abs. 1 AbgG ausgehende Einschränkung*

Danach steht fest, dass Art. 38 Abs. 1 Satz 2 GG die Freiheit nicht nur des „Wie" der Mandatsausübung, sondern auch des „Ob" gewährleistet, und zwar bis hin zum Verbot des Missbrauchs. Obgleich eine unzulässige Einschränkung des freien Mandats von der Senatsmehrheit verneint und von der -minderheit bejaht worden ist, hat sich weder die eine noch die andere Seite mit der genauen Bedeutung des für § 44a Abs. 1 AbgG zentralen Begriffs „Mittelpunkt" auseinandergesetzt. Die Senatsmehrheit hat hierzu ausdrücklich keine Veranlassung gesehen.[69] Wie aber weiß man, ob eine von § 44a Abs. 1 AbgG ausgehende Einschränkung der Mandatsfreiheit vorliegt, wenn man die Bedeutung der angegriffenen Bestimmung nicht kennt? Der Gesetzgeber ist insofern nicht von einem klaren quantitativen Maßstab etwa in zeitlicher Hinsicht oder mit Blick auf das erzielte Einkommen ausgegangen. Darauf haben sowohl die Antragsteller als auch die Senatsminderheit hingewiesen.[70] Problematisch erscheint diese Vorstellung deshalb, weil der alternativ in Betracht kommende qualitative Maßstab nicht nur eine Betrachtung sämtlicher Beiträge der Abgeordneten erforderte, sondern auch deren Gewichtung. Das aber wäre mit umfangreichen Prüf- und Bewertungsmaßnahmen auch hinsichtlich des zweifellos geschützten „Wie" der Mandatsausübung verbunden. Mit Blick auf den verfassungsrechtlichen Hintergrund der aus Art. 38 Abs. 1 Satz 2 GG folgenden Pflichten und den Zweck des § 44a Abs. 1 AbgG, eine ordnungsgemäße Repräsentation durch die Abgeordneten zu befördern, bleibt daher nur ein zeitlicher Maßstab – auf das Einkommen abzustellen, verbietet sich schon deshalb, weil dieser Maßstab nicht mit den Pflichten des

[68] Das erkennt auch *Roßner,* MIP 2007, S. 55 (62), zieht daraus aber keine weiteren Schlüsse.

[69] Vgl. BVerfGE 118, 277 (336 f.).

[70] Vgl. BVerfGE 118, 277 (310 f., 351 – abw.M.).

Abgeordneten in Zusammenhang steht. Eine vorsichtige Auslegung des § 44a Abs. 1 AbgG etwa dahingehend, dass die Mitwirkung des Abgeordneten im parlamentarischen Willensbildungsprozess nach dem zeitlichen Aufwand hierfür jedenfalls nicht hinter den von ihm ausgeübten Nebentätigkeiten zurückbleiben darf, begründete eine Einschränkung des oben beschriebenen, weitreichenden freien Mandats gemäß Art. 38 Abs. 1 Satz 2 GG, weil die Pflicht danach über ein bloßes Missbrauchsverbot hinausginge.

6. *Zulässigkeit der Einschränkung*

Allerdings folgt daraus keineswegs schon, dass in § 44a Abs. 1 AbgG tatsächlich eine unzulässige Einschränkung des freien Mandats liegt. Vielmehr hat das Bundesverfassungsgericht auch auf gegenläufige Gesichtspunkte abgestellt und gestützt darauf grundsätzlich unzulässige Einschränkungen des freien Mandats ausnahmsweise für gerechtfertigt gehalten. Insbesondere in der Entscheidung zum fraktionslosen Abgeordneten und in den beiden erörterten Entscheidungen zur Überprüfung auf eine Stasi-Tätigkeit hat sich das Bundesverfassungsgericht näher mit diesen Fragen auseinandergesetzt: Die durch Art. 38 Abs. 1 Satz 2 GG gewährleistete Freiheit des Mandats und die sich aus dem verfassungsrechtlichen Status ergebenden Rechte des Abgeordneten sind aufgrund anderer Rechtsgüter mit Verfassungsrang einschränkbar.[71] Dazu gehören etwa der Status der Gleichheit aller Mitglieder des Bundestages,[72] die Integrität und Vertrauenswürdigkeit des Bundestages[73] sowie die Funktionsfähigkeit des Parlaments.[74]

Ferner ist allgemein zu berücksichtigen, dass dem Gesetzgeber sowohl im Hinblick auf Gefahren für Rechtsgüter als auch im Hinblick auf die Folgen einer gesetzlichen Regelung, deren Eignung und Erforderlichkeit ein ganz erheblicher Einschätzungs- und Prognosespielraum zukommt. Den Entscheidungen des Gesetzgebers sind hinsichtlich der Gefahrenlage, der Wahrscheinlichkeit eines Schadens sowie in Zusammenhang mit den Gesetzesfolgen, der Eignung der ergriffenen Maßnahme und ihrer Erforderlichkeit von erheblichem Gewicht. Von seinen Vorstellungen kann nur dann nicht mehr ausgegangen werden, wenn sie in einem Maße wirtschaftlichen Gesetzen oder praktischer Erfahrung widersprechen, dass sie vernünftigerweise keine Grundlage für gesetzgeberische Maßnahmen abgeben können.[75] Diese, der

[71] Vgl. *H. H. Klein,* in: Maunz/Dürig, GG, Art. 38 Rn. 218 (Dez. 2007).

[72] Vgl. BVerfGE 40, 296 (318); 80, 188 (217 ff.); 84, 304 (321 f.); 96, 264 (278); 104, 310 (329).

[73] Vgl. BVerfGE 94, 351 (367 f.); 99, 19 (32).

[74] Vgl. BVerfGE 80, 188 (219); 84, 304 (321 f.); 96, 264 (279); 118, 277 (324 f.).

[75] Vgl. BVerfG, Beschluss vom 8. Juni 2010 – 1 BvR 2011 und 2959/07 –, juris Rn. 96, 103 m.w.N.

Rechtsprechung zu Grundrechtseingriffen entstammenden Grundsätze können auf Art. 38 Abs. 1 Satz 2 GG und die Frage einer ausnahmsweise zulässigen Einschränkung übertragen werden.

In tatsächlicher Hinsicht ist insofern zu bedenken, dass die Neuregelung des Abgeordnetengesetzes ihren Hintergrund in der „Gehälter-Affäre“ hatte, die eine schwere Vertrauenskrise im Hinblick einerseits auf eine Vielzahl von mehr oder weniger lukrativen Nebentätigkeiten der in vollem Umfang alimentierten Abgeordneten, andererseits hinsichtlich auffallend hoher Vergütungen ohne erkennbare Gegenleistung befürchten ließ.[76] Die Redebeiträge des Bundestagsabgeordneten *Schmidt* zur problematischen Berichterstattung in diesem Zusammenhang[77] sowie des Bundestagsabgeordneten *Beck* über Mängel der Parlamentsarbeit im Hinblick auf „Nebentätigkeitsabgeordnete“[78] zeigen, dass der Bundestag sich hier in zweierlei Hinsicht zu öffentlichkeitswirksamen Gegenmaßnahmen gedrängt gesehen hat. Hinzu kommt insofern, dass es um das unbedingt erforderliche Vertrauen der Bürger zu ihrem Parlament und den Abgeordneten allgemein sehr schlecht bestellt ist sowie dass es deshalb dringend Maßnahmen der Vertrauensbildung bedarf.[79]

Mit Rücksicht auf den ganz erheblichen Umfang der von der „Gehälter-Affäre“ ausgehenden Gefahren für das Vertrauen der Öffentlichkeit in die Abgeordneten, das Parlament und das parlamentarische System insgesamt bestehen auch keine Bedenken dagegen, die insbesondere in den Entscheidungen zur Überprüfung von Abgeordneten entwickelten Grundsätze hier zur Anwendung zu bringen. Vielmehr ist es ohne weiteres nachvollziehbar, dass der Bundestag auf die Berichterstattung über die „Gehälter-Affäre“ mit einer öffentlichkeitswirksamen Gesetzesänderung hinsichtlich der Nebentätigkeiten seiner Abgeordneten und der aus solchen Tätigkeiten erzielten Einnahmen reagiert hat. Er hat einer befürchteten Verschärfung der ohnehin bestehenden Vertrauenskrise im Hinblick auf die Vertrauenswürdigkeit des Parlaments als Rechtsgut mit Verfassungsrang unter anderem mit der Mittelpunktregelung entgegenwirken dürfen. Dass die auf Art. 38 Abs. 3 GG beruhende Mittelpunktregelung nicht geeignet ist, zum einen Abgeordnete zu

[76] Zur „Gehälter-Affäre“ *Brüning/Gude/Özgenc/Pörtner/Wiegold/Krumrey*, Er zahlt und zahlt und zahlt, in: FOCUS, 17. Januar 2005; *Harms*, Auch Sigmar Gabriel stand geschäftlich in Beziehung zu VW, in: SPIEGEL ONLINE, 3. Mai 2005 (Zugriff vom 20. Mai 2011); *Stumm*, 400.000 Euro – RWE zahlt Meyer aus, in: manager magazin, 11. März 2005 (Zugriff vom 20. Mai 2011).

[77] Vgl. *Schmidt*, Plenarprot. 15/182, S. 17251 A („... Dieses Fehlverhalten wurde ... in der Berichterstattung der Medien ... völlig verzerrt dargestellt. Heraus kam ein Tenor wie ‚Alle Parlamentarier sind Raffkes.‘ ... Die Koalitionsfraktionen haben allerdings den bestehenden Klärungsbedarf erkannt und bereits kurze Zeit später ein Eckpunktepapier vorgelegt ...“).

[78] Vgl. *Beck*, Plenarprot. 15/184, S. 17402 A.

[79] Vgl. *van Aaken/Voigt*, MIP 2007, S. 5 (13).

einer hinreichenden Beteiligung an der parlamentarischen Arbeit anzuhalten, zum anderen der Öffentlichkeit jedenfalls mittel- und langfristig mehr Vertrauen in das Parlament und seine Abgeordneten zu vermitteln, kann nicht festgestellt werden. Im Hinblick auf die mit den alternativ denkbaren Maßnahmen zur effektiven Durchsetzung der Repräsentationspflichten verbundenen, viel tieferreichenden Eingriffe in das freie Mandat, durfte der Gesetzgeber darauf vertrauen, dass schon die kontroll- und sanktionslose Mittelpunktregelung die vorgenannten Zwecke hinreichend fördern und die Mehrzahl der Abgeordneten zu einem dem Amt nach allgemeiner Anschauung angemessenen Verhalten veranlassen würde.

Zwar begegnet die Mittelpunktregelung insofern Bedenken, als für die Pflichterfüllung nicht ausschließlich auf eine hinreichende Beteiligung des Abgeordneten an der Parlamentsarbeit abgestellt wird, sondern auf einen bestimmtes Verhältnis zwischen Parlamentsarbeit und Nebentätigkeit, so dass theoretisch eine Pflichtverletzung bei geringer parlamentarischer Inanspruchnahme trotz Mitwirkung an sämtlichen Veranstaltungen denkbar ist. Diese Zweifel geben aber Anlass allenfalls zu einer teleologischen Reduktion, ändern jedoch nichts daran, dass zum einen unter den tatsächlich herrschenden parlamentarischen Verhältnissen die Mitwirkung befördert werden kann und zum anderen die erhoffte öffentliche Wirkung nicht ausgeschlossen erscheint.

Ob hier ohne die angegriffenen Änderungen des Abgeordnetengesetzes auch der Funktionsfähigkeit des Parlaments Gefahr drohte und dieser verfassungsrechtliche Gesichtspunkt ebenfalls eine Einschränkung des freien Mandats erlaubte, kann offen bleiben. Zu bedenken wäre insofern allerdings, dass mangelnde Mitwirkung der Abgeordneten im Parlament in einem gewissen Umfang schon wegen kollidierender Pflichten kaum zu vermeiden ist und dass dies die Funktion des Parlaments bisher nicht allzu sehr eingeschränkt hat, wenn auch davon ausgehende Mängel der parlamentarischen Arbeit durchaus zu beklagen sein mögen[80] und Verbesserungen möglich erscheinen.

7. *Verfassungskonforme Auslegung?*

Nach der hier vertretenen Auffassung bedarf es einer verfassungskonformen Auslegung des § 44a Abs. 1 AbgG nicht. Hinzu kommen Bedenken gegen die von der Senatsminderheit befürwortete Auslegung. Aus der grundsätzlichen Vermutung der Verfassungsmäßigkeit eines Gesetzes ergibt sich das Gebot, ein Gesetz im Zweifel verfassungskonform auszulegen.[81] Das gilt jedoch nur, soweit unter Berücksichtigung von Wortlaut, Entstehungs-

[80] Vgl. *Beck*, Plenarprot. 15/184, S. 17402 A.
[81] Vgl. BVerfGE 2, 266 (282).

geschichte, Gesamtzusammenhang und Zweck mehrere Deutungen der betreffenden Bestimmung möglich sind, von denen zumindest eine zu einem verfassungsgemäßen Ergebnis führt.[82] Durch den Wortlaut,[83] die Entstehungsgeschichte[84] und den Gesetzeszweck[85] werden der verfassungskonformen Auslegung Grenzen gezogen. Ein Normverstandnis, welches in Widerspruch zu dem klar erkennbar geäußerten Willen des Gesetzgebers steht, kann auch im Wege verfassungskonformer Auslegung nicht begründet werden.[86] Anderenfalls würde das Bundesverfassungsgericht der rechtspolitischen Entscheidung des demokratisch legitimierten Gesetzgebers vorgreifen.[87] Nach den Ausführungen zu der hier ausnahmsweise und in begrenztem Umfang zulässigen Einschränkung des Gewährleistungsbereichs des Art. 38 Abs. 1 Satz 2 GG ist eine verfassungskonforme Auslegung der Mittelpunktregelung nur im Sinne eines Missbrauchsverbotes möglich. Dem steht indessen der im eindeutig weiterreichenden Wortlaut der Norm zum Ausdruck kommende Wille des Gesetzgebers entgegen: Mit § 44a Abs. 1 AbgG sollte eben nicht nur Missbräuchen entgegengewirkt werden, die einer vollständigen Nichtwahrnehmung des Mandats nahekommen, sondern der Gesetzgeber wollte die Abgeordneten zu einer bestimmten, als sachgerecht angesehenen Gewichtung von Mandatswahrnehmung und Nebentätigkeiten verpflichten, und der Öffentlichkeit sollte im Anschluss an die „Gehälter-Affäre" gezeigt werden, dass der Bundestag zu Gegenmaßnahmen greift. Die von der Senatsminderheit befürwortete verfassungskonforme Auslegung kommt außerdem deshalb nicht in Betracht, weil in § 44a Abs. 1 AbgG nicht der Maßstab einer bloßen Selbstvergewisserung und -rechtfertigung liegen kann. Denn hier ist nicht der Bundestag selbst in Ausübung seiner Organisationshoheit tätig geworden, sondern mit § 44a Abs. 1 AbgG tritt der Gesetzgeber den Abgeordneten des aktuellen Parlaments, aber auch künftiger Parlamente gegenüber. Außerdem bleibt unklar, welche Rechtsfolgen § 44a Abs. 1 AbgG nach der Auffassung der Senatsminderheit als Maßstab bloßer Selbstvergewisserung und -rechtfertigung noch hat. Es erscheint aber sehr zweifelhaft, ob das Bundesverfassungsgericht das Instrument der verfassungskonformen Auslegung dazu verwenden darf, einer überprüften Norm die gewollte Rechtsqualität abzusprechen.

[82] Vgl. BVerfGE 2, 266 (282); 68, 337 (344); 88, 203 (331); 112, 164 (182 f.).
[83] Vgl. BVerfGE 87, 209 (224); 101, 312 (329); 101, 397 (408); 102, 254 (340); 112, 164 (183) m.w.N.
[84] Vgl. BVerfGE 80, 1 (23); 88, 40 (56 f.); 112, 164 (183).
[85] Vgl. BVerfGE 101, 54 (87); 112, 164 (183).
[86] Vgl. BVerfGE 54, 277 (299 f.); 71, 81 (105); 90, 263 (275); 95, 64 (93); 98, 17 (45); 99, 341 (358); 101, 54 (86, 88) sowie 312 (329); 112, 164 (183).
[87] Vgl. BVerfGE 8, 71 (79); 112, 164 (183).

IV. Bindungswirkung nach § 31 Abs. 1 BVerfGG

Fraglich ist schließlich, inwiefern den Ausführungen des Zweiten Senats in Zusammenhang mit der Mittelpunktregelung Bindungswirkung zukommt. Gegenstand der Bindungswirkung nach § 31 Abs. 1 BVerfGG sind nach Auffassung des Bundesverfassungsgerichts nicht nur die Aussprüche der Entscheidungen, sondern auch die in verfassungsrechtlicher Hinsicht tragenden Erwägungen.[88] Dabei beansprucht das Gericht teilweise selbst die Entscheidung darüber, welche Ausführungen seine Entscheidungen getragen haben.[89] Da hier nicht nur die Senatsmehrheit, sondern auch die Minderheit zu dem Ergebnis gelangt ist, dass eine Verfassungswidrigkeit des § 44a Abs. 1 AbgG nicht festgestellt werden kann, könnte an sich offen bleiben, welche der beiden Auffassungen zum Gewährleistungsgehalt des Art. 38 Abs. 1 Satz 2 GG zutrifft. Es ist indessen zu beachten, dass die Minderheit nur aufgrund einer verfassungskonformen Auslegung zu diesem Ergebnis gelangt ist und damit bestimmte andere Auslegungsvarianten als verfassungswidrig angesehen hat. In einem solchen Fall erstreckt sich die Bindungswirkung gemäß § 31 Abs. 1 BVerfGG über die Erwägungen zu den verfassungsrechtlichen Maßstäben hinaus auf die Auslegung des einfachen Rechts.[90] Obgleich also auch die Senatsminderheit die Norm im Ergebnis für verfassungsgemäß gehalten hat, kann hier nicht offen bleiben, welche der beiden Auffassungen zutrifft. Dementsprechend sind die Ausführungen der die Entscheidung nach § 15 Abs. 4 S. 3 BVerfGG tragenden Senatsmehrheit zu den verfassungsrechtlichen Maßstäben bindend im Sinne des § 31 Abs. 1 BVerfGG.

V. Zusammenfassung

Nach allem ist der Senatsmehrheit der Nebentätigkeits-Entscheidung zwar insofern zu folgen, als § 44a Abs. 1 AbgG nicht gegen die als verletzt gerügten Bestimmungen des Grundgesetzes verstößt. Jedoch liegt sehr wohl eine grundsätzlich nicht zulässige Einschränkung des freien Mandats gemäß Art. 38 Abs. 1 Satz 2 GG vor. Diese ist allerdings ausnahmsweise zulässig, und zwar im Hinblick auf die Vertrauenswürdigkeit des Parlaments als Rechtsgut von Verfassungsrang. Dabei ist einerseits zu berücksichtigen, dass dem Gesetz-

[88] Vgl. BVerfGE 1, 14 (37); 19, 377 (392); 20, 56 (87); 40, 88 (93 f.); 96, 375 (404); 104, 151 (197); dazu ferner *Heusch,* in: Umbach/Clemens/Dollinger, BVerfGG, 2. Aufl. 2005, § 31 Rn. 58 auch m.N. zur Kritik an dieser Auffassung.

[89] Vgl. BVerfGE 36, 1 (36); krit. dazu etwa *Heusch,* in: Umbach/Clemens/Dollinger, BVerfGG, 2. Aufl. 2005, § 31 Rn. 61; *Sachs,* Verfassungsprozessrecht, 2004, Rn. 570.

[90] Vgl. BVerfGE 40, 88 (94); 42, 258 (260); 72, 119 (121); 108, 355 (360); *Heusch,* in: Umbach/Clemens/Dollinger, BVerfGG, 2. Aufl. 2005, § 31 Rn. 60.

geber hier ein gewisser Einschätzungsspielraum zur Seite steht. Andererseits ist zu beachten, dass es zu den beanstandeten Änderungen des Abgeordnetengesetzes anlässlich der „Gehälter-Affäre" und der damit einhergehenden Vertrauenskrise gekommen ist. In dieser Situation durfte sich der Gesetzgeber ausnahmsweise und in begrenztem Umfang zu Einschränkungen des freien Mandats veranlasst sehen. Der von der Senatsminderheit der Nebentätigkeits-Entscheidung befürworteten verfassungskonformen Auslegung bedarf es nicht, und diese kommt hier aus weiteren Gründen nicht in Betracht. Der Senatsmehrheit wird zu Recht vorgeworfen, sie habe sich zu Unrecht auf ein verfassungsrechtliches Leitbild des „Berufspolitikers" festgelegt.[91] Das ergibt sich etwa aus den Ausführungen zur zeitlichen Inanspruchnahme des Abgeordneten in der Gegenwart und aus dem Hinweis auf eine Rechtfertigung der Vollalimentation nur aufgrund der Vollzeittätigkeit des Abgeordneten. Ferner hat die Senatsmehrheit die Vorgaben des Diäten-Urteils zum Ermessen der Abgeordneten bei der Mandatsausübung nicht hinreichend berücksichtigt. Zu der hier gebotenen Prüfung der Reichweite des freien Mandats hat es der Festlegung auf ein Leitbild des Abgeordneten nicht bedurft, und dem Grundgesetz ist ein solches Leitbild auch nicht zu entnehmen: Der Gewährleistungsbereich des freien Mandats reicht vielmehr so weit, dass Spielraum für ganz unterschiedliche Amtsauffassungen bleibt. Sowohl das Behinderungsverbot des Art. 48 Abs. 2 Satz 1 GG als auch der Anspruch auf eine Aufwandsentschädigung nach Art. 48 Abs. 3 Satz 1 GG sollen den Zugang zum Parlament erweitern und taugen deshalb als Grundlage weder für ein Recht auf Nichtteilnahme an der parlamentarischen Arbeit noch umgekehrt für den faktischen Ausschluss berufstätiger Abgeordneter. Während sich das Bundesverfassungsgericht auf ein verfassungsrechtliches Leitbild des Abgeordneten festgelegt hat, ohne nach den Umständen hierzu aufgerufen gewesen zu sein, hat es die vom Fall tatsächlich aufgeworfenen, drängenden Fragen nach der Abgrenzung zwischen den Rechten und den Pflichten des Abgeordneten sowie nach der Funktion der Aufwandsentschädigung und dem Verhältnis zwischen Entschädigung und Mandatsausübung nicht geklärt. Von einem „Ruhmesblatt" der verfassungsgerichtlichen Rechtsprechung kann deshalb hinsichtlich der Nebentätigkeits-Entscheidung nicht die Rede sein.[92]

[91] Vgl. *Linck,* NJW 2008, S. 24 f.; dazu auch *H. H. Klein,* in: Maunz/Dürig, GG, Art. 38 Rn. 223c (Dez. 2007).

[92] Vgl. *Battis,* in: *Hipp,* Kein Ruhmesblatt für das Verfassungsgericht – Interview, SPIEGEL ONLINE, 9. Juli 2007.

Der Erlass von Rechtsverordnungen in der Rechtsprechung des Bundesverfassungsgerichts

EVA MENGES / DAMIAN PREISNER

Leitentscheidungen des Bundesverfassungsgerichts

BVerfGE 11, 77 – Ermächtigungsadressaten
BVerfGE 91, 148 – Umlaufverfahren
BVerfGE 101, 1 – Hennenhaltungsverordnung
BVerfGE 114, 196 – Beitragssicherungsgesetz
BVerfGE 125, 175 – Hartz IV-Regelsatz
BVerfG, Beschluss des Zweiten Senats vom 12. Oktober 2010 – 2 BvF 1/07 –, DVBl. 2011, S. 92 ff. – Legehennenhaltung

Schrifttum

Bauer, Hartmut, Parlamentsverordnungen, in: Bauer (Hrsg.), Wirtschaft im offenen Verfassungsstaat: Festschrift für Reiner Schmidt zum 70. Geburtstag, 2006, S. 237 ff.; *Epping, Volker*, Die Willensbildung von Kollegialorganen – Am Beispiel der Beschlussfassung der Bundesregierung – DÖV 1995, S. 719 ff.; *Hebeler, Timo,* Ist der Gesetzgeber verfassungsrechtlich verpflichtet, Gesetze zu begründen?, DÖV 2010, S. 754 ff.; *Müller-Terpitz, Ralf*: Rechtsverordnungen auf dem Prüfstand des Bundesverfassungsgerichts – zugleich eine Besprechung des Urteils vom 6. Juli 1999 – 2 BvF 3/90 – zur Hennenhaltungsverordnung –, DVBl. 2000, S. 232 ff.; *Lenz, Christofer*, Die Umgehung des Bundesrats bei der Verordnungsänderung durch Parlamentsgesetz, NVwZ 2006, S. 296 ff.; *Ossenbühl, Fritz*, Verordnungsänderung durch den Gesetzgeber, in: F. Kirchhof/Papier/Schäffer (Hrsg.), Rechtsstaat und Grundrechte: Festschrift für Detlef Merten, 2007, S. 169 ff.; *Schmidt-Aßmann, Eberhard*, Die Rechtsverordnung in ihrem Verhältnis zu Gesetz und Verwaltungsvorschrift, in: Aufgaben und Perspektiven verwaltungsrechtlicher Forschung – Aufsätze 1975–2005, 2006, S. 141 ff.; *Schneider, Hans*, Gesetzgebung, 3. Aufl. 2002; *Schnelle, Simon*, Eine Fehlerfolgenlehre für Rechtsverordnungen, 2007; *Uhle, Arnd*, Ein dritter Weg?, in: Pitschas (Hrsg.), Wege gelebter Verfassung in Recht und Politik: Festschrift für Rupert Scholz zum 70. Geburtstag, 2007, S. 381 ff.

Inhalt

I. Einleitung

Während das Grundgesetz unter der Überschrift „Gesetzgebung des Bundes" umfangreiche Vorgaben für das Verfahren macht, das auf den Erlass von Parlamentsgesetzen zielt, widmet es sich dem Thema „Erlass von Rechtsverordnungen" in nur einem Artikel, nämlich Art. 80 GG. Diese Bestimmung darf indessen nicht unterschätzt werden. Sie hat im Laufe der Jahre, vor allem aber in jüngerer und jüngster Zeit, Ausdeutungen durch das Bundesverfassungsgericht erfahren, die nicht nur für die Praxis der Verordnungsgebung von Bedeutung sind. Sie werfen Schlaglichter auch auf das Verhältnis der Gewalten zueinander, insbesondere auf das Verhältnis der Legislative zur Exekutive, und auf das staatliche Selbstverständnis von Bund und Ländern. Sie liefern Erkenntnisse für das, was die Qualität guter Gesetzgebung ausmacht, und offenbaren das Bestreben, über eine Berechenbarkeit der Gesetzgebung im Formalen ihre Inhalte in den materiellen Grenzen des Grundgesetzes zu halten.

II. Rechtsverordnungen als Regelungsgegenstand des Art. 80 Abs. 1 GG

Art. 80 GG enthält keine materielle Definition der Rechtsverordnung. Bedeutsame inhaltliche Vorgaben an den delegierenden Gesetzgeber, insbesondere den Grundsatz, der Gesetzgeber habe „wesentliche" Entscheidungen selbst zu treffen und dürfe sie nicht der Verwaltung überlassen,[1] leitet das Bundesverfassungsgericht aus dem Rechtsstaatsprinzip und dem Demokratieprinzip her. Art. 80 GG nähert sich seinem Regelungsgegenstand, indem er den Normgeber (die Ermächtigungsadressaten) bezeichnet und das Verfahren auf Erlass einer Rechtsverordnung, wenn auch nur partiell,[2] ausgestaltet.

[1] Vgl. BVerfGE 41, 251 (260); 45, 400 (417 f.); 47, 46 (78 f.); 116, 24 (58).
[2] Vgl. BVerfGE 91, 148 (165).

Diese Ausgestaltung zielt, so lässt sich einer frühen Entscheidung des Bundesverfassungsgerichts entnehmen, auf eine Machtkontrolle der Exekutive durch Verfahrensgarantien. In dieser Entscheidung des Bundesverfassungsgerichts, die sich mit der Anwendung des Art. 80 GG auf die Verleihung und Ausübung von Satzungsgewalt befasste, heißt es anschaulich, das Bedürfnis, eine Macht zu zügeln, die versucht sein könnte, praktisch-effiziente Regelungen auf Kosten der Freiheit der Bürger durchzusetzen, sei, wie die geschichtliche Erfahrung lehre, im Falle der Normsetzung durch die staatliche Exekutive deutlich fühlbarer als bei der Regelung eigener Aufgaben einer in ihrem Wirkungskreis beschränkten Körperschaft durch deren demokratisch gebildete Organe.[3] Das latente Misstrauen des Verfassungsgebers gegenüber der vollziehenden Gewalt ist bei der Auslegung und Anwendung des Art. 80 GG stets mitzulesen.[4]

Auf der anderen Seite findet Art. 80 GG nach der Rechtsprechung des Bundesverfassungsgerichts überall dort keine Anwendung, wo Rechtsetzung durch einen anderen Normgeber als das Parlament entsprechendes Misstrauen nicht verdient. Dass Satzungen Art. 80 GG nicht unterfallen, hatte das Bundesverfassungsgericht auszusprechen mehrfach Anlass.[5] Eine Anwendung des Art. 80 GG verneinte es aber auch für Allgemeinverbindlicherklärungen von Tarifverträgen,[6] außerdem für Regelungen über die Kirchensteuer solcher Religionsgesellschaften, denen gemäß Art. 140 GG in Verbindung mit Art. 137 Abs. 3 WRV das Recht zusteht, ihre Angelegenheiten selbständig innerhalb der Schranken des für alle geltenden Gesetzes zu ordnen und zu verwalten.[7]

Versteht man Art. 80 GG in diesem Sinne als Zügel der Exekutive und Garant bürgerlicher Freiheit, sind die Kautelen, denen er die Verordnungsgebung unterwirft, nicht bloß von technischem Interesse.

III. Ermächtigungsadressaten des Art. 80 Abs. 1 GG

1. Numerus clausus der Ermächtigungsadressaten

Art. 80 GG leitet in seinem Absatz 1 Satz 1 die Vorgaben des Verfahrens auf Erlass von Rechtsverordnungen mit einer Aufzählung der Adressaten ein, die der Parlamentsgesetzgeber originär mit der Normsetzung beauftra-

[3] Vgl. BVerfGE 33, 125 (157).

[4] Zur Rechtsverordnung als „,suspektes' Instrument" (kritisch) *Schmidt-Aßmann*, Die Rechtsverordnung in ihrem Verhältnis zu Gesetz und Verwaltungsvorschrift, in: Aufgaben und Perspektiven verwaltungsrechtlicher Forschung – Aufsätze 1975–2005, 2006, S. 141 (142 f.).

[5] Vgl. BVerfGE 12, 319 (325); 33, 125 (156 ff.); 49, 343 (362); 97, 332 (343).

[6] Vgl. BVerfGE 44, 322 (349); 55, 7 (20).

[7] Vgl. BVerfGE 73, 388 (400).

gen kann. Er nennt die Bundesregierung, einen Bundesminister und die Landesregierungen. Bei der Auswahl innerhalb dieses von Art. 80 Abs. 1 Satz 1 GG abgesteckten Adressatenkreises ist der Gesetzgeber frei.[8] Trotz dieser auf den ersten Blick klaren Vorgabe hatte das Bundesverfassungsgericht mehrfach Anlass und Gelegenheit, sich zum Kreis möglicher Verordnungsgeber zu verhalten.

2. *Insbesondere: die Bundesregierung*

Entscheidet sich der Gesetzgeber dafür, die Befugnis zum Erlass von Rechtsverordnungen der Bundesregierung zu übertragen, geht sie damit auf die Bundesregierung als nach Maßgabe des Art. 62 GG kollegial gebildetes Verfassungsorgan über.[9] Das nähere Vorgehen der Bundesregierung ist jedoch – ebenso wie das der übrigen Adressaten – verfassungsrechtlich nicht näher festgelegt und kann daher von ihr grundsätzlich selbst geregelt werden. Dabei darf die Verbindlichkeit der parlamentarischen Entscheidung über die Übertragung der Rechtsetzungsbefugnis nach Art. 80 Abs. 1 Satz 1 GG nicht in Frage gestellt werden. Daraus leitet das Bundesverfassungsgericht nicht nur ab, dass die Befugnis zum Erlass der Rechtsverordnung keinem anderen Organ überlassen werden darf. Es verlangt vielmehr auch, dass die materielle Zurechenbarkeit an das ermächtigte Organ gewährleistet bleibt und nicht durch die Art und Weise der Verordnungsgebung in Frage gestellt wird. Die Zurechenbarkeit in diesem Sinne bedeutet dabei weder, dass ein Kollegium vollzählig entscheidet, noch, dass dem Erlass eine einstimmige Entschließung zugrunde liegt. Vielmehr rechnet das Bundesverfassungsgericht die Rechtsverordnung dem Kollegialorgan Bundesregierung zu, wenn drei Minimalerfordernissen Genüge getan ist: der Information, der Einhaltung eines Quorums und der Majorität. Das Verfahren der Verordnungsgebung durch die Bundesregierung muss die Beachtung dieser Grundsätze sicherstellen.[10]

In diesem Zusammenhang bedeutet Information, dass sämtliche Mitglieder der Bundesregierung von dem Verordnungsentwurf in Kenntnis gesetzt werden und Gelegenheit erhalten, an der Entscheidung mitzuwirken. Sie sind so rechtzeitig über den Verordnungsentwurf zu unterrichten, dass eine vorherige Meinungs- und Willensbildung gewährleistet bleibt. Die danach zur Verfügung stehende Prüfungszeit muss ausreichend sein, um eine sachliche Prüfung des Entwurfs zu ermöglichen. Was in diesem Sinn als ausreichend anzusehen ist, lässt sich nicht generell und abstrakt bestimmen, sondern

[8] Vgl. BVerfGE 56, 298 (311).
[9] Vgl. BVerfGE 11, 77 (85); 91, 148 (166).
[10] Vgl. BVerfGE 91, 148 (166).

hängt von den Umständen des jeweiligen Falles ab, namentlich von Umfang, Bedeutung und Dringlichkeit der Verordnung.[11]

Hinsichtlich des Mehrheitsprinzips muss gewährleistet sein, dass jedenfalls die Zahl der Zustimmenden größer ist als die Zahl der Ablehnenden. Dabei genügt es, wenn eine Mehrheit der Mitwirkenden – nicht notwendig: eine Mehrheit sämtlicher ihrer Mitglieder, aber doch die Mehrheit eines bestimmten Quorums, dazu sogleich – dem Verordnungsentwurf zustimmt.[12] Diesem Quorum misst das Bundesverfassungsgericht unter den drei Zurechnungskriterien eine besondere Bedeutung zu: Denn wenn das Parlament die Rechtsetzungsbefugnis nicht einem einzelnen Bundesminister, sondern der Bundesregierung insgesamt übertrage, treffe es damit nicht nur eine formale Zuständigkeitsbestimmung, sondern auch eine materielle Qualitätsentscheidung. Der Rechtsverordnung sollten diejenigen Vorteile zugute kommen, die mit einer Kollegialentscheidung im Unterschied zur Einzelentscheidung verbunden seien: vor allem die Vermehrung der entscheidungserheblichen Gesichtspunkte und Argumente, die erhöhte Berücksichtigung von Entscheidungsfolgen und die gesteigerte wechselseitige Kontrolle. Diese Vorzüge kollegialer Entscheidungen lassen sich nur sicherstellen, wenn die Mitwirkung einer hinreichenden, nicht zu niedrig bemessenen Zahl von Mitgliedern der Bundesregierung gewährleistet ist. Dies ist, so das Gericht, dann der Fall, wenn so viele Mitglieder der Bundesregierung an der Beschlussfassung über den Entwurf mitwirken, dass noch von einem Handeln des Kollegiums gesprochen werden kann. Hierfür genügt die Mitwirkung der Hälfte der Kabinettsmitglieder.[13]

Hiervon ausgehend beanstandete das Bundesverfassungsgericht in einer wichtigen Frage des Zustandekommens von Rechtsverordnungen eine lange geübte Staatspraxis: nämlich der Zulässigkeit der früher praktizierten Verordnungsgebung durch die Bundesregierung im sogenannten Umlaufverfahren. Danach kam ein Verordnungsbeschluss der Bundesregierung zustande, wenn innerhalb der vom Chef des Bundeskanzleramts bei der Zuleitung gesetzten Frist von keinem Kabinettsmitglied Widerspruch gegen den Entwurf erhoben wurde. Tatsächlich handelte es sich also weniger um ein Umlaufverfahren als um ein Einwendungsausschlussverfahren.[14] Das Unterlassen eines Widerspruchs ließ bei diesem Verfahren keine Differenzierung zwischen der Nichtteilnahme an der Abstimmung, der Stimmenthaltung und der Zustimmung zu. Alle Verhaltensweisen wurden vielmehr unterschiedslos als Zustimmung gewertet. Dadurch war es im Extremfall möglich, dass eine Rechtsverordnung, die die Bundesregierung zu beschließen hatte, in Wahr-

[11] Vgl. BVerfGE 91, 148 (172 f.).
[12] Vgl. BVerfGE 91, 148 (168).
[13] Vgl. BVerfGE 91, 148 (166 f., 168 f.).
[14] Vgl. *Epping*, DÖV 1995, S. 719.

heit allein von dem zuständigen Fachminister getragen wurde. Dem hielt das Bundesverfassungsgericht entgegen, auch im Umlaufverfahren sei es erforderlich, die Einhaltung des Quorums und der davon abhängigen Mehrheitsregel festzustellen. Dabei beziehe sich das Erfordernis der Mindestbeteiligung auf die Mitwirkung am Umlaufverfahren, die als Willensbekundung hinsichtlich des Beschlussgegenstandes zu verstehen sei. Wer keine Zustimmung, Ablehnung oder Stimmenthaltung bekunde, nehme am Verfahren nicht teil. Die Einheit von Mitwirkung und Willensbekundung erfordere mit Blick auf Quorum und Majorität aber, dass die Zustimmung im Fall des Schweigens eines Kabinettsmitglieds nicht unterstellt oder gar fingiert wird, sondern der schriftlichen Erklärung bedarf.[15]

3. Landesregierungen

Das Bundesverfassungsgericht klärte früh, dass als Ermächtigungsadressat im Sinne des Art. 80 Abs. 1 Satz 1 GG grundsätzlich nur die Landesregierungen in ihrer Gänze, nicht aber einzelne Landesminister in Betracht kommen. Diesen Grundsatz begründete es mit dem Respekt der Bundesverfassung vor den Landesverfassungen und damit dem Prinzip des Bundesstaates.[16] Zugleich gestand es den Landesverfassungen zu, den Begriff der „Landesregierung" in Art. 80 Abs. 1 Satz 1 GG autonom auszufüllen: Was „Landesregierung" sei, bestimme das Landesverfassungsrecht. Nur dann, wenn nach dem Verfassungsrecht eines Landes unter „Landesregierung" auch der zuständige Minister verstanden werden könne, könne die durch Bundesgesetz der „Landesregierung" gegebene Ermächtigung unmittelbar durch den Minister ausgeübt werden.[17] Diese Achtung vor der Eigenständigkeit der Länder im Bundesstaat setzte das Bundesverfassungsgericht bei der Qualifikation des auf der Grundlage einer Ermächtigung im Sinne des Art. 80 Abs. 1 Satz 1 GG geschaffenen Rechts fort, indem es konstatierte, eine von einem Landesorgan erlassene Rechtsvorschrift sei auch dann Landesrecht, wenn sie sich auf eine bundesrechtliche Ermächtigung stütze.[18]

Sämtliche dieser Feststellungen sind inzwischen selbstverständlicher Bestandteil der Gesetzgebungspraxis. Im Jahr 1960, in dem das Bundesverfassungsgericht seine Thesen entwickelte, trafen sie auf einen Normenbestand, der auf solche Wahrheiten nicht vorbereitet war. Eine Vielzahl von Ermächtigungsgrundlagen wandte sich ganz selbstverständlich an oberste Landesbehörden statt an die Landesregierungen in ihrer Gänze, so etwa an die Landesjustizverwaltungen.

[15] Vgl. BVerfGE 91, 148 (169 ff.).
[16] Vgl. BVerfGE 11, 77 (85); bekräftigt in BVerfGE 88, 203 (332).
[17] Vgl. BVerfGE 11, 77 (86).
[18] Vgl. BVerfGE 18, 407 (413 f.).

Entsprechend reagierte der Bundesgesetzgeber nur wenige Monate nach Erlass der Grundsatzentscheidung des Bundesverfassungsgerichts zum Kreis der Ermächtigungsadressaten mit dem Gesetz über Rechtsverordnungen im Bereich der Gerichtsbarkeit vom 1. Juli 1960,[19] in dem er an die „obersten Landesbehörden" gerichtete Verordnungsermächtigungen im Gerichtsverfassungsgesetz und in Bundesgesetzen der verschiedensten Gebiete pauschal durch Ermächtigungen zugunsten der „Landesregierungen" ersetzte und die Möglichkeit der Subdelegation schuf.[20] Ein Jahr später ließ er das umfassend angelegte Gesetz über Ermächtigungen zum Erlass von Rechtsverordnungen vom 3. Juli 1961[21] folgen. Die Begründung dieses zweiten Reparaturgesetzes befasste sich ausdrücklich mit der Rechtsprechung des Bundesverfassungsgerichts und empfahl die vorgeschlagene „Globallösung" mit den Worten, es erscheine nicht möglich, die durch das Gesetz vom 1. Juli 1960 noch nicht erfassten Ermächtigungen in der laufenden (3.) Legislaturperiode „einzeln zu novellieren".[22]

Was als Maßnahme der ersten Hilfe gedacht war, erwies sich als ausgesprochen langlebig: Das Gesetz vom 1. Juli 1960 wurde erst rund fünfzig Jahre später mittels des Art. 23 des Ersten Gesetzes über die Bereinigung von Bundesrecht im Zuständigkeitsbereich des Bundesministeriums der Justiz vom 19. April 2006[23] aufgehoben. Das Gesetz vom 3. Juli 1961 fiel gar erst dem Zweiten Gesetz über die Bereinigung von Bundesrecht im Zuständigkeitsbereich des Bundesministeriums der Justiz vom 23. November 2007[24] zum Opfer.

Der Aufhebung der Gesetze vom 1. Juli 1960 und 3. Juli 1961 lag keineswegs die Vorstellung zugrunde, die vom Bundesverfassungsgericht entwickelten Regeln seien überholt. Vielmehr stellte sich der Bundesgesetzgeber auf den Standpunkt, die Gesetze hätten seit ihrem Erlass nach und nach dadurch an Bedeutung verloren, dass die mit ihnen ergänzten Ermächtigungsnormen vom Gesetzgeber in einer Art. 80 Abs. 1 Satz 1 GG gemäßen Weise umgestaltet worden seien.[25] Zugleich suchte er mit der Anpassung weniger noch verbliebener defizitärer Ermächtigungsgrundlagen und der Aufhebung der Gesetze vom 1. Juli 1960 und 3. Juli 1961 einer anderen Gefahr vorzubeugen: Fürchtete er doch, aufgrund der neueren Rechtsprechung des Bundesverfassungsgerichts zum Zitiergebot[26] möchten Rechtsverordnungen beanstandet werden, die nur die defizitäre Ermächtigungsgrundlage und nicht auch die

[19] BGBl I S. 481.
[20] Zur Anwendung dieses Gesetzes vgl. etwa BVerfGE 38, 139 (147).
[21] BGBl I S. 856.
[22] BTDrucks. 3/2626, S. 3.
[23] BGBl I S. 866.
[24] BGBl I S. 2614.
[25] BTDrucks. 16/47, S. 52, und BTDrucks. 16/5051, S. 29.
[26] Vgl. BVerfGE101, 1 (42).

Reparaturgesetze bezeichneten.[27] Insofern ist die Geschichte dieser „Globalregelungen" ein schönes Beispiel für die Fehleranfälligkeit, die sich mit jedem Bemühen um eine Fehlerkorrektur verbindet.

4. Exkurs: Rechtsverordnungen der Legislative

Die in Art. 80 Abs. 1 Satz 1 und 4 GG enthaltene Festlegung des Kreises potenzieller Verordnungsgeber ist dem Wortlaut nach abschließend gefasst. Er darf nicht darüber hinaus erweitert werden.[28] Damit scheint es sich zugleich auch von selbst zu verstehen, dass der parlamentarische Gesetzgeber, obgleich er die Ermächtigung zum Verordnungserlass erteilt, selbst keine Rechtsnormen schaffen kann, die im Rang einer Rechtsverordnung stehen. Solches hatte das Bundesverfassungsgericht früher ausdrücklich ausgesprochen: Der Erlass von Rechtsverordnungen gehöre zum Aufgaben- und Kompetenzbereich der Exekutive, während die vom Parlament erlassenen Normen Gesetze seien. Weil der Gesetzgeber nicht außerhalb seiner verfassungsrechtlichen Aufgaben tätig werden könne, sei ihm der Verordnungserlass verwehrt.[29] Daraus folgte die Regel: Ebenso wenig, wie die Exekutive Normen schaffen könne, die im Gesetzesrang stehen, könne das Parlament Recht setzen, das Verordnungsqualität habe. Der Rechtsquellenrang einer Norm bestimmte sich auf der Grundlage dieses Ansatzes nicht nach dem Regelungskontext, also dem „äußeren Kleid", in das sie hineingestellt war, sondern ausschließlich nach dem Organ, das sie erlassen hatte.[30]

Umso mehr überraschten angesichts dieser eigentlich gesicherten Ausgangslage die beiden kurz aufeinander folgenden Beschlüsse des Zweiten Senats vom 13. und 27. September 2005,[31] die in einer zumindest partiellen Kehrtwende jedenfalls für den Fall der Änderung einer Rechtsverordnung durch den parlamentarischen Gesetzgeber postulieren, Gesetze seien insoweit als „im parlamentarischen Gesetzgebungsverfahren geschaffenes Verordnungsrecht" anzusehen.[32]

Zum Verständnis dieser Entscheidungen, die zumindest Raum für Interpretationen in Richtung eine grundlegenden Neubestimmung im Recht der Verordnungsgebung lassen, sind einige erklärende Bemerkungen vonnöten: Der parlamentarische Gesetzgeber hatte schon kurze Zeit nach Inkrafttreten des Grundgesetzes damit begonnen, bestehende Rechtsverordnungen durch Gesetz zu ändern. Dies war und ist ihm nicht verwehrt, denn durch die Ertei-

[27] BTDrucks. 16/47, S. 53.

[28] Vgl. BVerfGE 28, 66 (83).

[29] Vgl. BVerfGE 22, 33 (346); 24, 184 (199).

[30] Vgl. BVerfG, Beschluss der 3. Kammer des Zweiten Senats vom 30. April 1996 – 2 BvL 20/94 –, NVwZ 1997, S. 261 (262).

[31] Vgl. BVerfGE 114, 196; 114, 303.

[32] Vgl. BVerfGE 114, 196 (233).

lung von Verordnungsermächtigungen verliert er nicht seine Regelungsbefugnis und den Zugriff auf die von der Ermächtigung umfasste Materie.[33] So, wie er eine Rechtsverordnung durch Bezugnahme auf ihren Inhalt als förmliches Gesetz erlassen kann,[34] kann er eine Rechtsverordnung unmittelbar kraft Gesetzes auch aufheben oder inhaltlich modifizieren.[35]

Die letztgenannten ändernden Eingriffe erschöpfen sich nicht selten im Sinne rein technischer Folgeänderungen allein in der Anpassung von Verweisungen oder der Übernahme einer geänderten Terminologie. Umfassende und auch materiell tiefgreifende Umgestaltungen des geltenden Verordnungsrechts nimmt der Gesetzgeber aber häufig dann vor, wenn er ein Regelungsgefüge, das durch ein komplexes Ineinandergreifen von Gesetzes- und auf diesem beruhendem Verordnungsrecht gekennzeichnet ist, einer grundsätzlichen Umgestaltung unterziehen will. Ein derartiges Vorgehen erleichtert nicht nur die Abstimmung aller nötigen Normänderungen in regelungstechnischer wie inhaltlicher Hinsicht und vermeidet die Verzögerungen, die eine Aufspaltung in zwei selbständige Rechtsetzungsverfahren mit sich bringen kann, wenn auch nicht notwendigerweise mit sich bringen muss;[36] es gibt dem Parlament vor allem die Möglichkeit, das von ihm beabsichtigte Reformvorhaben in allen Details zunächst selbst zu regeln.[37]

Allerdings ging die Staatspraxis seit jeher – durchaus in Übereinstimmung mit der oben genannten, der Rechtsprechung des Bundesverfassungsgerichts entnommenen Regel – davon aus, dass solche Änderungen einer Rechtsverordnung durch ein Gesetz auch Gesetzesrang haben. Demzufolge sollte eine durch Gesetz geänderte Rechtsverordnung ab dem Zeitpunkt der Änderung zum Teil aus Vorschriften im Rang eines Parlamentsgesetzes und solchen im Rang einer Rechtsverordnung bestehen. Da in Konsequenz dessen angenommen wurde, dass dem Verordnungsgeber der ändernde Zugriff auf dieses Gesetzesrecht verwehrt, es für ihn also gleichsam „versteinert" war, musste der Gesetzgeber ihm in einem zweiten, sinnvollerweise im Änderungsgesetz mitenthaltenen Akt den Zugriff auf die Rechtsverordnung insoweit durch eine ausdrückliche, über die eigentliche Verordnungsermächtigung hinausgehende Regelung, die sog. „Entsteinerungsklausel", wieder gestatten.[38] Mittels der

[33] Vgl. BVerfGE 22, 330 (346); 114, 196 (232).

[34] Vgl. BVerfGE 22, 330 (346).

[35] Vgl. BVerfGE 114, 196 (235 f.).

[36] Vgl. dazu *Uhle*, in: Festschrift für Rupert Scholz, 2007, S. 381 (409 f.); *Bauer*, in: Festschrift für Reiner Schmidt, 2006, S. 237 (241).

[37] Vgl. BVerfGE 114, 196 (234 f.).

[38] Bundesministerium der Justiz (Hrsg.), Handbuch der Rechtsförmlichkeit, 2. Aufl, 1999, Rn. 704 ff. Das dort abgedruckte Muster einer solchen Entsteinerungsklausel („Rückkehr zum einheitlichen Verordnungsrang") lautet: „Die auf Artikel ... beruhenden Teile der ...verordnung können auf Grund der Ermächtigung des ...gesetzes durch Rechtsverordnung geändert werden."

Entsteinerungsklausel ordnete der Parlamentsgesetzgeber an, dass die betreffende Norm nur solange als Gesetz Geltung beanspruchen sollte, bis der Verordnungsgeber eine anderweitige Regelung traf.[39] Der Verordnungsänderung durch Gesetz folgte die Ermächtigung zur Gesetzesänderung durch Rechtsverordnung.[40] Die Übung, Artikelgesetze, die auch Änderungsbefehle für Rechtsverordnungen enthielten, mit einer Entsteinerungsklausel zu versehen, soll sich im Übrigen – so wird in der Literatur berichtet – um das Jahr 1980 eingebürgert haben.[41]

Demgegenüber nimmt das Bundesverfassungsgericht in dem Beschluss vom 13. September 2005 an, dass einer durch Gesetz modifizierten Verordnung von vornherein insgesamt nur ein einheitlicher Verordnungsrang zukommt. Interessanterweise begründete das Bundesverfassungsgericht diesen Bruch mit seiner bisherigen Sichtweise nicht mit Art. 80 GG, sondern mit zwei Gedankengängen, die es dem Rechtsstaatsprinzip (Art. 20 Abs. 3 GG) und dem daraus folgenden Prinzip der Rechtssicherheit entnimmt: Die Änderung einer Rechtsverordnung durch den Gesetzgeber dürfe nicht der grundsätzlichen Unterscheidung zwischen beiden Regelungsformen und der rechtsstaatlichen Klarheit in Bezug auf die jeweils verschieden geregelten Geltungsvoraussetzungen, Rang, Rechtsschutzmöglichkeiten und Verwerfungskompetenzen zuwiderlaufen. Zum einen dürfe hierdurch kein missverständlicher und irreführender Normenkomplex entstehen, dessen äußere Einkleidung als Verordnung im Widerspruch zu dem tatsächlichen Rechtsquellenrang einzelner in ihr enthaltenen Normteile stehe, deren Rechtscharakter nur durch eine Recherche der Änderungsgeschichte unter erheblichem Aufwand ermittelt werden könne. Dass zur Normenklarheit auch Normenwahrheit gehöre, wirke sich hier, so das Bundesverfassungsgericht plastisch, in denkbar einfacher Weise aus: Ein Regelungswerk müsse auch nach zahlreichen Änderungen noch halten, was es seiner äußeren Form nach verspreche. Zum anderen verweist das Gericht auf das Postulat der Rechtsmittelklarheit: Die grundlegende Verschiedenheit der Kontroll- und Verwerfungskompetenzen von förmlichen Gesetzen und Verordnungen im behördlichen und gerichtlichen Verfahren verbiete es, bei der parlamentarischen und exekutiven Rechtsetzung beide Rechtsformen so zu vermischen, dass eine klare Zuordnung nicht mehr möglich sei. Das Parlament könne nach der bisherigen Praxis beliebig mit förmlichem Gesetz ändernd in einen Verordnungstext eingreifen und dabei nicht nur Regelungen ändern, die mit dem Anliegen des Änderungsgesetzes im Zusammenhang stehen, sondern auch Änderungen

[39] Vgl. BVerfG, Beschluss der 3. Kammer des Zweiten Senats vom 30. April 1996 – 2 BvL 20/94 – NVwZ 1997, S. 261 (262).

[40] *Uhle*, a.a.O., S. 383; differenzierter *Bauer*, a.a.O., S. 244.

[41] *Hans Schneider*, Gesetzgebung, 3. Aufl. 2002, Rn. 663; darauf verweisend *Ossenbühl*, in: Festschrift für Detlef Merten, 2007, S. 169 (172).

vornehmen, die es aus anderen Gründen für zweckmäßig halte. Eine derartige Abgrenzung mit der Folge, dass in ein und derselben Rechtsverordnung der Rechtsschutz gegen bestimmte Regelungen vor den Fachgerichten erlangt werden könne, gegen andere hingegen von der Aussetzung und Vorlage nach Art. 100 Abs. 1 GG abhänge, erweise sich als im Sinne des Art. 3 Abs. 1 GG nicht sachgerecht.[42]

Die Entscheidung lässt interessanterweise auch erkennen, dass das Bundesverfassungsgericht die Konstruktion des vom Parlament geschaffenen Verordnungsrechts gleichwohl mit gewissem Unbehagen betrachtet, denn es bindet sie unter Verweis auf den Grundsatz der Formenstrenge der Rechtsetzung und auf das Prinzip der Rechtssicherheit an einige von „nicht geringer Kreativität“[43] zeugende Bedingungen. Zunächst betont es, dass dem parlamentarischen Gesetzgeber bei der Rechtsetzung eine freie Formenwahl nicht zustehe: Die Einordnung einer vom Parlament erlassenen Norm als Rechtsverordnung durchbreche den Grundsatz der klaren Zuordnung von Kompetenzen und Verantwortung, der seine Notwendigkeit sowohl aus dem Rechtsstaats- als auch aus dem Demokratieprinzip beziehe. Sie könne deshalb nur hingenommen werden, wenn es sich um eine Anpassung im Rahmen einer Änderung eines Sachbereichs durch den Gesetzgeber handele. Das Bundesverfassungsgericht folgert hieraus, der parlamentarische Gesetzgeber sei bei der Änderung von Verordnungsrecht an die Regeln des Gesetzgebungsverfahrens nach Art. 76 ff. GG gebunden. Dies soll auch mit Blick auf die Beurteilung der Zustimmungsbedürftigkeit durch den Bundesrat gelten, die – dazu näher unten – demnach nicht an Art. 80 Abs. 2 GG, sondern an Art. 84 Abs. 1 GG zu messen ist. Gleichwohl soll das Parlament, obwohl sein Handeln formal im Verfahren der Gesetzgebung erfolgt, bei der Änderung einer Rechtsverordnung an die Grenzen der Ermächtigungsgrundlage (Art. 80 Abs. 1 Satz 2 GG) gebunden sein, da nur so ein einheitlicher Prüfungsmaßstab bei der gerichtlichen Kontrolle gewährleistet sei, die – wegen der Einordnung als Verordnungsrecht – allein durch die Fachgerichte zu erfolgen habe und nicht nach Art. 100 Abs. 1 GG.[44]

Folgt man dem, sind Entsteinerungsklauseln entbehrlich. Da das Parlament Recht im Range einer Rechtsverordnung setzt, kann dieses Recht ohne weiteres durch die Exekutive geändert werden, die dabei allein an die Ermächtigungsgrundlage gebunden ist.[45] Die Verwendung einer Entsteinerungsklausel durch den Gesetzgeber sieht das Bundesverfassungsgericht gleichwohl als Indiz dafür an, dass der Gesetzgeber den eingefügten Verord-

[42] Vgl. BVerfGE 114, 196 (235 ff.).
[43] *Bauer*, in: Dreier, GG, Bd. 2, 2. Aufl. 2006, Art. 80 Rn. 50.
[44] Vgl. BVerfGE 114, 196 (238 ff.).
[45] Vgl. BVerfGE 114, 196 (240).

nungsteil in den Verantwortungsbereich der Exekutive entlasse, der auch aus seiner Sicht wie eine Rechtsverordnung behandelt werden könne.[46]

Die wesentlichen Kritikpunkte gegen diese Fortentwicklung der Rechtsprechung formuliert bereits das Sondervotum zu dieser Entscheidung.[47] Die abweichenden Senatsmitglieder, die Richterin Osterloh und der Richter Gerhardt, verweisen im Ausgangspunkt ihrer Kritik auf die Grundsätze, die sich aus der bisherigen Rechtsprechung des Bundesverfassungsgerichts ergeben haben: Der Rang einer Vorschrift bestimme sich in strikt formeller Betrachtungsweise nach ihrem Urheber;[48] hiernach sei auch das Verfahren zu beurteilen, in dem sie entstehe. Weder werde ein Gesetz in einer „logischen Sekunde" nach seinem Inkrafttreten zur Rechtsverordnung, noch erlaube das Grundgesetz dem Gesetzgeber, seinem Rechtsetzungsakt einen anderen Rang als den des Gesetzes zuzuweisen. Der Argumentation der Senatsmehrheit fehle auch deshalb die Überzeugungskraft, weil aus 50 Jahren Rechtsanwendung kein Fall bekannt geworden sei, bei dem Zweifelsfragen hinsichtlich des Rangs einer Verordnungsbestimmung nicht hätten gelöst werden können. Gegenstand einer Normenkontrolle sei zudem immer die jeweils anzuwendende Einzelvorschrift, deren Rang ermittelt werden könne, und nicht die normtechnische Einheit; deshalb helfe die Prämisse nicht weiter, nach der eine Norm nicht verschiedenen Verwerfungskompetenzen unterliegen könne. Eine einheitliche Verwerfungskompetenz in Bezug auf Rechtsverordnungen könne zudem in einer Vielzahl von Fällen schon deshalb nicht erreicht werden, weil Gesetzes- mit Verordnungsrecht sachlich derart verknüpft sei, dass eine isolierte Verwerfung des Verordnungsrechts nicht in Betracht komme. Schließlich setze die Senatsmehrheit an Stelle des von ihr verworfenen „quantitativen Mischgebildes" aus einem Nebeneinander von Gesetzes- und Verordnungsrecht ein „qualitatives Mischgebilde", nämlich einen im Gesetzgebungsverfahren unter zusätzlicher Beachtung von Art. 80 Abs. 1 Satz 2 GG entstandenen Rechtssatz, der in seinen Wirkungen wie eine Rechtsverordnung behandelt werde. Nicht überzeugend seien auch die von der Senatsmehrheit bestimmten Voraussetzungen für die Zulässigkeit eines solchen qualitativen Mischgebildes. Namentlich in Bezug auf die Bindung des Gesetzgebers an die Grenzen der Verordnungsermächtigung sei zu unterstreichen, dass sich der Gesetzgeber bei seinem Tätigwerden auf Verordnungsebene nicht seiner originären Gestaltungsfreiheit begebe, die selbstverständlich fortbestehe. Inkonsequent sei auch, dass der Gesetzgeber nicht den weiteren Anforderungen des Art. 80 GG, insbesondere denen des Zitiergebots, unterworfen sein solle.

[46] Vgl. BVerfGE 114, 303 (313 f.).

[47] Vgl. BVerfGE 114, 196 (250 ff.).

[48] *Ossenbühl*, a.a.O., S. 169 (175), spricht von der „‚Normurheberkonstruktion' des Sondervotums" im Gegensatz zum „‚Einheitsmodell' der Senatsmehrheit".

Diese Kritik des Sondervotums hat, so wie umgekehrt auch Gesichtspunkte für die Auffassung der Senatsmehrheit aufgezeigt worden sind,[49] in der Literatur Zustimmung und Vertiefung erfahren. Zum einen wird der Figur eines „im parlamentarischen Gesetzgebungsverfahren geschaffenen Verordnungsrechts" vorgehalten, ein Wahlrecht des Gesetzgebers, das sich auf den Rechtsetzungserfolg, d.h. auf die Rechtsqualität seiner Regelungswerke, beziehe, sei dem Grundgesetz fremd. Der Grundsatz, dass die Legislative beim Normerlass zwingend und ausschließlich Gesetzesrecht hervorbringe und sie namentlich nicht befähigt sei, Recht im Rang einer Rechtsverordnung hervorzubringen, ergebe sich unzweideutig aus einer Gesamtbetrachtung der Art. 76 bis 78 GG und des Art. 80 GG. Diese grundgesetzliche Unterscheidung stehe nicht zur Disposition, so dass weder Gesetz- noch Verordnungsgeber über ein Recht zur freien Formenwahl verfügten. Das Bundesverfassungsgericht erkenne dieses Prinzip zwar grundsätzlich an. Seine Durchbrechung, wenn auch nur für den Fall einer Anpassung von Verordnungsrecht im Rahmen der Änderung eines Sachbereichs durch den Gesetzgeber, bejahe aber letztlich implizit doch die genannte gesetzgeberische Freiheit.[50] Zum anderen verkehre das Bundesverfassungsgericht den Blickwinkel, indem es nicht die Rechtsform als Voraussetzung den Rechtsfolgen staatlichen Handelns zugrunde lege, sondern stattdessen unter dem rechtsfolgenorientierten Blickwinkel der Rechtssicherheit und Normenklarheit tatsächliche oder vermeintliche Schwierigkeiten in der praktischen Handhabung für die Bestimmung der Rechtsform als maßgeblich erkläre.[51] Zudem sei diesem argumentativen Ausgangspunkt des Bundesverfassungsgerichts entgegenzuhalten, dass es den Grundsatz der Normenklarheit nicht nur quantitativ überdehne, sondern auch einer qualitativen Veränderung unterziehe. Dieser werde nicht nur auf die Offenlegung des Rangs einer Vorschrift ausgedehnt. Darüber hinaus werde auch gefordert, dass dieser Rang nicht nur überhaupt, sondern ohne erheblichen Aufwand ermittelbar sein müsse. Hierfür gebe es weder einen verfassungsrechtlichen Grund noch ein praktisches Bedürfnis, denn die Rechtsqualität einer Verordnungsvorschrift sei unter Rückgriff auf die Gesetzblätter ohne unzumutbaren Aufwand und rechtssicher zu ermitteln; Normqualifikationsklarheit bedeute aber nicht Normqualifikationsbequemlichkeit. Schon das Sondervotum weise im Übrigen zu Recht darauf hin, dass die Senatsmehrheit den von ihr aus der Normenklarheit abgeleiteten Anspruch selbst nicht konsequent einlösen könne. Denn die äußere Form des Änderungsgesetzes weise gerade auf den Erlass von Gesetzes- und nicht

[49] *Ossenbühl*, a.a.O., S. 169 (173 ff.).

[50] *Uhle*, a.a.O., S. 381 (393 ff.); vgl. auch *Bauer*, in: Festschrift für Reiner Schmidt, 2006, S. 237 (250 f.).

[51] *Bauer*, a.a.O., S. 237 (248 f.).

von Verordnungsrecht hin.[52] Sei aber der Rang der Vorschrift einer Rechtsverordnung auch nach dem bisherigen Verständnis nach ihrer Änderung durch Gesetz ohne weiteres zu ermitteln, komme es a priori nicht zu einer Beeinträchtigung der Verlässlichkeit in Bezug auf den einzuschlagenden Rechtsweg. Unter der Geltung des Art. 80 GG stelle im Übrigen ein aus Gesetzes- und Verordnungsrecht zusammengesetztes Normgefüge bei der Gesamtregelung einer Sachmaterie geradezu ein Charakteristikum dar, das deshalb regelmäßig zu einem Nebeneinander unterschiedlicher Kontroll- und Verwerfungskompetenzen führe. Die gesetzliche Änderung einer Verordnung bringe vor diesem Hintergrund keine dem Grundgesetz fremde Aufspaltung des Rechtswegs hervor, sondern greife lediglich die in Art. 100 GG angelegte Beschränkung des verfassungsgerichtlichen Verwerfungsmonopols auf nachkonstitutionelle Gesetze auf.[53]

Unbeschadet dieser Kritik, deren Berechtigung nicht von der Hand zu weisen ist, bleibt die Frage, ob das Bundesverfassungsgericht mit der Figur des „im parlamentarischen Gesetzgebungsverfahren geschaffenen Verordnungsrechts“ tatsächlich eine neue Rechtsquelle, die „Legislativverordnung“, geschaffen hat.[54] Eine derart weitreichende Annahme mag zweifelhaft erscheinen, weil das Bundesverfassungsgericht die Zulässigkeit dieses parlamentarischen Verordnungsrechts mit dem Sachbereich einer Gesetzesänderung gerade deshalb verknüpft, um den Ausnahmecharakter der hierin liegenden Durchbrechung des Verbots der freien Formenwahl hervorzuheben. Zwar bleiben die genauen Konturen der Anbindung an eine „Anpassung im Rahmen einer Änderung eines Sachbereichs durch den Gesetzgeber“ in der Entscheidung im Unklaren. Jedenfalls aber legt die Betonung des Ausnahmecharakters eine sehr strikte Handhabung des Kriteriums des Sachzusammenhangs zwischen Gesetzes- und Verordnungsänderung nahe. Angesichts dessen ist der Gesetzgeber gut beraten, wenn er die Änderungen des Verordnungsrechts auf das unmittelbar durch die Änderungen im Gesetzesrecht veranlasste Ausmaß und damit auf erweiterte Folgeänderungen beschränkt,[55] was aber unter Umständen auch den Erlass einer eine bereits existierende Rechtsverordnung ersetzenden (Ablöse-)Verordnung bedeuten kann. Die Hervorhebung dieses Ausnahmecharakters kann zudem dafür sprechen, dass das Bundesverfassungsgericht die Zulässigkeit des „im parlamentarischen Gesetzgebungsverfahren“ geschaffenen Verordnungsrechts tatsächlich auf die bloße Änderung bereits existierenden Verordnungsrechts beschränken wollte, was insbesondere den Neuerlass einer Stammverordnung, also das

[52] *Uhle*, a.a.O., S. 381 (396 ff.); *Bauer*, a.a.O., S. 237 (252 f.).

[53] *Uhle*, a.a.O., S. 381 (398 ff.).

[54] So *Uhle*, a.a.O., S. 381 (385).

[55] So inzwischen auch das Rundschreiben des Bundesministeriums des Innern und des Bundesministeriums der Justiz vom 21. März 2006, wiedergegeben bei *Uhle*, a.a.O, S. 381 (406).

erstmalige Gebrauchmachen von einer Verordnungsermächtigung durch den Gesetzgeber ausschlösse.[56] Hiergegen lässt sich jedoch nicht ohne Berechtigung einwenden, dass die komplexe Neuordnung eines Sachgebiets oftmals gerade den Neuerlass sowohl von Gesetzes- wie von Verordnungsrecht erfordert.[57] Auch hat das Gericht ausdrücklich anerkannt, dass es zur Gestaltungsfreiheit des Parlaments gehört, sein Änderungsvorhaben umfassend selbst zu verwirklichen, und hieraus die Legitimität des ändernden Eingriffs in eine geltende Verordnung durch ein Parlamentsgesetz abgeleitet[58]. Schon auf der Grundlage dieser Erwägungen des Gerichts selbst ist über einen Erst-Recht-Schluss der Schritt nicht nur zu einer parlamentarischen Verordnungsänderung, sondern im Einzelfall auch zu einer Voll-Verordnungsgebung, und damit tatsächlich zu einer neuen Rechtsquelle „Legislativverordnung", nicht weit,[59] zumal das Gericht von der Bestimmung einer durch das Parlament beschlossenen Norm zur Verordnung nicht allein im Fall einer Änderung, sondern allgemeiner schon im Fall einer „Anpassung" des Verordnungsrechts spricht.[60] Mit derselben Überlegung lässt sich auch rechtfertigen, dass der Gesetzgeber uno actu Änderungen von Verordnungsrecht auf der Grundlage von Ermächtigungen durchführt, die durch das betreffende Gesetzgebungsvorhaben erst geschaffen oder modifiziert worden sind.[61] Gerade in den beiden letztgenannten Fällen müsste die Schaffung des neuen Verordnungsrechts aber insgesamt die Prüfung am strikt verstandenen Kriterium des Sachzusammenhangs mit der Änderung des Sachbereichs durch das Gesetzesrecht bestehen, wenn nicht das gleichzeitige Postulat des Gerichts, dem Gesetzgeber stehe eine freie Formenwahl bei der Rechtsetzung nicht zu, ad absurdum geführt werden soll. Ob eine solche Prüfung allerdings tatsächlich handhabbar wäre, bleibt fraglich. Sie dürfte sich für die damit befassten Fachgerichte jedenfalls kaum einfacher gestalten, als bis dato die Recherche der Änderungsgeschichte einer Verordnungsvorschrift.[62]

[56] So inzwischen auch das Rundschreiben des Bundesministeriums des Innern und des Bundesministeriums der Justiz vom 21. März 2006, wiedergegeben bei *Uhle*, a.a.O., S. 381 (407).

[57] Vgl. etwa die Neuregelung des Energiewirtschaftsrechts durch das Gesetz vom 7. Juli 2005 (BGBl I S. 1970), auf dessen Grundlage unmittelbar anschließend vier neue Stammverordnungen erlassen wurden (vgl. BGBl I S. 2197 ff.). Wegen des Sachzusammenhangs zwischen dem Gesetz und den Rechtsverordnungen war der Normenkomplex insgesamt (wenn auch bezüglich der Verordnungen informell) Gegenstand der Beratungen im Vermittlungsausschussverfahren.

[58] Vgl. BVerfGE 114, 196 (234 f.).

[59] Dies wendet mit Recht *Uhle*, a.a.O., S. 381 (404) ein.

[60] Vgl. BVerfGE 114, 196 (238).

[61] Anders allerdings das Rundschreiben des Bundesministeriums des Innern und des Bundesministeriums der Justiz vom 21. März 2006, wiedergegeben bei *Uhle*, a.a.O., S. 381 (406 f.).

[62] Vgl. auch *Bauer*, a.a.O., S. 237 (255).

IV. Zitiergebot

Zu den Regelungen des Art. 80 GG über das Verfahren der Verordnungsgebung gehört auch das Zitiergebot, denn damit wird ebenfalls ein Formerfordernis[63] umschrieben, das der jeweilige Ermächtigungsadressat beim Verordnungserlass zu beachten hat. Danach ist in der erlassenen Verordnung deren Rechtsgrundlage anzugeben (Art. 80 Abs 1 Satz 3 GG).

Das Bundesverfassungsgericht hat den Sinn des Zitiergebots zunächst darin gesehen, aus rechtsstaatlichen Gründen dem Normadressaten die Prüfung zu erleichtern, ob sich der Verordnungsgeber im Rahmen der ihm erteilten Ermächtigung gehalten hat.[64] Hierbei steht im Vordergrund, durch Identifikation die gesetzliche Ermächtigungsgrundlage überhaupt kenntlich und damit auffindbar machen.[65] Zu zitieren ist daher die einzelne Vorschrift des Gesetzes, in welcher die Ermächtigung enthalten ist.[66] Später hat das Bundesverfassungsgericht die Funktion des Art. 80 Abs. 1 Satz 3 GG darüber hinaus darin erblickt, die Feststellung zu ermöglichen, ob der Verordnungsgeber beim Erlass der Regelungen von einer gesetzlichen Ermächtigung überhaupt Gebrauch machen wollte. Das Zitiergebot ist danach ein Instrument der Selbstkontrolle des Verordnungsgebers, der sich durch die Angabe der Ermächtigungsgrundlage selbst des ihm aufgegebenen Normsetzungsprogramms vergewissert, um sich hierauf beschränken zu können. Es verdeutlicht, dass es nicht allein darauf ankommt, ob eine Rechtsverordnung überhaupt eine Grundlage in der delegierten Rechtsetzungsgewalt findet. Vielmehr muss sich die vom Verordnungsgeber konkret in Anspruch genommene Rechtsetzungsbefugnis gerade aus den von ihm selbst in der Rechtsverordnung angeführten Ermächtigungsvorschriften ergeben.[67] Hiervon ausgehend müssen in einer Rechtsverordnung, für deren Erlass der Verordnungsgeber tatsächlich mehrere Ermächtigungsgrundlagen nutzt, diese vollständig zitiert und bei inhaltlicher Überschneidung gemeinsam angegeben werden, auch wenn bereits eine von ihnen den Verordnungsinhalt decken würde. Der Verordnungsgeber ist nicht frei, von mehreren Ermächtigungsgrundlagen, auf denen die Verordnung seinem Willen nach beruhen soll, nur eine zu benennen, weil er damit die von ihm in Anspruch genommene Rechtsetzungsbefugnis nicht vollständig nachwiese und so auch die Kontrolle der Einhaltung der Grenzen seiner Rechtsetzungsmacht verhinderte oder erschwerte.[68]

[63] Vgl. BVerfGE 24, 184 (196).
[64] Vgl. BVerfGE 24, 184 (196).
[65] Vgl. BVerfGE 101, 1 (42).
[66] Vgl. BVerfGE 101, 1 (42).
[67] Vgl. BVerfGE 101, 1 (42).
[68] Vgl. BVerfGE 101, 1 (43 f.); kritisch zum Subsumtionsergebnis im entschiedenen Fall der Hennenhaltungsverordnung *Müller-Terpitz*, Rechtsverordnungen auf dem Prüfstand

Anzugeben ist die Ermächtigungsgrundlage im Verordnungstext selbst; eine Erwähnung in der Begründung oder anderen Schriftstücken, die nicht unmittelbar der Normsetzung dienen, genügt nicht, weil sie nicht die gebotene Publizität schafft.[69] Allerdings muss nicht zu jeder Bestimmung der Rechtsverordnung im Einzelnen angegeben werden, auf welcher der Ermächtigungen sie beruht, weshalb die zusammenfassende Angabe aller ermächtigenden Gesetzesbestimmungen in der Präambel der Verordnung genügt, selbst wenn es sich wie bei den sogenannten Sammelverordnungen um ein „ganzes Bündel" von Einzelermächtigungen handelt.[70]

Auf der Grundlage dieser Erwägungen beantwortet das Bundesverfassungsgericht auch die Frage nach der Reichweite des Zitiergebots im Fall der gemeinschaftsrechtsbezogenen Verordnungsermächtigungen. Gerade in den in hohem Maße durch europäische Normen geprägten Rechtsgebieten wie dem Landwirtschafts- und Lebensmittelrecht erfolgt die Implementierung des sich oft sehr rasch ändernden Gemeinschaftsrechts häufig auf dem Wege der Verordnungsgebung, sei es als Umsetzung von Sekundärrecht, sei es als Inanspruchnahme von Öffnungsklauseln zugunsten nationaler Sonderregelungen auch im Primärrecht. Die entsprechenden Verordnungsermächtigungen verweisen dann vielfach auch auf die jeweils in Rede stehenden Rechtsakte des Gemeinschaftsrechts.[71] Dies warf die Frage auf, ob der Verordnungsgeber, wenn er sich auf eine solche Verordnungsermächtigung stützt, grundsätzlich auch die in Bezug genommenen unionsrechtlichen Grundlagen mitzitieren muss. Ebenso wie zuvor schon Bundesverwaltungsgericht und Bundesfinanzhof[72] verneinte dies das Bundesverfassungsgericht mit Recht: Gegen einen solchen Schluss spricht schon der Zweck des Zitiergebots. Der Verordnungsgeber weist seine ihm durch das Parlament verliehene Rechtsetzungsbefugnis bei der Ergänzung und Durchführung von zwingendem Unionsrecht bereits durch die Angabe der deutschen gesetzlichen Ermächtigung vollständig nach. Auch die Kontrolle, ob die Grenzen seiner Rechtsetzungsmacht gewahrt sind, bleibt möglich, wenn er alle – eigenständigen – nationalstaatlichen Ermächtigungsgrundlagen, auf die er die Rechtsverordnung stützt, nennt. Denn diese allein – und nicht die in Bezug genommenen unionsrechtlichen Vorschriften – regeln, dass der den Mitgliedstaaten verbliebene Gestaltungsspielraum bei der Umsetzung und Durchführung von zwin-

des Bundesverfassungsgerichts – zugleich eine Besprechung des Urteils vom 6. Juli 1999 – 2 BvF 3/90 – zur Hennenhaltungsverordnung – DVBl 2000, S. 232 (238), da der Verordnungsgeber die vom Bundesverfassungsgericht vermisste Ermächtigungsgrundlage gerade nicht habe heranziehen wollen.

[69] Vgl. BVerfGE 101, 1 (44).

[70] Vgl. BVerfGE 20, 283 (292).

[71] Z.B. § 14 Abs. 4a GenTG; § 2 Abs. 2 Nr. 2 Buchstabe b LFGB.

[72] Vgl. BVerwGE 118, 70 (72 ff.); 121, 382 (386); BFHE 203, 243 (249).

gendem Unionsrecht gerade durch den Verordnungsgeber ausgefüllt werden darf.[73] Das Unionsrecht wiederum enthält solche eigenständigen Ermächtigungsgrundlagen an einzelne nationale Gesetzgebungsorgane, die einen Einbruch in die mitgliedstaatliche Verfassungsordnung darstellen würden, nicht.

V. Begründungspflicht

Als weitgehend noch ungeklärt muss die Frage gelten, ob bzw. in welchem Umfang Entwürfe von Rechtsverordnungen einer Begründung bedürfen. Aus verfassungsrechtlicher Sicht können sie jedenfalls – über das Zitiergebot hinaus – nicht Art. 80 GG entnommen werden.[74] Das Bundesverfassungsgericht zog zwar wiederholt eine vorhandene Begründung einer Rechtsverordnung als Auslegungshilfe heran.[75] Erst in jüngster Zeit machte es das Vorhandensein einer nachvollziehbaren Begründung aber auch zur Bedingung der Verfassungsfestigkeit gesetzlicher Bestimmungen: So führte es bei der Überprüfung der Regelungen über die Regelleistung zur Sicherung des Lebensunterhalts aus, damit überprüft werden könne, ob die vom Gesetzgeber getroffenen Wertungen und Entscheidungen der verfassungsrechtlichen Garantie eines menschenwürdigen Existenzminimums entsprächen, treffe den Normgeber die Obliegenheit, sie nachvollziehbar zu begründen. Dies gelte vor allem, wenn er von seiner selbst gewählten Methode abweiche.[76]

Die Formulierung einer Begründungspflicht für formelle und materielle Gesetze – eine Einschränkung ist der Entscheidung des Bundesverfassungsgerichts nicht zu entnehmen – ist in mehrerlei Hinsicht bemerkenswert:

Zunächst sind die Anforderungen, die das Bundesverfassungsgericht an die Rechtfertigung des Gesetzgebers stellt, offenbar höher als die, denen es letztentscheidende Gerichte unterwirft. Das Bundesverfassungsgericht bezeichnet es als geklärt, dass eine mit ordentlichen Rechtsmitteln nicht mehr anfechtbare letztinstanzliche gerichtliche Entscheidung von Verfassungs wegen regelmäßig keiner Begründung bedarf.[77] Ausnahmen von diesem Grundsatz erkennt es lediglich an, wenn das letztinstanzlich entscheidende Gericht

[73] Vgl. BVerfG, Beschluss der 2. Kammer des Zweiten Senats vom 29. April 2010 – 2 BvR 871/04, 2 BvR 414/08 –, AUR 2011, S. 22 (27).

[74] *Bauer*, in: Dreier, GG, Bd. 2, 2. Aufl. 2006, Art. 80 Rn. 46.

[75] Vgl. BVerfGE 65, 248 (260); 101, 1 (43).

[76] Vgl. BVerfGE 125, 175 (238). Eine Darlegungs- und Begründungspflicht will *Hebeler*, Ist der Gesetzgeber verfassungsrechtlich verpflichtet, Gesetze zu begründen?, DÖV 2010, S. 754 (759), bereits dem Beschluss des Zweiten Senats zur „Südumfahrung Stendal" entnehmen, vgl. BVerfGE 95, 1 ff.

[77] Vgl. BVerfGE 50, 287 (289 f.); 65, 293 (295); 71, 122 (135 f.); 81, 97 (106); 86, 133 (146); 94, 166 (210); 104, 1 (7 f.); 118, 212 (238); BVerfGK 2, 213 (220); zuletzt noch BVerfG, Beschluss der 1. Kammer des Ersten Senats vom 8. Dezember 2010 – 1 BvR 1382/10 –, juris.

von dem eindeutigen Wortlaut einer Norm abweicht und der Grund hierfür nicht ohne weiteres erkennbar ist oder ein im Zeitpunkt der Erhebung der Nichtzulassungsbeschwerde bestehender Zulassungsgrund vor der Entscheidung über die Nichtzulassungsbeschwerde wegfällt und deswegen eine Prüfung der Erfolgsaussichten auf der Grundlage anderer als der von der Vorinstanz für tragend erachteten Gründe erforderlich ist.[78] Den Umstand, dass das Fehlen einer Begründung den Nachvollzug der letztinstanzlichen Entscheidung erschwert, lässt das Bundesverfassungsgericht als Argument für eine Begründungspflicht ausdrücklich nicht gelten.[79] Auch der Anspruch auf Justizgewährung und effektiven Rechtsschutz, für den Zivilprozess hergeleitet aus Art. 2 Abs. 1 in Verbindung mit Art. 20 Abs. 3 GG, verlange nicht, dass das Verfassungsbeschwerdeverfahren durch eine ausführliche Darlegung der fachgerichtlichen Auffassung zu einer möglichen Verletzung von Rechten im Sinne des § 90 Abs. 1 BVerfGG für den Beschwerdeführer vorbereitet und erleichtert werde, auch wenn es zunächst den Fachgerichten obliege, die Grundrechte zu wahren und durchzusetzen. Denn letzteres geschehe unabhängig von einer Begründung der fachgerichtlichen Entscheidungen.[80] Damit sind die Rechtfertigungspflichten des Gesetzgebers größer als die letztinstanzlicher Gerichte, ohne dass dies im Zusammenhang reflektiert und aus der Natur der Sache heraus begründet würde. Dabei ließe sich gegen eine – bisher lediglich kontextspezifische? – Begründungspflicht des Gesetzgebers mit guten Gründen die eigene Rationalität der Gesetzgebung einwenden, die auf politische Entscheidungsfindung und nicht zuerst auf die Akkumulation von Fachinformationen zielt.[81]

Bemerkenswert ist auch, dass das Bundesverfassungsgericht – erneut bedeutsam nicht nur für den Erlass von Rechtsverordnungen, sondern auch für den Erlass von Parlamentsgesetzen – der Begründung eine besondere Dignität verleiht, ohne sich näher damit auseinanderzusetzen, wie denn die Aneignung der Begründung durch den Gesetzgeber zu geschehen habe. Mag sich bei der Rechtsverordnung noch argumentieren lassen, Normtext und Begründung stammten aus einer Feder, müsste bei Parlamentsgesetzen, die heute weitgehend auf Regierungsvorlagen beruhen, eine Aneignung der Begründung durch Annahme des Normtextes konstruiert werden. Diese Konstruktion mutet künstlich an. Sie konfrontiert den Parlamentsgesetzgeber unter Umständen auch mit der Schwierigkeit, einen an sich unbedenklichen Normtext in den Ausschussberatungen mit neuer Begründung unterlegen zu

[78] Vgl. BVerfGE 71, 122 (136); BVerfG, Beschluss der 3. Kammer des Ersten Senats vom 29. September 2010 – 1 BvR 2649/06 –, juris.

[79] Vgl. BVerfGE 50, 287 (289).

[80] So für die Rüge eines Verstoßes gegen Art. 103 Abs. 1 GG ausdrücklich BVerfG, Beschluss der 1. Kammer des Ersten Senats vom 8. Dezember 2010 – 1 BvR 1382/10 –, juris.

[81] Treffend *Hebeler*, DÖV 2010, S. 754 (762).

müssen, sofern sich die Begründung des Entwurfs als nicht hinreichend „nachvollziehbar" erweist. Ob das Bundesverfassungsgericht dieses Interesse an einer nachvollziehbaren Gesetzesbegründung bei der Ausformung anderer Grundrechte weiterverfolgen wird, bleibt abzuwarten.

VI. Zustimmungsvorbehalte des Bundesrates und andere Mitwirkungsvorbehalte

1. *Zustimmungsvorbehalt des Bundesrates*

Nach Art. 80 Abs. 2 GG bedürfen Rechtsverordnungen der Bundesregierung oder eines Bundesministers in den dort näher bezeichneten Fällen der Zustimmung des Bundesrates. Die Frage, was zu gelten habe, wenn der Bundesrat nur unter bestimmten Maßgaben zustimme, hat das Bundesverfassungsgericht inzwischen geklärt: Der Beschluss, mit dem der Bundesrat seine Zustimmung zu einer ihm vorgelegten Rechtsverordnung nur nach Maßgabe bestimmter Änderungen erteilt, stellt sich der Sache nach als vorweggenommene Zustimmung zu der gemäß den Forderungen dieses Beschlusses geänderten Verordnung dar. Bedenken gegen die hierin liegende Einflussnahme auf den Inhalt einer Rechtsverordnung bestehen – jedenfalls seitdem der Bundesrat sogar über ein eigenes Initiativrecht für Rechtsverordnungen verfügt (Art. 80 Abs. 3 GG) – nicht mehr. Offen lässt das Bundesverfassungsgericht allerdings die Frage, ob und welche Grenzen des sachlichen Zusammenhangs mit dem Regelungsgegenstand der Verordnung gewahrt sein müssen.[82]

Die Zustimmungsbedürftigkeit, die Art. 80 Abs. 2 GG anordnet, ist nach der Rechtsprechung des Bundesverfassungsgerichts eine auf den Handelnden bezogene: Ändere *der Gesetzgeber* – soweit nach der neueren Rechtsprechung des Bundesverfassungsgerichts noch zulässig – eine nach Art. 80 Abs. 2 GG zustimmungsbedürftige Rechtsverordnung durch Parlamentsgesetz, das selbst nicht einem Zustimmungsvorbehalt des Bundesrates nach dem Grundgesetz unterliege, statuiere auch Art. 80 Abs. 2 GG kein Zustimmungserfordernis.[83] Art. 80 Abs. 2 GG solle – so wörtlich das Bundesverfassungsgericht – den Einbruch des Bundes in die Organisations- und Verfahrensautonomie der Länder mit einem schützenden Vorbehalt versehen. Die Bestimmung beruhe auf der Erwägung, dass die Zustimmungsrechte des Bundesrates nicht durch die Delegation der Rechtsetzung auf die Exekutive erlöschen sollen, zumal gerade die Verordnungsregelungen häufig Ausführungs- und Durchführungs-, also Verfahrensregelungen, enthalten. Soweit Art. 80 Abs. 2 GG Rechts-

[82] Vgl. BVerfG, Beschluss des Zweiten Senats vom 12. Oktober 2010 – 2 BvF 1/07 –, DVBl 2011, S. 92 (94 Rn. 116)

[83] Vgl. BVerfGE 114, 196 (229 ff.).

verordnungen anspreche, die sich auf materielle Detailregelungen bezögen, enthalte er ein überschießendes, seinen eigentlichen Schutzzweck übersteigendes Zustimmungserfordernis, das nicht entsprechend auf Regelungen des Parlaments, also außerhalb der Fälle einer Rechtsetzungsdelegation, anwendbar sei. Daher sei – so folgert das Bundesverfassungsgericht – ein förmliches Gesetz, dessen Inhalt auch auf Grund einer bestehenden Ermächtigungsgrundlage als Verordnung hätte ergehen können, allein nach den Regeln zu beurteilen, die die Zustimmungsbedürftigkeit förmlicher Gesetze enthalten.[84]

Dieser Ansatz lässt sich, worauf in der Literatur zu Recht hingewiesen wird, kaum spannungsfrei der These zuordnen, der Parlamentsgesetzgeber, der in einem Artikelgesetz eine Rechtsverordnung ändere, werde (nur) auf der Ebene des Verordnungsgebers und nicht als Parlamentsgesetzgeber im eigentlichen Sinne rechtsetzend tätig: Warum sollte er, wenn er Verordnungsrecht setzt und sich etwa gemäß Art. 80 Abs. 1 Satz 2 GG an die Grenzen der von ihm gesetzten Ermächtigungsgrundlage zu halten hat, nicht auch den sonst für Rechtsverordnungen geltenden Zustimmungserfordernissen unterliegen?[85] Die mangelnde Konsequenz, die die Rechtsprechung bei der (lediglich partiellen) Anwendung des Art. 80 GG auf Rechtsverordnungen des Parlamentsgesetzgebers walten lässt, deutet darauf hin, dass die Konstruktion im Sinne der „Normurheberkonstruktion“[86] noch einmal überdacht werden sollte.

2. *Sonstige Mitwirkungsvorbehalte zugunsten Dritter*

Über die verfassungsrechtlich geregelten Mitwirkungsvorbehalte des Bundesrates hinaus kennt die Rechtsordnung eine bemerkenswerte Vielzahl an verfahrensrechtlichen Beschränkungen der Rechtsetzungskompetenz des Verordnungsgebers durch Mitwirkungsvorbehalte zugunsten Dritter. Begründet werden solche Mitwirkungsvorbehalte durch die jeweils ermächtigende Regelung im Gesetz.

Von besonderer Bedeutung sind dabei die Mitwirkungsbefugnisse des Parlaments bei der Verordnungsgebung, die in unterschiedlichen Erscheinungsformen anzutreffen sind, welche von Anhörungs- und Kenntnisgabevorbehalten bis hin zu Zustimmungs-, Änderungs- und Aufhebungsvorbehalten, die dem Parlament in gewissem Umfang auch eine Mitgestaltungsoption an der Verordnung einräumen,[87] reichen.[88] Das Bundesverfassungsgericht hat früh festgestellt, dass solche Mitwirkungsvorbehalte zugunsten des Parla-

[84] Vgl. BVerfGE 114, 196 (231).

[85] Zutreffend *Lenz*, NVwZ 2006, S. 296 (298).

[86] *Ossenbühl*, a.a.O., S. 169 (175).

[87] Vgl. dazu *Uhle*, in: BeckOK, GG, Art. 80 Rn. 56 f. (Stand 15. Januar 2011).

[88] Vgl. die typologische Übersicht bei *Bauer*, in Dreier, GG, Bd. 2, 2. Aufl. 2006, Art. 80 Rn. 27.

ments nicht grundsätzlich unzulässig sind, obwohl Art. 80 Abs. 1 GG sie nicht ausdrücklich erwähnt.[89] Es hat den Erlass derartiger „Mitwirkungsverordnungen“ als zusammengesetzten Rechtsetzungsakt beschrieben, wobei allerdings die Mitwirkung des Parlaments nicht über eine Beteiligung an der Rechtsetzung hinausgeht, und damit nicht selbst Gesetzgebung ist. Deshalb verlieren unter Beteiligung des Parlaments erlassene Rechtsverordnungen auch nicht ihren rechtlichen Charakter als Rechtsverordnungen.[90] Sie müssen folglich insgesamt den verfassungsrechtlichen Anforderungen an die Verordnungsgebung genügen, ohne dass die parlamentarische Mitwirkung etwaige Fehler „heilen“ könnte. Denn anderenfalls würde eine Form der Rechtsetzung möglich, die zwischen Gesetz und Rechtsverordnung steht und dem Grundgesetz fremd ist.[91]

Das Bundesverfassungsgericht hat die Zulässigkeit selbst solcher Mitwirkungsvorbehalte des Parlaments, die ein Mitgestaltungselement enthalten, zumindest für den Fall der Zustimmungsverordnung mit folgender Überlegung gerechtfertigt: Im Vergleich zur vollen Delegation der Rechtsetzung auf die Exekutive bedeutet die Mitwirkung des Parlaments ein bloßes Minus, das zumindest in solchen Sachbereichen zugelassen werden muss, für die ein legitimes Interesse des Parlaments anzuerkennen ist, sich wegen der Bedeutung der zu treffenden Regelung entscheidenden Einfluss auf Erlass und Inhalt der Verordnung vorzubehalten.[92] Hieraus kann gefolgert werden, dass Mitwirkungsvorbehalte unterhalb dieser Schwelle, wie etwa Anhörungsrechte, erst recht unbedenklich sind. Allerdings ist es unzulässig, Mitwirkungsvorbehalte zugunsten einzelner Bundestagsausschüsse zu begründen, denn diese haben kein selbständiges Recht an der Gesetzgebung mitzuwirken.[93]

Die Beteiligung sonstiger Dritter an der Verordnungsgebung geschieht ebenfalls in diversen Formen, die von bloßen Anhörungs- bis hin zu Zustimmungsrechten reichen, die staatlichen Stellen oder Sachverständigen und sonstigen nichtstaatlichen Gremien eingeräumt werden.[94] Solche Mitwirkungsvorbehalte sind zulässig, wenn sie unter der Schwelle eines Mitentscheidungsrechts bleiben, es sei denn ein solches ist zugunsten eines möglichen Adressaten einer Verordnungsermächtigung eingeräumt;[95] Einvernehmensvorbehalte bei Ministerverordnungen zu Gunsten anderer Bundesminister sind demnach zulässig.

[89] Vgl. BVerfGE 8, 274 (322) für den Fall eines Zustimmungsvorbehalts.
[90] Vgl. BVerfGE 2, 237 (255); 8, 274 (322).
[91] Vgl. BVerfGE 2, 237 (256 f.); 8, 274 (322 f.); 22, 330 (346); 24, 184 (199).
[92] Vgl. BVerfGE 8, 274 (321); kritisch dazu *Uhle*, in: BeckOK, GG, Art. 80 Rn. 55 (Stand 15. Januar 2011).
[93] Vgl. BVerfGE 4, 193, (203).
[94] Z.B. § 26 Abs. 3 AEG; § 36 Abs. 1 AMG; § 22 KWG.
[95] Vgl. BVerfGE 28, 66 (84); 55, 144 (148 f.).

In inhaltlicher Hinsicht hat das Bundesverfassungsgericht jüngst die Anforderungen an die Beachtung eines Mitwirkungsvorbehalts in Form eines Anhörungsrechts präzisiert und damit die Dritten eingeräumten Mitwirkungsrechte gestärkt. Sieht das Gesetz danach für den Erlass einer Norm ein Anhörungserfordernis vor, so zielt es darauf, dass das Ergebnis der Anhörung als informatorische Grundlage in die Abwägungsentscheidung des Normgebers einfließt. Beratungsoffenheit ist damit eine wesentliche Voraussetzung für die Funktionsfähigkeit des Anhörungserfordernisses. Diesem wird daher nicht ordnungsgemäß entsprochen, wenn die Anhörung nur pro forma durchgeführt wird, ohne dass noch die Möglichkeit oder Bereitschaft bestünde, das Ergebnis in der Abwägungsentscheidung des Normgebers zu berücksichtigen. Fehlende Beratungsoffenheit kann allerdings nicht aufgrund bloßer Spekulationen unterstellt, sondern nur aufgrund greifbarer Tatsachen angenommen werden.[96] Solche Tatsachen können sein, dass die Entscheidung über den Verordnungserlass durch die Bundesregierung im Innenverhältnis (Kabinettsbeschluss) ebenso wie die Notifizierung der Verordnung an die Europäische Kommission nach Maßgabe der Richtlinie 98/34/EG vor der Beteiligung des Dritten erfolgt sind. Denn nach den üblichen Gepflogenheiten der Bundesregierung werden Verordnungsentwürfe erst nach den erforderlichen Anhörungen bei der Europäischen Kommission notifiziert und erst im Anschluss daran im Kabinett beraten. Wenn demgegenüber eine vorgesehene Anhörung erst erfolgt, nachdem sowohl das Kabinett beschlossen hatte als auch der Verordnungsentwurf notifiziert wurde, spricht dies dafür, dass der Verordnungsinhalt zum Zeitpunkt der Anhörung bereits beschlossene Sache war.[97] Sieht zudem ein Maßgabebeschluss des Bundesrates wesentliche Änderungen an einem Verordnungsentwurf vor, macht dies eine gesetzlich vorgeschriebene Anhörung nicht entbehrlich. Vielmehr darf die Rechtsverordnung mit den vorgesehenen Änderungen erst nach einer erneuten Anhörung ebenfalls unter Wahrung des Erfordernisses der Beratungsoffenheit erlassen werden.[98]

VII. Fehlerfolgen

Rechtsverordnungen können formell oder materiell fehlerhaft sein, wobei der Fehler (schon) der Ermächtigungsgrundlage anhaften kann oder (nur) die Rechtsverordnung selbst betreffen mag. Eine Typologisierung sämtlicher in Betracht kommender Fehler ist nicht mehr Gegenstand dieses Beitrags, der

[96] Vgl. BVerfG, Beschluss des Zweiten Senats vom 2. Oktober 2010 – 2 BvF 1/07 –, DVBl 2011, S. 92 (93 Rn. 105)

[97] Vgl. BVerfG, Beschluss des Zweiten Senats vom 2. Oktober 2010 – 2 BvF 1/07 –, DVBl 2011, S. 92 (94 Rn. 114)

[98] Vgl. BVerfG, Beschluss des Zweiten Senats vom 2. Oktober 2010 – 2 BvF 1/07 –, DVBl 2011, S. 92 (95 Rn. 118)

den Erlass von Rechtsverordnungen im Spiegel der Rechtsprechung des Bundesverfassungsgerichts zum Gegenstand hat. Sie sprengte den Rahmen dieses Beitrags ebenso wie die Entwicklung einer eigenständigen Fehlerfolgenlehre.[99] Hier soll abschließend für einen Teilausschnitt der Fragestellung – formeller Fehler der Rechtsverordnung selbst – nur angemerkt werden, dass das Bundesverfassungsgericht bei den Folgen, die Fehler im Verfahren auf Erlass einer Rechtsverordnung nach sich ziehen, differenziert.

Das gilt zunächst, was die Qualität des Fehlers selbst betrifft. Die Rechtsprechung des Bundesverfassungsgerichts legt die Interpretation nahe, zu unterscheiden sei zwischen „unwesentlichen" und „wesentlichen" Mängeln, wobei diese Unterscheidung die Fehlerfolgen beeinflusse. In seiner Entscheidung zur Tierschutz-Nutztierhaltungsverordnung definierte das Bundesverfassungsgericht einen Mangel des Anhörungsverfahrens als „wesentlichen" Mangel, der die Rechtsgültigkeit der Norm tangierte.[100] Ob ein Merkmal der Wesentlichkeit des Fehlers seine Offensichtlichkeit ist, lässt sich so ohne weiteres nicht beantworten. Ob die Evidenz des Fehlers Voraussetzung seiner Rechtsfolgenerheblichkeit sei,[101] ließ das Bundesverfassungsgericht nämlich – da im konkreten Fall nicht entscheidungserheblich – dahinstehen.

Interessanterweise ist das Bundesverfassungsgericht bei den Folgerungen, die es aus der Behaftung einer Rechtsverordnung mit einem „wesentlichen" Mangel zieht, ähnlich flexibel wie bei der Anwendung des § 78 BVerfGG auf Parlamentsgesetze. Die von ihm beanstandeten Bestimmungen der Tierschutz-Nutztierverordnung erklärte das Bundesverfassungsgericht nicht für nichtig, sondern lediglich für mit Art. 20a GG unvereinbar. Die Gesichtspunkte, die für diese eingeschränkte Rechtsfolge bei der Beanstandung von Parlamentsgesetzen sprechen, sind also auf fehlerhafte Rechtsverordnungen übertragbar.

VIII. Ausblick

Dass Art. 80 GG mehr ist als eine bloße Formvorschrift, sondern viel über das Selbstverständnis der Bundesrepublik Deutschland als parlamentarischer Demokratie verrät, mögen die obigen Ausführungen deutlich gemacht haben. Auf die weitere Entwicklung der Bestimmung durch das Bundesverfassungsgericht darf man gespannt sein.

[99] Ausführlich zu beidem *Schnelle*, Eine Fehlerfolgenlehre für Rechtsverordnungen, 2007.

[100] Vgl. BVerfG, Beschluss des Zweiten Senats vom 12. Oktober 2010 – 2 BvF 1/07 –, DVBl 2011, S. 92 (96 Rn. 127), unter Verweis auf BVerfGE 31, 47 (53).

[101] Vgl. BVerfGE 34, 9 (25); 91, 148 (175); 120, 56 (73, 79 f.).

VI.

Internationale Bezüge

Der ungeschriebene Verfassungsgrundsatz der Europarechtsfreundlichkeit: Trick or Treat?

Karen Kaiser / Isabel Schübel-Pfister*

Leitentscheidungen des Bundesverfassungsgerichts

BVerfGE 123, 267 – Lissabon-Vertrag
BVerfGE 126, 286 – Altersdiskriminierung (Honeywell)

Schrifttum (Auswahl)

Bergmann, Jan/Karpenstein, Ulrich, Identitäts- und Ultra-vires-Kontrolle durch das Bundesverfassungsgericht, Zur Notwendigkeit einer gesetzlichen Vorlageverpflichtung, ZEuS 2009, S. 529 ff.; *Bogdandy, Armin von,* Prinzipien der Rechtsfortbildung im europäischen Rechtsraum, Überlegungen zum Lissabon-Urteil des BVerfG, NJW 2010, S. 1 ff.; *Bogdandy, Armin von/Schill, Stephan,* Die Achtung der nationalen Identität unter dem reformierten Unionsvertrag, Zur unionsrechtlichen Rolle nationalen Verfassungsrechts und zur Überwindung des absoluten Vorrangs, ZaöRV 2010, S. 701 ff.; *Broß, Siegfried,* Das deutsche Bundesverfassungsgericht und das Vorabentscheidungsverfahren, in: Verfassungsgericht der Tschechischen Republik (Hrsg.), Das Vorabentscheidungsverfahren und die nationalen Gerichte, 2005, S. 108 ff.; *Fastenrath, Ulrich,* Der Europäische Gerichtshof als gesetzlicher Richter, Zur verfassungsgerichtlichen Kontrolle der Einhaltung völker- und europarechtlicher Verpflichtungen sowie zum Prüfungsmaßstab bei Art. 101 Abs. 1 Satz 2 GG, in: Bröhmer/Bieber/Calliess/Langenfeld/Weber/Wolf (Hrsg.), Internationale Gemeinschaft und Menschenrechte, Festschrift Ress, 2005, S. 461 ff.; *Gerhardt, Michael,* Europa als Rechtsgemeinschaft: Der Beitrag des Bundesverfassungsgerichts, ZRP 2010, S. 161 ff.; *Kottmann, Matthias/Wohlfarth, Christian,* Der gespaltene Wächter? Demokratie, Verfassungsidentität und Integrationsverantwortung nach dem Lissabon-Urteil, ZaöRV 2009, S. 443 ff.; *Lovric, Daniel,* A Constitution Friendly to International Law: Germany and Its Völkerrechtsfreundlichkeit, Australian Year-Book of International Law 25 (2006), S. 75 ff.; *Mayer, Franz C.,* Europarechtsfreundlichkeit und Europarechtsskepsis in der Rechtsprechung des Bundesverfassungsgerichts, in: Giegerich (Hrsg.), Der „offene Verfassungsstaat" des Grundgesetzes nach 60 Jahren, Anspruch und Wirklichkeit einer großen Errungenschaft, 2010, S. 237 ff.; *Merli, Franz,* Europarechtsfreundlichkeit in der Rechtsprechung des Bundesverfassungsgerichts im Vergleich zum österreichischen Verfassungsgerichtshof, in: Giegerich (Hrsg.), Der „offene Verfassungsstaat" des Grundgesetzes nach 60 Jahren, Anspruch und Wirklichkeit einer großen Errungenschaft, 2010, S. 273 ff.; *Payandeh, Mehrdad,* Völ-

* Die Autorinnen danken Herrn *Felix Arndt*, Herrn *Prof. Dr. Franz C. Mayer* und Frau *Dr. Antje von Ungern-Sternberg* herzlich für wertvolle und weiterführende Hinweise zu einer früheren Version des Beitrags.

kerrechtsfreundlichkeit als Verfassungsprinzip, Ein Beitrag des Grundgesetzes zur Einheit von Völkerrecht und nationalem Recht, JÖR 57 (2009), S. 465 ff.; *Proelß, Alexander,* Grenzen staatlicher Rechtsschutzverantwortung, Das Bundesverfassungsgericht und die Pflicht zur Vorlage an den Europäischen Gerichtshof, in: Kämmerer (Hrsg.), An den Grenzen des Staates, 2008, S. 145 ff.; *Proelß, Alexander,* Der Grundsatz der völkerrechtsfreundlichen Auslegung im Lichte der Rechtsprechung des BVerfG, in: Rensen/Brink (Hrsg.), Linien der Rechtsprechung des Bundesverfassungsgerichts – erörtert von den wissenschaftlichen Mitarbeitern, 2009, S. 553 ff.; *Sauer, Heiko,* Europas Richter Hand in Hand, Das Kooperationsverhältnis zwischen BVerfG und EuGH nach Honeywell, EuZW 2011, S. 94 ff.; *Sauer, Heiko,* Kompetenz- und Identitätskontrolle von Europarecht nach dem Lissabon-Urteil, Ein neues Verfahren vor dem Bundesverfassungsgericht?, ZRP 2009, S. 195 ff.; *Schorkopf, Frank,* Die Europäische Union im Lot, Karlsruhes Rechtsspruch zum Vertrag von Lissabon, EuZW 2009, S. 718 ff.; *Schorkopf, Frank,* Völkerrechtsfreundlichkeit und Völkerrechtsskepsis in der Rechtsprechung des Bundesverfassungsgerichts, in: Giegerich (Hrsg.), Der „offene Verfassungsstaat" des Grundgesetzes nach 60 Jahren, Anspruch und Wirklichkeit einer großen Errungenschaft, 2010, S. 131 ff.; *Schroeder, Werner,* Europarechtsfreundlichkeit und Europarechtsskepsis in der politischen Praxis der deutschen Legislative und Exekutive, in: Giegerich (Hrsg.), Der „offene Verfassungsstaat" des Grundgesetzes nach 60 Jahren, Anspruch und Wirklichkeit einer großen Errungenschaft, 2010, S. 197 ff.; *Streinz, Rudolf,* Das Grundgesetz: Europafreundlichkeit und Europafestigkeit, Zum Lissabon-Urteil des Bundesverfassungsgerichts, ZfP 56 (2009), S. 467 ff.; *Voßkuhle, Andreas,* Der europäische Verfassungsgerichtsverbund, NVwZ 2010, S. 1 ff.; *Voßkuhle, Andreas,* Die Integrationsverantwortung des Bundesverfassungsgerichts, in: Axer/Grzeszick/Kahl/Mager/Reimer (Hrsg.), Das Europäische Verwaltungsrecht in der Konsolidierungsphase, Systembildung – Disziplinierung – Internationalisierung, Die Verwaltung Beiheft 10, 2010, S. 229 ff.; *Wahl, Rainer,* Die Schwebelage im Verhältnis von Europäischer Union und Mitgliedstaaten, Der Staat 2009, S. 587 ff.; *Ziller, Jacques,* Zur Europarechtsfreundlichkeit des deutschen Bundesverfassungsgerichtes, Eine ausländische Bewertung des Urteils des Bundesverfassungsgerichts zur Ratifikation des Vertrages von Lissabon, ZÖR 65 (2010), S. 157 ff.

Inhalt

I. Einleitung

In seinem Urteil zum Vertrag von Lissabon leitet das Bundesverfassungsgericht den Grundsatz der Europarechtsfreundlichkeit als ungeschriebenes Verfassungsprinzip[1] aus dem Verfassungsauftrag zur Verwirklichung eines vereinten Europas (Präambel, Art. 23 Abs. 1 GG) ab.[2] Dabei deutet es Inhalt und Grenzen dieses Grundsatzes lediglich an. Der Grundsatz der Europarechtsfreundlichkeit bedeute für die deutschen Verfassungsorgane einerseits, dass es nicht in ihrem politischen Belieben stehe, sich an der europäischen Integration zu beteiligen oder nicht,[3] hindere das Bundesverfassungsgericht andererseits aber auch nicht daran, Unionsrecht „ausnahmsweise, unter besonderen und engen Voraussetzungen" für in Deutschland nicht anwendbar zu erklären[4].

Teile der juristischen Fachliteratur sind dem Grundsatz der Europarechtsfreundlichkeit mit unverhohlenem Misstrauen begegnet. Vor dem Hintergrund, dass das Bundesverfassungsgericht der Politik die verfassungsrechtlichen Grenzen deutscher Mitwirkung an der Zukunft der Europäischen Union „lehrbuchartig" vorschreibe, wirke das mit dem Grundsatz der Europarechtsfreundlichkeit zum Ausdruck gebrachte Verständnis für die Integration „aufgesetzt".[5] Ob der Hinweis des Bundesverfassungsgerichts, dass es die Ultra-vires- und Identitätskontrolle von Unionsrecht unter Beachtung der Europarechtsfreundlichkeit des Grundgesetzes ausüben wolle,[6] nicht nur „beruhigen" solle, bleibe abzuwarten.[7] Das im Urteil zum Vertrag von Maastricht noch beschworene „Kooperationsverhältnis"[8] zwischen Bundesverfassungsgericht und Europäischem Gerichtshof finde im Urteil zum Vertrag von Lissabon jedenfalls keine Erwähnung mehr.[9] Auch wird der Grundsatz der Europarechtsfreundlichkeit als ein „Bonbon für den Europarechtler"[10] bezeichnet, der einem „gegen europäische Konstitutionalisierung ge-

[1] Vgl. zu diesem Begriff *Reimer*, Verfassungsprinzipien, Ein Normtyp im Grundgesetz, 2001; *Dreier*, in: Dreier, GG, Bd. 2, 2. Aufl. 2006, Art. 20 (Einführung) Rn. 12; zur Einordnung des Grundsatzes der Völkerrechtsfreundlichkeit als Verfassungsprinzip *Payandeh*, JÖR 57 (2009), S. 465 (468 ff.); zur Einordnung des Grundsatzes der Europarechtsfreundlichkeit als Verfassungsprinzip *Sauer*, EuZW 2011, S. 94 (97).

[2] BVerfGE 123, 267 (346 f.).

[3] BVerfGE 123, 267 (346 f.).

[4] BVerfGE 123, 267 (401).

[5] *Oppermann*, EuZW 2009, S. 473.

[6] BVerfGE 123, 267 (354).

[7] *Everling*, EuR 2010, S. 91 (102).

[8] BVerfGE 89, 155 (178).

[9] *Mayer*, NJW 2010, S. 714 (715).

[10] *Kottmann/Wohlfarth*, ZaöRV 2009, S. 443 (450).

richtete[n] Danaergeschenk"[11] gleiche. Ferner ist von „Auftaktrhetorik"[12] und schließlich sogar davon die Rede, dass der Grundsatz der Europarechtsfreundlichkeit angesichts der vom Bundesverfassungsgericht vorgenommenen restriktiven und souveränitätsbetonten Auslegung des Vertrags von Lissabon zu einem Rückschritt in der europäischen Integration[13] führen könne.

Diese Reaktionen lassen sich mit der verwirrten Enttäuschung derjenigen vergleichen, die an Halloween verkleidet von Haus zu Haus ziehen, „trick or treat" („Saures oder Süßes") fordern und von einem Nachbarn etwas bekommen, das zwar wie „Süßes" eingekleidet ist, aber „Saures" beinhalten könnte. Der Frage, ob dieser erste Eindruck vom Grundsatz der Europarechtsfreundlichkeit als einer „Mogelpackung" tatsächlich zutrifft, wird im Folgenden nachgegangen. Bevor jedoch diskutiert wird, ob und inwieweit der Grundsatz der Europarechtsfreundlichkeit in der Rechtsprechung des Bundesverfassungsgerichts anhand einzelner Anwendungsfälle fruchtbar gemacht werden kann (III.), werden zunächst Inhalt und Grenzen dieses ungeschriebenen Verfassungsprinzips näher bestimmt (II.).

II. Inhalt und Grenzen des Grundsatzes der Europarechtsfreundlichkeit

Ausgangspunkt der inhaltlichen Näherungsversuche ist die Erkenntnis, dass es zu kurz greift, die Europarechtsfreundlichkeit nur als ein deskriptives Konzept zur Beschreibung der Haltung des Bundesverfassungsgerichts gegenüber der europäischen Integration[14] oder als Analysekategorie zur Bewertung seiner Rechtsprechung in diesem Bereich[15] zu verstehen. Soll dem Grundsatz der Europarechtsfreundlichkeit entgegen den skeptischen Stimmen in der Literatur eine eigenständige Bedeutung zukommen, muss vielmehr untersucht werden, ob und inwiefern das Bundesverfassungsgericht ihn als juristisches Argument heranziehen und konkrete Rechtsfolgen aus ihm ableiten kann. Dabei ist zu berücksichtigen, dass der Grundsatz der Europarechtsfreundlichkeit als ungeschriebenes Verfassungsprinzip von vornherein nur eine ergänzende Funktion besitzt. Er besteht mit anderen Worten nicht

[11] *Kottmann/Wohlfarth*, ZaöRV 2009, S. 443 (451), unter Verweis auf *Halberstam/Möllers*, GLJ 10 (2009), S. 1241 (1245).

[12] *Terhechte*, EuZW 2009, S. 724 (728).

[13] *Kottmann/Wohlfarth*, ZaöRV 2009, S. 443 (469): „step backwards in European integration".

[14] Vgl. hierzu *Ziller*, ZÖR 65 (2010), S. 157 ff.

[15] Vgl. hierzu *Mayer*, in: Giegerich (Hrsg.), Der „offene Verfassungsstaat" des Grundgesetzes nach 60 Jahren, Anspruch und Wirklichkeit einer großen Errungenschaft, 2010, S. 237 ff.; *Merli*, in: Giegerich (Hrsg.), Der „offene Verfassungsstaat" des Grundgesetzes nach 60 Jahren, Anspruch und Wirklichkeit einer großen Errungenschaft, 2010, S. 273 ff.

losgelöst von dem übrigen – geschriebenen und ungeschriebenen – Verfassungsrecht, sondern ist als „Entfaltung, Vervollständigung oder Fortbildung“[16] desselben zu verstehen und mit diesem in Ausgleich zu bringen.

Aus einer Zusammenschau der Bestimmungen des Grundgesetzes, die die Mitwirkung der Bundesrepublik Deutschland an der europäischen Integration betreffen und vom Bundesverfassungsgericht in seinem Urteil zum Vertrag von Lissabon genannt werden, können Inhalt und Grenzen des Grundsatzes der Europarechtsfreundlichkeit induktiv hergeleitet werden.[17] Die Ermittlung der hinter diesen Bestimmungen stehenden *ratio legis* und damit des dem Grundsatz der Europarechtsfreundlichkeit zugrunde liegenden Rechtsgedankens wird zusätzlich dadurch erleichtert, dass der Grundsatz der Europarechtsfreundlichkeit gegen andere Verfassungsprinzipien, wie dem begrifflich verwandten Grundsatz der Völkerrechtsfreundlichkeit, abgesetzt werden kann.[18]

1. Reichweite des Verfassungsauftrags zur Verwirklichung eines vereinten Europas

Die Europarechtsfreundlichkeit des Grundgesetzes kommt besonders deutlich in der Präambel, wonach Deutschland ein „gleichberechtigtes Glied in einem vereinten Europa“ darstellt, und dem sie konkretisierenden Art. 23 Abs. 1 GG zum Ausdruck. Beide Vorschriften enthalten einen „Verfassungsauftrag“ an die deutschen Staatsorgane und sonstigen staatlichen Stellen, durch die Mitwirkung an der Entwicklung der Europäischen Union zur Verwirklichung eines vereinten Europas beizutragen.[19] Dieser Verfassungsauftrag wird nicht nur durch die Übertragung von Hoheitsrechten auf die Europäische Union und durch die Mitwirkung staatlicher Stellen am Erlass von sekundärem Unionsrecht erfüllt. Da Art. 23 Abs. 1 Satz 2 GG mit der Übertragung von Hoheitsrechten zugleich deren unmittelbare Ausübung innerhalb der deutschen Rechtsordnung ermöglicht,[20] verpflichtet der Verfassungsauftrag die deutschen Staatsorgane und sonstigen staatlichen Stellen auch zur Beachtung von Unionsrecht, d.h. zum Vollzug von unmittelbar wirkendem und zur Umsetzung von nicht unmittelbar wirkendem Unionsrecht,

[16] *Hesse,* Grundzüge des Verfassungsrechts der Bundesrepublik Deutschland, 20. Aufl. 1995, S. 14.

[17] Vgl. bereits BVerfGE 2, 380 (403) zur Herleitung des Rechtsstaatsprinzips aus einer systematischen Gesamtschau einzelner Grundgesetzbestimmungen.

[18] *Reimer,* Verfassungsprinzipien, Ein Normtyp im Grundgesetz, 2001, S. 481.

[19] BVerfGE 123, 267 (346 f.). Art. 24 Abs. 1 GG stellte die Mitwirkung an dem europäischen Integrationsprozess noch in das Ermessen des Gesetzgebers. Vgl. zur „Verfassungsentscheidung für eine offene Staatlichkeit“ *Vogel,* Die Verfassungsentscheidung des Grundgesetzes für eine internationale Zusammenarbeit, 1964, S. 42.

[20] Vgl. hierzu zuletzt BVerfGE 126, 286 (302).

sowie zur unionsrechtskonformen Auslegung nationalen Rechts, soweit anderenfalls gegen den Anwendungsvorrang des Unionsrechts verstoßen würde.[21]

Der Verfassungsauftrag zur Verwirklichung eines vereinten Europas gilt nach dem Grundgesetz nicht unbegrenzt. Je nach Inhalt der aus dem Verfassungsauftrag folgenden Verpflichtung staatlicher Stellen kann zwischen verschiedenen formellen und materiellen Grenzen unterschieden werden. Formelle Grenzen bestehen in Form von Gesetzes- und Beschlussvorbehalten vornehmlich für die Übertragung von Hoheitsrechten.[22] Als materielle Grenzen sind sowohl die Strukturanforderungen des Art. 23 Abs. 1 Satz 1 GG für die Übertragung von Hoheitsrechten als auch – als äußerste Grenze – Art. 79 Abs. 3 GG für alle aus dem Verfassungsauftrag folgenden Verpflichtungen zu beachten. Im Spannungsfeld zwischen dem Verfassungsauftrag zur Verwirklichung eines vereinten Europas und der verfassungsgebotenen Achtung der Verfassungsidentität[23] liegt das im Urteil zum Vertrag von Lissabon weiterentwickelte Konzept der Integrationsverantwortung, welches das Bundesverfassungsgericht ursprünglich als Gegengewicht zur selbständigen, dynamischen Entwicklung von Systemen gegenseitiger kollektiver Sicherheit entworfen hatte.[24] Da völkerrechtliche Verträge als Basis für friedenserhaltende Systeme, internationale[25] und supranationale Organisationen ein evolutives Regelungssystem in Gang setzen können, bedarf es der fortdauernden Einbindung des Parlaments in diesen Entwicklungsprozess, um dessen mangelnde Vorhersehbarkeit zum Zeitpunkt der Ratifikation kompensieren zu können.[26]

[21] *Rojahn*, in: von Münch/Kunig, GG, Band 2, 5. Aufl. 2001, Art. 23 Rn. 10; *Jarass*, in: Jarass/Pieroth, GG, 11. Aufl. 2011, Art. 23 Rn. 13.

[22] Vgl. für die Übertragung von Hoheitsrechten den Gesetzesvorbehalt nach Art. 23 Abs. 1 Satz 2 GG und den Beschlussvorbehalt bei der Nutzung spezieller Brückenklauseln, die nicht auf hinreichend bestimmte Sachbereiche beschränkt sind, BVerfGE 123, 267 (391 f.); vgl. für die Mitwirkung staatlicher Stellen am Erlass von sekundärem Unionsrecht darüber hinaus den wehrverfassungsrechtlichen Parlamentsvorbehalt BVerfGE 123, 267 (361).

[23] BVerfGE 123, 267 (344). Die Achtung der mitgliedstaatlichen Verfassungsidentität ist nicht nur verfassungs-, sondern nach Art. 4 Abs. 2 Satz 1 EUV auch unionsgeboten; vgl. hierzu jüngst EuGH, Urteil vom 22. Dezember 2010, Rs. C-208/09, Sayn-Wittgenstein, EuGRZ 2011, S. 25 (31).

[24] Vgl. hierzu *Schorkopf*, EuZW 2009, S. 718 (723); *Voßkuhle*, in: Axer/Grzeszick/Kahl/Mager/Reimer (Hrsg.), Das Europäische Verwaltungsrecht in der Konsolidierungsphase, Systembildung – Disziplinierung – Internationalisierung, Die Verwaltung Beiheft 10, 2010, S. 229 (231 f.).

[25] Vgl. zu den unterschiedlichen Formen der Ausübung von Hoheitsgewalt durch internationale Organisationen nur die Beiträge in von Bogdandy/Wolfrum/von Bernstorff/Dann/Goldmann (Hrsg.), The Exercise of Public Authority by International Institutions: Advancing International Institutional Law, 2010.

[26] Vgl. BVerfGE 104, 151 (208); 108, 34 (43); 118, 224 (258); 121, 135 (153 f.). Vgl. zu dieser Rechtsprechung *Sauer*, in: Rensen/Brink (Hrsg.), Linien der Rechtsprechung des Bundesverfassungsgerichts – erörtert von den wissenschaftlichen Mitarbeitern, 2009, S. 585 ff.

Das Konzept der Integrationsverantwortung im unionsrechtsbezogenen Kontext knüpft an diese völkerrechtsbezogene Herleitung an,[27] geht aber in Reichweite und Adressatenkreis darüber hinaus. Integrationsverantwortung bedeutet hier ganz allgemein die dauerhafte und nachhaltige Übernahme von Verantwortung für die grundgesetzliche Ordnung im Rahmen der europäischen Integration.[28] Dies gilt zunächst bei der Übertragung von Hoheitsrechten und der Ausgestaltung der europäischen Entscheidungsverfahren,[29] des Weiteren aber auch bei der dynamischen Vertragsentwicklung und beim künftigen Verwaltungsvollzug.[30] Adressaten der Integrationsverantwortung sind gleichermaßen die Bundesrepublik Deutschland in ihrer Gesamtheit[31] wie jedes einzelne deutsche Verfassungsorgan, dem jeweils eine spezifische Verantwortung im Integrationsprozess zugewiesen ist.[32] Dementsprechend kommt die Integrationsverantwortung auch dem Bundesverfassungsgericht selbst zu, das für die Einhaltung des – hinreichend bestimmten und vorhersehbaren – Integrationsprogramms einschließlich des unantastbaren Kerngehalts der Verfassungsidentität Sorge trägt. Integraler Bestandteil und wesentliche Ausprägung dieser Integrationsverantwortung sind die verfassungsrechtlichen Kontrollvorbehalte, die das Bundesverfassungsgericht durch Entwicklung der Ultra-vires-,[33] der Identitäts-[34] und der Grundrechtskontrolle[35] ausdifferenziert hat.

Der Verfassungsauftrag zur Verwirklichung eines vereinten Europas wird an einer Stelle im Urteil zum Vertrag von Lissabon mit dem Grundsatz der Europarechtsfreundlichkeit gleichgesetzt,[36] wenngleich sich dies mit dem lediglich ergänzenden Charakter des ungeschriebenen Verfassungsprinzips nicht vereinbaren lässt. Inhalt des Grundsatzes der Europarechtsfreundlichkeit kann vielmehr nur sein, was nicht bereits Bestandteil des aus der Präambel und Art. 23 Abs. 1 GG folgenden Verfassungsauftrags ist.[37] Daraus

[27] Vgl. BVerfGE 123, 267 (351 f.).

[28] Enger *Nettesheim*, NJW 2010, S. 177 (177 f.).

[29] BVerfGE 123, 267 (356).

[30] BVerfGE 123, 267 (433 ff.).

[31] BVerfGE 123, 267 (352, 365).

[32] BVerfGE 123, 267 (356).

[33] BVerfGE 75, 223 (240 ff.); 89, 155 (188, 209 f.); 123, 267 (353 ff.).

[34] BVerfGE 123, 267 (353 ff.) unter Hinweis auf BVerfGE 75, 223 (235, 242); 89, 155 (188); 113, 273 (296).

[35] Vgl. insbesondere BVerfGE 37, 271 (280 f., 285); 73, 339 (376, 387).

[36] BVerfGE 123, 267 (401).

[37] Entgegen *Schroeder*, in: Giegerich (Hrsg.), Der „offene Verfassungsstaat" des Grundgesetzes nach 60 Jahren, Anspruch und Wirklichkeit einer großen Errungenschaft, 2010, S. 197 (221), können deshalb „das Recht und die Pflicht der nationalen Exekutive zur Verwerfung einer Norm, die sie mit guten Gründen für EU-rechtswidrig halten kann," allein aus Art. 23 Abs. 1 GG und nicht zugleich aus dem Grundsatz der Europarechtsfreundlichkeit folgen.

folgt, dass der eigenständige Regelungsgehalt dieses ungeschriebenen Verfassungsprinzips im Zusammenhang mit den Grenzen dieses Verfassungsauftrags steht. Zur weiteren Konturierung ist der Grundsatz der Europarechtsfreundlichkeit deshalb von dem begrifflich verwandten Grundsatz der Völkerrechtsfreundlichkeit inhaltlich abzusetzen.

2. *Inhaltliche Absetzung vom Grundsatz der Völkerrechtsfreundlichkeit*

Auf den ersten Blick verwundert es, dass das Bundesverfassungsgericht den Grundsatz der Europarechtsfreundlichkeit in seinem Urteil zum Vertrag von Lissabon neben den in seiner Rechtsprechung fest etablierten Grundsatz der Völkerrechtsfreundlichkeit[38] stellt.[39] Schließlich wird das Verhältnis von Völker- und Europarecht zum nationalen Recht, d.h. sowohl die Frage, ob und unter welchen Voraussetzungen Völker- und Europarecht im nationalen Recht Geltung beanspruchen und von den nationalen Gerichten und Behörden angewendet werden können, als auch die Frage, welches Recht im Konfliktfall vorgeht, vom Bundesverfassungsgericht in Auslegung des Grundgesetzes unterschiedlich beantwortet.[40]

Damit soll nicht behauptet werden, dass es zwischen den beiden Grundsätzen keine Gemeinsamkeiten gäbe. Ebenso wie der Grundsatz der Europarechtsfreundlichkeit ist der Grundsatz der Völkerrechtsfreundlichkeit zunächst ein ungeschriebenes Verfassungsprinzip, dessen Inhalt und Grenzen aus einer Zusammenschau verschiedener Bestimmungen des Grundgesetzes induktiv hergeleitet werden können.[41] Den Kritikern des Grundsatzes der Europarechtsfreundlichkeit ist auch zuzugeben, dass die „Freundlichkeit" in beiden Begriffen etwas Kaschierendes hat.[42] Verglichen mit anderen Verfassungen ist das Grundgesetz auf den ersten Blick nicht so völkerrechtsfreundlich, wie es der Begriff nahe zu legen scheint. Ihm liegt nämlich die dualistische Vorstellung zugrunde, dass „es sich bei dem Verhältnis des Völkerrechts

[38] *Proelß*, in: Rensen/Brink (Hrsg.), Linien der Rechtsprechung des Bundesverfassungsgerichts – erörtert von den wissenschaftlichen Mitarbeitern, 2009, S. 553 ff.; *Schorkopf*, in: Giegerich (Hrsg.), Der „offene Verfassungsstaat" des Grundgesetzes nach 60 Jahren, Anspruch und Wirklichkeit einer großen Errungenschaft, 2010, S. 131 ff. Vgl. für die Rezeption des deutschen Begriffs der Völkerrechtsfreundlichkeit im englischsprachigen Schrifttum *Lovric*, Australian Year-Book of International Law 25 (2006), S. 75 ff.

[39] BVerfGE 123, 267 (347): „Es gilt […] nicht nur der Grundsatz der Völkerrechtsfreundlichkeit, sondern auch der Grundsatz der Europarechtsfreundlichkeit".

[40] Vgl. etwa *Schweitzer*, Staatsrecht III, 9. Aufl. 2008, Rn. 23 ff.

[41] Vgl. nur *Payandeh*, JÖR 57 (2009), S. 465 ff.

[42] Ähnliches gilt für den Begriff des „Kooperationsverhältnisses", der ebenfalls kaschieren soll, dass das Bundesverfassungsgericht im gleichen Satz bekräftigt, seine Rechtsprechung über die Anwendbarkeit von abgeleitetem Gemeinschaftsrecht in Deutschland ausüben zu wollen; vgl. BVerfGE 89, 155 (178).

zum nationalen Recht um ein Verhältnis zweier unterschiedlicher Rechtskreise handelt".[43] Bestimmungen völkerrechtlicher Verträge gelten im deutschen Recht grundsätzlich erst, wenn ihnen durch Bundesgesetz nach Art. 59 Abs. 2 GG zugestimmt wurde. Im Konfliktfall finden die allgemeinen Regeln für das Verhältnis zu Normen gleichen oder anderen Ranges Anwendung, so dass völkerrechtliche Verträge, die über Art. 59 Abs. 2 GG in das deutsche Recht einbezogen wurden, grundsätzlich nach dem Grundsatz *lex posterior derogat legi priori* durch nachfolgende Bundesgesetze verdrängt werden können. Im Gegensatz zum Grundgesetz bekennt sich die niederländische Verfassung, um nur ein Beispiel zu nennen, zu einer monistischen – und im Ergebnis völkerrechtsfreundlicheren – Konstruktion des Verhältnisses von Völkerrecht und nationalem Recht, welche von einer Einheit beider Rechtsordnungen ausgeht.[44] Bestimmungen völkerrechtlicher Verträge, die ihrem Inhalt nach „allgemein verbindlich" sein können, werden nach ihrer Veröffentlichung für jedermann verbindliches Recht und gehen nicht nur früheren und späteren niederländischen Gesetzen, sondern auch der niederländischen Verfassung selbst[45], vor.[46]

Diese Gemeinsamkeiten können indes nicht über die erwähnten Unterschiede im Verhältnis von Völker- und Europarecht zum deutschen Recht hinwegtäuschen. In einer dualistischen Rechtsordnung wie der deutschen, in der das geschriebene Verfassungsrecht nicht in jedem Fall die Einhaltung der völkerrechtlichen Verpflichtungen der Bundesrepublik Deutschland gewährleisten kann, ist der Grundsatz der Völkerrechtsfreundlichkeit notwendig, um einen weitgehenden Gleichlauf zwischen der innerstaatlicher Rechtslage und den völkerrechtlichen Verpflichtungen herzustellen, der nicht zugleich zu einer Unterordnung des Grundgesetzes unter das Völkerrecht führt.[47] Zu diesem Zweck hat das Bundesverfassungsgericht aus dem Grundsatz der Völkerrechtsfreundlichkeit verschiedene Subprinzipien[48] abgeleitet, insbesondere den Grundsatz der völkerrechtskonformen Auslegung, wonach das nationale Recht, einschließlich des Verfassungsrechts, nach Möglichkeit so auszulegen ist, dass ein Konflikt mit dem Völkerrecht nicht entsteht.[49] Hieraus folgt die weitgehende, wenn auch nicht absolute, Pflicht aller Staatsorgane zur Berücksichtigung der Entscheidungen „eines völkervertraglich

[43] BVerfGE 111, 307 (318).

[44] *Dahm/Delbrück/Wolfrum*, Völkerrecht, Band I/1, 2. Aufl. 1989, S. 115.

[45] *Brölmann/Vierdag*, Pays-Bas/Netherlands, in: Eisemann (Hrsg.), L'intégration du droit international et communautaire dans l'ordre juridique national, 1996, S. 443 (448).

[46] Art. 93 f. der niederländischen Verfassung.

[47] Vgl. *Bleckmann*, DÖV 1996, S. 137 ff.; *Sommermann*, AöR 114 (1989), S. 391 (416); *Sauer*, ZaöRV 65 (2005), S. 35 (47 f.); *Payandeh*, JÖR 57 (2009), S. 465 (481).

[48] *Reimer*, Verfassungsprinzipien, Ein Normtyp im Grundgesetz, 2001, S. 484 ff.

[49] BVerfGE 58, 1, (34); 59, 63 (89); 64, 1 (20); 74, 358 (370); 111, 307 (317); BVerfGK 9, 174 (190).

ins Leben gerufenen internationalen Gerichts"[50], namentlich des Europäischen Gerichtshofs für Menschenrechte,[51] des Internationalen Gerichtshofs[52] und der internationalen Strafgerichte im Rahmen der Vereinten Nationen[53]. Im Gegensatz zum Völkerrecht hat das supranationalisierte Europarecht diese Hilfe jedoch selbst in einer dualistischen Rechtsordnung wie der deutschen nicht nötig, weil es – im Regelfall der unmittelbaren Wirkung – nicht nur ohnehin im nationalen Recht gilt, sondern obendrein Anwendungsvorrang beansprucht, d.h. im Konfliktfall *vor* früherem und späterem nationalem Recht,[54] grundsätzlich sogar *vor* dem Verfassungsrecht,[55] Anwendung findet. Besitzt das Europarecht im Einzelfall keine unmittelbare Wirkung, ist das nationale Recht europarechtskonform auszulegen.[56]

Anders als beim Verhältnis von Völkerrecht zum deutschen Recht gewährleistet bereits das geschriebene Verfassungsrecht, d.h. die Präambel und Art. 23 Abs. 1 GG, grundsätzlich die Einhaltung der europarechtlichen Verpflichtungen, so dass sich die Frage stellt, welcher Anwendungsbereich für den Grundsatz der Europarechtsfreundlichkeit verbleiben kann, dem als ungeschriebenes Verfassungsprinzip von vornherein nur ergänzende Funktion zukommt. Das Augenmerk ist auf die Grenzen des Verfassungsauftrags zur Verwirklichung eines vereinten Europas zu richten, d.h. auf die Konstellationen, in denen die europarechtlichen Verpflichtungen der Bundesrepublik Deutschland aus verfassungsrechtlichen Gründen ausnahmsweise nicht eingehalten werden können. Im Urteil zum Vertrag von Lissabon wird der Grundsatz der Europarechtsfreundlichkeit insbesondere im Zusammenhang mit den verfassungsrechtlich vorbehaltenen Kontrollbefugnissen des Bundesverfassungsgerichts gegenüber dem Unionsrecht genannt.[57] Die Ausübung dieser Kontrollbefugnisse folge dem Grundsatz der Europarechtsfreundlichkeit.[58] Dies legt den folgenden Schluss nahe: Während der Grundsatz der Völkerrechtsfreundlichkeit den nach dem geschriebenen Verfassungsrecht nicht vollständig gegebenen Gleichlauf zwischen innerstaatlicher Rechtslage und völkerrechtlicher Verpflichtung erst herstellt, kommt der Grundsatz der Europarechtsfreundlichkeit, da der prinzipielle Gleichlauf zwischen innerstaatlicher Rechtslage und europarechtlicher Verpflichtung aufgrund der un-

[50] BVerfGK 9, 174 (191).
[51] BVerfGE 111, 307 (324).
[52] BVerfGK 9, 174 (191 ff.); BVerfG, Beschluss der 2. Kammer des Zweiten Senats vom 8. Juli 2010 – 2 BvR 2485/07, 2 BvR 2513/07, 2 BvR 2548/07 –, juris, Rn. 25.
[53] BVerfG, Beschluss der 4. Kammer des Zweiten Senats vom 12. Dezember 2000 – 2 BvR 1290/99 –, NJW 2001, S. 1848 (1849); BVerfGK 9, 174 (190).
[54] BVerfGE 75, 223 (244); 85, 191 (204).
[55] BVerfGE 31, 145 (174); 123, 267 (402).
[56] BVerfGE 75, 223 (237 i.V.m. 240).
[57] BVerfGE 123, 267 (347, 353 f., 401).
[58] BVerfGE 123, 267 (354); BVerfGE 126, 286 (303).

mittelbaren Wirkung und des Anwendungsvorrangs des Unionsrechts ohnehin gewährleistet ist, erst – ausnahmsweise – zum Tragen, wenn verfassungsrechtliche und unionsrechtliche Bindung auseinander zu fallen drohen.[59] Er wirkt damit insbesondere im Bereich der verfassungsrechtlichen Kontrollbefugnisse, wo die Unanwendbarerklärung des Unionsrechts zu eben diesem Auseinanderfallen führt.

3. *Schlussfolgerungen*

Der in der Präambel und Art. 23 Abs. 1 GG enthaltene Verfassungsauftrag verdeutlicht, welchen Stellenwert das Grundgesetz der Verwirklichung der europäischen Einigung und dem Unionsrecht innerhalb der deutschen Rechtsordnung beimisst. Das Erfordernis, dem Grundsatz der Europarechtsfreundlichkeit eine über diese Bestimmungen hinausgehende Bedeutung beizumessen, ergibt sich daraus, dass Art. 23 Abs. 1 GG nicht in jedem Fall die Einhaltung der europarechtlichen Verpflichtungen der Bundesrepublik gewährleisten kann, nämlich dann nicht, wenn den aus dem Verfassungsauftrag folgenden Verpflichtungen verfassungsrechtliche Grenzen, insbesondere die Integrationsverantwortung des Bundesverfassungsgerichts in Form der verfassungsrechtlich vorbehaltenen Kontrollbefugnisse, entgegenstehen. Die hinter der Präambel, Art. 23 Abs. 1, Art. 79 Abs. 3 GG und dem verfassungsrechtlichen Konzept der Integrationsverantwortung stehende *ratio legis* und damit der dem Grundsatz der Europarechtsfreundlichkeit zugrunde liegende Rechtsgedanke besteht darin, die verfassungsrechtlich gebotene Relativierung des Anwendungsvorrangs des Unionsrechts auf ein Mindestmaß zu beschränken. Die Ultra-vires-, Identitäts- und Grundrechtskontrollbefugnisse des Bundesverfassungsgerichts mögen den aus der Präambel und Art. 23 Abs. 1 GG folgenden Verfassungsauftrag beschränken; die Ausübung dieser Kontrollbefugnisse ist aber nicht frei, sondern muss wiederum der Bedeutung, die der europäischen Integration nach dem Grundgesetz zukommt, gerecht werden, ohne im Ergebnis zu einer Unterordnung des Grundgesetzes unter das Europarecht zu führen.

Der Grundsatz der Europarechtsfreundlichkeit unterliegt immanenten Grenzen. Wegen seines lediglich ergänzenden Charakters kann auf ihn nur dann zurückgegriffen werden, wenn das drohende Auseinanderfallen zwischen verfassungsrechtlicher und unionsrechtlicher Bindung nicht bereits durch das übrige Verfassungsrecht aufgefangen werden kann. Aus dem gleichen Grund kann das ungeschriebene Verfassungsprinzip nicht als ein Allheilmittel in dem Sinne verstanden werden, dass jedes unter europarechtlichen Gesichtspunkten gewünschte Ergebnis über ihn herbeigeführt werden

[59] Im Ergebnis ähnlich *Streinz*, ZfP 2009, S. 467 (481).

kann.[60] Bei der Anwendung des ungeschriebenen Verfassungsprinzips sind stets die Bestimmungen des Grundgesetzes zu berücksichtigen, aus denen es sich konstituiert. Darüber hinaus stellt der Grundsatz der Europarechtsfreundlichkeit als „Prinzip" ein Optimierungsgebot dar, dessen Leitgedanken zwar unter Einbeziehung der rechtlichen und tatsächlichen Möglichkeiten in möglichst hohem Maße Rechnung getragen werden muss,[61] das jedoch im Einzelfall durch das übrige geschriebene und ungeschriebene Verfassungsrecht eingeschränkt werden kann.[62]

III. Einzelne Anwendungsfälle

1. Verfassungsrechtliche Kontrollvorbehalte

Der Grundsatz der Europarechtsfreundlichkeit kann die Ausübung der verfassungsrechtlich vorbehaltenen Kontrollbefugnisse in unterschiedlicher Weise beeinflussen, wie das Urteil des Bundesverfassungsgerichts zum Vertrag von Lissabon andeutet und der die Ultra-vires-Kontrolle präzisierende Beschluss des Zweiten Senats in der Rechtssache „Honeywell"[63] unterstreicht. Danach gebietet das ungeschriebene Verfassungsprinzip eine „sehr zurückgenommene und sich als exzeptionell verstehende"[64] Überprüfung des Unionsrechts und beschränkt den verfassungsrechtlichen Kontrollvorbehalt auf eine „Reservekompetenz"[65], die lediglich als *ultima ratio* zur Anwendung kommt. Die „besonderen und engen Voraussetzungen"[66], unter denen das Bundesverfassungsgericht die Ultra-vires-Kontrolle ausübt, werden zunächst dargestellt und gewürdigt (a). Anschließend wird untersucht, ob sich diese Voraussetzungen entsprechend auf die Identitäts- (b) und die Grundrechtskontrolle (c) übertragen lassen.

a) Ultra-vires-Kontrolle

Im Rahmen der Ultra-vires-Kontrolle überprüft das Bundesverfassungsgericht, ob Handlungen der europäischen Organe und Einrichtungen sich im

[60] Vgl. für den Grundsatz der Völkerrechtsfreundlichkeit *Payandeh,* JÖR 57 (2009), S. 465 (483), der dies als Subsidiarität des ungeschriebenen Verfassungsprinzips bezeichnet.

[61] *Alexy,* Theorie der Grundrechte, 1985, S. 75 f. Kritisch in Bezug auf die Charakterisierung von Verfassungsprinzipien als Optimierungsgebote *Reimer,* Verfassungsprinzipien, Ein Normtyp im Grundgesetz, 2001, S. 330 ff.

[63] In der Herangehensweise eng verwandt mit dem Verständnis von Verfassungsprinzipien als Optimierungsgeboten ist das Prinzip der praktischen Konkordanz verfassungsrechtlich geschützter Rechtsgüter, vgl. *Hesse,* Grundzüge des Verfassungsrechts der Bundesrepublik Deutschland, 20. Aufl. 1995, Rn. 72.

[63] BVerfGE 126, 286.

[64] BVerfGE 123, 267 (352).

[65] BVerfGE 123, 267 (401).

[66] BVerfGE 123, 267 (401).

Rahmen der ihnen von den Mitgliedstaaten übertragenen Kompetenzen halten oder diese überschreiten.[67] Der Grundsatz der Europarechtsfreundlichkeit kann sich sowohl in kompetenzieller (aa) und verfahrensrechtlicher (bb) als auch in materieller Hinsicht (cc), nicht aber auf die Beantwortung der Frage der Letztentscheidungsbefugnis (dd) auswirken.

aa) Monopolisierung beim Bundesverfassungsgericht

In seinem Urteil zum Vertrag von Lissabon stellt das Bundesverfassungsgericht zunächst fest, dass der Grundsatz der Europarechtsfreundlichkeit – neben dem Rechtsgedanken des Art. 100 Abs. 1 GG und der notwendigen Sicherung der Funktionsfähigkeit der Unionsrechtsordnung – verlangt, dass die Annahme eines Ultra-vires-Akts allein dem Bundesverfassungsgericht obliegt.[68] Diese Kompetenzkonzentration versteht sich nicht von selbst,[69] sind doch primär die deutschen Fachgerichte mit der Auslegung und Anwendung des Unionsrechts befasst.[70] Dementsprechend wies das Bundesverfassungsgericht im Urteil zum Vertrag von Maastricht zunächst allgemein darauf hin, dass Rechtsakte europäischer Organe, die den vom deutschen Zustimmungsgesetz gedeckten Kompetenzrahmen überschreiten, im deutschen Hoheitsbereich nicht verbindlich sind und von deutschen Organen nicht vollzogen werden dürfen.[71] Dies setzt zwangsläufig eine entsprechende Prüfung der deutschen Behörden und Gerichte voraus,[72] die auch des Öfteren in Anspruch genommen wurde.[73] Prüfungskompetenz und Kompetenz zur Unanwendbarkeitsfeststellung sind jedoch voneinander zu trennen. Es bestünde eine erhebliche Gefahr für die einheitliche Anwendung und Auslegung des Unionsrechts, würde man die Ultra-vires-Kontrolle innerstaatlich dezentralisieren und den Fachgerichten oder gar den Behörden anvertrauen. Die gegen die Monopolisierung unter den Gesichtspunkten der parlamen-

[67] BVerfGE 75, 223 (235, 242); 89, 155 (188); 123, 267 (353 f.). Zum begrifflichen und konzeptionellen Wechsel von der Rechtsfigur des ausbrechenden Rechtsakts hin zum Ultra-vires-Akt vgl. *Schorkopf*, EuZW 2009, S. 718 (721).

[68] BVerfGE 123, 267 (354); zustimmend etwa *Calliess*, ZEuS 2009, S. 543 (567); *Ruffert*, DVBl. 2009, S. 1197 (1206).

[69] *Gerhardt*, ZRP 2010, S. 161 (163) spricht von einem „durchaus kühne[n] Akt verfassungsgerichtlicher Rechtsschöpfung".

[70] Vgl. zum nationalen Instanzrichter als „juge commun de droit communautaire" *von Danwitz*, ZRP 2010, S. 143 (144).

[71] BVerfGE 89, 155 (188); vgl. bereits BVerfGE 75, 223 (225).

[72] Vgl. *Streinz*, Europarecht, 8. Aufl. 2008, Rn. 251; kritisch *Huber*, in: Streinz, EUV/EGV, 2003, Art. 220 EGV Rn. 39.

[73] Vgl. die Nachweise bei *Mayer*, Kompetenzüberschreitung und Letztentscheidung, Das Maastricht-Urteil des Bundesverfassungsgerichts und die Letztentscheidung über Ultra-vires-Akte in Mehrebenensystemen, 2000, S. 120 ff.

tarisch-demokratischen Entscheidungsfreiheit[74] und der Systemstringenz[75] geäußerten Bedenken treten bei der Abwägung hinter dem Grundsatz der Europarechtsfreundlichkeit zurück.

hh) Vorlagepflicht des Bundesverfassungsgerichts

In verfahrensrechtlicher Hinsicht bedeutet die europarechtsfreundliche Ausübung der Ultra-vires-Kontrolle nach dem „Honeywell"-Beschluss, dass die Annahme eines Ultra-vires-Aktes durch das Bundesverfassungsgericht erst in Betracht kommt, wenn der Gerichtshof der Europäischen Union (Europäischer Gerichtshof) im Rahmen eines Vorabentscheidungsverfahrens nach Art. 267 AEUV „Gelegenheit [...] zur Entscheidung über die Gültigkeit und die Auslegung" des fraglichen sekundären Unionsrechtsakts hatte.[76] Damit ist das Bundesverfassungsgericht verfassungsrechtlich, nämlich nach dem Grundsatz der Europarechtsfreundlichkeit, verpflichtet, dem Europäischen Gerichtshof vorzulegen, wenn dieser nicht bereits im Rahmen eines Vorabentscheidungsverfahrens eines anderen nationalen Gerichts, sei es inner- oder außerhalb des konkreten fachgerichtlichen Ausgangsverfahrens, zu den aufgeworfenen Fragen Stellung genommen hat. Sind die aufgeworfenen Fragen in der Rechtsprechung des Europäischen Gerichtshofs bereits geklärt, könnte das Bundesverfassungsgericht einen Ultra-vires-Akt feststellen, ohne nach dem ungeschriebenen Verfassungsprinzip verpflichtet zu sein, erneut vorzulegen. Diese Ausnahme von der verfassungsrechtlich begründeten Vorlagepflicht erinnert an die „acte éclairé"-Rechtsprechung des Europäischen Gerichtshofs, wonach ein letztinstanzliches Gericht nicht zur Vorlage nach Art. 267 Abs. 3 AEUV verpflichtet ist, wenn der Europäische Gerichtshof die Rechtslage bereits in einem anderen Fall geklärt hat.[77] Da die Feststellung, ob eine Rechtsfrage durch den Europäischen Gerichtshof bereits

[74] Vgl. *Gärditz/Hillgruber*, JZ 2009, S. 872 (873).

[75] Vgl. *Sauer*, ZRP 2009, S. 195 (197).

[76] Das Bundesverfassungsgericht hat seine diesbezügliche Vorlagepflicht, nachdem es bereits im Urteil zum Vertrag von Lissabon die Annahme eines Ultra-vires-Akts vom Vorliegen einer Rechtsschutzlücke auf Unionsebene abhängig gemacht hatte (BVerfGE 123, 267 <353>), im „Honeywell"-Beschluss ausdrücklich anerkannt (BVerfGE 126, 286 <304>).

[77] EuGH, Urteil vom 27. März 1963, verb. Rs. 28/62-30/62, Da Costa, Slg. 1963, S. 60 (80 f.); EuGH, Urteil vom 13. Mai 1981, Rs. 66/80, International Chemical Corporation, Slg. 1981, S. 1191, Rn. 18; EuGH, Urteil vom 4. November 1997, Rs. C-337/95, Parfums Christian Dior, Slg. 1997, S. I-6013, Rn. 31. Im Gegensatz zu einem „acte éclairé" liegt ein „acte clair" vor, wenn eine Auslegungsfrage zwar noch nicht vom Europäischen Gerichtshof beantwortet worden ist, aber kein vernünftiger Zweifel an der Antwort besteht. Vgl. zu der Unterscheidung zwischen „acte éclairé" und „acte clair" *Karpenstein,* in: Grabitz/Hilf/Nettesheim, Das Recht der Europäischen Union, Bd. III, Art. 234 EGV Rn. 54 ff. (Stand: Juli 2008); *Broberg/Fenger*, EuR 2010, S. 835 (836).

geklärt ist, im Einzelfall durchaus schwierig sein kann,[78] lässt sich der Grundsatz der Europarechtsfreundlichkeit dahingehend nutzbar machen, dass in Zweifelsfällen eine erneute Vorlage an den Europäischen Gerichtshof zu fordern ist. Das ungeschriebene Verfassungsprinzip wirkt so auf mehreren Stufen.

cc) Erfordernis eines hinreichend qualifizierten Kompetenzverstoßes

In materieller Hinsicht beeinflusst der Grundsatz der Europarechtsfreundlichkeit die Maßstabsbildung des Bundesverfassungsgerichts bei der Prüfung eines Ultra-vires-Akts. Im Urteil zum Vertrag von Lissabon hat das Bundesverfassungsgericht die Ultra-vires-Kontrolle bereits auf „ersichtliche Grenzüberschreitungen", „Grenzdurchbrechungen"[79] bzw. Fälle, in denen es „ersichtlich am konstitutiven Rechtsanwendungsbefehl mangelt"[80], beschränkt und damit verschiedene Formulierungen aus dem Urteil zum Vertrag zum Maastricht aufgegriffen. Im „Honeywell"-Beschluss wird dieser Prüfungsmaßstab weiter präzisiert. Ein ersichtlicher Verstoß gegen das Prinzip der begrenzten Einzelermächtigung liegt danach nur dann vor, wenn der Kompetenzverstoß der europäischen Organe hinreichend qualifiziert ist, also offensichtlich ist und zwischen Mitgliedstaaten und Europäischer Union erheblich ins Gewicht fällt.[81] Letzteres ist der Fall, wenn die Kompetenzüberschreitung strukturwirksam ist,[82] d.h. zu einer strukturell bedeutsamen Verschiebung der Kompetenzen zu Lasten der Mitgliedstaaten führt.[83] Das ungeschriebene Verfassungsprinzip wirkt sich somit auf die Kontrolldichte des Bundesverfassungsgerichts aus, indem es Auslegungsspielräume der europäischen Organe respektiert und namentlich dem Europäischen Gerichtshof prinzipiell und nicht nur im Rahmen der ihm zukommenden Befugnis zur Rechtsfortbildung[84] einen „Anspruch auf Fehlertoleranz" einräumt.[85] Unzulässig ist die Rechtsfortbildung allerdings dann, wenn sie strukturelle Verschiebungen im System konstitutioneller Macht- und Einflussverteilung bewirkt, wenn sie also praktisch kompetenzbegründend wirkt.[86]

[78] Dies betrifft nicht nur die materielle Identität der dem Bundesverfassungsgericht und dem Europäischen Gerichtshof unterbreiteten Fragen, sondern auch und vor allem verfahrensrechtliche Erwägungen. So könnte man im Lichte der Europarechtsfreundlichkeit von einer bereits geklärten Rechtsfrage erst dann ausgehen, wenn die Große Kammer oder das Plenum (vgl. hierzu Art. 44 § 3 EuGH-VerfO) darüber entschieden haben.

[79] BVerfGE 123, 267 (353).

[80] BVerfGE 123, 267 (400).

[81] BVerfGE 126, 286 (304).

[82] BVerfGE 126, 286 (308).

[83] BVerfGE 126, 286 (309).

[84] BVerfGE 75, 223 (242 f.); 123, 267 (351 f.); 126, 286 (305 ff.).

[85] BVerfGE 126, 286 (307).

[86] BVerfGE 126, 286 (312).

Fraglich ist, ob die Ultra-vires-Kontrolle – wie im juristischen Schrifttum im Anschluss an das Urteil zum Vertrag von Lissabon befürwortet – noch europarechtsfreundlicher ausgeübt werden könnte, indem die Zulässigkeitsvoraussetzungen für die Ultra-vires-Rüge nach dem „Vorbild" der Grundrechtskontrolle eingeschrankt würden.[87] So erreicht etwa ein Beschwerdeführer eine Grundrechtskontrolle von sekundärem Unionsrecht erst und nur dann, wenn er darlegt, dass der innerunionale Grundrechtsschutz *generell* – und damit gerade losgelöst von seinem Einzelfall – unter den Standard abgesunken ist, den das Grundgesetz gebietet und der auch bei Hoheitsrechtsübertragungen zu gewährleisten ist.[88] Der Grundsatz der Europarechtsfreundlichkeit bedarf jedoch, je nach einschlägigem verfassungsrechtlichem Prüfungsvorbehalt, unterschiedlicher funktionsadäquater Ausprägungen. Bei der – schon im Ausgangspunkt auf einer Einzelfallbetrachtung basierenden – Ultra-vires-Kontrolle entfaltet er seine Bedeutung nicht in einem grundsätzlichen Verzicht auf die individuelle Prüfung von Verstößen europäischer Organe, sondern darin, bestimmte inhaltliche Anforderungen, namentlich hinsichtlich der Kontrollintensität bzw. „Eintrittsschwelle", an die Ausübung des Prüfungsvorbehalts zu stellen. Dem ungeschriebenen Verfassungsprinzip der Europarechtsfreundlichkeit wird dabei durch die Stellschrauben der offensichtlichen und strukturwirksamen Kompetenzüberschreitung Rechnung getragen. Dies bedeutet, dass die Ultra-vires-Kontrolle theoretisch bei jedem materiellen Verfassungsverstoß eingreifen *kann*; ob sie es tatsächlich tut, ist demgegenüber eine Frage der umfassenden Abwägung und Würdigung im Einzelfall. Der Grundsatz der Europarechtsfreundlichkeit gebietet es aus diesen Gründen nicht, die Rolle des Bundesverfassungsgerichts bei der Ultra-vires-Kontrolle auf eine „strukturelle" Reservekompetenz für „Systemfehler" zu reduzieren.[89]

dd) Letztentscheidungsbefugnis

Abschließend steht die Frage im Raum, ob und gegebenenfalls wie sich der Grundsatz der Europarechtsfreundlichkeit auswirkt, wenn das Bundesverfassungsgericht nach erfolgter – und „erfolgloser" – Vorlage an den Europäischen Gerichtshof das Vorliegen eines Ultra-vires-Akts feststellen möchte. In der juristischen Fachliteratur ist vorgeschlagen worden, im Falle eines nicht anders lösbaren, insbesondere nicht durch eine umfassende Folgenabwägung

[87] Für eine Beschränkung auf „strukturelles Versagen" mit im Einzelnen unterschiedlichen Nuancen *Bergmann/Karpenstein,* ZEuS 2009, S. 529 (534); *Calliess,* ZEuS 2009, S. 543 (567); *Ruffert,* DVBl 2009, S. 1197 (1205); *Ohler,* AöR 2010, S. 153 (167).

[88] Vgl. BVerfGE 102, 147 (161, 164).

[89] Auf prozessual bedingte Unterschiede zwischen der Grundrechts- und der Ultra-vires-Kontrolle weist *Mayer,* in: von Bogdandy/Bast (Hrsg.), Europäisches Verfassungsrecht, 2. Aufl. 2009, S. 559 (575 f.) hin.

zu bewältigenden Konfliktes die Letztentscheidungsbefugnis dem Europäischen Gerichtshof zuzuweisen.[90] Eine pauschale Festlegung, welcher Gerichtsbarkeit das „letzte Wort" zukommt, könnte sich indes mit Blick auf die miteinander unvereinbaren Grundverständnisse vom Unionsrecht als abgelöstes oder abgeleitetes Recht und von der damit im Zusammenhang stehenden Reichweite des Vorrangs des Unionsrechts[91] verbieten.[92] Angesichts dieser „Schwebelage" zwischen der unionsrechtlichen und der verfassungsrechtlichen Lesart müsse es – so wird im Schrifttum ebenfalls vertreten – vielmehr in jedem Einzelfall darum gehen, mittels kluger Abstimmungs- und Verbundstrategien im Rahmen des „europäischen Verfassungsgerichtsverbundes"[93] sachgerechte Lösungen herbeizuführen. Beide Seiten müssten in einem umfassenden Sinne Rücksicht aufeinander nehmen und die vielfältigen Möglichkeiten, die in einem Kooperationsverhältnis bestehen, auch tatsächlich nutzen.[94]

Die Anwendung des Grundsatzes der Europarechtsfreundlichkeit kann jedenfalls nicht zur Letztentscheidungsbefugnis des Europäischen Gerichtshofs führen. Aus dem Rechtsgedanken des ungeschriebenen Verfassungsprinzips folgt nicht nur, dass die Ausübung der verfassungsrechtlich vorbehaltenen Kontrollbefugnisse der Bedeutung, die der europäischen Integration nach dem Grundgesetz zukommt, gerecht werden muss, sondern auch, dass das Ergebnis dessen nicht die Unterordnung des Grundgesetzes unter das Europarecht sein darf. Ausdruck des Grundsatzes der Europarechtsfreundlichkeit ist vielmehr gerade das Offenhalten der Frage, wem die Letztentscheidungsbefugnis zukommt, führt dies doch zu einer stärkeren Sys-

[90] *Sauer*, Jurisdiktionskonflikte in Mehrebenensystemen, Die Entwicklung eines Modells zur Lösung von Konflikten zwischen Gerichten unterschiedlicher Ebenen in vernetzten Rechtsordnungen, 2008, S. 463. Hierfür spräche auch Art. 344 AEUV, worin sich die Mitgliedstaaten verpflichten, Streitigkeiten über die Auslegung oder Anwendung der Verträge nicht anders als „hierin vorgesehen" zu regeln; vgl. hierzu EuGH, Urteil vom 30. Mai 2006, Rs. C-459/03, MOX Plant (Kommission/Irland), Slg. 2006, S. I-4635 ff.; restriktiver insoweit Ständiger Schiedshof, Schiedsspruch vom 24. Mai 2005, Ijzeren Rijn (Belgien/Niederlande), abrufbar unter: http://www.cpa-pca.org, Rn. 97 ff.

[91] Der Europäische Gerichtshof geht von einem Vorrang des Unionsrechts vor jeder innerstaatlichen Rechtsnorm kraft Eigenständigkeit aus, vgl. grundlegend EuGH, Urteil vom 15. Juli 1964, Rs. 6/64, Costa/E.N.E.L., Slg. 1964, S. 1251 (1269 f.); EuGH, Urteil vom 9. März 1978, Rs. 106/77, Simmenthal, Slg. 1978, S. 629, Rn. 17/18. Nach Auffassung des Bundesverfassungsgerichts besteht der Vorrang des Unionsrechts demgegenüber kraft verfassungsrechtlicher Ermächtigung und ist demgemäß verfassungsrechtlich begrenzt, vgl. insbesondere BVerfGE 73, 339 (374 f.); BVerfGE 123, 267 (396 f.).

[92] *Wahl*, Der Staat 2009, S. 587 ff.; *von Bogdandy*, NJW 2010, S. 1 (4).

[93] *Voßkuhle*, NVwZ 2010, S. 1 ff. Vgl. hierzu auch *Di Fabio*, Friedliche Koexistenz, Frankfurter Allgemeine Nr. 245 vom 21. Oktober 2010, S. 6, und zum ähnlichen Konzept einer europäischen Verfassungsgerichtsbarkeit *Mayer*, in: von Bogdandy/Bast (Hrsg.), Europäisches Verfassungsrecht, 2. Aufl. 2009, S. 559 ff.

[94] *Wahl*, Der Staat 2009, S. 587 (608).

temstabilisierung, als es die eindeutige Zuweisung einer Letztentscheidungsbefugnis zu einem der beiden Akteure vermögen würde.

b) Identitätskontrolle

Während die Ultra-vires-Kontrolle die Einhaltung der bereits übertragenen Kompetenzen am Maßstab des vertraglich niedergelegten Integrationsprogramms betrifft, bezieht sich die Identitätskontrolle auf die Grenzen des verfassungsrechtlich Übertragbaren,[95] die durch die Ultra-vires-Kontrolle nicht wirksam abgesichert werden können. Die Identitätskontrolle dient dem Schutz des unantastbaren Kerngehalts der Verfassungsidentität des Grundgesetzes nach Art. 79 Abs. 3 GG und ermöglicht damit zugleich die Wahrung der von Art. 4 Abs. 2 Satz 1 EUV anerkannten grundlegenden politischen und verfassungsmäßigen Strukturen einschließlich der nationalen Verfassungsidentität.[96] Im Unterschied zur Ultra-vires-Kontrolle ergibt sich die Monopolisierung der Identitätskontrolle beim Bundesverfassungsgericht[97] bereits aus der Natur der Sache, da es um die Feststellung einer Identitätsverletzung nach Art. 79 Abs. 3 GG geht.

Der Vorschlag, das Bundesverfassungsgericht auch bei der Identitätskontrolle als zur Vorlage an den Europäischen Gerichtshof verpflichtet anzusehen,[98] kann angesichts der unterschiedlichen Prüfungsmaßstäbe nicht überzeugen. Bei der Ultra-vires-Kontrolle überschneiden sich die Zuständigkeitsbereiche von Bundesverfassungsgericht und Europäischem Gerichtshof ausnahmsweise.[99] Beide Gerichte wollen letztverbindlich über dieselbe Kompe-

[95] BVerfGE 123, 267 (353). Vgl. für das Begriffspaar „Grenzen des Übertragenen" und „Grenzen des Übertragbaren" *Ehlers*, in: Schulze/Zuleeg/Kadelbach (Hrsg.), Europarecht, Handbuch für die deutsche Rechtspraxis, 2. Aufl. 2010, § 11 Rn. 18 ff. Der Begriff „Grenzen des Übertragbaren" bedeutet jedoch nicht, dass die Identitätskontrolle nur bei Vertragsänderungen von Bedeutung ist. Auch bei der Vertragsanwendung kann die Verfassungsidentität berührt sein, vgl. BVerfGE 125, 260 (324).

[96] BVerfGE 123, 267 (354). Aus Sicht eines Teils der Literatur stellt sich die Identitätskontrolle von vornherein als die „europarechtsfreundlichere" bzw. „europarechtsschonendere" Kontrollform im Vergleich zur Ultra-vires-Kontrolle dar. Zur Begründung wird auf den gegenüber dem Absolutheitsanspruch der Ultra-vires-Prüfung vorzugswürdigen relativen Maßstab der Identitätskontrolle verwiesen, dessen landesspezifischer Zuschnitt maßgeschneiderte Lösungen ermögliche; so *Thym*, Der Staat 2009, S. 559 (572); kritisch *Frenz*, EWS 2009, S. 297 (300).

[97] BVerfGE 123, 267 (354).

[98] *Streinz*, ZfP 2009, S. 467 (487); *von Bogdandy/Schill*, ZaöRV 2010, S. 701 (730).

[99] Vgl. etwa *Proelß*, in: Kämmerer (Hrsg.), An den Grenzen des Staates, 2008, S. 145 (147); *Sauer*, Jurisdiktionskonflikte in Mehrebenensystemen, Die Entwicklung eines Modells zur Lösung von Konflikten zwischen Gerichten unterschiedlicher Ebenen in vernetzten Rechtsordnungen, 2008, S. 192 f. und 458; der Sache nach auch *Mayer*, Kompetenzüberschreitung und Letztentscheidung, Das Maastricht-Urteil des Bundesverfassungsgerichts und die Letztentscheidung über Ultra-vires-Akte in Mehrebenensystemen, 2000, S. 109.

tenznorm, aber auf jeweils anderer Rechtsgrundlage entscheiden. Das Bundesverfassungsgericht prüft den vermeintlichen Ultra-vires-Akt an den Zustimmungsgesetzen zu den Verträgen; der Europäische Gerichtshof prüft den Akt am – identischen – Maßstab des Primärrechts. Demgegenüber wird die Feststellung einer Identitätsverletzung anhand eines nationalen verfassungsrechtlichen Maßstabs, nämlich dem des Art. 79 Abs. 3 GG, getroffen. Der Umstand, dass die Prüfungsmaßstäbe des Art. 79 Abs. 3 GG und des Art. 4 Abs. 2 Satz 1 EUV, wonach die Europäische Union die nationale Identität der Mitgliedstaaten achtet, aufeinander bezogen sind, vermag hieran nichts zu ändern. Die Bestimmung des Art. 4 Abs. 2 Satz 1 EUV kann keinen einheitlichen europarechtlichen Begriff der nationalen Identität vorsehen, sondern verweist auf die Mitgliedstaaten zurück.[100] Dementsprechend kann der Europäische Gerichtshof die Kerngehalte der nationalen Identität nicht mit bindender Wirkung für die Mitgliedstaaten auslegen; vielmehr kann letztlich nur die nationale Verfassungsgerichtsbarkeit den Inhalt der europarechtlich anerkannten und geschützten Verfassungsgrundentscheidungen konturieren.[101]

Ebenso wie bei der Ultra-vires-Kontrolle gilt auch bei der Identitätskontrolle, dass sie als *ultima ratio* nur in Ausnahmefällen greift, damit ein Auseinanderfallen von unionsrechtlicher und verfassungsrechtlicher Bindung so weit wie möglich verhindert wird. Das bei der Ultra-vires-Kontrolle aufgestellte Erfordernis einer hinreichend qualifizierten „Eingriffsschwelle" entfaltet für die Identitätsrüge jedoch keine eigenständige Bedeutung, weil die Identitätskontrolle bereits strukturell auf einen qualifizierten Verstoß, nämlich eine Verletzung der in Art. 79 Abs. 3 GG genannten unverfügbaren Verfassungsgrundsätze, beschränkt ist.[102]

c) Grundrechtskontrolle

Das Bundesverfassungsgericht hat bereits in seiner früheren Rechtsprechung zur Grundrechtskontrolle dem – begrifflich erst im Urteil zum Vertrag von Lissabon geprägten, aber bereits seit jeher im Grundgesetz angelegten[103] – ungeschriebenen Verfassungsprinzip der Europarechtsfreundlichkeit

[100] *Mayer,* in: von Bogdandy/Bast (Hrsg.), Europäisches Verfassungsrecht, 2. Aufl. 2009, S. 559 (589). Vgl. in diesem Sinne auch EuGH, Urteil vom 14. Oktober 2004, Rs. C-36/02, Omega, Slg. 2004, S. I-9609 Rn. 37 f. und hierzu *Arndt,* in: Dann/Rynkowski (Hrsg.), The Unity of the European Constitution, 2006, S. 333 (336); außerdem EuGH, Urteil vom 22. Dezember 2010, Rs. C-208/09, Sayn-Wittgenstein, EuGRZ 2011, S. 25 (31).

[101] Vgl. *Mayer,* in: von Bogdandy/Bast (Hrsg.), Europäisches Verfassungsrecht, 2. Aufl. 2009, S. 559 (589) unter Hinweis auf *Phelan,* Revolt or Revolution, 1997, S. 416; anders *von Bogdandy/Schill,* ZaöRV 2010, S. 701 (731), die allerdings einen „Beurteilungsspielrau[m ...] zugunsten der Mitgliedstaaten und ihrer Verfassungs- und Höchstgerichte zur Ausfüllung des Begriffs der nationalen Identität" anerkennen.

[102] Vgl. auch *Sauer,* ZRP 2009, S. 195 (196).

[103] Vgl. *Streinz,* ZfP 2009, S. 467 (469, 487).

Rechnung getragen. Dies geschieht nicht nur durch die – aus der Natur der Sache folgende – Monopolisierung dieses Kontrollvorbehalts beim Bundesverfassungsgericht, sondern vor allem im Wege seiner inhaltlichen Ausgestaltung. Im „Solange II"-Beschluss aus dem Jahr 1986 sah das Gericht unter dem Eindruck der Grundrechtsjudikatur des Europäischen Gerichtshofs[104] seine frühere Forderung aus dem „Solange I"-Beschluss[105] nach einem europäischen Grundrechtskatalog als in der Sache erfüllt an. Seither übt es seine Gerichtsbarkeit hinsichtlich der Grundrechtskonformität von Unionsrechtsakten nicht mehr aus, wenn und solange im Hoheitsbereich der Europäischen Union ein dem Standard des Grundgesetzes im Wesentlichen vergleichbarer Grundrechtsschutz gewährleistet ist.[106]

Die prozessuale Konsequenz aus der europarechtsfreundlichen Handhabung des Kontrollvorbehalts liegt nicht etwa in der Anerkennung einer Vorlagepflicht des Bundesverfassungsgerichts vor der Ausübung der Grundrechtskontrolle. Prüfungsmaßstab sind hier allein die Grundrechte des Grundgesetzes, nicht aber die Unionsgrundrechte, mögen diese auch weitgehend deckungsgleich mit den nationalen Grundrechten sein. Vielmehr hat das Bundesverfassungsgericht den Grundsatz der Europarechtsfreundlichkeit durch die Errichtung hoher Zulässigkeitshürden für die Aktivierung seiner verfassungsrechtlichen Reservekompetenz operationalisiert. Danach sind Verfassungsbeschwerden und Richtervorlagen, die eine Verletzung in Grundrechten des Grundgesetzes durch sekundäres Unionsrecht geltend machen, von vornherein unzulässig, wenn ihre Begründung nicht im Einzelnen darlegt, dass die europäische Rechtsentwicklung einschließlich der Judikatur des Europäischen Gerichtshofs generell unter den unabdingbar gebotenen Grundrechtsstandard abgesunken ist.[107]

An dieser europarechtsfreundlich zurückgenommenen Reservekompetenz im Bereich der Grundrechtskontrolle hat die Identitätskontrolle nichts geändert. Die „Solange"-Rechtsprechung hat den Boden für die Identitätskontrolle bereitet,[108] indem sie einen ausreichenden und effektiven Grundrechtsschutz gegenüber der öffentlichen Gewalt als wesentlichen Teil der nicht preiszugebenden Identität des Grundgesetzes beschrieben hat.[109] Allerdings führt das Urteil zum Vertrag von Lissabon weder zu einer Aufweichung der hohen Zulässigkeitshürden für die Inanspruchnahme der Grundrechtskon-

[104] Grundlegend EuGH, Urteil vom 12. November 1969, Rs. 29/69, Stauder, Slg. 1969, S. 419, Rn. 7; EuGH, Urteil vom 17. Dezember 1970, Rs. 11/70, Internationale Handelsgesellschaft, Slg. 1970, S. 1125, Rn. 22; EuGH, Urteil vom 14. Mai 1974, Rs. 4/73, Nold, Slg. 1974, S. 491, Rn. 13.

[105] BVerfGE 37, 271 ff.

[106] BVerfGE 73, 339 (376, 387).

[107] BVerfGE 102, 147 (161, 164).

[108] Vgl. *Grimm*, Der Staat 2009, S. 475 (478 f.).

[109] BVerfGE 37, 271 (280); 73, 339 (375 f.).

trolle[110] noch können umgekehrt deren spezifische Voraussetzungen auf die übrigen Anwendungsfälle der Identitätskontrolle übertragen werden. Vielmehr handelt es sich bei der Grundrechtskontrolle um einen speziellen Anwendungsfall der Identitätskontrolle, für den eigene Voraussetzungen und Prüfungsmaßstäbe gelten.

d) Zwischenergebnis

Als Zwischenergebnis ist festzuhalten, dass das Verfassungsprinzip der Europarechtsfreundlichkeit seine produktive Kraft bei allen Kontrollvorbehalten, allerdings jeweils in unterschiedlichen Ausprägungen entfaltet. Die Gemeinsamkeit liegt in der institutionellen Kompetenzzuweisung aller Kontrollvorbehalte in die alleinige Verantwortung des Bundesverfassungsgerichts. Unterschiede zeigen sich bei der materiellen Ausgestaltung der Kontrollvorbehalte, die von einer strukturellen Reservekompetenz bei der Grundrechtskontrolle über das Erfordernis eines hinreichend qualifizierten Kompetenzverstoßes bei der Ultra-vires-Kontrolle bis hin zu einer naturgemäß auf Ausnahmefälle beschränkten Identitätskontrolle reicht. Eine Vorlagepflicht an den Europäischen Gerichtshof besteht nur bei der Ultra-vires-Kontrolle, da es sich dabei um den einzigen Fall der Anwendung eines europarechtlichen Prüfungsmaßstabs und damit einer Rechtsaussage zum Unionsrecht handelt. Demgegenüber beschränkt sich die anhand verfassungsrechtlicher Kriterien getroffene Feststellung einer Identitäts- bzw. Grundrechtsverletzung auf eine innerstaatliche Aussage, von der die Rechtslage in den anderen Mitgliedstaaten unberührt bleibt.

2. *Mögliche weitere Anwendungsfälle*

Obwohl der Rechtsgedanke des Grundsatzes der Europarechtsfreundlichkeit darin besteht, das Auseinanderfallen von verfassungsrechtlicher und unionsrechtlicher Bindung bei der Ausübung der Ultra-vires-, Identitäts- und Grundrechtskontrollbefugnisse des Bundesverfassungsgerichts auf ein Mindestmaß zu beschränken, werden in der juristischen Fachliteratur weitere Anwendungsfälle des ungeschriebenen Verfassungsprinzips diskutiert.

a) Europarecht als verfassungsrechtlicher Prüfungsmaßstab?

Zunächst wird vorgeschlagen, dass das Bundesverfassungsgericht künftig über den Anwendungsbereich des aus Art. 3 Abs. 1 GG folgenden Willkürverbots hinaus „grobe Fehler bei der Anwendung des Europarechts durch deutsche Stellen" rügefähig macht und insoweit dem französischen *Conseil constitutionnel* folgt, der aus einer Art. 23 Abs. 1 GG vergleichbaren Bestim-

[110] So auch die Einschätzung von *Thym,* Der Staat 2009, S. 559 (569); anders *Schorkopf,* EuZW 2009, S. 718 (722).

mung der französischen Verfassung eine entsprechende Befugnis abgeleitet hat.[111] Dabei wird allerdings verkannt, dass das ungeschriebene Verfassungsprinzip seine Geltung und seinen konkreten Inhalt den verfassungsrechtlichen Bestimmungen verdankt, aus denen es hergeleitet wird. Aus dem Grundsatz der Europarechtsfreundlichkeit können mit anderen Worten keine Rückschlüsse auf die Auslegung der Bestimmungen des Grundgesetzes gezogen werden, aus denen sich das Prinzip konstituiert.[112] Ansonsten unterläge man einem Zirkelschluss.

Die fachgerichtliche Auslegung und Anwendung von einfachem Recht wird vom Bundesverfassungsgericht nur auf Willkür überprüft (Art. 3 Abs. 1 GG).[113] Europarecht steht innerstaatlich im Rang einfachen Rechts, nämlich im Rang der Zustimmungsgesetze zu den europäischen Integrationsverträgen. Daran vermag nach bisheriger Auslegung auch der aus der Präambel und Art. 23 Abs. 1 GG folgende Verfassungsauftrag zur Verwirklichung eines vereinten Europas nichts zu ändern, obwohl er die deutschen Staatsorgane und die sonstigen staatlichen Stellen zur vorrangigen Beachtung von Unionsrecht verpflichtet. Art. 23 Abs. 1 GG erlaubt mit der Übertragung von Hoheitsrechten auf die Europäische Union zugleich deren unmittelbare Ausübung innerhalb der innerstaatlichen Rechtsordnung. Er enthält „ein Wirksamkeits- und Durchsetzungsversprechen, dem der unionsrechtliche Anwendungsvorrang entspricht",[114] fordert letzteren aber nicht selbst ein. Der verfassungsrechtlich erlaubte grundsätzliche Anwendungsvorrang des Europarechts auch vor dem Verfassungsrecht führt nicht dazu, dass das Europarecht selbst Verfassungsrang erhält. Das unterschiedliche Verhältnis von Völker- und Europarecht zum nationalen Recht ändert nichts daran, dass es sich bei beiden Rechtskreisen um einfaches Recht handelt.[115] Solange Art. 23 Abs. 1 GG – etwa im Hinblick auf die Besonderheit der nach Satz 3 erforderlichen verfassungsändernden Mehrheit – nicht dahingehend ausgelegt wird, dass zumindest Teilen des Europarechts Verfassungsrang zukommt, bildet das Europarecht keinen verfassungsrechtlichen Prüfungsmaßstab.[116]

[111] *Classen*, JZ 2009, S. 881 (882). Vgl. zu dieser Rechtsprechung des französischen *Conseil constitutionnel*, wonach die Umsetzung von Richtlinien eine verfassungsrechtliche Verpflichtung nach Art. 88-1 der französischen Verfassung ist, *Mayer*, EuR 39 (2004), S. 925 ff.

[112] Vgl. die parallele Argumentation für den Grundsatz der Völkerrechtsfreundlichkeit *Payandeh*, JÖR 57 (2009), S. 465 (484).

[113] Vgl. BVerfGE 4, 1 (7); 62, 189 (192); stRspr.

[114] BVerfGE 126, 286 (302).

[115] Auch beim Völkergewohnheitsrecht handelt es sich nicht um Verfassungsrecht, sondern um einfaches Recht (Art. 25 Satz 1 GG), das allerdings im Rang einfachem Recht vorgeht (Art. 25 Satz 2 GG).

[116] Bei der Prüfung der Einhaltung des in den Verträgen niedergelegten Integrationsprogramms wird ausnahmsweise das Unionsrecht selbst zum Kontrollmaßstab des Bundesverfassungsgerichts, ohne dadurch jedoch Verfassungsrang zu erlangen.

b) Vorlagepflicht an den Europäischen Gerichtshof

Darüber hinaus wird im juristischen Schrifttum die Frage gestellt, ob der Grundsatz der Europarechtsfreundlichkeit einen Einfluss auf den Umgang des Bundesverfassungsgerichts mit der gerichtlichen Vorlagepflicht nach Art. 267 Abs. 3 AEUV haben kann, sei es in Form der Anerkennung einer grundsätzlichen Vorlagepflicht des Bundesverfassungsgerichts[117] (aa), sei es in Form einer „europarechtsfreundlichen" Anpassung des Prüfungsmaßstabs des Art. 101 Abs. 1 Satz 2 GG bei Nichtvorlage der Fachgerichte an den Europäischen Gerichtshof[118] (bb).

aa) Grundsätzliche Vorlagepflicht des Bundesverfassungsgerichts?

Die Diskussion um eine grundsätzliche Vorlagepflicht des Bundesverfassungsgerichts hat nicht erst mit dem Urteil zum Vertrag von Lissabon eingesetzt.[119] Das Bundesverfassungsgericht hat seine grundsätzliche Bindung an Art. 267 (Abs. 3) AEUV zwar bejaht,[120] bislang aber – anders als Verfassungsgerichte anderer Mitgliedstaaten der Europäischen Union[121] – kein Vorabentscheidungsersuchen an den Europäischen Gerichtshof gestellt. Mit der Anerkennung einer sich aus dem Grundsatz der Europarechtsfreundlichkeit ergebenden Vorlagepflicht vor der Annahme eines Ultra-vires-Aktes[122] wird keine Aussage über eine grundsätzliche – unions- oder verfassungsrechtliche – Vorlagepflicht des Bundesverfassungsgerichts getroffen.

Bezüglich der unionsrechtlichen Vorlagepflicht spricht einiges dafür, dass das Bundesverfassungsgericht ein Gericht im Sinne von Art. 267 Abs. 3 AEUV darstellt, dessen Vorlagepflicht auch im Hinblick auf das Verfahren der Verfassungsbeschwerde nicht allein mit dem Argument abgelehnt werden kann, die Norm erfasse nur ordentliche Rechtsbehelfe.[123] Das Bundesverfassungsgericht ist unionsrechtlich jedoch nur dann zur Vorlage verpflichtet, wenn die Vorlagefrage zur Gültigkeit oder Auslegung des Unionsrechts aus

[117] *Ruffert*, DVBl 2009, S. 1197 (1205); *Terhechte*, EuZW 2009, S. 724 (728); *von Bogdandy*, NJW 2010, S. 1 (4).

[118] *Thüsing/Pötters/Traut*, NZA 2010, S. 930 (932).

[119] Vgl. *Feige*, AöR 100 (1975), S. 530 ff.; *Mayer*, EuR 37 (2002), S. 239 ff.; *Warnke*, Die Vorlagepflicht nach Art. 234 Abs. 3 EGV in der Rechtsprechungspraxis des BVerfG, 2004, S. 49 ff.; *Proelß*, in: Kämmerer (Hrsg.), An den Grenzen des Staates, 2008, S. 145 ff.

[120] BVerfGE 37, 271 (282); 52, 187 (200 ff.); 125, 260 (308).

[121] Vgl. Schlussanträge der Generalanwältin Kokott vom 2. Juli 2009, Rs. C-169/08, Presidente del Consiglio, Slg. 2009, S. I-10821, Rn. 21.

[122] BVerfGE 123, 267 (353); 126, 286 (304).

[123] So *Proelß*, in: Kämmerer (Hrsg.), An den Grenzen des Staates, 2008, S. 145 (150 ff.); anders *Ehricke*, in: Streinz, EUV/EGV, 2003, Art. 234 EGV Rn. 40; *Schwarze* in: Schwarze, EU-Kommentar, 2. Aufl. 2009, Art. 234 EGV Rn. 42.

seiner Sicht entscheidungserheblich ist.[124] Da sich die Zuständigkeitsbereiche von Bundesverfassungsgericht einerseits und Europäischem Gerichtshof andererseits grundsätzlich nicht überschneiden,[125] das Europarecht mit anderen Worten keinen Bestandteil des verfassungsrechtlichen Prüfungsmaßstabs bildet, ist Unionsrecht indes im deutschen Verfassungsprozess prinzipiell nicht entscheidungserheblich.[126] Anders als in anderen Mitgliedstaaten der Europäischen Union[127] ist insbesondere im Falle einer Verletzung des Unionsrechts nicht automatisch von einer Verletzung des Grundgesetzes auszugehen.[128] Unionsrecht ist nur dann entscheidungserheblich, wenn die Prüfungsmaßstäbe von Bundesverfassungsgericht und Europäischem Gerichtshof ausnahmsweise, wie namentlich bei der Ultra-vires-Kontrolle, identisch sind[129] oder die verfassungsrechtliche Prüfung die Beantwortung europarechtlicher Vorfragen notwendig voraussetzt. Da das Bundesverfassungsgericht die grundrechtskonforme Ausfüllung von Spielräumen bei der Umsetzung von Richtlinien und Rahmenbeschlüssen in nationales Recht kontrolliert,[130] kann Letzteres etwa der Fall sein, wenn die Reichweite der Umsetzungsspielräume klärungsbedürftig wäre.[131]

Da der Grundsatz der Europarechtsfreundlichkeit die Entscheidungserheblichkeit einer Vorlagefrage zur Gültigkeit oder Auslegung des Unionsrechts in einem Verfassungsprozess genauso wenig beeinflussen kann wie die vorgelagerte Rechtsfrage, ob Europarecht zum verfassungsrechtlichen Prüfungsmaßstab gehört,[132] kann er die Vorlagepflicht des Bundesverfassungs-

[124] *Kotzur,* in: Geiger/Khan/Kotzur, EUV/AEUV, 5. Aufl. 2010, Art. 267 EUV Rn. 15 m.w.N.

[125] *Broß,* in: Verfassungsgericht der Tschechischen Republik (Hrsg.), Das Vorabentscheidungsverfahren und die nationalen Gerichte, 2005, S. 108 (110); *Dörr,* DVBl 2006, S. 1088 (1092 f.).

[126] *Gerhardt,* ZRP 2010, S. 161 (162 f.). Vgl. auch BVerfGE 125, 260 (308): „Jedoch kann eine solche Vorlage [des Bundesverfassungsgerichts] nur dann zulässig und geboten sein, wenn es auf die Auslegung beziehungsweise Wirksamkeit des Unionsrechts ankommt."

[127] So begründete die italienische *Corte Costituzionale* die Entscheidungserheblichkeit ihres ersten Vorabentscheidungsersuchens an den Europäischen Gerichtshof im Rahmen eines abstrakten Normenkontrollverfahrens damit, dass die Fachgerichte noch nicht vorbefasst gewesen seien und die Verfassungswidrigkeit des Gesetzes sich – nachdem die geltend gemachten Verstöße gegen die italienische Verfassung nicht vorlägen – nur noch aus seiner Unionsrechtswidrigkeit ergeben könne; vgl. Entscheidung Nr. 103/2008, Rn. 33. Vgl. hierzu *Mayer,* in: von Bogdandy/Bast (Hrsg.), Europäisches Verfassungsrecht, 2. Aufl. 2009, S. 559 (565) m.w.N.

[128] *Proelß,* in: Kämmerer (Hrsg.), An den Grenzen des Staates, 2008, S. 145 (169).

[129] *Kokott/Henze/Sobotta,* JZ 2006, S. 633 (634); *Proelß,* in: Kämmerer (Hrsg.), An den Grenzen des Staates, 2008, S. 145 (167).

[130] BVerfGE 113, 273 (300); 118, 79 (95 ff., 98); 121, 1 (15); 125, 260 (306 f.).

[131] *Proelß,* in: Kämmerer (Hrsg.), An den Grenzen des Staates, 2008, S. 145 (167).

[132] BVerfGE 113, 273 (300); 118, 79 (95 ff., 98); 121, 1 (15); 125, 260 (306 f.).

gerichts nach Art. 267 Abs. 3 AEUV in ihrem potentiell beschränkten Anwendungsbereich nicht erweitern.

bb) Überprüfung der Vorlagepraxis der Fachgerichte

Das Bundesverfassungsgericht hat auf der Grundlage des allgemein bei einer Verletzung des Rechts auf den gesetzlichen Richter herangezogenen Willkürmaßstabs drei Fallgruppen herausgearbeitet, in denen die Nichtvorlage durch die Fachgerichte an den Europäischen Gerichtshof einen Verstoß gegen Art. 101 Abs. 1 Satz 2 GG darstellt: die grundsätzliche Verkennung der Vorlagepflicht, das bewusste Abweichen von der Rechtsprechung des Europäischen Gerichtshofs ohne Vorlagebereitschaft und die Unvollständigkeit der Rechtsprechung des Europäischen Gerichtshofs, wenn mögliche Gegenauffassungen zu der entscheidungserheblichen Frage des Unionsrechts gegenüber der vom Fachgericht vertretenen Meinung eindeutig vorzuziehen sind.[133] Im juristischen Schrifttum wird aus unterschiedlichen Gründen – nicht zuletzt vor dem Hintergrund der nur ausnahmsweise bestehenden Vorlagepflicht des Bundesverfassungsgerichts[134] – gefordert, diesen verfassungsrechtlichen Prüfungsmaßstab derart zu verschärfen, dass er stärker an den unionsrechtlichen Voraussetzungen der Vorlagepflicht letztinstanzlicher Gerichte[135] ausgerichtet wird.[136] Seit dem Urteil zum Vertrag von Lissabon wird der Grundsatz der Europarechtsfreundlichkeit in die Argumentation miteinbezogen.[137]

Offen ist, ob der Grundsatz der Europarechtsfreundlichkeit für oder gegen eine Verschärfung des Prüfungsmaßstabs des Art. 101 Abs. 1 Satz 2 GG bei Nichtvorlage an den Europäischen Gerichtshof streitet. Vergegenwärtigt man sich, dass der dem Grundsatz der Europarechtsfreundlichkeit zugrunde liegende Rechtsgedanke darin besteht, das Auseinanderfallen von verfassungsrechtlicher und unionsrechtlicher Bindung so weit wie möglich

[133] BVerfGE 82, 159 (191 ff.); stRspr; vgl. BVerfGE 126, 286 (316 f.).

[134] *Jaeger,* EuGRZ 2005, S. 193 (196).

[135] EuGH, Urteil vom 6. Oktober 1982, Rs. 283/81, CILFIT, Slg. 1982, S. 3415, Rn. 13 ff.; stRspr.

[136] *Fastenrath,* in: Bröhmer/Bieber/Calliess/Langenfeld/Weber/Wolf (Hrsg.), Internationale Gemeinschaft und Menschenrechte, Festschrift Ress, 2005, S. 461 (472 ff.); *Proelß,* in: Kämmerer (Hrsg.), An den Grenzen des Staates, 2008, S. 145 (170 f.); *Fastenrath,* NJW 2009, S. 272 ff.; vgl. in diesem Zusammenhang BVerfG, Beschluss der 3. Kammer des Ersten Senats vom 25. Februar 2010 – 1 BvR 230/09 –, NJW 2010, S. 1268 (1269).

[137] *Thüsing/Pötters/Traut,* NZA 2010, S. 930 (932). Jedoch berufen sich weder der Beschluss der 3. Kammer des Ersten Senats des Bundesverfassungsgerichts vom 25. Februar 2010 (– 1 BvR 230/09 –, NJW 2010, S. 1268 <1269>) noch der Beschluss des Ersten Senats des Bundesverfassungsgerichts vom 25. Januar 2011 (– 1 BvR 1741/09 –, NJW 2011, S. 1427 ff.), die den Prüfungsmaßstab stärker an den unionsrechtlichen Voraussetzungen der Vorlagepflicht ausrichten, hierfür auf den Grundsatz der Europarechtsfreundlichkeit.

zu minimieren, könnte das Verfassungsprinzip für die Beibehaltung des bisherigen Prüfungsmaßstabs sprechen. Das Unionsrecht verlangt keine verfassungsgerichtliche Kontrolle der fachgerichtlichen Vorlagepraxis, sondern allein die Beachtung des Art. 267 AEUV.[138] Demjenigen, der unter Berufung auf den Grundsatz der Europarechtsfreundlichkeit eine Verschärfung des Prüfungsmaßstabs des Art. 101 Abs. 1 Satz 2 GG bei Nichtvorlage an den Europäischen Gerichtshof verlangt, könnte man entgegen halten, aus dem ungeschriebenen Verfassungsprinzip verfassungsrechtliche Verpflichtungen herleiten zu wollen, die im Unionsrecht keine Entsprechung finden.[139]

Wenn man jedoch berücksichtigt, dass der Anwendungsbereich des Grundsatzes der Europarechtsfreundlichkeit nur deshalb enger ist als der des Grundsatzes der Völkerrechtsfreundlichkeit, weil der prinzipielle Gleichlauf zwischen innerstaatlicher Rechtslage und europarechtlicher Verpflichtung ohnehin über das geschriebene Verfassungsrecht gewährleistet ist, könnte die Erweiterung des Anwendungsbereichs des Grundsatzes der Europarechtsfreundlichkeit ausnahmsweise gerechtfertigt sein, wenn dieser Gleichlauf im Einzelfall – etwa wegen der Nichteinhaltung der Vorlagepflicht nach Art. 267 Abs. 3 AEUV – nicht besteht. Das Bundesverfassungsgericht wäre möglicherweise nicht unionsrechtlich, aber verfassungsrechtlich verpflichtet, die Kontrolle der fachgerichtlichen Vorlagepraxis zu intensivieren, um den Gleichlauf zu überwachen bzw. wiederherzustellen. In vergleichbarer Weise wie das Bundesverfassungsgericht bei einer unterbliebenen Vorlage im Normenverifikationsverfahren nach Art. 100 Abs. 2 GG unter Berufung auf den Grundsatz der Völkerrechtsfreundlichkeit prüft, ob objektiv und nicht lediglich nach Meinung des befassten Gerichts Zweifel an Bestand und Reichweite einer völkerrechtlichen Regel vorliegen,[140] wäre es denkbar, den Prüfungsmaßstab des Art. 101 Abs. 1 Satz 2 GG in Verbindung mit Art. 267 Abs. 3 AEUV stärker an den unionsrechtlichen Voraussetzungen der Vorlagepflicht letztinstanzlicher Gerichte auszurichten.[141] Hierfür könnte auch sprechen, dass ein unmittelbarer Zusammenhang mit der Zurücknahme der verfassungsgerichtlichen Grundrechtskontrollbefugnisse im Bereich der europäischen Integration besteht. Übt das Bundesverfassungsgericht seine Gerichtsbarkeit hinsichtlich der Grundrechtskonformität von Unionsrechtsakten nach dem

[138] BVerfGE 126, 286 (316); BVerfGK 13, 506 (513 f.); ebenso *Fastenrath*, in: Bröhmer/Bieber/Calliess/Langenfeld/Weber/Wolf (Hrsg.), Internationale Gemeinschaft und Menschenrechte, Festschrift Ress, 2005, S. 461 (483); *Kokott/Henze/Sobotta*, JZ 2006, S. 633 (635).

[139] So für den Grundsatz der Völkerrechtsfreundlichkeit *Payandeh*, JÖR 57 (2009), S. 465 (496 f.).

[140] BVerfGE 109, 13 (23 f.); 109, 38 (49 f.); vgl. ferner BVerfGE 23, 288 (317); 96, 68 (77 f.).

[141] *von Ungern-Sternberg*, Verfassungsrechtliche Wirkungen von Präjudizien, *bislang unveröffentlichtes Manuskript*.

Grundsatz der Europarechtsfreundlichkeit bei im Wesentlichen vergleichbaren Grundrechtsstandard auf Unionsebene nicht mehr aus, könnte es im Gegenzug dafür Sorge tragen müssen, dass die Unionsgrundrechtskontrolle durch den Europäischen Gerichtshof über fachgerichtliche Vorabentscheidungsverfahren durchgeführt wird. Das Argument, man würde damit verfassungsrechtlich mehr fordern als unionsrechtlich verlangt sei, könnte durch die Darlegung entkräftet werden, dass das Bundesverfassungsgericht auch aus dem Grundsatz der Völkerrechtsfreundlichkeit verschiedene Subprinzipien, insbesondere die Pflicht aller Staatsorgane zur Berücksichtigung der Entscheidungen eines internationalen Gerichts, abgeleitet hat, die über das Völkerrecht hinausgehen.[142]

IV. Schluss

Der Grundsatz der Europarechtsfreundlichkeit geht als ungeschriebenes Verfassungsprinzip über das im Urteil zum Vertrag von Maastricht erwähnte bloße Konzept des Kooperationsverhältnisses hinaus, indem das Bundesverfassungsgericht ihn als juristisches Argument heranziehen und konkrete Rechtsfolgen aus ihm ableiten kann.[143] Soweit er die Ausübung der Ultra-vires-, Identitäts- und Grundrechtskontrolle durch das Bundesverfassungsgericht funktionsadäquat beschränkt, handelt es sich nicht um einen „trick“ des Bundesverfassungsgerichts, der „merkwürdig folgenlos“[144] geblieben ist, sondern um einen „treat“. Wenn auch Teile des juristischen Schrifttums dem ungeschriebenen Verfassungsprinzip gerne weitergehende Rechtswirkungen zusprechen würden, kann es sich trotz seines grundsätzlich begrenzten Anwendungsbereichs genau an der Stelle entfalten, an der sich die Kritik der juristischen Fachliteratur an dem Urteil zum Vertrag von Lissabon entzündet hat,[145] nämlich den verfassungsrechtlichen Kontrollvorbehalten.

[142] Vgl. *von Ungern-Sternberg*, Verfassungsrechtliche Wirkungen von Präjudizien, *bislang unveröffentlichtes Manuskript*, die zwischen einer völkerrechtlichen streitgegenstandsabhängigen Berücksichtigungspflicht und einer verfassungsrechtlichen streitgegenstands-*un*abhängigen Berücksichtigungspflicht der Entscheidungen internationaler Gerichte differenziert.

[143] Vgl. zu den unterschiedlichen, teilweise spekulativen Versuchen, das offene Konzept des „Kooperationsverhältnisses“ mit Leben zu füllen, nur *Schlaich/Korioth*, Das Bundesverfassungsgericht, 8. Aufl. 2010, Rn. 364 m.w.N.

[144] *Ruffert*, DVBl 2009, S. 1197 (1207).

[145] Vgl. etwa *Bergmann/Karpenstein*, ZEuS 2009, S. 529 ff.; *Everling*, EuR 2010, S. 91 ff.

Grundrechtsschutz durch BVerfG, EuGH und EGMR

Komplementärer, kooperativer und subsidiärer Grundrechtsschutz im Europäischen Rechtsprechungsverbund

Jens Hofmann

Leitentscheidungen des Bundesverfassungsgerichts (Senat)

BVerfGE 10, 271 – U-Haft
BVerfGE 37, 271 – Solange I
BVerfGE 73, 339 – Solange II
BVerfGE 75, 223 – Kloppenburg
BVerfGE 82, 159 – Absatzfonds
BVerfGE 102, 147 – Bananenmarkt
BVerfGE 106, 275 – Arzneimittelfestbetrag
BVerfGE 110, 141 – Kampfhunde
BVerfGE 111, 307 – Görgülü
BVerfGE 115, 276 – Sportwetten
BVerfGE 116, 202 – Tariftreueregelung
BVerfGE 118, 79 – Emissionshandel I
BVerfGE 120, 180 – Caroline
BVerfGE 121, 1 – eA Vorratsdatenspeicherung
BVerfGE 122, 1 – Agrarmarktsubventionen
BVerfGE 123, 267 – Lissabon
BVerfGE 124, 199 – Hinterbliebenenversorgung
BVerfGE 125, 260 – Vorratsdatenspeicherung
BVerfG, Beschluss des Zweiten Senats vom 6. Juli 2010 – 2 BvR 2661/06 –, NJW 2010, S. 3422 – Honeywell
BVerfG, Beschluss des Ersten Senats vom 25. Januar 2011 – 1 BvR 1741/09 –, juris.

Wichtige Kammerentscheidungen

BVerfGK 3, 4 – Ausweisung
BVerfGK 8, 401 – Vorabentscheidungsverfahren
BVerfGK 10, 19 – Schienenpersonennahverkehr
BVerfGK 11, 189 – Emissionshandel II
BVerfGK 13, 506 – Verheiratetenzuschlag, Homo-Ehe
BVerfG, Beschluss der 3. Kammer des Ersten Senats vom 25. Februar 2010 – 1 BvR 230/09 –, NJW 2010, S. 1268 – MERL

Schrifttum

Bäcker, Matthias Solange IIa oder Basta I? – Das Vorratsdaten-Urteil des Bundesverfassungsgerichts aus europarechtlicher Sicht, EuR 2011, S. 103 ff.; *von Danwitz, Thomas* Grundrechtsschutz im Anwendungsbereich des Gemeinschaftsrechts nach der Charta der Grundrechte, in: Herdegen/Klein/Papier/Scholz (Hrsg.) Festschrift für Roman Herzog zum 75. Geburtstag, 2009 S. 19 ff.; *Grawert, Rolf* Wechselwirkung zwischen Bundes- und Landesgrundrechtes in: Merten/Papier (Hrsg.), Handbuch der Grundrechte in Deutschland und Europa, Bd. 3, 2009, § 81; *Hirsch, Günter* Schutz der Grundrechte im „Bermuda-Dreieck" zwischen Karlsruhe, Straßburg und Luxemburg, EuR 2006 Beiheft 1, S. 7 ff.; *Hoffmann-Riem, Wolfgang* Die Caroline II-Entscheidung des BVerfG, NJW 2009, S. 20 ff.; *Hofmann, Jens,* Rechtsschutz und Haftung im Europäischen Verwaltungsverbund, 2004; *Huber, Peter Michael* Das europäisierte Grundgesetz, DVBl. 2009, S. 574 ff.; *Kenntner, Markus* Das Bundesverfassungsgericht, die Kontrolle fachgerichtlicher Entscheidungen und die Verwaltungsgerichtsbarkeit, in: Umbach/Clemens/Dollinger (Hrsg.), BVerfGG, 2. Aufl. 2005, A II 1., S. 9 ff.; *Kingreen, Thorsten* Grundrechtsverbund oder Grundrechtsunion? – Zur Entwicklung der subjektiv-öffentlichen Rechte im europäischen Unionsrecht, EuR 2010, S. 338 ff.; *Klein, Oliver* Straßburger Wolken am Karlsruher Himmel, NVwZ 2010, S. 221 ff.; *Kühling, Jürgen/Bertelsmann, Klaus* Höchstaltergrenzen bei der Einstellung von Beamten, NVwZ 2010, S. 87 ff.; *Meyer-Ladewig, Jens/Petzold, Herbert* 50 Jahre Europäischer Gerichtshof für Menschenrechte, NJW 2009, S. 3749 ff.; *Pache, Eckhard/Rösch, Franziska* Die neue Grundrechtsordnung der EU nach dem Vertrag von Lissabon, EuR 2009, S. 769 ff.; *Papier, Hans-Jürgen* Die Bedeutung des Grundgesetzes im Europäischen Staatenverbund, in: Stern (Hrsg.) 60 Jahre Grundgesetz, 2010, S. 107 ff.; *ders.* Verhältnis des Bundesverfassungsgerichts zu den Fachgerichtsbarkeiten DVBl. 2009, S. 473; *ders.*, in: FAZ vom 3. Juli 2008, S. 8; *ders.* Rechtsprechungsdreieck Karlsruhe-Luxemburg-Straßburg, Speyerer Vorträge, Heft 89, 2006; *Rengeling, Hans-Werner/Szczekalla, Peter,* Grundrechte in der Europäischen Union, 2004, Rn. 298; *Roth, Wolfgang,* Verfassungsgerichtliche Kontrolle der Vorlagepflicht an den EuGH, NVwZ 2009, S. 345 ff.; *Schmidt-Aßmann, Eberhard* Einleitung: Der Europäische Verwaltungsverbund und die Rolle des Europäischen Verwaltungsrechts, in: Schmidt-Aßmann/Schöndorf-Haubold (Hrsg.), 2005, S. 1 ff.; *Voßkuhle, Andreas* Der europäische Verfassungsgerichtsverbund, NVwZ 2010, S. 1 ff.; *ders.* Die Landesverfassungsgerichtsbarkeit im föderalen und europäischen Verfassungsgerichtsverbund, in: Häberle (Hrsg.) Jahrbuch des öffentlichen Rechts der Gegenwart 2011, i.E.; *Ziegenhorn, Gero* Kontrolle von mitgliedstaatlichen Gesetzen „im Anwendungsbereich des Unionsrechts" am Maßstab der Unionsgrundrechte, NVwZ 2010, S. 803 ff.

Inhalt

Die Linien des Grundrechtsschutzes bilden aus deutscher Perspektive ein Dreieck, das sich geographisch zwischen den Eckpunkten Karlsruhe, Luxemburg und Straßburg aufspannt.[1] Dort befinden sich die für den Grundrechtsschutz letztlich maßgeblichen Entscheidungsinstanzen, die im Zusammenspiel miteinander für einen effektiven Grundrechtsschutz der Bürger sorgen sollen – nämlich das Bundesverfassungsgericht, der Gerichtshof der Europäischen Union sowie der Europäische Gerichtshof für Menschenrechte. Die bloße Existenz dreier „Grundrechtsgerichte" allein sichert den Erfolg dieses Rechtsprechungsauftrags freilich noch nicht. Vielmehr kann dieses „Triumvirat" – schon allein wegen der Komplexität seiner Beziehungen zueinander und des dadurch bedingten zeitlichen Aufwands seiner Befassung – auch eine Gefahr für den um Grundrechtsschutz nachsuchenden Bürger darstellen. Das vom früheren Präsidenten des Bundesgerichtshofs und Richter am Gerichtshof der Europäischen Union *Günter Hirsch* verwendete Bild des „Bermudadreiecks" bringt dies deutlich zum Ausdruck.[2]

Im Folgenden sollen die Determinanten dieses Dreiecksverhältnisses – entsprechend der Zielsetzung dieses Bandes – unter besonderer Berücksichtigung der Rechtsprechung des Bundesverfassungsgerichts analysiert und der Versuch unternommen werden, daraus ein Konzept eines komplementären, kooperativen und subsidiären Grundrechtsschutzes im Europäischen Rechtsprechungsverbund[3] zu entwickeln, der dem Leitspruch der EU genügen kann, den sie nach dem gescheiterten Verfassungsvertrag hätte erhalten sollen: „In Vielfalt geeint".[4]

[1] Vgl. zu diesem Bild: *Papier*, Rechtsprechungsdreieck Karlsruhe-Luxemburg-Straßburg, Speyerer Vorträge, Heft 89, 2006.

[2] Vgl. *Hirsch*, EuR 2006 Beiheft 1, S. 7.

[3] Dazu auch: *Voßkuhle*, JöR 2011, i.E; vgl. zum Modell eines Europäischen Verwaltungsverbunds: *Schmidt-Aßmann*, in: Schmidt-Aßmann/Schöndorf-Haubold, 2005, S. 1 ff.; sowie zum Rechtsschutz: *J. Hofmann*, Rechtsschutz und Haftung im Europäischen Verwaltungsverbund, 2004.

[4] Vgl. *Papier*, in: FAZ vom 3. Juli 2008, S. 8.

A. Maßstäbe der Grundrechtsprüfung

I. Vielfalt an Grundrechtsverbürgungen

Vom Grundsatz her messen das Bundesverfassungsgericht, der Gerichtshof der Europäischen Union und der Europäische Gerichtshof für Menschenrechte die bei ihnen zur Prüfung gestellten Gegenstände an unterschiedlichen, jeweils für sie geltenden grundrechtlichen Maßstäben.

So prüft der Europäische Gerichtshof für Menschenrechte auf eine Individualbeschwerde nach Art. 34 EMRK, ob die EMRK oder die sie ergänzenden Protokolle durch einen Vertragsstaat verletzt wurden. Nach dem am 1. Juni 2010 erfolgten Inkrafttreten des 14. Zusatzprotokolls zur EMRK kann gemäß Art. 59 Abs. 2 EMRK auch die EU der EMRK beitreten und sich in der Folge vor dem Europäischen Gerichtshof für Menschenrechte unmittelbar für ihre Handlungen verantworten müssen. Bis dahin sind die Mitgliedstaaten der EU für die Vereinbarkeit von EU-Primär- und Sekundärrecht mit der EMRK verantwortlich.[5]

Dem Gerichtshof der Europäischen Union stehen dagegen nach Art. 6 Abs. 1 und 3 EUV zwei Grundrechtsquellen zur Verfügung, um die Handlungen der EU-Organe und EU-Stellen auf ihre Vereinbarkeit mit den Grundrechten zu überprüfen, nämlich die Charta der Grundrechte der Union sowie die aus der EMRK und den Verfassungsüberlieferungen der Mitgliedstaaten abgeleiteten allgemeinen Grundsätze des Unionsrechts.[6] Beide Rechtsquellen gehören zum Primärrecht der Union. Sollte die EU – was von Art. 6 Abs. 2 Satz 1 EUV vorgesehen ist – der EMRK beitreten,[7] ergäbe sich aus ihr eine weitere als Unionsrecht unmittelbar geltende Grundrechtsquelle für die Rechtsprechung des Gerichtshofs der Europäischen Union, die allerdings nach Art. 216 Abs. 2 AEUV in der Normenhierarchie des Unionsrechts nur zwischen dem Primärrecht und dem Sekundärrecht angesiedelt wäre. Für die Mitgliedstaaten wäre sie mit diesem Rang ebenfalls verbindlich und mit Anwendungsvorrang vor nationalem Recht versehen.

Für das Bundesverfassungsgericht folgt insbesondere aus Art. 93 Abs. 1 Nr. 4a GG und Art. 100 Abs. 1 GG, dass – soweit es um die Verletzung von Grundrechten geht – Prüfungsmaßstab allein die Grundrechte der Art. 1 bis 19 GG sowie die grundrechtgleichen Rechte aus Art. 20 Abs. 4, Art. 33, 38,

[5] Vgl. EGMR, Urteil vom 18. Februar 1999 – Nr. 24833/99 „Matthews" –, NJW 1999, S. 3107; Urteil vom 30. Juni 2005 – Nr. 45036/98 „Bosphorus" –, NJW 2006, S. 197 (202); EGMR, Entscheidung vom 20. Januar 2009 – Nr. 13645/05 –, NJOZ 2010, S. 1914.

[6] Vgl. dazu: *Pache/Rösch*, EuR 2009, S. 769 (771 ff.).

[7] Zu den weiteren Voraussetzungen hierfür siehe Art. 218 AEUV; ferner: Protokoll Nr. 8 zum Vertrag von Lissabon über den Beitritt der Union zur EMRK.

101, 103 und 104 GG sind (vgl. auch § 90 Abs. 1 BVerfGG).[8] Die EMRK, die in der deutschen Rechtsordnung im Range eines Bundesgesetzes gilt,[9] ist für die verfassungsgerichtliche Prüfung als solche kein unmittelbarer Prüfungsmaßstab.[10] Daher kann ein Beschwerdeführer vor dem Bundesverfassungsgericht nicht unmittelbar die Verletzung eines in der EMRK enthaltenen Grundrechts mit der Verfassungsbeschwerde rügen. Auch das Unionsrecht stellt für das Bundesverfassungsgericht keinen unmittelbaren Prüfungsmaßstab dar. Das hat das Bundesverfassungsgericht schon früh entschieden und später wiederholt bestätigt.[11] Hierdurch unterscheidet sich das Bundesverfassungsgericht von den Fachgerichten, die unionsrechtlich dazu verpflichtet[12] und verfassungsrechtlich dazu berechtigt sind, bei einer Verletzung von Unionsrecht deutsches Recht unangewendet zu lassen, ohne dass es einer Vorlage nach Art. 100 Abs. 1 GG an das Bundesverfassungsgericht bedarf.[13]

II. Auswirkungen des Anwendungsvorrangs des Unionsrechts auf das verfassungsgerichtliche Verfahren

Auch wenn das Unionsrecht für das Bundesverfassungsgericht keinen unmittelbaren Prüfungsmaßstab darstellt, kann sich der Verstoß eines dem Bundesverfassungsgericht zur Prüfung gestellten Rechtsakts gegen Unionsrecht auf das verfassungsgerichtliche Verfahren auswirken. Im Rahmen der Zulässigkeit einer Verfassungsbeschwerde kann die Frage gestellt werden, ob der Beschwerdeführer überhaupt ein Rechtsschutzinteresse für eine Verfassungsbeschwerde gegen einen Rechtsakt hat, der dem Unionsrecht widerspricht und schon allein wegen des Vorrangs des Unionsrechts nicht angewendet werden darf.[14] Auch im Rahmen eines Verfahrens nach Art. 100 Abs. 1 GG könnte man auf die Idee kommen, die Erheblichkeit der Vorlagefrage zu verneinen, weil das zur Prüfung gestellte Gesetz möglicherweise aus europarechtlichen Gründen unanwendbar ist.[15] Das Bundesverfassungsgericht hat jedoch beide Überlegungen jedenfalls für den Fall verworfen, dass

[8] Vgl. BVerfGE 110, 141 (154).

[9] Vgl. dazu BVerfGE 111, 307 (316 f.).

[10] Vgl. bereits BVerfGE 10, 271 (274); 34, 384 (395); 41, 126 (149); 74, 102 (128); ausführlicher: BVerfGE 111, 307 (317); ferner: BVerfG, Beschluss der 1. Kammer des Zweiten Senats vom 1. März 2004 – 2 BvR 1570/03 –, juris Rn. 11 ff.

[11] Vgl. BVerfGE 31, 145 (174 f.); ebenso: 82, 159 (191); 110, 141 (155); 115, 276 (299).

[12] St. Rspr. des EuGH, vgl. nur Urteil vom 9. März 1978 – Rs. 106/77 „Simmenthal" –, Slg. 1978, S. 629; speziell für einen Rechtsstreit zwischen Privaten jüngst: EuGH, Urteil vom 19. Januar 2010 – Rs. C-555/07 „Kücüdeveci" –, Rn. 44 ff.

[13] So bereits: BVerfGE 31, 145 (174).

[14] Vgl. zu dieser Konstellation: BVerfGE 110, 141 (155 f.).

[15] Vgl. BVerfGE 106, 275 (294 f.); 116, 202 (214 f.).

die Verletzung von Unionsrecht durch den betreffenden innerstaatlichen Rechtsakt noch nicht feststeht. Solange die unionsrechtliche Frage noch nicht geklärt ist, kann eine Verfassungsbeschwerde oder ein Antrag nach Art. 100 Abs. 1 GG nicht als unzulässig angesehen werden.[16] Das Bundesverfassungsgericht ist hier nicht dazu verpflichtet, sich selbst zurückzuhalten und zunächst dem Gerichtshof der Europäischen Union eine Vorabentscheidung nach Art. 267 AEUV zu ermöglichen. Denn solange nicht geklärt ist, ob das innerstaatliche Recht mit dem Grundgesetz vereinbar ist, wäre der Gerichtshof der Europäischen Union im Ungewissen darüber, ob die Vorabentscheidung eine nach innerstaatlichen Maßstäben gültige und deshalb entscheidungserhebliche Norm betrifft.[17] Daher gibt es dann, wenn die unionsrechtliche sowie die verfassungsrechtliche Rechtslage strittig sind, aus der Sicht des deutschen Verfassungsrechts keine feste Rangfolge unter den vom Fachgericht gegebenenfalls einzuleitenden Zwischenverfahren nach Art. 267 AEUV und Art. 100 Abs. 1 GG.[18]

III. Methoden der Kohärenz- und Konvergenzsicherung

Um die Kohärenz der im Grundsatz unterschiedlichen Prüfungsmaßstäbe des Bundesverfassungsgerichts im Verhältnis zum Europäischen Gerichtshof für Menschenrechte und Gerichtshof der Europäischen Union zu gewährleisten und eine gewisse Konvergenz zu erreichen, kommen verschiedene Methoden in Betracht, nämlich (1.) eine mittelbare Inkorporierung der EMRK sowie der Unionsgrundrechte in den grundgesetzlichen Prüfungsmaßstab,[19] (2.) die Berücksichtigung der EMRK sowie der EU-Grundrechte bei der Auslegung des Grundgesetzes sowie (3.) die dialogisch-vergleichende Rezeption. Während die ersten beiden Methoden Anwendung finden, wenn die betreffenden Grundrechtsgewährleistungen der EMRK oder der EU-Grundrechte auf den betreffenden innerstaatlichen Fall Anwendung finden, kommt eine dialogisch-vergleichende Rezeption in Fällen in Betracht, in denen die zu rezipierenden Grundrechtsgarantien keine rechtliche Geltung beanspruchen. Mit allen drei Methoden hat sich das Bundesverfassungsgericht bereits auseinander gesetzt.

[16] Vgl. BVerfGE 110, 141 (155 f.); 116, 202 (214 f.).

[17] Vgl. BVerfGE 110, 141 (156).

[18] Vgl. BVerfGE 116, 202 (214 f.); dazu: *Papier*, DVBl. 2009, S. 473 (481).

[19] Zu Versuchen der Inkorporierung deutscher Grundrechtsstandards in die EMRK über den Weg des Art. 53 EMRK, vgl. *O. Klein*, NVwZ 2010, S. 221 (223) m.w.N.

1. *Mittelbare Inkorporierung (Art. 3 Abs. 1 und Art. 20 Abs. 3 GG)*

Unter einer mittelbaren Inkorporierung der EMRK oder der EU-Grundrechte soll hier ein Vorgehen verstanden werden, mit dem die genannten Grundrechtsverbürgungen vermittelt durch den Gleichheitssatz aus Art. 3 Abs. 1 GG oder ein Freiheitsrecht in Verbindung mit dem Rechtsstaatsprinzip aus Art. 20 Abs. 3 GG als Maßstab für die Grundrechtsprüfung des Bundesverfassungsgerichts wirksam werden.[20]

Aus dem allgemeinen Gleichheitssatz ergeben sich je nach Regelungsgegenstand und Differenzierungsmerkmalen unterschiedliche Grenzen, die vom bloßen Willkürverbot bis zu einer strengen Bindung an Verhältnismäßigkeitserfordernisse reichen. Willkürlich ist eine staatliche Entscheidung, wenn sie – objektiv beurteilt – unter keinem denkbaren rechtlichen Aspekt vertretbar ist und sich daher der Schluss aufdrängt, dass sie auf sachfremden Erwägungen beruht.[21] Da die EMRK innerstaatlich im Rang eines einfachen Bundesgesetzes gilt, kann ihre rechtlich unvertretbare Anwendung zu einer Verletzung von Art. 3 Abs. 1 GG führen.[22]

Zu den vom Gesetzgeber sowie den Behörden und Fachgerichten zu berücksichtigenden „rechtlichen Aspekten" gehört auch das mit Anwendungsvorrang versehene Unionsrecht – wie insbesondere die EU-Grundrechte und -Grundfreiheiten. So hat das Bundesverfassungsgericht in seiner Entscheidung vom 14. Oktober 2008 zum Betriebsprämiendurchführungsgesetz geprüft, ob der Gesetzgeber die Vorgaben der einschlägigen EG-Verordnung vertretbar und damit gleichheitsgerecht umgesetzt hat.[23] Vertritt ein Fachgericht hinsichtlich des Unionsrechts eine völlig unvertretbare Auffassung, liegt eine Verletzung von Art. 3 Abs. 1 GG vor. In der Praxis wurde in diesen Fällen bislang häufiger eine Verletzung von Art. 101 Abs. 1 Satz 2 GG geltend gemacht und vom Bundesverfassungsgericht festgestellt. Denn das Bundesverfassungsgericht hat für die Verletzung der Vorlagepflicht nach Art. 267 AEUV bei Zweifeln über die Auslegung von Unionsrecht Fallgruppen entwickelt, die der Sache nach die fehlerhafte Anwendung des Unionsrechts abdecken. Dies gilt insbesondere in Fällen des bewussten Abweichens von der Rechtsprechung des Gerichtshofs der Europäischen Union ohne Vorlagebereitschaft[24] oder im Falle der Unvollständigkeit der Rechtsprechung des Gerichtshofs der Europäischen Union.[25] Dogmatisch sind die Fälle der

[20] Zu Grundrechtsinkorporationen allgemein: *Grawert*, in: Merten/Papier (Hrsg.), Handbuch der Grundrechte, Bd. III, 2009, § 81 Rn. 21 ff.

[21] Vgl. nur BVerfGE 89, 1 (13).

[22] Angedeutet durch BVerfGE 74, 102 (128).

[23] Vgl. BVerfGE 122, 1 (23 ff.)

[24] Vgl. BVerfGE 75, 223 (245); 82, 159 (195).

[25] Vgl. BVerfGE 82, 159 (195 f.).

Verletzung des Art. 101 Abs. 1 Satz 2 GG sowie des Art. 3 Abs. 1 GG wegen Fehlanwendung des Unionsrechts freilich streng zu trennen. Denn der gesetzliche Richter nach Art. 101 Abs. 1 Satz 2 GG wird durch eine unvertretbare Anwendung der Verfahrensvorschrift des Art. 267 AEUV und nicht des materiellen Unionsrechts verletzt.[26]

Soweit die Bindung der Gerichte an Recht und Gesetz nach Art. 20 Abs. 3 GG für die mittelbare Inkorporierung der EU-Grundrechte oder der EMRK aktiviert werden soll, ist die verfassungsgerichtliche Rechtsprechung als uneinheitlich zu bezeichnen. Nach der Elfes-Entscheidung des Bundesverfassungsgerichts aus dem Jahre 1957 verletzt jedes in fehlerhafter Rechtsanwendung ergangene Urteil die Bindung des Richters an Gesetz und Recht und kann daher vom Ansatz her zumindest als Verletzung der „verfassungsmäßigen Ordnung" über Art. 2 Abs. 1 GG als Grundrechtsverletzung geltend gemacht werden.[27] Da das Bundesverfassungsgericht von seiner verfassungsrechtlichen Funktion her jedoch keine „Superrevisionsinstanz" sein soll, greift es in diesen Fällen nach der sogenannten „Heck'schen Formel" nur dann ein, wenn ein Fachgericht bei der Anwendung des einfachen Rechts spezifisches Verfassungsrecht verletzt hat, das heißt, die vor dem Bundesverfassungsgericht angegriffene Entscheidung muss nicht nur einfachrechtlich fehlerhaft sein, sondern der Fehler muss gerade in der Nichtbeachtung der Grundrechte liegen.[28]

Diese allgemeinen Grundsätze hat das Bundesverfassungsgericht für das Unionsrecht und die EMRK in unterschiedlicher Weise modifiziert. So hat der Erste Senat des Bundesverfassungsgerichts in seiner Entscheidung zum Einfuhr- und Verbringungsverbot von „Kampfhunden" entschieden, dass weder Art. 2 Abs. 1 noch Art. 23 Abs. 1 Satz 2 GG in Verbindung mit der unionsrechtlichen Warenverkehrsfreiheit dem Bundesverfassungsgericht eine Kompetenz einräumen, zu prüfen, ob eine innerstaatliche Norm des einfachen Rechts mit einer Bestimmung des Unionsrechts unvereinbar ist.[29] Entsprechend hatte der Zweite Senat des Bundesverfassungsgerichts schon früher entschieden.[30] Darüber hinaus ist ein möglicher Verstoß gegen Unionsrecht auch nicht mit der Begründung rügefähig, angesichts des Anwendungsvorrangs des Unionsrechts könnte es gegebenenfalls schon an einem

[26] Vgl. BVerfG, Beschluss der 3. Kammer des Ersten Senats vom 25. Februar 2010 – 1 BvR 230/09 – NJW 2010, S. 1268; Beschluss des Ersten Senats vom 25. Januar 2011 – 1 BvR 1741/09 –, juris; unklar, ob a.A.: BVerfG, Beschluss vom 6. Juli 2010 – 2 BvR 2661/06 –, Rn. 89.

[27] Vgl. BVerfGE 6, 32 (41); *Kenntner*, in: Umbach/Clemens/Dollinger, BVerfGG, 2. Aufl. 2005, A II 1. Rn. 5.

[28] Vgl. BVerfGE 18, 85 (92 f.).

[29] Vgl. BVerfGE 110, 141 (155).

[30] Vgl. BVerfGE 82, 159 (191).

anwendbaren, den Gesetzesvorbehalt eines Grundrechts ausfüllenden Gesetz und damit an einer Beschränkung der grundrechtlichen Gewährleistung fehlen.[31]

Hinsichtlich der EMRK und der Entscheidungen des Europäischen Gerichtshof für Menschenrechte hat das Bundesverfassungsgericht dagegen eine andere Linie eingeschlagen und ist damit im Ergebnis von der oben genannten „Heck'schen Formel" abgewichen.[32] In seiner Entscheidung zum Fall „Görgülü" hat der Zweite Senat eine fachgerichtliche Entscheidung wegen der Verletzung von Art. 6 GG in Verbindung mit dem Rechtsstaatsprinzip aufgehoben, weil das Fachgericht einschlägige Entscheidungen des Europäischen Gerichtshofs für Menschenrechte nicht berücksichtigt hatte.[33] Die Pflicht zur Berücksichtigung der EMRK im Rahmen einer methodisch vertretbaren Gesetzesauslegung ergibt sich aus der Bindung der Verwaltung und Rechtsprechung an Recht und Gesetz gemäß Art. 20 Abs. 3 GG. Sowohl die fehlende Auseinandersetzung mit einer Entscheidung des Europäischen Gerichtshofs für Menschenrechte als auch deren gegen vorrangiges Recht verstoßende schematische „Vollstreckung" können gegen Grundrechte in Verbindung mit dem Rechtsstaatsprinzip verstoßen.[34] Angesichts dieser Rechtsprechung zur EMRK ist fraglich, ob das Bundesverfassungsgericht in Zukunft die Nichtberücksichtigung der EU-Grundrechte im Rahmen des Rechtsstaatsprinzips wird aufrechterhalten können.

2. *Berücksichtigung der EMRK und der EU-Grundrechte bei der Auslegung des Grundgesetzes*

Ein weiterer möglicher Weg, eine Konvergenz zwischen der Grundrechtsrechtsprechung des Bundesverfassungsgerichts und der EMRK sowie den EU-Grundrechten zu erreichen, ist die Berücksichtigung der genannten europäischen Garantien bei der Auslegung der innerstaatlichen Grundrechtsgewährleistungen. Mit Blick auf die als einfaches Bundesrecht geltende EMRK hat das Bundesverfassungsgericht schon wiederholt festgestellt, dass deren Gewährleistungen sowie die hierzu ergangene Rechtsprechung des Europäischen Gerichtshofs für Menschenrechte als Auslegungshilfen für die Bestimmung von Inhalt und Reichweite der deutschen Grundrechte und der Verfassung dienen.[35] Bereits im Jahr 1987 hat das Bundesverfassungsgericht entschieden, dass die als Ausprägung des Rechtsstaatsprinzips angesehene Unschuldsvermutung im Lichte von Art. 6 Abs. 2 EMRK und der hierzu

[31] Vgl. BVerfGE 106, 275 (295 f.); 115, 276 (299); 116, 202 (214).
[32] So explizit BVerfGE 111, 307 (328 f.).
[33] Vgl. BVerfGE 111, 307 (315 ff.).
[34] Vgl. BVerfGE 111, 307 (316, 323 f.).
[35] Vgl. BVerfGE 74, 358 (370); 111, 307 (329); 120, 180 (200 f.).

ergangenen Rechtsprechung des Europäischen Gerichtshofs für Menschenrechte auszulegen ist.[36] Solange im Rahmen geltender methodischer Standards Auslegungs- und Abwägungsspielräume eröffnet sind, trifft die deutschen Gerichte die Pflicht, der konventionsgemäßen Auslegung den Vorrang einzuräumen. Etwas anderes gilt, wenn die Beachtung einer Entscheidung des Europäischen Gerichtshofs für Menschenrechte gegen deutsche Verfassungsbestimmungen, namentlich gegen Grundrechte Dritter verstößt.[37] Eine solche Einschränkung oder Minderung des Grundrechtsschutzes nach dem Grundgesetz wäre auch von der Konvention selbst nicht gewollt (vgl. Art. 53 EMRK).[38] Diese Grundsätze hat der Erste Senat zuletzt in der Entscheidung „Caroline von Hannover" hinsichtlich des mehrpoligen Grundrechtsverhältnisses der Bildberichterstattung über das Privat- und Alltagsleben prominenter Personen bestätigt und vertieft.[39] In mehreren Entscheidungen hat das Bundesverfassungsgericht auch bei der Auslegung der grundrechtlichen Schutzpflichten hinsichtlich Fluglärms die zu dieser Frage ergangene Rechtsprechung des Europäischen Gerichtshofs für Menschenrechte berücksichtigt.[40]

Bislang selten ist dagegen Rechtsprechung des Bundesverfassungsgerichts, die bei der Auslegung der Grundrechte des Grundgesetzes die EU-Grundrechte berücksichtigt. Denn anders als für die deutschen Fachgerichte, für die das Unionsrecht und die EU-Grundrechte einen Prüfungsmaßstab darstellen, ist für das Bundesverfassungsgericht allein das Grundgesetz Prüfungsmaßstab. Auf diesen Maßstab kann freilich auch Unionsrecht einwirken, das selbst gegenüber den nationalen Verfassungen Anwendungsvorrang beansprucht. Die Möglichkeit eines Konflikts von Grundrechten des Grundgesetzes mit Unionsrecht kommt vor allem bei den EU-Grundfreiheiten sowie bestimmten Diskriminierungsverboten in Betracht. Zu denken ist hier an die nur für deutsche Bürger geltenden Rechte aus Art. 8, 9, 11 und 12 GG.[41] Des Weiteren zwingen die EU-Grundfreiheiten dazu, Art. 19 Abs. 3 GG unionsrechtskonform auszulegen.[42] Das Bundesverfassungsgericht musste insoweit

[36] Vgl. BVerfGE 74, 358 (370); weitere Bsp.: BVerfGE 83, 119 (128); BVerfG, Beschluss der 3. Kammer des Zweiten Senats vom 20. Dezember 2000 – 2 BvR 591/00 –, NJW 2001, S. 2245 – Recht auf ein faires Verfahren; Beschluss der 1. Kammer des Zweiten Senats vom 1. März 2004 – 2 BvR 1570/03 –, juris Rn. 11 – Berücksichtigung von Art. 8 EMRK bei Ausweisung und Abschiebung.

[37] Vgl. BVerfGE 111, 307 (329).

[38] Vgl. BVerfGE 120, 180 (200 f.); dazu: *O. Klein*, NVwZ 2010, S. 221 (223).

[39] Vgl. BVerfGE 120, 180 (200 ff.).

[40] Vgl. BVerfG, Beschluss der 3. Kammer des Ersten Senats vom 20. Februar 2008 – 1 BvR 2722/06 –, NVwZ 2008, S. 780 (785); Beschluss der 3. Kammer des Ersten Senats vom 29. Juli 2009 – 1 BvR 1606/08 –, NVwZ 2009, S. 1494 (1498); Beschluss der 3. Kammer des Ersten Senats vom 15. Oktober 2009 – 1 BvR 3474/08 –, NVwZ 2009, S. 1489 (1492 f.).

[41] Dazu: *P.M.Huber*, DVBl. 2009, S. 574 (576).

[42] Ebenso: *P.M.Huber*, DVBl. 2009, S. 574 (576).

jedoch noch keine Entscheidung treffen.[43] Das bis zum Jahr 2000 in Art. 12a Abs. 4 Satz 2 GG enthaltene Verbot des freiwilligen Dienstes von Frauen an der Waffe verletzte – so der Gerichtshof der Europäischen Union auf Vorlage eines Verwaltungsgerichts – die Gleichbehandlungsrichtlinie 76/207/EWG und wurde daher vom Gesetzgeber aufgehoben.[44] In seiner Entscheidung vom 7. Juli 2009 zur Gleichberechtigung gleichgeschlechtlicher Lebenspartner hinsichtlich der von der Versorgungsanstalt des Bundes und der Länder gewährten Hinterbliebenenversorgung hat der Erste Senat für seine Argumentation ergänzend auf die Rechtsentwicklung in Europa – insbesondere Art. 13 EG (heute: Art. 19 AEUV) und Art. 21 EUGrCh sowie eine Entscheidung des Europäischen Gerichtshofs für Menschenrechte[45] – hingewiesen.[46] Anstatt dieses bloßen Hinweises auf für Deutschland scheinbar unverbindliche Vorgaben, hätte es auch nahegelegen, zu untersuchen, ob und inwieweit die Richtlinie 2000/78/EG des Rates vom 27. November 2000 zur Festlegung eines allgemeinen Rahmens für die Verwirklichung der Gleichbehandlung in Beschäftigung und Beruf[47] Vorgaben für die Auslegung von Art. 3 Abs. 1 GG enthält. Denn diese Richtlinie, die auch für den öffentlichen Dienst und das Beamtenrecht Geltung beansprucht, enthält Differenzierungsverbote, die im Grundgesetz bisher nicht ausdrücklich vorgesehen waren, nämlich hinsichtlich der bereits genannten sexuellen Orientierung, aber auch hinsichtlich des Alters. Mit beiden muss man sich in Zukunft bei der Auslegung von Art. 3 Abs. 1 oder Art. 33 Abs. 2 GG auseinander setzen.[48]

3. *Dialogisch-rezeptive Angleichung*

Auch wenn die Auslegung deutscher Grundrechte im Lichte der Vorgaben der EMRK oder des Unionsrechts ebenfalls als rezeptive Angleichung verstanden werden kann, ist sie doch von einer dialogisch-vergleichenden Angleichung der Grundrechtsstandards zu unterscheiden. Wenn das Bundesverfassungsgericht die EMRK oder die EU-Grundrechte bei der Auslegung des

[43] Vgl. BVerfG, Beschluss der 2. Kammer des Ersten Senats vom 27. Dezember 2007 – 1 BvR 853/06 –, NVwZ 2008, S. 670 f.; Beschluss der 1. Kammer des Zweiten Senats vom 3. November 2003 – 2 BvR 168/02 –, juris Rn. 26 ff. und 32.

[44] Vgl. den heute geltenden Art. 12a Abs. 4 Satz 2 GG sowie EuGH, Urteil vom 11. Januar 2000 – Rs. C-285/98 „Tanja Kreil" –, Slg. 2000, S. I-69.

[45] EGMR, Urteil vom 24. Juli 2003 – Nr. 40.016/98 „Karner" –, ÖJZ 2004, S. 36 (38).

[46] BVerfG, Beschluss vom 7. Juli 2009 – 1 BvR 1164/07 –, juris Rn. 88.

[47] ABl. L 303 vom 2.12.2000, S. 16.

[48] Zum Merkmal der sexuellen Orientierung siehe jüngst: Schlussantrag des Generalanwalts *Jääskinen* vom 15. Juli 2010 zur Rs. C-147/08; zum Verbot der Altersdiskriminierung gerade im beamtenrechtlichen Bereich: EuGH, Urteil vom 12. Januar 2010 – Rs. C-229/08 „Wolf" –, NVwZ 2010, S. 244; BVerwG, NVwZ 2009, S. 840; *Kühling/Bertelsmann*, NVwZ 2010, S. 87.

Grundgesetzes berücksichtigt, schöpft es aus Rechtsquellen, aus denen für Deutschland – mit Blick auf das Unionsrecht freilich nur in dessen Anwendungsbereich – verbindliche Vorgaben entspringen. Eine rein dialogische, rechtsvergleichende Rezeption liegt dagegen vor, wenn Recht berücksichtigt wird, das keine Verbindlichkeit beansprucht. Dies kommt etwa in Betracht, wenn unionsrechtliche Rechtsentwicklungen auch in Bereichen des nationalen Rechts Aufnahme finden, die noch nicht in den Anwendungsbereich des Unionsrechts fallen (sogenannter „spill-over"-Effekt).

Von großer Bedeutung war die dialogische Rezeption bislang vor allem für die Grundrechtsrechtsprechung des Gerichtshofs der Europäischen Union. Bis zum Inkrafttreten der EU-Grundrechtecharta galten die Unionsgrundrechte (nur) als allgemeine Grundsätze des Unionsrechts. Diese entwickelte der Gerichtshof der Europäischen Union im Wege eines wertenden Rechtsvergleichs aus der EMRK sowie den gemeinsamen Verfassungstraditionen der Mitgliedstaaten.[49] Der mittlerweile auch unionsrechtlich geltende Grundsatz der Verhältnismäßigkeit (vgl. nun Art. 52 Abs. 1 Satz 2 EUGrCh) wurde insbesondere aus der deutschen Verfassungsrechtsordnung abgeleitet.[50] Allerdings führt der Gerichtshof der Europäischen Union die Verhältnismäßigkeitsprüfung bislang nicht mit der gleichen Dichte durch wie etwa die deutschen Gerichte. Das Bundesverfassungsgericht hat mit Blick hierauf in einer Kammerentscheidung festgestellt, dass die deutschen Gerichte auch bei der Prüfung unionsrechtlicher Vorgaben am Maßstab des unionsrechtlichen Verhältnismäßigkeitsgrundsatzes ebenso detailliert prüfen können und sollen wie bei der Prüfung am Maßstab des grundgesetzlichen Verhältnismäßigkeitsgrundsatzes. Dies sei Teil des „Dialogs der Gerichte" in der Union.[51]

Angemerkt sei hier, dass auch der Europäische Gerichtshof für Menschenrechte bei der Auslegung der EMRK, die er als *living document* versteht, immer häufiger Vorschriften des Unionsrechts rezipiert, die dem Grundrechtsschutz dienen, und zwar selbst dann, wenn dieser Grundrechtsschutz nur in Richtlinien der EU verankert ist. Beispielhaft zu nennen sind hier Entscheidungen des Europäischen Gerichtshofs für Menschenrechte, mit denen er gleichgeschlechtliche Lebenspartner in den Begriff des Familienlebens im Sinne von Art. 8 Abs. 1 EMRK einbezogen hat,[52] ebenfalls wegen Art. 8

[49] Vgl. beginnend mit EuGH, Urteil vom 12. November 1969 – Rs. 29/69 „Stauder" – Slg. 1969, S. 419; Urteil vom 17. Dezember 1970 – Rs. 11/70 „Internationale Handelsgesellschaft" – Slg. 1970, S. 1125; dazu: *Pache/Rösch*, EuR 2009, S. 769 (771 f.). Nach Art. 52 Abs. 3 und 4 EUGrCh sind die EMRK und die Verfassungstraditionen der Mitgliedstaaten auch für die Auslegung der EU-Grundrechtecharta von Bedeutung.

[50] Vgl. EuGH, Urteil vom 17. Dezember 1970 – Rs. 11/70 „Internationale Handelsgesellschaft" – Slg. 1970, S. 1125.

[51] Vgl. BVerfG, Beschluss der 3. Kammer des Ersten Senats vom 14. Mai 2007 – 1 BvR 2036/05 –, juris Rn. 41.

[52] Vgl. EGMR, Urteil vom 24. Juni 2010 – Nr. 30141/04 „Schalk und Kopf" –, Rn. 26, 93.

Abs. 1 EMRK eine besondere Berücksichtigung der Interessen Minderjähriger bei der Abschiebung von Ausländern verlangt hat[53] oder der Kündigung von Arbeitsverhältnissen durch Religionsgemeinschaften Grenzen gesetzt hat.[54] Daneben befindet sich der Europäische Gerichtshof für Menschenrechte natürlich auch in einem Rechtsprechungsdialog mit den Verfassungsgerichten der Vertragsstaaten der EMRK;[55] die Entscheidungen des Europäischen Gerichtshofs für Menschenrechte und des Bundesverfassungsgerichts im Fall „Caroline von Hannover" sind hierfür nur ein Beispiel.[56]

B. Komplementarität des Grundrechtsschutzes in der Union

Die Rechtsprechung des Bundesverfassungsgerichts folgt im Verhältnis zum Gerichtshof der Europäischen Union dem Konzept eines komplementären Grundrechtsschutzes.[57] Dieses Konzept hat seine Grundlage darin, dass die EU – auch nach Inkrafttreten des Vertrags von Lissabon – ein Staatenverbund ist, dem die weiterhin souveränen Mitgliedstaaten nicht umfassend Hoheitsgewalt übertragen haben, sondern der auf dem Prinzip der begrenzten Einzelermächtigung beruht, und dass die EU verpflichtet ist, die nationalen Identitäten zu achten.[58] Hiervon ausgehend kann es keine umfassende Hoheitsgewalt der Union und damit auch keinen allumfassenden Grundrechtsschutz durch die Union geben. Daher kann der Grundrechtsschutz in der EU, der durch die Mitgliedstaaten und die Union gewährleistet wird, nur komplementär ausgestaltet sein.

I. Anwendungsbereich der deutschen Grundrechte

Um dem von Art. 23 Abs. 1 GG gestatteten – so das Bundesverfassungsgericht[59] – Erfordernis des Anwendungsvorrangs des Unionsrechts Rechnung zu tragen, prüft das Bundesverfassungsgericht sekundäres Unionsrecht schon seit längerem grundsätzlich nicht mehr am Maßstab der deutschen Grundrechte, solange der Gerichtshof der Europäischen Union gegen dieses

[53] Vgl. EGMR, Urteil vom 23. Juni 2008 – Nr. 1638/03 „Maslov II" –, Rn. 82.
[54] Vgl. EGMR, Urteil vom 23. September 2010 – Nr. 1620/02 „Schüth" –, Rn. 70, und Urteil vom 23. September 2010 – Nr. 425/03 „Obst" –, Rn. 51.
[55] Vgl. *Meyer-Ladewig/Petzold*, NJW 2009, S. 3749 (3750) m.w.N.
[56] Vgl. EGMR, Urteil vom 24. Juli 2004 – Nr. 59320/00 – und BVerfGE 120, 180; dazu: *Hoffmann-Riem*, NJW 2009, S. 20 (26).
[57] Vgl. *Papier*, FAZ vom 3. Juli 2008, S. 8; ähnlich: *Voßkuhle*, NVwZ 2010, S. 1.
[58] Vgl. BVerfGE 123, 267.
[59] Vgl. BVerfG, Beschluss vom 6. Juli 2010 – 2 BvR 2661/06 –, Rn. 53.

einen wirksamen Schutz der Grundrechte generell gewährleistet, der dem vom Grundgesetz jeweils als unabdingbar gebotenen Grundrechtsschutz im Wesentlichen gleich zu achten ist („Solange II-Kriterium").[60] Der Erste Senat hat im Jahr 2007 unter Bezugnahme auf Kammerentscheidungen des Zweiten Senats in seiner das Treibhausgas-Emissionshandelssystem betreffenden Entscheidung klar gestellt[61] und später mehrfach bestätigt,[62] dass auch das Bundesverfassungsgericht deutsche Rechtsvorschriften nicht mehr am Maßstab des Grundgesetzes misst, soweit damit zwingende unionsrechtliche Vorgaben umgesetzt werden. Soweit Rechtsvorschriften der EU nicht nur zwingende Vorgaben enthalten, sondern den Mitgliedstaaten einen Umsetzungsspielraum belassen, übt das Bundesverfassungsgericht seine Gerichtsbarkeit weiterhin voll aus.[63] Inwieweit Unionsrecht zwingende Vorgaben enthält und damit eine Bindung besteht, ist für jede Regelung im Detail nachzuprüfen;[64] gegebenenfalls ist der Gerichtshof der Europäischen Union in diesem Zusammenhang durch ein Vorabentscheidungsersuchen zur Beseitigung von Auslegungszweifeln anzurufen.

Soweit das Bundesverfassungsgericht damit die Ausübung seiner Gerichtsbarkeit zurückgenommen hat, betrifft dies – ebenso wie bei der ultra-vires-Kontrolle – eine Frage, die Teil der materiellen Prüfung verfassungsgerichtlicher Rechtsbehelfe ist und im Kern der Begründetheit eines verfassungsgerichtlichen Antrags zugewiesen ist.[65] Da jedoch die Verfassungsbeschwerde nach § 23 Abs. 1 Satz 2 und § 92 BVerfGG hinreichend substantiiert die Möglichkeit einer Verletzung der in § 90 Abs. 1 BVerfGG bezeichneten Rechte darlegen muss, wirkt sich die beschränkte Ausübung der Gerichtsbarkeit des Bundesverfassungsgerichts auch auf die Zulässigkeitsprüfung aus. Entsprechendes gilt für die Vorlage nach Art. 100 Abs. 1 GG. Auch hier muss das vorlegende Fachgericht gemäß § 80 BVerfGG den verfassungsrechtlichen Prüfungsmaßstab nennen und die für seine Überzeugung von der Verfassungswidrigkeit der Norm maßgeblichen Erwägungen nachvollziehbar darlegen.[66] Zwar hat der Zweite Senat des Bundesverfassungsgerichts in seiner „Bananenmarkt"-Entscheidung das oben genannte „Solange II-Kriterium" als „besondere Zulässigkeitsvoraussetzung" bezeichnet.[67] Daraus kann jedoch nicht geschlossen werden, dass es sich hierbei um ein von

[60] Vgl. BVerfGE 73, 339 (378 ff.).
[61] Vgl. BVerfGE 118, 79 (95 ff.).
[62] Vgl. BVerfGE 121, 1 (15 f.); 122, 1 (20).
[63] Vgl. BVerfGE 118, 79; BVerfGE 122, 1 (20); BVerfGE 125, 260 (306 f.)
[64] Vgl. BVerfGK 11, 189 (191 f.).
[65] Vgl. BVerfG, Beschluss vom 6. Juli 2010 – 2 BvR 2661/06 –, Rn. 45; BVerfGE 125, 260 (306 f.). Ähnlich wie hier: *Bäcker*, EuR 2011, S. 103 (107 ff.).
[66] Vgl. BVerfGE 96, 315 (325); 7, 171 (175).
[67] Vgl. BVerfGE 102, 147 (164).

der materiellen Frage gesondertes Kriterium handelt. Denn der Zweite Senat hat dort das „Solange II-Kriterium“ im Rahmen der oben genannten Zulässigkeitsvoraussetzungen geprüft. Dies zeigen die amtlichen Leitsätze der „Bananenmarkt“-Entscheidung ganz deutlich:[68]

> „1. Verfassungsbeschwerden und Vorlagen von Gerichten, die eine Verletzung in Grundrechten des Grundgesetzes durch sekundäres Gemeinschaftsrecht geltend machen, sind von vornherein unzulässig, wenn ihre Begründung nicht darlegt, dass die europäische Rechtsentwicklung einschließlich der Rechtsprechung des Europäischen Gerichtshofs nach Ergehen der Solange II-Entscheidung unter den erforderlichen Grundrechtsstandard abgesunken sei.
> 2. Deshalb muss die Begründung der Vorlage oder einer Verfassungsbeschwerde im Einzelnen darlegen, dass der jeweils als unabdingbar gebotene Grundrechtsschutz generell nicht gewährleistet ist. Dies erfordert eine Gegenüberstellung des Grundrechtsschutzes auf nationaler und auf Gemeinschaftsebene in der Art und Weise, wie das BVerfG sie in BVerfGE 73, 339 (378 bis 381) geleistet hat.“[69]

In Anwendung dieser Rechtsprechung ist der Erste Senat in seiner Entscheidung zur sogenannten „Vorratsdatenspeicherung“ implizit vom Vorliegen einer hinreichend substantiierten Begründung ausgegangen.[70] Dabei stützte er sich zur Begründung vor allem darauf, dass es sich bei der Verfassungsbeschwerde um eine unmittelbar gegen ein Richtlinienumsetzungsgesetz gerichtete Verfassungsbeschwerde handelte. Hier war vor der Erhebung der Verfassungsbeschwerde kein fachgerichtliches Verfahren möglich, in dessen Rahmen nach Art. 267 AEUV eine Grundrechtsprüfung durch den Gerichtshof der Europäischen Union hätte herbeigeführt werden können. Die Durchführung einer solchen Vorlage hätte demnach dem Bundesverfassungsgericht oblegen, wenn es zur Überzeugung gekommen wäre, die im Streit stehende EU-Richtlinie verletze die Unionsgrundrechte.[71] Es kam jedoch zu dem Ergebnis, dass die Richtlinie auch grundrechtskonform umgesetzt werden könne.

Hat hingegen ein fachgerichtliches Verfahren stattgefunden und ist dort das Unionsrecht, dessen Vorgaben für grundrechtswidrig gehalten werden, vom Fachgericht – gegebenenfalls unter Einbeziehung des Gerichtshofs der Europäischen Union nach Art. 267 AEUV – am Maßstab der Unionsgrundrechte überprüft worden, ist es schwieriger, geltend zu machen, auf EU-Ebene sei kein ausreichender Grundrechtsschutz mehr gewährleistet. Dies hat sich zum Beispiel in den vom Bundesverfassungsgericht entschiedenen „Emissionshandel“-Fällen gezeigt.[72]

[68] Vgl. zum Europäischen Patentamt jüngst BVerfG, Beschluss der 2. Kammer des Zweiten Senats vom 27. Januar 2010 – 2 BvR 2253/06 – juris, Rn. 18 ff.

[69] Vgl. BVerfGE 102, 147.

[70] Vgl. BVerfGE 125, 260 (306 f.).

[71] Vgl. BVerfGE 125, 260 (307 f.); BVerfGE 37, 271 (282).

[72] Vgl. BVerfGE 118, 79 (95 ff.); BVerfGK 11, 189.

Wichtig ist jedoch an dieser Stelle der Hinweis darauf, dass die Begründung der Verfassungsbeschwerde beziehungsweise der Vorlage nach Art. 100 Abs. 1 GG nicht darlegen muss, dass der *allgemein* auf EU-Ebene gewährleistete Grundrechtsschutz nicht mehr dem vom Grundgesetz unabdingbar gebotenen entspricht. Hiervon dürfte nach Inkrafttreten der EU-Grundrechte-Charta kaum mehr auszugehen sein. Entscheidend ist vielmehr, ob *jeweils*, also bezogen auf das jeweilige Grundrecht, auf EU-Ebene ein ausreichender Grundrechtsschutz *generell*, das heißt unabhängig vom konkreten Einzelfall, gewährleistet ist. Die Fokussierung auf den jeweiligen Schutzbereich eines Grundrechts durch das Wort *„jeweils"*, das schon in der „Bananenmarkt"-Entscheidung verwandt und später etwa in den Entscheidungen des Ersten Senats zum „Emissionshandel"[73] und zur „Vorratsdatenspeicherung"[74] bestätigt wurde, wird häufig übersehen. Ihm kommt jedoch große Bedeutung zu, weil es die Tür weiter offenhält für die grundrechtliche Auffangkompetenz des Bundesverfassungsgerichts mit Blick auf Handlungen der EU.[75] Denn anders wäre es dem Bundesverfassungsgericht nicht einmal möglich gewesen, die von vielen als unzureichend empfundene und später von der Großen Kammer des Gerichtshofs der Europäischen Union korrigierte Beschränkung der Grundrechtsprüfung hinsichtlich von Unionsrechtsakten, die auf Resolutionen der Vereinten Nationen beruhen, zu beanstanden, obwohl auf Ebene der Vereinten Nationen kein ausreichender Grundrechtsschutz gegeben ist.[76] Gleichwohl wird mit dem oben beschriebenen Ansatz des Bundesverfassungsgerichts, das nur prüft, ob der unabdingbare Grundrechtsschutz *„jeweils generell"* gewährleistet ist, dem Gerichtshof der Europäischen Union – wie im Übrigen auch für den Bereich des ultra-vires-Handelns der EU – ein „Anspruch auf Fehlertoleranz" zugestanden.[77]

II. Anwendungsbereich der EU-Grundrechte

Das Konzept eines komplementären Grundrechtsschutzes wird im Grundsatz durch die Unionsverträge bestätigt. Nach Art. 6 EUV in Verbindung mit Art. 51 Abs. 1 EUGrCh gelten die Unionsgrundrechte zum einen für die Organe, Einrichtungen und sonstigen Stellen der Union sowie zum anderen für die Mitgliedstaaten; für diese allerdings ausschließlich bei der Durchführung des Rechts der Union. Aus den nach Art. 6 Abs. 1 Uabs. 2 EUV bei

[73] Vgl. BVerfGE 118, 79 (95).
[74] Vgl. 125, 260 (306).
[75] Wie hier: *Bäcker*, EuR 2011, S. 103 (119).
[76] Vgl. EuGH, Urteil vom 3. September 2008 – verb. Rs. C-402/05 P und C-415/05 P „Kadi und Al Barakaat" –, Slg. 2008 S. I-6351.
[77] Vgl. BVerfG, Beschluss vom 6. Juli 2010 – 2 BvR 2661/06 –, Rn. 66.

der Auslegung zu berücksichtigenden Erläuterungen zur Charta der Grundrechte[78] ergibt sich, dass mit dem Bereich „Durchführung von Unionsrecht" die in der ständigen Rechtsprechung des Gerichtshofs der Europäischen Union verwendete Formulierung „im Anwendungsbereich des Unionsrechts" gemeint ist.[79] Führen die Mitgliedstaaten zwingende Vorgaben des Unionsrechts aus, ist insoweit die Bindung der Mitgliedstaaten aus Gründen der einheitlichen Anwendung des Unionsrechts unabdingbar.[80]

Nach der Rechtsprechung des Gerichtshofs der Europäischen Union beanspruchen die EU-Grundrechte für die Mitgliedstaaten allerdings nicht nur Geltung, soweit das Unionsrecht zwingende Vorgaben enthält, sondern auch soweit den Mitgliedstaaten im Anwendungsbereich des Unionsrechts ein Gestaltungsspielraum verbleibt.[81] Welche Bereiche des mitgliedstaatlichen Handelns konkret darunter fallen, ist allerdings noch nicht abschließend geklärt.[82] Zum „Anwendungsbereich des Unionsrechts" gehört jedenfalls nicht nur die Anwendung von EG-Verordnungen durch die mitgliedstaatliche Verwaltung. Vielmehr ist auch der deutsche Gesetzgeber an die Gemeinschaftsgrundrechte gebunden, und zwar zum einen bei der Umsetzung von Richtlinien[83] sowie zum anderen beim Erlass von Regelungen, mit denen die Grundfreiheiten des Binnenmarktes, wie die Dienstleistungs- oder Niederlassungsfreiheit, aus Gründen des Gemeinwohls eingeschränkt werden – etwa aus Gründen der öffentlichen Sicherheit oder des Umweltschutzes.[84]

Wie weit die Bindung des nationalen Gesetzgebers im Anwendungsbereich von Grundfreiheiten gehen kann, zeigt sich in der Rechtssache „Carpenter"[85]: In dem Fall war die philippinische Ehefrau eines britischen EU-Bürgers, der zu erheblichem Teil Dienstleistungen im EU-Ausland erbrachte,

[78] ABl. C 303 vom 14.12.2007, S. 33.

[79] Vgl. EuGH, Urteil vom 18. Juni 1991 – Rs. C-260/89 „ERT" –, Slg. 1991, S. I-2925, Rn. 42.

[80] Vgl. BVerfGE 118, 79 (95 ff.); *Papier,* DVBl. 2009, S. 473 (480 f.); *Kingreen*, EuR 2010, S. 338 (351).

[81] Vgl. *Papier,* Die Bedeutung des Grundgesetzes im Europäischen Staatenverbund, in: Stern (Hrsg.), 60 Jahre Grundgesetz, 2010, S. 107 (113 f.).

[82] Vgl. *Papier,* Die Bedeutung des Grundgesetzes im Europäischen Staatenverbund, in: Stern (Hrsg.), 60 Jahre Grundgesetz, 2010, S. 107 (113 f.).

[83] Vgl. Art. 4 der Richtlinie 2006/24/EG des Europäischen Parlaments und des Rates vom 15. März 2006 über die Vorratsspeicherung von Daten, die bei der Bereitstellung öffentlich zugänglicher elektronischer Kommunikationsdienste oder öffentlicher Kommunikationsnetze erzeugt oder verarbeitet werden, und zur Änderung der Richtlinie 2002/58/EG (ABl. L 105 vom 13.4.2006, S. 54); EuGH, Urteil vom 27. Juni 2006 – Rs. C-540/03 „Familienzusammenführungs-Richtlinie" –, Slg. 2006, S. I-5769, Rn. 62 f.

[84] Vgl. *Papier,* Die Bedeutung des Grundgesetzes im Europäischen Staatenverbund, in: Stern (Hrsg.), 60 Jahre Grundgesetz, 2010, S. 107 (114).

[85] EuGH, Urteil vom 11. Juli 2002 – Rs. C-60/00 –, Slg. 2002, S. I-6279.

von den britischen Behörden ausgewiesen worden.[86] Darin sah der Gerichtshof der Europäischen Union eine Verletzung der EG-Dienstleistungsfreiheit des britischen Bürgers, weil das EU-Grundrecht auf Achtung seines Familienlebens durch Ausweisung seiner drittstaatsangehörigen Ehefrau nicht hinreichend beachtet worden sei.[87]

Die Rechtssache „Mangold" ist ein Beispiel für die besonders weitgehende Bindung der Mitgliedstaaten an Unionsgrundrechte.[88] In dieser Sache hat der Gerichtshof der Europäischen Union einen allgemeinen Rechtsgrundsatz des Verbots der Altersdiskriminierung entwickelt, der auch in dem mit Inkrafttreten des Vertrags von Lissabon verbindlich gewordenen Art. 21 Abs. 1 EUGrCh enthalten ist.[89] An diesem Diskriminierungsverbot hat er die Befristungsregeln des deutschen Arbeitsvertragsrechts gemessen, obwohl die Umsetzungsfrist der einschlägigen Antidiskriminierungs-Richtlinie 2000/78/EG[90] noch nicht abgelaufen war. Gleichwohl hat der Gerichtshof der Europäischen Union angenommen, dass die betreffende deutsche Regelung in Umsetzung einer anderen Richtlinie, nämlich der aufgrund von Art. 139 Abs. 2 EG (heute: Art. 155 Abs. 2 AEUV) erlassenen Richtlinie 1999/70/EG,[91] ergangen und dass dadurch der Anwendungsbereich des Unionsrechts eröffnet sei.[92] Das bloße Vorhandensein der Kompetenzvorschrift des Art. 13 EG (heute Art. 19 AEUV), der die EU zum Erlass von Antidiskriminierungsrichtlinien ermächtigt, genügt jedenfalls nicht, um den Anwendungsbereich des Unionsrechts zu eröffnen. Das hat der Gerichtshof der Europäischen Union in der Entscheidung „Bartsch" klargestellt.[93] Weiter hat der Gerichtshof der Europäischen Union dort festgestellt, dass auch eine Richtlinie vor Ablauf ihrer Umsetzungsfrist den notwendigen Bezug zum Unionsrecht nicht herzustellen vermag.[94]

[86] Vgl. *Papier,* Die Bedeutung des Grundgesetzes im Europäischen Staatenverbund, in: Stern (Hrsg.), 60 Jahre Grundgesetz, 2010, S. 107 (114).

[87] Vgl. *Papier,* Die Bedeutung des Grundgesetzes im Europäischen Staatenverbund, in: Stern (Hrsg.), 60 Jahre Grundgesetz, 2010, S. 107 (114).

[88] EuGH, Urteil vom 22. November 2005 – Rs. C-144/04 –, Slg. 2005, S. I-9981, Rn. 66 ff.

[89] Vgl. *Papier*, Die Bedeutung des Grundgesetzes im Europäischen Staatenverbund, in: Stern (Hrsg.), 60 Jahre Grundgesetz, 2010, S. 107 (114).

[90] Richtlinie 2000/78/EG des Rates vom 27. November 2000 zur Festlegung eines allgemeinen Rahmens für die Verwirklichung der Gleichbehandlung in Beschäftigung und Beruf (ABl. L 303 vom 2. 12.2000, S. 16).

[91] Richtlinie 1999/70/EG des Rates vom 28. Juni 1999 zur EGB-UNICE-CEEP-Rahmenvereinbarung über befristete Arbeitsverträge (ABl. L 175 vom 10.7.1999, S. 43).

[92] EuGH, Urteil vom 22. November 2005 – Rs. C-144/04 –, Slg. 2005, S. I-9981 Rn. 75; BVerfG, Beschluss vom 6. Juli 2010 – 2 BvR 2661/06 –, Rn. 74.

[93] Vgl. Urteil vom 23. September 2008, Rs. C-427/06 – „Bartsch" –, Slg. 2008, S. I-7245; vertiefend dazu *von Danwitz*, in FS für Roman Herzog, 2009 S. 19 (25 ff.); *Ziegenhorn*, NVwZ 2010, S. 803 (807).

[94] Vgl. Urteil vom 23. September 2008 – Rs. C-427/06 „Bartsch" –, Slg. 2008, S. I-7245.

Die konkrete Grenzziehung des Anwendungsbereichs der Unionsgrundrechte bleibt daher weiterhin unscharf, zumal das nach Art. 18 AEUV geltende Diskriminierungsverbot aus Gründen der Staatsangehörigkeit nach der Rechtsprechung des Gerichtshofs der Europäischen Union ebenfalls sehr weit in Bereiche ausgreift, in denen die Mitgliedstaaten Gesetzgebungsspielräume haben.[95] Die Sorge vor einer Erweiterung der Befugnisse der EU durch die Grundrechtsrechtsprechung des Gerichtshofs der Europäischen Union ist nach alledem nicht völlig von der Hand zu weisen, was sich auch am Protokoll zum Vertrag von Lissabon über die Anwendung der Charta der Grundrechte der EU auf Polen und das Vereinigte Königreich zeigt.[96]

Bestätigt wird das immer weitere Ausgreifen der Unionsgrundrechte auch durch die mit einem umfassenden Ansatz versehenen Unionsrichtlinien, die teilweise ebenfalls dem Grundrechtsschutz dienen. Zu nennen sind hier die aufgrund von Art. 19 AEUV möglichen Antidiskriminierungsrichtlinien, datenschutzrechtliche Richtlinien sowie Richtlinien im Bereich des Asyl- und Ausländerrechts. Insbesondere die Entscheidungen des Gerichtshofs der Europäischen Union, die auf dieser von den Mitgliedstaaten im Rat konsentierten Grundlage ergehen, treten in Konkurrenz zu Entscheidungen des Bundesverfassungsgerichts.[97]

Die Notwendigkeit einer immer größeren Ausdehnung des Anwendungsbereichs eines unionsrechtlichen Grundrechtsschutzes ist jedoch fraglich. Denn selbst in Mitgliedstaaten der EU, in denen es für den Einzelnen keine Möglichkeit gibt, Gesetze durch ein nationales Verfassungsgericht auf Grundrechtsverletzungen prüfen zu lassen, ist Grundrechtsschutz durch eine Individualbeschwerde zum Europäischen Gerichtshof für Menschenrechte möglich.[98] Durch eine Bindung jeglichen mitgliedstaatlichen Handelns an die Unionsgrundrechte könnte es sogar zu einer Verdreifachung des Grundrechtsschutzes kommen. Dies sollte vermieden werden, schon allein um den Betroffenen nicht die Durchführung von drei „verfassungsrechtlichen“ Verfahren, nämlich zum Gerichtshof der Europäischen Union, – in Deutschland – zum Bundesverfassungsgericht und zum Europäischen Gerichtshof für Menschenrechte zuzumuten, zumal hier zusätzlich die Gefahr besteht, dass die Entscheidungen der verschiedenen Rechtsschutzebenen bezüglich der jeweiligen Grundrechtsgewährleistung divergieren.[99] Beide Aspekte können

[95] Vgl. *von Danwitz*, in FS für Roman Herzog, 2009 S. 19 (25 f.).

[96] Vgl. *Papier*, Die Bedeutung des Grundgesetzes im Europäischen Staatenverbund, in: Stern (Hrsg.), 60 Jahre Grundgesetz, 2010, S. 107 (115).

[97] Vgl. EuGH, Urteil vom 1. April 2008 – Rs. C-267/06 „Maruko“; BVerfG, Beschluss der 1. Kammer des Zweiten Senats vom 6. Mai 2008 – 2 BvR 1830/06 –, NJW 2008, S. 2325; BVerfGE 124, 199; *Kingreen*, EuR 2010, S. 338 (352 ff.).

[98] Vgl. *Rengeling/Szczekalla*, Grundrechte in der EU, 2004, Rn. 298.

[99] Vgl. *Papier*, Die Bedeutung des Grundgesetzes im Europäischen Staatenverbund, in: Stern (Hrsg.), 60 Jahre Grundgesetz, 2010, S. 107 (115).

insbesondere dann zum Tragen kommen, wenn es nicht allein um Grundrechtsschutz gegen einseitig staatliches Handeln, sondern um die staatliche Abwägung verschiedener – widerstreitender – grundrechtlich geschützter Individualinteressen in mehrpoligen Rechtsverhältnissen geht.[100]

Daher sollte – insbesondere bei der Umsetzung von Richtlinien – die Bindung der Mitgliedstaaten an die EU-Grundrechte nur soweit gelten, als sie zwingende Vorgaben umsetzen.[101] Hier sei angemerkt, dass das Kriterium der verbindlichen Determinierung eines Handelns beziehungsweise das Bestehen eines Entscheidungsspielraums auch bei der Schadenszurechnung und damit der Abgrenzung der Staatshaftung zwischen der EU und den Mitgliedstaaten angewandt wird.[102] Bei Beachtung einer solchen Grenzziehung wäre ein *modus vivendi* zwischen den nationalen Verfassungsgerichten und dem Gerichtshof der Europäischen Union gefunden, der akute Konflikte in Grundrechtsfragen praktisch ausschließen dürfte.[103]

C. Prozedurale Kooperation in der Europäischen Union

Bei dieser an sich sinnvollen und notwendigen Aufteilung der Zuständigkeiten darf freilich der Rechtsschutz des Einzelnen, der sich eine „Lösung aus einem Guss" – also einen „Europäischen Rechtsprechungsverbund" – wünscht, nicht auf der Strecke bleiben.[104] Den Gefahren für die Effektivität des Grundrechtsschutzes ist nicht nur durch eine komplementäre Aufgabenverteilung, sondern auch durch eine verfahrensmäßige Kooperation der Gerichtshöfe zu begegnen.[105] Die deutschen Gerichte werden zu einer solchen Kooperation vor allem durch Art. 101 Abs. 1 Satz 2 GG und – was bisher weitgehend unbeachtet blieb – auch durch die Rechtsschutzgarantie aus Art. 19 Abs. 4 Satz 1 GG verpflichtet.[106]

[100] Vgl. *Papier*, Die Bedeutung des Grundgesetzes im Europäischen Staatenverbund, in: Stern (Hrsg.), 60 Jahre Grundgesetz, 2010, S. 107 (115 f.); *ders.*, DVBl. 2009, S. 473 (480).

[101] Vgl. *Papier*, Die Bedeutung des Grundgesetzes im Europäischen Staatenverbund, in: Stern (Hrsg.), 60 Jahre Grundgesetz, 2010, S. 107 (116).

[102] Vgl. Vgl. *Papier*, Die Bedeutung des Grundgesetzes im Europäischen Staatenverbund, in: Stern (Hrsg.), 60 Jahre Grundgesetz, 2010, S. 107 (116). Weiter: BGH, NJW 1994, S. 585; BGH, NVwZ-RR 1993, S. 449; EuGH, Urteil vom 19. Mai 1992 – verb. Rs. C-104/89 und C-37/90 „Mulder u.a." –, Slg. 1992, S. I-3061, Rn. 9; *J. Hofmann*, Rechtsschutz und Haftung im Europäischen Verwaltungsverbund, 2004, S. 300 ff. (insbes. 310).

[103] Vgl. *Papier*, Die Bedeutung des Grundgesetzes im Europäischen Staatenverbund, in: Stern (Hrsg.), 60 Jahre Grundgesetz, 2010, S. 107 (116); *ders.*, DVBl. 2009, S. 473 (480).

[104] Vgl. *Papier*, DVBl. 2009, S. 473 (480).

[105] Vgl. *Papier*, DVBl. 2009, S. 473 (480).

[106] Aus Art. 6 EMRK ergibt sich kein unmittelbares Recht auf Vorlage an den EuGH nach Art. 267 AEUV. Wenn jedoch ein Antrag darauf willkürlich abgelehnt wird, kann das gegen die Garantie eines fairen Verfahrens verstoßen, vgl. EGMR, Entscheidung vom 8. Dezember 2009 – Nr. 54193/07 „Herma" –, NJW 2010, S. 3207 f.

I. Verpflichtung aus Art. 101 Abs. 1 Satz 2 GG

1. Grundlagen

Nach langjähriger ständiger Rechtsprechung des Bundesverfassungsgerichts ist der Gerichtshof der Europäischen Union gesetzlicher Richter im Sinne des Art. 101 Abs. 1 Satz 2 GG. Es stellt einen Entzug des gesetzlichen Richters dar, wenn ein deutsches Gericht seiner Pflicht zur Anrufung des Gerichtshofs im Wege des Vorabentscheidungsverfahrens nach Art. 267 Abs. 3 AEUV nicht nachkommt.[107] Allerdings stellt nicht jede Verletzung der unionsrechtlichen Vorlagepflicht zugleich einen Verstoß gegen Art. 101 Abs. 1 Satz 2 GG dar. Das Bundesverfassungsgericht wird durch die grundrechtsgleiche Gewährleistung des Art. 101 Abs. 1 Satz 2 GG nicht zu einem Kontrollorgan, das jeden einem Gericht unterlaufenen Verfahrensfehler korrigieren müsste. Vielmehr beanstandet das Bundesverfassungsgericht die Auslegung und Anwendung von Zuständigkeitsnormen nur, wenn sie bei verständiger Würdigung der das Grundgesetz bestimmenden Gedanken nicht mehr verständlich erscheinen und offensichtlich unhaltbar sind.[108]

Hinsichtlich der Vorlagepflicht nach Art. 267 AEUV wurde dieser Willkürmaßstab vom Bundesverfassungsgericht durch bestimmte beispielhafte Fallgruppen näher präzisiert.[109] Die Vorlagepflicht nach Art. 267 Abs. 3 AEUV wird *insbesondere* in den Fällen offensichtlich unhaltbar gehandhabt, in denen ein letztinstanzliches Hauptsachegericht eine Vorlage trotz der – seiner Auffassung nach bestehenden – Entscheidungserheblichkeit der unionsrechtlichen Frage überhaupt nicht in Erwägung zieht, obwohl es selbst Zweifel hinsichtlich der richtigen Beantwortung der Frage hegt (grundsätzliche Verkennung der Vorlagepflicht). Gleiches gilt in den Fällen, in denen das letztinstanzliche Hauptsachegericht in seiner Entscheidung bewusst von der Rechtsprechung des Gerichtshofs der Europäischen Union zu entscheidungserheblichen Fragen abweicht und gleichwohl nicht oder nicht neuerlich vorlegt (bewusstes Abweichen ohne Vorlagebereitschaft). Liegt zu einer entscheidungserheblichen Frage des Unionsrechts einschlägige Rechtsprechung des Gerichtshofs der Europäischen Union noch nicht vor oder hat eine vorliegende Rechtsprechung die entscheidungserhebliche Frage möglicherweise noch nicht erschöpfend beantwortet oder erscheint eine Fortentwicklung der Rechtsprechung des Gerichtshofs der Europäischen Union nicht nur als entfernte Möglichkeit, wird Art. 101 Abs. 1 Satz 2 GG nur verletzt, wenn das letztinstanzliche Hauptsachegericht den ihm in solchen Fällen notwendig zukommenden Beurteilungsrahmen in unvertretbarer

[107] Vgl. BVerfGE 73, 339 (366 ff.); 75, 223 (233 ff.); 82, 159 (192 ff.).
[108] Vgl. BVerfGE 29, 198 (207); 82, 159 (194).
[109] Vgl. BVerfGE 82, 159 (195); BVerfGK 10, 19 (29 f.).

Weise überschritten hat (Unvollständigkeit der Rechtsprechung). Dies kann *insbesondere* dann der Fall sein, wenn mögliche Gegenauffassungen zu der entscheidungserheblichen Frage des Unionsrechts gegenüber der vom Gericht vertretenen Meinung eindeutig vorzuziehen sind.[110] Zu verneinen ist in diesen Fällen ein Verstoß gegen Art. 101 Abs. 1 Satz 2 GG deshalb bereits dann, wenn das Gericht die entscheidungserhebliche Frage in zumindest vertretbarer Weise beantwortet hat. Nach der ständigen Rechtsprechung der Kammern beider Senate hat das Fachgericht Gründe anzugeben, die zeigen, ob es sich hinsichtlich des europäischen Rechts ausreichend kundig gemacht hat, und die so dem Bundesverfassungsgericht eine Kontrolle am Maßstab des Art. 101 Abs. 1 Satz 2 GG ermöglichen.[111]

2. *Neuere Entwicklungen*

Die 1. Kammer des Zweiten Senats hatte sich im Jahr 2008 mit der Frage auseinanderzusetzen, ob der soeben dargestellte Willkürmaßstab zu verschärfen ist. In diesem Sinn hat die Kammer jedenfalls den Vortrag des Beschwerdeführers in einem Verfahren gedeutet, der dort verlangte, die Willkürprüfung im Hinblick auf die Voraussetzungen von Art. 267 AEUV und nicht hinsichtlich der Beantwortung der zugrundeliegenden unionsrechtlichen Fragestellung durchzuführen. Damit – so die 1. Kammer des Zweiten Senats – gehe der Beschwerdeführer von einem Maßstab aus, der im Ergebnis einer Vollprüfung der Vorlagepflicht durch das Bundesverfassungsgericht gleich käme. So mache es einen Unterschied, ob die Prüfung an den prozessualen Kriterien der Vorlagepflicht oder an den materiell-rechtlichen Vorgaben des Gerichtshofs der Europäischen Union – etwa zur Wettbewerbswidrigkeit der Verwaltungs-Berufsgenossenschaft – ansetze. Die Entscheidung, dass die richtige Anwendung des Unionsrechts derart offenkundig sei, dass für einen vernünftigen Zweifel keinerlei Raum bleibe,[112] könne schon dann unvertretbar sein, wenn vernünftige Zweifel im Raum stünden, wie die materiell-rechtliche Frage des Unionsrechts zu lösen sei. Die Kontrolldichte der Entscheidungen des Bundesverfassungsgerichts sei demgegenüber geringer. Das Recht auf den gesetzlichen Richter sei in der Fallgruppe der Unvollständigkeit der Rechtsprechung des Gerichtshofs der Europäischen Union nicht

[110] Vgl. BVerfGE 82, 159 (194 ff.); Beschluss vom 6. Juli 2010 – 2 BvR 2661/06 –, Rn. 90.

[111] Vgl. BVerfGK 8, 401 (405); 10, 19 (31); BVerfG, Beschluss der 2. Kammer des Ersten Senats vom 9. Januar 2001 – 1 BvR 1036/99 –, NJW 2001, S. 1267 (1268); Beschlüsse der 3. Kammer des Ersten Senats vom 14. Mai 2007 – 1 BvR 2036/05 –, NVwZ 2007, S. 942 (945), vom 20. Februar 2008 – 1 BvR 2722/06 –, NVwZ 2008, S. 780 (781) und vom 25. Februar 2010 – 1 BvR 230/09 –, juris Rn. 19.

[112] Vgl. den Leitsatz des EuGH, Urteil vom 6. Oktober 1982 – Rs. 283/81 „CILFIT" –, Slg. 1982, S. 3415.

schon verletzt, wenn an der Lösung des Fachgerichts vernünftige Zweifel bestünden, sondern erst dann, wenn mögliche Gegenauffassungen zu der materiellen Frage des Unionsrechts gegenüber der vom Gericht vertretenen Meinung eindeutig vorzuziehen seien.[113] Aus verfassungsrechtlicher Sicht stehe dem Fachgericht ein Beurteilungsrahmen zu, innerhalb dessen die Lösung der materiell-rechtlichen Frage des Unionsrechts möglicherweise zwar nicht offenkundig richtig (im Sinne der Kriterien des Gerichtshofs der Europäischen Union), aber auch nicht offenkundig unrichtig (im Sinne des Willkürmaßstabs) sei.[114] Würde das Bundesverfassungsgericht jede Entscheidung eines Fachgerichts aufheben, dessen materiell-rechtliche Prüfung des Unionsrechts im Rahmen der Entscheidung über die Vorlagepflicht nicht offenkundig richtig sei, das heißt, die mit vernünftigen Argumenten angezweifelt werden könne, so würde es entgegen seiner eigentlichen Aufgabe zu einem „obersten Vorlagenkontrollgericht".[115]

Demgegenüber hat die 3. Kammer des Ersten Senats in einem Beschluss vom 25. Februar 2010 festgestellt, dass es für die Frage nach einer Verletzung des Rechts auf den gesetzlichen Richter gemäß Art. 101 Abs. 1 Satz 2 GG durch Nichtvorlage an den Gerichtshof der Europäischen Union nicht in erster Linie auf die Vertretbarkeit der fachgerichtlichen Auslegung des für den Streitfall maßgeblichen materiellen Unionsrechts ankomme, sondern auf die Beachtung oder Verkennung der Voraussetzungen der Verfahrensvorschrift des Art. 267 Abs. 3 AEUV, die den gesetzlichen Richter in diesem Fall bestimme. Die Vertretbarkeit des Unterlassens eines Vorabentscheidungsersuchens müsse daher im Zusammenhang mit der Rechtsprechung des Gerichtshofs der Europäischen Union zu Art. 267 AEUV gesehen werden. Hiernach müsse ein Gericht seiner Vorlagepflicht nachkommen, wenn sich in dem bei ihm anhängigen Verfahren eine entscheidungserhebliche Frage des Unionsrechts stelle, es sei denn, das Gericht habe festgestellt, dass die betreffende Bestimmung des Unionsrechts bereits Gegenstand einer Auslegung des Gerichtshofs gewesen sei oder dass die richtige Anwendung des Unionsrechts derart offenkundig sei, dass für einen vernünftigen Zweifel keinerlei Raum bleibe.[116] Davon dürfe das innerstaatliche Gericht aber nur dann ausgehen, wenn es überzeugt sei, dass auch für die Gerichte der übrigen Mitgliedstaaten und für den Gerichtshof der Europäischen Union die gleiche

[113] Vgl. BVerfGE 82, 159 (196).

[114] Vgl. BVerfG, Beschluss der 1. Kammer des Zweiten Senats vom 6. Mai 2008 – 2 BvR 2419/06 –, juris Rn. 19.

[115] Vgl. Beschluss der 1. Kammer des Zweiten Senats vom 9. November 1987 – 2 BvR 808/82 –, NJW 1988, S. 1456 (1457).

[116] Vgl. EuGH, Urteil vom 6. Oktober 1982 – C-283/81 –, Slg. 1982, S. 03415, Rn. 21; Urteil vom 15. September 2005 – C-495/03 –, Rn. 33; Urteil vom 6. Dezember 2005 – C-461/03 –, Rn. 16; st. Rspr.

Gewissheit bestünde. Nur dann dürfe das Gericht von einer Vorlage absehen und die Frage in eigener Verantwortung lösen.[117] Denn Art. 267 Abs. 3 AEUV solle insbesondere verhindern, dass sich in einem Mitgliedstaat eine nationale Rechtsprechung herausbilde, die mit den Normen des Unionsrechts nicht im Einklang stehe.[118]

Nach Auffassung der 3. Kammer des Ersten Senats wird bezogen auf diese für die Anwendung des Art. 267 Abs. 3 AEUV maßgeblichen Grundsätze ein letztinstanzliches nationales Gericht, das von einem Vorabentscheidungsersuchen absieht, dem Recht der Prozessparteien auf den gesetzlichen Richter gemäß Art. 101 Abs. 1 Satz 2 GG in der Regel nur dann gerecht, wenn es nach Auswertung der entscheidungserheblichen Bestimmungen des Unionsrechts eine vertretbare Begründung dafür gibt, dass die maßgebliche Rechtsfrage durch den Gerichtshof der Europäischen Union bereits entschieden ist oder dass die richtige Antwort auf diese Rechtsfrage offenkundig ist. Die unionsrechtliche Rechtsfrage werde hingegen nicht zumindest vertretbar beantwortet, wenn das nationale Gericht eine eigene Lösung entwickle, die nicht auf die bestehende Rechtsprechung des Gerichtshofs der Europäischen Union zurückgeführt werden könne und auch nicht einer eindeutigen Rechtslage entspreche. Dann erscheine die fachgerichtliche Rechtsanwendung des Art. 267 Abs. 3 AEUV nicht mehr verständlich und sei offensichtlich unhaltbar.

Der Zweite Senat hat nachfolgend und sich abgrenzend von diesem Beschluss der 3. Kammer des Ersten Senats nochmals herausgestellt, dass das Bundesverfassungsgericht unionsrechtlich nicht verpflichtet sei, die Verletzung der unionsrechtlichen Vorlagepflicht voll zu kontrollieren und an der Rechtsprechung des Gerichtshofs zu Art. 267 Abs. 3 AEUV auszurichten.[119] Art. 267 Abs. 3 AEUV fordere kein zusätzliches Rechtsmittel zur Überprüfung der Einhaltung der Vorlagepflicht. Ein letztinstanzliches Gericht nach Art. 267 Abs. 3 AEUV sei definitionsgemäß die letzte Instanz, vor der der Einzelne Rechte geltend machen könne, die ihm aufgrund des Unionsrechts zustünden.[120] So behielten die Fachgerichte bei der Auslegung und Anwendung von Unionsrecht einen Spielraum eigener Einschätzung und Beurteilung, der demjenigen bei der Handhabung einfachrechtlicher Bestimmungen der deutschen Rechtsordnung entspreche. Das Bundesverfassungsgericht,

[117] Vgl. EuGH, Urteil vom 6. Oktober 1982 – C-283/81 –, Slg. 1982, S. 03415, Rn. 16.

[118] Vgl. EuGH, Urteil vom 15. September 2005 – C-495/03 –, Rn. 29; BVerfG, Beschluss der 3. Kammer des Ersten Senats vom 25. Februar 2010 – 1 BvR 230/09 –, juris Rn. 20.

[119] Vgl. BVerfG, Beschluss vom 6. Juli 2010 – 2 BvR 2661/06 –, Rn. 89; unter Bezugnahme auf BVerfG, Beschluss der 1. Kammer des Zweiten Senats vom 6. Mai 2008 – 2 BvR 2419/06 –, NVwZ-RR 2008, S. 658 (660).

[120] Vgl. EuGH, Urteil vom 30. September 2003 – Rs. C-224/01 „Köbler" –, Slg. 2003, S. I-10239 Rn. 34.

das nur über die Einhaltung der Grenzen dieses Spielraums wache, werde seinerseits nicht zum „obersten Vorlagenkontrollgericht“.[121]

Die Entscheidung des Zweiten Senats vom 6. Juli 2010 lässt jedoch eine Auseinandersetzung mit dem entscheidenden Argument des Beschlusses der 3. Kammer des Ersten Senats vom 25. Februar 2010 vermissen, welches darauf hinweist, dass sich die Willkürprüfung – wie auch sonst bei Verletzung des gesetzlichen Richters, etwa wegen Verletzung der Vorschriften über die Befangenheit[122] – auf die betreffende Verfahrensvorschrift beziehen muss.[123] Dies ist hier Art. 267 AEUV in der Auslegung der Rechtsprechung des Gerichtshofs der Europäischen Union.[124] Mittlerweile hat der Erste Senat in einem Beschluss vom 25. Januar 2011[125] diese argumentative Lücke in der Entscheidung des Zweiten Senats für eine trickreiche Umarmungsstrategie genutzt und festgestellt, dass auch für den Zweiten Senat der Sache nach Art. 267 AEUV Bezugspunkt der Willkürprüfung nach Art. 101 Abs. 1 Satz 2 GG ist.[126]

Auf die vom Zweiten Senat im Beschluss vom 6. Juli 2010 erörterte Frage, ob Deutschland unionsrechtlich dazu verpflichtet ist, einen Rechtsbehelf zur Kontrolle der Einhaltung der Vorlagepflicht einzuführen, kommt es im vorliegenden Zusammenhang bei Lichte besehen gar nicht an. Maßstab für das Bundesverfassungsgericht ist allein das Grundgesetz und hier Art. 101 Abs. 1 Satz 2 GG.

Abschließend sei festgehalten, dass sich die Entscheidung der 3. Kammer des Ersten Senats vom 25. Februar 2010 nahtlos in die frühere ständige Rechtsprechung beider Senate des Bundesverfassungsgerichts einpassen lässt, weil es sich bei den dort genannten Fallgruppen um keine abschließende Aufzählung von Beispielen für eine verfassungsrechtlich erhebliche Verletzung der Vorlagepflicht handelt. Dies wird allein schon daran deutlich, dass in der Aufzählung der Fallgruppen in ständiger Rechtsprechung zweimal das Wort „insbesondere“ verwendet wird. Entscheidend ist somit für die Prüfung des Art. 101 Abs. 1 Satz 2 GG, ob die Verfahrensvorschrift des Art. 267 AEUV durch die Fachgerichte unvertretbar gehandhabt wurde.

[121] Vgl. BVerfG, Beschluss vom 6. Juli 2010 – 2 BvR 2661/06 –, Rn. 89; BVerfG, Beschluss der 1. Kammer des Zweiten Senats vom 9. November 1987 – 2 BvR 808/82 –, NJW 1988, S. 1456 (1457).

[122] Vgl. BVerfG, Beschluss der 3. Kammer des Ersten Senats vom 24. Februar 2009 – 1 BvR 165/09 –, juris Rn. 22 ff.

[123] Ebenso: *Bäcker*, NJW 2011, S. 270 (272).

[124] Ebenso beispielsweise *Roth*, NVwZ 2009, S. 345.

[125] 1 BvR 1741/09 –, juris Rn. 102 ff.

[126] So bereits die 2. Kammer des Ersten Senats, Beschluss vom 30. August 2010 – 1 BvR 1631/08 –, Rn. 48; ebenso: Beschluss vom 10. November 2010 – 1 BvR 2065/10 –, juris Rn. 23.

II. Verpflichtung aus Art. 19 Abs. 4 Satz 1 GG

Aussagen des Bundesverfassungsgerichts, ob und inwieweit die Rechtsschutzgarantie des Art. 19 Abs. 4 GG verfassungsrechtliche Vorgaben für die Handhabung des Vorabentscheidungsverfahrens nach Art. 267 AEUV enthält, sind noch recht selten. Gleichwohl darf die Bedeutung des Art. 19 Abs. 4 GG insoweit nicht vernachlässigt werden. Wendet sich ein Kläger vor einem nationalen Gericht gegen eine staatliche Maßnahme, die auf zwingenden Vorgaben des Unionsrechts beruht, muss das nationale Gericht nach der Rechtsprechung des Gerichtshofs der Europäischen Union zu Art. 267 AEUV die betreffende Vorschrift des Unionsrechts an den EU-Grundrechten prüfen und die Vorschrift – falls es sie mit diesen für unvereinbar hält – dem Gerichtshof der Europäischen Union zur Entscheidung vorlegen.[127] Wegen des Anwendungsvorrangs des Unionsrechts und der deswegen zurückgenommenen Ausübung der deutschen Gerichtsbarkeit können die nationalen Gerichte – auch das Bundesverfassungsgericht – die den Kläger belastende unionsrechtliche Maßnahme grundsätzlich nicht überprüfen. Daher ist es ein Gebot der Gewährung effektiven Rechtsschutzes, bei Zweifeln an der Grundrechtskonformität eines Unionsrechtsakts ein Vorabentscheidungsverfahren durchzuführen.[128] Das hat der Erste Senat des Bundesverfassungsgerichts in seinem Beschluss zum „Emissionshandel" erstmals festgestellt.[129]

Vor allem die Fachgerichte sind zu dieser für einen effektiven Rechtsschutz notwendigen Kooperation mit dem Gerichtshof der Europäischen Union berufen.[130] Der Grundrechtsschutz durch das Bundesverfassungsgericht ist nämlich im Verhältnis zu dem von den Fachgerichten gewährten subsidiär. Dennoch ist es durchaus möglich, dass irgendwann auch das Bundesverfassungsgericht dem Gerichtshof der Europäischen Union eine Frage nach der Gültigkeit eines Unionsrechtsakts vorlegen muss.[131] Dies kann insbesondere dann in Betracht kommen, wenn das Bundesverfassungsgericht einen Unionsrechtsakt für grundrechtswidrig hält, aber noch keine Entscheidung des Gerichtshofs der Europäischen Union zu dieser Frage ergangen ist und die vorherige Durchführung eines fachgerichtlichen Verfahrens, in dessen Rahmen ein Vorabentscheidungsersuchen hätte gestellt werden können, aus verfassungsprozessualen Gründen nicht erforderlich oder nicht möglich war.[132]

[127] Vgl. EuGH, Urteil vom 10. Januar 2006 – Rs. C-344/04 „Int. Air Transport Association" –, Slg. 2006, S. I-403; früher bereits: EuGH, Urteil vom 22. Oktober 1987 – Rs. 314/85 „Foto-Frost" –, Slg. 1987, S. I-4199 sowie Urteil vom 6. Dezember 2005 – Rs. C-461/03 „Gaston Schul" –, Slg. 2005, S. I-10513.

[128] Vgl. *Papier*, DVBl. 2009, S. 473 (480 f.).

[129] Vgl. BVerfGE 118, 79 (97).

[130] Vgl. BVerfGE 118, 79 (97).

[131] Vgl. *Papier*, DVBl. 2009, S. 473 (480 f.).

[132] Vgl. *Papier*, DVBl. 2009, S. 473 (480 f.); BVerfGE 125, 260 (308).

Erkennt man mit der Entscheidung des Ersten Senats des Bundesverfassungsgerichts zum „Emissionshandel“ an, dass die Pflicht zur Vorlage der Frage nach der Gültigkeit eines Sekundärrechtsakts verfassungsrechtlich nicht mehr allein im Recht auf den gesetzlichen Richter aus Art. 101 Abs. 1 Satz 2 GG, sondern auch in der Garantie effektiven Rechtsschutzes verankert ist, ist es möglich, eine strengere verfassungsrechtliche Prüfung durchzuführen als bei einer bloßen Prüfung am Willkürmaßstab des Art. 101 Abs. 1 Satz 2 GG.[133] Es sollte daher darüber nachgedacht werden, wegen Art. 19 Abs. 4 GG eine Vorlage schon dann zu verlangen, wenn vernünftige Zweifel an der Gültigkeit eines Sekundärrechtsakts bestehen.[134] Dadurch würde zum einen erreicht, dass der hier zur Grundrechtsprüfung berufene Gerichtshof der Europäischen Union auch dann über die Gültigkeit von Sekundärrecht entscheiden könnte, wenn daran lediglich vernünftige Zweifel bestehen und nicht erst dann, wenn das vorlegende Instanzgericht von der Ungültigkeit des Rechtsakts überzeugt ist und ihn verwerfen will. Bei solchen Zweifeln sind die mitgliedstaatlichen Gerichte nach Art. 267 AEUV zur Vorlage berechtigt.[135] Zum anderen kann bei einem solchen Verständnis von Art. 19 Abs. 4 GG in der Nichtvorlage ein Verfahrensfehler gesehen werden, mit dem nach der VwGO die Revisionsinstanz unabhängig von der grundsätzlichen Bedeutung der Sache erreichbar wäre.[136] Für zivilrechtliche Streitigkeiten dürfte sich eine entsprechende Pflicht aus dem allgemeinen Justizgewährungsanspruch aus Art. 2 Abs. 1 in Verbindung mit Art. 20 Abs. 3 GG ergeben.[137]

III. Besonderheiten der prozeduralen Kooperation in Eilverfahren vor dem Bundesverfassungsgericht

In einem Eilverfahren vor dem Bundesverfassungsgericht ist der bezüglich der vorläufigen Außervollzugsetzung eines Gesetzes ohnehin schon strenge Maßstab noch weiter zu verschärfen, wenn eine einstweilige Anordnung begehrt wird, durch die der Vollzug einer Rechtsnorm ausgesetzt wird, soweit

[133] Vgl. *Papier*, DVBl. 2009, S. 473 (480 f.).

[134] Vgl. *Papier*, DVBl. 2009, S. 473 (480 f.).

[135] Vgl. *Papier*, DVBl. 2009, S. 473 (480 f.). Zur Vorlage verpflichtet sind sie erst, wenn sie einen Unionsrechtsakt verwerfen wollen, vgl. EuGH, Urteil vom 10. Januar 2006 – Rs. C-344/04 „Int. Air Transport Association“ –, Slg. 2006, S. I-403; früher bereits: EuGH, Urteil vom 22. Oktober 1987 – Rs. 314/85 „Foto-Frost“ –, Slg. 1987, S. I-4199 sowie Urteil vom 6. Dezember 2005 – Rs. C-461/03 „Gaston Schul“ –, Slg. 2005, S. I-10513.

[136] Vgl. allgemein zur Notwendigkeit der Verbesserung der prozessualen Kooperation *J. Hofmann*, Rechtsschutz und Haftung im Europäischen Verwaltungsverbund, 2004, S. 288 ff.

[137] Vgl. zum Justizgewährungsanspruch den Plenumsbeschluss BVerfGE 107, 395; ablehnend zur Übertragbarkeit der Aussagen des Plenumsbeschlusses: BVerfG, Beschluss der 1. Kammer des Zweiten Senats vom 6. Mai 2008 – 2 BvR 2419/06 –, juris Rn. 22 ff.

sie zwingende Vorgaben des Unionsrechts in das deutsche Recht umsetzt.[138] In einem solchen Fall ist für die Folgenabwägung von Bedeutung, dass das Bundesverfassungsgericht eine Regelung nicht beanstandet, soweit sie zwingende unionsrechtliche Vorgaben umsetzt. In diesem Umfang könnte die einstweilige Anordnung über die Entscheidungskompetenz des Bundesverfassungsgerichts in der Hauptsache hinausgehen. Zudem sind angesichts der Integrationsoffenheit des Grundgesetzes im Rahmen der Folgenabwägung die Auswirkungen zu berücksichtigen, die sich aus der Aussetzung des Vollzugs einer Rechtsnorm, soweit diese zwingende unionsrechtliche Vorgaben umsetzt, für die Unionsrechtsordnung ergeben können. Eine derartige Anordnung kann dazu führen, dass ein unionsrechtlicher Rechtsakt in der Bundesrepublik Deutschland insgesamt keine Wirkung entfaltet. Darin liegt, soweit der Unionsrechtsakt sich letztlich als für den deutschen Gesetzgeber verbindlich erweist, regelmäßig eine Störung des Unionsinteresses an einem effektiven Vollzug des Unionsrechts. Auch die Rechtsprechung des Gerichtshofs der Europäischen Union zur einstweiligen Aussetzung des Vollzugs unionsrechtlicher Rechtsakte durch mitgliedstaatliche Gerichte spricht dafür, den Vollzug eines Gesetzes, soweit es zwingende unionsrechtliche Vorgaben umsetzt, allenfalls in besonderen Ausnahmefällen auszusetzen. Nach dieser Rechtsprechung kann ein nationales Gericht einstweiligen Rechtsschutz, durch den im Einzelfall der Vollzug unionsrechtlicher Vorgaben ausgesetzt wird, nur unter strengen Voraussetzungen gewähren. Insbesondere ist das Interesse der EU am Vollzug des Unionsrechts angemessen zu berücksichtigen.[139]

Ob und unter welchen Voraussetzungen das Bundesverfassungsgericht gleichwohl den Vollzug eines Gesetzes aussetzen kann, soweit es zwingende unionsrechtliche Vorgaben umsetzt, wurde bislang vom Bundesverfassungsgericht nicht abschließend entschieden. Eine derartige einstweilige Anordnung setzt aber zumindest voraus, dass aus der Vollziehung des Gesetzes den Betroffenen ein besonders schwerwiegender und irreparabler Schaden droht, dessen Gewicht das Risiko hinnehmbar erscheinen lässt, im Eilverfahren über die Entscheidungskompetenz des Bundesverfassungsgerichts in der Hauptsache hinauszugehen und das Gemeinschaftsinteresse an einem effektiven Vollzug des Unionsrechts schwerwiegend zu beeinträchtigen.[140]

138 Vgl. BVerfGE 121, 1 (18).

139 Vgl. EuGH, Urteil vom 21. Februar 1991 – verb. Rs. C-143/88 und C-92/89 „Zuckerfabrik Süderdithmarschen und Zuckerfabrik Soest“ –, Slg. 1991, S. I-415, Rn. 22 ff.; Urteil vom 9. November 1995 - Rs. C-465/93 „Atlanta Fruchthandelsgesellschaft mbH“ –, Slg. 1995,S. I-3761, Rn. 31 ff.; Urteil vom 17. Juli 1997 – Rs. C-334/95 „Krüger GmbH & Co. KG“ –, Slg. 1997, S. I-4517, Rn. 43 ff.; Urteil vom 6. Dezember 2005 – Rs. C-461/03 „Gaston Schul“ –, Slg. 2005, S. I-10513, Rn. 17 ff.

140 Vgl. BVerfGE 121, 1 (18 f.).

Die 1. Kammer des Zweiten Senats hat in einer Vielzahl von Entscheidungen verfassungsgerichtlichen Eilrechtsschutz gegen die von deutschen Behörden beabsichtigte Abschiebung von Asylantragstellern in einen nach der Verordnung des Rates (EG) Nr. 343/2003[141] zuständigen anderen Mitgliedstaat der EU gewährt. Eine etwaige Kollision der Gewährung von Eilrechtsschutz mit zwingenden Vorgaben des Unionsrechts war nicht gegeben, weil die betreffende Verordnung die Gewährung fachgerichtlichen vorläufigen Rechtsschutzes selbst vorsieht.[142]

D. Ausblick – insbesondere künftige Beschränkung des Europäischen Gerichtshofs für Menschenrechte auf einen subsidiären Grundrechtsschutz

Wie gesehen sind das Bundesverfassungsgericht, der Gerichtshof der Europäischen Union und der Europäische Gerichtshof für Menschenrechte durch die EMRK und die Unionsverträge zu einem „europäischen Verfassungsgerichtsverbund"[143] beziehungsweise einem „europäischen Rechtsprechungsverbund"[144] zusammengeschlossen. In diesem wird auch zukünftig der vom Bundesverfassungsgericht auf der Grundlage des Grundgesetzes gewährleistete Grundrechtsschutz eine gewichtige Rolle spielen. Denn der Grundrechtsschutz in der EU ist nach ihren Verträgen komplementär und kooperativ ausgestaltet. Dieser Ansatz trägt in der EU dazu bei, die Vielfalt in der Einheit zu erhalten, die seit der Antike ein Wesensmerkmal von Europa gewesen ist.

Auch der Europäische Gerichtshof für Menschenrechte sollte sich in Zukunft – nicht nur angesichts seiner Arbeitslast – auf dieses alte Charakteristikum Europas besinnen. So ist fraglich, ob es den Grundrechtsschutz in Europa wirklich voranbringt,[145] wenn der Europäische Gerichtshof für Menschenrechte eine von einem nationalen Verfassungsgericht gefundene, fein

[141] Verordnung (EG) Nr. 343/2003 des Rates vom 18. Februar 2003 zur Festlegung der Kriterien und Verfahren zur Bestimmung des Mitgliedstaats, der für die Prüfung eines von einem Drittstaatsangehörigen in einem Mitgliedstaat gestellten Asylantrags zuständig ist (ABl. L 50 vom 25.2.2003, S. 1).

[142] Vgl. Beschluss vom 8. September 2009 – 2 BvQ 56/09 –; Beschluss vom 23. September 2009 – 2 BvQ 68/09 –; Beschluss vom 5. November 2009 – 2 BvQ 77/09 –; Beschluss vom 8. Dezember 2009 – 2 BvR 2780/09 –; Beschluss vom 10. Dezember 2009 – 2 BvR 2767/09 –; Beschluss vom 22. Dezember 2009 – 2 BvR 2879/09.

[143] Vgl. *Voßkuhle*, NVwZ 2010, S. 1.

[144] Vgl. *Papier*, Die Bedeutung des Grundgesetzes im Europäischen Staatenverbund, in: Stern (Hrsg.), 60 Jahre Grundgesetz, 2010, S. 107 (116).

[145] So auch *O. Klein*, NVwZ 2010, S. 221 (224 f.).

abgewogene Lösung durch seine eigene Abwägung ersetzt.[146] Denn das betreffende nationale Verfassungsgericht ist mit den kulturellen Besonderheiten des eigenen Staates besser vertraut als der Europäische Gerichtshof für Menschenrechte.

Zugunsten des Gerichtshofs der Europäischen Union hält sich der Europäische Gerichtshof für Menschenrechte nach seiner „Bosphorus"-Entscheidung hinsichtlich der Kontrolle des sekundären Unionsrechts bereits zurück, weil er widerlegbar vermutet, dass vom Gerichtshof der Europäischen Union ein der EMRK vergleichbarer Schutzstandard gewährleistet wird.[147] Den Vertragsstaaten der EMRK lässt der Europäische Gerichtshof für Menschenrechte dagegen keinen solchen Freiraum, selbst wenn sie wie Deutschland einen der EMRK vergleichbaren Grundrechtsschutz durch ein Verfassungsgericht gewährleisten. Lediglich hinsichtlich der Prüfung der Angemessenheit eines Eingriffs in von der EMRK geschützte Rechte billigt er den Vertragsstaaten einen „Beurteilungsspielraum" zu.[148] Auch hält es der Europäische Gerichtshof für Menschenrechte nicht für seine Aufgabe, sich mit angeblichen Tatsachen- oder Rechtsirrtümern staatlicher Gerichte zu befassen, solange und soweit sie nicht von der Konvention geschützte Rechte und Freiheiten verletzt haben können.[149] Diese – geringen – Selbstbeschränkungen halten den Europäischen Gerichtshof für Menschenrechte jedoch in vielen Fällen nicht davon ab, wie ein „viertes Instanzgericht"[150] zu judizieren.

Der seit dem Inkrafttreten des 14. Zusatzprotokolls zur EMRK am 1. Juni 2010 neugefasste Art. 35 Abs. 3 Buchst. b EMRK könnte nun jedoch einen verfahrensrechtlichen Ansatz bieten, der es erlaubt, eine Individualbeschwerde zum Europäischen Gerichtshof für Menschenrechte für unzulässig zu halten, wenn dem Beschwerdeführer kein schwerer Nachteil entstanden ist. Die Annahme, dass es hieran fehlt, kommt unter anderem dann in Betracht, wenn die Achtung der Menschenrechte der EMRK und ihrer Protokolle keine Begründetheitsprüfung erfordern und wenn die Rechtssache schon von einem staatlichen Gericht gebührend geprüft worden ist.[151] In Anwendung dieser Verfahrensvorschrift könnte sich der Europäische Gerichtshof für Menschenrechte

[146] Vgl. etwa jüngst: EGMR, Urteil vom 23. September 2010 – Nr. 1620/03 „Schüth/ Deutschland"; mit BVerfGE 70, 138; oder: EGMR, Urteil vom 24. Juni 2004 – Nr. 59320/00 „Caroline von Hannover" –, NJW 2004, S. 2647 mit BVerfGE 101, 361.

[147] EGMR, Urteil vom 30. Juni 2005 – Nr. 45036/98 „Bosphorus" –, NJW 2006, S. 197.

[148] Vgl. EGMR, Urteil vom 25. November 1994 – Nr. 18131/91 „Stjerna" – Rn. 39; Urteil vom 23. Juni 2008 – Nr. 1638/03 „Maslov II" –, Rn. 75.

[149] Vgl. EGMR, Urteil vom 12. Juli 2001 – Nr. 42527/98 „Prinz Hans-Adam II von Liechtenstein" –, NJW 2003, S. 649 Rn. 49 f. und 65.

[150] Vgl. so der Vorwurf Österreichs im Verfahren zum Urteil vom 23. Juni 2008 – Nr. 1638/03 „Maslov II" –, Rn. 54, 76 sowie die *dissenting opinion* der Richterin *Steiner*.

[151] Dazu jetzt: EGMR, Entscheidung vom 1. Juli 2010 – Nr. 25551/05 „Korolev" –, NJW 2010, S. 3081.

zukünftig darauf beschränken, nur bei einer grundsätzlichen Verkennung der Vorgaben der EMRK eingreifen und sich so auf seine konventionsrechtliche Aufgabe, einen subsidiären Grundrechtsschutz zu gewähren, beschränken.[152] Dies gilt insbesondere dann, wenn in einem Vertragsstaat eine Verfassungsbeschwerde möglich war, in deren Rahmen die Vorgaben der EMRK bei der Auslegung der nationalen Grundrechte berücksichtigt wurden, wie dies bei der Rechtsprechung des Bundesverfassungsgerichts der Fall ist.[153]

So könnte ein „Europäischer Rechtsprechungsverbund" entstehen, in dem Bundesverfassungsgericht und Gerichtshof der Europäischen Union komplementär und kooperativ und der Europäische Gerichtshof für Menschenrechte subsidiär zu beiden einen effektiven Grundrechtsschutz sicherstellen und in dem zugleich die kulturelle Vielfalt Europas in der Einheit gewahrt bleibt.[154]

[152] Zur Subsidiarität des Schutzsystems der EMRK: EGMR, Urteil vom 15. Januar 2007 – Nr. 60654/00 „Sisojeva II" –, NVwZ 2008, S. 979 Rn. 90.

[153] Vgl. BVerfGE 120, 180 (200 ff.).

[154] Vgl. *Papier*, FAZ vom 3. Juli 2008, S. 8.

Sachregister

Verzeichnis der Autorinnen und Autoren

Adam, Jürgen, Dr. iur., LL.M. (Michigan), Richter am Landgericht Freiburg, wissenschaftlicher Mitarbeiter am Bundesverfassungsgericht bei Bundesverfassungsrichter Prof. Herbert Landau von November 2007 bis August 2010.

Aubel, Tobias, Dr. iur., Richter am Sozialgericht Köln, wissenschaftlicher Mitarbeiter am Bundesverfassungsgericht bei Vizepräsident Prof. Dr. Ferdinand Kirchhof von März 2009 bis Juli 2011.

Bartone, Roberto, Dr. iur., Richter am Finanzgericht des Saarlandes, wissenschaftlicher Mitarbeiter am Bundesverfassungsgericht bei Bundesverfassungsrichterin Prof. Dr. Lerke Osterloh von Januar 2007 bis Dezember 2009.

Bergner, Ingrid, Richterin am Bayerischen Landessozialgericht, wissenschaftliche Mitarbeiterin am Bundesverfassungsgericht bei Vizepräsident Prof. Dr. Ferdinand Kirchhof von Februar 2008 bis Juni 2010, zuvor Richterin am Sozialgericht München.

Bittner, Claudia, Prof. Dr. iur., LL.M. (Harvard), Richterin am Sozialgericht Frankfurt am Main, wissenschaftliche Mitarbeiterin am Bundesverfassungsgericht bei Vizepräsident Prof. Dr. Ferdinand Kirchhof seit Dezember 2009.

Burkiczak, Christian, Dr. iur., Richter am Sozialgericht Reutlingen, wissenschaftlicher Mitarbeiter am Bundesverfassungsgericht bei Vizepräsident Prof. Dr. Ferdinand Kirchhof seit Juli 2009.

Emmenegger, Sigrid, Dr. iur., Richterin am Verwaltungsgericht Mainz, wissenschaftliche Mitarbeiterin am Bundesverfassungsgericht bei Präsident Prof. Dr. Andreas Voßkuhle seit Mai 2009.

Gertler, Anne-Dorothee, Richterin am Landgericht Karlsruhe, wissenschaftliche Mitarbeiterin am Bundesverfassungsgericht bei Bundesverfassungsrichter Prof. Dr. Brun-Otto Bryde von Juli 2008 bis Januar 2011 und bei Bundesverfassungsrichterin Prof. Dr. Susanne Baer, LL.M. (Michigan) seit Februar 2011.

Hanschmann, Felix, Dr. iur., wissenschaftlicher Mitarbeiter und Habilitand am Fachbereich Rechtswissenschaften der Goethe-Universität Frankfurt, wissenschaftlicher Mitarbeiter am Bundesverfassungsgericht bei Bundesverfassungsrichter Prof. Dr. Brun-Otto Bryde von August 2009 bis Oktober 2010, zuvor wissenschaftlicher Referent am Max-Planck-Institut für ausländisches öffentliches Recht und Völkerrecht in Heidelberg.

Harks, Thomas, Dr. iur., Richter am Landgericht Hamburg, wissenschaftlicher Mitarbeiter am Bundesverfassungsgericht bei Bundesverfassungsrichter Prof. Dr. Reinhard Gaier seit Februar 2009, zuvor abgeordnet an die hamburgische Justizbehörde.

Hellmann, Vanessa, wissenschaftliche Mitarbeiterin am Lehrstuhl für Öffentliches Recht an der Universität Bielefeld, wissenschaftliche Mitarbeiterin am Bundesverfassungsgericht bei Bundesverfassungsrichterin Prof. Dr. Gertrude Lübbe-Wolff seit Juli 2010.

Hofmann, Jens, Dr. iur., Richter am Verwaltungsgericht Karlsruhe, zur Zeit Referent für Europa- und Wissenschaftsrecht im Justizministerium Baden-Württemberg, wissenschaftlicher Mitarbeiter am Bundesverfassungsgericht bei Präsident Prof. Dr. Dr. h.c. mult. Hans-Jürgen Papier von April 2006 bis März 2010.

Kaiser, Karen, Dr. iur., wissenschaftliche Mitarbeiterin am Bundesverfassungsgericht bei Bundesverfassungsrichter Prof. Dr. Dr. Udo Di Fabio seit November 2007, zuvor wissenschaftliche Referentin am Max-Planck-Institut für ausländisches öffentliches Recht und Völkerrecht in Heidelberg.

Maatsch, Asmus, Dr. iur., Richter am Landgericht Hamburg, wissenschaftlicher Mitarbeiter am Bundesverfassungsgericht bei Bundesverfassungsrichter Prof. Dr. Johannes Masing von Mai 2008 bis August 2010.

Martini, Peter, Dr. iur., Richter am Bayerischen Verwaltungsgerichtshof, wissenschaftlicher Mitarbeiter am Bundesverfassungsgericht bei Bundesverfassungsrichter Prof. Dr. Johannes Masing von Mai 2008 bis April 2011, zuvor Richter am Verwaltungsgericht Bayreuth.

Meermagen, Bettina, Dr. iur., Oberregierungsrätin, zur Zeit Leiterin der Abteilung Jugend und Soziales am Landratsamt München, wissenschaftliche Mitarbeiterin am Bundesverfassungsgericht bei Bundesverfassungsrichter Prof. Dr. Dr. h.c. UII Siegfried Broß von Oktober 2007 bis September 2010, zuvor Referentin im Bayerischen Staatsministerium des Innern und Richterin (Verwaltungsgericht München).

Menges, Eva, Dr. iur., Richterin am Bundesgerichtshof, wissenschaftliche Mitarbeiterin am Bundesverfassungsgericht bei Bundesverfassungsrichter Wilhelm Schluckebier von Mai 2010 bis Mai 2011, zuvor Richterin am Oberlandesgericht Karlsruhe und wissenschaftliche Mitarbeiterin am Bundesgerichtshof.

Moll, Frank, Dr. iur., Richter am Verwaltungsgericht Berlin, wissenschaftlicher Mitarbeiter am Bundesverfassungsgericht bei Bundesverfassungsrichter Dr. Michael Gerhardt seit Januar 2010.

Pernice, Christina, Dr. iur., Richterin am Landgericht Karlsruhe, wissenschaftliche Mitarbeiterin am Bundesverfassungsgericht bei Bundesverfassungsrichter Prof. Dr. Reinhard Gaier von April 2008 bis März 2011.

Preisner, Damian, Richter am Verwaltungsgericht Gelsenkirchen, wissenschaftlicher Mitarbeiter am Bundesverfassungsgericht bei Bundesverfassungsrichter Wilhelm Schluckebier seit Januar 2009, zuvor abgeordnet an das Bundesministerium der Justiz.

Pohl, Christian, LL.M.oec, Richter am Verwaltungsgericht Karlsruhe, wissenschaftlicher Mitarbeiter am Bundesverfassungsgericht bei Bundesverfassungsrichter Dr. Michael Gerhardt seit Februar 2010, zuvor abgeordnet an das Justizministerium Baden-Württemberg.

Rensen, Hartmut, Dr. iur., Richter am Landgericht Aachen, wissenschaftlicher Mitarbeiter am Bundesverfassungsgericht bei Bundesverfassungsrichter Prof. Dr. Michael Eichberger von Juni 2006 bis Mai 2009.

Sanders, Anne, Dr. iur., M.Jur. (Oxon), Habilitandin am Lehrstuhl für Bürgerliches Recht, Handels- und Gesellschaftsrecht, Arbeitsrecht und Europäische Privatrechtsentwicklung der Universität zu Köln (Prof. Dr. Barbara Dauner-Lieb), wissenschaftliche Mitarbeiterin am Bundesverfassungsgericht bei Bundesverfassungsrichterin Dr. Christine Hohmann-Dennhardt von Oktober 2009 bis Januar 2011 und bei Bundesverfassungsrichterin Prof. Dr. Gabriele Britz seit Februar 2011.

Schübel-Pfister, Isabel, Dr. iur., Oberregierungsrätin im Bayerischen Staatsministerium des Innern, wissenschaftliche Mitarbeiterin am Bundesverfassungsgericht bei Präsident Prof. Dr. Andreas Voßkuhle seit August 2008, persönliche Referentin des Präsidenten seit März 2011, zuvor Richterin (Verwaltungsgericht Bayreuth).

Thiemann, Christian, Dr. iur., Akademischer Rat und Habilitand am Lehrstuhl für Staats- und Verwaltungsrecht, insbesondere Finanz- und Steuerrecht der Universität Passau (Prof. Dr. Rainer Wernsmann), wissenschaftlicher Mitarbeiter am Bundesverfassungsgericht bei Bundesverfassungsrichterin Prof. Dr. Lerke Osterloh von Mai 2009 bis November 2010 und bei Bundesverfassungsrichterin Monika Hermanns von November 2010 bis April 2011.

Wesche, Steffen, Dr. iur., M.A. (phil.), Richter am Landgericht Karlsruhe, wissenschaftlicher Mitarbeiter am Bundesverfassungsgericht bei Präsident Prof. Dr. Dr. h.c. mult. Hans-Jürgen Papier von September 2008 bis Februar 2010 und bei Bundesverfassungsrichter Prof. Dr. Andreas Paulus seit März 2010.

Werth, Franceska, Dr. iur., Richterin am Finanzgericht Baden-Württemberg, Außenstelle Freiburg, wissenschaftliche Mitarbeiterin am Bundesverfassungsgericht bei Bundesverfassungsrichterin Prof. Dr. Lerke Osterloh von November 2006 bis Oktober 2010.

Wiedmann, Ariane, Dr. iur., M.Jur. (Univ. Oxford), Oberregierungsrätin im Bayerischen Staatsministerium des Innern, zur Zeit abgeordnet an das Bundesministerium für Wirtschaft und Technologie, wissenschaftliche Mitarbeiterin am Bundesverfassungsgericht bei Bundesverfassungsrichter Prof. Dr. Johannes Masing von Juni 2008 bis April 2011, zuvor Richterin (Verwaltungsgericht Würzburg).

Printed and bound by CPI Group (UK) Ltd, Croydon, CR0 4YY

30/09/2026

14973057-0002